교육행정학 연구방법론 핸드북

THE HANDBOOK OF RESEARCH METHODOLOGY ON
EDUCATIONAL ADMINISTRATION

한국교육행정학회 편

학지사

발간사

　한국교육행정학회는 자랑스러운 반세기 발전의 역사 속에서 명실상부한 학문공동체의 전형(典型)으로 자리매김하고 있다. 창립 55년, 학회지 발간 41년, 회원 3,200명, 사단법인 출범 등으로 대변되는 학회의 양적 성장과 질적 수월성은 선대 회장단의 리더십과 학회 구성원 모두의 열정적 참여 및 협력적 노력을 통해서 성취한 상징적 성과이다. 필자는 제50대 한국교육행정학회 회장이라는 중차대한 소임을 수행하면서 '함께 발전하는 학문공동체 형성'을 위한 다각도의 학회 발전 방안을 고민하게 되었다. 그 결과물의 일환으로『교육행정학 연구방법론 핸드북(The Handbook of Research Methodology on Educational Administration)』이 기획 출간되었다.

　이 책은 우리 학회의 학문적 위상과 지식 기반 및 집단 연구력을 대변하는 실천적 연구 성과물이다. 2022년 한 해 동안 추진되었던 10회 이상의 연구방법론위원회 월별 모임과 20여 명의 발표자 및 15명의 토론자가 참여한 연차학술대회 기획세션 II 연구 결과물 등은 해당 저서 출판을 위한 기본 토대로 작용하였다. 이 자리를 빌려서 학술편찬위원회 위원장 직무를 최선의 형태로 수행하면서 최근 3년간 연구방법론위원회 학술모임을 선도해 준 학문지우 변기용 교수에게 심심한 사의를 표한다. 또한 학술대회위원장으로서 한국교육행정학회의 연구 역량을 시연하는 연차학술대회를 기념비적으로 성대하게 마무리해 준 송경오 교수에게도 개인적인 고마움을 전한다. 동시에 교육행정학 이론 발달의 과학철학 토대와 연구방법론 기반, 양적·질적 연구방법의 활용 실태와 비판적 분석 등의 심층 학술 담론에 적극적으로 참여해 준 동료 연구자들에게도 감사함을 전한다.

　주지하듯이 교육행정학의 학문 발전과 지식 성장은 교육행정 현상에 대한 체계적인 이론화과정과 다양한 연구방법론 활용에 의한 종합적 구명을 통해 이루어진다. 이론 발달을 위한 학술활동의 성공적 수행과 관련 연구결과의 체계적 축적은 학회 존재의 당위론적 목적이다. 동시에 이는 학문공동체 내에서 개별 학문의 위상과 지위를 결정하는 필요충분조건이기도 하다. 따라서 학문공동체는 진리 탐구와 이론화과정 탐색 및 연구방법론 개발 등을 위한 전사적 노력을 한시라도 멈출 수 없다. 전망한다는 뜻을 가진 어원(theoria)에서 확인할 수 있듯이 이론(theory)은 세상을 성찰하는 방식을 제공한다. 공동의 행위와 탐구를 뜻하는 meta, 길을 의미하는 hodos, 이성과 진리를 표방하는 logos의 결합에서 유래된 방법론(methodology)은 진리에 이르는 공동 탐구라는 의미를 가진다. '세계관으로서의 이론'과 '진리에 도달하는 탐구 행위로서의 연구방법론'에 대한 학문공동체의 성찰적 고민과 학술적 담론은 그 어떠한 연구주제보다도 학회의 발전적 위상 정립과 학문연구 활동의 질적 수월성 확보를 위한 시급성과 적실성 및 학술적 가치를 가진다.

'이론 발달의 과학철학 토대와 연구방법론의 다원화'를 심층적으로 탐구 분석한 『교육행정학 연구방법론 핸드북』 출간은 한국교육행정학의 미래적 발전과 학문적 성장을 한층 강화하면서 개별 학자의 연구 세계관을 더욱 확장하는 지적 향연의 기회를 제공하리라 믿어 의심치 않는다.

2023년 7월 제50대 한국교육행정학회 회장 박선형
(동국대학교 사범대학 교육학과 교수)

프롤로그

왜 연구방법론 핸드북인가?
-교육행정학의 학문적 발전과 연구방법론 핸드북의 중요성-

학술편찬위원회

1. 왜 '연구방법론 핸드북'인가?

최근 Kohler 등(2022)은 『Templates in Qualitative Research Methods: Origins, limitations, and New directions』이란 학술지 기획특집호의 권두 논문에서, 학문 발전을 위해서는 특정한 연구방법론이나 특정한 모형의 지나친 득세가 결코 바람직하지 않다고 주장한다. 연구방법(론)의 발전이라는 측면에서 다양한 질적 연구 접근방법 활용이 적극적으로 장려될 필요가 있기 때문이다. 특히, 이들은 조직 및 경영 분야의 최상위급 저널에 논문을 출판한 경험과 다양한 경력 단계에 있는 21명의 연구자들을 면담하고 난 후, "초심자나 경험이 적은 질적 연구자들과는 달리, 경험이 많은 숙련된 질적 연구자들은 전반적으로 질적 연구의 혁신성, 창의성을 유지하기 위해 템플릿의 경직된 적용에서 벗어나야 한다고 주장한다"라고 밝히고 있다. 물론 이 논문의 주된 관심은 질적 연구 분야에 한정되어 있다. 하지만 편집자가 보기에 이 논문에서 제기하는 기본적 문제인식은 양적 연구 분야에도 충분히 적용될 수 있다고 생각한다. 즉, 양적 연구냐 질적 연구냐(그리고 이들을 결합한 혼합방법연구냐)에 관계없이 연구자가 해당 연구방법의 타당성에 대한 비판적 성찰 없이 특정한 모형이나 접근방식에 지나치게 의존하는 경우, 이는 학문 발전에 긍정적인 영향보다는 부정적인 영향을 미칠 수 있다는 아주 평범하지만 중요한 교훈을 우리에게 주고 있는 것이다.

하지만 안타깝게도 우리 교육행정학계의 현실은 이러한 교훈과는 다른 방향으로 전개되고 있다. 특히, 우리 교육행정학 학문공동체와 같이 규모가 적어 특정한 연구방법(론)에 정통한 심사자의 충분한 확보가 힘들고, 또한 학문 외적으로 노동시장에서 논문의 질보다는 편수가 중요시되는 상황에서는 학회(혹은 정부/연구재단) 차원의 특별한 조치 없이 이러한 문제 상황이 개선되기는 매우 어려워 보인다. 편집자가 보기에 현시점에서 문제해결의 기본 방향은 크게 다음의 두 가지로 요약될 수 있다.

먼저 이 책의 많은 저자가 공통적으로 언급하고 있는 것처럼, 대학원에서 이루어지는 학문후속세대에 대한 연구방법론 교육이 보다 충실하게 이루어질 필요가 있다. 초보자들이 보기에 일견 멋있어 보이는 고급 통계기법의 적용 자체가 중요한 것이 아니라, 연구목적과 문제에 맞게 적절한 통계기법을 활용하는 것이 보다 중요하다는 인식이 자리 잡을 수 있도록 학문후속세대들로 하여금 양적 연구방법론 교육을 제대로 받도록 하는 것이 무엇보다 시급한 일이다. 질적 연구방법의 경우에도 전통적인 관점인 구성(해석)주의(혹은 현상학)에 기반한 본질(해석)적 질적 연구뿐만 아니라, 실용주의나 비판적 실재론 등 다른 과학철학적 관점에 기반한 질적 연구에 대한 교육도 이루어져야 한다. 이와 관련 행정학자인 김승현(2008)은 "실용성과 현실성을 지향하는 행정학이나 정책학의 영역에서 이루어지는 많은 사례연구는 대부분 실증주의적 입장에서 이루어지고 있다"고 주장하면서, 학문후속세대 교육에 대해서도 "양적 연구, 실증적 사례연구, 해석적 사례연구의 세 갈래에서 방법론 강의가 이루어질 필요가 있다"는 견해를 피력하고 있다. 현재 교육행정학계의 현실을 감안할 때 행정학자인 김승현(2008)의 이러한 지적은 교육행정학 분야에서의 연구방법론 교육 개선을 위해서도 많은 시사점을 던져 주고 있다고 생각한다.

둘째, 교육행정학계에서 주로 사용하고 있는 기존 연구방법론과 다른 관점을 가진 새로운 연구방법론들의 가능성과 한계에 대한 개방적인 토론이 보다 빈번히 이루어져야 한다. 암맹평가(blind review)로 진행되는 학술지 논문 심사과정의 특성상, 기존 학문공동체의 지배적 관점에서 벗어나는 새로운 연구방법론의 경우 심사를 통과하기가 쉽지 않다. 전문가 집단이 해당 집단의 구성원을 포함·배제하거나 새로운 아이디어를 인정·폐기하는 학문공동체 내부의 이른바 '영역 유지 메커니즘(boundary maintenance mechanism)(Greenwood & Levin, 2005)'이 작동하기 때문이다.

> 각 학문 영역에서는 지배적 패러다임과 연구방법, 지배적 영향력을 발휘하는 학자 및 추종 그룹, 그리고 이들을 중심으로 한 학파들이 형성된다(Freidson, 1985; Kuhn, 1962; Greenwood & Levin, 2000: 88에서 재인용). 통상적으로 이러한 지배적 패러다임하에서 교육받고 사회화된 기성학자들이 통제하는 학위논문 심사, 학술지 논문 게재, 연구비 수주를 위한 암맹평가 시스템이 작동하는 상황 속에서 지배적 패러다임과 벗어나는 논문이나 연구계획서들은 해당 학문공동체에서 인정받기 어렵다. 따라서 해당 학문공동체에 진입하는 새로운 구성원들은 교육과 사회화 과정을 통해 상위의 학문 권력(예컨대, 영향력 있는 원로 교수, 그들을 둘러싼 소수의 핵심 그룹)에 의해 그들의 학문적 가치관과 연구방법이 해당 학문공동체의 주류적 견해에 비추어 일탈되지 않고 있다는 점을 인정받는 데 주력한다. (Greenwood & Levin,

2000; 변기용, 2018: 6)

　물론 기존과는 다른 새로운 연구방법론이 제기하는 방식들이 모두 적절한 것만은 아닐 수도 있다. 하지만 새로운 연구방법론과 관련하여 제기되는 논쟁적 이슈에 대해 이루어지는 학문공동체 차원의 치열한 논의 없이, 단지 자신이 배우고 자라 익숙해진 기존의 관점만을 고수하는 태도가 학문 발전에 도움이 되지 않을 것이라는 점은 너무나 자명하다. 이제까지 주로 학위 논문(지도/심사교수 vs. 학생) 혹은 학술지 논문 심사(논문 심사자 vs. 제출자)의 특성상 일방향적 · 폐쇄적 속성을 가질 수밖에 없는 상황에서 이루어져 왔던 새로운 연구방법론의 가능성(과 한계)에 대한 논의를, 향후에는 학회 차원의 보다 개방적이고 쌍방향적 토론 과정으로 전환시켜 나갈 필요가 있다.

　편집자가 보기에, 특히 우리 교육(행정)학계에는 여전히 자신이 배우고 익숙한 연구방법론에만 천착하여 다른 학문 분야 혹은 해외의 학계에서 논의되고 있는 새로운 연구방법론의 발전 동향에는 상대적으로 무관심한 사람들이 적지 않다. 예컨대, 우리 교육(행정)학계에서는 구성(해석)주의에 기반한 본질(해석)적 질적 연구방식만을 질적 연구라고 생각하는 학자들의 목소리가 여전히 높다. 이들 학자들은 다른 학문 분야에서는 이미 널리 활용되고 있지만, 본질적 질적 연구와는 다른 목적과 접근방식을 취하고 있는 근거이론적 방법(Strauss & Corbin, 2012; 기노시타, 2013/2017), 실행연구(Greenwood & Levin, 2007)와 실용(도구)적 사례연구(Stake, 1995; Yin, 2014/2016), 일반적 질적 연구(김인숙, 2016) 등과 같은 새로운 질적 연구방법의 논의 동향에 대해서는 상대적으로 이해가 부족한 것으로 보인다. 이러한 이해 부족은 결과적으로 우리 교육(행정)학계에서 새로운 관점의 질적 연구 접근방식이 확산되는 데 상당한 어려움을 초래하는 요인으로 작용하고 있다. 암맹평가로 이루어지는 논문 심사과정의 특성상, 논쟁적 이슈에 대한 '쌍방향적 토론 없이 심사자가 가진 관점만의 일방적인 강요'라는 부작용이 나타날 가능성이 있기 때문이다. 이 책의 제12장에서 신철균 교수 등은 이러한 우려가 현실화될 수 있음을 분석결과를 통해 직접적으로 보여 주고 있다. 즉, 이들은 응용 지향적인 교육행정학이라는 학문의 특성상 실행연구가 중요한 (질적) 연구방법론으로 활용될 수 있음에도 불구하고, 『교육행정학연구』에는 2022년까지 이 방법론을 적용한 논문이 아직까지 한 편도 실리지 않고 있다고 보고하고 있다. 이러한 사실은 ① 교육행정학 연구자들이 새로운 연구방법론에 관심이 부족하거나 혹은 ② 새로운 연구방법론을 적용한 논문이 우리 교육행정학계의 심사 과정을 통과하기 쉽지 않다는 사실을 웅변으로 보여 주는 것이다.

　새로운 연구방법론을 활용하는 연구자 특히 학문후속세대들이 논문 심사과정에서 경험하게 되는 이러한 문제점들을 완화하기 위해서는, 외국에서와 같이 논문 심사과정에서 활용할 수 있는 (학계 차원의 논의에 기초한) 최소한의 가이드라인 마련[11]이 필요하다. 물론 이러한 가이드라인은 이 책의 제8장에서 김은영 교수가 제안한 대로, "구속력을 가지는 엄격한 규정의 성격보다는 논문 작성 및 심사과정에서 연구자들 간에 투명하고 건설적인 의사소통을 촉진하는 것이 기본적인 목적이 되어야 할 것"이다. 그리고 이에 앞서 무엇보다 새로운 연구방법론과 관련된 논의를 체계적으로 축적해 나가기 위해, 학회 차원의 심층적인 논의의 장이 자주 마련될 필요가 있다. 즉, 학회라는 개방적·쌍방향적 토론 공간에서, 연구방법론에 대해 서로 다른 입장을 가진 연구자들 간의 개방적 논의와 토론을 통해 상호 이해를 높여 나가는 방식으로 문제를 해결할 필요가 있다는 이야기이다. 지난 2020년부터 3년간 운영된 연구방법론 위원회를 통한 교수들의 자발적 월례 공부 모임, 그러한 학습 내용에 기반한 2022년 교육행정학회 연차학술대회 연구방법론 기획 세션과 이번에 발간되는 『교육행정학 연구방법론 핸드북』 편찬은 이러한 학회 차원의 노력이 나름의 결실을 맺은 것이라고 할 수 있다.

필자가 만난 어떤 학자는 이러한 연구방법론 위원회의 노력에 대해 회의적 시각을 보이기도 했다. "……저는 말로 하는 토론에는 회의적입니다. 감정을 절제하면서 조리 있는 토론을 한다는 것은 불가능하다는 결론입니다. 나는 이러니까 네가 옳다면 나를 설득해 봐 식의 독단이 난무하고, 아직 갈 길이 멀고 공부하는 와중에 있으면서 승패를 가리려는 토론은 사람의 마음을 아프게 하는 경우가 많아요. 실제 토론하는 수준을 보면 본질 이외의 요소들이 작용하여 수준이 매우 떨어지는 토론을 자주 봐 와서……." 물론 이는 해당 학자 나름의 오랜 세월에 걸친 경험에 입각한 현실적 상황 판단이라고 생각한다. 하지만 필자가 보기에 우리 교육행정학계에서는 '말로 하는 토론'뿐만 아니라, '글(논문)로 하는 토론'도 제대로 이루어지지 않고 있다. 도대체 서로 다른 견해를 지닌 학자들 간의 치열한 토론 없이 어떻게 학문 발전이 이루어질 수 있다는 말인가?

하지만 2020년 이후 한국교육행정학회 연구방법론 위원회에서 이루어진 교수들 간의 자발적 월례 공부 모임은 학계에 존재하던 기존의 토론 회피 관행 및 문화의 극복과 관련한 새로운 가능성을 보여 주었다. 편집자로서는 지난 3년간 월례 공부 모임에 참여한 동료 교수들이 보여 준 논쟁적 이슈에 대한 진정성 있는 학습 태도와 열정이 매우 인상적이었다. 심지어 COVID-19 팬데믹 상황에서도 한 달에 한 번씩 모여 공부한 내용을 서로 발표하고 교류하면서, 학연과 선후배 관계에 따른 체면과 허식보다는 내용 중심의 가감 없는 솔직한 비판과 토론을 수행하였다. 이를 통해 편집자로서는 이제까지 제대로 경험하지 못했던 학문공동체 차원의 협업과 생산적 토론을 통한 학문 발전의 새로운 가능성을 볼 수 있었다. 지난 3년 동안 교수들 간의 자발적인 월례 학습 모임을 통해 필자가 얻었던 가장 큰 배움은 "교수도 함께 공부해야 한다"라는 것과 "외국의 저명 학자가 제시한 이론이나 모형을 비판적 성찰 없이 그대로 받아들이지 말자"라는 지극히 당연하지만 우리 학문공동

---

1) 미국에서는 이러한 문제인식하에, 논문에 사용된 각 연구방법에 대해 심사자들이 참고할 수 있는 학계 차원의 합의된 기준을 정리하여 이를 단행본[Hancock, Stapleton & Mueller(2019). *The Reviewer's Guide to Quantitative Methods in the Social Sciences*. Routledge]으로 출간하는 등 보다 합리적 장치를 마련하고 있다.

체에서는 흔히 간과되어 왔던 교훈이었다. "내가 믿는 것이 반드시 절대 선은 아니다"라는 유연한 관점이야말로 학문 발전의 가능성, 축적이 있는 학습의 장이 효과적으로 운영될 수 있도록 만드는 가장 기본적 원칙이라는 점을 다시금 확인할 수 있었다.

이러한 관점에서 이번에 출간되는『교육행정학 연구방법론 핸드북』에서 저자들이 펼치고 있는 주장과 견해들도 향후 교육행정학 학문공동체 내에서 이루어지는 치열한 토론 과정을 통해 추가적 수정과 발전이 이루어질 수 있을 것으로 생각한다. 우리는 우리와 다른 입장을 가지는 학문공동체 내 연구자들의 합리적 비판을 겸허히 수용할 것임을 분명히 밝혀 두며, 향후 교육행정학회 차원에서 이와 관련한 치열한 토론의 장이 보다 빈번히 그리고 체계적으로 만들어져 일회성으로 그치지 않는 '축적'이 있는 학습의 장이 만들어질 수 있기를 진심으로 고대한다.

2. 단행본의 구성과 개별 챕터에 대한 소개

이 단행본은 3개의 세부 영역으로 나뉜 15개의 장으로 구성되어 있다.

먼저 제1부에서는 연구방법론의 토대를 제공하는 다양한 과학철학적 관점과 관련 쟁점들을 소개한다. 제1장에서 박선형 교수는 서구 교육행정학계에서 논의를 중심으로 주요한 과학철학들의 발달 과정과 이들이 연구방법론에 주는 시사점들을 설명하고 있다. 이를 위해 교육행정학 이론 발달에 강력한 영향을 미쳤던 '이론화 운동'의 핵심 내용과 쟁점을 개괄하고, 열린 이론의 정의와 유형(학)을 함께 살펴보고 있다. 이어서 이론 구축 과정의 과학철학적 토대(존재론, 인식론)의 상호관계성과 관련 쟁점(과학적 실재론 vs 비판적 실재론), 그리고 연구수행의 성공적 실행을 총괄하는 연구방법론 관련 논점(가추 기반 연구방법 철학 등)을 포괄적으로 검토한다. 제2장에서는 변기용 교수가 경험/실증주의와 구성/해석주의의 이분법적 접근에 대한 대안으로 새롭게 대두되고 있는 과학철학적 관점인 비판적 실재론이 교육행정학 연구방법론에 어떤 시사점을 주는지, 그리고 비판적 실재론에 기반한 연구방법론을 보다 활성화하기 위해 우선적으로 해결되어야 할 과제는 무엇인지를 심층적으로 논의하고 있다. 이어지는 제3장에서 이성회 박사는 비판적 실재론이란 과학철학적 관점을 연구방법론적 측면에서 혼합방법연구 설계에 실제 어떻게 적용할 수 있는지, 그 실천적 과정을 관계적 교사행위자성 연구 사례를 중심으로 면밀하게 보여 주고 있다. 이 3개 장은 특히 비판적 실재론(혹은 과학적 실재론)이라는 새로운 과학철학적 관점을 공통적으로 다루고 있지만, 다음과 같은 쟁점 이슈를 바라보는 관점은 조금씩 차이가 난다.

• 비판적 실재론과 실용주의의 차이는 무엇인가? 실용주의는 비판적 실재론의 세 가지 기본 관

점 중 ① 인식론적 상대주의(Epistemic Relativism—인간의 지식은 변한다. 한정적·맥락 기속적이며, 항상 오류 가능성이 있음을 전제한다)와 ② 판단적 합리성(Judgmental Rationality—실재에 대해서로 다른 경쟁하는 이론들의 타당성에 대한 평가는 이루어질 수 있고, 이루어져야 한다)이라는 측면에서는 유사한 입장을 가진다. 다만 실용주의와 비판적 실재론은 특히 ③ 존재론[ontology—행위자의 인식과 분리되어 있는 독립된 실재(객관적 존재)가 다중적 영역으로 나뉘어 존재한다]의 측면에서는 분명한 차이가 있다. 경험적·발생적·실재적 영역이라는 다중적 실재론을 가정하는 비판적 실재론과는 달리 실용주의는 실재론에 대한 논의 자체를 하지 않는다. 이러한 비판적 실재론과 실용주의의 존재론에서의 관점 차이가 실제 사회과학 연구방법론과 이를 통해 도출되는 연구결과라는 측면에서 뚜렷한 차이를 초래하는가? 아니면 과학철학적 관점에서의 차이에도 불구하고, 실제 적용되는 연구방법론과 도출되는 연구결과라는 측면에서는 별다른 차이가 나타나지 않는가?

- 비판적 실재론과 과학적 실재론의 차이는 무엇인가? 두 관점 간에 가장 차이가 나는 부분은 "(자연)과학의 방법과 결과에 일치하는 방식으로 인문/사회과학 연구를 수행할 수 있다"는 과학적 실재론의 입장과는 달리, 비판적 실재론의 경우 "자연과학과 사회과학은 일정 부분 유사성도 가지지만 다른 측면에서는 근본적으로 매우 상이하다(Buch-Hansen & Nielsen, 2020: 16-17)"라는 관점을 취하고 있다는 점이다. 과학적 실재론처럼 인간(인문/사회)과학도 자연과학과 동일한 방식으로 탐구될 수 있다고 가정하는 것이 타당한가?

- 비판적 실재론에 기반한 연구의 각 단계에서 중요한 역할을 담당하는 추론 양식인 '가추'와 '역행추론'은 어떤 개념적 차이가 있는가? 특히, 개념적 수준이 아니라 실제 연구 수행 과정에서 가추와 역행추론을 명확히 구분하는 것은 가능하고, 타당한가? 역행 추론은 다중적 실재를 전제하는 비판적 실재론에 기반한 연구에서만 사용되는 독특한 추론 양식인가? 아니면 비판적 실재론의 모든 측면에 동의하지 않을 연구자도 사용하는 사회과학에서 일반적으로 사용하는 추론 양식인가?

- 비판적 실재론에 기반한 사회과학 연구에서 생성하고자 하는 이론은 '일반이론'인가 '중범위이론'인가? 사회과학 연구에서 말하는 '이론'이란 무엇이며, 일반이론과 중범위이론은 어떤 과정을 통해 생성되는가?

따라서 3개 장을 상호 비교하면서 읽어 보는 것도 독자의 입장에서는 매우 흥미로운 일이 될 것이다. 지난 3년간 연구방법론 위원회에서 이루어진 토론에서도 극명히 드러난 바 있지만, 특히 박선형, 변기용 교수, 이성회 박사는 모두 비판적 실재론과 과학적 실재론에 지대한 관심을 가지고 학습을 지속해 오고 있지만 이를 연구방법론으로 활용하는 방식에 대해서는 상당한 관점의 차이를 가지고 있다. 이와 관련 우리는 향후에도 지속적으로 공부하면서 치열한 토론을 해 나아갈 계획이다.

제2부에서는 양적 연구방법의 교육 및 활용 실태와 발전 방향에 대해 다루고 있다. 먼저 제4장에서는 정동욱 교수와 정설미, 이보미가 미국과 한국 교육행정학 분야에서의 양적 연구방법 교육 및 활용 실태를 비교하여 분석하고 있다. 이와 함께 최근 5년간 미국과 한국의 해당 대학원에서 배출된 박사학위 논문, 그리고 한국에서 발간하는 『교육행정학연구』와 미국의 『Educational Evaluation and Policy Analysis(EEPA)』, 『Educational Administration Quarterly(EAQ)』에 게재된 논문들을 비교하여 분석함으로써, 향후 우리 교육행정학계에서 연구방법론 교육 방향과 양적 연구방법을 활용한 학술연구의 발전을 위한 시사점을 제시하고 있다. 제5장에서는 변수용 교수가 2000년 이후 미국이 교육연구의 질 향상을 위해 어떤 노력을 기울였는지 소개하고, 이러한 미국의 경험이 한국의 교육연구의 질 제고와 관련하여 시사하는 바를 논의하고 있다. 미국의 경우 교육연구의 질 제고를 위해 보다 엄밀한 인과추론을 가능하게 하는 무선할당을 통한 연구 설계를 교육연구에 적극적으로 도입하고자 하였다. 이러한 변화의 기저에는 혼란만 가중시키는 수준 미달의 수백만 건의 연구들보다 교육정책의 효과성에 관해 명확한 답을 줄 수 있는 단 한 편의 질 높은 연구가 중요하다는 생각이 자리하고 있다. 변수용 교수는 이러한 미국의 사례가 우리의 현 실태를 개선해 나가는 데 나름의 시사점을 제시할 수 있음을 강조하고 있다.

제6장에서는 이광현 교수가 정책효과 연구에서의 양적 분석의 실태와 개선 방안에 대해 논의하고 있다. 교육정책 효과 분석에 있어서는 엄격한 실험을 수행해서 인과성을 평가할 수 없는 상황이라고 할지라도, 실험연구의 조건에 근거하여 보다 엄밀히 정책평가를 수행할 필요가 있음을 강조하고 있다. 교육정책 효과 분석을 위해서는 단순한 비교분석이 아니라 적절한 통제변수를 확보하여 객관적인 변화를 측정하도록 노력할 필요가 있다는 점을 지적하고, 또한 여타 이공계열 등 타학문 분야와의 연계 협력을 통해서 교육학 연구가 진정한 교육과학으로 성장할 수 있도록 노력할 필요가 있다는 점을 제안하고 있다.

제7장과 제8장은 우리 교육행정학 연구자들이 가장 많이 활용하고 있는 구체적 양적 연구 기법인 다층모형(HLM)과 구조방정식모형(SEM)의 활용 실태와 발전적 활용 방안을 실제 『교육행정학연구』에 출판된 논문 분석을 토대로 심층적으로 논의하고 있다. 먼저 제7장에서 송경오 교수는 2000년부터 2022년까지 22년 동안 『교육행정학연구』에 수록된 다층모형 활용 논문 58편을 대상으로 이론적 근거, 연구방법, 분석 및 결과보고 등 9가지 분석 준거를 활용하여 현황 및 실태를 분석하였다. 분석결과 다층모형을 활용한 논문은, 특히 교육청의 종단자료 수집이 확대되면서 증가하는 경향을 나타내고 있지만, 활용 방식에 있어서는 연구모형 제시와 변수에 대한 구체적인 이론적 근거가 미흡하고, 집단 내 최소사례 수, 결측치 처리 과정, 중심점 교정 누락 등과 관련 다양한 문제점이 나타나고 있음을 지적하고 있다. 또한 다층모형을 활용한다고 하더라도 인과성을 충분

히 보장하지 않기 때문에 결과해석에 유의해야 하지만, 이와 같은 한계를 밝힌 논문이 드물었다고 지적한다. 이를 토대로 송경오 교수는 다층모형을 엄격하게 활용하기 위해 학회 차원에서 양적 연구방법 활용에 대해 엄격한 지침을 마련하고, 연구방법 역량을 강화하기 위한 교육을 강화할 필요가 있음을 제안하였다. 제8장에서 김은영 교수도 유사한 맥락에서 구조방정식모형의 기본적 특징과 이론적 가정의 중요성을 살펴보고, 특히 현재 교육행정학 연구에서 구조방정식모형을 활용한 연구에서 빈번히 발생하는 문제점을 비판적으로 성찰하고 있다. 분석결과 『교육행정학연구』에 출판된 구조방정식모형 활용 논문에서는 연구모형 설정의 근거, 잠재변수 측정, 요인분석, 모형의 모수에 대한 설명 및 주요 통계 정보에 대한 문제가 빈번하게 발생하는 경향이 있다고 밝히고 있다. 이러한 결과를 바탕으로 김은영 교수는 구조방정식모형은 교육행정학 연구에서 널리 활용되고 있지만, 적절한 적용과 관련하여 여러 가지 문제점이 확인되고 있으며, 향후 구조방정식모형의 활용도를 높이기 위해서는 연구자들이 구조방정식모형의 유용성과 한계에 대해 충분히 이해하고 이 모형을 연구목적에 맞게 보다 적절히 활용할 필요가 있다는 점을 강조하고 있다.

양적 연구방법을 다루는 제2부의 마지막 장인 제9장에서 김정은 교수는 교육행정학 연구에 있어 준실험설계의 유용성과 활용상의 유의점에 대해 상세하게 설명하고 있다. 먼저 준실험설계의 기본가정과 이중차분법, 도구변수 추정법, 회귀불연속법 등의 접근방법들을 소개한 후 이를 적용한 실제 교육정책 연구의 예시, 각 방법들이 가지는 유용성과 한계들을 적절히 분석하고 있다. 김정은 교수는 특히 2차/관찰 데이터를 통해 정책이 결과변수에 미치는 영향을 추정해 낼 수 있다는 점에서 준실험설계의 다양한 접근방법들이 실제 교육연구에 활용되고 있으나, 각 접근방법을 기반으로 하는 주요 가정에 대한 심층적 이해와 검증, 결과의 함의에 대한 정확한 이해 없이는 준실험설계의 활용이 오히려 잘못된 결론을 도출할 수도 있다는 우려 역시 존재하고 있다는 점을 강조하고 있다.

제2부 양적 연구 활용 실태와 발전 방향에 대해 집필자들은 교육행정학 연구에서 양적 연구방법을 활용할 때 경계해야 할 사항을 비록 조금씩 다른 표현 방식을 사용하기는 했지만, 일관된 논조로 제시하고 있다. 첫째, 연구자가 아무리 고급통계분석을 활용한다고 할지라도 실험연구 수행이 어려운 교육행정·정책 연구에서 정확한 인과적 추론(causal-inference)은 쉽지 않다는 한계를 명확히 인식해야 한다. 회귀분석은 물론이거니와 다층모형, 구조방정식모형 등에서 변인 간에 통계적 연관성이 발견되었다고 하더라도 인과관계를 충분히 보장하는 것은 아니다. 최근에는 이와 같은 한계를 극복하기 위해 경향점수매칭과 같은 준실험설계를 활용하지만, 이 또한 인과적 추론을 완전히 보장한다고는 할 수 없다. 이광현 교수가 이 책의 제6장에서 제시하였듯이 위계선형모형, 경향점수매칭, 중다회귀분석 모형 등 어떤 모형을 사용하건 간에, 기본적인 전제조건은 종속변수에 영향을 주는 모든 설명변수들을 제대로 확보했을 때 실험연구와 유사한 분석이 가능하다. 하지만

교육연구에서 모든 설명변수를 확보하는 것은 현실적으로 불가능하기 때문에 완벽한 인과추론은 어렵다.

교육행정·정책연구에서 횡단자료보다 종단자료 활용을 권장하는 가장 큰 이유도 인과추론의 정확성을 높이려는 노력의 일환이다. 동일한 시점에서 측정하는 횡단자료와는 달리 종단자료는 변수 간의 시간적 선후 관계를 분석할 수 있기 때문에 인과관계를 추정하는 데 생길 수 있는 오류를 줄여 준다. 따라서 양적 연구에서 설정한 인과적 추론의 정확성을 보다 높일 수 있다. 이런 점을 감안할 때 연구자들은 자신이 활용하고 있는 양적 연구방법의 한계를 분명하게 밝히고, 도출된 분석결과를 해석할 때는 상당한 주의를 기울이는 것이 필요하다. 특히, 초보연구자들은 고급통계와 대규모 자료에 대한 지나친 환상을 가지고 자신의 분석결과가 정책적으로 대단히 중요한 발견인 것처럼 섣부른 정책제언을 제시하는 경우가 적지 않다. 이러한 경향에 대해 이 책의 집필자들은 한 목소리로 그 위험성을 경고하고 있다. 양적 연구에서 보다 정교한 고급통계분석을 활용하는 것은 단순히 '보기에 멋있는' 통계분석방법을 선보이려는 것이 목적이 아니라, 엄밀한 연구설계와 연구방법으로 보다 정확한 인과적 추론에 다가가려는 학문적 노력의 소산이라는 점을 반드시 명심할 필요가 있다.

이와 함께 2부의 집필자들은 연구가설의 실증적 검증 이전에 철저한 선행연구 분석과 이론적 탐색이 선행되어야 하고, 이에 기반하여 연구문제, 가설, 그리고 연구방법에 이르기까지 일관성 있는 연구설계가 이루어져야 함을 강조하고 있다. 예컨대, 제4장에서 정동욱 교수 등은 최근 교육행정·정책연구자들이 양적 연구를 수행하는 과정에서 선행연구나 이론적 검토를 소홀히 하는 경향이 있다고 비판한다. 즉, 이론에 기초하여 변수 선택과 가설 설정을 하기보다는 연구자의 연구목적 달성을 위해 임의적으로 이를 선택하거나, 통계적으로 유의미한 결과가 나올 때까지 반복적으로 연구자료를 분석하는 데이터 마이닝(data mining)에 의존하는 경향이 나타나고 있음을 지적하고 있다. 즉, 연구결과의 타당성과 객관성 확보를 위해서는 양적 연구의 첫 출발점으로서 연구자들이 관련 선행 문헌을 분석하는 데 보다 많은 시간을 할애하여, 분석에 포함될 변수와 모형을 보다 체계적으로 설정할 필요가 있음을 특별히 강조하고 있다.

제3부에서는 양적 연구가 여전히 우리 교육행정학계에서 지배적 영향력을 미치는 가운데 최근 관심이 높아지고 있는 질적 연구방법과 혼합방법연구의 활용 실태와 발전 방향에 대해 논의하고 있다. 먼저 제3부의 문을 여는 제10장에서 김병찬 교수와 임종헌, 문지윤 박사, 최상은은 『교육행정학연구』에 출판된 논문에 대한 종합적 분석을 기반으로 최근 10년간의 질적 연구 동향과 문제점에 대해 통찰력 있는 분석을 제시하고 있다. 이 장에서 김병찬 교수 등은 특히 "질적 연구는 단순히 방법론이 아니라 인식론 나아가 존재론적으로 양적 연구의 기반과는 다르기 때문에 질적 연구의 철학적 기반에 바탕을 두지 않으면 질적 연구를 제대로 하기 어렵다"는 점을 강조하고 있다. 이

러한 기본적 문제인식하에, 이들은 현재 교육행정 분야 질적 연구 논문에서는 대체적으로 질적 연구의 철학적 기반에 대한 인식과 이해가 부족하다는 점을 가장 큰 문제점으로 지적하고 있다. 이에 대한 개선 방안으로 제10장에서는 『교육행정학연구』의 논문 리뷰 프로세스에 대한 체계적 점검체제 마련, 질적 연구방법론 교육에 대한 보다 높은 관심의 필요성 등을 제언하고 있다.

한편 제11장과 제12장은 김병찬이 제시한 질적 연구의 관점(구성/해석주의 혹은 현상학)과는 다른 방식으로 수행되는 근거이론적 방법과 실행연구의 활용 실태와 발전적 활용 방안에 대해 다루고 있다. 먼저 제11장에서 권경만, 김한솔 박사와 변기용 교수는 최근 국내외적으로 각광을 받고 있는 질적 연구방법론인 근거이론적 방법의 특징과 이론화 논리를 소개한다. 특히, 이 장에서는 국내외에서 출판된 근거이론 논문을 비교분석하면서 Strauss와 Corbin의 코딩 패러다임의 기계적 적용에 지나치게 경도되어 있는 국내 근거이론 연구자들의 행태를 통렬하게 비판한다. 이 과정에서 이들은 현재 발생하고 있는 문제가 Strauss와 Corbin의 코딩 패러다임 자체에 있는 것이 아니라, 코딩 패러다임이 개발된 취지나 탐구하는 연구문제의 성격에 따른 적절한 활용이라는 유연한 관점의 결여에 있다는 점을 명확히 하고 있다. 즉, 연구목적에 맞는 코딩 패러다임의 적절한 활용보다는, 단순히 선행연구를 그대로 따라 하면서 '필요한 논문을 용이하게 산출'하겠다는 연구자들의 안이한 태도와 이러한 문제점을 제대로 걸러내지 못하는 우리 학계의 논문 심사과정과 관행에 문제가 있다는 점을 강조한다. 이어지는 제12장에서 신철균 교수와 임종헌 박사는 응용 지향적인 교육행정학이라는 학문적 특성상 특히 중요한 의미를 가지고 있는 실행연구의 활용 실태와 활용 방안에 대해 논의하고 있다. 이들은 2011년부터 2022년까지 12년간 『교육행정학연구』를 포함한 국내 학술지에 게재된 실행연구 논문을 대상으로 실행연구의 동향을 분석한 후, 이를 바탕으로 다음과 같은 실행연구의 실태 분석과 활성화 방안을 제시한다. ① 한국교육행정학회의 학술지인 『교육행정학연구』에 아직까지 실행연구가 한 편도 게재되지 않았을 정도로 교육행정학 분야에서 실행연구의 의미와 중요성이 제대로 인식되지 못하고 있다, ② 연구방법론적으로 참여적 실행연구의 양적 확대와 함께 실행연구의 수행방식과 질적 수준에 대한 보다 체계적 성찰이 필요하다, ③ 교육행정학 학문공동체에서 실행연구에 대한 관심 제고를 위해서는, 학계와 현장연구자들 간의 보다 적극적인 협력적 실행연구 수행과 이를 공유하는 학술대회 개최 등을 적극적으로 장려해 나가야 한다.

제13장에서는 김종훈 교수가 앞서의 장에서 다루고 있는 질적 연구 접근방식과는 다른 관점에서 수행되는 담론 분석의 의미와 활용 방안에 대해 자세히 소개하고 있다. 이 장에서 김종훈 교수는 담론과 담론 분석이 무엇인지를 설명하고, 대표적인 분석 방법으로서 James P. Gee의 언어 분석에 기반을 둔 담론 분석 방법과 Norman Fairclough의 비판적 담론 분석 방법을 소개한다. 이와 함께 국내외에서 수행된 우수한 담론 분석 연구들의 소개, 담론 분석을 수행하는 과정에서 얻게 된 자신의 실천적 지식과 경험, 그리고 방법론으로서 담론 분석의 발전을 위한 향후 과제를 제시하고

있다.

한편 질적 연구방법과 관련한 마지막 장인 제14장에서는 세부적 질적 연구 접근방법에 대한 논의를 넘어, 보다 근본적으로 질적 연구를 특징짓는 가장 핵심적 구성 요소라고 할 수 있는 '연구자의 성찰'에 대해 심층적으로 논의한다. 이 장에서 정혜령 박사는 질적 연구 수행과정에서 나타나는 성찰성의 의미를 심층적으로 살펴봄으로써 연구의 도구로서 연구자의 역할을 재조명할 필요가 있음을 강조하고 있다. 이를 위해 먼저 사회과학에서 다루는 성찰성의 개념을 인식 주체와 대상 간의 재귀적 관계로서의 성찰과, 행위 주체의 의식적 실천으로서의 성찰이라는 두 가지 측면을 중심으로 살펴본다. 이와 같은 성찰성에 대한 논의를 토대로 연구자의 주관성 및 연구윤리와의 관계를 중심으로 논의되고 있는 성찰의 목적을 탐색하고, 질적 연구자가 구체적으로 성찰을 실천할 수 있는 주요 전략으로서 연구 단계별 성찰적 질문을 제시하고 있다.

제3부의 질적 연구 활용 실태와 발전 방향에 대한 저자들의 논의를 살펴보면 연구자들 간에 상당한 관점의 차이가 있는 것을 발견할 수 있다. 예를 들어, 제10장에서 김병찬 교수 등은 "질적 연구의 철학적 기반[구성주의]에 바탕을 두지 않으면 질적 연구를 제대로 하기 어렵다"라는 주장을 하고 있다. 특히, "……존재론적 · 인식론적 차이에 대한 인식이 부족한 상태에서 '기능적인 방법론'으로 질적 연구를 활용하여 양적 연구 인식론과 혼동되어 있는 듯한 모습……도 발견되고 있다"는 주장 등이 이러한 입장 차이를 극명하게 드러내는 대표적인 논점이라고 볼 수 있다. 하지만 김병찬 교수의 주장과는 달리, 최근 국내외적으로 주목받고 있는 질적 연구 접근방법인 근거이론적 방법, 실행연구 등은 연구방법론의 철학적 기반에 대해 상대적으로 유연한 입장을 가지고 있다. 실용주의나 비판적 실재론적 관점에 기반해서도 질적 연구가 수행될 수 있으며, 양적 연구와 질적 연구는 이분법적으로 명확히 구분되어 수행되는 것이 아니라 얼마든지 상보적으로 결합되어 활용될 수 있다는 것이 반대 진영의 핵심 논리라고 할 수 있다.

이와 관련 김병찬 교수 등이 작성한 제10장에 대한 토론을 맡은 권향원 교수는 "과거 사회과학 분야에서 양적 연구가 주류로 인식되고 질적 연구는 비과학적인 접근으로 주변부에 놓여 있었던 시기에, 질적 연구자는 연구방법론의 편향성을 해소하고, 방법[론]의 스펙트럼을 확장하기 위한 일종의 운동가의 성격을 아울러 지[녔다]." 따라서 이 시기에는 "질적 연구방법을 논리적으로 정당화하기 위한 인식론에 대한 심도 있는 기술들이 [질적 연구 수행과 관련된 논의의] 주를 이루었다"고 설명한다. 하지만 "사회과학계에서도 근거이론을 비롯한 다양한 질적 연구방법들이 양적 연구와 보완적으로 혹은 연구주제에 따라 대체적으로 활용될 수 있다는 일종의 상호이해와 합의가 자리 잡힌…… 최근에는 외국 사회과학계에서도 과거의 인식론 중심의 이론적 논의에 천착하기보다는 다양한 비정형 질적 자료를 효과적으로 코딩(coding)하기 위한 분석전략과 소프트웨어 활용 등 기법에 보다 큰 관심이 집중되고 있다"고 주장하고 있다.

질적 연구에 대해 관점을 달리하는 연구자들의 쟁점 사안에 대한 열띤 토론은 앞서 언급했던 Kohler 등(2022)이 적절히 지적한 바와 같이, 향후 질적 연구 접근방법의 다양화를 위해 바람직한 일이라고 생각한다. 이런 관점에서 이 책의 기획 단계에서 고려했던 '내러티브 탐구'와 '현상학적 질적 연구', 그리고 '문화기술지' 등 근거이론적 방법이나 실행연구와는 다른 과학철학적 관점에 기반한 주요 질적 연구 접근방법에 대해 논의하는 장이 적절한 집필진 확보의 한계 등 현실적 사정으로 포함되지 못한 점은 이 책의 편찬을 맡은 사람으로서 몹시 아쉬운 부분이라고 할 수 있다.

마지막 장인 제15장에서는 주영효 교수가 교육행정학 분야에서 양적 연구와 질적 연구를 결합한 혼합방법연구의 가능성과 한계를 논의하면서 이제까지의 논의를 나름의 관점으로 종합하고 있다. 이 장에서 주영효 교수는 선행연구 고찰을 통해 혼합방법연구에 대한 질 평가 영역, 준거, 세부 기준을 구안하고, 『교육행정학연구』 창간호부터 2022년 8월까지 게재된 혼합방법연구 20편에 대해 질 평가를 수행하였다. 이러한 분석결과에 기초하여 제15장에서는 혼합방법연구에서 고려되어야 할 연구방법 및 방법론적 요건에 대한 비판적 성찰, 혼합방법연구에 대한 학회 차원의 관심과 연구의 장려 필요성 등을 향후 혼합방법연구의 활성화를 위한 제언으로 제시하였다.

이와 관련 혼합방법연구의 동향과 관련한 최근의 분석결과(이 책의 제2장 참조)를 보면, 혼합방법연구를 활용한 논문의 비중은 분석 기간(1983~2022년) 전체에 걸쳐 여전히 미미한 숫자로 나타나고 있다. 비교적 최근인 2010~2019년 기간의 경우 직전 기간인 2000~2009년에 비해 약간 증가(12편, 1.83% ⇒ 18편, 3.00%)하는 듯했지만, 가장 최근인 2020~2022년 기간의 경우 2.05%(3편)만이 혼합방법연구를 사용하고 있어 증가세가 오히려 둔화되거나 정체 상태에 있는 것으로 판단된다. 이렇듯 혼합방법연구를 활용한 논문 비율이 적은 것은 ① 일단 연구자들이 혼합방법연구를 수행하기 위해서는 단일 연구방법을 쓰는 것보다 시간과 노력이 많이 들고, 또한 ② 논문의 질적 수준보다 숫자가 중요시되는 작금의 학문 노동시장의 풍토하에서, 혼합방법연구를 활용하여 연구를 수행했다고 하더라도 양적 연구 부문과 질적 연구 부분을 각각 따로 떼어 2편의 논문으로 출간하는 행태가 관행적으로 이루어지기 때문이 아닌가 추측된다.

박선형 교수는 2010년 「교육행정학의 혼합방법연구 활성화를 위한 예비적 논의」라는 논문에서, 당시 우리 교육행정학계에서 이루어진 혼합방법연구를 활용한 논문 중 "엄밀한 의미에서 혼합방법연구의 취지를 제대로 살리는 연구는 거의 없다고 해도 과언이 아니다"라고 주장한 바 있다. 제15장의 분석결과는 비록 2010년 당시에 비해 상황이 다소 개선되기는 했으나, 우리 교육행정학 연구자들의 혼합방법연구 활용방식에 여전히 많은 문제가 있다는 것을 웅변으로 보여 주고 있다. 즉, 이는 현재 교육행정학 분야에서 혼합방법연구를 적용한 연구가 양적으로 부족할 뿐만 아니라, 질적으로도 개선의 여지가 많다는 것을 의미한다고 하겠다.

한편 이러한 내용적인 측면과는 별개로, 이 책이 가지는 또 하나의 중요한 특징은, 각 챕터별로 해당 주제에 전문성을 가진 토론자의 검토 의견을 함께 수록하였다는 점이다. 연구방법론 핸드북 작성과 편찬에 참여한 연구자들 모두가, 결국 학문 발전의 과정은 ① 연구자는 자신이 열심히 학습한 내용을 학문공동체에서 과감히 주장하고, ② 이에 대해 상대 연구자들이 가지는 자기와는 다른 의견과 비평을 열심히 경청하고, ③ 만약 이에 대해 납득되지 않는 부분이 있다면 충분히 성찰하여 다시 반론하고, ④ 그 반론에 대해 비평자는 다시 열심히 성찰하여 반반론을 제기하는 체계적 토론 및 성찰 과정과 이를 통한 집단적 지성의 축적으로 이루어지는 것이라고 믿기 때문이다. 편집자로서는 이러한 각 챕터의 집필자와 토론자들의 진심을 담은 학문적 교류와 상호작용이야말로 이 책의 질적 수준을 한 단계 높이는 데 중요한 기여를 한 핵심적 요인이었음을 믿어 의심치 않는다.

2023년 7월 『교육행정학 연구방법론 핸드북』 출간을 앞두고, 바쁜 중에도 저자와 토론자로 참여해서 이 책의 내용을 충실하게 만들어 준 국내외 대학에 재직 중인 선후배, 동료 교수들에게 편집진을 대표하여 진심으로 감사의 말씀을 드린다. 특히, 이 핸드북에는 교육행정학 분야의 학자들뿐만 아니라 교육학의 다양한 세부 전공 분야, 나아가 교육행정학과 가족 유사성을 가지고 있는 행정학계의 저명한 연구자들이 참여하여 연구방법론 분야에서 학제적 교류의 가능성을 보여 주었다는 점에서 커다란 의미가 있다고 생각한다. 편집진의 한 사람으로서 이 분들의 헌신적인 노력이 아니었다면 이번 핸드북 출간이 결코 쉽지 않았을 것이라고 생각한다. 이 중에서도 2020년부터 지난 3년간 연구방법론 공부를 함께 하면서 이번 핸드북 발간까지 고락을 함께 한 연구방법론 위원회의 선후배, 동료 교수들, 특히 박선형 회장, 송경오 학술위원장에게는 이 지면을 빌려 특별한 감사의 말씀을 드린다.

항상 느끼는 것이지만 학자는 함께 공부하고 교감하는 학문공동체의 동료가 가까이 있을 때 진정한 행복함을 느끼는 것 같다. 그런 측면에서 힘들었지만 COVID-19 팬데믹의 와중에도 매월 한 번씩 온/오프라인으로 모여 연구방법론 공부를 계기로 함께 마음으로부터의 교감을 할 수 있도록 해 준 '연구방법론 위원회'라는 교수들의 자발적 공부 모임은 앞으로도 지속적으로 발전시켜 나가야 할 우리 교육행정학회의 중요한 전통으로 남겨 놓을 필요가 있을 것이다.

2023년 7월
『교육행정학 연구방법론 핸드북』 집필진을 대표하여
2022년 한국교육행정학회 학술편찬위원회 위원장
변기용 씀

차례

제1부
교육행정학의 이론화: 과학철학과 연구방법론의 쟁점

제2부
양적 연구방법 교육 및 활용 실태와 발전 방향

제3부
질적 연구방법 및 혼합 연구방법 활용 실태와 발전 방향

제1부

교육행정학의 이론화:
과학철학과
연구방법론의 쟁점

제1장

교육행정(학) 이론 발달의 과학철학 쟁점과 연구방법론 논점*

박선형(동국대학교 교수)

* 발표 논문 작성을 위하여 연구자가 작성한 선행연구(박선형, 1999, 2000, 2002, 2006, 2010a, 2010b, 2011, 2012, 2022; Park, 1997, 1998, 1999, 2001a, 2001b) 일부를 부분 활용하였고, 영역 주제에 맞춰 핵심 내용을 새롭게 추가 확대하여 심화 발전시켰다.

귀한 토론과 유의미한 제언을 제공해 주신 윤견수 교수님께 개인적으로 감사를 드린다.

요약

이 장은 서구 교육행정학계에서 발생한 이론화과정과 관련 쟁점의 주요 핵심을 반추하면서 이론의 포괄적 정의 정립의 가능성을 확인하고, 이론 발달의 과학철학 쟁점과 방법론적 논점을 체계적으로 탐구하는 데 초점을 둔다. 이러한 목적을 달성하기 위해서 교육행정학 이론 발달에 강력한 영향력을 행사하였던 역사적 사건인 '이론화운동'의 핵심 내용과 쟁점 및 관련 논쟁을 주도하였던 대표 학자들의 주요 주장을 체계적으로 개괄한다. 이어서 제반 사회과학의 관련 선행연구에 기초하여 열린 이론의 정의와 유형(학)을 살펴보고, 이론구축 과정의 과학철학 토대(존재론, 인식론)의 상호관계성과 관련 쟁점(과학철학에 대한 오류적 사고, 과학적 실재론 vs 비판적 실재론) 및 연구수행의 성공적 실행을 총괄하는 연구방법론 관련 논점(현상과 자료의 차별적 구분, 귀납법과 연역 논증의 한계, 가추논증 기반의 이론구축 등)을 포괄적으로 검토한다.

[주제어] 교육행정 이론 발달, 이론화운동, 이론의 정의와 유형, 과학적 실재론과 비판적 실재론, 가추 기반 이론화

1. 들어가는 말

이론은 실제 상황 속에서 적용·검증되면서 성장 진화한다. 역으로 실제는 이론적 기제에 의해서 당면 문제점이 진단·해결되면서 개선 발전된다. 따라서 이론과 실제는 상호 불가분의 포섭관계 속에서 공진화한다. 한편, 제반 학문의 이론 발달은 시대정신과 현장요구를 반영하면서 학문공동체 내 개별 학자의 진리탐구 활동과 논쟁 기반의 학술담론 교류를 통해서 체계적으로 이루어진다. 교육행정학도 예외가 아니다. 서구 교육행정학계의 경우, 물리학과 같은 경성과학의 성격을 표방하고자 일단의 미국 학자들이 1950년대부터 행동과학·논리실증주의 기반의 '이론화운동(the Theory Movement)'을 주도하여 전통 교육행정학의 학문성격과 이론체계를 확립하는 데 크게 기여하였다. 이에 대한 반발적 흐름은 1970년대부터 2000년대 초반까지 캐나다, 호주 등의 영연방국가 학자들과 유럽철학에 관심을 표명한 일부 미국 학자들에 의해서 주도되었다(Bates, 1980a; Evers & Lakomski, 1991; Foster, 1986; Greenfield, 1975; Ribbins, 1993a). 이들은 이론화운동의 핵심 교의(예: 가설연역 체제, 사실과 가치의 이원적 구분 등)를 적극 비판하면서 다양한 대안적 시각(주관주의, 비판이론, 포스트모더니즘, 자연주의 등)을 조직과학과 지도성 영역 등에서 다양하게 전개·발전시킨 바 있다. 1980년대의 Griffiths-Greenfield-Willower의 논쟁은 이를 상징적으로 확인할 수 있는 기념비적인 학술적 사건이라고 할 수 있다.[1]

그러나 최근 들어 서구 교육행정학계의 이론화과정 학술담론은 그 이전 시기와 비교해 볼 때 매우 상반되는 상황에 직면해 있다. 관련 논의 활성화의 상대적 미흡과 더불어 내용 수준과 적용 범위 등에 있어 공공행정학, 경영학, 조직과학 등 타 학문 분야(Emerson, 2022; Sandberg & Alvesson, 2021)에 상응하는 심층적 깊이와 영역적 포괄성을 충분하게 확보하고 있지 못하고 있기 때문이다. 이러한 현상 촉발 요인에 대해서는 다양한 기술적 설명(학문공동체 내 탐구주제의 다변화, 인식론적 다양성 대두, 다원주의 출현, 현장 문제 해소에 대한 우선적 관심 등)이 가능하다. 그럼에도 불구하고 가장 현실적인 설명적 추론은 교육행정 이론 발달과 관련 논쟁을 주도하였던 핵심 학자들이 최근 들어 유명을 달리했거나 정년퇴임했다는 사실이다(〈표 1-3〉 참조). 제반 학문의 이론 발달은 개별 학자들의 활발한 연구 활동과 관련 결과물 생성·공유 및 이에 대한 후속학문세대의 발전적 활용·개선을 통해 이루어진다. 따라서 전통적 시각의 이론체계 확립과 대안적 관점의 학술 논쟁을 주도하였던 선도학자들의 시대적 퇴진은 해당 주제에 대한 학문공동체의 관심 저하와 학술담론 쇠퇴를 초래한 결정적인 계기가 되었다고 볼 수 있다. 이와는 대조적으로 교육행정학 이론 발달 참조 학

---

[1] 보다 자세한 내용은 박선형(1999, 2002, 2012) 참조.

문기제로서 자주 회자되는 공공행정학과 경영학 및 조직과학 분야의 경우, 이론화 논쟁 관련 담론은 해당 학문공동체 내의 쟁점 주제로서 현재까지도 지속적인 관심의 대상이 되고 있다(Emerson, 2022; Lowndes, Marsh & Stoker, 2017; Sandberg, 2021; Shepherd & Suddaby, 2017; Riccucci, 2010).

그동안 국내 학계에서도 교육행정학 학문토대 구축을 위한 이론 발달기제의 다양성 탐구와 연구방법론 활성화 방향을 포괄적으로 구명하려는 체계적인 노력이 있어 왔다(박선형, 2012; 변기용, 2018; 신현석, 2009). 그러나 치열하게 관련 논쟁을 진행하였던 서구의 학계와 비교하여 볼 때 논의의 '내적 열기와 양적 지속성'은 상대적으로 매우 미약하였다. 이는 매우 우려스러운 상황으로 인식될 필요가 있다. 이론 발달의 성공적 수행과 관련 연구결과의 체계적 집적 및 적합한 연구실행을 위한 방법론 정립은 모든 학문공동체의 존재 이유이기 때문이다. 동시에 개별 학문의 상대적 위상과 연구수행 성과의 질적 수준을 결정하는 필요충분조건이기 때문이다(박선형, 2022: 31).

이 장은 서구 교육행정학계에서 발생한 이론화과정과 관련 쟁점의 주요 핵심을 반추하면서 이론의 포괄적 정의 정립의 가능성을 확인하고, 이론 발달의 과학철학 쟁점과 방법론적 논점을 체계적으로 탐구하는 데 초점을 둔다. 이러한 목적을 달성하기 위해서 교육행정학 이론 발달에 강력한 영향력을 행사하였던 역사적 사건인 '이론화운동'의 핵심 내용과 쟁점 및 관련 논쟁을 주도하였던 대표 학자들의 주요 주장을 먼저 개괄해 보고자 한다. 이어서 제반 사회과학의 관련 선행연구에 기초하여 열린 이론의 정의와 유형(학)을 살펴보고, 이론구축 과정의 과학철학 토대(존재론, 인식론)의 상호관계성과 관련 쟁점(과학철학에 대한 오류적 사고, 과학적 실재론 vs 비판적 실재론) 및 연구수행의 성공적 실행을 총괄하는 연구방법론 관련 논점(현상과 자료의 차별적 구분, 가추 기반 연구방법철학 등)을 포괄적으로 검토한다.

2. 전통적 교육행정 이론: 이론화운동과 가설연역 체제 및 비판점

1) 전통적 교육행정이론: 이론화운동과 논리실증주의 및 행정 원리들

[그림 1-1]과 같이 현재 서구의 교육행정학 이론 발달은 관찰·경험적 증거를 강조하는 실증주의·행동과학적 접근, 현상학·해석학 등을 포괄하는 주관주의(subjectivism), 마르크시즘을 현대적으로 재해석한 비판주의, 맥락 차이와 상황적 독특성을 강조하는 포스트모더니즘(postmodernism), 후기실증주의 사조로서 정합주의 인식론과 과학적 실재론을 표방하는 자연주의(naturalism) 등의 다양한 과학철학 관점들에 입각하여 이루어지고 있다.[2]

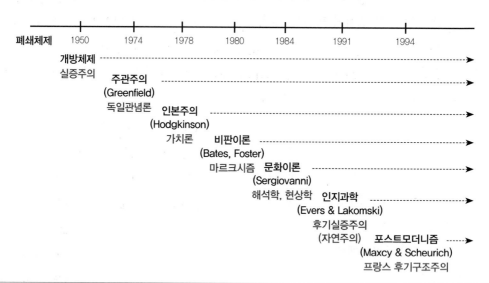

교육행정의 이론 발달 단계

[그림 1-1] 교육행정학의 이론 발달과 과학철학 배경
출처: Evers & Lakomski(2000: 6)를 수정·보완.

실증주의 교육행정이론이 체계적으로 성립된 역사적 계기는 1957년 Chicago 대학교의 미중서부 행정센터(the Midwest Administration Center)에서 개최된 '교육행정이론' 세미나이다. 기능주의 사회학의 거두인 Parsons를 비롯하여 교육행정학의 행동과학 접근을 확립한 1세대 학자인 Hemphill, Griffiths, Getzels, Campbell, Halpin 등이 당시의 학술모임에 참석하였다. 이들은 고전 조직이론인 과학적 관리론, 인간관계론, 관료제 등과는 차별화되는 자연과학 연구 수준의 엄정한 이론체계를 확립하여 교육행정학의 지식 기반을 강화하려는 학문적 노력을 기울였다. 이는 '신운동(the New Movement)' 또는 '이론화운동(the Theory Movement)'으로 명명되고 있다. 핵심 주장은 크게 "가설연역 연구, 보편개념으로서의 행정, 교육체제에 대한 행동과학 접근, 조작주의, 윤리적 가치 주장 배척"으로 요약된다(Culbertson, 1983: 15; Evers & Lakomski, 2000: 4; Griffiths, 1985: 3). 당시 시대정신이었던 논리실증주의[3]는 이론화운동의 주요 논점을 형성하는 데 지대한 영향을 미쳤다. 조직심리학자인 Herbert Simon은 1945년 『행정행태론(Administrative Behavior)』을 출간하여 논리실증주의에 기

---

2) 교육행정학 분야에서의 포스트모더니즘 관련 사항은 박선형(2002), 신현석(1996), 자연주의는 박선형(2000, 2004) 참조.

3) 논리실증주의는 당대의 유명 철학자였던 M. Schlick, R. Carnap, O. Neurath, H. Feigl, H. Reichenbach 등이 결성한 비엔나 서클이 1920년대와 1930년대 초에 발달시킨 철학 사상이다. 논리실증주의의 가장 핵심적 내용은 '의미의 검증이론(the verification theory of meaning)'이다. 이 이론이 뜻하는 바는 수학이나 논리학처럼 분석적이거나 관찰과 같은 감각경험에 의하여 경험적으로 검증될 때에 한해서만 의미가 있다는 것이다. 따라서 경험적 근거에 의하여 검증할 수 없는 형이상학, 윤리적 문제나 미적 관점 등은 학문의 대상이 될 수 없다고 주장하였다. 따라서 논리실증주의 기반의 전통적 교육행정학 이론은 학문 관심과 연구 대상에서 경험적 검증이 불가능한 가치는 철저하게 배제하고 오로지 사실 문제 구명에만 전념하게 되었다.

반의 행동과학 연구토대를 확립하는 데 결정적인 영향을 미쳤다.[4] 동 저서는 교육행정학 이론 발달을 위한 고전적 참조기제로 지금까지도 적극적으로 회자되고 있는 상황이다.

Simon은 행정의 핵심을 의사결정 과정(decision-making processes)으로 간주하였다. 그는 인간은 한정된 사고능력, 즉 제한된 합리성(bounded rationality)으로 인하여 무결점의 완벽한 의사결정을 성취하기가 어렵다는 사실을 간파하였다. 따라서 Simon은 제한된 합리성 내에서의 '만족스러운' 의사결정을 성취하는 것이 행정조직의 효과적인 설계를 위해 필수적이라고 생각하였다. 이를 위해서 그는 무엇보다도 의사결정 과정의 사실 영역과 가치 측면을 엄격하게 구분하여 오로지 전자만을 충실하게 다루어야 한다고 주장하였다. 즉, 가치적 주장은 경험적 근거에 기초하여 옳고 그름을 판단할 수 없기에 가치 영역은 연구 대상에서 전적으로 제외되어야 한다는 것이다(Simon, 1976: 45-46). 그는 행정과학과 의사결정 영역이 보다 학문적으로 성장ㆍ발전하기 위해서는 논리실증주의를 '출발점'으로 설정하여야 함을 역설하였다. 이러한 관점에서 Simon(1976: 37)은 실증주의 기반의 행정이론의 최우선 과제를 다음과 같이 명기한 바 있다.

> 행정이론의 첫 번째 과업은 이론 적합성에 근거하여 행정적 상황들에 관한 기술적 묘사를 허용하는 일련의 개념들을 개발하는 것이다. 이들 개념들은 과학적으로 유용해야 하고 반드시 조작적으로 작동 가능해야 한다. 즉, 개념의 의미들은 경험적으로 관찰 가능한 사실들과 상황들에 대응해야만 한다.

관찰 가능한 사실들의 체계적 분석을 최우선시하고 가치 영역을 배제함으로써 '행정이론의 과학성'을 제고하려 하였던 Simon의 학문적 시도는 교육조직의 효과성 제고와 효율성 향상에 전념하던 서구(특히, 미국) 교육행정학 1세대 학자들에게 강력한 영향력을 행사하였다. 대표적인 교육행정학자는 Simon과 거의 동시대를 살았던 Daniel Griffiths를 들 수 있다.

Griffiths(1957)는 이론화운동을 주도했던 당시에 작성한 논문(Towards a theory of administrative behavior)에서 이론은 경험적 수단들에 의하여 전적으로 정당화되기 때문에 사실적인 내용들만을 다루어야 한다고 주장함으로써 Simon의 논리실증주의 관점을 적극적으로 지지하였다. 그는 이론은 사실의 논리적 조직체로서 귀납적이고 연역적 성격을 가지며, 관찰을 출발점으로 이론형성이 시작되며 사실이 이론의 기초이자 결과임을 밝히고 있다. 따라서 이론은 전적으로 경험적 수단들에 의해서 최종적으로 타당화되기 때문에 오로지 이론의 활용은 증명 가능한 사실적 내용에 국한되어야만 한다고 주장하였다. 동시에 행정행위의 '당위성(oughtness)'은 행정가들이 준

---

4) Simon은 이 저서로 인하여 1978년 노벨경제학상을 수여받았다. 그는 1980년대 이후 의사결정과 인지과학의 연계성 구명에 관심을 기울이면서 인공지능 연구에 매진하여 초기 인공지능 연구의 선구자로 자리 매김하였다. 인간의 제한된 합리성과 의사결정의 심리적 토대를 강조한 Simon의 초창기 학문적 업적은 1990년대 이후 행동경제학 출현을 촉진하는 직접적인 계기로 작용하였다.

(1917~1999)

출처: Lutz(2000).

출처: www.amazon.com

[그림 1-2] Daniel Griffiths와 대표 저서

수해야 할 일련의 가치에서 연유하는데, 과학은 그 자체로 윤리적 중립성을 표방하기 때문에 만약 과학이 사회의 윤리적 개념들과 연계된다면 (행정)과학은 존재하지 않을 것이라고 설파하였다(Griffiths, 1957: 366). 이러한 맥락에서 Griffiths(1964: 98)는 비엔나 서클의 논리실증주의자들, 특히 Herbert Feigl이 제시한 이론적 관점을 전적으로 수용하였다. Feigl에 따르면 이론은 수학적이면서 논리적인 방법에 의하여 보다 큰 일련의 경험적 법칙들이 도출될 수 있는 전제들의 집합으로 간주된다. 이론 연구방법은 이미 실증된 법칙들이라고 볼 수 있는 이론에서 연역적으로 도출한 법칙을 가설로 삼아 이를 다시 경험적 · 귀납적으로 검증하려는 가설연역적 접근(Hypothetico deductive approaches)으로 규정된다.

이론실행 과정을 가설연역 체제로 정의하면서 행동과학 기반의 이론화운동을 주도한 학자들은 당시 유행했던 과학철학 사조인 논리실증주의가 교육행정 지식 기반의 견고성을 향상시키기 위한 과학적인 절차를 제공하였다고 믿었다. 특히, 기존의 일화적 증거나 행정가의 '통속적 지혜'에 의존하던 기존 교육행정학 연구를 탈피하여 이론의 체계적 과학화가 가능하다고 보았다. 예컨대, 국내 교육행정학 관련 대다수 저서가 지금까지도 공통적으로 소개하고 있는 Mort의 '교육행정 원리'는 경험적 법칙을 결여한 대표적인 상식적 신념 사례로 간주되었다. Mort는 법률 구조, 운영 유형, 재량 행위 3개 측면에서 학교행정 문제를 성공적으로 해결할 수 있는 '상식적 판단의 원리' 14개와 '균형 잡힌 판단 원리' 및 '경험적 지식의 원리'로 구성된 총 16가지 교육행정 원리를 기술한 바 있다.[5] Mort의 관점에서 보면, '균형 잡힌 판단(balanced judgement) 원리'는 각 원리들 간의 상호 충돌

___

5) Mort는 상식적 판단의 원리로서 3개 집단(인도적 · 심사숙고적 · 속도적 집단)과 세부 14개의 원리를 제시하였다. 인도적(Humanitarian) 측면의 원리로는 작용적 민주주의(자기에게 영향을 주는 결정에 참여할 권리 보장), 정치적 민주주의(통제력 행사로 영향 받는 이의 관여), 공정, 기회균등 4가지를, 신중한 사고(Prudential) 측면의 원리로는 경제성, 제약과 균형, 자유와 방종, 권위와 책임, 단순성, 충성, 관성 7가지를, 속도(Tempo) 측면의 원리로는 적응성(adaptability), 신축성(Flexibility), 안전성(Stability) 3가

2. 전통적 교육행정 이론: 이론화운동과 가설연역 체제 및 비판점 | **31**

과 내적 갈등 조율 기제로 작동되기 때문에 가장 중요한 비중을 차지한다.

> 대부분의 행정적 문제들은 다양한 원리들의 요구들에 관한 하나의 균형에 의해서 해결되어야만 한다. 가
> 끔은 하나의 문제가 단일한 기본 원리에 의해서 해결될 수 있다. 이러한 이유로 인해 단일한 원리가 논리
> 적 결론을 이끈다면 결과는 종종 모호해진다. 판단은 단일한 힘에 의해서가 아니라 힘들의 결단적 해결(a
> resolution)에 의해서 이루어져야 한다. ······ 판단을 힘들의 결단적 해결로 간주하는 사람은 타협으로 인
> 한 좌절감을 경험하지 않는다. 그에게 있어 이는 타협이 아니라 균형 잡힌 판단이다. (Mort, 1946: 262)

Simon(1975: Ch. 2)과 Griffiths(1957)는 초창기 저술활동을 통하여 Mort류의 이론형성에 관한 상
식 수준의 비과학적 접근(행정학의 경우 Gulick & Urwick의 상호 상충적인 행정원리들)의 내용적 한계
점과 구조적 취약점을 통렬하게 비판한 바 있다. 특히, Griffiths는 이론화운동 이전에 출간된 대부
분의 교육행정학 저작물들이 학교행정의 모든 측면을 다루는 '원리들'을 조직운영의 당위적 안내
지침으로 무비판적으로 수용하여 왔다는 사실을 비판하면서 각 원리들의 내적 충돌 가능성을 지적
하고 있다. 특히, 균형 잡힌 판단을 포괄하는 Mort의 원리론 자체는 개념 토대의 불명료성과 정당
화 근거 부족으로 인해 내생적 한계가 있다고 보았다. 또한, 대부분의 원리들은 내적 일관성을 결
여한 상식적 안내 수준에 머물고 있다고 비판하면서, 제반 원리들이 '관찰 가능'할 때, 즉 증명 가
능한 증거 기반을 확보할 때에 한해서 명확하게 작동할 수 있다고 보았다(Griffiths, 1957: 371-372).
Griffiths(1983: 203)는 논리실증주의는 당시 거부할 수 없는 과학적 이념(scientific ideology)이었으
며, 자신의 초창기 학문 연구이력을 자연과학 분야에서부터 시작하였다는 사실에 근거하여 논리
실증주의 기반의 가설연역적 접근에 대한 열렬한 수용 의사를 다음과 같이 피력하였다.

> 젊었을 때 나는 과학과 수학분야에서 훈련을 받았기 때문에 논리실증주의에 매력을 느꼈다. ······ 논리실
> 증주의 접근은 교육행정학 분야를 구성하고 있었던 자기 봉사적 성격의 품행 추천서, Mort와 Sears와 같
> 은 유사 이론들, 명백한 헛소리에 대한 적절한 해독제였다. (Griffiths, 1985: 49)

요컨대, 당위론적 처방 성격을 표방하면서 상식 수준에서 획득된 일반인의 문제해결 경험을 공
리화하고자 하였던 '행정원리들'은 미국 교육행정학의 학문담론에서 철저하게 배격되었으며 그 결

지를 기술하였다. 이상의 14개 상식의 원리는 단독으로는 실제로 작용하기보다는 반드시 균형 잡힌 판단에 의해서 이루어지 때문에
'균형 잡힌 판단' 원리를 15번째 원리로 추가하였다. 또한 상식의 원리와 균형 잡힌 판단의 원리 사이에는 추상적 원리를 벗어나 실제
적 경험을 토대로 해야만 각 원리의 적용을 더욱 적절하게 할 수 있다는 차원에서 '경험적 지식의 원리'가 작용한다고 하여 이를 추가
해서 총 16개 원리를 제시하였다.

과, 이론화운동 이후에 출간된 미국 교육행정학의 주요 저서에서 Mort의 '행정원리들'에 대한 논의는 자취를 감추게 되었다.

이와는 상반되게 국내 교육행정학 대표 입문서들은 이를 매우 비중 있게 다루고 있다. 이러한 현상은 후속학문세대가 1세대 학자들(백현기, 1958; 김종철, 1970)의 저술 활동 내용을 무비판적으로 수용한 결과에 기인한다.

> 많은 사람이 교육행정을 연구하고 있으나, 그 교육행정을 이행해가는 근본 원리에 관하여 말해 주는 사람은 별로 없다. 교육행정의 기본 원리가 명확하지 않을 때, 현대가 요구하는 원만한 행정상의 문제해결을 기대할 수 없을 것이다. 미국에서 단 한 사람 모-트(Mort) 박사가 여기 관한 전문적 연구를 하여 『교육행정 원리』라는 저서를 내고 있다. (백현기, 1958: 43)

> 실천적 활동으로서의 교육행정에 관하여 규범이 되는 원리를 체계적으로 연구한 것으로는 미국의 교육행정학자 모오트(Paul R. Mort) 교수의 저서가 가장 유명하다. 그는 민주사회에 있어서 교육행정의 운영 면에서 본 기본 원리를 상세하게 논하였다. (김종철, 1970: 45)

교육행정의 과학화와 가설연역 접근에 기초한 실증연구를 확립하면서 행정개념의 일반화를 목표로 하였던 이론화운동 주창자들은 학문공동체 내에서 이론적 엄정성을 결여한 '행정원리들'의 급격한 퇴조를 적극 촉발하였다. 불확실성과 복잡성으로 대변되는 현시대 상황에 있어 '보편적 원리'에 대한 지속적 탐구는 현실적으로 불가능하다. 또한, 이를 달성하기 위한 구체적 방법론도 마땅치 않은 상황임을 고려하면 이론화운동은 교육행정의 과학적 토대 강화라는 시대적 관점에서는 일견 타당한 접근이었다고 평가할 수 있다. 그러나 관찰 가능한 사실에만 근거하여 이론 기반 가설의 경험적 검증 가능성을 편향적으로 확인함으로써 교육행정학의 실증과학화를 달성하고자 하였던 이론화운동은 1970년대 후반부터 후기실증주의의 핵심 교의(관찰의 이론의존성, 이론의 과소결정성 등)에 근거한 대안적 교육행정 이론체계(주관주의, 비판주의 등)에 의해 거센 도전을 받게 된다.

2) 가설연역적 방법과 비판점

가설연역적 방법은 자연과학 분야에서 보편적으로 가장 많이 활용되는 과학적 추론방식으로서 가설검증을 통한 예측 설명에 초점을 둔다. 따라서 실증주의 기반의 행동과학적 접근과 양적 연구 설계(예: 전통 통계학의 유의성 검증 활용)는 반드시 이에 기초해야 한다. 가설연역 방법을 체계적으로 이해하기 위해서는 먼저 귀납과 연역의 내용적 특징을 개괄할 필요가 있다. [그림 1-3]은 두 가

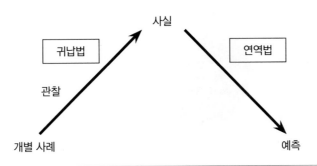

[그림 1-3] 귀납과 연역의 차이
출처: Chalmers(1982: 6).

지 사고방식의 특징을 잘 드러낸다.

과학적 사고에서 귀납은 반복된 관찰에 근거하여 새로운 자료를 수집하고 이를 활용하여 잘 정립된 이론(사실과 법칙)을 강화하는 과정을 지칭한다. 따라서 귀납법은 법칙 규명에 우선적 관심을 가지는 근대과학의 기본적인 논리구조로 작동한다. 귀납주의의 원리는 "다양한 조건 아래서 많은 개별적 사례 A가 관찰되었고, 관찰된 A가 예외 없이 모두 B라는 성질을 가지고 있었다고 한다면 모든 A는 B라는 성질을 가지고 있다"(Chalmers, 1982: 13)라는 논리구조에 입각한다. 예컨대, 개별 사례로서의 백조를 다양한 상황 조건에서 수없이 많이 관찰하였으나 모든 백조가 희었다고 한다면 결론적으로 "모든 백조의 색깔은 희다"라는 일반적인 사실적 법칙이 도출된다. 따라서 귀납은 개별 사례들 총합의 함의 결과에 대한 조사를 통해 보편적 규칙을 추론하여 일반적 결론을 도출하는 데 초점을 둔다.

이에 반하여 연역적 사고는 모든 전제가 참이면 결론이 해당 전제의 틀 안에서 도출되는 구조를 가진다. 즉, 결론은 이미 전제 자체에 암묵적 형식으로 존재한다고 볼 수 있다(모든 사람은 죽는다. 소크라테스는 사람이다. 소크라테스는 죽는다). 따라서 연역법은 그 자체로서 오류가 발생할 수 있는

〈표 1-1〉 귀납과 연역의 삼단논증 사례

	귀납			연역	
사례	• 이 콩들은 이 주머니에서 나왔다.	• 그 여자는 타자를 많이 쳤다.	법칙 (규칙)	• 이 주머니에서 나온 콩은 모두 하얗다.	• 타자를 많이 치면 소매가 반들반들해진다.
결과	• 이 콩들은 하얗다.	• 그 여자의 소매가 반들반들해졌다.	사례	• 이 콩들은 이 주머니에서 나왔다.	• 그 여자는 타자를 많이 쳤다.
법칙 (규칙)	• 이 주머니에서 나온 콩은 모두 하얗다.	• 타자를 많이 치면 소매가 반들반들해진다.	결과	• 이 콩들은 하얗다.	• 그 여자의 소매가 반들반들해졌다.

출처: 김주환, 한은경 공역(2015: 286-287, 356).

[그림 1-4] 관찰의 이론의존성

가능성이 전혀 없는 논리구조이다. 그러나 전제로부터 결론을 반복 도출하는 논리구조 특성으로 인해 새로운 지식성장에는 기여하지 못하는 한계점을 가진다. 삼단논증 형식의 예제에 근거하여 귀납법과 연역법을 구체적으로 상호 비교하면 〈표 1-1〉과 같다.

관찰적 증거 기반의 개별 사실에 근거하여 법칙(이론)의 '상향적' 도출을 목표로 하였던 귀납법은 학문공동체 내에서 가장 오래된 전통을 가진 추론방식으로서 일반화를 달성하기 위한 기본 접근으로 간주된다. 그러나 (논리)실증주의의 급격한 쇠퇴를 초래하였던 후기실증주의의 세 가지 핵심 논제는 귀납법의 정당성을 크게 위축시켰다. 첫 번째 논제는 관찰의 이론의존성이다. 인간의 사물 관찰은 주관적 신념과 개인 해석을 동반하는 경향이 있다. 따라서 동일한 대상에 대한 개별적 해석은 천차만별로 가능하다. [그림 1-4]에서 보듯이 관찰의 이론의존성은 각기 다른 해석(토끼 vs 오리, 색소폰 연주자 vs 사람 얼굴)을 유발하여 관찰증거의 객관성을 현저하게 저하시킨다. 객관적 관찰에 의해 일반 법칙을 도출하고자 하였던 귀납법은 출발점 자체가 무력화되는 한계점에 노출된다. 따라서 관찰 경험에 근거한 법칙 기반의 이론 성립은 난제에 직면하게 된다.

두 번째 핵심적인 후기실증주의 사상은 이론의 과소결정성(경험적 미결정성)이다. 이는 동일한 관찰증거가 여러 상이한 이론들을 동시적으로 확증하는 데 활용될 수 있음을 의미한다. 해당 논제는 온도가 쇠막대기에 길이에 어떠한 영향을 미치는지 확인하는 가상 과학실험을 통해 확인될 수 있다. 온도가 20도일 때 쇠막대기의 길이는 1m인데 온도가 5도씩 상승할 때마다 막대의 길이가 0.0001m씩 늘어나는 경우의 양자 간의 관계는 [그림 1-5]와 같이 표시될 수 있다.

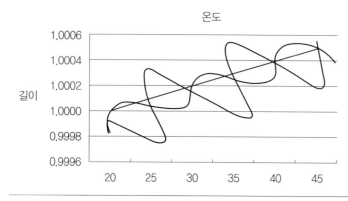

온도(℃)	길이(m)
20	1.0000
25	1.0001
30	1.0002
35	1.0003
40	1.0004
45	1.0005

[그림 1-5] 온도와 막대기 길이의 관계 측정치

그래프에 나타난 쇠막대기 길이와 온도와의 관계는 그래프상에 관찰·측정된 점들에 의해서 확인된다. 이 중 직선은 A, 상향곡선은 B, 하향곡선은 C라고 명명할 경우 온도와 쇠막대기 간의 관계성에 대해서 가장 간결하게 설명할 수 있는 선은 측정된 점을 직선으로 통과하는 A선일 것이다. 그러나 문제는 B나 C선과 같은 무수히 많은 선들이 측정된 자료점(관찰증거)을 통과한다는 사실이다. 이 사실은 동일한 관찰증거가 여러 상이한 이론을 동시적으로 확증할 수 있음을 의미한다. 따라서 수많은 경쟁이론들이 관측된 자료와 양립할 수 있기 때문에 관찰증거에 근거한 실증이론은 경험적 취약성(경험적 미결정성)을 가질 수밖에 없다.

세 번째 귀납법의 한계점을 지적한 후기실증주의 사상은 Karl Popper의 반증주의이다. 반증 사례는 귀납적 논리의 정당화를 근본적으로 부정한다. 앞의 예에서 살펴본 "모든 백조의 색깔은 희다"라는 귀납적 논리와는 다르게 호주에는 까만색의 백조가 실제로 존재한다. 따라서 "모든 백조의 색깔은 희다"라는 보편 법칙은 반박된다. 다시 말해, 개별 사례에 대한 반복적 관찰을 통하여 획득한 일반 법칙(귀납법)은 단 하나라도 반박되는 상충적 사례가 관찰된다면 정당성과 설득력을 상실한다는 것이다.

이러한 맥락에서 귀납적 논리에 근거한 법칙·이론은 보다 광범위한 개연성의 개념으로 대체되게 된다. 절대적으로 참인 일반적 법칙을 주장하는 것이 아니라 개연적으로 참일 수 있는 가설을 근거로 하여 이와 관련된 실증적 자료를 수집하고 수집된 경험 자료들에 의하여 가설이 확증되어 법칙과 이론이 정립되는 가설연역적 접근이 나타나게 된다. Hempel(1966)은 예측·확증 과정을 거쳐서 가설 주장의 진위성이 확인된 후에 가설의 신뢰성이 확보된다고 주장한다.

〈표 1-2〉 가설연역적 접근의 확증 과정과 불확증 과정

확증(confirmation)		불확증(diconfirmation)	
논증	설명	논증	설명
만약 가설 H이면 결과 P임.	H는 P를 의미함.	만약 가설 H이면 결과 P임.	H는 P를 의미함.
결과 P임.	예측이 발생.	결과 P가 아님.	예측이 발생하지 않음.
따라서?	H는 확증되지만 입증되지 않음.	따라서?	H는 반박되며 확실하게 거짓임.

출처: Schvaneveldt(2012: 13).

가설연역적 접근에서 불확증 과정은 가설(H)이 거짓임을 결정적으로 입증한다. 이에 반해 확증 과정은 가설의 참됨을 증명하지 않는다(결과 P가 참인 경우 가설 H가 참이라고 결론짓는 것은 논리적으로 잘못된 후건긍정 오류임). 그럼에도 불구하고 확증과정은 가설을 지지하는 경험적 증거를 확인함으로써 가설에 대한 확신을 증대시키는 역할을 충실하게 수행한다. 교육행정 분야에서 가장 많이 언급되는 가설연역적 접근은 지도성에 관한 행동과학적 접근에서 발견된다(Evers & Lakomski, 2000: 66). 가설연역적 지도성 연구에 따르면 가설적 이론(예: 민주적 지도성과 직무만족과의 관계)은 검증 가능한 경험적 결과(예: 설문지 분석을 통한 실증적 자료)의 과정에 의하여 정당화된다. 가설은 가설이 함축하는 관찰증거(예: 민주적 지도성과 직무만족 간의 높은 상관관계)가 발견될 때 확증되거나 가설반대적 관찰증거가 발견될 때 불확증된다. 따라서 이론은 가설반대적 증거에 의하여 불확증(disconfirmation)되기보다는 가설함축적 증거에 의하여 보다 많이 확증(confirmation)될 때에 한해서 그 이론은 다른 이론보다 더 정당화된다고 본다. 따라서 이러한 가설연역적 접근은 연구자로 하여금 가설확증 사례를 우선적으로 강조하게 함으로써 확증 절차과정의 엄정성을 저해할 가능성이 높다. 이론화운동의 주요 논점을 강력하게 비판하였던 대안적 시각(주관주의, 비판주의 등) 주창자들은 전술된 후기실증주의 사상에 입각하여 가설연역적 접근을 통한 객관성 달성 실패와 경험증거(empirical adequacy)의 이론 미결정으로 인한 이론 선택의 주관적 측면을 강조하면서 전통 교육행정학 이론 발달에 도전하게 된다.

3. 대안 교육행정학 이론 발달과 이론의 정의 및 유형학

1) 대안적 교육행정학 이론 발달 선도자와 대표 논점

일반 학문 분야와 마찬가지로 교육행정학의 학문 발달과 이론 성장 역시 뛰어난 선도학자들의 파괴적이면서 혁신적인 연구 활동을 통하여 달성되고 있다. 학문 각 분야와 전문 영역에서 '원조 시조새'의 역할을 수행한 선각자들의 공적은 다양한 용어로 지칭된다. 영적 지도자(Guru), 선구자(Pioneer), 혁신가(Innovator), 우상파괴자(Iconoclast), 창시자(Originator), 선각자(Luminary), 거두(Big shot), 우두머리(Boss), 대가(Master), 전문가(Expert) 등이 그것이다. 1970년대부터 1980년대까지 교육행정학 이론 발달과 학문적 성숙성에 한 획을 긋는 혁명적 사건이었던 'The Greenfield-Griffiths Debates'의 논쟁 당사자였던 Grriffiths는 전통적 미국 교육행정학계의 거두(Big Boss)로 인정받고 있다. 반면에, Greenfield는 주관주의 시각에서 미국 주류 실증주의 교육행정이론에 대한 최초의 비판적 도전을 실행했다는 의미에서 우상파괴자(Iconoclast) 또는 영적 지도자(Guru)로 간주된다. 일찍이 연구자는 선도학자들이 자신만의 과학철학 관점에서 교육행정학 학문토대를 강화하고 인식론적 지평을 확대했다는 측면에서 [그림 1-6]과 같이 지식창조자라는 호칭을 부여한 바 있다(박선형, 2006). 해당 기제에 근거하여 제반 학술 논쟁을 주도하였던 선도학자들의 학문적 기여점을 국가별 · 학자별 · 이론 내용별로 요약하면 〈표 1-3〉과 같다.

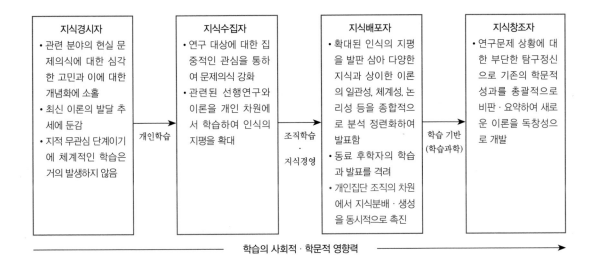

[그림 1-6] 학습문화에 대한 개별 연구자의 태도(좌에서 우로 갈수록 바람직함)

출처: 박선형(2010a: 96).

〈표 1-3〉 서구 교육행정학 이론 발달에 대한 개별 학자의 기여점

국적	학자	역할	주요 공헌점
미국	D. E. Griffiths (1917~1999)	지식 창조	• 이론화운동을 주도함으로써 교육행정학의 실증화 초석을 확립하였으며 미국 교육행정학 이론 발달을 주도했던 1세대로서 Big Boss로 불림. • 교육행정 · 정책 이론 발달과 학교 현장 개선 및 교육지도자 양성을 목적으로 설립된 교육행정대학위원회 UCEA(University of Council of Educational Administration) 설립 · 개발을 주도하였고 수많은 여성학자를 교육행정학계에 입문시킴. • 주관주의 교육행정 이론을 전개한 Greenfield와 '좋은 이론'의 정의와 교육행정학의 과학적 토대(실증주의 vs 반실증주의로서 독일 관념론 영향을 받은 현상학 · 해석학) 및 연구 지향점(객관주의 vs 주관주의)에 대하여 치열한 이론논쟁을 벌임.
	J. A. Culbertson (1918~2007)	지식수집 · 분배	• 49년 UCEA 창립 역사 중 22년간 사무총장의 역할을 수행하여 미국 교육행정학의 현실 적용력을 제고하고 이론연구의 경쟁력을 강화함. • 교육행정학 이론 발달의 대안적 시각(주관주의, 비판주의 등)의 중요성을 최초로 인정한 학자로 간주됨.
	D. J. Willower (1927~2000)	지식 창조	• Daniel Griffiths와 더불어 미국 교육행정학 이론 발달에 핵심적인 기여를 함. • 학부 · 석사과정에서 철학을 전공하였기에 교육행정철학적 시각에서 이론화 논쟁에 참여하여 Greenfield-Griffiths-Willower 논쟁을 주도하였고, 교육행정과학의 성립을 위한 철학적 토대로서 Evers와 Lakomski가 주창한 '자연주의' 시각의 중요성을 적극적으로 소개 · 설파한 바 있음. • 실용주의 기반 교육행정학 이론체계를 확립하려고 노력함.

국적	학자	역할	주요 공헌점
	W. Foster (1945~2003)	지식 창조	• Santa Clara University에서 사회학으로 학사학위, Pennsylvania University에서 교육행정으로 석·박사학위 취득 • 미국 학계에서 Habermas 이론체계에 입각한 비판 교육행정학 이론을 최초로 제시한 학자로 간주됨. • 그의 저서 『Paradigms and promises: new approaches to educational administration』(1986)은 비판교육행정학 이론연구를 위한 대표적 입문서임.
	W. Hoy (생존)	지식수집·분배	• 미국 교육행정학 이론체계의 실증주의 토대를 고수하는 대표적 학자 • C. G. Miskel과 공동 저술한 저서 『Educational Administration』는 전 세계적으로 가장 많이 팔리는 교육행정 개론서(1978년 최초 출간 이후 2022년 현재 8판 출간)로서 한국 교육행정학 출간 저서의 내용체계 구성에도 지대한 영향력을 미치고 있음. • The Ohio State University 명예교수
캐나다	T. B. Greenfield (1931~1992)	지식 창조	• 1974년 교육행정학자 국제방문교환프로그램(IIP)에서 미국의 실증주의 교육행정학 이론을 철저하게 비판하는 '주관주의' 관점을 발표함으로써 대안적 교육행정학 이론의 인식론적 확대를 유도함. • 'The Greenfield-Griffiths Debate'는 교육행정학 이론 발달을 위한 최초의 본격적인 논쟁이었으며, 영국, 캐나다, 호주, 뉴질랜드 등의 영연방국에서 그의 업적은 교육행정학 이론 개발을 촉진한 '코페르니쿠스 혁명'으로 간주됨.
	C. Hodgkinson (1928~2022)	지식 창조	• 행정철학의 선구자로서 동양철학(도교, 유교 등)과 서양철학을 독학하여 지도성과 행정의 가치 내재적 성격을 탐색함. • Greenfield와 더불어 주관주의적 교육행정이론의 주창자로서 가치 이론과 도덕적 리더십 이론의 선구자로 간주됨.
영국	G. Baron (1911~2003)	지식수집·분배	• 영국 교육행정학회 BELMAS 창립 멤버 • 교육행정학자 국제방문교환프로그램과 영연방교육행정학회(Common-wealth Council for Educational Administration and Management: CCEAM) 설립에 지대한 기여를 함. • 1974년도 국제교육행정학회 학술대회(IIP) 개최 주관자로서 Greenfield의 주관주의 논문 발표를 적극적으로 격려하여 대안적 이론 발달을 촉진함.
	P. Ribbins (생존)	지식수집·분배	• 1990년부터 2002년까지 13년간 영국교육행정학 학술지 『Educational Management Administration』의 편집장을 역임하면서 이론논쟁과 대안적 이론체계를 다루는 특별호 발간과 학술쟁점 심층담론을 주도함. • Greenfield가 타계하기 전 개인면담을 진행하여 최고 논문을 선별하여 '우상파괴자'로서 파란만장한 학자적 삶을 영위한 Greenfield의 학문이력을 추모하는 헌정 저서 『Greenfield on Educational Administration』을 공동 저자로 사후 출간함. • University of Birmingham 명예교수

국적	학자	역할	주요 공헌점
호주	W. Walker (타계)	지식수집· 분배	• 29세에 University of Illinois에서 박사학위를 취득한 후 30세에 호주 대학인 University of New England에 호주 최초의 대학원 교육행정 전공과정을 개설·운영함. • 미국 교육행정학 학술지『Educational Administration Quarterly』보다 2년 일찍 호주의 대표 교육행정학 학술지『Journal of Educational Administration』을 창간하였고, 호주 교육행정학회인 ACEA, 영연방교육행정학회인 CCEAM의 전신인 CCEA를 설립하여 호주 교육행정 이론 발달의 선구자로 명명됨.
	R. J. Bates (1941~)	지식 창조	• 뉴질랜드 교사 출신으로서 호주로 귀화하여 비판 교육행정학 이론 발달과 관련 논쟁을 주도한 선도적 1세대 역할을 성공적으로 수행함. • Deakin University 명예교수
	P. Gronn (1946~)	지식수집· 분배	• Greenfield의 학문적 기여를 편집 논문집「Rethinking educational administration: T.B. Greenfield and his critics」(1983) 출간을 통하여 서구 학계에서 최초로 공식화하였으며, Greenfield의 주관주의에 대한 적극적인 옹호자 역할을 자임함. • 2000년대 초 분산적 지도성 연구에 대한 학계의 관심을 촉발시킨 선구자 역할을 수행하였으나 추후 분산적 지도성 개념의 불명료성(지도자와 추종자 간의 관계 등)을 비판하면서 혼종(Hybrid) 리더십 연구를 강조함. • Monash University, University of Glasgow에 재직하였고, University of Cambridge 교육학과 학과장(2011~2014) 역임 후 명예교수로 은퇴
	C. W. Evers (1950~) & G. Lakomski (1949~)	지식 창조	• 확대된 과학의 개념으로서 '자연주의' 시각에서 교육행정학 이론 발달의 과학철학 연원 확인과 인식론쟁점 분석 및 교육행정학 실제 영역에 대한 적용 가능성을 탐구함. • 1990년대 이후 교육행정학의 이론 토대 확대를 선도하고 있는 후보자들로 간주되어 최근까지 학계의 초점화된 논의 대상이 되고 있음. • 자연주의 기반의 교육행정학 이론체계 확립을 위한 3부작 시리즈로『Knowing Educational Administration』(1991),『Exploring Educational Administration』(1996),『Doing Educational Administration』(2000)을 공동 출간하였고, 최근에는 교육리더십의 맥락적 중요성을 인지과학 시각에서 분석한 저서『Why context matters in Educational Administration』(2022)을 동일하게 공저자 형식으로 출간함. • New South Wales와 University와 Melbourne University에 각기 재직하다가 각자 최근 명예교수로 은퇴

출처: 박선형(2006: 12)을 수정 확대함.

〈표 1-3〉의 내용 중에서 이론 발달에 가장 큰 영향력을 행사한 '지식창조자'의 유형을 중심으로 살펴보면 다음과 같다. 우선 미국의 경우 대표적인 학자로 Daniel Griffiths를 들 수 있다. Griffiths는 이론화운동을 주도한 학자 중 한 명으로써 절대왕정(실증주의 교육행정학)의 황제(이론의 아버지)의 자리에 있었다고 보아도 무방하다. 그는 초창기 논문(1957, 1964)을 통하여 교육행정의 실증주의 이

론관 확립을 선도하였으며, 행동과학 기반의 양적 연구 토대 강화에 몰두하였다. 특히, 1991년에는 실증주의 인식론적 시각을 탈피하여 혼돈이론 등의 비전통적 이론을 다루는 미국 『교육행정학연구(Educational Administration Quarterly: EAQ)』 특별호를 편집·출간한 바 있다. 또한, 그는 Greenfield의 유일한 (편)저서가 출간되었을 당시 서평에서 Greenfield가 실증주의 교육행정학 이론체계에 대하여 비판적 역할을 훌륭하게 수행하였다고 평가함으로써 그와 치열한 학문적 논쟁을 벌였던 학자의 지적 도전 역할에 대하여 개인적 헌사와 마음의 존경을 표시하기도 하였다(Griffiths, 1995).

Griffiths와 더불어 미국 교육행정 이론 발달에 핵심적인 기여를 한 거장은 Donald Willower를 들 수 있다. 2000년 1월 타계하기까지 Pennsylvania 주립 대학교의 교육정책학과에 40년간 교수로 봉직하면서 200여 편의 논문을 저술하였으며, 100여 명의 제자(전 세계적으로 가장 많이 팔리는 교육행정 저서의 공동 저자인 W. Hoy도 Willower의 석사학위 제자였음)들이 미국 교육행정학계의 교수로 활동하고 있다는 사실은 그의 학문적 위상을 추론할 수 있는 사례가 된다. 특히, 그는 실용주의를 교육행정의 인식론적 기저로 삼기 위하여 체계적인 노력을 기울인 바 있다. 이론화운동을 주도하였던 1세대 교육행정학자들이 이론의 정의를 논리실증주의에 입각하여 가설연역 체제로 간주하였던 것과는 달리 그는 실용주의적 관점에서 도구적 이론관을 적극 주창한 바 있다. 즉, 이론의 가치는 탐구의 대상으로서 관찰되는 현상을 얼마나 잘 예측하고 설명할 수 있는가라는 실효성(workability)의 관점에서 판단되어야 하며, 이론은 논리적으로 정합적이면서 경험적으로도 충분히 증명 가능하여야 한다는 것이다. 그는 도구주의 이론관에 입각하여 "기본적으로 연구방법은 의도된 연구목적에 부합하기 위한 도구로서 어떠한 제한조건 없이 자유롭게 선택되어야 한다"(1980: 11)라고 주장함으로써 연구수행에 있어서 질적인 연구방법과 양적인 연구방법의 공통적 활용을 강조하는 다원론적 접근법(multi-perspectivism)을 주장하였다(박선형, 2011 참조).

(1927~2000)
출처: JEA(2001).

Donald J. Willower
Joseph W. Licata
출처: www.amazon.com

[그림 1-7] Donald Willower와 대표 저서

지식창조자적 역할을 수행한 세 번째 미국학자는 William Foster를 들 수 있다. 2003년 타계하기까지 Foster는 교육행정학의 비판주의와 포스트모더니즘 발전에 기여한 바 있다. 파키스탄에서 출생하여 호주에서 초등학교를 마치고 미국에서 청소년기를 보낸 그의 다문화적인 성장배경은 사회 정의와 인간 해방을 강조하는 비판주의에 대한 학자적 관심을 증폭시키는 계기가 되었을 것으로 추론할 수 있다. 그의 대표 저서인 『Paradigms and Promises』(1986)는 비판 교육행정학 이론을 연구하기 위한 고전으로서 교육행정가 양성 프로그램의 내용을 사회 정의적 시각에서 재개념화하는 데 커다란 기여를 하였다는 평가를 받는다.

(1945~2003)
출처: UCEA.

출처: 저자 소장 도서.

[그림 1-8] William Foster와 대표 저서

캐나다는 기존의 교육행정 연구방식과 전통이론에 혁명적인 변화를 유발한 걸출한 지적 창조자를 두 명이나 배출한 학문적 축복을 받은 나라라고 볼 수 있다. Thomas Greenfield와 Christopher Hodgkinson이 그들이다. Greenfield는 OISE(Ontario Institute for Studies in Education)에 30년 가까이 재직하면서 전통적인 실증주의적 교육행정이론을 철저히 부정하는 주관주의 이론을 발전시킴으로써 교육행정 이론의 인식론적 지평을 새롭게 확대한 최초의 학자로 간주된다. 일찍이 미국 실증주의 주류 교육행정학의 양적 접근 속에서 교육의 주체인 '인간'의 존재적 물화(reification)를 목격하고, 교육행정과 교육조직에서 독일 관념론 기반의 주관주의 측면(조직은 인간이 구성한 사회적 구성물이다)을 부활시킨 Thomas Greenfield는 초기 이론화운동의 인식론 쟁점 분석(실증주의 vs 반실증주의)과 양적 연구 비판에 매진했으나, 임종을 앞둔 시점에서 교육행정 가치론의 메타적 지위를 체험하게 된다. 그는 사후 출판물 공동 저자인 Peter Ribbins와의 면담 기록에서 다음과 같은 언사를 남긴 바 있다.

개인과 세계에 대한 개인의 이해 역시 궁극적으로는 윤리학과 통합되어 있다. 이것이 내가 지금까지 추구해 왔던 입장이며 처음부터 시작했던 입장이다. …… 위대한 예술과 위대한 사회과학은 반드시 도덕적 내용을 항상 가지고 있어야 한다. 그리고 우리는 이들의 위대성을 이러한 도덕적 내용에 의해서 판단한다. 있는 그대로의 세계를 서술하는 것은 이러한 입장을 거의 반박하거나 부정할 수 없다. …… 이것이 저술 활동에서 내가 그동안 수행하려고 노력하고 있던 것이기도 하다. 즉, 있는 그대로의 세계를 서술하려고 노력하고 있으며, 이에 의해서 창조된 도덕적 수수께끼를 관조하려고 노력하는 중이다. (Greenfield, 1993: 271)

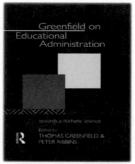

(1930~1992)
출처: WIKIPEDIA.

출처: 저자 소장 도서.

[그림 1-9] Thomas Greenfield와 대표 저서

가치론에 대한 Greenfield의 최종 귀의는 그의 유일한 사후 출판 저서의 부제를 '인문학적 과학을 지향하며'라고 명명하게 되는 주된 이유가 된다. 그러나 주창한 반실증주의적 교육행정 이론과 개인적인 성적 취향(동성연애)은 그의 학문 활동을 주류학문의 세계로부터 철저히 배척당하고 홀로 고립되는 계기를 제공하였다.[6] 학자적 고난의 시기에 학문적 우정과 이론적 지지를 표명해 준 학자는 Victoria 대학교에 재직하였던 Hodgkinson이었다. Greenfield와 Hodgkinson이 상대방의 저서 『Greenfield on Educational Administration & Educational Leadership』 서문에 각자의 학문적 업적을 기리는 헌사를 작성했다는 사실은 이들이 '학문지우이자 영혼의 친구'임을 예증하는 사례이다. Hodgkinson은 철학 비전공자임에도 불구하고 행정과 지도성의 본질적인 가치 지향성을 연구(1978, 1983, 1991, 1996)하여 가치의 위계구조를 주관주의 측면에서 집대성한 바 있다.[7] 2000년대 들어 그의 학문적 업적을 기념하는 헌정 저서(Samier, 2003)가 서구 교육행정학계에서 파괴적 혁신자 역할을 담당했던 선도학자들의 헌정 논문으로 구성되어 출간된 바 있다.

---

6) 미국 교육행정학 연구학술지인 『EAQ』는 1980년 중반 이후 Greenfield의 투고 논문을 심사과정에서 철저하게 배격하였다. 이는 학문공동체의 이론논쟁이 학문권력 향유와 지적 헤게모니 투쟁과 같은 정치적 성격을 근본적으로 내포함을 시사하는 사건이다.

7) Hodgkinson은 학부에서 경제학을 전공하였다. 그의 학문적 영향력과 내용적 깊이는 교육행정학보다는 일반 행정학에서 일찍이 주목받은 바 있다. 행정학의 거두 중 한 명인 Dwight Waldo(당시 하버드 행정대학 학장)가 Hodgkinson을 하버드 대학교 행정학과 학과장으로 지명하려했다는 사실은 유명한 일례이다(Ribbins, 1993b: 21). 그의 가치분류론에 대한 개괄은 박선형(2003)을 참조.

(1928~2022)　　　출처: 저자 소장 도서.

[그림 1-10] Christopher Hodgkinson과 대표 저서

　Hodgkinson는 저술 활동에서 일관되게 경영의 상위 개념으로서 행정(철학)의 중요성을 강조한 바 있다. 이 관점에 따르면 행정은 성찰적 반성, 심의적 숙고, 예술적 기예가 가용되는 질적 영역으로 공적 영역에 필요한 바람직한 본질적 가치를 심층적으로 다룬다. 반면, 경영은 사실적 영역에서 행정이 규정하는 목적 지향적 공공가치를 체계적으로 달성하기 위하여 인적·물적 자원 가용과 성과실행 전략 구안에 초점을 둔다. [그림 1-11]에서 보듯이 정책설계 과정에서 행정은 3P(철학, 기획, 정치)로 대변되는 정책형성을, 경영은 3M(동원, 관리, 조정)으로 구성되는 정책집행을 담당한다(Hodgkinson, 1991).

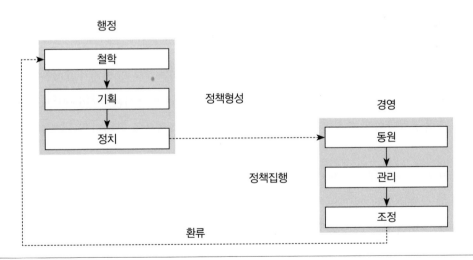

[그림 1-11] 행정과 경영의 차이점과 우선순위적 상호관계성
출처: Hodgkinson(1991: 64).

　그에 따르면 정책형성은 3단계의 행정 영역을 통하여 이루어진다. 철학적 성찰을 통하여 국정 현안을 해결하기 위한 우선적 정책목표를 결정하는 것이 첫 번째 단계이다. 이어서 중간 단계로

서 현재 여건과 미래 상황에 대응하는 기획과정을 통하여 공적 문제해결을 위한 바람직한 정책의 제 대안들을 도출한다. 마지막으로, 선정된 정책의제들에 대하여 각종 관련 이해당사자들 간의 설득적 논의와 참여적 협의를 통해 최종 정책의제를 결정한다. 정책집행은 3단계의 경영과정을 거친다. 첫 번째로 최종 선정된 정책의제의 효과적 실행을 위하여 필요한 인적·물적 자원을 가용하고, 이어서 현장에서 수행성과를 관리한다. 최종적으로 의도한 정책 기대목표와 실행상황 간의 간극을 확인·조정한다. 이 과정에서 의도한 정책목표가 충실히 달성되지 않는 경우, 정책집행 과정의 오류와 문제점 등에 대한 적극적인 환류기제가 작동하고, 이를 체계적으로 반영하여 해당 정책의제의 실행 타당성에 대한 근본적인 철학적 재성찰과 반성적인 숙고적 논의가 다시 활성화된다. 정책과정 설계에 대한 가치 기반 행정(철학)의 중요성을 강조한 Hodgkinson의 통찰력은 교육정책 의제 선정의 투명성, 집행과정의 합리성, 정책수단의 현장 적용 가능성, 환경 여건과 정치 수요자에 대한 대응적 민감성, 행정과 경영의 상호관계 등을 포괄적으로 확보할 수 있는 교육적 시사점을 제공한다고 할 수 있다. 안타깝게도 2022년 그는 유명을 달리하였다.

1970년대 말부터 호주 교육행정학계는 Greenfield의 주관주의를 가장 강력하게 수용한 바 있다. 캐나다와 호주가 영연방국가 소속이라는 역사문화적 공통 배경과 더불어 2000년대 초반까지 호주 학자들이 교육행정학 박사학위 취득을 위해 가장 선호하는 국가가 캐나다였다는 사실은 두 국가 간의 밀접한 학문적 교류를 이해할 수 있는 직접적 단서가 된다. 상대적으로 최근의 이론논쟁을 주도한 호주의 대표 교육행정학자는 Deakin 대학에 재직하였던 Richard Bates이다. Bates는 영국의 신교육사회학과 Habermas의 초기 인식론적 관점에 입각하여 비판적 교육행정 이론을 소개·정립한 최초의 학자로 규정된다. Bates의 특이한 학문적 특징은 국제학술대회(1985a, 1988a)나 논문 모음집(1983, 1985b, 1988b) 등의 학술활동을 통하여 활발하게 비판이론을 전개하였지만 단독 저서를 일절 출간하지 않았다는 사실이다. 그럼에도 불구하고 Bates의 비판이론은 Greenfield의 주관주의와 더불어 교육행정학의 과학철학 토대와 이론 기반을 선구자적으로 확대하였다는 평가를 받는다(Park, 1999).

핵심 주장을 간단히 개괄하면 Habermas의 인식론적 관점에 기초하여 Bates는 교육조직과 행정에 대하여 실증주의적 접근을 적용·개발함에 의해서 효율성과 효과성을 제고하려던 전통주의적 교육행정 이론의 인식론적 정당성을 의심하였다(1980a, 1980b). Habermas와 마찬가지로 Bates(1988a: 10)는 실증주의와 해석학적 지식이 가지는 한계는 해방적 관심에 호소하는 비판과학을 채택할 때 유일하게 해결될 수 있다는 것을 지적하였다. 가치적인 문제들은 경제체제나 정치체제와 같은 사회구조적 요인들을 고려함이 없이는 결코 설명될 수 없다는 것을 파악한 Bates는 교육행정 연구에 있어서 구조적인 요인과 개인적 주관성을 통합하는 대안적 접근이 필요하다고 보고, 변증법적인 비판이론이 이를 위한 가장 적합한 이론체제라고 생각하였다. 다시 말해, 사회구성원 모두가 지향하기를 희망하는 '공통적이면서 호혜적인 사회적 선(예컨대, 사회정의, 민주적 사회, 인간 해방 등)'은 조직과 행정의 민주화를 주창하는 비판이론에 의해서 성취될 수 있다고 보았다. 결론적으로 Bates는 교육행정학은 효율성과 효과성 제고에 관심을 기울이는 경영관리 과학이 아니라 보다 나은 사회건설과 사회정의 실현에 필요한 참여적 민주주의와 인간 해방과 같은 '집합적인 사회적 가치'를 사회에 폭넓게 전파하는 것에 주된 관심을 두어야 하며, 이는 실증과학적 지식과 해석학적 지식에 해방적 인지관심을 지향하는 비판과학을 덧붙일 때 한해서 가능하다고 보았다(Park, 1999 참조).

(1941~)
출처: Bates(1982).

출처: 저자 소장 도서.

[그림 1-12] Richard Bates와 대표 저서

　　Bates 다음으로 호주 교육행정학계에서 지식창조자의 역할을 수행한 학자는 각각 New South Wales 대학교와 Melbourne 대학교에 재직하다가 최근 은퇴한 Evers와 Lakomski이다. 이들은 각각 남성·여성 학자로서 좌뇌와 우뇌의 상호 연계된 포괄적 기능이 전체 두뇌의 강력한 정신력을 발휘하듯이 공동연구 수행을 통해 폭발적인 융합효과를 생성함으로써 교육행정학 이론 발달에 신기원을 이룩한 바 있다. Evers는 원래 순수철학(Quine)을 전공하였으나 Greenfield의 주관주의를 접하게 되면서 교육행정철학으로 학계에 입문하게 되었다. Lakomski는 독일 태생으로 Evers가 학사·석사·박사학위를 취득한 Sydney 대학교의 동일 지도교수에게 석사를 취득(박사는 Illinois Uni.)하였다. 1990년대 이후 두 사람은 공동적 학문 관심과 개인 학연을 바탕으로 '교육행정철학과 과학의 통합'이라는 공동 프로젝트를 시작하였다(Evers & Lakomski, 1991, 1996, 2000, 2022). 이들은 교육행정학 이론 발달의 역사를 과학철학, 특히 인식론적 관점에서 분석하면서 가장 최선의 이론적 기제는 자연주의(또는 자연주의적 정합론)에 있음을 주장하고 있다. 이들이 최근 은퇴할 때까지 자연주의는 서구 교육행정학계에서 가장 뜨거운 학문적 논쟁과 이론적 쟁점의 중심을 차지하고 있다(⟨표 1-3⟩ 참조).

출처: https://melbourne-cshe.unimelb.edu.au/about/   출처: 저자 소장 도서.
fellows/gabriele-lakomski

[그림 1-13] Colin Evers & Gabriele Lakomski와 대표 저서

이들 이외에 교육행정학 이론 발달을 위한 지식 수집 · 배포의 역할을 충실히 수행한 학자로는 Culbertson, Hoy, Ribbins, Gronn 등을 들 수 있다. 이들은 각자의 이론적 관점에 따라서 경쟁이론 중 선호하는 시각을 서구 교육행정학계에 널리 전파시키는 지적 촉매자의 역할을 수행하였다. 그러나 전술된 학자(지식창조자)들을 중심으로 교육행정학의 이론 발달이 주도되었음에도 불구하고 한국 교육행정학계는 이에 대한 관심이 일부 저술 활동을 제외하고는 거의 전무하였다고 볼 수 있다. 그렇다고 우리만의 시각에서 서구 교육행정학 분야와 상응하는 독립된 학문 수준의 "자생적 · 토착적인 이론화 발달이 이루어졌는가?"라는 질문에도 다소 부정적일 수밖에 없다. 이러한 현 상황을 감안한다면 우리의 학습문화와 연구형태는 여전히 다분히 '지식경시자' 수준에만 머물고 있다는 자기 반성적인 진단과 성찰적 회고가 가능하다.

2) 이론의 정의와 유형(학)[8]

국내외를 막론하고 교육행정학 이론 발달과 관련된 여러 경쟁적 시각은 이론의 구체적 정의 제안과 좋은 이론 유형 분류에 대한 적합한 논의를 충실하게 제공하지 못하고 있다. 단지 각자의 관점에서 다양한 이론관을 단정적인 형태로 차별적으로 제시하고 있을 뿐이다. 예컨대, 실증주의 기반의 전통 교육행정학은 이론을 일종의 경험적 관찰증거에 기반한 '가설연역 체제'로 규정한다. 이에 도전한 주관주의는 "세계 안에서의 행위와 세계를 이해하기 위해 사람이 활용하는 일련의 의미 집합"으로 이론을 정의한다(Greenfield, 1975: 77). 비판주의는 이론을 억압구조 타파와 인간 해방을 위한 '실제 개선의 도구'로 간주한다(Bates, 1984). 한편, 후기실증주의를 포괄하는 확대된 과학

---

8) 이론 정의와 의미 규정의 난점 및 제반 쟁점에 대한 상세한 내용은 박선형(2022)을 참조.

의 개념을 강조하는 자연주의는 이론을 '세계에 관한 주장들의 최고 정합적 네트워크'로 한정한다 (Evers & Lakomski, 1996: 139). 제반 과학철학(존재론, 인식론, 가치론)에 관한 다양한 시각과 상충적인 학문지향성(설명 vs 이해, 사실 vs 가치)은 상이한 이론관 생성과 경쟁적 관점 촉발의 원천으로 작용한다. 특히, 교육행정학이 자연과학을 표방해야 하는지 아니면 사회과학(또는 인문과학)을 지향해야 하는지에 관한 경쟁적 담론은 학문공동체 내에서 여전히 치열하게 진행 중에 있다고 볼 수 있다. 이는 이론내용 체계 확립과 발전 방향, 연구방법론 선택과 활용 방법 선호 등을 결정하는 학문의 근본적인 '실재와 적용 경계선'을 다루기 때문이다.

실증주의와 후기실증주의를 표방하는 학자는 교육행정학의 학문 기반과 이론정의를 자연과학 친화적으로 규정할 가능성이 크다. 이에 반하여 반실증주의를 표방하는 연구자는 사회과학이나 인문과학을 교육행정학의 지적 토대로 강조할 경향성이 높다. 이러한 논의 전개는 19세기에 과학을 자연과학과 인문·사회과학으로 이원적으로 구분한 해석학자 William Dilthey의 영향력이 크게 작용하였다. 또한, 상황 관련 요인 간의 상호작용 패턴과 의미의 이해를 강조하였던 Max Weber의 이론체계(일반 법칙 구명에 초점을 두는 자연과학과 다르게 사회과학은 이해 지향적임) 역시 해당 관점을 공고히 하는 데 적극 기여하였다. 20세기 들어서는 자연과학은 사회과학 영역에 적용할 수 없다는 Winch(1958)의 저술 활동 역시 교육행정학을 포함한 교육학의 학문 발달 지향성을 이원적으로 규정(자연과학 vs 사회과학, 설명 vs 이해, 사실 vs 가치)하는 참고 기제로 작동하였다.

이러한 갈등적 논쟁은 고차원의 학문 발전과 체계적 수준의 이론 성장을 위해서는 어찌 보면 자연스러운 현상이라고 할 수 있다. 이론은 시대정신 반영과 더불어 현상 탐구에 대한 제반 경쟁 관점의 연구결과 축적에 따라 진화·발전하기 때문이다. 따라서 학문체계 내에서의 이론 정의의 변화·확장은 특정한 과학철학(예컨대, 실증주의) 중심의 단일 이론관을 강력하게 주창하는 입장과 비교해 볼 때 대안 이론체계 정립과 지식 기반 다양성 확보 및 학문성장 토대 강화에 적극 기여할 수 있다는 장점을 가진다(박선형, 2022: 38). 그런데 흥미로운 사실은 현상에 대한 체계적 탐구방식으로서 '과학'이라는 용어를 어떠한 이론정의 유형을 지지하던지 간에 각 학문 영역별로 공통적으로 활용하고 있다는 점이다. 여기서 제기될 수 있는 본격적 의문은 과학이라는 용어는 학문 영역에 상관없는 전체주의적 포괄성(globalness)을 가지는가 아니면 학문 분야별로 차별화되는 영역 특수성(localness)을 가지는가에 대한 쟁점이다.[9] 반실증주의 관점 옹호자들은 후자의 관점을 채택하는

---

9) 행위자(Agency)의 주관적 활동으로 점철되어 있는 사회현상은 자연현상과 근본적으로 다르다는 주장은 해당 현상과 관련된 이론적 실체(예: 결혼)가 사회구성원에 의해 '구성'된다는 사실을 고려해 보면 나름 일부 설득력을 가진다. 그러나 '과학'이라는 공통 용어를 사용함에도 불구하고 사회현상은 자연현상과 차별되는 특성을 가진다는 이유에 근거하여 과학과는 전혀 다른 독립적인 탐구방식을 적용해야 한다는 논리는 충분한 설득력을 가지지 못한다. '사물과 현상에 관한 보편 원리와 법칙 탐구·해명'을 지향하는 과학이 진리 탐구 목적(현재 수준에서는 가능한 진리 탐구)을 성취하기 위해서는 제반 현상과 학문 영역 모두에 걸쳐 포괄적으로 활용될 필요성이 있다.

경향성이 높다. 이에 대한 반론으로 후술될 자연주의 기반의 과학적 실재론은 '세상이 실제로 존재하는 있는 그대로의 방식(the way the world is)', 즉 진리에 대한 포괄적인 과학적 연구수행(일반성 확립)과 더불어 영역 국부적 탐구(상황 특수성 구명)도 동시적으로 가능하다고 주장한다. 자연과학과 사회과학, 설명과 이해, 사실과 가치 양자 간의 상호 대립관계는 세상이 작동하는 방식에 대한 최선의 설명적 정합성을 갖춘 이론기제 내에서 상호 포섭관계를 구축하는 것이 보다 바람직할 수 있다. 진리탐구와 현장문제 해결은 설명과 이해가 상충하는 이원적 관점보다는 양자가 동시적으로 가용되는 포괄적 이론체계 속에서 효과적으로 달성될 가능성이 높기 때문이다. '열린 이론관'의 학문적 수용은 이러한 가능성의 실현을 한층 더 가속화시킬 수 있다(Abend, 2005).

　이론이 일종의 경험 현상에 관한 자료에서부터 추상화된 이론 수준까지 일련의 연속체상에서 진화 발전한다는 '열린 이론관'은 타 학문 분야의 여러 저작물에서도 공통적으로 발견된다. 예컨대, Alexander(1982)는 이론과 자료를 의사소통의 용이성을 제고하는 분류체계의 일환인 언어적 분석 도구로 간주한다. [그림 1-14]에서 보듯이 이론이라는 용어는 개인 관심사와 특정 선택 지점에 따라 상이하게 채택 활용될 수 있다. 즉, 이론은 과학의 연속체상에서의 구성 요인에 대한 선택 지점에 따라 상이하게 규정되는 상대적 개념으로 간주될 필요성이 있다는 것이다. 그에 따르면 이론은 추상적 수준에서의 형이상학 환경을 대변하며, 자료는 경험 환경을 표상한다.

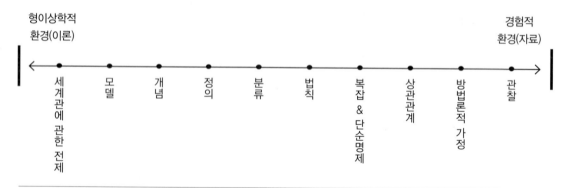

[그림 1-14] 과학의 연속체 및 구성 요인
출처: Alexander(1982: 3), Abend(2005: 190), 박선형(2022: 39).

　이론에 대한 제반 정의 명료성 부족과 유형 분류 미흡 및 관련 연구 실행상 난점의 근본 원인은 이론의 어원(theoria) 자체에서 연유한다는 추론도 가능하다. 이론의 원 뜻은 '주시하고 전망한다' 라는 의미를 가진다. 세계를 조망·성찰하는 방식을 제공한다는 이론의 어원적 성격은 결국 개별 학문의 이론화는 학문공동체의 관심과 개인 학자별 선호에 따라 선택적으로 활용되는 상이한 세계관(과학철학)과 다양한 연구방법론에 의존할 수밖에 없음을 시사한다. 이는 다양한 이론적 정의에 대한 개방된 이론관의 적극적 수용과 동시적 혼용이 발생할 수 있음을 의미한다. Abend(2005)는 Alexander(1982)의 논의를 기초로 하여 이론 정의의 명료성 부족과 유형 분류의 난점은 존재론 · 인식론적 다원주의를 수용할 때에 한해서 해소될 수 있다고 주장한다. 연구자의 관점에서 보면 이러한 주장은 마치 'Anything goes'라는 철학적 무정부주의를 이론화과정에 초래할 수 있는 위험성을 가진다. 다양한 이론체계 발전과 학문성장의 지식 기반 확대를 촉진하기 위해서는 이론에 대한 '열린 정의'의 필요성과 적용 가능성은 인정된다. 그러나 이론화과정을 실질적으로 달성하기 위해서는 철학적 다원주의보다는 각 연구자가 선택한 이론적 시각의 존재론 · 인식론적 전제의 투명성, 상이한 철학적 시각에 대한 관용적 수용성, 비판적 공적 담론을 위한 참여 준비성 등을 한층 더 강화하는 것이 필요해 보인다. 학문성장은 결국 학문공동체 내의 활발한 학술담론 교류와 비판적 평가 및 참여적 결과의 공유에 근거하기 때문이다.

　정치과학자 Dowding(2015)은 최신 저서 『The philosophy and methods of political science』에서 이론정의에 대한 보다 전향적인 입장을 밝히고 있다. 그는 이론의 구체적 정의보다는 '이론 유형'에 대한 정확한 분류의 중요성을 강조한다. 이론은 모든 유형의 설명적 주장이나 개인적 추측을 대표할 수 있는 일반적 용어로 규정될 수 있기 때문이다. Dowding은 정치학 분야에서의 이론 유형 분류가 네 가지 형식으로 가능하다고 주장한다(2015: 72).[10] 일종의 패러다임으로서 세상을 바

〈표 1-4〉 (정치학의) 이론 유형

유형	내용	사례
관점적 이론 (Perspectival theories)	• 세상을 바라보는 구체적인 방법과 질문 생성 -생성된 질문에 답하는 것과 관련된 특정 방법을 사용하는 경향성을 가짐	• 합리적 선택 이론, 담론 분석, 복잡성 이론
설명적 이론 (Explanatory theories)	• 결과 유형을 설명하려는 모델	• 주인-대리인 이론, 네트워크 모델
규범적 이론 (Normative theories)	• 사회세계가 어떻게 조직되어야 하는지에 대한 철저한 상술	• 공리주의, Rawls의 정의론
3개 이론 결합	• 특정한 관점과 규범적 입장을 취하고, 사회가 작동하는 방식을 설명하기 위한 주장	• 제도주의, 다원주의, 마르크스주의, 페미니즘

출처: Dowding(2015: 72).

---

10) Dowding은 일종의 '열린 이론관'의 입장에서 이론적 · 방법론적 다원주의를 지지한다. 따라서 그의 네 가지 이론유형 분류는 여타 사회과학 분야에서도 동일하게 적용될 수 있다. 해당 범주화가 현실적으로 불가능한 단일한 이론정의 확인에 대한 과몰입을 방지하면서 연구수행 과정에서 적합하게 활용될 수 있는 네 가지 이론유형 분류의 중요성을 강조하기 때문이다.

라보는 방법과 질문 생성에 초점을 두는 관점 기반 이론, 결과에 대한 모델로서의 설명이론, 세계의 당위적 작동방식을 탐구하는 규범이론, 앞의 3개 유형을 합친 혼합이론이 그것이다. Dowding의 논점은 이론 관련 난점(이론의 정확한 정의의 필요성과 학문 영역별 이론 정의의 상이성)을 우회하면서 이론 유형의 내용체계 및 구조적 특성을 확인할 수 있는 통찰력을 제공한다는 장점을 가진다. 그러나 동시에 각 이론 유형이 상호 중복성을 배제한 채 개별 정체성과 형태 독자성을 엄정하게 유지할 수 있을 것인가에 대해서는 여전히 의문의 여지가 있을 수 있다.

한편, Sandberg와 Alvesson(2021: 488-489)은 학문공동체 내에서 일반적 법칙 규명을 위한 설명적 이론이 유일한 이론정의로 학계에서 단독 수용되는 경우 이에 부합하지 않는 여타 이론은 배척될 것이라고 경고한다. 또한, '실증주의 기반 독점적 이론관으로 인해' 현실 문제에 대한 다차원적 이해 확보 실패, 이론화 전개 방식의 협소화 발생, 이론검열 통제장치 작동 등으로 지식성장 저해 발생 등의 인식론적·정치적·실천적 문제가 야기될 것이라고 주장한다. 이들은 이론의 다층적 활용과 정의의 모호성이 제반 학문의 공통 특성임을 유념하면서 포괄적이면서도 동시에 명료한 이론관을 확인할 수 있는 다섯 가지 이론 유형을 〈표 1-5〉와 같이 제시하고 있다.

〈표 1-5〉 이론 유형의 유형학

이론의 구조적 요인	이론 유형				
	설명	이해	질서 부여	확립하기	도전
목적	현상 설명	현상 이해	현상 범주화	현상 (재)생산	현상 도전
현상은 다음과 같이 지칭됨.	• 대체로 '외부'에 주어진 것	• 사회적으로 정의되지만 대체로 주어진 것	• 불확정적이면서 모호한 것	• 과정 절차를 거쳐 구성된 것	• 관점들과 어휘들을 통해 구성되고 재구성된 것
개념적 질서 기제	• 논리적 관련 변수	• 의미체제, 심층 해석	• 유형화	• 현상의 (재)생산 과정의 역동적 (진화적·변증법적 등) 순서	• 현상에 관한 도발적이고 시선을 사로잡는 기제
적합성 준거	• 무엇을, 어떻게, 왜, 누가, 언제, 어디서 • 경험적 정확성과 검증 가능성	• 사람들이 자신의 실재와 스스로를 어떻게 이해하는지에 대한 포괄적인 설명 • 이러한 설명을 넘어서서 인식할 수 없는 주요 측면이나 질을 명시	• 이론적으로 도움이 되는 현상에 관한 유형화	• 현상이 (재)생산되는 핵심 과정의 논리를 명확하게 조명	• 새로운 질문과 사고방식을 촉발하고 열기 위하여 현상을 재기제화함.

이론의 구조적 요인	이론 유형				
	설명	이해	질서 부여	확립하기	도전
목적	현상 설명	현상 이해	현상 범주화	현상 (재)생산	현상 도전
경계 조건	• 누가, 언제, 어디서? • 영역 지정 및 일반화를 목표함.	• 이론이 지칭하는 현상의 정련된 의미, 특정 집단설정에 중점, 일반화 가능성 주의	• 유형론은 기본 구조적 차원에 국한되지만 상당히 광범위한 목표를 가짐.	• 현상이 지속적으로 (재)생산되는 과정	• 연구 공동체 내 특정 사고방식의 근본적인 초월
경험 주의	• 이론은 자료에 반드시 맞아야 함.	• 자료는 이론을 위한 그럴듯한 지원을 제공해야만 함.	• 유형론은 경험적 실재를 초월하지만 질서 부여를 광범위하게 지지하고 차별화를 요청함.	• 자료는 현상의 (재)생산적 과정에 대한 이론의 명료화를 지원해야만 함.	• 자료는 부분적으로 도움이 되는 것으로 간주되며, 어느 정도의 신뢰성이 필요하지만 이론은 실재를 반영하기보다 사고방식과 관점을 확장함.
지적 통찰력	• 인과관계가 있는 변수 설명	• 현상의 특정 의미들	• 현상이 어떻게 얽혀 있는지에 관한 유형학	• 현상의 (재)생산에 관한 과정적 논리	• 도전적 관점

출처: Sandberg & Alvesson(2021: 496).

첫 번째 유형은 전통적 설명에 초점을 두는 이론으로서 실증주의 관점에 해당한다. 둘째는 현상 이해에 우선순위를 부여하는 해석학에 주로 부합하는 이론 유형이다. 질서 부여의 기능을 담당하는 세 번째 이론 유형은 이론적으로 유용한 방식으로 현상을 범주화하는 데 초점을 둠으로써 다섯 가지 이론 유형 모두에서 발견되는 형태이다. 네 번째 유형은 이론 확립을 강조하면서 다양한 방식으로 현상을 재생산하는 데 초점을 둔다. 행위자 네트워크 이론과 같은 법적·대화적·담론적·상호교섭적·상호작용적 연구에서 발견되는 형태이다. 마지막 유형은 현상을 대안적 관점에서 파괴적으로 재구성하는 데 관심을 두면서 이론을 촉발·자극하는 형태이다. 현상의 재구성과 기존 지식에 도전하는 비판이론과 동일한 목적을 공유하는 여타 이론들이 여기에 해당한다. 이러한 이론 유형학은 이론연구 담론의 활성화와 대안적 이론체계 확립 촉진 및 상이한 이론관에 대한 학문 공동체의 수용성과 학자적 민감성을 한층 강화시키면서 문제 현상에 대한 다원적 설명과 심층적 이해를 동시적으로 확보할 수 있는 출발점이 될 수 있다. 요컨대, 연속체 관점(자료에서 모델을 거쳐 추상적 이론까지)의 열린 이론관 수용과 더불어 다섯 가지의 이론 유형에 대한 인식 확대는 교육행정학 이론 발달과 학문성장을 위한 필수 불가결한 '기본값'으로 간주될 필요가 있다.

4. 교육행정학 이론 발달의 과학철학 쟁점

과학의 의미는 "사물의 현상에 관한 보편적 원리·법칙을 구명·해명하는 것을 목적으로 하는 지식체계"이다. 철학은 어원상 '지혜에 대한 사랑(philosophia)'이라는 의미로서 이원적 학문 구분 (자연과학 vs 인문·사회과학)을 초월한 포괄적인 학문 영역을 지칭한다. 두 용어의 결합 형태인 과 학철학은 과학 분야의 기초, 방법, 적용 등에 관해 연구하는 철학의 분과 학문으로 규정된다.[11] 약 10여 년 전에 박선형(2012)은 교육행정학의 지식 기반 강화와 이론 실천적용력 제고 및 미래 발전 가능성 확보는 존재론, 인식론, 가치론에 대한 과학적 접근과 철학적 접근이 상호 융합하는 통섭 적인 '교육행정철학'을 통해서 구현될 수 있음을 역설하였다.[12] 전술된 과학과 철학 및 과학철학의 제반 의미를 고려해 보면 '교육행정철학'의 학문토대 강화와 인식지평의 확대를 위한 유의미한 출 발점은 과학적 탐구 관련 제반 요소의 타당성을 체계적으로 연구하는 과학철학의 활성화에 있다고 볼 수 있다. 과학철학은 과학적 연구를 수행함에 있어서 철학의 전통 구성 영역인 존재론, 인식론, 가치론에 대한 '진리'를 탐구한다. 각 영역에 따른 교육행정학 탐구문제를 예시적으로 제시하면 〈표 1-6〉과 같다.

과학철학의 쟁점은 존재론, 인식론, 가치론 세 개 영역에 관한 경쟁적 관점과 이론적 시각의 차 이에 따라 다양하게 전개될 수 있다. 예컨대, 교육행정가의 가치 지향적 자세와 윤리적 심미성을 강조하는 경우는 가치와 사실의 이원적 분리를 반대하는 반실증주의 인식론적 입장을 취하게 되

〈표 1-6〉 교육행정학에서의 존재론과 인식론 및 가치론 적용 예시

영역	탐구문제
존재론(ontology)	• 교육행정현상(예: 교육조직, 지도성 등)은 객관적으로 존재하는 실체인가? 아니면 우 리 인간 정신체계의 주관적 산물인가?
인식론(epistemology)	• 교육행정현상(예: 교육조직, 지도성 등)은 경험적 자료에 근거하여 실증적으로 표상 되는가? 아니면 교육조직에 직접 관여되어 있는 구성원의 주관적 관점에 의해서 구성 되는가?
가치론(axiology)	• 교육행정가의 바람직한 삶의 기준은 무엇이며, 의사결정은 어떠한 도덕적 원칙과 가 치판단 기준에 근거해야 하는가?(보편적 원칙 vs 상황적 원칙)

출처: 박선형(2012: 57).

---

11) https://100.daum.net/encyclopedia/view/178XXXXX00066
12) 교육행정철학은 "교육행정의 본질과 궁극적 목적을 심층적으로 연구하면서 교육행정 과정 전반에 필요한 지식 기반과 가치체계를 탐구하고 교육쟁점에 대한 실천 방안을 체계적으로 탐색하는 종합학문(기술성＋규범성)"으로 정의된다(박선형, 2012: 57).

며, 존재론에 있어서도 실재론보다는 관념론을 채택할 가능성이 높다. 따라서 과학철학 수행과정은 세 가지 철학 영역에 관련된 제반 철학적 '주의(isms)'와 관련된 주요 논점과 핵심 쟁점으로부터 결코 자유로울 수가 없다. 그런데 여기서 주의해야 할 사항은 상이한 '주의'의 핵심 내용체계와 범위 경계선이 상호 중복되거나 심지어 동일한 '주의' 내에서도 매우 상이한 관점이 도출될 수 있다는 것이다. 사회과학의 제반 학문 영역에서 이론정의에 대한 다양한 접근과 관련 담론이 존재하듯이 과학철학 분야에 있어서도 공통 합의된 최선의 단일 접근 방식은 존재하지 않는다. 개별 학자는 현상에 대한 자신의 학문적 관심과 문제의식 및 선호도에 입각하여 풍부한 지적 전통과 과학철학의 유산을 자유롭게 활용할 필요가 있다.

그러나 이 차용 과정에 있어서 특정 '주의'의 관점에 지나치게 매몰되는 교조주의와 일종의 시야 협착증(the tunnel vision)의 함정을 인지해야 한다. '주의'는 다양한 학자들의 문제 현상에 대한 각자의 해석과 상이한 주장을 모아 놓은 일관되지 않은 요약적 진술에 불과하다(Dowding, 2015: 14). 특정 '주의'를 수용했다고 해서, 모든 현상을 해당 관점에서만 분석하려는 시도는 현실적으로 실현 가능성을 확보하기가 어렵다. 문제 현상의 배경 맥락 파악 소홀과 연관 개념 경시를 초래하기 때문이다. 이러한 맥락에서 Dowding(2015: 9)은 '주의'는 '진정한 본성'을 가질 수 없다고 단언한다. 그는

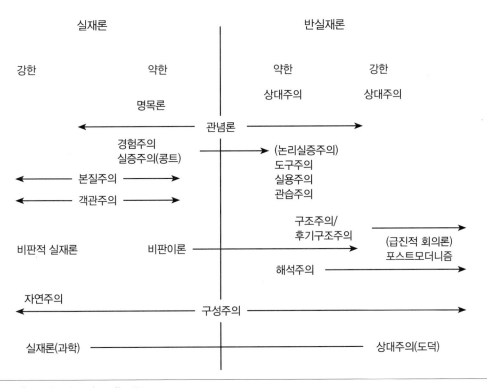

[그림 1-15] 과학철학 '주의(isms)' 지형도

출처: Dowding(2015: 10).

〈표 1-7〉 과학철학과 주요 접근 비교

	해석주의	합리론	경험주의	실증주의	후기실증주의	포스트모더니즘/비판이론
존재론	•상대주의 -지식과 의미는 해석의 행위임. -삶과 세계처럼 실제는 분리가 불가함.	•연구자의 마음이 실제임. -마음은 신에게서 유래함.	•연구자와 실제는 분리됨.	•(소박한) 실재론 -연구자와 실재는 분리됨. -보편적인 것은 존재하고 실재함.	•비판적 실재론[13] -연구자와 실재는 하나이고 동일실제임.	•상대주의 -반실재론, 회의론, 결합주의, 평등주의, 실용주의
인식론	•지식은 상호적 -재관성은 존재하지 않음. -모든 진리는 사회적 구성물이며 문화 제한적임.	•이성은 지식의 주요 원천임. -지식은 생득적임. -마음 경험, 의견, -선험적 지식	•객관적 실제는 내성적 지각, 감각, 과거 경험에서 발생함. -가치 중립성 -사후적 지식	•객관적 실재는 인간의 마음을 벗어나서 존재함. -가치 중립성 -연역주의	•지식을 갖춘 재관성. -실제는 존재함. 그러나 완전히 이해되고 설명하기에는 너무 복잡함. -경험적 반증	•지식은 이념적 편견 제거에 의존함. -보편적 진리의 탐구는 불가능함. -진리는 문화적·사회적으로 구성됨.
지식관과 해당 사례	•지식은 마음을 통한 해석에서 도출됨. -텍스트의 해석 (예: 정부 문서, 법률을 통해 쓰여진 단어의 의미 파악) -공무원의 누적된 내용분석 -공공조직의 내부 작업을 조사하기 위해 민속지학 사용	•지식은 이성을 통해서 획득됨. -공공행정에서 이성과 역할에 대한 규범적 담론 -공공행정이 범하거나 의미에 대한 개념적 분석 -공무원의 도덕적 책임에 대한 메타윤리 분석	•지식은 감각을 통해 획득됨. -정부 내 여성 집중에 대한 기술적 연구 -회귀선 관료의 행동을 도출하기 위해 통합방법 사용 -공무원 또는 조직의 모범사례	•지식은 경험적 검증과 설 검증을 통해 획득됨. -일선 관료행동에 대한 정영 실제의 효과를 테스트하는 실험연구 -공공영역과 민간영역의 조직성과의 차이점을 설명하는 회귀방법 분석 -성별이 공무원 급여를 설명하는 데 도움이 되는지를 검증하기 위한 구조방정식 모델분석	•지식은 추측을 통해 획득되고 반증의 대상이 됨. -공공가치가 공공정책에 반영되는 정도를 결정하기 위한 Q 방법의 사용 -계약제도가 조직성과에 영향을 미치는지 여부를 결정하기 위한 혼합방법 사용 -공공행정 개혁을 충분히 이해하기 위해 혼합방법 사용	•지식은 사회적 구성을 통해 획득됨. -주류 개념의 비판적 분석 또는 해체 (예: 민주적 책무성) -정의의 본질에 대한 비판적 분석과 거버넌스에의 관한 과학적 접근의 정치적 함의점 -공공행정이 성역할에 관한 페미니즘적 담론
방법론	•해석학, 근거이론, 현상학, 개인 중심적	•개념주의, 사변, 상식적 추론, 수학적 추론, 비판적 추론	•관찰, 가설검정, 삼각측정, 혼합방법	•기관 중심적, 연역적으로 유도되되 가설 가설의 경험적 검증, 검증	•삼각측정, 혼합방법, 수정된 실험	•마르크스주의, 비판이론, 급진적 시각, 탐구성주의, 기호학, 페미니스트 비판
기록기법	•질적	•질적	•질적/양적	•양적	•질적/양적	•질적
방법	•민속지학, 실천연구, 기술적 사례연구, 내용·내러티브 분석	•개념적 분석, 규범적 담론, 메타윤리적 탐구	•사례연구, 현장연구, 스토리텔링, 내러티브, 모범사례	•회귀분석, 구조방정식 모델링, 실험연구	•민속지학, 내러티브, 스토리텔링, 참여적 정책분석 사례연구, 현장연구, Q 방법론, 질적 비교분석	•문화기술론, 역사적 에세이, 변증적 분석, 현상연구, 담론 분석, 사례연구

출처: Riccucci(2010: 47-48).

이러한 사실을 고려하여 학문공동체 내에서 특정한 관점과 '주의' 기반의 논쟁 전개는 특정 편견 지향적 태도를 양산한다고 비판한다. 따라서 비판적 학술담론은 특정 철학적 관점에 전적으로 의존하기보다는 논리적·개념적·경험적으로 잘못된 주장에 대한 모순 논증 분석과 이에 대한 철저한 비판적 성찰에 초점을 둘 필요성이 있다. Dowding의 제언은 '주의' 기반의 백가쟁명식 다원주의 접근의 위험성(예컨대, 상대주의)을 최소화할 수 있는 실천적 지혜로 간주될 필요성이 있다. 과학철학의 주요 '주의'에 대한 지적 지형도는 [그림 1-15]와 〈표 1-7〉과 같다.

철학적 다원주의가 초래할 수 있는 상대주의를 극복하고 특정 '주의' 중심의 교조주의적 접근을 해소하기 위한 또 다른 실천 방안은 연구자 스스로가 채택·수용하고 있는 과학철학, 특히 존재론과 인식론 및 연구방법론에 대한 명확한 입장을 표명하는 것이다. 연구자는 관심 현상과 연구문제의 성격에 따라서 다양한 '주의'의 관점을 선택적으로 활용할 수 있다. 그러나 다양한 철학적 사상(주의)에 대한 편의적·무비판적 차용은 정교한 이론화과정 발달을 촉진하기보다는 근본적으로 저해할 개연성이 높다. 학문 발달과 지식 성장은 학문공동체 내에서의 투명한 논리 기반과 엄정한 증거 중심의 비판적 학술담론 교류 활성화에 의해서 적극적으로 촉진된다. 과학철학의 다원주의나 사상의 편의적 차용은 문제 현상의 본질적 구조와 생성기제 설명에 있어 선택적 증거와 맞춤형 논리를 유발할 가능성이 높다. 따라서 연구자는 모든 것이 좋다는 양시론 기반의 누더기식 짜깁기 형태의 연구 지향성을 극복할 필요가 있다. 존재론과 인식론 및 연구방법론 등에 대한 연구자 스스로의 정합적 관점 확립은 이를 위한 안내적 참조기제로 작동할 것이다. 이를 위해서는 교육행정 학문공동체 내에서 과학철학 전반과 경쟁적 관점에 대한 연구자의 심층적 이해 확보와 문제 적용을 위한 관련 교육이 우선적으로 선행될 필요가 있다.[14]

연구자의 관점에서 교육행정 연구수행에 있어 공통적으로 발견되는 제반 철학사상과 과학철학 관련 오개념과 편향적 오류를 개괄적으로 제시하면 다음과 같다. 첫째, 논리실증주의를 실재론과 동일시하는 관점이다. 실증주의와 다르게 논리실증주의는 과학철학 지평에서 거의 소멸한 것으로 간주된다. 핵심 교의인 '의미의 검증이론'은 오로지 관찰 가능하고 논리적으로 증명 가능한 것만이 실재한다고 규정한다. 따라서 논리실증주의는 전자와 쿼크와 같은 육안으로 관찰할 수 없는 객관적 실체의 존재성을 부정한다. 이러한 입장은 과학적으로 오도된 주장이며 '소박한(또는 조야한) 실재론(naive realism)'으로 지칭된다. 현대적 의미에서의 실재론은 과학적 실재론이다. 최신 과학적 이론은 관찰 가능하지 않은 실체(예: 일반 상대성 이론의 산물인 블랙홀의 존재가 100년 지난 시점인

---

13) 후기실증주의 존재론의 '비판적 실재론'은 Roy Bhaskar의 비판적 실재론(critical realism)이 아니라 소박한 실재론(naive realism)을 적극 '비판'한다는 의미에서 비판적 실재론임.

14) 교육행정 전공 교육과정 운영상에서 교육행정철학(또는 과학철학) 관련 강좌가 개설·운영되는 경우는 매우 희소하다(박선형, 2012: 56).

2019년 증명 사례)의 존재 여부조차도 궁극적으로는 성공적으로 구명할 수 있다고 보는 관점이다. 이 시각에서 보면 관찰 가능한 실체와 관찰 불가능한 실체 간의 구분은 단지 불명료한 개념적 분류일 뿐이며, 논리실증주의는 반실재론에 속하는 것으로 규정된다. 따라서 논리실증주의를 실재론 진영으로 구분하는 것은 과학철학에 대한 대표적 오개념이라고 할 수 있다.

둘째, 후기실증주의를 실증주의의 아류 또는 동가의 개념으로 간주하는 입장이다.[15] 통상적으로 후기실증주의는 적용 범위에 있어 두 가지 용법을 가진다. 첫 번째는 해당 용어의 영어 단어에서 추론할 수 있듯이 광범위한 접근이다. 즉, 실증주의 이후에 나타난(또는 실증주의의 주요 교의를 비판하면서 대두한) 모든 철학사상(해석학 전통, 비판주의, 포스트모더니즘 등)을 지칭한다. 이에 반해 후자의 관점은 적용범위가 상대적으로 협소한 시각이다. 이 관점은 실증주의의 한계점을 수정·극복한 보다 정교하게 상향된 실증주의를 지칭한다. 두 가지 관점 중 사회과학 분야의 일반 용례는 후자의 관점을 더 많이 채택하는 경향이 있다. 따라서 실증주의에 대한 비판(사실과 가치의 분리, 관찰경험과 실증적 검증을 통과한 지식만이 참된 지식)은 후기실증주의에 단순 적용될 수 없다.

셋째, 과학과 실증주의 및 과학만능주의(scientism)를 동일시하는 시각이다. 과학만이 참된 지식을 제공하며 인간의 모든 문제를 해명할 수 있다고 주장하는 과학만능주의(scientism)와 사물의 현상에 관한 보편적 원리 탐구와 일반적 법칙 구명을 목적으로 하는 과학은 그 성격상 차별적으로 구분할 필요가 있다. 과학은 세계의 패턴과 규칙성을 체계적으로 파악하려는 인간 지적 행위의 정수로서 인류가 성취한 최대의 지적 자산이다. 따라서 과학은 학문공동체 내에서 일방적으로 비판·무시되기보다는 더욱 존중받아야 마땅하다. 그런데 학계에서는 과학만능주의와 과학을 동일시하는 오류에 더해서 과학과 실증주의를 상호 동가의 개념으로 간주하는 성향도 발견된다. 이는 잘못된 오류적 사고이다. 과학적 연구는 다양한 철학적 접근이 활용 가능하다. 실증주의, 구성주의, 포스트모더니즘, 비판이론, 후기실증주의 등의 관점에서 다양하게 접근될 수 있다. 여기서 중요한 요점은 어떠한 유형의 과학철학 사상과 이론적 학파를 추종하느냐의 문제가 아니라 스스로의 학자적 관점 설정과 이론 체계성 확립에 있어서 얼마나 명료한 논리와 투명한 증거를 과학철학의 존재론과 인식론 차원에서 정합적으로 제시할 수 있는가의 문제이다. 연구자가 생성하는 연구물의 질적 수준은 결국 논리적 투명성과 증거의 정합성에 의해 판별되기 때문이다.

넷째, 엄밀한 의미에서의 지식체계의 생성과 구조 및 한계를 다루는 철학적 인식론(philosophical

---

15) 또 다른 오해가 발생할 수 있는 용례는 실증주의와 경험주의의 동가적 혼용이다. 경험주의는 관찰 감각경험을 통해 획득한 지식(따라서 귀납적 방법의 본성과 정당화를 심층 탐구함)을 강조하면서 경험적 지식과 경험적 대상의 연계성에 대한 인과적 관계에 초점을 둔다. 실증주의는 감각경험의 논리·수학적 검증만을 통과한 사실 기반의 과학적 지식만을 강조한다. 서양철학 발달사에 있어서 경험주의는 콩트류의 실증주의, 행동과학, 논리실증주의를 포괄한다. 따라서 경험주의는 실증주의와 비교해서 핵심 교의나 적용범위가 상대적으로 보다 광범위하며, 서양 주류 철학의 대표적 사상으로 정립되어 있다.

epistemologies)과 '인식이나 이해 및 알고 있는 내용을 의미'하는 지식의 일반적 혼용 사례이다.[16] 철학적 인식론은 지식을 '정당화된 참된 신념(Justified True Beliefs)'으로 간주한다. 여기서 쟁점이 되는 부분은 참된 신념을 '어떻게 정당화'할 것인가, 즉 정당화 근거 확인의 문제이다. 전통적으로 기초주의 인식론(foundationalism)은 정당화의 근거로서 절대 불변의 인식론적 토대를 가정하였다 (경험론은 관찰을 통해 얻은 감각자료, 합리론의 경우는 순수이성을 강조하였음). 절대불변의 완전한 인 식론적 출발점을 부정하는 반기초주의(anti-foundationalism)는 후기실증주의 진영에 속하는 주관 주의, 비판주의, 실용주의, 포스트모더니즘, 자연주의 등이 해당된다. 실증주의(특히, 논리실증주의) 는 이론적 신념체계로부터 독립되는 감각자료(sensed data)와 사실적 판단이 확실한 논리체제를 인 식론적 토대로 삼았다는 점에서 기초주의에 해당한다. 이에 반하여 대안 이론들은 실증주의가 근 거하고 있는 감각자료의 불완전성을 지적하면서 다양한 관점에 입각하여 각 시각의 인식론적 정당 성을 체계적으로 확보하려고 노력하고 있다. 예컨대, 주관주의의 '의미에 대한 해석', 비판이론의 '이상적 담론 상황', 포스트모더니즘의 '거대담론 분석을 위한 언어의미 구조 해체', 실용주의의 '도 구주의 과학', 자연주의의 '인지뇌과학 시각' 등이 그것이다. 학문연구 수행에 있어서 각 연구자는 어떠한 관점을 교육행정학의 학문적 체계성 확립을 위한 정당성의 기반으로 활용할 것인지를 명료 하게 밝힐 필요성이 있다. 지식체계 구축과 이론정립 과정 및 정책대안 개발은 인식론적 기반의 타 당성이 분명하게 확보될 때에 한해서 가능하기 때문이다. 교육행정학 연구 발전에 있어서 개별 학 자의 투명한 '인식론적 정체성'이 선행적으로 확립되지 않는다면 이론체계의 내용적 타당성에 대 한 증거적 기반은 약화될 수밖에 없다(박선형, 2012: 62-63).

다섯째, 존재론과 인식론의 상호관계성에 대한 잘못된 이해이다. 교육행정학의 전통적 이론논 쟁(the Greenfield-Griffiths Debate)의 성격은 근본적으로 학문 발달을 위한 올바른 지식 근거 확인과 정당한 이론내용 체계 확립을 위한 인식론적 쟁점에 관한 것이었다. 이와는 대조적으로 존재론에 관한 심층적 분석이나 관련 쟁점 연구는 교육행정학 분야에서 거의 존재하지 않는다. 앎의 대상으 로서의 존재론과 존재 대상에 대한 앎의 방식으로서의 인식론은 불가분의 필연적 관계를 가질 수 밖에 없다.[17] 그런데 이론논쟁 관련 선행연구물에서 자주 발견되는 오류는 인식론을 마치 존재론 과는 상관없이 철저하게 독립된 개별 영역으로 간주하거나 혹은 존재론은 인식론에 의해서 결정된 다는 관점(특히, 구성주의)이다. 세계가 있는 그대로의 방식(the way the world is)을 탐구하는 존재론

---

16) 교육행정학의 체계적 이론 발달을 위한 대안적 접근의 필요성과 방법론적 다양성을 강조하는 선행연구물(특히, 질적 접근 관련 선 행문헌)을 살펴보면, 개별 연구자 자신들의 인식론적 관점은 일절 밝히지 않은 채 '인식이나 이해 수준'의 지식이라는 단어를 철학 적 인식론과 동가의 용어로 환치시켜 사용하는 경우를 자주 보게 된다.

17) 존재론은 세계에 존재하는 것과 그것이 어떻게 존재하는지를 탐구한다. 이원적으로 존재를 의미하는 그리스어 on과 '설명, 과학, 이론'을 의미하는 logos의 결합에서 파생되었다. 인식론은 지식에 본질과 성격 및 한계를 다룬다. 해당 용어는 '지식 또는 과학'을 의 미하는 그리스어 epistēmē와 '설명, 과학, 이론'을 의미하는 logos의 연계를 통해 생성되었다(Buch-Hansen & Nielsen, 2020).

은 연구결과가 실제로 존재하는 문제 현상 구명에 얼마나 충실했는지를 판단하는 진리판별 기준으로 작동한다. 그리스 어원인 '참된 앎(epistēmē)'에서 유래한 인식론은 실재(와 문제 현상), 즉 존재에 관한 접근 방식으로서 지식의 성격과 정당화 조건을 다룬다. 따라서 인식론은 결국 연구결과의 적합성과 이론 발달 과정의 기본 토대를 제공한다. 과학철학 관점에 따라 존재론과 인식론 간의 상호 우위성(즉, '존재론 〉 인식론 vs 존재론 〈 인식론' 쟁점)에 대한 상이한 의견이 도출될 수 있지만(예컨대, 실재론은 전자, 구성주의와 같은 반실재론은 후자) 존재론과 인식론이 결코 분리될 수 없는 상호 연계적 관계를 가진다는 사실은 부정되지 않는다.[18]

과학이론 발달사를 보면 인간의 인식체계에 의해서 세계가 존재하는 그대로의 방식(the way the world is)인 실재가 정확하게 구명된 사례는 흔하게 찾아볼 수 있다. 대표적인 예는 연소 현상에 대한 과학적 설명이다. 연소 현상(존재론)은 산소 이론(인식론)에 의해서 정확하게 구명되었다. 이러한 과학적 역사 사례는 있는 그대로의 존재는 우리의 인식체계에 의해서 '발견'되는 것이지 새롭게 만들어지거나 구성될 수 없음을 시사한다. 연소 현상 구명을 위해 경쟁하던 산소 이론과 플로지스톤 이론 중 참된 지식은 전자이며, 후자는 근거가 없는 주관적 신념(doxa)으로 귀착되었다. 이러한 판명은 결국 있는 그대로, 실제 존재하는 방식인 존재론에 의해서 결정된다. 즉, 존재론은 인식론에 선행한다(박선형, 2022: 50).[19]

여섯째, 〈표 1–6〉의 각주에서 확인할 수 있듯이 후기실증주의 존재론을 비판적 실재론(critical realism)으로 단순 규정하는 오류이다. 과학적 실재론의 수많은 형태 중 한 유형이 비판적 실재론임을 감안하면 이러한 관점은 일부 참된 성격을 가진다. 그러나 후기실증주의는 존재론으로서 비판적 실재론을 포괄하는 과학적 실재론(scientific realism)을 표방한다. 과학철학 문헌상에서 과학적 실재론은 '주의의 가족유사성' 성격을 반영하여 수많은 유형이 존재한다.[20] 따라서 비판적 실재론

---

18) 교육학 분야의 질적 연구자, 특히 Guba 등은 인식론적 상대주의와 형이상학적 상대주의를 혼용하는 측면이 있다. 첫째 논제는 배경적 신념, 경험 등과 같은 개념적 틀들이 사물 인지에 영향을 미친다는 의미이다. 둘째 논제는 존재하는 실재는 지각의 개념적 틀들에 의해서 파악된다는 주장을 강조한다. 두 가지 유형의 상대주의는 밀접한 상호연관성을 가지지만 반드시 서로를 필연적으로 내포하지는 않는다. 그러나 Kuhn 등의 이론에 영향을 받은 일단의 질적 연구 주창자들(예: 사회적 구성주의자)은 인식론적 상대주의가 형이상학적(존재론적) 상대주의를 필수적으로 수반한다는 의견을 과도하게 주장하는 경향성이 있다. 보다 자세한 논의는 박선형(2000)을 참조.

19) 교육행정학 분야에서 주관주의(Greenfield)나 유사한 관점인 구성주의는 인식론에 대비되는 존재론의 우선적 지위 부여에 대해서 거세게 반발할 가능성이 크다.

20) 과학적 실재론의 제반 유형은 다음과 같다. Cliff Hooker의 자연주의적 실재론(naturalistic realism), Mario Bunge의 물질실재론(hylorealism), Roy Bhaskar의 비판적 실재론(critical realism), Ilkka Niiniluoto의 비판적 실재론(Bhaskar CR과 차별화되는 전혀 다른 버전), Richard Boyd의 가추적 실재론(abductive realism), Ian Hackingd의 실체 실재론(entity realism), John Worrall의 구조적 실재론(structural realism), Ron Giere의 관점적 실재론(perspectival realism), J. D Trout의 측정된 실재론(measured realism), Anjan Chakravartty의 준실재론(semi-realism) 등이다(Haig, 2014: 17). 최근 들어 경제학 분야에 과학적 실재론을 적용하고 있는 Uskali Mäki의 국부적 실재론(local realism)도 주목받는 관점이다(후술될 예정임). 이외에 Jonh Anderson의 상황적 실재론(situational realism)도 실재론 관련 문헌에서 소개되고 있다. 한편, Guba와 Lincoln이 자신들의 저서 『Naturalistic Inquiry』(1985)

은 과학적 실재론의 한 가지 유형에 불과할 뿐이다. 비판적 실재론과 과학적 실재론을 동일시하는 오류는 과학철학 패러다임별 내용체계 분류를 제시하는 국내외 관련 연구물에서 매우 흔하게 발견되는 현상이다. 질적 연구 활성화에 기념비적인 역할을 수행하였던 연구물(Handbook of qualitative research)에 출간된 Guba와 Lincoln(1994: 109-110)의 논문(Competing paradigms in qualitative research)은 이러한 착각을 의도하지 않게 사회과학 분야에 확산하는 계기를 제공하였다. 이들은 실험설계 연구의 대가인 Cook과 Campbell(1979: 29)의 (소박한) 실재론에 대한 비판적 주장(인간의 불완전한 감각 능력과 부족한 지적 능력에 의해서 실재에 대한 타당한 인과관계를 정확하게 지각할 수 없음)에 근거하여 후기실증주의의 존재론을 '비판적 실재론'으로 명기하였다. Cook과 Campbell(1979: 92)은 논리실증주의가 표방하는 소박한 실재론에 대한 비판적 대안으로서 다양한 실재론 유형을 제시한 바 있다. 비판적 실재론, 형이상학적 실재론, 구조적 실재론, 논리적 실재론이 그것이다. 여기서 주목해야 할 요점은 Cook과 Campbell이 비판적 실재론만을 전통적 실재론에 대한 유일한 대안으로 제시하지 않았다는 사실이다.

비판적 실재론의 주장은 실재론의 대표 유형인 과학적 실재론(scientific realism)과 명확하게 구분되는 입장이다. 전자는 실재가 외부적·독립적으로 존재하는 동시에 사회적·역사적으로 구성된다는 가정에 기초해 있다. 따라서 실재의 다층성과 구성주의 인식론을 병행한다. 이에 반해 후자는 실재는 인간의 마음과 이론 구성 및 해석적 활동과는 상관없이 객관적으로 외부에 존재한다는 입장을 견지한다. 또한, 최신의 과학적 이론은 관찰 가능하지 않은 실재의 존재 여부조차도 성공적으로 구명할 수 있다는 입장을 표방한다. 그러나 이 경우에도 완전하게 실재를 모사하거나 완벽하게 구명한다는 입장보다는 최선의 근사치 수준에서 있는 그대로 존재하는 방식을 설명한다는 관점을 강조한다. 이는 후기실증주의가 적극적으로 표방하는 존재론이기도 하다.

Guba와 Lincoln(1994: 110) 역시 후기실증주의 존재론을 기술하는 부분에서 Cook과 Campbell의 관련 주장을 인용함으로써 이러한 논의를 충분히 숙지한 것으로 보인다. 연구자의 관점에서 보면, 이들은 논리실증주의가 표방하는 전통적(소박한) 실재론에 대한 Cook과 Campbell의 비판적 시각에 전적으로 동의한다는 의미에서 본인들의 논문에서 '비판적(critical)'이라는 단어를 실재론 용어 앞에 추가한 것으로 판단된다. 따라서 비판적 실재론이 후기실증주의의 존재론으로 잘못 안내되는 상황은 Guba와 Lincon의 원래 집필 의도와는 무관한 후속 연구자들의 과학철학에 대한 비숙련성과 학문적 민감성 결여 등이 총체적으로 반영된 오도된 결과에 기인한다. 사회과학 분야에

에서 본격적으로 다루고 있는 후기실증주의 관련 쟁점에서 과학적 실재론이라는 개념은 일체 나타나지 않는다는 주장이 제기될 수 있다. Guba와 Lincoln의 후기실증주의 논의는 Kuhn, Hanson, Feyerabend, Popper 등의 선행연구에 근거하여 존재론이 아닌 실증주의에 대한 인식론적 비판에 초점을 두었다. 논리실증주의가 주장했던 '소박한 실재론'이 후기실증주의 대표 사상(이론의 관찰의 존속, 경험적 자료에 의한 이론의 미결정성, 반기초주의 등)에 의해서 철저하게 배척된 현재의 과학철학 지형에서 과학적 실재론은 후기실증주의 존재론을 대표하며, 전술한 바와 같이 다양한 종류의 실재론을 포괄한다.

서 교육행정학의 이론화 발전과 학문성장을 체계적으로 달성하기 위해서는 제반 과학철학 사상에 대한 기본적 이해를 최우선적으로 갖추는 것이 필요한 상황이다. 다음 절에서는 과학적 실재론과 비판적 실재론의 주요 차이점을 개괄하면서 자연주의와 과학적 실재론의 결합 형태인 자연주의 실재론의 방법론적 특징 관련 논점을 일부 살펴보고자 한다.

5. 교육행정학 이론 발달: 비판적 실재론과 과학적 실재론 및 자연주의 실재론 논점

1) 비판적 실재론의 핵심 내용

인식론적 성격에 국한해서 진행되어 왔던 교육행정학 이론논쟁은 결국 있는 그대로의 세계를 심층 탐구하는 존재론의 영향으로부터 결코 자유로울 수 없다. 과학철학 분야에서 존재론의 중요성을 체계적으로 다루고 있는 대표 사상은 과학적 실재론이다. 비판적 실재론은 과학적 실재론의 다양한 유형 중 하나에 속하는 일종의 변형 버전으로 간주된다. 비판적 실재론은 실증주의와 독립된 사회과학의 과학화를 위한 새로운 가능성을 제공한다는 차원에서 최근 국내외 학계의 주목을 받고 있다. 서구 학계에서, 특히 해당 사상의 발생지인 영국의 경우 일반 사회과학 분야에서 비판적 실재론의 주요 내용체계와 현장 적용성 및 실천적 함의점 등에 대한 풍부한 심층담론이 진행되고 있다. 이와는 대조적으로 미국 학계의 경우 해당 사상에 대한 학문연구 수행과 관련 담론 활성화는 상대적으로 높지 않은 상황이다. 이는 아마도 경험 기반의 실증주의와 행동과학 접근이 미국 사회과학 분야의 지배적인 주류 연구 풍토로 확립되어 있다는 사실이 부분적으로 작동한 것으로 추론할 수 있다. 국내 학계의 경우, 최근 들어 행정학, 정책학, 교육학, 경제학 등에서 해당 사상의 내용체계와 연구방법론적 함의 및 교육적 의미 등이 본격적으로 다루어지고 있다(곽태진, 2018; 변기용 외, 2022; 신희영, 2017, 2019; 이성회 외, 2021; 이영철, 2018; 홍민기, 2021; 홍태희, 2011).

모든 '주의'에 내재된 중복적 성격처럼 비판적 실재론 역시 다양한 핵심 주장들이 교차·혼재되어 진화하고 있기 때문에 단일 관점에서 최선의 규정적 정의를 내리기는 쉽지 않다.[21] 그럼에

---

21) Gorski(2013)는 비판적 실재론을 인도 태생 영국 철학자 Roy Bhaskar가 Margaret Archer, Mervyn Hartwig, Tony Lawson, Alan Norrie, Andrew Sayer 등을 비롯한 여러 영국 사회이론가들과 협력 개발한 철학사상으로 정의한다. Roy Bhaskar의 박사학위 논문 지도교수였던 Rom Haare 역시 해당 관점 발전에 크게 기여하였다. Gorski는 Bhaska의 저작물이 Habermas의 집필 저서들에 비하면 상대적으로 일독이 쉽다고 주장한다. 그러나 Bhaska의 저술 양식은 일종의 난독증을 유발할 정도의 복잡한 난이도를 가진다. 모든 사상이 진화·발전·수정되듯이 Bhaska 사상체계도 아이디어 전개 시기별로 다양하게 진술된다. 연구자의 관점에서 가장 명료한 비판적 실재론 입문서는 Buch-Hansen & Nielsen(2020)의 저서이다.

도 불구하고 Bhaska가 주창한 비판적 실재론은 존재론적 실재론, 즉 심층존재론(the empirical, the actual, the real), 인식론적 상대주의, 판단적 합리성의 세 가지 핵심 교의로 구성된다는 사실에는 큰 이견이 없는 상황이다(Archer et al., 2016).[22] 특히, 비판적 실재론이 여타 실재론과 차별화되는 지점은 실재가 세 가지 영역을 모두 포함한다는 심층(또는 층화) 존재론이다. 경험과 관찰로 구성되는 경험적 영역(the empirical), 사건과 현상으로 이루어지는 실제 현실 영역(the actual), 특정 상황에서 사건과 현상을 유지·유발하는 구조와 기제로 구성된 실재 영역(the real)이 그것이다. 실재 영역은 나머지 두 영역을 포괄하기 때문에 실제 현실 영역과 경험적 영역보다 크다. 실제 현실 영역은 경험 영역을 통합하기에 이보다 더 크다(Bhaskar 2008: 46-47). 통상적으로 실증주의는 관찰적 경험 증거에 근거하여 원인과 결과 간의 연속적 연결 관계를 확인하면서 사건 수준에서 인과관계를 구명(일명 포괄법칙)하는 데 초점을 둔다. 이에 반해 비판적 실재론은 인과관계의 구명은 관찰 가능한 경험 영역을 벗어나 실재 영역에서 인과 효과를 야기하는 힘과 경향성이 내재된 본질적 구조와 생성적 기제(mechanism) 수준에서 성립되어야 한다고 주장한다. 구조와 기제는 특정 맥락 상황에서 현실 영역의 상황과 실제 사건을 유발시킨다고 보기 때문이다.

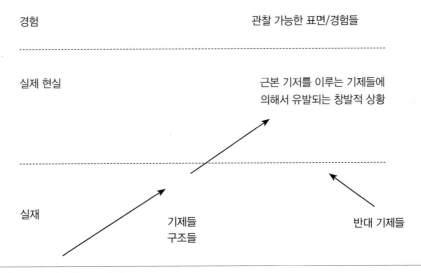

[그림 1-16] 심층존재론과 생성적 기제
출처: Sayer(2000: 15).

---

22) 존재론적 실재론은 존재에 대한 우리의 지식과는 무관한, 독립적 실재의 존재에 대한 믿음을 지칭한다. 인식론적 상대주의는 지식은 항상 사회적으로 생산되며 오류 가능성을 내포한다는 인식이다. 판단적 합리성은 있는 그대로의 세계(즉, 실재)를 확인하기 위해 경쟁하는 이론들 중 보다 나은 시각이 합리적 근거에 의해서 선별될 수 있음을 의미한다. 본 연구는 지면 제약으로 The Possibility of Naturalism(1979)에 제시된 비판적 실재론의 또 다른 주요 주장인 행위자와 구조 간의 역동적 상호작용과 창발성 문제는 다루지 않는다. 관련 내용은 변기용 외(2022)와 이성회 외(2022) 참조.

비판적 실재론에 따르면 과학적 탐구는 인과적 기제의 근본 기저에 관한 지식을 획득하는 데 주된 목적이 있다. 이들 관점에서 생성적 기제들은 관찰 가능한 표면적 외관 아래에서 사물들이 어떻게 작동하는지를 설명하기 위한 구조, 권력, 관계를 의미한다. Pawson과 Tilley(1997)는 생성적 기제가 [그림 1-17]과 같이 항상 맥락 의존성에 근거해서 결과를 산출한다고 주장한다(맥락 + 기제 = 결과).

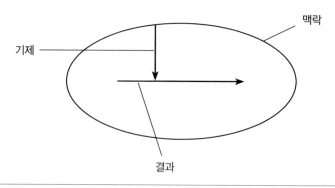

[그림 1-17] 생성적 기제의 맥락 의존성과 결과
출처: Pawson & Tilley(1997: 58).

비판적 실재론이 실증주의와 구성주의의 대립 관계 또는 양자 중 한쪽으로의 편향성을 방지할 수 있는 주요 관점으로 주목받는 이유는 존재론적 실재론과 더불어 인식론적 상대주의를 동시적으로 수용하는 데 있다. 즉, 비판적 실재주의는 실재가 외부적이고 독립적(존재론적 실재론)인 동시에 사회적으로 역사적으로 구성(인식론적 상대주의)된다는 가정에 기초한다. 실재(특히, 사회적 실재)는 마음 의존적이며 결국 우리가 사용하는 언어를 통해 이해될 수 있다는 측면에서 구성주의 주장은 일부분 옳다고 볼 수 있다. 그러나 실재에 관해 언어를 통해 다르게 이야기하고 상이하게 해석하기 때문에 실재는 존재하지 않으며, 오로지 언어적 이해를 통하여 구성된다는 급진적 구성주의 주장은 문제의 소지가 있다. Bhaska는 이를 인식론적 오류로 지칭하였다.[23] 그는 이에 대한 생생한 예화를 제시한 바 있다(Bhaska, 2008: 11). 일출을 관찰하는 두 사람 중 한 명은 수평선이 멀어지는 것으로, 다른 한 사람은 해가 뜨는 것으로 보고 있다는 것이다. 이는 동일한 현상이 관찰자에 따라 다르게 해석될 수 있음을 보여 준다. 즉, 실재는 별개로 독립적으로 존재하나 우리는 그 외부 실재를 각자의 인지체계에 의해 상이하게 이해한다는 것이다. Bhaska는 실재를 과학의 자동적 차원으로, 실재에 대한 우리의 이해와 해석 및 이론을 타동적 차원으로 규정한다. 이와 관련된 주요 핵심 개념은 〈표 1-8〉과 같다. 존재론을 중시하는 비판적 실재론의 입장에서는 자동적 차원(존재)이 타동적 차원(지식)보다 더 근본적인 것으로 간주된다.

---

23) 이와 반대되는 경우, 즉 지식의 문제를 존재의 문제로 환원하려는 시도는 존재론적 오류로 지칭된다.

〈표 1-8〉 비판적 실재론의 핵심 개념

정해진 시점에서의 우리의 지식	지식의 성격	지식의 의미
타동적 영역	사회적 생산	• 지식생산은 사회적 맥락에서 일어나는 인간 활동임. • 새로운 지식은 기존 지식을 기반으로 구축되고 변형함.
	설명적	• 과학은 과거와 현재의 현상을 설명하기를 열망해야만 함. • 일반적으로 과학은 미래 사건들에 대한 정확한 예측을 만들 수 없음.
	오류발생 가능	• 지식은 결코 의심할 여지가 없거나 결정적이지 않음. • 새로운 지식이 기존 지식을 확장하거나 대체할 가능성은 항상 존재함.
우리의 지식과 상관없이 독립적으로 존재하는 실재의 일부로서 우리가 연구하는 대상	실재의 성격	실재의 의미
자동적 영역	심층적	• (실제 현실적) 사건들과 현상들 및 (경험적) 관찰들에 더해서 실재는 즉각적으로 관찰할 수 없는 (심층) 영역을 포함함. • 과학의 주요 목적은 이러한 심층 영역의 구조와 기제를 구명하는 것임.
	층화적	• 실재에 관한 구조들과 기제들은 다양한 계층들로 위계적으로 정렬되어 있음. • 상위 계층들(예: 사회)은 하위 계층들(예: 물리적 계층)을 전제로 하지만 이들에게로 환원될 수 없음.
	개방적	• 사건들은 수많은 기저 구조들과 기제들의 우발적 조합으로 발생하기 때문에 사건 규칙성이 저절로 자연 발생하는 일은 결코 없음.
	차별화된	• 실재는 아주 상이한 인과력과 경향성을 가진 실체들을 포함함.

출처: Buch-Hansen, & Nielsen(2020: 40-41).

Bhaska는 자연과학은 실험실 통제환경을 통해 별개의 사건들 간의 연속적 연계관계의 규칙성(만약 사건 A이면 그다음 사건 B가 발생)을 확인함으로써 인과관계(예: 낙하물체 연속 실험을 통해 중력의 법칙 탐구)를 규정한다고 본다. 그는 이러한 일반 규칙성 확인을 위한 실험은 오로지 폐쇄체제 환경 속에서 가능하다고 주장한다. 이에 반해 사회세계는 인과력이 내포된 여러 기제의 복잡한 상호작용에 의해 구현되는 다중 인과관계를 가진다. 따라서 별개 사건들 간의 불변하는 경험적 규칙성 발견이 거의 불가능한 개방체제의 성격을 표방한다. 인과력은 단일 개체 사이의 경험적 규칙이 아니라 여러 개체들이 상황의존 맥락에서 우발적으로 형성하는 사회적 관계와 구조 기제 속에 내재되어 있는 것으로 간주된다. 예컨대, 고객의 컴퓨터 신상품 구입 인과력은 해당 제품 판매시장 조건, 구입자의 재정상태, 경쟁사 제품의 질, 보조금 정책, 지불 시스템 등의 생성적 상호작용이 존재해야 가능하다(Buch-Hansen & Nielsen, 2020: 32). 따라서 Bhaska는 자연세계를 단일 기제를 촉발할 수 있는 실험설계를 통해 연구하는 자연과학은 실재의 기저 구조와 생성적 기제들로 구성된 개방체제인 사회세계를 체계적으로 연구할 수 없으며, 이는 사회과학을 통해서만 가능하다고 본다.

비판적 실재론은 구조적으로 차별화된 층화 실재를 확인하기 위하여 초월적 논증(X가 가능하기 위해서는 어떤 상황이어야 하는지를 문의함)으로서 가추(abduction) 또는 역행 추론(retroduction)을 활용한다. 즉, 주어진 상황을 설명하기 위한 가능한 시나리오를 구안하여 결과에서 원인을 추론한다. 이와는 대조적으로 전술한 '이론화운동'의 가설연역 체제 핵심 논제에서 예증되듯이 실증주의 접근은 과학적 사고과정을 법칙과 특정 사례를 활용하여 사태를 초래한 원인을 추정한다(예: 물은 0°C에서 동결된다. 외부 컵에 있던 물이 얼었다. 지난밤 외부의 온도는 0°C였다). 이러한 가설연역적 접근

〈표 1-9〉 비판적 실재론과 실증주의의 핵심 전제 비교

실증주의	비판적 실재론
1. 사회실재의 패턴은 안정적이며, 이는 사회에 존재하는 현재 패턴이 미래에도 존재할 것임을 의미함. 흄의 인과개념과 원자론적 존재론을 수용함.	1. 사회세계는 가변적 패턴이 존재하며 실체가 다른 실체와의 상호작용 속에서 변화될 수 있는 체제임. 결과적으로 사회실재의 규칙성은 시간이 지나면서 발전하며 종종 상황마다 상이함.
2. 사회과학의 목적은 인과관계를 규명하는 것임. 연구자들은 관찰 가능한 사건의 규칙성(A일 때 그 이후는 B임)이 인과법칙의 사례임을 보여 줌으로써 설명함. 과학적 설명의 이 모델은 '포괄법칙 모델'로 알려져 있음.	2. 따라서 사회현상은 법칙 진술에 포함되어 적절하게 설명될 수 없음.
3. 모든 과학은 공통의 논리를 공유하며 엄격한 방법론적 기준을 준수해야 함. 따라서 사회과학자들은 자연과학자들이 자연을 연구하는 것과 같은 방식으로 사회를 연구해야 함.	3. 자연과학과 사회과학은 어떤 면에서는 유사하지만 다른 측면에서는 근본적으로 상이함.
4. 사회과학의 중요한 목표는 사건을 설명할 뿐만 아니라 예측하는 것임. 이것이 가능한 이유는 오늘의 법칙이 또한 내일의 법칙이기 때문임.	4. 사회과학자들은 현상을 예측하기보다 설명하는 데 초점을 두어야 함.
5. 관찰과 논리는 진정한 지식의 기초를 구성함.	5. 과학적 지식은 오류가 있을 수 있으며 의심할 여지없는 기초를 가지고 있지 않음.
6. 과학적 지식은 법칙 진술에서 파생된 가설의 검증을 통해 꾸준히 성장함.	6. 과학적 지식은 성장하고 변화함.
7. 과학적 지식은 중립적이라는 의미에서 객관적이어야 함. 가치, 의견, 신념에 오염되어서는 안 됨.	7. 과학적 지식은 완전히 가치 중립적일 수도 없고 그렇게 되어서도 안 됨. 실제로 사회세계를 연구하는 사람들은 사회비판을 공식화하기 위하여 자신의 지식을 활용하며 이를 통해 진보적인 사회 변화를 유발하도록 기여해야 함.

출처: Buch-Hansen & Nielsen(2020: 16-17).

은 물이 동결되었다는 관찰 가능한 일련의 사건에만 초점을 둔다. 따라서 왜 물이 0℃에서 동결되는지를 이해할 수 있는 심층적 설명 기제를 제공하지 못한다. 따라서 비판적 실재론은 발생하는 사태에 대한 가능한 설명을 찾기 위한 연구방법으로서 가추 또는 역행 추론을 사용한다. 실증주의와 대조되는 비판적 실재론의 핵심 전제들은 〈표 1-9〉와 같다.

2) 과학적 실재론의 핵심 내용과 비판적 실재론과의 상이성

과학적 실재론은 무수히 많은 유사 유형이 있다(Saatsi, 2020). 따라서 단일 정의로 그 특성을 규정하기가 쉽지 않은 가족 유사성을 가진다. 비판적 실재론은 과학적 실재론의 다양한 변형 중 하나이다. 과학적 실재론은 변종의 다양성과 유형의 상이성에도 불구하고 공통적으로 "대략적인 근사치 수준에 이르기까지 최선의 과학적 이론이 마음 독립적인 세계의 본질을 정확하게 설명한다"는 관점을 표방한다(Chakravartty, 2007: 4). 과학적 실재론은 일반 철학 분야에서 가장 강력한 주류적 접근으로 간주된다. 예컨대, 2009년 실시된 철학자 3,000명 대상의 설문조사 결과는 전체에서 약 66%가 과학적 실재론을 지지·수용하고 있음을 확인한 바 있다(Haig, 2014: 164).[24]

과학적 실재론은 통상적으로 세 가지 핵심 전제를 가진다(Boyd, 1991: 195; Haig & Evers, 2016: 2-3; Haig, 2014; 17-18; Sankey, 2008). 첫째는 형이상학적 실재론(metaphysical realism)이다. 이는 실재 세계는 명확한 성격이나 구조를 가지고 있으며, 연구자의 마음과는 독립적으로 존재한다는 의미이다. 실재의 마음 독립성은 개념적(논리적) 독립성을 지칭하기도 한다. 세계에 관한 연구자의 이론과 탐구방법이 '세계의 본질적 성격'을 결정하거나 영향을 미치지 않는다는 것이다. 사실, 천체 관측이론으로서 16세기 당시 정설이었던 천동설과 이에 대한 급진적 도전이었던 지동설 간의 치열한 학설 대립과는 상관없이 지구는 약 45억 년 전 태양계의 일원으로 탄생한 그 순간부터 지금까지 공전하고 있다. 우리의 인지체계와 무관한 실재의 객관성은 구성주의(교육행정학 분야에서는 Greenfield의 주관주의)를 약화시키는 근거를 제공한다. 둘째는 의미론적 실재론(semantic realism)으로서 과학이론이 존재한다고 말하는 실체는 대부분 존재(예: 블랙홀, 쿼크 등)하며, 실체는 우리 이론이 설명하는 속성을 가지고 있다는 주장이다. 셋째는 인식론적 실재론(epistemological realism)이다. 관찰할 수 있는 것과 관찰할 수 없는 세계의 특징을 과학적 방법의 적절한 활용을 통하여 알 수

---

24) 과학적 실재론을 반대하는 비율은 18%에 불과하였다. 특정 학문 지형에서 대다수의 학자들이 포용하고 있는 주류 사상이 반드시 '옳은 관점'인가에 대해서는 의문이 제기될 수 있다. 시대정신의 흐름과 학문공동체의 연구결과의 축적에 따라 교육행정학 이론 발달을 위한 과학철학 사상의 지배적 위치와 연구방법론의 활용 지형은 언제든지 가변적으로 변화하기 때문이다. 그럼에도 불구하고 과학적 실재론에 대한 외국 학계의 지배적 수용성과는 매우 상이하게 한국 교육학계(와 교육행정학 분야)에서 과학적 실재론에 대한 관련 학술담론이나 심층 논의는 거의 전무한 상황이다. 역으로 반과학적 실재론, 특히 대표 유형인 구성주의가 학문적 지형에서의 주도적 위치를 가시적으로 점유하고 있는 형편이다.

있다는 논제이다. 관찰할 수 없는 실체에 대한 과학적 탐구는 관찰 가능한 실체와 비교해 볼 때 접근성의 제약으로 인해 시행착오와 오류의 가능성에 항상 노출될 수 있다. 따라서 과학적 실재론 주창자들은 불변의 절대 진리보다는 하나의 가능한 진리를 잠정적으로 확인하는 데 초점을 둔다.[25]

과학적 실재론과 비판적 실재론은 〈표 1-8〉에 제시된 핵심 전제를 대부분 공유한다. 가장 불일치가 발생하는 부분은 "자연과학과 사회과학은 일정 부분 유사성도 가지지만 다른 측면에서는 근본적으로 매우 상이하다"라는 주장이다. Bhaskar의 실재론은 자연과학의 실재론적 토대를 제공하고자 하였던 초창기 저작물인 초월적 실재론(transcendental realism)과 층화된 심층존재론을 강조하면서 사회과학의 실재론 정립을 목표로 하였던 비판적 실재론(critical realism)으로 구분된다. 반면, 과학적 실재론은 사회과학과 자연과학을 구분하지 않으며, 이용 가능한 최선의 과학이론에 의해 있는 그대로의 세계, 즉 객관적 실재를 구명하는 데 최우선적 초점을 둔다. 일반적으로 과학적 실재론은 실재를 제대로 파악하기 위한 인식론적 장치로 자연주의를 채택하는 경향성이 있다(Boyd, 2002; Haig & Evers, 2016; Kaidesoja, 2013: 23; Sankey, 2008: 3). 자연주의는 과학과 철학 간의 학문적 연속성과 내적 결합성 및 이론의 통일성을 강조한다. 전통적으로 철학은 과학과 철저하게 상호 분리된 학문 영역으로 규정되어 왔다. 순수 학문으로서 철학은 규범적·가치적 성격을 표방한다. 따라서 인과관계 구명을 통한 기술적·설명적 모델 정립을 표방하는 과학과는 어떠한 내용적 연관성도 가질 수 없는 것으로 간주되었다 이에 반해, 자연주의 옹호자들은 가치문제 발현과정에 대한 생물학적 연계성 구명(예컨대, 신경호르몬 옥시토신 투여는 타인에 대한 배려 상승을 촉진, 전두엽피질 손상자의 파괴적인 비도덕적 행동 등) 등의 연구결과가 증명하듯이 철학과 과학은 학문적 상호의존성과 내용체계의 연계성을 필연적으로 가질 수밖에 없다고 본다. 과학은 실재를 체계적으로 이해하는 유일한 안내 지침으로 간주되기 때문에 과학적 탐구방법은 모든 학문 영역에 공통적으로 적용될 필요성이 있다는 것이다.

모든 '주의'에 내포된 자체 복합성과 내용 중복성 등으로 인해 자연주의 역시 내용체계 요약과 유형 분류의 범주화를 명료하게 제시하기가 쉽지 않다. 문헌상에서 자연주의는 과학의 역할 수행 정도에 따라서 다양하게 정의된다(강한 자연주의, 약한 자연주의, 방법론적 자연주의, 무해한 자연주의 등).[26] 분류 유형의 상이성에도 불구하고 공통 출발점은 세 가지 철학적 논제에 근거한다. 철학의 선험성과 제일 철학 주장을 부정하는 자연주의화 인식론, 모든 실체에 대한 원인을 자연과학 용어로 서술하는 인과적 설명체계, 물리학의 주장과 유사할 때에 한해서 실체를 인정받는 존재론적 입

---

25) 세 가지 핵심 논제에 더해서 학자별로 진리 대응이론(진리는 세계에 대한 주장과 세상이 존재하는 방식 사이의 대응관계임)을 강조하기도 한다(Sankey, 2008). 객관적 실재의 존재는 진리와 불가분의 연결 관계를 가질 수밖에 없다.

26) 자연주의에 대한 철학적 입문은 관련 저서(Almeder, 1998; Clark, 2016) 일독을 통해 가능하다. 자연주의의 내용체계와 교육적 함의점은 박선형(2004)을 참조.

장이 그것이다(Craig & Moreland, 2000: xi; 박선형, 2004: 32). 이러한 논제들은 비판적 실재론과 과학적 실재론의 차별성과 상이점을 적극적으로 부각시키는 기본 배경으로 작용한다. 비판적 실재론은 논리 기반의 초월적 논증과 사회과학만의 과학화를 강조한다. 반면, 과학적 실재론은 용어에서 드러나듯이 '있는 그대로의 세계를 이해하는' 인식 수단으로 자연주의를 수용하면서 '(자연)과학의 방법과 결과'에 일치하는 방식으로 학문연구를 수행한다. 즉, 자연주의는 과학과 철학의 상호 연계적 의존성을 강조하듯이 자연과학과 인문·사회과학 간의 분리된 경계선을 상정하지 않는다. 모든 학문은 과학의 틀 안에서 과학적 방법으로 체계적으로 연구될 수 있다는 것이다. 즉, 철학과 과학은 긴밀히 상호작용하면서 전체적 학문 연결망을 형성한다.[27]

Uskali Mäki는 핀란드 정치경제학자로서 과학적 실재론의 핵심 논제를 사회과학 분야에 적용한 학자로 유명하다. 특히, 그는 정치경제학 분야에 과학적 실재론의 실천 적용 가능성을 이론적·실증적으로 확인하고 있다. 그에 따르면 학문적 발달 단계와 이론의 성숙성 등을 고려하여 사회과학 분야의 경우, 개별 학문별로 다소 완화된 과학적 실재론이 적용될 수 있다고 본다. 이러한 관점은 최소주의 실재론(minimalist realism) 또는 영역 국부적 실재론(local realism)으로 명명된다. Mäki는 완전한 존재가 아닌 '가능한 존재(possible existence)', 절대적 진리이기보다는 현재 수준에서 '가능한 진리(possible truth)', 실재의 마음 독립성이 아닌 '마음의존성(mind dependence)'이 과학적 실재론의 사회과학 분야 적용범위 확대를 위해서 필요하다고 주장한다(Haig, 2014, 19-22; Haig & Evers, 2016: 18; Mäki, 2005). 과학발달사에 있어 한때 존재를 당연시하였던 수많은 실체들은 과학의 발전과 이론의 성장에 의해 그 존재성을 부정당한 사례는 무수히 많다(예: 연소현상에서 플로지스톤 존재 등). 따라서 새로운 실체를 탐구할 때 절대불변의 존재성을 확정적으로 생각하기보다는 존재 가능성(possible existence)을 체계적으로 탐구하는 것이 과학의 적용범위 확대와 연구결과 생성의 가능성을 보다 확대할 수 있다.

또한, 이론의 자료 미결정성, 관찰의 이론의존성 등 후기실증주의 사상 출현과 더불어 더 이상 절대적 진리의 추구는 현실적으로 불가능한 일로 여겨진다. 이보다는 현재적 수준에서 최선의 이용 가능한 과학이론에 의해 진리에 최대한 근접한 형태, 즉 가능한 진리(possible truth)를 확인하는 데 초점을 두는 것이 과학적 탐구의 현명한 수행 자세라고 할 수 있다. 절대적 진리는 과학적 연구와 이론적 탐구가 지향해야 할 이상적 지향점으로 간주될 필요가 있다.

Mäki의 영역 국부적 실재론의 세 번째 핵심 논제인 마음의존성(mind dependence)은 비판적 실재론의 '사회과학의 과학화'를 지향하려는 학문적 노력에 대한 비판적 근거를 제공한다. 과학적 실

---

27) 자연과학과 사회과학의 상호 포괄성(또는 단일성)을 강조하는 자연주의 관점은 당연히 다양한 반론과 상이한 의견을 유발할 수 있다(Craig & Moreland, 2000; Giladi, 2020; Moses & Knutsen, 2019).

재론은 실존하는 실체는 인간 정신(마음)과는 무관한 독립적 지위를 가진다는 기본 전제에서 출발한다. 이에 반하여 비판적 실재론은 사회적 존재의 마음의존성을 강조한다. 인간은 각자의 인지체계 결과물(언어, 이해, 이론, 관점 등)에 의해서 실재의 모습을 다르게 규정한다.[28] 따라서 객관적 실체의 존재가 분명한 자연세계와는 다르게 인간 삶을 규정하는 사회세계는 철저하게 마음 독립적인 사회적 실재가 현실적으로 존재하기 어렵다는 것이다. 예컨대, 화폐와 결혼은 우리의 마음이 만들고 구성한 사회적 실체이다. 비판적 실재론은 해당 사항의 구성적 특징을 고려할 때 자연과학 탐구가 아니라 사회 구조와 주체행위자 간의 복잡한 상호작용을 이해할 수 있는 특정한 사회과학 연구(예: 형태발생론)가 필요하다고 주장한다. 이러한 반론에 대하여 Mäki의 영역 국부적 실재론은 사회세계는 자연세계와는 다르게 마음의존적인 개념적·제도적 실체가 일부 있음을 인정한다. 그럼에도 불구하고 사회적 실체의 마음의존성으로 인해 사회과학 분야는 '과학'과는 다른 차별화된 독자적인 연구형태가 적용되어야 한다는 주장에 대해서는 회의적 시각을 가진다. 비판적 실재론의 관점은 영역 포괄 적용성이 결여된 파편화된 단절된 과학관으로 간주될 수 있기 때문이다.

Mäki(2008)는 '무엇이 존재하는가(What exists)?'를 결정하는 단일·유일한 실재주의 존재론(the realist ontology)은 없다고 본다. 이보다는 '존재란 무엇인가(what is existence)?'와 같이 탐구 대상에 따른 존재론적 실재론(ontological realism)을 수용해야 한다고 주장한다. 이러한 관점은 '존재에 해당하는 X에 대한 실재론'이기 때문에 결국 X의 유형(전자, 분자, 관계성과 인과과정, 마음 등)에 따라 다양한 실재론이 가능하다는 것이다. 이는 문제 현상 유형에 따라서 과학적 실재론과 반과학적 실재론이 선택적으로 수용될 수 있음을 의미한다. 그러나 문제 현상이 마음의존성을 가진다(따라서 반실재론 수용)고 하더라고 이에 대한 체계적 조사는 '객관성'을 담보하고 있는 (마음독립적인) 과학적 탐구(자연주의)에 의해서 성립될 수 있음을 강조한다.

영역 국부적 실재론은 과학적 실재론이 학문 발달 성숙성에 따라 학문 영역별로 차별적으로 적용될 수 있음을 시사한다. 과학적 실재론은 자연과학 분야에서, 특히 세계가 존재하는 방식을 성공적으로 구명한 물리학의 경우, 존재론 탐구 양식으로서 최선의 관점으로 간주된다. 반면, 사회과학은 학문 성숙 수준의 개별적 차이와 사회적 실체의 마음의존성 등이 존재한다. 따라서 Mäki는 사회과학 분야의 경우 과학적 실재론의 표준 공식의 포괄적 적용보다는 학문 영역 특성을 고려한 보다 완화된 최소 수준에서의 과학적 실재론, 즉 국부적 실재론이 적용될 필요가 있다고 주장한다. 이러한 그의 논의는 '사회과학만의 과학화'를 주장한 비판적 실재론에 대한 과학적 실재론의 직접적 반론으로 간주될 필요가 있다. 문제 현상의 마음의존성과 상관없이 객관적인 과학적 탐구의 실

---

28) 전술한 바와 같이 과학철학에서는 이를 관찰의 이론의존성으로 지칭한다. 비판적 실재론은 이를 확대하여 인식론적 상대주의로 지칭하는 성향이 있다.

행은 보다 성숙한 학문 발달을 촉진하기 위한 필수요건이기 때문이다.[29] 또한, 전통적으로 학문 분야 유형에 상관없이 통상적으로 합의되는 좋은 이론의 판별조건(간결성, 일관성, 포괄성, 보수성, 설명력)에 비추어 볼 때 과학적 실재론과 비판적 실재론의 경합관계는 전자의 우위로 남을 가능성이 높다. 과학적 실재론은 심층존재론을 가정하지 않고도 실재의 인과적 기제를 '과학적'으로 연구한다(간결성, 설명력). 동시에 과학적 실재론은 전통적인 실재론의 한계점을 극복(보수성)하면서 실재론의 기본 틀(일관성) 안에서 근사치 진리에 대한 과학적 탐구를 학문 유형(자연과학 vs 인문·사회과학)에 상관없이 체계적으로 실행한다(포괄성). 교육행정학 학문공동체에서 선행되어야 할 우선 과제는 과학적 실재론에 대한 성찰적 탐구와 교육현장 적용 방안 등의 유관한 연구 활동 실행과 관련 연구물 결과의 축적이다. 이는 과학철학 기반 이론 발달 관련 연구에 대한 개인 연구자의 부단한 학문연찬 노력과 헌신적 참여를 필요로 하는 일이다.

3) 자연주의 (과학적) 실재론의 연구방법론 논점: 현상과 자료의 차이 및 가추 기반 연구방법

(1) 자연주의 (과학적) 실재론

전술한 바와 같이 Evers와 Lakomski(1991, 1996, 2000)는 주관주의·비판주의의 특정 인식론적 의존성을 비판하면서 과학철학과 인식론의 체계적 결합인 자연주의 인식론(naturalized epistemology)과 정합론(coherentism)의 시각에서 교육행정학 이론 발달의 철학적 토대를 체계적으로 분석하였다. 동시에 인지과학의 교육행정 통합가능성을 심층 탐색하였다. 이들은 초창기 논문과 저서 등에서 양적·질적 연구방법 간의 불가공약성 비판과 좋은 이론 자격 조건 등을 충실하게 제시하면서 경쟁이론(관점) 간의 공통 판별 준거는 지식의 정당화 조건을 다루는 인식론에 의해서 안내되지만 인식론의 올바름은 결국 '존재론'에 의해서 결정됨을 명시화한 바 있다. Evers와 Lakomski가 집필한 3부작 저서 『Knowing Educational Administration』(1991), 『Exploring Educational Administration』(1996), 『Doing Educational Administration』(2000)는 교육행정학(과 여타 사회과학) 분야에서 가장 체계적이고 포괄적인 과학철학(자연주의) 기반의 이론 발달 분석 연구저작물로 간주된다. 이는 서구 교육행정학 개별 학파를 선도하였던 유명 교수들이 Evers와

---

29) 비판적 실재론에 대한 또 다른 강력한 반론은 초월적 논증 수용으로 인한 '자연주의화(naturalized)'의 부족, 즉 자연주의와의 내용 연계성 결여와 더불어 방법론적 반자유주의의 한계점이 언급되기도 한다. 다시 말해, 자연과학과 사회과학은 각 학문 성격에 따른 방법론적 간극이 당연히 존재할 수밖에 없다는 반자유주의적 접근은 결국에는 매우 제한된 과학적 탐구 활동을 초래한다는 비판이다. 예컨대, 비판적 실재론의 강력한 부정에도 불구하고 수학 모델링의 활용성과 유용성 및 효과성은 사회과학 분야, 특히 경제학 등에서 충실하게 증명되고 있다. 지면 제약의 한계로 인해 비판적 실재론의 반자유주의적 접근 관련 내용은 추후 담론 주제로 남기기로 한다. 보다 자세한 사항은 Kaidesoja(2013)를 참조.

Lakomski 학문업적을 비판·분석하는 최고의 국제학술지 특별기획 세션에 동참하여 생산적인 학술담론 상호 교류를 활성화하였다는 사실에서도 여실히 증명이 된다.[30]

  그러나 Evers와 Lakomski가 출간 문헌 등에서 이론 발달에 관한 존재론의 기저적 중요성을 강조(예: Evers & Lakomski, 1991: ix)하였음에도 불구하고 이들의 이론적 관점(자연주의 정합론)은 전적으로 인식론 영역에서 전개·발전되었다고 봐도 무방하다. 3부작 저서에 존재론에 대한 논의는 과학적 실재론과 진리의 관계성(예컨대, 진리의 대응이론)에 대한 극히 일부의 부분적 언급을 제외하고는 본격적으로 제시되지 않았기 때문이다. 이와는 대조적으로 최신 저작물에서 Evers와 Lakomski는 이론 발달·형성 과정과 인식론 내용체계에 대한 존재론의 중요성을 보다 구체적으로 명시화한 바 있다. 또한, 이를 촉발시킨 직접적인 학문적 계기는 뉴질랜드 Canterbury 대학교의 심리학과 명예교수인 Brian Haig와의 협력적 학술교류 활동에 있음을 밝히고 있다(Evers & Lakomski, 2022: xv). 호주 자연주의 발달에 대한 Haig의 '선한 영향력'은 Colin Evers와 공동 출간한 최신 저서 『Realist inquiry in social science』(2016)에서도 분명하게 드러난다. 이들의 관점은 과학적 실재론과 자연주의의 직접적인 결합 형태인 '자연주의 (과학적) 실재론'으로 명명된다. 관련된 내용은 후술될 내용에서 본격적으로 다루기로 한다. 해당 내용 논의에 앞서 우선적으로 연구문제 자각의 출발점이 될 수 있는 현상과 자료의 근본적 차이점을 먼저 확인할 필요가 있다.

(2) 현상과 자료의 특성 및 가추

  모든 연구 활동은 연구문제의 체계적 탐구에서부터 시작한다. 연구문제 인식과 발견은 문제 현상에 대한 연구자의 성찰적 고민과 학문적 관심에 의해서 유도된다(현상을 감지하지 못하면 결국 무엇을 설명해야 할지 모름). 이는 관심 현상에 대한 연구자의 실천적 자각을 통해 연구수행 아이디어가 착상됨을 의미한다. 그런데 연구수행 과정에 있어 초보 연구자들이 흔히 범하는 오류는 연구문제 형성의 지렛대 역할을 수행하는 문제 현상에 대한 성찰적 탐구를 생략한 채 현상 관련 자료의 수집·분석에만 과도하게 몰두하는 '자료광(data mania)'의 자세이다. 이는 대학원 논문지도 과정에서 흔히 볼 수 있는 광경이다. 예컨대, 양적 연구수행에 있어 문제 현상 관련 선행연구 분석과 이

30) Evers와 Lakomski의 관점은 호주 자연주의(Australian naturalism)로 알려져 있다(Park, 1997). 『Educational Administration Management and Leadership』(1993, 21, 3) 특별기획 세션 참여 학자는 C. W. Evers & G. Lakomski, D. J. Willower, P. Gronn, R. Bates, C. Hodgkinson이다. 『Educational Administration Quarterly』(1996, 32, 3)의 경우, C. W. Evers, D. J. Willower, W. K. Hoy, P. T. Begley, V. M. J. Robinson, P. Gronn & P. Ribbins가 참여하였다. 『Journal of Educational Adminstration』(2021, 39, 6)의 특별기획 세션에는 C. W. Evers & G. Lakomski, V. M. J. Robinson, D. J. Allison, R. Donmoyer, S. J. Maxcy가 동참하였다. 호주 대학에서 「교육행정학 이론 발달 기저에 관한 인식론적 분석」(Park, 1998)으로 박사학위를 취득하였던 연구자 역시 해당 특별기획세션에 논문 투고자로 참여하는 귀한 학습의 기회를 가졌다(Park, 2021b). 『EMAL』, 『EAQ』, 『JEA』는 영국, 미국, 호주를 각각 대표하는 권위와 역사를 가진 교육행정학 국제학술지다. 가장 오래된 창간역사를 가진 최초의 국제학술지는 『JEA』(60년)이다. 『EAQ』는 58년, 『EMAL』은 51년 창간 역사를 각각 가지고 있다.

론적 정당화를 생략한 연구가설 양산과 설문조사 단순 실행을 통해 경험증거가 결여된 양적 연구
자료를 산출해 내는 경우가 자주 목격된다. 또한, 질적 연구 수행에 있어서도 문제 현상에 대한 심
층적 이해를 결여한 채 현장 구성원에 대한 맹목적 면담 과정을 통해 획득한 무의미한 단어들의 조
합을 대량 배출해 내는 사례를 들 수 있다. 체계적인 과학적 탐구가 성공적으로 실행되기 위해서는
자료가 아닌 현상에 대한 문제의식에서 출발하여야 한다. 특히, 실재론의 관점에서 과학적 탐구는
문제 현상을 인지·발견하고 문제 현상을 야기하는 근본적인 인과 요인을 이해하기 위한 설명적
이론기제를 구축하는 노력을 통해 이루어진다.

　　Haig는 과학이론은 자료가 아닌 현상을 대상으로 설명·예측하여야 한다고 주장한다. 그에 따
르면 현상과 자료는 명확히 구분되는 특성을 가진다(Borsboom et al, 2021: 758-759; Haig & Evers,
2016: 77-78; Haig, 2014: 33-37). 현상은 자료와 비교해 볼 때 상대적으로 영속적이고 일반적인 특징
(안정성, 일반성, 반복성, 규칙적 패턴, 경험적 일반화)을 가진다. 현상은 직접적으로 관찰할 수 없다.
이에 반해 자료는 직접적인 관찰을 통해 획득되며 특정 조사 상황별로 상이성을 가진다. 따라서 일
시적이며 특정 조건적 성격을 반영한다. 자료는 경험적 현상의 존재에 대한 증거를 제공한다. 현상
은 경험적 자료 패턴의 강력한 일반화로 간주된다. 과학적 이론은 자료에 의해 입증되는 경험적 현
상을 설명하기 위해 만들어진다. 현상을 설명하기 위한 이론화 과정에서 추론적 가설이 생성되며
이는 가추를 통해서 이루어진다. 이론과 자료 및 현상 간의 상호 관계는 [그림 1-18]과 같다.

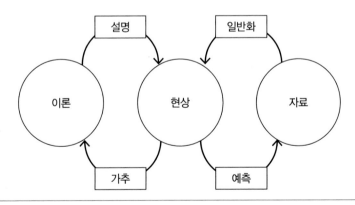

[그림 1-18] 현상과 자료의 차이 및 이론생성 과정
출처: Borsboom et al. (2021: 759).

　　현상과 자료의 특성이 가장 명확한 개별 사례로는 Flynn 효과(전 세계적으로 세대의 진행에 따라 10년
마다 3점씩 IQ 점수 증가)와 IQ 점수를 들 수 있다(Haig, 2014: 26). IQ 점수는 일시적 자료로 간주된
다. 이에 반해 Flynn 효과는 일반성을 가진 현상으로 정의된다. 규칙적 패턴으로서 안정적·반복
적으로 구현되고 있기 때문이다. 따라서 IQ 점수는 Flynn 효과에 대한 경험적 증거를 제공한다. 최

근 들어 국내 교육행정학계에서 질적 연구 접근방법으로 주목받고 있는 근거이론의 경우, 가설확증에 초점을 두는 가설연역적 접근과는 매우 대조적으로 자료의 지속적 비교와 자료 포화 상태를 거쳐 문제 현상과 유관한 자료에서 이론을 귀납적으로 생성하는 데 목적을 둔다. 그러나 전술한 바와 같이 자료는 현상과 근본적으로 다르다. 근거이론의 이론생성 기능 강화를 위해서는 연구의 본격적 실행은 자료 중심이 아닌 현상 기반으로 재형성될 필요가 있다.

현상 설명을 위한 이론생성 과정에서 중요하게 언급되어야 할 사고 추론 양식은 가추(abduction)이다. 해당 용어는 Aristoteles의 apagögé(간접환원법)을 번역하기 위해 활용된 단어다. 일찍이 100여 년 전, 실용주의 창시자인 Charles Sanders Peirce는 논리 추론 양식으로서 가추의 중요성을 최초로 강조한 바 있다. 어원상, 가추는 라틴어 abducere에서 도출되었으며, '~로부터 이끌다(to lead away from)'를 의미한다. 가추는 문헌상에서 '뒤로'를 뜻하는 라틴어 retro와 '이끌다'를 의미하는 ducere에서 유래된 retroduction(역행 추론)과 동의어로 자주 혼용되는 측면도 있다(Haig, 2012: 10). Peirce는 저술 활동에서 가추와 역행 추론을 상호 교환적으로 활용한 바 있다. 비판적 실재론의 창시자로 간주되는 Roy Bhaskar 역시 양자를 동의어로 간주하는 측면이 있다.

그러나 일단의 비판적 실재론자(예: Danermark, Ekström, & Karlsson, 2019; Ritz, 2020)는 가추와 역행추론의 상호 보완적 관계를 강조하면서 양자의 특성을 독립적으로 구분하기도 한다. 이들에 따르면 가추는 현상(X)을 설명하기 위한 새로운 가설을 생성하는 과정을 지칭한다. 이에 반해 역행 추론은 현상(X)가 존재하기 위한 속성, 즉 현상 X를 가능하게 하는 전제 조건에 대한 추론을 의미한다. 따라서 가추(현상 X에 대한 설명적 가설 생성)는 역행 추론의 출발점으로 작용하며, 역행 추론은 역으로 가추의 진위(생성된 설명적 가설의 전제 조건 구명)를 확인한다는 것이다. 연구자의 관점에서는 이러한 양자 간의 구분은 논리적 개념 관계일 뿐 실제 현실에서는 차별적인 특성을 가지지 않는다. 애초에 현상 X에 관해 생성된 가설(가추) 자체가 최선의 설명적 정합성을 가진 가설로서 이미 현상 X의 발생 조건도 포함하기 때문이다. 예컨대, 〈표 1-9〉에서 "여자의 소매가 반들반들해졌다(놀라운 사실)"에 대한 최선의 설명적 가설은 "여자는 타자를 많이 쳤다"라는 진술문이다. 이 예에서 보듯이 놀라운 사실에 대한 설명적 가설은 왜 그러한 사실이 어떤 조건에서 발생했는지에 대한 최선의 추정적인 설명적 기술을 이미 충분히 제공한다고 볼 수 있다.

일반적으로 가추 추론은 귀납과 연역에 비해서 추측 가설 생성이라는 추론적 성격으로 인해 학문공동체 내에서 그동안 상대적으로 경시된 측면이 크다. 가추는 기존 이론에 명료하게 부합하지 않는 새로운 문제 현상을 관찰 경험하면서 이를 설명하기 위하여 자료가 그럴듯하게 들어맞는 경우를 추측할 때 발생한다. 즉, 가설 생성의 기초 역할을 수행한다. Peirce는 가추 추론의 논증 양식을 다음과 같이 표현하였다(Haig, 2012: 10).

- 놀라운 사실인 C가 관찰된다.

  (The surprising fact, C, is observed).

- 하지만 만약 A가 참이라면 C는 당연한 일이 된다.

  (But if A were true, C would be a matter of course).

- 따라서 A가 참이라고 생각할 만한 이유가 있다.

  (Hence, there is reason to suspect that A is true).

가설연역 접근 섹션에서 활용된 삼단논증 양식으로 가추의 논리구조를 제시하면 〈표 1-10〉과 같다.

〈표 1-10〉 가추 삼단논증 사례

	가추	
법칙(규칙)	• 이 주머니에서 나온 콩은 모두 하얗다.	• 타자를 많이 치면 소매가 반들반들해진다.
결과	• 이 콩들은 하얗다.	• 그 여자의 소매가 반들반들해져 있다.
사례	• 이 콩들은 이 주머니에서 나왔다.	• 그 여자는 타자를 많이 쳤다.

출처: 김주환, 한은경 공역(2015: 286-287, 356).

전술한 바와 같이 귀납은 새로운 자료를 수집 활용하여 잘 정립된 이론을 강화하는 일반화를 목적으로 한다. 또한, 관찰 가능한 자료를 기반으로 주로 문제의 본질과 맥락에 대한 심층적인 이해에 관심을 둔다. 반면, 연역은 기존 이론에 기반을 둔 특정 관찰에 대한 가설을 제시하면서 가설 확증 경험적 증거를 확인한다. 동시에 개념과 변수 간의 인과관계, 검증 가능한 가설 확인, 일반화 가능성 탐색 등을 통해 현상을 예측·통제하는 데 주된 초점을 둔다. 즉, 연역법은 이론 주도의 하향적 논리구조(이론 관련 가설 도출과 가설 변인 확증·불확증 과정을 통한 이론 검증)를, 귀납법은 자료 기반의 상향적 논리구조(개별 자료 관찰과 주제·패턴 확인을 통한 이론 구축)에 기반을 둔다.

Peirce는 귀납과 연역은 공통적으로 새로운 이론 생성·창출에 직접적으로 기여하지 못하기 때문에 결코 창의적인 논증 양식이 될 수 없다고 규정하였다. 그는 이론 생성은 기존의 관점에서 탈피하여 문제 현상에 관한 설명적 가설을 새롭게 만들어 내는 과정, 즉 가추를 통해 가능하다고 생각하였다. 연역과 귀납 및 가추의 내용적 특징을 상호 비교하면 〈표 1-11〉과 같다.

그런데 가추 추론 과정에 있어서 관찰된 놀라운 현상을 설명하기 위해 생성된 가설이 항상 참일 수만은 없다. 이 지점에서 제기될 수 있는 비판 중 하나는 가추 추론이 일탈적인 관찰 경험을 설명하기 위하여 모든 유형의 자유분방한 가설(wild hypotheses) 생성을 유발할 수 있다는 사실이다. 즉, 상상력 범위 내에서 이용 가능한 가설 생성이 무한한 경우, 경쟁적 가설 중에서 최선의 가설을

〈표 1-11〉 연역과 귀납 및 가추 상호 비교

	연역	귀납	가추
논리	• 전제가 참일 때 결론도 참이어야 함.	• 전제는 검증되지 않은 결론 생성에 활용됨.	• 전제는 검증 가능한 결론 생성에 활용됨.
일반화	• 일반적인 것에서 부터 구체적인 것으로 일반화	• 구체적인 것에서 부터 일반적인 것으로 일반화	• 구체적인 것과 일반적인 것 양자 사이의 상호작용에서 일반화
자료 활용	• 자료수집은 기존 이론과 관련된 명제 또는 가설 평가에 활용됨.	• 자료수집은 현상 탐색과 주제·패턴 확인 및 개념적 기제 창출에 활용됨.	• 자료 수집은 현상 탐색과 주제·패턴을 확인하고, 이들을 개념적 기제 내에 위치시켜서 후속 자료수집 등을 통해 이를 검증하는 데 활용됨.
이론	• 이론 반증 또는 확증	• 이론 생성과 구축	• 이론 생성과 수정(적절한 경우, 기존 이론을 수정하거나 새로운 이론을 구축하기 위하여 기존 이론을 통합함)

출처: Saunders, Lewis, & Thornhill(2019: 153).

선택·도출할 수 있는 합리적 근거와 객관적 증거는 무엇인가, 그리고 제기된 해당 가설은 절대로 옳은가 등의 문제가 제기될 수 있다. "무엇인가가 그렇게 될 수도 있다고 추측하는 것이 무엇인가가 그렇다(또는 그렇게 될 가능성이 있다)를 증명하는 것과 동일하지 않다"(Lipscomb, 2012: 254)라는 것이다. 이러한 비판적 관점에 대한 전향적 해결을 위해 관련 연구는 경쟁적 가설 사이에서 보다 나은 자격 조건과 설득력을 갖춘 최상의 가설 선별은 모든 관련 정보와 쟁점 및 반론을 체계적으로 분석하면서 일종의 판별 준거, 예컨대, 가설 자체의 '부합성(Fit)', '그럴듯함(plausibility)', '적합성(relevance)' 등의 평가적 기준 활용을 통해 가능하다고 주장한다(Avory & Timmermans, 2014: 131-132). 예컨대, [그림 1-19]를 설명하기 위한 경쟁적 가설 유형은 어떤 형태로 제시될 수 있는지 잠시 생각해 볼 필요가 있다.

해당 그림은 다양한 형태의 설명적 가설로 상이하게 기술될 수 있다. 예컨대, '이쑤시개를 활용한 은행 꼬치', '바비큐용 철심이 관통한 양파', '끈 위의 풍선' 등의 경쟁적 가설이 동시적으로 이용 가능하다. 그런데 이들 가설은 유사 유추에 근거하여 [그림 1-19](현상)에 관하여 매우 밀접한 상호 근사치의 설명력을 제시하고 있다. 따라서 세 가지 경쟁가설 중에서 보다 나은 최선의 가설을 선택하기가 상대적으로 쉽지 않다. 이보다 강력한 설득력을 가진 또 다른 설명적 진술 가설은

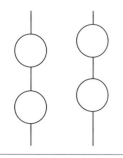

[그림 1-19] 그림 실체에 관한 설명적 가설은?
출처: Schvaneveldt(2012: 13).

"서로 다른 나무에 매달려 졸고 있는 두 마리의 코알라"이다. 전술된 '가추 판별 준거'의 관점에서 보면, 해당 가설은 경쟁가설에 비해 관찰 현상(그림)에 관하여 보다 적합하면서도 유의미한 차별적인 설명력을 제공한다. 요컨대, 가추는 놀라운 연구 증거를 기반으로 새로운 가설 도출과 타당한 이론 생성을 목표로 하는 창의적 추론 과정으로 간주된다. 따라서 가추 추론은 지식의 성격이 실질적으로 확장될 수 있다는 측면에서 최근 들어 과학 분야, 특히 전문가 시스템 설계, AI 기반 의학진단 등에서 자체 활용도를 높이고 있다. 또한, 연구방법 분야에서도 이론 생성과 이론화과정의 출발점으로서 실질적 영향력을 확대해 가고 있다. 이 내용은 다음 절에서 보다 구체적으로 다룬다.

(3) 가추 기반 연구방법: 내용과 체계

연역과 귀납의 상호 연계 · 병행을 촉진할 수 있는 가추의 중요성에 대한 국내 교육행정학계의 인식과 학문공동체 구성원의 수용성은 상대적으로 낮은 상황이다. 또한, 이론구축 과정에서의 가추의 활용성 역시 매우 미흡하다고 할 수 있다. 일반 사회과학 분야뿐만 아니라 교육(행정)학 분야에서 가추에 관한 관련 선행연구가 거의 전무하다는 사실을 이를 예증한다. 과학적 연구방법으로서 가추의 존재감이 제반 학문 영역에서 상대적으로 부각되지 못한 이유는 관련 문헌상에서 명시적으로 드러나지 않는다. 연구자의 관점에서 이를 설명하기 위한 세 가지 잠정적 추론이 가능하다. 첫째, 전통적으로 이론 생성 · 발달을 위한 연구수행의 논리적 방법은 연역법과 귀납법으로 거의 독점적으로 규정되는 경향성이 있다는 추정이다. 둘째, 학문수행 연구방법으로 연역 접근과 귀납법은 각기 과학철학의 제반 관점, 즉 실증주의(양적 접근)와 반실증주의(주로 질적 접근) 진영에 의해 강력하게 지지되면서 학계에서 적극적으로 활용되고 있다는 사실이다. 셋째, 일부 철학적 관점(예: 실용주의)이 논리적 사고방식으로서의 가추의 중요성을 강조하고 있지만, 과학적 이론이 가추 과정을 통해 어떻게 생성 · 발달하는지를 구체적으로 안내하는 실천 지침은 매우 부족한 상황이다.

위의 세 가지 이유에 더해서 연역과 귀납논리에 근거하여 과학 이론의 생성 · 발달 주기를 개괄한 Wallace의 개념체계도 역시 제3의 논리 형태로서의 가추의 중요성에 대한 학문공동체의 수용성과 긍정적 인식을 저해하는 요인으로 일부 작용했다고 볼 수 있다. Wallace는 [그림 1-20]과 같이 과학적 연구수행과 이론 발달은 연역과 귀납 및 그에 수반하는 연구 절차로 구성된 선순환 연속체 주기 속에서 이루어진다고 주장한 바 있다. 이에 따르면 연역적 연구는 (기존) 이론에서 시작되어 이론을 검증하기 위한 연구전략을 활용한다. 귀납적 연구는 자료 관찰에서 출발하여 이론을 구축하는 데 초점을 둔다.

이에 반하여 가추는 '놀라운 현상(또는 사실)'이 관찰되는 것에서부터 시작한다. 논리 구조상 '놀라운 현상'은 전제가 아닌 일종의 결론으로 간주된다. 이러한 결론(관찰된 놀라운 현상)에 기초하여 결론을 설명하기에 충분한 것으로 간주되는 일련의 가능한 전제들(설명적 사례들)이 가설로 결정되

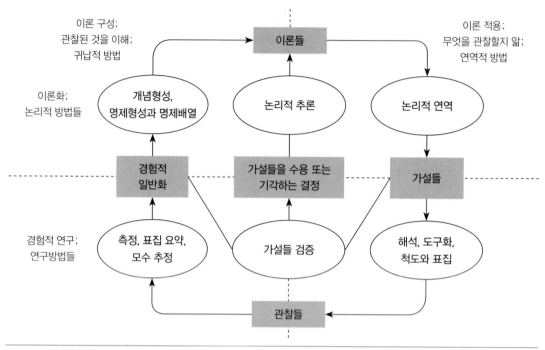

[그림 1-20] 과학적 이론 발달 주기
출처: Wallce(1971: 18-23) 내용 통합.

며, 이 설명적 가설 전제들이 참이면 결론(놀라운 현상)도 당연히 참일 것이라고 추리된다. 즉, 전제 집합(설명적 사례들)이 결론(놀라운 현상)을 설명하기기에 충분하다는 이유에 근거하여 전제 집합도 결국 참되다고 믿는 것이다. 이러한 맥락에서 가추는 Sherlock Holmes가 애용하는 탐정의 논리로도 알려져 있다.

그런데 놀라운 현상에 대한 가설 생성 추론 방식은 전술된 Wallace의 전통적인 연역·귀납법 체계 내에서는 존재하지 않는다. 연역법에서 연구수행을 안내하기 위한 출발점은 항상 이론이며, 가설은 반드시 기존 이론에 근거하여 도출된다. 귀납법에서 이론은 개별 자료에 대한 관찰과 이에 대한 체계적 분석을 통한 연구결과로 나타난다. 따라서 전통적 연역·귀납 논리체계에서는 '놀라운 현상'을 설명하기 위한 관련 가설 생성과 이들 가설의 참됨 구명을 통한 놀라운 현상의 진위 구명은 불가능한 과제로 남는다. 연역과 귀납 추론방식의 장단점을 상호 보완하면서 두 가지 사고체계를 연계적으로 결합하는 제3의 논리 추론방식인 가추를 양적·질적 연구 및 혼합방법연구 수행과정 등에 적용하면서 가용할 수 있는 연구기법과 실제 활용 절차를 포괄적으로 다루는 저작물은 극히 일부를 제외하고는 현재까지 매우 희소한 상황이다.

사회과학 분야 전반에 걸쳐 가추의 연구법 활용을 강조한 대표 학자는 질적 연구자인 Tavory와 Timmermans, 심리학자이자 연구방법 철학자인 Brian Haig를 들 수 있다. Tavory와 Timmermans

(2012; 2014)는 자료 기반 분석의 귀납적 질적 연구형태의 한계점(특히, 근거이론의 자료 코딩 분석 몰입으로 인한 새로운 이론 생성 실패 등)과 이론 중심의 (가설) 연역적 양적 분석 과편중 현상을 균형적으로 조정하기 위한 해결 방안으로서 가추의 중요성을 적극 강조하고 있다. 또한, 가추 기반의 경험적 질적 연구 강화를 위한 추진 전략으로서 '현상과 자료의 재검토와 낯설게 만들기 및 대안적 사례 확인' 등을 제시한 바 있다. 이들의 주장은 자료 관찰 중심 귀납법과 이론 기반 연역법 간의 내재적 긴장 관계를 해소하는 연구 방안으로 가추(자료와 이론 양자 사이를 순환 반복하여 현상을 체계적으로 탐구)의 중요성을 학계에 적극적으로 부각시키는 전환적 계기를 제공하였다. 요컨대, Tavory와 Timmermans는 '질적 연구 분석의 심화 발전을 위한 연구방법'으로서 가추의 당위적 필요성을 강조하였다고 볼 수 있다. 그러나 동시에 놀라운 현상에 대한 인과적 설명가설이 이론 발달 주기에서 어떻게 생성되어 체계적으로 검증·평가될 수 있는지에 대한 문제점을 적극적으로 다루지 않았다는 점에서 비판의 대상이 되기도 한다(Hammersley, 2016: 749).[31]

Haig는 Tavory와 Timmermans와 마찬가지로 근거이론의 한계점(자료의 귀납적 분석 몰입이 초래하는 새로운 이론 생성 부족, 자료의 지속적 비교 실행과 이론적 민감성 제고 과정에 있어서의 가추활용 미흡 등)을 극복할 수 있는 대안적 연구 방안으로서 가추 사고체계의 중요성을 적극 공감한다. 그러나 Tavory와 Timmermans와는 달리 Haig는 질적 연구 분야를 넘어서 과학적 실재론과 자연주의 및 인식론 시각(정합론, 신빙주의) 등 제반 과학철학의 주요 장점을 실재론의 포괄적 기제(자연주의 과학적 실재론) 안에 집대성하여 양적·질적 연구방법의 특·장점을 총괄적으로 교차 활용하는 '가추법 기반의 이론구축 연구방법철학'을 체계화하고 있다(Haig, 2014, 2018a, 2018b).[32] 그의 핵심 주장은 '방법 가추이론(the Abductive Theory of Method: 이하 ATOM)', '이론구성 방법론(Theory Construction Methodology: 이하 TCM)'으로 요약될 수 있다.

Haig 등은 가추 추론의 논증 양식을 과학적 실재론의 관점(이용 가능한 최선의 과학이론은 최근사치 수준에서 실재를 구명함)에 기반해서 다음과 같이 변형적으로 제시함으로써 '있는 그대로의 세계, 즉 실재'를 설명하기 위한 초기 원형이론(prototheory)의 가추적 개발 가능성을 강조한다(Borsboom et al., 2021: 759).

　"이론 T가 현상 P를 추정적으로 설명한다"는 것은 "만약 세계가 이론 T가 묘사한 그대로 존재한다면

---

31) Tavory와 Timmermans 저작물의 장단점은 질적 연구 학술지(Qualitative Research)와 사회학 학술지(British Journal of Sociology, Contemporary Sociology) 등의 서평을 통해서 체계적으로 분석된 바 있다.

32) Haig의 연구방법철학은 제반 과학철학 논쟁과 사회과학 이론 발달의 추세 및 연구방법론 분야의 쟁점 등을 포괄하면서 현재까지 진화 발전하고 있는 상황이다. 따라서 제한된 지면을 고려하여 여기에서는 핵심 특징만을 개괄적으로 기술하고자 한다. Haig의 주요 저작물 목록은 명예교수로 재직하고 있는 University of Canterbury 홈페이지에서 확인할 수 있다(https://researchprofile.canterbury.ac.nz/Researcher.aspx?Researcherid=86078).

당연히 현상 P도 이어서 존재한다"는 것을 의미한다. ("theory T putatively explains phenomenon P" means "if the world were as T says it is, P would follow as a matter of course")

Haig 등은 현상에 대한 관찰을 통해 형성된 최선의 설명력을 갖춘 가추적 이론체계를 통해서 실체적 존재가 궁극적으로 구명될 수 있음(예컨대, 전자와 바이러스의 존재는 이를 가설적으로 추론한 이론들의 충분한 현실적 설명력에 의해서 확인됨)을 주장하면서, Wallace의 이론 생성 주기와는 차별화되는 가추 기반의 이론 발달 주기를 [그림 1-21]과 같이 제시하고 있다. TCM 모델은 관련 현상 식별, 초기 원형이론의 공식화, 공식 모델 개발, 공식 모델의 적정성 확인, 최종 구축된 이론의 전체적 가치 평가라는 순차적인 다섯 가지 단계로 구성된다.

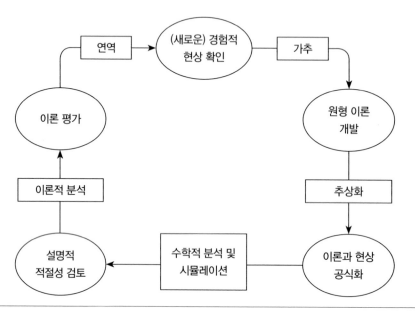

[그림 1-21] 가추 기반 이론 발달 주기
출처: Borsboom et al. (2021: 762).

Haig 등은 이론구성의 첫 번째 단계는 확고하면서도 일관되고 재현 가능한 현상의 식별에서 시작되어야 한다고 본다. 결국 단순 개별 자료가 아닌 지속적 현상에 대한 관찰을 통한 가추적 원형이론 개발을 통해서 최선의 설명력을 갖춘 이론의 공식화가 이루어질 수 있기 때문이다. 공식화 이후 확립된 초기 공식 이론은 모델 시뮬레이션 등을 통해서 설명적 적절성이 검토되며, 최종적으로는 좋은 이론의 덕목(정확성, 일관성, 간결성, 생산성, 설명적 범위의 포괄성, 유추 등)에 의해서 그 이론적 가치가 전체적으로 평가된다. 이러한 가추 기반 이론생성 · 발달 과정은 새로운 다양한 현상을 추가적으로 관찰 경험하면서 이론의 발달 범위와 깊이가 확대 심화되는 선순환 구조를 가진다. 가추 기반 이론 발달 주기는 이론형성의 출발점은 현상이며, 이론형성에 있어서의 가추의 중요성을 적극적으로 부각시켰다는 의미를 가진다.

　Haig는 놀라운 현상에 대한 인과적 설명 가설의 생성·발달·평가를 단계별로 총괄적으로 확인할 수 있는 실행전략과 연구방법 및 추론 형태를 현실적 설명력을 갖춘 양적·질적 연구의 특화된 기법(예: 근거이론, 탐색적 요인분석 등)을 종합적으로 고려하여 〈표 1-12〉와 같이 제시하고 있다. 이는 방법 가추이론, 즉 ATOM(the Abductive Theory of Method)으로 명명된다.[33]

〈표 1-12〉 이론 구축을 위한 방법 가추론

단계	현상 탐지	이론 구성		
		생성	개발	평가
전략	• 혼란 통제 • 연구도구 규격화 • 자료분석 • 발견 결과의 구성적 반복	• 기본적으로 그럴듯한 설명적 이론들을 생성	• 유추 모델링을 통해서 이론 개발	• 경쟁적 이론들과 비교해서 이론의 설명적 가치 평가
방법	• 최초 자료분석 • 탐색적 요인분석 • 컴퓨터 집약표집 방법들 • 메타분석	• 탐색적 요인분석 • 근거이론 • 발견법(휴리스틱)	• 소스 모델로부터 긍정적·부정적 유추 평가	• 설명적 정합성 이론 • 구조방정식 모델[34]
추론	• 열거적 귀납	• 존재적 가추	• 유추적 가추	• 최상 설명으로의 추론

출처: Haig(2014: 25).

　ATOM은 이론 구성을 크게 두 가지 단계로 구분한다. 첫째는 이론 구성의 전체조건이자 출발점으로서 경험적 일반화를 통한 현상 감지이다. 현상은 있는 그대로의 세계에 관해 안정적이면서 일관성을 가진 특징적 모습으로서 이론의 설명 대상이자 초점이 된다. 둘째는 현상에 관한 주장들을 설명하기 위한 이론 구성 단계로서 이론 생성과 개발 및 평가라는 세부 하위 단계를 포함한다. 현상 탐구가 왜 과학적 이론 형성의 출발점이 되어야 하는지에 대해서는 이미 앞에서 충분히 설명한 바 있다. ATOM에 따르면 개별 연구자들은 현상을 체계적으로 확인하고 정확하게 탐지하기 위하여 현상 관련 혼동 요인 통제, 반복적 연구수행, 연구도구 보정, 양적·질적 유형의 자료분석 전략을 다양하게 가용할 수 있어야 한다. 현상 탐지 단계에서 활용되는 추론 양식은 열거적 귀

33) ATOM의 각 단계는 전통적인 가설연역적 접근과 귀납법도 포괄적으로 적용되지만 전체 구조적 특징은 가추적 논리 구조에 의해서 규정되기 때문에 방법 가추론으로 지칭된다.

34) 구조방정식 모델링은 가설연역 방식으로 모델을 검증하는 다변량 통계방법이다(다중회귀, 경로분석, 확증적 요인분석의 조합 활용). Haig는 선행연구에 근거하여 구조방정식 모델이 가설연역 접근뿐만 아니라 IBE 변형으로도 사용될 수 있음을 설명하고 있다. 자세한 내용은 Haig(2014) 제5장 참조.

납(enumerative induction) 형태이다. 이는 구체적 현상과 명시적 사실에 대한 개별적 관찰의 반복적 (열거적) 축적을 통해서 경험적 일반화가 학습되어 결론 설명체계가 도출되는 논증 구조(전형적인 일반적 귀납법)이다.

한편, ATOM의 이론 생성 단계는 확인된 현상에 대한 그럴듯한 가설 창출에 근거하여 설명적 이론이 창출되는 곳으로서 양적·질적 연구의 다양한 기법(탐색적 요인분석, 근거이론 등)이 포괄적으로 활용된다.[35] 이 단계에서의 가추 추론 양식은 유전자, 비인지적 기질(GRIT) 등과 같이 이전까지는 전혀 알려지지 않은 실체나 속성의 존재를 가설적으로 추정하는 존재적 가추(exitstential abduction) 형식을 표방한다. Haig는 양적 연구에서 상관관계 패턴을 설명하기 위한 잠재변수 가정에 활용되는 탐색적 요인분석이 실체에 대한 공통요인 도출에 기여한다는 측면에서 일종의 가추 추론의 한 형태인 존재적 가추의 형태를 가진다고 주장한다.[36]

ATOM 기반 이론 개발 단계는 유추적 가추를 전적으로 활용한다. 유추는 둘 혹은 그 이상의 현상이나 복잡한 현상들 사이에서 기능적 유사성이나 일치하는 내적 관련성을 알아내는 것을 말한다. 예컨대, 후천적 시각·청각 장애를 가지고 있던 Helen Keller가 보고 들을 수 없었던 것과 맛, 냄새, 느낌으로 알았던 것들 사이에서 '수많은 연상과 유사성'을 도출하여 직접 지각할 수 없는 세계를 이해한 사례는 유추적 상상력이 실제로 발휘된 대표적 사례이다.[37] 유추적 가추는 유추 형태와 가추 형태를 결합한 추론 방식이다. 유추적 가추에 근거한 유추 모델링(예: 컴퓨터와의 유추를 통한 인간 마음의 연산 모델 개발 등)을 통하여 ATOM은 세계에 관한 인과기제 본질에 가까운 이론을 개발하려는 데 초점을 둔다.

ATOM의 마지막 단계인 이론 평가는 이론의 설명력 검증을 위하여 최상의 설명으로의 추론 (Inference to the best explanation: 이하 IBE)을 활용한다. Wallace의 이론 발달 주기와 같은 기존의 이론 구성 개념도는 이론이 어떠한 생성 절차 과정을 통해서 발달되며, 최종적으로 그 가치가 어떤 준거에 의해서 총괄적으로 평가되는지에 관한 논의를 전적으로 생략하고 있다. 이에 반해 ATOM 기반 이론 구성은 경쟁이론 중 최선의 증거 기반의 보다 나은 설명력을 제공하는 이론(즉, 최선의 설

---

35) 질적 자료 코딩과 지속적 비교분석 및 이론적 포화 등으로 특징화되는 근거이론에 대한 구체적 논의는 지면상 생략한다. Suddaby(2006)는 경영학 분야 학술지 편집장으로 관찰·체험한 경험에 근거하여 근거이론 연구의 오류적 사고(선행 문헌 간과, 미가공의 원자료 분석 몰입, 단어 개수와 내용 분석에 치중, 코딩 과잉 강조, 근거이론의 완전성에 대한 맹신, 근거이론 연구 수행은 용이하다는 착각, 근거이론을 활용하면 방법론이 부재해도 된다는 변명)를 상세하게 제시한 바 있다. 전통적 근거이론에 관한 국내 문헌 자료는 변기용(2020)을, 신생 관점으로 최근 부각되고 있는 2세대 근거이론(예컨대, Clarkeian 상황적 근거이론, Schatzamanian 차원적 근거이론 등)의 발달 상황과 전통적 근거이론 간의 관련 쟁점 분석은 Morse 등(2021)의 최신 저작물을 참조할 것.

36) 자세한 논의는 Haig(2005) 참조.

37) 원시 부족민들이 무는 개미를 이용해 벌어진 상처를 잡아매는 것을 관찰한 후 외과용 스테이플러가 개발된 사례나 산책 후 옷에 달라붙은 엉겅퀴 구조를 현미경으로 관찰한 후 벨크로(일명 찍찍이)를 구안하여 의류와 가방 등에 활용하고 있는 사례는 유추적 사고의 전형이다(Root-Bernstein & Root-Bernstein, 2001: Ch. 6).

명으로의 추론)이 있는 그대로의 세계, 즉 실재에 대한 대응적 정합성을 가지는 최상의 이론으로 간주되어야 한다고 주장한다. IBE는 일종의 가추 추론의 한 유형으로서 다음과 같은 논증 구조를 가진다(Haig, 2014: 109).

> P1, P2, …… 는 놀라운 경험적 현상이다.
> 이론 T는 P1, P2, …… 등을 설명한다.
> 다른 어떤 이론도 T만큼 P1, P2, …… 등을 설명할 수 없다.
> 따라서 이론 T가 최선의 설명으로 수용된다.

Thagard(2000)는 최선의 설명으로의 추론으로서 설명적 정합이론(the theory of explanatory coherence)을 제시한 바 있으며, 이의 인과적 가치는 컴퓨터 시뮬레이션 프로그램(Explanatory Coherence by Harmany Optimization: ECHO)으로서 실증적으로 증명된 바 있다. Thagard에 따르면 IBE는 결국 세계에 대한 증거 기반의 최상의 설명적 정합성을 갖춘 이론을 확립하는 데 초점을 둔다. 설명적 정합성은 '보다 많은 설명적 범위의 깊이와 넓이의 포괄성', '최소한의 가정에 근거한 단순성', '인과기저 요인을 충분히 드러내고 있는 신뢰할 만한 이론에 대한 유추적 설명(예: 창조론보다는 다윈의 진화이론)' 등에 근거하여 최종 평가된다.

요컨대, 가추 기반 ATOM은 양적 · 질적 연구에서 개별적으로 활용되던 다양한 연구방법과 연구전략을 포괄적 설명기제(자연주의 과학적 실재론) 틀 안에서 집대성함으로써 전통적인 행동과학적 연구와 가설연역적 접근의 가설확증의 편재성과 그로 인한 이론화의 편향성을 제어할 수 있다고 믿는다. 또한, 연구수행과 이론화의 출발점은 가설연역 체제의 가설검증을 통한 경험적 적절성(empirical adequacy)의 단순 확인 과정을 넘어서야 한다고 주장한다. 즉, 다양한 가추 논증 유형이 경험적 현상에 대한 근본적인 탐지 단계에서부터 이론 생성 · 개발 · 평가라는 선순환 이론 구축 과정에 이르기까지 전체적인 이론화 발달기제 내에서 적극적으로 활용되면서 각 단계별로 상이한 가추 논증 특성을 차별적으로 반영할 필요성이 있다고 본다. 가추 논증 기반의 교육행정학 이론화 구축에 대한 실천적 사례를 구체적으로 확인하는 향후 작업은 과학철학과 연구방법론 및 연구기법에 대한 탐구 열정과 실행 의지를 시연하는 학문공동체의 공통 과제로 간주될 필요성이 있다.[38]

---

38) 가추 기반 ATOM에 대한 비판적 논의는 Romeijn(2008)을, 이에 대한 반론적 설명적 진술은 Haig(2014)의 Ch. 6 참조.

6. 결론

이론은 시대적 환경 여건과 학문공동체 활동에 의해 진화·발전한다. 그러나 이론 발달 과정에서 수많은 이론이 학문지평에서 생성·발전하고 한편으로는 퇴화·소멸한다고 하더라도 있는 그대로의 세계(진리)는 결코 변하지 않는다. 천동설과 지동설의 대립 논쟁에서 보듯이 이론의 수정 가능성은 관찰되는 세계 현상과 탐구 문제의 본질적 성격(예: 행성으로서의 지구의 공전 현상) 그 자체가 변한다는 것을 의미하지 않는다. 이론의 성장 발달에 따라 변하는 것은 세계와 문제의 본성에 대한 우리의 '계몽된 이해와 학문적 자각'이기 때문이다.

일찍이 Karl Popper(1968: 226)는 그의 유명한 저서 『Conjectures and Refutation』에서 학문연구의 규제적 이상으로 간주되는 객관적 진리의 지위를 다음과 같이 기술한 바 있다.

> 사실에 대한 대응으로서 객관적 의미에서의 진리의 지위와 규제적 원칙으로서의 진리의 역할은 영구적으로 또는 거의 영구적으로 구름에 싸인 산의 정상에 비유할 수 있다. 등산가는 단순히 거기에 도달하는 데 어려움을 겪는 것이 아니라 구름 속에서 주봉우리와 일부 보조 봉우리를 구별할 수 없기 때문에 언제 정상에 도착하는지 알지 못할 수도 있다. 그러나 이것은 정상이라는 객관적 존재에 영향을 미치지 않는다. …… 오류 또는 의심이라는 관념 자체는 …… 우리가 도달하는 데 실패할 수 있는 객관적 진리의 개념을 함축한다.

> The status of truth in the objective sense, as a correspondence to the facts, and its role as a regulative principle, may be compared to that of a mountain peak which is permanently, or almost permanently, wrapped in clouds. The climber may not merely have difficulties in getting there-he may not know when he gets there, because he may be unable to distinguish, in the clouds, between the main summit and some subsidiary peak. Yet this does not affect the objective existence of the summit... The very idea of error, or of doubt ... implies the idea of objective truth which we may fail to reach.

Karl Popper의 연구 저술 중 연구자가 학문적 좌우명으로 선호하는 인용 문구이다. 연구자는 깊은 구름에 가려진 정상을 향해 부단히 오르는 등산객이 모습이 교육행정학 학문공동체의 '기본자세'가 되어야 된다고 생각한다. Popper의 인용구에서 구름에 가려진 정상은 결코 도달할 수 없는 절대적 진리를 의미한다. 연구자는 이를 절차탁마를 통한 학문적 깨우침으로 환치한다. 학문을 관통하는 절대적 앎이 저 먼 곳 어딘가(정상)에 존재하는지 알면서 그곳에 도달할 수 있을지 불안해하면서도 동시에 그곳을 향해 부단히 나아가는 자세는 개별 연구자의 탐구정신과 학문연구의 이상적 출발점이 되어야 한다. 정상에 도달(학문적 깨달음)한 줄 알았으나 어느 순간 다시 내리막길(무지에 대한 자각)을 걷게 되고, 또 다른 정상(새로운 학문적 자각)으로 이어지는 '학문 여정'을 시작할 때에 한해서 교육행정학의 이론 발달과 학문 발전이 본격적으로 이루어질 수 있다. 지식성장은 이론화 발달과정 속에서의 '논증·반박 과정'의 체계적 활성화를 통해 이루어진다. 또한, 학문 발달은 다양한 사상체계의 비판적 상호 교류와 통섭적 교차융합을 통해 발전한다. 학문공동체 내에서의 쟁점분석 담론공유의 결여와 개별 연구자의 성찰적 비판의식의 부족은 특정 사상의 지배적 주도권과 학문 지위의 독점적 점유를 초래할 가능성이 크다. 교육행정학 학문공동체 내에서 과학철학 연구주제(예: 과학적 실재론 vs 구성주의, 과학적 실재론과 비판적 실재론 간의 상호 쟁점 분석과 교육현장 적용 방안, 가추논증 기반의 이론 발달 체계 확립 등)에 대한 심층적 학술 담론과 성찰적 연구 활동이 그 어느 때보다도 필요한 시점이다. 이 장은 이를 위한 예비적 담론 토대와 기초적 논의 자료를 제공하려는 목적으로 구안되었다.

 참고문헌

곽태진(2018). 비판적 실재론과 교육학. 고려대학교 대학원 박사학위논문.

김종철(1981). 교육행정의 이론과 실제. 서울: 교육과학사.

박선형(1999). 주관주의적 교육행정이론에 대한 비판적 고찰. 교육행정학연구, 17(3), 217-249.

박선형(2000a). 패러다임적 인식론에 대한 비판적 고찰. 한국교육, 27(2), 1-19.

박선형(2000b). 자연론적 정합론의 인식론적 함의 및 교육학적 의의. 교육행정학연구, 18(4), 139-157.

박선형(2002). 교육행정 이론발달의 철학적 연원에 대한 고찰. 교육행정학연구, 20(4), 133-157.

박선형(2003). 교육행정과 지도성의 가치적 성격에 관한 일 고찰. 교육행정학연구, 21(3), 81-100.

박선형(2004). 인지적 자연주의: 철학적 배경과 교육적 의미 탐색. 교육학연구, 42(2), 31-55.

박선형(2006). 선진국의 교육행정 지식기반: 논의 동향과 시사점 탐색. 교육행정학연구, 24(2), 1-29.

박선형(2010a). 지식융합: 지식경영적 접근과 이해. 교육학연구, 48(1), 83-101.

박선형(2010b). 교육행정학의 혼합방법연구 활성화를 위한 예비적 논의. 교육행정학연구, 28(2), 27-54.

박선형(2011). '교육행정학 연구의 방법론상 쟁점', 정영수 외, 교육행정연구법. 서울: 교육과학사.

박선형(2012). 교육행정철학의 발전 가능성과 향후 과제. 교육행정학연구, 30(1), 53-77.

박선형(2022). 교육정치학: 이론화와 과학철학 및 연구방법론 쟁점 분석. 교육정치학연구, 29(1), 29-63.

백현기(1958). 교육행정학. 서울: 을유문화사.

백현기(1976). 교육행정의 기초. 서울: 배영사.

변기용(2018). 한국 교육행정학의 학문적 정체성과 연구방법론에 대한 비판적 성찰: 이분법적 배타성 극복을 위한 대안적 지점의 모색을 중심으로. 교육행정학연구, 36(4), 1-40.

변기용(2020). 근거이론적 방법. 서울: 학지사.

변기용, 이현주, 이승희, 손다운(2022). 비판적 실재론의 교육행정학 연구방법론에 대한 함의와 연구의 실제. 교육행정학연구, 40(1), 691-720.

신현석(1996). 포스트모더니즘 시대의 교육행정학 (I): 포스트모던 교육행정학의 철학적 기초에 대한 탐색을 중심으로. 교육행정학연구, 14(4), 202-226.

신현석(2009). 한국적 교육행정학의 방법적 기반. 교육행정학연구, 27(3), 23-56.

신희영(2017). 행정학의 주류 연구방법인 '과학적' 연구방법의 메타이론에 대한 비판적 고찰: 비판적 실재론적 접근. 정부학연구, 23(2), 59-93.

신희영(2019). 정책평가에 대한 비판적 실재론적 접근: 비판적인 다원주의 방법론의 가능성에 대한 고찰. 정책분석평가학회보, 29(2), 109-142.

이성회, 권순형, 민윤경, 이정우, 박나실, 이호준, 염주영(2021). 관계자(relational goods) 창출을 위한 교육의 기능 개념모형 탐색: 비판적 실재론에 기반한 '관계적 교사행위자성'을 중심으로. 충북: 한국교육개발원.

이영철(2018). '사회'의 과학적 연구에 대한 단상: 비판적 실재론과 사회의 연구에 대하여. 한국행정학회 동계 학술발표논문집. 서울: 한국행정학회.

홍민기(2021). 비판적 실재론과 사회과학철학에서 인과성의 구조와 정책연구에의 함의. 사회적경제와 정책연구, 11(4), 125-159.

홍태희(2011). 경제학방법론과 비판적 실재론. 질서경제저널, 14(1), 1-18.

Abend, G. (2008). The meaning of theory. *Sociological Theory, 26*(2), 173-199.

Alexander, J. C. (1982). *Positivism, presuppositions, & current controversies. Vol. 1 of theoretical logic in sociology.* Berkeley, CA: University of California Press.

Almeder, R. (1998). *Harmless naturalism: The limits of science and nature of philosophy.* Chicago: Open Court.

Archer, M., Decoteau, C, Gorski, P., Little, D., Porpora, D., Rutzou, T., Smith, C., Steinmetz, G., & Vandenberghe, F. (2016). What is critical realism? *Perspectives: A newsletter of the theory section (American Sociological Association).* http://www.asatheory.org/current-newsletter-online/what-is-critical-realism.

Bates, R. J. (1980a). Educational administration, the sociology of education. *Educational Administration Quarterly, 16*(2), 1-20.

Bates, R. J. (1980b). Bureaucracy, professionalism and knowledge: Structures of Authority and control. *Educational Research and Perspectives, 7*(2), 66-76.

Bates, R. J. (1983). *Educational administration and the management of knowledge.* Victoria: Deakin University Press.

Bates, R. J. (1984). Education, community and the crisis of the state. *Discourse, 4*(2), 59-81.

Bates, R. J. (1985a). A marxist theory of educational administration? Paper presented to the symposium on 'critical theory, Marxism and educational administration', Annual meeting of the American Educational Research Association. Chicago, America.

Bates, R. J. (1985b). *Public administration and the crisis of the state*. Victoria: Deakin University Press.

Bates, R. J. (1988a). Is there a new paradigm in educational administration? Paper presented to the Organisational Theory Special Interest Group Annual Conference of the American Educational Research Association. New Orleans, America.

Bates, R. J. (1988b). *Evaluating schools: A critical approach*. Victoria: Deakin University Press.

Bhaskar, R. (1975). *A realist theory of science*. Verso, London.

Bhaskar, R. (1979). *The possibility of naturalism*. Hemel Hampstead: Harvester Wheatsheaf.

Bhaskar, R. (2008). *A realist theory of science*. London: Routledge.

Boyd, R. (1991). On the current status of scientific realism. In: R. Boyd, P. Gasper & J. D. Trout (Eds.), *The philosophy of science* (pp. 195-222). Cambridge, MA: MIT Press.

Boyd, R. (2010). *Scientific realism*. The Stanford Encyclopedia of Philosophy.

Buch-Hansen, H., & Nielsen, P. (2020). *Critical realism: Basics and beyond*. London: MacMillan/Red Globe Press.

Chakravartty, A. (2007). *A metaphysics for scientific realism: Knowing the unobservable*. Cambridge: Cambridge University Press.

Chalmers, A. F. (1982). *What is this thing called science?* (2nd ed.). Queensland: University of Queensland Press.

Clark, K. J. (2016). Naturalism and its discontents. In K. J. Clark (Ed.), *The Blackwell companion to naturalism* (pp. 1-15). Oxford: John Wiley & Sons.

Cook, T., & Campbell, D. T. (1979). *Quasi-experimentation: Design and analysis issues for field settings*. Chicago: Rand McNally.

Craig, W. L., & Moreland, J. P. (2002). *Naturalism: A critical analysis*. New York: Routledge.

Culbertson, J. A. (1983). Theory in educational administration: Echoes from critical thinkers. *Educational Researcher, 12*(10), 15-22.

Danermark, B., Ekström, M., & Karlsson, J. C. (2019). *Explaining society: Critical realism in the social sciences* (2nd ed.). New York: Routledge.

Dowding, K. (2015). *The philosophy and methods of political science*. Macmillan Education

Eco, U., & Sebeok, T. A. (2015). 셜록 홈즈, 기호학자를 만나다: 논리와 추리의 기호학(*The sign of three: Dupin, Holmes and Peirce*). (김주환, 한은경 공역). 서울: 이마. (원서 출판, 1984).

Emerson, K. (2022). On theory and theory building in public administration. *Perspectives on Public Management and Governance, 5*, 3-10.

Evers, C. W., & Lakomski, G. (1991). *Knowing educational administration: Contemporary methodological controversies in educational research*. London: Pergamon Press.

Evers, C. W., & Lakomski, G. (1996). *Exploring educational administration: Coherentist applications and critical debates*. London: Pergamon Press.

Evers, C. W., & Lakomski, G. (2000). *Doing educational administration: A theory of administrative practice*. London: Pergamon Press.

Evers, C. W., & Lakomski, G. (2022). *Why context matters in educational administration*. New York: Routledge.

Foster, W. (1986). *Paradigms and Promises*. New York: Prometheus Books.

Giladi, P. (Ed.). (2020). *Responses to naturalism: Critical perspectives from idealism and pragmatism*. New York & London: Routledge.

Glaser, B., & Strauss, A. (1967). *The discovery of grounded theory: Strategies for qualitative research*. New York: Aldine.

Gorski, P. S. (2013). What is critical realism? And why should you care? *Contemporary Sociology, 42*(5), 658-670.

Greenfield, T. B., & Ribbins, P. (Eds.) (1993). *Greenfield on educational administration: Towards a humane science*. London: Routledge.

Greenfield, T. B. (1975). Theory about organization: A new perspective and its implications for schools. In M. Hughes (Ed.), *Administering education: International challenges* (pp. 71-99). London: Athlone.

Griffiths, D. E. (1957). Towards a theory of administrative behavior. In R. F. Campbell & R. T. Gregg (Eds.), *Administrative behavior in education*. New York: Harper.

Griffiths, D. E. (1964). The nature and meaning of theory. In D. E. Griffiths (Ed.), *Behavioral science and educational administration: The sixty-third Yearbook of the National Society for the study of Education* (pp. 95-118). The National Society for the study of Education.

Griffiths, D. E. (1983). Evolution in research and theory: A study of prominent researchers. *Educational Administration Quarterly, 19*(3), 201-221.

Griffiths, D. E. (1985). *Administrative theory in transition*. Victoria: Deakin University Press.

Guba, E. G., &, Lincoln, Y. S. (1994). Competing paradigms in qualitative research. In N. K. Denzin & Y. S. Lincoln (Eds.), *Handbook of qualitative research* (pp. 105-117). Thousand Oaks. CA: Sage.

Haig, B. D. (2005). Exploratory factor analysis, theory generation, and scientific method. *Multivariate Behavioral Research, 40*, 303-329.

Haig, B. D. (2012). Abductive learning. In N. M. Seel (Ed.), *Encyclopedia of the science of learning* (pp. 10-12). New York: Springer.

Haig, B. D. (2014). *Investigating the psychological world*. MIT Press.

Haig, B. D. (2018a). *The philosophy of quantitative methods: Understanding statistics*. Oxford: Oxford University Press.

Haig, B. D. (2018b). *Method matters in psychology: Essays in applied philosophy of Science*. Springer.

Haig, B. D., & Evers, C. W. (2016). *Realist inquiry in social science*. London: Sage.

Hammersley, M. (2016). Book review of abductive analysis: Theorizing qualitative research. *Qualitative Research, 16*(6), 748–750.

Hartwig, M. (2007). *Dictionary of critical realism*. London: Routledge.

Hempel, C. G. (1966). *Philosophy of natural Science*. Prentice-Hall.

Hodgkinson, C. (1978). *Towards a philosophy of administration*. Oxford: Blackwell.

Hodgkinson, C. (1981). A new taxonomy of administrative process. *Journal of Educational Administration, 19*(2), 141–152.

Hodgkinson, C. (1983). *The philosophy of leadership*. Oxford: Basil Blackwell.

Hodgkinson, C. (1991). *Educational leadership: The moral art*. Albany: State University of New York Press.

Hodgkinson, C. (1996). *Administrative philosophy: Values and motivations in administrative life*. Oxford: Pergamon.

Hoy, W., & Miskel, C. (2008). *Educational administration: Theory, research and practice* (8th ed.). McGraw-Hill Education.

Kaidesoja, T. (2013). *Naturalizing critical realist social ontology*. New York: Routledge.

Kjørstad, M., & Solem, M. (2019). Basic concepts in critical realism. In M, Kjørstad M., & M. Solem (Eds.), *Critical realism for welfare professions* (pp. 13–20). London & New York: Routledge.

Lincoln, Y. S., & Guba, E. G. (1985). *Naturalistic inquiry*. Thousand Oaks: Sage.

Lipscomb, M. (2012) Abductive reasoning and qualitative research, *Nursing Philosophy, 13*(4), 244–56.

Lowndes, V., Marsh, D., & Stoker, G. (Eds.) (2017). *Theory and methods in political science*. Red Globe Press.

Lutz, F. W. (2000). Daniel E. Griffiths: He changed an entire profession. *UCEA Review, 41*(3), 1–3.

Mäki, U. (2005). Reglobalizing realism by going local or (how) should our formulations of scientific realism be informed about the sciences? *Erkenntnis, 63*, 21–251.

Mäki, U. (2008) Scientific realism and ontology In S. Durlauf & L. Blume (Eds.), *The new Palgrave dictionary of economics* (2nd ed., Vol 7, pp. 334–341). Palgrave Macmillan.

Morse, J. M., Bowers, B. J., Charmaz, K., Clarke, A. E., Corbin, J., & Porr, C. J., Stern, P. N. (Eds.) (2021). *Developing grounded theory: The second generation revisited*. New York & London: Routledge.

Mort, P. R. (1946). *Principles of school administration-A synthesis of basic concepts*. New York: McGraw-hill.

Moses, J. W., & Knutsen, T. L. (2019). *Ways of knowing: Competing methodologies in social and political Research*. New York: Bloomsbury Academic.

Park, S. H. (1995). Towards the epistemological unity of educational research. *International Studies in Educational Administration, 23*(1), 46–57.

Park, S. H. (1997). Australian naturalism and its critics. *Educational Management and Administration*, *25*(4), 395-417.

Park, S. H. (1998). Is Australian naturalism the most satisfactory extant epistemic underpinning for theories of educational administration? University of Tasmania. Ph.D Thesis.

Park, S. H. (1999). The theoretical development of Richard Bates's critical theory in educational administration. *Journal of Educational Administration*, *37*(4), 367-388.

Park, S. H. (2001a). Epistemological underpinnings of theory developments in educational administration. *Australian Journal of Education*, *45*(3), 237-248.

Park, S. H. (2001b). Towards developing naturalistic coherentism. *Journal of Educational Administration*, *39*(6), 589-603.

Pawson, R., & Tilley, N. (1997). *Realistic evaluation*. Sage: London.

Ribbins, P. (1993a). Philosophy and the study of educational administration. *Educational Management & administration*, *21*(3).

Ribbins, P. (1993b). Conversation with a condottiere of a administrative value: Some reflections on the life and work of Christopher Hodgkinson. *Journal of Educational Administration & Foundations*, *8*(1), 13-28.

Riccucci, N. M. (2010). *Public management: Traditions of inquiry and philosophies of knowledge*. Georgetown University Press.

Ritz, B. (2020). Comparing abduction and retroduction in Peircean pragmatism and critical realism. *Journal of Critical Realism*, *19*(5), 456-465.

Romeijin, J. W. (2008). The all-too-flexible abductive method: ATOM's normative status. *Journal of Clinical Psychology*, *64*, 1023-1036.

Root-Bernstein, R. S., & Root-Bernstein, M. M. (2001). *Sparks of genius: The thirteen tools of the world's most creative people*. HarperOne.

Saatsi, J. (Ed.) (2020). *The Routledge handbook of scientific realism*. New York: Routledge.

Samier, E. (2003). *Ethical foundations for educational administration*. London and New York: RoutledgeFalmer.

Sandberg, J., & Alvesson, M. (2021). Meanings of theory: Clarifying theory through typification. *Journal of Management of Studies*, *58*(2), 487-516.

Sankey, H. (2008). *Scientific realism and the rationality of science*. Taylor & Francis Group.

Saunders, M., Lewis, P., & Thornhill, A. (2019). *Research methods for business students*. Pearson.

Sayer, A. (2000; 2008) *Realism and social science*. London: Sage.

Schvaneveldt, R. W. (2012). Abductive reasoning. In N. M. Seel (Ed.), *Encyclopedia of the science of learning* (pp. 12-15). New York: Springer.

Sears, J. B. (1950). *The nature of the administrative process*. New York: McGraw-Hill.

Shepherd, D. A., & Suddaby, R. (2017). Theory building: A review and integration. *Journal of Management, 43*(1), 59-86.

Simon, H. A. (1976). *Administrative behavior: A study of decision-making processes in administrative organization* (3rd ed.). New York: Free Press.

Suddaby, R. (2006). From the editors: What grounded theory is not. *Academy of Management Journal, 49*(4), 633-642.

Tavory, I., & Timmermans, S. (2012). Theory construction in qualitative research: From grounded theory to abductive analysis. *Sociological Theory, 30*(3), 167-186.

Tavory, I., & Timmermans, S. (2014). *Abductive analysis: Theorizing qualitative research.* Chicago: University of Chicago Press.

Thagard, P. (2000). *Coherence and thought in action.* Cambridge: MIT Press.

Wallace, W. L. (1971). *The logic of science in sociology.* Chicago, IL: Aldine de Gruyter.

Willower, D. J. (1980). Contemporary issues in theory in educational administration. *Educational Administration Quarterly, 16*(3), 1-25.

Winch, P. (1958). *The idea of a social science and its relation to philosophy.* London: Routledge & Kegan Paul.

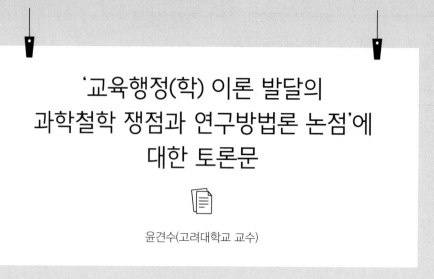

'교육행정(학) 이론 발달의
과학철학 쟁점과 연구방법론 논점'에
대한 토론문

윤견수(고려대학교 교수)

1. 발제문에 대한 리뷰

　국외자의 입장에서 교육행정학계에서 이루어진 방법론적 쟁점들을 엿볼 수 있게 된 것은 흥미로운 일이었다. 행정학 전공자인 내가 선뜻 이런 교육행정학계의 방법론적 논의에 참여하게 된 것은 교육행정학과 행정학 간의 학문적 간극이 그리 크지는 않을 것이고, 방법론이라는 것이 가치 중립적인 논쟁이 가능한 영역이라고 생각했기 때문이다. 논평의 대상이 되는 논문이 방법론의 토대인 과학철학적 쟁점에 대한 글이라 이번 기회에 평소 궁금하게 생각하고 있었던 것을 되새겨 볼 수 있으리라는 기대도 있었다.

　논문을 읽기 전에 비록 긴 논문이기는 하지만 이 논문이 행정학 분야의 방법론 논문과 유사할 것이라는 기대를 했었다. 그러나 논문이 소개한 다양한 논점을 이해하는 데는 많은 어려움이 있었다. Yang과 Miller가 2008년에 펴낸 행정학 분야의 유명한 방법론 교재인『Handbook or Research Methods in Public Administration』(2판) 첫 논문은 행정학에서 이론이 무엇을 의미하는가를 다루고 있다. 이 논문에서 밀러는 이론이 제기하는 중요한 논점을 가설을 생성하고 법칙적 일반화를 추구하는 측면과, 스토리를 만들어 내는 서사적인(narrative) 측면, 그리고 현실과의 조응관계를 고민하게 만드는 실천적인(practical) 측면으로 나누어 설명하고 있다. 그의 분류가 재미있었던 이유는 아주 짧은 논문이기는 하지만 자신의 논지를 '이론과 자료의 관계'에 집중시켜서 정리하고 있고, 그 과정에서 방법론적 쟁점들을 자연스럽게 드러내 주었기 때문이다. 예컨대, 가설 생성적 측면에서는 과학주의의 전통 안에서 이론과 자료가 서로에게 영향을 주고받으며 발전해 오고 있다는 것을 보여 주었다. 서사적인 측면에서는 이론화라는 것이 결국 동료들의 비판과 반박을 견디며 전개되는 스토리텔링이라는 것, 그래서 경험적 사실(자료)과 논리적 일관성에 덧붙여 은유라는 것이 지식의 구축 과정에서 중요한 역할을 하고 있다는 점을 보여 준다. 마지막으로 이론이라는 것은 늘 실천적인 것과의 간극이 존재하는데, 그 간극을 줄이려고 양자가 상호작용하는 과정에서 이론이 발전한다는 것을 암시하고 있다. 행정학이 응용학문이라는 것을 감안할 때 이론의 개발과 지식의 축적 과정에서 실천의 개념을 끌고 온 것은 적절했다.

이러한 종류의 기대를 하면서 이 논문을 읽었지만, 막상 읽고 보니 교육행정학계에서 전개되어 왔던 방법론적 쟁점과 그것이 근거하고 있는 과학철학적 논의들이 상상 이상으로 방대하고 다양하다는 것을 알게 되었다. 교육행정학의 이론 발달 과정을 지식 창조자의 관점에서 소개하고 정리한 제3절 제1항의 내용이 특히 흥미로웠다. 학계의 주목을 받고 학설을 남긴 대가들이 있다는 것은 학계의 발전을 위해서 꼭 필요한 일이다. 대가는 남들이 던지지 않았던 질문을 던지는 사람이기 때문에 후학들에게는 넘어야 할 산이기도 하지만 향후 연구의 디딤돌이기도 하다. 대가를 소개하는 친절함을 잃지 않은 저자의 마음씨가 글의 곳곳에 배어 있다. 비슷한 맥락에서 교육행정학 이론 발달에 강력한 영향력을 행사했던 역사적 사건인 '이론화운동'의 핵심 내용을 소개한 제2절의 제1항도 상당히 값진 내용이다. 원리주의에 입각해 이해했던 교육행정을 증명 가능한 사실에 바탕을 둔 이론을 갖고 설명하자는 당시의 의도가 이 글의 전반적인 주장과 맞물리면서 도입부를 살리고 있다. 제4절 '교육행정학 이론 발달의 과학철학 쟁점'에서 저자의 주장이 제시되었다는 점은 다행스럽고 필요한 일이었다. 많은 리뷰 논문들이 문헌을 시기적으로 나열하는 데 그치고 저자의 입장을 잘 제시하지 않는데, 이 논문은 저자가 과학철학과 방법론을 숙련하는 과정에서 맞부딪혔던 문제점들을 조목조목 지적하고 있다. 마지막으로, 이 글이 갖는 장점 중 하나는 실재론에 대한 소개이다. 저자는 실재론의 유형과 연구 경향, 그리고 그 한계를 '교육행정학 이론 발달'이라는 절을 하나 신설해 소개할 만큼 실재론에 대한 논의들을 다양한 각도에서 소개하고 있다. 존재와 인식의 관계에서 실재론이 이렇게 다양하게 변주될 수 있다는 것을 보여 주는 글은 흔치 않다.

논의가 다양하고 풍성한 만큼, 난해하다는 오해를 피하기 위해서는 중요한 개념과 주장에 대해서는 깔끔한 정리가 필요할 것 같다. 저자의 주장이 비교적 분명하게 드러난 부분은 제4절 '교육행정학 이론 발달의 과학철학 쟁점'의 내용이다. 그래서 리뷰를 여기에 집중하기로 한다. 우선 저자는 '연구자의 관점에서 공통적으로 발견되는 제반 철학사상과 과학철학 관련 오개념과 편향적 오류'라는 표현을 사용했는데, 이러한 오류를 전 세계 교육행정학계의 수준에서 말 하는 것인지, 한국의 교육행정학계 수준에서 말 하는 것인지, 아니면 방법론에 관심을 가진 모든 학자들의 수준으로 확대하여 말하는 것인지를 분명히 하면 좋을 것 같다. 이 글은 리뷰의 성격을 띠고 있고 논의를 빼놓지 않고 벌려서 소개하자는 입장을 취하고 있다. 따라서 오류가 발생하는 학문적 수준을 분명하게 설정해 주면 방법론적 쟁점과 전반적인 논지를 이해하는 데 도움이 될 것이다.

첫 번째 오류를 지적하면서 저자는 논리실증주의를 실재론과 동일시하는 관점을 경계하면서 논리실증주의는 소박한 실재론 아니면 반실재론이고 과학적 실재론이 현재의 실재론이라고 해석한다. 그런데 자칫 이러한 해석은 오해를 살 여지가 있다. 일상적으로 실재론은 존재의 성격, 즉 존재론과 관련된 용어이고, 논리실증주의는 인식론과 관련된 용어로 사용된다. 저자의 해석은 인식론과 존재론을 같은 개념으로 본다는 오해를 살 수 있다. 세 번째 오류를 설명하면서 저자는 과학과 철학을 분리하고 과학적 연구는 다양한 철학적 접근이 활용 가능하다면서 구성주의 포스트모더니즘 비판이론 등의 관점에서 다양하게 접근할 수 있다고 주장한다. 그런데 비판이론이나 구성주의 등은 맥락을 전제로 한 해석과 비판을 강조하기 때문에, 그것이 철학적 입장이건 과학적 입장이건 보편적 원리나 일반 법칙을 규명하는 것과는 이론의 목적이 본질적으로 다르다는 반론이 가능하다. 다섯 번째 내용에서 저자는 존재론은 인식론에 의해서 결정된다는 오류(특히, 구성주의)에 특히 주목하고 있다. 그렇지만 사회적 구성주의의 교과서라고 하는 Berger와 Luckmann의 책『Social Construction of Reality』(1967)는 주관성의 객관화 과정과 객관적 지식의 내면화 과정의 상호 교류를 설명하면서, 한편으로는 사회적 실재라는 존재론의 맥락에서, 한편으로는 범주화와 해석이라는 인식론적 차원으로 '사회적 구성'의 개념을 조망하고 있다. 개인이 사회적 실재의 구성에 참여하지만, 그렇다고 사회적 실재가 개인의 주관적 해석을 말하는 것은 아니다. 여섯 번째 부분에서 저자는 후기실증주의 존재론을 비판적 실재론으로 단순 규정하는 오류를 저지른다고 비판하며 후기실증주의 존재론은 과학적 실재론이라고 해석한다. 아마도 사회현상을 탐구하는 학자들 가운데 후기실증주의라는 개념을 본격적으로 소개한 책은 Lincoln & Guba의 『Naturalistic Inquiry』(1985)일 것이다. 그들은 학문(science)의 패러다임을 실증주의 전 시대, 실증주의 시대, 후기실증주의 시대로 구분한 후, 후기실증주의를 보여 주는 공리들을 제시하고 있다. 이들은 실증주의가 실재를 단일의, 가시적인, 분해 가능한 것으로 가정하는 것과는 달리, 실재가 복수이며(multiple), 구성되는 것이며(constructed), 총체적(holistic)이라고 가정한다. 적어도 이들이 정의하는 후기실증주의에는 과학적 실재론이라는 개념이 나타나지 않는다. 후기실증주의는 이 글의 핵심 개념 중 하나이다. 저자가 후기실증주의 존재론은 과학적 실재론이며 비판적 실재론을 포괄한다는 주장을 하기 위해서는 지금보다 훨씬 정교한 렌즈로 후기실증주의를 설명할 필요가 있다고 본다.

이 논문의 핵심 주제는 '이론화'이다. 이것을 위해 저자는 과학철학에서 흘러나온 여러 가지 쟁점들을 소개하는 노력을 아끼지 않고 있다. 이론화와 연관된 과학철학적 쟁점들을 제대로 이해하기 위해서는 실제 연구수행 과정에서 연구자들이 현상(자료)과 이론을 어떻게 연결시키려고 했는지를 살펴볼 필요가 있다. 이와 관련하여 3권의 책을 소개할 만하다. 질적 연구를 양적 연구의 논리로 통합하려고 했던 『Designing Social Inquiry: Scientific Inference in Qualitative Research』(King et al., 1994), 앞의 책을 조목조목 비판하면서 통계적 모델의 문제점과 그 대안을 제시한

『Rethinking Social Inquiry: Diverse Tools, Shared Standards』(Brady & Collier, Eds., 2004), 양적 연구와 질적 연구는 근본적으로 추론방식이 다르다는 것을 보여 준 『A Tale of Two Cultures: Qualitative and Quantitative Research in the Social Sciences』(Mahoney & Goertz, 2012), 이상 3권의 책은 존재론과 인식론, 그리고 방법론적 쟁점들이 실제 연구과정에서 이론화와 어떤 방식으로 연관되어 있는지를 잘 보여 주고 있다.

2. 개선의 여지가 있는 부분(수정 사항)

학문의 발달 과정을 일목요연하게 보여 주는 일은 그 시도 자체가 불가능한 것이라고 여겨질 만큼 어려운 작업이다. 평자가 교육행정 전공자는 아니지만 박 교수님의 작업은 학문의 길을 걸어가는 동료의 입장에서 봤을 때 존경스럽다. 전공자가 아니라 국외자이기 때문에 이 글을 보고 편하게 말할 수 있는 것들이 몇 가지 있다.

첫째, 교육행정 이론에 방점을 두고 과학철학 쟁점을 소개할지, 반대로 과학철학 쟁점에 초점을 맞추어 교육행정 이론을 소개할지, 입장을 어느 한쪽으로 정리할 필요가 있다. 서론을 제외하고 저자의 글을 순서대로 분류하면 다음과 같다. 제2절 전통적 교육행정 이론: 이론화운동과 가설연역 체제 및 비판점, 제3절 대안 교육행정학 이론 발달과 이론의 정의 및 유형학, 제4절 교육행정학 이론 발달의 과학철학 쟁점, 제5절 교육행정학 이론 발달: 비판적 실재론과 과학적 실재론 및 자연주의 실재론 논점. 그런데 이렇게 놓고 보니 제목이 주는 뉘앙스 때문인지 글의 전반적인 주장을 이해하는 데 어려움이 있다. 크게 3가지 어려움이 있었다. 첫째는 제목만 놓고 봤을 때 제2절과 제3절은 시기적 구분인 것 같고, 제4절과 제5절은 주제적 구분처럼 보인다. 제2절과 제3절이 하나의 묶음, 제4절과 제5절이 하나의 묶음처럼 여겨졌다. 그러다 보니 앞의 묶음이 뒤의 묶음과 연결되지 않고 분리되어 마치 두 편의 글을 합쳐 놓은 것처럼 보인다. 더구나 제4절과 제5절은 과학철학 쟁점과 실재론을 분리하다 보니 과학철학 쟁점 안에 실재론에 대한 논의는 원래 빠져 있는 것처럼 해석된다. 둘째는 이론의 개념이 주는 어려움이다. 예컨대, 행정학에서 이론이라는 개념을 사용하는 상황은 공공선택 이론, 거버넌스 이론, 제도이론, 구조화 이론 등등을 말할 때이다. 이것은 과학철학자들이 사용하는 엄밀한 의미에서의 이론이라기보다는 현상을 바라보는 특정 개념들과 가정들의 집합, 다르게 말하면 접근법(approach)이나 메타포(metapahor) 같은 것이다. '교육행정학 이론'에서 사람들이 기대하는 이론의 의미도 이런 것일 것이다. 그런데 저자의 실제 의도는 이런 것이 아니라 과학철학이나 방법론을 구성하는 주된 개념으로서의 이론이다. 두 가지 의미의 이론을 동시에 사용하는 데서 오는 혼란을 줄이는 방안이 필요하다. 셋째는 비판점, 발달, 유형(학) 등의 표현이 가져다주는 생경함이다. 아마도 저자가 글의 내용을 가감 없이 솔직하게 전달하려고 했었기 때문에 이런 표현들이 사용된 것 같다. 하지만 국외자에게는 가장 중요한 내용을 상징적으로 보여 주는 제목이 더 설득력이 있다. 제목에 있는 부제를 없애고 제목을 쉽게 고치는 전략이 필요하다.

둘째, 각 절의 내용과 논리 가운데 국외자의 입장에서 모호하게 읽혀지는 것들이 있다. 우선 제2절의 앞부분, '전통적 교육행정이론: 이론화운동과 논리실증주의 및 행정 원리들'은 전통적 교육행정이론이 이론화 운동의 주창자이며 동시에 논리실증주의를 옹호하고 행정 원리를 내세운 이론인 것처럼 읽혀진다. 이론화운동 주창자들이 원리주의를 비판했다는 것이 핵심이기 때문이 독자를 위해서는 제목에 이런 표현이 반영될 필요가 있다. 제2절의 앞부분은 논리 실증주의의 등장, 뒷부분은 실증주의를 비판한 후기실증주의의 등장을 설명한다는 것을 소제목을 통해 보여 줄 필요가 있다. 제3절에서는 저자가 관심을 갖고 있는 것을 모두 소개하지 말고 그 내용을 간추려 논지를 분명하게 하는 전략이 필요하다. 예컨대, 이 글의 독자는 지식창조자와 관련된 내용을 읽을 때 일반적인 업적이 아니라 과학철학적 쟁점과 관련된 업적을 궁금해할 것 같다. 그리고 저자게 제시한 이론의 유형과 그 분류방식이 너무 많기 때문에 피로감을 느낄 수도 있다. 제5절은 저자가 가장 강조하는 부분인 것 같지만 가장 난해한 부분이기도 하다. 저자의 주장이 살려면 비판적 실재론과 과학적 실재론이 충돌하는 부분, 그리고 과학적 실재론와 자연주의 실재론이 갈등하는 부분에 대한 설명이 필요하다. 그래야 설명하지 못하는 부분이나, 설명은 하지만 정합성이 부족한 부분에 대한 논의를 위해 다른 실재론을 끌어 왔다는 저자의 논리가 독자들에게 받아들여질 수 있다.

셋째, 전반적인 구성이나 각 절의 내용 정리에 덧붙여 이 논문이 어렵게 읽혀지는 몇 가지 이유들이 더 있다. 우선 이 논문에서 제시한 표들이 많아서 글을 읽어 나가는 데 방해가 된다. 왜냐하면 많은 표들이 다른 저작에 있던 표를 인용한 것들인데, 원저자가 표를 만들 때 제시했던 이유나 배경 설명은 인용하지 않았기 때문에, 그 표들이 과연 저자의 의도를 제대로 살리고 있는지에 대한 의문이 든다. 표의 숫자를 줄이고 논의와 직접 관련이 있는 표만 남겨두거나, 저자가 직접 작성한 표만 제시하는 것이 이 글에 대한 오해를 줄이는 방법 같다. 표와 함께 저자가 개념을 정리하는 방식이 주는 어려움도 있다. 대부분의 독자는 저자와 달리 과학철학과 방법론에 익숙하지 않다. 특히, 이제 막 공부를 시작하는 학생들은 핵심 질문에 대한 쟁점은 고사하고 개념조차 낯설게 여길 것이다. 그래서 글의 앞부분에 나오는 중요한 개념들, 예컨대 이론화과정, 과학철학 쟁점, 논리실증주의, 후기실증주의 등의 개념에 대해서는 친절한 설명이 필요하다. 이런 작업과 함께 앞에서 한번 소개했지만 나중에 재차, 삼차 중복해서 설명하는 개념들을 솎아내는 작업도 중요한 것 같다. 내용과 표현의 중복은 글의 논지를 흐리게 하고 저자의 본 뜻을 오해하게 만들기 때문이다. 마지막으로 독자의 어려움을 줄여 주는 방법 중 하나로 참고문헌의 배열을 바꾸는 것을 제안하고 싶다. 내용이 방대한 참고문헌을 각 절별로 나누어 재구성하면, 각 절에서 저자가 강조했던 내용을 독자들이 공유하는 과정이 훨씬 쉬워질 것 같다. 이것이 불필요하다고 생각된다면, 그 대신 각 절의 주장을 이해하는 데 꼭 필요한 핵심 저작들만 선별하여 소개해 주면 이 글을 이해하는 데 많은 도움이 될 것 같다.

제2장

비판적 실재론의 교육행정학 연구 방법론에 대한 함의:
실용적 질적 연구와 비판적 실재론에 기반한 혼합연구를 중심으로*

변기용(고려대학교 교수)

* 이 장은 필자가 그동안 개인 혹은 지도 학생들과 공동으로 출판한 변기용(2018), 변기용 외 (2022a; 2022b)의 내용을 핸드북의 맥락에 맞게 수정 · 편집하여 작성한 것임을 밝혀 둔다.

요약

이 장의 목적은 경험/실증주의와 구성/해석주의의 이분법적 접근에 대한 대안으로 새롭게 대두된 과학철학적 관점인 비판적 실재론이 교육행정학 연구방법론에 어떤 시사점을 주는지, 그리고 비판적 실재론에 기반한 연구방법론을 보다 활성화하기 위해 먼저 해결되어야 할 과제는 무엇인지를 보여 주는 데 있다.

비판적 실재론이 교육행정학 연구방법론에 주는 가장 큰 함의는, 먼저 인과성을 '관찰(경험) 가능한 사건들의 규칙적 연쇄 관계'로 보는 실증주의 과학철학관과 이에 기반한 양적 연구의 근본적 한계를 지적하고, "무엇이 실제 사건을 발생시키는가?"라는 인과성과 관련된 근본적 문제를 다시 사회과학 연구의 핵심적 목적으로 끌어올렸다는 점이다. 이에 따라 비판적 실재론은 개방체제를 전제로 주어진 상황적 조건(맥락) 내에서 관심 현상이 왜 발생했는지를 설명하는 실용적 질적 연구를 강조한다. 둘째, 비판적 실재론은 특정한 연구방법을 선험적으로 배제하지 않고, 양적/질적 연구를 모두 활용한다. 개방체제에서 발생하는 사회현상에 대한 '절반의 규칙성(demi-regularities)'을 실제에 가깝게 파악하기 위해 양적, 질적 연구의 상보적·순환적 활용과 이 과정에서 필요한 경우 '내재적·외재적 통제 조건(준 폐쇄)'의 재설정 등을 통해 보다 타당성 높은 연구결과의 도출을 추구한다.

교육행정학 연구에서 비판적 실재론에 기반한 연구방법론을 보다 활성화하기 위해서는 먼저 질적 연구방법론 교육과정에서 구성(해석)주의에 기반한 본질적 질적 연구뿐만 아니라, 비판적 실재론에 기반하여 발생기제의 탐색(설명)을 목적으로 하는 실용(설명)적 질적 연구에 대한 교육이 함께 이루어져야 한다. 둘째, 논문 심사과정에서 논쟁적 이슈에 대한 '쌍방향적 토론 없이 심사자가 가진 관점만의 일방적인 강요'라는 부작용이 과도하게 나타나지 않도록, 새로운 연구방법론의 가능성(과 한계)에 대한 논의를 학회 차원의 보다 개방적이고 쌍방향적 토론 과정으로 전환시켜 나갈 필요가 있다. 마지막으로, 해묵은 양적·질적 연구 공약 불가능성 논쟁에서 벗어나 비판적 실재론이 강조하는 양적·질적 연구의 순환적·변증법적 사용을 통한 이론의 지속적 정련화를 추구할 필요가 있다.

[주제어] 비판적 실재론, 교육행정학, 연구방법론, 실용적 질적 연구, 혼합연구

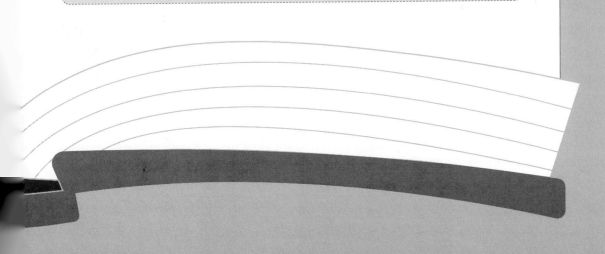

1. 서론

교육행정학을 포함한 사회과학 분야에서는 오래전부터 양적 연구와 질적 연구 간의 소위 '공약불가능성(incomensurability)'을 둘러싼 치열한 논쟁이 전개되어 왔다(박선형, 2010). 예컨대, 조용환(2021)은 "질적 연구와 양적 연구는 논리(logic: 철학)가 서로 다르기 때문에 이를 '혼합'하는 연구는 바람직하지 않다"고 말하고 있다. 이는 상이한 과학철학적 관점 혹은 패러다임이 교육행정학 연구에서 이론의 생성, 축적에 어떤 기여를 할 수 있는지에 대해 아직까지 우리 교육(행정)학계에 상당한 논쟁의 지점이 남아 있다는 것을 보여 주는 단적인 예라고 할 수 있다. 1962년 Khun이 『과학혁명론의 구조(The Structure of Scientific Revolutions)』라는 책을 출간한 이후 불붙었던 전반적 과학철학적 수준에서의 패러다임 논쟁이, 이후 큰 틀에서 경험주의/실증주의 vs. 구성주의/해석주의 논쟁으로 재편되고, 이것이 다시 양적 연구(경험주의/실증주의)와 질적 연구(구성주의/해석주의) 방법론 논쟁으로 이어지고 있는 것이다.

비판적 실재론(critical realism)[1]은 이제까지 양적 연구의 과학철학적인 토대로 작용해 온 경험/실증주의(empiricism/positivism)와 이에 대한 반작용으로 나온 질적 연구의 기초를 제공하는 구성/해석주의(constructivism/Interpretivism) 모두에 대해 비판적으로 접근한다. 지배적인 주류 과학관으로서 경험/실증주의는 과학이 객관적인 경험을 통해 시험할 수 있는 사실들을 다루는 체계적이고 통일된 방법을 갖춘 가치 중립적 활동(곽태진, 2018)이라는 점을 강조한다. 반대로 구성/해석주의는 과학적 지식의 생성 과정에서 개인의 주관성과 사회적 의미를 강조하면서, 과학적 지식은 발견되는 것이 아니라 구성되는 것이라는 점을 강조한다. 비판적 실재론은 과학이 개인적(사회적)으로 구성되는 것이라는 점을 인정하면서도, 과학활동이 가능하기 위해서는 행위자와는 독립적으로 존재하는 실재를 전제해야 한다고 주장하면서, '인과적 설명(발생기제의 규명)'이 과학활동의 핵심적 과업이라고 주장한다(Hoddy, 2019).

연구방법론 차원에서 비판적 실재론은 가설연역적(양적 연구) vs. 귀납(질적 연구), 양적 vs. 질적 연구의 이분법적 접근을 비판하면서 양적·질적 연구의 순환적 적용을 강조한다. 비판적 실재론은 기존의 양적 연구의 접근방식과는 달리 사건이 (실제) 발생하는 데 영향을 미친 발생기제를 추측함으로써 인과성을 설명하는 추론의 형식(역행추론)을 채택하고 있다(Sayer, 1992: 107). 이는 통

---

1) 이영철 교수는 본 챕터에 대한 토론문에서 'critical realism'의 한글 번역으로서 '비판적 실재주의'가 더 타당하다고 주장한다. 필자도 일리가 있다고 생각한다. 다만 사회과학계에서 이미 '비판적 실재론'으로 의사소통이 이루어지고 있고, 한글로 표현된 두 용어(비판적 실재주의 vs. 실재론)가 전달하려는 의미가 크게 다르지 않다는 점에서, 이 장에서는 학계의 일반 용례를 따라 '비판적 실재론'이란 용어를 그대로 사용하기로 한다.

상적으로 '역행추론(retroduction)' 혹은 '가추(abduction)'라고 지칭된다.[2] 개방체제에 존재하는 특정한 맥락에서 다중적이고, 역동적으로 변화하는 관계들을 탐구하는 것을 강조하는 것이다. 역행추론이라는 새로운 추론양식이 비판적 실재론의 접근방법을 특징짓는 중요한 요소라는 점을 감안하면, 비판적 실재론에 기반한 연구방법에서는 특정한 상황적 조건('맥락')하에서 작동할 것으로 생각되는 발생기제를 심층적으로 이해하는 것을 목적으로 하는 질적 연구방법을 더 중요시할 것임을 짐작하기는 어렵지 않다. 단순히 경험적 사건이 발생하는 규칙적 패턴의 발견을 인과관계로 보는 양적 연구의 접근방식은 발생기제의 실제 작동방식에 대해 충분한 정보를 주지 못하기 때문에 본질적으로 한계가 있다고 보기 때문이다(Zachariadis et al., 2013). 본 연구는 경험/실증주의(실재론)와 구성/해석주의(반/비실재론)의 경직적·이분법적 접근에 대한 대안적 관점으로 활용될 수 있는 과학철학적 관점인 비판적 실재론[3]이 ① 교육행정학 연구방법론에 어떤 함의를 주는지, 그리고 ② 교육행정학 연구에서 비판적 실재론에 기반한 연구방법론을 보다 활성화하기 위해 해결되어야 할 과제는 무엇인지를 보여 주는 데 목적이 있다.

2. 비판적 실재론의 주요 특징과 논리 구조

비판적 실재론을 소개하는 이제까지의 교육학 분야의 논문들(예컨대, 이성회, 정바울, 2015; 변기용, 2018; 이성회 외, 2021)에서는 명확히 언급되고 있지 않은 것으로 보이지만, Bhaskar가 경험주의(실증주의)와 해석주의(구성주의)를 절충하여 새로운 대안적 관점으로 제시한 비판적 실재론은 '초

---

2) 이기홍(2008; 2014: 211)은 "가추는 경험, 즉 관찰된 결과의 유형이나 규칙성에서 특정한 인과적 힘과 기제를 갖는 객체를 상정하는 방향으로 나아가는 반면, 역행추론은 특정의 인과적 힘과 기제를 가진 (가설적) 객체가 존재하고 운동한다면 그것이 일으켰을 경험적 사건(의 유형과 규칙성)을 되돌아 추론하는 것"이라고 설명한다. 즉, 가추는 사건을 발생시킨 인과기제의 추론으로, 역행추론은 상정된 인과기제가 일으킬 사건의 추론으로 구분될 수 있다는 것이다. 물론 실제 연구와 이론 구성에서 가추와 역행추론은 상호 보완적인 나선형 관계를 가지는 것으로 나타나게 될 것(곽태진, 2018: 70-71)이므로 본고에서는 이를 엄밀히 구분하지 않고 같은 의미로 사용하기로 한다. 가추와 역행추론의 의미와 차이점에 대한 세부적 논의는 Danermark 등(2019)의 제5장(Generalization, scientific inference, and models for explanatory social science)과 이 책의 제1장과 제3장을 함께 참조하기 바란다. 특히, 제3장에서 이성회 박사는 매우 독특한 자신만의 방식으로 가추와 역행추론이란 개념을 구분하여 사용한다.

3) 이영철 교수는 후속하는 토론문에서 비판적 실재론을 "실증주의와 해석주의를 절충한 대안적 관점(3쪽)이라는 당초 원고에서의 소개('경험/실증주의와 구성/해석주의의 경직적·이분법적 접근에 대한 대안으로 새롭게 대두된 과학철학적 관점인 비판적 실재론……', 당초 발제문 3쪽)는 적절치 못하다고 본다"고 지적했다. 필자가 보기에 아마 이영철 교수의 이러한 비판은 Bhaskar의 비판적 실재론이 구성/해석주의보다는 '경험적 실증주의에 대한 내재적 비판'을 통해 과학을 새롭게 이해하는 대안을 제시하고자 했다는 연혁적 발전과정의 측면에서 이루어진 것으로 이해한다. 따라서 필자는 이 장에서 이영철 교수의 지적을 반영하여 해당 부분의 원고를 '경험/실증주의와 구성/해석주의의 경직적·이분법적 접근에 대한 대안적 관점으로 활용될 수 있는'이라고 수정하였다. 하지만 필자의 견해로 보면 당시 비판적 실재론의 출현 배경이 어떠했든 간에, 현 시점에서 '비판적 실재론이 실증주의와 해석주의를 절충한 대안적 관점'으로 활용될 수 있다는 점은 명확한 것으로 생각한다. 이 점은 Danermark 등(2019)의 다음의 주장, 즉 "…… 비판적 실재론이 경험주의-객관주의와 상대주의-관념론 사이의 과학적 논쟁에서 '제3의 길'을 만들어 낸다"에서도 확인된다.

월적 실재론(transcendental realism)'과 '비판적 자연주의(critical naturalism)'라는 두 가지 요소로 구성되어 있다(Bhaskar, 1989/이기홍 역, 2007: 361). 즉, 비판적 실재론은 주로 자연과학을 염두에 두고 전개된 일반적인 과학철학에 해당하는 초월적 실재론뿐만 아니라, 이와는 구분되는 인간(사회)과학 철학에 해당하는 비판적 자연주의가 합쳐져 만들어진 복합적 요소를 가진 용어라는 점(곽태진, 2018)을 주목할 필요가 있다.

1) 일반적인 과학철학으로서 '초월적 실재론'[4]

일반 과학철학으로서 비판적 실재론은 다음과 같은 세 가지 기본적 관점에 기반하고 있다.[5] ① 존재론적 실재론(Ontological Realism): 행위자의 인식과 분리되어 있는 독립된 실재(객관적 존재)가 존재한다, ② 인식론적 상대주의(Epistemic Relativism):[6] 인간의 지식은 변한다. 한정적·맥락 기속적이며, 항상 오류 가능성이 있음을 전제한다, ③ 판단적 합리성(Judgmental Rationality): 실재에 대해 서로 다른 경쟁하는 이론들의 타당성에 대한 평가는 이루어질 수 있고, 이루어져야 한다. 이와 함께 일반적인 과학철학으로서 비판적 실재론은 다음과 같은 핵심 가정들을 추가로 상정하고 있다.

(1) 우리가 연구하는 사회와 사회현상은 개방체제에 존재한다

우리가 존재하고 있는 세계는 개방체제의 속성을 가지고 있다. 특정한 인과기제의 작동방식을 발견하기 위해 모든 조건이 통제된 상태로 설계된 실험실과 같은 폐쇄체제는 매우 특수한 것이며, 교육행정학의 연구 대상이 되는 사회, 학교는 모두 개방체제로 존재한다(Birnbaum, 1988). '개방체제' 하에서는 폐쇄체제에서와는 달리 연구자가 관심을 가지는 현상(사건)들이 특정한 요인에 의해서만 결정되는 것이 아니라, 체제를 구성하는 서로 연계된 다양한 요소, 그리고 다양한 층위의 체

---

4) 이영철 교수는 토론문에서 "'초월적 실재론'은 Bhaskar가 『실재론적 과학이론』(1975)에서 사용한 용어로 [자신의 이론을] 전통적인 경험적 실재론과 Kant의 초월적 관념론에 대비시킨 용어이다. 그 이후, 자신의 이론이 대비를 통해서가 아니라 그 자체로 홀로 설 수 있다고 보아, 비판적 실재주의(realism의 번역은 실재론보다는 실재주의가 더 타당)로 부르게 되었다. 굳이 초월적 실재론을 쓸 이유가 없어진 것이다"라는 제안을 하고 있다. 일리가 있는 지적이라고 생각한다. 하지만 필자는 이러한 이영철 교수의 주장은 Bhaskar가 비판적 실재론에 대한 자신의 견해를 발전시키는 전체 과정에서, 1975년에 제시한 과학 일반에 대한 입장(초월론적 실재론)과는 별개로 1978년 다시 『The possibility of Naturalism』을 발표하여 자연과학과 사회과학의 차이(비판적 자연주의)를 강조한 연혁적 측면을 포착하는 데는 한계가 있다고 생각한다. 이런 이유로 필자는 이 장에서 일단 '초월적 실재론'이란 용어를 그대로 유지하기로 하였다.

5) Go, C. J. Bite-Size Lecture 04: THE CRITICAL REALIST IDEA OF OPEN-SYSTEMIC CAUSALITY(https://www.youtube.com/watch?v=Z0rt6f4kGp4) 2022년 2월 25일 검색.

6) 참고로 인식론적 상대주의(Epistemic Relativism)는 흔히 포스트모더니즘과 같은 극단적 상대주의에서 주장하는 판단적 상대주의(Judgmental Relativism)와는 구분되는 개념이다. 판단적 상대주의는 "모든 이론과 지식은 맥락 특수적이어서 서로 다른 경쟁하는 이론들의 타당성에 대한 평가는 이루어질 수 없다"고 주장하는 관점을 말한다.

제들이 서로 영향을 미치는 가운데 다중결정된다. 즉, 상호 연계된 개방체제들 속에서 특정한 현상을 발생시키는 원인들은 서로 영향을 주고받는다. 따라서 실험실과는 달리 특정한 현상을 발생시킨다고 알려진 요인(원인)이 존재한다고 하더라도, 개방체제에서는 경우에 따라 상호작용하는 다른 요인들 때문에 해당 요인의 효과(영향력)가 나타나지 않을 수 있다. 우리가 양적 연구를 수행할 때 전제하는 "다른 모든 조건이 동일하다면(Other things being equal = Ceteris Paribus)"이라는 가정은 사실 현실에서는 거의 존재하지 않는다. 따라서 맥락에 관계없이 성립되는 보편이론의 정립을 지향하는 양적 연구는 상호 연계되어 상시로 변화하고 있는 개방체제에서 발생하는 사회현상을 설명하는 데 있어서는 한계를 가질 수밖에 없다.

비판적 실재론에서는 인과성을 경험적 사건의 규칙적 연쇄로 보는 표준적 실증주의 과학관의 한계를 비판한다. 인과성은 조건(사건 X)과 결과(사건 Y)가 인과관계를 가지게 하는 기저에 존재하는 인과적 힘, 즉 발생기제를 탐색하는 것이 되어야 한다고 주장한다(이영철, 2006). 예컨대, 충치 발생(결과)의 원인은 양치질 여부(관찰 가능한 경험적 사건/행위)가 아니라, 특정한 조건(맥락)하에서 부패 박테리아의 효과적 활동(원인)이다. 물론 맥락(개인적으로 치아가 특별히 건강하거나, 단것을 먹지 않는 식문화가 지배적인 집단 등)에 따라 부패 박테리아가 존재하고 활동하기는 하지만, 충치의 발생 여부는 달라질 수도 있다. 비판적 실재론은 폐쇄체제하에서 경험적 사건의 규칙적 연쇄(양치질을 하지 않으면 충치가 발생한다)라는 상관관계를 인과성으로 보는 실증주의(양적 연구)의 단선적 사고에서 벗어나, 관심 현상을 발생시키는 실제 원인(발생기제)을 찾는다는 점에서 실증(경험)주의와는 분명한 차이를 나타낸다.

(2) 실재는 경험적 영역, 발생적 영역, 실재적 영역으로 나뉘어 존재한다

Bhaskar(2008)에 의하면 실재는 경험적 영역, 발생적 영역, 실재적 영역으로 나뉘어 존재한다. 여기서 '실재적 영역(the real)'은 세계에 객관적으로 존재하는 고유한 속성을 가진 물체(객체, entities)와 이러한 객체들이 서로 결합되어 나타나는 구조들(structures)의 영역이다. 이들은 인과적 힘들을 가지며, 이들 간의 상호작용에 따라 특정한 사건이나 현상이 발생하는데, 이 영역이 바로 '발생적 영역(the actual)'[7]인 것이다. 물리적 한계를 가지고 있는 인간들은 이 발생적 영역 중에서 일부만을 경험하게 되는데, 인간이 직접 경험한 영역이 바로 '경험적 영역(the empirical)'이 되는 것

7) 이영철 교수는 토론문에서 "the real domain, the actual domain, the empirical domain의 번역 중 the actual은 실제적(혹은 현재적)이 적절하다고 본다"고 제안하고 있다. 사실 필자도 the actual을 '실제적'으로 번역하는 것에 큰 반대는 없다. 하지만 필자의 경험상 국내 학회 등의 의사소통 과정에서, 한글 발음으로 '실제 vs. 실재'는 매우 구분하기 어려웠다. 이를 감안하여 이후 필자는 가급적 '실제적'이란 번역을 지양하고 의미 손실 없이 가장 유사한 의미를 전달한다고 생각되는 '발생적 영역'으로 번역하고 있다. 참고로 이 책의 제3장에서 이성희 교수는 이를 '현상적 영역'이라 번역하고 있다. 이와 관련 학계 차원의 효율적 의사소통을 위해서는 어떤 용어가 보다 적합할 것인지에 대한 논의가 추가로 필요하지 않을까 생각한다.

이다(이기홍, 2014).

이를 보다 알기 쉽게 설명하자면 경험적 영역은 관찰이나 인식을 통해 인간이 경험할 수 있는 영역(예: 말굽 자석을 대었을 때 나타나는 쇳가루가 그리는 자기장의 형태를 우리가 관찰하는 것), 발생적 영역은 우리의 관찰이나 인식과 관계없이, 경험할 수는 없지만 실제로 존재하는 영역(예: 자기장), 실재적 영역은 세상에 독립적으로 존재하면서 '자기장'이라는 현상을 불러일으키는 객체들과 이들이 연결되어 나타나는 구조들을 말한다. 이러한 객체들과 구조들은 실재적 영역에 존재하면서 그들만의 고유한 속성과 인과적 힘을 가지지만 인간이 직접 관찰할 수 있는 것은 아니다. 발생기제는 바로 이러한 '인과적 힘을 가진 객체와 구조들이 작동하는 방식'을 말하는 것이다(곽태진, 2018; 이성회 외, 2021). 존재의 영역을 이렇게 세 개의 다른 영역으로 구분하여 생각하는 것은 경험(실증)주의적 과학관에 대해 비판적인 함의를 가질 수밖에 없다. 경험(실증)주의적 과학관은 기본적으로 경험을 발생시켰을 것으로 상정되어야 할 '비경험적 실재'는 인정하지 않는다. 경험되지 않는 것을 인정하다 보면 형이상학적인 불가지론에 빠질 우려가 있기 때문이다. 실증주의자는 "우리는 '무엇'을 알 수 있는가가 아니라, '어떻게' 알 수 있는가? 라고 물어야 한다고 말한다. '무엇'을 알 수 있는가, 혹은 '왜'라고 묻게 되면 우리는 과학적으로 증명할 수 없는 형이상학에 빠지게 된다고 실증주의자는 경고한다(Carnap, 1993: 29; 이영철, 2006에서 재인용)"고 말한다. 하지만 경험(실증)주의적 과학관과는 달리 비판적 실재론에 기반한 연구에서는 인간이 경험한 영역만을 서술하는 데 그치지 않는다. 과학활동은 기본적으로 경험적 영역을 넘어 연구자가 관심을 가지고 있는 현상을 발생시킨 '기저에 있는 구조와 인과적 힘(발생기제)'을 밝히는 것이 되어야 하기 때문이다. 이러한 입장에서 보면 인과성은 경험(실증)주의 과학관이 주장하는 관찰 가능한 사건의 규칙적 연쇄가 아니라, 독립된 객체 혹은 이들이 연결된 구조들이 가지는 인과적 힘(발생기제 = 이론)을 밝히는 일이 된다(이영철,

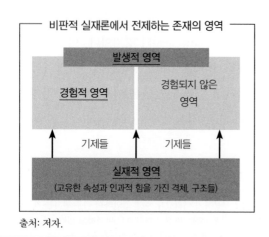

출처: 저자.

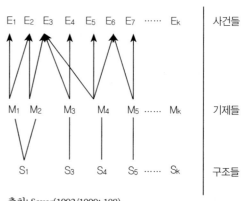

출처: Sayer(1992/1999: 188).

[그림 2-1] 비판적 실재론의 인과성: 구조, 기제, 사건

2018). 존재의 영역 구분과 구조들이 기제를 통해 사건을 발생시키는 기본 구조는 [그림 2–1]과 같이 정리될 수 있다.[8]

(3) 층화된 인과기제와 발현적 속성

우리가 사는 세계는 개방체제의 속성을 가지고, 개방체제에 존재하는 실재는 경험적 · 발생적 · 실재적 영역으로 구분되어 존재한다. 이와 함께 비판적 실재론에서는 세계에는 서로 다른 층위의 인과기제들이 작동하고 있고(층화된 인과기제), 각각의 층위는 하위의 층위로 환원될 수 없는[9] 발현적 속성(emergent properties)을 가지고 있다는 점을 강조한다(곽태진, 2018). 이때 발현성 (emergence) 혹은 발현적 속성(emergent properties)은 "두 개 이상의 구성 요소가 결합함으로써 나타나는 새로운 실체 혹은 현상"으로, "하나의 대상이 통시적으로 혹은 공시적으로 다른 대상으로부터 도출되지만, 그 대상으로 환원될 수 없는 속성을 의미"한다(김선희, 2020: 52).

실재는 앞서 말한 3가지 영역을 기준으로 층화되어 존재하는 것이 아니라, 관심 현상과 사건들을 발생시키는 인과기제들이 층화된 상태로 존재하는 것이다(곽태진, 2018). 다시 말해, 우리가 관심을 가지고 있는 현상과 사건들은 다수의 인과기제들에 의해 발생하는 것으로서, 현상과 사건 자체가 층화되어 있는 것은 아니다(Collier, 1994/2010: 80, 163). 한편 각 층위는 그 아래에 있는 층위를 기반으로만 존재할 수 있다. 예컨대, 세상에 독립적으로 존재하는 객체와 구조들은 대부분 물질적 차원을 가지고 있다. 따라서 자연과학은 기본적으로 물리적 현상을 발생시키는 기제(물리적 기제) 차원에서 연구될 수 있다. 물리적 기제들을 기반으로 화학적 기제들이 존재하고, 또한 생물적 기제들은 화학적 기제들을 기반으로 존재한다. 하지만 그 역은 성립하지 않는다. 이러한 자연에 존재하는 인과기제의 층화된 존재 양식은 인간이 만들어 낸 과학의 구조에도 반영된다. 인간이 만들어 낸 과학들(물리학, 화학, 생물학, 심리학, 사회학 등)은 앞서 말한 인과기제의 층화와 마찬가지로 층화된 구조로 이루어져 있다. 물론 이것은 특정한 과학이 다른 과학보다 더 많은 기여를 한다는 것을 의

---

8) 정작 Bhaskar(2008)는 자신의 저작물에서 직접 언급한 바가 없음에도 불구하고 비판적 실재론의 많은 저작들(예컨대, Zachariadis et al., 2013; 이성회 외, 2021)에서는 '세 가지 영역'이 층화(stratifed)되어 있는 것처럼 기술하고 있다. 하지만 필자는 이것이 문제가 있다고 생각한다. 예컨대, Danermark 등(1997/2005)은 "…… 층화된 것은 현상(사건, 생물이나 사물) 자체가 아니라 바로 층화된 기제들이라는 중요한 통찰을 강조"하고 있다. 곽태진(2018: 38 각주 16)도 유사한 맥락에서 "존재의 영역에 관한 구분은…… 인과기제들의 위계적 층화와 같거나 유사한 것으로 이해되어서는 안 된다"고 설명하고 있다. 이러한 연장선상에서 이 장의 토론을 맡은 이영철 교수는 세 가지 영역이 서로 중첩(oeverlapped) 혹은 층화되어 있다고 주장하며, [그림 2-1]이 존재의 영역을 나타내기에 적절하지 않다고 비판하고 있다. 하지만 필자는 현재 비판적 실재론을 논하는 저작물에서 세 가지 영역이 층화되어 있다는 (필자가 보기에는) 잘못된 주장이 여전히 많은 상황에서, 이영철 교수가 제안하는 방식으로 그림을 수정하는 것은 이러한 오해 혹은 문제점을 더욱 악화시킬 소재로 작용할 수 있다는 점에서 받아들이지 않았다. 이와 관련된 보다 자세한 설명은 본문 말미에 첨부되어 있는 〈후주 2〉를 참조하기 바란다.

9) '환원될 수 없다'는 말은 상위 층위에 있는 '인과기제'가 하위 층위를 구성하는 각각의 요소만을 가지고 설명될 수 없다는 말이다. 즉, 하위 기제의 구성이 같더라도 개방체제하에서는 다른 상황이 발생할 수 있다는 것을 의미한다(곽태진, 2018).

미하기보다는, 탐구하는 기준으로 볼 때 보다 기저에 존재하는 근본적인 과학이 존재한다는 것을 의미하는 것이다(곽태진, 2018). 가령 물리학은 화학보다 더 기본적이며, 화학은 생물학보다 더 기본적이며, 또 생물학은 인간(사회)과학들보다 더 기본적(Collier, 1994/2010)이라고 말할 수 있다.

여기서 반드시 짚고 넘어갈 것은 어떤 한 층위는 자신의 기저가 되는 층위로 전적으로 환원될 수 없다(Bhaskar, 2008)는 점이다. 이를 우리가 익숙한 사회과학의 예를 들어 설명하면 집단은 이를 구성하는 개인들의 단순한 합이 아니고, 개인의 단순한 합을 넘는 집단으로서 고유한 속성과 인과적 힘을 가지고 있다는 것이 될 것이다. 또한 세계가 층화되어 있다는 것은 인과기제들이 유기적 서열 관계 속에 놓여 있다는 것을 보여 주지만, 각 층위가 발현적 속성을 지닌다는 것은 인과기제의 특정한 한 층위에서 발생한 사건을 전적으로 하위층에 존재하는 다른 인과기제에 의해 설명하는 환원론적 방식의 설명이 부적절하다는 것을 의미한다(곽태진, 2018). 이를 다시 우리가 익숙한 사회과학 연구의 맥락으로 치환시켜 말하면, "왜 유사한 조직적 특성과 환경적 여건(맥락)을 가지고 있는 대학(학교) 중에 어떤 학교는 잘 가르치는 대학(학교)[발현된 사회현상]이 되고, 어떤 학교는 잘 못 가르치는 문제 많은 대학(학교)[발현된 사회현상]이 되는가?" 라는 질문에 대한 해답을 보여 주는 단초가 된다. 이걸 비판적 실재론적 용어로 다시 표현하자면 잘 가르치는 대학이라는 사회현상은 해당 조직의 맥락(해당 조직의 특성과 당면한 외부적 환경)으로 그대로 환원되지 않는다(반대로 말하면 동일한 맥락을 가진다는 것이 잘 가르치는 대학이라는 현상을 그대로 설명해 주지는 못한다)는 것이 될 것이다.

2) 인간(사회)과학 철학에 해당하는 비판적 자연주의

비판적 실재론의 두 번째 구성 요소인 '비판적 자연주의'는 앞서 설명했던 과학 일반에 대한 입장(초월적 실재론)에서 한 걸음 더 나아가, 인간(사회)과학이 자연과학과 어떻게 다른지 살펴보고 이를 바탕으로 인간(사회)과학의 가능성과 한계를 논구하는 데 초점을 두고 있다. Bhaskar(2015)는 인간(사회)과학의 가능성에 대한 논의는 인간(사회)과학의 존재론적 조건을 밝히는 것, 즉 사회의 성격을 규정하는 작업에서부터 시작되어야 한다고 주장한다. 즉, "인간(사회)과학이 가능하려면 인간 세계(사회)는 어떠해야 하는가?"라는 초월적 질문, 보다 정확하게 말해 "사회들이 가진 어떤 속성들이 우리의 지식의 대상이 될 수 있게 하는가?"(Bhaskar, 1998: 25)라는 질문에 대답하는 것이 바로 인간(사회)과학의 가능성을 논하기 위한 첫걸음이 되는 것이다(곽태진, 2018: 44).

비판적 실재론에서 인간(사회)과학의 존재론으로 상정하는 것은 변형적 사회활동 모델(Transformational Model of Social Activity)이다(곽태진, 2018). 인간(사회)과학의 존재론으로서 변형적 사회활동 모델이 필요한 이유는 사회가 인간들과 구분되는 것으로서 '먼저' 존재해야만 인간들의 행위가 가능하고, 그러한 상황에서만 비로소 인간(사회)과학이 가능할 수 있기 때문이다(곽태진,

2018: 45). 이영철(2018)은 이를 "사회가 실재하고, 단순한 개별 행위자의 총합을 넘어서 고유한 속성을 가지고 일정한 인과적 힘을 발휘하고 있다면, 우리는 사회를 자연과학의 대상처럼 과학적으로 탐구할 수 있을 것이다(자연주의)"라고 설명한다. 하지만 사회는 기본 속성 측면에서 자연과학의 대상인 물리적 실체와는 중요한 차이를 보여 준다. 이러한 차이는 사회에서 활동하는 행위자가 사회구조에 의해 영향을 받을 뿐만 아니라, 행위자 스스로 사회구조에 영향을 미친다는 점에서 비롯된다. 인간(사회)과학이 보이는 이러한 특수성은, 자연주의(그에 입각한 존재론)에 일정한 제약 혹은 한계로 작용할 수밖에 없다. 즉, 사회(구조/제도)라는 실재가 가지는 고유한 특성으로부터 자연과학의 대상인 물리적 실재 및 구조와는 차별화되는 다음과 같은 고유한 발현적 특성이 도출될 수 있는 것이다(자연주의의 존재론적 한계).

- 사회구조들은 (자연구조들과 달리) 그것들이 지배하는 활동(인간의 행위)들로부터 독립적으로 존재하지 않는다(사회구조의 행위 의존성)
- 사회구조들은 (자연구조들과 달리) 행위 주체가 행위할 때 가지는 개념 작용과 독립적으로 존재하지 않는다(사회구조의 개념 의존성).
- 사회구조들은 (자연구조들과 달리) 상대적으로만 지속성을 지닐 수 있을 뿐이다. 따라서 이들이 나타내는 경향들은 자연구조와 비교할 때 시공간적 불변성이라는 의미에서 보편적이지 않을 수 있다(<u>사회구조의 시공간적 조건 의존성</u>)(Bhaskar, 2015, 이영철, 2018: 1756-1747에서 재인용).
  *밑줄은 필자가 이해를 돕기 위해 추가; 필자가 이해한 범위에서 보다 이해하기 쉽게 일부 운문을 추가함.

한편 사회구조와 행위자들은 완전히 다른 속성과 힘을 가지고 서로 구별되는 층위에 있기 때문에 '발현성'이 강조된다. 발현이 발생하면 특정 층위의 힘들은 다른 층위의 힘들과의 관계에서 상대적 자율성을 가진다. 이와 관련하여 Archer(1995)는 자신의 분석적 이원론(analytical dualism)에서 발현을 고려하는 것은 분석에 시간 차원을 도입하는 것이라고 주장하며, "사회구조와 행위자 간의 상호작용은 시간의 흐름 속에서 나타난다⋯⋯ 사회구조는 행위들에 앞서며, 행위자들의 행위와 상호작용은 사회구조의 재생산이나 변형을 초래한다⋯⋯ 시간 속에서 구조의 정교화는 구조를 창출한 행위 다음에 나타난다. 재생산이나 변형은 행위 주체들의 행위들의 결과이며 따라서 정교화에 앞서 행위들이 발생해야 한다"라고 설명하고 있다(Danermark et al., 1997/2005).

이러한 사회구조의 선존재성, 시간의 흐름 속에 존재하는 사회구조와 행위자 간의 상호작용과 발현의 개념을 필자의 이해를 바탕으로 보다 알기 쉽게 다시 설명하면 다음과 같다.

- 사회구조는 t 시점의 행위자와 관계없이 이미 실재하고 있다(사회구조의 선존재성: t-1 시점의

행위자에 의해 이미 만들어져 있기 때문)

- 하지만 사회구조는 행위자와 밀접한 관련하에서 형성되고 수정된다 → t 시점의 행위자는 현재 자신이 당면하고 있는 사회구조에 대해 영향을 미칠 수 없지만(맥락, 제도로 이미 t 시점의 행위자에게는 선존재), 해당 시점(t 시점)에서 행위자의 의도와 목적을 가진 노력(성찰과 행위)을 통해 t + 1시점의 사회구조에 영향을 미칠 수 있다. 이에 따라 t 시점의 행위자가 형성/수정한 사회구조는 다시 t + 1 시점의 행위자에게 영향을 미치게 된다. 예컨대, 현 세대의 여성들은 과거 세대가 만들어 놓은 구조로서 '유리 천장(glass ceiling)'을 사회적 규범/제도로서 (최소한 일정 부분) 받아들일 수밖에 없지만, 의도와 목적을 가진 지속적인 투쟁과 노력(성찰과 행위)을 통해 이를 변화시켜 나간다면 다음 세대 여성들은 유리천장이라는 제도의 영향을 받지 않을 가능성이 크다.

- 사회구조는 물리적 실재와는 달리 상대적으로만 지속된다. 즉, 사회구조는 행위자인 인간에 의해 영향을 받고, 또한 관심 현상이 존재하는 시간과 장소에 따라 영향을 받기 때문에 국지적이고 상대적일 수밖에 없다. 예컨대, 미국과 한국의 사회구조, 20세기와 21세기의 사회구조는 다를 수밖에 없다. 사회구조와 자연구조 간에 존재하는 이러한 차이가 곧 사회과학과 자연과학의 차이를 가져오는 중요한 이유로 작용한다.

- 사회과학의 연구 대상이 되는 사회는 층화된 구조를 가지고 있다. 즉, 사회가 단순히 개인으로 환원될 수 있다거나, 개인 없는 사회적 실체로 환원될 수는 없다는 것이다. 이것이 의미하는 연구방법론적 의미는 특정한 교육행정 현상을 이해하기 위해서 연구자는 다수의 층위(예컨대, 개인, 조직, 환경)를 모두 포괄하는 분석을 해야 한다는 것이다(Danemark et al., 1997/2005).

- 상이한 층위에는 각각 고유한 발현적 속성들이 존재하며, 발현적 속성은 사회적 현상을 아래 층위의 것으로 전적으로 환원시킬 수 없게 만든다. 이때 발현적 속성은 연구방법론적으로 맥락의 중요성을 말하는 것으로 이해할 수 있다. 즉, 사회적으로 발생하는 현상(사건)은 단순히 이를 발생시킨 맥락으로 환원되지 않는다. 다른 말로 하면 동일한 맥락(유사한 조건/상황) 하에서 다른 현상(사건) 발생도 가능하다는 이야기이다. 사회과학자의 관심사는 이때 왜 동일한 맥락에서 서로 다른 현상(사건)이 발생하는가? 혹은 다른 맥락에서 왜 동일한 현상이 발생하는가를 추적하면서 각각의 맥락에서 이를 발생시킨 발생기제(이론)와 상황적 조건(맥락)을 탐색하는 것에 있다.

3. 비판적 실재론이 교육행정학 연구방법론에 주는 함의

1) 비판적 실재론에서 발생기제, 맥락의 의미와 일반화 논리

비판적 실재론이 교육행정학 연구방법론에 주는 함의를 논할 때 가장 핵심적인 개념들은 '발생기제'와 '맥락'이다. 특히, 비판적 실재론에 기반한 연구과정에서 맥락은 일반화(다른 말로 하면 '중범위이론' 생성)와 관련 매우 중요한 의미를 가진다. 따라서 이하에서는 비판적 실재론에 기반한 연구방법론에서 중추적 역할을 담당하는 발생기제와 맥락의 개념, 그리고 일반(이론)화 과정에서 이들의 역할에 대해 좀 더 심층적으로 살펴보기로 한다.

(1) 비판적 실재론에서 말하는 발생기제와 맥락의 개념

비판적 실재론의 관점에서 정의되는 발생기제(Generative Mechanism)란 "세상에 존재하는 독립된 물리적 실체(entities)와 그들 간의 관계를 의미하는 구조들(structures)이 가지는 인과적 힘(causal power)과 경향성(liabilities)"(Zachariadis et al., 2013; 곽태진, 2018; 이성회 외, 2021)'을 말한다. 〈표 2-1〉에서 제시된 바와 같이, 예컨대 자연과학 영역의 연구주제인 '자기장'이란 현상의 발생기제(다이나모 이론)는 아마도 우주 속에 존재하는 다른 천체의 영향 혹은 지구의 외핵을 이루는 물질이 가지는 인과적 힘과 경향성으로 설명될 수 있다. 여기서는 '우주'라는 사실상 하나의 맥락만이 존재하며, 이에 따라 자연과학에서 제시하는 자기장의 발생기제는 보편적인 이론으로 받아들여진다. 한편 이를 '충치의 발생'이라는 또 다른 자연과학의 연구문제와 비교하여 설명해 보면 다음과 같은 차이를 볼 수 있다. 충치의 발생기제는 부패 박테리아의 활동이다. 하지만 부패 박테리아의 활성화 정도는 개인의 체질과 단것을 먹지 않는 식습관 등(맥락 = 상황적 조건)에 따라 달라질 수 있다. 즉, 사실상 하나의 맥락만이 존재하는 '자기장의 발생'과는 달리 '충치의 발생'에서는 발생기제의 작동방식에 영향을 미치는 상이한 맥락이 존재할 수 있다. 하지만 부패 박테리아 활성화 정도는 거의 대부분의 인체에 대해 매우 유사하게 작동할 것이기 때문에 맥락의 차이(예컨대, 개인별 체질)가 발생기제의 작동 결과에 미치는 영향은 매우 제한적일 가능성이 크다. 다음에는 '잘 가르치는 교수는 어떻게, 왜 만들어지는가?'라는 사회과학(교육행정학)의 중요한 연구문제(이승희 외, 2020)와 관련해서 동일한 질문을 던져 보자. 이때 생각할 수 있는 발생기제(= 이론)는 ① 내적 동기(자아효능감; 자기만족) 혹은 ② 외적 동기(승진 + 금전적 인센티브) 등일 것이다. 이 두 가지 발생기제 모두 잘 가르치는 교수가 되는 데 중요한 영향을 미칠 가능성이 크기는 하지만, 발생기제의 작동이 실제 '잘 가르치는 교수'라는 현상의 발현으로 이어질 것인가는 상황적 조건('맥락')에 따라 달라질 가능성이 매우 크다. 예컨대, 대규모 연구중심대학의 맥락(연구에 치중한 교수 업적 평가제도 + 교육 경시 문화 + 교수 중심 거버넌스 등)(이승희 외, 2020)에서 작동하는 발생기제와 소규모 교육중심대학의 맥락(교육 중심 교수 업적 평가제도 + 교육을 최우선시하는 문화 + 위기를 극복하면서 교수들 간 형성된 끈끈한 공동체 문화)을 가지는 한동대 사례연구(변기용 외, 2015)에서 '잘 가르치는 교수'를 만드는 발생기제의 작동방식은 매우 다르다. 즉, '잘 가르치는 교수는 어떻게 만들어지는가?'라는 사회과학의 연구문제에 있어서는 앞서 언급한 두 가지 자연과학의 연구문제와는 달리 발생기제의 작동방식에 영향을 미치는 다양한 맥락(예컨대, 교육 중심 vs. 연구중심대학 등)이 존재하며, 맥락의 차이에 따라 동일한 발생기제(예컨대, 금전적 인센티브 혹은 자발적 내적 동기)가 같은 방식으로 작동하지 않을 가능성도 그만큼 커지는 것이라고 볼 수 있다.

〈표 2-1〉 현상(사건), 발생기제와 맥락(상황적 조건)

현상	발생기제	맥락
자기장	지구 자체의 특성과 다른 천체의 영향	우주(사실상 하나의 맥락만이 존재)
충치	부패 박테리아의 활동	개인의 체질; 식습관(다수의 맥락이 존재하지만, 맥락의 차이가 발생기제가 작동하는 데 영향을 미치는 범위는 매우 제한적 → 부패 박테리아는 대부분의 인체에 대해 매우 유사하게 작동)
잘 가르치는 교수 (이승희 외, 2020)	내적 동기 (자아효능감; 자기만족) 외적 동기 (승진 + 금전적 인센티브)	(1) 조직 특성(연구 중심 vs. 교육중심대학; 교육 경시 vs. 교육 중시 문화; 교수 업적 평가 제도의 시행방식)과 (2) 환경적 특성(구조조정이란 위기 상황에 대한 인식의 엄중성 여부) [매우 다양한 맥락이 존재; 맥락에 따라 동일한 발생기제(예컨대, 금전적 인센티브 혹은 자발적 내적 동기)가 같은 방식으로 작동하지 않을 가능성이 매우 높음]

비판적 실재론에 기반한 연구방법에서는 ① 특정한 상황적 조건(맥락)하에서 작동할 것으로 생각되는 다중적이고, 역동적으로 변화하는 관계들로 구성된 ② 발생기제를 심층적으로 이해하는 것을 궁극적 목적으로 한다. 발생기제들이 활성화되는 경우 특정한 현상(사건)을 발생시키지만, 이것이 활성화되는지 여부 혹은 활성화되었을 때 어떤 구체적 결과가 나타날 것인지는 상황적 조건(맥락)에 달려 있다. 즉, 비판적 실재론에 기반한 연구의 핵심적 요소 중 하나는 주어진 맥락에서 관심 현상에 영향을 미친 발생기제를 추상화해 내는 것뿐만 아니라, 특정한 맥락에서 발견된 특정한 발생기제가 다른 맥락에서는 어떻게 작동하는지를 경험적 연구를 통해 파악하는 것에 있다.

사회현상(사건)을 이해하기 위해서는 필연적 관계라고 할 수 있는 기저에 존재하는 객체와 구조들의 내적 관계를 말하는 ① '발생기제(=이론)'를 파악하는 것이 중요하지만, 해당 사회현상(혹은 사건)의 발생 여부와 발생한 경우 구체적 모습과 유형을 결정하는 데는 ② 상황적 조건(맥락)이

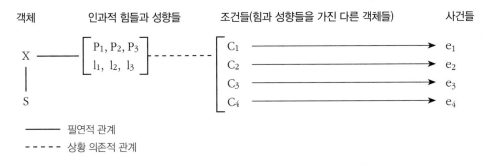

[그림 2-2] 현상(사건), 발생기제와 맥락(상황적 조건)

출처: Sayer(1999: 166).

주: X-S는 구조 s를 가진 객체 x; p는 power(힘); l은 liabilities(성향); c는 conditions(조건); e는 event(사건).

중요한 영향을 미치기 때문이다. 이 때문에 비판적 실재론에 기반한 연구에서는 '맥락'의 중요성이 절대적으로 강조되어, 보편적 지식보다는 상황적 조건(맥락)이 강조되는 '절반의 규칙성(demi-regularities)'을 찾는 것을 목적으로 설정한다. 발생기제와 맥락, 이에 따라 발생한 사건들 간의 관계는 [그림 2-2]와 같이 나타난다.[10]

따라서 비판적 실재론에 기초한 연구의 목표는 "특정한 맥락에서 작동하는 발생기제가 유사한 맥락에서도 작동하는지(혹은 특정한 맥락에서 작동했던 발생기제가 왜 다른 유사한 맥락에서는 작동하지 않는지)"를 확인함으로써, 특정 맥락에서 발견한 발생기제가 다른 맥락에도 전이가 가능한지(trasferability)를 확인해 나가는 '중범위이론'의 탐색과정이라고 할 수 있다. 개방체제하에서 수행되는 사회과학의 특성상 맥락(상황적 조건 = 공통된 속성/상황적 조건을 가진 분석 대상들 = 분석 범위)은 탐색한 발생기제(가설, 실체이론)가 적용될 수 있는 일반화 범위를 의미하는 것이라고 볼 수 있다. 이것이 바로 비판적 실재론에서 특정한 현상(사건)을 발생시키는 발생기제를 반드시 '맥락'과 연계하여 논의할 수밖에 없는 이유인 것이다.

요약하자면 비판적 실재론에 기반한 연구에서 관심 현상(사건)을 발생시키는 기제(발생기제)를 탐색한다는 것은 개념적·논리적으로 다음의 두 가지 요소로 구성되어 있다고 할 수 있다. ① 발생기제의 탐색, 즉 관심 현상을 발생시킨 독립된 객체와 이들이 연결된 구조가 가지는 인과적 힘과 경향성(고유한 기제)을 파악하는 것, 동시에 ② 탐색한 발생기제의 작동방식에 영향을 미치는 주어진 상황적 조건(맥락)을 파악하는 것. 이를 감안할 때 비판적 실재론에 기반한 연구에서 발생기제를 탐색하는 연구는 다음 두 가지 방식으로 이루어질 수 있다. ① 〈발생기제〉와 〈상황적 조건〉을 동시에 탐색하는 연구: 이는 해당 주제(관심 현상과 사건)에 대해 거의 연구가 이루어지지 않은 상태

---

10) [그림 2-2]는 토론자인 이영철 교수의 제안에 따라 추가로 제시하였다.

에서 수행되는 탐색적 연구의 형태를 띠게 될 것임, ② ①과는 달리 ①에서 탐색한 발생기제가 다른 상황적 조건(맥락)에서도 '작동하는지 혹은 작동하지 않는지', 그리고 '그 이유는 무엇 때문인지 (어떤 중재 요건이 충족될 때 해당 발생기제가 작동하게 되는지)'를 탐색하는 연구가 있을 수 있으며, 이는 설명적·이론 확인적 연구가 될 수 있을 것이다. 전자의 경우 〈표 2-2〉의 첫 번째 범주의 연구들이 될 것이고, 후자의 경우 두 번째 범주의 연구들이 될 것이다. 전자의 경우 특정한 관심 현상 (사건)을 초래한 발생기제와 이 것이 작동한 상황적 조건(맥락)을 초동적으로 탐색하는 것, 후자의 경우 특정한 상황적 조건(맥락)에서 발생한 특정한 작동기제(발생기제)가 어떤 상황적 조건하에서 작동하고 어떤 조건하에서는 작동하지 않는지 중재 요인을 찾아내는 연구라고 할 수 있다.

〈표 2-2〉 비판적 실재론에 기반한 연구의 유형

기존 이론의 존재 정도	연구 유형
1. 기존에 연구가 별로 이루어지지 않은 아직까지 제대로 알려지지 않은 미지의 영역	※ 발생기제(이론)와 상황적 조건을 동시에 탐색하는 연구 [연구유형 1] '중심 현상'의 개념적 속성을 탐구하는 연구(Interzari & Pauleen, 2017; 변기용 외, 2015/2017a) [연구유형 2] '인과적 조건'을 탐색하는 연구 2-1. 선행 요인과 후행적 결과에 대한 탐색(Browing et al., 1995; 주혜진, 2014; 변기용 외, 2017b) 2-2. 대안 탐색 및 프로그램 개발 [연구유형 3] 사건의 내러티브 구조 탐색 혹은 과정이론 연구(예: 문성미, 2003; 김미향, 2002; 변기용 외, 2019)
2. 이미 많은 선행연구를 통해 상당한 이론이 구축되어 있는 영역	※ 이미 알려진 발생기제(이론)가 어떤 상황에서 작동하는지(혹은 작동하지 않는지) 중재적 조건을 탐색하는 연구 [연구유형 3] '중재적 조건'을 탐색하는 연구 (Deeter-Schmelz et al., 2019; Battisti & Deakins, 2018; Gregory & Jones, 2009; 허준영, 권향원, 2016)

(2) 비판적 실재론에서 맥락의 의미와 일반(이론)화 논리[11]

실제로 비판적 실재론에 기반한 연구를 수행할 때 맥락(context)은 ① 연구설계 단계에서 '통제 (준폐쇄)의 조건(conditions for closure) 설정' 그리고 ② 해석 단계에서 일반화를 위한 범위 설정 등과 관련하여 매우 중요한 의미를 가진다. 표준적 실증주의 과학관에 기초한 양적 연구에서는 대체로 맥락을 사상하고 사례들의 평균을 취하기 때문에 획득된 지식을 현실적 맥락에 적용할 때 그 타당성이 현저히 줄어들 수밖에 없다(변기용, 2018). 보편이론을 창출하기 위해 대개 맥락을 사상시

---

11) 이영철 교수는 토론문에서 "비판적 실재론과 중범위이론의 관계는 좀 더 논리적인 설명이 필요"하다고 주장한다. 이에 대한 필자의 의견은 본문 말미에 첨부된 〈후주 3〉에서 상술하기로 한다.

키거나, 혹은 맥락의 영향을 최소화하기 위한 연구방법을 의식적으로 사용한다. 이에 따라 맥락은 최소화, 제거, 극복되어야 할 성가신 것이 되어 버린다(최병선, 2006). 반대로 학습과 일반화에 대한 가능성을 부인하는 과도한 해석주의, 구성주의, 포스트모더니즘적 질적 연구 접근방식에서는 맥락을 연구자가 사람들의 삶의 의미를 이해하는 데 있어 반드시 필요한 것으로 간주한다. 하지만 이런 관점이 지나치게 될 경우 모든 지식들이 맥락 특수화된 것이라고 주장하며 질적 연구를 통해 도출한 지식을 범용적 상황에 적용한다는 의미의 일반화에 부정적 입장을 취하는 인식론적 상대주의로 흐를 우려도 없지 않다(Greenwood & Levin, 2000). 하지만 비판적 실재론은 두 견해 간의 중간 지점을 취하고 있다. 비판적 실재론에서는 맥락을 중범위 수준의 인과적 설명(Merton, 1996)으로 가는 통로라고 설명하고 있다(Greenhalgh & Manzano, 2021). Greenhalgh와 Manzano(2021)는 Lawson(1997)과 Pawson(2013)의 주장[12]에 기초하여, 무엇이 독립된 실체로서 맥락을 구성하는지에 대해 일반화하는 것은 불가능하지만, 맥락이 결과를 산출하기 위해 (발생)기제들과 어떻게 상호작용하는지에 대해 (어느 정도) 일반화된, 중범위 수준의 인과적 설명을 만들어 내는 것은 가능하다고 설명한다. 따라서 비판적 실재론에 기반한 연구에서는 보편이론을 추구하는 양적 연구나 특수이론을 추구하는 본질적 질적 연구와는 달리, 주어진 맥락에서 타당성을 가지는 중범위이론을 목표로 연구의 분석 범위('맥락'-일반화의 범위)를 설정하는 것이 매우 중요하다.

Greenhalgh와 Manzano(2021)는 또한 맥락은 관심 현상(사건)에 내재되어 있는(embedded) 것이며, 완전히 통제하는 것은 불가능하다고 본다. 하지만 특정한 맥락에서 그러한 상황적 특징들이 인과기제들과 어떻게 상호작용하는지에 대해 획득한 지식은 ① 처치가 어떻게 유사한 맥락적 조건들을 대상으로 시행될 수 있는지 또는 ② 상이한 맥락적 조건에 맞추기 위해서는 어떠한 변용이 필요한 것인지 등을 이해하는 데 활용될 수 있다고 주장한다. 이러한 비판적 실재론의 일반(이론)화 논리는 사실 Greenwood와 Levin(2007)이 자신들의 실용적 실행연구(pragmatic action research)에서 제시하고 있는 일반화 논리와 매우 유사하다. 이들은 일반화를 '① 해당 지식이 창출되었던 특정한 맥락적 조건에 대한 이해와 ② 창출된 지식이 적용될 새로운 맥락적 조건에 대한 이해'를 기반으로 한다고 본다. 즉, 일반화란 해당 지식이 창출된 맥락과 새롭게 적용되는 맥락 간에 어떤 차이가 있는지, 그리고 해당 지식을 새로운 맥락에 적용했을 때 어떠한 결과가 발생할 것인지에 대한 분석을 포함하는 적극적인 성찰의 과정인 것이다. 이와 관련하여 또 하나 중요한 관점은 이론이 단일 층위에 존재하는 것이 아니라 맥락에 따라 서로 다른 적용 가능성을 가지는 중층적 구조로 이루어져 있다는 것이다. 즉, 이론은 하나의 특정한 맥락에서만 설명력을 가지는 맥락기속이론(실체이론 혹은

---

12) Lawson(1997)은 맥락, 발생기제, 그리고 결과 간에 '어느 정도 예측 가능한 패턴(semi-predictable pattern)'이 존재한다는 점을 주장하기 위해 절반의 규칙성이란 개념을 우리에게 새롭게 환기시켜 주고 있으며, 이러한 패턴들이 일반화가 가능하다고 주장하고 있다. 보다 최근에는 Pawson(2013)이 이러한 패턴을 '다시 사용 가능한 개념적 플랫폼'이라고 이름 붙이고 있다.

잠정이론) → ② 복수의 맥락에서 범용적 설명력을 가지는 다맥락적 이론(공식이론) → ③ 맥락에 관계없이 보편적으로 타당한 맥락자유이론(일반이론)으로 개념화될 수 있다(권향원, 2017). 따라서 비판적 실재론에 기반한 연구를 수행할 때는 도출된 연구결과의 일반화 범위를 감안하여 분석단위(맥락)를 주의 깊게 설정하는 것이 필요하다. 맥락의 설정은 도출된 연구결과의 일반화 범위와 밀접하게 관련이 되기 때문이다. 이를 이승희 등(2020)이 수행한 '잘 가르치는 교수의 특징과 영향요인: A대학 사례연구'를 통해 설명하자면 다음과 같다.

먼저 해당 연구의 〈관심 현상〉은 [그림 2-3]에서 볼 수 있듯이 '잘 가르치는 교수(의 특징)'이고, 탐구의 주요 초점은 '잘 가르치는 교수'라는 관심 현상을 발생시킨 발생기제(구조와 그들이 가지는 인과적 힘과 경향성 = 이론)를 탐구하는 것이 된다. 이때 분석 범위(맥락 = 일반화 범위)는 관심 현상에 영향을 미치는 공통적 맥락(조직적 · 환경적 특성: ① 위기의식 전혀 없음 + ② 철저히 연구에 맞추어진 교수 평가 및 보상체제 + ③ 교수 중심 거버넌스 등 + ④ 대학에 대한 교육부의 정량지표 위주의 형식적 평가)을 가진 연구중심대학들이다. 이러한 복수의 연구중심대학들(맥락 = 분석 범위 = 일반화 범위) 중에서 연구자는 시간과 자원의 제약 속에 구체적 연구 대상으로 A 대학을 선정하여 연구를 위한 자료수집 범위를 한정한 것이다. 하지만 연구자들이 연구중심대학이라는 맥락을 분석 범위로 설정할 때는, 연구가 비록 A대학만을 대상으로 수행되지만 도출된 연구결과는 A대학과 유사한 속성을 가지는 다른 엘리트 연구중심대학(예컨대, S대와 Y대)에도 적용될 가능성(일반화 가능성)이 크다고 생각했을 것이다. 왜냐하면 A대와 S/Y대는 차이나는 부분이 있기 때문에 연구의 발견 사항이 물론 그대로 적용(일반화)되기는 어렵겠지만, 핵심적인 발견 사항은 다른 연구중심대학들에도 그대로 적용될 가능성이 크다고 본 것이다. 즉, 이승희 등(2020)과 같은 연구를 하는 경우 〈맥락〉은 관심 현상(사건)

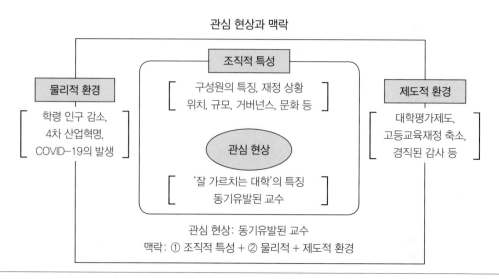

[그림 2-3] 사례의 구성 요소: (1) 관심 현상 + (2) 맥락('일반화 범위')

을 발생시킨 기제의 작동 방식에 영향을 미치는 주어진 ① 조직의 특성(내부적 조건)과 ② 물리적 환경/제도(외부적 조건)라고 할 수 있다. 여기서 연구 대상인 '사례'는 ③ 관심 현상과 + ④ 맥락으로 구성된다(그림 2-3] 참조). 여기서 맥락(분석 범위)의 설정은 비판적 실재론에 기반한 연구에서 절반의 규칙성 파악을 위해 준폐쇄(quasi-closure)를 설정하는 취지와 상통하는 측면이 많다.

2) 비판적 실재론이 교육행정학 연구방법론에 주는 함의

(1) 비판적 실재론이 질적 연구방법론에 주는 함의[13]

비판적 실재론의 주창자인 Bhaskar는 사실 구체적인 연구방법론을 자신이 직접 제시하지는 않았다. 하지만 비판적 실재론에 기반한 연구방법론 중에서 현재 가장 많이 활용되고 있는 것은 사례연구이다(이성회 외, 2021). 개방체제에서 발생하는 사회현상들은 많은 요인들이 복합적으로 작용하여 영향을 미칠 수밖에 없고, 이 같은 상황에서 발생기제는 상황적 조건에 따라 다르게 나타나게 되므로 이를 감안할 때 사회현상의 탐구에 가장 적합한 연구방법은 사례연구가 될 수밖에 없기 때문이다(이영철, 2006). 하지만 비판적 실재론에 기반한 사례연구(질적 연구)는 구성(해석)주의 관점에서 수행되는 본질(해석)적 질적 연구와는 다르다. 이제까지 교육행정학계에서 지배적이었던 것으로 보이는 본질(해석)적 질적 연구는 대개 구성(해석)주의에 철학적 기반을 두고 연구의 초점이 개인 혹은 집단에게 맞추면서 각 개인 혹은 집단이 구성하는 '의미'를 중점적으로 탐구한다는 관점을 가지고 있었다. 이런 상황 속에서 (교육)행정학이라는 학문적 성격에 맞도록 질적 연구의 보다 다양한 유형들을 (교육)행정 문제해결에 보다 적극적으로 활용하고 있지 못하고 있는 것은 아닌지에 대한 우려들이 지속적으로 제기되어 왔다(예컨대, 김승현, 2008; 변기용, 2018).

특히, 변기용(2018)은 우리 교육행정학계에 여전히 존재하고 있는, 패러다임적 관점에 기초한 기존의 양적 및 질적 연구의 엄격한 구분과 이에 따른 연구방법론 적용의 경직성을 강하게 비판하면서, "질적 연구는 구성(해석)주의 관점뿐만이 아니라 다양한 탐구 패러다임(예컨대, 실용주의, 비판적 실재론 등)에 기초하여 수행될 수 있다"고 주장하고 있다. 구성(해석)주의에 기반한 본질(해석)적 질적 연구가 일반화보다는 두터운 묘사(thick description)를 통해 관심 현상(제도)이 가지는 개인적·사회적 의미를 생생하게 드러내는 것('특수화')에 목적이 있다면, 비판적 실재론에 기반한 질적 연구는 일반화를 목적으로 관심 현상이 발생하는 데 영향을 미친 요인들과 그들 간의 관계(인과적 발

---

13) 비판적 실재론에 기반한 연구에서는 기존의 양적 vs. 질적 연구의 구분 대신 '외연적(extensive) vs. 내포적(intensive) 경험적 절차'로 구분할 것을 제안한다(Danemark et al., 1997/2005). 하지만 이 논문을 읽는 독자들에게 외연적 vs. 내포적 접근이란 용어가 지나치게 생경하게 들릴 수 있을 것이라는 점을 고려하여, 이 논문에서는 양적 vs. 질적 연구 라는 기존 용어를 그대로 사용한다는 점을 밝혀 둔다.

생기제)를 요약적으로 설명하는 데 특징이 있기 때문이다.

즉, 실용적/설명적/도구적 사례연구(pragmatic/explanatory/instrumental case study; 변기용, 2020a; Yin, 2014; Stake, 1995) 혹은 비판적 실재론에 기반하여 수행되는 질적 연구(변기용 외, 2022a)에서는 기존의 구성(해석)주의에 기반한 질적 연구와는 달리 양적 연구에서 설명되지 않고 남겨진 인과적 과정(발생기제: generative mechanism)을 연구자의 지속적인 성찰과 치밀한 추론 과정(역행추론: retroduction/가추: abduction)을 통해 제시하는 데 주된 목적이 있으며, 양적 연구가 '비교적 단순한 인과적 효과(causal effect)'의 설명에 관심을 갖는다면 실용적 질적 연구는 '복잡한 인과적 과정(causal process)의 규명'이 우선적인 연구 관심이라는 점을 강조하고 있다([그림 2-4] 참조).

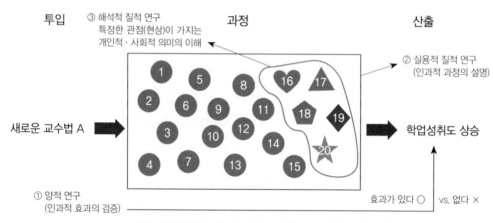

문제: 20명의 학습자에게 가장 효과적인 교수법은 무엇인가?

[그림 2-4] 양적 연구 및 실용적 vs. 본질적 질적 연구의 주요 역할*

* 주) 양적 연구, 실용적 vs. 본질적 질적 연구의 목적과 전형적 연구문제

1. [양적 연구] 인과적 효과(causal effect)의 검증 ⇒ 새로 도입된 교수법이 학생들의 학업성취에 효과가 있는가?
2. [실용적 질적 연구] 인과적 과정(causal process)의 설명 ⇒ 새로 도입된 교수법이 학업성취 효과를 거두는 데 작용하는 주요 요인과 그들 간의 관계는 어떠한가?
3. [본질적 질적 연구] 특정한 관점(현상)이 가지는 (개인적 · 사회적) 의미의 이해 ⇒ 통상적 학생들에게 소위 '효과적인 교수법'은 소외 계층 학생들(예컨대, 다문화 가정 학생 등)에게는 어떻게 받아들여지고 있는가? ('다중적 실재'의 강조)

한편 본질적 질적 연구와 비판적 실재론에 기반한 실용적 질적 연구(변기용, 2020a) 간 가장 두드러진 차이가 나는 지점은 실용적 질적 연구의 하나인 근거이론적 방법의 가장 핵심적 특징이라고 할 수 있는 '이론적 샘플링'과 '이론적 포화'(Strauss & Corbin, 2008/2009)라는 개념의 적용 부분이라고 할 수 있다. 즉, 이 개념이 '자료의 분석 → 최종 연구결과의 도출 과정'에서 어떻게 적용되는가라는 점이 두 질적 연구에서 가장 특징적인 차이가 나타나는 부분이다. 비판적 실재론에 기반한 질적 연구(예컨대, 근거이론적 방법)에서는 관심현상이 발생되고 있는 특정한 맥락을 넘어 보다 범용적 맥락에 대한 적용(일반화)을 목적으로, 개념(핵심적 개체들의 특징과 속성)의 생성과 개념과 개념

간의 관계 구조화를 통해 관심 현상을 발생시키는 데 영향을 미친 요인들과 그들 간에 존재하는 구조적 관계(실체이론)의 발견을 주된 목적으로 한다. 따라서 연구자가 발견한 개념(범주)의 적절성과 개념(범주)들 간의 구조적 관계에 대한 연구자의 주장이 충분한 근거를 가지게 될 때까지 필요한 정보를 목적적으로 수집하는 활동을 지속한다. 이러한 과정은 필요한 정보를 가장 많이 가지고 있을 것으로 생각되는 '면담참여자의 선정(이론적 샘플링)'과 '추가적 자료수집·분석 작업을 통해 연구자가 주장하는 개념(범주)과 개념(범주)들 간의 구조적 관계에 대한 충분한 근거가 확보될 때(이론적 포화)'까지 지속된다. 이는 구성(해석)주의에 기반한 질적 연구에서 주로 소외된 집단의 인식과 경험을 두터운 기술과 생생한 묘사를 통해 있는 그대로 드러내는 '감성적 포화'를 추구하는 것

⟨표 2-3⟩ 본질적 vs. 실용적 질적 연구의 특성 비교

구분	본질적 질적 연구	실용적 질적 연구
과학 철학적 기반	• 구성(해석)주의 • 현상학	• 실용주의(Pragmatism) • 비판적 실재론(Critical Realism)
연구목적	• 관심 현상의 '의미' 이해 • 사회 문제의 의미를 생동감 있게 '드러내는 것'이 목적(사회적 이슈화)	• 관심 현상에 대한 설명: 현상 발생을 초래한 영향 요인과 그들 간의 구조적 관계의 발견 • 지나치게 특수한 관점(맥락)보다는 다맥락에 걸친 일반화된 지식(중범위이론) 창출이 목적
실재 (이론)를 보는 관점	• 연구 참여자(내부자)의 입장을 최대한 존중 • '다중적 실재'를 가정(경쟁하는 두 가지 이론은 관점에 따라 둘 다 옳을 수 있음)	• 다중적 실재보다는 '연구자가 설정한 목적'에 따라 잠정적으로 타당한 (오류 가능한) 실재를 가정 ⇒ 가장 효과적인 운영방법 탐색 • Judgmental Rationality(판단적 합리성): 경쟁하는 두 가지 이론의 비교우위적 타당성은 판단될 수 있고, 판단되어야 함
주요 기법과 연구자의 태도	• 두터운 기술과 생생한 묘사 ('감성적 포화'); 문학적 글쓰기 + 내러티브 활용 • 연구 참여자(내부자)의 입장을 있는 그대로 '이해'할 수 있는 연구자의 기존 관념(이론)에 대한 '판단 중지'가 필요	• 이론적 샘플링 + '이론적 포화'; 지속적 비교와 성찰; 연구목적에 따라 '분석 초점자' 설정 • 판단 중지를 통해 연구 참여자(내부자)의 입장을 있는 그대로 이해하기보다, 연구자의 기존 지식과 경험(이론적 민감성)을 바탕으로 필요한 정보(지식)를 수집하고 비교 성찰하면서 기존에 알려진 지식(이론)의 타당성을 지속적으로 정련·발전시켜 나가는 '과정으로서의 이론'의 관점 유지
예시적 사례	• 본질적 사례연구(Stake, 1995) • 내러티브, 생애사, 문화기술지 • 현상학적 질적 연구	• 도구적 사례연구(Stake, 1995)/설명적 사례연구(Yin, 2014) • 근거이론적 방법(기노시타, 2013/2017; Strauss & Corbin, 1990) • 실용적 실행연구(Greenwood & Levin, 2007)

*주: 변기용 외(2022a: 704)의 ⟨표 1⟩을 일부 수정하여 제시함.

과는 대조적이라고 할 수 있다. 또한 본질(해석)적 질적 연구가 '판단 중지' 혹은 '태도 변경(이남인, 2005)'을 통해 연구 참여자(내부자)의 입장을 있는 그대로 이해하는 것을 연구자의 주된 역할로 보는 것과는 달리, 실용(설명)적 질적 연구는 권향원과 최도림(2011)이 주장하는 바와 같이 "우리의 지식의 근원은 '기존에 가지고 있던 선행지식과 경험을 통해 얻은 관찰과의 변증법적 상호작용'에서 온다고 가정"한다. 따라서 이러한 입장에서는 "선행연구나 개념의 분석 없이 백지상태로 연구에 임한다는 것은 현실적으로 불가능할 뿐만 아니라, 이렇게 철저하게 비구조적인 연구는 무작위적이고 형체가 없는 것으로 전락되어 버릴 가능성이 농후한 것으로 비판"한다. 대신 실용적 질적 연구에서는 연구자가 가지고 있는 기존의 지식과 경험을 '이론적 민감성(theoretical sensitivity)'으로 인정하고, 이를 바탕으로 충분한 근거가 확보될 때까지 필요한 정보(지식)를 수집하고 이를 기존 지식(이론)과 비교 성찰하면서 기존에 알려진 지식(이론)의 타당성을 지속적으로 정련·발전시켜 나가는 '과정으로서의 이론'의 관점을 유지하는 것을 연구자의 바람직한 태도로 본다.[14] 이상의 논의를 바탕으로 구성(해석)주의에 기초한 본질적 질적 연구와 비판적 실재론(실용주의)에 기반한 실용적 질적 연구의 차이를 요약적으로 제시하면 〈표 2-3〉과 같다.

이러한 두 가지 질적 연구 접근방식의 차이점을 감안할 때, 비판적 실재론(실용주의)에 기반한 실용적 질적 연구는 "양적 연구와 질적 연구로 대별되는 이분법적 구도 속에서 양적 분석을 실증주의에 일치시키고, 질적 연구를 해석적 입장에서만 이해하는 폐쇄적 관점(김승현, 2008)"을 취해 온 그간 교육행정학계의 방법론적 논의의 한계를 극복할 수 있는 중요한 돌파구를 제시해 줄 수 있을 것으로 생각한다.

(2) 비판적 실재론이 혼합 연구방법론에 주는 함의

비판적 실재론은 기본적으로 특정한 방법론을 선험적으로 배제하지는 않는다. 연구목적을 달성하기 위해서라면 양적 연구와 질적 연구 접근방식을 모두 사용한다. 다만 조합의 양식은 물론 존재론적인 고려에 기초해야 한다고 주장한다(Danermark et al., 1997/2005). 하지만 교육행정학계에서 그동안 일반적으로 받아들여지고 있던 혼합연구의 관점(Creswell & Clark, 2018)과 비판적 실재론에 기반한 혼합연구(Zachariadis et al., 2013; Danermark et al., 1997/2005)에서 양적 vs. 질적 연구의 역할은 상당히 다르다. 양적 vs. 질적 연구의 역할을 보는 전자와 후자의 관점은 크게 다음의 두 가지

---

14) 여기에서 유념해야 할 점은 '본질적 질적 연구(예컨대, 내러티브, 생애사, 문화기술지 등) vs. 실용적 질적 연구(근거이론적 방법, 설명적 사례연구 등)'의 구분은 학문후속세대 등에 대한 질적 연구방법론 교육을 위해 각 접근방법의 이상형적 특징을 유목화하여 제시한 분류 유형에 불과한 것이라는 점이다. 따라서 실제 수행되는 연구에서는 이러한 상호 배타적인 분류 유형들의 요소가 서로 혼합되어 활용되는 경우(예컨대, 응용 문화기술지)가 많을 것이다. 이는 오늘날까지 이어지고 있는 "설명(Erklären)과 이해(Verstehen)로 대별되는 자연과학과 사회(인간)과학 간 연구목적의 차이가 과연 명확하게 구분될 수 있는가?"와 같은 해묵은 논쟁과도 맞닿아 있다(Schwandt, 2000).

측면에서 차이를 보인다.

먼저, 비판적 실재론에 기반한 혼합연구에서는 두 가지 연구방법론 중에서 양적 연구보다는, 특정한 상황적 조건(맥락)에서 작동할 것으로 생각되는 발생기제(generative mechanism)를 체계적으로 탐색·설명하는 것을 목적으로 하는 '질적 연구'의 중요성을 훨씬 더 강조한다. 비판적 실재론에서는 인과성을 '경험적 사건의 규칙적 연쇄'로 보는 표준적 실증주의 과학관의 한계(박찬종, 2012)에 대해 강력히 비판하고 있기 때문이다. 이러한 관점에서 비판적 실재론자들은 후속하는 양적 연구를 준비하기 위한 목적으로 질적 연구를 활용하는 접근방식(예컨대, sequential exploratory mixed methods research)의 경우, 만약 해당 양적 연구가 역행 추론의 절차를 따르기 위해 다시 후속적인 질적 연구를 수반하지 않는 한 비판적 실재론의 접근방식과는 상충된다고 생각한다(Zachariadis et al., 2013).

둘째, 비판적 실재론에 기초한 혼합연구에서는 획정된 탐구의 범위 자체가 연구 절차가 진전됨에 따라 지속적으로 수정될 수 있음을 강조한다(Zachariadis et al., 2013). 비판적 실재론에 기반한 연구에서는 질적 연구의 중요성을 훨씬 더 강조하기는 하지만, 양적 연구도 특정한 구조나 객체들의 속성이나 경향을 수치화하여 이해하기 위해 적절하게 활용할 필요가 있다는 점을 인정한다(Zachariadis et al., 2013). 따라서 비판적 실재론에 기반한 연구설계에서 양적 연구는 '절반의 규칙성'이라는 개념의 매개하에, 특정 사건(현상)을 발생시키는 기제를 찾기 위한 후속적 질적 연구에 필요한 정보를 제공하기 위해 수행된다. 이때 절반의 규칙성은 제한된 시공간적 상황 속에서 특정 기제나 경향이 가끔씩 작동되는 부분적인 사건의 규칙성을 지칭하는 것이다(Lawson, 1997: 20).[15]

비판적 실재론에 기반한 연구에서 절반의 규칙성이 가지는 역할은 다음의 두 가지이다(Zachariadis et al., 2013). 먼저 연구설계에 초점 영역을 설정하고, 존재하는 인과기제에 대한 가설을 개발하는 데 중요한 역할을 할 수 있다. 아울러 분석 단계에서 연구결과를 평가하고 설명하는 데도 도움을 줄 수 있다. 즉, 양적 연구에 의해 일차적으로 발견된 절반의 규칙성이라는 특정한 패턴은 다시 추가적 질적 연구 등을 위한 후속적 질문의 제안으로 이어진다. 이는 또한 탐구 범위의 적정성을 연구자가 재확인하거나, 후속연구에서 고려해야 할 문제를 제기함으로써 연구설계에도

---

15) 절반의 규칙성이라는 개념은 사실 비판적 실재론자들 사이에서도 여전히 논란이 진행 중인 논쟁적인 개념이다(예컨대, Fleetwood, 2017 vs. Næss, 2019의 논쟁). 예컨대, Næss(2019)는 현실 문제해결을 위한 사회과학의 역할을 높이기 위해서는, 우리가 사는 세상을 완전한 개방체제나 폐쇄체제로 보기보다는 부분적으로 폐쇄된 체제(partly closed systems)로 간주할 필요가 있다고 주장한다. 이때 절반의 규칙성이란 개념은 개방체제의 속성을 가짐으로써 상호 연계되고, 역동적으로 변화하는 사회의 작동 원리를 파악하는 데 있어서 사회과학이 가질 수밖에 없는 본질적 한계를 지칭하는 것이라고 본다. 그는 절반의 규칙성이란 실제 세계에서 작동하는 인과기제가 규칙적으로 발생하는 가능성의 정도이며, 따라서 이를 완전한 '무규칙성'과 '완전한 규칙성'을 양 끝점으로 하는 연속선상에 존재할 수 있는 상대적인 개념으로 볼 필요가 있다고 주장한다. 이런 관점으로 보면 절반의 규칙성의 파악은 단순히 양적 연구뿐아니라 질적 연구를 포함한 모든 사회과학이 지향하는 연구의 목표라고 할 수 있다.

도움을 줄 수 있다. 비판적 실재론은 기본적으로 ① 사회과학자들은 개방체제의 속성을 가지는 복잡한 사회체제를 연구 대상으로 삼고 있으며, ② 개방체제하에서는 어떤 맥락(주어진 외재적 상황 조건)인가 여부에 따라 인과적 기제들이 작동할 수도, 작동하지 않을 수도 있으며, 또한 ③ 연구의 대상들 자체의 속성 또한 변할 가능성이 있다는 사실을 인정한다. 이것은 확정된 탐구의 범위 자체가 연구 절차가 진전됨에 따라 수정될 수도 있음을 의미하는 것이다. 따라서 연구설계 단계에서, 실재적 영역에서 사건들을 발생시키는 작동기제에 보다 가까운 상태를 만들기 위해 적절한 통제의 조건을 구성하는 것(절반의 규칙성을 파악하기 위한 '준폐쇄' = '분석 범위' = '일반화 범위'의 획정)(to construct the conditions of closure in order to get closer to the real mechanisms)은 전적으로 사회과학자들의 연구목적에 따라 발휘되어야 할 통찰력에 달려 있다(Tsoukas, 1989; Zachariadis et al., 2013: 861에서 재인용). 〈표 2-4〉에 요약된 Zachriadis 등(2013)의 연구수행 절차에서 볼 수 있듯이, 비판적 실재론에 기반한 혼합연구에서는 양적 연구와 질적 연구 각각의 연구 절차에서 도출된 주요 결과를 다음 단계의 연구를 설계하는 데 필요한 정보로 적극적으로 활용하고 있다.

〈표 2-4〉 비판적 실재론에 기초한 혼합연구 절차

연구문제	SWIFT란 새로운 기술 도입이 은행 성과에 미치는 영향
1. 연구 상황의 기술 혹은 진단(description or appreciation of the research situation)	
• 선행연구 분석 및 관련 이론 탐색, 인터뷰 등을 통해 관심 현상에 대한 이해 도모 • 상황적 조건을 고려한 분석 범위 설정 및 연구설계	
〈1단계〉 탐색적 면담	[주된 발견 사항] SWIFT는 금융 서비스의 기초 토대임; 따라서 은행의 성과에 영향을 미칠 것이라고 가정
〈2단계〉 탐색적 계량 분석(일반화)	[주된 발견 사항] 1977년부터 2006년간 29개 국가에 있는 SWIFT 도입 및 미도입 은행들 전체 데이터를 분석 → 'SWIFT 도입은 은행의 성과와 연관되어 있음(절반의 규칙성)' 발견
2. 역행추론적 분석 절차(actual retroduction analysis of the data)	
• 관심 현상을 발생시키는 메커니즘 혹은 구조들에 대한 가설 설정 → 구조들의 관계 및 인과적 힘의 견지에서 객체들(objects)을 추상화, 분석(abstract research) → 관심 현상(사건)을 발생하는 구체적 조건들(conditions)과 속성(properties)을 파악(concrete research) • 이 과정에서 연구의 범위(맥락)를 수정하는 일도 발생(* 이러한 분석들을 반복적으로 수행)	
〈3단계〉 면담/ 관련 문헌 분석	[주된 발견 사항 1] SWIFT를 초기에 선도적으로 도입한 대규모 은행은 '비용의 축소'를 통해 성과가 향상됨. 이는 아래와 같은 SWIFT의 심층적 구조가 가지는 특성에 기인함 • (1) 인과적 힘(Powers): ① 자동화 향상, ② 거래량의 증가로 인한 규모의 경제, ③ 거버넌스에 대한 영향, ④ 신속한 거래, ⑤ 표준화된 메시지 포맷 • (2) 경향(liabilities): ① 대규모 투자는 시간이 걸림, ② 기존 시스템과의 조화, ③ 거래 범위에는 변화 없음

2. 역행추론적 분석 절차(actual retroduction analysis of the data)	
	[주된 발견 사항 2] 면담결과를 분석해 보니 SWIFT라는 심층적 구조가 가지는 인과적 힘과 경향은 SWIFT의 전체 발전 단계를 통해 볼 때 서로 다른 단계(초기 vs. 후발 도입자)에서 다른 정도의 영향을 미치는 것을 발견. 즉, SWIFT 구조(인과적 힘 + 경향)와 함께 이에 영향을 미치는 맥락도 변화함 → 내재적 · 외재적 통제 설정 조건의 변화 필요(시간변수를 고려할 때) • (1) 최초 가입한 은행(대규모 은행)에 발생한 비용과 편익은 후발 도입한 은행이 경험한 것과는 다름 • (2) 이들 후발 도입자들은 대개 초기 도입자들이 대규모 은행인 것에 비해 상대적으로 규모가 작은 리테일(retail) 은행인 경우가 많음
〈4단계〉 소규모 은행 대상 계량분석	• 2단계 계량분석에서는 (1) 전체 연구 기간 30년에 걸친, (2) 3,000개가 넘는 전 멤버 은행을 대상으로 'SWIFT의 은행 성과에 대한 효과'를 평균화한 한계가 있음 → 보다 초점화된 절반의 규칙성을 탐색하기 위해 내재적 · 외재적 통제 조건을 재설정: 'SWIFT를 늦게 도입한 소규모 리테일 은행 vs. 조기에 도입한 대규모 리테일 은행'으로 집단을 나누어 각각 분석을 시행 • 관심 현상(은행 성과)을 창출하는 (1) SWIFT의 구조와 경향성에 따른 필요적 관계(necessary relations relying on the properties of SWIFT structures and liabilities)와 (2) 상황적 그리고 발전 단계상 나타나는 특정한 현상의 효과(the effect of the contingently related and historically specific phenomena)를 분리할 필요 → SWIFT의 변이를 최소화하기 위한 내재적 조건의 통제(특정한 시점의 SWIFT) + 외재적 조건의 통제(소규모 vs. 대규모 은행) • SWIFT를 도입한 소규모 은행은 평균적으로 상당한 성과 향상이 나타난 반면, 대규모 은행은 현저히 낮은 성과가 천천히 실현되거나 다소 불분명한 결과가 나타남. 또한 성과의 향상은 직관이나 기존 인터뷰 데이터와는 달리, 비용 감소가 아니라 수입의 증가에 기인한 것으로 나타남. 이러한 패턴은 SWIFT를 후발로 도입한 소규모, 리테일 은행에서 나타남.
〈5단계〉 소규모 은행 사례연구	[주된 발견 사항] 후발 도입한 소규모 리테일 은행은 '수입 증가'를 통해 성과를 향상시킴, 이는 소규모 은행 SWIFT가 가지는 심층적 구조의 특성에 기인함 • (1) 인과적 힘(powers0: ① 자동화 향상, ② 적지만 빠르고 안전한 거래, ③ 새로운 고객과 관련 상품, ④ 표준화된 메시지 포맷 • (2) 경향성(liabilities): ① 거버넌스에 영향 무, ② 대규모 투자, ③ 기존 시스템과의 조화 • 소규모 은행 사례연구는 다른 상황적 조건(SWIFT를 후발로 도입한 소규모 은행)하에서 동일한 혹은 유사한 인과적 힘과 경향성이 다르게 작동할 수 있다(혹은 작동하지 않을 수도 있다)는 것을 보여 줌. 이는 은행이 SWIFT 도입이라는 동일한 행동을 하더라도 해당 은행이 편익을 실현하는 데 있어 서로 다른 메커니즘이나 결과를 창출하는 것으로 이어질 수 있다는 것을 의미

3. 비판적 평가 및 대안적 설명의 제거 → 위의 1~5의 각 연구 단계에서 각각 실행됨

• 도출된 설명에 대해 비판적 평가 작업을 통해 타당성이 떨어지는 대안적 설명은 제거(양적 + 질적 연구결과의 비교 및 종합) - 메타 추론(meta-interences)
• 특정한 조건하에서 서로 다른 메커니즘들이 어떻게 상호작용하고, 구체적 사회현상의 발현에 어떻게 영향을 미쳤는지 설명하기 위해 다양한 이론적 시각을 상보적으로 활용

4. 실제 적용(action)

• 도출된 연구결과(인과적 설명)를 전문가 청중에게 만족스러운지 확인
• 반응 결과에 따라 상황에 맞도록 변화를 위한 프로그램의 개발 · 적용

출처: Zachriadis et al. (2013).

이 연구에서 'SWIFT라는 새로운 기술 도입이 은행성과에 미치는 영향'을 조절하는 변수들은 예 컨대 운영방식이 완전히 다른 '작은 은행'과 '큰 은행'에서 달리 나타난다.

- SWIFT를 초기에 선도적으로 도입한 대규모 은행은 '비용의 축소'를 통해 성과가 향상됨. 이는 아래와 같은 SWIFT의 심층적 구조가 가지는 특성에 기인함: (1) 인과적 힘(Powers): ① 자동화 향상, ② 거래량의 증가로 인한 규모의 경제, ③ 거버넌스에 대한 영향, ④ 신속한 거래, ⑤ 표준화된 메시지 포맷; (2) 경향(liabilities): ① 대규모 투자는 시간이 걸림, ② 기존 시스템과의 조화, ③ 거래 범위에는 변화 없음
- 후발 도입한 소규모 리테일 은행은 '수입 증가'를 통해 성과를 향상시킴. 이는 소규모 은행 SWIFT가 가지는 심층적 구조의 특성에 기인함: (1) 인과적 힘(powers): ① 자동화 향상, ② 적지만 빠르고 안전한 거래, ③ 새로운 고객과 관련 상품, ④ 표준화된 메시지 포맷; (2) 경향성 (liabilities): ① 거버넌스에 영향 무, ② 대규모 투자, ③기존 시스템과의 조화

이러한 연구 대상별 차이를 무시하고 새로운 기술(SWIFT)을 도입한 전체 은행을 모집단으로 하여 조절변수를 파악하는 경우, 모집단의 범위를 축소하여 집단을 동질화(이 경우 '작은 은행' 샘플만 따로 분리해서 원인을 분석)한 후 분석하는 것과 다른 결과가 나올 가능성이 커질 수밖에 없다. 즉, 비판적 실재론에 기반한 혼합연구에서는 연구설계 과정에서 필요한 준폐쇄(quasi-closure)의 범위 (조건)의 적절성을 체계적으로 검증 · 수정하는 과정을 통해, 그리고 각 단계에서 도출된 인과적 설명의 적절성에 대해 지속적인 의문을 제기하는 과정을 통해 도출된 연구결과의 타당성을 높여 나가는 순환적인 절차와 검증방식을 취하고 있다. 이렇게 필요한 '준폐쇄의 범위(상황적 조건 = 맥락)'의 적절성을 체계적으로 검증 · 수정하여 도출된 연구결과의 타당성을 높여 나간다는 아이디어는, 기본적으로 신현석(2017)이 제안하고 있는 중범위이론의 개발을 위한 접근방식들 중 하나인 '양적 연구의 모집단 축소'와 상통하는 측면이 많다고 생각된다. 이는 바로 연구로 도출된 가설(잠정 이론)의 일반화 범위가 어느 정도 축소되더라도, 발견된 가설의 '내적 타당성'을 높이기 위해서는 해당 가설(연구결과)이 적용되는 모집단을 동질화(축소)시키는 작업이 필요하다는 것을 의미한다.

우리의 교육행정 현상을 탐구하여 실천적 지식 기반을 탐구……기 위해서는 <u>크지도 작지도 않으면서 우리의 토양, 즉 역사 · 문화적 맥락에 해당되는 적절한 범위에서 적용될 수 있는 중간 범위의 이론 탐구가 필요하다</u>(Pinder & Moore, 1980; 하연섭, 2011: 247-253; 이종각, 2003: 35, 신현석, 2017: 222에서 재인용). ······ 중범위이론은 연구의 범위만 강조하는 것이 아니라 양적 연구와 질적 연구의 장점을 취하고 단점을 보완하는 탐구방법의 적용까지 포함한다. ······ <u>중범위이론의 개발은 방법적인 측면에서 ① 양</u>

적 연구의 모집단 축소, ② 질적 연구의 적용 범위 확장, 그리고 ③ 양적·질적 연구의 장점을 추출한 혼합연구 등과 같은 전통적인 방법론의 응용을 통해 가능할 것이다. (신현석, 2017: 222)

* 밑줄은 필자.

4. 교육행정학 분야의 연구방법론 활용 실태와 문제점

1) 『교육행정학연구』에 게재된 논문의 연구방법 동향 개관

이 절에서는 교육행정학 분야의 구체적 연구방법론 활용 실태를 파악하기 위해 교육행정학 연구자들이 가장 많은 논문을 투고하고 있는 한국교육행정학회의 학술지인 『교육행정학연구』에 게재된 논문들을 분석해 보았다. 가급적 분석에 드는 노력을 줄이기 위해 필자는 먼저 1983년부터 2016년까지 『교육행정학연구』에 게재된 논문 1,469편에 적용된 연구방법을 분석한 김병찬과 유경훈(2017: 188)의 연구결과를 활용하고, 해당 연구에서 다루지 않은 2017년부터 2022년 6월(40권 2호)까지 출판된 총 323편의 논문만을 추가로 분석해 보았다. 분석결과를 요약하여 제시하면 〈표 2-5〉[16]와 같다.

이를 통해 보면 일단 비교적 최근인 2019년까지는 양적 연구를 활용하고 있는 논문의 숫자가 지속적으로 늘어나고 있는 것이 가장 특징적이다. 이 기간 중 출판된 전체 논문 중 양적 연구를 활용한 논문의 비중은 11.32%(1983~1989) → 30.54%(1990~1999) → 36.38%(2000~2009) → 47.59%(2010~2019)으로 지속적으로 높아지고 있는 것을 볼 수 있다. 분석 기간 전체로 볼 때는 문헌 연구방법이 48.60%(853편), 양적 연구방법이 38.40%(674편), 질적 연구방법이 10.71%(188편), 혼합 연구방법이 2.28%(40편)를 차지하여 문헌 연구방법이 가장 빈도가 높았다. 하지만 가장 최근인 2020~2022년의 동향만을 나누어 살펴보면 문헌연구가 39.73%(58편), 양적 연구가 35.62%(52편), 질적 연구가 22.60%(33편), 혼합연구가 2.05%(3편)으로 문헌연구와 양적 연구의 비중이 여전히 높기는 하지만, 질적 연구의 비중이 급격히 증가하고 있음을 알 수 있다. 아울러 2019년까지 조금씩 증가되고 있던 혼합연구의 비중은 오히려 감소되고 있다는 점도 흥미로운 부분이다. 다음 절에서는 이러한 연구방법별 동향을 각 연구방법별로 좀 더 구체적으로 분석해 보기로 한다.

---

16) 김병찬과 유경훈(2017)에서 제시된 표에서 잘못 계산된 것으로 생각되는 부분(예컨대, 2000~2009년 논문 수 총계 658 → 657편; 2010~2016년 양적 연구 적용 논문 총수: 305 → 205편)은 수정하여 기재하였다.

〈표 2-5〉『교육행정학연구』 게재 논문의 연구방법별 동향(1983~2022)

연구 영역	1983~1989	1990~1999	2000~2009	2010~2019	2020~2022	계
양적 연구	6(11.32%)	91(30.54%)	239(36.38%)	286(47.59%)	52(35.62%)	674(38.40%)
질적 연구	0(0.00%)	5(1.68%)	50(7.61%)	101(16.81%)	33(22.60%)	188(10.71%)
(2017~ 2022.6.)	-	-	-	36(100%) (2017~2019)	33(100%) (2020~ 2022.6)	69(100%) (2020~ 2022.6)
본질적	n/a	n/a	n/a	9(25.0%)	11(33.33%)	20(28.99%)
실용적	n/a	n/a	n/a	16(44.44%)	20(60.60%)	36(52.17%)
기타	n/a	n/a	n/a	11(30.56%)	2(6.06%)	13(18.84%)
문헌연구	47(88.68%)	196(65.77%)	356(54.19%)	196(32.61%)	58(39.73%)	853(48.60%)
혼합연구	0(0.00%)	6(2.01%)	12(1.83%)	18(3.00%)	3(2.05%)	40(2.28%)
총계	6(100%)	96(100%)	289(100%)	601(100%)	146(100%)	1,755(100%)

*주: 김병찬, 유경훈(2017: 188)의 〈표 7〉을 기초로 하되, 해당 논문의 분석 기간을 넘어서는 2017~2022년 6월 기간 동안 게재된 논문은 필자가 추가로 검색하여 자료를 업데이트하여 작성하였음.

2) 교육행정학 연구방법론 활용 실태와 문제점

먼저 양적 연구방법을 사용한 논문 중에서는 고급 추리통계를 사용하고 있는 논문의 숫자가 날로 늘어나고 있다. 김병찬과 유경훈(2017)에 따르면 1983년부터 2016년까지 양적 연구를 활용하여 출판된 논문 305편 중에서 고급 추리통계를 사용한 논문은 17.03%(244편), 초·중급 추리통계를 사용한 논문은 16.33%(234편)이다. 하지만 김병찬과 유경훈(2017)의 분석 기간 중 가장 최근인 2010년에서 2016년 기간에 초점을 맞추면 고급추리통계를 사용한 논문의 비중이 32.24%까지 높아지고 있음을 볼 수 있다[17]. 한편 2010년 28권 1호부터 2017년 35권 3호까지 같은『교육행정학연구』에 게재된 논문 449편을 분석한 임연기와 김훈호(2018)의 논문에서는 양적 연구에서 활용되는 고급통계기법까지 보다 구체적으로 분석하고 있다. 이에 따르면 가장 많이 사용되는 기법은 구조방정식모형(SEM)이며, 그밖에 위계적 선형모형(HLM)과 패널분석 방법도 주목받고 있다고 보고하고 있다. 이와 관련 변기용(2018)은 유사한 문제인식을 가진 신현석(2017)을 인용하면서 "일정 부분

---

17) 이 기간 고급통계를 이용한 논문수가 증가한 것은 물론 한국교육고용패널(KEEP), 대졸자직업이동경로조사(GOMS), 청년패널조사(YP) 데이터 등 패널 데이터와 각종 빅 데이터 등 과거에는 접근할 수 없었던 고급 데이터들이 개인 연구자들에게 개방되었기 때문이라고 할 수 있다. 필자가 보기에 문제는 고급통계를 활용하는 연구의 증가라는 현상 자체보다는, '무엇을 위해 해당 연구를 하는지'에 대한 깊은 문제인식 없이 논문을 위한 논문을 작성(소위 '논문 찍어내기')하는 행태가 학문공동체 내에서 적지 않게 발생하고 있고, 심지어는 고착화의 우려까지 있다는 점이다. 이와 관련 기술적으로는 고급통계 활용 논문 심사자 풀의 한계 속에서 타인이 수집한 데이터를 활용한 '변인 정의의 타당성' 문제, '모형 설정과정에서 관련 이론과 선행연구의 철저한 분석' 등 연구과정의 엄격성이 심사과정에서 과연 제대로 걸러지고 있는가 라는 문제 등이 제기될 수 있을 것이다.

지나친 단순화로 인한 오류의 우려가 있긴 하지만…… 연구에 활용되는 방법론의 편중이 극심하고, 오용 및 남용 현상이 심각하며 또한 단기적인 성과에 몰두하는 연구 경향에 의해 연구를 위한 연구를 하는 경우가 빈번하게 발생하고 있는 것이 아닌가"라는 우려를 하고 있다. 이러한 우려는 신현석 등(2018)의 분석결과를 보면 더욱 명확해진다. 고급통계기법을 가장 많이 사용하는 연구자들이 교수(해당 그룹 모집단의 27.5%)나 연구원/강사(해당 그룹 모집단의 36.4%) 등 연구 역량이 상대적으로 성숙한 그룹이 아니라 초보연구자들인 대학원생 그룹(해당 그룹 모집단의 42.9%)이라는 점은 이러한 우려가 단순한 기우에 지나는 것이 아니라는 점을 알려 준다. 실제 필자가 2018년 「한국교육행정학의 학문적 정체성과 연구방법론에 대한 비판적 성찰: 이분법적 배타성 극복을 통한 대안적 지점의 모색을 중심으로」란 논문의 작성과정에서 만난 교육학계의 몇몇 교수들은 최근 취업 등에서 논문 편수가 중요한 기준이 되면서 대학원 과정 재학 중에(혹은 후에도) 특히 패널 데이터를 활용해서 종속변수를 바꾸어 가며 논문을 '찍어 내는' 행태가 학생들 사이에 별다른 문제의식 없이 이루어지고 있다는 개탄조의 이야기를 하고 있었다.[18] 또한 우리 교육행정학계에서 가장 많이 활용되고 있는 구조방정식모형은 설정된 관찰변수 및 잠재변수 간의 구조적 관계를 검증하는 분석기법이라고 할 수 있는데, 다양한 고급통계기법 중에서도 해당 변수의 작동에 영향을 미치는 환경적·제도적 맥락의 중요성을 간과하고 있는 측면이 있어 교육행정학 연구 문제해결을 위한 연구방법으로서의 적절성에 대해서는 지금보다는 훨씬 엄밀한 평가의 잣대가 필요하지 않나 생각된다(구조방정식모형의 유용성과 한계에 대해서는 이 책의 제8장 참조).

둘째, 우리 교육행정학계에서 활용되는 질적 연구의 방법과 범위, 활용 목적을 보면 다른 학문 분야와 비교해 볼 때 매우 제한적인 것으로 여겨진다. 같은 질적·귀납적 연구방법이라 하더라도 이론 형성을 목적으로 하는 '근거이론적 방법'과 '내러티브 탐구', '현상학적 질적 연구', '문화기술지' 등은 연구의 목적과 접근방식 등이 다르다(Creswell, 2013/2015; 권향원, 최도림, 2011). 그럼에도 불구하고 우리 교육행정학계에서 수행된 연구 동향 분석연구(예컨대, 임연기, 김훈호, 2018; 김병찬, 유경훈, 2017)에서는 연구목적에 따라 질적 연구의 유형을 구분하지 않거나 구분하더라도 자료수집 방식을 기준으로 구술기록, 면접관찰 범주 수준으로만 분류하는 경우가 많아, 아직까지 질적 연구를 기본적으로 하나의 통합적 범주 혹은 연구방법으로 인식하고 있는 경향이 암묵적으로 존재한다는 것을 알 수 있다. 이러한 교육행정학계에서의 상황과는 달리 유사 학문 분야인 행정학계에서는 '양적 vs. 질적 연구'의 배타적 구분이라는 전통적 관점에서 벗어나 이분법적 경직성이 가져올 수 있는 문제점에 대한 우려와 이를 극복할 수 있는 다양한 논의들이 지속적으로 이루어지고 있다

---

18) 한 교수는 취업이 절실한 본인의 지도학생들에게 이러한 행위를 금지해 온 자신의 행위가 반드시 타당한 것인지에 대해 현실과 이상 사이에서 고민을 하고 있었다.

(심준섭, 2006; 이영철, 2006; 김승현, 2008; 이영철, 2009; 권향원, 최도림, 2011; 권향원, 2017 등). 특히, 김승현(2008)은 양적 연구와 질적 연구로 구분되는 이런 이분법적 논쟁 때문에 "질적 연구를 해석적 입장에서만 이해함으로써 방법론에 관한 논의를 지극히 단순화하고 있다"고 비판하며, '질적 연구 방법은 실증주의적 입장에서부터 해석적 입장에 이르기까지 다양한 과학철학적 배경을 가지고 논의'되고 있으며,[19] 이에는 "실증적 사례연구와 해석적 사례연구를 포괄한다(p. 294)"고 주장하고 있다.[20]

행정학계에 비해 교육행정학계에서 이러한 문제점에 대한 인식이 상대적으로 부족했던 것은 교육행정학이 모 학문인 교육학의 분과학문으로서 '교육을 위한 행정'이라는 이념적 가치를 근저에 두고 연구를 수행해 왔고, 이에 따라 학문의 성격상 교육행정학은 인문학보다는 사회과학에 훨씬 가까운 분야임에도 불구하고 그동안 인문학적 성격을 일정 부분 띠게 된 측면이 있는 것이 아닌가 조심스럽게 추측해 본다. 신현석(2017)이 지적하는 바와 같이 "교육행정학은 행정학과 교육학을 모두 모 학문이라 부를 수 있지만 현실적으로 교육행정학은 교육학 지향성이 강하며 학자 사회는 교육학 분야에 더 강한 소속감을 갖고 교육학계에서 주로 학술활동을 전개(p. 219)"하는 경향도 영향을 미쳤을 것으로 생각된다. 그 결과 교육행정학에서 수행되는 질적 연구가 같은 교육학 분야인 교육인류학(질적 연구의 문화기술지적 관점)이나 교육철학(질적 연구의 현상학적 관점)에 의해 강한 영향을 받아 질적 연구는 반드시 해석주의적 관점에서만 수행되어야 한다는 지배적 견해가 형성된 것이 아닐까 추측해 본다.[21]

실제 필자의 경험을 통해 볼 때도, 우리 교육(행정)학계에서는 아직까지도 질적 연구는 '설명'이 아니라 '이해'를 위한 것이며, 이에 따라 질적 연구에서는 제목에 '영향 요인'이라는 용어를 쓰면 안 되는 것으로 잘못 이해하는 사람이 더러 있다. 이에 따라 이런 입장을 취하는 일부 학자들은 근거이론적 방법(Glaser & Strauss, 1967), 실용적 사례연구(변기용 2020a), 도구적 사례연구(Stake, 1995), 설명적 사례연구(Yin, 2014), 실용적 실행연구(Greenwood & Levin, 2007) 등 관심 현상의 실태와 그러한 현상이 발생한 원인의 '설명'에 초점을 둔 질적 접근방법들은 '질적 연구'가 아니라고 주장하기까지 하고 있다.[22] 하지만 앞서 언급한 바와 같이 교육행정학에서 요구하는 연구문제에 답하기

---

10) 예컨대, Healy와 Perry(2000)는 질적 연구는 비판이론(critical theory), 구성주의(constructivism), 비판적 실재론(realism) 등 3개 패러다임에 기초해서 모두 수행될 수 있으며, 마케팅 연구에서는 비판적 실재론 패러다임이 가장 중요한 역할을 하고 있다고 주장한다.

20) 큰 틀에서 보면 실증적 사례연구는 Stake(1995)의 도구적 사례연구(instrumental case study)와, 해석적 사례연구는 본질적 사례연구(instrinsic case study)에 대응된다고 볼 수 있다 (Healy & Perry, 2000: 120).

21) Cresswell(1998)은 학문 분야에 따라 주로 활용되는 질적 연구의 유형이 다르다고 주장하며, 예컨대 인문학에서는 전기, 심리학과 철학에서는 현상학적 접근, 사회학에서는 근거이론, 문화인류학에서는 문화기술적 방법, 그리고 일반 사회과학에서는 사례연구 방법을 주로 사용한다고 설명하고 있다(윤견수, 2008: 259).

22) 예컨대, 조용환(2021)은 '설명'을 목적으로 하는 것은 질적 연구가 아닌 것으로 언급하고 있다.

위해 수행되는 질적 연구는 관심 현상의 '이해(understanding)'에 초점을 두고 있는 '본질적 질적 연구'도 물론 필요하겠지만, '설명(explanation)'에 초점을 둔 '실용적 질적 연구'도 필요하다.

이런 관점에서 볼 때 〈표 2-5〉에서 나타나는 또 하나의 흥미로운 발견 사항 중 하나는 『교육행정학연구』에 이제까지 게재된 논문들을 앞서의 김병찬과 유경훈(2017)의 방식과는 달리 본 발제문에서 제시하고 있는 '본질적 vs. 실용적 질적 연구'라는 질적 연구에 대한 새로운 관점으로 분석하는 경우, 일반(이론)화를 목적으로 하는 실용적 질적 연구가 전통적 관점에 기반한 본질적 질적 연구보다 오히려 더 많이 수행되고 있다는 사실이다. 〈표 2-5〉에 따르면 2017~2022년 사이에 게재된 전체 질적 연구 논문 69편 중에서 본질적 질적 연구로 명확히 분류될 수 있는 논문은 20편(28.99%), 실용적 질적 연구는 36편(52.17%)으로 나타나고 있다.[23] 즉, 실제 연구를 수행하는 방식으로 볼 때 교육행정학 분야에서는 '이해'를 목적으로 하는 본질적 질적 연구보다 '설명'을 목적으로 하는 실용적 질적 연구가 오히려 더 많이 수행되고 있다는 것이다. 교육행정 현상의 실태(문제점)와 해당 문제점이 나타난 이유(영향 요인)를 정확히 파악하는 것이 응용 지향적 성격이 강한 교육행정학이라는 학문의 주된 연구 질문이기 때문에, 결과적으로 '설명'에 초점을 둔 실용적 질적 연구가 많아질 수밖에 없는 것이 아닌가 생각된다. 하지만 이와 같은 현장에서의 연구수행 실제와는 달리 현재 우리 교육학계에서 주로 사용하는 연구방법론 교과서(조용환, 1999; 김영천, 2012; 유기웅 외, 2018 등)에서는 여전히 과거의 구성(해석)주의 혹은 현상학적 관점에 입각하여 수행되는 '본질(해석)적 질적 연구'에 치우쳐 질적 연구방법론을 설명하고, 이에 따라 학문후속세대들을 교육하고 있다. 이른바 연구방법론 교육과 연구수행의 실제 간에 상당한 괴리가 나타나고 있는 것이다. 이러한 현재의 상황은 학문후속세대들이 제대로 된 (실용적) 질적 연구방법론 교육도 받지 못한 채 관련 연구를 수행할 수밖에 없는 모순된 상황에 처하게 된다는 점에서 커다란 문제가 아닐 수 없다.

마지막으로, 〈표 2-5〉에서 제시된 분석결과에서 살펴볼 수 있듯이, 혼합연구를 활용한 논문의 비중은 분석 기간 전체에 걸쳐 매우 미미한 숫자로 나타나고 있다. 2010~2019년 기간의 경우 직전 기간인 2000~2009년에 비해 약간 증가(12편, 1.83% → 18편, 3.00%)하는 듯했지만, 가장 최근인

---

23) 이 장의 작성을 위한 분류 작업을 위해 '실용적 vs. 본질적 질적 연구의 차이'에 대해 상세히 기술한 ① 필자가 저술한 단행본을 읽고, ② 필자가 개설한 관련 대학원 강좌를 수강한 경험이 있는 박사과정생 3명과 석사과정생 1명 등 총 4명으로 하여금 2017년부터 2022년 6월까지 『교육행정학연구』에 출판된 질적 연구 논문 69편을 일단 각자 분석한 후 그 결과를 가지고 분류한 기준과 근거에 대해 토론하였다. 분류기준은 변기용 외(2022b) 〈표 2〉 본질(해석)적 vs. 실용(도구)적 질적 연구의 특성 비교에 제시된 ① 연구목적; ② 실재(이론)를 보는 관점; ③ 이론적 샘플링과 포화 등 주요 기법에 대한 입장 등 3가지를 주로 활용하였다. 분석결과 69편의 분석 대상 논문 중 분석에 참여한 4명 모두 '실용적 질적 연구'라고 분류한 논문은 31편, '본질적 질적 연구'라고 분류한 논문은 14편이었다. 총 4명의 분석자(학생)들의 분류 결과가 서로 다른 논문 수는 총 69편 중 25편이었는데, 이 중 3:1로 의견이 갈린 논문은 11편(실용적 질적 연구 5편 + 본질적 질적 연구 6편), 총 4명의 학생 중 2명의 학생만 어느 한쪽으로 분류한 논문 등 판단 곤란에 해당하는 논문 수는 13편이었다. 본 연구에서는 일단 이 중 3:1 이상의 의견 합치를 보인 논문만 해당 유형으로 논문을 분류하여 표를 작성하였다. 실용적 vs. 본질적 질적 연구로 분류된 논문들의 예시는 이 장 말미에 첨부된 〈부록 2-1〉을 참조.

2020~2022년 기간의 경우 2.05%(3편)만이 혼합연구를 사용하고 있어 증가세가 오히려 둔화되거나 정체 상태에 있는 것으로 판단된다. 이렇듯 혼합연구를 활용한 논문 비율이 적은 것은 ① 일단 연구자들이 혼합연구를 수행하기 위해서는 단일 연구방법을 쓰는 것보다 시간과 노력이 많이 들고, 또한 ② 논문의 질적 수준보다 숫자가 중요시되는 작금의 학문 노동시장의 풍토하에서, 혼합연구를 활용하여 연구를 수행했다고 하더라도 양적 연구 부문과 질적 연구 부분을 각각 따로 떼어 2편의 논문으로 출간하는 행태가 관행적으로 이루어지기 때문이 아닌가 추측된다. 한편 필자는 이 분야에서 수행되는 혼합연구가 어떤 방식으로 이루어지는지를 보다 구체적으로 분석하기 위해 2010~2022년의 기간 동안 혼합 연구방법으로 수행된 논문 21편만을 심층적으로 분석했는데, 그 결과를 요약하면 다음과 같다.

- Creswell과 Clark(2018)의 혼합연구 분류 유형을 기준으로 할 때 순차적 설명 혼합연구와 수렴적 병렬 혼합연구가 가장 많이 나타남.
- 양적/질적 연구방법이 상보적으로 사용되기보다는 분리되어 제시되는 경향이 있음. 즉, 연구목적에 따라 양적/질적 연구의 결과가 상보적 측면에서 상호작용하여 해석과 결론이 도출되어야 함에도 불구하고 대부분의 연구에서 양적/질적 연구결과가 각각 분리되어 제시되고 마지막 단계에서만 결합되는 경향이 있음.
- 일부 논문의 경우 양적/질적 방법을 모두 사용했다고 하면서 한 가지 방법에 지나치게 치중하고 다른 방법에 대해서는 제대로 기술하지 않는 경우가 있음. 즉, 혼합연구의 취지와 본질을 제대로 달성하지 못하고, 형식적인 측면에서만 혼합연구의 형태를 띠는 연구가 있음.
- 혼합 연구방법을 채택한 이유에 대한 설명이 부족함. 연구에서 채택한 혼합 연구방법 유형을 명시적으로 밝히고 그 이유에 대해 기술한 논문도 있지만, 전반적으로 혼합 연구방법의 타당성이 논의되지 않거나 '양적·질적 연구가 지니는 한계점을 보완하기 위해서' 정도의 기술에 그치고 있는 경우가 많음. 혼합 연구방법을 활용해야 하는 필요성이 제대로 논의되지 않다 보니 결과적으로 혼합연구설계도 부실한 상태로 이어지는 경우가 있음(예컨대, 양적 연구결과를 심도 있게 이해하기 위해 질적 방법이 추가로 요구되는 경우 순차적 설명 방법이 되어야 하는데, 수렴적 동시 방법으로 진행).
- 최근 비판적 실재론에 기반한 혼합 연구방법을 적용한 흥미로운 논문(이성회, 조선미, 2021)이 출간되었음. 하지만 이 논문도 '기존의 순차적 설명 혼합 연구방법과 어떤 차이가 있는지' 등 다양한 논쟁적 이슈를 내포하고 있음.

박선형 교수는 2010년 「교육행정학의 혼합방법 연구 활성화를 위한 예비적 논의」라는 논문에서 당시 우리 교육행정학계에서 이루어진 혼합연구를 적용한 논문 중 "엄밀한 의미에서 혼합연구의 취지를 제대로 살리는 연구는 거의 없다고 해도 과언이 아니다"라고 주장한 바 있다. 본 연구의 분석결과는 비록 2010년 당시에 비해 상황이 다소 개선되기는 했으나, 여전히 혼합연구의 적용방식에 많은 문제가 있다는 것을 웅변으로 보여 주고 있다. 이는 현재 교육행정학 분야에서 혼합연구를 적용한 연구가 여전히 양적으로 부족할 뿐만 아니라, 질적으로도 개선의 여지가 많다는 것을 의미한다고 하겠다.

5. 비판적 실재론에 기반한 연구방법론 활성화를 위한 과제

앞서 언급한 논의들을 종합해 보면, 비판적 실재론이 교육행정학 연구방법론에 주는 가장 큰 함의는, 먼저 폐쇄체제의 가정하에 인과성을 '관찰(경험) 가능한 사건들의 규칙적 연쇄관계'로 보는 표준적 실증주의 과학철학관과 이에 기반한 양적 연구의 근본적 한계를 지적하고, "무엇이 실제 사건을 발생시키는가?"라는 인과성과 관련한 근본적 문제를 다시 사회과학 연구의 핵심적 목적으로 끌어올렸다는 점이다. 이에 따라 비판적 실재론은 연구방법론적으로 양적 연구보다는, 개방체제를 기본 전제로 주어진 상황적 조건(맥락) 내에서 관심 현상에 대해 보다 타당한 설명력(절반의 규칙성)을 가지는 '중범위이론'을 추구하는 (실용적) 질적 연구를 강조한다. 둘째, 비판적 실재론이 교육행정학 연구방법론에 주는 또 다른 중요한 함의는 혼합연구에 대한 접근방식에서 볼 수 있다. 비판적 실재론은 사회과학을 위한 새로운 방법을 개발한다고 주장하지 않으며, 특정한 연구방법을 선험적으로 배제하지 않고 상이한 여러 방법들을 조합하도록 요청한다(Danermark et al., 1997/2005). 따라서 비판적 실재론에 기반한 연구에서는 양적 + 질적 연구 모두를 활용하며, 특히 양적 연구(외연적 연구설계)와 질적 연구(내포적 연구설계)의 변증법적·순환적 사용을 강조한다. 이 장에서 제시한 비판적 실재론에 기반한 연구방법론(예컨대, 실용적 질적 연구, 새로운 관점의 혼합연구)이 교육행정학 연구에서 보다 활성화되기 위해서는 먼저 다음과 같은 문제에 대한 보다 심층적 논의가 이루어질 필요가 있다.

1) 실용적 질적 연구의 활성화를 위한 과제

연구자들이 볼 때 실용적 질적 연구의 활성화를 위해 반드시 해결해야 할 문제는 크게 다음 두 가지로 생각된다. 먼저, 질적 연구방법론 교육에서 '본질적 질적 연구'뿐만 아니라 '실용적 질적 연구'에 대한 교육이 함께 이루어져야 한다. 이와 관련 행정학자인 김승현(2008)은 "실용성과 현실성을 지향하는 행정학이나 정책학의 영역에서 이루어지는 많은 사례연구는 대부분 실증주의적 입장에서 이루어지고 있다"고 하면서, 학문후속세대에 대해서도 "양적 연구, 실증적 사례연구, 해석적 사례연구의 세 갈래에서 방법론 강의가 이루어질 필요가 있다"는 견해를 피력하고 있다. 현재 교육행정학계의 현실을 감안할 때 이러한 김승현(2008)의 지적은 교육행정학 분야에서의 연구방법론 교육 개선을 위해서도 많은 시사점을 던져 주고 있다고 생각한다.[24]

둘째, 학위 논문 혹은 학술지 논문 심사과정에서 구성(해석)주의 혹은 현상학적 질적 연구에만 익숙한 기성학자들이 가지는, (실용주의나 비판적 실재론에 기반한) 실용적 질적 연구에 대한 이해 부족으로 야기되는 편향된 시각과 이에 기초한 문제 있는 심사를 어떻게 해소할 수 있을까 하는 점이다. 현실적으로 자신이 배우고 익숙한 본질적 질적 연구방식만을 질적 연구라고 생각하는 일부 학자들의 경직된 사고는, 교육행정학계에서 새로운 관점의 질적 연구 접근방식이 논의되고 확산되는 데 상당한 어려움을 초래하고 있다. 암맹평가(blind review)로 이루어지는 논문 심사과정의 특성상 투고자에 대한 '쌍방향 토론 없는 일방적인 자기 관점의 강요'라는 부작용이 폭넓게 나타날 수 있기 때문이다. 비근한 실례로 최근 필자가 투고한 실용적 사례연구 논문을 심사한 익명의 심사자는 "~실태와 영향 요인이라는 제목은 질적 연구에 적합하지 않고……"라는 심사평을 주었지만, 이 심사자는 질적 연구로 실태와 영향 요인을 탐색하는 것이 왜 타당하지 않은지에 대한 명확한 설명은 전혀 주지 않았다. 실용적 질적 연구는 양적 연구가 다루지 못하는 관심 현상의 정확한 파악과 그러한 현상이 발생하는 데 영향을 미친 요인(과 그들 간의 관계, 즉 발생기제)의 탐색을 목적으로 하는데, 그런 연구에서 왜 이런 제목(실태와 영향 요인)을 붙이면 안 되는 것인지 필자로서는 이해하기가 매우 어렵다. 앞 절에서『교육행정학연구』에 게재된 논문들을 분석한 결과에서도 연구의 목적이 기본적으로 관심 현상에 대한 설명에 있고, 연구결과도 특정 현상이 발생한 원인(영향 요인과 그들 간의 관계)을 제시한 실용적 질적 연구논문이 2017~2022년 6월 기간 동안 게재된 전체 질적 연구논문 69편 중에서 36편(52.17%)을 차지하고 있었다는 점은 이러한 필자의 주장에 힘을 실어 준다. 이러한 점을 감안할 때 질적 연구에 대한 현행 연구방법론 교육방법 및 논문심사 관행은 학계 차원의 보다 심층적인 논의와 가이드라인 마련이 필요한 사안이라고 생각된다.[25]

사실 필자는 이러한 우리 교육행정학계의 관행에 대해 여러 차례 문제를 제기해 왔다. 특히, 졸고『근거이론적 방법: 현장기반 이론 생성을 위한 질적 연구』(2020)에서는 스스로 다음과 같은 질

---

24) 필자가 재직 중인 고려대학교 일반대학원 교육학과에서는 이러한 문제인식하에 '질적 연구의 실용적 접근', '고등교육연구에서의 근거이론적 접근'이라는 강좌를 2019년 2학기부터 개설하여 매 학기 제공하고 있다.

25) 학문의 선진국이라고 할 수 있는 미국에서는 이러한 문제인식하에 논문에 사용된 각 연구방법에 대해 심사자들이 참고할 수 있는 학계 차원의 합의된 기준을 정리하여 이를 단행본[Hancock, Stapleton & Mueller(2019). *The Reviewer's Guide to Quantitative Methods in the Social Sciences*. Routledge]으로 출간하는 등 보다 합리적 장치를 마련하고 있어 우리 교육행정학계와는 대조적인 모습을 보이고 있다.

문을 제기하고, 이에 대한 필자의 성찰 내용을 제시한 바 있다.

- 내가 원하는 연구질문에 대한 답을 찾기 위해서는 구성(해석)주의 관점의 연구[본질적 질적 연구]와는 뭔가 다른 유형의 질적 연구[실용적 질적 연구]를 해야 하는데 왜 다른 사람들은 그건 질적 연구가 아니라고 할까?
- 질적 연구에도 다양한 접근방식이 있음에도 불구하고 왜 질적 연구 분야에서는 연구목적에 따라 이를 정확히 적용해야 한다는 문제인식이 별로 없을까?
- 교사나 행정가가 자신의 업무 수행과정을 통해 경험적으로 체득한 통찰력은 연구를 방해하는 편견으로만 작용하는가?
- 질적 연구방법에서는 '이론적 틀'을 가지고 연구를 시작해서는 안 되는 것일까?
- 왜 질적 연구는 일반화(이론 생성)를 위한 연구가 아니라고만 할까?

설령 필자가 제기한 문제들이 모두 적절하지는 않을 수 있다고 하더라도 새롭게 제기되는 논쟁적 이슈에 대한 학문공동체 차원의 치열한 논의 없이 단지 자신이 배우고 자라 익숙해진 기존의 사고와 관점만을 고수하는 태도가 지속적인 학문 발전에 그다지 도움이 되지 않는다는 점은 자명하다. 이와 관련하여 필자는 이러한 교육행정학계의 관성적 행태가 어떻게 형성·유지되고 있는지 그 이유를, '한국 교육행정학의 학문적 정체성과 연구방법론에 대한 비판적 성찰(2018)'이라는 졸고에서 다음과 같이 분석한 바 있다.

> 먼저 각 학문 영역에서는 지배적 패러다임과 연구방법, 지배적 영향력을 발휘하는 학자 및 추종 그룹, 그리고 이들을 중심으로 한 학파들이 형성된다(Freidson, 1985; Kuhn, 1962; Greenwood & Levin, 2000: 88에서 재인용). 통상적으로 이러한 지배적 패러다임하에서 교육받고 사회화된 기성학자들이 통제하는 학위 논문 심사, 학술지 논문 게재, 연구비 수주를 위한 암맹평가 시스템이 작동하는 상황 속에서 지배적 패러다임과 벗어나는 논문이나 연구계획서들은 해당 학문공동체에서 인정받기 어렵다. 따라서 해당 학문공동체에 진입하는 새로운 구성원들은 교육과 사회화 과정을 통해 상위의 학문 권력(예컨대, 영향력 있는 원로 교수, 그들을 둘러싼 소수의 핵심 그룹)에 의해 그들의 학문적 가치관과 연구방법이 해당 학문공동체의 주류적 견해에 비추어 일탈되지 않고 있다는 점을 인정받는 데 주력한다(Greenwood & Levin, 2000)……(변기용, 2018: 6). (밑줄은 필자)

즉, 이는 전문가 집단이 해당 집단의 구성원을 포함·배제하거나 새로운 아이디어를 인정·폐기하는 학문공동체 내부의 이른바 '영역 유지 메커니즘(boundary maintenance mechanism)'

(Greenwood & Levin, 2005)이 작동하는 것이라고 설명될 수 있다(변기용, 2018). 이러한 학계의 관성적 행태에서 탈피하기 위해서는 먼저 질적 연구에도 다양한 접근방식이 있다는 점을 인정하는 데에서부터 출발할 필요가 있다. 질적 연구가 '연구목적(설명 vs. 이해)', '수집 자료(양적 vs. 질적)' 측면에서 양적 연구와 엄격히 분리된다는 본질(해석)적 질적 연구의 관점에서 벗어나 좀 더 유연한 접근방식을 취할 필요가 있다. 즉, "연구결과를 도출하는 데 있어 연구자의 역할, 즉 통계기법 등 소위 '객관적 규칙'의 적용에 의존하는 '법칙적 인식(윤견수, 2019)'이 핵심이 되는 양적 연구와는 달리, 연구자의 '이론적 민감성'(Glaser, 1978)에 바탕을 둔 지속적인 비교와 성찰('해석적 인식', 윤견수, 2019)이 자료분석과 결론 도출에 핵심적인 요소가 되고 있는가?"의 여부가 양적 vs. 질적 연구를 구분하는 새로운 관점으로 자리를 잡게 될 때 이러한 문제해결의 실마리가 열릴 것이라고 본다.

2) 비판적 실재론에 기반한 혼합연구의 활성화를 위한 과제

비판적 실재론에 기반한 새로운 관점의 혼합연구가 활성화되기 위해서는 무엇보다 경직된 이원론적 사고에 치우친 소위 '양적 연구와 질적 연구의 공약 불가능성'이라는 해묵은 논쟁에서 벗어나야 한다. 하지만 이러한 경직적 사고가 특히 우리 교육(행정)학계에서는 아직까지도 큰 영향력을 발휘하고 있다는 점이 문제이다. 필자는 개인적으로 이러한 주장이 틀렸다기보다는, 자신이 수행하는 질적 연구 접근방식(구성/해석주의 혹은 현상학 등에 입각한 본질적 질적 연구)만이 소위 '질적 연구'라고 생각하는 일부 학자들의 질적 연구에 대한 개인적인 입장이 학계 차원의 치열한 토론 없이 관성적으로 우리 교육(행정)학계의 지배적 입장으로 고착되어 온 것이 보다 근본적인 문제라고 생각한다. 전통적으로 질적 연구가 태동한 연원이었던 구성(해석)주의나 현상학에 입각한 질적 연구가 소위 '진정한 질적 연구' 혹은 '질적 연구의 전부'라고 생각하는 일부 학자들의 입장에서 생각하면, "양적 연구와 본질(현상학)적 질적 연구의 기저에 있는 과학철학적 관점과 연구목적이 서로 상치되기 때문에 서로 혼합하는 것이 맞지 않다(예컨대, 조용환, 2021)"고 말하는 것이 나름 이해가 된다. 하지만 앞서 언급했듯이 질적 연구에는 '구성주의나 현상학에 입각한 본질적 질적 연구'만 있는 것은 아니다. 오늘날 질적 연구방법들 중에서 가장 높은 관심과 각광을 받고 있는 근거이론적 방법(특히, Strauss, 기노시타 등의 근거이론적 방법)과 Yin(2014)의 (설명적) 사례연구는 본질(해석)적 질적 연구가 지향하는 목적과는 매우 다른 지향점을 가지고 있다. 다시 말해, 근거이론적 방법이나 설명적 사례연구와 같은 '실용(설명)적 질적 연구'는 관심 현상의 실태, 그리고 그러한 실태가 발생하는 데 영향을 미친 요인과 그들 간의 관계(발생기제)를 '설명'하는 데 목적을 두고 있기 때문에, (주로 이해와 묘사를 목적으로 하는 본질적 질적 연구와는 달리) '양적 연구'와 기본적으로 연구목적을 같이하는 측면이 많다. 즉, 혼합연구에서 양적 연구와 결합되는 질적 연구의 유형은 양적 연구와 논리(logic: 철학)가 다른 본질적 혹은 현상학적 관점의 질적 연구가 아니라, '설명'이라는 동일한 연구목적을 가지는 실용적 질적 연구가 되는 것이 논리적으로 훨씬 타당하다. 이와 관련 권향원(2016)은 근거이론적 방법과 같은 실용적 질적 연구의 방식이 혼합연구의 활성화에 대해 가지는 시사점을 다음과 같이 설명하고 있다.

> ……근거이론[실용적 질적 연구]은 기존의 질적 연구의 전통에서 빗겨나 오히려 양적 연구와 유사하게 '이론'을 연구산출물로 수용한다. 이는 결과적으로 근거이론[실용적 질적 연구]으로 하여금 '이론'을 매개로 양적 연구와 질적 연구 사이에 놓인 심리적인 장벽을 완화하는 역할을 수행하도록 하였으며, 양적 연구와 질적 연구 사이의 다양한 혼합설계(mixed design) 실험을 가능하도록 하는 논리적 바탕을 제공하고 있다. (Creswell & Clark, 2007; 심준섭, 2009) (대괄호 안의 내용은 필자가 추가).

필자는 지나친 실증(경험)주의적 관점이나 이에 입각한 양적 연구, 그리고 지나친 구성(해석)주의적 관점과 이에 기반한 질적 연구'만'으로는 우리가 탐구하는 교육행정의 실제에 다가가는 데 일정한 한계가 있을 수밖에 없다고 본다. 이러한 한계 때문에 과학철학적으로는 1970년대 중반에 영국에서 새롭게 대두된 비판적 실재론[미국에서는 (신)실용주의]이, 연구방법론적으로는 양적 vs. 질적 연구의 한계를 보완할 수 있는 혼합 연구방법의 보편화가 세계적으로 힘을 얻고 있다고 생각한다. 연구방법론은 사회현상에 대한 보다 심층적인 이해와 설명(이를 통한 개선)을 목적으로 하는 사회과학이라는 학문의 존재 이유를 감안할 때, 연구자가 설정한 연구목적에 따라 자유롭게 활용될 수 있고, 또한 활용되어야 한다. 따라서 단일 연구방법(예컨대, 양적 vs. 질적 연구)을 사용하는 것에 비해 혼합 연구방법이 (교육행정학의 존재 이유인) 교육행정 현상의 (이해와) 설명에 충실히 기여할 수 있다면 당연히 이를 활용해야 하는 것이다. 즉, 연구자들이 연구목적 달성 가능성 정도(여부)라는 보다 실용적·합리적 관점에서 생각하게 된다면, 경직된 이분법적 혹은 패러다임적 사고에 기반한 '양적 vs. 질적 연구 공약 불가능성'이란 해묵은 개념이 우리 교육행정학계에 존재할 이유가 더 이상 없다고 할 것이다.

둘째, 이제까지 교육(행정)학 학문공동체에서 수행된 혼합연구들(예컨대, 엄문영 외, 2020; 김성환, 조영하, 2010 등)을 분석해 보면 ① 질적 연구의 발견 결과를 1회성 양적 연구로 검증하거나, ② 양적 연구의 발견 결과를 1회성 질적 연구로 보완하는 단속적·비연속적 연구가 일반적인 관행인 것처럼 받아들여져 왔다는 것을 알 수 있다. 이와 함께 이제까지 수행된 혼합 연구방법을 적용한 논문들에서는 통상적으로 양적 연구와 질적 연구의 결과가 연구과정 전반에 걸쳐 상보적으로 타당성을 높여 나가는 방식으로 전개되기보다는, 연구의 마지막 단계에서 종합 및 논의를 할 때에서야 양적+질적 연구의 결과를 결합하는 방식이 지배적이었다. 하지만 양적 vs. 질적 연구가 가진 고유의 강점을 상보적으로 활용하여 사회현상의 이해에 보다 체계적으로 다가가기 위해서는 "양적 연구 → 질적 연구 → 양적 연구……"가 순환적이고 변증법적으로 이루어질 필요가 있다. 이러한 필요성과는 달리 본 연구의 분석결과 우리 교육행정학계의 연구수행 현실은 그와는 많은 차이가 있었다. 필자는 이것이 바로 우리 학문공동체가 아직까지 혼합 연구방법의 진정한 유용성과 잠재력을 제대로 활용하지 못하는 이유 중 하나가 아닌가 한다. 물론 이러한 방식의 '지속적인 양적 + 질적 연구의 순환적 적용'은 비용과 시간의 제약이 큰 개인 연구자로서는 상당한 어려움이 있겠지만, 한국교육개발원이나 한국직업능력개발원 등 특정한 사회적 현상이나 정책 이슈에 대해 기획연구 수행이 가능한 국책 연구기관의 상황도 크게 다르지 않아 보인다는 점에서 문제의 심각성이 있다고 할 것이다.

우리 교육행정학계에서 이루어지는 이러한 혼합연구 수행 관행은 '제약조건을 고려한 관심 현상의 가능한 한 정확한 파악과 이를 통한 이론의 지속적·점진적 발전'이라는 비판적 실재론에 기반한 학문 탐구의 원칙에 비추어 보면 큰 문제가 있다. 앞서 언급했듯이 비판적 실재론에 기반한 연구에서는 양적 + 질적 연구 모두를 활용하지만 질적 연구의 역할을 보다 강조하고, 또한 양적 연구(외연적 연구설계)와 질적 연구(내포적 연구설계)의 순환적 사용을 특히 강조한다. 즉, 각각의 연구방법에서 도출된 발견 사항들('절반의 규칙성')을 후속적 연구에 피드백하여 상호 활용할 뿐만 아니라, 양적 연구를 통해 발견한 인과적 설명에 대해 후속되는 질적 연구를 통해 지속적으로 의문을 제기하고, 이를 기초로 필요하면 내재적·외재적 통제 조건(분석 범위)의 적절성을 지속적으로 평가하고 수정해 나감으로써 연구결과의 타당성을 높여 나가려고 노력한다. 즉, 비판적 실재론에 기초한 혼합연구에서는 '획정된 탐구의 범위' 자체가 연구 절차가 진전됨에 따라 지속적으로 수정될 수 있다는 점을 특히 강조한다. 예컨대, Zachariadis 등(2013)에서 보여 주고 있는 비판적 실재론에 기반한 혼합연구 방식에서 보여 준 '양적 → 질적 → 양적 연구'의 순환적 적용을 통한 이론의 지속적인 정련화 방식은, 향후 우리 교육행정학계의 혼합연구방법 수행방식의 개선 방향의 모색과 관련한 중요한 시사점을 제공해 준다고 할 것이다. 연구방법의 선택은 한편으로는 연구자가 알아내고자 하는 것(연구목적)에 의해, 다른 한편으로는 여러 가지 다른 특성을 가진 연구방법들의 상보적 역할을 고려하여 각각의 연구방법이 우리가 알아내고자 하는 것에 어떻게 기여할 수 있는가라는 점을 기준으로 이루어져야 한다. Danermark 등(1997/2005)은 이러한 자신들의 입장을 '비판적인 방법론적 다원주의'라고 부른다. 즉, 이들이 강조하는 비판적 실재론에 기초한 혼합 연구방법에서는 양적 연구와 질적 연구 접근방법의 역동적 상호작용과 대응성을 강조함으로써 보다 타당성 높은 연구결과의 도출을 최대의 목표로 삼고 있다.

6. 결론: 남은 쟁점과 향후 과제

이 장을 작성하는 과정 내내 매우 도전적이라고 생각되었던 논의 주제의 무거움과 깊이에 대해 필자 스스로 많은 성찰을 하면서, 향후 이에 대해 보다 정치한 주장을 해 나가기 위해서는 학문공동체의 동료들과 추가적 논의가 필요한 많은 이슈가 여전히 산재해 있다는 점을 인식하게 되었다. 예컨대, 지난 2020년부터 필자가 참여해 온 교육행정학회의 연구방법론위원회 토론 및 학습과정에서 이성회 박사와 의견 차이를 보이면서 흥미로운 논의를 지속하고 있는 다음과 같은 이슈들이 바로 그것이다. 예컨대,

- '비판적 실재론'과 '실용주의'는 양자 모두 실증주의(경험주의)와 구성주의(해석주의) 패러다임에 기반한 경직된 양적 vs. 질적 연구의 이분법적 구분을 반대한다. 이러한 공통점을 가진 '비판적 실재론'과 '실용주의'라는 과학철학적 관점이 연구방법론 측면에서는 어떤 공통점과 차이를 가져올 수 있을 것인가?
- 비판적 실재론을 논하면서 자연과학과 사회(인간)과학의 '존재론'을 명확히 구분하지 않고 논의를 전개하고 있는 것이 과연 타당한 방식인가?(예컨대, 이성회 등(2021)의 연구에서는 초월적 실재론과 함께 비판적 실재론의 중요한 한 축을 이루고 있는 '비판적 자연주의'에 대해서는 합당한 이유의 제시 없이 언급을 하지 않고 있음)
- 비판적 실재론에 기반한 연구에서 '발생기제'와 '맥락'의 개념은 어떻게 이해되고 활용되어야 하는가? 근거이론적 방법과 같은 실용적 질적(사례)연구를 통해 도출된 맥락기속적 이론(잠정적으로 파악된 발생기제 = 잠정 이론)을, 보다 범용적 맥락에 적용될 수 있는 중범위이론(다맥락적 이론)으로 발전시켜 나가는 일반(이론)화 과정에서 '맥락'은 어떤 역할을 담당하는가? 예컨대, 이성회 등(2021)의 '〈표 V−19: 관계재 '확장'의 발생기제와 조건〉에서 '사건−발생기제−맥락적 조건'[26]을 설명하는 방식은 비판적 실재론에 기반한 연구에서 강조되는 '맥락'의 의미를 적절히 고려하고 있는 것인가?

이러한 질문들은 필자가 볼 때 비판적 실재론에 기반한 혼합연구 등 새로운 혼합연구의 관점이

---

26) 이성회 등(2021)에서는 관계재 '확장'의 발생기제와 조건을 설명하면서, 예컨대 "사건 6(유착 관계 형성) − 발생기제[(정情)] − 맥락적 조건 7('우리'로 연결된 교사들끼리 함께 공유된 공적 · 사적 시간이 늘어난다); 혹은 사건 10(교사들의 의기 투합) − 발생기제 8(성취욕) − 맥락적 조건 16(더 좋은 학교, 더 좋은 교사가 되고 싶은 의지가 강화되고 이를 동료 교사와 늘 공유한다)" 등의 방식으로 맥락적 조건의 개념을 사용하고 있는데, 이는 앞서 설명한 필자의 관점과는 많은 차이가 있는 것이라고 할 수 있다.

우리 교육행정학 학문공동체에서 자리 잡기 위해서 치열한 토론이 이루어져야 하는 쟁점 사항들 중 일부에 불과하다. 향후 이러한 논쟁적 이슈들에 대해 학문공동체 내에서 보다 개방적이고, 적극적인 논박이 있는 토론의 장이 마련되었으면 하는 바람이 간절하다.

글을 마무리하면서 필자가 제안한 교육행정학 연구방법론과 관련된 논쟁적 이슈에 대한 토의가 향후 본격적으로 이루어지기 위해서는, 우리 학문공동체 내에 개방적이지만 비판적인 성찰이 살아 있는 학자들의 공식·비공식적인 모임의 장이 보다 활성화될 필요가 있겠다는 생각이 든다. 다소 어설프더라도 자신의 생각과는 다른 주장에 대한 관심, 특히 기존의 지배적 관점과 패러다임에 대한 과감한 도전과 문제 제기에서부터 학문 발전의 계기가 만들어질 수 있을 터인데, 어쩌면 "우리 교육행정학계에서는 이제까지 새로운 관점을 가진 신진·기성학자들의 도전과 이에 대한 생산적 토론이 제대로 이루어지지 못하게 하는 기형적 구조가 고착되어 있었던 것은 아닐까?"라는 의문이 강하게 든다.

지난 2018년 이후 필자가 '교육행정학 이론과 실제의 간극'을 줄일 수 있는 새로운 연구방법(론)으로 주창하고 있는 비판적 실재론(실용주의)에 기반한 실용적 질적 연구(예컨대, 근거이론적 방법, 실용적 실행연구 등)에 대한 우리 교육행정학계의 반응 행태는 크게 ① "자기 일에 바빠 관심을 두기 어렵다"로 대변되는 '무관심' 아니면 ② "자신이 공부한 질적 연구와 다르다"는 차원에서 보이는 '정서적/패러다임적 반감'의 두 가지였다. 긍·부정을 막론하고 합리적 논거에 기초한 비판과 반론을 제기하는 이는 매우 드물었다. 이런 현실을 체험하면서 필자는 "교육행정학 학문공동체가 이런 행태와 문화를 앞으로도 유지한다고 할 때 학문의 발전이 가능할까?"라는 개인적 의문과 함께, 그간 교육행정학계의 학자들이 가지고 있는 패러다임적 관성이 생각보다 훨씬 강고하다는 생각을 가지게 되었다. 하지만 나름 험난한 과정을 거치기는 했지만, 필자가 여전히 버릴 수 없는 한 가지 뚜렷한 신념은 결국 '학문 발전'은 ① 연구자는 학습한 내용을 과감히 주장하고, ② 자기와는 다른 생각을 가지는 비평자들의 의견을 열심히 경청하고, 만약 납득되지 않는 부분이 있다면 충분히 성찰하여 다시 반론하고, ③ 그 반론에 대해 비평자는 다시 반반론을 제기하는 체계적인 토론 및 성찰을 통한 집단적 지성의 축적 과정을 통해 이루어질 수밖에 없다는 것이다. 이러한 관점에서 지난 3년간 필자가 논문, 저서 등을 통해 펼쳐온 주장들은 향후 학문공동체 내에서의 치열한 토론과정을 통해 추가적인 수정·발전이 이루어질 수 있을 것으로 생각된다. 이런 의미에서 필자는 다른 입장을 가지는 연구자들의 합리적 비판을 겸허히 수용할 것임을 분명히 밝혀 두며, 향후 교육행정학회 차원에서 이와 관련한 치열한 토론의 장이 보다 빈번히 만들어져 일회성이 아닌 '축적'이 있는 학습의 장이 만들어질 수 있기를 진심으로 고대한다.

후주

1. 비판적 실재론은 1970년대 Bhaskar에 의해 소개된 사회과학 철학이자 메타이론(Danermark et. al., 1997/2005)이다. 세계의 속성을 다루는 존재론, 지식과 이론이 생산되는 방식과 관련한 인식론 등 복잡하고 심오한 철학적 논의를 담고 있어 Bhaskar의 저작들은 이해하기가 매우 어려운 것으로 정평이 나 있다. 이에 따라 비판적 실재론을 소개하고 있는 국내 출판물들(홍민기, 2021; 신희영, 2017/2019)이 다수 있기는 하지만, 필자의 경험으로 보면 솔직히 거의 암호를 해독해야 하는 수준으로 쓰인 논문들도 적지 않다. 아직까지 우리 교육행정학계의 연구자나 학문후속세대에게 비판적 실재론이 제대로 전파가 되지 않았던 이유도 이런 사정이 영향을 미친 것이 아닌가 생각한다. 따라서 천학비재한 필자로서는 이 장의 논지 전개에 필수적인 '비판적 실재론의 주요 특징과 논리 구조' 부분(제2절)을 기술함에 있어, ① Bhaskar(2008; 2015)의 원전을 충실히 읽어 나감과 동시에, ② 비판적 실재론을 자신의 관점에서 해석하고 있는 선행 저작물들인 Sayer(1992/2013), Collier(1994/2010), Danermark 등(1997/2005; 2019), 이영철(2006; 2018), 이성회 외(2021), 곽태진(2018) 등을 여러 차례 정독하고, 저작물의 내용 중 필자가 명확히 이해한 부분들을 최대한 활용하는 방식으로 접근했다. 이 과정에서 곽태진(2018)은 많은 도움이 되었다. 아울러 본고의 독자가 주로 교육행정학 분야의 연구자들일 것이므로, 교육행정학적 맥락에서 추가적 설명이 필요하다고 생각되는 경우 필자의 설명을 덧붙이는 방식으로 이 부분 원고를 최종적으로 완성하였다.

2. 이영철 교수는 토론문에서 "다음 그림이 Bhaskar의 생각을 더 잘 나타낸다고 본다"고 하면서 본문의 '[그림 2-1] 비판적 실재론에서 전제하는 존재의 영역'의 수정이 필요하다고 제안한 바 있다.

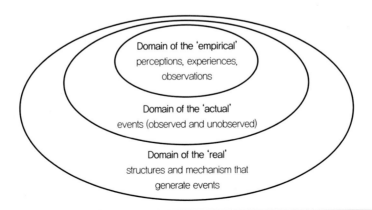

Figure 1. Critical realist view of stratified reality

출처: Hoddy(2019: 113).

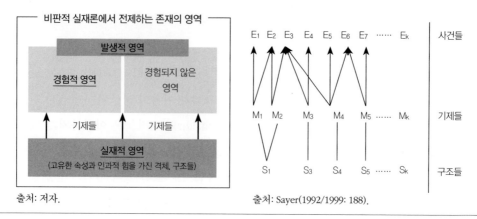

출처: 저자.

출처: Sayer(1992/1999: 188).

본문의 [그림 2-1] 비판적 실재론의 인과성: 구조, 기제, 사건

그 이유로서 그는 "경험(적인 것)-실제(적인 것)- 실재(적인 것)의 영역은 서로 중첩(overlap) 되어 있다"는 Bhaskar(1975: 46-47)의 언급을 제시하고 있다. 하지만 본문의 〈각주 8〉에서 언급한 바와 같이, 필자는 이러한 이영철 교수의 제안에 대해서는 득보다 실이 많다는 생각을 가지고 있다. Bhaskar(2008)는 자신의 저작물에서 "세계가 층화되어 있다(…a conception of the world as stratified and differentiated too…; …both nature and our knowledge of nature are seen as stratified, as well as differentiated)"라고 말하고 있을 뿐, 세 가지 존재(경험-발생-실재)의 영역 중 발생(the actual)적 영역과 경험(the empirical)적 영역이 층화(stratified)되어 있다고 언급한 적이 없다. 이들 영역들이 서로 중첩(overlap)되거나 차별화되어 있다(Bhaskar, 1975: 46-47)고 말하고 있을 뿐이다. 하지만 현재 비판적 실재론을 논하는 선행 저작물(예컨대, Zachariadis et al., 2013; 이성회 외, 2021)에서는 다음과 같은 그림의 형태로 세 가지 영역이 층화(stratified)되어 있고, 이것이 Bhaskar의 저작에 기반한 것처럼 기술하고 있다.

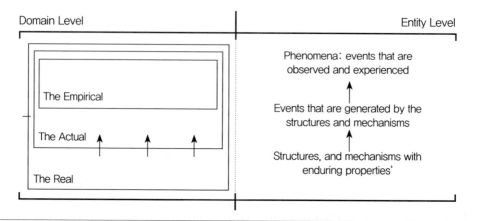

Figure 1. The Stratified Ontology of Critical Realism (adapted from Bhaskar, 1975)

출처: Zachariadis et al. (2013: 858).

필자는 이러한 선행연구에서의 기술 태도에는 문제가 있다고 생각한다. 필자는 최소한 '경험적 영역(the empirical)'이나 '발생적 영역(the actual)'은 동일한 층위에 존재하는 것이고, 이것이 '인간의 경험(인식)' 여부에 따라 구분되는 것에 불과하다고 보기 때문이다(인식론에 관련된 부분). 또한 층화되어 존재하는 것은 인과기제(예컨대, 물리적 기제 → 화학적 기제 → 생물적 기제 등)이지, 경험적/발생적/실재적 영역으로 나뉘어 존재하는 '존재의 영역'이 층화되어 존재하는 것은 아니라고 생각한다. 이와 유사한 맥락에서 Danermark 등(1997/2005: 100)은 "…… 층화된 것은 현상(사건, 생물이나 사물) 자체가 아니라 바로 층화된 기제들이라는 중요한 통찰을 강조"하고 있다. 곽태진(2018: 38, 각주 16)도 이와 동일한 맥락에서 존재의 영역에 관한 구분은…… 인과기제들의 위계적 층화와 같거나 유사한 것으로 이해되어서는 안 된다"고 설명하고 있다. 필자가 굳이 이 장에서 [그림 2-1]의 형태로 세 가지 존재적 영역을 표시한 것은 위에서 제시한 두 가지 형태의 존재의 영역을 제시하는 그림들이 필자가 본문에 제시한 [그림 2-1]의 형태보다 이러한 오해 혹은 문제점을 더욱 악화시킬 소재로 작용할 수 있다는 이유 때문이다.

3. 이영철 교수는 토론문에서 '비판적 실재론과 중범위이론과의 관계'에 대해 다음과 같은 비평을 하고 있다.

맥락과 중범위이론. 비판적 실재론과 중범위이론의 관계는 좀 더 논리적인 설명이 필요하지 않을까? [Merton이 제시한] 중범위이론은 Parsons가 제시한 거대 사회이론화의 문제점을 지적하고 실제적인 이론화를 돕기 위한 논거를 제공하려고 하였다. 중범위이론이 맥락을 중시하여 과도한 추상화의 위험성을 낮춘다는 점에서 의미가 있지만, 중범위이론은 소박한 실재주의와 경험주의를 넘어서지 못하고 있다는 점에서 비판적 실재주의와는 철학적 근거가 다르다. 변기용 교수는 비판적 실재론에 입각하여 맥락을 이론화의 중심에 놓음으로써 "중범위 이론화를 좋은 의미에서 새롭게 개념화하고 있다"고 볼 수 있다. Merton의 중범위 이론화와 구별된다는 점을 밝히는 게 필요해 보인다.

필자가 보기에 이영철 교수가 제기한 이슈에 대한 본격적 논의는 또 하나의 논문이 필요할 정도로 매우 심층적 논의가 필요한 복잡한 문제라고 본다. 따라서 여기서는 이에 대한 필자의 의견을 다음과 같은 정도로 간단히 제시하는 것으로 갈음하고, 자세한 논의는 추후 다른 기회를 마련하여 본격적으로 해 보는 것이 타당할 것이라고 생각한다.

먼저 'Merton(1967)이 주장하는 중범위이론'과 필자가 원고에서 제시한 '중범위이론'은 보편(일반)이론과 특수이론의 중간에 있는 '중간 범위의 이론(middle-range theory)'이라는 의미에서는 같지만, 개념이 기반하고 있는 과학철학적 관점과 이에 따른 이론화 논리에는 많은 차이가 있다. 즉, 이영철 교수가 토론문에서 적절히 지적하고 있는 것처럼, 필자는 "사회과학의 경우 거대 사회이론화에 지나치게 몰두하는 경우 문제가 있다"고 보고 이에 따라 '중범위이론'을 추구해야 한다"는 점에서는 Merton과 의견을 같이한다. 하지만 경험(실증)주의에 기초한 양적 연구방법론을 추구하는 Merton이 "중범위이론은 이론 속에 정식화된 개념들 사이의 관계를 변수들 사이의 양적 관계의 형태로 시험해야 한다(Danermark et al., 2019)"는 입장을 가진 것과는 달리, 필자는 사회과학 이론은 개방체제를 기본 전제로 주어진 상황적 조건(맥락) 내에서 탐구하는 관심 현상에 대해 보다 타당한 설명력(절반의 규칙성)을 가지는 '중범위이론'의 생성을 목표로 해야 하며, 이러한 중범위이론의 생성은 근거이론적 방법과 같은 (실용적) 질적 연구를 통해 가능하다는 입장을 가지고 있다. 서로 다른 상황적 조건하에서 서로 다르게(때로는 유사하게) 작동하는 발생기제를 탐구하는 것을 목적으로 하는 비판적 실재론에서 강조하는 연구방법론이 양적 연구가 아니라 질적 연구(사례연구)라는 점은 이러한 필자의 생각과 유사한 이유 때문이라고 생각한다.

이런 점에서 중범위이론이라는 동일한 표현을 쓰고 있지만, 중범위이론을 생성하는 과정과 논리는 Merton(1967)과 필자(예컨대, 변기용, 2020) 간에 완전히 다르다는 점을 주목할 필요가 있다. 이러한 필자의 생각과 유사하게 근거이론가인 Kearney(2001/2003)의 경우에도 근거이론적 방법의 이론화 도달 목표인 공식이론(formal theory)을 '중범위이론(middle-range theory)'과 같은 개념으로 이해하고 있다.

> 공식이론(Grounded formal theory)은 실체적 질적 연구(substantive qualitative research)에 기초한 중범위이론(middle-range theory)이다. Glaser와 Strauss(1967/2011)는 공식이론을 '상황과 맥락에 걸쳐 나타날 수 있는 인간 경험의 특정한 유형을 기술하고 있는 것(describing a discrete kind of human experience that could be demonstrated across situation and context)'이라고 설명하고 있다.' (Kearney, 2001/2003: 228)

필자가 생각하는 '중범위이론'의 개념과 이론화 논리는 다음과 같은 비판적 실재론의 기본가정과 개념에 기반하고 있다.

- 사회과학의 존재론과 자연과학의 존재론은 다르다(Bhaskar, 1998). 우리는 사회를 자연과학의 대상처럼 '과학적'으로 탐구할 수 있지만, 인간(사회)과학의 탐구 대상인 사회는 기본 속성 측면에서 자연과학의 대상인 물리적 실재와는 중요한 차이를 가진다. 사회구조의 ① 행위, ② 개념, ③ 시공간적 조건 의존성.
- 우리가 연구하는 사회와 사회현상은 개방체제에 존재한다. 하지만 개방체제하에서 작동되고 있는 사회에서도 맥락, 발생기제, 그리고 결과 간에 '어느 정도 예측 가능한 패턴(semi-predictable pattern)'이 존재하며, 비판적 실재론에서는 이를 '절반의 규칙성(semi-regularities)'

이라고 한다(Lawson, 1997). 이와 관련 특히 Næss(2019)는 현실 문제해결을 위한 사회과학의 역할을 높이기 위해서는, 우리가 사는 세상을 완전한 개방체제나 폐쇄체제로 보기보다는 부분적으로 폐쇄된 체제(partly closed systems)로 간주할 필요가 있다고 주장한다. 이때 '절반의 규칙성'이란 개념은 개방체제의 속성을 가짐으로써 상호 연계되고, 역동적으로 변화하는 사회라는 연구 대상의 작동원리를 파악하는 데 있어서 사회과학이 가질 수밖에 없는 본질적 한계를 지칭하는 것이라고 본다. 그는 절반의 규칙성이란 실제 세계에서 작동하는 인과기제가 규칙적으로 발생하는 가능성의 정도이며, 따라서 이를 완전한 '무규칙성'과 '완전한 규칙성'을 양 끝점으로 하는 연속선상에 존재할 수 있는 상대적인 개념으로 볼 필요가 있다고 주장한다. 이런 관점으로 보면 절반의 규칙성의 파악은 단순히 양적 연구뿐만 아니라 질적 연구를 포함한 모든 사회과학이 지향하는 연구의 목표라고 할 수 있다.

• 연구설계 단계에서 실재적 영역에서 사건들을 발생시키는 작동기제를 가급적 용이하게 파악하기 위해 '적절한 통제의 조건'을 구성하는 것, 즉 '절반의 규칙성'을 파악하기 위한 '준폐쇄' = '분석 범위' = '일반화 범위'의 획정은 전적으로 연구목적에 따라 발휘되어야 할 사회과학자들의 통찰력에 달려 있다.

• 이 때문에 비판적 실재론에 기반한 연구방법에서는 '특정한 상황적 조건(맥락 = 획정된 준폐쇄의 범위)' 하에서 작동할 것으로 생각되는 다중적이고, 역동적으로 변화하는 관계들로 구성된 '발생기제[(잠정) 이론]'를 심층적으로 파악하는 것을 궁극적 목적으로 한다. 발생기제들이 활성화되는 경우 특정한 현상(사건)을 발생시키지만, 이것이 활성화되는지 여부 혹은 활성화되었을 때 어떤 구체적 결과가 나타날 것인지는 상황적 조건(맥락)에 달려 있다.

• 이 때문에 비판적 실재론에 기반한 연구에서는 '상황적 조건(맥락)'의 중요성이 절대적으로 강조되어, 보편적 지식(이론)보다는 맥락이 강조되는 '절반의 규칙성(demi-regularities)'을 찾는 것을 최종적 목적으로 설정한다. 요약하자면 경험 세계의 폐쇄성을 가정하고 맥락에 관계없는 '보편이론'을 추구하는 자연과학과는 달리, 개방체제를 기본 전제로 하는 사회과학의 세계에서는 관심의 대상이 되는 맥락적 범위 내에서 제한된 설명력을 가지는 '중범위이론'을 추구하는 것이 타당하다.

한편 이러한 필자의 관점은 비판적 실재론에 기반한 연구에서 '일반이론'의 중요성을 강조하는 Danermark 등(2019)의 관점[혹은 이를 기반으로 하는 이성회(이 책의 제3장)]과는 차이가 있다. Danermark 등(2019)은 "많은 사회과학 이론들은 이들이 기본적인 사회적 속성, 구조, 기제들을 드러낼 수 있는 개념들을 발전시킨다는 의미에서 '일반적'이다"라고 주장한다. 이들은 상징적 상호작용과 관련된 Mead의 자아(self)와 정체성(identity) 개발 이론, Bourdieu의 아비투스 이론과 다양한 형태의 자본(capital)에 대한 이론 등을 '일반적' 구조나 기제에 대한 이론의 예로 들고 있다. 이들은 다시 "구체적이고 맥락적인 다양한 사회적 과정, 관행 및 관계들의 기본 조건을 구성한다는 의미에서 이들 이론들은 '일반적'이다"라고 주장한다. 근거이론적 방법에 의한 접근에서 추상적인 일반이론이 사회과학에서 담당하는 역할을 상대적으로 과소평가하고 있다는 이들의 주장은, 필자 역시 일정 부분 귀담아 들을 필요가 있다고 생각한다.

하지만 그와 동시에 '일반이론'은 복잡하고 무정형한 사회현상을 조직화하여 이해하고 설명할 수 있도록 하는 '체계화된 앎'을 제시할 수 있다는 점에서 일견 의미를 지니지만, 이러한 소위 ① '보편적 이론[일반이론]'이 세상의 모든 현상을 포괄하는 완벽하고 정당한 것이 될 수 없고, 더하여 ② 현실의 '실질적인 문제(substantive problems)'에 대해서는 실용적인 대답을 제시해 주기 어렵다(Berstein, 1978)는 점에서 일반이론도 한계가 있다(권향원, 2016)는 점은 명확하다. '적용(일반화) 범위'가 넓어질수록, 적용 시에 '이론의 맥락(상황적 조건) 타당성'은 낮아질 수밖에 없다. 필자는 이런 점에서 Danermark 등(2019)에서와 같이 사회과학에서 '추구해야 할 이론'이 일반이론이냐 중범위이론이냐를 따지는 것은 다음과 같은 이론의 전체적 구조와 발전 경로를 생각해 보면 사실 부질없는 일이라고 생각한다. 이런 관점보다는 오히려 이론이 중층적 구조를 가지고 있다고 전제하고, 이론화의 과정이 ① 하나의 특정한 맥락에서만 설명력을 가지는 맥락기속이론(Glaser와 Strauss가 말하는 Substantive Theory: 실체이론 혹은 잠정이론) → ② 복수의 맥락에서 보다 범용적 설명력을 가지는 다맥락적 이론(Glaser와 Strauss가 말하는 Formal Theory = middle-range theory: 공식이론 = 중범위이론) → ③ 맥락에 관계없이 보편적으로 타당한 맥락자유이론(일반이론, General Theory)으로 진행된다고 보는 것이 훨씬 타당하다고 본다. 물론 (중범위) 이론화의 방향은 '맥락기속이론 → 다맥락적 이론'의 방향도 가능하지만 '일반이론(보편이론) → 중범위이론(다맥락적 이론)'의 방향, 즉 다른 영역/국가(상황적 조건)에서 정립된 일반이론이 다른 맥락에서도 작동하기 위한 상황적 조건(중재요건)은 무엇인가? 라는 방향으로도 가능하다(권향원, 최도림, 2011). 즉, 일반이론은 중범위이론을 토대로 개발되고, 중범위이론도 일반이론을 토대로 개발되는 상보적 관계를 가지는 것이다. 이런 관점에서 보면 Danermark 등(2019)에서처럼 비판적 실재론이 추구하는 이론은 일반이론이 되어야 한다는 주장은 그 타당성 여부를 차치하고라도 별로 논의의 실익이 없는 것이라고 필자는 생각한다.

4. 이영철 교수는 또한 토론문에서 "근거이론과 비판적 실재론을 연결 지을 때 주의가 필요하다"고 하며, "Glazer의 근거이론은 애초에 실증주의를 표방하고 있다. 즉, 우리의 관찰을 통해 얻은 사실로부터 하나의 이론을 형성하는 것이 가능하다고 본다는 점에서 경험주의/실증주의의 원칙을 고수하고자 하였다. Strauss와 Charmaz의 근거이론도 비판적 실재론이 상정하는 다층[중]적 실

재를 생각하지 않고 있다는 점, 관찰─대화 등에서 획득한 자료에서 이론을 만들어 내려는 귀납주의적 가정을 가지고 있다는 점에서, 근거이론 방법은 비판적 실재론과는 철학적 출발점이 다르다고 생각한다"고 비평하고 있다. 이에 대한 보완적 근거로서 다시 Danermark 등(2004: 224-232)을 언급하며 자신의 주장의 타당성을 정당화하고 있다.

이영철 교수와 그가 인용한 Danermark 등(1997/2005)의 견해는 나름 일리가 있지만, 다음과 같은 이유에서 필자의 견해와는 상당한 차이가 있다. 먼저 근거이론 진영에서도 다양한 분파가 있다. 이영철 교수가 언급하고 있듯이 ① 경험/실증주의의 원칙을 가지고 있는 Glaser파와, ② 구성주의적 관점을 가지고 있는 Charmaz파, 그리고 ③ 실용주의(혹은 Charmaz, 2011/2014에 따르면 후기 실증주의)적 관점을 가지고 있는 Strauss파나 일본의 기노시타에 이르기까지 다양한 과학철학적, 연구방법론적 스펙트럼을 가지고 있다.

또한 이영철 교수나, Danermark 등(1997/2005; 2019)의 비판은 주로 Glaser의 초기 입장인 "기존 이론은 좋은 연구를 방해하는 선입견일 뿐이므로 질적 연구에서 연구자의 역할을 부인하고 객관적 연구자의 입장에서 이론이 자료로부터 그냥 출현하도록 해야 한다" 등의 주장에 근거하고 있다. 하지만 근거이론적 방법의 초기 발전 단계에서 제기된 Glaser의 이러한 입장에 대해서는 근거이론 진영 내부에서도 많은 비판이 이루어졌고, 그 결과 근거이론적 방법은 지속적으로 진화, 발전되고 있다(이에 대해서는 변기용, 2020의 제2장을 참조). 예컨대, Glaser와 함께 근거이론의 발전에 중요한 역할을 담당한 미국의 Strauss나 Charmaz, 그리고 일본의 기노시타 등은 물론 수집된 자료가 이론 도출에 중요한 역할을 하기는 하지만 이론이 자료 속에서 그냥 출현하는 것이 아니라 연구자와 자료 사이의 상호작용의 산물로 보며, 자료에 기반한 귀납적 접근뿐만 아니라 연역적 접근의 중요성도 함께 인정한다. Glaser가 이론의 생성에 장애가 된다고 보는 검증도 어떤 아이디어나 가설이 현실에 적용되는가를 알아보는 연구의 중요한 한 측면으로 인정한다.

이런 근거이론 접근방법의 다양성과 전체적 발전과정을 보면, 근거이론적 방법이 "자료로부터 귀납적으로 이론을 창출한다"는 가정을 가지고 있기 때문에 실증주의자인 Merton의 중범위 이론과 마찬가지로 '경험주의적 편견(Danermark et al., 2019)'을 가지고 있다고 비평을 하는 것[이 점은 이 장에 후속되는 제3장의 '제5절 논의 및 결론'(이성희 박사)에서의 논지도 마찬가지이다.]은 사실 근거이론 진영에서의 방법론적 논쟁과 이후 발전과정을 충분히 이해하지 못한 것에 연유한 것이 아닌가 생각한다.

사실 어떤 연구자이든 근거이론적 방법을 적용하여 연구를 실제 수행해 본 사람이라면, 귀납적 방법에만 의존하여 "경험적 자료에서 이론이 출현하게 한다"라는 Glaser의 주장이 타당하지 않다는 것을 누구나 알 수 있을 것이다(김은정, 2018). 실제 근거이론적 방법 연구수행 과정(예컨대, 코딩 과정)에서는 단순히 귀납이나 연역에만 의존하는 것이 아니라, 귀납과 연역 나아가 가추와 역행추론을 오가면서, ① 자료와 생성된 개념의 지속적 비교, ② 개념과 범주와의 지속적 비교(데이터로부터 초동적 개념 생성 → 생성된 개념을 다시 데이터로 돌아가서 확인 등), ③ 생성된 이론(범주와 범주 간의 관계)과 발생된(분석하려는) 현상과의 비교가 지속적·순환적으로 이루어진다. 근거이론적 방법이 태동한 초기 단계와는 달리 현재 시점에서는 어떤 근거이론적 접근방법을 취하는 연구자이든 이러한 과정을 거치지 않으면 제대로 된 연구가 이루어질 수 없다는 점을 너무나 당연하게 받아들이고 있다.

이영철 교수는 이어서 "근거이론 방법은 비판적 실재론과는 철학적 출발점이 다르다고 생각한다"고 주장하는 또 하나의 근거인 "Strauss와 Charmaz의 근거이론도 비판적 실재론이 상정하는 다층[중]적 실재를 생각하지 않고 있다", 그리고 "실용주의는 실재론적인 (소박한 실재주의든 비판적 실재주의든) 가정의 의의를 논외시하며 현상의 설명력을 무엇보다 중시하기 때문에, 비판적 실재론이 강조하는 맥락(실재적인 것이 현실화하는 맥락)과 실용적 실행연구의 맥락은 다른 철학적 세계에 속한다"라고 주장한다. 이런 주장도 설령 철학적 논쟁 차원에서는 일정한 의미가 있을 수 있을지 모르지만, 연구방법론적인 측면, 즉 우리가 수행하는 연구의 실제로 돌아가 생각한다면 사실상 커다란 의미를 찾기 어렵다고 본다. 예컨대, Hoddy(2019)의 논문 「Critical realism in empirical research: employing techniques from grounded theory methodology(*International Journal of Social Research Methodology, 22/1*)」을 읽어 보면, "비판적 실재론의 철학적·방법론적 관점에 기반한 연구 프로젝트에서 근거이론적 방법론의 연구기법들이 데이터 수집, 분석(코딩) 등 각 단계에서 얼마나 유용하게 활용될 수 있는지"를 실제 연구 사례를 통해 자세히 설명해 주고 있기 때문이다. 즉, 이 장의 '초점'이 '비판적 실재론'이라는 과학철학적 관점에 대한 논의가 아니라 이것이 '연구방법론에 어떤 의미를 가지는 것인가' 라는 데 있다는 점을 감안하면, 필자는 개인적으로 이영철 교수가 제기하는 이슈가 사실 연구방법론적 측면에서는 논의의 실익이 크지 않다고 생각한다.

필자가 보기에 자연과학과는 달리 사회과학 분야에서는 다중[층]적 실재라는 개념의 적용이 불명확한 경우가 많다(따라서 실재적·발생적·경험적 실재의 예를 드는 대부분의 기존 저작들에서는 자연과학 영역에서의 예를 드는 것이 일반적이다). 이에 따라 군이 '다중[층]적 실재'라는 개념을 적용하든 그렇지 않든 간에(실재에 대한 가정을 어떻게 하든 간에), 실제 연구과정에서 적용되는 연구방법론(예컨대, 추론 양식: 귀납 + 연역; 가추 + 역행추론)과 도출되는 연구결과는 결과적으로 별다른 차

이가 나타나지 않는다.[27]

따라서 실용주의(+ 상징적 상호작용론)에 기반한 근거이론적 방법(예: Strauss의 근거이론적 방법)에서는 비판적 실재론과는 달리 굳이 실재에 대한 논의를 하지 않는다(반실재론이 아니라 비실재론). 연구의 목적이 타당한 연구결과를 도출하는 데 있다고 본다면, 굳이 그러한 논의를 할 실익이 없다고 생각하기 때문이다. 이것은 앞서 필자가 언급한 바와 같이 명확한 '물리적 실재'가 존재하는 자연과학과는 달리, 사회과학의 대상인 '사회적 실재/구조'가 행위, 개념, 시공간적 조건 의존성을 가지고 있기 때문에, 실재론에 대한 논의의 실익이 자연과학에 비해 크지 않기 때문인 것에 연유한다고 생각한다.

박이문(2006)이 잘 지적하고 있듯이, 사회과학의 목표가 인간의 인지적 · 시간적 제약을 감안할 때 실존적 한계를 감안한 최선의 진리(실재에 대한 지식)를 추구하는 것에 있다면, 사회과학에서는 자연과학의 실재론을 그대로 상정하기보다는 '과정으로서의 진리(이론 = 실재에 대한 지식)'를 추구하는 보다 유연한 관점(사회과학적 실재론)을 가지는 것이 훨씬 타당한 것으로 필자는 생각한다. 근거이론에서 추구하는 이론은 '선험적이고 불변의 진리'가 아니라, 지속적 발달 과정에 있는 '과정으로서의 이론'이다. 이러한 관점에서 Strauss와 Corbin은 근거이론이 특히 다음과 같은 특징을 가지고 있음을 강조하고 있다.

> 근거이론은 다수의 행위자들의 상호작용을 포괄하고, 또한 시간적 · 과정적 측면을 강조하기 때문에 놀랄 만한 유동성을 가지고 있다……. 근거이론은 모든 이론의 '영원히' 잠정적인 성격(the 'forever' provisional character)에 기초하여 연구자의 개방성을 요청하고 있다. (Strauss & Corbin, 1994: 279)

요약하자면 필자의 관점에서 중요한 것은 "비판적 실재론이라는 과학철학적 개념(예컨대, 다중적 실재, 발현) 혹은 이 개념들의 문자 그대로의 이해가 아니라, 그러한 개념들이 사회과학 연구 수행과정에서 어떤 의미와 시사점을 줄 수 있는가?" 라는 통찰력의 확보에 있다. 이를 다른 말로 표현하자면 다중적 실재나 발현, 실재적인 것이 현실화하는 맥락이 무엇인지에 대한 비판적 실재론 관점에서의 설명 자체는 필자에게는 사실 별로 중요하지 않다. 필자가 비판적 실재론에 관심을 가지는 이유는 비판적 실재론'적'인 관점이 경험(실증)주의나 구성(해석)주의에 비해 다음과

---

27) 이 점은 변기용이 수행한 실용적 사례연구 논문, 예컨대 변기용 등(2015) '한동대 사례연구'와 비판적 실재론에 기반하여 수행했다고 주장하는 이성회 등(2021)의 '온빛고 사례연구'의 연구 수행방식과 결과를 비교하면 잘 드러난다고 생각한다.

같은 문제에 대해 연구방법론적인 측면에서 보다 효과적인 시각과 접근방법을 제공해 주고 있기 때문이다. ① 인과성을 단순히 경험적 사건의 규칙적 연쇄로 보는 것이 아니라 특정한 현상을 발생하게 하는 근본적 원인(발생기제)을 찾는 것으로 본다, ② 동일한 상황적 조건(맥락)에서 왜 다른 현상(발생기제, 예컨대 이타적 공동체적 문화)이 발현했는가? 이를 가능하게 한 발생기제[작동 메커니즘 = (잠정) 이론]와 상황적 조건은 무엇인가? 이런 견지에서 필자는 사실 연구방법론 위원회를 통해 이성회 박사와 논쟁을 벌여 온 "비판적 실재론과 실용주의라는 철학적 관점 간에 무슨 차이가 있느냐?"라는 질문 그 자체에는 사실 큰 관심이 없다. 비판적 실재론과 실용주의가 교육행정학을 포함한 사회과학 연구방법론에 어떤 의미와 시사점을 주는지, 이에 따라 비판적 실재론과 실용주의에 기초한 연구수행 방법(론)과 도출되는 결과에는 어떤 차이가 나타나는지가 필자가 실제로 관심을 가지는 핵심적 사안이라는 점을 이 지면을 빌려 명확히 밝혀 둔다.[28]

---

28) 이러한 필자의 입장에 대해 혹자는 "그러면 당신은 왜 비판적 실재론에 대해 그렇게 언급을 하고 있느냐?"란 의문을 던질 수 있다. 본문에서 이미 설명한 유사한 주장의 반복이 될 것 같아 조심스럽기는 하지만, 이에 대해 필자는 "비판적 실재론'적'인 관점이 경험(실증)주의나 구성(해석)주의에 비해 연구방법론적인 측면에서 보다 효과적인 시각과 접근방법을 제공해 주고 있다는 점을 '경우에 따라' 설명할 필요가 생기기 때문이다"라고 답해 주고 싶다. 특히, ① 구성(해석)주의(혹은 현상학)에 기반한 본질적 질적 연구 및 ② 경험(실증)주의에 기반한 양적 연구와 대비하여, 실용적 질적 연구가 왜 필요하고 어떤 차이가 있는지를 설명할 때 비판적 실재론에서 제공하는 인과성(causality)에 대한 설명, 경험적/발생적/실재적 영역, 자연주의의 한계(*The Possibility of Naturalism: A Philosophical Critique of the Contemporary Human Science*(Bhaskar, 1998), 개방체제(혹은 부분적으로 폐쇄된 체제)의 가정, 준폐쇄/절반의 규칙성 등의 개념은 매우 유용하다. 다만 필자가 생각할 때 모든 연구자들이 비판적 실재론에 기반한 (질적) 연구를 수행하기 위해, 반드시 비판적 실재론의 개념을 모두 깊이 있게 이해해야 하는 것은 아니라고 본다. 비판적 실재론에 기반하여, 예컨대 가추와 역행추론에 기반한 연구방법론(양적/외연적 + 질적/내포적 연구 접근방법의 결합)을 통해 특정한 상황적 조건에서 나타나는 발생기제[(잠정) 이론 → 중범위이론]를 파악하는 것이 비판적 실재론에 기반한 연구의 취지라는 것을 이해한다면, 굳이 비판적 실재론의 핵심 개념인 존재의 영역, 자동적/타동적 실재, 발현 등과 같은 어려운 개념에 대한 심층적 이해 없이도 얼마든지 연구를 수행할 수 있다고 생각한다. 박인철(2023. 1. 11.~12.), 공병혜(2023. 2. 14.)와 같은 현상학(독일 철학)의 전문가들이 특강을 통해 현상학의 무거운 개념에 압도당하고 있는 질적 연구자들에게 "현상학적 질적 연구(응용현상학의 한 갈래)를 수행하기 위해 반드시 모든 질적 연구자들이 철학으로서 현상학의 전체 모습을 심층적으로 이해할 필요는 없다. 현상학의 주요 개념과 취지를 제대로 이해했다면 현상학 전체에 대한 심층적 이해 없이도 얼마든지 현상학적 관점에서의 질적 연구를 수행할 수 있을 것이다"라고 설명한 것도 동일한 맥락에서 받아들일 수 있을 것이다. 요컨대, 컴퓨터 프로그램(예컨대, SPSS)을 사용하기 위해, 모든 사용자가 자신이 직접 그 프로그램을 만들 만큼 전문적 지식이 있어야 하는 것은 아니다.

참고문헌

곽태진(2018). 비판적 실재론과 교육학. 고려대학교 대학원 박사학위논문.

권향원(2016). 근거이론의 수행방법에 대한 이해: 실천적 가이드라인과 이론적 쟁점을 중심으로. 한국정책과학학회보, 20(2), 181-216.

권향원(2017). 행정이론의 한국화를 위한 연구방법 및 이론화 전략: 보편성과 특수성의 이분법적 흑백논리의 극복. 한국행정학보, 51(2), 1.

권향원, 최도림(2011). 근거이론적 방법의 이론화 논리에 대한 이해: 한국행정학의 비맥락성과 방법론적 편향성 문제를 중심으로. 한국행정학보, 45(1), 275-302.

기노시타 야스히토(2017). 질적 연구법 실천: 수정판 근거이론 접근방법의 모든 것(*M-GTA: Modified Grounded Theory Approach*). (황경성 역). 경기: 범우사. (원서 출판, 2013).

김미향(2002). 여가, 레크리에이션: 근거 이론적 접근을 통한 스키 매니아의 경험 연구. 한국체육학회지, 41(5), 323-335.

김병찬(2010). 교육행정학 연구의 질적 연구 방법. 교육연구, 18(2), 131-184.

김병찬, 유경훈(2017). '교육행정학연구' 게재 논문의 연구 동향 특징 분석: 연구주제 및 연구방법을 중심으로. 교육행정학연구, 35(4), 173-200.

김선희(2020). 신제도주의와 정책분석: 이론과 실제. 서울: 윤성사.

김성환, 조영하(2010). 대학행정직원의 직무만족이 조직몰입에 미치는 영향에 관한 연구. 교육행정학연구, 28(3), 79-106.

김승현(2008). 행정학분야의 실증적 사례연구에 관한 분석과 평가. 한국행정학회 학술발표논문집(pp. 353-371). 서울: 한국행정학회.

김영천(2012). 질적 연구방법론. 경기: 아카데미프레스.

김은정(2018). 보다 나은 질적 연구 방법 모색기. 문화와 사회, 26(2), 281-282.

문성미(2003). 간질을 가진 청소년의 사회심리적 적응 과정에 대한 근거이론. 연세대학교 대학원 박사학위논문.

박선형(2010). 교육행정학의 혼합방법연구 활성화를 위한 예비적 논의. 교육행정학연구, 28(2), 27-54.

박이문(2006). 과학의 도전, 철학의 응전. 서울: 생각의 나무.

박찬종(2012). 사회학에서 인과성의 문제: '분석사회학'과 '비판적 실재론'. 경제와 사회, 94, 177-208.

변기용(2018). 한국 교육행정학의 학문적 정체성과 연구방법론에 대한 비판적 성찰: 이분법적 배타성 극복을 통한 대안적 지점의 모색을 중심으로. 교육행정학연구, 36(4), 1-40.

변기용(2020a). 근거이론적 방법: 현장 기반 이론 생성을 위한 질적 연구. 서울: 학지사.

변기용(2020b). 근거이론적 방법의 이론화 논리와 과정: K-DEEP 프로젝트와 후속 연구과제 수행(2013~2019)을 중심으로. 교육행정학연구, 38(3), 1-29.

변기용(2021). 구성주의적 vs. 실용주의적 질적 연구. 2021년 한국교육행정학회 연차학술대회 연구방법론위원회 세션 발표자료.

변기용, 김병찬, 배상훈, 이석열, 변수연, 전재은, 이미라(2015). 잘 가르치는 대학의 특징과 성공요인: 학부교육 우수대학 성공사례 보고서. 서울: 학지사.

변기용, 배상훈, 이석열, 변수연, 전재은, 전수빈(2017a). 잘 가르치는 대학의 특징과 성공요인: 학부교육 우수대학 성공사례 보고서 2. 서울: 학지사.

변기용, 손다운, 신유진, 이승희, 이현주(2022b). 새로운 관점의 혼합연구방법론 활성화 방안 탐색: 실용적 질적 연구와 비판적 실재론에 기반한 혼합연구를 중심으로. 교육행정학연구, 40(4), 107-136.

변기용, 이석열, 배상훈(2017b). 학부교육 우수대학의 특징과 성공요인: 5개 대학 사례연구. 교육문제연구, 30(1), 229-262.

변기용, 이석열, 변수연, 송인영, 전수경(2019). 소규모 대학 특성화 추진전략과 성공요인 분석: 3개 대학 사례연구. 교육행정학연구, 37(4), 333-358.

변기용, 이인수(2020). 근거이론적 방법이 교육행정학 연구방법론 확장에서 가지는 의미. 교육행정학연구, 38(2), 137-165.

변기용, 이현주, 이승희, 손다운(2022a). 비판적 실재론의 교육행정학 연구방법론에 대한 함의와 연구의 실제. 교육행정학연구, 40(1), 691-720.

신현석(2017). 한국 교육행정학의 정체성. 교육행정학연구, 35(1), 195-232.

신현석, 박균열, 이예슬, 윤지희, 신범철(2018). 한국 교육행정학 연구동향의 심층분석 및 미래 전망: 2009년～2018년까지의 교육행정학연구를 중심으로. 한국교육학연구, 24(4), 247-286.

신희영(2017). 행정학의 주류 연구방법인 '과학적' 연구방법의 메타이론에 대한 비판적 고찰: 비판적 실재론적 접근. 정부학연구, 23(2), 59-93.

신희영(2019). 정책평가에 대한 비판적 실재론적 접근: 비판적인 다원주의 방법론의 가능성에 대한 고찰. 정책분석평가학회보, 29(2), 109-142.

심준섭(2006). 행정학 연구의 대안적 방법으로서의 방법론적 다각화(triangulation): 질적 연구방법과 양적 연구방법의 결합. 한국행정학회 학술발표논문집(pp. 1-20). 서울: 한국행정학회.

심준섭(2009). 조직연구에서 실용주의 시각의 적용 가능성: 질적 방법과 양적 방법의 혼합을 중심으로. 국가정책연구, 23(4), 251-278.

엄문영, 길혜지, 이재열, 황정훈, 서재영(2020). 통합연구방법을 활용한 개방적 학교풍토 형성 요인에 관한 연구. 교육행정학 연구, 38(5), 197-225.

유기웅, 정종원, 김영석, 김한별(2018). 질적 연구방법의 이해(개정판). 서울: 박영stroy.

윤견수(2008). 질적 연구의 다양성과 공공조직 연구의 확장. 한국조직학회보, 5(3), 163-198.

윤견수(2019). 연구자의 역할과 담론적 사례연구: 행정학자들의 사례연구 논문 검토를 중심으로. 정부학연구, 25(3), 1-34.

이기홍(2008). 사회연구에서 가추와 역행추론의 방법. 사회와 역사, 80, 287-322.

이기홍(2014). 사회과학의 철학적 기초: 비판적 실재론의 접근. 경기: 한울.

이남인(2005). 현상학과 질적 연구: 응용현상학의 한 지평. 경기: 한길사.

이성회, 권순형, 민윤경, 이정우, 박나실, 이호준, 염주영(2021). 관계재(relatinoal goods) 창출을 위한 교육의 기

능 개념모형 탐색: 비판적 실재론에 기반한 '관계적 교사행위자성'을 중심으로(연구보고서 RR 2021-19). 충북: 한국교육개발원.

이성회, 정바울(2015). 아처의 형태발생론적 접근(Morphogenetic Approach)에 대한 탐색적 연구: '성찰'의 재개념화를 중심으로. 교육사회학연구, 25(1), 189-210.

이성회, 조선미(2021). 초등돌봄교실은 누가, 어떠한 환경에서, '왜' 참여하는가?: 실재론적 정책평가(realist policy evaluation). 교육행정학연구, 39(1), 333-365.

이승희, 김수연, 변기용(2020). 잘 가르치는 교수의 특징과 영향요인. 교육행정학연구, 38(4), 101-131.

이영철(2006). 사회과학에서 사례연구의 이론적 지위: 비판적 실재론을 바탕으로. 한국행정학보, 40(1), 71-90.

이영철(2009). 보다 나은 사례연구: 논리와 예시. 정부학연구, 15(1), 189-213.

이영철(2018). '사회'의 과학적 연구에 대한 단상: 비판적 실재론과 사회의 연구에 대하여. 한국행정학회 동계 학술발표논문집. 서울: 한국행정학회.

이종각(2003). '한국교육학의 토착화 논쟁: 그 역사와 평가', 한국교육학회50년사편찬위원회(편). 자생적 한국 교육학의 미래(pp. 34-68). 서울: 도서출판 원미사.

임연기, 김훈호(2018). 한국 교육행정학 연구 동향 및 활용 지식의 특성 분석. 교육행정학연구, 36, 355-382.

조용환(2021. 10.). 질적 연구, 무엇이며 어떻게 하는가? 한국근거이론연구회 학술대회 발표자료. 서울: 고려대학교 운초우선교육관.

조용환1999). 질적 연구: 방법과 사례. 서울: 교육과학사.

주혜(2014). 슈퍼우먼의 비애: 소수자들의 인지부조화 경험과 상징적 자기-완성. 한국사회학, 48(5), 243-284.

최병선(2006). 정책사례 연구 다시 보기: 사례연구에 대한 오해와 편견. 한국정책학회보, 15(1), 171-196.

하연섭(2011). 제도분석: 이론과 쟁점(2판). 서울: 다산출판사.

허준영, 권향원(2016). '일과 삶 균형' 저해요인에 관한 탐색적 이론화 연구: 세종시 중앙부처 공무원에 대한 근거이론의 적용. 행정논총, 54(2), 1-30.

홍민기(2021). 비판적 실재론과 사회과학철학에서 인과성의 구조와 정책연구에의 함의. 사회적경제와 정책연구, 11(4), 125-159.

Archer, M. (1995). *Realist Social Theory: Morphogenetic Approach*. Cambridge: Cambridge University Press.

Battisti, M., & Deakins, D. (2018). Micofoundations of Small Business Tax Behavior: A Capability Perspective. *British Journal of Management, 29*(3), 497-513.

Bhaskar, R., & Scott, D. (2015). *Roy Bhaskar: A Theory of Education*. Heidelberg: Springer.

Bhaskar, R. (1998). *The Possibility of Naturalism: A Philosophical Critique of the Contemporary Human Science* (3rd ed.). London: Routledge.

Bhaskar, R. (2007). 비판적 실재론과 해방의 사회과학(*Reclaiming reality: a critical introduction to contemporary philosophy*). (이기홍 역). 서울: 후마니타스. (원서 출판, 1989).

Bhaskar, R. (2008). *A realist theory of science*. London, UK: Verso.

Biesta, G. (2010). Pragmatism and the philosophical foundations of mixed methods research. In *SAGE handbook of mixed methods in social & behavioral research* (pp. 95-118). SAGE Publications, Inc.

Birnbaum, R. (1988). How colleges work. *The cybernetics of academic organization and leadership*. San Francisco: Jossey-Bass Publishers.

Browing, L. D., Beyer, J. M., &Shetler, J. C. (1995). Building cooperation in a competitive industry: SEMATECH and the semiconductor industry. *Academy of Management Journal, 38*(1), 113-151.

Carnap, R. (1993). 과학철학입문(*An Introduction to the Philosophy of Science*). (윤용택 역). 서울: 서광사. (원서 출판, 1966).

Charmaz, K. (2014). 사회정의 연구에서의 근거이론 분석법(Grounded theory methods in social justice research). (도승이 역). In N. K. Denzin & Y. S. Lincoln (Eds.), 질적연구 핸드북(*The SAGE handbook of qualitative research*, 4th ed.). (최욱 외 23인 공역). 서울: 아카데미프레스. (원서 출판, 2011).

Collier, A. (2010). 비판적 실재론 로이 바스카의 과학철학(*Critical realism: an introduction to Roy Bhaskar's philosophy*). (이기홍, 최대용 공역). 서울: 후마니타스. (원서 출판, 1994).

Creswell, J. W. (1998). *Qualitative Inquiry and Research Design: Choosing among Five Approaches* (1st ed.) Thousand Oaks, CA: Sage Publications, Inc.

Creswell, J. W. (2015). 질적 연구방법론: 다섯 가지 접근(*Qualitative Inquiry and Research Design: Choosing among Five Approaches*, 3rd ed.). (조흥식, 정선욱, 김진숙, 권지성 공역). 학지사. (원서 출판, 2013).

Creswell, J. W., & Clark, V. L. P. (2007). *Designing and Conducting Mixed Methods Research*. Thousand Oaks, CA: Sage Publications.

Creswell, J. W., & Clark, V. L. P. (2018). *Designing and conducting mixed methods research* (2nd ed.). LA: Sage Publications.

Danermark, B., Ekstrom, M., Jakobsen, L., & Karlsson, J. C. (2005). 새로운 사회과학 방법론: 비판적 실재론의 접근(*Explaining Society: Critial Realism in the Social Sciences*). (이기홍 역). 경기: 한울. (원서 출판, 1997).

Danermark, B., Ekstrom, M., & Karlsson, J. (2019). *Explaining society: Critical realism in the social sciences*. London & New York: Routledge.

Deeter-Schmelz, D. R., Lauer, T. P., & Rudd, J. M. (2019). Understanding cross-cultural sales manager-salesperson relationships in the Asia-Pacific Rim Region: a grounded theory approach. *Journal of Personal Selling & Sales Management, 39*(4), 334-351.

DiMaggio, P. J., & Powell, W. W. (1983). The iron cage revisited: Institutional isomorphism and collective rationality in organizational fields. *American Sociological Review, 48,* 147-160.

Downward, P., & Mearman, A. (2007). Retroduction as mixed-methods triangulation in economic research: reorienting economics into social science. *Cambridge Journal of Economics, 1,* 77.

Fleetwood, S. (2017). The Critical Realist Conception of Open and Closed System. *Journal of Economic*

Methodology, 24(1), 41-68.

Freidson, E. (1985). *Professional powers: A study of the institutionalization of formal knowledge.* Chicago: University of Chicago Press.

Glaser, B. G. (1978). *Theoretical sensitivity: Advances in the methodology of grounded theory.* Mill Valley, CA: Sociology Press.

Glaser, B. G., & Strauss, A. L. (1967). *The discovery of grounded theory: Strategies for qualitative research.* Chicago, IL: Aldine Pub. Co.

Greene, J., & Hall, J. N. (2010). Dialectics and pragmatism. In A. Tashakkori & C. Teddlie (Eds.), *Sage handbook of mixed methods in social & behavioral research* (2nd ed., pp. 119-167). LA: SAGE Publications.

Greenhalgh, J., & Manzano, A. (2021). Understanding 'context' in realist evaluation and synthesis, *International Journal of Social Research Methodology. May*(1), 14.

Greenwood, D. J., & Levin, M. (2005). Reform of the sciences and of universities through action research. In N. K. Denzin & Y. S. Lincoln (Eds.), *The SAGE handbook of qualitative research* (3rd ed., pp. 43-64). Thousand Oaks, CA: Sage.

Greenwood, D. J., & Levin, M. (2020). 사회개혁과 교육실천을 위한 실행연구 입문(*Introduction to action research: social research for social change*). (변기용 역). 서울: 학지사. (원서 출판, 2007).

Greenwood, D. J., & Levin, M. (2000). Reconstructing the relationships between universities and society through action research. *Handbook of qualitative research, 2,* 85-106.

Greenwood, D. J., & Levin, M. (2007). A history of action research. *Introduction to Action Research,* 13-35.

Gregory, J., & Jones, R. (2009). 'Maintaining competence': a grounded theory typology of approaches to teaching in higher education. *Higher Education, 57,* 769-785.

Hancock, G. R., Stapleton, L. M., & Mueller, R. O. (2019). *The reviewer's guide to quantitative methods in the social sciences* (2nd ed.). NY: Routledge.

Healy, M., & Perry, C. (2000). Comprehensive criteria to judge validity and reliability of qualitative research within the realism paradigm. *Qualitative Market Research: An International Journal, 3*(3), 118-126. doi: 10.1108/13522750010333861

Hoddy, E. T. (2019). Critical realism in empirical research: employing techniques from grounded theory methodology. *International Journal of Social Research Methodology, 22*(1), 111-124.

Interzari, A., & Pauleen, D. J. (2017). Conceptualizaing Wise Management Decision0Making: A Grounded Theory Approach. *Decision Sciences, 49*(2), 335-400.

Johnson, R, B., McGowan, M. W., & Turner, L. A. (2010). Grounded theory in practice: Is it inherently a mixed method? *Research In The Schools, 17*(2), 65-78.

Johnson, R. B., & Christensen, L. B. (2004). *Educational research: Quantitative, qualitative, and mixed approaches.* Boston, MA: Allyn and Bacon.

Kuhn, T. S. (1962). *The structure of scientific revolutions*. Chicago: University of Chicago Press.

Lawson, T. (1997). *Economics and reality*. London; New York: Routledge.

Merton, R. K. (1967). *On Theoretical Sociology*. New York: The Free Press.

Merton, R. K. (1996). *On social structure and science*. Chicago and London: University of Chicago Press.

Næss, P. (2019). 'Demi-regs', probabilism and partly closed systems. *Journal of Critical Realism, 18*(5), 475–486.

Pawson, R. (2013). *The science of evaluation: A realist manifesto*. SAGE Publications Ltd.

Pinder, C. C., & Moore, L. F. (1980). The resurrection of taxonomy to aid the development of middle range theories of organizational behavior. In *Middle range theory and the study of organizations* (pp. 187–211). Springer, Dordrecht.

Sayer, A. (1999). 사회과학방법론: 실재론적 접근(*Method in social science: A realist approach*). (이기홍 역). 경기: 한울. (원서 출판, 1992).

Schwandt, T. A. (2000). Three epistemological stances for qualitative inquiry: Interpretivism, Hermeneutics, and Social constructionism. In Denzin, N. K. & Lincoln, Y. S. (Eds.), *The SAGE handbook of qualitative research* (pp. 189–200). SAGE.

Stake, R. E. (1995). *The art of case study research*. Thousand Oaks, CA: Sage Publications, Inc.

Strauss, A., & Corbin, J. (2009). 근거이론(*Basics of qualitative research: techniques and procedures for developing grounded theory*). (신경림, 김미영, 김정선, 신수진, 강지수 공역). 서울: 현문사. (원서 출판, 2008).

Strauss, A., & Corbin, J. M. (1990). *Basics of qualitative research: Grounded theory procedures and techniques*. Sage Publications, Inc.

Tsoukas, H. (1989). The validity of idiographic research explanations. *Academy of Management Review, 14*(4), 551–56.

Yin, R. K. (2013). *Case Study Research: Design and Methods*. Sage Publications, Thousand Oaks.

Yin, R. K. (2014). *Case study research: design and methods* (5th ed.). Thousand Oaks, CA: Sage.

Yin, R. K. (2016). 사례연구방법(*Case study research*, 5th ed.). (신경식, 서아영, 송민채 공역). 서울: 한경사. (원서 출판, 2014).

Zachariadis, M., Scott, S., & Barrett, M. (2013). Methodological implications of critical realism for mixed-methods research. *MIS Quarterly, 37*(3), 855–879.

〈부록 2-1〉
『교육행정학연구』에 게재된 실용적/본질적 질적 연구 예시(2017~2022. 6.)

순번	저자명(발행 연도)	논문명	발행 권호
		실용적 질적 연구	
1	김지선, 김도기(2017)	중학교 내 자생적 교사학습공동체의 참여 요인 탐색	35(1)
2	석혜정, 주철안(2017)	수석교사제의 정책평가와 효과적인 운영방안 모색	35(2)
3	박균열(2017)	Cooper 등의 다차원 정책분석을 통한 교장공모제 평가와 운영 개선 방안	35(4)
4	변수연(2018)	정책 집행에서 나타나는 조직의 디커플링 행동 분석:대학입학사정관제 참여대학의 사례 비교를 중심으로	36(3)
5	박상완(2019)	혁신학교를 통한 학교혁신의 실행: 관련 요인과 과제-초등혁신학교의 초기 운영 사례를 중심으로-	37(1)
6	한송이, 배상훈(2019)	대학공동체의 모습과 형성 및 강화요인	37(3)
7	이승희, 김수연, 변기용(2020)	잘 가르치는 교수의 특징과 영향 요인 탐색	38(4)
8	이성회, 조선미(2021)	초등돌봄교실은 누가, 어떠한 환경에서, '왜' 참여하는가?: 실재론적 정책평가(realist policy evaluation)	39(1)
9	김진희, 박소영(2021)	과정중심평가의 학교조직 내 확산요인 탐색	39(2)
10	정수영, 윤혜원, 이영선, 변기용(2021)	밀레니얼 세대 초등교사가 인식하는 조직공정성의 의미와 영향 요인에 대한 연구	39(4)
		본질적 질적 연구	
1	송경오(2017)	교육행정구현과정에서 교육주체들의 자기소외 현상	35(2)
2	김승정(2017)	인문사회과학 전공 박사과정생의 학문적 정체성 발달에 관한 연구	35(4)
3	주영효(2018)	중학교 교사의 감정노동 경험에 관한 질적 연구	36(1)
4	강갑준, 임수진(2018)	중학교 신입생들의 전환기 경험에 대한 내러티브 탐구	36(4)
5	임종헌(2019)	강남 고소득층 학생의 삶에 관한 연구	37(3)
6	유동훈, 김종규, 박건영(2020)	자율형 사립고 사회통합전형 졸업생들의 고등학교 경험에 대한 사례 연구	38(1)
7	석재현, 박수정(2021)	현직교사의 교육대학원 교육행정 전공 수학 경험과 의미	39(1)
8	장민경, 이승호(2021)	교사 인플루언서에 관한 질적 연구	39(3)
9	이미희(2021)	신규 교육행정직 공무원의 직무 적응과정에서의 체험에 대한 현상학적 질적 연구	39(3)
10	김리나, 엄문영(2022)	저경력 중학교 교사의 성장 경험에 대한 사례연구	40(1)

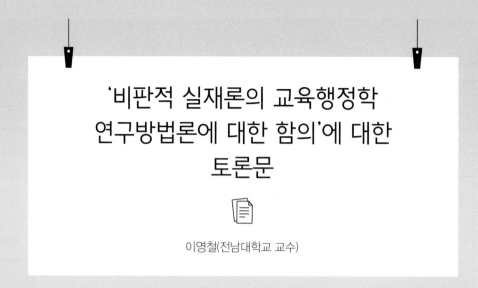

'비판적 실재론의 교육행정학 연구방법론에 대한 함의'에 대한 토론문

이영철(전남대학교 교수)

1. 발제문에 대한 리뷰

1) 비판적 실재론의 특징과 논리구조

저자에 따르면, Bhaskar는 경험주의와 해석주의를 절충하여 새로운 대안적 관점으로 비판적 실재론을 제시하였고, 이는 '초월적 실재론'과 '비판적 자연주의'의 두 가지 요소로 구성되어 있다. 초월적 실재론은 일반 과학철학이며, 비판적 자연주의는 인간(사회)과학 철학에 해당한다. 과학적 활동의 대상인 자연과 사회는 개방체제로 존재하며, 과학의 대상은 분화되어 있고, 층화되어 있다.

세계가 개방체제의 속성을 갖는다는 것은 연구자가 관심을 갖는 현상(사건)들이 특정한 요인에 의하여 결정되는 것이 아니라 세계를 구성하는 다양한 요소, 다양한 층위의 개체들이 서로 영향을 미치는 가운데 다중결정된다는 의미이다.

실재는 세 가지 영역—경험적 영역, 발생적 영역, 실재적 영역—으로 나누어진다. 경험적 영역은 관찰이나 인식을 통해 인간이 경험할 수 있는 영역이며, 발생적 영역은 우리의 관찰이나 인식과 관계없이 경험할 수는 없지만 실제로 존재하는 영역이고, 실재적 영역은 세상에 독립적으로 존재하는 객체들과 이들이 연결되어 나타나는 구조를 말한다.

실재를 세 영역으로 나누는 것은 비경험적 실재를 인정하지 않는다는 입장을 가지는 실증주의에 대한 비판적 함의를 지닌다. 이같이 실재를 세 영역으로 나눈 형이상학적 요청은 과학활동을 이해하려면 필수적이다. 왜냐하면 과학활동은 기본적으로 경험적 영역을 넘어 연구자가 관심을 가지고 있는 현상을 발생시킨 '기저에 있는 구조와 인과적 힘(발생기제)'을 밝히는 것이기 때문이다.

또한, 인과기제들은 층화되어 있다. 인과기제의 층화는 인과기제가 발현적 속성을 갖는다는 것을 의미한다.

2) 사회과학과 비판적 자연주의

사회과학의 대상인 사회를 자연과학의 대상처럼 다룰 수 있을 것인가(naturalism)? 비판적 실재주의는 그렇다고 본다. 사회가 실재하고, 고유한 속성을 가지고, 인과적 힘을 발휘한다면, 사회는 자연과학의 대상처럼 탐구할 수 있을 것이다. 물론 사회구조는 자연과 달리 구성원의 행위에 대한 의존성, 행위자의 개념에 대한 의존성, 시공간적 조건 의존성을 가지기 때문에 자연주의에는 일정한 한계가 있다.

한편, 사회구조의 행위자들은 완전히 다른 속성과 힘을 가지고 서로 구별되는 층위에 있기 때문에 발현적 속성이 강조된다. 이와 관련하여 아처는 구조-행위자에 대한 분석적 이원론을 제시하면서, 발현성을 고려하는 것은 분석에 시간 차원을 도입하는 것이고, 사회구조와 행위자 간의 상호작용은 시간의 흐름 속에서 나타난다고 본다. 사회구조는 행위에 앞서며 행위자들의 행위와 상호작용은 사회구조의 재생산이나 변형을 초래한다. 시간 속에서 구조의 정교화는 구조를 창출한 행위 다음에 나타난다고 하였다.

이와 같이 개인과 사회를 서로 환원할 수 없다면, 연구방법론적으로 우리는 맥락의 중요성을 인정해야 한다. 사회적으로 발생하는 현상은 이를 발생시킨 맥락으로 환원되지 않는다. 달리 말하면, 동일한 맥락 하에서 다른 현상이 발생할 수 있다. 다른 맥락에서 동일한 현상이 발생할 수도 있다. 사회과학자는 각각의 맥락에서 이를 발생시킨 발생기제와 상황적 조건을 탐색하는 데 관심을 기울여야 한다.

3) 비판적 실재론이 교육행정 연구방법론에 주는 함의

저자는 비판적 실재론이 사회의 연구방법에 주는 함의를 두 가지 논리와 연결지어 검토한다. 즉, 발생기제와 맥락과의 관련성 속에서(〈표 2-2〉), 그리고 맥락과 일반화의 논리와 관련하여 교육현장의 사례를 들면서 치밀하게 검토한다. 이 챕터 중 가장 빼어난 부분이다.

(1) 발생기제와 맥락의 관계
발생기제란 세상에 존재하는 독립된 물리적 실체와 그들 간의 관계를 의미하는 구조들이 가지는 인과적 힘과 경향성을 말한다. 이때의 연구방법은 ① 특정한 상황적 조건(맥락)하에서 작동할 것으로 생각되는 다중적이고 역동적으로 변화하는 존재들로 구성된 ② 발생기제를 심층적으로 이해하는 것을 궁극적 목적으로 한다. 저자는 특정한 맥락에서 작동하는 발생기제들이 유사한 맥락에서도 작동하는지를 확인해 가는 과정에 맞는 탐색과정이 중요하다고 하면서, 이를 중범위이론의 탐색과정이라고 본다.

(2) 맥락과 일반화 논리

실증주의 연구에서는 맥락이 최소화, 제거, 극복되어야 할 성가신 것인 반면, 해석주의에서 맥락은 삶의 의미를 이해하는 데 반드시 필요한 것이다. 비판적 실재론에서 맥락은 발생기제들과 상호작용하여 결과를 만들어 내는 데 필수적인 것으로 이해된다. 이런 의미에서 맥락은 중범위 수준의 인과적 설명을 만들어 내는 데 기여한다.

이어서 저자는 맥락(분석단위)의 설정과 연구결과의 일반화를 연결 짓고, 맥락의 설정이 비판적 실재론에 기반한 연구에서 '절반의 규칙성' 파악을 위해 준-폐쇄를 설정하는 취지와 상통한다고 본다.

(3) 비판적 실재론과 연구방법론

① 비판적 실재론과 실용적(설명적) 질적 연구: 저자는 다양한 질적 연구의 활용이 필요함을 역설하면서, 본질(해석)적 질적 연구와 실용(도구)적 연구의 특성을 도출하고 비교한다. 비판적 실재론에 입각한 질적 연구는 실용적 질적 연구로 분류되며, 도구적 사례연구, 설명적 사례연구, 근거이론적 방법, 실용적 실행연구 등이 여기에 속한다고 한다.

② 비판적 실재론과 혼합연구: 비판적 실재론은 발생기제의 체계적인 탐색과 설명을 목적으로 하는 질적 연구의 중요성을 강조하는데, 이때 전통적인 양적 연구 vs 질적 연구의 구분은 본질적인 구분은 아니다. SWIFT의 도입이 은행성과에 미치는 연구에서 잘 나타나듯이 연구자는 계량분석과 질적 연구인 사례연구를 혼합하여 사용하며 연구의 질문에 대한 답을 찾아간다. 저자는 여기서 비판적 실재론의 혼합연구가 중범위이론의 개발을 위한 접근방법의 하나인 양적 연구의 모집단 축소와 상통한다고 본다.

(3) 비판적 실재론적인 연구방법론의 활성화를 위한 과제

비판적 실재론의 과학관은 무엇이며, 그에 따른 연구방법론적인 함의를 밝힌 후, 저자는 한국의 교육행정학 분야의 연구방법론 활용 실태와 문제점, 그리고, 비판적 실재론적인 연구방법론의 활성화를 위한 과제를 논의한다.

2. 추가적 설명이 필요하거나 동의하기 어려운 부분에 대한 논평

논평의 대상인 변기용 교수의 챕터는 간략히 살펴본 대로 ① 비판적 실재론의 과학관, ② 그것이 함의하는 연구방법론, ③ 한국 교육행정학 연구의 실태, ④ 다양한 연구방법론의 활용을 위한 제안 등 네 부분으로 나누어져 있고, 각 부분은 많은 다채로운 내용을 담고 있다. 네 분야의 문제를 종합적으로 다루는 일이 결코 쉬운 일이 아닌데, 이런 작업을 수행한 점을 높이 평가한다. 논평자는 논문의 전반적 취지에 동의하며, 특히 ③과 ④에 대해서는 별다른 이견이 없기 때문에 이 부분에 대한 논의는 생략한다.

이 짧은 논평은 보다 중요하다고 생각하는 ①과 ② 중에서 설명을 요구하거나 동의하기 어려운 부분에 대해서 초점을 맞추기로 한다.

1) 비판적 실재론의 의의

비판적 실재론을 '실증주의와 해석주의를 절충한 대안적 관점(99쪽)'이라는 소개는 적절치 못하다고 본다. Bhaskar의 비판적 실재론은 무엇보다도 경험적 실증주의의 내재적 비판을 통해서 과학을 이해하는 대안을 제시하고자 하였다. 경험적 실증주의는 잘못된 인식론적 근거, 인과론, 소박한 실재론(naive realism)에 입각하고 있다. 경험적 실증주의는 경험하는 세계만을 실재한다고 보는 얄팍한 실재론에 입각하고, 감각경험만을 인식의 근거로 삼는 인식론을 갖고 있다. 경험적 실증주의는 인과론의 관념을 제시할 수 없다[사건의 항상적 결합(constant conjunction of events)은 인과관계가 아니다]. 경험적 실증주의의 문제를 해결하기 위해서는 과감한 형이상학적 전제를 내세워야 한다. Bhaskar는 우리가 과학의 대상으로 삼는 실재는 경험의 영역, 실제의 영역, 실재의 영역으로 구분되는 심층적 실재로 이루어졌다는 존재론을 내세우고, 이를 바탕으로 과학활동을 이해하기 위한 철학(a philosophy for science)을 제시한 것이다.

기존의 과학관이 실증주의와 이에 반대한 해석주의의 두 흐름으로 정리된다면, Bhaskar는 실증주의를 포괄적으로 내재적으로 비판하여 그 논거를 완전히 무너뜨리고, 해석주의의 문제점을 실증주의와 대조시킴으로써 과학관의 혁명을 이룩하였다. 비판적 실재론은 하나의 대안이라기보다는 유일하게 타당한 과학관이라고 해도 과언이 아니다.

존재론-인식론-방법론의 관점에서 실증주의, 해석주의(비판이론, 구성주의), 비판적 실재론을 간략히 비교하며 소개하면 비판적 실재론의 이해를 도울 수 있으리라고 본다.

〈표 1〉 과학관과 구성 요소

구성 요소	과학관		
	실증주의	해석주의	비판적 실재론
존재론	현실은 실재하며 파악 가능하다.	다중의 지역적, 특정하게 '구성된' 실재들	현실은 '실재'하나, 불완전하게, 개연적으로만 파악 가능하다.
인식론	객관주의적: 연구결과는 진실이다.	주관주의적: 창조된 연구결과	수정된 객관주의적: 연구결과는 진실일 수 있다.
일반적 방법론	실험/서베이: 가설의 검증, 주로 양적인 방법	해석학/변증법적: 연구자는 조사되는 세계 속에 사는 '열정적 참여자'이다.	사례연구/수렴적 면접: 다면적 종합; 질적인, 일부 양적인 방법에 의한 연구쟁점의 해석

출처: Healy & Perry(2000: 119)에서 재인용.

2) 비판적 실재론의 특성

비판적 실재론의 특성과 관련하여 논의가 필요한 사항으로 다섯 가지를 특정할 수 있다. ① 심층 존재론(세 영역)으로 구분되며, ② 실재의 영역은 인과적 힘을 지닌 사물(entities: 대상, 실체)과 구조로 이루어졌다는 점, ③ 과학(활동)이란 사회적인 산물인데, 과학의 대상은 인간과는 무관하게 존재한다는 점, ④ 과학의 대상은 개방체제 속에서 활동한다는 점, ⑤ 사물과 구조로부터 경험되는 현상 사이에 발현성을 인정해야 한다는 점이다. 비록 많은 지면을 할애하기는 어렵겠지만, 이들 관계가 ①~⑤의 순서로 서로 연관되어 제시되면 좋지 않을까─평자의 제안이다(Bhaskar, 2008, 서론, 특히 xi).

용어 문제로서 '초월적 실재론'은 Bhaskar가 『실재론적 과학이론』(1975)에서 사용한 용어로 [자신의 이론을] 전통적인 경험적 실재론과 Kant의 초월적 관념론에 대비시킨 용어이다. 그 이후, 자신의 이론이 대비를 통해서가 아니라 그 자체로 홀로 설 수 있다고 보아, 비판적 실재주의(realism의 번역은 실재론보다는 실재주의가 더 타당)로 부르게 되었다. 굳이 초월적 실재론을 쓸 이유가 없어진 것이다.

the real domain, the actual domain, the empirical domain의 번역 중 the actual은 실제적(혹은 현재적)이 적절하다고 본다. 세 영역은 중복되는데, the real의 인과적 힘/경향성/기제가 발휘되어 현실화/실제화하면 그것이 인간에 의하여 경험될 수가 있다는 맥락에서 사용된다. the real은 말하자면 잠재적인 힘들이고, 그 힘들이 어떤 조건하에서 현실화되어/실제화되어 나타나는 것이다(이 과정을 Bhaskar는 actualism이라고 부른다).

[그림 2-1] 존재의 영역……도 수정이 필요하다. 논평자의 생각에는 다음 그림이 Bhaskar의 생각을 더 잘 나타낸다고 본다. 경험(적인 것)-실제적(인 것)- 실재(적인 것)의 영역은 서로 중첩 (overlap)되어 있다(Bhaskar, 1975: 46-47).

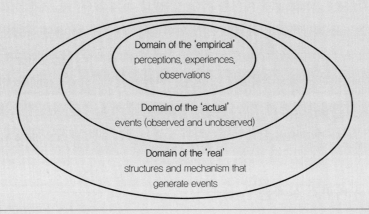

Figure 1. Critical realist view of stratified reality
출처: Hoddy(2019: 113).

실재를 이렇듯 세 영역(three domain of the reality)으로 보는 것은 형이상학적인 전제이며, 이는 세 영역을 구분하지 못하여 경험적인 것 = 곧 reality(즉, 세 영역의 일체화)로 보는 실증주의 존재 론[Bhaskar가 말하는 경험적 실재주의(empirical realism)]을 내재적으로 비판하기 위한 이론적 요청 (postulation)이다.

3) 발생기제와 맥락

발생기제와 맥락 부분의 설명은 다음 그림을 사용하면 설명이 보다 쉬워질 것으로 생각한다(맥 락 = 조건).

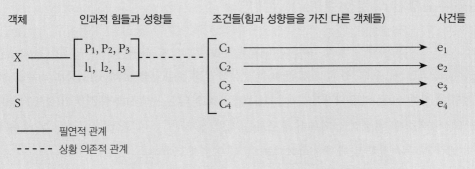

출처: Sayer(1999: 166).
주: X-S는 구조 s를 가진 객체 x; p는 power(힘); l은 liabilities(성향); c는 conditions(조건); e는 event(사건).

4) 맥락과 중범위이론

비판적 실재론과 중범위이론의 관계는 좀 더 논리적인 설명이 필요하지 않을까? Merton(1967)이 제시한 중범위이론은 Parsons가 제시한 거대 사회이론화의 문제점을 지적하고 실제적인 이론화를 돕기 위한 논거를 제공하려고 하였다. 중범위이론이 맥락을 중시하여 과도한 추상화의 위험성을 낮춘다는 점에서 의미가 있지만, 중범위이론은 소박한 실재주의와 경험주의를 넘어서지 못하고 있다는 점에서 비판적 실재주의와는 철학적 근거가 다르다. 변기용 교수는 비판적 실재론에 입각하여 맥락을 이론화의 중심에 놓음으로써 "중범위 이론화를 좋은 의미에서 새롭게 개념화하고 있다"고 볼 수 있다. Merton의 중범위 이론화와 구별된다는 점을 밝히는 게 필요해 보인다.

5) 근거이론과 비판적 실재론

근거이론을 비판적 실재론과 연결지을 때 주의가 필요하다. 근거이론은 그 존재론적 가정의 측면에서 몇 가지로 구분되는데, Glazer의 근거이론은 애초에 실증주의를 표방하고 있다. 즉, 우리의 관찰을 통해 얻은 사실로부터 하나의 이론을 형성하는 것이 가능하다고 본다는 점에서 경험주의/실증주의의 원칙을 고수하고자 하였다. Strauss와 Charmaz의 근거이론도 비판적 실재론이 상정하는 다층적 실재를 생각하지 않고 있다는 점, 관찰-대화 등에서 획득한 자료에서 이론을 만들어 내려는 귀납주의적 가정을 가지고 있다는 점에서 근거이론 방법은 비판적 실재론과는 철학적 출발점이 다르다고 생각한다.

4), 5)와 관련하여, Danermark 등(2005: 224-232)은 중범위이론과 근거이론의 철학적, 실제 연구상의 문제점을 잘 지적하고 있다.

6) 실용적 실행연구, 실용(설명)적 질적 연구

실용적 실행연구에 대한 설명이 필요하다. 실용적 실행연구를 이해하지 못하는 사람은 맥락과 중심 현상을 논의할 때, 왜 '실용적 실행연구'가 등장하는지 의아함을 갖게 된다. 사실, 실용주의는 실재론적인 (소박한 실재주의든 비판적 실재주의든) 가정의 의의를 논외시하며 현상의 설명력을 무엇보다 중시하기 때문에, 비판적 실재론이 강조하는 맥락(실재적인 것이 현실화하는 맥락)과 실용적 실행연구의 맥락은 다른 철학적 세계에 속한다는 게 평자의 생각이다.

제3장

비판적 실재론의 역행추론을 적용한 혼합방법연구 설계의 실제:
관계적 교사행위자성 연구 사례를 중심으로*

이성회(한국교육개발원 연구위원)

---

* 이 글은 이성회 외(2021), 이성회(2022a), 이성회(2022b)의 글들을 취합하여 핸드북의 취지에 맞게 수정·편집한 것임을 미리 밝힌다.

요약

본 연구는 비판적 실재론이란 사회과학철학의 관점을 어떻게 연구방법론적 측면에서 혼합방법연구 설계에 실제적으로 적용하였는지에 대한 실천적 과정을 면밀하게 보여 주는 데 있다. 이를 위해 본 연구는 비판적 실재론의 존재론적 가정을 살펴봄으로써, 비판적 실재론에 기반한 연구의 목적이 교육 현상이 어떻게, 어떠한 조건에서 일어났는지에 대한 눈에 보이지 않는 초사실적 구조와 인과기제의 발현과정에 대한 설명을 제공하는 것에 있음을 밝힌다. 이러한 연구목적을 달성하기 위해 본 연구에서는 비판적 실재론의 대표적 추론 양식인 역행추론의 원리를 (실용주의의 가추의 개념과 비교하여) 제시하고, 이것이 교육(행정)학 혼합연구 설계에 주는 함의를 논의한다. 마지막으로, 연구자가 비판적 실재론의 관점을 혼합방법연구에 직접 적용한 관계적 교사행위자성 개념모형 개발연구(이성회 외, 2021) 사례를 중심으로, (가추와) 역행추론을 적용한 연구설계 과정의 실제를 보여 준다. 이를 통해, 본 연구는 지금까지 교육(행정)학 연구방법론에서 도외시되어 온, 비판적 실재론과 같은 사회과학철학의 '존재론'에 대한 논의가 어떻게 연구목적의 설정, 연구목적을 달성하기 위한 추론 양식, 이에 따른 혼합방법연구 설계과정과 불가분한 관계에 놓여 있는지를 드러내고자 했다. 특히, 이 연구는 비판적 실재론과 실용주의의 차별성에 초점을 두어 연구결과를 제시하였다.

[주제어] 혼합방법연구, 연구방법론, 비판적 실재론, 역행추론, 관계적 교사행위자성

1. 서론

본 연구의 목적은 비판적 실재론이란 사회과학철학을 어떻게 혼합방법연구에 적용하여 연구를 설계할 수 있는지에 대한 실제적인 과정을 자세하게 보여 주는 데 있다. 이때 연구자가 비판적 실재론적 관점에서 혼합방법연구를 수행한 '비판적 실재론에 기반한 관계적 교사행위자성(Relational Teacher Agency) 개념모형 개발 연구'(이하 RTA 연구)(이성회 외, 2021)를 사례로 들어 역행추론을 적용한 혼합연구 설계 과정의 실제를 설명하고자 한다.

본 연구에서 역행추론은 "구체적 현상의 묘사와 분석으로부터 그 현상이 그처럼 **존재하도록 한 기본적 조건들을 재구성하는 추론 양식**"으로 정의된다(Danermark et al., 2019: 103, 고딕체는 연구자가 강조한 것임). 역행추론은 차후에 자세히 설명하겠지만, 비판적 실재론의 층화된 존재론(경험적 영역–현상적 영역– 실재적 영역)을 바탕으로, 경험적 영역에서 그 기저의 인과기제들이 존재하는 '실재적' 영역으로의 도약이라 할 수 있다. 이와 달리, 우리가 익숙한 연역의 논리와 귀납의 논리는 주로 교육적 실재의 표피층인 '경험적' 영역에 국한된 논의들이다. 예를 들어 귀납의 논리는 경험적 관찰로부터 경험적 일반화의 추구를, 연역의 논리는 경험적 일반화로부터 관찰, 혹은 증거의 도출을 강조한다. 교육행정학에서 실증주의 기반의 양적 연구방법은 연역의 논리를, 해석주의 관점의 질적 연구방법은 귀납의 논리를 주로 따르는 경향을 보인다. 이와 차별되게, 본 연구에서는 비판적 실재론의 역행추론이란 독특한 추론 양식을 적용한 혼합방법연구의 실제를 보여 주고자 한다. 연구방법론 측면에서 비판적 실재론의 적용은, 현재 경험주의(실증주의) 對 해석주의 패러다임으로 양분되어 있는 국내의 교육(행정)학 현실에서 다소 생소한 연구 분야라 할 수 있다. 경험주의(실증주의)에서는 교육적 실재(reality)를 연구자가 관찰할 수 있는 가시적인 외부 세계를 측정하는 것(결국 연구자가 인식하는 것)과 동일시한다. 반면에 해석주의에서는 교육적 실재를 연구(참여)자가 구성한 (간)주관적인 인식으로 대체한다. 비판적 실재론의 입장에 따르면, 경험주의와 해석주의는 모두 연구자의 인식 혹은 연구 참여자의 인식(인식론)을 교육적 실재(존재론)로 환원하는 인식론적 오류(epistemic fallacy)를 범하고 있다(이성회, 2018).

비판적 실재론은 인간의 인식과 독립된 실재(reality), 다시 말해 '지식과 독립된 교육의 실재'를 상정함으로써, 우리에게 존재론으로의 회귀를 촉구한다. 비판적 실재론은 "교육학이란 학문이 과학 활동으로 가능해지려면 교육의 실재는 어떠한 모습이어야 하는가?"라는 존재론에 관한 질문을 던지며, 이를 토대로 인식론과 연구방법론이 개발된 사회과학철학의 한 분야라 할 수 있다. 따라서 비판적 실재론에 기반한 혼합연구 설계의 실제를 논의하기에 앞서, 비판적 실재론의 존재론적 가정을 먼저 살펴보는 것이 매우 중요하다. 왜냐하면 연구자가 교육적 실재(존재론)를 어떻게 정의

하느냐에 따라서, 이에 따라 무엇을 연구할 것인지(연구주제, 연구문제)가 달라지기 때문이다. 옆의 그림은 필자가 케임브리지 대학교의 박사과정에서 연구방법론 수업을 수강할 때 교수님께서 보여 주신 그림이다. 무엇이 진짜 실재 (reality)인가? 여러분이 이 그림의 세계를 연구한다면, 어떠한 세계를 연구하겠는가?

이 그림은 네덜란드의 판화가 Escher(1955)의 '세 개의 세계'란 제목의 그림이다. 낙엽이 수면 위에 떠 있는 세계, 수면 위의 나무 그림자로 추정할 수 있는 물 밖의 나무가 있는 세계, 수면 아래 물고기가 있는 심연의 세계. 만약, 당신이 이 그림의 연구자라면 무엇을 진짜 실재(reality)로 규정하고 연구를 진행할 것인가? 여러분은 무엇이 진짜 교육적 실재 (교육현실)라고 가정하는가? 연구자인 내가 눈에 관찰하고 측정할 수 있는 것만이 곧 교육현실인가? 연구 참여자가 경

[그림 3-1] 세 개의 세계

험하고 말하는 현실이 진짜 교육현실인가? 아니면, 교육적 경험과 실제적 사건을 발생시킨 인과기제가 있는 실재가 진짜 교육현실인가?

이처럼 비판적 실재론은 세계의 속성을 다루는 존재론, 그리고 지식의 문제를 논하는 인식론을 다룸으로써, 연구의 대상(무엇을 연구할 것인가?), 연구의 목적과 본질(연구의 목적은 무엇인가? 혹은 무엇이 되어야 하는가?), 연구의 방법(연구의 목적을 달성하기 위해 어떠한 연구방법을 사용해야 하는가?) 등 연구자가 직면하는 연구설계와 관련된 현실적인 문제들에 대한 철학적 분석틀을 제공한다. 다시 말해, 세계의 속성(존재론)과 그것에 대해 우리가 어떻게 알 수 있을지(인식론)에 대한 아이디어를 발전시킨 사회과학철학으로서의 비판적 실재론은 모든 연구 단계에 걸쳐서 연구자의 세계에 대한 가정, 우리가 그것에 대한 지식을 생산할 수 있는 잠재 가능성과 연구설계 및 절차, 연구방법에 지대한 영향을 미친다.

하지만 아쉽게도 교육(행정)학 연구방법론에 대한 많은 논의들은 특정한 연구수집 방법 혹은 분석방법 등과 같은 연구 '기법'의 습득에 치중하는 경향을 보인다. 이에 따라 연구자가 채택한 과학철학의 존재론, 인식론, 연구방법론이 어떻게 유기적인 관계를 맺고, 교육학 (혼합)연구 설계에 영향을 미치는지에 대해서는 활발한 논의가 전개되지 못하고 있는 실정이다.

이러한 문제의식을 바탕으로 한 이 글의 주요 연구질문은 크게 세 가지이다. ① 비판적 실재론의 존재론적 가정은 무엇이며, 이것은 연구의 목적과 혼합 연구방법과 어떻게 연계되는가? ② 비판적 실재론의 존재론과 연계된 추론 양식인 역행추론의 개념은 무엇이며, 실용주의의 가추의 개념과

어떠한 차별성을 띠는가? ③ RTA(이성회 외, 2021) 연구 사례를 중심으로, (가추와) 역행추론을 적용한 혼합방법연구 설계 과정의 실제는 어떠한가?이다.

2. 비판적 실재론의 존재론, 연구목적과 혼합 연구방법

비판적 실재론은 크게 존재론적 실재론, 인식론적 상대주의, 판단의 합리성을 세 가지 기본 원리로 한다(이에 대한 자세한 설명은 이성회, 2021a를 참조하기 바람). 이 절에서는 선행연구에서 이미 다룬 세 가지 거시적 원리에 대해서 재검토하기보다는, 본 연구의 구체적인 관심사인 혼합 연구방법과 관련된 비판적 실재론의 존재론적 가정들을 중심으로 다룬다.

잠시 존재론적 가정을 다루기에 앞서, 결론부터 이야기하면, 비판적 실재론에 기반한 연구들은 주요 연구질문으로 '왜', '어떻게'에 대한 눈에 잘 보이지 않는 구조의 인과기제(causal mechanism), 혹은 인과적 경로(causal path) (혹은 인과적 과정)를 설명하는 데 연구의 목적을 둔다. 이러한 '눈에 잘 보이지 않는' 구조의 인과기제의 설명을 탐색하는 데에는 (눈에 보이거나 경험된 현상에 대한 측정을 중시하는) 양적 연구방법보다는 질적 연구방법이 더 적절한 연구방법이다. '왜', '어떻게'란 인과기제의 설명이란 연구목적은 비판적 실재론이 터하고 있는 심층 존재론을 바탕으로 도출된 결과이다.

세계는 영어로 reality인데, 상이한 과학철학들마다 동일한 용어인 '세계'에 대한 각기 다른 정의를 하고 있다. 이에 필자는 reality를 비판적 실재론의 관점에서 '실재'라 칭하겠다. 비판적 실재론은, 실재를 탐구함에 있어서, 빙산의 일각인 경험적 영역만을 실재(reality)로 대체한([그림 3-2] 참

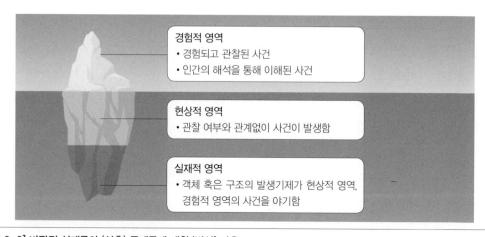

[그림 3-2] 비판적 실재론의 (심층) 존재론에 대한 '빙산' 비유
출처: Fletcher(2017: 183).

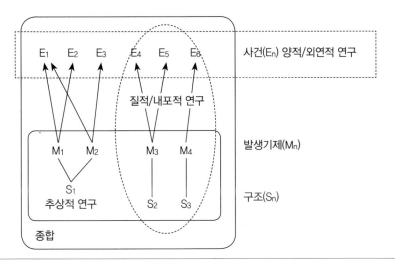

[그림 3-3] 비판적 실재론에 기반한 연구설계의 방법들
출처: Sayer(1992); Zachariadis, Scott, & Barret(2013: 864)에서 재인용.

조) 인식론에 치중해 있던 실증주의와 해석주의 사이의 대립을 해소시키고자 1970년대에 영국에서 탄생한 사회과학철학이다.

비판적 실재론은 [그림 3-2], [그림 3-3]과 같이 세 가지 차별화된 영역의 실재가 모두 (사회적) 실재라고 철학적으로 가정한다. 세 영역 모두 오롯이 교육적 실재인 것이다. 비판적 실재론에 기반한 연구자들은 이러한 실재에 대한 가정(존재론)을 바탕으로, 교육 현상이 '어떻게', '왜' 발생하게 되었는지에 대한 심연의 실재에 대한 탐구를 연구의 목적으로 삼게 된다.

어렵지 않다. 교실 현장을 예로 들어 보자. 교사인 내가 맨 뒤의 학생이 떠들고 있다고 생각하고 수업 시간에 주의를 주는 것은 우리가 경험할 수 있는 실재인 '경험적 영역(the empirical)'의 실재에 해당한다. 하지만 '현상적 영역(the actual)'의 실재는 교사인 나의 주관적 인식과 관계없이, 실제적으로 일어난 사건, 즉 주의를 주었던 그 학생이 사실은 떠들고 있었던 것이 아니라, 옆의 친구에게 모르는 영어 단어를 이것저것 물어보는 실재의 영역이다(이성회, 2022a: 286). 마지막으로, '실재적 영역(the real)'은 이러한 교육 경험(경험적 영역)과 교육 사건(현상적 영역)을 발생시킨 구조와 인과기제가 존재하는 실재의 영역이다. 예를 들어, 교사는 수업 시간에 말하고, 학생들은 반드시 경청해야 한다는 교사의 암묵적 '규범구조'가 인과기제로 작동하여 실재적 영역에 존재한다고 추론할 수 있다.

해석주의에 입각한 질적 연구에서는 경험적 영역에 초점을 두어, 연구 참여자들이 경험하는 경험적 영역의 실재에 관심을 두고 다음과 같은 연구질문을 내놓게 된다. '수업 시간에 교사가 경험하는 학생들과의 상호작용의 의미는 무엇인가?', 즉 교사가 경험적으로 구성하는 실재에 관심을 두고 교사 인터뷰를 수행하는 경향을 보인다. 한편 실용주의에 기반한 연구자는 '어떻게 하면 교사와 학생의 교육적 상호작용을 증진시킬 수 있을까?'란 문제해결 중심의 연구문제를 던지고, 연구자의 최대 관심사인 연구문제 해결을 위한 도구적 수단으로써 연구방법을 선택할 것이다.

반면에, 비판적 실재론에 입각한 연구는 경험적 영역, 현상적 영역, 실재적 영역의 세 가지 실재들 모두에 관심을 기울인다. 이들의 주요 연구질문은 '수업 시간에 교사 X는 학생과의 상호작용에서 왜, 어떻게 이러한 경험을 하게 되었는가?'이다. 연구자는 교사 면담뿐만 아니라, 교사가 경험한 것과 상관없이 실제 일어난 사건을 연구하기 위해, 수업 관찰을 시도할 것이다([그림 3-3]의 '양적/외연적 연구방법'으로 연구자는 실제 상호작용의 양상을 측정하여 경험적 묘사를 할 수 있다). 그리고 교사가 경험한 실재와 학생이 경험한 실재를 교차 분석하고 무엇이 진짜 실재(the real)인가를 탐구하기 위해 교사 면담뿐만 아니라 학생과의 면담도 시도할 것이다([그림 3-3]의 '질적/내포적 연구방법'에 해당한다). 한편, 연구의 관심 현상을 설명할 수 있는 이론들과 추상적 개념들을 탐구하는 '추상적 연구방법'도 주요 연구방법으로 활용된다([그림 3-3] 참조). 이처럼 교육적 경험과 현상을 발생시키는 구조와 인과기제들을 밝히는 과정에서 비판적 실재론에 기반한 일반이론(general theory)이 매우 중요한 역할을 담당한다.

사회과학의 일반이론들에 따르면, 교육 현상이 발생하는 사회세계의 구조들에는 크게 사회구조(social structure)와 행위자(agent)가 있다. 이를 더욱 발전시켜, Archer(1995)는 형태발생론적 접근(Morphogenetic Approach: 이하 MA) 이론에서 사회에 실재하는 실체들로 구조(Structure), 행위자(Agent), 문화(Culture)(줄여서 SAC이라 칭함)가 있다고 보았다. 한편, 비판적 실재론에 기반한 관계사회학자인 Donati(2019a)는 구조, 행위자, 문화에 더하여 인간행위자들 사이의 사회적 '관계(Relation)' 역시 인과적 힘을 가진 독자적인 구조(실재)로 이론화하였다. 정리하면 비판적 실재론에 기반한 일반이론에 따르면, 실재적 영역에 존재하는 사회 세계의 구조에는 ① 물질 구조, ② 문화(구조), ③ 행위자(구조), ④ 관계 구조' 등이 있다(이성회, 2022c). 마지막으로, 외연적 연구방법, 내포적 연구방법, 추상적 연구방법을 연구자가 모두 종합하여 구체적인 교육 현상을 추상적으로 이론화하거나 개념화하는 '종합' 연구방법을 취할 수 있다. 종합의 연구방법에서 연구자는 실재적 영역과 경험적 영역을 오고 가며, 추상화된 이론으로 구체적 교육 현상을 설명하는 시도를 하게 된다. 물론, 교육 현상을 잘 설명하지 못하는 이론의 경우, 연구자는 그 이론을 경험적 보강(empirical corroboration)을 통해 수정하고 정교화할 수 있다. 따라서 비판적 실재론에 기반한 연구는 이 사회과학철학이 가정하고 있는 층화된 존재론이 어떠한 연구방법을 활용할 것인지를 결정하게 된다. 다시 말해, 비판적 실재론자들은 실재적 영역(the real)의 다양한 구조들의 인과기제를 설명할 수 있다면, 어떠한 연구방법을 사용하는 것도 흔쾌히 여긴다. 이러한 맥락에서 비판적 실재론에 기반한 혼합방법연구가 나오게 되는 것이다. 비판적 실재론에서는 [실용주의와 같이 (문제해결 중심의) 연구문제에 터해 연구방법을 도출하기보다는] 그것의 존재론에 터해 실재(the real)를 설명하기 위한 다양한 연구방법을 구안하는 과정에서 혼합 연구방법을 활용한다고 할 수 있다.

눈치 챘겠지만 비판적 실재론에 기반한 연구의 과정은 연구자의 입장에서 매우 흥미진진한 작업이다. 하지만 연구자의 발품이 많이 들 수 있다. 왜냐하면 비판적 실재론에서는 교육 경험에 대한 연구자의 편견을 최대한 배제하고 연구 참여자의 입장에서 생생한 묘사를 하는 연구(예를 들어, 현상학에 기반한 연구), 포스트모더니즘이 강조하는 지식의 해체, 소외된 자의 목소리를 들려주는 수준을 넘어서서,[1] 교육학자들이 이러한 교육 경험을 가능하게 한 인과기제를 어떻게 설명하고 이론화할 수 있는가?에 관심을 두고, 이에 답하기 위해 끊임없이 진리의 탐구를 추구하기 때문이다.

여기에서 짚고 넘어갈 것이 실증주의에서 주장하는 인과성과 비판적 실재론에서 말하는 인과성이 다르다는 점이다. 경험주의(실증주의)에서 말하는 인과성은 실재(reality)를 실험실과 같은 폐쇄체제로 상정한다. 즉, 실재 안의 변인들을 통제해야 한다. 실증주의에서는 이러한 통제된 상황 하에서 변인과 변인 사이의 관계(변인 x가 변인 y에 영향을 준다)에 주된 관심을 둔다.

하지만 인간들이 모여 사는 사회 세계는 실험실과 같은 폐쇄체제가 아니다. 하루에도 수십 번씩 마음이 바뀌고, 여러 예기치 못한 변수들이 작동하는 개방체제인 사회 세계에서 교육활동이 발생한다. 따라서 실증주의에서는 이에 대한 자구책으로 무선할당, 준실험설계와 같은 방법을 통해 교육학이 과학이 되기 위한 시도들을 한다. 즉, 실증주의에서는 준폐쇄체제하에서의 선형적 규칙성을 인과성과 유사한 개념으로 받아들인다.

하지만 비판적 실재론에서는, 사회 세계가 예측 불가능한 개방체제임을 인정하고, 교육학자들에게 인과성이 실증주의에서 말하는 것처럼 사건 x가 일어나면 사건 y가 발생할 것이다. 즉, 무엇이 일어날 것인가(what will happen)에 대한 예측을 제공하는 인과성에 대한 설명은 거의 불가능하다고 본다. 그 대신 조건적 경향성, (자연 세계와 달리 개방체제인 사회 세계에서는) 어떠어떠한 조건 하에서 이러이러한 인과기제들로 이러저러한 사건들이 발생할 가능성이 높다(what can happen)에 대한 설명이 가능하다고 말한다. 다시 말해, 비판적 실재론에서는 개방체제하에서 한 변인을 다른 변인으로 이끄는 인과적 과정, 즉 메커니즘의 설명에 주목한다. 예를 들어, 솔선수범하는 선배교사의 존재(인과기제)가 후배교사에게 학생과의 긍정적이고 교육적인 관계 맺음에 영향(결과)을 미친다 할지라도, 만약 그 후배교사가 가정생활에 어떤 문제가 있다면(개방체제, 교사는 학교란 폐쇄된 공간에서만 존재하지 않는다!) 그 온전치 못한 가정생활이 솔선수범하는 선배교사의 선한 영향력을 방해하는 역(counter)인과기제로 작동하여, 후배교사의 교육자로서의 삶에 긍정적 영향을 온전히 미

---

[1] 그렇다고 비판적 실재론에 기반한 연구가 현상학적 질적 연구, 포스트모더니즘이나 사회적 구성주의(social constructivism)에 기반한 질적 연구들을 폄하하는 것은 결코 아니다. 교육적 경험과 현상을 있는 그대로 잘 묘사해 내려는 시도는 그것 자체로 소중한 의미를 갖는다. 내가 잘 알지 못했던 누군가의 경험을 생생히 그려 내고 그(녀)들의 목소리를 들려주는 글을 보더라도 우리는 충분히 그 글에서 강한 메시지와 함께 어떤 함의를 도출하게 되기 때문이다. 비판적 실재론은 해석주의의 교육 현상에 대한 '이해'에서 한 걸음 더 나아가 교육학자들이 현상에 대한 '설명'을 제공하는 것을 추구하기를 강조한다.

칠 수 없게 되는 것이 우리가 사는 개방체제로서의 사회 세계의 현실이다.

따라서 실증주의에서 말하는 폐쇄체제에서의 '경험적 사건의 선형적 규칙성'과 비판적 실재론에서 말하는 개방체제에서의 '조건적 경향성'으로 정의되는 인과성은 다른 인과성임을 명심할 필요가 있다. 이때 경향성에 대한 진술들은 **초사실적**(transfactual)인데, 이는 그 진술들이 (실재적 영역의) 구조들이 사실에 기반을 둔 결과(factual outcome)와 독립적이고, 사실을 담은 사건들(factual events)과 구분되게 작동한다고 말하는 것을 의미한다(Danermark et al., 2019: 49, 원본에서 이탤릭체로 강조함. 이 글에서는 고딕체로 강조함). 따라서 비판적 실재론의 과학적 법칙은 경험에 관한 진술도 아니요, 사건에 관한 진술도 아니다(Danermark et al., 2019: 49). 오히려 비판적 실재론에서 과학적 법칙이란 독립적으로 존재하고 초사실적으로 활동하는 구조들의 작동방식, 즉 구조들의 인과기제에 대한 진술인 것이다(Danermark et al., 2019: 49). 요약하면, 비판적 실재론의 관점에 따르면, 연구자인 우리는 교육에서 발생하는 사건을 자연 세계와 같이 정확히 '예측'할 수 없다. 따라서 비판적 실재론에서 개념화되는 조건적 경향성으로서의 인과성을 탐구하는 데에는, 질적/내포적 연구방법과 이에 대한 설명을 시도하는 추상화된 이론이 중요한 역할을 담당하게 된다(차후에 자세히 설명함).

그렇다고, 비판적 실재론이 양적/외연적 연구방법을 도외시하는 것은 결코 아니다. 앞의 [그림 3-3]에서처럼 양적/외연적 연구방법은 한정된 시공간적 맥락에서 실제 일어난 사건들의 양상들, 절반의 규칙성(demi-regularity)을 포착하는 데 매우 유용한 연구방법이다. 교육 현상이 발생하는 사회 세계를 개방체계로 상정하는 비판적 실재론에서, 절반의 규칙성이란 모든 시공간 속에서 일반적으로 적용될 수 있는 보편성보다는 '특정한 (한정된) 상황'에서 나타나는 규칙성을 강조하는 개념이라 할 수 있다(Zachariadis et al., 2013). 이를 통해 연구자는 모든 인과기제를 조사하는 것이 아니라, 특정한 시공간에서 작동하는 인과기제에 초점을 맞출 수 있게 된다(Zachariadis et al., 2013: 861).

정리하면, 비판적 실재론의 존재론적 가정들은 연구의 목적과 (혼합) 연구방법의 채택에 영향을 미치게 된다. 비판적 실재론에 기반한 연구의 목적은 경험적 현상(경험적 영역)과 실제적 사건(현상적 영역)의 묘사에 더하여, 현상 혹은 사건이 어떻게, 어떠한 조건에서 일어났는지에 대한 (눈에 보이지 않는) 구조의 인과기제들(실재적 영역)에 대한 설명을 제공하는 것이다. 이러한 연구목적을 달성하기 위해 도입된 추론 양식인 역행추론의 개념을 (가추와 비교하여) 이제 살펴보도록 하겠다.

3. 역행추론과 가추

대부분의 많은 선행 문헌들은 역행추론과 가추의 개념을 명확히 구분하여 사용하지 않거나 동일시하기도 한다(변기용 외, 2022; 이성회 외, 2021; Hartwig, 2007). 하지만 이 글에서는 실용주의의 대표적인 학자인 Peirce가 주장한 가추의 개념과 비판적 실재론에서 정의하는 역행추론의 개념을 구분 짓고, 이들이 다른 개념이지만 상호 보완적인 추론 양식임을 밝히고자 한다(Ritz, 2020). 비판적 실재론의 역행추론은 앞서 논의한 층화된 존재론을 바탕으로 다음의 질문에 대한 답을 찾아가는 추론양식이라 할 수 있다.

> 행위 혹은 사회 조직과 같은, 어떤 현상은 어떻게 가능한가? 만약 우리가 이것을 현상 X라고 부른다면, 우리는 다음과 같은 질문을 만들어 낼 것이다. **X가 존재하기 위해서 그리고 X가 X이기 위해서는 무슨 속성들이 존재해야만 하는가?**(what properties must exist for X to exist and to be what X is?)
> (Danermark et al., 2002: 97, 볼드체 강조는 원본을 따른 것임).

다시 말해, 역행추론은 "구체적 현상의 묘사와 분석으로부터 그 현상이 그처럼 존재하도록 한 기본적 조건들을 재구성하는 추론 양식"으로 정의될 수 있다(Danermark et al., 2019: 103). 반면에 Danermark 등(2019: 103)은 가추란 "개별 현상들을 개념틀이나 일련의 아이디어 안에서 해석하고 재맥락화하는 추론 양식"으로 정의한다. 이러한 Danermark 등(2019)의 가추에 대한 정의는 실용주의자인 Peirce가 말한 가추의 정의와 유사하다. Peirce(1998: 231)가 제시한 가추의 기본모형은 다음과 같다. 놀라운 사실 C가 관찰되었다. 그러나 만일 H(설명가설)가 옳다면, C는 당연히 일어날 것이다. 따라서 H가 옳다고 짐작할 만한 이유가 있다(이희은, 2011: 84에서 재인용). 가추의 기본모형을 자세히 읽어 보면, 가추의 "추론의 산물은 어떤 확정된 결론이나 입증된 진리 명제가 아니라, 개연적인 짐작이며 추측(guess)으로 간주"된다(이기홍, 2008: 306). 즉, 가추의 결론은 제안 혹은 가설의 특징을 띠며 그것이 반드시 참인지 거짓인지를 내포하지 않는다(Ritz, 2020: 462). 또한 H란 설명가설이 꼭 C란 사실을 일으킨 필연적(해당 사건을 설명하기 위해서 반드시 존재해야만 하는) 원인이 되는 '인과기제'에 대한 이론적 재서술이라는 명시가 부재하다. 다만, Pierce는 설명가설(H)을 형성하는 과정이 가추인데, "이 과정에서 관찰된 사실이 왜 일어나는가를 설명하기 위하여 사람들이 동원하는 현재 상황과는 다른 상황에서 이미 통용되는 전제를 출발점으로 해서, 기존의 전제 속에는 포함되어 있지 않은 결론을 도출하는 개연적 추리"가 가추임을 강조한다(이기홍, 2007: 196-197).

반면에 역행추론의 결론은 'X가 그것이기 위해서는 무엇이 **참이어야만 하는가**(what must be true)'의 판별에 관심을 기울인다(Ritz, 2020: 462). 따라서 비판적 실재론의 역행추론과 실용주의의 가추는 연구의 설계 혹은 이론적 설명의 과정에서 상호 보완을 하는 역할을 담당할 수 있다.

가추가 끝나는 바로 그 지점에서 역행추론이 시작될 수 있는 것이다(Ritz, 2020). 보다 구체적으로 말하면, 가추의 추론이 참이라는 이해로 더 나아가기 위하여 역행추론은 무언가(어떤 현상이) 그것이 그것의 모습대로 진짜로 존재하기 위해서는 존재론적으로 무엇이 있어야만 하는지를 탐구한다(Ritz, 2020: 462). 이러한 역행추론에서 추구하는 교육적 사건을 발생시키는 필연적 인과기제에 대한 존재론적 탐구를 위해서는 추상화, 사고 활동(thought operation), 반사실적 사고(counterfactual thinking, 만약 ……이 아니라면 이것은 어떻게 될까?), 일반이론(general theory)의 적용 등이 큰 도움이 된다(Danermark et al., 2019).

비판적 실재론의 시각에서 일반이론이란 "기본이 되는 (초사실적) 사회적 구조와 메커니즘들에 관한 이론[theories of foundational (transfacutal) social structures and mechanism]"이다(Danermark et al., 2019: 155). 이러한 비판적 실재론의 관점에서의 일반이론에 대한 정의는 실용주의자인 Merton이 이해한 일반이론과 차별된다. Merton(1967: 45)은 "원칙상 모든 형태의 사회적 과정과 관계들을 통합하고 설명할 수 있는 모든 것을 아우르는 시스템을 묘사한다고 주장하는 이론"을 일반이론(general theory)으로 간주하였다. 하지만 비판적 실재론의 입장에서 일반이론이란 꼭 Weber, Marx, Habermas의 이론과 같이 거시적 수준의 종합적인 사회 변화에 대한 이론이거나, Merton의 주장대로 모두를 아우르는 체제에 대한 이론을 의미하지 않는다(Danermark et al., 2019). 그렇다고 변기용 등(2022)의 주장[2]대로, Merton의 중범위이론과 비판적 실재론의 일반이론을 동일시해서는 안 된다(이에 대한 자세한 논의는 논의 및 결론 참조). 비판적 실재론의 입장에 따르면, 이론은 구체적인 특정한(specific) 사건에 대해서 이를 구성하는 기본적인 사회적 속성, 초사실적 구조와 인과기제를 가시적이게 하는 개념들을 개발한다는 측면에서 일반적이다(Danermark et al., 2019: 154). 즉, 비판적 실재론에서 추구하는 일반화는 경험적 일반화가 아니라, 초사실적 일반화(transfactual generalisation)—초사실적 구조와 인과기제에 대한 일반화—이다.

요약하면, 가추를 통해 우리는 교육적 현상을 다양한 이론적 해석의 틀로 재기술하면서, 여러 이론적 해석과 설명들을 상호 비교하고, 평가하고, 통합할 수 있다(Danermark et al., 2019: 130). 이때 가추에서 적용하는 이론은 반드시 역행추론에서 핵심적인 역할을 담당하는 (초사실적 구조와 인과기제에 대한 설명인) 일반이론일 필요는 없다. 가추의 과정에서는 특정한 맥락에서의 경험적 연구물들, (근거이론 연구방법에서 자주 논의되는) 현장에서 수집된 자료를 근거로 도출된 실체이론(substantive theory), 중범위이론 등을 활용하여 이론적 해석과 재기술을 하는 것만으로도 충분하다.

이와 달리, 역행추론은 가추를 통한 가용한 설명들 중에서 초사실적인 구조와 인과기제들을 보다 구체화하는 이론과 해석 틀을 탐색하는 데 중점을 둔다. 이때 비판적 실재론에 기반한 일반이론[예를 들어, Archer(1995)의 형태발생론적 접근(MA) 이론, Donati(2011, 2019)의 비판적 실재론에 기반한 관계사회학(Critical Realist Relational Sociology: CRRS 이론[3] 등]의 적용이 중요한 역할을 담당한다. 이미

---

2) 변기용 등(2022: 701, 고딕체는 연구자가 강조한 것임)은 "비판적 실재론에 기반한 연구에서는 보편이론을 추구하는 양적 연구나 특수이론을 추구하는 본질적 질적 연구와는 달리, 주어진 맥락에서 타당성을 가지는 **중범위이론**을 목표로 연구의 분석범위('맥락'-일반화의 범위)를 설정하는 것이 매우 중요하다."고 주장한 바 있다.

언급한 대로, 비판적 실재론에 입각한 일반이론은 층화된 존재론을 토대로 특정한 맥락에서의 경험에 관한 진술이나 사건의 법칙을 과학이론으로 간주하지 않는다. 오히려 교육적 경험이나 사건과 독립적으로 존재하고 초사실적으로 활동하는 구조들의 인과기제에 대한 진술이 곧 과학 이론이라는 것이 비판적 실재론의 입장이다(Danermark et al., 2019: 49). 다시 Bhaskar가 제기한 최초 질문인 "과학활동(학문)이 가능해지려면 실재는 어떤 모습이어야 하는가?"를 떠올린다면, 비판적 실재론은 실용주의에서 추구하는 경험적 연구를 통한 실천적 해법의 제시에 최우선순위를 두고 있지 않음을 쉽게 알 수 있다. 오히려 '비판적 실재론에 기반한 설명적 연구는 과학활동(학문)으로서의 사회과학이 가능한가'란 핵심 질문을 중심으로, 경험적 현상을 야기하는 초사실적 구조와 인과기제에 대한 추상화된 이론적 탐구에 우선적인 관심을 기울인다고 볼 수 있다.

그렇다고 비판적 실재론에 기반한 일반이론의 탐구가 (가추를 적용한) 기존의 경험적 선행연구 분석결과나 이론적 해석틀을 도외시하는 것은 결코 아니다. 오히려 역행추론은 가추의 가설들을 견고히 유지(tenability)하는 데 정보를 제공해 준다는 점에서 양자는 상호 보완적이다(Ritz, 2020). 역행추론의 과정을 통해 가추의 가설들에 대한 초사실적인 조건이 유지 불가능한 것이라 믿을 만한 충분한 이유가 있다면, 가추의 가설들은 애초부터 합리적으로 무시될 수 있다(Ritz, 2020: 462). 이러한 측면에서 역행추론은 가추의 여러 경쟁하는 가설들 중 어떤 가설이 추구할 만한 가치가 있는지를 판별하는 데 도움을 준다(Ritz, 2020: 462). 한편 역행추론은 만약 가추의 가설들을 기각할 만한 충분한 이유가 없는 경우에 그 가설들이 참이기 위한 기본적인 존재론적 조건을 보여 줌으로써 문제 현상에 대한 이론적 설명을 완성해 나가는 데 기여한다(Ritz, 2020: 462). 따라서 비판적 실재론을 적용한 연구방법론에서는 가추와 역행추론 모두를 상보적으로 활용한다(Danermark et al., 2019).

정리하면, 가추는 구체적인 현상을 다양한 이론적 해석의 틀로 재기술하는 것으로, 이미 교육학 연구에서 연구자들이 (무)의식적으로 자주 활용하는 추론 양식이라 할 수 있다. 이와 관련해, 비판적 실재론에 기반한 연구방법에서도 가추의 추론 양식은 당연히 활용될 수 있다. 반면에, 역행추론은 (층화된 존재론을 가정한) 비판적 실재론에 기반한 연구방법에서 사용되는 독특한 추론 양식이다. 역행추론은 X가 X이기 위해 반드시 필연적으로 존재해야만 하는 질적 속성과 구조들, 그 구조들의 인과기제의 탐색에 초점을 둔다. 따라서 비판적 실재론에 기반한 연구방법에서는, 가추를 거쳐 역행추론의 추론 양식을 활용한다. 먼저 가추를 통해 구체적인 교육 현상과 관련된 다양한 이론적 해석의 틀들을 도입해 본다. 이후에 역행추론의 과정을 거치며 초사실적 구조의 인과기제에 보다 주안점을 둔 개념과 이론들을 심도 있게 탐구하고, 관심 현상을 야기한 구조들의 인과기제를 더욱 구체화해 나간다. 한편, 연구자는 경험적 연구를 추가하여 역행추론을 통해 도출한 구조와 발생

---

3) Pierpaolo Donati의 CRRS 이론과 관련된 논문들은 Researchgate에서 무료로 다운로드를 받을 수 있다.

기제에 대한 설명력을 평가할 수(도) 있다. 이는 연구자가 경험적 연구의 수행을 통해 역행추론을 통해 추정한 구조의 인과기제가 실제 교육현장에서 어떻게 나타나는지(manifest)를 탐색함으로써 가능하다. 즉, 비판적 실재론에 기반한 경험적 연구방법의 기본 구조는 구체에서 추상으로, 다시 구체로의 이동이라 묘사될 수 있다(Danermark et al., 2019: 131). 이에 대한 자세한 설명은 다음 절에서 다루도록 한다.

4. (가추와) 역행추론을 적용한 혼합연구 설계 과정의 실제: RTA 연구를 중심으로

혼합연구 설계 과정의 실제는 선형적이지 않다. 오히려 연구자는 다양한 연구방법들을 동시다발적이거나 순환적으로 사용한다. 때로는 연구문제에 대한 보다 나은 답을 찾기 위해, 예기치 않게 새로운 연구방법을 연구과정 중에 도입해야 할 때도 있다. 따라서 제4장에서는 이러한 복잡한 혼합방법연구 설계 과정의 실제를 보다 생생하게 드러내고자, 연구설계 과정의 실제를 연구자 1인칭 '나'의 시점으로 기술하고자 한다. 이 장은 ① 심층 존재론에 기반한 연구문제의 생성과 혼합방법연구 설계 개관, ② 가추를 적용한 연구설계의 실제, ③ 역행추론을 적용한 연구설계의 실제: 비판적 실재론에 근거한 일반이론(general theory)의 적용과 경험적 보강 순으로 제시한다.

1) 존재론에 기반한 연구문제의 생성과 혼합방법연구 설계 개관

좋은 연구설계란 무엇일까? 아마도 연구문제에 가장 잘 답할 수 있도록 설계된 연구가 좋은 연구설계일 것이다. 따라서 혼합방법연구 설계의 실제를 보여 주기 전에 어떻게 연구문제를 생성했는지에 대한 논의가 선행될 필요가 있다. 나는 비판적 실재론의 관점을 취하였기에 나의 주된 연구 관심사는 '왜', '어떻게' 학교란 조건적 상황에서 교사들 사이에 관계재(relational goods) 창출이란 교육적 사건이 발생하였는지에 대한 '구조'와 '인과기제'를 탐구하는 것이었다.

학교 현장에 실재하는 모든 구조와 인과기제를 조사하는 것은 나의 연구 범위를 벗어나는 일이었다. 나는 연구의 범위를 한정할 필요가 있었다. 이때 비판적 실재론에 기반한 일반이론이 큰 도움이 되었다. 일반이론들에서 제시하고 있는 (교육 현상이 발생하는) 사회 세계의 실재적 영역의 구조들은 크게 물질구조, 문화, 행위자, 관계구조이다(Archer, 1995; Donati, 2011, 2019). 이들 4가지 구조의 내부/외부 간의 상호작용을 통한 인과기제를 밝히는 것은 1년간의 연구 기간으로는 불가능한 일이었다. 나는 연구의 범위를 한정하기 위하여 다시 연구의 목적으로 돌아갔다.

나는 학교 교사 사이에서 발생하는 관계재 창출이란 교육적 사건에 관심을 가지고 있었다. CRRS 이론에 따르면 관계재란 "공유된 방식으로 함께 생산하고 함께 향유하는 것을 성찰하며 지향하는 주체들로부터 발현되는 사회적 관계들로 구성된 비물질적인 실체들(무형의 재화들)로, 어떠한 다른 방식으로도 획득될 수 없는 재화"로 정의된다(Donati, 2019a: 250; 이성회 외, 2021: iii). 관계재의 대표적인 예로는 협력, 신뢰, 호혜, 우리-사이, 애정 등이 있다. Donati는 기존의 '사회적 자본' 논의가 재화로서의 '자본'의 논의에 치중하여, 관계의 문화적 가치 또는 사회적 네트워크의 맥락과 별개로 이해되고 있다고 지적하였다. 즉, 개인이 소유할 수 있는 자본으로서의 사회적 자본의 역할 논의를 확대하여, 개인이 아닌 복수의 관계 속에서 존재하는 조직적 특성을 갖는 관계재의 개념, 다시 말해, 앞의 관계재의 정의에서 볼 수 있듯이 '사회적 관계를 맺는 방식이 아니고서는 획득될 수 없는 재화'로 관계재의 개념을 제안하였다.

이러한 관계재 정의에 따르면, 관계재의 핵심적인 인과기제는 '교사행위자'들의 '성찰'이 동반된 '사회적 관계(관계구조)' 맺음이었다. 따라서 나는 관계재 창출이란 교육적 사건에 대한 나의 연구 관심사와 가장 관련이 깊은 교사행위자들의 관계구조를 발생시키는 인과기제인 '성찰'과 '사회적 관계'를 중심으로 한 설명에 초점을 두는 RTA 개념모형을 개발하고자 하였다. 이러한 연구목적을 달성하기 위해 최종적으로 설정된 연구문제는 다음과 같았다.

① 존재론, 인식론, 연구방법론 측면에서 본 연구의 철학적 기반인 비판적 실재론의 핵심 원리는 무엇인가?

② 기존 이론과 문헌분석을 바탕으로 도출된 '관계적 교사행위자성 개념모형(안)'은 무엇인가?

③ 사례 학교인 온빛고(가명)의 2021년 현재 관계재 창출의 현황은 (다른 설문조사 참여 학교와 비교하여) 어떠한가?

④ 지난 20여 년간 온빛고에서 관계재는 어떠한 과정을 거쳐 창출(생성, 확장)되었으며, 관계재 생성과 확장의 발생기제와 맥락적 조건은 무엇인가?

⑤ 문헌 분석과 경험적 연구(설문조사, 비판적 실재론에 기반한 사례연구)를 종합한 '관계적 교사행위자성 개념모형'은 무엇인가?

처음부터 다섯 가지 연구질문이 순차적으로 개발된 것은 결코 아니었다. 사실, 연구를 계획하는 초창기에 나의 연구질문은 2번뿐이었다. 나의 주된 연구 관심은 비판적 실재론에 기반한 일반이론을 한국의 학교 교사에게 적용한 RTA 개념모형의 개발이었다. 2번 연구문제인 RTA 개념모형(안) 개발은 '학교 맥락에서 교사들 사이에 관계재가 창출되기 위해서는 교사행위자성이 어떠한 인과적 경로를 거쳐 발현되는가?'에 답하고자 함이었다. 이처럼 추상화된 개념들(관계재, 교사행위자성,

인과적 경로, 발현)이 포함된 나의 연구질문은 'A학교에서 교사협력은 어떻게 잘 이루어졌는가'라는 일상의 개념과 경험적 현상에 주목한 (실용주의 기반의) 연구질문과 달랐다. 추상적 개념으로 채워진 나의 연구질문은 비판적 실재론에 기반한 연구의 근본적인 관심사가 '교사협력(관계재)이 발생하기 위해서는 근본적으로 무엇(구조, 속성, 발생기제)이 존재해야 하는가?'란 현상을 일으키는 초사실적인 구조와 발생기제에 대한 추상화된 이론을 개발해 나가는 비판적 실재론의 연구 관심을 반영하는 연구질문이었다.

한편 연구과정 중에 나는 비판적 실재론의 연구방법론을 습득하면서 연구문제 2번은 (가추와) 역행추론에 해당하는 추상적 연구에 해당한다는 사실을 알게 되었다([그림 3-3] 참조). 추상적 연구(abstraction)는 주로 (가추와) 역행추론과 관련된 연구방법으로, 눈에 보이지 않는 구조의 인과기제와 관련된 추상적 이론의 문제를 주로 다루는 연구방법이다. 나는 이에 더하여, 일반이론을 한국의 학교 교사들에게 적용한 나의 2번 문제에 대한 답—예를 들어, RTA 개념모형(안)—이 학교 현장에서 실제로 설명력이 있는 개념모형인지를 경험적 연구를 통해 타당성을 확보하고 싶었다. 다시 말해, 현장연구와 이론 연구를 넘나드는 경험적 보강(empirical corroboration)으로 설명력이 더욱 강한 RTA 개념모형을 개발하고 싶었다. 이에 비판적 실재론에 기반한 질적 사례연구 대상으로 온빛고를 선정하여 질적/내포적 연구방법(intensive research)을 설계하게 되었다. 질적/내포적 연구방법(intensive research)은 역행추론을 활용한 추상적 연구에서 논의한 개념들과 (추후에 설명할) 현상적 패턴을 포착한 양적/외연적 연구의 발견을 오고 가며, 비판적 실재론의 최대 연구관심사라 할 수 있는 왜 어떻게 이러한 현상이 발생하게 되었는지에 대한 인과기제와 맥락적 조건을 심층적으로 탐색하는 것을 목표로 한다([그림 3-3] 참조). 이처럼 구조와 인과기제에 대한 분석보다는 구체적인 사건의 설명에 초점을 두어 어떻게 여러 다른 인과기제들이 상호작용하여 교육적 사건에 영향을 주는가를 탐구하는 작업을 비판적 실재론에서는 회귀지시(retrodiction)이라고 명명하고 역행추론(retroduction)과 구분하기도 한다. 하지만 본 연구에서는 이러한 회귀지시의 과정을 역행추론의 설계 과정에 포함시켜, 역행추론의 설계를 일반이론의 적용과 함께 경험적 보강까지 포괄하는 것으로 기술하였다. 나는 온빛고에서 지난 20여 년간 교사들 사이의 관계재 창출의 인과기제와 맥락적 조건을 탐색하고자 비판적 실재론에 기반한 질적 사례 연구방법(내포적 연구방법)을 설계하였고, 4번 연구질문을 추가하게 되었다.

그런데 정말 온빛고는 (다른 학교에 비하여) 관계재 창출이 잘 되는 학교가 맞는 것일까? 연구자인 나만 그렇다고 느끼는 것은 아닐까? 나는 온빛고에서 관계재가 창출이 되었는지 실제 사건의 발생에 대한 설명(explication of events)이 필요하다는 것을 연구설계 도중에 깨닫게 되었다(Hu, 2018). 이에 따라 3번 연구질문을 도출하고 이에 답하기 위한 양적/외연적 연구방법(Extensive research)을 설계하였다. 예를 들어, 절반의 규칙성(demi-regularity)이란 원리에 따라, 나는 온빛고(사례 학교)

라는 특정한 공간과 시간(2019~현재)을 설정하고, 온빛고에서 실제적으로 관계재 창출이란 사건(actual events)이 발생했는지를 타 학교들과의 비교를 통한 설문조사를 통해 확인하는 양적/외연적 연구방법을 설계했다.

한편 역행추론의 원리를 적용하여, 추상적 연구(2번 연구질문), 외연적 연구(3번 연구질문), 내포적 연구(4번 연구질문)의 분석결과를 통합적으로 넘나들며 분석한 종합(synthesis) 연구로서 5번 연구질문을 도출하였다. 다시 말해, 이론 연구(추상적 연구)와 경험적 보강을 위한 현장연구(외연적 연구, 내포적 연구)를 병행하며, 학교란 상황적 조건하에서 교사 간 관계재 창출이란 특정한 사건이 발생하기 위해 필연적으로 존재해야 한다고 추정되는 인과기제와 조건에 대한 경향성을 판별하는 '종합' 연구방법 설계를 통해 RTA 개념모형(안)을 수정하고 RTA 개념모형 종합으로 정교화할 수 있었다.

〈표 3-1〉 비판적 실재론에 기반한 설명적 (혼합)연구의 단계

1단계: 묘사 연구자가 설명하거나 연구하고자 하는 복잡한 사건, 상황, 활동들을 일상의 개념을 사용해 묘사하는 것으로 시작한다(예: 온빛고는 교사협력이 잘 되어서 학교가 변화된 것 같다.) 이때 묘사에서 중요한 것은 연구 참여자들의 해석과 사건에 대한 이해이며, 연구자는 양적 연구방법과 질적 연구방법을 사용할 수 있다.
2단계: 분석적 분해 분석의 범위와 수준에 따라, 연구자는 다양한 구성 요소들로 구체적 사건을 분해한다. 모든 요소들을 다 분석할 수 없기 때문에, 어떤 요소와 양상을 분석할 것인지 연구자는 이를 한정할 필요가 있다. 즉, 연구자가 설명하고자 하는 바를 분명히 해야 한다(예: 교사의 관계재 창출의 인과기제를 탐색하기 위해, 연구자인 나는 물질구조, 문화보다는 행위자들의 관계구조에 주목하는 연구로 본 연구의 범위를 한정 짓는다).
3단계: 가추/이론적 재기술 여기에서 연구자는 교육 현상의 구성 요소들과 양상들을 해석하고 재묘사한다. 이를 위해 다양한 이론적 해석 틀을 검토하고 상호 비교, 평가하며, 때로는 여러 이론들을 통합시키면서 가능한 설명들을 추론해 본다('뒤의 2). 가추를 적용한 연구설계의 실제' 참조).
4단계: 역행추론 이 단계에서는 다양한 연구방법론적 전략이 활용된다. 연구자가 집중하기로 결정한 구조에 주목하여 '무엇이 그 구조를 근본적으로 구성하는가? 어떤 인과기제가 이 구조들과 연관되는가? X가 X가 되기 위해서는 어떤 속성이 존재해야만 하는가?'에 대한 답을 찾는 것이 이 단계의 목적이다. 이때 기존의 (일반)이론들을 활용하는 것이 큰 도움이 되며, 실제 연구과정에서는 3단계에서의 가추와 밀접히 연계되어 역행추론을 수행하게 된다('뒤의 3) 역행추론을 적용한 연구설계의 실제' 참조).
5단계: 회귀지시와 맥락화 이 단계에서 연구자는 다양한 구조들과 인과기제들의 관계를 설명하고자 하며, 서로 다른 인과기제들의 설명력들을 평가한다. 이 단계에서의 연구는 이론적이며 동시에 경험적이다. 기존의 이론들을 비교하고 발전시키고, 때로는 통합시키는 동시에, 경험적 차원의 연구에서 실제 구체적인 맥락에서 어떻게 구조와 인과기제들이 나타나는지(manifest)를 탐색해 본다(본 연구에서는 이미 언급한 대로 5단계를 4단계에 통합하여 기술함).

출처: Danermark et al. (2019: 130)의 내용을 일부 발췌함.

2~5번까지의 연구질문을 도출한 후 나는 비판적 실재론에서 말하는 (경험적 영역을 넘어서는 관찰 불가능한 초사실적 구조의 인과기제를 밝히는) 인과성이, 교육(행정)학계에서 통상적으로 이해되는 눈에 보이는 경험적 사건의 규칙성으로 이해되는 실증주의적 인과성과는 다른 인과성임을 보여 줄 필요가 있다고 판단하였다. 이는 실증주의 아니면 해석주의의 패러다임을 가진 심의자들이 대다수인 수차례의 연구 심의를 거치며 연구 책임자로서 깨닫게 된 바였다. 따라서 나는 나의 연구가 터하고 있는 비판적 실재론의 존재론적 가정과 핵심 개념부터 논의하고자 1번 연구문제를 최종적으로 추가하였다. 이는 비판적 실재론이란 사회과학철학의 틀 안에서, 어떻게 해당 연구가 일관성 있고 체계적으로 존재론-연구문제의 설정-혼합방법연구의 설계로 발전되는지를 보여 주고자 함이었다. 이처럼 실제로는 난잡해 보이기까지 하는 주요 연구질문의 설정 과정을 독자의 이해를 도모하기 위해 비판적 실재론에 기반한 혼합연구 설계의 단계로 일목요연하게 정리해 보면 〈표 3-1〉과 같다.

2) 가추를 적용한 연구설계의 실제

RTA 개념모형(안)을 개발하는 데 있어, 일상적 용어를 추상적 개념으로 재기술하는 가추의 작업은 필수적이었다. 이는 비단 비판적 실재론에 기반한 연구뿐만 아니라 다른 패러다임에 기반한 연구에서도 자주 수행되는 연구의 절차이다. 나는 선행연구와 기존의 다양한 이론틀과 온빛고 사례에서 내가 수집한 질적 데이터를 오가며, 어떻게 구체적인 교육 현상을 추상화된 이론으로 재기술할지를 고민하였다.

먼저, 나는 나의 연구주제와 관련이 있어 보이는 경험적 연구물들과 여러 다양한 이론들을 문자 그대로 찾아 헤매었다. 나는 관계재 창출의 핵심적 인과기제인 교사행위자성 개념, 성찰, 사회적 관계에 대한 이론뿐만 아니라, 이와 유사한 키워드인 교사 협력, 교사 신뢰, 교사 갈등, 교원 관계, 중간 리더(Middle Leader), 협력적 학교 리더십 이론(Collaborative School Leadership), 분산적 리더십(Distributed Leadership), 교사학습공동체(Professional Learning Community), 생태학적 접근의 교사행위자성(Teacher Agency: 이하 TA) 개념 등을 탐독하였다.

특히, TA 개념모형은 비판적 실재론의 대표적인 연구자인 Margaret Archer의 MA 이론을 개념모형에 활용하여 나의 이목을 끌었다.

TA 개념모형은 (표피적인 경험적 영역의) 교사의 행위를 단순히 묘사하는 것이 아니라 교사행위가 (현상적 영역에서) 어떻게 일어나는지를 추상적인 이론으로 재기술한 모형이었다. TA 개념모형은 그동안 유능한 개인(자율성, 리더십) 혹은 튼튼한 구조, 아니면 (민주적 학교) 문화 혹은 담론과 같은 특정한 요소만을 강조하는 교육학계의 전반적 분위기 속에서 비판적 실재론자인 Archer가 제시

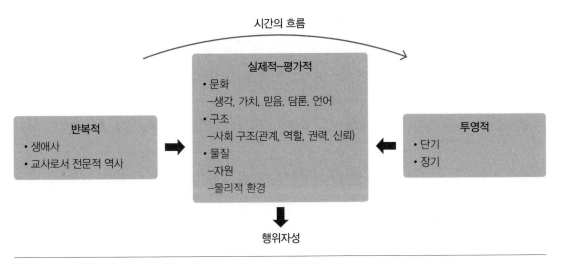

[그림 3-4] 생태학적 접근의 교사행위자성(Teacher Agency) 개념모형
출처: Priestley et al. (2015: 30).

하였던 사회 세계의 초사실적 구조로서의 사회구조, 문화, 행위자의 다양한 요소를 종합적이고 균형 있게 포함한 참신한 모형으로 내게 비추어졌다(이성회, 2017). 또한 시간(과거-현재-미래)의 요소를 개념모형에 포함하고 있어 시간의 흐름에 따른 '변화'의 개념을 설명할 수 있는 가능성을 내포하는 듯 보였다. 하지만 실용주의에 기반한 TA 모형은 비판적 실재론자인 Archer(1995)의 SAC 개념뿐만 아니라, 실용주의자들인 Emirbayer와 Miche(1998)의 행위자성(agency) 개념을 포함하고 있었다. 그 결과, 구조(문화, 물질)를 비판적 실재론자들과 같이 발현적인 독자적인 실재로 개념화하지 않고, [그림 3-4]에서 볼 수 있듯이, 구조가 있기는 하지만, 현재에 행위자의 실천과 만날 때 잠시 현시되는 이론적 차원에서만 실존하는 개념들로 존재할 뿐이었다. 하지만 교육 현실에서 조직, 제도와 같은 사회구조는 행위자의 실천이 일어나기 전인 과거에도 존재해 온 것들이다(이성회, 2021b). 일례로 교사인 내가 부임한 학교 조직은 나의 실행과 만날 때만 존재하는 것이 아니라, 사회적 실체로서 과거에도 여전히 존재해 왔다. 현재에서만 현시화되는 사회구조로 개념화된 TA 개념모형은 존재론에 그다지 학술적 관심을 보이지 않는 실용주의자들이 취하는 현실주의(actualism)의 한계를 드러내었다. 게다가 TA 개념모형은 교사행위자성 발현의 핵심적 인과기제인 '사회적 관계'의 형성과정과 '성찰'의 역학관계에 대해서 구체적인 설명을 제공해 주지 못했다(이성회, 2021b).

한편, 나는 비판적 실재론의 관점을 가지고 선행연구를 분석한 결과, 교사학습공동체, 중간 리더십, 협력적 학교 리더십, 분산적 리더십 등에 대한 다양한 개념 및 이론들은 내가 관심이 있는 '어떻게' 어떠한 구조들의 인과기제를 통해 교사 간 관계재가 창출되는지의 인과적 과정(causal path)에 대한 설명의 문제보다는 '무엇'이란 개별적 요소(예를 들어, 교사학습공동체의 구축 원리 혹은 구성 요소)의 경험적 차원에서의 제시에 더 많은 관심을 두고 있음을 발견했다(이성회, 2017). 또한 기존의 교원 간 관계에 대한 대부분의 실증주의에 기반한 선행연구들은 '관계 구조'의 속성에 대한 심도 있는 존재론적 · 인식론적 · 이론적 검토를 하지 않은 채, 경험적 차원에서 관계의 단편적 양상(갈등, 협력, 신뢰 등)이나 연구자가 관심이 있는 특정 변인을 중심으로 그것이 교원 관계에 미치는 영향이나 효과를 분석하는 경향을 보였다(이성회, 이호준, 2022a).

정리하면, 나는 가추를 적용한 선행연구 분석을 통해 분명한 사실을 알게 되었다. 그것은 관계재(신뢰, 협력 등) 창출을 위한 교사행위자성 발현에 있어서 교사 사이의 사회적 관계, 특히 교사공동체의 형성(혹은 우리-사이의 형성)이 핵심적인 인과기제로 작동한다는 사실이었다. 하지만 나는 가추에 기반한 선행연구 분석으로는 여전히, 나의 주된 연구 관심인 기존에 없던 교사공동체(우리-사이)가 어떻게 생성되어 가는지에 관한 인과적 과정에 대해 명쾌한 설명을 제공받지 못했다. 이에 나는 어려운 길이지만, 비판적 실재론에 기반한 일반이론(general theory), 특히 Donati의 CRRS 이론을 탐구하여 내 연구에 적용하기로 했다.

3) 역행추론을 적용한 연구설계의 실제: 비판적 실재론에 근거한 일반이론의 적용과 경험적 보강

역행추론을 적용한 연구설계는 크게 ① 비판적 실재론에 근거한 일반이론의 검토와 RTA 연구에의 적용, ② 외연적 연구방법과 내포적 연구방법을 활용한 경험적 보강의 두 부분으로 나뉘었다. 실제 연구과정에서는 이 두 과정이 동시에 진행되기도 하였으나 독자의 이해를 도모하기 위해 이 둘을 구분하여 본 연구에서 제시한다.

(1) 비판적 실재론에 근거한 일반이론의 검토와 RTA 연구에의 적용

역행추론을 적용한 RTA 개념모형(안)([그림 3-5] 참조)을 개발함에 있어, 교육 현상이 발생하는 사회 세계에 대한 속성, 구조, 메커니즘에 대한 설명을 담고 있는 비판적 실재론에 기반한 일반이론들은 큰 도움이 되었다. 특히, 온빛고의 질적 사례에 Archer가 지난 25여 년간 개발해 온 MA 이론과 Donati가 10여 년간 발전시켜 온 CRRS 이론을 적용해 나가는 작업은 RTA 개념모형(안) 개발에 핵심적인 기여를 했다.

먼저 Archer(1995)의 MA 이론에서 제시한 형태발생론적 주기(Morphogenetic Cycle) 개념인 T1-T4까지의 시간의 흐름에 따른 '(구조적) 조건화-사회적 상호작용-(구조적) 정교화'란 시퀀스는 변화의 인과적 과정을 설명할 수 있는 개념틀을 제공해 주었다([그림 3-5] 제일 윗단과 하단 참조). 이는 분석적 차원에서 선재하는 구조(T1-T2)와 후행하는 행위자의 실천(T2-T3)을 시간 차를 두어 설정함으로써, 실용주의 기반의 TA 개념모형의 사회구조와 행위자를 뭉뚱그려 변증법적으로 설명

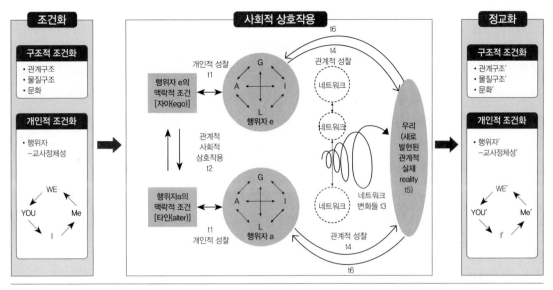

[그림 3-5] 역행추론을 적용한 관계적 교사행위자성(Relational Teacher Agency) 개념모형(안)

하는 (중도융합의) 오류를 극복하는 데 도움을 주었다(이성회, 2021b). 즉, Archer(1995)의 MA 이론의 적용은 RTA 개념모형(안)에서 어떻게 선재하는 구조(와 행위자)가 행위자의 실천을 조건화하고, 행위자들의 사회적 상호작용을 거쳐, 구조와 행위자가 변화(정교화)하는지를 가시적으로 보여 줌으로써 변화(혹은 재생산)의 인과적 과정을 설명할 수 있는 개념틀을 제공하는 데 기여하였다.

하지만 MA 이론은 구조, 문화, 행위자를 구분하여 개념틀에 반영하여 이들의 상호작용의 메커니즘을 설명할 수 있다는 점에서 유용하였지만, 구조와 행위자를 매개하는 기제로서의 '관계구조'와 '관계적 성찰(relational reflexivity)'에 대한 개념화가 미흡한 측면이 있었다(Donati & Archer, 2015; 이성회, 2021b). 이를 나는 Donati(2019)의 CRRS 이론으로 보완하고자 하였다. CRRS 이론에서는 MA 이론에서 관심을 기울이지 않았던 사회적 관계에 대한 견실한 이론과 연구방법론적 나침반을 제공해 주었다. Donati는 사회적 '관계'를 존재론적 차원에서 '구조', '문화', '행위자'와 구분되는 독자적인 실재(a sui generis reality)로 개념화하였다. 이뿐만 아니라, 사회적 관계를 통상적으로 선행연구에서 이해하는 '상징적 참조'(나의 너에 대한 주관적 이해)를 넘어서서, 독립적인 구조를 가진 '구조적 유대', 인과적 힘을 발휘하는 '발현적 효과'의 세 가지 의미론으로 개념화하였다(Donati, 2011, 2019). 특히, CRRS 이론은 구조적 유대로서 사회적 관계를 개념화함으로써, 그동안 연구방법론적 차원에서 (행위자의 행위에 포섭되어) 제대로 포착할 수 없었던 사회적 관계를 AGIL(수단, 목적, 규범, 가치)이란 속성을 가진 독자적 실체로, 즉 독립적인 분석의 단위로 설정할 수 있는 유용성을 갖고 있었다. Donati는 Parsons의 기능주의적 관점의 AGIL 도식으로부터 초기에 영향을 받았지만, 기능주의 시각과 CRRS 시각이 양립할 수 없음을 깨달았다. 이에 따라 AGIL 도식을 활용하되 기능주의 관점의 AGIL 도식과 그 내용에 있어서 차별적이고 독창적인 관계적 시각의 AGIL 도식을 Donati는 구축하게 된다. 이에 더해, Donati(2019)는 개인의 외부 세계에 대한 성찰인 '개인적 성찰'과 구별되는 사회적 관계에 대한 성찰인 '관계적 성찰'을 사회적 관계 발현의 핵심적인 기제로 이론화하였다. 관계적 성찰(relational reflexivity)이란 "다른 사람들과의 관계가 자신에게 미치는 영향과 그 반대로 자신이 다른 사람들에게 미치는 영향을 고려하는 정신적 능력의 정기적 연습"이다(Donati, 2016: 355; 이성회 외, 2021: 286에서 재인용; Donati의 사회적 관계에 대한 구체적인 설명은 이성회, 2022c 참조).

종합하면, CRRS 일반이론은 그동안 교사 관계 연구에서 포착하지 못했던, 교사 관계구조, 관계(구조)의 속성, 발생기제인 관계적 성찰과 관계적 주체, 발현적 효과로서의 관계재 개념, 관계재 및 관계적 성찰의 발현 조건 등에 대해 체계적인 이론을 구축하고 있었다. 특히, CRRS 이론에서 제시하는 관계재의 발현 조건인 '정체성의 공유, 비도구적 동기, 호혜성의 규칙에 따른 행위, 완전한 공유, 시간의 흐름에 따른 정교화, 관계적 성찰'(Donati, 2019)은 관계재가 발현되기 위한 '필연적' 조건, 즉 관계재가 관계재로 존재하기 위해서는 어떠한 속성을 가져야만 하는가란 존재론적 질문에 대해 타당성 있어 보이는 답변을 연구자인 내게 제공해 주는 듯 보였다. CRRS 이론에서 제시하는 관계재 발현의 (필연적) 조건은 기존의 연구에서 교사 관계재(교사 신뢰)의 영향 요인으로 자주 지목되는 경험적 차원의 교사 배경 변인(성, 교직 경력, 본교 경력, 직위 등), 학교 수준 변인(교장 성별, 학교 규모, 학업성취 수준, 학교장 리더십)이라는 (필연적 관계와 대비되는) 형식적 관계와는 본질적으로 차별되었다.

CRRS 일반이론은 나의 주된 연구 관심이었던 왜, 어떻게 교사 사이의 관계재가 학교란 조건하에서 창출될 수 있는지에 대한 인과기제를 설명해 주는 핵심적인 단초를 제공해 주었다. 이러한 개념들은 RTA 개념모형(안)에서, 특히 사회적 상호작용 부문에, 각각의 개념모형의 구성 요소들로 반영되었다([그림 3-5] 참조). 예를 들면, 나는 Archer가 제시한 구조, 문화, 행위자(SAC)란 세 요소에 Donati가 개념화한 '독자적 실체(실재)로서의 사회적 관계' 개념을 추가하여, 관계구조, 물질구조, 문화, 행위자로 개념모형의 구성 요소들을 세분화하였다. 이는 이 네 가지 구성 요소(관계구조, 물질구조, 문화, 행위자)가 비판적 실재론의 관점에서 관계재를 창출하는 실재적 영역의 초사실적 구조들로 상정됨을 의미하였다. 또한 개인적 성찰, 관계적 성찰, 우리, 관계적 관점의 AGIL 도식 등을 개념모형의 사회적 상호작용 시퀀스에 반영하였다. 이는 관계재를 창출하는 사회적 상호작용 시퀀스의 역학관계가 여전히 교사연구에서 블랙박스로 남아 있는 가운데, 사회적 상호작용 시퀀스에 존재하는 '개인적 성찰', '관계적 성찰', '우리'의 발현이 교사 간 관계재를 창출하는 관계구조의 핵심적 인과기제임을 상정한 것이었다.

한편, 앞과 같이 일반이론에 대한 선행연구를 분석하여 개념모형을 개발하는 것과, 이 일반이론을 한국의 학교 현장에서의 교사들에게 적용하여 경험적 연구를 진행하는 것은 또 다른 차원의 연구였다. 우선적으로 CRRS 이론에서 제시하는 추상적 이론 및 개념들(예: 관계구조)을 모두 한국의 교사 현실에 맞는 용어(예: 동학년협의회)로 전환하는 연구과정이 수반되어야 했다. 이는 다음 절의 경험적 보강에서 보다 자세히 설명하도록 한다.

한편, 나는 일반이론을 RTA 개념모형 개발에 적용하는 역행추론의 과정을 통해, Archer의 MA 이론과 Donati의 CRRS 이론은 상보적 역할을 하기도 하면서, 동시에 '사회적 관계'와 '관계적 성찰'에 대해 두 학자가 최근에 들어 상반된 입장을 취한다는 것을 확인하게 되었다. 따라서 나는 RTA 개념모형을 개발하면서 두 이론이 취하는 다른 입장(예를 들어, 사회적 관계란 독자적인 실체인가, 아닌가? 개인적 성찰과 관계적 성찰은 다른 종류의 성찰인가, 같은 종류의 성찰인가? 다른 종류라면, 이 둘은 어떻게 다른가?) 중에서 어떤 일반이론이 더 설명력과 타당성을 가지는가를 경험적 보강을 통해 보다 심층적으로 탐구할 필요를 갖게 되었다. 실제로 [그림 3-5]를 보면 관계적 성찰과 개인적 성찰이 독자적으로 존재하지만, 서로 어떻게 영향을 주고받는지에 대해서는 일반이론을 적용한 역행추론의 작업만으로는 정확히 확인하기가 힘들었다. 개인적 성찰과 관계적 성찰의 관계, 사회적 관계를 어떻게 RTA 개념모형에 통합시켜야 할지는 경험적 보강을 통해 풀어야 할 숙제로 남게 되었다.

(2) 경험적 보강: 외연적 연구방법과 내포적 연구방법을 활용한 혼합방법연구 설계

나는 현장연구를 통해 사례 학교인 온빛고에서 실제로 교사들 사이에 관계재(우리-사이)가 실재하는지에 대한 교육적 사건을 외연적 연구설계를 통해 확증할 필요가 있었다. 그 이후에, 내포적 연구설계를 통해, 만약 외연적 연구에서 관계재가 경험적으로 실재하는 것이 확인되었다면, 어떻게 그러한 사건이 일어나게 되었는지에 대한 구조, 인과기제와 조건을 탐색하고자 하였다.

외연적 연구의 일환으로 나는 공동 연구진과 함께 설문조사를 설계하였다. 먼저 역행추론을 적용하여 개발된 RTA 개념모형(안)을 토대로 학교 교사들 간의 '관계재 측정도구'를 개발하였다. RTA 개념모형(안)에 따라 설문조사지의 구조적 틀(조건화-사회적 상호작용-정교화)이 구성되고, 관계재 창출의 핵심 요소와 속성들을 도출하여 총 41개 설문조사 문항을 개발하였다(이성회, 이호준, 2022a). 특히, 설문조사 문항 개발에 있어 비판적 실재론에서 중시하는 발생기제가 개방체제에서 인과적 힘을 발휘할 수 있는 '조건'에 주목하였다. 일례로 CRRS 이론에서 제시하는 '관계재 창출의 조건', '관계적 성찰의 조건' 관련 문항을 설문조사에 교사 현실에 적합한 언어로 수정하여 반영했다.

설문조사 대상의 선정은 개방체계를 상정한 비판적 실재론의 관점에서 중요한 이슈였다. 앞서 설명한 대로, 절반의 규칙성(demi-regularity)을 준거로 삼아 연구 대상의 폐쇄를 위한 내부적 조건과 외부적 조건을 준폐쇄(quasi-closure)하여 부분적 규칙성을 발견하고자 했다. 폐쇄를 위한 내부적 조건(intrinsic conditions for closure)이란 "연구의 대상(단위학교의 교사 연구 참여자, 관계재 등)이 질적인 변화를 겪게 하지 않도록 연구자가 노력하는 것이다"(Zachariadis et al., 2013: 863). 따라서 관계재 창출의 현황을 탐색함에 있어, 특정한 기간(2019~2021년)에 단위학교에 재직 중인 교원들을 설문조사 참여자로 한정하였다. 한편 "폐쇄의 외부적 조건(extrinsic conditions for closure)을 설정하는 것은 분석의 경계(특정 지역 등)를 세우는 것"이다(Zachariadis et al., 2013: 863). 교육청마다 다양한 교육정책, 학교급(초등, 중등)에 따른 다른 특성 등과 같은 외부적 조건이 단위 학교의 관계재 창출에 미치는 영향을 부분적으로 통제하기 위해 본 연구는 질적 사례연구의 대상인 고등학교(온빛고)가 위치한 K교육청 산하의 고등학교들에 한정하여 설문조사 참여 학교를 표집(총 8개교)했다.

연구진은 설문조사 결과분석을 통해 CRRS 이론에서 가정한 이론적 전제들(관계재 창출의 조건, 관계적 성찰의 조건, 우리의 실재, 우리의 발현적 효과 등)이 추상적 이론으로 남지 않고, 실제 학교 현장에서 경험적으로 나타나는지(empirical manifestation)를 확인하고자 했다. 또한 RTA 개념모형(안)에서 설정된 개념들 사이의 관계들, 예를 들어 '관계적 성찰의 조건', '관계재 창출의 조건'(구조적 조건화)이 '우리'를 형성하고(사회적 상호작용), 형성된 우리가 '사회적 관계의 발현적 효과'(구조적, 개인적 정교화)를 발생시키는지를 경험적 차원에서 검증하기 위해 구조방정식모형을 활용한 분석을 설계했다. 한편 CRRS 이론과 유관 선행연구 분석을 토대로 학교 현장에 적합한 교사 관계재 지수 산출방법을 연구진이 직접 개발하였다. 이를 통해, 연구진은 온빛고의 관계재 지수가 설문조사에 참여한 타 학교들에 비해 실제적으로 높은지를 확인하고자 했다(구조방정식모형 분석결과와 관계재 지수 산출방법에 관한 자세한 내용은 이성회, 이호준, 2022a, 2022b를 참조). 이처럼 외연적 연구설계는 교육적 사건(단위학교에서의 교사 간 관계재 창출)의 일정한 양상을 포착하는 데 매우 유용한 연구방법이었다.

다음으로 비판적 실재론의 주된 연구목적인 교육적 사건의 초사실적인 구조와 인과기제를 탐색하기 위한 내포적 연구의 일환으로 비판적 실재론에 기반한 질적 사례연구를 설계했다. 비판적 실재론에 기반한 사례연구는 일반적인 사례연구처럼 사례 자체에 대한 관심보다는, 교육적 사건이 발생한 기저의 인과기제와 구조적 조건의 설명에 일차적 관심을 둔다. 따라서 비판적 실재론에 기반한 사례연구의 선정은 보편적(초사실적) 인과기제가 체현된 특수한 사례를 선정하는 것이라 할 수 있다. 따라서 비판적 실재론에 기반한 사례연구에서는 종종 '극단적(extreme)'이고 '병적인(pathological)' 사례가 선정된다(Danermark et al., 2002). 학교급이 올라갈수록 교사 사이의 관계재 창출이 더 어렵다고 여겨지는 사회적 통념에 비추어 볼 때, 사립 직업특성화고등학교인 온빛고를 사례연구의 대상으로 선정한 것도 이와 유사한 맥락에서였다. 온빛고는 교사 사이의 관계재 창출의 구조와 발생기제를 설명하는 RTA 개념모형(안)을 정교화하는 데 도움을 줄 수 있는 사례라 간주되었기에 채택되었다. 관계재 창출을 위한 교사행위자성이 발현되기 위해서는 교사들 간에 지속적인 교류의 시간이 일정 기간 이상 필요하다는 CRRS 이론(Donati, 2019)을 토대로, 나는 교사의 전입과 전출이 공립학교에 비해 상대적으로 빈번하지 않은 사립학교를 의도적으로 사례연구 대상으로 선정하였다. 또한 온빛고는 내가 2016년부터 연구를 수행해 온 학교로 학교의 내부적 상황(예를 들어, 교사들 사이에 신뢰, 협력과 같은 유의미하고 선한 관계가 유지되어 옴)에 대한 이해가 상대적으로 풍부하였다. 즉, 온빛고는 일반이론의 적용을 통해서 개발한 RTA 개념모형(안)의 추상적 개념들이 학교 현장에 실재하는지를 확증하고 판별하며, 사고 실험과 추상화를 통해서만은 확인할 수 없었던 개념들 사이의 관계(예를 들어, 관계적 성찰과 개인적 성찰의 관계)를 명료화할 수 있는 풍부한 경험적 데이터를 제공할 수 있다고 판단되었기 때문에 사례연구의 대상으로 선정되었다. 또한 교사행위자들의 발휘하는 관계적 성찰의 수준이 개인마다 다름을 고려하여, 다양한 집단들(우리-사이라고 생각하는 교사들, 그렇지 못한 교사들, 이직교사, 재직교사, 퇴직교사 등)을 의도적으로 표집하여 연구 참여자 30명과 인터뷰를 진행하였다.

면담 질문은 RTA 개념모형(안)의 틀에 따라 시간성(조건화-사회적 상호작용-정교화)을 고려하여 관계구조, 물질구조, 문화, 행위자, 성찰 등과 관련된 질문을 총체적으로 포괄하였다. 이러한 측면에서 비판적 실재론에 기반한 사례연구의 설계는, 경험적 데이터에 주로 의존하는 해석주의 기반의 사례연구와 달리, 이론 의존적(theory-laden) 특성을 강하게 가진다(Fletcher, 2017). 그렇다고 비판적 실재론에 기반한 사례연구가 전적으로 이론에 의해 결정되는(theory-determined) 연구는 아니었다(Fletcher, 2017). 일례로 나는 비판적 실재론에 기반한 사례연구에서 면담 과정 자체를 RTA 개념모형(안)을 단순히 검증하는 것을 넘어서서, RTA 개념모형(안)을 수정하여 더욱 정교화해 나가는 과정으로 활용했다. 즉, 경험적 보강을 통해 이론 (혹은 개념모형)을 수정하고 보완해 나가고자 하였다. 이는 [그림 3-5]와 [그림 3-6]의 비교를 통해 확인이 가능하다.

보다 구체적으로 나는 일반이론의 적용을 통해 관계재 창출의 핵심적인 인과기제라 추정된 교사들 사이의 '사회적 관계'의 형성과 '관계적 성찰'의 실천에 관한 내용이 연구 참여자와의 면담 중에 나올 경우 이론적 민감성을 가지고 면담 질문을 이어 나갔다. 예를 들어, 연구 참여자가 관계적 성찰의 개념에 대해 교사의 일상의 언어로 설명할 경우, 나는 관계적 성찰의 실재를 면담 과정에서 확인할 수 있었다. 이에 더해, 관계적 성찰과 우리-사이의 관계, 관계적 성찰과 개인적 성찰의 관계에 대한 질문들을 추가적으로 덧붙여 나감으로써 일반이론의 적용만으로는 불명확했던 개념 간의 관계를 경험적 보강을 통해 명료히 할 수 있었다(이성회 외, 2021). 이러한 연구결과는 일반이론을 적용한 추상적 연구에서 연구를 끝내지 않고, 이에서 한 걸음 더 나아가 경험적 보강(외연적 연구와 내포적 연구)을 통해 개념모형을 지속적으로 정교화하는 연구설계로 얻게 된 연구의 큰 수확이었다.

나는 공동연구진과 각자 분석한 바를 상호 비교하는 분석의 과정을 거치면서 분석결과의 타당성을 높이고자 하였다. 이뿐만 아니라, 연구진이 공동으로 분석한 결과를 연구 참여자들과 전문가

관계적 교사행위자성의 형태발생론적 주기 개념모형

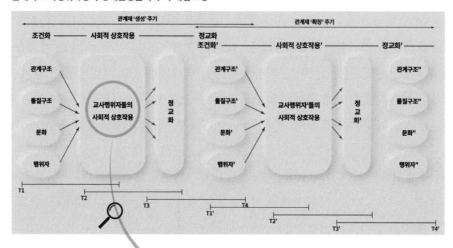

단위학교 수준에서의 관계적 교사행위자성 개념모형

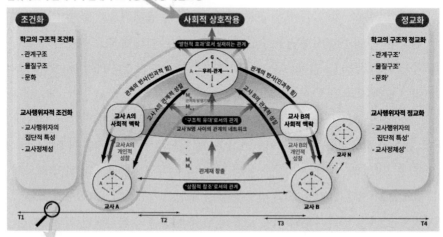

교사 수준에서의 관계적 교사행위자성 개념모형(Donati, 2017b: 55를 재구성함)

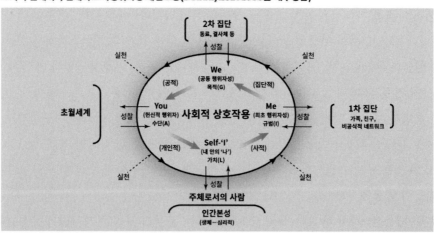

[그림 3-6] 관계적 교사행위자성(RTA) 개념모형 종합

들에게 재검토받았다. 어떤 연구 참여자들은 분석결과를 읽고 그(녀)들의 경험을 매우 잘 재현해 냈다고 놀라워하는 반면, 어떤 참여자들은 특정 부분에서 연구진의 해석에 의문을 제기하기도 하였다. 이러한 경우에는 연구 참여자들의 주장이 타당하다고 판단되는 경우 그(녀)들의 의견을 수렴하여 분석결과를 수정하였고, 그렇지 않은 경우에는 연구진이 수집한 경험적 증거들을 다시 찾아가며, 분석결과에서 연구진이 그와 같이 분석한 이유를 추가적으로 보충하여 기술했다.

한편 나는 사례연구를 수행하면서, 내가 처음에 의도하였던 단위 '학교' 수준의 개념모형 개발뿐만 아니라, 개별 '교사' 수준에서의 RTA 개념모형의 정교화가 필요함을 깨닫게 되었다. 왜냐하면 면담을 통해 연구 참여자인 30명의 개별 교사가 보여 주는 행위자성(agency)의 속성과 발현적 힘이 달랐고, 교사 개인이 20여 년 동안 발휘하는 행위자성도 시간의 흐름에 따라 다른 양상으로 변화함을 발견하였기 때문이었다. 일례로 우리-사이를 경험한 행위자성(공동 행위자성)과 그렇지 못한 행위자성(최초 행위자성)은 발현적 힘의 수준에서 큰 차이를 보였다([그림 3-6] 최하단의 교사 수준에서의 관계적 교사행위자성 개념모형 참조). 따라서 나는 사례연구를 통한 경험적 데이터를 수집해 나가면서 이와 동시에 행위자성 개념을 정교화한 Archer의 '평생의 과업: 인간되기' 모형, 이를 관계적 관점에서 더욱 발전시킨 Donati의 '인간에 대한 개념화' 모형, 관계적 정체성 개념을 추가적으로 연구하며 이를 어떻게 RTA 개념모형에 통합시킬 수 있을지를 고민하였다. 이처럼 구체적인 연구 자료수집의 단계에서는 일반이론의 적용과 경험적 보강의 작업은 서로 잘 구분되지 않은 채 동시에 진행되기도 하였다. 나는 경험적 연구의 분석과 함께 일반이론의 적용을 끊임없이 오고 가며 역행추론을 통한 분석결과를 종합하여 [그림 3-6]과 같은 세 가지 수준의 RTA 개념모형을 개발하게 되었다.

5. 논의 및 결론

현재 대다수의 국내 교육(행정)학 연구방법론 교재와 대학원 강의들은 어떻게 과학철학과 연구방법론 사이에 연결고리가 생성되는지를 체계적으로 설명하는 데 깊은 관심을 기울이지 못하여 왔다. 이러한 문제의식을 바탕으로 본 연구에서는 '비판적 실재론이란 과학철학의 층화된 존재론에 기반한 핵심적인 철학적 가정들-연구의 목적 및 연구문제 설정-연구문제에 답하기 위한 추론 양식으로서의 역행추론-혼합방법연구 설계'가 어떻게 유기적으로 연결되어 있는가를 밝히는 데 목적을 두었다. 이를 통해 이 글은 연구방법론이 단순한 연구수집의 '방법'이 아니라, 교육적 실재는 어떠한가란 존재론을 토대로 연구의 목적을 설정하고, 설정된 연구목적을 달성하기 위한 연구방법을 체계적으로 설계하는 방법'론'임을 강조하고자 하였다.

특히, 본 연구는 비판적 실재론에 기반한 심층 존재론이 '왜, 어떻게' 교육 현상이 발생하였는가에 대한 '설명'을 추구하는 '연구의 목적'과 '인과적 경로'를 탐구하는 '주요 연구질문'의 설정에 영향을 미침을 보여 주었다. 또한 비판적 실재론에 기반한 연구의 목적인 인과적 경로의 설명에 있어서, 관계구조, (개인적·관계적) 성찰과 같은 비판적 실재론에 기반한 일반이론의 적용과 경험적 보강을 통한 정교화된 일반이론의 생성, 즉 '이론'이 경험적 연구설계 과정에서 매우 중요한 한 축을 차지함을 드러내었다. 구체적인 교육 경험이란 경험적 영역에서 이론의 세계라 할 수 있는 실재적 영역으로의 도약과 이 두 영역을 오가는데, 역행추론이란 추론 양식은 큰 도움이 되었다. 한편, 양적 연구방법을 통한 경험적 규칙성에 기반한 인과성과는 달리, 비판적 실재론에 기반한 연구에서는 초사실적 구조와 인과기제에 대한 인과성을 탐구한다는 점에서 일반'이론'과 '질적' 연구방법이 결정적인 기여를 함을 확인할 수 있었다.

정리하면, 비판적 실재론에 기반한 교육학 연구의 설계는 견실한 존재론을 바탕으로 연구문제를 생성하고, 역행추론의 원리를 활용해 교육 현상을 발생시킨 구조와 인과기제를 탐구하는 데 적합한 연구방법으로써 외연적 연구방법과 내포적 연구방법를 동시에 활용하는 체계적인 연구방법론적 절차를 가지고 있었다(물론 혼합 연구방법 외에도 내포적 연구방법만을 활용한 비판적 실재론에 기반한 연구, 외연적 연구방법만을 활용한 비판적 실재론에 기반한 연구도 있다). 비판적 실재론에 기반한 혼합방법연구는 기존의 혼합연구 설계에서 질적 연구방법과 양적 연구방법을 함께 활용하는 것이 이 둘 중에 한가지 연구방법만을 사용하는 것보다는 훨씬 더 풍성한 경험적 데이터를 제공한다는 식의 다소 기술(technique)적·경험적·실용적 차원의 이유를 제공하는 것과는 본질적으로 차별되었다.

그간의 교육행정학 연구가 경험적 영역(the empirical)에서의 (간)주관적 인식의 구성(해석주의)이나 경험적 규칙성(경험주의)을 밝히는 데 주로 초점을 맞추었다면, 비판적 실재론은 교육학자들에게 그러한 경험적 영역에서의 교육 현실을 오롯이 인정하면서도 연구자들이 더욱 심층적으로 사실적 영역(the actual)의 경험의 유무와 관계없이 발생한 실제적 사건과, 실재적 영역의 사건과 현상을 일으키는 초사실적인 구조와 인과기제(the real)를 밝히는 인과성에 관심을 기울일 것을 촉구한다(이성회, 2021a, 2021b). 하지만 비판적 실재론이 실증주의의 경험적 규칙성을 무시하는 것은 결코 아님을 본 연구(외연적 연구의 설계)를 통해 우리는 확인하였다. 경험적 규칙성의 발견은 교육 현상의 기저의 발생기제를 탐색 해나가는 거대한 퍼즐의 한 조각일 뿐이라는 것이 비판적 실재론의 기본 입장이다(Danermark et al., 2019: 169). 특히, 비판적 실재론은 우리의 경험과 독립된 (교육적) 실재를 상정함으로써, '무엇이 참인 실재인가?'란 질문을 끊임없이 던짐으로써, 연구 참여자와 연구자의 인식과 독립된 교육의 실재를 겸허하고 심도 있게 탐색할 수 있도록 이끈다. 따라서 '존재론'을 중시하는 과학철학으로서의 비판적 실재론은 경험적, 현상적 영역에서의 문제해결을 위한 실용적 연구질문과 실천적 해법에 주목하는 실용주의(pragmatism)와 엄밀한 의미에서 차별된다. 따라서 실용주의는 패러다임이라기보다는 접근(approach)으로 일컬어진다(Morgan, 2007).

본 연구에서는 초사실적인 구조와 발생기제에 대한 비판적 실재론에 기반한 일반이론(예를 들어, Archer의 MA 이론, Donati의 CRRS 이론)의 구체적인 교육 현상에의 적용(경험적 보강)을 통해서 교육학 분야에서의 비판적 실재론에 기반한 일반이론의 적용을 시도하였다. 일반이론이 제시하는 존재론적 개념들인 물질구조, 관계구조, 문화, 행위자의 공시적 구성 요소와 변화/재생산의 과정을 설명해 줄 수 있는 시간성을 내포한 형태발생론적 주기라는 통시적 요소의 결합은 끊임없이 발현되는 관계재 창출이란 교육 현상의 인과적 과정과 양상을 총체적으로 설명해 줄 수 RTA 개념모형을 개발하는 데 큰 유익을 가져다주었다.

따라서 변기용 등(2022)의 주장과 달리, 비판적 실재론에서 말하는 일반이론의 적용을 통한 역행추론의 작업은 실용주의에서 주장하는 가추를 통한 중범위이론(Middle-Range Theory)의 개발이나 근거이론(Grounded Theory)의 개발과는 엄밀한 의미에서 차별된다. 왜냐하면 중범위이론과 근거이론은 Danermark 등(2019)에 의하면 모두 경험주의적 편향(empiricist bias)을 내포하고 있기 때문이다. 일례로 Merton의 중범위이론은 실증주의의 영향을 받아 데이터의 도움으로 이론을 검증하는 데 초점을 둔다(Danermark et al., 2019).

> (중범위이론의 개발에서는) 경험적 관찰에 우선순위가 주어진다. 이론의 타당성이 평가되는 기준에 있어 경험적 사실은 결정적 역할을 담당한다. 경험적으로 검증될 수 없는 이론은 폐기된다. 이 (Merton의) 접근은 경험주의적(empricist) 인식론을 내포하는 것처럼 보인다. 왜냐하면 논리적 연역과 조작화를 통해 추상화된 것(abstraction)을 데이터로 검증하는 것이 가능하다고 가정하기 때문이다. 하지만 초사실적 사회구조와 질적 속성을 묘사하는 추상화된 (일반)이론은 관찰 가능한 사건 혹은 경험적 규칙성으로 환원될 수 없다…… 중범위이론은 보통 연역의 논리에 따라 검증 가능한 가정들로 환원될 수 있는 명제들의 체계로 간주되는데, 사회이론(일반이론)은 경험적으로 검증할 수 있는 가정들보다 훨씬 더 추상적이다. (Danermark et al., 2019: 144-145, 152에서 발췌함)

앞의 Danermark 등(2019)의 설명은 비판적 실재론의 초사실적인 추상적·존재론적 개념을 다루는 역행추론을 적용한 일반이론과 실용주의의 일상적·경험적 개념을 주로 다루는 가추를 적용한 중범위이론의 차이를 잘 보여 준다.

한편 중범위이론과 달리, Glaser와 Strauss의 근거이론은 귀납적 이론의 생성에 주된 관심을 둔다. 근거이론은 기본적으로 기존의 정립된 이론이 (근거)이론 생성에 도움이 되는 자원이라기보다는 방해물로 간주하는 경향이 있다(Danermark et al., 2019: 152). 근거이론의 개념들은 귀납적 법칙에 따라 데이터로부터 생성되어야 하고, 이론은 데이터와 맞아야(fit)한다는 점에서 근거이론 역시 경험주의적 편향을 보인다(Danermark et al., 2019).

이와 달리, 비판적 실재론의 관점에서 일반이론은 경험적 보강을 통해 일반이론의 정교화를 추구할 순 있지만, 경험적 데이터에 전적으로 의존하지 않는다. 예를 들어, 비판적 실재론의 시각에서 사회적 관계에 대한 일반이론을 발전시킨 Dontai(2011, 2019)의 CRRS 이론은 역행추론이란 추론양식을 통해 아무도 '우리—사이'를 관찰할 수 없지만, 그것이 실재한다고 존재론적으로 가정하고 '우리—사이'의 관계구조를 탐색할 수 있는 연구방법론적 도구로서의 관계적 관점의 AGIL 도식, 우리—사이의 출현을 가능하게 하는 눈에 보이지 않는 실체인 관계적 성찰 개념에 대한 일반이론을 발전시켜 왔다. 이처럼 비판적 실재론에서는, 중범위이론이나 근거이론처럼 경험적 데이터에 전적으로 기대어서는 거의 획득하기 불가능한 (초사실적인) (관계)구조와 구조의 질적 속성, 발생기제에 대한 추상화된 개념들을 포함한 일반이론의 개발을 강조한다. 우리는 이러한 초사실적 구조와 발생기제에 대한 추상화된 일반이론들이 복잡하고 다양한 구체적인 교육적 사건을 숨기기 위한 (cover up) 것이 아니라(다시 말해, 이론과 현실의 괴리가 아니라), 바로 그 구체적 사건을 다루기(deal with) 위해 있는 것임을 잊지 말아야 한다(Danermark et al., 2019: 48).

교육학 연구에 일반이론을 적용하는 것은 교육학 지식의 축적을 가능하게 해 준다는 점에서 학술적 의의가 크다. 예를 들어, RTA 연구는 교사의 관계재 창출을 위한 관계적 교사행위자성에 주목하여 교사의 '관계구조'와 '관계적 성찰'을 중심으로 한 인과기제의 탐색에 주목하였다. 그렇다면 차후 연구에서는 일반이론에서 제시하는 다른 구조들('문화', '물질 구조', '학생행위자' 등)과 그들 사이의 발생기제에 초점을 두어, 관계재를 창출하는 교육 현상의 발생기제와 조건에 대한 교육(행정)학 이론을 기존 일반이론의 토대 위에 체계적으로 축적할 수 있게 된다. 그렇다고 비판적 실재론이 추상적 연구만을 지지하는 것은 아니다. 본 연구에서도 살펴보았듯이, 내포적 연구방법과 외연적 연구방법을 활용한 경험적 연구를 통해 CRRS 이론과 MA 이론 같은 일반이론을 학교 현장연구에 적용함으로써, 일반이론의 정교화, 즉 교육(행정)학 이론을 체계적으로 쌓아갈 수(theory building) 있게 된다. 이는 다소 논쟁의 여지가 있지만 기존의 이론을 어느 정도는 방해물로 여기는 (초기의) 근거이론의 접근이나, 기존의 이론을 해체(deconstruction)하는 데 주목하는 급진주의적 구성주의 (radical constructivism)의 접근과는 차별된다.

하지만 여전히 역행추론을 통해 추상화된 실체들 혹은 이론들의 타당성을 어떠한 기준을 가지고 '결정적으로' 평가할 수 있느냐의 문제는 비판적 실재론의 약점으로 지적될 수 있다(Danermark et al., 2019: 104). 본 연구에서는 연구방법론적 측면에서 비판적 실재론의 존재론—연구문제의 설정—혼합방법연구 설계까지의 연결고리에 주목하여 주요 논의를 전개하였다. 따라서 실용주의에 기반한 혼합방법연구와의 공통점과 차별점, 구체적인 혼합 연구방법(선행연구 분석방법, 면담 질문지의 개발, 설문조사지의 개발, 분석 방법) 측면에서 어떻게 비판적 실재론의 존재론과 인식론적 관점을 반영할 수 있는지는 차후 연구과제로 남겨 둔다.

비판적 실재론에 기반한 교육(행정)학 연구방법론에 대해 좀 더 공부하기를 원하는 (예비)학자들을 위해 다음의 영상 자료와 문헌들을 추천하며 이 글을 마무리한다.

- 유튜브: Critical Realism Network의 영상 클립들. https://www.youtube.com/@CriticalRealism
- 『Journal of Critical Realism』의 연구방법론에 대한 다수의 논문들
- Margaret Archer와 Pierpaolo Donati의 일련의 논문들과 책들
- Danermark, B. et al. (2019). *Explaining society: Critical realism in the social science*. London: Routledge. (이 책은 2005년도 판은 이기홍 선생님께서 『새로운 사회과학 방법론』이란 제목으로 번역한 한글판이 있음)
- 이성회, 조선미(2021). 초등돌봄교실은 누가, 어떠한 환경에서, "왜" 참여하는가?: 실재론적 정책평가(realist policy evaluation). 교육행정학연구, 39(1), 333-365.
- 이성회 외(2021). 관계재(relational goods) 창출을 위한 교육의 기능 개념모형 탐색: 비판적 실재론에 기반한 '관계적 교사행위자성'을 중심으로. 충북: 한국교육개발원. www.kedi.re.kr (무료 다운로드 가능)

📖 참고문헌

곽태진(2019). 비판적 실재론과 교육학: 교육학의 학문적 성격과 방법. 고려대학교 대학원 박사학위논문.

변기용, 이현주, 이승희, 손다운(2022). 비판적 실재론의 교육행정학 연구방법론에 대한 함의와 연구의 실제. 교육행정학연구, 40(1), 691-720.

이기홍(2007). 사회과학의 철학적 기초: 비판적 실재론의 접근. 경기: 한울.

이기홍(2008). 사회연구에서 가추와 역행추론 방법. 사회와 역사, 80, 287-322.

이성회(2017). 교사행위자성(Teacher Agency) 개념모델이 교사학습공동체 논의에 주는 도전과 함의. Andragogy Today, 20(2), 1-27.

이성회(2018). 교육복지 실현을 위한 교장 리더십의 발현 과정: 교사행위자성 개념모델의 적용. 한국교원교육연구, 35(1), 233-260.

이성회(2021a). 사회적 실재론(social realism)의 지식관이 역량기반 교육과정 정책에 주는 시사점. 한국교육, 48(1), 137-166.

이성회(2021b). 생태학적 "교사행위주체성"의 한계와 대안: 비판적 실재론에 기반한 '관계적 교사행위자성' 개념모델 탐색. 교육사회학연구, 31(1), 129-154.

이성회(2022a). 비판적 실재론의 역행추론을 적용한 교육학 연구 설계의 실제: 관계적 교사행위자성 연구 사례를 중심으로. 교육학연구, 60(8), 281-312.

이성회(2022b). 인과성(인과기제)에 대한 설명을 질적연구방법으로 할 수 있다고요?!: 비판적 실재론에 기반한 질적연구방법론. 한국교육사회학회 뉴스레터, 12(2), 4-9.

이성회(2022c). 학교변화, 교사변화에 대한 새로운 이론적 접근: 비판적 실재론에 기반한 관계적 교사행위자성(Relational Teacher Agency) 개념모형. 교육행정학회 세대교류연구위원회. https://www.youtube.com/watch?v=jXfRJADb7B4

이성회, 권순형, 민윤경, 이정우, 박나실, 이호준, 염주영(2021). 관계재(relational goods) 창출을 위한 교육의 기능 개념모형 탐색: 비판적 실재론에 기반한 '관계적 교사행위자성'을 중심으로. 충북: 한국교육개발원.

이성회, 이호준(2022a). 관계적 교사행위자성 개념모형에 근거한 교사 간 '관계재' 조사 문항 개발 및 타당화 연구. 한국교원교육연구, 39(1), 195-223.

이성회, 이호준(2022b). 교사 간 관계재(relational goods) 산출 방법에 관한 탐색적 연구. 교육행정학연구, 40(1), 637-663.

이성회, 조선미(2021). 초등돌봄교실은 누가, 어떠한 환경에서, "왜" 참여하는가?: 실재론적 정책평가(realist policy evaluation). 교육행정학연구, 39(1), 333-365.

이희은(2011). 문화연구의 방법론으로서 가추법이 갖는 유용성. 한국언론정보학보, 54(2), 76-97.

Archer, M. (1995). *Realist social theory: The morphogenetic approach*. Cambridge: Cambridge University Press.

Bhaskar, R. (1978). *A realist theory of science*. New York: Routledge.

Danermark, B., Ekström, M., & Karlsson, J. (2019). *Explaining society: Critical realism in the social sciences*. London & New York: Routledge.

Danermark, B., Ekström, M., Jakobsen, L., & Karlsson, J. (2002). *Explaining society: Critical realism in the social sciences*. New York: Routledge.

Donati, P. (2011). *Relational sociology: A new paradigm for the social sciences*. London: Routledge.

Donati, P. (2019). Discovering the relational goods: Their nature, genesis and effects. *International Review of Sociology, 29*(2), 238-259.

Donati, P., & Archer, M. (2015). *The relational subject*. Cambridge: Cambridge University Press.

Emirbayer, M., & Mische, A. (1998). What is agency? *The American Journal of Sociology, 103*, 962-1023.

Fletcher, A. (2017). Applying critical realism in qualitative research: Methodology meets method. *International Journal of Social Research Methodology, 20*(2), 181-194.

Hartwig, M. (2007). *Dictionary of critical realism*. New York: Routledge.

Hu, X. (2018). Methodological implications of critical realism for entrepreneurship research. *Journal of Critical Realism, 17*(2), 118-139.

Morgan, D. (2007). Paradigms lost and pragmatism regained methodological implications of combining qualitative and quantitative methods. *Journal of Mixed Methods Research, 1*(1), 48-76.

Peirce, C. (1998). *The essential Peirce: Selected philosophical writings Volume 2 (1893-1913).* Indiana University Press.

Priestly, M., Biesta, G., & Robinson, S. (2015). *Teacher agency: An ecological approach.* London: Bloomsbury.

Ritz, B. (2020). Comparing abduction and retroduction in Peircean pragmatism and critical realism. *Journal of Critical Realism, 19*(5), 456-465.

Sayer, A. (1992). *Method in social science: A realist approach.* London: Routledge.

Wynn, D., & Williams, C. (2012). Principles for conducting critical realist case study research in IS. *MIS Quarterly, 36*(3), 787-810.

Zachariadis, M., Scott, S., & Barret, M. (2013). Methodological implications of critical realism for mixed-methods research. *MIS quarterly, 37*(3), 855-879.

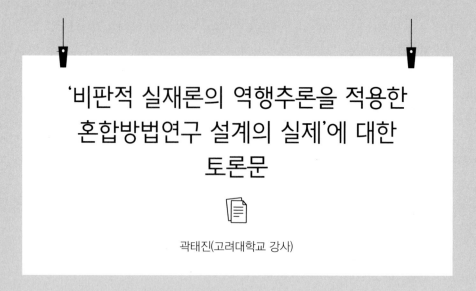

'비판적 실재론의 역행추론을 적용한 혼합방법연구 설계의 실제'에 대한 토론문

곽태진(고려대학교 강사)

1. '비판적 실재론의 역행추론을 적용한 혼합방법연구 설계의 실제'에 대한 리뷰

눈부신 과학혁명의 시대에 Locke는 과학과 철학의 관계에 있어 철학을 과학의 '기초작업자 (under-labourer)'로 설정했다(Locke, 1975: 11). 그리고 비판적 실재론을 정초한 Bhaskar는 이 견해를 받아들이면서, 철학은 과학을 위하여 '철학적 기초작업하기'를 수행해야 한다고 단언한다 (Bhaskar, 2016: 1). 이러한 맥락에서 교육철학을 연구하는 토론자는 교육과학—특히, 그 대상에서 부터 이미 이론과 실천이 혼재된 정도가 매우 강한 교육행정학—의 연구에 관하여, 이 과학의 진전을 뒷받침하려는 겸손한 기초작업자로서 철학적 개입을 도모하고자 한다.

1) 단단한 철학적 기초 위에서의 혼합연구를 위한 상세 지도

'비판적 실재론의 역행추론을 적용한 혼합방법연구 설계의 실제: 관계적 교사행위자성 연구 사례를 중심으로'(이하 제3장)는 비판적 실재론을 교육(행정)연구에 적용하는 것이 어떤 방식으로 가능한지를, 관계적 교사행위성 개념모형을 개발하는 실제 수행된 혼합연구의 구체적인 사례를 들어 선명하게 보여 주고 있다. 또한, 몇몇 인상적이고 훌륭한 연구들에도 불구하고, 아직 국내 교육 (행정)학 분야에서 연구방법론의 기반으로 그리 익숙하지 않은 것으로 생각되는 (사회)과학철학인 비판적 실재론의 주요 개념들을 소개한다. 이러한 개념들의 소개는 실제 연구를 수행하는 과정에서 나타나기 쉬운 오류, 즉 경험적 영역에 집중하는 가운데 인과적 힘을 발생시키는 구조가 상정되는 실재적 영역을 간과하게 될 가능성을 시정하는 데에 큰 도움이 될 것이다. 물론, 우리의 탐구 활동은 그 자체가 이미 경험의 일부라는 인식론적 조건 때문에 이런 오류의 가능성은 언제나 존재한다. 그리고 연구자와 연구 대상이 자연과학만큼 철저하게 구별될 수 없는 사회과학(Bhaskar, 1998), 특히, 이론과 실천이 혼재된 교육(행정)학의 속성을 고려하면, 그와 같은 오류의 가능성은 더욱 클 것이다. 그럼에도 불구하고, 적절한 존재론적 개념을 파악하는 것은 적절한 연구를 수행하기 위한 필수적 조건들 가운데 하나일 것이다.

한편, 제3장은 비판적 실재론에서 중시하는 역행추론(retroduction)이라는 추론의 양식에 주목하고 이를 실제 연구에 적용했던 사례를 구체적으로 보여 줌으로써, 교육(행정)학의 연구에서 이 추론의 양식을 활용하는 연구의 범례(範例)를 가시화하고 있다. 이를 통하여, 비판적 실재론이 뒷받침하거나 요구하게 되는 비판적인 방법론적 다원주의, 그리고 외연적 연구와 내포적 연구가 종합될 필요성에 의해(Danermark et al., 2002; Sayer, 1992), 그와 같은 연구가 이른바 '혼합 연구방법'의 적용과 긴밀한 관계에 있다는 것 또한 분명하게 드러난다.

특히, 사례로 다루어지고 있는 연구의 설계가 어떤 과정을 거쳤는지 매우 구체적으로 진솔하게 보여 주고 있는 부분은, 1인칭 시점을 효과적으로 활용하여 강한 인상을 남기고 있다. 이는 단지 인상적인 것을 넘어서, 비판적 실재론과 혼합 연구방법에 관심을 지닌 교육(행정)학 연구자들에게 매우 유용한 상세 지도를 제공하는 '후기'의 역할을 할 수 있을 것이다. 사실, 연구자들이 접하게 되는 공식적으로 출판된 연구는 대부분 정제과정을 거친 결과물이다. 물론, 서술방식(Darstellungsweise)과 탐구방식(Forschungsweise)은 구분되어야 한다는 Marx의 주장(Marx, 1979)을 상기했을 때, 그리고 과학적 작업을 무엇보다 인과적 설명의 작업으로 간주하는 비판적 실재론의 지향을 고려했을 때, 어쩌면 최종 결과물에서 연구의 실제 과정 전체를 파악하기 어려운 것은 당연한 일일는지도 모른다. 그러나 실제 연구가 이루어지는 전반적 과정이 연구공동체의 공식적인 장에서 다루어지지 말아야 할 이유는 없다. 더욱이, 존재론적 전제 가정이 연구의 수행에 있어 매우 중요한 것으로 여겨지는 비판적 실재론에 입각하는 연구가, 최초의 문제설정(problématique)에서부터 어떤 과정을 거쳐 실제 연구로 이어져 결과물을 산출하게 되는지를 가시화하는 것은, 주류적 연구방법론과는 사뭇 다른 심층적 구조의 실재성과 존재론을 중시하는 비판적 실재론이 교육(행정)학의 (혼합)연구에 기여하기 위해서도 중요한 일이라 할 수 있다.

2) 철학적 개입: 역행추론에서 '추상과 구체의 변증법' 까지

혼합 연구방법을 적용한 교육(행정)학의 연구를, 비판적 실재론이라는 존재론적 지평 위에서 수행하는 데에 기여하는 제3장에 대하여, 몇몇 지점들에서 철학적 개입을 시도하는 것은 그 기여를 심화·증폭하는 일의 일부가 될 수 있을 것이다. 아마도 이러한 개입의 첫 번째 지점은 제3장의 중핵 개념인 역행추론이 되는 것이 좋을 듯하다. 제3장은 이 추론의 양식이 비판적 실재론에서 사용하는 독특한 추론 양식으로 간주하면서, 실용주의자인 Peirce의 가추(abduction)와 서로 다르지만 상호 보완되는 것으로 여기고 있다. 그런데 제3장에서도 지적되고 있듯이, 가추와 역행추론의 개념은 많은 경우에 명확히 구분되지 않는다. 이는 근본적으로 Peirce가 가추와 역행추론이라는 두 용어를 모두, 연역이나 귀납과 구분되는 논증 방식인 'apapgoge' 개념(Aristotle, 1995)에 대한 번역어로 사용했던 데에서 유래된 것으로 보인다(Peirce, 1974a; 1974b). 후대의 연구자들이 모두 이러한 접근을 수용할 필요는 없지만, 가추나 역행추론의 개념이 매우 다양한 방식으로 규정될 수밖에 없다는 사실은 분명하게 인식해야 할 필요가 있다.

물론, 비판적 실재론의 맥락에서는 Bhaskar가 후기에 설정한 두 개념의 구분이 하나의 기준이 될 수 있을 것이다. 가추를 "다루어지는 상태나 조건 혹은 사건을 설명하기 위하여 인과기제나 과정을 재서술 또는 재맥락화하는 것"(Bhaskar, 2016: 79)으로, 역행추론을 "다루어지는 현상을 설명할 수 있는, 실재할 가능성이 있는 기제의 모델을 상정하는 것"(Bhaskar, 2016: 79)으로 구분할 수 있다는 것이다. 그런데 제3장이 결과적으로 수용하고 있는 것으로 보이는 이러한 Bhaskar의 관점은,[1] 애초에 Peirce가 염두에 두었던 가추(혹은 역행추론)의 개념에 포함되는 하위 개념으로 간주되는 것이 더 타당해 보인다. 즉, Peirce가 의미했던 바 '결론을 설명하기 위한 가설의 상정'(현대의 '최상의 설명을 위한 추론'으로 간주됨; Psillos, 2007)의 구분되는 두 유형이 비판적 실재론의 가추와 역행추론이라는 것이다. 그렇다면 'Peirce(혹은 실용주의)의 가추'와 '비판적 실재론의 역행추론'이라는 개념쌍은 유지되기 어려워 보인다.[2]

인과기제와 구조를 상정하는 역행추론의 양식은, 현상에서 구조로 파고드는 탐구의 방향성을 함의하는데, 이는 철학적 개입의 두 번째 지점을 확인시켜 준다. 교육(행정)학의 연구는 어떤 수준까지 파고들어갈 수 있으며 어떤 수준까지 파고들어가야 하는 것인가? 발표문에서 지적되고 있듯이 비판적 실재론의 구조 개념은 사회구조와 동일시될 수 없고 사회구조는 다양한 방식으로 설정된다. 그런데 이처럼 구조가 다양한 방식으로 파악되었을 때, 다시 그것들 사이에 인과적으로 구분되는 층위가 존재하며, 설명의 순서와 설명적 힘에서 우선적인 특정한 구조가 있을 가능성을 배제

---

1) 제3장에서처럼 가추를 재서술 혹은 재맥락화로, 역행추론을 인과기제와 구조의 상정 작업으로 구분하는 것은, '인과적 설명의 양식'에 관한 비판적 실재론의 논의(Bhaskar, 2009)와 결합되면 실제 연구의 '서술방식'과 관련하여 더 큰 도움을 줄 수 있을 것이다.

2) 토론자가 보기에 문제적인 이와 같은 개념쌍은 제3장이 참조하고 있는 Ritz(2020)의 관점에 어느 정도 영향을 받은 듯하다. 혼합연구방법에 대한 비판적 실재론의 함의를 일반적 수준에서 잘 개괄하고 있는 Mukumbang(2021) 역시 Ritz(2020)를 중요한 참조의 기준으로 삼아 가추를 실용주의의 방법으로, 역행추론을 비판적 실재론의 방법으로 다루고 있다. 그러나 비판적 실재론의 입장을 일관되게 고려한다면, 비판적 실재론이 마치 자신이 생산해낸 고유한 방법을 지니는 것처럼 간주하는 것은 큰 문제가 될 수 있다. 과학에 대한 철학은 과학을 전제로 하는 작업일 수밖에 없다.

할 수는 없다. 가령, 마르크스주의는 생산양식이 사회세계에서 가장 우선적인 지위를 차지하는 구조라고 일반이론의 수준에서 주장할 것이다. 또한, 아마도 실제로 수행되는 개별 교육(행정)학 연구에서 문제가 되는 것은, 모든 연구에서 일반이론 수준의 구조와 연계되는 작업을 수행해야 하는가 혹은 수행할 수 있는가 하는 것이리라 생각된다. 이에 대해서는 향후 다양한 연구들이 진전되기를 기대해야 할 듯하다. 다만, 마르크스주의 문화이론의 대가 Eagleton이 언젠가 지적했듯이 설명은 무한소급되지 않으면서 어디에선가 끝나야만 한다고 했던 사실(Eagleton, 2003), 그리고 이 문제는 결국 각 연구 최초의 문제설정에 부합하는 수준까지 탐구되어야 할 것이라는 점 정도는 지적해 둘 수 있다.

마지막으로 필요한 철학적 개입의 지점은, 제3장에서도 Danermark 등(2019)을 인용하며 지적되고 있는, '구체 → 추상'과 '추상 → 구체'로 이동하는 운동, 즉 '추상과 구체의 변증법'이다.[3] 비판적 실재론이 강조하는 바에 따라 과학적 탐구가 인과적 설명을 중점에 둔다면, 역행추론을 통해 구체적 현상을 발생시켰을 것으로 생각되는 인과기제와 구조를 상정하는 추상화(주변적이고 부수적인 것들을 제외해 나가는 과정이라는 점에서) 작업뿐만 아니라, 이렇게 상정된 인과기제와 구조가 경험적 현상을 충분히 잘 설명하고 있는지 적절하게 판별하는 작업 역시 중요하다 할 수 있다. 상정된 가장 추상적인 기저의 구조에 점차 덜 추상적인 이론적·경험적인 자료를 투입하는 구체화 과정 역시 중요하다는 것이다. 즉, 인식론적 수준의 측면에서 추상과 구체의 변증법은, 표층의 현상에서부터 심층의 구조로 파고들었다가, 이 구조로부터 다시 표층으로 상승하는 과정이다. 이러한 사실을 고려하면, 제3장과 여기에서 다루어진 연구 사례는, 원인에 대한 규명을 강조하는 가운데 흔히 간과되기도 하는 이 문제를 적절하게 파악하고 상당히 적절한 방식으로 다루는 모습을 잘 보여 주고 있다.[4]

그런데 이 변증법에서의 상승 과정에, 제3장에서 제시된 경험적 보강을 위한 현장연구만 적용될 수 있는 것은 아니다. Jessop이 현대 국가에 대한 선구적인 이론연구에서 보여 주었던 것처럼, 적절하게 이론적 자료를 절합(articulation)하는 것도 다루는 현상을 적절하게 설명하는 데에 있어 중요한 작업이기 때문이다(Jessop, 1982). 물론, 경험적 현상을 연구하는 과정에서의 구체화는 결국

---

3) 연구의 총체적 방법으로써 추상과 구체를 다루는 것이, 비판적 실재론만의 독점적 사안은 아니다. Marx의 방법에 대한 연구의 역사에서 이는 핵심적인 논쟁 사안이었다. Ilyenkov의 기념비적 연구(1982, 최초 노어판 1960)는 Marx의 방법론을 심도 있게 다루면서 '추상과 구체의 변증법'이라는 용어를 그 제목에 포함하고 있기도 하다. 비판적 실재론의 옹호자들이 Marx의 작업에 주목하는 정도와 부여하는 중요성의 차이는 연구자들이 비판적 실재론을 어떤 맥락에서 수용하게 되었는지의 문제와 연관된 것으로 보인다. 마르크스(주의)와 비판적 실재론의 관계에 대한 주요 견해들을 개관하는 논의는 Brown 등(2002)을 참조.

4) 다만, 발표문이 회귀지시(retrodiction)를 곧 경험적 보강의 과정으로 이해하는 것은, Bhaskar와 비판적 실재론에서의 이해와는 일정 정도 차이가 있어 보인다. 이에 따르면 회귀지시는 구조적 설명을 활용하여, 결과에 선행하는 구체적 사건이나 상태를 추정하는 작업이다(Psillos, 2007; McAvoy & Butler, 2018). 즉, 회귀지시가 경험적 현상을 다루기는 하지만 구체화 과정에서 경험적 차원의 보강이라기보다는, 경험적 선행사건/선행상태의 추정 작업이라 할 수 있다.

구체적인 경험적 연구를 절합하는 작업을 반드시 필요로 한다. 그리고 이처럼 절합되는 경험적 연구가 어떠한 기법을 사용하는지에 대해서 비판적 실재론은 대체로 열려 있다. '무엇이든 좋다'는 Feyerabend의 방법론적 원리는(Feyerabend, 1975), 적절한 존재론적 기초를 제공하는 한에서 다양한 방식의 혼합연구를 수행하는 데에 받아들여질 수 있을 것이다. 이런 의미에서 비판적 실재론은 다양한 혼합연구를 뒷받침하는 동시에 그것을 절실히 요청하는 (사회)과학철학이다.

2. 개선의 여지가 있는 부분

1) 내용적 측면

제3장은 토론자가 파악하고 있는 전체 기획의 취지와 설정된 주제를 고려했을 때, 다소 구체적인 사안에 집중하고 있는 것으로 보인다. 또한, 이와 연관하여 (제3장 마지막 부분에서 이미 연구의 한계 사안으로 지적되고 있듯이) 기존에 다루어진 혼합연구의 유형들과 비판적 실재론에 기반한 혼합연구의 관계가 제시되지 않고 있다는 사실은 상당히 아쉬운 지점이다. 기존에는 많은 경우 존재론적 고려가 이루어지지 않은 상태에서 실용(주의)적인 방법의 혼합만이 논의된 경우가 많은 것으로 보이기 때문이다. 이에, 기존의 주된 혼합 연구방법론의 유형 및 철학적 기초와 비판적 실재론에 기반한 혼합연구에 대한 비교를, 서론 내 혹은 외에서 간단한 수준에서라도 기술하는 것이 필요하다고 판단된다.

사실, 하나의 연구 사례를 그 문제설정의 시작에서부터 구체적으로 다루고 있다는 발제문의 특징은, 강점인 동시에 약점이 되는 듯하다. 하나의 연구 사례에 집중했기에 비판적 실재론에 기반을 둔 혼합연구의 실제를 심도 있게 파악하는 것이 가능하지만, 적절하게 수행된 추가적 연구 사례는 부족해지게 되는 것이다. 이는 비판적 실재론이 방법론적 다원주의를 옹호한다는 점에서 상당히 아쉬운 지점이다. 사례로 제시된 연구와는 다른 방식으로 방법을 혼합하는 것도 가능할 것이기 때문이다. 교육(행정)을 대상으로 하는 연구가 아닐지라도, 인접 사회과학에서 수행된 적절한 연구들을 추가적으로 다루어 볼 필요도 있을 것이다.

한편, 아직 풍부하다고 하기는 힘들지라도 최근 비판적 실재론에 대한 (사회)과학자들의 관심이 증대되고, 비판적 실재론에 기반을 둔 경험적 연구 역시 늘어나고 있는 상황에서, 전체 기획의 취지를 고려하면 부적절한 연구의 사례를 제시하는 것도 중요한 일일 것이다. 그런데 발제문의 특징으로 인해 이 역시 거의 다루어지지 않고 있는 듯하다. 부적절하게 이루어진 혼합연구, 특히 비판적 실재론을 철학적 기초라고 스스로 간주하고 있는 연구들 가운데, 비판적 실재론 자체에 대한 이해가 부족하여 인과기제 구조들을 사실상 다루지 못하고 있는 사례를, 분야에 관계없이 소개하는 것도 시도해 봄직한 일이다.

아울러, 이미 앞서 지적한 바 있지만, (사회)과학철학으로서 비판적 실재론과 과학, 그리고 방법(론)의 관계를 좀 더 분명하게 인식할 수 있도록 서술을 조정할 필요가 있어 보이는 부분들도 있다. 사실, 비판적 실재론을 옹호하고 그에 기반한 연구의 필요성을 주장하는 기존의 연구들에서도 발견되는 문제는, 비판적 실재론의 적절성과 뛰어나고 유용한 측면을 강조하는 과정에서, 자칫 비판적 실재론이라는 과학철학이 마치 적절한 과학을 위한 만능열쇠처럼 다루어지기도 한다는 것이다. 물론, Bhaskar 자신도 인정하고 있듯이 철학은 과학을 위한 기초작업자 역할에 중점을 두면서도 이따금 과학의 산파(midwife) 역할을 할 수 있다(Bhaskar, 2008: 100). 그러나 아무리 뛰어난 산파여도 임신과 출산의 과정 자체를 대신할 수는 없다. 예컨대, 제3장에서도 중시하고 있는 '역행추론'이라는 추론의 양식은 비판적 실재론이 만들어 낸 것이라기보다는, 기존의 과학적 작업들에서 발견되는 추론의 양식들 가운데 구조를 잘 개념화하는 데에 유용한 것으로 판단되는 한 가지 추론 양식을 비판적 실재론이 강조하고 뒷받침하며 옹호하는 것이라고 판단해야 할 것이다.

2) 전체 구조와 가독성 등

제3장의 구조 측면에서 가장 아쉬운 지점은, 비판적 실재론의 주요 개념을 소개하고 있는 절이 다소 나열적으로 보인다는 것이다. '층화된 존재론'에서부터 '경향성'에 이르는 개념들이 어떤 상호 연관을 맺고 있는 것인지, 그리고 비판적 실재론의 다양한 개념들 가운데 이 개념들에 주목하고 소개하는 이유가 무엇인지 그다지 분명하게 드러나고 있지 않은 듯하다. 역행추론과 연관된 개념들을 소개한다고는 했지만, 어떤 측면에서 그 추론 양식과 연관되는 것인지가 잘 드러나고 있지 않은 것으로 보인다. 아울러, 몇 가지 개념에 대해서는 다시금 맥락을 보다 정확하게 확인할 필요도 있어 보인다. 가령, 비판적 실재론에 관한 유용한 해설을 제공하는 Collier에 따르면, 세계에서 층화되어 있는 것은 인과기제들이다(Collier, 1994). 따라서 '존재의 심층'과 '인과기제들의 층화'를 구분할 필요성이 있는 것은 아닌지 검토할 필요가 있을 것이다.

타동적 차원과 자동적 차원에 대해서도, 제3장의 서술에 따르면 실재가 마치 두 종류로 구분되는 것처럼 파악하게 할 우려가 있어 보인다. 그런데 토론자가 이해하기로, 비판적 실재론은 존재가 평면적이지 않고 심층적이라는 사실을 강조하더라도, 과학적 탐구의 대상은 하나의 실재라고 강조하고 있다. 타동적 영역의 실재와 자동적 영역의 실재를 분명하게 구분하면서, 과학의 탐구 대상이 타동적 영역의 실재라고 할 경우, 자칫 우리의 탐구는 결국 물자체(Ding an sich)를 제외한 것에 국한된다고 주장하게 되는 것으로 이어질 우려가 있다. 물론, 과학적 작업 역시 사유에 의존할 수밖에 없는 한, 우리는 실재 자체가 아니라 실재의 표상을 다룰 수밖에 없다. 그러나 과학적 탐구가 궁극적으로 대상으로 삼고 밝혀내고자 하는 것은 정말로 실재하는 자동적 차원의 대상이다(Bhaskar, 1989). 따라서 자동적 영역과 타동적 영역의 구분은 반드시 필요하지만, 이는 동시에 자동적 영역의 실재성에 필연적 지위를 부여하는 것과 결부되어야 한다. Bhaskar는 Althusser가 이 작업을 제대로 하지 않음으로써, 실재하는 지시체(지시 대상)와 표상하는 개념 사이의 문제를 기의와 기표 문제로 환원하는 포스트구조주의로 가는 길의 기초를 닦았다고 비판한 바 있다(Bhaskar, 1989; 2009).

또한, 발현의 개념은 무엇보다 하나의 인과기제는 기저에 존재하는 인과기제들로부터 비롯되지만, 그것들로 환원되지 않는다는, 인과기제의 층위와 연관된 개념이므로, 층화된 세계에 대한 설명과 연관되어 제시될 필요가 있어 보인다. 더욱이 발현성 개념에 관한 서술은 사건의 다중결정/중층결정 문제와 혼동될 수 있는 여지가 있을 듯하다. 물론, 여러 층위의 인과기제들이 동시에 작동하여 결정하는 사건에 대해서는 발현 개념이 유용하게 적용될 수 있을 것이지만, 같은 층위에 존재하는 여러 인과기제의 작용에 의해 결정되는 현상을 파악하는 데에 그 개념이 적절하게 적용될 수 있는지에 대해서는, 논쟁의 여지가 있는 것으로 생각되기 때문이다.

📖 참고문헌

Aristotle (1995). *Posterior analytics*. In *The complete works of Aristotle* (one volume digital edition, pp. 263-379). Princeton: Princeton University Press.

Bhaskar, R. (1989). *Reclaiming reality: a critical introduction to contemporary philosophy*. London: Verso.

Bhaskar, R. (1998). *The possibility of naturalism: a philosophical critique of the contemporary human science* (3rd ed.). London: Routledge.

Bhaskar, R. (2008). *A realist theory of science* (2nd ed.). London: Verso.

Bhaskar, R. (2009). *Scientific realism and human emancipation* (with a new introduction). London: Routledge.

Bhaskar, R. (2016). *Enlightened common sense: the philosophy of critical realism* (edited with a preface by M. Hartwig). London: Routledge.

Brown, A., Fleetwood, S., & Roberts, J. M. (2002). The marriage of critical realism and Marxism: happy, unhappy or on the rocks? In A. Brown et al. (Eds.), *Critical Realism and Marxism* (pp. 1-2). London: Routledge.

Collier, A. (1994). *Critical realism: an introduction to Roy Bhaskar's philosophy*. London: Verso.

Danermark, B., Ekström, M., Jakobsen, L., & Karlsson, J. (2009). *Explaining society: critical realism in the social sciences*. London: Routledge.

Eagleton, T. (2003). *After virtue*. London: Penguin Books.

Feyerabend, P. (1975). *Against method: outline of an anarchistic theory of knowledge*. London: NLB.

Ilyenkov, E. V. (1982). *The dialectics of the abstract and the concrete in Marx's Capital*. Moscow: Progress Publishers.

Jessop, B. (1982). *The capitalist sate*. New York: New York University Press.

Locke, J. (1975). *An essay concerning human understanding*. Oxford: Claredon Press.

Marx, K. (1979). *Das Kapital Bd. I*. Berlin: Dietz Verlag.

McAnoy, J., & Butler, T. (2018). A critical realist method for applied busness research. *Journal of Critical Realism, 17*(2), 160-175.

Mukumbang, F. C. (2021). Retoroductive theorizing: a contribution of critical realism to mixed methods research. *Journal of Mixed Methods Research, 0* (0), 1-22.

Peirce, C. S. (1974a). *Collected papers of Charles Sanders Peirce*, Vol. 1. Cambridge: The Belknap Press.

Peirce, C. S. (1974b). *Collected papers of Charles Sanders Peirce*, Vol. 2. Cambridge: The Belknap Press.

Psillos, S. (2007). Inference. In M. Hartwig (Ed.), *Dictionary of critical realism*. London: Routledge.

Ritz, B. (2020). Comparing abduction and retroduction in Peircean pragmatism and critical realism. *Journal of Critical Realism, 19*, 456-465.

Sayer, A. (1992). *Method in social science: a realist approach* (2nd ed.). London: Routledge.

제2부

양적 연구방법 교육 및
활용 실태와 발전 방향

제4장

양적 연구방법론 교육 및
활용 실태와 향후 발전 방향

정동욱(서울대학교 교육학과 교수)

정설미(서울대학교 교육학과 박사수료)

이보미(서울대학교 교육학과 박사과정)

요약

최근 교육행정학 연구에서 양적 연구방법을 활용한 논문들이 증가하는 추세에 있는데, 학계에서는 이런 현상에 대한 기대와 우려가 교차하고 있다. 한편으로는 과학적 연구방법을 활용하는 증거 기반 연구가 확대되어 가는 긍정적인 현상으로 보고 있으나, 단기적 연구성과에 몰두하여 양적 연구방법의 이해와 맥락 적합성에 대한 검증없이 오남용되고 있다고 보고 있다. 본 연구에서는 실증적·경험적 연구방법을 강조하는 미국과 비교하여 국내의 양적 연구방법의 교육 및 활용 실태를 분석하고 향후 발전 방향에 대한 시사점을 도출하고자 한다. 먼저, 미국의 6개 연구중심대학 교육행정 전공의 교육과정과 최근 5년간 생산된 박사학위 논문들을 국내 상위 5개 대학의 교육과정과 박사학위 논문들과 비교하여 분석하였다. 아울러, 미국과 한국의 교육행정학 전문 학술지에 최근 5년간 게재된 논문들을 비교분석하였다. 연구결과, 앞으로 교육행정학 양적 연구방법의 교육과 활용의 발전 방안을 다음과 같이 제시하고자 한다. 첫째, 대학 차원에서 대학원 양적 연구방법의 교육과정이 위계적·체계적인 구성과 인과추론 중심으로 강화되어야 하고 박사학위 논문의 연구방법에 대한 질 관리가 필요하다. 둘째, 학회 차원에서 양적 연구가 특화된 전문학술지를 도입하는 등 국내 학술지를 전문화하고 학술지의 논문 심사과정에서 연구방법의 전문성을 강화한다. 셋째, 정부 차원에서 증거 기반 정책 시스템을 도입하고 양적 연구의 데이터 인프라 구축이 필요하다. 마지막으로, 최근 양적·질적 데이터 구분이 모호한 빅데이터의 등장으로 종래 이분법적 접근에서 탈피하여 교육 빅데이터를 분석하는 새로운 연구방법론에 대한 탐색이 필요하다.

[주제어] 양적 연구방법론, 증거 기반 연구, 양적 연구, 대학원 교육과정, 빅데이터

1. 서론

최근 교육행정학 분야에서 양적 연구방법을 활용한 연구논문들이 증가하는 추세에 있다. 한국 교육행정학회에서 1983년부터 발간하고 있는 『교육행정학연구』에 게재된 논문들을 분석한 결과, 1980년대 양적 연구방법의 활용 비율이 11.3%에 불과하였으나, 2010년대에 이르러서는 48.2%에 달하였다(김병찬, 유경훈, 2017; 신현석, 박균열, 전상훈, 주휘정, 신원학, 2009; 신현석, 박균열, 정주영, 김진미, 2014). 교육행정학 연구에서 양적 연구방법 활용 비중이 증가하는 현상에 대해 학계에서는 기대와 우려가 교차하고 있다. 교육행정학 연구의 과학화 관점에서 최신의 과학적 연구방법을 활용하는 증거 기반 연구(evidence-based research)의 확대는 긍정적인 현상으로 볼 수 있다. 최근 실증적이고 경험적인 연구결과를 정책결정에 직접 반영하고자 하는 증거 기반 정책 체계가 구축되고 확산되어 가고 있다. 미국의 경우 선도적으로 데이터 수집에 대한 「연방기록법(the Federal Records Act of 1942)」을 제정하고, 2016년에 증거 기반 정책결정위원회(the Commission on Evidence-Based Policymaking)를 설립 운영하고 있다(유현종, 2021).

그러나 증거 기반 연구에서 양적 연구의 역할에 대한 기대에도 불구하고 교육행정학 연구에서 양적 연구의 편중과 그 오남용에 대한 심각한 우려가 제기되고 있다(변기용, 2018; 신현석, 2017). 양적 연구의 증가는 단기적인 연구성과에 몰두하는 연구 풍토와 환경에 기인한 것으로, 양적 연구방법의 정확한 이해와 맥락 적합성에 대한 검증 없이 단순히 고급 통계기법을 사용하여 논문을 '찍어내는' 행태에 대해 비판이 일고 있다(변기용, 2018). 그 근거로 변기용(2018)은 신현석 등(2018)의 연구를 인용하여 『교육행정학연구』에 게재된 논문 중에서 고급통계기법을 가장 많이 활용하는 연구자는 교수나 연구원이 아닌 대학원생들이었다는 점을 지적하고 있다. 또한, 양적 연구방법의 오남용의 원인으로 학문후속세대인 대학원생들에 대한 연구방법의 교육이 부실하다는 점이 지속적으로 제기되고 있다. 대학원 교육행정학 전공에 연구방법론 교과목이 개설되어 있지 않거나 교과목 이수가 교육과정 이수의 최소 요건으로 규정되어 있어 제대로 된 연구방법 교육이 이루어지지 않고 있다는 지적이다(신현석 외, 2009; 신현석, 박균열, 이예슬, 윤지희, 신범철, 2018).

본 연구에서는 실증적이고 경험적인 연구방법을 강조하는 미국의 교육행정학 분야에서 양적 연구방법의 교육 및 활용 실태를 국내의 교육 및 활용 실태와 비교하여 분석함으로써 향후 발전 방향에 대한 시사점을 도출하고자 한다. 구체적으로 우선, 미국의 연구중심대학 상위에 랭크되어 있는 6개 대학을 선정하여 교육행정 전공의 대학원에 개설된 양적 연구방법 교육과정 및 교과목 운영 현황을 박사과정을 중심으로 살펴보고 국내 주요 대학 상위권 5개교의 운영 현황과 비교해 보고자 한다. 또한, 최근 5년간 미국과 한국의 해당 대학원에서 배출된 박사학위 논문들을 서로 비교하여 분석함으로써 앞으로 대학원 양적 방법론 교육 발전에 주는 시사점을 모색해 보고자 한다. 아울러, 최근 한국 교육행정학회에서 발간하는 『교육행정학연구』와 미국 교육행정학회에서 발간하는 『Educational Evaluation and Policy Analysis(EEPA)』와 교육행정 대학협회(the University Council for Educational Administration)에서 발간하는 『Educational Administration Quarterly(EAQ)』에 게재된 논문들을 비교하여 분석함으로써 향후 양적 연구방법을 활용한 학술연구의 발전을 위한 시사점을 도출하고자 한다. 마지막으로, 상기 분석 결과를 토대로 앞으로 교육행정학 분야에서 양적 연구방법 교육과 연구의 발전 방향을 제시하고자 한다.

2. 양적 연구의 설계와 주요 쟁점

양적 연구는 새로운 지식을 발견하는 논리적이고 체계적인 탐구 활동으로 수치형 자료(numerical data)를 수집하고 수학 기반 방법(math-based methods)을 활용하여 관심 현상을 기술(describe)하거나 설명(explain)하고 예측(predict)하는 연구를 의미한다(Creswell, 1994). 그 철학적 기반은 논리 실증주의에 있으며, 세상은 상대적으로 안정적(stable)이고 균일하여(uniform) 우리가 숫자로 측정(measure)할 수 있고 그 결과를 광범위하게 일반화(generalization)할 수 있다고 가정한다.[1] 양적 연구는 직접적인 관찰과 측정을 통해 검증될 수 있어야만 그 의미를 갖는다(Fraenkel, Wallen, & Hyun, 2012). 양적 연구에서 연구자들에게 가장 중요한 가치는 객관성(objectivity)이다(Hoy & Adams, 2015). 객관성은 연구자 개인의 선호, 편의, 바람으로부터 독립적이고 치우치지 않는 검증과 판단을 의미하는 것으로, 연구설계와 과정을 투명하고 분명하게 하여 다른 연구자들로 하여금 그 연구를 재현(replication)할 수 있도록 하는 데 그 목적이 있다(Kerlinger, 1979). 따라서 연구자 개인이 이미 갖고 있거나 갖게 될지도 모르는 편의를 항상 인지하고 제거하거나 그 한계를 밝히려고 노력해야 한다. 양적 연구자의 객관성 견지는 연구결과의 일반화(generalization)에 필수적인 요소이기 때문이다.

1) 양적 연구의 과정

(1) 연구목적 및 연구문제
양적 연구의 주요 목적은 연구자가 관심을 갖는 현상을 기술하거나 수치형 자료로 측정된 변수

---

[1] 세상은 변하기 마련이고, 연구자의 역할은 그 변화를 관찰하는 것이라는 질적 연구의 관점과 구별된다.

간의 관계를 설정하거나, 변수 간의 관계를 설명하는 것이다. 연구목적에 따라 양적 연구는 기술연구(descriptive research), 상관연구(correlational research), 그리고 설명연구(explanatory research)로 구분된다. 기술연구는 관심의 상황, 문제, 현상, 또는 프로그램이나 서비스, 정책을 기술하거나 그에 관한 구체적인 정보를 제공하는 것이다. 상관연구는 관심 현상에서 둘 또는 그 이상의 변수 간의 관계(relationship) 또는 관련성(interdependence)을 설정하고 밝히는 것이다. 마지막으로, 설명연구는 둘 또는 그 이상의 변수 간에 어떠한 관계가 있는지 그리고, 있다면 그 관계가 어느 정도인지를 밝히는 것이다.

연구문제는 연구목적에 따라 다르게 설정된다. 예를 들면, 기술연구에서의 연구문제는 "한국에서 최상위권 엘리트 대학에 다니는 학생들의 인구학적 특성은 무엇인가?" 또는 "가난하지만 공부 잘하는 학업탄력적인 학생들의 비율은 시간에 따라 어떻게 변해 왔는가?"와 같이 관심 현상이나 문제를 기술하는 것이다. 상관연구에서 연구문제의 예를 들면, "학생의 출신 사회계층과 최상위권 엘리트 대학 진학 여부는 어떠한 관계가 있는가?"가 있다. 마지막으로, 두 변수 간의 관계를 설명하는 설명연구에서는 "대입전형에서 적극적인 옹호정책이 소외계층 학생들의 최상위권 엘리트 대학 진학을 증가시키는가?"를 예로 들 수 있다.

(2) 연구가설 및 연구설계

연구문제를 실증적으로 검증하기 위해서 연구자는 선행연구 검토와 이론적 탐색을 통해 연구가설을 설정한다. 연구가설은 연구문제에 대한 연구자의 잠정적인 답을 말하는 것으로, 현실 데이터를 활용하여 객관적으로 검증될 수 있도록 연구가 타당하게 설계되어야 한다. 연구설계의 타당성은 두 변수 간의 관계를 명확히 규명하고자 하는 상관연구나 설명연구에서 중요하게 부각된다. 특히, "변수 A가 변수 B에게 (정적인) 영향을 미친다"와 같은 인과추론을 위한 설명연구에서는 어떠한 연구설계를 하느냐에 따라 연구 결과의 타당도가 결정된다.

연구설계는 크게 실험설계(experimental design), 준실험설계(quasi-experimental design), 그리고 비실험설계(non-experimental design)로 나누어진다. 실험설계는 연구자가 표본을 실험군과 대조군으로 무선할당하여 처치(treatment)를 시행하고 두 집단 간 산출물을 비교함으로써 처치의 인과적 효과(cause and effect)를 추정하는 것으로 인과추론의 황금 준거(gold standard)로 불린다. 준실험설계는 무선할당이 직접 활용되지 않았으나 무선할당에 준하는 요소를 활용하여 인과적 효과를 추론하는 연구설계로, 불연속회귀(regression discontinuity)를 그 예로 들 수 있다. 마지막으로, 이미 처치가 이루어지고 난 다음에 데이터를 수집하여 분석하는 경우, 처치집단과 그 외 집단 간 차이가 그 전부터 존재하게 되는데 그 차이(pre-determined differences)를 제거하기 위해 일련의 연구방법과 통계방법을 활용하여 인과적 추론을 하게 된다. 여기에서 중요한 것은 연구자에게 주어진 여건

(연구자료 등)하에서 연구가설의 검증에 타당한 연구설계를 선택하는 것이다.

(3) 연구자료의 수집

양적 연구자료는 주로 모집단으로부터 추출된 표본을 대상으로 설문조사의 방식을 통해 수집된다. 설문조사는 일정 시점에 표본에 대한 정보를 일회성으로 수집하는 횡단(cross-sectional) 설문조사와 동일 표본에 대한 조사를 여러 시점에 수회 실시하여 종단 정보를 수집하는 종단(longitudinal) 설문조사로 구분된다. 횡단 조사의 예로 인구 총조사(census)를 들 수 있으며, 종단 조사로는 『한국교육종단연구』, 『서울교육종단연구』, 『경기교육종단연구』 등을 들 수 있다. 종단 조사는 동일한 표본(학생)을 여러 시점에 걸쳐 반복적으로 관찰하고 관심변수들을 측정할 수 있다는 점에서 최근 교육연구에서 많이 활용되고 있다. 또한, 연구자료는 연구 대상인 모집단으로부터 표본을 추출하는 방식에 따라 확률표본 추출과 비확률표본 추출로 구분된다. 확률표본은 표본의 모집단에 대한 대표성을 확보할 수 있도록 표본의 구성 확률과 무선할당을 적용하여 추출된다. 반면, 비확률표본 추출은 연구자 주관에 의해 조사 목적에 도움이 될 수 있는 대상을 표본으로 선정하거나 연구자의 편의에 따라 표본을 임의로 선정하는 것을 말하며, 표본의 대표성을 확보하기 어렵다는 단점이 있다.

(4) 연구결과의 해석

연구결과는 연구자료를 활용하여 연구가설을 실증적으로 검증하는 방식으로 순차적으로 제시된다. 특히, 두 변수 간의 관계를 설명하는 설명연구에서는 연구결과의 제시와 해석이 중요하다. 먼저, 두 변수 간의 관계가 통계적 유의미성을 갖느냐가 제시되고, 다음으로 두 변수 간 관계의 정도, 즉 효과크기(effects size)가 얼마인가를 별도로 기술함으로써 실제적인 유의미성을 제시해야 한다. 마지막으로, 상관연구와 인과추론의 설명연구에서 연구결과의 제시에 사용되는 학술적 용어와 표현은 서로 엄격하게 구분되어 사용될 필요가 있다(Thapa, Visentin, Hunt, Watson, & Cleary, 2020). 예컨대, 이미 발생한 처치(독립변수)의 관점에서 둘 이상의 집단을 비교하는 인과비교 연구에서는 '영향을 미친다(effect/influence/impact)', '초래한다(cause/result in/lead to/induce)', '증감하게 한다(increase/decrease/elevate/reduce)' 등의 표현을 사용한다. 반면, 둘 이상의 변수 또는 집단 간 연관성이나 관계를 설정하는 상관연구에서는 '관계가 있다(associate/relate/correlate/linked to)', '예측 요인(predict/ predictor)' 등의 표현을 사용해야 한다.

2) 주요 쟁점

(1) 상관관계 vs. 인과관계

상관연구는 둘 또는 그 이상의 변수 간의 관계를 양적으로 측정하는 것으로, 연구결과는 하나의 변수를 하나 또는 둘 이상의 변수들로 얼마나 예측할 수 있는지 나타낸다. 그 예측의 정확도는 두 변수 간 상관 정도 또는 크기(magnitude)에 의해 결정된다. 반드시 유의해야 할 점은 상관연구의 결과는 두 변수 간 관계(association)의 예측에 한정되는 것이지, 인과관계(causation)의 예측은 아니라는 것이다. 두 변수가 상관관계가 높다고 해서 반드시 한 변수가 다른 변수에 영향을 미치는 인과관계를 의미하지 않는다. 인과관계의 추론을 위해서는 다음과 같은 세 가지 조건이 반드시 만족되어야 한다(Shadish, Cook, & Campbell, 2002). 먼저, 종속변수와 독립변수 간에 상관관계가 존재하여야 하고, 독립변수는 종속변수보다 반드시 선행되어야 하며, 마지막으로, 모든 대안적인 설명이나 편의를 발생시키는 요인은 존재하지 않아야 한다.[2]

인과추론을 위한 이상적인 연구설계는 무선할당과 처치 조작을 통해 집단 간 차이(pre-existing systematic differences)를 통제할 수 있는 실험설계이다. 그러나 사회과학 연구에서 실현 가능성, 윤리적인 문제 등으로 그 사례를 찾아보기 힘들다. 그럼에도 불구하고, 학급 규모의 학업성취도 효과 분석을 위한 미국 테네시주의 대규모 실험연구(STAR Project)는 참고할 만하다. 또한, 불연속회귀와 같은 준실험설계는 실험설계만큼 인상적이지는 않지만 인과추론 목적으로 비실험설계보다 선호되고 있다(Johnson & Christensen, 2019). 다수의 양적 연구는 비실험설계에 의존하고 있는데, 인과추론을 위한 설명연구에서는 단순 상관분석이나 회귀분석에서 벗어나 표본선택 편의(sample selection bias)를 제거하거나 줄일 수 있는 경향점수매칭(propensity score matching), 고정/무선효과 모형, 이중(삼중)차분, 도구변수 모형 등의 고급통계방법을 활용하고 있다.

(2) 연구목적–연구문제–연구설계–연구결과 해석의 적합성 및 일관성

연구목적에 따라 상관연구는 두 변수 간의 관계(association/relationship)에 대한 연구문제를, 인과추론의 설명연구는 한 변수와 다른 변수(들) 간 인과적 효과를 설명하는 연구문제를 제시해야 한다. 또한, 선행연구 분석과 이론적 탐색을 통해 연구문제에 대한 가설을 설정하고, 연구가설의 실증적 검증에 필요한 연구방법을 타당하게 설계하여야 한다. 즉, 상관연구에서는 연구가설 검증에

---

2) Holland(1986)는 인과추론을 위한 조건으로 ① 다른 처치보다 해당 처치가 더 효과적이라는 인과적 상대성(causal relativity), ② 참여자는 처치-통제 상황에서 조작 가능한 처치에 노출되어야 한다는 인과적 조작(causal manipulation), ③ 특정한 조건과 순서에 따른 처치가 이루어져야 한다는 시간적 순서(temporal ordering), ④ 무선할당과 유사하게 처치-통제집단의 특성이 균일해야 하며 모든 대안적인 설명이나 편의를 발생시키는 요인은 제거해야 한다(elimination of alternative explanations)는 네 가지를 제시하고 있다.

필요한 상관분석의 연구방법을 활용하고, 인과추론을 위한 설명연구에서는 인과추론의 연구가설을 검증하기 위한 연구방법이 설계되어야 한다. 마찬가지로, 연구결과의 제시와 해석에 있어서도 상관연구와 인과추론의 설명연구는 각기 다르게 제시 또는 표현되어야 한다(Thapa et al., 2020). 상관연구에서 연구결과의 해석에 마치 두 변수 간 인과 효과를 나타내거나 암시하는 학술적 용어나 표현을 사용해서는 안 된다. 인과추론을 위한 설명연구에서도 인과추론의 연구설계를 사용하지 않고 단순 상관분석이나 회귀분석에 의존하였다면 그 연구결과의 해석 역시 상관관계를 나타내거나 표현하는 것에 그쳐야 한다. 그러나 학위 논문 및 학술지 논문에서 연구목적-연구문제-연구설계-연구결과 해석이 타당하지 않거나 일관되지 않은 사례를 흔히 찾아볼 수 있다.

(3) 연구자료와 결측치 처리

앞서 연구설계에 적합한 연구자료를 수집하고 분석하는 데 세 가지 중요한 요소가 있다. 먼저, 연구목적에 따라 횡단적 자료가 적합한지 또는 종단적 자료의 수집 분석이 타당한지 판단하여야 한다. 인과추론 목적의 연구설계에 있어 고정/무선 효과 모형과 이중(삼중)차분 모형은 종단자료를 사용해야 하고, 그리고 경향점수매칭이나 도구변수 모형은 횡단자료를 사용한다. 다음으로, 연구자료에서 표본 추출의 방법은 확률 표집과 비확률 표집으로 나누어지는데, 연구결과의 타당도와 일반화의 관점에서 확률표본 추출의 연구자료를 사용하는 것이 바람직하다. 가끔 연구자 자신이 직접 설문지를 작성하여 연구자료(1차 자료)를 수집하고 분석하는 경우가 있는데, 이때 설문 문항의 타당도 및 신뢰도와 함께 확률표본 추출의 방식이 사용되었는지 점검할 필요가 있다. 마지막으로, 설문 항목의 타당도와 신뢰도에 따라, 그리고 확률표본의 2차 자료를 활용하여 분석하는 경우 설문 항목에 따라 응답자가 미응답한 사례가 빈번하게 발생한다. 이러한 결측치의 처리에 있어 단순히 제외(listwise deletion)하고 분석하는 연구들을 흔히 볼 수 있다. 여기에서 무엇보다 문제는 무선할당으로 발생한 결측이 아니라면, 결측이 체계적으로 발생한다면 결측치 삭제는 연구결과에 편의를 초래할 수 있다는 점이다(Peugh & Enders, 2004). 아울러, 결측 발생으로 인해 분석 표본이 확률 표집되었더라도 모집단과 차이가 발생할 수밖에 없고, 연구결과의 내적 타당도(internal validity)가 설령 높더라도 연구결과가 일반화되기 어려워 외적 타당도(external validity)는 낮아지게 된다. 이러한 문제를 해결하기 위해서는 다중 대체(multiple imputation: MI)나 완전정보최대우도(full information maximum likelihood estimation: FIML)를 사용할 필요가 있다.

(4) 변수 선정, 분석모형의 구체화, 그리고 데이터 마이닝

2차 자료를 분석하는 연구에 있어 연구자의 연구목적에 딱 맞는 변수를 찾기 어려워 유사한 변수를 대리로 선정하여 분석하는 경우가 있다. 대리(proxy) 변수는 연구자가 당초 의도하였던 관심

변수와 이론적으로, 그리고 실증적으로 밀접한 상관관계가 있어야 한다. 대리변수는 그 특성상 추정오차(measurement error)를 동반하게 되는데, 그 오차가 무선으로 발생하는지 또는 체계적으로 발생하는지에 따라 편의가 발생할 수 있으므로 대리변수의 결과 해석에 있어서도 주의를 요한다. 또한, 회귀분석을 실시하는 경우, 분석모형에 어떠한 변수를 독립변수로 선정해야 하는지에 대해 선택의 상황에 놓이게 된다. 이론적으로는 선행연구에서 밝혀진 주요 독립변수와 통제변수들을 모두 포함해야 하나, 연구자가 가진 연구자료의 한계로 주어진 변수들을 대상으로 분석모형에 포함하게 된다. 이때, 분석모형에 어떠한 변수를 포함할 것인지 여부를 선행연구나 이론적 검증 결과에 따르기보다 연구자의 연구목적 달성을 위해 임의적으로 선택하거나 통계적으로 유의미한 결과가 나올 때까지 반복적으로 연구자료를 분석하는 데이터 마이닝(data mining)에 의존하는 사례를 주변에서 볼 수 있다. 이 경우 연구결과는 연구자의 편견 또는 편의에 영향을 받게 되어 결과적으로 연구의 객관성(objectivity)을 담보할 수 없게 된다.

3. 국내외 주요 대학원의 양적 연구방법 교육과정의 비교

교육행정학의 학문 후속세대를 양성하는 대학원의 교육과정은 미래 교육행정학 연구자의 학술연구 역량에 결정적인 요소이다. 대학원 과정은 연구의 기초가 되는 다양한 연구방법론을 배우고 익히는 데 입문하는 시기로 학생들이 체계적인 연구방법을 익힐 수 있도록 양적 및 질적 측면에서 상당한 노력이 필요하다. 그러나 최근 교육행정학 연구에 있어서 양적 연구가 크게 증가했음에도 불구하고, 대학원 교육과정에서 양적 연구방법론에 대한 교육이 부족하고 그나마도 제대로 이루어지지 않고 있다는 비판이 제기되어 왔다(신현석, 2017). 교육행정학의 전공 교과목으로 연구방법론 과목이 개설되어 있지 않거나 교과목 수가 부족하다는 지적이 지속되어 왔다(김병찬, 유경훈, 2017; 김승정, 2017). 또한, 연구방법론 교과목을 타 학과에서 이수하도록 하거나 연구방법 교과목 이수가 대학원 교육과정 이수의 최소한의 요건으로 설정되어 있어 대학원 학생들에 대한 양질의 연구방법 교육이 어려운 실정이다(신현석, 2017).

이에 이 장에서는 국내외 주요 대학원의 박사과정의 교육과정을 비교하여 살펴봄으로써 국내 대학원 양적 연구방법 교육의 문제점을 진단하고 시사점을 도출하고자 한다. 연구 대상으로 교육행정학 분야의 미국 연구중심대학 6개 대학과 국내 연구중심대학 5개 학교를 선정하여 교육과정 내 양적 연구방법 교육과정 운영 현황을 비교분석하였다. 해외 사례로 미국의 주요 연구중심대학의 선정은 2022년 QS World university rankings와 U.S. News Best graduate schools rankings의 교육학과 랭킹과 세부 전공별 랭킹을 활용하여 연구성과와 인용 수, 학계 평판 및 명성 등 대학원 교육과정의 양적인 측면과 질적인 측면을 종합적으로 고려하였다. 그 결과, 미국의 Harvard, Stanford, UCLA, Wisconsin(Madison), Vanderbilt(Peabody), Pennsylvania 대학교의 교육대학원(School of education)을 분석 대상으로 선정하였다(〈부록 4-1〉 참조). 국내 주요 연구중심대학은 최근 3개년의 중앙일보 대학평가, QS World University Rankings, The Times Higher Education(THE) Ranking, Academic Ranking of World Universities의 랭킹을 활용하여 학술적 수준과 교육 여건, 학계 평판 등을 종합적으로 고려하여 A~E 대학으로 선정하였다.

국내외 주요 대학원 내 교육행정 관련 전공의 박사과정 중심으로 분석 범위를 설정하였으며, 석사과정 중심의 교육대학원과 실무자 중심의 대학원 프로그램은 제외하였다. 2018~2022년도까지 최근 5년간 대학원 공식 홈페이지, 수강신청 사이트 등을 통해 전공내규, 수강편람, 강의계획서 등 접근 가능한 자료들을 수집하여 박사과정을 위한 양적 연구방법론 필수 이수 조건과 교과목 및 내용 등을 분석하였다.

2) 주요 내용

(1) 미국 주요 대학원의 양적 연구방법 교육과정

미국 주요 대학원의 박사과정 연구방법론 교과목 이수 규정은 〈표 4-1〉과 같다. 6개의 대학원 중에서 Wisconsin 대학교를 제외한 5개교에서 양적 연구방법론 1과목(3학점) 이상을 필수로 지정하였으며, 대체적으로 양적·질적 연구방법론을 포함하여 2과목(6학점) 이상을 최소 이수 조건으로 두었다. 특징적인 교육과정으로는 UCLA 대학의 경우, 양적 연구방법론을 주요 트랙으로 선택할 경우에 양적 연구방법론을 최소 3과목(9학점) 수강하도록 했으며, Vanderbilt 대학교에서는 양

〈표 4-1〉 미국 주요 대학원 박사과정의 연구방법론 교과목 이수 규정

대학명	연구방법론 필수 이수 조건
Harvard	양적 연구방법론 최소 2과목(6학점), 질적 연구방법론 최소 2과목(6학점) 이수
Stanford	양적 연구방법론 최소 1과목(3학점), 질적 연구방법론 최소 1과목(3학점) 이수
UCLA	3+1 methods policy: (양적 연구방법론을 주요 트랙을 선택할 경우) 양적 연구방법론 최소 3과목(9학점) + 질적 연구방법론 최소 1과목(3학점) 이수
Wisconsin-Madison	양적·질적·혼합 연구방법 교과목 가운데 최소 2과목(6학점) 이수
Vanderbilt-Peabody	양적 연구방법론 필수 교과목 이수(3학기 과정의 방법론 교과목 + 인과추론 1과목) + 질적 연구방법론 최소 1과목(3학점) 이수
Pennsylvania	양적·질적 연구방법론 교과목 가운데 최소 2과목(6학점) 이수(양적 연구방법론 1과목은 필수)

적 연구방법론의 심화과정인 인과추론 과목을 1과목(3학점) 수강하도록 규정하였다.

또한, 미국 주요 대학원의 2022년 가을학기 양적 연구방법 관련 교과목 및 내용 예시를 〈표 4-2〉[3]에 제시하였다(교과목의 세부 내용은 〈부록 4-2〉 참조). 미국 주요 대학원에서 양적 연구방법 관련 교과목은 학기당 평균 4.2개가 개설되는 것으로 확인되었다. 구체적으로 살펴보면 매 학기 기술·추리통계와 관련한 기초통계 교과목이 개설되고 있으며, 아울러 중급통계부터 인과추론을 위한 고급통계 교과목까지 다양한 수업이 개설되고 있다. 또한, 주목할 만한 점은 자료의 수집 및 관리에 대한 별도의 교과목을 개설 및 운영하고 있다는 점과 연구설계 전반에 대한 가이드를 제시하는 교과목을 개설 및 운영하고 있다는 점이다. 각 교과의 개설 주기에 대한 구체적인 규정은 거의 찾아볼 수 없으나, 수강편람 확인 결과 매 학기 〈표 4-2〉와 유사한 교과목 개수와 종류가 개설되어 학생들이 입학 및 수학 시기에 따른 제약 없이 체계적으로 양적 연구방법을 익힐 수 있을 것으로 보인다.

〈표 4-2〉 미국 주요 대학원의 2022년 가을학기 양적 연구방법 관련 교과목 예시

대학명	교과목	개설 주기 및 특징
Harvard	Introduction to Statistics for Education Research	매년 1회 이상 개설 (필수 이수 교과)
	Introductory and Intermediate Statistics for Educational Research: Applied Linear Regression	
	Intermediate and Advanced Statistical Methods for Applied Educational Research	비정기 개설
	Artificial Intelligence in Education	
Stanford	Introduction to Education Data Science: Data processing	매 가을학기 개설
	Advanced Topics in Quantitative Policy Analysis	비정기 개설
	Introduction to Statistical Methods in Education	매 가을학기 개설 (필수 이수 교과)
	Experimental Research Design and Analysis	매 가을학기 개설
UCLA	Introduction to Research Design and Statistics	비정기 개설
	Introduction to Programming and Data Management	
	Advanced Quantitative Models in Nonexperimental Research: Multilevel Analysis	
	Toolkit for Quantitative Methods Research	
	Survey Research Methods in Education	

3) 양적 연구방법론의 난이도 구분은 개인 및 기관에 따라 다양할 수 있다. 본고는 통계청 산하기관인 통계교육원과 서울대학교 한국사회과학자료원(KOSSDA)에서 제공하는 교육 프로그램의 위계적 구성을 참고하여 양적 연구방법 교육과정의 난이도를 구분하였다. 기초(데이터 관리, 기술통계, 교차 분석, 집단 간 평균비교, 분산분석, 단순회귀분석 등)-중급(상관분석, 요인분석, 다중회귀분석, 로짓분석 등)-고급(구조방정식, 위계선형모형, 종단자료 분석, 베이지안 통계분석, 실험설계, 빅데이터 분석 등)의 세 단계로 구분하고, 이하의 표에 난이도를 음영으로 표시하였다.

대학명	교과목	개설 주기 및 특징
Wisconsin -Madison	Introduction to Quantitative Inquiry in Education	비정기 개설
	Research Design	
	Surveys and Other Quantitative Data Collection Strategies	
	Advanced Research Methods in Educational Administration	
Vanderbilt	Research Design and Data Analysis I	비정기 개설
	Research Design and Methods of Education Policy	
	Applied Statistics	
	Regression II	
Pennsylvania	Introductory Statistics for Educational Research	비정기 개설
	Measurement & Assessment	
	Data Processing and Analysis	
	Core Methods in Educational Data Mining	
	Introduction to Causal Inference for Educational Research	

미국 주요 대학원 수강편람 내 연구방법 교과목 분석결과, 모든 대학이 인과추론 관련 양적 연구방법 교과목을 개설 운영하고 있으며 구체적인 내용은 〈표 4-3〉과 같다. 인과추론 관련 교과목에서는 준실험설계와 같은 인과추론의 통계기법뿐만 아니라 무선할당의 실험설계 방법에 대해서도 다루고 있다.

〈표 4-3〉 국외 주요 대학원의 인과추론 양적 연구방법 교과목 예시

대학명	교과목	내용
Harvard	Intermediate and Advanced Statistical Methods for Applied Educational Research	general linear models, generalized linear models, survival analysis, multilevel models, multivariate methods, causal inference, and measurement including differences-in-differences, regression discontinuity, discrete-time survival analysis, fixed- and random-effects modeling, principal components analysis, and reliability estimation
Stanford	Quasi-Experimental Research Design & Analysis	causal inferences in the absence of randomized experiments including instrumental variables, fixed- and random-effects modeling, differences-in- differences, and regression discontinuity
	Experimental Research Design and Analysis	the logic of causal inference and counterfactual causal model, (complex) randomized experiment, meta-analysis, and power in randomized experiments

대학명	교과목	내용
UCLA	Survey Research Methods in Education	Problems of conceptualization, organization, and gathering non-experimental and quasi-experimental data
Wisconsin-Madison	Regression II	causal inferences from observational (i.e., non-experimental) data, with particular emphasis on instrumental variables and longitudinal (panel) data estimators
Vanderbilt	Introduction to Causal Inference for Educational Research	statistical models for causal inference based on randomized controlled trials and observational studies

(2) 국내 주요 대학원의 양적 연구방법 교육과정

한편, 국내 주요 대학원의 박사과정 연구방법론 교과목 이수 규정은 〈표 4-4〉와 같다. E대학을 제외한 4개 대학에서는 양적·질적 연구방법론 교과목 가운데 최소 2과목(6학점)을 이수하도록 규정하였다. 이는 기본적인 연구방법론을 이수하도록 규정하고 있지만 한편으로는 학생의 선택에 따라 양적 또는 질적 연구방법론 과목에 편중하여 다른 연구방법을 한 과목도 수강하지 않아도 박사학위 취득이 가능하다는 것을 보여 준다.

〈표 4-4〉 **국내 주요 대학원 박사과정의 연구방법론 교과목 이수 규정**

대학명	연구방법론 필수이수 조건
A대	양적·질적 연구방법론 교과목 가운데 최소 4과목(12학점) 이수
B대	양적·질적 연구방법론 교과목 가운데 최소 2과목(6학점) 이수
C대	양적·질적 연구방법론 교과목 가운데 최소 3과목(9학점) 이수
D대	양적·질적 연구방법론 교과목 가운데 최소 3과목(9학점) 이수
E대	규정 없음

국내 주요 대학원의 2022년 2학기 양적 연구방법 관련 교과목 및 내용 예시를 〈표 4-5〉에 제시하였다(교과목의 세부 내용은 〈부록 4-3〉 참조). 국내 주요 대학원에서 양적 연구방법 관련 교과목은 학기당 평균 2.8개가 개설되고 있으며, 대학에 따른 편차가 큰 것으로 확인되었다. 대체로 기초통계 교과목 위주로 편성되어 있으며, 고급통계 교과목이나 박사과정 학생을 위한 별도의 심화 교과목을 제공하는 대학은 찾아보기 어려웠다(A, C대학 예외). 기초공통과목은 매 학기 개설되나, 중급통계 교과목부터는 개설 주기가 체계적이지 않아 입학 및 수학 시기에 따라 학생들이 양적 연구방법을 위계적으로 익히기 어려울 수 있을 것으로 우려된다.

〈표 4-5〉 국내 주요 대학원의 2022년 2학기 양적 연구방법 관련 교과목 예시

대학명	교과목	개설 주기 및 특징
A대	경험과학적 연구방법론	비정기 개설
	교육통계분석론	매 학기 개설
	교육연구와 구조방정식모형 I	비정기 개설
	교육연구와 양적 방법 세미나: 회귀분석	
	교육통계 세미나: 구조방정식모형 II	
B대	통계적 방법 I	기본 〈통계적 방법 I〉은 매년 가을학기, 심화 〈통계적 방법 II〉는 3학기마다 개설
	다층분석방법연구	
C대	교육연구방법론	매 학기 개설
	교육의 양적 연구방법	
	다층분석	2년 주기 개설
	교육측정 및 통계 세미나	비정기 개설
D대	교육연구방법론	비정기 개설
	변량 및 회귀분석	
E대	기초교육통계	매 학기 개설

아울러, 국내 주요 대학원 수강편람 내 연구방법 교과목에 대한 분석결과, 인과추론 관련 양적 연구방법 교과목을 개설 운영하고 있는 대학은 A대학이 유일하며 구체적인 내용은 〈표 4-6〉과 같다. 주로 무선할당이 이루어지지 않은 비실험설계 상황에서 인과추론을 위한 방법론 수업이 이루어지고 있다.

〈표 4-6〉 국내 A대학의 인과추론 관련 양적 연구방법 교과목 예시

대학명	교과목	내용
A대	교육행정연구법	패널 데이터 자료의 분석, 경향점수방법(propensity score methods), 이중차분법(difference-in-differences), 도구변수(instrumental variables models), regression discontinuity 등
	인과추론의 이해와 적용	인과추론에 대한 이론적 이해 및 도식화, 인과추론을 위한 잠재결과의 이해와 편의(bias) 및 결측치 처리 등

3) 요약 및 시사점

국내외 주요 대학원의 양적 연구방법 교육과정을 비교한 내용을 〈표 4-7〉에 간략히 정리하였으며, 국내 대학원 교육과정 개선에 주는 시사점을 도출하고자 한다.

〈표 4-7〉 미국과 국내 대학원 양적 연구방법 교육과정 비교

구분	미국	국내
연구방법론 최소 이수 규정	양적·질적 연구방법론 교과목 중 최소 3과목(9학점) 이수	양적·질적 연구방법론 교과목 중 최소 3과목(9학점) 이수(이수 규정이 없는 E대학 제외)
양적 연구방법론 과목 수	4.2개	2.8개
양적 연구방법론 개설 과목의 편성	매 학기 기초-중급-고급통계 교과목이 정기적으로 개설	매 학기 기초통계 교과목 정기적으로 개설, 중급-고급통계 교과목은 개설되지 않거나 비정기적으로 개설
인과추론 과목 개설 여부	6개 대학 모두 개설	5개 대학 중 1개교 개설
인과추론 과목 내용	비실험설계, 준실험설계, 실험설계 인과추론 방법론	비실험설계 인과추론 방법론

(1) 양적 연구방법 교과목 편성

먼저, 국내 주요 대학원에서 개설된 양적 연구방법 관련 교과목은 학기당 평균 2.8개로, 미국 주요 대학원의 학기당 평균 4.2개보다 부족한 수준으로 확인되었다. 또한, 국내 대학원의 경우, 기초통계 과목은 매 학기 개설되고 있으나 중급통계 이상의 과목들은 비정기적으로 개설되고 있다. 결과적으로 양적 방법론 교과목의 개설 주기가 일정하거나 체계적이지 않아서 학생의 입학 및 수학 시기에 따라 양적 연구방법론을 연속성 있게 배우기 어려운 실정이다. 양적 연구방법 교과목을 난이도에 따라 순차적으로 이수해야 한다는 점을 고려한다면 반드시 개선되어야 할 점이다.

미국의 우수 사례를 살펴보면, Stanford University는 「GSE Quantitative Course Guide」와 같은 통계 프로그램별(STATA/R) 교과목들의 이수 순서(sequence)를 제공함으로써 학생들이 박사과정 수료를 위한 필수 입문 과목에서 인과추론의 심화 교과목까지 체계적으로 이수할 수 있도록 제시하고 있다. 타 대학원에서도 수강할 수 있는 대체 교과목을 함께 제시하여 학생들의 다양한 선택이 가능하도록 하고 있다. [그림 4-1]은 STATA 통계 프로그램을 주로 활용하는 양적 연구방법론 교과목의 가이드로, 교육대학원 내 기초-중급 통계 교과목 이수 순서(Main sequence), 타 대학원 대체과목 이수 순서(Alternative 1), 그리고 고급 통계 교과목 이수 순서(Alternative 2)를 제시하고 있다.

또한, 더욱 구체적으로 교육대학원 안팎에 개설된 16개의 기초-중급 통계 교과목, 14개의 고급 심화 통계 교과목, 3개의 통계 워크숍, 그리고 21개의 R, Python, STATA 등 통계 프로그램 활용법 미니 코스를 소개하고 있다(〈부록 4-4〉 참조). 각 교과목의 내용뿐만 아니라 개설주기, 선수학습 수준, 과제 등을 자세히 안내하여 학생 자신에게 적합한 과목을 선택하는 데에 유용한 자료를 제공한다. 국내 대학원에서 이러한 프로그램을 학과 수준에서 제공하기 어렵다면 단과대학 차원에서 제공하는 방법도 생각해 볼 수 있다.

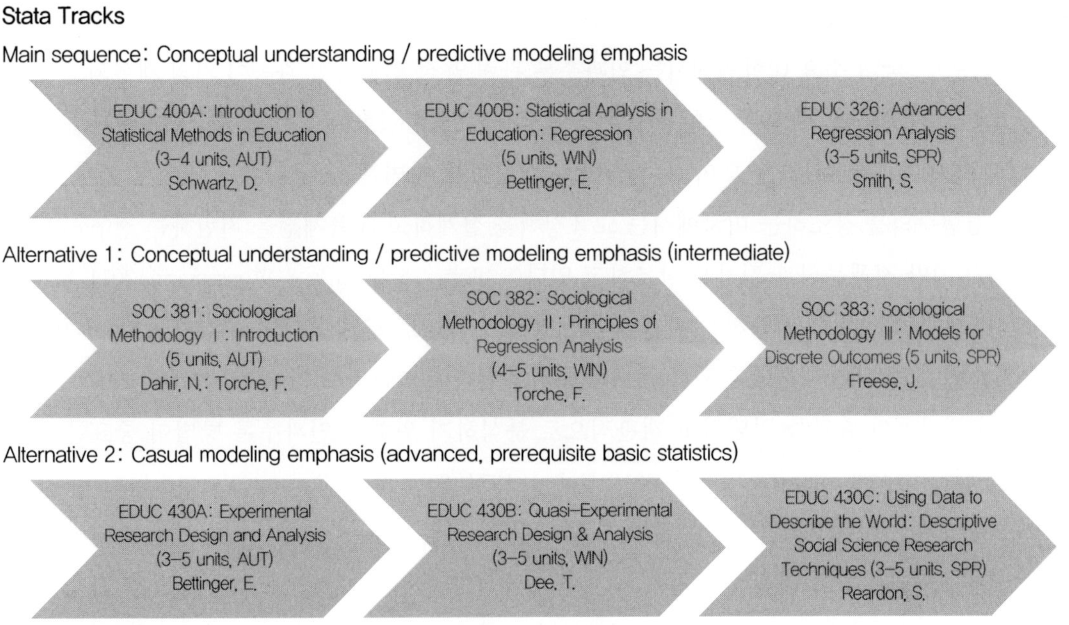

Stata Tracks

Main sequence: Conceptual understanding / predictive modeling emphasis

EDUC 400A: Introduction to Statistical Methods in Education (3–4 units, AUT) Schwartz, D.

EDUC 400B: Statistical Analysis in Education: Regression (5 units, WIN) Bettinger, E.

EDUC 326: Advanced Regression Analysis (3–5 units, SPR) Smith, S.

Alternative 1: Conceptual understanding / predictive modeling emphasis (intermediate)

SOC 381: Sociological Methodology I: Introduction (5 units, AUT) Dahir, N.: Torche, F.

SOC 382: Sociological Methodology II: Principles of Regression Analysis (4–5 units, WIN) Torche, F.

SOC 383: Sociological Methodology III: Models for Discrete Outcomes (5 units, SPR) Freese, J.

Alternative 2: Casual modeling emphasis (advanced, prerequisite basic statistics)

EDUC 430A: Experimental Research Design and Analysis (3–5 units, AUT) Bettinger, E.

EDUC 430B: Quasi–Experimental Research Design & Analysis (3–5 units, WIN) Dee, T.

EDUC 430C: Using Data to Describe the World: Descriptive Social Science Research Techniques (3–5 units, SPR) Reardon, S.

[그림 4-1] Stanford University의 양적 연구방법론 이수 가이드 예시

출처: https://ed.stanford.edu/academics/courses

(2) 양적 연구방법론 심화과정 및 전문가 과정

다음으로, 국내 대학원의 교육과정 내용을 살펴보면, 기초통계 교과목을 위주로 편성되고 고급통계 교과목이나 박사과정을 위한 별도의 심화된 연구방법의 교과목을 제공하는 사례는 거의 찾아보기 어려웠다. 이처럼 공식적인 교육과정상의 양적 방법론 수업만으로는 논문을 쓸 수 있는 실질적인 역량을 기르기 어렵고 교육과정 이외의 워크숍이나 유료 강의 등을 통해 박사과정 학생 스스로 부족한 부분을 채워야 하며, 동시에 박사과정 학생들은 석사과정과 같은 교과목을 수학해야 하는 현실에 대해 일찍이 비판이 제기된 바 있다(김승정, 2017). 향후 박사과정 학생들을 위한 심화 교과목 개설 또는 양적 연구 전문가를 양성하는 과정을 개설(인증)할 필요가 있다. Stanford University에서는 「Certificate Program in Quantitative Research Methods」라는 교육연구에서 양적 연구방법론을 활용하는 전문적인 연구자를 양성하기 위한 프로그램을 운영하고 있다. 정규 학위 과정 중 해당 프로그램을 추가적으로 이수한 학생에게는 엄격한 양적 연구방법론을 수행하는 방법에 대한 일련의 교육과정을 이수하였음을 증명하는 인증서를 수여한다. 참여 학생은 최소 6개 교과목(18학점)을 B 이상의 학점으로 이수해야 한다. 국내 대학원에서도 선도적으로 이러한 프로그램을 도입하여 양적 연구자를 양성하는 체계적인 교육과정과 시스템을 도입할 필요가 있다. 만약, 대학 차원에서 운영되기 어렵다면 교육행정학회에서 연간 연구방법 강좌나 워크숍을 개설 운영하는 방법을 고려할 수 있다.

(3) 인과추론 연구방법 교육

마지막으로, 국내 주요 대학원에서는 인과추론 관련 양적 연구방법 과목이 거의 개설되고 있지 않은 것으로 나타났다. 주로 무선할당이 이루어지지 않은 비실험설계 상황에서 인과추론을 위한 방법론 수업이 이루어지고 있으며, 무선할당의 실험설계 방법은 아예 다루고 있지 않았다. 실증주의와 경험주의를 강조하는 미국에서는 교육정책을 설계하고 교육재정을 지원하는 전(pre) 단계에서 증거 기반 정책분석과 평가를 강조하고 있다(Schlotter, Schwerdt, & Woessmann, 2011; Slavin, 2002). 또한, 교육정책을 시행하는 과정에서도 정책이 목표로 하는 문제를 해결했는지에 대한 정책효과를 분석하기 위해 인과추론이 주요하게 사용된다(Cordero, Cristobal, & Santín, 2018; Sobel, 1996). 교육정책의 효과를 엄밀하고 객관적으로 분석하기 위해서 인과추론 방법이 중요한 도구가 되기 때문이다(Murnane & Willett, 2010; Rubin, 1974; Schneider, Carnoy, Kilpatrick, Schmidt, & Shavelson, 2007). 이에 따라, 미국 주요 대학원의 경우, 모든 대학에서 인과추론 관련 양적 연구방법론 교과목을 개설하고 더 엄밀한 분석을 위한 실험설계 방법에 대해서도 다루는 것을 확인할 수 있었다. 국내 대학원에서도 인과추론의 연구방법에 대한 교육의 도입이 확대되어야 할 필요가 있으며, 이는 학문후속세대의 연구역량을 제고하는 것뿐만 아니라 앞으로 한국에서도 교육행정에 증거 기반 정책의 도입 및 확대에 기여할 수 있을 것이다.

4. 국내외 주요 대학의 박사학위 논문 양적 연구 비교

1) 개요

이 장에서는 앞서 살펴본 대학원 교육과정을 통해 양성되고 있는 교육행정학 분야 학문후속세대가 작성한 박사학위 논문을 분석하고자 최근 5년간 미국과 한국의 주요 대학원의 박사학위 논문을 비교하였다. 박사학위 논문은 현재 대학원 교육과정의 산출물로 교육과정의 질을 가늠하는 것뿐만 아니라 향후 교육행정학 분야 양적 연구의 질을 예측·관리하는 데에 중요한 단초가 될 수 있다. 구체적으로, 박사학위 논문에 제시된 연구문제와 연구설계, 연구방법, 연구결과의 제시 및 해석을 중심으로 비교해 보고, 교육과정 개선에 주는 시사점을 도출하고자 하였다.

분석 대상은 앞 장과 동일한 미국 6개, 국내 5개 주요 대학원의 교육행정 관련 전공 박사학위 논문이다. 분석 자료는 각 대학 도서관의 온라인 레파지토리(repository) 검색을 통해 최근 5년(2018~2022년)간 미국 169편, 국내 63편의 교육행정 관련 박사학위 논문을 구할 수 있었다. 전체 박사학위 논문 중에서 양적 연구방법을 활용한 논문 수는 미국 65편(38.7%), 국내 22편(34.9%)으로 그 비중

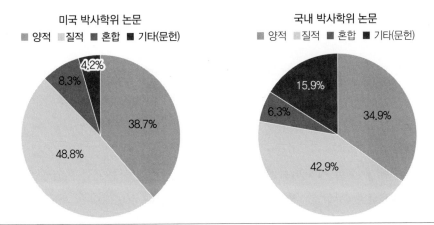

[그림 4-2] 국내외 주요 대학원 박사학위 논문의 연구방법론 비중 비교

이 거의 비슷한 수준이었다. 그중 원문 미공개 논문과 단순 기술분석, 측정도구 개발, 메타분석 논문 등은 분석 대상에서 제외하고, 미국 총 58편과 국내 총 21편의 논문을 최종 분석하였다.

2) 미국과 한국의 박사학위 논문 비교분석

(1) 연구문제 설정

미국과 한국의 박사학위 논문들을 살펴보면, 연구문제는 크게 상관연구에서 주로 찾아볼 수 있는 상관분석을 위한 연구문제와 설명연구에서 주로 제시되고 있는 인과추론을 위한 연구문제로 구분된다. 〈표 4-8〉에 따르면 미국의 경우, 최근 5년간 배출된 박사의 학위 논문의 22.4%(13편)가 상관분석의 연구문제를 제시하고 있었고, 77.6%(45편)가 인과추론의 연구문제를 설정하고 있다. 한편, 국내 대학원의 박사학위 논문의 경우 42.9%(9편)가 변수 간 상관관계를 규명하는 상관분석의 연구문제를 제시하고 있었고, 57.1%(12편)가 변수 간 인과추론의 연구문제를 설정하고 있었다. 국내 박사학위 논문은 미국에 비해 상관분석의 연구문제 비중이 다소 높은 것으로 나타났다.

미국의 박사학위 논문의 사례를 들어 연구목적과 연구문제를 구체적으로 살펴보면 다음과 같다. 미국 Harvard 대학원 Lynch(2018)의 박사학위 논문은 온라인 수학 학습 프로그램의 효과를 실

〈표 4-8〉 미국과 한국의 주요 대학원 박사학위 논문의 연구문제

[단위: 비율(수)]

구분	미국	국내
상관분석	22.4%(13)	42.9%(9)
인과추론	77.6%(45)	57.1%(12)
총계	100%(58)	100%(21)

험설계를 통해 규명하고자 인과추론의 연구문제를 다음과 같이 명확히 서술하고 있다.

"In this study we examine whether being randomly assigned to an offer of a free summer-long subscription to an online mathematics program (Tenmarks) … **caused** students to experience higher levels of summer home and family mathematics engagement … . (page 92)"

한편, 상관연구에서 주로 제시되고 있는 상관분석을 위한 연구문제는 Pennsylvania 대학원 Coe(2020)의 박사학위 논문에 찾아볼 수 있다. Coe는 유치원에서 또래의 읽기성취도와 학생의 읽기 성취도 간 관계를 다층분석을 통해 살펴보고자 다음과 같이 상관연구의 연구문제를 제시하고 있다.

"What **is the association between** class mean reading achievement at kindergarten entry (fall) and an individual student's reading achievement at the end of kindergarten (spring) …? (page 48)"

(2) 연구설계

상기 연구문제를 해결하기 위해 미국과 한국의 박사학위 논문에 제시되어 있는 연구설계를 실험설계, 준실험설계, 비실험설계로 구분하여 비교하였다. 특히, 비실험설계 연구의 경우, 구체적으로 어떠한 통계 방법이 사용되었는지 살펴보았다. 박사학위 논문의 경우, 복수의 연구문제를 설정하고 여러 가지 양적 연구방법론을 순차적으로 적용하는 경우가 많았다. 예를 들어, 하나의 학위논문 내에서 연구문제에 따라 기술분석, 단순회귀분석, 경향점수를 활용한 회귀분석이 순차적으로 이루어질 수 있다. 본 연구에서는 이러한 경우 가장 엄밀한 연구방법인 경향점수를 활용한 회귀분석을 기준으로 구분하여 분석하였다.

분석결과, [그림 4-3]과 같이 미국의 6개 대학 박사학위 논문의 84.5%(49편)가 비실험설계 연구방법을 적용하였으며, 보다 주목할 만한 점은 불연속회귀와 같은 준실험설계 연구방법을 적용한 연구는 10.3%(6편), 그리고 실제 무선할당의 실험설계 연구방법을 적용한 연구는 5.2%(3편)에 달하였다. 이에 반해, 국내 5개 대학의 박사학위 논문은 100%(21편)가 비실험설계 연구방법을 활용하였으며, 준실험설계와 실험설계 연구방법을 적용한 논문은 한 편도 찾을 수 없었다.

미국과 한국의 다수의 박사학위 논문은 비실험설계를 채택하고 있는데, 구체적으로 어떠한 통계방법을 사용하고 있는지 다음 [그림 4-4]와 같이 비교하여 보았다. 미국의 박사학위 논문 중에서 비실험설계 연구에서 가장 많이 활용되고 있는 통계방법은 이중(삼중) 차분, 경향점수, 도구변수, 부가가치모형 등으로 57.2%(28편)를 차지했다. 다음으로 고정효과모형이 16.3%(8편), 상관 · 회귀

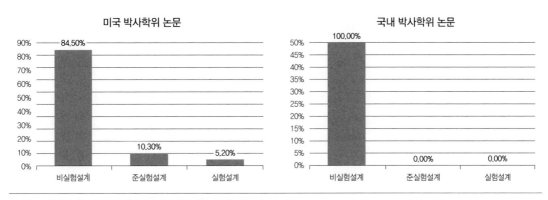

[그림 4-3] 국내외 주요 대학원 박사학위 논문의 연구설계 비교

분석이 10.2%(5편)이었으며, 그 외 구조방정식, 다층모형, 네트워크, 빅데이터 분석의 비중은 상대적으로 낮았다. 반면, 국내 박사학위 논문에서 가장 많이 활용하는 통계방법은 구조방정식으로 33.3%(7편)를 차지했다. 상관·회귀분석, 다층모형, 고정효과모형이 각각 19.0%(4편)으로 그 뒤를 이었고, 그 외 네트워크, 빅데이터 분석이 9.7%(2편)이었다.

이상 미국과 한국의 박사학위 논문의 연구설계를 비교하면, 미국 박사학위 논문은 준실험설계와 실험설계의 비중이 15% 내외로 국내보다 많았다. 또한 비실험설계 논문의 경우에도 국내는 81.0%가 비인과추론[4] 기법을 활용하고 있었으나, 반대로 미국은 무려 73.5%가 인과추론 통계기법을 활용하고 있는 것으로 나타났다.

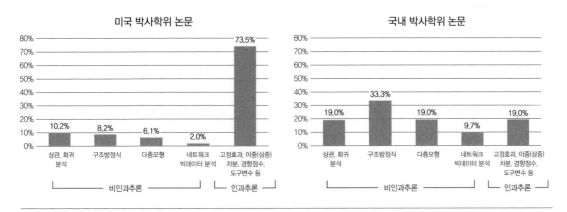

[그림 4-4] 국내외 주요 대학원 비실험설계 박사학위 논문의 연구방법론 비교

---

4) 구조방정식모형은 변수 간 구조적 관계를 경로를 통해 표현한 것으로 시간적 순서를 명확하게 식별하기 어려우며, 매개변수가 특정 값을 취한다고 가정하거나 모든 오차항 간 공분산이 0이라고 가정하지 않는 한 대안적 설명의 경로를 모두 제거하지 못하므로 약한 인과적 가정을 가진다고 할 수 있다(Bollen & Pearl, 2013). 따라서 매우 정교한 개념적 모형과 통계적 측정에 기반한 구조방정식모형은 '잠재적인(potential) 인과효과'를 평가한다고 할 수 있겠으나 여전히 인과관계의 증거를 제시하는 방법론이라 보기 어려우며, 상관 수준에서 해석하는 것이 바람직하다(Schneider et al., 2007: 79-90).

무엇보다 중요한 것은 앞서 살펴본 연구문제 분석에서 미국과 한국의 박사학위 논문 모두 인과연구의 연구문제 비중이 공통으로 더 높았음에도 불구하고, 미국과 달리 국내 박사학위 논문의 연구설계에서는 인과추론 방법의 비중이 매우 낮다는 것이다. 이는 연구문제의 설정과 연구설계가 일치하는 않는 문제가 국내 박사학위 논문에서 나타나고 있음을 시사한다. 이에 따라, 박사학위 논문에 제시된 연구문제에 대한 연구설계의 적합성을 분석하여 비교하였다. 〈표 4-9〉와 같이 미국 박사학위 논문은 총 45편이 인과분석의 연구문제를 설정했으며, 그중 실제 인과추론의 연구설계를 한 논문은 42편으로 연구설계 적합성이 93.3% 수준으로 상당히 높게 나타났다. 그러나 국내 박사학위 논문의 경우, 총 12편이 인과분석의 연구문제를 설정했으나 그중 실제 인과추론의 연구설계는 단 2편에 불과하여 연구설계 적합성이 낮은 것으로 드러났다.

〈표 4-9〉 국내외 주요 대학원 박사학위 논문의 연구설계 적합성 비교(단위: 수)

구분	연구문제		연구설계		연구설계 적합성
미국	인과분석	45	비인과추론	3	93.3
			인과추론	42	
국내	인과분석	12	비인과추론	10	16.6
			인과추론	2	

주: 연구설계 적합성 산출식=(전체 논문 수 - 연구설계 부적합(음영) 논문 수)/전체 논문 수*100

(3) 연구자료의 관리 및 처리

〈표 4-10〉은 국내외 주요 대학원 박사학위 논문에서 활용한 연구자료를 비교분석한 결과이다. 먼저 미국 박사학위 논문을 살펴보면, 6.9%(4편)가 연구자가 직접 수집한 1차 자료를 활용하였으며 93.1%(54편)는 2차 자료를 활용한 것으로 나타났다. 1차 자료분석 논문 중에서 모집단에 대한 표본의 크기, 표본추출방법, 표본오차 등을 고려하여 통계적 표본설계를 한 논문은 3편이었고, 연구자가 수집 가능한 범위 내에서 임의적으로 표본을 설계한 논문은 1편이었다. 한편, 2차 자료를 분석한 학위 논문 중에서 최종 분석자료의 대표성과 타당성 혹은 한계점을 서술하고 있는 논문은 36편에 달하였고, 그렇지 않은 논문은 18편이었다. 연구자료의 종류와 관련하여 25.8%(15편)가 횡단자료를 활용하였고, 74.2%(43편)는 종단자료를 활용하였다. 그리고 자료에 결측치가 있는 경우, 결측치가 무작위로 나타남을 검증하거나 다중 대체법(multiple imputation)을 적용하는 등 별도의 처치를 한 논문은 29.3%(17편), 결측치가 있는 개체를 단순 삭제(listwise)한 논문은 70.7%(41편)에 달하였다.

이에 반해, 국내 박사학위 논문은 19.0%(4편)가 1차 자료를 활용하였으며 81.0%(17편)가 2차 자료를 활용한 것으로 나타났다. 1차 자료 활용 논문 가운데 통계적 표본설계를 한 논문은 2편, 임의적으로 표본을 설계한 논문은 2편이었다. 2차 자료 활용 논문 가운데 모집단 및 원자료 특성과 비교하여 최종 분석자료의 대표성과 타당성 혹은 한계점을 서술하고 있는 논문은 4편, 그렇지 않은 논문은 13편에 달하였다. 또한, 연구자료의 종류와 관련하여 80.9%(17편)가 횡단자료를 분석하였고, 19.1%(4편)가 종단자료를 활용하였다. 결측치에 대해서 별도의 처리를 한 논문은 19.1%(4편)에 불과하였고, 단순 삭제 처리한 논문은 80.9%(17편)에 달하였다.

〈표 4-10〉 국내외 주요 대학원 박사학위 논문의 연구자료 비교

[단위: 비율(수)]

구분			미국	국내
자료 종류 및 대표성	1차 자료	유층표집 등 통계적 표본설계	5.2%(3)	9.5%(2)
		임의적 표본설계	1.7%(1)	9.5%(2)
	2차 자료	최종 분석자료의 대표성, 타당성 확인	62.1%(36)	19.1%(4)
		최종 분석자료의 대표성, 타당성 미확인	31.0%(18)	61.9%(13)
	총계		100%(58)	100%(21)
자료 시점		횡단자료	25.8%(15)	80.9%(17)
		종단자료	74.2%(43)	19.1%(4)
	총계		100%(58)	100%(21)
결측자료		대치법(imputation) 등 처리	29.3%(17)	19.1%(4)
		단순 삭제(listwise) 등 미처리	70.7%(41)	80.9%(17)
	총계		100%(58)	100%(21)

(4) 연구결과의 해석

마지막으로, 양적 연구의 타당성과 신뢰성을 확보하기 위해서는 '연구문제 설정–연구설계–연구결과 해석'이라는 일련의 연구과정이 일관되게 수행되어야 한다. 예컨대, 상관연구를 목적으로 하는 연구문제를 제시하였다면, 상관분석과 같은 비실험적 연구설계와 상관관계의 연구결과 해석이 뒤따라야 한다. 한편, 인과추론의 연구문제가 설정·제시되었다면, 실험설계나 준실험설계, 또는 비실험설계일지라도 인과추론의 통계방법을 활용하여 분석하고, 인과관계에 대한 추론의 해석이 이어질 때 비로소 연구결과의 타당성과 신뢰성을 인정받을 수 있다.

[그림 4-5]는 앞서 살펴본 연구문제와 연구설계, 그리고 연구결과 해석의 일관성[5]을 종합적으로 고려하여 국내외 박사학위 논문의 연구 일관성을 비교분석한 결과이다. 분석결과, 국내 박사

---

5) 앞서 연구문제에서 제시한 상관과 인과 표현(Thapa et al., 2020)을 준거로 박사학위 논문에 제시된 연구결과의 해석이 상관분석 또는 인과추론이 제시되고 있는가를 판단하였다.

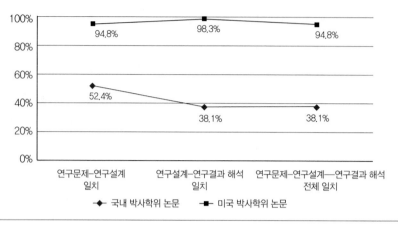

[그림 4-5] 국내외 주요 대학원 박사학위 논문의 일관성 비교

학위 논문의 경우, 연구문제-연구설계-결과해석의 전체 일관성이 38.1%에 불과하여 미국의 박사학위 논문에 비해 상당히 낮은 수준임을 알 수 있다. 예컨대, 연구문제와 연구설계가 서로 일치하는 경우가 미국 박사학위 논문은 94.8%, 국내 박사학위 논문은 52.4%였다. 아울러 연구설계와 연구결과의 해석이 서로 일치하는 경우가 미국 박사학위 논문은 98.3%, 국내 박사학위 논문은 38.1%였다. 이를 역으로 해석하면 국내 박사학위 논문의 47.6%가 인과분석의 연구문제를 설정했음에도 인과추론이 어려운 연구설계를 적용하고 있으며, 61.9%가 비인과추론 연구설계를 적용했음에도 이를 인과관계 수준으로 확대 해석하고 있다고 할 수 있다.

3) 요약 및 시사점

(1) 연구목적/연구문제에 적합한 연구설계

인과추론을 위한 연구설계를 제시한 박사학위 논문이 미국은 77.6%(45편)에 달하였으나, 국내 논문은 19.05%(4편)에 그쳤다. 국내 박사학위 논문은 특정 정책이나 프로그램의 처치 효과를 엄밀하게 분석하는 인과추론 연구가 상대적으로 적었다는 것을 의미한다. 또한, 연구자료의 관리 및 처리와 관련해서도 국내 박사학위 논문 가운데 종단자료를 활용한 논문은 19.1%(4편)에 불과하였고, 분석 표본의 대표성 확보를 위해 결측치에 대한 별도의 처리를 한 논문은 19.1%(4편)에 그치고 있어 미국의 박사학위 논문에 비해 상대적으로 그 비율이 낮았다. 종단자료 연구 비율이 상대적으로 적은 것은 종단자료에 대한 데이터 인프라에 있어 국가 간 차이를 반영한 것일 수 있다. 또한, 양적 연구는 현상을 관찰하고 측정함으로써 일반화하는 것이 주목적인데, 분석표본이 모집단의 대표성을 확보할 수 없다면 그 목적 달성의 측면에서는 실패하고 있다고 볼 수 있다.

미국의 박사학위 논문과의 차이는 다양하고 정교한 양적 분석방법의 학습과 활용의 경험이 상대적으로 부족한 국내 학생들의 현실을 반영하고 있다고 볼 수 있다. 앞서 제3절의 분석에서 국내 대학원 교육과정은 기초통계분석 수준의 교과목이 주로 편성되고 있으며, 자료의 관리와 처리, 인과추론과 관련한 수업이 체계적으로 이루어지지 않는 것으로 나타났다. 제4절의 분석결과는 이러한 미흡한 대학원 교육과정이 실제 학생들의 논문 작성에 어떠한 영향을 미치는가를 잘 보여 준다. 향후 대학원 교육과정에서 자료의 수집과 관리부터 엄밀한 인과추론의 기법까지 양적 연구방법 교과목에 대한 체계적인 개설 운영이 필요하다.

(2) 박사학위 논문 양적 연구과정의 적합성 및 일관성

연구문제에 대한 연구설계의 적합성을 분석한 결과, 미국 박사학위 논문의 연구설계 적합성은 93.3%에 달하나, 국내 박사학위 논문의 연구설계 적합성은 16.6% 수준에 그치고 있는 것으로 나타났다. 아울러 국내 박사학위 논문은 연구문제 설정－연구설계－연구결과의 해석이라는 연구과정 전반에서도 일관성이 상대적으로 부족한 것으로 나타났다. 예컨대, 인과분석의 연구문제를 설정하였음에도 실제로는 인과추론을 위한 연구설계를 적용하지 않고 상관분석 수준의 연구방법을 적용한 연구가 47.6%에 달하였으며, 무엇보다 더 큰 문제는 비인과추론의 연구방법을 적용하였음에도 분석결과를 인과관계 수준으로 잘못 해석한 논문도 61.9%에 달하였다. 물론, 박사학위 논문이 반드시 인과추론과 같은 고급통계방법을 활용해야 하는 것은 아니나, 최소한 연구자가 자신이 활용한 연구방법론의 적합성과 그 한계 등을 명확하게 이해하고 학위 논문에 제시할 수 있도록 교육과정과 논문 심사과정에서 적절한 지도와 점검이 이루어져야 할 것이다. 또한, 국내 박사학위 논문은 상대적으로 구조방정식에 편중되어 있는 현상을 발견할 수 있었는데, 이들 대다수가 해당 방법론의 한계에 대한 인식 또는 제시 없이 요인들 간의 구조적 관계를 인과적으로 이해·해석하고 있었다. 이 점은『교육행정학연구』에 게재된 교장 리더십 관련 양적 연구를 분석한 주현준(2020)의 연구에서도 공통적으로 지적되었다. 대학원 교육에서 연구목적에 타당한 연구문제의 제시, 문제해결에 타당한 연구설계, 그리고 연구결과의 올바른 해석과 한계점 제시 등의 일련의 과정을 체계적으로 교육해야 할 것이다.

(3) 미국의 박사학위 논문 우수 사례 소개

마지막으로, 미국의 박사학위 논문 우수 사례를 〈표 4-11〉과 같이 소개하고자 한다. Stanford 대학원 Murphy(2020)의 박사학위 논문은 지역 이민법 집행이 히스패닉 학생들의 학교 등록에 미치는 영향을 분석한 연구로 종단자료와 삼중 차분 연구방법론을 활용하여 엄밀한 인과추론을 수행했으며, 결측치를 체계적으로 처리하였다. Wisconsin-Madison 대학원 Sun(2019)의 박사학위 논문은 STEM 분야에서 대학생의 능동적인 학습과 장기적 학업성취의 관계를 분석하는 연구로 층화표집방법으로 정교하게 수집된 자료를 활용하였으며, 구조방정식을 활용하여 상관분석 수준에 맞게 분석결과를 해석하고 제시하였다는 점에서 참고할 만하다.

〈표 4-11〉 박사학위 논문 우수 사례

구분	인과추론 연구 사례 Murphy(2020)	비인과추론 연구 사례 Sun(2019)
연구목적/ 문제	We estimate **the impact of ICE partnerships** on Hispanic enrollment and other outcomes in "difference in differences" specifications. (page 15)	This study investigated **the relationship between** active learning and community college students' long-term academic success in STEM. To understand how active learning impacts success in STEM, a conceptual framework was created depicting **the direct and indirect links between** active learning, self-efficacy beliefs in math and science, and academic outcome measures … (page viii)
연구설계	We estimate variants of the following basic **"differences in differences"** specification. (page 31) We present such evidence through estimating **"difference in difference in differences" (DDD)** specifications based on stacked school enrollment data at the county-ethnicity-year level. (page 35)	To test construct validity of the measurement models, **confirmatory factor analysis (CFA)** was utilized. (page 58) Following CFA, the proposed model was tested using **structural equation modeling (SEM)**. (page 63)
연구자료	Our study is based on **county-year panel data for the period from 2000 through 2011**. (page 28) … the adoption of an ICE partnership has **small and statistically insignificant effects on the probability of missingness**. Furthermore, we find that restricting our focus to a balanced panel for which data are not missing leads to results quite similar to those we report (Appendix Table 2). (page 28) When a county-year observation had missing values but external data were not available, we implemented **a simple imputation based on the available longitudinal data**. Specifically, if valid data for a given variable existed both prior to and after the missing value, we conducted **a linear interpolation to generate an estimate of the missing value**. (page 53)	Consistent with the STEM Transfer project, the study examined **data collected** from three, large, 2-year institutions … The sampling process adopted **a stratified sampling design** to achieve a sufficient sample size for the statistical power essential for performing quantitative analysis, while accounting for heterogeneity among students and STEM disciplines. (page 47-48) Full information maximum likelihood (FIML) estimation in Mplus was applied to **handle missing data** for variables that were treated as dependent variables in the model. … FIML estimation was chosen considering that corrected chi-square difference test of model fit is not available when **multiple imputation** is adopted in Mplus. (page 57)

구분	인과추론 연구 사례 Murphy(2020)	비인과추론 연구 사례 Sun(2019)
연구결과 해석	The results in column (1) suggest that ICE partnerships reduced Hispanic student enrollments by a statistically significant 7.3 percent. The semi-dynamic results in column (2) suggest that ***this negative effect*** grew monotonically over time from roughly 5 percent in the adoption year to nearly 10 percent two or more years after adoption. … Specifically, in columns (3) and (4), we report DD estimates of ***the impact of ICE partnerships*** on non-Hispanic enrollment. These results consistently indicate small and statistically insignificant effects. (page 36-37)	Self-efficacy beliefs in math and science, and success in STEM, certain personal and contextual factors were shown to have ***statistically significant associations with*** student success in STEM. (page 79)

5. 국내외 주요 학술지 논문의 양적 연구 비교

1) 개요

이 장에서는 교육행정학 분야에서 발간되고 있는 미국과 한국의 주요 학술지의 양적 연구논문을 비교분석하고자 한다. 앞서 박사학위 논문 비교분석에서 활용되었던 분석기준(연구문제-연구설계-연구결과 해석)을 전문학술지 연구논문에 그대로 적용하여 양적 연구의 활용과 그 개선 방안에 대한 시사점을 도출하고자 하였다.

분석 대상은 국내 교육행정 분야 주요 학술지로『교육행정학연구』를 선정하였다.『교육행정학연구』는 KCI IF(5년) 2.51로, 교육행정 이론과 실제의 발전에 활발히 기여하고 있는 한국 교육행정학의 대표 학술지라 할 수 있다. 다음 미국의 교육행정 분야 주요 학술지로는『Educational Evaluation and Policy Analysis』(이하『EEPA』)와『Educational Administration Quarterly』(이하『EAQ』)를 선정하였다. 교육행정과 관련한 종합지로서의 성격을 갖는『교육행정학연구』와 달리『EEPA』는 교육정책 연구에,『EAQ』는 교육 리더십 및 조직연구에 보다 특화된 학술지라는 점에서 직접적인 비교는 어렵다고 할 수 있다. 그럼에도 불구하고『EEPA』는 5-Year IF 4.889, SCOPUS CiteScore 5.000로 교육의 핵심 정책 및 이슈에 대한 엄밀한 연구를 추구하는 우수 학술지이며,『EAQ』는 5-Year IF 4.691, SCOPUS CiteScore 5.600로 교육 조직이 직면하고 있는 리더십 및 정책 이슈에 대한 중요한 실증·개념 연구를 제시하는 우수 학술지라는 점에서 국내 학술지의 발전에 시사점을 제공할 수 있을 것이다.

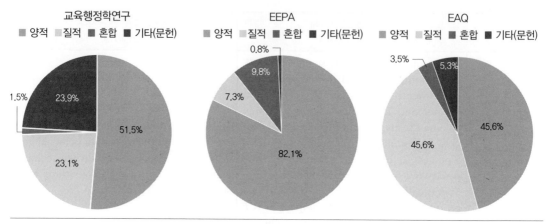

[그림 4-6] 국내외 주요 학술지 연구논문의 연구방법론 비중 비교

분석을 위해 각 학술지의 온라인 홈페이지에서 최근 5년(2018~2022년)간 게재된 연구논문을 검색하였다. 검색결과, 『교육행정학연구』 264편, 『EEPA』 123편, 『EAQ』 114편을 확인하였으며, 그 가운데 양적 연구방법을 활용한 논문의 수는 『교육행정학연구』가 51.5%(136편), 『EEPA』가 82.1%(101편), 『EAQ』가 45.6%(52편)이었다. [그림 4-6]을 통해 각 학술지 논문의 연구방법론 활용 비중뿐만 아니라 학술지 간 성격의 차이를 가늠해 볼 수 있다. 양적 연구방법을 활용한 논문 중 분석 준거를 적용하기 어려운 단순 기술분석, 측정도구 개발, 메타분석 논문 등은 분석에서 제외하였으며, 최종적으로 『교육행정학연구』 총 99편, 『EEPA』 총 95편, 『EAQ』 총 48편이 분석에 활용되었다.

2) 국내외 주요 학술지 양적 연구논문 비교분석

(1) 연구문제 설정

〈표 4-12〉는 각 학술지 내 연구논문의 연구문제를 분석한 결과이다. 『교육행정학연구』의 48.5%(48편)가 변수 간 상관관계를 규명하는 상관연구의 연구문제를 제시하였고, 51.5%(51편)가 변수 간 인과적 관계를 규명하는 인과추론의 연구문제를 설정/제시하였다. 이에 반해, 미국

〈표 4-12〉 국내외 주요 학술지 연구논문의 연구문제 비교분석 결과[단위: 비율(수)]

구분	교육행정학연구	EEPA	EAQ
상관분석	48.5%(48)	20.0%(19)	77.1%(37)
인과분석	51.5%(51)	80.0%(76)	22.9%(11)
총계	100%(99)	100%(95)	100%(48)

의 『EEPA』는 20.0%(19편)가 상관연구의 연구문제를 제시하였고, 80.0%(76편)가 인과추론의 연구문제를 설정하고 있었다. 한편, 『EAQ』는 77.1%(37편)가 상관연구의 연구문제를 설정하였고, 22.9%(11편)가 인과추론의 연구문제를 제시하고 있었다.

(2) 연구설계

다음으로 연구문제를 해결하기 위한 연구설계에 있어 실험설계, 준실험설계, 비실험설계 중 어떤 방식을 채택하였는지, 그리고 비실험설계의 경우 구체적으로 어떠한 통계 방법이 활용되었는지를 분석하였다. 분석결과, 다음 [그림 4-7]과 같이 『교육행정학연구』의 100.0%(99편)가 비실험설계를 적용하였으나 (준)실험설계 연구설계는 전무하였다. 반면, 미국의 『EEPA』는 63.2%(60편)가 비실험설계를 활용하였고, 준실험설계가 15.8%(15편), 실험설계가 21.0%(20편)에 달하였다. 한편, 미국의 『EAQ』는 97.9%(47편)가 비실험설계를 적용하여 『교육행정학연구』와 비슷한 수준이었으며, 준실험설계를 적용한 연구논문은 단 2.1%(1편)였다.

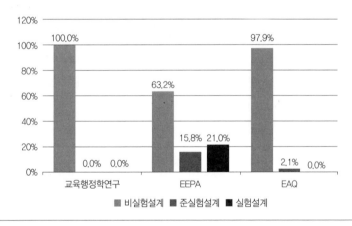

[그림 4-7] 국내외 주요 학술지 연구논문의 연구설계 비중 비교

비실험설계를 활용한 연구논문은 구체적으로 어떠한 통계방법을 활용하고 있는지, 특히 인과추론을 위한 통계 방법을 활용하고 있는가를 살펴보았다. [그림 4-8]과 같이 『교육행정학연구』 내 비실험설계 연구논문이 가장 많이 활용하는 연구방법론은 비인과추론 통계 방법으로, 상관·회귀분석이 22.2%(22편)를 차지했다. 다음으로 다층모형 20.2%(20편), 구조방정식 17.2%(17편) 등의 순이었다. 인과추론 통계 방법으로 고정효과·이중(삼중) 차분·경향점수·도구변수 등을 활용한 연구논문은 31.3%(31편)였다. 다시 말하자면, 『교육행정학연구』 내 인과추론 비실험설계 연구논문은 31.3%, 비인과추론 비실험설계 연구논문은 68.9%로 비인과추론의 연구방법론 비중이 더 높았다.

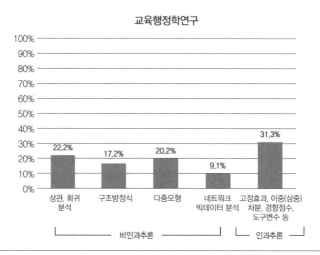

[그림 4-8] 『교육행정학연구』에 게재된 비실험설계 연구논문의 연구방법론

[그림 4-9]는 미국의 『EEPA』와 『EAQ』 내 비실험설계 연구논문의 연구방법론을 비교분석한 결과이다. 『EEPA』 내 비실험설계 연구논문이 가장 많이 활용하는 연구방법론은 고정효과, 이중(삼중) 차분 · 경향점수 · 도구변수 등 인과추론을 위한 통계방법으로 총 86.7%(52편)를 차지했다. 그리고 상관 · 회귀분석이 6.7%(4편), 그 외 구조방정식이나 다층모형 등의 비중은 극히 적었다. 즉, 『EEPA』 내 인과추론 비실험설계 연구논문은 86.7%로 그 비중이 매우 높았다. 한편, 『EAQ』 내 비실험설계 연구논문이 가장 많이 활용하는 연구방법론은 비인과추론 통계방법으로, 상관 · 회귀분석 21.3%(10편), 구조방정식 19.2%(9편), 다층모형 14.9%(7편) 등의 순이었다. 미국의 『EAQ』는 연구방법에 있어 『교육행정학연구』와 유사한 경향을 보였다.

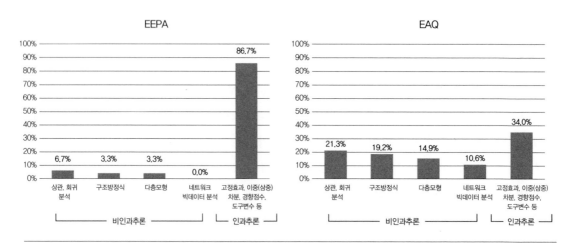

[그림 4-9] 『EEAP』와 『EAQ』에 게재된 비실험설계 연구논문의 연구방법론

국내외 주요 학술지 내 연구논문이 연구문제에 적합한 연구설계를 하고 있는가 살펴보기 위해 〈표 4-13〉과 같이 연구설계 적합성을 비교분석하였다. 『교육행정학연구』 내 연구논문 가운데 총 51편이 인과추론의 연구문제를 설정하였으나 실제 인과추론의 연구설계를 한 논문은 19편으로 상대적으로 연구설계 적합성이 낮게 나타났다. 반면 미국의 『EEPA』의 경우, 총 76편이 인과분석의 연구문제를 설정하였으며 해당 연구 모두 실제 인과추론의 연구설계를 적용한 것으로 나타났다. 『EAQ』의 경우, 총 11편이 인과분석의 연구문제를 설정하였으며 그중 9편의 연구가 실제 인과추론의 연구설계를 적용하였다.

〈표 4-13〉 국내외 주요 학술지 연구논문의 연구설계 적합성 비교(단위: 수)

구분	연구문제		연구설계		연구설계 적합성
교육행정학연구	인과관계	51	비인과추론	32	37.2
			인과추론	19	
EEPA	인과관계	76	비인과추론	0	100.0
			인과추론	76	
EAQ	인과관계	11	비인과추론	2	81.8
			인과추론	9	

주: 연구설계 적합성 산출식=(전체 논문 수 - 연구설계 부적합(음영) 논문 수)/전체 논문 수*100

(3) 연구자료의 관리 및 처리

〈표 4-14〉는 국내외 주요 학술지 내 연구논문에서 활용한 연구자료를 비교분석한 결과이다. 먼저 『교육행정학연구』의 경우, 연구자가 직접 수집한 1차 자료를 활용한 연구논문의 비율은 36.4%(36편), 2차 자료를 활용한 연구논문의 비율은 63.6%(63편)였다. 1차 자료를 활용한 연구논문 총 36편 가운데 모집단에 대한 표본의 크기, 표본추출방법, 표본오차 등을 고려하여 통계적 표본설계를 한 논문은 4편에 불과했으며, 연구자가 수집 가능한 범위 내에서 임의적으로 표본을 설계한 논문은 32편이었다. 2차 자료를 활용한 연구논문 63편 가운데 모집단 및 원자료 특성과 비교하여 최종 분석자료의 대표성과 타당성 혹은 한계점을 서술하고 있는 논문은 3편에 불과하였고, 그렇지 않은 논문은 60편에 달하였다.

미국 『EEPA』의 경우, 1차 자료를 활용한 연구논문은 25.2%(24편)이었고, 2차 자료를 활용한 논문은 총 74.8%(71편)이었다. 1차 자료를 분석한 연구논문 중에서 표본의 크기, 표본추출방법, 표본오차 등을 고려하여 통계적 표본설계를 한 논문은 20편이었다. 2차 자료를 분석한 논문 중에서 최종 분석자료의 대표성과 타당성 혹은 한계점을 서술하고 있는 논문은 48편에 달하였다.

『EAQ』의 경우, 1차 자료를 활용한 연구논문은 41.6%(20편)에 달하였고, 2차 자료를 활용한 논문은 58.4%(28편) 수준이었다. 1차 자료를 분석한 논문 중에서 표본의 크기, 표본추출방법, 표본 오차 등을 고려하여 통계적 표본설계를 한 논문은 11편이었다. 2차 자료를 활용한 연구논문 중에서 최종 분석자료의 대표성과 타당성 혹은 한계점을 서술하고 있는 논문은 14편이었다. 미국의 『EEPA』와 『EAQ』의 연구논문이 『교육행정학연구』보다 더 높은 비율로 연구자료의 대표성을 검증하고 있었다.

한편 자료의 종류와 관련하여 미국의 『EEPA』는 연구논문의 23.2%(22편)가 횡단자료를 분석하였고, 76.8%(73편)가 종단자료를 활용하고 있는 것과는 달리, 『교육행정학연구』와 『EAQ』 내 연구논문은 횡단자료에 의존하는 비율이 더 높았다. 세 학술지 논문 모두 결측치에 대한 별도의 처치 비율은 그리 높지 않은 것으로 확인되었으며, 『EEPA』가 33.7%(32편)로 가장 높은 비율을 보였다.

〈표 4-14〉 국내외 주요 학술지에 게재된 연구논문의 연구자료 비교

[단위: 비율(수)]

구분			교육행정학연구	EEPA	EAQ
자료 종류 및 대표성	1차 자료	유층표집 등 통계적 표본설계	4.1%(4)	21.0%(20)	22.9%(11)
		임의적 표본설계	32.3%(32)	4.2%(4)	18.7%(9)
	2차 자료	최종 분석자료의 대표성, 타당성 확인	3.0%(3)	50.6%(48)	29.2%(14)
		최종 분석자료의 대표성, 타당성 미확인	60.6%(60)	24.2%(23)	29.2%(14)
		총계	100%(99)	100%(95)	100%(48)
자료 시점		횡단자료	69.7%(69)	23.2%(22)	66.7%(32)
		종단자료	30.3%(30)	76.8%(73)	33.3%(16)
		총계	100%(99)	100%(95)	100%(48)
결측 자료		대치법(imputation) 등 처리	5.1%(5)	33.7%(32)	14.6%(7)
		단순 삭제(listwise) 등 미처리	94.9%(94)	66.3%(63)	85.4%(41)
		총계	100%(99)	100%(95)	100%(48)

(4) 연구결과의 해석

마지막으로, 연구결과의 해석과 함께 '연구문제 설정-연구설계-연구결과 해석'의 연구과정 전반이 일관되게 수행되었는가를 살펴보았다. 분석결과, [그림 4-10]과 같이 『교육행정학연구』의 연구 일관성은 『EEPA』와 『EAQ』에 비해 상대적으로 낮은 수준으로 나타났다. 구체적으로 살펴보면, 연구문제와 연구설계가 서로 일치하는 경우가 『교육행정학연구』는 67.6% 수준이었으나, 미국의 『EEPA』는 100%, 『EAQ』는 95.8%에 달하였다. 아울러 연구설계와 연구결과의 해석이 서로 일치하는 경우가 『교육행정학연구』는 57.6% 수준이었으나, 미국의 『EEPA』는 100%, 『EAQ』는

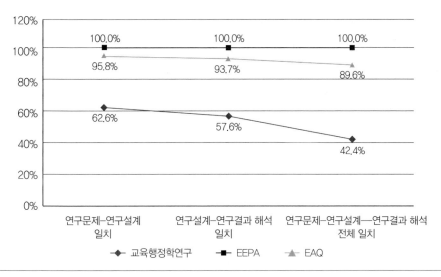

[그림 4-10] 국내외 주요 학술지에 게재된 연구논문의 일관성 비교

93.7%였다. 종합하여, 연구문제와 연구설계, 연구결과의 해석이 서로 완전히 일치하는 경우가 『교육행정학연구』는 42.4%에 불과하였으나, 『EEPA』는 100%, 『EAQ』는 89.6%에 달하는 것으로 나타났다. 즉, 『교육행정학연구』 내 연구논문의 32.4%가 인과분석의 연구문제를 설정했음에도 비인과추론 연구설계를 적용하고 있었으며, 42.4%가 비인과추론의 연구설계를 적용했음에도 이를 인과관계 수준으로 확대 해석하고 있었다.

3) 요약 및 시사점

(1) 전문 학술지의 정체성

교육행정학 분야의 종합학술지 성격의 『교육행정학연구』와 비교한 결과, 미국의 학술지 『EEPA』와 『EAQ』는 다음과 같이 전문 학술지로서 다른 정체성을 갖고 있다. 『EEPA』는 대다수의 연구논문이 양적 연구방법을 사용하고 있으며 인과추론의 연구설계를 적용하여 교육정책 또는 프로그램의 인과 효과를 규명하는 데 초점을 두고 있다. 실증주의와 경험주의를 강조하는 미국의 증거 기반 정책 체계를 학술적으로 뒷받침하는 학술 풍토를 반영한 것이라 하겠다. 아직까지 국내에는 교육정책을 전문으로 하는 학술지가 없는 실정으로, 인과추론의 양적 연구방법을 활성화할 수 있도록 새로운 전문 학술지를 창간할 필요가 있다. 한편, 『EAQ』는 교육 리더십 및 교육 조직에 대한 연구주제를 중심으로 논문을 게재하고 있으며, 다른 학술지에 비해 질적 연구의 비율이 상대적으로 높고, 양적 연구에서도 상관연구의 비율이 높은 편이다.

(2) 연구문제-연구설계-연구결과 해석의 적합성 및 일관성

연구문제에 대한 연구설계의 적합성을 분석한 결과,『교육행정학연구』는 62.6%가 일치하는 것으로 나타났고, 미국의『EAQ』는 95.8%,『EEPA』는 100%에 달하는 것으로 나타났다. 연구문제의 설정에서 연구설계, 그리고 연구결과의 해석이라는 연구과정의 일관성 역시『교육행정학연구』는 42.4% 수준으로 미국의 두 학술지에 비해 크게 낮은 편이었다. 이러한 결과는 제4절에서 분석한 미국과 한국의 박사학위 논문 분석결과와 거의 유사하다는 점에 주목할 필요가 있다. 국내 대학원의 교육과정에서 배우고 학위 논문 연구에 활용한 양적 연구의 미흡한 행태가 졸업 후 전문연구자로서 학술지 논문을 작성할 때에도 그대로 재현되는 것으로 볼 수 있다. 따라서 학술지 양적 연구논문의 질적 제고를 위해서는 근본적으로 대학원 교육과정의 교육 단계에서부터 개선 방안이 모색되어야 한다. 예컨대, 연구목적에 따른 연구문제의 설정, 연구문제에 적합한 연구설계의 적용, 적절한 연구자료 및 결측치 처리 방법, 그리고 연구결과의 올바른 해석 등에 대한 체계적인 교육이 이루어질 필요가 있다. 아울러, 학술지 투고 논문의 심사과정에서도 양적 연구방법에 능숙한 심사자를 반드시 위촉하도록 하고, 논문의 연구방법 오류에 대해서는 구체적인 대안을 제공하는 방식으로 적절한 피드백을 제공할 필요가 있다.

(3) 학술지 연구논문 우수 사례 소개

마지막으로, 참고할 만한 학술지 연구논문의 우수 사례로『EEPA』와『EAQ』의 논문을 각각 한 편씩 소개하고자 한다.『EEPA』에 게재된 Goldhaber, Long, Gratz와 Rooklyn(2019)의 논문은 미국 워싱턴주의 College Bound Scholarship 프로그램이 학생의 고등학교 성적과 졸업 등에 미치는 영향을 분석한 연구로 삼중 차분의 엄밀한 인과추론 연구방법론 적용과 정교한 데이터 관리 사례를 보여 주고 있다. 또한,『EAQ』에 게재된 Qadach, Schechter와 Da'as(2020)의 논문은 교장의 정보 처리 메커니즘이나 교육적 리더십 등의 개인 특성과 조직 학습 메커니즘 간의 직접효과 및 매개효과를 분석한 연구로, 구조방정식에 대한 명확한 이해를 바탕으로 한 연구 수행과정을 잘 보여 주고 있다.

〈표 4-15〉 학술지 연구논문 우수 사례

구분	EEPA 인과추론 연구 사례 Goldhaber et al. (2019)	EAQ 비인과추론 연구 사례 Qadach et al. (2020)
연구목적/ 문제	Using a triple-difference specification, we estimate *the effects of Washington's College Bound Scholarship program* on students' high school grades, high school graduation, juvenile detention and rehabilitation … (page 110)	This study explored a theoretical model proposing *direct and mediated effects* for principals'characteristics-principals' information processing mechanisms (PIPMs) and instructional leadership (IL) … (page 736)

구분	EEPA 인과추론 연구 사례 Goldhaber et al. (2019)	EAQ 비인과추론 연구 사례 Qadach et al. (2020)
연구설계	Our beginning analytic strategy is to utilize *a DnD analysis* to compare differences in outcomes of those who meet the CBS eligibility requirements in cohorts before and after the introduction of the implementation of the CBS program … To further capture these potential secular trends, we use *a DnDnD specification*. (page 120)	We analyzed the survey data using *structural equation modeling (SEM)* techniques with the AMOS 20 program … Furthermore, to provide a more rigorous test of whether the mediated effects found in the model are statistically significant, we conducted *bootstrap analyses tests*, recommended by Preacher and Hayes (2008). (page 758)
연구자료	We have data on two cohorts of students who did not have the opportunity to sign the CBS pledge, that is, those who were *in eighth grade in 2005-2006 ("Cohort 1") and 2006-2007 ("Cohort 2")*. (page 114) *In our sample, 0.15% experience incarceration, which is equal to the national incarceration rate in state prisons for individuals between the ages of 18 and 19 in 2014* (Carson, 2015). Our data include 443,315 individual student records for the five cohorts, but we drop from these data foreign exchange students, observations with missing ID codes… *These restrictions reduce the number of observations to* 415,384, including 169,887 in the pre-policy Cohorts 1 and 2, and 245,497 in the post-policy Cohorts 3, 4, and 5. (page 114-115) When seventh grade math or reading scores are missing, we have imputed them using *multiple imputations*. (page 118)	To test the proposed relationships, we utilized *a multisource survey design from a sample of 1,700 teachers (randomly selected) and their principals from 130 elementary schools in Israel, which were randomly selected from a school list on the educational system website* (from all of Israel); 23% of the studied schools were from the Arab sector and 77% were from the Jewish sector (proportional to the sectors' representation in the school system). School size was based on the number of enrolled teachers with an average of 34 (SD = 11.43). *We ensured a random sampling minimum of 30% of the teaching staff at each school.* (page 752-753)
연구 결과 해석	In Panel A, which shows the DnD results, this estimated *policy effect is* -1.2 percentage points, and in Panel B, which shows the DnDnD results, this estimated *policy effect is* -0.9 percentage points. (page 121)	As seen in Figure 2, *the relationship between* principals' practices was significant and positive, confirming Hypothesis 1 … However, for Hypothesis 6, TJS *was not significantly related to* students' achievements. (page 759)

6. 향후 교육행정 양적 연구의 발전 방향

1) 대학 차원의 대학원 교육과정 개선

(1) 대학원 양적 연구방법론 교육과정의 강화

첫째, 현재 국내 대학원은 양적 연구방법의 교과목 이수에 대해 최소 학점 수 기준의 이수 규정만 두고 있는데, 학생들에게 일련의 연구방법 교과목의 체계적인 이수에 대한 정보를 제공하고 적극 권장하도록 하는 시스템을 도입할 필요가 있다. 양적 연구방법 교과목의 난이도에 따라 순차적인 이수 방법을 제시하고, 과목별 주기적인 개설 정보를 제공함으로써 양적 연구방법의 체계적인 학습이 이루어지도록 해야 한다. 둘째, 학기당 양적 연구방법 교과목 개설 강좌수를 현행 2.8개 수준에서 4개 이상의 수준으로 늘려 다양하고 심화된 연구방법 교과목의 기회를 제공해야 한다. 국내 대학원의 경우, 학과에서 수준별로 다양한 양적 연구방법론 수업을 제공하기 어렵다면 대체 가능한 타 전공 수업을 안내할 수 있으며, 또는 타 대학과 양적 연구방법론 수업을 공동으로 개설 및 운영하는 방안을 고려할 수 있다. 앞에서 제시한 미국 Stanford University의 「GSE Quantitative Course Guide」는 국내 대학원이 벤치마킹할 만한 사례이다. 셋째, 정규 교과목 이외에도 양적 연구방법의 워크숍이나 세미나 등을 정기적으로 제공하여 학생들이 양적 연구방법을 적용한 연구 사례나 연구자의 경험을 공유하도록 하는 것도 중요하다. 넷째, 최근 증거 기반 정책으로 인과추론의 설명연구에 대한 수요가 증가 추세에 있다. 대학원의 교육과정에서 학생들이 인과추론의 연구방법에 대한 교과목을 체계적으로 이수할 수 있도록 제공되어야 한다. 마지막으로, 교과목의 내용 측면에서 연구목적에 알맞은 연구문제의 설정에서부터 연구문제에 타당한 연구설계, 그리고 연구가설 검증에 필요한 연구자료의 수집, 결측치의 처리, 그리고 연구결과는 연구설계에 타당한 해석이 제시될 수 있도록 체계적인 양적 연구방법의 교육이 이루어질 수 있어야 한다.

(2) 박사학위 논문의 질 관리 제고

대학원 교육과정의 개선에 있어 박사학위 논문의 질 관리는 필수적이다. 첫째, 학생들은 교육과정의 전공 교과목과 연구방법의 교과목 이수를 마치고 박사학위 논문 작성 단계에 진입하기 전에 논문자격시험을 치러야 하는데, 이때 연구방법에 대한 지식과 활용능력에 대한 검증을 도입 또는 강화해야 할 필요가 있다. 현재 논문자격시험은 전공 교과목의 지식과 활용능력에 초점을 두고 있는데, 연구방법의 지식 및 활용능력으로 확대할 필요가 있다. 둘째, 박사학위 심사위원회의 구성에 있어 연구방법 전공의 교수를 별도의 심사위원으로 위촉하여 운영함으로써 학생들이 학위 논문에 양적 연구방법의 올바른 이해와 적용이 될 수 있도록 적극 지도할 필요가 있다. 마지막으로, 박사과정 학생들 간 커뮤니티 구성을 적극 권장하여 브라운백 세미나와 같이 서로 연구방법 사례를 공유하고 창의적인 해결 방안을 모색할 수 있도록 조장할 필요가 있다.

(3) 전문적인 양적 연구자 양성을 위한 자격증/또는 심화과정 교육 프로그램 제공

현재 국내 대학원의 경우, 박사과정 학생들만을 위한 고급 심화과정의 연구방법 교과목의 개설 운영을 찾아보기 어렵다. 특히, 박사과정 심화 교과목뿐만 아니라 양적 연구 전문가를 양성하는 과정을 개설 인증할 필요가 있다. 미국 Stanford University의 「Certificate Program in Quantitative Research Methods」와 같은 전문가 양성과정을 국내 대학원에 도입하여 '교육정책 분석가'와 같은 전문인력을 양성하고, 나아가 교육정책 분석에 특화된 양적 연구방법의 전문 교과목의 개설을 활성화하여 교육당국의 증거 기반 교육정책의 토대를 마련하는 것이다. 양적 연구 전문가 양성과정이 대학 차원에서 개설이 어렵다면 학회의 차원에서 개설 운영하는 것을 검토할 필요가 있으며, 나아가 국가공인 자격증 과정으로 확대해 나갈 필요가 있다.

2) 학회 차원의 국내 학술지 전문화 및 심사과정 개선

(1) 신규의 교육정책 전문 학술지 도입 운영

교육행정학 분야에서 종합 학술지로서의 『교육행정학연구』는 현행대로 유지하고, 미국의 『EEPA』와 같은 양적 연구방법에 특화된 교육정책 전문 학술지를 별도로 신설하여 운영할 필요가 있다. 종합 학술지는 그 특성상 일반적인 수준의 양적 연구방법 지식과 활용 수준을 갖춘 독자를 상정하여 투고된 논문을 심사하고 가독성이 높은 논문을 중심으로 게재할 수밖에 없는 한계가 있다. 신규 교육정책 전문 학술지가 도입 운영된다면 심화된 양적 연구방법을 활용한 정책분석의 논문을 심사할 수 있는 전문 심사인력을 확보하고 학계에서 심도 있는 정책분석 결과를 공유하여 정책의 개선 방안을 모색할 수 있을 것으로 기대된다. 앞서 제시된 교육정책 분석 전문가와 같은 인력 양성과 함께 병행해서 운영함으로써, 우리나라의 증거 기반 정책 체계의 토대를 마련하여 교육정책의 과학화에 기여하고자 한다.

(2) 국내 학술지의 에디터십 강화 및 심사과정 개선

국내 학술지의 편집위원장에게 논문의 질적 관리를 위한 권한과 책임을 다음과 같이 부여하여 에디터십을 강화하고 투고된 논문의 심사과정을 개선할 필요가 있다. 첫째, 논문별 3인의 심사위원의 구성과 관련하여 양적 연구방법을 활용한 논문의 경우 가급적 양적 연구방법에 능숙한 심사위원을 반드시 포함하도록 한다. 둘째, 현행 심사규정에 따라 다수결 중심의 심사위원의 판정결과에 따른 게재 여부의 기계적인 판단에서 벗어나 편집위원장이 심사과정에서 드러난 연구방법상 오류의 심각성을 심사위원 추가 위촉 등을 통해 다시 판단할 수 있도록 하는 것이다. 셋째, 한번 게재가 확정되어 출간이 되었더라도 미국의 『EEPA』와 『EAQ』의 사례처럼, 논문에 오류가 나중에라도 드러나면 Erratum이나 Corrigendum을 적극 활용하여 수정될 수 있도록 기회를 부여하는 것이다. 이는 양적 연구논문에서 누구나 실수나 오류가 발생할 수 있고, 언제든 그 실수나 오류를 정정할 수 있는 연구 풍토를 조성하는 것이다. 넷째, 해마다 편집위원장이 그동안 우수한 심사위원들을 선정 발표하고 보상하는 방안을 강구하여 양질의 심사를 조장할 필요가 있다. 마지막으로, 편집위원장의 임기를 2~4년으로 확대하고 새로운 편집위원장이 취임할 때 향후 편집 방향에 대한 가이드라인과 같은 편집위원장의 서신(A letter from the editor) 형태로 학술지 독자 및 투고자들과 의사소통을 강화할 필요가 있다.

(3) 신진 학자들과 학문후속세대를 위한 연구방법 워크숍/세미나 확대

국내 대학원에서 제공하는 정규·비정규 교육과정과 별도로, 학회나 학술지 차원에서 신진 학자들과 학문후속세대들에게 양적 연구방법의 지식과 활용 방법에 대한 교육을 워크숍이나 세미나를 통해 제공할 필요가 있다. 양적 연구방법의 전반적인 이해에서부터 통계 패키지 활용 방법 등을 교육하고, 나아가 연구자들의 양적 연구 사례들을 함께 공유하고 서로 고민할 수 있는 장을 마련해야 한다. 매년 정기적으로 열리는 학술대회는 오프라인 형태의 워크숍과 세미나를 제공하기에 적합하고, 학회나 학술지 홈페이지에 양적 연구방법의 교육을 위한 플랫폼을 제공하여 연구자 스스로 상시 찾아가서 교육을 받을 수 있도록 여건을 마련할 필요가 있다.

3) 국가 차원의 증거 기반 정책 및 양적 연구의 인프라 구축

(1) 증거 기반 정책결정을 위한 정부 위원회와 입법적 근거 마련

미국의 증거 기반 정책결정위원회(the Commission on Evidence-based Policymaking)와 같은 정부 위원회를 구성하여 정부 차원에서 국민 생활에 직결된 데이터를 수집, 관리, 분석하고 정부 정책결정에 바로 활용될 수 있도록 해야 한다(유현종, 2021). 아울러, 미국의 「증거 기반 정책결정 기초법 (the Foundations for Evidence-Based Policymaking Act)」과 같은 법을 제정하여 정부의 데이터 수집 및 관리 절차를 개선하고 통계분석 정보가 바로 정부의 정책에 적극 반영될 수 있도록 조장할 필요가 있다. 그 과정에 있어 연구자들이 그 데이터와 정보를 활용하여 객관적인(objective) 정책분석 연구를 수행할 수 있도록 정책연구 과제를 발주하고 정책 담당자들이 정책분석 결과에 따라 보다 나은 정책을 수립할 수 있도록 과학화된 정책 시스템이 구축 운영되어야 한다.

(2) 다양한 교육 종단 데이터 구축, 질 관리, 지속적인 투자 노력

미국의 경우, 연방정부 기구인 Institute of Education Science(IES)와 National Center for Education Statistics(NCES)는 1972년 교육종단연구(National Longitudinal Study of the H.S. Class of 1972, NLS-72)를 통해 교육종단자료를 수집하고 교육 연구자들에게 개방하여 교육연구에 활용해 왔다. 그 뒤를 이어 1980년 High School and Beyond(HS&B), 1988년 National Education Longitudinal Study of 1988(NELS:88), 2002년 Education Longitudinal Study of 2002(ELS:2002), 그리고 2009년 High School Longitudinal Study of 2009(HSLS:09)로 지속되고 있다. 중등교육 외에도 유·초등교육에 해당하는 Early Childhood Longitudinal Study, 고등교육 분야에서 Beginning Post-secondary Students Longitudinal Study(BPS)와 Baccalaureate and Beyond(B&B), 그리고 교사 대상의 Beginning Teacher Longitudinal Study(BTLS)와 School and Staffing Survey(SASS) 등이 있다. 한국에서는 2000년대에 들어서야 2005년 한국교육개발원의 『한국교육종단연구』를 시작으로 『서울교육종단연구』, 『경기교육종단연구』, 『부산교육종단연구』 자료들이 수집되고 교육연구에 활용되고 있다. 학생뿐만 아니라 교사를 포함한 다양한 교육종단연구 자료를 구축하고 데이터의 질 관리 및 개방과 연구결과의 정책 활용 등에 대한 체계적인 대책이 정부 차원에서 마련되어야 한다. 무엇보다 조사설계 단계부터 교육정책의 효과를 인과추론의 연구가 가능하도록 설계되고 정책효과 분석의 결과가 새로운 교육정책 수립에 반영될 수 있어야 하겠다.

(3) 국가 교육 어젠다에 대한 선도적인 교육 실험연구 도입

국내 교육연구에서 대규모(large scale)의 실험연구는 전무한 실정이다. 미국의 경우, 학급 규모 감축(classsize reduction)과 같은 주요 교육정책의 결정과 관련하여, 인과추론의 황금준거인 실험설계를 반영하여 STAR 프로젝트를 시행한 바 있다. 미국 테네시주의 입법으로 시행되었으며, 4년 동안 무려 1,200만 달러의 재정이 투입되었다(Krueger, 1999). 교육개혁에 자주 등장하는 학급 규모의 감축은 인건비와 시설비 등 막대한 예산 투입이 불가피하고, 그동안 선행 교육연구에서 학급규모 감축의 학업성취도 효과가 일관되게 증명되지 못하고 있던 상황이었다. Tennessee State University, Memphis State University, the University of Tennessee와 Vanderbilt University의 네 개 대학의 공동 연구팀이 실험연구를 진행하였고, 그 결과 학급규모 감축의 학업성취도 향상 효과가 증명된 바 있다. 우리나라도 예를 들면, 교육 불평등, 대학 입시, 그리고 사회 불평등의 관계와 같은 국가 차원의 교육 어젠다에 대해 선도적인 실험연구를 시행함으로써 보다 과학적인 정책적 처방과 효과를 담보할 수 있는 계기를 마련해야 한다.

4) 최근 빅데이터의 등장과 새로운 연구방법론 모색

최근 빅데이터의 등장으로 종래 데이터로는 가능하지 않았던 범주의 데이터가 대규모로 수집되고 빠른 속도로 활용되고 있다. 빅데이터의 주요 특징은, 우선 종래에는 질적 연구자료로 수집되던 개인 자료들, 예컨대 개인의 실제 감정과 행태가 담긴 데이터가 그대로 수집 제공된다는 점에서 질적 현상에 대한 접근을 가능하게 한다(조남경, 2019). 이에 빅데이터로 수집된 개인의 정서적인 데이터는 질적 데이터인지 양적 데이터인지 구분이 모호해지고 있다. 어쩌면 빅데이터를 분석하는 새로운 연구방법은 양적 연구방법과 질적 연구방법을 혼합하는 새로운 방식의 접근이 필요할 것 같다. 아울러, 빅데이터의 특징은 설문조사의 표본으로부터 수집되는 표본 데이터가 아니라 모집단 전수로부터 데이터가 수집되기 때문에 추론 통계의 방식으로 연구결과를 모집단으로 일반화할 필요가 없어진다(조남경, 2019). 『교육행정학연구』에도 빅데이터를 분석하는 연구방법을 도입하여 교육문제를 분석하는 연구가 등장하기 시작하였다. 이제 기존의 양적 연구방법과 질적 연구방법의 이분법적 접근에서 탈피하여 교육 빅데이터를 분석하는 연구방법론을 새롭게 정립할 시기이다.

 참고문헌

김병찬, 유경훈(2017). '교육행정학연구' 게재 논문의 연구 동향 특징 분석: 연구주제 및 연구방법을 중심으로. 교육행정학연구, 35(4), 173-200.

김승정(2017). 인문사회과학 전공 박사과정생의 학문적 정체성 발달에 관한 연구. 교육행정학연구, 35(4), 317-345.

변기용(2018). 한국 교육행정학의 학문적 정체성과 연구 방법론에 대한 비판적 성찰: 이분법적 배타성 극복을 통한 대안적 지점의 모색을 중심으로. 교육행정학연구, 36(4), 1-40.

신현석(2017). 한국 교육행정학의 정체성: 이론 탐색의 의의와 지향성. 교육행정학연구, 35(1), 195-232.

신현석, 박균열, 전상훈, 주휘정, 신원학(2009). 한국 교육행정학의 연구 동향 분석: 『교육행정학연구』를 중심으로. 교육행정학연구, 27(4), 23-56.

신현석, 박균열, 정주영, 김진미(2014). 한국 교육행정학 분야 양적 연구 동향 분석: 교육행정학연구를 중심으로. 교육행정학연구, 32(4), 109-142.

신현석, 박균열, 이예슬, 윤지희, 신범철(2018). 한국 교육행정학 연구동향의 심층분석 및 미래 전망: 2009년～2018년까지의 교육행정학연구를 중심으로. 한국교육학연구, 24(4), 247-286.

유현종(2021). 증거기반(evidence-based) 정책과 통계대행 제도. KIPA조사포럼, 36, 64-69.

조남경(2019). 질적, 양적 연구를 넘어? 사회복지 빅데이터 연구방법의 모색. 한국사회복지학, 71(1), 7-25.

주현준(2020). 교장리더십에 관한 양적연구의 문제와 과제: 연구방법을 중심으로. 교육행정학연구, 38(2), 113-136.

Bollen, K. A., & Pearl, J. (2013). Eight myths about causality and structural equation models. In S. L. Morgan (Ed.), *Handbook of causal analysis for social research* (pp. 301-328). Springer, Dordrecht.

Coe, K. (2020). *The other kids on the rug: an exmanination of academic-based peer effects in kindergarten.* Doctoral dissertation, Pennsylvania Graduate School of Education, PA, USA.

Cordero, J. M., Cristobal, V., & Santín, D. (2018). Causal inference on education policies: A survey of empirical studies using PISA, TIMSS and PIRLS. *Journal of Economic Surveys, 32*(3), 878-915.

Creswell, J. W. (1994). *Research design: Qualitative and quantitative approach.* London: Publications.

Fraenkel, J. R., Wallen, N. E., & Hyun, H. H. (2012). *How to design and evaluate research in education* (Vol. 7). New York: McGraw-Hill.

Goldhaber, D., Long, M. C., Gratz, T., & Rooklyn, J. (2019). Pledging to Do "Good": an early commitment pledge program, college scholarships, and high school outcomes in Washington state. *Educational Evaluation and Policy Analysis, 42*(1), 110-133.

Holland, P. W. (1986). Statistics and causal inference. *Journal of the American Statistics Association, 81*, 945-970.

Hoy, W. K., & Adams, C. M. (2015). *Quantitative research in education: A primer.* Sage Publications.

Johnson, R. B., & Christensen, L. (2019). *Educational research: Quantitative, qualitative, and mixed approaches.* Sage publications.

Kerlinger, F. N. (1979). *Behavioral research a conceptual approach.* New York: Holt, Rinehart, and Winston.

Krueger, A. B. (1999). Experimental estimates of education production functions. *The Quarterly Journal of Economics, 114*(2), 497-532.

Lynch, K. (2018). *Essay on Educational Inequality.* Doctoral disseration, Harvard Graduate School of Education, MA, USA.

Murnane, R. J., & Willett, J. B. (2010). *Methods matter: Improving causal inference in educational and social science research.* Oxford University Press.

Murphy, M. A. (2020). *Issues of Educational Equity for Hispanic Students.* Doctoral dissertation, Stanford University.

Peugh, J., & Enders, C. (2004). Missing data in educational research: A review of reporting practices and suggestions for improvement. *Review of Educational Research, 74*(4), 525-556.

Qadach, M., Schechter, C., & Da'as, R. (2020). From principals to teachers to students: exploring an integrative model for predicting students' achievements. *Educational Administration Quarterly, 56*(5), 736-778.

Rubin, D. B. (1974). Estimating Causal Effects of Treatments in Randomized and Non-Randomized Studies. *Journal of Educational Psychology, 66*, 688-701.

Shadish, W., Cook, T., & Campbell, D. (2002). *Experimental and Quasi-experimental designs for generalizaed causal inference.* Houghton Mifflin Company.

Schneider, B., Carnoy, M., Kilpatrick, J., Schmidt, W. H., & Shavelson, R. J. (2007). *Estimating causal effects using experimental and observational designs.* Washington, DC: American Educational Research Association.

Schlotter, M., Schwerdt, G., & Woessmann, L. (2011). Econometric methods for causal evaluation of education policies and practices: a non technical guide. *Education Economics, 19*(2), 109-137.

Slavin, R. E. (2002). Evidence-based education policies: Transforming educational practice and research. *Educational researcher, 31*(7), 15-21.

Sobel, M. E. (1996). An introduction to causal inference. *Sociological Methods and Research, 24*(3), 353-379.

Sun, N. (2019). *Is Active Learning a Viable Approach to Community College Student Success in STEM? Investigating the Link between Learning Experiences, Self-Efficacy Beliefs, and Academic Outcomes.* Doctoral dissertation, The University of Wisconsin-Madison.

Thapa, D. K., Visentin, D. C., Hunt, G. E., Watson, R., & Cleary, M. (2020). Being honest with causal language in writing for publication. *Journal of Advanced Nursing, 76*, 1285-1288. https://dx.doi.org/10.1111/jan.14311

〈부록 4-1〉
미국 대학원 교육행정 전공 박사과정 프로그램

대학명	박사과정 프로그램명
Harvard graduate school of education	Doctor of Education (Ed.D.) ※ 2014년부터 Doctor of Philosophy in Education (Ph.D.) 통합 운영 　- Education Policy and Program Evaluation (EPPE) 중심
Stanford graduate school of education	Social Sciences, Humanities, and Interdisciplinary Policy Studies in Education 　- Education policy (Ph.D.) 　- Higher education (Ph.D.) 　- Education and Economics (Ph.D.)
UCLA school of education and information studies(Department of Education)	Higher Education & Organizational Change (Ph.D) Social Sciences and Comparative Education Division (Ph.D)
Wisconsin university-Madison school of education	Educational Leadership and Policy Analysis (Ph.D) Educational Policy Studies (Ph.D)
Vanderbilt university - Peabody college	Leadership and Policy Studies (Ph.D.)
Pennsylvania graduate school of education	Policy, Organizations, Leadership, and Systems 　- Education policy (Ph.D.) 　- Higher education (Ph.D.)

〈부록 4-2〉
국외 주요 대학원의 2022년 가을학기 양적 연구방법 관련 교과목 및 내용 예시

대학명	교과목	내용	개설 주기 및 특징
Harvard	Introduction to Statistics for Education Research	basic descriptive measures, comparisons between groups, hypothesis testing, correlation, and techniques for analyzing categorical data	매년 1회 이상 개설 (필수 이수 교과)
	Introductory and Intermediate Statistics for Educational Research: Applied Linear Regression	basic descriptive statistics, tabular and graphical methods for displaying data, the notion of statistical inference, and analytic methods for exploring relationships with both categorical and continuous measures	
	Intermediate and Advanced Statistical Methods for Applied Educational Research	general linear models, generalized linear models, survival analysis, multilevel models, multivariate methods, causal inference, and measurement including differences-in-differences, regression discontinuity, discrete-time survival analysis, fixed- and random-effects modeling, principal components analysis, and reliability estimation	비정기 개설
	Artificial Intelligence in Education	explore the basic concepts of AI in Education Educational Data Mining that allows for the discovery of relevant pedagogical information from large amounts of data	
Stanford	Introduction to Education Data Science: Data processing	data management in the prior stage of analysis such as collecting, managing, cleaning, and representing data	매 가을학기 개설
	Advanced Topics in Quantitative Policy Analysis	how to develop a researchable question and research design, identify data, and conceptual frameworks, and interpret empirical results	비정기 개설
	Introduction to Statistical Methods in Education	basic statistics (central tendency, variance, probability, distribution, correlation, regression, visualizing data) and basics of statistical inference (hypothesis testing, sampling, standard error, confidence intervals)	매 가을학기 개설 (필수 이수 교과)
	Experimental Research Design and Analysis	the logic of causal inference and counterfactual causal model, (complex) randomized experiment, meta-analysis, and power in randomized experiments	매 가을학기 개설

대학명	교과목	내용	개설 주기 및 특징
UCLA	Introduction to Research Design and Statistics	Key concepts and issues in the design and conduct of social sciences research, and introduction to descriptive statistics and fundamentals of statistical inference	비정기 개설
	Introduction to Programming and Data Management	Fundamental skills of data management. Development of a strong foundation in R programming language	
	Advanced Quantitative Models in Nonexperimental Research: Multilevel Analysis	Examination of conceptual, substantive, and methodological issues in analyzing multilevel data	비정기 개설
	Toolkit for Quantitative Methods Research	Elementary probability, matrix algebra, random vectors, multivariate distribution theory, likelihood and Bayesian estimation and inference, linear and generalized linear models, and simulation	
	Survey Research Methods in Education	Problems of conceptualization, organization, and gathering non-experimental and quasi-experimental data	
Wisconsin-Madison	Introduction to Quantitative Inquiry in Education	the concepts and methods of quantitative social science research to conduct research on education issues	비정기 개설
	Research Design	concepts and methods of research to carry out a strategic, data-driven inquiry	
	Surveys and Other Quantitative Data Collection Strategies	introduction to research problems, questions, hypotheses, variables, constructs, definitions, measurement, research and experimental designs, sampling, descriptive statistics, proposal writing, types of research, and statistical computing	
	Advanced Research Methods in Educational Administration	the correlational, survey, experimental and non-experimental, factorial, and single-subject designs	
Vanderbilt	Research Design and Data Analysis I	a basic understanding of statistical concepts, including common statistical techniques and applications and proper interpretation and analysis	비정기 개설
	Research Design and Methods of Education Policy	introduction to the practice of research and a survey of various research designs used in the study of education policy	

대학명	교과목	내용	개설 주기 및 특징
	Applied Statistics	descriptive and inferential statistics, including concepts such as sampling distributions, standard error, central limit theorem, and p-value	
	Regression II	causal inferences from observational (i.e., non-experimental) data, with particular emphasis on instrumental variables and longitudinal (panel) data estimators	
	Research Design and Data Analysis I	a basic understanding of statistical concepts, including common statistical techniques and applications and proper interpretation and analysis	
	Research Design and Methods of Education Policy	introduction to the practice of research and a survey of various research designs used in the study of education policy	비정기 개설
	Applied Statistics	descriptive and inferential statistics, including concepts such as sampling distributions, standard error, central limit theorem, and p-value	
	Regression II	causal inferences from observational (i.e., non-experimental) data, with particular emphasis on instrumental variables and longitudinal (panel) data estimators	
Pennsylvania	Introductory Statistics for Educational Research	scales of measurement, indices of central tendency and variability, product-movement correlation, introduction to the chi-squared, Z, T, and F distributions.	
	Measurement & Assessment	basic theoretical principles, types, and purposes of assessment devices, levels of measurement, standardization and norming, and methods to support reliability and validity	
	Data Processing and Analysis	Learn how to effectively build a wide variety of datasets for use to address a range of empirical research questions and evaluate conventional methods for dealing with missing data	비정기 개설
	Core Methods in Educational Data Mining	learn how to execute core educational data mining methods in standard software packages, the limitations of existing implementations of these methods, and when and why to use these methods	
	Introduction to Causal Inference for Educational Research	statistical models for causal inference based on randomized controlled trials and observational studies	

〈부록 4-3〉
국내 주요 대학원의 2022년 2학기 양적 연구방법 관련 교과목 및 내용 예시

대학명	교과목	내용	개설 주기 및 특징
A대	경험과학적 연구방법론	연구 가설, 연구 대상 및 검사(측정) 도구, 자료의 수집과 분석 등 양적연구 제반 기법	비정기 개설
	교육통계분석론	기초통계, t검증, 분산분석, 상관분석, 회귀분석	매 학기 개설
	교육연구와 구조방정식모형 I	구조방정식모형의 기본 원리와 적용	비정기 개설
	교육연구와 양적 방법 세미나: 회귀분석	회귀분석의 전문적 지식(통계적 가정과 변형, 베이지안 추론 등) 박사과정 학생 대상 과목	
	교육통계 세미나: 구조방정식모형 II	종단연구 데이터를 활용한 구조방정식모형 박사과정 학생 대상 과목	
B대	통계적 방법 I	상관분석, 회귀분석, 분산분석 등 기술·추리통계	기본 〈통계적 방법 I 〉은 매년 가을학기, 심화 〈통계적 방법 II 〉는 3학기마다 개설
	다층분석방법연구	다층모형의 기본 이론과 실제	
C대	교육연구방법론	기초통계, t검증, 분산분석, 상관분석, 회귀분석	매 학기 개설
	교육의 양적 연구방법	기초통계(기술통계, 추리통계, 차이검증, 회귀분석)	
	다층분석	다층모형분석	2년 주기 개설
	교육측정 및 통계 세미나	행동과학 계량방법의 최신 방법 연구(mixture modeling approaches) ※ 수강을 위한 선수과목: 구조방정식모형, 다층모형	비정기 개설
D대	교육연구방법론	데이터 및 기술통계와 추리통계의 의의 파악, 신뢰도와 타당도 및 연구설계 전반에 대한 이해	비정기 개설
	변량 및 회귀분석	변량분석, 반복측정 변량분석, 실험디자인, 단순회귀분석, 다중회귀분석, 로지스틱 회귀분석, 경로분석 등	
E대	기초교육통계	행동변화의 측정평가를 위한 수량적 방법으로서의 통계적 분석법 연구	매 학기 개설

〈부록 4-4〉
Stanford University의 양적 연구방법 교육과정 가이드 예시

Course#	Name	Instructor	Description	Method	Language	Units	QTR	Pre-requisites	Assignments
List of Courses in Introductory Statistics Sequences: 16 courses									
PSYCH 251	Experimental Methods	Frank, M.	Graduate laboratory class in experimental methods for …	experimental design, data collection, data management	R	3	AUT	Basic stats	Four required (graded) individual problem sets…
⋮ (more)									
Additional and More Advanced Quantitative Courses in GSE: 14 courses									
EDUC 260A	Applications of Causal Inference Methods	Rogosa, D.	mediation, compliance adjustments, time-1 time-2 designs …	Mediation, compliance adjustments …	R	2	WIN	prior course in causal inference	Required weekly ind assignments …
⋮ (more)									
Quantitative Method Workshops: 3 courses									
EDUC 339	Advanced Topics in Quantitative Policy Analysis	Dee, T., Domingue, B. …	For doctoral students. How to develop …	research design, data sources, conceptual frameworks …	None	1-2	SPG	Instructor permission	None
⋮ (more)									
Minicourses in R, Python and Stata : 21 courses									
CME 193: Introduction to Scientific Python ⋮ (more)		A.N.Other	Technologies covered include Numpy, SciPy, Pandas, Scikit-learn, and others. Topics will be chosen from Linear Algebra …		Python	–	4 weeks	–	–

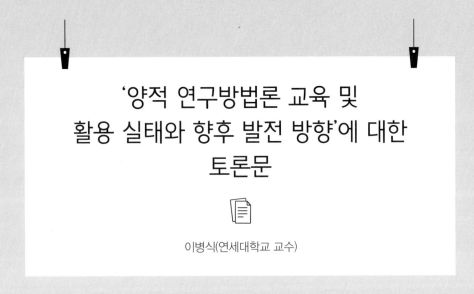

'양적 연구방법론 교육 및 활용 실태와 향후 발전 방향'에 대한 토론문

이병식(연세대학교 교수)

이 글을 읽고 우리나라 교육행정학 분야의 양적 연구방법론 교육과 활용에 문제가 많다는 생각이 들었다. 학문후속세대의 연구역량을 높이기 위해 대학원의 교육과정도 개선해야 할 부분이 많고, 학문 발전을 위해 박사학위 논문과 학술 논문의 수준도 높여야 할 것 같다. 평소에도 대학원에서 개설하는 연구방법론 교육과정의 폭과 깊이가 다소 부족하다는 생각을 해 왔고, 학위 논문을 지도하며 통계분석은 잘하지만 연구방법이라는 도구를 서툴게 사용하는 경우를 종종 보면서 아쉬움을 느껴오고 있었다. 그런데 이러한 개인적인 경험이 우리나라 최상위권 대학원에서 공통적으로 나타날 수 있다는 사실에 놀랐고, 세계 수준의 대학들과 비교한 내용을 보니 그 간격이 너무 커서 '노력한다고 될까' 하는 생각이 들 지경이었다.

1. 콜드게임

93대 17. 이 숫자가 연고전의 농구 점수 차이라면 개인적으로 충분히 납득할 수 있으나, 미국과 한국의 대표 인재들이 쓴 박사학위 논문에서 연구설계를 제대로 한 비율이라니! 정신을 차리고 다른 경기장에 들어가 보았다. 우리나라 대표 선수를 가르치는 교수들은 미국과 유럽의 세계 수준 대학에서 공부한 사람들이 많으니 (참고로 서울대 교육학과는 21명 중에 19명, 연세대는 13명 중에 12명이 해외 대학 박사 출신임) 이들이 쓰는 논문은 다를 거로 생각했다. 91대 37. 조금 낮지만 여전히 부끄러운 수준이다. 성적으로 평가하면 A와 F가 된다.

어떻게 이런 일이? 저자들이 양적 연구 전문가이니 계산이 틀렸을 리는 없을 테고, 대비효과를 활용해서 주장이 돋보이도록 한 것일 수도 있겠다 생각했다. 그래서 우리 것만 더 자세히 들여다보았다. 최근 5년(2018~2022년) 동안 심사를 통과한 박사학위 논문에서 연구설계가 잘못된 비율은 83%, 연구문제-연구설계-연구결과 해석의 일관성이 부족한 비율은 62%, 결측치 미처리 비율은 81%, 분석자료의 대표성과 타당성 미확인 비율은 62%에 이르고 있었다. 동일한 기준을 적용해서 같은 기간 『교육행정학연구』에 게재된 논문을 살펴보면, 연구설계가 잘못된 비율은 63%, 연구문제-연구설계-연구결과 해석의 일관성이 부족한 비율은 58%, 결측치 미처리 비율은 95%, 분석자료의 대표성과 타당성 미확인 비율은 61%였다. 이 정도면 대표 선수나 코치나 별반 다르지 않다고 봐도 되겠다. 토론문을 쓰면서 해당 기간에 『교육행정학연구』에 내가 쓴 논문 2편(양적 연구)도 다시 훑어보았다. 나도 남을 탓할 처지는 아닌 듯하다.

2. 원인과 해법에 대한 생각 둘러보기

이유가 궁금해졌다. 원인을 알아야 해법을 찾을 수 있기에 저자들은 그 원인이 무엇이라고 생각하는지 살펴보았다. 첫째는 지식이 부족하다고 보았다. 좀 더 정확하게 말하자면, 우리나라 대표 대학원에서조차 양적 연구방법론 교육과정의 다양성이 부족하고 교과목이 충분히 개설되지 않고, 내실 있게 교육되지 못하고, 연구방법의 활용 기회가 부족해서 충분한 지식을 갖추지 못하고 있다는 것이다. 특히, 저자들은 교육행정에 증거 기반 정책의 도입과 확대에 기여할 수 있는 인과추론 관련 양적 연구방법 교육이 부족함을 지적하고 있다. 둘째는 문지기(gate keepers)가 제 역할을 하지 못했기 때문으로 보았다. 학위 논문과 학술 논문의 심사에 있어서 연구방법에 능숙한 심사위원이 참여하지 못하는 경우가 있어서 연구방법상의 오류를 지적하고 바로잡을 기회를 놓치고 있기 때문이라는 것이다. 셋째는, 학술지의 전문화가 부족하기 때문으로 보았다. 교육행정학회 대표 학술지인 『교육행정학연구』는 종합 학술지로서 일반적인 수준의 양적 연구방법 지식과 활용 수준의 독자에게 적합하지만 보다 심화된 양적 연구방법을 활용한 정책분석을 심사하고 게재할 수 있는 창구가 부족하다는 것이다. 비유적으로 말하자면, 교육행정학연구라는 비행기에 일반석만 있고 특별석이 없어서 양적 연구방법에 특화된 사람이 갈 곳이 없기 때문이라는 것이다.

그러면 어떻게 이런 문제들을 해결할 수 있을까? 저자들은 이렇게 제안하고 있다. 먼저 학문후속세대의 지식 부족 문제를 해결하기 위해 학과와 대학 차원에서는 논문자격시험을 통한 검증, 정보제공, 교육과정 운영 확대, 비교과 교육 프로그램 제공, 인과추론 연구방법 교과목 개설이 필요하다고 한다. 학회 차원에서는 양적 연구 전문가 양성과정 운영 및 인증과 방법론 워크숍이나 세미나를 제공하자고 한다. 다음으로 학위 논문과 학술 논문의 질 관리를 할 수 있는 문지기 역할을 강화하기 위해 논문심사에 연구방법 전문가가 참여하도록 하고 논문 게재 여부를 다수결 중심의 기계적 판단에서 벗어나서 에디터의 권한을 강화하자고 한다. 학술지의 전문화를 위해서는 양적 연구방법에 특화된 교육정책 전문 학술지를 별도로 신설하여 운영하자고도 한다. 이를 위해 국가 차원에서 증거 기반 정책결정을 위한 정부 위원회와 관련 법을 제정하고 정책효과를 분석할 수 있도록 유·초등부터 고등교육에 이르기까지 교육 종단자료를 수집하여 공개하고 국가 주요 어젠다에 대해 대규모 실험연구 도입을 제안하고 있다.

토론자는 저자들이 제시한 문제의 원인에 관한 생각에 공감한다. 해법도 좋다. 누구도 반대할 이유를 찾기 어려울 것이다. 저자들이 분석한 대로 미국의 최상위권 대학원에서는 이미 이렇게 교육하고 있고, 내가 활동하고 있는 미국 고등교육학회(Association for the Study of Higher Education: ASHE)나 ASHE의 학술지인 『The Review of Higher Education』에서도 오래전부터 저자들이 제안한 대로 운영되고 있으며, 고등교육 학술지도 이론 중심, 양적 방법론 중심, 정책과 재정 중심으로 특화되어 있다. 그런데 왜 우리나라 대학과 학계에서는 이런 바람직한 일들이 실천되지 않고 있을까? 경영학자인 Pfeffer에 따르면, 이러한 지식과 행동 불일치(knowing-doing gap)는 여러 가지 요인 때문에 생긴다. 두려움, 말만 많음, 내부 경쟁, 측정, 기억 때문에 조직에서 사람들이 아는 만큼 행동하지 못한다고 한다(Pfeffer & Sutton, 2000). 이런 제약 요인이 어느 정도 해소되면 저자들이 제안한 좋은 방안이 대학과 학계에서 실천될 수 있으리라 생각한다.

3. 새로운 레퍼토리

한 걸음 더 나아가서, 문제에 대한 해법을 다른 관점에서 생각해 보면 개별학과나 대학 차원에서 추진할 수 있는 좋은 선택지가 더 있을 것 같다. 여러 번 곱씹어 보니 저자들이 제안한 훌륭한 방안들에 공통점 몇 가지가 눈에 띄었다. 그 공통점을 나타내는 키워드는 내부 지향, 스몰 큐(q), 공급자 중심으로 볼 수 있다.

저자들이 제안하고 있는 방안이 내부 지향적이라고 생각하는 이유는 개별학과에서 양적 연구방법 교과목을 늘리고 인과추론 관련 과목도 개설하고, 논문 심사과정에서 양적 연구 전문가의 참여도 늘리자고 하기 때문이다. 이렇게 하려면 관련 분야 교수도 더 필요하고 교육과정 확대에 따른 자원도 추가로 확보해야 한다. 교육학과 대학원에 교육행정 전공만 있는 것은 아니므로 같은 논리라면 다른 전공도 각 전공별로 특화된 연구방법론 교과목 개설이 필요하다고 할 것이다. 이런 이유에서 학과와 대학 밖으로 눈을 돌려 외부 지향적인 관점에서 방안을 생각해 보면 좋겠다. 예를 들면, 사례에 포함되지는 않았지만 내가 20여 년 전에 공부했던 미시간 대학교의 대학원에서도 양적 연구방법론은 기본적인 과목만 개설하고 세부 전공(고등교육 프로그램에도 다양한 세부 전공이 있음. 조직행동 및 경영, 정책, 재정, 학사행정, 측정평가 등)은 각 영역에서 심화학습이 필요한 경우 자신의 전공 분야 연구에 적합한 연구방법론을 타 대학원이나 교내 연구소(Institute for Social Research) 등에서 개설하는 과목(예를 들면, 계량경제학, 생존분석, 관찰연구에서의 인과추론 방법)으로 대체할 수 있는 크로스리스팅 제도가 있었다. 미국 대학원은 교수 수가 우리나라에 비해 서너 배는 더 많고 방법론 전공 교수도 서너 명은 되지만 대학원 학과나 프로그램에서는 공통적인 내용만 다루고 나머지는 전공과 학과의 벽을 낮춰서 대학차원의 좋은 리소스를 활용하고 있다. 몇 해 전에 우리대학도 4단계 BK21을 준비하면서 이러한 크로스리스팅 제도를 적극적으로 도입해서 이제는 많은 학과가 참여하고 있다.

다음은 스몰 큐(q) 차례이다. 스몰 큐는 빅 큐(Q)와 대비되는 용어이다. 기업경영의 질 관리에서 온 표현인데, 전자는 전통적 방식의 질 관리로서 생산과정의 특정 단계에서 불량품을 골라내는 방식을 뜻하는 것이고 후자는 기업활동 전반에 걸쳐 질 관리 시스템을 구축하는 방식으로 지금은 대학행정에도 도입되어 활용되고 있다(예: 지속적 질 관리, Continuous Quality Improvement). 이런 차이를 고려해 보면, 저자들이 제안한 방법이 스몰 큐에 중점을 두고 있다고 생각한다. 논문자격시험에서 연구방법의 지식과 활용능력을 테스트하거나 학위 논문 심사에 연구방법 전공 교수가 참여하도록 하는 방안은 전통적인 질 관리 방식에 가깝기 때문이다. 인적 자원을 활용해서 중요한 단계에 개입하는 방식으로 질 관리를 하는 것도 필요하기는 하지만 대학의 풍부한 교육자원을 학생이 보다 잘 활용할 수 있도록 제도와 운영방식을 바꾸는 노력도 함께 하면 좋을 것으로 본다.

대학원 교육에서 교수의 역할은 아무리 강조해도 지나치지 않을 것이다. 대학원생에게 전공지식을 가르치고 연구 역량을 키우는 데 핵심적인 역할을 한다. 그뿐만 아니라 교수는 연구도 해야 하고 대학과 사회를 위해 봉사도 해야 한다. 이렇다 보니 대학원 교육은 교수를 중심으로 움직인다. 저자들이 제안한 방법도 대학원생에게 더 많은 교육과 지도를 하자고 하면서도 '내가 할 수 있을 때'라는 전제가 있는 것처럼 보인다. 반대로, 학생이 필요하다고 할 때 언제나 도움을 줄 수 있으면 좋지 않을까 생각해 본다. 반드시 교수가 해야 하는 것은 아니다. 양적 연구를 한 번이라도 해 본 사람은 공감할 테지만 양적 연구에서는 연구를 진행하는 과정에서, 특히 데이터가 크고 복잡하며 고난도 분석을 해야 하는 경우는 문제가 언제 어디서 생길지 알 수 없고 때로는 문제인지도 모르면서 그냥 지나가는 경우도 많다. UCLA에 있을 때 나도 그랬다. UCLA 고등교육연구소(Higher Education Research Institute)에서 수집한 약 20만 명의 데이터를 제한적 종속변수 모형과 다층모형으로 분석하는데 어떤 날은 모형 적합도가 이상하고 어떤 날은 특정 독립변수의 표준오차가 이상하고 또 어떤 날은 결과가 이상하기도 했다. 매번 연구방법 전공 동료교수를 찾아갈 수도 없고 난감했는데, 다행히도 UCLA에는 언제든지 원할 때 일대일로 컨설팅을 받을 수 있는 통계컨설팅센터

(현재는 Statistical Consulting Group이라 불림)가 있었다. 비전공자도 이해할 수 있게 잘 설명해 준다. 그것도 공짜로.

4. 방법론적 완벽주의자를 위한 체크리스트

저자들은 우리나라 대학원의 문제점만을 찾으려고 하지는 않았다. 친절하게도 양적 연구의 설계와 과정에서 연구자가 꼭 알고 있어야 하는 기본적인 내용을 7쪽에 걸쳐서 소개하고 있다. 양적 연구에서 사소한 방법론적 오류도 받아들일 수 없는 완벽주의자라면, 저자들이 언급한 '할 일(Do)'과 '하지 말아야 할 일(Don't)'에 관한 내용이 도움이 될 것이다. 여기저기 흩어져 있는 내용을 토론자가 다음과 같이 다섯 가지 정도로 정리해 보았다. 비록 간략하기는 하지만 좋은 연구를 위한 체크리스트로는 충분하리라고 본다. 토론자도 대학원생이 양적 연구를 활용해서 학위 논문이나 학술 논문을 쓸 때 논문 지도를 하며 확인하는 부분이기도 하다.

① 나는 가치 중립적(value free)인가? 데이터의 분석과 결과 해석에 있어서 나 자신의 선호, 편의, 바람으로부터 독립적이고 치우치지 않아야 한다. 데이터 마이닝을 하지 않는다.

② 연구과정이 전체적으로 잘 얼라인먼트(alignment) 되었는가? 연구문제−연구설계−연구자료−연구결과의 해석에 타당성과 일관성이 있어야 한다.

③ 내 연구에서 인과관계를 추론할 수 있는가? 상관관계는 인과관계가 아니다. 관찰연구(observational studies)에서 인과관계를 유추할 수 있으나 적절한 분석방법을 사용해야 한다.

④ 데이터의 결측값은 적절하게 다루었는가? 결측값의 유형(MCAR, MAR, MNAR)에 따라 적절한 방법을 활용해서 결측값을 처리해야 한다.

⑤ 데이터, 변수 및 분석방법을 잘 선택했는가? 연구목적과 연구설계에 맞는 데이터(종단자료, 횡단자료)를 사용해야 하고, 적절한 대리변수를 선택하고, 데이터의 특성에 맞는 분석방법을 선택해야 한다.

만약 교육정책의 효과 분석을 위한 인과추론에 관심이 있는 연구자라면, 앞서 제시한 일반적인 고려 사항 이외에도 Murnane과 Willett(2011)의 조언이 도움이 될 것이다. "교육정책의 효과를 탐구하려는 연구자는 이 점을 꼭 기억하기 바랍니다. 더 많은 데이터, 더 나은 분석방법, 더 정교한 통계 프로그램에 접근하는 것만으로는 충분하지 않습니다. 이와 더불어 데이터와 도구를 신중하게 사용해야 합니다(p. 333)." 인과추론에 관한 오랜 연구경험을 통해 그들이 배웠다고 하는 10가지 교훈을 읽어 보기 바란다.

5. 미처 하지 못한 이야기

양적 연구방법의 전문가인 저자들이 짧은 지면에서 다하지 못한 이야기가 적지 않을 것으로 생각한다. 아직 개인적으로 그들의 이야기를 들어 볼 기회가 없어서, 상상력을 발휘해서 그들이 하고 싶어 했을 이야기가 무엇이었을까 생각해 보았다. 그리고 각각에 맞는 좋은 책을 찾아보았다. 우선 요즘은 통계분석에 능통한 대학원생이 많아서 이들에게 분석만능주의를 경계하라고 이야기했을 법하다. 정확히 이런 말―"설계로 망친 것은 분석으로 고칠 수 없다."―로 시작한 책(『By Design: Planning Research on Higher Education』)이 있다. 다음으로 요즘은 젊은 학자도 국제적으로 인정받는 학술지에 논문을 게재해야 하는 현실이므로 탁월한 연구를 수행할 수 있는 역량을 갖추어야 한다. 국내 우수 등재지나 해외 우수 저널에 실린 논문을 읽어도 어떻게 해야 탁월한 연구를 할 수 있는지 알기 어렵다고 생각하는 사람들에게 도움이 될 만한 책이 있다. 『Doing Exemplary Research』는 훌륭한 연구의 내용이 아니라 프로세스를 설명하고 있다. 끝으로 연구 잘하는 비법을 알고 싶어 하는 사람에게는 이보다 더 좋은 책은 없을 것이다. 『학계의 술책: 연구자의 기초 생각 다지기(Tricks of the Trade: How to Think About Your Research While You're Doing It)』

6. 남아 있는 궁금함과 생각의 충돌

이 글은 한국과 미국, 대학원과 학계를 넘나들며 분석하다 보니 핸드북에 들어가는 내용치고는 꽤 긴 편이다. 실로 많은 시간과 노력이 필요한 어려운 작업이었을 텐데 성공적으로 잘 마무리했다고 생각한다. 토론자도 지난 핸드북 작업에 참여해 본 경험이 있어서 저자들의 노고를 충분히 이해할 수 있다. 그럼에도 불구하고 미움받을 용기를 내어 저자들에게 몇 가지 묻고 마치고자 한다. 아, 빅데이터! 제일 마지막에 가서야 최근 가장 뜨거운 이슈가 되고 있는 단어를 발견했다. 설명이 딱 한 문단밖에 없다. 그것도 교육 빅데이터를 분석하는 연구방법론을 새롭게 정립하자는 도돌이표와 함께 글을 마치고 있다. 이 내용은 2편에 나올 거라고 믿고 싶다.

조금 소소한 것도 궁금하다. ① 학위 논문과 학술 논문의 우수 사례를 미국에서 찾았는데, 저자들이 영어가 더 편해서 그렇게 한 것이 아니라면 국내 독자에게는 우리 쪽 사례가 더 좋지 않았을까 생각한다. ② 미국 대학은 실명으로 한국 대학은 익명으로 한 이유도 궁금하다. ③ 교육재정경제연구는 왜 분석도 하지 않고 언급도 하지 않았을까 궁금하다. 비록 다른 학회의 학술지이기는 하지만 교육정책 관련 학술 논문은 교육재정경제연구에 많은 편인데 이런 상황에서 교육정책 전문 학술지를 별도로 신설하자는 주장은 학회를 한 번 더 분화하는 것도 고려해 보자는 것인지 궁금하다. ④ 최근 들어 교육행정 분야뿐만 아니라 교육학 전반에서 박사학위 졸업생들의 커리어가 다양해지는 추세인데 연구방법론 교육에 대한 논의에서 이에 대한 고려가 왜 없는지 궁금하다. ⑤ 우리나라도 양적 연구 인프라가 많이 좋아졌고 대학원도 이제는 글로벌 수준에 맞게 잘 운영하는 곳도 있는데, 우리가 잘하는 점에 대한 언급이 없는 것도 아쉽다. 저자들이 횡단적 분석에 치중해서 종단적 변화를 살펴보지 못해서 이러한 변화를 간과한 게 아닌가 생각한다.

끝으로 생각이 충돌하는 부분이 있다. 이 글의 서론에 "고급통계기법을 가장 많이 활용하는 연구자는…… 대학원생들이었다"는 문장을 보며 나의 오래된 대학원 시절의 기억이 떠올랐다. 나도 그랬던 것 같다. 그런데 이 내용과 양적 연구방법에 있어서 대학원 교육과정이 부실하다는 저자들의 주장이 어떻게 조화를 이루는지 잘 모르겠다. 과거의 우리처럼 지금도 똑똑한 대학원생들이 학교 밖에서 스스로 잘 공부하고 있다는 의미로 해석하면 될 것 같기는 하다.

📖 참고문헌

김미정 역(2018). 의학 및 사회과학 연구를 위한 통계적 인과추론. 서울: ㈜교우.

Frost, P., & Stablein, R. (Eds.) (1992). *Doing Exemplary Research*. Newbury Park, California: SAGE Publications.

Light, R. J., Singer, J. D., & Willett, J. B. (1990). *By Design: Planning Research on Higher Education*. Harvard University Press.

Little, R. A., & Rubin, D. B. (2019). *Statistical Analysis with Missing Data*. John Wiley & Sons, Inc.

Murnane, R. J., & Willett, J. B. (2011). *Methods Matter: Improving Causal Inference in Educational and Social Science Research*. NY: Oxford University Press.

Pfeffer, J., & Sutton, R. I. (2000). *The Knowing-Doing Gap: How Smart Companies Turn Knowledge into Action*. Harvard Business School Press.

Remler, D. K., & Van Ryzin, G. G. (2021). *Research Methods in Practice: Strategies for Description and Causation* (3rd ed.). Thousand Oaks, California: SAGE Publications.

UCLA Statistical Consulting Group. https://stats.oarc.ucla.edu/

제5장

교육연구 질에 대한 비판과 반성, 그리고 변화:
미국 경험을 중심으로*

변수용(펜실베이니아 주립대학교 교수 및 이화여자대학교 객원교수)

* 이 논문은 2020년 대한민국 교육부와 한국연구재단의 지원(NRF-2020S1A3A2A02091529)을 받아 수행되었다. 논문의 초고는 2022년 한국교육행정학회 연차학술대회에서 발표되었다. 논문에 유익한 제안을 해 주신 전남대학교 차성현 교수님과 초고를 검토해 준 펜실베이니아 주립대학교 박수영, 이정은, 정진리(가나다순) 선생님들께 감사드린다.

요약

이 장에서는 미국이 2000년 이후 교육연구 질 향상을 위해 어떤 노력을 기울였는지 소개하고, 미국의 경험이 한국의 교육연구 질 제고와 관련하여 시사하는 바를 논의하였다. 미국은 교육연구 질 제고를 위해 보다 엄밀한 인과추론을 가능하게 하는 무선할당을 통한 연구설계를 적극적으로 교육연구에 도입하고자 하였다. 이러한 변화의 기저에는 혼란만 가중시키는 수준 미달의 수백만 건 연구물보다 교육정책의 효과성에 관해 명확한 답을 줄 수 있는 단 한 편의 질 높은 연구가 중요하다는 생각이 자리하고 있다. 또한, 인과추론에 있어 모든 연구설계와 연구방법이 유용한 것이 아니라, 어떤 방법론적 접근이 다른 접근에 비해 더 유용하다는 인식에서 비롯되었다. 한국의 경우 고교평준화정책과 학력하향화, 방과후학교의 사교육에 대한 효과, 특목고·자사고의 학교효과 등 사회적으로 뿐만 아니라 교육적으로 매우 중요한 연구주제들에 관해 우리 교육학계가 신뢰할 만한 연구결과를 내놓지 못하고 있다. 무선할당을 이용한 연구설계에 바탕을 둔 미국식 교육연구 질 제고 방식이 반드시 정답은 아니지만, 미국의 경험은 앞으로 우리 교육 학문공동체가 주요 교육정책과 제도의 효과성에 대한 사회적 교육적 논쟁 해결에 어떻게 기여할 수 있는지, 그리고 백년대계 교육정책과 제도를 구상하는 데 무엇을 할 수 있는지 그 학문적 책무성을 고민하는 데 타산지석이 될 수 있을 것이다.

[주제어] 교육연구의 질, 무선할당, 교육정책, 교육제도

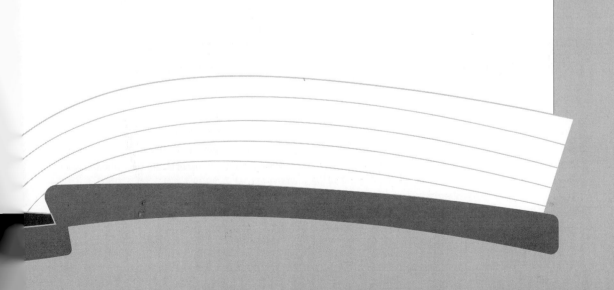

1. 서론

2000년대 중반 이전 한국에서 교육정책을 포함한 교육연구(educational research)[1]에서 양적 연구는 매우 제한적으로 수행되었다. 그 이유는 학생, 학부모, 교사, 학교를 대상으로 한 설문조사가 개인 차원에서 소규모(small-scale)로 이루어지거나, 한국교육개발원과 같은 정부출연연구기관에서 대규모(large-scale)로 진행되더라도 그 자료가 일반에게 공개되지 않았기 때문이다. 그러나 2004년 한국직업능력개발원의 교육고용패널조사를 시작으로, 교육 관련 정부출연연구기관을 중심으로 대규모 설문조사가 시행되고 그 자료가 일반 연구자들에게 공개되기 시작하였다.[2] 또한 2010년 서울특별시 교육청 교육연구정보원의 서울교육종단연구를 시작으로, 2016년 부산광역시교육청 교육정책연구소의 부산교육종단연구, 2017년 대구광역시 미래교육연구원의 대구종단연구 등과 같이 각 시·도 교육청 단위에서 대규모로 수집된 자료들이 일반 연구자들에게 공개되었다.

이처럼 대규모 설문 조사 자료에 대한 접근이 용이해짐에 따라 교육정책 분야를 포함한 교육연구 전반에 획기적인 변화가 일어났다. 구체적으로, 전국의 대표성 있는 학생을 표본으로 하는 고급 통계방법을 사용한 양적 연구들이 폭발적으로 증가하게 되었다. 교육행정학 연구 분야를 예를 들면, 2009년에서 2018년 사이 『교육행정학연구』에 출간된 가운데 양적 연구의 수는 50.6%로(신현석 외, 2018), 출간된 논문을 둘 중 하나는 양적 연구였다. 이러한 연구 동향은 2008년까지의 『교육행정학연구』에 출간된 논문 가운데 양적 연구가 차지한 비율이 32.6%에 그친 것을 감안하면(신현석 외, 2014), 짧은 기간 양적 연구의 비중 크게 증가하였음을 알 수 있다. 이와는 대조적으로, 2009년 이전 『교육행정학연구』에 출간한 논문 가운데 문헌 연구방법을 사용한 연구는 무려 61%로 그 비율이 가장 높았으나(신현석 외, 2014), 2009년과 2018년 사이 그 비율은 28%로 크게 감소하였다(신현석 외, 2018).

이러한 변화는 과거 이용 가능한 대규모 설문조사 자료가 없거나 있더라도 자료에 대한 접근성이 제한되었을 때와 비교하면 증거 기반(evidence-based) 교육정책 검증과 논의를 가능하게 했다는 점에서 크게 환영할 일이다. 그러나 또 다른 한편으로는 대규모 설문자료와 통계적 기법의 오남용

---

1) 이 장에서 교육연구는 넓게는 교육학 전반의 연구를, 좁게는 교육정책연구 또는 교육행정학연구를 의미하는 것으로 사용하였다.

2) 물론 수학·과학 성취도 추이변화 국제비교연구(Trends in International Mathematics and Science Study: TIMSS)는 전국의 대표성이 있는 중학교 2학년 학생을 대상으로 1995년부터 4년 주기로, 국제학업성취도평가(Programme for International Student Assessment: PISA)는 전국의 대표성 있는 만 15세 학생들을 대상으로 2000년부터 3년 주기로 대규모 설문조사를 진행해 오고 있으나, 그 자료를 활용한 논문은 최근까지 드문 편이었다. 한편 다른 정부출연연구기관 가운데 한국노동연구원은 1998년 한국노동패널조사를 선구적으로 시작하였고, 학생을 대상으로 한 대규모 설문조사는 한국청소년정책개발원이 2003년 한국청소년패널조사를 시작하였다. 한편, 2023년 현재는 거의 모든 정부출연연구기관에서 대규모 설문조사를 진행하고 있다.

하는 사례[3]가 크게 증가하고 있어, 교육연구에서 양적 연구 증가가 되레 건설적인 이론적 경험적 논의를 방해하고 있다는 비판의 목소리가 커지게 되었다(변기용, 2018; 신현석, 2017). 그런데 대규모 설문조사 자료의 증가와 함께 교육연구의 질(quality) 하락을 우려하는 이 아이러니한 상황은 한국에 앞서 미국 교육연구에서도 그대로 목도되었다.[4] 다시 말해, 현재 한국 교육계에서 보이는 대규모 설문자료가 증가함에 따라 통계기법의 오남용으로 인한 양적 연구에 대한 회의적인 시각은 미국 교육계에서도 이미 존재했었다.

그러므로 미국이 경험한 교육연구의 질에 대한 비판과 반성, 그리고 이에 따른 교육연구 질 제고를 위한 변화 노력을 검토하는 일은 현재 한국 교육연구가 직면한 문제를 보다 객관적으로 살펴보고, 교육연구 질 제고를 위한 개선점을 모색하는 데 도움을 줄 수 있다. 이에 이 장에서는 미국 교육연구 질에 대한 비판과 반성, 그리고 교육연구 질 제고를 위한 노력을 소개하고자 한다. 그다음으로, 한국 교육연구에 시사하는 바를 논의하고자 한다. 단, 한국 교육학계에서 서구—특히 미국—의 이론과 연구방법을 비판 없이 한국 사회에 적용하는 것에 대한 경계와 비판은 오래전부터 있어 왔던 바(신현석, 2017; 이종각, 2003), 이 장에서 제시하는 미국의 경험을 한국 사회에서 적용하는 것에 각별한 주의가 필요함을 미리 밝힌다.

2. 본론

1) 미국 교육연구 질에 대한 비판

1990년대까지만 하더라도 미국 교육연구에 대한 평판은 한마디로 말해 형편(awful)없었다 (Kaestle, 1993; Sroufe, 1997). 교육연구가 경제학이나 사회학과 같은 다른 사회과학 학문 영역에 비해 좋지 못한 평판을 받게 된 이유는 여러 가지가 있을 수 있으나, 먼저 교육학이 생명과학이나 의학 연구와 같이 명확한 결론을 내릴 수 없는 학문적인 특성과 연결 지어 생각해 볼 수 있다(Sroufe, 1997). 사실, 미국 교육연구의 역사는 교육사와 교육철학과 같은 인문학적 배경을 바탕으로 하고 있다(Lagemann, 2005). 구체적으로, 미국 연구 중심 대학에서 교육 관련 학과가 처음 개설된 것은 19세기 말로, 당시 교육대학 학장들은 교사 양성에 초점을 둔 2년제 사범대학(normal college)의 역

---

3) 다층모형이나 구조방정식모형 활용한 구체적인 사례는 이 책의 제7장과 제8장을 각각 참조하기 바란다.

4) 이러한 사실이 놀랍지 않은 이유는 많은 한국의 대규모 설문조사가 미국에서 수행되고 있는 대규모 설문조사를 벤치마킹함으로써 시작된 것이기 때문이다. 한 예로, 한국교육종단연구는 미국의 Educational Longitudinal Study of 2002를 벤치마킹한 것이다(류한구 외, 2005).

할과 구별될 수 있도록 교육의 역사적 연구를 강조하였다(Lagemann, 2005).

예를 들어, 현재의 Vanderbilt University 전신인 University of Nashville의 총장과 Peabody 교육대학 학장을 역임한 William H. Payne은 해부학이 의학에서 중요한 것처럼, 심리학이 교육학에서 중요하다고 생각한 동시에 역사를 아우르는 철학의 중요성 또한 역설하였다(Lagemann, 2005). Payne의 이러한 생각은 당시 젊은 John Dewey에 영향을 미쳤고, 이후 교육대학이 전국적으로 연구 중심 대학에 자리를 잡게 됨에 따라 영어로 'Philosophy of Education'(1886)으로 번역된 J. K. F. Rosenkranz의 『Die Pedagogik Als System』이나, 영어로 『The History of Pedagogy』(1887)로 번역된 Gabriel Compayré의 『Histoire de la pédagogie』와 같은 교육철학과 교육사 책들이 주 교재로 사용되었다(Lagemann, 2005). 또한 Robert Herbert Quick의 『Essays on Educational Reform』(1924)과 Plato, Rousseau, Pestalozzi와 Froebel의 저서들도 교육대학의 주 교재로 사용되었다(Lagemann, 2005). 이처럼 교육사와 교육철학과 같은 인문학은 초기 미국 교육연구의 근간을 이루었고, 따라서 사회과학으로써 교육연구를 시작한 것은 상대적으로 매우 최근의 일이라 할 수 있다.

한편, 1990년대까지 미국의 교육연구가 다른 사회과학 학문 영역에 비해 좋지 못한 평판을 받았던 또 다른 이유는 교육연구가 대중들이 관심을 갖는 주요 교육정책과 프로그램의 효과성에 대해 신뢰할 만한 정보를 생산해 내지 못하고 있었기 때문이었다(Kaestle, 1993; Sroufe, 1997). 한 예로, 1997년 미국의 정부책임처(U. S. Government Accounting Office)가 발간한 보고서에 따르면, 지난 30년 동안 헤드스타트(Head Start) 프로그램에 31억 달러라는 천문학적인 국가 예산이 투입되고, 1천 5백만 명의 아이들이 헤드스타트 프로그램에 참여했지만, 이 프로그램이 계속 투자할 만한 가치를 가졌는지를 판단할 수 있는 데 도움을 줄 수 있는 신뢰할 만한 실증적 증거를 제시한 연구가 거의 없었다. 구체적으로, 헤드스타트와 관련한 수백 편의 연구물 가운데 방법론적으로 일정 수준에 부합하는 연구는 단 22건에 불과하였고, 나머지 대부분의 연구들은 처치집단과 통제집단과 같은 비교 그룹이 없는 연구로, 방법론적인 측면에서 기본적인 필요조건을 충족시키지 못하였다(U.S. General Accounting Office, 1997). 뿐만 아니라, 전국의 대표성을 가진 표본을 대상으로 수행한 연구는 단 한 건도 없었다(U.S. General Accounting Office, 1997). 이처럼 1990년대까지만 하더라도 미국에서 막대한 국가 자원이 투입되는 교육정책과 프로그램의 효과성을 엄격하게 검증한 수준 높은 교육연구는 매우 드물었다.

2) 미국 교육연구 질 제고를 위한 노력

앞서 이야기한 것처럼, 교육연구가 다른 사회과학 학문 영역에 비해 좋지 않은 평판을 얻게 되자 미국 교육계가 그 이유와 대책을 논의하기 시작하였다. 구체적으로, 1996년 11월 미국교육연구협회(American Educational Research Association)는 자문위원회(Council)를 결성하였다(Sroufe, 1997). 이 자문위원회는 교육연구가 대중이나 정책 입안자들에게 중요한 교육정책이나 프로그램의 효과성에 대해 신뢰할 만한 실증적 증거를 제시하지 못하고 있을 뿐만 아니라, 관련 연구조차도 그 결과가 애매모호하여 문제해결의 실마리보다 오히려 논란을 부추기고 있다고 결론지었다(Sroufe, 1997). 이러한 결론에 이르게 된 것은 당시 대부분의 연구들이 무선할당(random assignment)을 통한 실험설계(experimental design)에 의해 수집된 자료가 아니라 대규모 설문조사로 수집된 자료를 사용하면서 회귀분석과 같은 전통적인 통계기법을 통해 다른 통제변수를 투입하는 방식으로 교육정책이나 프로그램의 효과성을 검증하고 있었기 때문이었다. 따라서 어떤 특정 교육정책과 프로그램의 효과가 실제로 있는지, 아니면 이러한 효과가 교육정책과 프로그램에 노출되거나 참석한 학생이 그렇지 않은 학생과 체계적으로 다르기 때문에 생기는 선발효과(selection effect)로 인한 것인지 명백히 밝혀낼 수가 없었다(Schneider et al., 2007). 이러한 맥락에서 자문위원회는 교육연구 질 제고를 위해 주요 교육정책의 효과성에 대해 무선할당을 통한 실험설계나 준실험설계[5](quasi-experimental design)와 같은 보다 엄격한 과학적 방법을 사용함으로써 일관되면서도 일치된 결론을 제공할 수 있는 연구 프로그램을 개발·지원하는 것이 필요하다고 제안하였다(Sroufe, 1997).

미국의 교육연구 질 제고를 위한 노력은 2000년대에 들어 연방정부 주도로 다음의 세 가지 측면에서 본격화되었다(Schneider et al., 2007). 첫째, 「아동낙오방지법(No Child Left Behind Act of 2001)」은 과학에 기초한 교육연구란 무엇인가에 대해 구체적인 정의를 내리고, 이 정의와 일치하는 교육연구를 지원하는 연구비 체계(system)를 구축하였다(Schneider et al., 2007). 둘째, 미 교육부 산하 교육과학연구원(Institute of Educational Sciences: IES), 국립과학재단(National Science Foundation: NSF), 그리고 국립보건연구원 산하 국립아동보건 인간 발달 연구소(National Institute of Child Health and Human Development: NIH)와 같은 연방 연구 기관들은 학생들의 교육 결과에 대한 보다 분명한 경험적 증거를 제공하는 중재(intervention) 연구에 대한 지원을 크게 강화하였다(Eisenhart & Towne, 2003). 셋째, 국립과학재단의 국가연구위원회(National Research Council)에서 교육연구 질 제고를 위한 일련의 보고서를 출간하였다(National Research Council, 2002, 2004a, 2004b).

이러한 연방 정부 차원의 교육연구 질 제고를 위한 노력을 구체적으로 살펴보면, 먼저 「아동낙오방지법」의 핵심적인 내용 중 하나는 증거 기반 연구를 구축하는 것으로, 이는 엄격한 과학적 연구를 통해 어떠한 교육정책과 프로그램이 효과적인지를 밝히기 위한 것이다(Schneider et al., 2007). 이 개념은 2002년 「교육 과학 개혁법(Education Sciences Reform Act of 2002)」에 의해 보다 구체화되었다. 이 법은 기존의 미 교육부 산하 교육연구소였던 연구개선원(Office of Educational Research

---

5) 준실험설계에 대한 구체적 논의는 이 책 제9장을 참조하기 바란다.

and Improvement)을 교육과학연구원으로 대체하는 것이었다. 교육과학연구원(IES)의 설립 목적은 교육연구를 정책 입안자들이 많은 학생들에게 영향을 미치는 교육정책이나 프로그램을 채택하기 이전에 사용 가능한 모든 연구와 자료를 사용하여 증거 기반 연구로 전환하는 데 있다.[6] 「교육 과학 개혁법」은 보다 신뢰 있고 타당한 지식 획득을 위해 보다 엄격하고, 체계적이며, 객관적인 연구법을 적용하는 과학 기반 연구를 수행할 때, 비로소 학생들의 학업 성취 향상을 가져오는 효과적인 교육정책과 활동들을 알 수 있다는 사실을 강조한다(Schneider et al., 2007). 과학에 기초한 교육연구의 중요성은 교육부 장관의 연방관보(Federal Register, 2005)에서도 재천명되었는데, 여러 연구방법 가운데, 특히 무선할당과 준실험설계가 교육정책의 효과성을 가장 엄격하게 증명할 수 있는 방법이라고 제시하였다(Schneider et al., 2007에서 재인용). 이 연구설계(research design) 방법은 「아동낙오방지법」과 교육과학연구원이 지원하는 교육 프로그램에 특히 중요한 요소가 되었고, 다른 교육부의 모든 교육 프로그램에 우선순위로 자리매김하게 되었다.

무선통제연구(Randomized Controlled Trials: RCT) 사용에 대한 연방정부 차원의 압박은 What Works Clearinghouse(WWC) 설립을 통해 보다 구체화되었다(Schneider et al., 2007). WWC는 학생들의 교육 결과에 대한 교육정책과 프로그램의 인과적 효과를 보여 주는 신뢰할 만한 연구물을 검토하기 위해 만들어진 기구이다.[7] WWC는 교육정책과 프로그램의 인과적 효과를 가장 적절하게 보여 주는 방법으로 무선통제연구를 채택하고, 이를 가장 신뢰할 만한 연구의 표준으로 제시하고 있다. 만약 무선통제연구가 가능하지 않는 상황이라면, 검증할 수 있는 비교 집단을 포함하는 준실험설계 방법을 차선으로 제시한다. 이처럼 교육과학연구원(IES), 국립과학재단(NSF), 국립아동보건 인간 발달 연구소(NIH)와 같은 연방 연구 기관들은 무선할당을 이용한 연구설계를 교육연구의 최우선순위로 만들었다.

교육에 있어 증거 기반 연구를 검토하기 위해 설계된 또 다른 프로그램은 국립과학재단(NSF)의 한 운영 축인 국가연구위원회에 의해 진행되었다. 2000년 국가연구위원회는 과학에 기초한 교육연구들을 종합적으로 검토하고, 연방 교육연구 기관의 교육연구 질 제고를 위해 위원회를 설치하였다(National Research Council, 2002). 다양한 학문 분야와 연구방법 전문가들로 구성된 이 위원회는 무엇이 과학적인 교육연구를 구성하고, 과학의 원리가 어떻게 교육연구로 전환될 수 있는지를 구체적으로 밝히는 데 그 목적이 있다. 이 위원회는 『교육에서의 과학적 연구(Scientific Research in Education)』라는 단행본을 발간하고, 이를 통해 교육 분야에서 질 높은 과학적 탐구란 무엇인지에 대해 논하였다(National Research Council, 2002). 이후에 만들어진 후속 위원회에서는 교육에 있어

---

6) https://ies.ed.gov/
7) https://ies.ed.gov/ncee/WWC

증거 기반 연구를 지원하는 방법들을 제안하는「교육에서의 과학적 연구 증진(Advancing Scientific Research in Education)」이라는 보고서를 발간하였다(National Research Council, 2004a). 이처럼, 이 두 위원회는 재정적으로, 논리적으로, 윤리적으로 가능한 상황이라면, 무선통제연구가 교육정책과 프로그램의 인과적 효과성을 가장 잘 보여 줄 수 있는 연구설계임을 거듭 강조하였다. 물론 이들 위원회는 무선통제연구가 늘 수행 가능하고, 실제적이고, 윤리적이지는 않을 수 있다는 것을 인식하고, 이런 경우 차선책으로 준실험설계와 통계적 모델링을 사용하여야 한다고 제시하였다(National Research Council, 2004a, 2004b).

한편, 국가연구위원회는 무엇이 수준 높은 교육연구인지를 이해하기 위해서는 교육 학문공동체 내에서 일련의 규범과 공통 담론을 만들어 내고 이를 지지하는 것이 중요하다고 생각했다(Feuer, Towne, & Shavelson, 2002). 그래서 국가연구위원회는 과학적 탐구의 기저를 이루는 원칙들을 교육연구가 반드시 지켜야 할 기본 원칙으로 가이드라인을 제시하였다(National Research Council, 2002). 그러나 미국 교육계 내에서 이러한 가이드라인에 대한 합의가 이루어지지 못하였다. 이는 당시 미국 교육계가 아직 교육 개혁을 논하는 데 있어 과학적 원칙보다 철학적 가치에 더 많은 의미를 부여했기 때문이었다(Bloch, 2004; Cook, 2002; Fish, 2003; Gee, 2005; Lareau & Walters, 2010; Lather, 2004; Moss, 2005).

사실, 아래로부터의 개혁을 강조하는 미국의 전통과는 달리 교육연구 질 제고를 위한 일련의 노력이 교육계가 아닌 연방정부 연구 기관에서 선제적으로 제도화된 것은 무선통제연구방법을 사용한 과학적 교육연구에 대한 교육계 내의 거부감이 컸기 때문이다(Cook, 2002). 어쨌건 비록 과학적 교육연구란 무엇인가에 대해 교육계 내 합의를 이루지 못하였지만, 국가위원회가 제시한 과학적 교육연구에 대한 가이드라인은 연구 중심 대학과 사범 대학, 그리고 연방정부출연 연구 기관과 정책입안자들 사이에서 과학에 기초한 교육연구에 대한 논의와 실천을 위한 촉진제 역할을 하였다. 이는 국가위원회의 가이드라인이 교육연구에서 무엇을 과학적 증거로 보아야 할 것인지에 대한 매우 분명한 메시지(message)를 전달하고 있기 때문에 가능했다. 다시 말해, 국가위원회 보고서는 특정 교육정책이나 프로그램에 대한 효과성 검증에 있어 어떤 연구설계와 방법이 다른 연구설계와 방법에 비해 더 신뢰할 수 있는 증거를 제시할 수 있는지에 대해 명확하게 논의하고 있다(National Research Council, 2002).

앞서 설명한 연방정부 연구 기관의 과학에 기초한 교육연구에 대한 매우 분명하고도 일관적인 개념과 정의는 이들 연구 기관에 연구비를 신청하는 모든 연구 계획서 작성에 필수 요소가 되었다(Schneider et al., 2007). 다시 말해, 연방정부 연구 기관이 연구비를 지원하는 연구들은 무선할당이나 단절적 시계열분석(interrupted time-series design)과 회귀불연속설계(regression discontinuity design)와 같은 준실험설계를 반드시 포함하도록 가이드라인을 제시하였다. 만약 무선할당이나 준실험설계가 불가능한 경우, 교육 중재나 프로그램의 인과적 효과성을 검증에 도움이 되는 종단 (longitudinal) 자료의 사용과 경향점수매칭(propensity score matching), 도구변수(instrument variable) 등을 포함한 고급 통계방법을 사용할 것을 권장하고 있다(Schneider et al., 2007). 비록 교육계 내에서 이러한 움직임과 제도화에 대한 반대의 목소리도 여전히 존재하지만(Lareau & Walters, 2010), 교육연구 질 제고를 위한 미연방 정부 연구 기관의 일관적이고도 체계적인 노력 덕분에 무선할당과 준실험설계를 사용한 엄밀한 교육연구는 점차 기준(norm)이 되어 가고 있다.

3) 미국 경험이 한국의 교육연구 질 제고에 시사하는 점

앞서 살펴본 것과 같이, 미국 교육연구는 1990년대 이전에 경제학이나 사회학, 심리학과 같은 사회과학 타 학문 분야에 비해 연구의 질 측면에서 크게 인정받지 못하였다. 그 이유는 교육연구 자체가 인문학을 토대로 시작되었다는 점도 있지만, 무엇보다 많은 국가 예산이 투입되는 주요 교육정책과 프로그램의 효과성에 대해 신뢰할 만한 실증적 증거를 제시하지 못하고 있었기 때문이었다. 이는 교육정책과 프로그램의 효과성 추정에 있어 다른 사회과학 학문 분야에서 널리 사용되는 무선통제연구가 아니라 비실험설계(non-experimental design)에 근거한 대규모 설문조사 자료를 사용하였기 때문이었다(Schneider et al., 2007). 대규모 설문조사, 특히 특정한 시점에 이루어진 횡단조사는 연구설계 단계에서 무선할당 요소가 빠져 있고, 사전(혹은 사후) 조사가 빠져 있다는 점에서 준실험설계가 아닌 비실험설계에 해당한다(Shadish, Cook, & Campbell, 2002). 종단조사라 할지라도 여전히 무선할당 요소가 빠져 있기 때문에 사전 혹은 사후 변화 검증이 가능하다 할지라도 엄격한 의미에서 학업성취와 같은 교육결과에 대한 특정 교육정책이나 프로그램의 인과적 효과를 추정하기에는 적합하지 않다(Schneider et al., 2007).

이와는 대조적으로, 무선할당은 처치집단과 통제집단에 속하는 참여자들의 특성들을 동질화시키는 역할을 함으로써, 두 집단의 결과 차이를 오롯이 처치(중재 혹은 정책) 효과에 기인시킬 수 있다는 점에서 '황금 표준(gold standard)'으로 불린다(Shadish et al., 2002). 이에 미국은 교육연구의 '과학화'를 위해 무선할당이나 혹은 최소한으로 준실험설계와 같은 연구설계와 인과적 추론에 도움이 되는 연구방법을 적극 받아들이고, 이를 연방 정부 차원의 연구비 지원을 받기 위해서 반드시 포함해야할 연구설계로 제도화함으로써 교육연구의 질 제고를 꾀하였다. 물론 이러한 연방정부 차원의 교육연구의 질 제고를 위한 가이드라인에 반대 목소리도 있지만, 이는 교육연구자와 대학교수, 정책 입안자들에게 큰 영향을 미치게 되었다.

이러한 미국의 경험은 한국의 교육연구에 대해 시사하는 바가 크다. 서론 부분에서 이야기한 것처럼, 한국에서도 2000년대 중반 이후 정부출연연구기관을 중심으로 여러 대규모 설문조사들이 동시다발적으로 이루어지고, 이 자료들이 일반 연구자들에게 공개됨에 따라 교육연구에 있어 양적 연구가 차지하는 비중이 크게 증가하였다(교육행정학 연구 관련해서는 김병찬, 유경훈, 2017; 신현석 외, 2014, 2018; 임연기, 김훈호, 2018 참조). 이는 한편으로 이전에 이용이 불가능하거나 가능하더라도 접근성이 제한되었던 전국의 대표성을 지닌 표본으로 주요 교육 현안에 대해 실증적인 증거를 제공한다는 점에서 환영 받을 일이다. 그러나 한편으로는 대규모 설문조사 자료를 교육정책의 효과성 추정에 무분별하게 사용되고 있다는 우려의 목소리도 제기되고 있다(변기용, 2018; 신현석, 2017).

이러한 우려는 앞서 기술한 바와 같이 미국의 교육연구가 경험한 비판과 매우 유사하다. 다시 말해, 한국의 많은 교육연구들이 대규모 횡단 혹은 종단 조사 자료를 가지고 회귀분석이나 다층모형 등의 통계적 기법을 활용하여 교육정책이나 프로그램의 효과성을 추정하고 있다. 이러한 연구들은 특정 교육정책이나 프로그램의 효과성에 대한 실증적인 증거를 제공하기보다, 통계적 기법의 오남용으로 오히려 그 효과성에 대한 혼란을 가중시키는 측면이 있다. 한 예로, 우리나라 부모들이 천문학적인 비용[8]을 지출하고 있는 사교육의 경우, 사교육 참여가 학업성취나 대학 진학과 같은 교육 결과에 어떠한 영향을 미치는지에 대한 수많은 연구가 수행되었지만(김대열, 박명희, 2020; 백일우, 정한나, 2013),[9] 실질적으로 사교육 참여가 학생의 교육 결과에 인과적으로 어떠한 영향을 미치는지에 대한 명확한 결론을 내리지 못하고 있는 실정이다(Byun, 2014). 예를 들어, 우천식 등(2004)은 사교육 참여가 학업성취에 대해 부정적인 영향을 미친다고 보고하고 있고, Byun(2014)은 사교육 참여가 미미하지만 학업성취에 긍정적인 영향을 미친다고 보고하고 있다. 이처럼 연구마다 제각기 다른 결과를 보고 하는 데는 여러 가지 이유가 있을 수 있지만, 무엇보다 사교육을 받는 학생들과 받지 않은 학생들이 사회경제적 배경이나 이전 학업성취 등과 같은 측면에서 매우 이질적인 집단이고, 이것이 사교육의 인과적 효과 추정을 어렵게 하는 선발효과를 야기하기 때문이다(Byun, 2014).

구체적으로, 선행연구에 따르면, 한국 사회에서 사교육은 부모의 사회경제적 배경이 높고 이전 학업성취가 높은 학생들이 주로 받는다(Byun, 2014). 때문에 사교육 효과 추정에 있어 사교육을 받는 집단과 받지 않은 집단에서 발생하는 선발효과를 통제하지 않는다면, 사교육 효과를 과대추정하게 된다. 많은 연구들이 대규모 설문조사 자료를 사용하면서 부모의 사회경제적 지위나 이전 학업성취 등을 통제하는 방식으로 사교육 효과를 추정하고 있지만, 대규모 설문조사 설계 자체에서 무선할당 요소가 빠져 있기 때문에 사후적으로 아무리 통제변수 투입을 통해 통계적으로 선발효과

---

8) 통계청의 2021년 초·중고사교육비조사 결과에 따르면, 2021년 한해 우리나라 부모들이 자녀의 사교육에 지출한 총비용은 23.4조 원이다(통계청, 2022).

9) 1962년부터 2019년까지 국내에서 수행된 사교육 관련 연구의 수는 무려 2,000편이 넘는다(김대, 박명희, 2020).

를 통제한다 하더라도 명확한 인과적 추론을 도출하는 데는 한계가 있다. 이런 맥락에서 대규모 설문조사 자료를 사용하여 사교육 효과를 추정하는 연구들은 많지만, 선발효과를 제대로 통제하지 못한 많은 연구들이 사교육 효과에 대한 실증적 증거를 제시하기보다 오히려 혼란을 가중시키는 측면이 있다.

이와 비슷한 논란은 고교평준화정책과 학력하향화, 방과후학교의 사교육에 대한 효과, 특목고/자사고의 학교효과, 정시/수시 정책의 형평성에 대한 효과 등을 둘러싼 연구물에도 찾을 수 있다. 이들 주요 교육정책과 제도는 상당한 국가 예산이 투입되고 있고, 많은 학생과 학부모들이 영향을 받고 있으며, 또 한편으로 상당 기간 사회적 논쟁의 주제가 되어 왔다. 그럼에도 불구하고 이들 교육정책과 제도의 효과성에 대해 우리 교육계가 신뢰할 만한 실증적 증거를 제시하지 못하고 있는 것이 사실이다. 앞서 설명한 미국의 경험에 비추어 보면, 무선할당이나 준실험설계를 포함한 보다 엄격한 연구설계와 연구방법 도입은 한국에서의 이러한 문제점—특히 교육정책과 제도의 인과적 효과성 추정—을 해결하기 위해 도움이 될 수 있을 것이다.

이를 위해 미국의 절차와 방식을 반드시 따를 필요는 없겠으나, 한국에서도 이러한 논의를 가능하게 하기 위해서는 다음과 같은 시도가 필요할 것으로 보인다. 첫째, 한국에서도 먼저 교육 학문공동체 내에서 과학에 기초한 교육연구에 대한 정의와 접근법에 대해 합의가 이루어져야 할 것이다. 기실, 한국의 교육연구는 미국의 교육연구가 그러했듯 교육철학과 교육사와 같은 인문학적 토대에서 발전하였다.[10] 따라서 한국의 교육 학문공동체에서도 무선할당이나 준실험설계와 같은 연구설계와 연구방법 도입에 소극적이거나 이러한 실증적 접근에 반감을 가질 수 있다(신현석, 2017; 임연기, 2014).[11] 그러므로 한국의 교육 학문공동체 내에서 무엇이 과학에 기초한 교육연구를 구성하는지에 대한 합의가 이루어져야 한다. 이렇게 합의가 이루어진 이후 교육정책이나 교육행정 전공의 경우 특정 교육정책이나 제도의 효과성에 관한 연구를 할 때 반드시 고려해야 할 사항들을 보고서로 발간하여 연구자들이 인식할 수 있도록 하여야 할 것이다. 이와 관련하여, 미국교육연구협회(AERA)의 경우 싱크탱크(think tank)를 구성하여 2007년 『Estimating Causal Effects Using Experimental and Observational Designs』[12]이라는 제목의 백서(white paper) 발간하여 연구자들에게 교육정책과 프로그램의 인과적 효과성 분석에 있어 반드시 고려되어야 할 연구설계와 연구방법을 소개하고 있다. 미국교육연구협회(AERA)는 또한 협회가 제공하는 Dissertation Grant[13]나

---

10) 변기용(2018: 11)은 교육학 가운데 사회과학 성격이 강한 교육행정학조차 인문학적 성격이 강하다고 지적한 바 있다.
11) 임연기(2014)는 교육행정학 연구에서 경험적 의미를 밝혀 주는 연구가 필요하다고 지적하면서 "이를 위해서 양적인 연구보다는 질적 연구가 활성화되어야 한다"(p. 433)고 주장한다. 비슷한 맥락에서 신현석(2017)도 교육행정학 연구에서 "질적 연구방법과 혼합 연구방법을 활용한 연구가 보다 활성화되어야 한다"(p. 202)고 주장한다.
12) https://www.aera.net/Portals/38/docs/Causal%20Effects.pdf
13) https://www.aera.net/Professional-Opportunities-Funding/AERA-Funding-Opportunities/Grants-Program/Dissertation-Grants

Research Grant[14]에 지원하기 전에 이 백서를 반드시 읽게 하여 교육정책과 프로그램의 효과성 분석을 위한 연구설계와 연구방법 측면에서 필수적으로 고려해야 할 최소한의 사항들을 연구 제안서에 반영할 수 있도록 대학원생들과 연구자에게 가이드라인을 제시하고 있다.

둘째, 미국의 교육연구 질 제고에 있어 연방정부 연구 기관의 일관적인 노력이 중요한 역할을 했듯, 한국에서도 한국교육개발원이나 교육과정평가원, 직업능력연구원과 같은 정부출연연구기관에서 교육정책이나 제도의 효과성 검증을 위해 무선통제연구를 선도적으로 수행하는 것이 필요하다. 이는 무엇보다 무선통제연구를 수행하는 데 많은 재원이 필요하기 때문이다. 만약 재정적으로, 윤리적으로 무선통제연구가 불가능할 경우 준실험설계를 통한 자료수집을 적극 고려하여야 할 것이다. 특히, 중앙 정부나 지방 정부에서 새롭게 시도하고자 하는 교육정책이나 제도, 프로그램의 효과성에 대한 예비연구(pilot study)는 비실험설계에 근거한 설문조사 자료분석에 의존하기보다는 무선통제연구나 준실험설계에 기반한 자료분석을 통해 보다 엄격하게 효과성을 검증할 수 있도록 제도화하여야 한다. 또한 미국의 경우처럼 교육부나 한국연구재단, 그리고 한국교육개발원과 같은 정부출연연구기관이 연구비를 지원하는 연구의 경우 무선통제연구나 준실험설계를 통한 자료수집을 필수 조건으로 고려할 필요가 있다. 또한 미국의 WWC와 같이 막대한 국가 예산이 투입되는 교육정책이나 제도의 효과성을 분석한 수준 높은 연구물들을 모아 일관된 결론을 제시할 수 있는 기구나 공간을 만드는 것도 한국의 교육연구 질 제고에 도움이 될 것이다.

셋째, 다양한 대규모 설문조사를 횡단적으로 그리고 종단적으로 지속적으로 진행하고 그 자료를 일반 연구자들에게 공개하되, 교육정책이나 프로그램의 효과성 추정과 관련하여 이 자료를 통해 할 수 있는 것과 할 수 없는 것에 대한 명확한 가이드라인을 제시하는 것이 필요하다. 특히, 대부분의 대규모 설문조사 자료들이 비실험설계에 기반하여 수집된 만큼 사후적인 통계적 모델링 자체만으로는 교육정책이나 프로그램의 효과성 추정에 한계가 있음을 해당 자료를 사용하는 일반 연구자들에게 학술대회나 워크숍, 출간물을 통해 주의를 환기시키는 것이 필요하다. 이와 관련하여, 미국의 노스웨스턴 대학교(Northwestern University)는 교육과학연구소(IES)의 지원을 받아 경쟁을 통해 선발된 연구자들에게 2주간 군집 무작위 배정 실험(Cluster-Randomized Trials)에 관한 강도 높고 체계적인 워크숍 프로그램[15]을 정기적으로 운영하고 있다.

마지막으로, 대학원에서 단기 워크숍이 아닌 정규 커리큘럼을 통해 미래 교육연구자들에게 과학에 기초한 교육연구를 수행하는 데 필요한 지식과 기술을 가르치는 것이 필요하다.[16] 특히, 다

---

14) https://www.aera.net/Professional-Opportunities-Funding/AERA-Funding-Opportunities/Grants-Program/Research-Grants
15) https://www.ipr.northwestern.edu/events/workshops-training/cluster-randomized-trials.html
16) 신현석(2017)도 교육행정연구 학문후속세대를 위해 대학원 과정에서 보다 체계적인 방법론 교육을 강화하여야 한다고 주장한 바 있다.

층모형, 구조방정식모형과 같은 단순히 통계적 모델링 기법을 가르치는 것이 아니라, 교육정책과 프로그램의 인과적 효과검증에 적합한 연구설계와 그에 맞는 연구방법을 제대로 가르치는 것이 필요하다. 또 어떤 통계적 모델링 기법이 다른 통계적 모델링 기법에 비해 인과적 효과검증에 유리하며, 각 통계적 모델링의 제한점에 대해서도 분명하게 가르칠 필요가 있다. 그리하여 학위 논문부터 최소한의 질적 수준을 확보할 수 있도록 지도하는 것이 필요하다.[17]

4. 결론

이 논문에서는 미국에서 1990년대 이전까지 다른 학문 영역으로부터 인정을 받지 못했던 교육연구의 질을 향상시키기 위해 어떤 노력을 기울였는지 소개하고, 그 경험이 한국 교육연구 질 제고를 위해 시사하는 바를 논의하였다. 미국에서 교육정책이나 제도의 효과성과 관련한 연구 질 제고를 위한 핵심 노력은 이른바 황금 표준이라 일컫는 무선할당을 적극적으로 인과추정을 위한 연구에 사용하고자 하였던 것이다. 이러한 반성과 변화의 기저에는 교육정책과 제도의 인과적 효과성과 관련하여 혼란만 가중시키는 수준 미달의 백만 건의 연구물보다 명확한 답을 얻을 수 있는 단 한 편의 질 높은 연구가 중요하다는 생각이 깔려 있다. 또한, 교육연구의 특성상 인과적 추론이 상당히 어렵기 때문에 현존하는 대부분의 연구설계와 연구방법이 한계가 있다는 접근방식보다는, 그중에서 보다 나은 연구설계와 엄밀한 연구방법의 적용으로 인과추론을 좀 더 정확하게 하고자 하는 시도에서 비롯된 것이다.

이러한 미국의 교육연구 질 제고를 위한 반성과 변화의 노력들은 한국의 교육연구에도 시사하는 바가 매우 크다. 특히, 고교평준화정책과 학력하향화, 방과후학교의 사교육에 대한 효과, 특목고/자사고의 학교효과 등 사회적으로, 교육적으로 너무도 중요하지만 우리 교육학계가 신뢰할 만한 연구결과를 내놓지 못하고 있는 현실을 생각하면 더욱 그러하다. 미국식의 교육연구 질 제고가 현 상황에 대한 정답은 아니겠으나, 앞으로 우리 교육 학문공동체가 주요 교육정책과 제도의 효과성에 대한 사회적 교육적 논쟁 해결에 어떻게 기여할 수 있을지, 그리하여 백년대계 교육정책 및 제도 구상과 시행을 위해 무엇을 할 수 있는지 그 학문적 책무성을 고민하는 데 타산지석이 될 수 있을 것이다.

---

17) 미국 대학원 양적 연구방법론 교육에 관한 구체적인 사례와 논의는 이 책의 제4장을 참고하기 바란다.

참고문헌

김대열, 박명희(2020). 국내 사교육연구 동향 분석. 교육과학연구, 51(1), 1-27.

김병찬, 유경훈(2017). '교육행정학연구' 게재 논문의 연구 동향 특징 분석: 연구주제 및 연구방법을 중심으로. 교육행정학연구, 35(4), 173-200.

류한구 외(2005). 한국교육종단연구 2005(Ⅰ) -예비조사 보고서-. 서울: 한국교육개발원.

백일우, 정한나(2013). 국내 사교육 문헌 분석. 교육과학연구, 44(4), 1-39.

변기용(2018). 한국 교육행정학의 학문적 정체성과 연구 방법론에 대한 비판적 성찰: 이분법적 배타성 극복을 통한 대안적 지점의 모색을 중심으로. 교육행정학연구, 36(4), 1-40.

신현석(2017). 한국 교육행정학의 정체성: 이론 탐색의 의의와 지향성. 교육행정학연구, 35(1), 195-232.

Bloch, M. (2004). A discourse that disciplines, governs, and regulates: The National Research Council's report on scientific research in education. *Qualitative Inquiry, 10*(1), 96-110.

Byun, S. (2014). Shadow education and academic success in Republic of Korea. In H. Park & K. Kim (Eds.), *Korean education in changing economic and demographic contexts* (pp. 30-58). Singapore: Springer. http://dx.doi.org/10.1007/978-981-4451-27-7_3

Cook, T. D. (2002). Randomized experiments in educational policy research: A criticial examination of the reasons the educational evaluation community has offers for not doing them. *Educational Evaluation and Policy Analysis, 24*(3), 175-199.

Eisenhart, M., & Towne, L. (2003). Contestation and change in national policy on "Scientifically based" education research. *Educational Researcher, 32*, 31-38.

Feuer, M., Towne, L., & Shavelson R. J. (2002). Scientific research and education. *Educational Researcher, 31*(8), 4-14.

Fish, S. (2003). Truth but no consequences: Why philosophy doesn't matter. *Critical Inquiry, 29*(3), 389-417.

Gee, J. P. (2005). It's theories all the way down: A response to Scientific Research in Education. *Teachers College Record, 107*(1), 10-18.

Kaestle, C. F. (1993). Research news and comment: The awful reputation of education research. *Educational Researcher, 22*, 23-31.

Lagemann, E. C. (2005). Does history matter in education research? A brief for the humanities in an age of science. *Harvard Education Review, 75*(1), 9-21.

Lareau, A., & Walters, P. B. (2010). What counts as credible research? *Teachers College Record.* Date Published: March 1, 2010. http://www.tcrecord.org ID Number: 15915.

Lather, P. (2004). Scientific research in education: A critical perspective. *British Educational Research Journal, 30*(6), 759-772.

Moss, P. (2005). Toward "epistemic reflexivity" in educational research: A response to Scientific Research in Education. *Teachers College Record, 107*(1), 19-29.

National Research Council. (2002). *Scientific research in education*. Washington, DC: National Academy Press.

National Research Council. (2004a). *Advancing scientific research in education*. Washington, DC: National Academy Press.

National Research Council. (2004b). *Implementing randomized field trials in education: Report of a workshop*. Washington, DC: National Academies Press.

Schneider, B., Martin, C., Kilpatrick, J., Schmidt, W. H., & Shavelson, R. J. (2007). *Estimating causal effects using experimental and observational designs*. Washington, DC: American Educational Research Association. https://www.aera.net/Portals/38/docs/Causal%20Effects.pdf

Shadish, W. R., Cook, T. D., & Campbell, D. T. (2002). *Experimental and quasi-experimental designs for generalized causal inference*. Belmont, CA: Wadswordth Cengage Learning.

Sroufe, G. E. (1997). Research news and comment: Improving the "awful reputation" of education research. *Educational Researcher, 26*(7), 26-28.

U.S. General Accounting Office. (1997). Head Start: Research provides little information on impact of current program. Washington, DC: U.S. General Accounting Office.

'교육연구 질에 대한 비판과 반성, 그리고 변화: 미국 경험을 중심으로'에 대한 토론문

차성현(전남대학교 교수)

이 글은 우리나라 교육연구가 교육정책의 수립, 집행, 평가에 신뢰할 만한 연구결과를 제공하지 못하고 있다는 자기성찰적 반성에 기반하고 있다. 필자는 1900년대까지만 해도 타 학문에 비해 상대적으로 평판이 낮은 미국의 교육연구가 연구의 질 제고를 위해 어떤 노력을 기울였는지를 살펴보고, 유사한 상황에 놓여 있는 한국 교육연구가 참고할 만한 의미 있는 시사점들을 제언하였다.

특히, 미국 교육연구의 질 제고를 위한 정부 차원의 주목할 만한 제도적 노력을 충실히 소개하여 우리나라 교육연구에 주는 시사점을 탐색하는 독자의 지적 노력을 돕고 있다. 예컨대, 교육과학연구원(Institute of Educational Sciences), 국가연구위원회(National Research Council), What Works Clearinghouse 등이 중심이 되어 과학적 교육연구에 대해 정의하고, 교육정책이나 프로그램의 인과적 효과를 검증하는 가장 신뢰할 만한 방법으로 무선통제연구(randomized controlled trials)를 채택하고, 이러한 연구설계를 적용한 교육연구에 대해 연방정부의 연구비 지원을 확대하였다는 점을 특징으로 제시하였다.

이러한 미국의 경험이 우리나라의 교육연구에 시사하는 점을 필자는 다음과 같이 제시하였다. 교육 학문공동체에 대해서는 과학적 교육연구에 대한 정의 및 접근법에 대한 합의, 교육정책 및 제도 효과성 연구를 위한 연구설계 및 연구방법 표준 설정, 대학원 연구방법 교육과정 강화 등을 제시하였다. 또한, 정부연구기관에 대해서는 무선통제연구를 선도적으로 수행, 무선통제연구나 준실험연구에 대한 연구비 지원 강화, 교육정책 및 제도 효과성 연구 표준을 위한 기구 설치, 대규모 패널조사 자료를 통해 할 수 있는 것과 없는 것에 대한 가이드라인 제시 등을 제안하였다. 이러한 제안들은 우리나라 교육연구 질 제고를 위해 학문공동체가 충분히 검토하고 논의하여 때를 놓치지 않고 추진해야 할 내용들이다.

이 글은 전체적 내용이 논리적 흐름에 따라 체계적으로 잘 조직되어 있어 읽다 보면, 큰 반론 없이 필자의 주장에 공감하고 설득이 된다. 다만, 토론자는 독자들의 더 나은 이해를 돕기 위해 다음과 같은 몇 가지 의견을 드리고자 한다.

1. 과학적 교육연구, 무선통제연구란?

제한된 지면으로 인해 미국 교육연구 질 제고를 위한 미국 교육계와 정부기관의 행적에 대해 구체적 상황과 맥락을 기술하는 데는 어려움이 있을 것으로 짐작이 된다. 그럼에도 불구하고, 이 글에서 가장 핵심적 내용 가운데 하나인 과학적 교육연구가 무엇이며, WWC가 교육연구의 표준으로 설정한 무선통제연구가 무엇인지에 대해서 추가적인 설명이 필요하다. 더불어 연방정부 차원의 연구비 지원을 받은 무선통제연구 프로젝트에는 어떤 것이 있는지도 궁금하다.

한편, 이 글의 주된 독자들 중에는 교육행정학의 학문후속세대가 있음을 고려하여 연구설계나 연구방법에 관한 핵심 내용이나 전문 용어들에 대해서 추가적인 설명이 필요해 보인다. 예컨대, 무선할당(random assignment), 단절적 시계열분석(interrupted time-series design), 회귀불연속설계(regression-discontinuity design), 경향점수매칭(propensity score matching), 도구변수(instrument variable) 등에 대해 간략한 설명과 함께 참고할 만한 논문들이 함께 제시된다면 독자에게 큰 도움이 될 것이다.

2. 미국 교육계가 과학적 교육연구의 정의에 합의하지 못한 이유는?

미국 교육계는 어떠한 이유로 '과학적 교육연구란 무엇인가'에 대해 합의를 이루지 못하였는지 궁금하다. 특히, 무선통제연구방법을 활용한 과학적 교육연구에 대해 미국 교육계가 왜 동의하지 않았는지에 대해 보다 자세한 설명이 필요해 보인다. 이에 대해 필자는 미국 교육계가 '과학적 원칙보다 철학적 가치'를 더 중요시했기 때문이라고 간략하게 언급하고 넘어간다.

토론자는 미국 교육계가 과학적 원칙보다 더 중요시한 '철학적 가치'가 무엇인지 궁금하다. 우리나라 교육학의 발전과정이 미국의 그것과 유사함을 감안할 때, 우리나라 교육계에서도 미국의 경우처럼 과학적 교육연구에 대한 합의가 쉽지 않을 것 같다. 특히, 무선통제연구를 교육연구의 표준으로 하는 데는 더욱 동의가 어려울 듯하다. 한국 교육연구의 질 제고를 위해 필자가 제안한 사항을 우리나라의 교육계가 제대로 실천하기 위해서도 미국 교육계의 반발과 저항에 대한 이해가 필요하다.

3. 학문후속세대를 위한 분석기법 오용 사례, 모범 연구 사례는?

필자는 우리나라의 교육정책 및 프로그램 효과성 연구가 신뢰할 만한 연구결과를 제공하지 못하는 원인 중 하나로 통계기법의 오용(misuse)을 지적하였다. 즉, "한국의 많은 교육연구들이 대규모 횡단 혹은 종단 조사 자료를 가지고 회귀분석이나 다층모형 등의 통계적 기법을 활용하여 교육정책이나 프로그램의 효과성을 추정"하고 있음을 비판하였다. 그리고 이러한 통계적 오용으로 인해 정책 효과성 논란이 가중된 예로 우리나라의 사교육연구를 들고 있다. 2021년 기준 23.4조에 이르는 막대한 사교육비가 지출되어 사회적·교육적으로 문제가 되고 있지만, 2천 편이 넘는 많은 사교육 관련 연구들은 사교육 경감 정책에 반영할 만한 신뢰로운 연구결과를 제공하지 못했다는 것이다. 필자가 보기에, 그동안 수행된 많은 사교육 관련 연구들에서 사교육 참여집단과 미참여 집단의 동질성이 확보되지 않았으며, 이로 인해 연구결과가 순수한 사교육 효과인지 선발효과인지가 명확하지 않은 경우가 적지 않다는 것이다. 또한, 필자는 비슷한 맥락에서 고교평준화, 방과후학교, 특목고·자사고 관련 연구들도 신뢰할 만한 연구결과를 제공하지 못하고 있음을 지적하였다.

시간과 지면이 허락한다면, 이들 연구들에서 공통적으로 혹은 개별적으로 드러난 연구설계 및 통계기법의 잘못된 적용 사례를 구체적으로 제시한다면 독자들의 이해에 많은 도움이 될 것이다. 더불어 무선통제연구, 준실험설계가 적용된 국내외 연구 중 모범 사례들을 제시한다면, 교육정책 및 제도의 효과성 검증 연구를 수행하고자 하는 연구자들에게 분석기법 적용의 오류를 줄일 수 있는 좋은 안내가 될 것이다.

교육연구 논문을 읽다 보면, 안타깝게도 통계적 기법이 잘못 사용되거나 분석결과에 대한 해석에 오류가 있는 논문을 종종 발견하게 된다. 예컨대, 최근 『교육행정학연구』 학술지에서 가장 많이 사용되는 분석기법인 구조방정식모형(structural equation model)의 경우를 보면(임연기, 김훈호, 2018), 측정변수와 잠재변수 간 관계에 대한 측정모형 검증 결과를 토대로 정책적 제언을 제시한 연구들이 있다. 그런가 하면, 다집단 분석(multi-group analysis)을 실시하지 않거나, 측정 및 구조모형의 동질성을 검증하지 않고 경로계수의 집단 간 차이에 대해 통계적 유의미성을 판단하는 연구도 볼 수 있었다.

또한, 데이터의 위계적 구조를 반영하여 개인이 속한 집단의 영향력을 검증하는 위계적 선형모형(hierarchical linear model)을 적용한 논문을 보면, 집단 내 상관계수의 적정 범위, 집단(cluster)의 적정 규모에 대한 명확한 기준이 없다. 즉, 집단의 영향력을 분석하기 위해 적절한 집단의 수는 어느 정도이고, 종속변수의 전체 변량 중 집단의 차이에 의해 영향을 받는 비율이 어느 정도일 때 위계적 선형모형 적용이 적절한지에 대해서 학문공동체에서 합의된 명확한 기준을 찾기 어렵다.

4. 우리나라의 교육연구 질 제고 노력은?

필자는 미국의 교육연구 질 제고 노력을 살펴보고, 이를 토대로 우리나라 교육연구의 질 제고를 위해 학문공동체, 정부기관, 대학원 등에서 무엇을 해야 하는지를 제안하고 있다. 다만, 이러한 제안들이 우리나라 교육계에서 보다 적극적으로 수용되려면, 우리나라 교육연구의 질적 수준은 어느 정도이며, 그 수준이 낮다면 원인은 어디에 있는지, 통계적 오남용 실태는 어떠한지 등을 살펴볼 필요가 있다. 더불어, 우리나라에서는 교육연구의 질 제고를 위해 어떠한 노력을 어떻게 하고 있는지도 함께 살펴볼 필요가 있다. 이러한 내용들이 빠진다면, 마치 우리나라에서는 교육연구 질 제고를 위해 어떠한 노력도 하지 않는 것처럼 오해될 여지가 있다.

서론 부분에서 필자도 언급하고 있듯이, 2000년을 전후하여 우리나라 교육연구를 둘러싼 연구환경의 가장 큰 변화 중 하나는 정부출연기관 중심의 대규모 조사자료 수집, 공개, 활용을 들 수 있다. 대표적으로 한국직업능력연구원의 『한국교육고용패널 2004』, 한국교육개발원의 『한국교육종단연구 2005』 등이 여기에 해당된다. 또한, 2010년 서울교육청의 『서울교육종단연구 2010』을 시작으로 지역 특색에 맞는 교육정책 수립을 위해 시·도 교육청 단위의 패널조사 자료가 수집·공개되었다.

이처럼, 정부출연연구기관, 교육청을 중심으로 대규모 패널조사 자료가 수집·공개된 데에는 데이터 기반(data-driven) 또는 증거 기반 교육정책 결정(evidence-based policy decision making)에 대한 국내외적 동향과 요구에 기인한 바가 크다. 그동안 우리나라 교육정책 및 제도에 대한 의사결정은 데이터나 증거에 기반하기보다는 소규모 설문조사, OECD 평균값, 해외 사례 등을 참고하여 이루어졌다. 이러한 주된 이유 중 하나는 당시 우리나라 교육연구 중에 엄밀한 과학적 연구설계(rigorous scientific research design)를 적용한 교육연구가 많지 않았고, 이는 교육정책이나 프로그램의 인과적 효과를 검증할 수 있는 자료가 없거나, 있더라도 자료 접근이 제한되었기 때문이다.

2000년대 중반 이후 데이터 기반 교육정책 수립의 기조 아래 10여 개가 넘는 교육, 청소년, 고용, 진로, 재정 등의 대규모 패널조사 자료가 수집·공개되고, 이를 활용한 학술대회가 개최되고 있다. 바야흐로 데이터가 없어서 연구를 못한다는 말은 하기 어려울 정도로 풍요로운 데이터의 시대가 열렸다.

하지만, 필자가 지적하고 있는 것처럼, 대규모 패널 데이터의 풍요에 따른 교육연구의 부작용도 적지 않았다. 무엇보다도 대규모 데이터에 묶인(data-bounded) 연구주제의 편중, 통계기법의 오용 등으로 인해 오히려 교육정책 연구의 질과 다양성이 저하되는 문제가 지적되기도 하였다. 예컨대, 변기용(2018)은 「한국 교육행정학의 학문적 정체성과 연구방법론에 대한 비판적 성찰」이라는 논문에서 대학, 교수, 학문공동체에 대한 양적 평가 기준이 강화됨에 따라 양적 연구의 편중 및 오남용이 심화되고 있으며, 이로 인해 대학의 학문생태계가 왜곡되고 있음을 비판하였다. 여러 종류의 대규모 패널조사 자료 공개에 따라 일부 변수만을 바꾸어 논문을 '찍어내는' 행태를 개탄하는 목소리를 인용하면서, 교육행정학계의 양적 연구 및 분석기법의 편중, 오남용을 문제시하였다.

2010~2017년 『교육행정학연구』 게재 논문의 연구방법과 분석기법을 분석한 임연기와 김훈호(2018)의 연구에 따르면, 자체 설문조사 혹은 패널조사 자료를 활용한 양적 연구의 비중이 해당 기간 전체 449편 중 55.2%(248편)로 가장 높았다. 분석기법으로는 구조방정식모형이 가장 폭넓게 활용되었으며, 대규모 패널조사 자료 공개와 더불어 2000년대 중반 이후부터는 위계적 선형모형, 패널분석 기법도 활용되고 있는 것으로 분석하였다.

한편, 소수이기는 하지만, 바람직하게도 최근에 교육행정학 분야에서는 변인들 간의 인과관계를 설명하기 위해 경향점수매칭, 회귀불연속설계 등 준실험설계 분석기법들이 종종 시도되고 있다. 예컨대, 회귀불연속설계를 적용하여 김경년과 박정신(2014)은 교육복지특별학교 정책이 학습부진아 비율 감소에 미친 영향을 분석하였으며, 이호준과 박현정(2012)은 한국교육고용패널 7차년도 자료를 활용하여 취업 후 상환 학자금 대출제도가 중·저소득층 대학생의 노동시간 감소, 학업활동 증가에 미치는 영향을 분석하였다. 그런가 하면, 2010년 이후 『교육행정학연구』에 게재된 논문 중 경향점수매칭법을 활용한 연구는 19편 정도로 파악된다. 연구주제는 EBS 교육 프로그램과 사교육경감(정동욱 외, 2012), 사교육과 방과후학교(문지영, 김현철, 박혜연, 2018), 교육복지우선지원사업(김훈호, 이호준, 2018), 9시 등교 정책과 학업성취도(송진주, 이지영, 2017), 혁신학교와 학업성취도(최예슬, 이소라, 2020) 등 다양한 편이다. 다만, 이러한 준실험설계를 적용하여 교육정책 및 프로그램 효과성을 검증한 연구결과들이 해당 교육정책에 관한 의사결정에 어느 정도로 반영되었는지는 알 수 없다. 향후, 교육연구와 교육정책의 관계를 살펴보는 과학적 연구가 필요하다.

토론자는 교육연구의 목적이 변인들 간의 인과관계를 밝히고, 법칙을 발견하여 이론을 구성하는 데 있다고 본다. 토론자가 보는 질 높은 교육연구는 그 결과가 우연이 아니며, 진실에 가깝고, 재현 가능성(replication)이 높은 연구이다. 달리 표현하면, 연구결과가 다른 대립가설로부터 강건하게(robust) 유지되며, 연구결과가 다른 요인에 의해 민감하게(sensitive) 반응하지 않는 연구를 질 높은 연구라고 본다.

이 글은 교육연구 질 제고를 위한 미국의 제도적 노력을 살펴보고, 우리나라 교육연구의 질적 도약을 위해 고려할 만한 여러 제언들을 제시하였다. 오늘처럼, 교육 학문공동체가 모두 모여 교육연구의 질 제고를 위한 다양한 방안들을 함께 모색하는 자리가 빠른 시일 내에 마련되기를 기대한다.

참고문헌

김경년, 박정신(2014). 교육복지 학교 지정이 학교 간 재정의 수직적 형평성 및 학력격차 완화에 미치는 영향: 회귀불연속 설계를 활용한 인과관계 분석. 교육행정학연구, 32(3), 1-26.

김성식, 김양분, 강상진, 김현철, 신종호(2007). 한국교육종단연구2005(III): 조사개요보고서(RR2007-20). 서울: 한국교육개발원.

김훈호, 이호준(2021). 학생의 학교 참여의 교육적 효과 분석. 교육행정학연구, 39(1), 483-510.

문지영, 김현철, 박혜연(2018). 사교육비 및 사교육참여율에 대한 방과후학교의 효과. 교육행정학연구, 36(1), 329-354.

변기용(2018). 한국 교육행정학의 학문적 정체성과 연구 방법론에 대한 비판적 성찰: 이분법적 배타성 극복을 통한 대안적 지점의 모색을 중심으로. 교육행정학연구, 36(4), 1-40.

송진주, 이지영(2017). 9시 등교 정책이 학생의 정의적 영역 및 학업성취도에 미치는 영향 분석. 교육행정학연구, 35(4), 201-226.

이준호, 박현정(2012). 취업 후 상환 학자금 대출제도가 중·저소득층 대학생의 학기 중 노동 및 학업활동에 미치는 처치-의도 효과 분석. 교육행정학연구, 30(1), 105-134.

임연기, 김훈호(2018). 한국 교육행정학 연구 동향 및 활용 지식의 특성 분석. 교육행정학연구, 36(1), 355-382.

정동욱, 박현정, 하여진, 박민호, 이호준, 한유경(2012). EBS 교육 프로그램의 사교육 경감 효과 분석: 서울특별시 중·고등학교를 중심으로. 교육행정학연구, 30(3), 21-42.

최예슬, 이소라(2020). 혁신학교가 중학생 학업성취도에 미치는 효과 분석: 경향점수매칭과 분위회귀분석 활용. 교육행정학연구, 38(3), 31-54.

제6장

교육정책효과 양적 분석 현황 및 제언

이광현(부산교육대학교 교수)

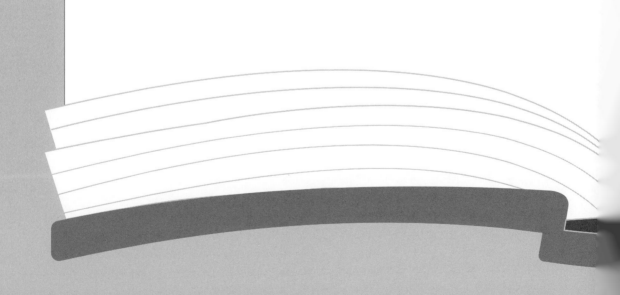

요약

이 장에서는 교육정책효과 분석에 있어서 엄격한 실험을 수행해서 인과성에 대해 평가할 수 없는 상황이라고 할지라도 실험연구의 조건에 근거하여 정책평가를 수행할 필요가 있음을 논의하였다. 엄밀한 교육정책효과 분석을 위한 통계분석에서는 단순한 비교분석이 아니라 통제변수를 확보하고, 가급적 객관적인 변화를 측정하도록 노력해야 한다. 연구 대상자가 연구의 목적을 인지하지 않도록 수행했는지, 그리고 자기 선택 편향이 발생하지 않도록 무작위 선정을 하였는지를 검토할 필요가 있다. 현실적 제약이 있을 경우 가능하면 정책연구 평가를 위한 시범학교 설문조사 시에 설문조사 목적을 직접적으로 드러내지 않는 방식의 블라인드 된 설문조사를 수행할 것을 논의하였다. 그리고 주관적 인식평가의 한계점을 논의하고 정확한 성과를 측정할 수 있는 데이터를 확보할 것을 제시하였다. 마지막으로, 교육학계가 여타 이공계열 등 타 학문분과의 연구성과를 적극적으로 검토하고 교육연구방법에 주는 시사점을 살펴볼 것을 제안하였다. 타 학문분과와의 연계 협력을 통해서 교육학 연구가 진정 교육과학으로 성장할 수 있도록 노력하는 것이 필요함을 제안하였다.

[주제어] 교육정책 양적 평가, 실험연구방법, 주관적 인식평가의 문제점

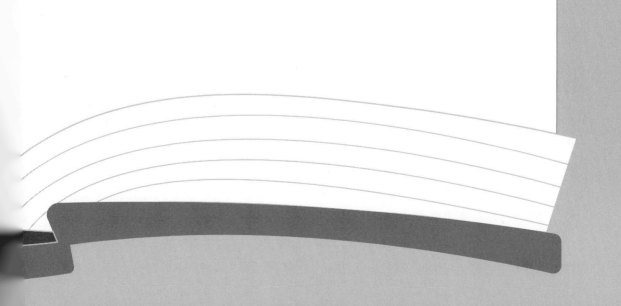

1. 서론

과거 박사과정 시기에 교육재정을 전공하기 위해서 경제학과 박사과정에서 몇 과목을 수강하였다. 필자가 졸업한 미시간 주립 대학교 교육정책 박사과정에서는 본인의 세부 전공에 따라서 다른 학과(전공)에서 9학점을 필수로 이수하도록 하고 있었다. 따라서 교육재정을 전공하기 위해서 경제학과에서 경제수학, 미시경제학, 계량경제학 등의 과목을 수강하였는데, 당시에 계량경제학 책을 막 집필한 Wooldridge 교수의 수업을 운 좋게 수강할 수 있었다.

계량경제학뿐만 아니라 사회과학, 의학 등 통계연구방법 수업에서 모두 동일하게 강조되겠지만 실험실에서 실험할 때의 상황, 즉 '다른 조건이 모두 동일할 때' 혹은 '다른 변수들을 모두 통제한 이후'에 처치효과(교육정책연구에서는 정책효과)를 살펴보아야 최적의 인과성을 밝혀낼 수 있다는 이야기가 수업시간에 늘 강조되었다.

특히, 계량경제학 수업 시간에 처음 들었던 일종의 전문용어 중 하나는 'Ceteris Paribus'였다. 이 두 단어는 매우 자주 언급되었는데, 지금 생각해 보면 왜 그렇게 라틴어로 된 그 표현을 자주 반복했는지 의아하다. 그냥 다른 조건이 모두 동일하다면, 즉 controlling for other variables, 혹은 other variables being equal 등 같은 의미인 네 단어로 정확하고 쉽게 풀어쓴 영어 표현이 있다. 하지만 아마 두 단어가 네 단어보다 짧은 관계로 효율성이 있고 편의성 때문에 자주 사용한 것 같다.

편의성의 측면에서 보면 통계분석 결과표에서 t값과 p-value 값을 일일이 다 제시하지 않고 그냥 계수에 별(*)을 표시함으로써 편리하게 통계적 유의성을 제시해 주는 것도 한 예로 볼 수 있다. 너무 복잡하게 제시하는 것보다는 연구자들이 이해하기 쉽게 해 주는 것도 필요할 것이다. 따라서 다른 모든 조건들을 동일하게 해 주어야 한다는 표현을 딱 두 글자, Ceteris Paribus로 표현하는 것이 어쩌면 뭔가 고전적인 단어(라틴어)로 인해서 박식해 보이기도 하고 편리하기도 하다는 장점이 있을 것이다.

아무튼 당시 계량경제학 수업의 핵심은 다른 모든 조건을 통제해 주기 위해서는 가급적 종속변수에 영향을 주는 제반변수들을 확보하고 통제해 주어야 한다는 일종의 '실험연구와 같은 조건'을 만들 수 있도록 하기 위한 계량경제학의 노력에 대한 내용이었다. 경제학이나 여타 사회과학, 그리고 교육정책 · 행정 연구에서는 실험을 시행하기에 어려운 경우가 많기 때문에 주어진 비실험 데이터(non-experimental data)를 이용해서 인과관계를 최대한 잘 파악하기 위한 통계분석 모형들을 발전시켜야 했다는 수업 내용은 매우 인상적이었다.

당시 수업에서는 교육 관련 사례도 자주 거론되었는데 노동경제학 논문 사례들이었다. 예를 들면 임금에 영향을 주는 교육연한변수(year of education)에 대한 사례가 자주 언급되었는데, 문제는 해당 분석에서 늘 우리가 확보하지 못하는 일종의 감춰진 변수(lurking variable)인 타고난 능력변수(ability)로 인해서 다른 조건을 모두 통제한 후의 교육연한이 임금에 미치는 효과(Ceteris Paribus effect)를 파악하기는 쉽지 않다는 언급이었다(Wooldridge, 1999). 계량경제학의 접근법을 이용한 이러한 교육정책이나 제반 교육 프로그램의 Ceteris Paribus 효과를 파악하기 위한 여러 통계방법론적 노력들에 대한 소개는 한국의 교육 연구자들에게 많은 시사점을 준다. 2021년도에 노벨경제학상을 받은 Angrist가 쓴 『고수들의 계량경제학』, 그리고 Murnane과 Willett의 『교육연구와 연구방법론』 등의 책은 이러한 계량경제학의 인과관계 분석 노력과 해당 연구방법론들(회귀불연속, 도구변수 추정, 경향점수매칭, 이중차분법, 자연실험 연구 찾기-쌍둥이 연구 등)을 잘 소개해 주고 있다 (Angrist & Pischke, 2015; Murnane & Willet, 2010).

이 장에서는 교육정책의 대한 이러한 인과관계 분석의 통계적 방법론에 대한 고민에 근거하여 주요 교육정책 중 자유학기제를 중심으로 기존 연구들에 대해서 간략한 논의를 하고자 한다. 이를 통해서 교육연구의 발전을 위한 시사점을 살펴보고자 한다.

2. 교육정책효과에 대한 양적/계량분석의 필요성

교육문제만큼은 다른 분야보다도 전국의 모든 국민들이 모두 자신만의 다양한 의견(opinion)을 가지고 있다. 그리고 그 의견이 진실이라고 믿는 경향이 있다. 확증편향이라고도 할 수 있는데 (Wolfe & Britt, 2008), 이렇게 모든 국민들이 교육문제에 대해서 자신만의 확실한 의견을 가질 수 있는 것은 모두 학교교육을 경험했기 때문이다. 초·중·고만 따지면 12년, 대학교육을 이수한 경우 16년을 학교에서 교육을 받았기 때문에 그 경험에서 나오는 자신만의 교육에 대한 견해가 있다 (Lortie, 1975).

교육학자들이 친인척들과 교육문제를 이야기하면 아마 교육학자들이 현실을 모른다는 이야기를 간혹 듣게 될 것이다. 대부분 초·중·고등학교, 대학교까지 16년이라는 학교교육 경험이 있으며, 자녀를 키우는 경우는 학원도 보내 봤으며 자녀가 다니는 학교에도 방문해 보고 담임선생님과 상담하고, 특히 최근에는 초·중·고에서 수업공개에도 학부모로서 초청받는 등 학교교육의 현황을 경험할 수 있는 기회가 많다. 자녀를 초·중·고등학교까지 12년을 보낸 학부모는 학교교육 경험이 본인의 16년과 12년을 합한 28년의 노하우가 있다고 주장할 것이다. 그래서 국민들 모두 교육전문가로 스스로를 생각하며 어쩌면 교육연구자들도 이를 인정해 주어야 할지도 모른다.

따라서 교육문제를 논의하게 될 때 교육학 연구의 질적 연구 자료를 제시할 경우에는 이러한 (친인척을 포함한) 일반 국민들을 설득할 강력한 근거가 되기에는 어려움이 있을 수 있다. 질적 연구는 대부분 표본 수가 적고 결과를 일반화하기에는 한계가 있기 때문이다. 이를 일반적으로 외적 타당도가 낮다고 일컫는다. 물론 질적 연구를 자주, 여러 번 실시해서 결과가 누적되면 일반화의 가능성이 높아지게 된다. 연구 사례 수가 증가하면 모두가 아는 바처럼 통계학의 다수의 법칙(law of large numbers)을 통해서 일반화가 가능할 수가 있다. 하지만 질적 연구 사례는 여러 상황을 통제해서 면밀하게 처치효과를 보기에는 어려움이 있다.

따라서 가능하다면 대규모 데이터를 이용해서 그리고 제반 설명변수들을 확보하고 통제해서 분석한 나름 Ceteris Paribus 효과를 산출하고 관련 현황을 분석한다면 일반화의 가능성도 높아지고 아마 친인척들과 교육문제를 논의할 때 교육연구자들이 전반적인 현황을 구체적으로 제시하여 교육 관련 논의에 도움을 줄 수 있지 않을까 싶다. 예를 들어, 대부분의 국민들은 상위계층 자녀들이 좋은 대학 간다, 개천에서 용 나기 어려워졌다는 것은 다 알고 있을 것이다. 친인척들과 이러한 문제, 가정배경이 대학 진학률에 주요한 요인이라는 현상 혹은 문제를 논의할 때 교육연구자들이 '질적 연구(예를 들어, 사례분석)을 해 보니 부잣집 애들이 상위권대에 많이 진학했다'라는 너무나 간단한 이야기를 해 주는 것은 큰 의미가 없다. 왜냐하면 친인척분들도 모두 다 주변에서 보고 경험한 사례들을 이야기하는 것이기 때문이다.

교육 연구자라면 좀 더 구체적이며 광범위한 데이터를 이용한 계량적 정보를 제공하는 것이 필요하다. 예를 들어, 교육종단 데이터를 이용해서 1만여 명을 분석해 보니 가구소득이 100만 원 증가하면 서울 소재 13개 상위권 대학에 입학할 확률이 20%가 높아진다고 구체적인 분석결과를 정확한 숫자로 이야기해 줄 필요가 있다(이는 필자가 그냥 가정해 본 숫자이다). 혹은 한국보건사회연구원에서 재미있는 분석을 했는데, 1980년대에 군사정권이 시행한 사교육금지조치 시기에 중 · 고등학교를 다닌 세대가 그 이전 세대와 그 이후 세대보다 부모보다 더 좋은 직업을 가질 확률이 2.2배 정도 높았다는 통계분석 결과(여유진 외, 2011)를 이야기해 주고, 정부에서 사교육경감대책을 강력하게 추진할 필요성을 이야기해 주는 것이 교육 연구자로서 이러한 교육문제의 논의에 기여하는 것이 아닐까 싶다. 즉, 광범위한 양적 데이터에 기반한 통계분석에 따른 구체적인 논의를 하지 않으면 교육 연구자도 그저 또 하나의 의견(opinion)을 제시하는 여러 친인척 중 한 명으로만 기억될 것이다.

물론 교육정책에 대한 양적 분석을 하는 것이 친인척과의 토론을 풍성하게 하고 교육 연구자로서 인정받기 위해서 하는 것은 아닐 것이다. 당연히 정부 교육정책의 평가와 개선에 일정 정도 기여하기 위한 것이다. 친인척들과 질적 연구 사례를 가지고 정책의 방향성에 대해서 이야기하는 것이 한계가 있듯이 정부의 교육정책 수립과 평가에 있어서 일부 소수의 질적 연구나 사례연구를 가지고서는 학부모들과 국민들을 설득할 수가 없을 것이다. 교육정책 수립과 평가는 당연히 양적 연구를 통해서 가능하면 다른 변수들을 모두 통제해 주고 정확한 효과 분석 등을 통해서 수행할 필요가 있다.

3. 실험연구의 조건들과 정책평가변수

1) 실험연구의 조건들

누구나 다 아는 실험연구의 조건들이 있다. 통계학에 대한 개괄적 책들은 몇 가지 중요한 실험연구의 조건들을 잘 제시해 주고 있다(민인식, 최필선, 2009; Freedman et al., 1997; Moore & McCabe, 1998; Wooldridge, 1999). 먼저 실험연구의 가장 중요한 점은 다른 모든 조건들을 통제해 주어야 한다는 것이다. 즉, 우리가 보고자 하는 요인이나 정책의 고유한 효과만을 보기 위해서 결과에 영향을 주는 다른 변수들을 동일하게 만들어 주어야 한다. 만약 자유학기제가 학업성취도에 미치는 효과를 보고자 하는데, 자유학기제 시범학교에 재학하고 있는 학생들의 사회경제적 배경이 모두 높고, 비시범학교 혹은 일반학교는 사회경제적 배경이 모두 낮다면 이는 비교분석하기가 어렵다. 왜냐하면 성취도에 미치는 사회경제적 배경변수가 다르기 때문에 정확한 비교가 어렵기 때문이다. 이는 무작위 선정으로 혹은 무선층화표집 등을 통해서 유사한 배경을 가진 집단들을 선정해서 비교분석함으로써 어느 정도 해결할 수가 있다.

두 번째로는 실험 대상자가 실험주제에 대해서 인지하고 있지 않아야 한다. 그리고 해당 실험 대상자(피실험자)를 만나서 관련 상황을 설명해 주고 연구를 '진행하는 연구자'도 원칙적으로 실험주제에 대해서 몰라야 한다. 이를 우리는 Double Blind라고 말한다. 번역은 이중맹검법, 이중은폐법 등으로 하고 있다. 그러나 모두 눈 가리기 혹은 모두 모르게(연구를 기획한 연구자만 알고) 연구를 수행하는 것이라고 말하는 것이 정확할 것으로 보인다. 맹검, 은폐는 뭔가 어감이 좋지 않은 번역이다. 이러한 눈 가리기 실험은 선택편의를 방지해 준다. 그리고 인지적 편향에 따른 소위 위약효과도 방지해 준다(물론 진짜 약이라고 속이면 위약효과가 발생할 수는 있다). 하지만 이는 매우 어려운 조건이다. 실험을 한다는 것을 알 수는 있기 때문에 일정 정도의 위약효과가 발생할 수 있다. 그러나 가능한 한 구체적인 연구목적은 공지하지 않고 수행해야 한다.

세 번째로는 무작위 선정이다. 무작위 선정은 앞에서 제시된 Ceteris Paribus, 다른 변수들을 동일하게 만들어 주기 위한 방법이다. 통계적으로 말하자면 무작위 선정은 실험집단과 통제집단을 선정을 하는 데 있어서 대상자들이 모두 실험집단에 뽑힐 확률이 동일하게 만들어 주는 것이다. 이러한 확률적 동일 선정 조건으로 인해서 정말 이론적으로 실제적으로 무작위로 제대로 선정하게 되면 실험집단과 통제집단의 배경변수는 거의 유사해야 한다(100% 동일할 수도 있지만 일단 약간의 편차는 둘 수 있다. 따라서 '거의 유사'라는 표현을 썼다).

네 번째는 통계적으로 우리는 여기에서 하나의 어려움을 겪는데, 평균으로의 회귀효과와 천장

효과 등의 문제를 잘 고려해야 한다. 실험이 잘 되려면 출발선을 가급적 동일하게 맞춰 주어야 한다. 특히, 학업성취도와 같이 학생의 성장과 관련된 문제를 다루는 교육연구에서는 이 부분이 매우 어렵다. 자연계열에서 새로 개발한 비료의 효과를 측정하기 위해서 기후, 습도, 토양 등 식물의 성장에 영향을 주는 모든 요인들을 동일하게 만들어 준 조건의 두 비닐하우스에서 한 곳은 신 비료, 또 한 곳은 옛날 비료를 사용해서 씨앗을 뿌리면 모두 식물의 성장이 0(zero)에서 시작하기 때문에 성장한 값만 측정해서 비교해 보면 된다. 그런데 학생들의 성취도 성장은 그렇지 않다. 모두 제각각에서 다른 수준에서 시작한다. 그리고 평균으로의 회귀 현상이 존재한다. 학업성취도의 경우 하위권 학생이 성적을 올리기는 상대적으로 쉽다. 학습시간이 성취도에 긍정적 영향을 준다고 가정했을 때 만약 다른 하위권 학생들의 노력시간보다 조금만 더 노력하면 중간으로 빨리 상승할 수가 있다. 상위권 학생은 성취도의 최대점수(만점)라는 일종의 상한점수가 있기 때문에(일종의 천장효과) 높은 점수를 유지하기가 쉽지 않다. 만약 조금이라도 쉬거나 하면 중간으로 점수가 금방 향하게 된다. 이러한 사례로 인해서 실제 정책효과가 반감되거나 오히려 역으로 크게 과장되기도 한다.

따라서 가장 좋은 실험조건은 실험집단 학생의 성취도의 분포와 통제집단 학생의 성취도 분포의 초기 시작 점수와 수준이 거의 유사해야 한다. 특히, 점수의 상승분(gain)만을 가지고 분석할 경우 아무리 다른 조건을 모두 통제했다고 하더라도, 예를 들어 실험집단의 학생의 초기 점수가 대부분 중상위권이고, 통제집단 학생의 초기 점수가 대부분 중하위권이라면 이는 실질적인 프로그램 혹은 정책효과를 파악하기 어렵게 된다. 이중차감법, 회귀불연속 등의 방법을 사용하더라도 이러한 변화에 대한 비교분석을 통한 정책효과 분석에서는 한계가 존재한다. 다만, 경향점수매칭의 경우는 중상위권의 실험집단과 중하위권의 통제집단에서 소위 겹치거나 유사한, 즉 시작 시점의 성적 수준이 유사한 중위권 학생만 비교하는 방법으로서 일정 정도 이러한 문제를 극복할 수가 있다. 그러나 표본 수가 감소한다는 문제가 존재하고 그로 인해서 보편성의 확보에서 다소간의 감점 요소가 발생하게 된다. 이러한 초기 점수의 차이를 극복하고 평균으로의 회귀나 천장효과로 인한 문제를 해결하는 데에는 경향점수매칭을 이용한 분석이 일부 한계가 있지만 그나마 효과적인 방법이 될 수는 있다.

우리는 교육정책이나 교육 프로그램 평가를 위한 계량분석에서 이러한 실험연구의 조건을 일반적으로 시행되는 횡단 설문조사 자료나 종단연구 자료를 분석할 때 고려하지 않는 경우가 있다. 하지만 면밀한 통제된 실험연구를 시행하지는 못하더라도, 이러한 실험조건이 가능한 한 만족되도록 비실험횡단 자료나 종단자료를 확보하고 분석하도록 노력해야 한다. 이를 통해서 교육정책 혹은 프로그램 평가를 수행해야 한다. 그렇지 않으면 편향(Bias)된 결과를 가져올 수가 있다. 예를 들어, 설문조사를 한다고 할 경우에도 가급적 설문조사를 통한 연구의 목적을 블라인드 처리, 즉 눈을 가려 주는 것이 좋다.

만약 설문지에서 고교학점제 성과분석 연구를 시행한다고 설문 안내문에 적으면 어떤 문제가 발생할 것인가? 당연히 응답자들의 고교학점제에 대한 사전 정보나 주관적 인식이 작동하여 편향된 응답 결과를 유도하게 된다. 자유학기제에 대한 설문조사를 구체적으로 수행하게 되면 역시 편향이 발생한다. 자유학기제를 통해서 여러 재정적 혜택을 받는 학생이나 교사의 경우는 어쩌면 4점을 줄 것을 5점으로 높여서 응답할 수도 있다. 이러한 응답에서의 편향이 발생하지 않도록 연구의 목적을 가리는(blinded) 설문조사 안내문을 만들 필요가 있다. 그런데 많은 경우 우리는 아예 노골적으로 눈 가리기 조사가 아니라 평가를 잘 해달라고 요구하듯이 설문조사 안내문을 적는다. "본 설문조사는 고교학점제 성과분석을 위한 연구입니다……" 등으로 시작하는 안내문보다는 "본 설문조사는 학교효과 분석을 위한 연구입니다……" 등으로 구체적인 연구목적을 가리고 조사를 해야 편향된 응답을 최대한 피할 수가 있다.

그리고 보편적인 사전성취도검사점수의 분포와 응답자 배경의 분포 등을 고려해서 정책을 시행하고 있는 학교나 학생(실험집단)과 정책과 무관한 학교나 학생(통제집단)과 비교분석해서 가급적 실험연구하듯이 분석할 필요가 있다. 예를 들어, 자사고 외고 효과논쟁의 경우는 자사고와 외고에 다니는 학생과 전체 일반학교 학생과 비교할 수 있다. 그러나 자사고와 외고에 지원했다가 탈락한 학생과 비교분석하는 더 나은 실험과 유사한 분석방법이 존재한다. 후자의 경우도 비실험 자료이긴 해도 그나마 실험실과 유사한 자료의 성격을 가지고 있을 가능성이 높다. 왜냐하면 자사고 외고에 지원한 학생들은 모두 배경이 유사할 가능성이 높다. 자사고 외고에서 중학교 내신성적과 면접을 통해서 선발했다고는 하지만 합격한 학생과 불합격한 학생은 비슷비슷한 수준의 성취도와 면접역량, 그리고 학업동기 등을 가지고 있는 유사한 집단일 가능성이 높다. 따라서 전체 일반 학생과 비교하는 것보다는 더 실험연구에 근접하게 된다. 이러한 방법에 근거한 교육정책효과 평가연구는 미국의 학교선택권 효과연구에서 사용된 바가 있다(Green et al., 1996; Rouse, 1998). 이러한 정책평가 아이디어를 얻기 위해서는 실험실에서의 연구와 유사하게 하기 위한 방법을 고민하고 있어야 한다. 그리고 이러한 고민을 위해서는 실험연구의 조건을 항상 연구자의 마음속에서 늘 염두에 두어야 할 필요가 있음을 의미한다.

2) 교육정책 성과평가 변수: 인식조사의 한계

양적 평가에서 실험실과 유사한 조건을 만들도록 노력하고, 비실험 조건으로 인한 편향을 교정하기 위한 방법론에 근거한 분석도 중요하지만 교육정책 성과평가를 위한 변수를 어떻게 설정할 것인가도 중요하다. 교육정책평가에서 가장 많이 사용되는 변수는 학업성취도 자료와 인식조사 자료가 있다. 이 중 인식조사(예를 들어, 학교만족도, 자유학기제의 경우에 거론되는 진로성숙도 등)에 근거한 정책평가는 그 적절성에 대한 논의가 필요하다.

예를 들어, 극단적인 사례이긴 한데, 남북한의 교육체제의 효과를 비교·평가하기 위한 변수로 교사의 교직만족도를 설정한다고 가정해 보자. 그리고 다음과 같은 결과가 나왔다고 가정해 보자. 북한의 교사와 남한의 교사의 교직만족도를 5단계 리커트 척도로 조사했는데, 북한 교사의 교직만 족도가 4.2, 남한 교사의 교직만족도가 3.0으로 산출되고 통계적으로 유의한 차이로 분석되었다. 물론 교직만족도에 영향을 주는 제반 모든 변수들(교사의 성별, 교사의 교직 경력, 연령, 학교 규모, 학교 설립 유형, 남녀공학 여부, 학교 소재지, 학생의 가정배경, 학교급, 교사의 학력 수준, 교사의 가정배경 등 등)을 다 통제했다.

즉, 실험실에서의 상황에 거의 근접하도록 설명변수(혹은 통제변수)들을 모두 확보하고 고급통계 분석 모형(경향점수매칭 등)을 통해서 교사의 교직만족도에 영향을 준다는 모든 변수들을 다 통제 한 후에 분석해 보니 북한 교사의 교직만족도가 남한 교사보다 통계적으로 유의하게 1.2점이 더 높 다는 분석결과가 나왔다. 임금 체계와 사회경제적 지위와 국가의 경제력 등의 체제적 요소에서만 북한과 남한과의 차이가 존재할 것이다. 이러한 북한 체제와 남한 체제의 체제적 조건 차이, 그리 고 그에 따른 교육체제의 차이밖에 존재하지 않는 상황이라고 한다면, 북한의 체제가 교직만족도 의 측면에서 더 나은 교육체제를 만들었다라고 평가할 수 있을까? 이와 같은 '주관적 인식'(교직만 족도) 조사 자료를 이용해서 '객관적인' 두 교육체제의 성과를 평가하기에는 어려움이 있다.

기존의 연구들에서는 개인의 여러 다양한 경험에 따라서 주관적 만족도에 차이가 발생함을 보 여 준다. 만족도의 경우는 상황 조건에 따라서 동일한 결과에 대해서도 편차가 크게 발생하는 응 답 결과가 제시된다. 즉, 주관적 인식(감정을 포함하여)에 대한 객관적인 평가는 사실상 많은 측정 상의 문제를 안고 있다. 설문조사 대상자는 정확한 정서나 기분상태를 인지하지 못하고 그에 따라 정확한 자기보고 설문 응답을 하기에 어렵다(Wolf & Britt, 2008; Larsen & Fredrickson, 1999; Parducci, 1968; 이호준, 이쌍철, 2021).

따라서 주관적 인식 조사에 근거한 교육정책이나 프로그램 평가는 많은 한계가 있다고 보아야 한다. 그런데 교육학계에서는, 예를 들면 방과후 수업을 한 후에 학생만족도 조사를 하거나, 교원 연수 실시 후에 연수에 대한 만족도 조사 등을 수행하곤 한다. 이를 통해서 만족도 점수가 높게 나 오면(5단계 리커트 척도로 주관적 인식을 측정한 결과 평균 4점 이상) 해당 사업이 성공적이었다고 자부 하기도 한다. 물론 만족도 조사를 하는 것은 아무것도 하지 않는 것보다는 낫다.

그러나 아무리 만족도 점수가 높게 나온다고 해도 현실의 행동에서 변화를 낳지 않는다면 실질 적 성과는 존재하지 않는 것으로 보아야 한다. 교육심리학의 문을 연 Thorndike는 "교육은 변화를 만들어 내는 것"이라고 언급한 바 있다(Thorndike, 1919). 만족도 조사와 같은 주관적 인식조사는 실질적인 변화와 성과를 보여 주지 못한다. 연수도 당연히 교육이다. 교사가 연수를 받고 교실에서 연수내용을 반영하여 수업을 변화시킬 때 진정한 프로그램의 성과가 있는 것으로 평가할 수 있다. 교장 연수 후에 교장이 학교경영의 변화를 만들어 내야 실질적인 연수의 성과가 있는 것이다. 만족도가 높지만 수업과 학교에서 변화가 생기지 않는다면 해당 연수는 성공하지 못한 것으로 평가되어야 한다. 따라서 교육정책이나 여타 프로그램의 평가에 있어서 주관적 인식조사를 통한 평가는 지양하고 실질적인 행동의 변화, 교사와 학생 성장의 변화를 객관적으로 측정해서 성과를 평가하도록 노력할 필요가 있다. 과학은 눈에 보이는 구체적 변화를 측정해야 하고, 또 분석해야 한다.

4. 교육정책 양적 평가 사례 검토: 자유학기제 연구 관련

0) 실험집단과 통제집단을 잘 선정해서 비교분석이 수행되었는가

0번으로 소제목을 적은 것은 너무 기본적인 교육정책 양적 평가의 방법이기 때문에 0순위라는 의미로 적어 보았다. 자유학기제 성과(혹은 효과) 연구와 관련해서 자유학기제를 경험한 학생과 경험하지 않은 학생 간의 비교를 수행해서 성과를 분석해야 한다. 자유학기제를 수행하고 있는 학교만을 대상으로 성취도가 높아졌는지, 만족도가 높아졌는지를 보여 주어서는 그 성과를 정확하게 파악해 낼 수가 없는 것은 너무나도 당연한 사실이다. 학생들은 늘 성장하며 성취도 수준은 높아진다. 따라서 어떤 정책의 효과를 평가하기 위해서는 학생의 성장과 발달이 해당 정책을 수행하지 않은 학교와 비교해서 제반변수를 통제해 주고 분석을 해야 한다.

그런데 이러한 기본적인 연구설계의 원칙이 잘 안 지켜지는 경우가 간혹 보인다. 주휘정과 김민석(2018)의 연구는 중학교 1학년을 대상으로 3시점에서의 학생의 행복도, 학교생활만족도, 진로성숙의 하위 변인의 변화를 추적 관찰하였다. 717명을 대상으로 한 설문조사 실시 결과를 이용하여 분석을 수행하고 있다. 그러나 이는 기본적인 비교집단이 없는 연구이다. 왜 이런 연구가 수행되었느냐고 물어보면 아마 자유학기제가 전면적으로 실시되었기 때문에, 즉 모든 학생들이 자유학기제를 경험하고 있기 때문에 자유학기제를 경험 못한 비교(통제)집단을 구하기 불가능하다고 답변할 것이다. 그렇다면 불가능한 성과평가를 하고 있는 것인데, 불가능한 일을 굳이 할 필요는 없을 것이다.

한편 정확한 비교집단을 설정하지 않은 연구도 존재한다. 문찬주 등(2020)의 연구는 종속변수를 학교 수준의 학업성취도로 설정해서 인식조사변수를 사용하지 않고 객관적인 성과평가를 수행하고 있다. 종속변수는 학교단위의 성취도, 구체적으로 보면 학교단위의 기초학력미달 학생 비율, 그리고 척도점수이다. 그렇다면 자유학기제 효과를 분석하려면 자유학기제 시행학교 여부라는 학교

수준의 시행여부 설명변수가 확보되면 척도점수와 기초학력미달 학생비율을 종속변수로 설정하고 제반 학교단위의 변수나 지역단위의 설명변수들을 통제해 주고 분석을 수행하면 된다. 일반회귀분석모형과 더불어 고정효과모델도 사용했기 때문에 측정되지 않은, 보이지 않는 변화하지 않는 설명변수들은 모델에서 자동으로 통제된다는 장점도 있다.

그런데 이 연구에서는 자유학기제 시행 여부와 관련한 학교수준 설명변수를 이용하지 않았다. 시·도 단위의 자유학기제 시행학교 비율 변수를 사용하였다. 따라서 정확하게 자유학기제 시행 여부에 따른 분석은 수행할 수가 없다. 이렇게 17개 시·도 교육청 단위의 자유학기제 시행학교 비율 관련 변수의 분포 값은 딱 17개의 값만을 가지게 된다. 물론 연도별로 다른 값을 가지기는 하지만, 이는 너무나도 멀리 떨어져 있는 높은 수준의 값이며 실제로는 17개의 사례를 갖다 붙인 분석이다. 매우 거시적인 분석이라고도 볼 수 있는데, 이러한 경우는 너무나도 많은 추측적 해석만이 요구되며 Ceteris Paribus 효과를 보기에는 사실상 불가능하다. 연구변수의 데이터 값의 17개 값의 변화량을 가지고 분석을 하는 것은 아무리 고정효과모형을 사용한다고 해도 정책효과 평가가 제대로 이루어졌다고 보기에는 어렵다.

1) 실험집단 무작위 선정과 설문조사 시 연구목적 눈 가리기(Blind)가 되었는가

일반적인 연구에서 효과 분석을 할 때 실험집단과 통제집단을 선정해서 분석을 수행한다. 교육학계에서는 일반적으로 정책연구를 수행할 때 연구학교 혹은 시범학교라는 명칭으로 관련 교육정책이나 교육 프로그램을 운영한 후에 관련 효과를 검증한다. 즉, 연구학교가 사실상 실험집단이라고 볼 수 있다. 엄밀하게 교육정책 프로그램 효과 분석을 수행하자면 실험집단, 즉 연구학교를 무선으로 선정해야 한다. 하지만 기본적으로 교육계에서는 연구학교는 무선표집되지 않고 참여를 원하는 학교를 대상으로 선정해서 수행한다. 즉, 기본적인 자기 선택 편향(self-selection bias)을 만들면서 진행된다고 볼 수 있다. 무선표집은 해당 프로그램이 학교가 처한 여러 상황(도시 지역, 읍면 지역 여부, 혹은 학생의 계층적 구성)에서도 보편성을 가질 수 있는 프로그램인지를 평가하기 위해서 중요하다.

참여를 원하는 학교를 대상으로 실시할 경우, 예를 들어 대부분 대도시의 여건이 좋은 학교가 참여한다면 해당 프로그램이 읍면 지역 학교에서 원활히 수행될 수 있는지를 분석하기가 어렵게 된다. 따라서 무선표집은 지역별로 다양한 학교의 여건이 모두 반영되게 하는 데 있어서 중요하다. 그러나 이 문제는 참여를 원하는 학교를 선정할 때 다양한 방법으로 어느 정도 보완이 가능하다. 즉, 도시 지역과 읍면 지역의 학교를 골고루 선발할 수가 있다. 그럼에도 불구하고 소위 자기선택을 하는 학교의 선택을 하게 된 감춰진 변수(motivation 등의 lurking variable) 문제가 존재한다.

한편, 무선표집을 수행하기 어려운 이유는 연구윤리의 문제가 존재하기 때문이다. 다행히도 연구학교라는 명칭으로 실험이 아니라는 인식을 교사와 학생에게 심어 줌으로써 이 연구윤리 문제가 쟁점이 되는 것을 피해 갈 수 있다. 그리고 교내에서 참여 동의를 확보하여(아마 교사 위주일 것이다.) 추진함으로써 연구윤리 문제가 자연스럽게 해결이 된다. 현실적으로 이러한 연구윤리 문제로 인해서 엄밀한 무선표집에 따른 평가가 쉽지는 않을 수가 있다. 어쩔 수 없이 무선표집이 현실적으로 불가능하고 자기 선택 편향을 안고가야 한다.

그럼에도 불구하고 우리는 실험연구의 원칙이 일정 정도 지켜지도록 노력해야 한다. 실험연구의 원칙을 일정 정도 지킬 수 있는 방법 중 한 가지는 평가를 위한 설문조사 시에 눈 가리기(Blind)를 하는 것이다. 즉, 설문지를 할 때 설문안내문에서라도 설문 목적을 숨기는 것이 좋다. 예를 들어, 자유학기제에 대한 효과 분석을 할 때 일반적인 학교효과 연구로 안내하는 편이 응답자의 편향(Bias)을 가능한 한 줄일 수 있다. 그러나 과거에 수행한 자유학기제 정착 방안 연구의 설문지 안내문은 늘 그래 왔듯이, 설문 목적을 제시해 주고 있다. 〈표 6-1〉은 블라인드 처리가 되지 않은 자유학기제 효과 평가를 위한 설문조사 안내문 사례이다.

〈표 6-1〉 노골적인 연구목적 알리기를 통한 응답자의 편향(Bias) 유도 설문안내문

> 안녕하십니까?
> 한국교육개발원에서는 「중학교 자유학기제 정착방안 연구」를 수행하고 있습니다. 이 설문조사는 2016년 중학교 자유학기제 정책의 전면 실시를 앞두고 현재 중학교의 인식 및 운영(준비) 실태를 파악하기 위해 실시하는 것입니다. 본 설문의 결과를 토대로 향후 자유학기제 정책의 성공적인 정착을 위한 지원 방안이 마련될 것입니다…… (이하 생략)
>
> 2014년 7월 한국교육개발원.

출처: 한국교육개발원(2014). 중학교 자유학기제 정착 방안 연구.

앞의 설문지 안내문은 자유학기제 연구학교와 비연구학교(희망학교, 일반학교)를 대상으로 동일하게 제시되고 있다. 이와 같이 연구목적을 직접적으로 제시하는 안내문은 마치 자연과학에서 신약을 개발한 후에 신약의 효과를 검증하기 위해서 실험집단에게 신약이라는 것을 말해 주고 어떠했는지 병의 증세가 완화되었는지를 확인하는 것과 같다. 이처럼 연구목적을 너무 직접적으로 안내함으로써 발생할 응답편향은 안내문을 다음과 같이 약간 조정해서 어느 정도 완화해 낼 수 있다.

한국교육개발원은 과거에 주기적으로 일반적인 '학교교육 수준 및 실태 분석 연구(이하 실태 연구)' 조사가 수행한 바가 있다(김양분 외, 2003; 임현정 외, 2011; 남궁지영 외, 2014). 그리고 교육종단조사를 현재 수행하고 있다. 이러한 전반적 교육 현황을 조사하는 설문조사에 일부 교육정책에 대한 평가 문항을 조용히 포함시켜서 정책평가를 수행하면 일정 정도 눈 가리기가 된 설문조사가 가

〈표 6-2〉 연구목적을 일정 정도 일반화한(Blind된) 설문조사 안내문 예시

안녕하십니까?
한국교육개발원에서는 「중학교 학교교육 실태 효과 연구」를 수행하고 있습니다. 이 설문조사는 질풍노도의 시기라고 일컬어지는 중학생 시절의 학생들의 교육활동을 개선하기 위한 지원 방안 마련을 위해서 실시하는 것입니다. 본 설문의 결과를 토대로 향후 중학교 단계에서의 다양한 교육적 지원 방안이 마련될 것입니다……. (이하 생략)

2014년 7월 한국교육개발원.

능하다. 이러한 설문조사 방식(다른 일반적 설문조사에 슬쩍 안 보이게 Blind해서 묻어가는 방식)을 통해서 확보된 자료를 분석하면 상당 정도의 응답 편향을 줄일 수가 있다. 실제로 한국교육개발원의 교육종단 조사자료에는 자유학기제 참여 학교를 조사한 문항이 포함되어 있어서 자유학기제 효과 분석이 시행된 바가 있다(남궁지영 외, 2017; 김양분, 2016; 김양분 외, 2019; 윤채영 외, 2019[1]; 유예림 외, 2020; 최예슬 외, 2020).

그러나 정책을 시범적으로 수행하는 시기에 맞춰서 종단연구가 이루어지는 경우가 드물다는 문제가 있다(한국교육개발원 종단 자료를 이용한 자유학기제 연구는 운이 좋은 경우에 해당된다). 종단연구는 자체 일정이 있는데, 현재 교육개발원의 교육종단연구는 이미 고등학교 단계에서 곧 대학교 단계로 코호트가 넘어가는 상황이다. 따라서 전반적인 교육정책평가와 학교 현황을 조사하기 위한 과거에 시행되다가 현재는 중단된 학교수준 및 실태조사 연구가 주기적으로 재개될 필요가 있다. 교육격차 문제, 그리고 제반 교육정책의 운영 현황과 효과 분석 등을 위해서도 주기적 학교 실태조사 연구를 한국교육개발원에서 재개할 필요가 있다.

2) 제반변수를 통제했는가

다음으로 중요한 교육정책효과 평가는 측정하고자 하는 성과변수에 영향을 주는 제반변수들을 가급적 모두 통제했는가의 문제이다. 가급적 실험연구와 유사한 Ceteris Paribus 효과를 파악하기 위해서는 감춰진 변수(lurking variable)들을 모두 찾아내고 통제해 내야 한다. 통계학에서 많이 알려진 심슨의 역설은 바로 이러한 감춰진 변수를 잘 파악해 내고 통제해야 함을 보여 준다. 한번 다음의 〈표 6-3〉을 보자.[2]

---

1) 윤채영 등(2019)의 논문은 부산 종단자료를 이용한 경우임.
2) 이광현(2022)에서 제시된 논의를 수정·보완해서 인용함.

〈표 6-3〉 버클리 대학원 입학 성별 통계자료

	남자	여자
지원자 수 (a)	8,442	4,321
합격자 수 (b)	3,714	1,541
합격률 (b)/(a) *100	44%	35%

출처: Freedman et al. (1997). Statistics.

〈표 6-3〉을 보고 교육정책 연구자나 교육부의 정책담당자가 왜 남녀 차별을 하고 있느냐고 문제제기를 할 수 있을까? 그렇지 않다. 왜냐하면 단순 비교 자료이기 때문이다. 합격률에 영향을 주는 제반변수를 통제해야 한다. 예를 들어, 남자 지원자의 GRE 점수가 높아서 이러한 결과가 나올 수 있다. 이 경우는 소위 전공변수만을 통제해 주어도 〈표 6-4〉와 같은 다른 결과가 나온다.

〈표 6-4〉 버클리 대학원 전공 분야별 성별 지원자 수 및 합격률

전공 분야	남자		여자	
	지원자 수	합격률	지원자 수	합격률
A	825	62%	108	82%
B	560	63%	25	68%
C	325	37%	593	34%
D	417	33%	375	35%
E	191	28%	393	24%
F	373	6%	341	7%

출처: Freedman et al. (1997). Statistics.

전공 분야(아마 단과대학일 것으로 보인다)에 대한 정보는 버클리 대학교에서 공개하지 않았다. 대략 보면 B분야는 아무래도 이공계열일 가능성이 높아 보인다. E분야는 교육대학(College of Education)일까? 버클리 대학교만 알고 있다. 입학허가율을 보면 여성이 입학허가율이 더 높은 분야가 A, B, D, F 총 네 분야이고, 남성의 합격률이 더 높은 분야는 C와 E 분야뿐이다. 중요한 것은 이렇게 새로운 항목 혹은 변수(요인)를 추가로 구분해서 분석하면 결과가 다르게 나올 수 있다는 점이다.

하지만 성별변수나 전공 분야보다 어쩌면 대학 학부 학점이나 GRE 시험점수 등이 합격률에 더 중요한 요인일 수가 있다. 이렇게 많은 변수들을 다중회귀분석 등을 통해서 살펴보아야 합격률에 미치는 요인을 잘 파악할 수가 있다. 여하간 이러한 종속변수에 미치는 변수 하나를 가지고 기술통계를 이용해서 단순 비교 통계를 산출하고 남녀 차별이 존재할 수도 있다는 추론을 하면 잘못된 판단을 내릴 가능성이 매우 높다.

한국의 경우는 대학 입학과 관련해서 학종과 수능전형을 가지고 앞의 버클리 대학원의 입학률과 유사한 논의가 이루어진 바가 있다.

다음 〈표 6-5〉는 이른바 SKY 대학에 입학한 학생들을 학종과 수능전형으로 구분했을 때 저소득층 학생 비율을 조사한 자료이다. 이 3개 대학의 학종입학생 중에서 저소득층 비율은 12.5%이며 수능입학생 중에서는 7.7%이다. 이른바 학종을 찬성하는 경우 〈표 6-5〉와 같은 단순한 비교통계를 가지고 학종이 취약계층에 더 유리한 전형이고(사실 유불리로 논의하는 것은 적절치 않다) 학종이 (대학)교육을 통한 계층이동에 기여하는 전형이라는 것이다. 그리고 이 자료를 이용해서 학종을 확대해야 한다고 주장하고 싶은 유혹에 빠질 것이다.

〈표 6-5〉 서울대, 연세대, 고려대의 저소득층 학생 입학 비율

구분	A대	B대	C대	3개 대학 평균
학종	11.1%	23.2%	9.7%	12.5%
수능	8.1%	8.6%	6.8%	7.7%

출처: 교육부(2019) 학종실태 조사자료. 저소득층 학생비율은 국가장학금 3구간 이하(저소득층 구간) 수혜학생 비율로 조사함.

그러나 혹시 이 자료는 심슨의 역설처럼 감춰진 변수가 존재하지 않은가를 보아야 한다. 감춰진 변수 중의 하나는 기회균형선발전형이다. 저소득층이나 국가유공자 자녀, 농산어촌전형 등의 기회균형선발 특별전형의 경우 과거 학종이라는 대입제도가 존재하기 전에는 수능전형으로 선발했다. 만약 수능전형에서 기회균형선발을 많이 시행한다면 학종보다 수능전형에서 저소득층 학생이 증가하게 된다.

따라서 그냥 일반 학종전형과 일반 수능전형을 비교해 보아야 한다. 그 비교 결과 통계자료가 〈표 6-6〉에서 제시되고 있다.

〈표 6-6〉 서울대, 연세대, 고려대의 기회균형선발전형을 제외한 저소득층 학생 입학 비율

구분	A대	B대	C대	3개 대학 평균
학종	11.1%	23.2%	9.7%	12.5%
기회균형제외 학종전형	7.9%	9.0%	6.8%	7.7%
수능	8.1%	8.6%	6.8%	7.7%
기회균형제외 수능전형	8.1%	8.6%	6.0%	7.6%

출처: 교육부(2019) 학종실태 조사자료.

4. 교육정책 양적 평가 사례 검토: 자유학기제 연구 관련 | **293**

기회균형선발전형을 제외하면 저소득층 학생 입학 비율이 사실상 거의 같게 나타난다. 우리가 갖고 있는 일반적인 (혹은 사회경제적 배경이 학업성취도에 큰 영향을 준다는 연구결과에 의한) 선입견은 수능으로는 대부분 중상위계층이 입학할 것으로 생각한다. 그러나 현실은 SKY 대학에 일반수능전형으로 입학한 학생 중 저소득층이 7.6%가 된다. 학종전형 입학생 중에서는 7.7%로 거의 유사하다. 어느 전형이 교육을 통한 계층이동에 긍정적인 역할을 더 하는지는 결론지을 수 없다(이광현 외, 2022).

그러나 이 역시 학종이냐 수능이냐가 아니라 감춰진 또 다른 변수가 있을 수 있다. 만약 학종입학생들의 고교내신등급과 수능점수가 수능입학전형처럼 높다면 사실 학종 혹은 수능이라는 전형유형보다는 내신등급점수와 수능점수 SKY 대학의 입학을 좌우하는 변수가 될 수도 있다. 이들 대학이 합격자와 불합격자의 내신등급점수와 수능점수를 개인 단위로 익명처리해서 출신고교유형변수, 연령변수, 성별변수, 출신지역(지자체 등) 등 여러 설명변수를 함께 모두 연구자에게 공개하지 않는 이상 우리는 대학 입학에 Ceteris Paribus 영향을 주는 변수 혹은 요인을 찾을 수가 없다(이광현, 2018).

그렇다면 자유학기제 사례로 돌아가서 살펴보자. 앞의 설문조사 안내문의 예시에 나온 보고서를 살펴보면 이에 관한 한계점이 나타난다. 자유학기제 정착 방안 연구 보고서에서는 설문조사를 통해서 나름 배경변수들을 조사하여 자유학기제 연구학교, 희망·일반학교 두 학교그룹을 비교하여 연구학교의 성과를 분석하고 있다. 이때 희망·일반학교의 표집은 연구학교를 기준으로 유사한 지역, 남녀 학교 비율, 유사한 학교규모 등 세 변수가 동일하도록 표집했다(한국교육개발원, 2014: 10). 그러나 사회경제적 배경이나 혹은 사회자본 등 성과변수에 영향을 주는 여타 요인들을 고려하지는 않은 표집이다.

연구학교와의 비교를 위한 일반학교 표집 시에 학교효과에 영향을 줄 수 있는 많은 변수들, 예를 들면 학교규모, 교사의 경력, 교장의 연령·성별과 지도성, 교사간 신뢰, 교사효능감, 학생의 사회경제적 배경, 학부모의 교육적 열의, 사회자본과 문화자본 등이 모두 유사하게 표집했다고 장담하기에는 어려움이 있다. 따라서 우리가 분석하고자 하는 성과(학업성취도 등)에 영향을 주는 제반 요인들을 설문조사 등을 통해서 파악하고 통제해 주어야 한다. 제반변수들을 통제해 줌으로써 실험연구와 유사하게 만들어 주는 통계 모델은 중다회귀분석, 그리고 경향점수매칭 등의 방법이 있다(Wooldridge, 1999; Rosenbaum & Rubin, 1983). 위계선형모형(Hierarchical Linear Model)은 교육 데이터가 가지는 위계적 데이터 성격을 고려해서 집단 내 변량을 일정 정도 고려해 주고 2단계(예를 들어, 학교 단계) 수준의 변수의 계수의 편향(bias)을 일정 정도 교정해 주는 모형이다(Raudenbush & Bryk, 2002).

그러나 위계선형모형이나 경향점수매칭이나 중다회귀분석모형 등 어느 모형을 사용하건 간에 기본적인 전제조건은 모두 종속변수에 영향을 주는 모든 설명변수들을 확보했을 때 실험연구와 유사한 분석이 가능하다는 점이다. 아무리 위계선형모형을 사용한다고 해도 혹은 경향점수매칭 모형을 사용한다고 해도 종속변수에 영향을 주는 설명변수, 예를 들어 학생의 사회경제적 배경변수—부모 소득변수나 학력수준변수—가 확보되어서 모형에 포함되어 있지 않다면 정책변수의 계수에는 편향이 생기게 되며 두 집단의 평균을 비교하는 간단한 평균분석인 t-test와 차이가 없다.

특히, 일반적으로 학업성취도 자료를 종속변수로 사용하는 연구에서는 측정되지 못하고 분석모형에 포함되지 못한 타고난 능력변수는 우리가 파악하고자 하는 정책변수의 계수에 편향을 늘 가져온다. 이를 해결하기 위해서 전년도 성취도 점수를 설명변수로 포함시키는 방법 등이 사용되기도 한다(Ferguson & Ladd, 1996).

앞에서 제시된 보고서의 경우 자유학기제 시범학교와 유사한 배경을 가진 일반학교를 표집했다고 가정하고 다른 변수들이 모두 통제된 것처럼 상정하고 단순 평균 비교분석(t-test와 F-test/사후검증)만을 해서 성과평가를 수행하였다. 그러나 앞에서 언급한 바처럼 다른 변수들을 통제해서 중다회귀분석 등을 통해서 분석을 수행하는 것이 나름 과학적 분석에 다가간다고 볼 수 있다. 설문조사 내용에는 학부모 대상으로 자녀와의 관계, 자녀 학년, 자녀의 성적수준, 월평균 사교육비(급간 조사)를 조사하고 있다. 그러나 가구소득은 안타깝게도 조사되고 있지는 않다. 그리고 운영 결과의 경우 단순 평균 비교분석만을 수행하고 있다. 이러한 단순 평균 비교분석은 기초적 현황을 보여 주는 의미는 있다. 그러나 엄밀한 정책효과 평가를 위해서 최대한 설명변수들을 모두 통제한 중다회귀분석, 위계선형모형, 경향점수매칭 분석 등을 수행하는 것이 필요할 것이다.

3) 인식에 대한 측정변수로 정책평가를 수행하는 것은 적절한가

앞에서 언급한 바대로 인식에 대한 조사를 통한 성과분석은 한계가 존재한다. 주관적 의식의 객관적 측정은 매우 어렵다. 자유학기제를 시행하는 학교에 다니는 A라는 학생이 진로성숙도에 4점 만족을 체크했다고 가정해 보자. 그리고 일반학교에 다니는 B라는 학생은 진로성숙도에 5점 매우 만족을 체크했다고 가정해 보자. 그러나 실제 이 두 학생의 만족도는 모두 동일한 의식 상태라고 볼 수도 있다. 예를 들어, fMRI를 이용한 뇌의 인지활성화 상태를 스캔해 보았더니 두 사람 모두 동일한 정도로 뇌의 만족도를 느끼는 부분이 20% 정도 활성화되어 있는데 A라는 학생은 4점에 B라는 학생은 5점을 선택하는 일도 발생할 수가 있다.

이는 각자가 처한 심리적 기분 상태, 그리고 그동안에 누적된 학교생활의 여러 경험이 동일한 감정 상태를 다르게 표현하도록(리커트 척도에 응답하도록) 만든다. 같은 반에서 동일한 자유학기제 활동을 했다면, 즉 객관적으로 동일한 자유학기제 체험 프로그램을 경험했다면 만족도 응답에서 동일하게 4점을 체크해야 한다는 것을 연구자들은 가정하고 리커트 척도 설문지를 시행하는 경우가 많다.

그러나 심리학의 연구결과를 보면 학생마다 과거의 다양한 경험에 따라서 형성된 기대수준 등의 인식 상태에 따라서 동일한 사건에 대해서 다른 반응을 한다. 만약 과거에 유사한 체험 프로그램을 이미 경험한 학생은 상대적으로 자유학기제 체험활동에 대한 만족도가 낮을 수가 있다. 그러나 새롭게 경험한 학생은 참신성으로 인해서 만족도가 높게 나올 수가 있다. 동일한 체험 프로그램이 제공됨에도 불구하고 우리는 모두 다르게 체험하고 인식하는 것이다(Kahneman & Tversky, 2000; Larsen & Fredrickson, 1999; Nagel, 1974; Parducci, 1968). 따라서 주관적 인식조사를 통한 평가는 매우 큰 한계를 가지며 근본적으로 성과지표/변수로 사용하는 것을 이제는 그만둘 시기가 되지 않았나 싶다(그럼에도 불구하고 연구업적에 쫓겨 어쩔 수 없이 한계를 알면서도 수행하는 현실이 존재한다).

주관적 인식은, 특히 미래에 대한 판단에서도 정확하지 않다. 자유학기제 연구에서는 흥미롭게도 진로성숙도라는 인지상태를 측정해서 분석한다(김동심, 2017; 최예슬, 엄문영, 2020). 예를 들어, 진로성숙도 문항은 '나는 앞으로의 진로계획을 세우고 있다', '나의 장래희망을 이룰 수 있는 여러 가지 방법들을 알고 있다' 등의 나름 장래(미래)에 대한 문항이 포함되어 있다. 그러나 장래에 실제로 무엇인가를 할 수 있는지를 정말로 알 수 있을까? 학생들이 정말 장래희망을 성취할 수 있는 역량을 쌓아 나가도록 학교에서 교육을 해야 한다. 그러나 이러한 인식에 따른 결과 실현—자신의 진로직업 찾기 혹은 하고자 하는 일의 성공이 자유학기제 경험 때문인지, 교과수업에 따른 학업 역량에 의해서 결정되는지 알기는 어렵다. 오히려 교과수업에 의한 역량의 증진 때문인 것은 아닐까?

현재의 인식이 미래의 실질적인 실행과 맞지 않는다는 사례는 매우 많다. 극단적인 사례이긴 한데(진로성숙도가 낮은 경우인데 성공한 경우) 라이트 형제의 Wilbur Wright는 1901년도에 동생 Orville Wright에게 보낸 편지에서 본인들이 비행에 성공할 것이라고 장담하는 편지를 썼을 것인가? 아니면 불가능하다고 썼을 것인가? 이 질문은 던진 취지를 이해한다면 당연히 불가능하다고 썼을 것이라고 추론했을 것이다. "50년 안에 사람이 비행에 성공하기는 어려울 거야"라고 라이트 형제는 판단했다. 그런데 단 2년 후인 1903년에 라이트 형제는 비행에 성공했다(Gilbert, 2007). 만약 1901년도에 앞에서 제시된 진로성숙도 문항인 '나의 장래희망을 이룰 수 있는 여러 가지 방법을 알고 있다' 문항에 대해서 리커트 척도의 응답지를 제시하고 체크하라고 했다면 아마 라이트 형제는 그렇지 않다(②)나 전혀 그렇지 않다(①)로 응답했을 가능성이 높다. 자유학기제 성과뿐만 아니라 제반 교육정책 성과평가에서 주관적 인식 상태를 조사하는 것은 지양하고 좀 더 과학적이고 객관적인 성과평가 방안을 찾기 위한 고민을 할 때가 되었다. 한국도 이젠 선진국이 되었고 교육연구의 과학화를 위한 연구 기반이 조성되고 있다는 생각을 한다.

5. 마무리-패러다임의 전환: 협업과 연계

현대 과학의 발전으로 인류는 우주에 로켓을 쏘아 올렸다. 우리는 달나라에 토끼가 살지 않는다는 것을 알게 되었다. 그리고 인류는 화성에 무인탐사선을 보내기 시작했다. 이른바 Rocket Science가 실현되고 확장되고 있다. 머스크는 우주여행을 민간인을 대상으로 시행한다고 하고 원숭이의 뇌에 칩을 이식해서 생각만으로 조종기 없이 게임을 하는 것을 시연했다(머스크가 원숭이 데리고 전 세계 사람들을 대상으로 사기를 친 것이 아닐까 하는 의심이 들 정도이다). 그리고 뇌과학 연구의 발달로 머스크가 개발한 센서 칩을 뇌에 삽입연계 하는 기술이 더욱 완성되면 과학 영화에서 보았던 뇌-컴퓨터가 연결되어 인간의 두뇌 속으로 많은 지식이 자동으로 습득되는 시대가 가능하다는 이야기도 있다(박영숙, 글렌, 2020). 필자가 대학교 다니던 라떼 시절에는 정말 상상 정도만 했던 일들이다(당연히 미래에는 이루어지지 않을 것을 가정한 순수한 상상이었다).

1980년대 후반이 막 끝나고 1990년도가 되던 시기에는 타자기가 있긴 했지만, 리포트 과제는 손으로 필사로 써내던 시기였다. 그런데 어느 날 약간 고급스러운 워드 프로세스가 생산 보급되어서 나름 손으로 쓴 것보다는 훨씬 깔끔한 인쇄물같이 프린트를 해서 리포트를 제출하는 시기가 시작되었다. 그러고는 1991~1992년도가 지나자 컴퓨터가 보편화되기 시작했다. 널찍한 플로피 디스크를 이용했고, 몇 메가바이트가 안 되던 저장용량을 가진 컴퓨터가 보급되었다. 용량은 작아도 컴퓨터는 컴퓨터이다. 초창기의 컴퓨터로 리포트를 썼고 도트(dot) 프린트를 이용해서 리포트를 제출하면서 우리는 과학기술의 발전에 고마움을 느꼈다. 컴퓨터가 막 보급되던 시기에 많은 대학생들이 추억의 한글 타자 연습게임도 즐겨 했었다.

1980~1990년대 당시에는 아마도 SAS 등 통계 프로그램을 지금처럼 자유자재로 사용하기 어려웠을 것이다. 코딩을 일일이 했어야 했다. 그러나 지금은 성능이 우수한 컴퓨터에 통계 프로그램도 윈도우 체제에서 불편함 없이 대량의 데이터를 마우스를 몇 번 클릭만 하면 여러 통계모형이 설정되고 단 1초도 안 되어서 결과가 산출되는 시대가 되었다. 그런데 이러한 하드웨어와 소프트웨어의 발전에도 불구하고 교육연구(특히, 교육행정/교육정책 평가 연구)는 기본적인 실험연구의 가정을 무시한 채 이러한 컴퓨터의 최신 하드웨어와 소프트웨어를 혹사시키고 있는 것은 아닌지 고민해 볼 필요가 있다. 만약 AI가 더 발전해서 통계 데이터와 통계 연구설계를 면밀히 검토해서 통계 프로그램의 작동 여부를 판단하게 설정된다면 많은 교육학 연구자들이 계량연구 논문을 작성하는 데 애를 먹을 수도 있다. 컴퓨터 모니터의 통계 프로그램에 다음과 같은 에러 혹은 경고 메시지가 뜨게 되는 시대를 준비해야 할 수도 있다.

"이 데이터는 비교집단 변수가 없어서

교육정책 성과 평가를 위한 계량통계분석을 수행하실 수 없습니다."

"이 데이터에 포함된 주관적 인식 조사의 문항은

관련 심리학 연구결과를 볼 때 성과평가변수로 사용하실 수 없습니다."

답은 간단하다. 교육학이 교육과학이 되기 위해서 노력해야 한다. 과학적 연구를 수행하기 위한 제반 연구를 검토해 나가고, 좀 더 엄격한 연구를 수행하기 위한 방안을 이용해서 연구해야 한다. 이는 현실적으로 연구 중심의 선도 대학과 한국교육개발원과 같은 국책연구소가 일단 해낼 수 있는 연구 기반(재정적 인적 기반)을 갖고 있으며, 관련 기반을 추가로 구축할 수가 있다. 최근의 이호준과 이쌍철(2021)의 논문은 주관적 인식조사의 문제를 해결하기 위한 나름 연구의 과학적 엄밀성을 높이기 위한 의미 있는 시도이다. 하지만 제시된 앵커링 비네트(anchoring vignettes) 문항과 사례 제시법은 Kahnerman과 Tversky의 연구들에 비추어 볼 때 또 다른 인식 편향 결과를 산출하는 것일 수도 있다. 우리는 다른 사람의 의식을 정확히 파악해 낼 수 있을까에 대한 근본적 질문부터 해야 한다(Nagel, 1974).

근본적인 패러다임의 변화가 필요한 시기가 아닌가 싶다. 교육연구의 과학화와 발전을 위해서 교육계열 연구자들은 이공계열 분야의 최신 연구성과들에 대해서 관심을 가지고 협업을 하는 것도 필요할 것이다. 교육 분야의 국책연구소(한국교육개발원 등)는 과학기술연구소와 협업을 추진할 필요도 있다. 과학적 분석에 대한 신념과 집요한 연구가 필요하다. 과거에 100년간 이어진 Terman의 영재 종단 추적조사 연구와 같은 집요함이 필요하다. 다만 Terman처럼 연구 대상자에게 개입해서 연구를 흐리는 문제는 없어야 할 것이다. Terman은 종단연구 대상자에게 대학교에 입학 때 추천서를 써 주기도 했다(Kaufman, 2009). 터먼은 1900년대 초반, 즉 거의 100년 전 연구자이기 때문에 그 당시에는 연구에 대한 엄격한 수행에 대한 개념이 약했다. 미국도 마찬가지였겠지만, 이제 한국도 약간 더 엄격해진 연구 디자인을 고민해야 하지 않을까 싶다. 특히, 교육정책 평가에서만큼이라도.

📖 참고문헌

교육부(2019). 학생부종합전형 실태조사자료.

김동심(2017). 자유학기제 운영에 따른 교육성과 변화 분석: 진로성숙도, 인지적·정의적·사회적 핵심역량, 학교만족도를 중심으로. 교육과정평가연구, 20(3), 101-121.

김양분(2016). 자유학기제 경험 학생과 미경험 학생의 학업성취도와 사교육비 비교. 이슈페이퍼.

김양분, 강상진, 류한구, 남궁지영(2003). 학교교육 수준 및 실태 분석 연구: 고등학교. 서울: 한국교육개발원.

김양분, 남궁지영, 박경호(2019). 자유학기제 참여와 가정의 사회경제적 지위에 따른 중학생의 학업성취 변화 분석. 한국교육, 46(1), 5-39.

남궁지영, 김양분, 김정아, 박경호, 박희진, 천은정(2014). 학교교육 수준 및 실태 분석 연구: 중학교. 서울: 한국교육개발원.

남궁지영, 박경호, 김혜자, 김양분, 임현정(2017). 2017 한국교육종단연구 한국교육종단연구 2013 (Ⅳ): 중학생의 교육경험과 교육성과 (Ⅱ). 충북: 한국교육개발원.

문찬주, 정설미, 이영선, 정동욱(2020). 중학교 자유학기제 시행과 학교 수준 학업성취도 간관계 분석. 교육행정학연구, 38(4), 157-184.

민인식, 최필선(2010). STATA 기초적 이해와 활용. 서울: 한국STATA학회.

박영숙, 제롬 글렌(2020). 세계미래보고서 2035-2055. 서울: 교보문고.

여유진, 김문길, 장수명, 한치록(2011). 계층구조 및 사회이동성 연구. 세종: 한국보건사회연구원.

유예림, 김미림(2020). 자유학기제를 경험한 중학생의 핵심역량 변화 유형 및 영향요인 분석. 제14회 한국교육종단연구 학술대회 논문집. 충북: 한국교육개발원.

윤채영, 백승원(2019). 자유학기제 참여중학생의 진로성숙도 및 자기주도학습, 학교적응에 대한 변화추이 분석. 2019 부산교육종단연구(BELS) 학술대회 자료집. 부산: 부산광역시 교육청.

이광현(2018). 학생부종합전형의 쟁점 분석과 대입제도 개선방향. 교육사회학연구, 28(3), 57-95.

이광현(2023). 교육통계연구방법론. 서울: 박영스토리.

이광현, 안선회, 이수정(2022). 학생부종합전형 쟁점분석: 학종 입학생들의 소득 수준 분석. 지방교육경영, 25(1), 23-51.

이호준, 이쌍철(2021). 교육행정연구에서의 자기보고식 인식 조사 활용에 대한 비판적 고찰 및 대안 탐색. 교육행정학연구, 39(3), 1-23.

임현정, 김양분, 신혜숙, 신종호, 이광현(2011). 학교교육 수준 및 실태 분석 연구: 초등학교. 서울: 한국교육개발원.

주휘정, 김민석(2018). 자유학기제 참여 학생의 발달 궤적과 영향 요인 분석: 진로체험의 참여 횟수와 만족도를 중심으로. 교육행정학연구, 36(2), 91-113.

최예슬, 엄문영(2020). 자유학기제가 학업성취도와 진로성숙도에 미치는 영향 분석. 제14회 한국교육종단연구 학술대회 논문집, 47-67. 충북: 한국교육개발원.

한국교육개발원(2014). 중학교 자유학기제 정착 방안 연구.

Angrist, J. D., & Pischke, J. (2015). *Matering 'Metrics: The Path from Cause to Effect*. Princeton University Press. 강창희, 박상곤 공역(2017). 고수들의 계량경제학: 인과관계란 무엇인가. 서울: 시그마프레스.

Ferguson, R., & Ladd, H. (1996). How and why money matters: Analysis of Alabama schools. In H. Ladd, (Ed.), *Holding Schools Accountable*. Washington, DC: The Brookings Institution, Ch. 8, pp. 265-298.

Freedman, D., Pisani, R., & Purves, R. (1997). *Statistics* (3rd ed.). W.W. Norton & Company.

Gilbert, D. (2007). 행복에 걸려 비틀거리다(*Stumbling on Happiness*). (최인철, 서은국 공역). 서울: 김영사. (원서 출판, 2006).

Greene et al. (1996). *The effectiveness of school choice in Milwaukee: A secondary analysis of data from the program's evaluation University of Houston mimeo.* August, 1996.

Kahneman, D., & Tversky, A. (2000). *Choices, Values, and Frames.* Cambridge: Russell Sage Foundation.

Kaufman, S. B. (2009). *The Truth about the "Termites".* Psychology Today.

Larsen, R. J., & Fredreickson, B. L. (1999). Measurement Issues n Emotion Research. In D. Kahneman, E. Deiner, & N. Schwarz (Eds.), *Well-being: Foundations of hedonic Psychology.* Russell Sage.

Lortie, D. (1975). *Schoolteacher: A Sociological Study.* University of Chicago. 진동섭 외 공역(1993). 미국과 한국의 교직사회: 교직과 교사의 삶. 서울: 양서원.

Moore, D. S., & McCabe, G. P. (1998). *Introduction to the Practice of Statistics* (3rd ed.). Freeman.

Murnane, R. J., & Willett, J. B. (2020). 교육연구와 연구방법론: 교육 및 사회과학 연구의 인과적 추론 개선 (*Methods Matter: Improving Causal Inference in Educational and Social Science Research*). (박현정, 이준호, 김전옥 공역). 경기: 교육과학사. (원서 출판, 2010).

Nagel, T. (1974). What is it like to be a bat? *The Philosophical Review, 83*(4), 435-450.

Parducci, A. (1968). The relativism of absolute judgment. *Scientific Amemrican, 219*(6), 84-90.

Raudenbush, S. W., & Bryk, A. S. (2002). *Hierarchical Linear Models: Applications and Data Analysis Methods.* SAGE.

Rosenbaum, P. R., & Rubin, D. B. (1983). The central role of the propensity score in observational studies for causal effects. *Biometrika, 70,* 41-55.

Rouse, C. E.(1998). Private school vouchers and student achievement: An evaluation of the Milwaukee parental choice program. *The Quarterly Journal of Economics, 113*(2), 553-602.

Thorndike, E. R. (1919). *The Principles of Teaching.* SEILER Pub.

Wolfe, C. R., & Britt, M. A. (2008). The locus of the myside bias in written argumentation. *Thinking & Reasoning, 14*(1), 1-27.

Wooldridge, J. M. (1999). *Introductory Econometrics.* South-Western College Publishing.

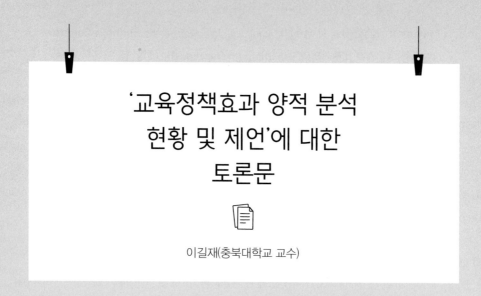

'교육정책효과 양적 분석
현황 및 제언'에 대한
토론문

이길재(충북대학교 교수)

1. 발제문에 대한 리뷰

교육행정학계는 급변하는 노동시장의 요구와 인구통계학적 변화에 적합한 공교육의 새로운 패러다임을 제시해야만 하는 숙제를 마주하고 있다. 이러한 시점에서 연구방법론에 대한 핸드북을 기획한 학술편찬위원회의 노고에 큰 박수를 보낸다. 또한 정책효과를 분석하기 위해 그동안 시도되었던 교육행정학계의 논문이 활용하고 있는 양적 연구방법론에 대한 리뷰를 맡아 주신 이광현 부산교육대학교 교수님께도 독자로서 감사의 말씀을 드린다. 이광현 교수님께서 작성해 주신 글에 대한 전반적인 리뷰와 함께, 동료 연구자로서 정책 효과에 대한 양적 분석에서 추가적으로 고려해야 할 몇 가지 점들을 제시하는 것으로 토론자의 역할을 다하고자 한다.

먼저, 저자께서는 박사과정 때 수강했던 계량경제학 수업에서 정책효과 분석 강의에서 가장 흔히 들을 수 있는 라틴어 표현인 'Ceteris Paribus'를 강조하면서 서문을 시작하였다. 토론자도 유학생 시절 해당 표현이 무엇인지 몰라 사전을 찾아봤던 기억이 선명하다. 이는 일견 글을 여는 소프트한 출발이라 생각할 수 있지만, 어찌 보면 정책효과를 엄밀하게 분석하기 위한 필수적이자 가장 기본적인 점검 포인트라 할 수 있다. Ceteris Paribus의 영어식 표현은 'other things being equal'이다. 다른 모든 조건이 동일할 때, 특정한 정책적 경험을 한 집단이 그렇지 않은 집단보다 정책이 의도한 성과를 통계적으로 유의미하게 더 많이 달성했다는 분석결과를 도출하기 위한 필요조건인 셈이다.

정책효과를 판단하기 위한 처치집단과 통제집단 간 출발선상의 차이를 최소화하기 위한 조치와 함께 저자는 사례분석에 의존하는 질적 분석 방법의 한계를 언급하면서 종단연구와 같은 대규모의 양적 분석을 통해서 정책의 효과를 입증해 줄 필요가 있음을 언급하고 있으며, 토론자도 해당 의견에는 공감하는 바이다. 특히, 정책의 효과를 잘 입증하기 위해서 평균으로의 회귀와 천정효과의 문제를 적절히 고려할 필요가 있음을 지적하고 있다. 이러한 문제를 해결하기 위한 해결책으로 학습자의 학업성취를 분석하고자 하는 경우, 전년도의 학업성취도를 분석 모델에 포함시키는 방법도 지적하신 바와 같이 타당한 하나의 방법이 될 수 있을 것이다.

아울러, 저자는 정책의 고유한 효과를 검증하기 위한 조건을 동일하게 만들어 주기 위한 각종 조치와 함께 정책의 효과를 만족도와 같은 인식조사 결과를 종속변수로 활용하고 있는 현황에 대해 문제를 제기하였다. 정책 실행 초기 단계에서는 정책 실행이나 수혜 당사자들이 해당 정책에 대해서 어떻게 생각하는지를 묻는 만족도를 점검할 필요는 있겠으나, 해당 만족도가 실질적인 교육의 질적 개선의 효과, 혹은 더 나아가서 교육 성과와 직접적으로 관련이 있는지는 추가적인 검토가 필요하다. 고등교육 현장에서도 대학기본역량진단 시 교육만족도 지표를 삭제한 바 있다. 사실 이러한 인식에 기반한 교육성과 검증의 시도는 수많은 국가 재정지원사업의 성과를 검증하기 위해 대학들이 채택하고 있는 접근방식이기도 하다. 예를 들어, 대표적인 일반재정지원사업의 성과로 대학들이 설정한 핵심 역량제고 지표가 있는데, 핵심 역량을 측정하기 위한 대부분의 지표들은 대학생들이 자기보고식으로 응답하는 역량 수준에 대한 5점 리커트 척도인 경우가 대부분이다.

정책효과를 분석하기 위한 전제조건으로, 출발선상의 차이를 통제하기 위해 고려가 필요한 사항들에 대한 언급, 성과를 측정하기 위한 성과변수를 무엇으로 설정할 것인지에 대한 문제, 그리고 만족도와 같은 인식에 기초한 정책효과 활용에 대한 문제제기 후, 연구자께서는 자유학기제 연구로 논의의 초점을 맞추면서 위에서 언급한 필요조건들이 충족되었는지를 검증하는 방식으로 논의를 진행하였다. 고교학점제와 관련된 연구들 중에서 고교학점제를 경험한 처지집단의 정책효과를 판단하기 위해 통제집단이 적절히 설정되지 않은 연구, 자유학기제 시행 여부와 관련된 설명변수가 제대로 설정되지 않은 연구, 출발선상의 차이를 통제하기 위한 무선표집이 충족되었는지의 여부, 그리고 설문조사 시 연구목적을 안내문에 노출하는 오류를 지적함으로써, 행정학계 정책연구자들이 주의해야 할 점을 지적하고 있다.

마지막으로, 연구자께서는 정책효과에 영향을 미칠 수 있는 제반변수들을 적절히 통제하였는지를 성별에 따른 대학원 합격률 통계자료와 저소득층 학생의 입시 결과가 학종과 정시에 따라 어떻게 다른지의 데이터로 설명하였다. 이는 큰 틀에서 Ceteris Paribus의 여건을 만드는 데 필요한 조치 중 하나인데 저자는 감춰진 변수(lurking variable)라는 용어를 사용하였다. 일반적으로 사회과학에서 이는 omitted variable이라고도 일컬어지는데 이는 정책효과를 판단해 주는 종속변수에 잠재적으로 영향을 미칠 수 있는 변수들을 통제해야 정책효과에 대한 정확한 분석이 가능하다는 것을 의미한다.

전반적으로 본 연구는 정책효과를 분석하는 데 있어 연구자가 고려해야 할 핵심적인 사항들에 대해서 검토하였다는 점에서 그 의의가 있다 하겠다. 특히, 정책효과를 분석함에 있어 대부분의 교육현장에서는 실험연구 설계가 불가능하기 때문에 처치집단과 유사한 통제집단을 구성(identify)하는 일은 매우 중요한 기초 작업이 된다. 이러한 여건을 조성하기 위한 방법은 다양하다. 이에 더하여 저자가 제시하신 바와 같이 사업의 효과를 측정하기 위한 성과변수를 무엇으로 할 것인지에 대한 논의도 교육행정학계가 함께 생각할 필요가 있는 논제이다. 막대한 재정이 소요되는 교육정책의 속성상 우리 사회구성원이 공감할 만한 종속변수에 대해 합의하고 그 성과를 제고하기 위해 공교육 시스템이 노력하는 것은 당연한 일이다. 적어도 그동안 중요하게 여겨 왔던 만족도에 머물러서는 안 된다는 저자의 의견에 전적으로 공감한다.

2. 개선의 여지가 있는 부분

이하에서는 본 연구가 추가적으로 고민할 필요가 있는 지점에 대해서 몇 가지 사족을 붙이고자 한다. 먼저, Ceteris Paribus는 그 자체의 효과가 있는 것이 아니라, 특정 정책의 효과를 판단하기 위한 다른 주변 여건을 동일하게 만들어 준다는 의미가 글에 반영되도록 문장을 수정할 필요가 있어 보인다.

둘째, 본 연구가 교육행정학계의 정책효과 분석 논문을 보다 폭넓게 검토했으면 어땠을까 하는 의견이다. 교육행정학 논문들이 시도하고 있는 특정 주제에 관한 리뷰 논문의 경우, 해당 영역에서 수행된 연구들의 주제를 검색어 중심으로 뽑아내고, 그렇게 해서 뽑아낸 연구물들이 어떠한 특성을 보이는지를 유형화해서 분석하고 있다. 같은 맥락에서 교육행정학회 홈페이지에서 '정책효과 분석'이라는 키워드로 논문을 검색해 보면 123개의 논문이 검색된다. 물론 시간적인 한계가 있었겠으나, 해당 논문들은 어떤 정책의 효과를 검색하고자 시도하였으며, 활용한 데이터 소스는 무엇이었고, 데이터를 분석하기 위해 적용한 통계분석 방법은 무엇이었는지를 분류하는 작업을 수행했으면 보다 풍부한 논의가 펼쳐질 수 있지 않았을까 하는 생각이 든다.

셋째, 저자가 생각하기에 정책효과를 분석하는 데 있어, 앞서 제시하셨던 중요 고려 사항(randomization, survey design, analytic strategy, outcome measures)들을 엄격히 고려하여 설계되고 수행된 연구물들을 제시하여 저자의 생각을 뒷받침해 주었으면 더 좋았을 것이라는 생각이 든다. 예를 들어, 한국보건사회연구원에서 시행한 사교육금지조치 시기에 중학교를 다닌 세대가 그 전후 세대보다 부모보다 더 좋은 직업을 가질 확률이 2.2배 올라간다는 얘기는 매우 흥미롭고 교육계에 던져주는 정책적인 메시지도 명확하다고 생각된다. 해당 연구는 어떤 데이터를 활용하여 어떤 분석방법을 적용하였는지를 추가로 설명해 주었더라면 좋았을 것이다.

넷째, 기존의 교육행정학 연구에서 특정 정책의 효과를 분석하기 위해 수행된 연구(N=123)들이 주로 어떤 분석방법을 적용하고 있는지를 유형화시켜서 제시해 준다면 본 연구의 가치가 한층 더 제고될 것이라 생각된다. 이때, 가장 기초적인 수준에서 실험설계 연구인지, 유사 실험설계 연구인지, 아니면 비실험설계 연구인지를 가지고 1차적 차원(dimension)을 설정하신 후, 각 차원에서 주로 활용되었던 분석 방법을 종류별로 유형화시켜서 제시할 수 있다면 바람직할 것이다. 토론자가 검토한 대부분의 연구들은 이중차분법(difference in difference), 다중회귀분석, 그리고 패널분석을 시도하고 있었다. 최근 들어서 회귀단절(regression discontinuity) 모델을 도입하거나 ITSA(interrupted time-series analysis) 등의 분석 방법도 시도되고 있었다.

한 걸음 더 나아가 교육행정학 연구자들이 정책효과 분석을 위해서 주로 활용하고 있거나 혹은 활용할 수 있는 데이터베이스(KELS, SELS, GOMS, NASEL K-CESA, EDSS 등)에 대한 안내가 추가된다면 더욱 바람직할 것이다. 외국의 경우, 교육정책의 효과를 검증하기 위해 다양한 데이터베이스(NELS, ELS, IPEDS 등)를 축적하고 새롭게 만들어 가고 있다. 물론 우리나라도 KEDI와 같은 정부 출연 연구기관들이 다양한 교육정책의 효과성 분석을 목표로 데이터들을 만들어 내고 있다. 이러한 데이터베이스가 우리사회가 해결하고자 하는 교육정책의 이슈를 진단하고 다양한 교육정책의 효과를 입증하는 데 기여할 수 있도록 체계적으로 관리될 수 있다면 우리나라 교육행정학의 발달에 크게 기여할 수 있을 것이다.

마지막으로, 본 연구가 정책효과를 검증하기 위해서 주로 활용되는 패널분석에 대한 우수 연구 사례를 추가하면 바람직할 것이라는 의견을 드리고자 한다. 토론자가 생각하기에 특정 교육정책이 영향을 미치고자 하는 교육성과 변수에 대한 반복측정이 없이 특정 정책의 효과를 입증하기는 쉽지 않다. 교육이라는 독특한 현장을 임의적으로 조작하여 실험의 환경을 만든다는 것은 여러 가지 문제를 불러올 수 있다. 이러한 문제로 인해 특정한 정책적 처치(intervention)를 중간에 두고 사전 검사와 사후 검사의 차이가 실험집단과 처지집단에서 통계적으로 유의미하게 차이가 있는지를 분석하는 DID와 같은 분석 기법이 주로 활용되어 왔다. 그러나 문제는 실험집단과 처치집단의 구성이 정책적 처치변수 이외에는 모두 동일하다는 가정을 만족시키기가 상당히 어렵다. 이러한 문제점을 고려하기 위해서 이질적인 집단 간 균질화를 추구하기 위한 접근법으로 경향점수매칭(propensity score matching)과 같은 인위적인 균질화 작업을 수행하는 통계기법이 동원되기도 한다.

그러나 가장 이상적인 방식은 특정한 분석 단위(개인, 학교, 지역, 혹은 국가)에 대한 관심 성과변수가 다년 동안 반복 측정된다면 앞서 우려되었던 self-selection bias나 omitted variable과 같은 치명적인 분석 데이터 구성의 단점을 우회할 수 있게 된다. 예를 들어, 고등교육의 영역에서는 대학정보공시제도의 시행으로 대학들에 대한 각종 변수들이 반복적으로 측정되어 Alimi 시스템에 적재되고 있다. 이러한 종단 데이터가 축적되기 시작한 지 이미 10년이 넘었고, 이러한 데이터의 축적은 고등교육의 변화를 위해서 시행되었던 다양한 정책의 효과를 분석할 수 있는 강력한 토대가 되고 있다. 따라서 본 연구에서 국내외를 가릴 것 업이 패널 데이터를 가장 효과적으로 분석한 연구의 예가 소개된다면 더 없이 바람직할 것이다.

제7장

교육행정학 연구에서 다층모형 활용 실태와 비판적 성찰

송경오(조선대학교 교수)

요약

교육조직을 주된 연구 대상으로 삼는 교육행정학 분야에서 내재된(nested) 또는 위계화된(hierarchical) 조직 특성을 반영하여 인과관계를 예측할 수 있는 다층모형의 활용이 점차 늘고 있다. 이 연구는 교육행정학 연구에서 다층모형이 어떻게 활용되는지 실태를 분석하고, 이를 비판적으로 성찰하고자 하였다. 이를 위해『교육행정학연구』2000년 20권 1호부터 2022년 40권 2호까지 22년 동안 수록된 다층모형을 활용한 논문 58편을 대상으로 이론적 근거, 연구방법, 분석 및 결과보고 영역에서 9가지 분석준거를 활용하여 현황 및 실태를 분석하였다. 분석결과,『교육행정학연구』에서 다층모형을 활용한 연구물 중 2차 자료를 활용한 논문이 74%였다. 이는 자료구조의 특성상 대규모 표집이 필요하기 때문에 교육청 교육종단자료 등 2차 자료 생성이 국내에서 활발해짐에 따라 다층모형을 활용한 논문도 증가하는 것으로 보인다. 하지만 다층모형은 이론적 모형 검증을 주목적으로 삼지만 연구모형을 제시한 논문은 29%에 불과하였고, 변수에 대한 구체적인 이론적 근거가 미흡하였다. 또한, 일반회귀모형과 달리 다층모형에서 민감한 이슈인 집단 내 최소사례 수, 결측치 처리 과정, 중심점 교정, 신뢰도 추정, 모형적합도를 언급하지 않은 논문이 다수 있었다. 특히, 다층모형을 활용한다고 하더라도 인과성을 충분히 보장하지 않기 때문에 결과해석에 유의해야 하지만, 이와 같은 한계를 밝힌 논문은 드물었다. 향후 교육행정학계 내에서 다층모형을 포함하여 양적 연구방법 활용에 대해 학회 내 엄격한 지침을 마련하고, 연구방법에 대해 논문심사를 강화하는 학문풍토 조성을 강조하였다. 이와 함께 학문후속세대와 신진 연구자들의 연구방법 역량을 강화하기 위한 워크숍 등 연구방법론 교육을 학회 차원에서 지속적으로 추진할 것을 제안하였다.

[주제어] 교육행정학 연구, 다층모형, 위계적 선형모형, 연구방법론, 통계방법

1. 서론

변인 간의 인과관계 추정을 주목적으로 삼는 양적 연구는 자료의 독립성을 가정한 OLS(Ordinary Least Square)와 같은 일반적 회귀분석방법을 통상적으로 활용한다. 그런데 조직행위 연구를 위한 자료들은 대체로 조직과 구성원의 관계가 내재된(nested) 또는 위계적(hierarchical)인 특성을 지닌다. 구성원은 저마다 개인의 고유한 특성을 지니고, 이 구성원들이 속해 있는 조직도 각기 고유한 특성이 있다. 예를 들어, 중학교는 초등학교나 고등학교와 비교하여 우리나라 중학교만의 독특한 특성을 지니는 동시에 각각의 개별 중학교는 다른 중학교와는 구별되는 독특한 특성을 가진다. 또한 해당 중학교의 학교장 비전이나 리더십, 교사 간 협력관계와 교육에 대한 열의, 중학교가 처해 있는 지리적 환경 등에 따라 중학교마다 각기 특성을 지니게 된다. 그리고 개별 학교의 이와 같은 고유한 특성은 이 학교에 속해 있는 개인(교사, 학생)들에게 영향을 미치게 된다. 이러한 이유로 어느 한 지역에서 중학교를 임의로 표집하여 각각의 중학교 학생들을 대상으로 연구를 한다면 해당 학교가 가지는 고유한 특성으로 인하여 이 중학교의 학생들은 다른 중학교의 학생들과 구별되는 특성이 나타날 수 있다.

이처럼 학교는 교육청 또는 지역에 속해 있고, 학생은 학교에 속해 있는 내재적인 관계에서는 개별 학교 내 학생들이 서로 관련이 있을 수 있다. 이와 같은 자료의 특성에도 불구하고 기본적 가정이 자료의 독립성인 일반회귀분석을 적용한다면 연구의 타당성에 심각한 오류를 가져올 수 있다(Raudenbush & Bryk, 2002). 따라서 내재된 자료에서는 조직에 개인이 포함되어 있다는 사실을 고려하여 조직이 개인에 미치는 공상관관계가 조직과 개인 모두에 존재하며 이러한 변수들의 영향을 분석할 수 있는 다층모형을 활용해야 한다.

이와 같은 분석적 엄밀성 때문에 다층모형은 1940년대에 통계기법과 연구설계가 이론적으로 제기된 이래, 컴퓨터 기술의 발전과 함께 통계기법이 발전하였으며 회귀모형의 단점을 보완하는 모형으로 활용되었다(유정진, 2006). 위계적 자료분석을 위한 다층모형은 위계적 선형모형, 또는 다층모형 등으로 다양하게 표현되어 왔고, HLM, MLwiN과 같은 통계 프로그램 개발로 더욱 보편화되기 시작하였다. 예컨대, 유정진(2006)의 연구에 따르면, 외국의 SSCI(Social Science Citation Index)급 학술지에서 다층모형을 활용한 전 세계 논문들의 경향을 살펴본 결과, 1990~1999년 10년 동안 205편의 논문이 출간된 반면, 2000~2005년 단 5년 동안 745편의 논문이 다층모형을 활용하였다.

우리나라의 경우에도 본 연구자가 『교육행정학연구』(2000~2022년)를 살펴본 결과, 총 58편의 논문이 다층모형을 활용하였는데 고무적인 것은 2010년 후반 이후 매년 4~5편씩 출간되어 급속히 성장하고 있음을 알 수 있었다. 특히, 교육조직을 주된 연구 대상으로 삼는 교육행정학 분야에서는 조직 특성의 영향을 받는 변인들의 상관관계가 존재한다는 사실을 고려하지 않는 기존 전통적 통계모형(분산분석이나 회귀분석)보다 개인과 조직 특성, 그리고 조직과 개인 간 상호작용 등을 동시에 고려하여 종속변인을 예측할 수 있는 다층모형에 더욱 관심이 생길 수밖에 없다.

교육행정학에서도 다층모형을 많이 활용하고 있음에도 불구하고, 통계분석모형은 교육통계를 업으로 삼는 전공에서 다루어져야 할 문제로 간주하여 이 분석모형이 교육행정학 연구에서 어떻게 활용되고 있는지 실태를 분석하고, 무엇을 고려하여 활용해야 하는지 등 다층모형에 대한 지식공유를 소홀히 해 왔다. 양적 연구는 연구자가 가지고 있는 자료가 어떤 구조를 지니는지 잘 파악하여 자신의 연구주제를 잘 드러낼 수 있는 통계모형을 적절하게 선정하는 것이 연구 타당성 측면에서 중요한 일이다. 특히, 교육조직을 다루는 교육행정 연구는 다층모형의 적용을 위하여 연구자료의 구조가 다층구조인가를 고려해야 하고, 분석과정이 엄격하게 검증되어야 하며, 연구결과가 신뢰롭고 타당하게 보고되어야 한다. 따라서 다층모형이 다층자료를 분석하는 데 널리 사용되고 있는 현재 시점에서 다층모형에 대한 강점과 특징을 살펴보고, 이에 비추어 교육행정 분야에서 다층모형을 활용한 논문들의 실태를 파악하여 향후 개선해야 할 사항을 논의하는 것이 이 연구의 목적이다. 연구문제는 다음과 같다.

첫째, 교육행정학연구에 수록된 다층모형을 활용한 논문들의 현황은 어떠한가?

둘째, 분석 준거에 비추어 보았을 때, 『교육행정학연구』에 수록된 다층모형을 활용한 논문들의 실태는 어떠한가?

셋째, 향후 다층모형을 활용한 연구논문의 발전을 위해 개선해야 할 사항은 무엇인가?

2. 다층모형의 주요 특징과 선행연구 분석

1) 다층모형의 개념과 주요 특징

다층모형을 이해하기 위해서는 다층자료의 구조를 먼저 이해해야 한다. 다층자료란 위계적 자료(hierarchical data) 또는 내재된 자료(nested data)라고도 하는데, 대표적인 예로 특정 학교에 속한 학생, 특정 병원에 속한 환자, 가족에 속한 자녀 등이 내재되어 있는 자료구조라고 볼 수 있다. 이와 같이 내재된 자료의 경우 개인이 독립적인 정보를 가지기보다 같은 조직(학교, 병원, 가족 등)에 속해 있기 때문에 공유하는 정보를 가진다. 그런데 영향 관계를 파악하기 위해 보편적으로 활용하는 전통적인 회귀분석의 기본 가정은 관찰값들이 정규분포를 따르고 등분산성을 가지며, 상호 독립적이다. 즉, 수집된 데이터가 무선적(random)이고 독립적으로 표집되었다는 뜻이다. 이와 같은 독립성 가정은 특정한 독립변수를 통제하고 나면, 관찰치의 응답이 서로 상관관계가 없다는 것을 의미한다.

그런데 대규모 모집단에서 무작위로 표집된 경우에는 이와 같은 독립성 가정을 어느 정도 받아들일 수 있겠지만, 학교, 병원, 가족과 같이 내재된 자료에서 표집되었다면 같은 조직의 응답들은 서로서로 어느 정도 관련성을 가질 수밖에 없다. 즉, 개인들은 각자 독립적인 정보를 가지기보다는 동일 조직의 정보를 공유하기 때문에 결과적으로 독립성을 유지하기 어렵다. 이 경우 개인은 무작위 표집을 통해 획득한 독립적인 정보를 줄 수 없기 때문에 표준오차(standard error)가 추정해야 하는 것보다 훨씬 적게 추정되고(표준오차의 과소추정), 1종 오류(영가설이 참임에도 불구하고 잘못해서 영가설을 기각할 확률인 알파 수준 1종 오류를 증가시키는 오류)를 일으키게 되어 이는 결국 추정오차와 유의도 수준에도 영향을 미치게 된다. 이처럼 다층모형은 내재된 자료의 분석단위를 고려하여 모델링함으로써 비독립성을 조정할 수 있도록 도와준다. 〈표 7-1〉에서는 다층모형과 일반회귀모형 간의 비교를 통해 다층모형의 특징을 살펴보았다.

〈표 7-1〉다층모형과 일반회귀모형의 비교

구분	다층모형	일반회귀모형
기본모형	- 측정 수준별로 개별방식을 구성 - 개별방정식을 하나의 방정식으로 통합	- 독립변수와 종속변수 간의 관계를 단일 방정식으로 구성
기본가정	- 무선효과(random effect) 모형 - 기본가정은 회귀분석과 동일	- 고정효과(fixed effect) 모형 - 설정된 모형에 포함된 변수는 선형관계
모수추정 방법	반복적 수렴 과정을 통하여 추정 (최대우도 혹은 제한된 우도 추정)	OLS, 로짓/프로빗모형에 의해 추정
측정수준	이론적 · 경험적으로 측정수준 구분	단일 측정 수준
기능과 용도	일반회귀분석의 가정들이 충족되지 않는 내재된 자료분석 가능	특정 독립변수의 종속변수에 대한 독립적 영향력 측정
주요 통계 프로그램	HLM, MPlus, SAS, STATA, LISREL 등	SPSS, SAS, STATA 등

출처: 손성철 외(2011: 7)의 내용을 발췌 수정.

다층모형의 장점은 회귀분석에 대한 통계적 정확성을 보완할 수 있다는 점에만 있지 않다. 첫째, 다층모형에서는 조직 내 표집에 포함된 정보를 활용하여 종속변수의 집단 간, 그리고 집단 내 변동성을 동시에 설명할 수 있다. 이 모형을 사용하면 가장 낮은 수준(1수준)인 개인과 2수준 이상인 조직 수준 모두에서 예측변수를 파악할 수 있다. 게다가 2수준 분석을 통해 종속변수의 분산을 설명할 수 있다. 또한 이 모형을 활용하여 예측변수와 종속변수의 관계가 조직마다 무작위로 변화하는 것을 포착할 수 있다. 일단, 종속변수에 대한 예측변수의 영향이 조직마다 다르다는 것을 발견하게 되면, 조직 수준의 변수를 활용하여 이 관계의 변동성에 대한 설명을 시도할 수 있다. 예를 들어, 학생의 SES와 성취도 사이의 관계가 학교마다 다를 수 있는데, 이 관계가 학교마다 다르다는 것을 일단 알게 되면, 학교 유형이나 학교 SES 또는 학생 1인당 평균 지출과 같은 학교 수준의 예측변수를 사용하여 이 변동성을 설명하기 위해 시도할 수 있게 된다.

둘째, 다층모형을 활용하여 맥락효과 분석이 가능하다. 교육행정(정책) 연구에서는 개인의 특징이 종속변수에 미치는 영향도 중요하지만, 더 관심이 있는 것은 교육환경이나 교육기회와 같은 학생이 처해 있는 맥락(context)의 효과이다. 예를 들어, 교사의 자기효능감이 학교 유형(공립, 사립)에 따라 차이가 있는지에 관심이 있을 수 있다. 이 경우 다층모형을 활용하여 1수준에 개인의 특성을, 그리고 2수준에 학교 유형을 예측변수로 투입한 이후 수준 간 상호작용효과를 통해 1수준의 개인적 특성이 2수준의 학교 유형에 따라 차이가 있는지를 맥락효과로 분석할 수 있다. 따라서 이와 같은 연구문제를 연구자가 지니고 있다면 다층모형이 적절한 분석모형이 될 수 있다.

끝으로, 다층모형은 성장곡선 및 기타 종단적 분석(growth curve and other longitudinal analyses)으로 활용할 수 있다. 시간에 따른 관찰값들이 개인들 내에 내재되어 있는 다층모형을 활용하여 개인 내 그리고 개인 간 존재하는 잔차 분산을 통해 절편이나 성장 기울기와 같이 무작위로 변화하는 관심변수들의 개인 간 변동성을 나타낼 수 있다.

2) 선행연구 분석

신현석, 박균열, 정주영, 김진미(2014)는 '한국 교육행정학 분야 양적 연구 동향 분석' 연구를 통해 창간호부터 2013년까지 『교육행정학연구』에 게재된 양적 연구방법을 사용한 논문 322편을 분석한 바 있다. 이 연구에 따르면, HLM이나 SEM, 그리고 판별분석 등을 포함한 고급통계를 활용한 연구논문이 1983~1989년에 0편이었으나 1990~1999년에 12편, 2000~2009에는 53편, 그리고 2010~2013년에 50편으로 팽창한 것으로 나타났다. 김병찬과 유경훈(2017)의 연구에서도 이와 유사한 방식으로 분석하여 2000년부터 2009년까지 123편이었던 초·중급 통계가 2010년부터 2016년까지 49편으로 줄어들고, 대신 고급추리통계를 활용한 논문이 86편에서 137편으로 확대하였다고 보고한 바 있다. 이는 2010년 이후 양적 연구방법에 있어 초·중급 추리통계보다 고급 추리통계 비중이 더욱 높아진 현상을 보여 준다.

이와 같이 다층모형을 비롯하여 고급 통계분석 방법을 활용한 연구논문이 상당히 출간되고 있음에도 불구하고, 아직 교육행정학 분야에서 다층모형을 활용한 논문에 대한 현황을 정확하게 파악하지 못하고 있다. 더군다나 다층모형을 교육행정학 연구에서 어떻게 활용할 수 있는지에 대해 파악된 바가 없다. 예컨대, 교육학 일반 영역에서는 강현철, 최호식, 한상태, 김성광(2011)이 '한국교육종단연구 데이터에 대한 위계적 선형모형의 적용' 연구에서 다층모형의 활용방식과 장점을 소개한다. 이 연구에서는 「한국교육종단연구 2005」를 활용하여 중학교 3학년 학생들의 학업성적에 영향을 미치는 변수를 위계적 선형모형(다층모형)과 일반 선형모형을 통해 추정하면서 결과를 비교한다. 이 연구에 따르면, 두 모형에서 계수추정치의 크기는 별 차이가 없지만, 이미 잘 알려진 바와 같이 일반선형모형에서 표준오차가 훨씬 작게 추정됨으로써 실제 유의하지 않은 계수가 유의한 것으로 나타났다. 반면, 다층모형은 위와 같은 위계적 자료의 한계를 교정함으로써 보다 정확한 추정을 가능하게 하였다. 이외에 손성철 등(2011)은 '조직 연구에서 다층모형 적용에 관한 고찰'을 주제로 회귀분석의 가정과 다층모형의 차이점을 구분하고, 다층모형의 분석유형에 대해 소개한다. 이 연구는 다층모형을 활용하기 위해 고려해야 할 사항들을 몇 가지 제시하는데, 우선 연구자료의 구조가 다층구조인가를 고려해야 하고, 분석과정이 엄격히 관리되어야 하며, 어떤 분석방법이 적절한지를 고려해야 한다고 제시한 바 있다. 이와 동시에 다층모형이 활용되어야 한다면 중심점 교정(centering)과 상호작용효과의 의미를 정확하게 파악할 필요가 있으며, 동시에 통계적 검정력 확보를 위한 표본크기 확보를 강조한다. 이 모형에서는 위계적 자료를 활용하기 때문에 적절한 파워를 얻기 위해는 수준별 표본 수 확보가 중요하다. 특히, 일반선형모형과 달리 전체 표본의 수보다 조직별 표본 수가 중요한데, 최소 30명 이상의 표본 수 확보를 제시한 바 있다. 이와 함께 설계한 다층모형의 적합성을 살펴보는 방식들을 소개하는데, 자료와 모형 간의 적합성 부족을 의미하는 함수로서 편향도(deviance)와 AIC(Akaike Information Criterion) 등을 통해 우수한 모형을 판별할 것을 제안한다.

이처럼 국내 연구물들은 다층모형에 대한 장점과 구체적인 활용방법 등에 대해 소개를 하고 있지만, 현재 다층모형을 활용한 연구물들의 현황이나 실태 등을 분석하여 어떠한 기준에서 다층모형이 활용되어야 하는지 분석한 연구를 찾아보기는 어렵다. 반면, 외국의 경우에는 여러 교육학 방법론 핸드북에서 다층모형에 대해 상당히 구체적으로 다루고 있다. 예컨대, 『사회과학 양적 연구방법 검토자 가이드(The Reviewer's Guide to Quantitative Methods in the Social Sciences)』(2nd ed.)(Hancock, Stapleton, & Mueller, 2019)에서는 사회과학 분야에서 양적 연구방법을 활용한 논문들을 검토하는 reviewer들이 35개 양적 연구방법에 대한 가이드라인을 제시한다. 특히, 이 저서에서는 각각의 방법론에 대한 핵심적인 원칙과 적절한 사용법, 기본적인 가정과 한계를 제시함으로써 검토자가 건설적인 논평을 제공하는 데 유용할 수 있도록 하였다. 이 중에서 22장에서는 다층모형에 대한 소개와 더불어 다층모형을 활용한 논문의 도입, 방법, 결과, 논의 분야에서 유의해야 할 19가지의 기준을 제시한 바 있다. 〈표 7-2〉는 이를 작성한 McCoach(2019)가 제시한 다층모형의 필수 요건을 요약하여 정리한 내용이다.

〈표 7-2〉 『The Reviewer's Guide to Quantitative Methods in the Social Science』(Hancock et al., 2019)에 제시된 다층모형 검토자 가이드라인

분석 영역	검토자 가이드라인
도입	모형이론, 변인과 연구가설과의 일치
방법	이론적 근거, 통계 모델 제시, 표본 크기, 측정도구의 신뢰도 및 타당도, 중심점 교정, 결측치 처리, 종단연구 활용, 프로그램 버전, 모형의 기본가정(정규성, 아웃라이어, 다중공선성 등)
논의	이론적 근거, 기술통계, 급내상관계수(intraclass correlation), 표 결과 제시, 모형 적합도, 효과크기(effect size)

양적 연구의 중요성이 점차 강조되고, 이에 부합하여 다양한 대규모 교육자료가 수집되고 있는 시점에서 교육행정학 분야에서도 다층모형을 활용한 연구 경향을 살펴보고, 향후 보다 건설적인 방향에서 다층모형을 합리적으로 활용할 수 있기 위한 지침을 마련할 필요가 있다.

3. 연구방법

1) 분석 자료

교육행정학 분야에서 활용되고 있는 다층모형 활용 실태를 분석하기 위해 우선 자료수집을 위한 분석 대상과 기간을 선정하였다. 분석 대상은 교육행정학 분야의 대표적인 학술지인 『교육행정학연구』에 수록된 논문으로 제한하였고, 다층모형을 활용한 연구논문이 처음 수록된 시기부터 22년(2000~2022)간 20권 1호부터 40권 2호까지를 분석 기간으로 삼았다.[1] 우선, 주제어를 '다층모형' 또는 '위계적 선형모형'으로 설정하여 해당 기간의 연구물을 검색하였다. 그리고 다시 'HLM'으로 주제어를 활용하여 추가 검색하였다. 이와 같이 영어 표기로 다시 주제어를 검색한 이유는 전자의 경우 논문 제목에는 드러나지 않지만, 내용상 영어 표기로 한 연구물이 포함되지 않을 수 있기 때문이다. 검색결과, 다층모형을 활용한 논문 총 58편을 추출하였다.

---

1) 주제어로 『교육행정학연구』에서 검색하였을 때 다층모형을 활용한 논문은 '성기선, 김주후(2001). 시·도교육청별 교육효과 분석을 위한 탐색적 연구-위계적 선형모형(HLM)과 군집분석의 활용'이 최초였다.

2) 분석 준거

다음으로 이 논문들이 다층모형을 구체적으로 어떻게 활용하고 있는지 심층적으로 분석하기 위해 본 연구는 다층모형의 활용법을 제시한 선행연구물(예: 강현철 외, 2011; 손성철 외, 2013; 유정진, 2006)과 미국 『사회과학 양적연구방법 검토자 가이드(The Reviewer's Guide to Quantitative Methods in the Social Sciences)』(2019)에 제시한 다층모형 검토자 가이드라인(McCoach, 2019)을 참조하여 〈표 7-3〉과 같은 분석틀을 수립하였다. 여기서는 여타 통계분석모형에서 공통적으로 주의해야 하는 분석 준거보다 다층모형에서 특히 강조되는 요소들을 중심으로 분석 준거를 설정하였다.[2]

〈표 7-3〉 교육행정학 분야의 다층모형 연구에 대한 분석 준거

분석 영역	분석의 준거
1. 이론적 근거	① 이론적 기반의 변수 설정, ② 이론적 기반의 모형 수립
2. 연구방법	③ 표본 크기, ④ 결측치 처리, ⑤ 중심점 교정(centering)
3. 분석 및 결과보고	⑥ 다양한 분석모형 활용, ⑦ 신뢰도 추정, ⑧ 모형 적합도 검사, ⑨ 결과보고

우선, 분석 영역을 이론적 근거, 연구방법, 분석 및 결과보고로 구분한 후, 영역별 준거를 설정하였다. 첫 번째 분석 영역은 이론적 근거이다. 이 영역에서는 ① 이론적 기반의 변수를 설정하였는지, 그리고 ② 연구모형을 수립하였는지를 분석의 준거로 삼는다. 다층모형은 어느 통계모형보다 탄탄한 이론적 근거에 기반하여 수립되어야 한다. McCoach(2019)는 다층모형의 기본 목적이 이론적 모델링을 검증하는 것이기 때문에 분석에 투입될 예측변수들을 선행연구를 통해 미리 파악해야 하고, 문헌에 기반하여 어느 정도 효과가 확인된 변수를 중심으로 분석에 투입해야 한다고 언급한 바 있다. Raudenbush와 Bryk(2002)는 이와 관련하여 너무 많은 변수를 포함하는 모델에서는 편차(variation)가 지나치게 나누어지면서 오히려 어느 것도 중요하지 않은 결과가 나타날 가능성에 대해 경고한 바 있다. 따라서 연구자는 데이터를 분석하기 전에 분석에 포함될 변수를 결정하기 위해 관련 문헌을 살펴보는 데 많은 시간을 할애해야 한다(McCoach, 2019). 이 연구에서는 교육행정학 분야의 다층모형을 활용한 연구들이 이론적 근거에 기반하여 변수를 설정하였는지를 분석한다. 이와 함께 이론적 모델링 검증이 목적인 다층모형에서 이론적 근거를 기반으로 연구모형을 수립하였는지도 중요한 분석 준거이다. 연구자는 이론적 근거에 기반하여 변수를 포함시킨 연구모형을

---

2) 변수용(2022)과 이광현(2022)은 양적 연구의 엄밀한 인과추론을 위해 공통적으로 무선할당(무작위 선정)을 전제조건으로 제시한다. 이외에도 이광현(2022)은 정책효과분석에서 인식조사가 지니는 부적절성, 성과변수에 영향을 줄 수 있는 변수에 대한 통제의 적절성 등을 언급하였다. 이와 같은 준거는 다층모형뿐만 아니라 모든 고급통계 활용의 기본적 준거라고 생각한다. 이 연구는 다른 분석 모형에서 적용되는 공통적인 분석준거보다 다층모형 활용에서 특히 이슈가 되는 사항을 분석 준거로 삼아 논의하였다.

사전에 수립하고, 이를 검증해야 한다.

두 번째 분석 영역은 연구방법으로 ③ 표본크기와 ④ 결측치 처리 그리고 ⑤ 중심점 교정을 분석 준거로 삼았다. 우선, 다층모형에서 표본크기는 매우 중요한 이슈이다. 물론 여타 통계모형에서도 표본크기는 추정치를 생성할 수 있을 만큼 충분히 커야 한다. 하지만 다층모형에서는 단순히 전체 표본크기가 큰 것만으로는 충분하지 않다. 다층자료의 특성으로 인해 각 수준의 평균 표본크기가 전체 표본크기보다 더 중요하다. 특히, 편향된 추정을 막기 위해서 집단의 최소한 크기가 중요하다. 학자에 따라서 10개 집단을 최소한으로 간주하기도 하고(예: Snijders & Bosker, 1999), 30개 집단을 분산성분 분석의 편향을 막기 위한 최소크기로 제시하기도 한다(예: Mass & Hox, 2005). 종합해 보면, 다층모형에서 집단의 수가 적을수록 집단 간 분산값에 대한 1종 오류율이 크다는 것을 알 수 있다. 이러한 이유로 미국 사회과학 양적 연구방법 검토자 가이드는 집단 수준(2수준 이상)에서 10개 이하의 집단은 고정효과의 편향성을 가져올 수 있고, 30개 이하 집단에서는 분산성분 분석에서의 편향성을 가져오기 때문에 적어도 100개 집단에서 2수준 분산분석의 표준오차에 대한 합리적 추정이 가능하다고 제안한 바 있다. 하지만 대체로 연구자들은 다층모형의 통계적 검정력 확보를 위해 30개의 표본집단과 집단 내 30개의 표본을 인정하고 있다(예: Kreft, 1996; Hox & Maas, 2001). 즉, 적어도 30개 집단이 되어야 고정효과를 위한 표준오차와 분산성분 추정이 합리적으로 이루어질 수 있다. 이렇게 본다면, 다층모형을 활용한 연구는 수준별로 표집 수를 보고하고, 최소사례를 정당화할 필요가 있다. 이와 같은 배경에서 이 연구는 표본의 크기를 분석 준거로 삼았다.

다층모형의 또 다른 중요한 이슈는 결측치 처리(missing data)이다. 물론 결측치의 문제는 모든 통계분석에서 문제가 될 수 있지만, 다층모형을 활용할 때 특히 중요하다. 많은 통계 프로그램은 공변량에 대한 자료가 누락된 자료를 기본적으로 분석에서 제외하는 완전제거법(listwise deletion)을 활용한다. 하지만 다층분석은 위계적 자료라는 특성 때문에 상위 수준의 자료를 삭제하게 되면, 집단 내 표본의 크기에 따라 수십 개 또는 수백 개의 하위 수준의 자료가 손실될 수 있다. 예를 들어, 학교 수준의 공변량에 대한 자료(예를 들어, 보충수업에 참여하는 학생의 비율)가 누락된 학교가 1개라도 있다면, 해당 학교의 학생 수준의 모든 정보는 함께 누락되는 결과를 가져온다. 상위 수준에서 아무리 적은 결측치라도 하위 수준의 표본크기를 상당히 줄이게 되고, 이는 결국 분석결과의 일반화를 어렵게 만들 수 있다. 이 때문에 다층모형에서는 완전제거법 이외에 결측치를 다루는 최신의 테크닉으로 Mutiple Imputation(MI)와 Full Maximum Likelihood Estimation(FML)을 제안한다.[3] 결론적으로, 다층모형을 활용하는 연구는 모든 수준의 변수들의 결측치(missing data) 범위를 명확하

---

3) 일반적으로 MI는 관측치의 독립성을 가정하기 때문에 종속변수나 하위 수준의 공변량에 활용할 때 다층자료의 특성을 고려해서 실시해야 한다. 이 경우 결측치의 양과 상관없이 분산성분에 대한 유효한 추론이나 높은 결측율을 가진 고정효과에 대해 합리적 추정이 어려울 수 있다. 이러한 이유로 일반적으로 완전제거법보다 MI가 바람직한 결측치 처리방식으로 간주됨에도 불구하고 다층자료의

게 보고해야 하고, 결측치를 수용한 방법이 설명되어야 한다. 다층모형은 결측치에 따른 사례 수의 손실이 추정에 심각한 문제를 가져올 수 있기 때문에 사회과학 양적 연구방법 검토자 가이드에서도 연구자가 결측치의 수와 이를 어떻게 처리하였는지를 명확하게 묘사하고, 정당화할 것을 권고한다. 따라서 이 연구는 결측치 처리의 이슈를 분석 준거에 포함하였다.

다층모형 연구방법 영역에서 또 다른 분석 준거는 중심점 교정이다. 다층모형은 일반 회귀분석과 달리 중심점 교정(centering)에 민감하다.[4] 중심점 교정은 전체평균 중심점 교정(grand mean centering)과 집단평균 중심점 교정(group mean centering)으로 구분된다. 전자는 전체평균값으로 교정하는 것을 의미하는 것으로 회귀분석의 전체평균과 동일하다. 반면, 후자는 학교(집단)마다 회귀분석을 실시하기 때문에 해당 학교(집단)의 평균으로 교정하는 것을 의미한다. 이는 해당 집단의 각 개인에 대한 점수에서 해당 집단 평균값을 뺀 값이다. 그렇다면 다층모형에서는 왜 중심점 교정이 중요한가? 다층모형에서는 변수에 대한 중심점 교정에 따라 기울기 계수에 대한 해석과 독립변수 추정치의 의미가 달라질 수 있다(강상진, 2016; Raudenbush & Byk, 2002). 예를 들어, A와 B라고 하는 두 학교가 있고, 이 학교 학생들의 SES가 처음부터 다르다고 가정해 보자(A학교의 평균 SES가 B학교보다 높다고 가정한다). 이와 같은 SES의 차이를 고려하지 않은 채 두 학교의 학업성취도를 단순비교한다면, 이 두 학교의 성취도의 차이는 훨씬 커질 수 있다. 따라서 조정된 평균값을 가지도록 하여 만약 B학교가 전체평균의 집단에 조정한 후 성취도가 어느 정도인지를 예측한다. 모든 집단이 전체평균으로 조정되면 학교의 평균값들은 SES와 같은 요인에 의해 생겨난 사전적 차이가 조정된 평균값을 가지게 되어 보다 정확한 추정치를 가질 수 있게 된다.

미국 사회과학 양적 연구방법 검토자 가이드(McCoach, 2019)에서는 연구질문에 따라 중심점 교정을 다르게 실시할 것을 제안한다. 만약 1수준 변수를 통제변수로 사용하고, 2수준 변수의 효과를 추정하는 것이 연구목적이라면 전체평균 중심점 교정(grand mean centering)이 필요하다. 예를 들어, 정책의 맥락효과를 기대한다면 전체평균 중심점 교정(grand mean centering)이 타당하다. 반면, 1수준 변수가 주요 연구관심 대상인 경우 집단평균 중심점 교정(group mean centering)이 더 적절하다. 만약 전체평균 중심점 교정(grand mean centering)을 해야 하는 곳에 집단평균 중심점 교정(group mean centering)을 하게 된다면 어떻게 되는가? 이때에도 효과검증은 가능하겠지만, 통계적

경우 모수 추정에 있어 완전제거법의 결과가 더 바람직하게 간주하는 경우가 있다(McCoach, 2019). 따라서 향후 다층모형을 활용하고자 하는 연구자는 완전제거법과 MI를 활용한 결측치 처리법 결과를 비교하여 연구에 활용할 필요가 있다.

4) 토론문에서 김지현(2022) 교수가 언급한 바와 같이, 일반회귀분석에서 중심점 교정은 대체로 상호작용효과를 분석할 때, 절편 (intercept)을 의미 있게 해석하기 위해, 그리고 다중공선성(multicollinearity)의 문제를 해결하기 위해 필요하다는 주장이 있다. 그러나 중심점 교정이 다중공선성의 문제를 해결해 줄 수 있을 것이라는 이슈에 대해서는 논쟁의 여지가 있다. 이와 관련하여 지면상 생략하고 다음 문헌을 참고하길 바란다(Dalal & Zicker, 2012). 또한 절편에 대한 의미 있는 값을 해석하는 문제도 회귀분석 이후 사후추정으로 파악할 수 있기 때문에 일반회귀분석에서 변수의 중심점 교정은 그리 중요한 이슈가 아니다.

유의도 검증에서 과도하게 부풀려진 결과로 인한 오류가 있을 수 있다. 이러한 이유로 다층모형에서는 중심점 교정 실시를 중요하게 여긴다. 이 연구에서는 『교육행정학연구』에 수록된 다층모형을 활용한 연구들이 중심점 설정(centering)을 충분히 설명하고, 정당화했는지를 살펴본다.

세 번째 분석 영역은 다층모형의 분석 및 결과보고이다. 여기서는 다층모형을 활용한 연구물들이 ⑥ 다양한 분석모형을 활용하였는지 ⑦ 신뢰도 추정과 ⑧ 모형 적합도 검사를 분석과정에서 실시하였는지 그리고 ⑨ 분석의 결과를 적합하게 보고하였는지를 분석 준거로 삼아 살펴본다. 다층모형은 위계화된 자료 활용 시 1종 오류를 줄이기 위해 회귀모형을 대신해서 도입된 분석모형이라서 회귀모형의 확장형이라고 볼 수 있긴 하지만, 일반회귀모형과는 다른 쓰임들이 있다.

첫째, 다층모형의 가장 기본모형인 일원분산분석무선효과 모형(One-way ANOVA with random effects)은 1, 2수준 어디에도 예측변수를 투입하지 않은 채 종속변수를 집단별로 분산을 나누어 집단 간 분산이 큰지, 아니면 집단 내 개인 간 분산이 큰지 통계적 유의성을 검증한다. ANOVA 분석이 2~3개 집단의 고정된 효과를 분석한다면, 다층모형은 우리나라 고등학교 1,000개 중에서 160개를 인위적으로 추출하여 그 효과를 보는 무선효과(random effects)에 관심이 있다는 점에서 차이가 있다. 예컨대, 이 모형을 활용하여 학업성취도에 대한 학생 개인과 학교의 설명력이 어느 정도인지를 추정할 수 있다. 만약 연구자가 서울시 모든 중학교의 영어성적 평균에 있어, 학교 간 평균의 분산이 큰지 또는 학교 내 분산이 큰지를 확인하는 것이 목적이라면 이 분석모형을 활용하는 것이 바람직하다.

다층모형에서 일원분산분석무선효과 분석을 활용해야 하는 더 중요한 이유가 있는데, 연구자가 다층모형의 활용을 정당화하기 위해서는 일원분산분석무선효과 분석을 필수적으로 실시해야 한다. 조직별 집단 내 분산과 조직간 분산의 비율을 확인하여(급내상관계수: ICC) 분석결과, 조직 간 유의미한 분산이 확인되면 각 수준별로 변수를 투입하여 다층모형을 이용해 다음 단계의 분석을 진행한다. 따라서 다층모형을 활용하고자 하는 모든 연구는 본 모형으로 들어가기 전에 이 모형의 결과를 보고하여 해당 자료의 구조를 밝히고, 다층모형 적용을 정당화해야 한다.

둘째, 다층모형은 조직의 맥락효과를 추정하기 위해서도 활용할 수 있다. 맥락효과(contextual effects)란 1수준의 개인 특성(학생 또는 교사 등) 변인의 영향력을 고려한 후에도 여전히 조직 수준에서 동일한 변인이 영향력을 미치는 현상을 의미한다. 기존의 학교효과 연구가 구조적 특성 또는 학교의 환경적 특성에 초점을 두고 있는 반면, 다층모형을 활용하면 개인들이 형성하는 조직의 특성이 지니는 맥락효과를 분석할 수 있다. 예를 들어, 학생의 사회경제적 배경(SES)이 학업성취도에 긍정적인 영향을 미칠 뿐만 아니라, 학생 개인의 SES가 모여 형성된 학교 수준의 SES가 학생 개인에게 영향을 미치는지를 살펴보고 싶을 때 맥락효과를 실시할 수 있다.

셋째, 연구자는 다층모형을 활용하여 상호작용효과를 추정할 수 있다. 이때 상호작용효과는 회귀분석과는 다른 층위 간 상호작용(cross-level interaction)으로 상위층(2수준 또는 3수준)의 변수와 하위층(1수준 또는 2수준) 변수 사이의 상호작용효과를 검증한다. 즉, 조직 수준의 변수와 개인 수준의 변수 사이 상호작용효과를 분석하여 조직 수준의 변수 영향으로 개인 수준의 변수가 종속변수에 미치는 영향이 달라진다는 것을 조직 수준 회귀계수의 유의성을 분석하여 확인할 수 있다. 이것이 조직 수준 변수의 조절효과이다. 다층모형에서 각 수준변수 사이의 층위 간 상호작용 분석은 기존 전통적 분석에서 '조직 수준의 변수 효과가 개인적 특성과 관련이 없다'는 가정의 한계를 극복할 수 있다. 그런데 다층모형에서 상호작용효과를 분석할 때에는 궁금한 변수들 간의 상호작용을 모두 실행하는 것이 아니다. 모든 개인 수준의 변수를 조직 수준의 변수와 결합하여 효과를 살피는 것은 적절치 않다. 상호작용의 검증은 이론적 연관성, 해석 과정의 용이성, 정책 및 실천적 함의 도출 등이 고려될 필요가 있기 때문이다. 따라서 미국 『사회과학 양적 연구방법 검토자 가이드』 (2019)는 다층모형의 상호작용효과 검증 시, 무선효과 검증에서 통계적으로 유의미한 변수들을 포함시킬 것을 권고한다.

넷째, 종단자료를 활용한 다층모형은 인과관계를 추정하는 데 생길 수 있는 오류를 줄여 줌으로써 양적 연구에서 인과추론(causal-inference)을 보다 강화할 수 있다(Chetty et al., 2014). 특히, 기존 종단연구는 시간의 변화에 따른 분석을 수행하여 전체적인 변화 경향성만을 파악한 반면, 다층성장모형에서는 전체에서 구분된 조직에 따른 개인의 변화와 차이를 검증할 수 있기 때문에 횡단연구에서 부족한 인과추론의 한계를 다소 극복할 수 있다. 이렇듯 다층모형은 연구자의 가설에 따라 다양한 모형을 활용할 수 있다. 이 연구에서는 다층모형의 다양한 활용을 분석 준거로 삼아 교육행정학연구에 수록된 논문들의 실태를 분석해 보고자 하였다.

다음으로 이 연구는 다층모형 분석과정에서 신뢰도 추정을 주요한 분석 준거로 삼았다. 즉, 분석 대상이 되는 자료가 다층일 경우 각 수준에서 측정치의 질을 나타내는 신뢰도 정보가 필요하다. 예를 들어, 학교가 160개 있다면, 첫 번째 학교는 학생이 200명, 두 번째 학교는 100명, 100번째 학교는 대도시 큰 규모 학교라서 학생이 많아 500명이라고 가정해 보자. 이 경우 표본의 크기에 따라 각각의 학교에서 얻은 회귀선의 신뢰도가 다를 것이다. 즉, 표본크기가 큰 학교가 좀 더 많은 정보를 가질 수 있다. 따라서 주어진 표본으로부터 얻은 정보가 모집단을 대표할 만큼 신뢰로운지를 검증할 필요가 있다. 신뢰도가 높으면 각 조직(학교, 병원 등)에 대한 개별 정보가 가치가 있다고 판단할 수 있지만, 신뢰도가 낮으면 이 정보를 활용해서 추정하는 것이 위험할 수 있다. 다층모형은 기본모형에서 개별 대학의 표본평균이 모집단의 평균을 얼마나 신뢰롭게 추정하는지에 대한 정보를 제공한다.

이와 함께, 연구자는 모형 적합성(model fit)을 검증하기 위해 다층모형의 모든 추정 모델에 대한 모형적합도 측정값(예: AIC, BIC)을 보고해야 한다. 다층모형의 1차 목적은 변인 탐색보다는 이론적 근거에 기반한 모형수립에 있다. 따라서 각 단계에서 수행된 모형이 얼마나 적합한지를 판단한다. 모형 적합도 검사를 위해 모형을 다음 단계로 발전시킬 때마다 카이검증(Chi-square difference test)을 기본적으로 수행한다. 이때, 값의 크기가 작을수록 모형 적합도가 좋은 것으로 판단한다. AIC와 BIC 등 모형 적합도 수치는 같은 자료에서 한 모형이 다른 모형을 보다 상대적으로 더 많은 변수를 포함하였을 때 어떤 모형이 더 적합한지를 비교하기 위해 활용된다.[5]

마지막으로, 이 연구는 다층모형의 분석결과 보고방식을 분석 준거로 설정하였다. 다층모형 결과보고 시 고정효과 모수 추정치와 분산성분 추정치를 모두 포함해야 한다. 이와 함께 다층모형을 활용하는 논문에서 결과보고 시 가장 유념해야 할 점은 인과성에 대한 결과 해석이다. 물론 다층모형이 일반회귀모형에 비해 오류를 줄여 주긴 하지만 그렇다고 해서 인과관계를 충분히 보장하지 않는다. 따라서 이와 같은 연구의 한계를 분명하게 밝힐 필요가 있고, 도출된 분석결과를 해석할 때 상당히 조심해야 한다. 이 연구는 교육행정학 분야의 다층모형을 활용한 연구논문들이 결과보고에 있어 이 기준을 어떻게 이행하는지를 살펴본다.

4. 교육행정학 연구에서 다층모형 활용 실태 및 비판적 성찰

1) 교육행정학 분야 다층모형을 활용한 논문 현황(2000∼2022)

이 장은 교육행정학 분야에서 다층모형을 활용한 연구논문들이 어떻게 수행되는지 보다 체계적인 동향을 파악하고자 한다. 이를 위해 2000년부터 2022년까지 발행된 『교육행정학연구』 게재논문 중 다층모형을 활용한 논문 58편을 분석 대상으로 삼아 분석하였다.

첫째, 다층모형을 활용한 논문들을 연도별로 살펴본 결과, 2000년부터 2022년까지 매년 다층모형을 꾸준히 활용한 것으로 나타났다. 〈표 7-4〉는 2000년에서 2022년까지 다섯 구간으로 구분하여 시간에 따른 연구물 발행 추이를 살펴본 결과이다. 제시된 바와 같이 다층모형을 활용한 연구물들은 양적인 성장을 나타냈다. 특히, 초기(2000∼2005년)에는 연구가 4편에 불과하였으나 중기(2011년 이후부터는)에는 다층모형이 20편으로 늘어났고, 2021년과 2022년에는 각각 4편과 2편(2호까지만 합산)의 연구논문에서 다층모형을 활용하였다.

---

5) 모형적합도 지표의 원리는 회귀모형이 복잡해질수록 패널티를 부여하는 방식이다. AIC는 곱하기 2로, BIC는 곱하기 log(n)으로 패널티를 매기게 된다. 따라서 변수가 계속 추가되어 모형이 복잡해질수록 변수 수만큼 패널티가 붙게 된다. 두 지표 값은 작을수록 모형 적합성이 높은 것으로 판단한다. AIC와 BIC는 큰 차이는 없지만 표본이 커질수록 BIC 지표의 모형 적합도가 좀 더 정확하다는 이점이 있다.

〈표 7-4〉 **교육행정학연구에서 다층모형을 활용한 연구의 연도별 추이**

연도	2000~2005	2006~2010	2011~2015	2016~2020	2021~2022	소계
다층모형 활용 논문 수	4편 (6.8%)	8편 (13.6%)	19편 (33.9%)	21편 (35.6%)	6편 (10.1%)	58편 (100%)

둘째, 연구 대상으로 삼은 학교급을 살펴본 결과, 대학 수준에 비해 초·중등 수준에서 46편으로 많은 비중을 차지했다. 특히, 중학교와 고등학교를 대상으로 다층모형의 활용은 각각 14편, 15편으로 가장 많았다. 대학교 수준에서 다층모형을 활용하는 경향도 12편으로 점차 증가하는 추세를 보였다. 셋째, 자료를 유형별로 분류한 결과, 〈표 7-6〉과 같이 다양한 자료를 활용하고 있음을 확인하였다. 58편 논문 중에 연구자가 직접 수집한 자료는 15편(25.8%)에 불과하였고, 2차 자료가 43편(74.2%)에 달했다. 그중에서 한국교육개발원에서 수집한 '한국교육종단연구'와 '학교교육실태 및 수준분석연구' 자료가 각각 4편, 5편, 총 9편(15.5%)이었고, 각 지역 교육청의 교육종단연구자료가 총 14편(24.1%)이었다.

〈표 7-5〉 **학교급에 따른 다층모형을 활용한 논문 현황**

구분		다층모형을 활용한 논문 수	
연구 대상 학교급	초등학교	8편	46편
	중학교	14편	
	고등학교	15편	
	초·중등	9편	
	대학교	12편	
	소계	58편	

연도별 경향을 살펴보면 연구자들은 설정한 연구 기간 초반에는 한국교육개발원 자료를, 후반에는 교육청 자료를 주로 활용한 것으로 보인다. 대학 수준 연구에서는 대학정보공시자료 활용이 6편(10.3%)으로 나타났다. 이와 같은 결과는 다층모형을 활용한 교육행정 논문들은 1차 수집자료보다는 2차 자료를 더 많이 활용한다는 점을 보여 준다. 특히, 최근에 KEDI 이외에 여러 교육청 등에서 개발한 종단자료들을 활용하여 다층모형분석이 수행되고 있는 점은 고무적이다. 회귀분석의 한계를 교정한 다층모형을 활용한다고 해도 여전히 인과관계를 확신하긴 어렵다. 그래도 종단자료를 활용할 경우에는 실험설계와 상당히 흡사해질 수 있기 때문에(이광현, 2022), 상관성 연구에서 발생할 수 있는 오류를 상당히 줄여 줄 수 있다(Chetty et al., 2014).

〈표 7-6〉 수집자료 유형 현황

자료 유형			다층모형	
연구자가 직접 수집한 자료			15편	
2차 자료	KEDI	한국교육종단연구	4편	9편
		학교교육실태 및수 준분석연구	5편	
	교육청	서울교육종단연구	6편	14편
		경기교육종단연구	5편	
		부산교육종단연구	2편	
		강원교육종단연구	1편	
	대학정보공시 자료		6편	
	PISA/TIMSS/TALIS		6편	
	외국 자료(NELS, SASS 등)		3편	
	기타(국가수준학업성취도, 한국교육고용패널, 대졸자직업이동경로조사연구 등)		5편	
소계			58편	

2) 교육행정학 분야 다층모형 활용 실태 분석 및 비판적 성찰

이 장에서는 연구방법에서 제시한 다층모형을 활용할 때 유의해야 할 분석 준거 9가지를 적용하여『교육행정학연구』에서 다층모형을 활용한 논문들의 활용 실태를 분석하고, 이를 비판적으로 성찰한다.

(1) 이론적 기반의 변수 설정 및 연구모형 수립

연구자가 다층모형을 활용할 때에는 먼저 선행연구를 토대로 변수를 설정하고, 개념적 모형을 수립해야 한다. 다층모형의 기본적인 목적은 이론적 모델을 검증하는 것이기 때문에(McCoach, 2019), 어느 통계모형보다 탄탄한 이론적 근거가 필요하다. 일부 다층모형을 활용하는 연구들 중에는 많은 변수를 투입한 이후 통계적으로 유의하지 않은 변수를 제거하는 방식을 시도하곤 하는데 이는 바람직하지 않다. 따라서 연구자는 연구모형을 수립하기 위해 분석 이전에 관련 문헌을 충분히 살펴본 후, 분석에 투입될 변수를 설정해야 한다.

이와 같은 분석 준거에서 교육행정학에 수록된 다층모형을 활용한 논문들의 실태를 살펴보았다. 대부분 논문에서 연구주제에 대한 이론적 배경을 찾아볼 수 있었지만, 변수에 대한 구체적인 이론적 근거를 제시하지 않은 논문들(7.25%)도 눈에 띄었다. 이 논문들은 투입된 변수별로 관련된 연구결과를 구체적으로 확인하기보다는 관련 선행연구들을 소개하는 수준에 그쳤다. 이와 함께 다층모형은 이론적으로 수립된 연구모형을 검증하는 과정임에도 불구하고 58편 중 17편(29.3%)의 논문만이 연구모형을 제시하였을 뿐 나머지 논문들은 연구모형을 수립하지 않았다.

〈표 7-7〉 『교육행정학연구』에 게재된 논문 중 이론적 기반의 변수 및 모형 설정 실태

변수 설정		연구모형 설정
이론적 배경 단순 제시	예측변수별 구체적인 이론적 근거 제시	연구모형 설정
8편(7.25%)	50편(86.2%)	17편(29.3%)

이 연구에서 검토한 다층모형을 활용한 논문 중에 충실하게 이론적 기반의 변수 설정한 사례를 살펴보면, 교사효능감의 학교 차를 유발하는 학교 수준 변인을 탐색한 홍창남(2006)의 연구에서 투입된 변수들에 대한 이론적 근거를 [사례 7-1]과 같은 방식으로 기술하였다. 홍창남(2006)의 연구는 교사효능감에 영향을 미치는 하나의 요인으로 교장의 지도성 행동을 설정하고, 이 두 변수들 간의 관계에 관한 선행연구들의 결과를 다양하게 제시하였다.

사례 7-1 **다층모형에서 이론적 기반의 변수 설정 기술 예**

"김아영과 김민정(2002)의 연구에서는, 비록 교사의 성별에 따라 차이가 있기는 하지만 교장의 인간 지향적 행동과 목표 지향적 행동은 각각 교사효능감과 정적 상관이 있는 것으로 나타났다. 이와 유사하게, Edwards와 Newton(1995)은 교장과 교사 사이에 이루어지는 계획된 토론, 교실 관찰, 반성적 토론 등이 교사효능감에 영향을 미친다는 사실을 발견하였다. 한편, 진규철(1996)의 연구에서는 교장 지도성이 교사 만족도에는 영향을 주지만 교사효능감과는 직접적인 관련성이 발견되지 않았다"(홍창남, 2006: 168).

또한 다층모형에서 이론적 기반의 연구모형을 제시한 사례는 공희정, 이병식(2014)의 연구를 참고하면 좋을 듯하다. 이 연구는 학생 참여에 영향을 미치는 학생 수준 변수와 기관 수준 변수에 대해 이론적 근거를 구체적으로 제시한 이후 상호작용효과까지 포함시킨 연구모형을 설정하였다.

사례 7-2 다층모형에서 연구모형

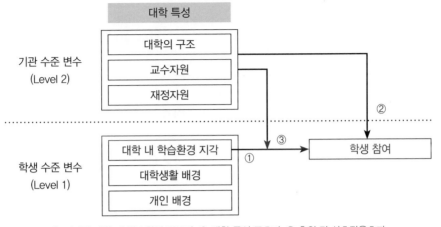

① 지각된 대학 내 학습환경 주효과, ② 대학 특성 주효과, ③ 층위 간 상호작용효과

출처: 공희정, 이병식(2014: 185).

(2) 다층모형에서 표본크기와 결측치 처리

앞서 분석 준거에서 살펴보았듯이 다층모형에서 표본의 크기는 여타 통계모형에 비해 특히 중요한 이슈이다. 대체로 연구자들은 통계적 검정력 확보를 위해 다층모형에서 적어도 30개의 표본 집단과 집단 내 30개의 표본이 필요하다고 제시한다(예: Kreft, 1996). 그렇다면 『교육행정학연구』에서 다층모형을 활용한 연구논문들은 표본크기에 대해 어떻게 제시하고 있는가? 첫째, 대부분 연구논문들이 각 수준의 표본크기를 보고하였지만, 일부 논문 중에는 최초에 수집된 사례 수만 제시할 뿐, 최종 분석에 투입된 사례 수에 대해 언급하지 않은 경우도 있었다. 이와 더불어 각 수준 평균 표본의 크기를 제시한 논문은 49편(84.4%)이었다. 구체적으로 살펴보면, 『교육행정학연구』에 게재된 논문 중(58편), 전체 사례수를 제시한 논문은 54편, 수준별 사례수를 제시한 논문은 49편으로 일부 논문에서는 표본크기를 제시하지 않았다. 더욱이 다층모형에서 중요한 집단 내 최소사례 수는 거의 보고하지 않아 7편(12%)의 논문에서만 언급되었다. 둘째, 연구자가 직접 표본을 수집한 자료를 활용한 연구의 경우, 표본의 평균크기를 정확하게 제시하지 않아 파악하기가 어려웠다.

표본의 크기와 관련하여 다층모형에서 또 다른 중요한 이슈는 결측치 처리(missing data)이다. 다층분석은 위계적 자료라는 특성 때문에 상위 수준의 자료를 삭제하게 되면, 집단 내 표본의 크기에 따라 상당한 자료가 손실될 수 있다. 다층모형에서 결측치에 따른 사례 수의 손실이 추정에 심각한 문제를 가져올 수 있기 때문에 다층모형을 활용하는 연구자는 결측치의 수와 이를 어떻게 처리하였는지를 명확하게 묘사하고, 정당화해야 한다. 이 기준에 기반하여 『교육행정학연구』에 게재된 58개의 논문을 살펴본 결과, 10편의 논문만이 결측치의 수와 처리 과정에 대해 언급하였다.

⟨표 7-8⟩ 『교육행정학연구』에 게재된 논문 중 표본크기와 결측치 처리 실태

기준	표본 크기			결측치 처리		
	전체 사례 수	수준별 사례 수	집단 내 최소 사례 수	결측치 처리 방식		
				완전제거	MI	EM
언급한 논문 수	54편(93.1%)	49편(84.4%)	7편(12.0%)	8편(13.7%)	1편(.017%)	1편(.017%)

여기서는 결측치 처리의 문제를 어떻게 다루고 있는지를 비교적 상세하게 언급한 논문을 몇 편 소개하고자 한다. 이고은과 오범호(2021)의 연구에서는 최초 조사 대상의 사례 수, 최종 분석에 투입된 수준별 사례 수, 그리고 집단 내 평균 사례 수를 충실하게 기재하였다.

사례 7-3 다층모형의 사례 수 제시

2014년 4주기 초등학교 자료의 조사 대상은 총 232개의 초등학교로 전국의 교감, 수석교사, 부장교사, 일반교사를 포함한 총 6,054명의 교원이 참여하였다. 이 연구에서는 교감의 응답 자료, 미응답 자료와 이상치를 제외하고 227개교 5,680명을 대상으로 분석을 실시하였다. 이 연구에서 활용한 학교당 평균 사례 수는 약 25명이다. 다층모형 적용을 위한 적절한 표본크기에 대한 학자들의 합의된 지침은 없지만, 집단별로 최소 5명 이상의 표본을 확보해야 한다는 Bliese(1988)의 주장과 제1수준 변수와 표본 수의 비율이 1:20 이상, 제2수준 변수와 집단 수의 비율이 1:10 이상이 되어야 한다고 주장한 최천근(2012)의 주장을 토대로 결측치 및 이상치를 제거하더라도 다층모형 적용에 충분한 학교 및 교사 수가 확보된 것으로 판단하였다(이고은, 오범호, 2021: 221).

또한 이병식, 전민경(2015)의 연구는 최초 수집한 사례 수, 그리고 어떠한 방식으로 결측치를 처리하였는지, 그리고 최종 분석에 투입된 사례 수와 집단별 평균 학생 수를 성실하게 제시하였다.

사례 7-4 다층모형에서 완전제거법을 활용한 결측치 보고 사례

설문에 응답한 총 6,666명의 학생들 중 아웃바운드 국제화 경험(교환학생 경험, 어학연수 경험, 해외유학 경험)이 있는 학생들과 해외 고등학교 취학 경험이 있는 학생들의 자료는 삭제하였다. 또한 연구에서 설정한 설명변수에 대해 불성실하게 응답한 답변에 대해서는 완전제거(listwise deletion)를 실시하였다. 이러한 과정을 거쳐서 최종적으로 총 5,598명(대학별 평균학생 수는 112명)의 자료를 본 연구에서 활용하였다(이병식, 전민경, 2015: 387-388).

『교육행정학연구』에서 다층모형을 활용한 논문들 대부분은 결측치 처리를 위해 완전제거법을 활용하였다. 반면, 이자영과 이기혜(2019)는 다중대체(multiple imputation: MI)를 통해 사례 수 감소를 막고자 하였다. 또한 이자영(2017)은 EM 알고리즘[6]을 활용하여 완전자료를 추정하였다. 앞서 밝힌 바와 같이 사례 수에 매우 민감한 다층모형을 활용할 경우에 완전제거법이 아닌 다양한 추정

방식을 도입할 필요가 있다.

사례 7-5 **다층모형에서 다중대체법을 활용한 결측치 보고 사례**

분석하는 과정에서 분석자료에 포함된 결측는 다중대체(mutiple imputation)를 실시하여 처리하였다. 일반적인 조사연구에서 발생하는 결측 사례를 그대로 포함하여 분석을 수행할 경우 분석의 사례 수가 감소할 수 있고, 이는 통계적 검증력을 약화하여 모수를 추정하는 데 편의가 발생할 수 있기 때문이다(Ibrahim, Lipsitz, & Chen, 1999). 따라서 본 연구는 결측값의 발생이 임의적(Missing at Random: MAR)이라고 가정한 후 결측치를 대체하였다(이자형, 이기혜, 2019: 206).

---

(3) 중심점 교정(centering)의 중요성

다층모형은 일반회귀모형의 확장형이기 때문에 방법론적으로 선형회귀모형의 가정을 그대로 유지한다. 이와 동시에 다층모형이기 때문에 별도로 고려해야 하는 방법적 측면이 있다. 대표적인 이슈가 중심점 교정이다. 분석 준거에서 설명하였듯이, 다층모형을 활용하여 분석할 때에는 예측변수의 중심점 설정(centering)이 충분히 설명되고, 정당화되어야 한다.

다층모형 활용에서 중심점 교정이 중요함에도 불구하고, 『교육행정학연구』에 수록된 58편을 살펴본 결과, 중심점 교정에 대해 언급한 논문은 28편(48%)이었다. 중심점 교정을 언급한 논문들 중에는 어떤 변수를 왜 중심점 교정을 했는지에 대한 구체적인 설명이 없는 경우가 있었다. 예컨대, random intercept model에서 2수준의 변수에 관심이 있기 때문에 '전체평균 중심점 교정'을 했다는 등에 대한 설명이 없고, '지표화된 설명 변수들은 모두 전체평균으로 중심점 교정을 하였고, 나머지 변수들은 중심점 교정을 하지 않은 원점수로 분석하였다'(5번 논문)라고만 제시하였다.

〈표 7-9〉 『교육행정학연구』에 게재된 논문 중 중심점 교정 언급 실태

유형	전체 논문 수	중심점 교정 언급	중심점 교정의 근거 제시
논문 편수	58편	28편(48%)	22편(37.9%)

다층모형 활용 시 중심점 교정에 대한 처리를 구체적으로 언급한 논문 예시는 다음과 같다. 공희정과 이병식(2014)의 연구는 전체평균 중심점 교정과 집단평균 중심점 교정을 각각 활용하였는데, 이에 대한 근거를 구체적으로 제시하였다.

---

6) EM 알고리즘(Expectation-Maximization algorithm)은 결측치나 변수를 제거하는 과정에서 많은 정보를 잃게 되는 경우, 완전제거법이나 결측치 대체법이 아닌 완전자료의 충분통계량을 기댓값으로 산출하는 방법이다. 강상진(2016)에 따르면, 불완전한 자료에서 EM을 통해 추정한 모수 값은 완전자료에서 추정한 모수 값에 가깝다는 장점을 가진다.

사례 7-6 다층모형에서 중심점 교정(centering) 보고 사례

첫 번째 연구문제와 관련한 [모형 Ⅱ] 분석 시, 변수들 간에 발생할 수 있는 다중공선성 문제를 방지하기 위해, 회귀식에서 학생 수준과 대학 수준의 모든 설명변수들은 각 개별 고윳값에서 평균값을 뺀 편차 값으로 중심점을 교정(grand–mean centering)하였다(Longford, 1989). 두 번째 연구문제의 층위 간 상호작용효과는 학생 수준 변수의 기울기 변화에 대한 대학 수준 변수들의 영향력을 의미하는 회귀계수 값을 통해 산출되는데, 이때 모든 변수는 앞서와 같이 각 변수의 전체평균으로 중심화되었다. 단, 층위 간 상호작용의 효과를 갖는다고 전제한 학생의 대학 내 학습환경 변수의 경우에는, 개별 대학의 평균에 대한 편차점수 값을 갖도록 집단평균(group–mean)으로 중심화(centering)하였다. 집단평균으로의 중심점 교정은 원자료에서 발생하는 절편과 기울기 간의 높은 상관을 제거하는 것으로 알려져 분석에 효과적이다(공희정, 이병식, 2014: 190–191).

(4) 다층모형의 다양한 활용

다층모형은 일원분산분석무선효과, 맥락효과(contextual effects), 상호작용효과, 3수준 다층성장모형 등을 활용할 수 있다. 특히, 일원분산분석무선효과는 기본모형으로 본 모형으로 진행하기 전 급내상관계수(ICC)를 통해 다층모형분석 진행 여부를 결정하는 필수적인 분석 단계이다. 따라서 다층모형을 활용하고자 하는 모든 연구는 이 단계를 반드시 거쳐서 다층모형 적용 필요성을 검증해야 한다.

이와 같은 분석 준거에 기반하여 『교육행정학연구』에서 다층모형을 활용한 논문들을 살펴본 결과, 대부분의 논문들이 일원분산분석무선효과 모형을 실시하여 다층모형 활용의 정당성을 확보하고자 하였으나, 2편의 논문에서는 이를 충족시키지 못하였다. 또한 58편의 논문 대부분이 1수준의 변수들을 통제한 이후에 2수준의 집단 특성을 나타내는 변수를 투입함으로써 그 효과를 예측하는 모형을 주로 활용하였다. 반면에, 상호작용효과를 활용한 논문이 7편이었고, 3수준 다층성장모형은 6편이었다. 이와 같은 결과는 다양한 다층모형 활용이 필요함을 시사한다.

〈표 7–10〉 『교육행정학연구』에 게재된 논문 중 다층모형의 다양한 활용

유형	일원분산분석 무선효과 모형	상호작용 효과	3수준 다층성장모형
논문 편수	56편(96.5%)	7편(12.0%)	6편(10.3%)

(5) 다층모형에서 신뢰도 추정

분석 대상이 되는 자료가 다층일 경우에는 각 수준에서 측정치의 질을 나타내는 신뢰도 정보가 필요하다. 다층모형의 기본모형(null model)에서 개별 집단의 표본평균이 모집단의 평균을 얼마나 신뢰롭게 추정하는지에 대한 정보를 제공한다. 하지만 『교육행정학연구』에 수록된 논문 중에서는 신뢰도 추정을 보고한 논문은 8편뿐이었다. 여기서는 기본모형에서 신뢰도 추정을 제시한 공희정,

이병식(2015)의 논문을 소개한다.

| 사례 7-7 | 다층모형에서 신뢰도 추정 보고

구분	대학 간 변량(%)	대학 내 변량(%)	χ^2	df	집단 내 상관계수 (ICC)	신뢰도(λ)
학생 참여	0.344(6.79%)	4.717(93.21%)	438.746	50	0.067	0.880

출처: 공희정, 이병식(2014: 191).

이 논문은 기초모형의 무선효과를 검증하면서 집단 내 상관계수 및 대학 평균치에 대한 신뢰도 정보를 제공하였다. 분석결과, 대학생들의 학생 참여의 수준 차이의 6.79%는 대학 간 차이로, 93.21%는 대학 내 학생 간의 차이로 설명될 수 있는 것으로 나타났다. 이에 표본평균을 모집단의 평균 추정치로 사용할 수 있는지에 대한 정보인 신뢰도(reliability) 값을 살펴보면 0.88로 비교적 높은 수준으로 측정되었다. 이와 같은 결과는 해당 자료가 표본평균을 모집단 평균의 추정치로 사용하는 것이 적절하다는 것(강현철 외, 2011)을 의미한다.

(6) 다층모형에서 모형 적합도 검증

다층모형은 이론적 근거에 기반한 모형수립이 일차적인 목적이므로 모형 적합도(model fit)를 검증하여 각 단계에서 수행된 모형이 얼마나 적합한지를 판단해야 한다. 이와 같은 분석 준거에 기반하여 『교육행정학연구』에 수록된 논문들을 살펴보았을 때, 〈표 7-11〉과 같이 58편의 논문 중에서 12편의 논문만이 모형 적합도 검증을 보고하였다. 이 중 χ^2 검증을 실시한 논문을 10편, 추가적으로 AIC 검증을 실시한 논문은 2편이었다. 향후 다층모형 활용에 있어 모형 적합도와 관련하여 분석의 엄격성이 강조될 필요가 있음을 시사한다.

〈표 7-11〉『교육행정학연구』에서 다층모형의 모형 적합도 검사 실태

유형	전체 논문 수	모형 적합도 검사		
		χ^2 검증	AIC	총합
논문 편수	58편	10편(17.2%)	2편(0.03%)	12편(20.6%)

[사례 7-8]에서는 다층모형의 모형 적합도 검증을 보고한 사례를 제시하였다. 주휘정(2021)의 연구는 χ^2 분석을 통해 모형 적합도를 검증하였는데, 단계별로 수치가 줄어드는 것은 모형이 적합하다는 것을 의미한다.

사례 7-8 다층모형에서 모형 적합도 보고방식 1

대학 간(τ_{00})	0.0134	0.917	0.009
대학 내(σ^2)	0.1893	0.1746	0.1385
대학 간 변량/총변량(ρ)	0.0662	0.0630	0.609
설명력(R^2)	0.0796	0.1511	0.3266
χ^2	543.191***	523.794***	504.620***
df	108	108	108

출처: 주휘정(2021: 617).

반면, 설가인(2022)의 연구는 편차량과 함께 AIC를 활용하여 모형 적합도를 검증하였다.

사례 7-9 다층모형에서 모형 적합도 보고방식 2

구분	기초모형	모형 1	모형 2	모형 3
2수준: DEP_SAT(τ_{00})		.0444***	.0450***	.0430***
ICC	8.43	21.1	11.8	11.6
부가 정보				
AIC	7407.752	5589.244	5536.098	5547.991
Deviance(-2LL)	7397.752	5555.244***	5488.098***	5457.990
Marginal R^2	.006	.397	.443	.454
Conditional R^2	.089	.562	.552	.555

출처: 설가인(2022: 21).

(7) 다층모형에서 분석결과 보고

이 연구는 다층모형의 분석결과 보고에 대한 분석 준거로 첫째, 고정효과와 무선효과를 모두 충실히 보고하였는지를 판단하였다. 다층모형이 일반회귀분석과의 차이점 중 하나는 고정효과 이외에도 무선효과를 검증한다는 점이다. 따라서 분석결과 보고에서 고정효과와 무선효과에 대한 통계적 유의검증 결과가 제시되어야 한다. 분석결과, 『교육행정학연구』에 수록된 대부분 논문들은 고정효과와 무선효과를 언급하였지만, 일부 논문(3편)에서는 고정효과만을 제시한 경우도 있었다.

둘째, 다층모형에서 변수 간의 통계적 유의성이 밝혀진다고 해도, 변수 간 충분한 인과관계를 보장해 주는 것은 아니다. 따라서 다층모형에서 인과관계에 대한 분석결과를 해석할 때 주의가 필요하고, 이에 대한 제한점을 제시할 필요가 있다. 특히, 독립변수와 종속변수가 같은 자료인 경우, 정확한 인과관계를 가정하기 어려울 수 있다. 다음에서는 『교육행정학연구』에 수록된 논문 중에서 다층모형을 통해 도출된 분석결과 중 인과관계에 대한 주의가 요한다는 점을 진술한 연구 사례를 제시하였다.

사례 7-10 **다층모형의 분석결과에 대한 해석**

본 연구의 분석결과에서 역인과(reverse causality)의 가능성에 유의할 필요가 있으며, 학교 내 격차와 학생의 수업 참여 및 정의적 성취 간 부적(−) 관계는 입증되나, 이를 인과관계로 해석하는 데에는 주의가 필요하다. 학교 내 격차가 높아 학생들의 수업 참여와 정의적 성취를 낮출 가능성뿐 아니라 학생들의 저조한 수업 참여와 낮은 정의적 성취가 학교 내 격차를 심화시키고 있을 양방향의 인과성이 존재할 수 있음에 유의하여야 한다(남인혜, 이안나, 2022: 482).

---

5. 논의 및 향후 발전 방향 모색

교육조직을 주된 연구 대상으로 삼는 교육행정학 분야에서 조직 특성의 영향을 받는 변수들 간 상관관계가 존재한다는 사실을 고려하지 않는 기존의 전통적인 통계모형보다는 개인과 조직 각각의 특성과 조직 및 개인 간의 상호작용을 동시에 고려하여 종속변인을 예측할 수 있는 다층모형의 활용이 점차 빈번해지고 있다. 다층모형의 적용을 위해서는 연구자료 구조가 다층구조인지를 살펴보아야 하고, 분석과정을 엄격히 관리해야 하며, 연구결과를 타당하게 보고해야 한다. 따라서 다층모형의 중요성이 점차 강조되고, 이에 부합하여 대규모 교육자료가 수집되고 있는 시점에서 교육행정학 분야에서 다층모형을 활용한 연구논문들의 실태를 살펴보고, 비판적으로 성찰하여 향후 다층모형을 바람직한 방향에서 활용하기 위한 지침을 마련할 필요가 있다.

이 연구의 분석결과를 기반으로 교육행정학계가 고민해 보아야 할 몇 가지 이슈를 논의한다. 첫째, 2000년부터 2022년까지 다층모형을 활용한 논문은 총 58편이었는데, 2011년부터 급속히 팽창하여 2022년(2호까지) 총 27편의 다층모형을 활용한 논문이 수록되었다. 초등과 중등, 대학교육을 포함하여 고르게 다층모형을 활용하여 연구가 수행되었는데, 자료 유형을 살펴보면 연구자가 직접 수집한 자료보다 2차 자료 활용이 58편 중 43편으로 전체 비중의 74%를 차지하였다. 2차 자료의 출처는 매우 다양했는데, 연구자들이 초기에는 외국 자료나 한국교육개발원 종단연구 자료를 활용하였지만, 최근에는 교육청 종단자료가 활성화되면서 58편 중 14편(24%)이 교육청 자료를 활용하였다. 앞에서 언급한 바와 같이 다층모형은 자료구조의 특성상 여타 통계모형보다 대규모 표집이 필요하기 때문에 2차 자료의 생성이 국내에서 활발해짐에 따라 다층모형을 활용한 논문들이 대폭 증가한 것으로 보인다. 2차 자료 활용이 지니는 한계가 있지만, 서울교육종단연구를 비롯한 교육청의 종단자료를 적극적으로 활용하여 교육행정 연구에 반영하고 있다는 점은 고무적이다. 오히려 데이터 수집에 다층모형을 고려할 수 있도록 설계하거나, 교육행정 요인들을 진단할 수 있는 문항을 개발할 수 있도록 설계와 분석 단계에 교육행정학자들이 개입하여 의견을 개진할 필요가 있다.

둘째, 이 연구에서 분석의 기준으로 삼은 이론적 기반의 모형 및 변수 수립, 사례 수 및 결측치 처리, 중심점 교정, 신뢰도 추정, 모형 적합도 실시 등이 제대로 지켜지지 않은 논문들을 쉽게 찾아볼 수 있었다. 구체적으로, 다층모형을 활용할 때에는 선행연구를 토대로 개념적 모형을 수립하고 변수를 설정해야 하지만 일부 논문들은 변수에 대한 구체적인 이론적 근거를 제시하지 않았고, 연구모형을 제시한 논문은 17편(29%)에 불과하였다. 또한 집단 내 최소사례 수와 결측치 처리 과정을 제시한 논문은 각각 7편, 8편에 불과했으며, 중심점 교정은 28편, 신뢰도 추정은 8편의 논문에서만 찾아볼 수 있었다. 모형 적합도 검증 역시 12편의 논문에서만 시행하였다. 왜 이러한 문제가 발생하였는가? 하나 생각해 볼 수 있는 것은 다층모형을 일반회귀모형과 유사한 방식으로 분석과정을 다루었을 가능성을 생각해 볼 수 있다. 다층모형과 자료구조가 다른 일반회귀모형에서는 집단 내 최소사례 수나 결측치 처리과정, 그리고 모형 적합도를 상대적으로 중요하게 여기지 않는다. 또한 중심점 교정이나 신뢰도 추정을 일반회귀모형에서는 일반적으로 실시하지 않는다. 따라서 선행 연구자들은 보편적으로 많이 활용하는 일반회귀모형의 분석과정과 보고방식으로 다층모형을 활용하였고, 이와 같은 기준들을 누락시켰을 가능성이 있다.

다른 한편으로 우리나라 교육행정학 연구에서 다층모형 활용에 대한 엄격성이 다소 느슨하다는 점을 생각해 볼 수 있다. 본 연구자의 논문도 이 분석 사례에 포함된 58편 중 하나인데, 박사과정에서 분명히 일반회귀모형과의 차이점을 배웠고, 다층모형 분석 과정에서 무엇을 지켜야 하며, 무엇을 결과보고 해야 하는지를 배웠음에도 불구하고 기존에 작성한 분석결과를 비판적으로 성찰해 보니 몇 가지 기준을 제대로 이행하지 않았음을 발견하였다. 변명하자면, 다층모형을 활용한 국내 선행연구의 양식에 따라서 분석과정과 결과 등을 기술하였고, 심사과정에서 지적받지 않았기 때문에 관성적으로 중요 기준들을 누락한 채 연구논문을 출간하였다.

학문 사회체제 내의 구성원들은 일련의 공유된 규범에 따라 행동한다. 이를 학문사회화(김승정, 2017; Antony, 2002)라고도 하는데, 연구자는 학문 사회체제 내 여러 구성원들(지도교수, 선후배, 동료 등)과의 상호작용을 통해 기대되는 역할 행동을 관찰하고 학습한 뒤 모방을 통해 내면화를 한다(임형택, 1991). 이와 같은 학문 사회체제는 그 나라의 역사적·정치적·문화적 풍토에 영향을 받으며 독특한 사회구조적 특성을 지니는데, 학자들 사이의 공식 또는 비공식적 의사소통과 승인 등을 통해 숨겨진 지적 구조를 형성한다. 이때 학계의 공유된 규범은 학문의 보편성과 엄격성을 강화시켜 줄 수도 있지만, 일탈을 묵인해 줄 수도 있다. 변기용(2021)에 따르면, 우리나라 학계에서 새로운 구성원들은 교육과 사회화 과정을 통해 자신들의 학문적 가치관과 연구방법이 주류적 관점에서 벗어나지 않았다는 것을 계속 인정받는 데 노력한다. 그렇다면 고급통계 방법을 활용한 양적 연구에 상대적으로 관대한 우리나라 교육행정학계에서 다층모형 활용에 엄격한 잣대를 요구하지 않았기에 본 연구자도 이와 같은 풍토에 편승하여 느슨한 기준에 따라 다층모형을 분석하고 결과보고를 수행한 것은 아니었을까 자문해 본다.

향후 교육행정학 연구에서 더 나은 방향에서 다층모형을 활용하기 위해 몇 가지 제언해 보고자 한다. 첫째, 교육행정학 분야에서 연구방법에 대한 교육과 연구를 강화할 필요가 있다. 우리 교육행정학계에서는 연구방법을 교육통계 전공과 같은 관련 전공에서 다루어야 할 이슈로 치부한 채, 교육행정학의 내용적 측면만을 강조하는 경향이 있다. 연구방법은 연구결과의 타당성과 신뢰성을 높이는 작업이라고 할 수 있다. 이와 같은 이유로 이웃 학문인 일반행정학에서는 학술지와 학술대회에서 연구방법론과 관련한 연구논문들을 발표하고, 연구방법론 관련 워크숍을 정기적으로 개최한다. 대학원 수업에서도 연구방법 역량을 강화하기 위한 노력이 이루어져야 하고, 필요하다면 교육행정학 내 교수들의 상호 교류를 통해 다양한 연구방법 강의를 수강할 수 있도록 제도화할 필요가 있다.

둘째, 학회에서 출판하는 『교육행정학연구』의 논문 심사과정 중 연구방법에 관한 심사를 강화할 필요가 있다. 현재 연구방법론에 대한 학회 내 리뷰 가이드라인이 마련되어 있지 않고, 심사자 배정 역시 방법론 기반보다는 주제 중심으로 이루어진다. 교육행정학 연구방법론 심사자 가이드라인을 마련하여 이에 기반하여 논문을 작성하고, 심사할 수 있도록 유도해야 한다. 『교육행정학연구』의 심사자 일부를 연구방법 중심으로 심사할 수 있도록 지정하는 것도 고려해 볼 필요가 있다. 또한 엄격한 분석과정과 타 연구자가 해당 연구를 반복수행할 수 있도록 논문에 함께 제시해야 하는 다양한 자료들(예컨대, 양적 연구의 경우에는 여러 단계의 통계 분석표, 질적 연구의 경우에는 코딩 워크시트 등)이 누락된 경우가 많다. 이는 아마도 『교육행정학연구』의 논문 투고에 분량이 정해져 있기 때문에 외국 논문들처럼 충분히 자료정보와 분석결과를 제공하지 못하도록 제한하는 것 같다. 하지만 현재 『교육행정학연구』는 온라인 출간을 하고 있기 때문에 분량에 대한 제한을 없애고 다양한 정보를 제공할 여지를 가지고 있다. 이와 같은 방향으로 『교육행정학연구』를 개선하여 양적 연구논문의 수준을 향상시킬 필요가 있다.

셋째, 『교육행정학연구』의 학풍에 대한 자기 성찰이 필요하다. Merton(1973)은 4가지의 학문적 기풍에 대해 이야기한 바 있는데, 학계에 제출된 정보는 정보원의 개인적 속성과 관계없이 별도로 객관적으로 평가되어야만 하는 '보편성의 기풍(universalism)', 과학적 지식은 발견자의 소유물이 되어서는 안 되고, 학문공동체 성원 모두에 의해 공유되어야만 하는 '공유성의 기풍(communality)', 연구자는 자신의 경력이나 명성을 고려하지 않고 과학지식을 추구해야 하는 '몰사리성의 기풍

(disinterestedness)', 자기 자신을 포함하여 타 학자에 의해 제출된 지식에 대해서 항상 비판해야만 하는 '조직적 회의의 기풍(organized skepticism)'을 제시한 바 있다. 그렇다면 우리 교육행정학계는 이와 같은 보편성, 공유성, 몰사리성, 조직적 회의의 기풍이 얼마나 잘 수립되어 있는 것일까? 학문 공동체의 관점이나 이론, 방법론과 관련하여 형성된 일련의 규범이라고 할 수 있는 학풍은 학문후 속세대들이 연구자로서 정체성과 역할을 갖춰 나가는 데 상당한 영향을 미친다. 교육행정학의 지 식을 좀 더 신뢰롭고 타당하게 축적하기 위해 연구방법에 대한 엄격성을 강조하고, 보편타당한 기 준을 준수하지 못한 연구물에 대해서는 건설적 비판을 할 수 있는 학풍에서 학문후속세대들의 발 전도 기대할 수 있을 것이다.

 참고문헌

강상진(2016). 다층모형. 서울: 학지사.

강현철, 최호식, 한상태, 김성광(2011). 한국교육종단연구 데이터에 대한 위계적 선형모형의 적용. Journal of the Korean Data Analysis Society, 13(2), 833-843.

공희정, 이병식(2014). 학생참여(student engagement) 결정요인의 실증적 탐색: 대학생의 지각된 학습환경 과 대학특성의 차별적 효과를 중심으로. 교육행정학연구, 32(3), 177-207.

김병찬, 유경훈(2017). 교육행정학연구 게재 논문의 연구 동향 특징 분석: 연구주제 및 연구방법을 중심으 로. 교육행정학연구, 35(4), 173-200.

김승정(2017). 박사과정생의 학문사회화와 역량에 관한 연구. 서울대학교 대학원 박사학위논문.

남인혜, 이안나(2022). 학교 내 학업성취도 편차가 학생의 수업 참여 및 정의적 성취에 미치는 영향 분석. 교 육행정학연구, 40(1), 459-487.

변기용(2021). 학문권력 1: 블라인드 리뷰와 학문의 발전, 대학지성 In & Out. https://www.unipress.co.kr/ news/articleView.html?idxno=1022

변수용(2022). 교육 연구 질에 대한 비판과 반성, 그리고 변화: 미국 경험을 중심으로. 한국교육행정학회 연차 학술대회 발표자료집, 135-162.

설가인(2022). 위계적 선형모형을 적용한 일반대학 신입생의 대학 만족도 영향요인 분석. 교육행정학연구, 40(1), 1-33.

손성철, 정범구, 주지훈(2011). 조직 연구에서 다층모형 적용에 관한 고찰-위계적 선형모형 활용을 중심으 로-. 인적자원관리연구, 20(3), 1-30.

신현석, 박균열, 정주영, 김진미(2014). 한국 교육행정학 분야 양적 연구 동향 분석: 교육행정학연구를 중심 으로. 교육행정학연구, 32(4), 109-142.

유정진(2006). 위계적 선형모형의 이해와 활용. 아동학회지, 27(3), 169-187.

이고은, 오범호(2021). 초등학교 교사의 학교재정 자율성에 대한 영향 요인 분석. 교육행정학연구, 39(4),

213-235.

이광현(2022). 교육정책효과 양적 분석 현황 및 제언. 한국교육행정학회 연차학술대회 발표자료집, 241-270.

이병식, 전민경(2015). 대학생의 글로벌 역량 개발 가능성 탐색연구: 학내 국제화(IaH)의 영향을 중심으로. 교육행정학연구, 33(3), 381-403.

이자영, 이기혜(2019). 청소년의 정신건강 변화 영향요인에 관한 종단 분석: 교육경험 및 학교 요인을 중심으로. 교육행정학연구, 37(3), 193-222.

이자형(2017). 중학생의 학교부적응에 영향을 미치는 개인 및 학교 특성 분석: 부산 지역 중학교를 중심으로. 교육행정학연구, 35(5), 245-274.

임형택(1991). 학자의 학문활동과 학파형성에 관한 과학사회학적 고찰. 고등교육연구, 3(2), 111-131.

주휘정(2021). 신규 대졸자 임금에 대한 개인 및 대학 효과 분석. 교육행정학연구, 30(10), 603-626.

홍창남(2006). 교사 효능감의 제고 가능성에 대한 실증 분석. 교육행정학연구, 24(4), 161-186.

Antony, J. S. (2002). Reexamining doctoral student socialization and professional development: Moving congruence and assimilation orientation. In J. C. Smart (Ed.), *Higher Education: Handbook of Theory and Research* (Vol XXI, pp. 349-380). Netherlands: Springer.

Chetty, R., Friedman, J. N., & Rockoff, J. E. (2014). Measuring the impacts of teachers I: Evaluating bias in teacher value-added estimates. *American Economic Review*, *104*(9), 2593-2632. https://doi.org/10.1257/aer.104.9.2593

Dalal, D. K., & Zickar, M. J. (2012). Some common myths about centering predictor variables in moderated multiple regression and polynomial regression. *Organizational Research Methods*, *15*(3), 339-362.

Hancock, G. R., Stapleton, L. M., & Mueller, R. O. (Eds.) (2019). *The Reviewer's Guide to Qualitative Methods in the Social Sciences* (2nd ed.). New York: Routledge.

Kreft, L. (1996). *Are multilevel techniques necessary? An overview: including simulation studies*. Los Angeles: California State University.

Maas, C. J. M., & Hox, J. J. (2005). Sufficient Sample Sizes for Multi level Modeling. *Methodology: European Journal of Research Methods for the Behavioral and Social Sciences*, *1*(3), 86.

McCoach, B. D. (2019). Multilevel Modeling. In G. R. Hancock, L. M. Stapleton, R. O. Mueller (Eds.), *The Reviewer's Guide to Qualitative Methods in the Social Sciences* (2nd ed., pp. 292-312). New York: Routledge.

Merton, R. K. (1973). *The Sociology of Science*. Chicago: The University of Chicago Press.

Raudenbush, S. W., & Bryk, A. S. (2002). *Hierarchical Linear Models: Applications and Data Analysis Methods*. Sage Publications, Inc.

Snijders, T., & Bosker, R. (1999). *Multilevel Analysis: An Introduction to Basic and Advanced Multilevel Modeling*. London: Sage.

'교육행정학 연구에서 다층모형 활용 실태와 비판적 성찰'에 대한 토론문

김지현(성신여자대학교 조교수)

제도적으로 형성된 교육조직을 대상으로 한 연구가 주를 이루는 교육행정학 연구에서 내재된 자료의 특성을 반영한 다층모형은 최근 들어 더욱 많은 실증적 연구에서 활용되고 있는 연구방법이다. 따라서 이러한 연구방법의 활용 실태와 앞으로의 보완점에 대한 성찰을 담은 본 논문은 그 의의가 매우 크다. 특히, 다층모형 활용의 양적 성장과는 달리 그 활용 양상에 대한 질적인 평가와 해당 연구를 위한 지침에 대한 성찰은 그동안 충분히 이루어지지 않았기 때문에 본 논문의 중요성은 더욱 설득력을 갖는다. 구체적으로, 본 연구는 두 가지 측면에서 중요성을 갖는다. 첫째, 기존에 다층모형을 활용한 연구를 수행했던 연구자들과 학문후속세대로 하여금 연구를 수행할 때, 혹은 투고된 논문에 대한 심사를 할 때 활용할 수 있는, 기본적으로 반드시 갖추어야 할 연구방법론적 표준에 대한 정보를 제공해 주는 역할을 한다. 둘째, 다층모형을 활용하지 않는 연구자들, 혹은 연구결과를 실제 학교 현장에 적용해야 하는 현장 교육전문가들이 다층모형을 활용한 논문의 내용을 읽고 평가할 때, 연구의 질을 평가할 수 있는 기준을 제공해 주는 역할을 한다.

이러한 중요성에 비추어 본 논문은 크게 두 가지 부분에서 그 목적을 충실하게 이행하였다고 생각된다. 첫째, 다층모형의 개념과 주요 특징에 관련 사항이 적절한 수준으로 구성되었다. 교육행정 연구자들은 교육통계를 전공한 양적 연구방법의 전공자들은 아니나, 이를 통계적으로 올바르게 적용해야 하는 어려운 위치에 있다. 본 논문은 다층모형의 수학적, 통계학적 원리를 어려운 전문 용어를 활용하여 설명하기보다는, 다층모형의 사용자로서 반드시 알아야 할 내용에 초점을 맞추어 필요한 내용을 적절한 수준에서 구성한 것으로 보인다. 예를 들어, 다층모형과 일반회귀모형에 대한 비교, 학교 맥락의 효과에 대한 예시 등이 본 논문의 목적에 비추어 적절한 수준으로 쓰였다.

둘째, 일반적인 오남용의 사례와 잘 수행된 연구논문에 대한 예시가 충실하게 제시되어 개념적인 설명에만 치우치지 않고, 보다 실용적인 논의가 전개되었다. 일반적인 오남용 사례로 제시된 다양한 이슈들 중 특히 연구모형의 구체적인 이론적 근거의 제공, 각 집단별 표본의 크기 보고, 모형 적합도의 보고 등은 연구결과를 해석하는 데 있어 반드시 필요한 정보임에도 불구하고 많은 연구들에서 누락되어 있다. 이러한 문제들을 근거를 들어 지적하고 모범이 될 만한 예시가 구체적으로 소개되어 앞으로 다층모형을 활용할 연구자들에게 큰 도움이 될 것으로 생각된다.

본 논문에서의 논의를 기반으로 교육행정학 연구에서의 다층모형 활용을 질적으로, 양적으로 더욱 성장시키기 위한 관점으로 네 가지 방향을 논의해 볼 수 있다. 첫째, 다층모형이 가지는 인과관계 분석에의 한계점을 분명히 하고, 종단연구의 필요성을 강조할 수 있다. 다층모형은 거칠게 보면, 표준오차를 데이터의 구조에 맞게 보정한 회귀분석모형의 확장형 모형이라고 볼 수 있다. 회귀모형이 가지고 있는 한계를 대부분 그대로 가지고 있게 되며, 그중에서도 연구자들이 가장 유념해 두어야 하는 점은 다층모형 역시 인과관계를 증명해 줄 수는 없다는 점이다. 인과관계는 상관관계를 기반으로 하지만 다층모형에서 두 변인 간에 통계적으로 연관성이 있다는 사실을 밝혀도, 인과관계는 밝힐 수 없는 경우가 대부분이다. 여기에 더불어 독립변수와 종속변수가 같은 자료(예: 교사 설문지에서 추출한 교장의 리더십과 교직만족 사이의 연관관계)에서 추출되는 경우, 정확한 인과관계를 따지기는 더더욱 어려워진다. 윤리적, 행정적인 이유로 실험연구를 수행하기 어려운 교육행정 연구에서 이러한 연구방법의 한계는 분명하게 기술되어야 하며, 이러한 한계점은 다층모형 활용 연구결과의 해석에 있어 가장 주의해야 할 부분 중 하나이다. 이때 종단연구 자료의 활용은 여전히 인과관계를 명확히 특정할 수는 없으나 상관성 연구에서 발생할 수 있는 오류를 획기적으로 줄여 주는 역할을 할 수 있다(Chetty et al., 2014; Shadish et al., 2008). 본 논문에서 언급되었듯 최근 늘어난 2차 자료의 수집은 대부분 종단연구의 형식을 띠고 있고, 이러한 자료를 다층성장모형 등을 활용하여 분석하는 경우, 횡단연구의 한계를 다소 보완할 수 있다는 점이 강조될 필요가 있다. 이와 관련하여 세 수준의 다층모형에 대해서도 논의가 이루어질 수 있다. 다층성장모형의 경우, 각각 다른 시점의 자료가 학생, 학생의 자료가 학급이나 학교에 내재되어 있을 수 있고, 일반적인 다층모형에서는 학생의 자료가 학급에, 학급의 자료가 학교에 내재되어 있는 자료의 형태를 보일 수 있다. 세 수준의 모형의 경우, 이론에 따라 더욱 세밀한 모형을 발전시킬 수 있지만 모형이 더욱 복잡해짐에 따라 분석에 더 큰 주의를 요하게 된다. 다층모형의 활용이 더 활성화됨에 따라 보다 정교한 모형에 대한 논의도 이루어져야 할 것으로 보인다.

둘째, 다층모형의 다양한 활용에서 논의되고 있는 일원분산분석무선효과 모형(One-way Anova with random effects)에 대한 부분이 필수적인 부분으로 강조될 필요가 있다. 이는 연구자가 다층모형의 활용을 정당화할 수 있는 가장 필수적인 단계로, 일반적으로 다층모형을 활용하는 연구에서 본 모형으로 들어가기 전에 이러한 모형의 결과를 보고하는 것이 필수적이다. 보통 무조건모형

(Unconditional Model)이라고 부르는 이 모형은 종속변수만을 포함하여 각 수준에 분산이 어떻게 분포되어 있는가를 급내상관계수(ICC) 등으로 표현하는 방식인데, 이때 2수준, 혹은 3수준 등의 분포가 의미 있게 나타나지 않는 경우 다층모형의 적용이 연구결과에 큰 영향이 없다. 따라서 무조건모형의 결과는 본격적인 분석결과가 보고되기 전에, 자료의 구조를 밝히는 목적으로 포함되어야 할 것으로 보인다.

셋째, 중심점 교정(centering)과 관련하여, 가장 기본적인 두 가지 목적을 먼저 밝혀 두는 것이 도움이 될 것으로 보인다. 이는, 절편의 해석을 용이하게 하는 점, 상호작용항을 포함할 경우, 다중공산성(Multicollinearity)를 피하고, 해석을 용이하게 하는 점이다. 중심점 교정 활용의 다른 이익도 많이 있지만, 이러한 두 가지 목적을 가지고 있을 때는 반드시 중심점 교정이 활용되어야 한다는 점이 논의되어야 할 것으로 보인다.

넷째, 결측치 처리와 관련하여 추가로 논의되면 좋을 사항이, 결측치의 경향성을 먼저 파악하고, 결측치를 처리하였을 때와 그렇지 않았을 때의 결과를 비교하는 과정이 선행되어야 한다는 점이다. 대부분의 결측치 처리 방법은 결측치가 무선적으로 분포되어 있을 것으로 가정하나 실제 연구과정에서는 결측치를 가지고 있는 자료는 그렇지 않은 자료와 여러 방면에서 차이가 있을 수 있다. 예를 들어, 학교 문화에 대한 설문 자료를 해당 학교 교사들에게서 수집하는 경우, 학교 문화에 대해 부정적인 인식을 가지고 있는 교사들이 그렇지 않은 교사보다 해당 설문 문항에 답하지 않을 가능성이 높다고 유추해 볼 수 있다. 결측치 처리에 다양한 테크닉을 적용하기 전에, 이러한 경향성에 대해 먼저 심도 깊은 논의가 이루어져야 할 것으로 생각된다. 더불어, 아무리 발전된 결측치 처리 방법이라고 해도 기본적으로는 현재 가지고 있는 자료를 통해 결측치를 추측하는 방법이므로, 이러한 추측이 있을 때와 없을 때의 결과 차이에 대한 논의가 포함되는 것이 바람직하다. 이때 연구자가 MI, FIML 등을 통하여 결측치를 처리했을 때와 완전제거법으로 처리했을 때의 결과가 의미 있게 다르지 않음을 보일 때 연구결과가 더욱 설득력을 얻을 수 있다.

본 논문은 다층모형을 활용하는 논문의 숫자가 가파르게 늘어나고 있는 현시점에 큰 시사점을 주는 연구이며, 특히 양적 연구방법의 적용에 상대적으로 관대한 우리나라 교육행정학계에 큰 울림을 주는 연구이다. 특히, 향후 발전 방향으로 제시된 종단연구 데이터 수집에 교육행정 요인을 반영하는 것, 『교육행정학연구』의 논문 투고 분량에 대한 방향 등은 앞으로 교육행정학 연구의 발전에 큰 도움이 될 것으로 생각된다.

📖 참고문헌

Chetty, R., Friedman, J. N., & Rockoff, J. E. (2014). Measuring the impacts of teachers I: Evaluating bias in teacher value-added estimates. *American Economic Review, 104*(9), 2593-2632. https://doi. org/10.1257/aer.104.9.2593

Shadish, W. R., Clark, M. H., & Steiner, P. M. (2008). Can nonrandomized experiments yield accurate answers? A randomized experiment comparing random to nonrandom assignment. *Journal of the American Statistical Association, 103*(484), 1334-1344. https://doi.org/10.1198/016214508000000733

교육행정학 연구에서 구조방정식모형 활용 실태 및 방법론적 쟁점에 대한 비판적 성찰

김은영(前 Seton Hall University 부교수)*

* 이 장의 작성에 많은 조언과 도움을 주신 변기용 교수님, 송경오 교수님, 변수용 교수님과 교정을 맡아 주신 조동환 님께 깊은 감사를 드립니다.

요약

교육행정학 연구에서 구조방정식모형은 태도, 신념, 가치관과 같은 잠재변수를 포함하여 여러 변수 간의 복잡한 인과관계와 직간접 효과를 추정하는 데 널리 활용되고 있다. 이 장의 목적은 구조방정식모형의 기본적 특징과 이론적 가정의 중요성을 살펴보고, 현재 교육행정학 연구에서 구조방정식모형의 활용 현황을 분석하며, 이 방법을 활용한 연구에서 발생하는 문제점을 비판적으로 성찰하는 데 있다. 이를 위해 지난 23년간(2000~2022) 『교육행정학연구』 제18권 1호부터 제40권 3호에 게재된 구조방정식모형을 활용한 논문 96편을 대상으로 '연구모형의 설정과 식별', '표본과 자료', '모형 추정 및 평가', '결과보고 및 해석' 측면에서 활용 실태 및 문제점을 분석하였다. 분석결과, 구조방정식모형은 초·중등 분야에서 주로 사용되었으며, 학교장 리더십 연구에서 가장 많이 적용되는 양적 연구방법으로 나타났다. 그러나 연구모형 설정의 근거, 잠재변수 측정, 요인분석, 모형의 모수에 대한 설명 및 주요 통계 정보에 대한 문제가 빈번하게 발생하는 경향이 있었다. 2차 자료의 가용성이 증가함에 따라 최근에는 고전적 구조방정식모형과 다른 통계적 기법을 결합한 다층모형−구조방정식, 잠재성장모형, 잠재계층분석 등을 활용하는 연구 논문이 증가하고 있는 추세이다. 구조방정식모형은 교육행정학 연구에서 널리 활용되고 있지만, 적절한 적용에 있어 여러 가지 문제점이 확인되고 있으며, 향후 구조방정식모형의 활용도를 높이기 위해서는 연구자들이 구조방정모형에 대해 비판적으로 성찰하고 엄격하게 적용할 필요가 있다.

[주제어] 교육행정, 구조방정식모형, 요인분석, 경로분석, 측정모형, 구조모형, 통계적 분석

1. 서론

구조방정식모형(Structural Equation Modeling: SEM)은 이론적 · 선험적으로 지정된 변수 간의 인과관계에 대한 가설을 검증하는 데 사용할 수 있는 통계적 도구의 집합체이다(Mueller & Hancock, 2008). 구조방정식모형은 공분산 구조 분석을 기반으로 변수 간의 다변량 관계를 모형화하는 통계기법으로, 요인분석과 경로(회귀) 분석이 통합된 것으로 간주된다(In'Nami & Koizumi, 2013). 교육행정학 연구자들은 리더십, 조직문화, 조직효과성, 조직구성원의 인식, 태도, 행동 등의 주제를 연구할 때 변수 간의 복잡한 관계를 설명하기 위해 구조방정식모형을 적절한 분석방법으로 사용해 왔다. 교육행정학 연구에서 가장 일반적으로 사용되는 통계분석 방법인 회귀분석은 개인, 집단 또는 조직의 특정 행동을 설명하고 예측하는 데 유용한 통계기법이다. 회귀분석은 여러 독립변수를 다룰 수 있고, 다양한 유형의 데이터(예: 연속형, 범주형)를 포함할 수 있으며 독립변수의 값을 기반으로 종속변수의 변화를 예측할 수 있지만, 관찰된 변수의 측정오차를 고려하지 않아 편향되거나 부정확한 결과가 도출될 수 있다(Keith, 2019). 반면 구조방정식모형은 직접 측정이 어려운 개념(잠재변수 또는 잠재 요인)에 대한 측정오차를 직접적으로 설명함으로써 추정치의 편향성을 줄일 수 있다. 즉, 구조방정식모형은 관찰된 지표가 구인(construct)을 얼마나 잘 반영하는지에 대한 측정오류를 고려한다는 점에서 회귀분석의 단점을 보완할 수 있다(Raykov & Marcoulides, 2000).

구조방정식모형 개발의 시작은 20세기 초 Spearman의 요인분석과 유전학자인 Wright의 경로분석으로 거슬러 올라간다(Tarka, 2018). 특히, 1970년대 이후 LISREL(Jöreskog & Sörbom, 1993), Mplus(Muthén & Muthén, 1998), AMOS(Arbuckle, 1995), SAS CALIS(SAS Institute, 1989), EQS(Bentler, 1989) 등의 통계 소프트웨어가 개발되어 사회학과 계량경제학에서 황금기를 누리며 이후 심리학, 정치학, 교육학, 경영학 등 다양한 학문 분야로 확산되었다(Khine, 2013). 최근에는 오픈 소스인 R에도 구조방정식모형 관련 Lavaan 패키지가 개발되어 사용자들에게 무료로 제공되고 있다. 연구자들이 데이터를 보다 쉽게 분석할 수 있도록 다양한 구조방정식모형 소프트웨어가 다년간에 걸쳐 개발되고 기능도 개선되면서 구조방정식모형을 사용한 연구논문들도 그 숫자가 급격히 증가하고 있다. 예를 들어, 1994년부터 2001년까지 주요 심리학 학술지들을 검토한 Hershberger(2003)는 약 60%의 논문에서 구조방정식모형을 사용했으며, 이는 1985년부터 1994년까지의 비율보다 두 배 이상 증가한 수치라고 밝혔다. MacCallum과 Austin(2000)도 1993년부터 1997년까지 16개의 심리학 학술지에서 57개의 논문이 구조방정식모형을 사용한 것으로 파악하였다. Schreiber 등(2006)은 1989년부터 2002년까지『The Journal of Educational Research』에 게재된 구조방정식모형을 사용한 16편의 논문을 검토하였다. Shah와 Goldstein(2006)은 1984년부터 2003년까지 4개의 경영학 학술지에 게재된 93편의 구조방정식모형을 활용한 논문을 ① 분석 전, ② 분석 중, ③ 분석 후 단계로 분류하여 구조방정식모형을 사용한 논문에서의 방법론적 문제를 논의했다. Fan 등(2016)은 1999년부터 2016년까지 생태학 연구 저널에 게재된 146편의 논문을 대상으로 구조방정식모형의 활용 현황을 분석했다.

국내에서는 경영학 분야와 행정학 분야에서 구조방정식모형의 적용에 관한 문헌연구가 진행되어 왔다. 김진호, 홍세희, 추병대(2007)는 1993년부터 2006년까지 경영학 학술지에 게재된 97편의 구조방정식모형 논문을 모형개발, 모형추정, 모형평가의 3단계로 분류하여 통계적 쟁점을 검토하였다. 김종기, 전진환(2009) 역시 1991년부터 2007년까지 경영정보학 분야의 4개 학술지에 게재된 논문 164편을 분석하여 구조방정식모형이 경영학 분야에서 어떻게 활용되고 있는지를 살펴보았다. 심준섭(2015)은 1991년부터 2014년까지 6개 행정학 학술지에 게재된 구조방정식모형을 사용한 241편의 논문을 모형 단계별(모형 설정, 모형 식별, 모형 추정, 모형 평가)로 검토하였다. 이렇게 구조방정식모형 활용에 대한 방법론적·통계적 문제를 다룬 문헌이 지속적으로 발표되는 것은 구조방정식모형의 적용 오류, 모형의 과적합, 복잡한 모형 해석의 어려움, 불명확한 분석 방법, 분석결과에 대한 정보 부족 등의 심각한 문제를 가진 논문이 많다는 사실을 말해 주고 있는 것이라고 생각된다.

지난 20여 년 동안 우리나라 교육행정학 분야에서도 구조방정식모형을 활용한 연구가 지속적으로 이루어져 왔다. 구조방정식모형을 활용한 석·박사 학위 논문이 지속적으로 산출되어 왔으며, 『교육행정학연구』에 출판된 교장 리더십에 관한 양적 연구 논문 중 구조방정식모형을 활용한 경우가 가장 많은 것으로 나타나고 있다(주현준, 2020). 하지만 이러한 구조방정식모형의 광범위한 적용에도 불구하고 교육행정학 분야에서 구조방정식모형이 어떻게 활용되고 있는지, 어떤 방법론적 문제점을 수반하는지에 대한 비판적 성찰은 매우 부족한 편이다. 따라서 이 장에서는 먼저 구조방정식모형의 기본적 특징과 이론적 가정의 중요성에 대해 간략히 논의한 후, 교육행정학 분야의 대표적 학술지라고 할 수 있는 『교육행정학연구』에 게재된 논문 분석을 통해 구조방정식모형 활용 실태를 구체적으로 제시하고자 한다. 이러한 분석을 기반으로 구조방정식모형을 보다 효과적으로 활용하기 위해 고려해야 할 통계적·기술적 이슈와 함께 실천적인 개선 방안을 제시하고자 한다.

2. 구조방정식모형의 주요 특징과 기본적인 가정

1) 구조방정식모형의 개념과 주요 특징

구조방정식모형은 공분산분석, 다중회귀분석 등 일반적인 선형모형(general linear model)의 절차를 확장하여 경험적 데이터를 통해 이론의 타당성을 평가하는 통계모형이다. 구조방정식모형은 회귀분석이나 분산분석과 같은 단일 통계기법이라기보다는 모형의 개념화, 모형의 식별 및 모수 추정, 모형에 대한 데이터의 적합도 평가, 모형의 수정 등 일련의 분석 과정을 포괄하며, 여러 분석 방법을 통합한 다변량 분석 방법으로 모형의 복잡성을 시각화할 수 있다는 장점이 있다(Mueller & Hancock, 2008). 구조방정식모형의 기본 원리를 이해하기 위해서는 외생변수(exogenous variable)와 내생변수(endogenous variable)의 개념을 먼저 숙지할 필요가 있다. 외생변수는 모형 내 다른 변수의 영향을 받지 않는 변수로, 일반적으로 모형 내 내생변수의 원인 또는 예측변수로 지정된다(회귀모형에서 독립변수에 해당한다). 반면 내생변수는 모형의 다른 변수에 의해 영향을 받는 변수로서 외생변수 및 다른 내생변수의 결과 또는 효과로 지정된다(회귀모형에서 종속변수에 해당한다)(Kline, 2016).

(1) 구조방정식모형의 2단계: 측정모형과 구조모형

구조방정식모형은 크게 두 가지 단계로 분류된다. 관찰변수 간의 공분산을 기반으로 잠재변수와 관찰변수 간의 관계를 분석하는 ① 측정모형(measurement model) 단계와 잠재변수 간의 인과관계를 파악하는 ② 구조모형(structural model) 단계로 구분된다(Mueller & Hancock, 2019). 측정모형에서 잠재변수는 직접 측정할 수 없지만, 관측 가능한 여러 변수(지표)에 대한 응답을 통해 간접적으로 측정된다. 예를 들어, 지능이나 읽기 능력과 같은 구인은 해당 구인을 측정하도록 개발된 일련의 지표 문항들에 대한 응답을 통해 측정되는 경우가 많다. 즉, 측정모형에서는 잠재변수와 측정지표와의 일련의 관계를 설정하고 그 관계의 적합성을 검증하는 것이다(Lei & Wu, 2007). 구조모형에서는 여러 다중회귀모형을 동시에 추정한다는 점에서 다중회귀모형의 확장으로 이해할 수 있다. 구조모형에서는 직접효과와 간접효과 등 잠재변수 간의 복잡한 인과구조를 개념화하고 변수의 방향성 및 변수 간의 상호 관계를 분석한다.

[그림 8-1]에서 이러한 두 가지 단계를 예시적으로 볼 수 있다. 관찰변수는 사각형(□)으로 표시하고 잠재변수(오차항 포함)는 원(○)으로 표시한다. 단방향 화살표(→)는 경로를 나타내고 양방향 곡선 화살표는 분산 또는 공분산(∪)을 나타낸다. e는 측정오차(error term)를 d는 설명오차

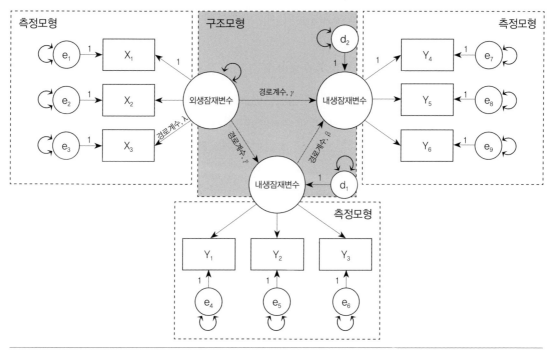

[그림 8-1] 구조방정식 모형도 예시

(disturbance term)를 의미한다.

연구자가 구조방정식모형을 적용할 때 데이터가 제안된 모형에 맞지 않는 경우가 종종 있으며, 개별 모수의 추정치를 해석하는 것이 적절하지 않을 수 있다. 이러한 데이터-모형 불일치를 해결하기 위해 연구자는 측정-구조의 2단계 구조방정식모형을 실행하여, 데이터-모형 불일치가 모형의 측정 부분에서 잘못된 것인지 아니면 모형의 구조에 결함이 있는 것인지, 또는 모형의 측정 및 구조 부분 모두의 오류로 인한 것인지를 판단할 수 있다(Mueller & Hancock, 2008).

(2) 구조방정식모형의 장점

구조방정식모형의 장점은 무엇이며, 언제 사용하는 것이 적절할까? 첫째, 구조방정식모형은 여러 변수 간의 관계를 동시에 분석할 수 있다. 회귀모형은 단일 종속변수와 여러 독립변수 간의 선형관계를 모형화하기 때문에 일반적으로 단일 종속변수에 대한 여러 독립변수의 영향력을 예측한다. 반면 구조방정식모형은 둘 이상의 종속변수를 허용하며 여러 변수 간의 복잡한 관계를 동시에 분석할 수 있다는 장점이 있다.

둘째, 구조방정식모형은 변수 간의 직간접 효과를 추정할 수 있다. 구조방정식모형에서 경로분석은 매개효과, 즉 한 변수가 다른 변수를 통해 결과에 미치는 직접 또는 간접적인 효과를 추정한다(Baron & Kenny, 1986).[1] 예를 들어, 교사효능감이 직무만족도에 미치는 직접적 효과뿐만 아니라 교사공동체라는 매개변수를 통해 교사효능감이 직무만족도에 미치는 간접적인 효과도 파악할 수 있다.

셋째, 구조방정식모형에는 관찰변수와 잠재변수 모두 포함될 수 있다. 구조방정식모형에서 데이터에 존재하는 관찰변수를 측정지표(indicator)라고 하고, 실제 데이터에는 존재하지 않지만 지표로부터 도출되는 변수를 잠재변수(latent variable)라고 한다(Byrne, 2013; Kline, 2016). 예를 들어, 교육행정학 분야에서 연구자는 학교장의 도덕적 리더십이나 교사의 직무만족도와 같은 개념에 관심이 있지만, 이러한 개념은 직접 측정할 수 없기 때문에 관찰된 지표를 사용하여 잠재적인 변인을 구성한다. 반면 교육이 소득에 미치는 영향에 대한 연구의 경우, 소득은 가구의 연간 소득으로, 교육은 공교육 이수 기간으로 직접 측정 가능한 변수를 사용할 때는 주로 회귀모형이 사용된다.[2] 하지만 학교장의 도덕적 리더십이 교사의 직무만족도에 미치는 영향과 같이 직접 관찰하기 어려운 변수를 포함하는 연구에는 구조방정식모형을 사용하는 것이 보다 적절한 경우가 많다.

넷째, 구조방정식모형은 관찰변수와 잠재변수에 대한 오차 분산을 추정할 수 있다. 다중회귀모형과 같은 다른 통계기법은 관찰된 측정값을 기반으로 하고 측정오차를 명시적으로 설명하지 않지만, 구조방정식모형은 잠재변수를 사용하여 측정오차를 모델링함으로써 변수 간의 실제 관계를 보다 정확하게 추정할 수 있다. 그러나 구조방정식모형에서 오차 분산을 추정한다고 해서 측정 오차가 완전히 제거되는 것은 아니라는 점을 유의할 필요가 있다. 측정오류는 모든 실증 연구에 내재된 부분이며, 구조방정식모형은 측정오류가 존재한다는 맥락에서 변수 간의 관계를 더 정확하게 추정할 수 있다는 것을 의미한다(Teo, Tsai, & Yang, 2013).

다섯째, 구조방정식모형은 선험적 가설을 바탕으로 변수 간의 인과관계를 검증한다. 구조방정식모형은 데이터가 제안된 모형에 얼마나 잘 맞는지 평가하고 확인하기 위해 탐색적 접근방식이 아닌 확증적 접근 방식을 취한다(Lei & Wu, 2007; Teo et al., 2013). 물론 구조방정식모형 영역에서는 이론 구축(theory-building)과 데이터 기반 분석(data-driven analysis)의 문제를 둘러싼 인식론적 논쟁이 있어 왔다. 연역적 관점의 지지자들은 구조방정식모형이 미리 지정된 모형을 검증할 수 있는 방법을 제공하고 기존 이론을 확인하거나 반박하는 데 도움이 될 수 있기 때문에 이론 검증에 유용한 도구라고 주장한다(Tarka, 2018). 그러나 귀납적 관점을 지지하는 사람들은 구조방정식모형을 사용하여 이전에 가설화되지 않았던 변수 간의 관계를 파악함으로써 새로운 이론과 가설을 생성할 수 있다고 주장한다. 구조방정식모형은 회귀분석이나 요인분석(특히, 탐색적 요인분석)에서 흔히 볼 수 있는 것처럼 탐색적, 데이터 기반 방식으로도 사용할 수 있지만, 이러한 접근법에 대한 비판자

---

1) 경로분석은 잠재변수가 등장하기 전 구조방정식모형의 초기 명칭으로 간접 및 직접적인 인과효과에 대한 구조적 가설을 검증하는 데 사용된다(Fan et al., 2016). 구조방정식모형에서 매개변수는 외생변수(원인변수)와 내생변수(결과변수) 역할을 모두 한다.

2) 물론 연구자는 회귀모형에서 구성개념을 반영하는 적절한 지표 또는 변수를 선택하여 개념적 구인을 조작할 수 있다.

들은 이 접근방식이 허위적인 결과와 모형 과적합을 초래할 수 있으며 구조방정식모형의 근본적인 목적은 이론을 생성하는 것이 아니라 확인하는 것임을 강조한다(Tarka, 2018).

2) 구조방정식모형의 철학적 · 방법론적 쟁점

필자를 포함한 많은 교육행정학 연구자들은 수학에 대한 배경 지식이 부족하고 복잡한 방정식에 익숙하지 않는 경우가 많다. 하지만 구조방정식모형이 복잡한 통계모형을 기반으로 함에도 불구하고 많은 교육행정학 연구자들이 구조방정식모형에 매료되는 이유는 무엇일까? 많은 연구자들이 구조방정식모형을 활용하게 된 이유 중 하나는, 비교적 사용하기 쉬운 통계 프로그램이 개발되면서 구조방정식모형에 사용되는 경로도(path diagram)가 수학 방정식에서 파생된 복잡한 정보를 시각적으로 표현해 주기 때문이다. 그러나 연구자가 구조방정식모형의 이론적 가정과 원리를 이해하지 않고 상대적으로 사용하기 쉬운 통계 프로그램에 맹목적으로 의존하게 되면, 결국 도구가 사고를 지배하게 되어 구조방정식모형을 오용할 여지가 많아질 수 있다는 우려가 제기되고 있다 (Freedman, 1987). Steiger(2007)는 구조방정식모형의 남용, 오용, 과잉 해석에 대해 경고하면서, 이러한 위험은 구조방정식모형 자체가 아니라 연구자가 이 방법의 기본 원칙과 한계에 대한 인식 부족에서 비롯된다고 지적한다.

구조방정식모형은 상대적으로 오랜 기간에 걸쳐 지속적으로 발전해 왔으며, 그 적절한 적용방식과 관련하여 많은 철학적 · 통계적 논쟁이 이루어져 왔다(Tarka, 2018). 여기서 철학적 측면은 주로 인과관계의 존재론적 본질과 실험적(또는 비실험적) 데이터에 기반한 인과추론에 대한 인식론적 측면에서 구조방정식모형의 역할에 관한 것이며, 통계적 측면은 적용 과정에서 발생하는 다양한 기술적 문제와 관련이 있다. 여기서는 이와 관련, 인과관계 추론과 관련된 쟁점, 구조방정식모형에서의 횡단 데이터의 사용과 한계, 누락변수와 관련된 문제 등에 대해서만 논의하고자 한다.

(1) 구조방정식모형의 인과적 추론

앞에서 언급한 바와 같이 구조방정식모형의 강점 중 하나는 연구자가 잠재변수, 측정지표, 원인과 결과 간의 관계를 명시적으로 제시함으로써 변수들 간의 관계에 대한 인과적 추론을 할 수 있다는 점이다. 그러나 구조방정식모형에서 도출된 인과관계 추론이 타당한지 확인하기 위해서는, 구조방정식모형의 기초가 되는 인과관계 가정이 충족되는지 검증하는 것이 매우 중요하다. 19세기 철학자 John Stuart Mill을 인용한 Shadish, Campbell, Cook(2002: 6)은 인과관계가 충족해야 하는 중요한 조건을 ① 시간적 선행성(temporal precedence), ② 공변성(covariation), ③ 비허위성(non-spuriousness)의 세 가지로 설명한다.

첫 번째 조건은 가설로 설정된 원인이 예상되는 결과보다 시간적으로 선행되어야 한다는 것이다. 예를 들어, 연구자가 학생의 학업성취도가 학급 규모(학생 수)에 따라 달라지는지를 연구하기 위해서는, 학업성취도를 측정하기 전에 학생들이 이에 적합한 특정 규모의 교실 환경에서 수업을 받았는지 먼저 확인해야 한다. 두 번째 조건은 원인의 수준이 체계적으로 다른 경우, 그에 상응하는 결과의 변화가 있어야 한다는 것이다. 즉, 원인변수가 변하면 결과변수도 변해야 하는데 원인변수가 변했는데 결과변수에 변화가 없다면 인과관계를 설정할 수 없다는 것이다. 예를 들어, 학생 수가 적은 학급에서 수업을 받은 학생들의 성적이 더 좋았다면, 한 학급의 학생 수를 줄이면 평균적으로 성적이 향상될 것으로 기대할 수 있다. 세 번째 조건은 가장 중요하면서도 현실적으로 충족하기가 가장 어려운 조건이다. 즉, 앞의 두 가지 조건(시간적 선행성, 공변성)으로 나타난 변화의 양상이 제3의 변수로는 설명되지 않아야 한다는 것이다. 구조방정식모형은 본질적으로 포함된 변수들 간에 인과관계가 있다고 가정하며, 이는 한 변수의 변화가 다른 변수에 직접적인 영향을 미친다는 것을 의미한다. 그러나 다른 사회과학 분야와 마찬가지로 교육행정 분야에서도 변수들 간의 직접적 인과관계를 판단하는 것은 많은 한계가 있다. 많은 경우 인과관계의 방향이 명확하지 않을 수 있으며, 변수 간의 관계가 허위적인 인과관계인지 아니면 진정한 인과관계인지 판단하기 어려울 수도 있다. 이는 결과적으로 변수 간의 관계에 대한 부정확한 결론과 인과관계에 대한 잘못된 추론으로 이루어질 수 있다.

특히, 사회현상(예컨대, 학교 조직 현상)을 다루는 교육행정학 연구에서는 연구자가 관심을 가지고 있는 변수에 직접적으로 영향을 미치는 변수 외에도, 해당 변수에 영향을 미칠 가능성이 있는 다양한 변수가 존재하는 것이 일반적이다. 예를 들어, 새로운 교수법이 학업성취도에 미치는 효과를 연구하는 경우 교수법뿐만 아니라 가족 배경, 학교 자원, 학생의 동기 부여 수준과 같은 다른 관련 변수들도 학업성취도에 영향을 미칠 수 있다. 따라서 구조방정식모형에서 변수 간의 통계적 유의성이 변수 간의 충분한 인과관계를 보장하는 것은 아니며, 분석에서 고려되지 않은 다른 요인이 변수들 간의 관계에 영향을 미칠 수 있다는 점에 유의해야 한다. 또한 인과관계가 존재하더라도 그 관계의 효과 크기가 실질적으로 유의하지 않을 수 있으므로 결과를 해석할 때 주의가 필요하다.

또한 구조방정식모형의 경로분석을 수행할 때는 모형에 포함된 변수들 간의 인과관계를 평가하여 변수의 방향성을 판단해야 하는데, 이때 변수들 간의 구조적 관계가 항상 명확하지 않을 수도 있고, 양방향성이거나 반대 방향으로 인과 관계가 있을 수도 있다. 예를 들어, 교사의 스트레스와 직무 불만족의 관계를 연구할 때, 스트레스가 직무 불만족을 유발할 수도 있지만 직무 불만족이 스트레스를 유발할 수도 있다. 이러한 경우 연구자는 변수들 간의 인과관계에 대한 이론적 토대와 선행연구를 신중하고 면밀하게 검토하여 관계의 방향을 결정해야 한다.

(2) 횡단 데이터 활용의 한계

횡단 데이터는 일정 기간 동일한 개인으로부터 데이터를 수집하는 종단 데이터보다 수집하기 쉽고 시간도 적게 소요되기 때문에 교육행정학 분야 연구에서 자주 사용된다. 그러나 구조방정식 모형에서 횡단 데이터를 사용하는 데에는 결과의 타당성에 영향을 미칠 수 있는 몇 가지 중요한 한계가 있다.

일반적으로 횡단 데이터는 변수가 동일한 시점에 측정되기 때문에 인과관계를 추론하기가 어렵다. 횡단 데이터는 변수 간의 시간적 관계(사건의 순서)를 분석할 수 없기 때문에 어떤 변수가 먼저 발생했는지, 변수 간의 관계가 인과 관계인지 또는 비인과 관계인지를 파악하기 어렵다. 따라서 횡단 데이터를 사용할 때 연구자는, 특히 변수 간의 관계를 해석하는 데 보다 신중해야 하며, 인과관계에 대한 섣부른 결론을 내리지 않도록 주의해야 한다. 또한 횡단 데이터는 단일 시점에서 수집되는 자료여서 시간의 경과에 따른 변수 간의 관계 변화에 대한 정보를 제공하지 못하기 때문에, 연구자는 변수 간의 복잡한 관계나 시간 경과에 따른 환경 또는 맥락 변화의 영향을 충분히 탐색하기 어렵다. 따라서 횡단 데이터는 현재 교육행정학 분야에서 자료 수집의 용이성 측면에서 변수들 간의 연관성을 탐색하는 데 많이 사용되고 있기는 하지만 연구자는 이 경우 횡단 데이터의 한계를 명확히 인식하고, 구조방정식모형에서 이러한 유형의 데이터를 분석에 사용하는 것이 연구목적에 비추어 적절한지에 대해서 항상 신중하게 검토할 필요가 있다.

(3) 구조방정식모형에서의 누락변수(omitted variable)

구조방정식모형은 변수들 간의 인과관계에 대한 가설을 검증하는 데 사용되는 강력하고 유용한 통계기법이다. 하지만 구조방정식모형의 중요한 문제점 중 하나는 누락된 변수가 모형 내 변수들 간의 관계에 대한 추정치를 편향시킬 수 있다는 점이다. 구조방정식모형에서는 통상적으로 전통적인 통계 방법에서처럼 '통제변수(control variable)'라는 개념을 공식적으로 적용하지는 않는다. 하지만 구조방정식모형에 관련변수(relevant variable)를 포함시키는 것은 모형의 추정치를 보다 정확히 하기 위해 중요한 문제라고 할 수 있다. 예를 들어, 내생(종속)변수가 누락변수의 영향을 받고, 누락변수가 모형의 다른 인과 결정 요인과 어느 정도 상관관계가 있는 경우, 추정 계수가 모형 내 변수 간의 실제 관계를 정확하게 반영하지 못할 수 있다. 누락변수가 모형의 측정된 인과 결정 요인에 잘못된 영향을 미칠 수도 있는 것이다(Meade, Behrend, & Lance, 2009). 그러나 교육행정학과 같은 사회과학 분야의 연구에서 결과변수에 영향을 미치는 모든 관련변수를 모형에 포함하는 것은 현실적으로 불가능하다.

통계적 선형모형에서 원인(설명)변수가 결과변수에 미치는 인과적 효과를 보여 주기 위해서는 원인변수의 내생성이 적절하게 통제되어야 한다. 여기서 말하는 내생성(endogeneity)이란 원인변수와 오차항 사이에 상관관계가 있다는 의미로 설명변수는 오차항에 대해 내생적(endogenous)이라고 말한다(Hill et al., 2021). 원인변수가 내생적인 경우 원인변수가 결과변수에 미치는 고유한 효과와 관찰되지 않은 변수가 결과변수에 미치는 효과를 분리하기 어렵기 때문에 원인변수가 결과변수에 미치는 인과적 효과는 편향되게 추정될 수 있다(Angrist & Pischke, 2009).[3] 원인변수와 오차항의 상관관계를 유발하는 대표적인 원인들 중에 하나는 결과변수에 영향을 미치는 어떤 중요 요인이 원인변수로서 포함되는 않는 경우이다.

구조방정식모형에서 이러한 원인변수의 내생성 문제를 해결하기 위해 다양한 접근방식을 사용할 수 있으며, 여기서는 주로 사용되는 몇 가지 접근방식에 대해 설명하고자 한다. 첫 번째 방식은 외생변수와 누락된 변수 간의 상관관계를 최소화하는 무작위 할당 설계 방식을 사용하는 것이다. 연구 참여자를 무작위로 배정하는 것은 알려진 개인차와 알려지지 않은 개인차를 통제하는 데 매우 효과적이다. 그러나 교육행정학 분야 연구에서 무작위 할당 연구설계는 가능하지 않은 경우가 훨씬 많다. 두 번째 방식은 누락변수의 효과를 포착하는 추가변수를 모형에 포함하는 것이다. 이러한 변수를 통제변수라고 하며, 통제변수를 모형에 포함하면 원인변수의 내생성으로 인한 문제점을 완화하는 데 도움이 될 수 있다. 그러나 통제변수가 많을수록 모형의 복잡성이 증가하고 분석의 검정력이 감소할 수 있으며, 더 많은 표본크기가 필요할 수 있다. 따라서 기존 문헌을 면밀히 검토하여 관심 변수와 관련성이 있는 것으로 밝혀진 변수를 철저히 파악하고(Meade et al., 2009), 어떤 변수를 모형에 포함해야 하고 어떤 변수를 생략할 수 있는지 근거와 논리를 명확히 하여 모형을 설정하는 것이 중요하다(Wilms, Mäthner, Winnen, & Lanwehr, 2021).

또 다른 접근방식은 원인변수와 상관관계가 있지만 오차항과는 직접적으로 상관관계가 없는 도구변수(instrumental variable)를 사용하는 것이다(도구변수에 대한 더 자세한 설명은 이 책의 제9장 '준실험설계의 유용성과 활용상의 유의점'을 참조). 도구변수는 원인변수와 상관관계가 있지만 결과변수와는 직접적인 상관관계가 있지는 않다. 연구자는 도구변수를 사용하여 원인변수가 오차항과 상관관계가 있을 때 발생하는 내생성 편향을 통제하면서 원인변수가 결과변수에 미치는 인과적 효과에 대한 편향되지 않은 추정치를 얻을 수 있다(Murnane & Willett, 2011). 예를 들어, 연구자가 교육이 소득에 미치는 인과적 효과를 추정하는 경우 능력이 높은 개인이 더 많은 교육을 받고 더 높은 임금을 받을 수 있기 때문에 이 경우 교육이 내생적일 수 있다.[4] 이 문제를 해결하기 위해 교육과 상관관계가 있지만 소득과는 직접적인 관련이 없는 학교 근접성을 도구변수로 사용할 수 있다. 학교

---

3) 원인변수와 오차항 간의 상관관계가 없는 경우 원인변수는 외생적(exogenous)이라고 하고 비편향적인 인과관계 추정이 가능하다.

4) 도구변수는 연구에서 잠재적인 자기 선택 편향(self-selection bias)을 설명하는 데 도움이 된다. 자기 선택 편향은 개인이 특정 집단에 무작위로 배정되지 않고 스스로 집단을 선택할 때 발생한다. 교육 및 소득의 경우 고등교육을 받기로 선택한 개인은 그렇지 않은 개인과 다른 특성을 가질 수 있다. 이러한 차이에는 지능, 동기 부여, 가족 배경 또는 재정적 자원이 포함될 수 있으며 기대 소득에 영향을 미칠 수 있다(Angrist & Pischke, 2009).

근접성은 학교 통학과 관련된 비용과 시간을 결정하기 때문에 고등교육에 대한 진학 및 이수 결정에 영향을 미칠 가능성이 높다고 할 수 있다. 즉, 대학에 가까운 곳에 거주하는 사람은 먼 곳에 거주하는 사람보다 대학에 진학하고 학위 프로그램을 이수할 가능성이 더 높을 수 있을 것이다. 이러한 도구변수를 선택하면 결과에 영향을 미칠 수 있는 자기 선택 편향을 고려하여 교육이 소득에 미치는 인과적 효과를 보다 정확하게 추정할 수 있다.

3. 교육행정학 연구에서 구조방정식모형의 활용 실태 분석

1) 선행연구 분석

신현석, 박균열, 정주영, 김진미(2014)는 창간호부터 2013년까지 『교육행정학연구』에 게재된 양적연구 논문을 분석하여 교육행정학 분야의 양적 연구 동향을 분석하였다. 그 결과, 위계선형모형, 구조방정식모형과 같은 고급통계를 활용한 논문의 수가 2000년대부터 지속적으로 증가하는 추세라고 밝히고 있다(2000~2009년까지는 35.1%의 논문이, 2010~2013년까지는 57.5%의 논문이 고급통계기법을 사용하였다). 이와 유사하게 『교육행정학연구』 게재 논문의 연구 동향과 방법을 분석한 김병찬, 유경훈(2017)의 연구에서도 2010년부터 2016년까지 게재된 총 205편의 양적 논문 중 137편(66.8%)이 고급통계기법을 활용한 논문이었다. 또한 임연기, 김훈호(2018)는 2010년부터 2017년까지 『교육행정학연구』에 게재된 논문 총 449편을 분석하였는데 2010년대 이후 양적 연구의 논문 수가 과반수(55.2%)를 넘고 있고, 고급통계(다변량분석, 다층자료분석, 패널자료분석 등) 기법을 활용한 논문의 수가 급격히 증가하고 있다고 보고하고 있다. 2009년부터 2018년까지 『교육행정학연구』에 게재된 논문들을 분석한 신현석, 박균열, 이예슬, 윤지희, 신범철(2018)의 연구에서는 양적연구의 논문 편수가 2008년까지의 연구 동향과 비교해 보았을 때 50.6%까지 현저하게 증가하였음을 밝히고 있다. 또한 이 연구에서는 고급통계를 사용한 논문 편수(180편, 33.8%)가 기술통계(27편, 5.1%)나 초·중급 통계(62편, 11.7%)를 사용한 논문 편수에 비해 훨씬 높은 비중을 차지하고 있는 것으로 나타났으며, 최근 양적 연구의 증가 추세에 따라 연구설계와 분석기법도 더욱 정밀화되고 세분화되고 있다고 분석하고 있다. 양적 연구방법을 사용한 논문의 증가추세 현상은 교장 리더십에 관한 양적 연구방법을 분석한 주현준(2020)의 연구에서도 살펴볼 수 있다. 이 연구는 2009년부터 2019년까지 『교육행정학연구』에 게재된 32편의 교장리더십과 관련된 양적 연구논문을 분석한 결과 27편이 구조방정식모형을 통계적 분석기법으로 활용하고 있다고 보고하였다. 이를 보면 교육행정학의 리더십과 관련한 연구주제 영역에 있어서 구조방정식모형은 양적 연구방법 중에서도 압도적으로 많이 활용되는 방식임을 알 수 있다.

교장리더십에 대한 논문들을 분석한 주현준(2020)의 연구를 좀 더 구체적으로 살펴보면 이 연구에서는 5가지 기준(① 연구모형, ② 표집, ③ 측정도구, ④ 분석방법, ⑤ 결과해석)을 바탕으로 교장리더십의 양적 연구논문을 분석하여 다음과 같은 결론을 도출하였다. 첫째, 구조방정식모형을 활용한 논문에서는 연구자가 이론적 근거와 선행연구를 바탕으로 타당한 연구모형을 설정했는지가 중요하다. 둘째, 타당한 연구결과를 확보하기 위해서는 표집 과정과 표본의 대표성을 확보해야 한다. 셋째, 자료수집에 활용된 측정도구가 신뢰성과 타당성을 확보하였는지에 대한 충분한 설명이 필요하다. 넷째, 연구자가 선택한 분석 방법이 연구문제를 해결하는 데 적절한 방법인지를 자세하게 설명해야 한다. 마지막으로, 연구 분석의 결과를 지나치게 확대 해석하여 왜곡된 결과를 제시하는 것에 주의해야 한다. 이 연구에서는 특히, 분석 방법의 기준을 제대로 충족시키지 못하거나 연구목적에 부합하지 않는 잘못된 분석 방법을 적용한 논문의 수가 32편 중 27편에 달하는 것으로 나타났고, 이러한 분석 방법 적용의 오류는 주로 구조방정식모형을 활용한 논문들에서 나타났다는 점을 밝히고 있다. 이와 더불어 구조방정식모형을 활용한 논문에서는 사용된 모수추정 방법의 선택과 근거를 명확히 제시하지 않은 논문들이 있었고, 모형 적합도 지수를 제공하고 있기는 하지만 일부 논문에서는 오히려 적합도가 낮은 모형을 최종모형으로 선택하는 오류를 범하기도 하였다. 이와 함께 구조방정식모형을 활용한 논문들에서 종종 상관관계를 인과관계로 혼동하여 연구결과를 확대 해석하는 경우가 있어서 구조방정식모형을 활용한 연구를 수행하는 데 있어 방법론적인 성찰과 함께 보다 엄밀한 분석절차가 요구된다는 점을 강조하고 있었다.

2) 연구방법

교육행정학 분야에서 구조방정식모형이 어떻게 활용되고 있는지 그 실태를 분석하기 위해 먼저 분석 대상과 자료수집 기간을 선정하였다. 분석 대상은 교육행정학 분야의 대표적 학술지인 『교육행정학연구』에 게재된 논문으로 한정하였으며, 분석 기간은 교육 분야에서 대규모 종단 데이터가 본격적으로 수집되기 시작한 2000년대 이후 최근 23년(2000~2022년, 제18권 제1호부터 제40권 제3호)간으로 설정하였다. 구조방정식모형을 활용한 논문 검색은, 먼저 '구조방정식', '매개효과', '경로분석'을 키워드로 설정하여 해당 기간의 연구들을 검색한 결과 총 56편의 논문이 추출되었다. 그러나 연구방법이나 통계적 기법을 키워드로 사용하지 않은 논문이 많아 교육행정학회지에 게재된 논문 목록을 다시 확인하여 구조방정식모형을 활용한 논문 40편을 추가하여 총 96편의 논문을 분석 대상으로 삼았다. 구조방정식모형은 연구자가 선행연구와 이론적 근거를 바탕으로 모형을 설정하고, 그 모형의 타당성을 실증적으로 검증하는 확증적 속성을 가지고 있기 때문에(Knoke,

Bohrnstedt, & Mee, 2002), 탐색적 요인분석만을 사용하여 지표나 진단도구를 개발하는 것을 목적으로 한 연구논문은 분석의 대상에서 제외되었다. 따라서 이 장에서는 확인적 요인분석을 적용한 측정모형 논문과 측정 및 구조모형을 결합한 구조방정식모형을 활용한 연구논문을 중심으로 분석을 실행하였다.

다음으로, 이들 논문에서 구조방정식모형이 구체적으로 어떻게 사용되고 있는지를 심층적으로 분석하기 위해, 본 연구에서는 Kline(2016)의 '구조방정식모형의 원리와 적용'과 Mueller와 Hancock(2019)의 구조방정식모형 사용 논문 검토 가이드라인, 주현준(2020)의 분석 기준을 참조하여 분석틀을 설정하였다(〈표 8-1〉 참조). 이를 좀 더 자세히 설명하면 다음과 같다.

〈표 8-1〉 교육행정학 분야 구조방정식모형 활용 실태 분석을 위한 분석틀

분석 영역	분석의 준거
1. 연구모형의 설정과 식별	① 모형 설정 ② 모형 식별
2. 표본과 데이터	③ 표본과 데이터의 속성
3. 모형 추정, 평가 및 수정	④ 모형 추정방법 ⑤ 모형 적합도와 평가(모형 수정)
4. 결과보고 및 해석	⑥ 결과보고 및 해석의 적정성

첫 번째 분석 영역은 기본적으로 연구설계의 적절성을 평가하는 것이다. 연구자는 먼저 구조방정식모형이 탐구하려고 하는 연구문제와 데이터에 가장 적합한 이유에 대한 근거를 제시해야 한다. 구조방정식모형은 변수가 관찰된 지표들에 의해 측정된다는 가정에서 출발한다. 연구자는 측정지표가 잠재변수에 대한 타당하고 신뢰할 수 있는 측정치라는 증거를 제공해야 한다. 측정모형을 평가하는 일반적인 방법은 확인적 요인분석(confirmatory factor analysis)을 사용하여 지표의 요인 구조를 검증하고, 측정도구의 타당성에 대한 증거를 제공하여 요인 구조가 데이터에 잘 맞는다는 것을 밝히는 것이다. 모형을 설정한 후에는 설정된 모형을 식별할 수 있는지 여부를 판단해야 한다. 모형 식별은 측정변수의 분산/공분산 행렬값을 사용하여 모형의 모수에 대한 고윳값을 추정할 수 있는지의 여부를 평가하는 것을 의미한다(Kline, 2016).

두 번째 분석 영역은 모든 통계분석에서 필요한 것으로, 표본과 데이터의 특성을 이해하고 모형과 적합한 표본크기와 추정방법, 연속형 변수의 다변량 정규성, 결측치의 처리방법 등에 대한 충분한 설명을 제공하는 것이다.

세 번째 분석 영역은 구조방정식모형의 추정, 평가 및 수정과 관련된 것이다. 이를 위해 연구자는 잠재변수 간의 직간접 효과에 대한 가설을 검증할 수 있어야 하고, 경로계수, 오차항 및 변수 간의 관계에 대한 가정을 포함하여 모형의 평가에 대한 명확하고 상세한 설명을 제공해야 한다. 또한 연구자는 카이제곱 검정, 절대 적합도 지수(예: RMSEA) 및 증분 적합도 지수(예: CFI)와 같은 적합도 지수를 사용하여 모형이 데이터와 잘 맞는다는 증거를 제시하고, 모형을 재설정해야 하는 경우 그 근거를 명확히 제시해야 한다.

마지막 네 번째 분석은 연구로부터 결론과 시사점을 도출하는 것과 관련된다. 연구자는 데이터와 모형에 의해 뒷받침되는 명확하고 타당한 결론을 도출하고, 이에 기초하여 교육행정학 분야에서 적합한 이론적 · 실천적 제언과 향후 연구에 대한 시사점을 논의해야 한다.

3) 교육행정학 연구에서 구조방정식모형 활용 실태 분석(2000~2022)

이 절에서는 교육행정학 분야에서 구조방정식모형을 활용한 연구논문들이 어떻게 수행되고 있는지 보다 체계적인 동향을 파악하고자 한다. 이를 위해 2000년부터 2022년까지 약 23년간 발표된 교육행정학 연구논문 중 구조방정식모형을 활용한 총 96편의 논문을 분석한 결과는 다음과 같다.

첫째, 2000년에서 2020년까지 5년씩 다섯 구간으로 구분하여 시간에 따른 연구물 발행 추이를 살펴본 결과는 〈표 8-2〉와 같다. 이를 통해 알 수 있듯이 구조방정식모형을 활용한 연구물들은 세부 기간별로 편차는 있지만 지속적으로 출판되고 있음을 알 수 있다. 전체 분석 기간 중 초기인 2000~2005년에는 연구가 9편(전체 96편 중 9.4%)에 불과했지만 2006~2010년에는 21편(21.9%)으로 증가하였고, 특히 2011~2015년 동안에는 35편(36.5%)으로 비약적인 팽창이 나타났다. 비교적 최근인 2016~2020년까지는 25편(26.0%), 가장 최근인 2021~2022년에는 6편(6.3% *40권 3호까지만 합산)만이 출판되어 약간 감소세를 보이고 있는 듯 보이기는 하지만 여전히 많은 논문들이 구조방정식모형을 활용하고 있음을 알 수 있다.

〈표 8-2〉 『교육행정학연구』에서 구조방정식모형 활용 논문의 연도별 추이

연도	2000~2005	2006~2010	2011~2015	2016~2020	2021~2022	소계
구조방정식모형 활용 논문 수	9(9.4%)	21(21.9%)	35(36.5%)	25(26.0%)	6(6.3%)	96(100.0%)

둘째, 구조방정식모형을 활용한 논문을 학교급별로 살펴본 결과, 대학에 비해 초 · 중등학교 단계에서 훨씬 많은 논문 80편(83.33%)의 논문이 게재되었음을 알 수 있다(〈표 8-3〉 참조). 사용한 자료의 유형을 보면, 연구자가 직접 수집한 설문자료가 72편(75.0%), 국가연구기관 등에서 수집한 2차 자료를 활용한 논문이 24편(25.0%)으로 나타났다. 연구자들이 활용한 2차 자료는 한국교육종단연구, 학교교육실태 및 수준분석연구, 한국교육고용패널, 대졸자직업이동경로조사연구, 통계청의 사교육비실태조사, 현장착근실태조사 등 다양한 자료가 활용되었다. 96편의 논문 중 14편(14.6%)의 논문이 진단도구, 측정도구 또는 측정지표를 개발하기 위해 측정모형을 사용했으며, 측

정모형과 구조모형을 함께 사용한 논문이 82편(85.4%)으로 압도적인 비중을 차지하고 있었다.

〈표 8-3〉 학교급, 자료유형, 통계모형별 구조방정식모형 활용 논문 현황

구분		논문 수
학교급	유아	1편(1.04%)
	초·중·고등학교	80편(83.33%)
	대학교	15편(15.63%)
자료유형	연구자가 직접 수집한 설문자료	72편(75.0%)
	2차 자료	24편(25.0%)
통계모형	측정모형	14편(14.6%)
	측정모형 + 구조모형	82편(85.4%)
소계		96편(100.0%)

셋째, 구조방정식모형을 활용한 연구를 연구주제별로 분류해 살펴본 결과, 초·중등 분야에서는 '학교장 리더십'에 관한 논문이 38편(39.6%)으로 가장 큰 비중을 차지했고, '학교문화 및 조직효과성', '교사 전문성 및 교사 리더십'에 관한 연구가 각각 10편(10.4%), 6편(6.3%)으로 뒤를 이었다(〈표 8-4〉 참조). 고등교육 분야에서는 '학업성취도'(학습경험)가 7편(7.3%)으로 가장 많았고, '대학교육의 질과 평가'와 '대학 교직원 직무만족, 리더십, 조직문화'가 각 4편(4.2%)을 차지하고 있었다.

〈표 8-4〉 연구주제에 따른 구조방정식모형을 활용한 논문의 연구 동향

연구주제		학교급
학교장 리더십	38(39.6%)	
교사 전문성, 교사 리더십	6(6.3%)	
직무수행 및 직무 만족도	3(3.1%)	
교원인사 및 성과	2(2.1%)	
학교문화 및 조직효과성	10(10.4%)	
교육활동 및 교육성과	2(2.1%)	
학교혁신	4(4.2%)	초·중·고
교육정책	2(2.1%)	
교육조직 및 경영	2(2.1%)	
사교육비	6(6.3%)	
학업성취 및 지원	4(4.2%)	
기타	2(2.1%)	

연구주제		학교급
대학교육의 질과 평가	4(4.2%)	
학업성취도(학습경험)	7(7.3%)	대학교
대학교 직원 직무만족, 리더십, 조직문화	4(4.2%)	
소계	96(100.0%)	

4) 구조방정식모형 활용에서 발견되는 통계적 문제점

교육행정학연구에 게재된 구조방정식모형을 활용한 논문들을 살펴보면 분석 방법과 결과를 보고하는 방식에 상당한 편차가 존재한다. 이 절에서는 교육행정학 분야에서 출판된 논문들에서 구조방정식모형이 적절하게 사용되고 있는지, 특히 공통적으로 발견되고 있는 문제점이 무엇인지를 중점적으로 분석해 보고자 한다. 이를 통해 향후 연구자들이 구조방정식모형을 활용하여 연구를 수행할 때 중점적으로 고려해야 할 사항들이 무엇인지를 제시해 보고자 한다.

(1) 이론에 기반한 모형의 설정

구조방정식모형의 핵심은 이론에 기반하여 적절한 측정지표로 구성된 잠재변수 간의 인과관계를 타당하게 예측할 수 있는 모형을 검증하는 데 있다(Hayduk et al., 2007). 따라서 모형 설정 단계는 구조방정식모형의 통계적 절차 중 가장 중요한 단계이며, 연구자는 연구설계에 충분한 시간을 할애해야 한다. 연구자는 이론적 근거와 실증적 연구를 바탕으로 연구문제를 명확하게 기술해야 하며, 활용 가능한 여러 통계방법 중 구조방정식모형을 적용하는 근거에 대해 충분히 설명해야 한다(Kline, 2016). Mueller와 Hancock(2019)이 지적한 것처럼, 관련 이론과 실증연구에 대한 충분한 분석 없이 수립된 연구모형은 이론적 근거와 적합성이 부족하여 모형 설정의 타당성이 결여될 여지가 있으며, 이 경우 이후의 분석과 도출된 결과 자체를 무의미하게 만들 수 있다는 점을 유념할 필요가 있다.

『교육행정학연구』에 게재된 구조방정식을 활용한 논문을 분석해 보았을 때, 대부분의 논문에서 이론적 근거에 대한 논의를 제시하고 있으며, 잠재변수로 선택된 구성적 개념(요인)에 대한 이론이나 잠재변수들 간의 인과관계에 대한 선행연구를 제시하고 있다. 하지만 모형을 설정할 때 변수의 방향성에 대한 명확한 이론적 근거가 충분하지 않으며, 간접효과와 직접효과를 검증하고자 할 때 어떤 변수가 어떤 변수에 영향을 미치는지 타당한 이론적 근거 없이 임의로 설정하는 경우가 상당 부분 있어 이 부분은 개선될 필요가 있을 것으로 생각된다.

구조방정식모형을 활용한 연구에서는 통상적으로 연구자가 설정한 관찰변수와 잠재변수 간의 관계, 잠재변수들 간의 인과관계와 같은 복잡한 개념적 · 통계적 구조를 시각적으로 표현한 경로도(path diagram)를 사용한다. 『교육행정학연구』에 수록된 구조방정식모형을 활용한 논문들 중에서 측정모형만을 사용하는 지표개발 논문들을 제외하고 분석할 결과 대부분의 논문들(82편 중 74편)이 경로도를 사용하였다. 예를 들어, 노영자, 양성관(2016)의 연구에서는 [그림 8-2]와 같이 학교장의 창발적 리더십이 교사 임파워먼트와 학교변화몰입에 미치는 영향과 함께, 이 영향에서 교사 임파워먼트의 매개효과를 규명하고자 하였다.

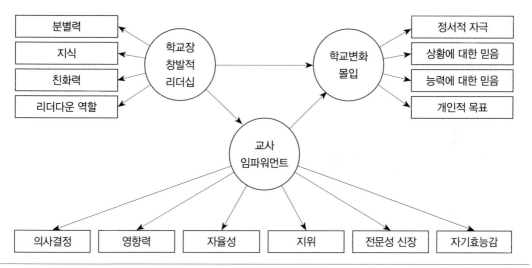

[그림 8-2] 학교장의 창발적 리더십, 교사 임파워먼트와 학교변화몰입의 구조적 관계
출처: 노영자, 양성관(2016: 52).

구조방정식모형의 경로모형에는 재귀모형과 비재귀모형의 두 가지 유형이 있다([그림 8-3] 참조).

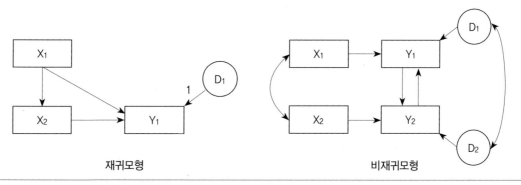

[그림 8-3] 재귀모형과 비재귀모형 경로모형 예

재귀모형은 모든 인과적 효과가 한 방향이며 설명오차 간에 상관관계가 없다고 가정한다(Kline, 2016). 재귀모형은 인과관계의 방향이 단일방향으로 지정되기 때문에 변수 간의 인과관계를 해석하고 결론을 도출하기가 상대적으로 용이하다. 예를 들어, 앞의 노영자, 양성관(2016)의 연구모형을 살펴보면 재귀적 경로모형을 설정하여 변수들 간의 인과관계를 한 방향으로만 설정하고, 교장의 창발적 리더십이 학교변화몰입과 교사 임파워먼트를 유발하고 교사 임파워먼트가 학교변화몰입에 영향을 주지만 학교변화몰입이 교사 임파워먼트를 유발하지는 않는다고 가정하였다. 반면 비재귀모형은 양방향 인과관계나 설명오차 간에 상관관계를 가정한다(Kline, 2016; 장상희, 이상문, 2007). 즉, 비재귀모형에서는 두 변수가 서로에게 원인이면서 동시에 결과도 될 수 있기 때문에(Y_1 ⇆ Y_2) 변수 간의 인과적 관계가 명확하지 않은 현상을 모형화할 때 자주 사용된다. 그러나 비재귀모형은 인과관계의 방향이 명확하게 지정되지 않기 때문에 재귀모형보다 인과적 관계를 해석하기가 더 어려울 수 있으며, 모형이 너무 복잡하거나 추정할 모수가 너무 많은 경우 모형 식별이 어려울 수 있다(Kline, 2016).

예를 들어, 연구자가 학생의 자존감, 동기부여, 학업성취도 사이의 관계에 관심이 있다면, 이러한 변수 간의 인과관계를 탐색하기 위해 비재귀모형을 사용할 수 있다. 즉, 자존감이 동기부여와 학업성취도에 직접적으로 영향을 미치지만, 동기부여와 학업성취도 사이에도 인과적인 피드백 순환관계가 있다는 가정을 세울 수 있는 것이다. 이 모형은 자존감 → 동기부여, 자존감 → 학업성취도, 동기부여 ⇆ 학업성취도 같이 인과관계를 보다 실제적으로 가정할 수 있다. 동기부여와 학업성취도 간의 인과관계는 양방향이며 상호 영향을 미칠 수 있다. 동기가 부여된 학생은 학업 과제에 적극적으로 참여하고, 이는 결국 학업성취도 향상으로 이어질 수 있다. 반면 학생이 학업성취도가 높으면 성취감을 느낄 수 있으며, 이를 통해 계속 성공하려는 동기가 높아질 수 있다고 가정할 수 있다. 연구자가 실제 연구모형을 설정할 때 재귀모형(recursive) 또는 비재귀모형(non-recursive) 중 어떤 것을 사용할지에 대한 판단은 탐구하고자 하는 연구문제와 관련된 이론적 증거에 기반하여 변수 간의 인과적 관계를 최대한 논리적으로 설정할 수 있도록 하는 것이 중요하다(Kline, 2016).

이와 더불어 구조방정식모형을 설정할 때는 다음의 세 가지 전략을 활용한다. 첫째, 엄격한 확인적 적용(strictly confirmatory application)이다. 연구자가 단일한 모형을 설정한 이후 데이터와의 적합도 여부를 근거로 모형을 선택하거나 기각하는 것이다. 둘째, 대안모형(alternative model) 또는 동치모형(equivalent model)을 설정하는 방식이다. 대안모형은 동일한 변수를 포함하되 변수 간 관계를 다르게 설정한 모형이다. 같은 변수들을 사용하여 다른 구조의 모형이 실제로 존재할 수 있기 때문에 한 개 이상의 모형을 설정한 이후 검증하는 접근방식이다. 셋째, 모형생성(model generation) 전략이다. 즉, 모형을 하나 생성한 다음 데이터와 적합하지 않은 경우 수정해 나가는 방식이 이 접근방식의 전략이다. 『교육행정학연구』에 수록된 구조방정식모형을 활용한 대다수의 논문들은 주로 세 번째 전략인 모형생성 및 수정 전략을 채택하여 결론을 도출하였다. 하지만 Shah 와 Goldstein(2006)이 제안한 것처럼 연구자가 설정한 하나의 모형을 지나치게 긍정적으로 평가하는 확증편향(confirmation bias)의 문제가 야기될 수 있기 때문에, 두 번째 전략인 대안모형 전략을 보다 적극적으로 활용할 필요가 있다.

(2) 연구모형의 식별

어떠한 통계모형이든 특정한 이론에 근거하여 설정된 통계모형은 식별이 가능하여야 하며 구조방정식모형도 예외는 아니다. 통계모형의 식별 가능성은 관찰된 데이터로부터 통계모형의 모수치를 고유하게 추정할 수 있는 정도를 의미한다(Kline, 2016). 연구자가 아무리 이론에 부합하는 모형을 설정하더라도 이 모형의 모수에 대한 추정치를 얻는 것이 이론적으로 불가능하다면 자료를 분석하는 것 자체가 의미가 없어질 것이다.

연구자가 설정한 모형이 식별 가능하기 위해서는 먼저 두 가지 요건을 충족해야 한다(Kline, 2016). 첫째, 관측한 정보 개수가 추정하려고 하는 모수보다 최소한 같거나 커야 한다($df = p-q$, df는 자유도, p는 관측 정보의 개수, q는 추정하려는 모수의 개수).[5] 이게 바로 자유도(degree of freedom)란 개념인데, 자유도가 0보다 커야만 모형 식별이 가능하다.[6] 구조방정식모형에서는 초과 식별인 경우가 많은데 관측한 정보 개수가 추정하려는 모수보다 많은 경우를 의미한다. 두 번째 원칙은 잠재변수는 직접 관찰되지 않기 때문에 측정변수처럼(예를 들어, 1~4 리커트 척도를 사용한 측정변수) 어떤 척도를 가지고 있는지 알 수 없으므로 척도화(scaling)가 필요하다.[7] 예를 들어, 임우섭, 김용주(2015)의 논문에서 보듯이, 잠재변수인 자아탄성력에서 측정지표로의 비표준화 경로 중 하나를 1로 고정하였다([그림 8-4] 참조).

Box(1976)가 주장한 바와 같이, 구조방정식모형에서는 가능한 모형의 간명성(parsimony)을 기반으로 하여 연구목적과 통계적 기반, 이론적 증거를 바탕으로 모형과 변수를 신중하게 선택할 필요가 있다. 모형과 변수의 선택은 다변량 분석의 핵심이므로, 연구자는 관심 있는 현상을 제대로 나타낼 수 있는 변수를 선정하고 이를 정당화해야 한다. 구조방정식모형을 활용한 교육행정학 논문들에서 나타나는 문제점 중 하나는, 모형을 지나치게 복잡하게 설정하거나 잠재변수에 대해 잘못된 측정지표를 사용하는 경우가 종종 있다는 것이다. 예를 들어, 대학생의 '학업 경험'이라는 잠재변수

---

5) 관측 정보의 개수를 구하는 공식은 $v(v + 1)/2$이다. 예를 들어, 모형에 포함된 측정변수의 개수가 3이라면 관측 정보의 개수는 3(4)/2, 즉 6이다(Kline, 2016).
6) 회귀분석의 경우에는 자유도가 0인 경우가 있을 수 있다. 이는 관측한 정보와 측정하려는 모수가 같다는 것을 의미한다. 이를 포화 식별이라고 한다.
7) 척도화의 방법은 참조 변수법(maker variable method)으로 잠재변수의 첫 번째 경로계수를 1로 고정하거나, 설명오차(disturbance)의 비표준화 잔차의 경로계수를 상수 1로 고정하거나, 각 잠재변수의 분산을 상수 1로 고정시키는 분산 표준화 방법이 있다(Kline, 2016).

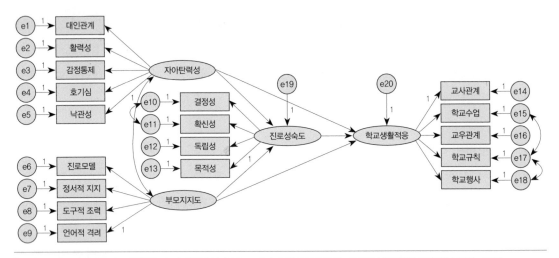

[그림 8-4] OO마이스터고 학생들의 자아탄력성과 부모 지지가 진로성숙도를 매개로 학교생활 적응에 미치는 영향

출처: 임우섭, 김용주(2016: 43).

를 측정하기 위해 대학 성적과 장학금을 지표로 사용하는 경우, 이 두 지표는 학업 경험을 반영하는 범위가 매우 제한적이다. 또한 대학 성적과 장학금이 서로 다른 척도로 측정되는 경우(예: 성적은 A, B, C, D의 척도로 측정되고 장학금은 수혜 여부라는 이분법적 변수로 측정되는 경우), 두 지표가 비교 가능한 척도가 아니기 때문에 잠재변수와 지표 간의 관계를 정확하게 추정하는 데 문제가 있을 수 있다.

(3) 표본과 데이터의 속성

구조방정식모형은 대규모 표본을 필요로 하는 통계기법으로, 적정한 크기의 표본이 확보되지 않은 경우 잠재변수에 대한 표준오차가 부정확하게 추정되는 등 모수치를 추정하는 데 있어서 정확성을 확보하기 어렵게 된다(Kline, 2016). 따라서 구조방정식모형을 적절하게 활용하기 위해서는 자료에 대한 충분한 검토와 함께 적정 수준의 표본이 확보되어야 한다(Bentler & Chou, 1987). 구조방정식모형에 대한 표본의 크기는 잠재변수당 측정변수의 개수, 다변량 정규성 정도, 모형추정 방법과 같은 사항들을 고려해야 하므로 최소 표본크기에 대한 절대적 기준을 제시하기는 어렵지만, 일반적으로 통계적 정확성을 확보하기 위해서 사례수가 최소 200개 이상 또는 모수치 개수와 사례수의 비율이 1:10~20 이상이 되어야 한다(Jackson, 2003; Kline, 2016). 이 기준을 적용해 보면, 만약 연구자가 추정하려는 모수의 개수가 10개라고 한다면, 표본의 최소한의 크기는 200 이상이 되어야 한다. 『교육행정학연구』의 구조방정식모형을 활용한 논문을 분석한 결과, 가장 최소 표본크기는 218, 최대 표본크기는 32,882로서 표본 크기가 매우 다양하였다. 매우 드문 사례이기는 하나 박시남, 최은수(2012)의 연구에서는 "구조 회귀 모델 분석을 위한 충분한 사례 수는 자유 모수 수에 따라 최소 1 : 10 이상으로, 본 연구에서는 자유 모수 51개에 대한 표본수 745는 1:14.6 비율로 충분한 사례 수라 할 수 있다"라고 구체적으로 표본의 크기가 구조방정식모형에 요구되는 적정한 크기를 확보하고 있음을 직접적으로 밝히고 있다.

물론 『교육행정학연구』 학술지에 게재된 구조방정식모형을 활용한 논문들이 표본크기가 최소 200을 사용하고 있지만, 설정한 모형이 복잡할수록, 비연속형 변수가 포함되거나 정규성이 위배되는 경우, 추정방법이 최대우도법이 아닌 경우, 결측치가 많이 포함되는 경우에 따라 더 큰 표본이 확보되어야 한다는 점을 유념할 필요가 있다(Lei & Wu, 2007; Mueller & Hancock, 2019). 일반적으로 자료 결측치가 5% 이하인 경우 분석에 큰 문제가 되지 않지만, 사회과학이나 교육학 분야에서 결측값이 없는 완벽한 데이터를 갖는다는 것은 현실적으로 불가능하므로, 결측치에 대한 분석과 적절한 후속 조치도 수반되어야 한다.

잠재변수가 포함된 구조방정식모형에서는 구인의 정의를 명확히 제시해야 한다. 잠재변수가 어떤 측정지표로 구성되어 있는지 명확히 밝히고 최소한 두 개 이상의 측정지표를 사용하는 것이

〈표 4-1〉 주요 변인에 대한 기술통계 결과(N = 579)

잠재변인	측정변인	평균	표준편차	왜도	첨도
체면세움행동	능력체면	12.35	2.98	-.43	.26
	인격체면	13.76	3.20	-.61	.77
체면손상행동	능력체면	8.21	3.25	.42	-.38
	인격체면	6.87	3.12	1.14	1.16
교사효능감	일반효능감	3.91	.50	-.36	.95
	교과지도	3.94	.51	.28	.42
	생활지도	3.88	.52	-.47	.67
	행정업무	3.49	.79	.00	-.54
	대인관계	3.98	.65	-.40	.24
전문적 학습 공동체	리더십 공유	3.37	.81	-.36	-.43
	비전 공유	3.34	.80	-.26	-.15
	학생학습 강조	3.65	.76	-.51	.87
	교사협력	3.68	.72	-.40	-.12
	탐구문화	3.44	.75	-.41	.15
	지원환경	3.18	.89	-.29	-.44
교장-교사 간 의사소통 수준	신속성	3.23	.95	-.20	-.51
	방향성	3.43	.62	-.07	.07
	정확성	3.32	.82	-.20	-.42
	수용성	3.19	.92	-.29	-.46

출처: 정은선, 양성관, 정바울(2013: 319).

바람직하다(Kline, 2016).[8] 또한 구조방정식모형은 다변량 정규성을 가정하기 때문에 왜도 및 첨도의 값을 보면 분포의 정규성을 확인할 수 있다. 일반적으로 왜도는 절댓값 2보다 작아야 하고, 첨도는 7보다 작아야 정규성을 가진다(West, Finch, & Curran, 1995). 이러한 기준을 사용하여 『교육행정학연구』에 수록된 논문들을 분석해 보면, 대부분이 왜도와 첨도 등을 보고하면서 데이터의 정규성을 확인하고 있다. 또한 거의 모든 잠재변수는 측정 문항 2개 이상으로 구성되어 있다(예컨대, 정은선, 양성관, 정바울, 2013).

구조방정식모형에서 확인적 요인분석(confirmatory factor analysis: CFA)은 측정모형을 평가하는 데 사용되는 통계적 기법 중 하나이다. 확인적 요인분석을 통해 연구자는 관찰변수가 의도한 대로 잠재변수를 측정하고 있는지 확인하여 구조모형에서 잠재변수들 간의 관계에 대해 타당한 추론을 내릴 수 있도록 하는 데 필수적이다(Kline, 2016).[9] 구조방정식모형에서는 선행연구와 이론을 기반으로 설정된 모형을 검증하기 위해 요인을 미리 결정하기 때문에 확인적 요인분석이 선호된다. 그러나 『교육행정학연구』에 수록된 논문들 중에는 확인적 요인분석(CFA) 대신 주성분분석(principal component analysis: PCA)을 활용하는 경우도 있었다.[10] 이러한 오류를 범하는 이유는 여러 가지가 있겠지만 연구자들이 명확한 요인분석에 대한 이해가 부족한 가운데 자주 사용하는 통계 프로그램인 SPSS에서 기본 설정이 주성분분석으로 되어 있기 때문이 아닌가 추측된다(김청택, 2016; 주현준, 2020).

(4) 모형추정법과 경로분석의 유의성 검증

다음으로 구조방정식모형에서 모형 추정은 데이터(관찰된 공분산)가 모집단으로부터 추출되었

---

8) Mueller와 Hancock(2019)은 구조방정식모형에서 잠재변수를 측정하기 위해 관측된 지표를 세 개 이상(최소한 2개) 사용하는 것이 측정의 신뢰성과 타당성을 높이는 데 중요하다고 제안했다.

9) 요인분석은 탐색적 요인분석(exploratory factor analysis: EFA)과 확인적 요인분석(confirmatory factor analysis: CFA)으로 구분된다. EFA는 요인의 수를 미리 설정하지 않고 데이터에 적합한 요인 구조를 찾아내는 반면, CFA는 요인의 수를 미리 지정한다는 점에서 차이가 있다. 즉, EFA는 관찰된 변수 집합의 기본 요인 구조를 발견하는 데 사용되는 반면, CFA는 요인 구조를 밝히기보다는 요인 구조를 확인하고 가정된 모형의 적합성을 검증하는 데 목적이 있다(Tucker & MacCallum, 1997).

10) 요인분석과는 달리 주성분분석(principal component analysis: PCA)은 서로 상관관계가 높은 여러 변수를 조합해서 해당 변수들의 정보를 가장 많이 담고 있는 새로운 인위적 변수(주성분)를 생성하는 기법으로 많은 양의 자료를 단순화하고 요약하는 차원축소(dimension reduction) 기법이다(김청택, 2016; 박광배, 2018).

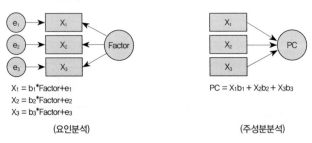

$X_1 = b_1{}^*Factor+e_1$
$X_2 = b_2{}^*Factor+e_2$
$X_3 = b_3{}^*Factor+e_3$

(요인분석)

$PC = X_1b_1 + X_2b_2 + X_3b_3$

(주성분분석)

을 가능성을 최대화하는 최대우도법(maximum likliehood: ML)을 사용한다. 최대우도법을 활용하기 위해서는 다음과 같은 가정이 성립되어야 한다. 첫째, 내생변수의 분포가 정규성을 가져야 한다(Kline, 2016). 내생변수의 비정규성 정도가 심할 때에는 대안으로서 강건 최대우도 추정법(robust maximum likelihood: MLR)을 활용한다. 둘째, 내생변수가 연속형 변수이어야 한다. 만약 범주형 변수인 경우에는 가중 최소제곱법(weighted least squares)을 사용한다. 즉, 연속형 내생변수의 비정규성이 심각한 경우나 내생변수가 범주형이나 서열형인 경우에는 최대우도법이 아닌 다른 대안적인 추정법을 사용해야 한다(Kline, 2016).

구조방정식모형에서 모형설정, 모형추정 방법, 데이터 정규성 및 표본크기는 서로 연계되어 있기 때문에, 연구자는 구조방정식모형에 사용된 추정 방법과 관찰된 변수 및 속성과의 관계를 제대로 설명할 필요가 있다(Shah & Goldstein, 2005). 『교육행정학연구』에 게재된 논문들을 살펴보았을 때, 총 96편의 논문 중 26편(27.1%)의 논문에서만 모형 추정 방법을 명시적으로 언급하고 있는 것으로 나타났다. 또한 부트스트래핑(bootstrapping) 기법 또는 소벨 검증(sobel test)이 경로분석에서 간접효과의 유의성을 검증하는 데 사용되었다. 부트스트래핑은 모형의 직접 및 간접효과의 표준오차와 신뢰 구간을 추정하는 데 사용되는데, 다변량 정규성 가정이 충족되지 않거나 표본크기가 작을 때 유용하다.[11] 『교육행정학연구』에 출판된 구조방정식모형 활용 논문 중 간접효과를 분석한 논문들의 약 47.9%(73편 중 35편)가 간접효과 검증 방법을 언급하였다. 이 중 대부분(35편 중 27편, 77%)이 부트스트래핑 기법을 사용했고, 9편의 논문에서는 소벨 검증을 사용하여 간접효과를 추정하였다. 예를 들어, 정주영(2013)의 연구에서는 다음과 같이 간접효과의 검증 기법에 대해 상세한 설명을 기술하고 있었다.

> 외재적·내재적 직업가치관의 매개효과 검증을 위해 본 연구에서는 부트스트래핑(Bootstrapping) 방법을 활용하였다. 기존의 연구들에서 매개효과 검증을 위해 주로 사용한 소벨 검증 방법은 두 경로의 곱으로 이루어진 매개효과 계수의 분포가 정규성을 가진다는 가정을 충족시켜야 한다. 그러나 두 개의 회귀계수 곱으로 이루어진 매개효과 계수는 정규성 가정을 충족시키기 어려운 비대칭적인 분포를 갖는다. 이에 반해 부트스트래핑은 분석 표본의 사례 수와 동일한 크기의 표본을 일정한 수만큼 반복추출한 후 각 표본들에서 얻어낸 매개효과 회귀계수들의 분포를 확인하는 방법으로, 소벨 방법에 비해 검증력이 상대적으로 뛰어나다(홍세희, 2011). 반복 추정의 횟수가 증가할수록 결과의 안정성이 높아진다는 점을 고려하여 본 연구에서는 1,000번의 반복 추정을 설정한 부트스트래핑 방법을 적용하여 매개효과를 검증하였다(정주영, 2013: 67).

---

11) 부트스트래핑(Bootstraping)은 동일한 크기의 표본을 반복적으로 추출하여 간접효과(매개효과)의 회귀계수, 표준오차, 신뢰구간 등을 구하는 기법이다. 소벨 검증은 표준오차의 비율이 정규 분포를 따른다는 가정을 기반으로 하기 때문에 표본크기가 작거나 다변량 정규성 가정이 충족되지 않는 경우에는 적절하지 않을 수 있다(Kline, 2016; Koopman, Howe, & Hollenbeck, 2014).

(5) 모형의 적합도와 평가

모형의 평가 단계는 연구자가 설정한 모형이 실제 가지고 있는 데이터와 얼마나 적합한지를 검토하는 과정이다. 이와 관련하여 모형의 적합도를 나타내는 다양한 지표들이 지속적으로 개발되고 있는 추세이다. 이 중에서 가장 많이 사용되는 모형 적합도 지표는 카이제곱을 활용한 모형 검정 통계량이다. 구조방정식모형에서 카이제곱 통계량은 일반적으로 모형의 적합도를 평가하는 데 사용되지만, 표본크기에 매우 민감하기 때문에 표본이 클수록 통계적으로 유의미한 값이 나온다 (Bollen, 1989). 따라서 표본크기가 매우 큰 경우에는 대부분의 경우 영가설을 기각하는 결과가 나올 수 있기 때문에 카이제곱만으로는 모형의 적합도를 평가하는 데 한계가 있다. 이러한 이유로 구조방정식모형에서는 '절대 적합도 지수'나 '증분 적합도 지수'를 추가로 활용하여 모형의 적합도를 판단한다(Kline, 2016).

구조방정식모형에서는 모형의 적합도 지수(GFI), 수정 적합도 지수(AGFI), 근사치의 평균 제곱 오차(RMSEA) 및 비교 적합도 지수(CFI)와 같은 모형의 적합도 통계를 보고하여 데이터에 대한 모형의 전체 적합도를 평가하는 것이 일반적이다.[12] 우선, 절대 적합도 지수(absolute fix index)는 이론적 모델링의 검증을 위해 활용되는데, 다른 참조 준거 없이 모형 자체의 적합성을 평가한다(Hu & Bentler, 1999). 이 지수는 모형이 적합하다는 절대적 기준점이 있는데 RMSEA(root mean square of error approximate)나 SRMR(standardized root mean square residual)이 0에 가까울수록 적합도가 증가한다. 반면 증분 적합도 지수는 상대 또는 비교 적합도 지수(incremental fix index)라고 할 수 있는데, 기저모형(baseline model)에 비해 연구자의 모형이 상대적으로 얼마나 더 나은 적합도를 가지는지를 나타내는 지수이다(Hu & Bentler, 1999). 대표적으로 NFI(normal fit index), CFI(comparative fit index), TLI(Tucker-Lewis index)가 1에 가까울수록 모형의 적합성이 증가한다고 본다(Bollen, 1989).

『교육행정학연구』에 수록된 논문들을 분석해 보았을 때, 다양한 적합도 지수를 제시하고 있었다. 예를 들어, 김혜진, 남지영, 홍창남(2012)의 논문에서는 모형의 적합도를 평가하기 위한 여러 지수와 수용기준을 제시할 뿐만 아니라 초기 모형과 수정된 모형의 적합도 지수 통계량의 변화도 보고하고 있다.

---

12) 다중상관제곱(squared multiple correlation: SMC)은 일반적으로 구조방정식모형에 대한 적합 통계량으로 보고되지 않는다. SMC는 회귀모형에서 독립변수로 설명되는 종속변수의 분산 비율을 측정하는 통계량이다. 구조방정식모형에서 초점은 다른 변수에 의해 설명되는 단일변수의 분산 비율이 아니라 잠재변수 간의 관계에 있다(Mueller & Hancock, 2019). 『교육행정학연구』에 수록된 두 편의 논문에서 SMC를 보고하고 있는 것으로 나타났다.

먼저, 교사의 직무만족 모형의 적합도를 분석하였다. 최초로 설정한 모형의 적합도는 $x^2 = 5348.327$, df = 99, p = .000)로 나타났으며, GFI = .899, NFI = .903, TLI = .884, CFI = .904, RMSEA = .091로 나타났다. GFI, TLI, RMSEA 지수가 적절치 못한 것으로 나타나, 수정 지수를 검토하여 독립변인의 오차항 사이와 교사 사기와 교사 협력 변인의 오차항 간에 공분산을 설정하여 모형을 수정하였다. 수정한 최종모형은 유의수준 .001에서 모형이 자료와 합치된다는 영가설이 기각되었으나($x^2 = 2364.880$, p = .000), 최종적으로 x^2 값이 감소하였고 GFI, NFI, TLI, CFI 값이 모두 적절한 것으로 나타났다. RMSEA는 .068로 .05보다 높았지만 .08보다는 낮게 나타나 수용 가능한 적합도를 보였다.

〈표 8〉 구조모형 적합도 지수 = 교사 직무만족 모형

적합도 지수	x^2	df	p	GPI	NFI	TLI	CFI	RMSEA
최소모형	5348.327	99	.000	.899	.903	.884	.904	.091
최종모형	2925.850	97	.000	.944	.947	.936	.948	.068
수용기준			<.05	>.90	>.90	>.90	>.90	<.05

출처: 김혜진, 남지영, 홍창남(2012: 137).

구조방정식모형에서는 연구자가 설정한 초기 모형에 대한 데이터의 적합도를 개선하기 위해 모형을 수정해야 하는 경우가 종종 있다. 가설모형을 수정하여 데이터에 대한 적합도를 개선하는 경우, 재설정된 모형에 대한 이론적 근거를 제공해야 한다. 연구자는 모형 적합도를 개선하기 위해 모수를 추가하거나 삭제하여 모형을 수정할 수 있으나, 모형 수정의 정당화를 위한 적절한 사유 제시 없이 유의미한 결과를 찾거나 가설을 확인하기 위한 방법으로 모형 수정을 하는 경우 조작의 위험이 발생할 수 있다. 따라서 연구자는 모형 수정에 신중을 기하고 어떤 수정 방법(chi-square, Lagrange, 또는 Wald)을 사용했는지, 그 이유는 무엇인지, 수정 후에도 모형이 이론적으로 타당한 지 여부를 투명하게 보고하여야 한다.[13] 예를 들어, 유길한(2018)의 연구에서는 다음과 같이 구체적으로 모형 수정에 대한 자세한 설명을 제시하고 있다. "이 연구에서는 최적화된 최종 모델을 찾는 과정을 AMOS의 수정지수(modification indices)를 고려하여, Wald Test(경로의 삭제)와 Lagrange Multiplier Test(경로의 추가)를 통하여 실시하였다." 하지만 연구자는 Wald 검정 및 승수 검정과 같은 수정 지수를 사용하여 구조방정식모형을 수정할 때, 이러한 지수는 가능한 수정만 제안하고 모형이 개선될 것이라고 보장하지 않는다는 것에 유의하여야 한다. 제안된 수정에 대한 이론적 정당성을 신중하게 평가하고, 모형에서 경로를 추가하거나 제거할 때의 발생할 수 있는 잠재적 결과를 고려하여야 하며, 모형 적합도를 평가하기 위해 수정 지수에만 의존하지 말고 여러 적합 지수를 함

---

13) 모형 수정은 1종 오류를 범할 가능성도 높아질 수 있다(Schreiber et al., 2006).

께 사용하는 것이 중요하다(Mueller & Hancock, 2019). 또한 수정 지수는 표본크기에 민감할 수 있으므로 수정 지수의 신뢰성을 보장할 수 있을 만큼 충분히 크기의 표본을 확보하는 것도 중요하다.

(6) 분석결과 보고와 해석

구조방정식모형을 활용한 연구결과 보고 방식에 대해서는 이제까지 많은 학자들이 비판의 목소리를 높여 왔다(Kaplan, 2009; MaCcallum & Austine, 2000; Shah & Goldstein, 2006). 학술지에 게재된 논문들에서 연구자들이 분석결과를 보고하는 데 있어서 필요한 정보를 상당 부분 누락하고 있는 것은 서론에서 언급한 바와 같이 심각한 문제점이라고 아니할 수 없다. 구조방정식모형의 논문을 작성할 때는 모형화 과정과 추정에 대한 자세한 설명이 포함되어야 한다. 그러나 대부분의 『교육행정학연구』에 게재된 구조방정식모형을 활용한 논문에서는 가설 검정 결과와 관련된 전체 과정에 대한 설명을 포함하고 있지 않았다. 또한 데이터의 다변량 정규성 확인, 결측 데이터 처리 방법 및 데이터 변환을 포함하여 데이터를 처리하는 방법에 대해서도 논의가 이루어지지 않은 경우가 많았다. 구조방정식모형을 식별하는 단계에서 추정방법, 사용한 통계 프로그램의 이름과 버전, 잠재변수의 척도화 방법 등 추정 절차도 제시할 필요가 있다. 『교육행정학연구』에 수록된 구조방정식모형 활용 논문의 대부분은 어떤 통계 프로그램을 사용하였는지는 명시하고 있지만, 잠재변수의 척도화나 추정 절차에 대한 설명은 누락하고 있는 경우가 많았다. 설정한 모형을 평가할 때 모형 적합도 지수와 모형을 수정하는 경우 적합도 지수를 포함하여 보고해야 하고, Hoyle와 Isherwood(2013)가 제시한 것처럼 분석결과에 요인적재값, 표준오차, p값, R^2, 표준화 및 비표준화 계수 및 모형도 등을 함께 포함하여 보고하여야 한다. 그러나 『교육행정학연구』에 게재된 구조방정식모형 활용 논문을 분석한 결과, 거의 대부분의 논문에서 상관관계 행렬과 경로 계수를 보고하고 있지만, 비표준화 계수와 표준화 계수를 모두 보고한 논문은 82편 중 43편(52.4%)에 불과했다. 잠재변수를 사용한 경로분석에서 모형 적합도가 만족스러운 경우, 최종모형에 대한 비표준화, 표준화 추정치, 표준오차를 보고하여 잠재변수 간의 구조적 관계에 관한 보다 상세한 결과를 제시하는 것이 필요하다(Mueller & Hancock, 2019).

또한 구조방정식모형의 분석결과 모형이 데이터에 적합하다고 하여 연구자가 설정한 모형이 실제 모형과 일치한다고 확증적으로 해석하거나, 특정 이론을 '입증'한다고 해석되는 것은 지양되어야 한다. 특히, 현재 구조방정식모형을 활용하여 『교육행정학연구』에 게재된 대부분의 연구들이 독립된 표본에 반복적으로 실시하는 방식으로 수집된 데이터가 아니라 비실험적 횡단 데이터를 사용하고 있으므로 동일한 결과를 생성하는 다른 모형은 항상 존재할 수 있고, 그 결과 모형에서 설정된 인과효과를 반드시 입증해 주지 않는 점을 주의하여 결과를 해석할 필요가 있다(Kline, 2016; Mueller & Hancock, 2019).

5) 구조방정식모형의 분석기법의 발전과 최근의 변화 동향

한편 최근에는 구조방정식모형을 적용한 분석기법이 나날이 발전하고 있다. 예를 들어, 잠재성장모형, 다층모형구조방정식, 베이지안-구조방정식모형 및 최소자승추정-구조방정식모형 등 구조방정식모형이 점점 더 정교해지고 고급화되어 가고 있다(Fan et al., 2016). 따라서 최근에 활용도가 점차 증가하고 있는 고급 구조방정식모형을 간단하게 소개하면서 이 절을 마치고자 한다.

- 잠재성장모형(Latent Growth Modeling): 공분산 구조를 기반으로 하는 기존의 구조방정식모형과는 달리 평균 또는 종단자료를 활용한다. 이 기법은 시간 경과에 따른 잠재변수의 초기 상태, 변화율 및 점근적(asymptotic) 수준을 추정할 수 있다. 이것은 시간이 지남에 따라 태도나 성격 특성의 변화와 같은 발달 과정이나 종적인 과정을 연구하는 데 유용할 수 있다(예: 잠재성장모형을 활용한 이영신, 이재덕, 2022 논문 참조).

- 다층-구조방정식모형(Multi-level Structural Equation Modeling): 다층-구조방정식모형은 데이터가 위계적 구조를 가지는 경우 모형의 모수들이 각 수준(계층)에서 다르게 적용되는 것을 반영한 구조방정식모형이다(예: 김효정, 2011 논문 참조). 즉, 다층구조방정식모형은 각 분석 수준에 대해 동일한 구조모형이 추정되지만, 모형의 모수는 수준에 따라 달라질 수 있다. 예를 들어, 다층구조방정식모형에는 사전 학업성취도 및 인구통계학적 특성과 같은 학생 수준의 변수와 교사의 자질 및 교수법과 같은 교실 수준의 변수, 학교 자원 및 정책과 같은 학교 수준의 변수도 포함될 수 있다. 따라서 각 수준별로 개인 및 맥락적 변수들이 어떤 영향을 미치는지 분석할 수 있다는 장점이 있다(다층모형에 관한 더 자세한 내용은 이 책의 제7장 '교육행정학 연구에서 다층모형 활용 실태와 비판적 성찰' 참조).

- 다집단 구조방정식모형(Multi-Group Structural Equation Modeling): 다집단 구조방정식모형은 두 개 이상의 집단에서 변수 간의 구조적 관계를 비교하는 데 사용되는 통계분석 기법이다. 소속된 집단에 따라 모형에 설정된 관계가 조절되는 상호작용효과를 검증할 수 있다(예: 강희경, 2011; 정은하, 이은경, 장현준, 윤예지, Ta Thi Ngoc Diep, 김이경, 2020 논문 참조). 예를 들어, 연구자가 특성화고, 마이스터고, 일반고 세 학교의 학생을 대상으로 사전 학업성취도, 사회경제적 지위(SES) 및 학업적 자아개념과 학업성취도의 인과적 관계를 검증한다고 가정해 보자. 연구자는 이러한 변수 간의 관계가 세 학교의 학생에게 동일한지, 아니면 차이가 있는지 확인할 수 있다.

- 베이지안-구조방정식모형(Bayesian-Structural Equation Modeling): 이 접근법을 사용하면 새로운 데이터를 사용하여 이전 모형을 업데이트하여 사후모형을 추정할 수 있으므로 유연성이

향상되고 추정치의 불확실성이 낮아지며, 구조방정식모형에서 종종 발생하는 모형 적합도를 개선하기 위해 불필요하게 많은 모형 수정을 실행하는 것을 방지할 수 있다.

• 최소자승추정법-구조방식모형(Partial Least Squares-Structural Equation Modeling): 이 방법은 표본크기가 작고 변수의 수가 많을 때 유용하다. PLS는 고차원 데이터를 처리할 수 있는 차원 축소 기법으로 변수의 개수가 많아 기존 구조방정식모형이 어려운 경우에 유용할 수 있다(예: 임성범, 2015 논문 참조).

전반적으로 이러한 고급 구조방정식모형의 기법은 변수 간의 관계를 분석하고 모형화하는 데 있어 더 많은 유연성을 제공할 수 있으나 이러한 방법의 선택은 연구문제, 자료의 특성 및 모형의 가정에 따라 다르다는 점을 반드시 유념할 필요가 있다.

5. 결론 및 제언

이 장의 목적은 구조방정식모형의 기본적 특징과 이론적 가정의 중요성을 살펴보고, 현재 교육행정학 연구에서 구조방정식모형의 활용 실태와 문제점을 구체적으로 분석해 봄으로써 향후 이를 보다 생산적으로 활용하는 데 필요한 시사점을 도출하는 데 있다. 이를 위해 지난 23년간 (2000~2022)『교육행정학연구』에 게재된 구조방정식모형을 활용한 논문 96편을 분석한 결과, 구조방정식모형이 양적 연구방법 중에서 가장 빈번히 활용되고 있음을 확인할 수 있었다. 그러나 이러한 구조방정식모형의 대중적 인기에도 불구하고, 구조방정식모형을 활용하여 작성된 논문들 중에서는 연구모형 설정의 근거, 잠재변수 측정, 요인분석, 모형의 모수에 대한 설명 및 주요 통계 정보 누락에 대한 문제가 빈번하게 발생하는 경향이 있었다. 특히, 최근에는 정부출연연구기관 등에서 수집한 대규모 2차 자료의 가용성이 높아지고 통계분석 소프트웨어가 발전함에 따라, 구조방정식모형에 대한 깊은 이해 없이 학문후속세대들이 이를 기계적으로 적용할 수 있다는 우려도 제기되고 있다. 이 점은 최근 이루어진 신현석, 박균열, 이예슬, 윤지희, 신범철(2018)의 분석결과를 보면 더욱 명확해진다. 이 연구에서 고급통계기법을 가장 많이 사용하는 연구자 집단은 교수(해당 모집단의 27.5%)나 연구원/강사(해당 모집단의 36.4%) 등 연구 역량이 상대적으로 성숙한 집단이 아니라 초보 연구자들인 대학원생 집단(해당 모집단의 42.9%)으로 나타나고 있다. 물론 대학원생 집단이라고 해서 연구 역량이 낮다고 가정하는 것은 지나친 일반화의 오류가 있을 수 있으나, 학문적으로 성장해야 할 학문후속세대들이 교수나 연구원에 비해 고급통계기법을 훨씬 많이 쓰고 있는 것이 과연 학문적 역량 발달 차원에서 자연스러운 것인지에 대해서는 의문의 여지가 있다. 특히, 졸업이나 취업을 위해 논문의 질적 수준보다 양적 수준이 중요시되는 우리 학문 인력 채용 시장의 현 상황에 비추어 볼 때 이는 우려할 만한 일이 아니라고 보기는 어렵다고 할 수 있다. 이와 관련 신현석(2017)은 "교육행정학 분야의 연구에 활용되는 방법론의 편중이 극심하고, 오용 및 남용 현상이 심각"하며 또한 "단기적인 성과에 몰두하는 연구 경향에 의해 연구를 위한 연구를 하는 경우가 빈번하게 발생"하고 있다고 비판하고 있어 이러한 우려가 단지 우려만은 아니라는 사실을 말해 주고 있다.

이 장에서 살펴본 바와 같이 구조방정식모형은 교육행정학 연구에서 가장 많이 활용되고 있는 통계기법 중 하나라고 할 수 있지만, 다른 모든 연구방법들과 마찬가지로 연구목적에 따라 적절하게 활용이 되지 못하는 경우 다양한 문제를 초래할 수 있다. 앞서 『교육행정학연구』에 게재된 구조방정식모형을 활용한 논문 현황을 살펴본 결과, 구조방정식모형은 특히 2010년대 이후 학교 조직의 리더십과 관련한 세부 연구 영역에서 많이 활용되고 있는 것으로 나타났다. 이들 영역의 연구에서는 특히 학교 조직에 속해 있는 다양한 이해관계자들의 태도, 인식, 행동 등 직접 관찰할 수 없는 추상적인 개념들(예를 들어, 교사의 동기, 직무만족도) 간의 복잡한 관계에 관심을 가지는 경우가 많았다. 앞서 언급한 바와 같이 회귀모형이나 상관관계와 같은 일반적인 선형모형은 변수 간의 연관성(association)을 다루는 데 비해, 구조방정식모형은 관찰되지 않은 잠재변수 간의 복잡한 인과관계에 대한 가설을 검증하거나 경험적 관찰에서 발생하는 측정 오차를 고려하여 분석도구의 타당성을 검증할 수 있는 장점이 있다. 또한 독립변수가 종속변수에 미치는 직접적인 효과뿐만 아니라, 변수들 간의 관계에서 효과를 조절하거나 매개하는 검정에도 사용할 수 있는 장점을 가지고 있다. 이를 감안하여 이 절에서는 앞서 검토한 내용을 바탕으로 향후 교육행정학 분야 연구에서 구조방정식모형의 보다 효과적 활용을 위하여 연구자들이 기본적으로 숙지해야 할 몇 가지 사항에 대해 간략히 언급하기로 한다.

- 모형설정의 중요성: 구조방정식모형을 적용하려면 모형을 신중하게 설정하는 것이 가장 기본적인 전제조건이다. 연구자는 해당 주제와 관련된 이론과 선행연구를 철저히 분석하고 이해하고 있어야 한다. 구조방정식모형은 인과관계라는 기본 가정을 전제로 하기 때문에 인과관계가 이론적으로 정립되지 않으면 분석 자체가 무의미해진다. 따라서 연구자는 연구주제와 관련된 선행연구와 이론적 배경을 철저하게 분석하고 비판적으로 검토한 후에 적절한 모형을 설정하는 것이 중요하다.
- 표본의 크기: 연구문제와 분석에 근거가 되는 이론적 틀에 대한 명확한 이해와 함께, 적정한 표본의 크기의 확보가 중요하다. 표본크기가 작은 경우 모형을 신뢰할 수 없고 결과가 편향될 수 있다. 특히, 결과를 모집단에 일반화하기 위해서는 대표성을 가진 표본이 필요하다.

- 특정한 가정의 충족: 구조방정식모형은 데이터의 정규성, 오차의 독립성 등과 같은 특정한 가정을 전제하며, 이러한 가정이 충족되지 않으면 모형의 결과가 유효하지 않을 수 있다. 구조방정식모형을 적용하기 전에 연구자는 자신이 가진 데이터가 이러한 가정을 충족하는지 확인할 필요가 있다.
- 모형 식별의 오류성: 구조방정식모형은 다양한 모형의 식별을 허용하는 유연한 기법이지만, 지정된 모형이 데이터의 기본 구조를 잘 나타내지 못하면 결과가 편향되거나 일반화하는 데 문제가 있을 수 있다.
- 해석의 제한성: 구조방정식모형은 여러 잠재변수, 경로 및 계수를 포함하기 때문에 해석이 어려울 수 있으므로 연구자는 결과를 해석할 때 신중해야 하며, 결과를 확인하기 위해 보다 적합한 대체모형을 고려해야 한다.
- 인과관계의 제한성: 구조방정식모형은 변수 간의 관계를 검증하는 데 사용할 수 있는 기법이지만, 인과관계를 입증하는 것은 아니다. 따라서 연구자들은 결과를 해석할 때 보다 주의를 기울여야 하며, 인과관계를 확인하기 위해서는 실험설계나 준실험설계와 같은 다른 적절한 방법을 사용하여 인과관계를 확인해야 한다.
- 복잡성과 전문성: 구조방정식모형을 설정하는 것은 복잡하고 시간이 많이 소요될 수 있으며, 분석을 수행하려면 통계 소프트웨어에 대한 높은 수준의 전문지식이 필요하다. 통계 소프트웨어는 빠르게 변화하고 있으며, 프로그램에 새로운 기능이 정기적으로 추가되고 있으므로 각 소프트웨어의 사이트에서 자세한 정보와 최신 개발 사항을 주기적으로 확인하는 것이 필요하다.

구조방정식모형은 매우 유용한 통계적 방법이지만, 매우 복잡한 전문지식을 요하는 고급통계 기법이기 때문에 초보연구자가 적용하기는 상대적으로 어렵다. 때문에 처음 이 모형을 적용하는 입문자일수록 구조방정식모형의 기본 가정과 한계에 대한 철저한 학습과 이해가 필요하다. 따라서 향후 교육행정학 분야에서 구조방정식모형을 활용한 연구가 제대로 이루어지기 위해서는, 학계 차원에서 구조방정식모형을 사용하여 연구를 수행하는 연구자나 논문 심사자를 위해 구조방정식모형을 포함한 자주 활용되는 통계 기법의 적절한 활용방식과 관련된 쟁점 사항 등에 대한(학계 차원에서 잠정적으로 합의된) 공식적 가이드라인을 개발하여 제시할 필요가 있다고 생각된다.[14] 물론 이러한 가이드라인은 구속력을 가지는 엄격한 규정의 성격보다는 논문 작성 및 심사과정에서

---

14) 예컨대, 『The reviewer's guide to quantitative methods in the social sciences』 (2nd ed.)(Hancock, Stapleton, & Mueller, 2019)는 사회과학 분야에서 활용되는 35개의 양적 연구방법에 대한 논문 심사자를 위한 가이드라인을 제시하고 있다.

연구자들 간에 투명하고 건설적인 의사소통을 촉진하는 것이 기본적인 목적이 되어야 할 것이다. 이렇게 되는 경우 무엇보다 연구자와 심사자가 구조방정식모형의 장단점을 더 잘 이해하고 특정 연구질문을 해결하는 데 적합한 방법인지에 대해 합리적으로 판단하는 데 많은 도움을 줄 수 있고, 그 결과 교육행정 연구의 질을 향상시킬 수 있게 될 것이다. 또한 가이드라인에는 구조방정식모형 등을 활용하여 작성한 양적 연구논문 중 학문후속세대가 참고할 수 있는 공통 프레임워크와 언어를 제공함으로써 혹시라도 있을지 모르는 부작용을 상대적으로 감소시킬 수도 있을 것이라고 생각된다. 구조방정식모형을 포함한 모든 연구방법은 연구목적과 문제에 따라 적절한 방식으로 활용하는 것이 무엇보다 중요하다. 이 장에서 제시된 몇 가지 고려 사항들을 포함한 구조방정식모형의 적용과 관련한 쟁점 사항들에 대해 학계차원의 논의가 보다 활성화됨으로써 교육행정학이 한층 더 발전될 수 있는 계기가 마련되기를 진심으로 고대한다.

 참고문헌

강희경(2011). 학교급과 학교설립별 학교장의 자율성, 학교장의 책무성, 교사의 임파워먼트 및 학교조직효과성 간의 인과관계 분석. 교육행정학연구, 29(1), 1-29.

김병찬, 유경훈(2017). 교육행정학연구 게재 논문의 연구 동향 특징 분석: 연구주제 및 연구방법을 중심으로, 교육행정학연구, 35(4), 173-200.

김종기, 전진환(2009). 국내 MIS 연구에서 구조방정식모형 활용에 관한 메타분석. Asia Pacific Journal Of Information Systems, 19(4), 47-75.

김진호, 홍세희, 추병대(2007). 경영학 연구에서의 구조방정식 모형의 적용: 문헌 연구와 비판. 경영저널, 36(4), 897-923.

김청택(2016). 탐색적 요인분석의 오남용 문제와 교정. 조사연구, 17(1), 1-29.

김혜진, 남지영, 홍창남(2012). 학교조직의 목표가 조직성과에 미치는 영향에 대한 탐색적 연구. 교육행정학연구, 30(4), 123-147.

김효정(2011). 교사의 학교 개혁 실행 영향 요인 간 구조적 관계. 교육행정학연구, 29(4), 365-394.

노영자, 양성관(2016). 학교장 창발적 리더십(Emergent Leadership)이 교사 임파워먼트를 매개로 학교변화 몰입에 미치는 영향. 교육행정학연구, 34(5), 45-68.

박광배(2018). 다변량분석. 서울: 학지사.

박시남, 최은수(2012). 사립대학교 행정 직원의 오센틱 리더십 개발에 영향을 미치는 변인들 간의 구조적 관계. 교육행정학연구, 30(1), 393-416.

신현석(2017). 한국 교육행정학의 정체성: 이론 탐색의 의의와 지향성. 교육행정학연구, 35(1), 195-232.

신현석, 박균열, 이예슬, 윤지희, 신범철(2018). 한국 교육행정학 연구 동향의 심층분석 및 미래 전망: 2009년~2018년까지의 교육행정학연구를 중심으로. 한국교육학연구, 24(4), 247-286.

신현석, 박균열, 정주영, 김진미(2014). 한국 교육행정학 분야 양적 연구 동향 분석: 교육행정학연구를 중심으로. **교육행정학연구, 32**(4), 109-142.

심준섭(2015). 행정학 연구에서 구조방정식모형 활용: 문제점 검토와 제언. **한국행정학보, 49**(3), 453-485.

유길한(2018). 초등교사 팔로워십의 매개효과 분석: 변혁적 지도성과 권위적 지도성이 학교효과성에 주는 차이. **교육행정학연구, 36**(1), 275-301.

이영신, 이재덕(2022). 교사협력이 교사의 직무만족도에 미치는 영향에 관한 잠재성장모형 분석. **교육행정학연구, 40**(1), 249-275.

임성범(2015). 대학교원의 직무만족도 지표개발-PLS-SEM을 통한 신뢰성, 타당성, 모델 예측력 검증을 중심으로. **교육행정학연구, 33**(3), 103-132.

임연기, 김훈호(2018). 한국 교육행정학 연구 동향 및 활용 지식의 특성 분석. **교육행정학연구, 36**(1), 355-382.

임우섭, 김용주(2015). OO마이스터고 학생들의 자아탄력성과 부모지지가 진로성숙도를 매개로 학교생활적응에 미치는 영향. **교육행정학연구, 33**(4), 31-51.

장상희, 이상문(2007). **사회통계학**. 서울: 교우사.

정은선, 양성관, 정바울(2013). 교장의 체면행동이 교장-교사 간 의사소통에 미치는 영향: 교사효능감의 매개효과와 전문적학습공동체의 조절효과. **교육행정학연구, 31**(4), 309-335.

정은하, 이은경, 장현준, 윤예지, Ta Thi Ngoc Diep, 김이경(2020). 교사의 서번트 리더십이 고등학생의 조직시민행동에 미치는 영향 분석: 학생 참여적 의사결정 구조의 조절효과를 중심으로. **교육행정학연구, 38**(5), 109-136.

정주영(2013). 대학교육만족도, 직업가치관, 직업만족도에 관한 구조적 분석. **교육행정학연구, 31**(1), 53-83.

주현준(2020). 교장리더십에 관한 양적연구의 문제와 과제: 연구방법을 중심으로. **교육행정학연구, 38**(2), 113-136.

Angrist, J. D., & Pischke, J. S. (2009). *Mostly harmless econometrics: An empiricist's companion*. Princeton university press.

Baron, R. M., & Kenny, D. A. (1986). The moderator-mediator variable distinction in social psychological research: Conceptual, strategic, and statistical considerations. *Journal of personality and social psychology, 51*(6), 1173-1182.

Bentler, P. M., & Chou, C. P. (1987). Practical issues in structural modeling. *Sociological methods & research, 16*(1), 78-117.

Bollen, K. A. (1989). *Structural equations with latent variables*. New York, NY: John Wiley & Sons.

Box, G. E. (1976). Science and statistics. *Journal of the American Statistical Association, 71*(356), 791-799.

Byrne, B. M. (2013). *Structural equation modeling with AMOS: Basic concepts, applications, and programming*. Routledge, New York.

Hox, J. J., & Bechger, T. M. (1998). An introduction to structural equation modeling. *Family Science*

Review, 11, 354-373.

Fan, Y., Chen, J., Shirkey, G., John, R., Wu, S. R., Park, H., & Shao, C. (2016). Applications of structural equation modeling (SEM) in ecological studies: An updated review. Ecological Processes, 5(19), 1-12.

Freedman, D. (1987). As others see us: A case study in path analysis (with discussion). Journal of Educational Statistics, 12, 101-223.

Hancock, G. R., Stapleton, L. M., & Mueller, R. O. (Eds.) (2019). The reviewer's guide to quantitative methods in the social sciences (2nd ed.). New York, NY: Routledge.

Hayduk, L., Cummings, G., Boadu, K., Pazderka-Robinson, H., & Boulianne, S. (2007). Testing! testing! one, two, three-Testing the theory in structural equation models!. Personality and Individual Differences, 42(5), 841-850.

Hershberger, S. L. (2003). The growth of structural equation modeling: 1994-2001. Structural Equation Modeling, 10(1), 35-46.

Hill, A. D., Johnson, S. G., Greco, L. M., O'Boyle, E. H., & Walter, S. L. (2021). Endogeneity: A review and agenda for the methodology-practice divide affecting micro and macro research. Journal of Management, 47(1), 105-143.

Hoyle, R. H., & Isherwood, J. C. (2013). Reporting results from structural equation modeling analyses in Archives of Scientific Psychology. Archives of scientific psychology, 1(1), 14-22.

Hu, L. T., & Bentler, P. M. (1999). Cutoff criteria for fit indexes in covariance structure analysis: Conventional criteria versus new alternatives. Structural Equation Modeling: A Multidisciplinary Journal, 6(1), 1-55.

In'Nami, Y., & Koizumi, R. (2013). Structural equation modeling in educational research: A primer. In M. S. Khine (Ed.), Application of structural equation modeling in educational research and practice (pp. 23-51). Netherlands: Sense Publishers.

Jackson, D. L. (2003). Revisiting sample size and number of parameter estimates: Some support for the N: q hypothesis. Structural equation modeling, 10(1), 128-141.

Kaplan, D. (2009). Structural equation modeling: Foundations and extensions (2nd ed.). Thousand Oaks, CA: Sage.

Keith, T. Z. (2019). Multiple regression and beyond: An introduction to multiple regression and structural equation modeling (3rd ed.). Routledge.

Khine, M. S. (2013). Application of structural equation modeling in educational research and practice. Sense Publishers.

Kline, R. B. (2019). 구조방정식모형 원리와 적용(Principles and practice of structural equation modeling, 4th ed.). (이현숙, 장승민, 신혜숙, 김수진, 전경희 공역). 서울: 학지사. (원서 출판, 2016).

Knoke, D., Bohrnstedt, G. W., & Mee, A. P. (2002). Statistics for social data analysis (4th ed.). F. E.

Peacock Publisher.

Koopman, J., Howe, M., & Hollenbeck, J. R. (2014). Pulling the Sobel test up by its bootstraps. In *More statistical and methodological myths and urban legends* (pp. 224-243). Routledge.

Lei, P. W., & Wu, Q. (2007). Introduction to structural equation modeling: Issues and practical considerations. *Educational Measurement: Issues and Practice, 26*(3), 33-43.

MacCallum, R. C., & Austin, J. T. (2000). Applications of structural equation modeling in psychological research. *Annual Review of Psychology, 51*(1), 201-226.

Meade, A. W., Behrend, T. S., & Lance, C. E. (2009). Dr. StrangeLOVE, or: How I learned to stop worrying and love omitted variables. In C. E. Lance & R. J. Vandenberg (Eds.), *Statistical and methodological myths and urban legends: Doctrine, verity and fable in the organizational and social sciences* (pp. 89-106). Routledge/Taylor & Francis Group.

Mueller R. O., & Hancock, G. R. (2019). Structural equation modeling. In Gregory R. Hancock, Laura M. Stapleton, Ralph O. Mueller (Eds.), *The Reviewer's guide to quantitative methods in the social sciences* (2nd ed., pp. 445-456). Routledge.

Mueller, R. O., & Hancock, G. R. (2008). Best practices in structural equation modeling. In J. Osborne (Ed.), *Best practices in quantitative methods* (pp. 488-508). SAGE Publications, Inc.

Murnane, R. J., & Willett, J. B. (2011). *Methods matter: Improving causal inference in educational and social science research*. Oxford University Press.

Raykov, T., & Marcoulides, G. A. (2000). A method for comparing completely standardized solutions in multiple groups. *Structural Equation Modeling, 7*(2), 292-308.

Schreiber, J. B., Nora, A., Stage, F. K., Barlow, E. A., & King, J. (2006). Reporting structural equation modeling and confirmatory factor analysis results: A review. *The Journal of educational research, 99*(6), 323-338.

Shadish, W., Campbell, D. T., & Cook, T. D. (2002). *Experimental and quasi-experimental designs for generalized causal inference*. Boston, MA: Houghton Mifflin.

Shah, R., & Goldstein, S. M. (2006). Use of structural equation modeling in operations management research: Looking back and forward. *Journal of Operations management, 24*(2), 148-169.

Steiger, J. H. (2007). Understanding the limitations of global fit assessment in structural equation modeling. *Personality and Individual differences, 42*(5), 893-898.

Tarka, P. (2018). An overview of structural equation modeling: its beginnings, historical development, usefulness and controversies in the social sciences. *Qual Quant, 52*, 313-354.

Teo, T., Tsai, L. T., & Yang, C-H. (2013). Applying structural equation modeling in educational research: An introduction. In M. S. Khine (Ed.), *Application of structural equation modeling in educational research and practice* (pp. 3-21). Netherlands: Sense Publishers.

Tucker, L. R., & MacCallum, R. C. (1997). *Exploratory factor analysis*. Unpublished manuscript, Ohio

State University, Columbus.

West, S. G., Finch, J. F., & Curran, P. J. (1995). Structural equation models with nonnormal variables: Problems and remedies. In R. H. Hoyle (Ed.), *Structural equation modeling: Concepts, issues and applications* (pp. 56-74). Newbery Park, CA: Sage.

Wilms, R., Mäthner, E., Winnen, L., & Lanwehr, R. (2021). Omitted variable bias: A threat to estimating causal relationships. *Methods in Psychology*, *5*. https://doi.org/10.1016/j.metip.2021.10075/

내가 더 이상 SEM을 논문에 사용하지 않는 이유?

변수용(펜실베이니아 주립대학교 교수 및 이화여자대학교 객원교수)

  필자는 박사학위 논문에서 한국 사회에서 박물관이나 클래식 음악 공연 관람과 같은 이른바 고급문화활동이 부모의 사회경제적 배경이 자녀의 학업성취에 미치는 영향을 매개함으로써 문화 자본(cultural capital) 역할을 하고 있는지 실증적으로 검증하고자 하였다(Byun, 2007). 이를 위해 한국교육고용패널 일반고 1차년 자료를 구조방정식모형(Structural Equation Modeling: 이하 SEM)을 사용하여 분석하였다. [그림 1]은 필자가 실증적으로 검증하고자 했던 SEM 모형을 보여 준다. 필자가 박사 논문에 SEM을 사용한 가장 큰 이유는 사회 계층 재생산 혹은 교육 불평등 재생산 과정에 대해 매우 유용한 이론적 틀을 제공하는 Pierre Bourdieu의 문화자본이론을 실증적으로 검증하기에 매우 유용한 통계방법으로 생각하였기 때문이다. 그러나 또 다른 한편으로 (솔직히 고백하자면), 당시 대학원생으로서 SEM이나 다층모형 등과 같은 다양한 고급통계방법에 상당한 매력을 느끼고 있었던 터라, SEM를 사용함으로써 양적 연구방법에 대한 지식을 뽐내고 싶은 마음도 없지 않았다.

  그러나 필자의 지적 허영심은 박사학위 논문을 이후 미국 교육사회학 전공의 대표적인 저널이라고 할 수 있는 『Sociology of Education(SOE)』에 투고하고 심사 받는 과정에서 무참히 깨지게 되었다. SOE 심사자들은 비록 필자가 검증하고자 하는 부모의 사회적 지위와 자녀의 고급문화활동, 그리고 자녀의 학업성취로 연결되는 인과적 연관성이 Bourdieu의 문화자본이론에 기반하고 있지만, 자녀의 학업성취가 고급문화활동으로 미치는 역인과성을 배제하기 힘들다고 비판하였다. 또한 필자가 사용한 한국교육고용패널 일반고 1차년 자료는 사실상 횡단자료이기 때문에 자녀의 고급문화활동과 그들의 학업성취의 인과적 관계를 추정하는 데 적합하지 않다는 비판도 하였다. 마지막으로, 자녀의 고급문화활동이나 학업성취에 영향을 주는 많은 다른 변인들을 고려하지 않았

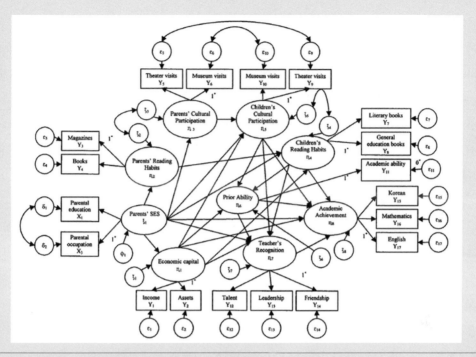

[그림 1] 문화자본의 세대 간 전이와 보상 과정에 대한 경험적 모형

출처: Byun (2007), Figure 3, p. 37.

다는 점도 지적하였다. SOE 심사자들이 제기한 이러한 문제점을 해결하기 위해서 변수들의 인과적 연관성보다는 상관성을 강조하는 방향으로, 또 더 많은 통제변수를 고려하는 방향으로 논문을 수정하려다 보니 SEM을 포기할 수밖에 없었고, 결국 최소자승회귀모형을 사용하여 논문을 전면적으로 수정할 수밖에 없었다(Byun, Schofer, & Kim, 2012 참조).

이러한 심사 과정을 통해 필자가 SEM과 관련하여 얻은 교훈은 다음과 같다. 첫째, SEM 사용 자체가 인과적 추론을 가능하게 하지 않는다. 이것은 다층모형 등의 다른 고급 통계방법도 마찬가지지만, 특히 SEM은 다른 통계방법에 비해 변수의 인과적 연관성이 핵심 전제가 되기 때문에, 변수 간 인과적 연관성에 대한 기본 전제나 가정이 잘못되거나 충족되지 않는다면, 아무리 모형 적합도가 좋다하더라도 무용지물이며, 나아가 SEM의 사용은 지양되어야 한다.

둘째, SEM은 변수들 간 인과관계에 대한 확실한 이론이나 가정에 기반하는 것 동시에, 인과관계를 검증하는 데 적합한 자료를 사용하여야 한다. 앞에서 언급한 바와 같이, SEM 사용 자체가 인과적 추론을 담보해 주지 않기 때문에, 인과적 추론을 가능하게 하는 연구설계—예를 들어 실험설계(experimental design)—를 통해 수집된 자료가 필요하다. 그러나 SEM을 사용하는 대부분의 연구들은 준실험(quasi-experimental)이나 비실험(non-experimental)설계에 기반한 자료를 사용하고 있기 때문에 처치변수나 결과변수에 미치는 다른 중요한 변수를 고려하지 않는다면 SEM을 통한 인과적 추론은 제한적일 수밖에 없다.

셋째, SEM을 사용할 때 대개 관심 있는 변수들만을 모형에 고려하는 경우가 많은데, SEM 역시 이른바 누락변수편의(omitted variable bias)에서 자유로울 수 없다. 예를 들어, 어떤 특정 외생(또는 독립) 변수(X)가 내생(혹은 종속) 변수(Y)에 미치는 순수 효과를 검증하기 위해서는 외생변수(X)와 내생변수(Y) 간의 연관성에 영향을 줄 수 있는 통제변수들을 반드시 모형에 함께 고려하여야 한다.

앞서 이야기 한 세 가지 조건이 모두 충족시킬 때 SEM은 비로소 보다 의미 있고 유용한 통계방법이 될 수 있다. 그러나 우리가 경험하는 교육 현상과 문제들은 여러 변수와 요인들이 매우 복잡하게 얽혀 있기 때문에 변수들 간 인과적 연관성에 대한 가정을 쉽게 만족시킬 수 없다. 때문에 복잡다단한 교육 현상과 문제를 실증적으로 검증하는 데 있어 SEM 사용은 제한적일 수밖에 없다. 이러한 연유로 적어도 미국의 교육사회학 저널에서 SEM을 사용한 논문을 쉽게 찾아볼 수 없다. 실제로, 필자가 2000년부터 2022년까지 미국의 SOE에 출간된 239편의 논문을 검토한 결과 엄격한 의미에서 SEM을 방법론으로 쓴 논문은 단 한 편(0.42%)에 불과하였다. 필자 역시 박사 논문 이후로 SEM을 사용한 논문을 출간한 적이 단 한 번도 없다. 이와는 대조적으로, 한국의 『교육사회학』이나 『교육행정학연구』와 같은 학술지에서 SEM을 사용한 논문을 상대적으로 쉽게 찾아볼 수 있다. 그 이유에 대해서는 여러 가지가 있을 수 있겠지만, SEM이 의미 있는 통계방법을 사용될 수 있는 조건에 대해 우리 학계가 너무 관대한 것은 아닌지 생각해 보게 된다.

한편, SEM을 쓰게 되면 이 통계방법을 제대로 사용하였는지 판단하거나 논문의 핵심 결과를 이해할 수 있는 독자의 수는 상대적으로 제한적이게 된다. 반면, 회귀분석과 같이 보다 널리 사용되는 통계기법을 사용한 논문은 기초통계 수업을 들은 대학원생들도 쉽게 이해할 수 있다. 앞서 언급한 바와 같이, 한때 어려운 통계방법을 쓰는 것이 곧 좋은 논문이라는 어리석은 생각을 한 적이 있었지만, 논문을 쓰면 쓸수록 좋은 논문이란 중요한 연구 문제를 보다 쉬운 통계 방법으로 풀어내어 보다 많은 사람들이 읽을 수 논문이라는 것을 깨닫게 된다. 이것은 필자가 더 이상 SEM을 사용하지 않는 또 다른 이유이다.

📖 참고문헌

Byun, S. (2007). *Cultural capital and school success: The case of South Korea* [Doctoral dissertation, University of Minnesota]. https://primo.lib.umn.edu/permalink/f/dkvf4l/TN_cdi_proquest_journals_304840555

Byun, S., Schofer, E., & Kim, K. (2012). Revisiting the role of cultural capital in East Asian educational systems: The case of South Korea. *Sociology of Education*, 85(3), 219-239. doi:10.1177/0038040712447180

제9장

준실험설계의 유용성과 활용상의 유의점

김정은(메릴랜드 대학교 교수)

요약

교육정책 혹은 교육활동이 가지는 효과를 양적으로 연구하는 데 있어 인과성을 밝히는 것이 연구의
정확성을 높이고 교육정책의 실제와 이론의 발전에 기여할 수 있는 방법으로 평가받고 있다. 준실험
설계의 경우 2차/관찰 데이터를 통해 정책이 결과변수에 미치는 영향을 추정해 낼 수 있다는 점에서
다양한 준실험설계 디자인들이 교육연구에 활용되고 있으나, 각 방법론이 기반으로 하는 주요 가정에
대한 심층적 이해와 검증, 결과의 함의에 대한 정확한 이해가 없이는 준실험설계의 활용이 오히려 잘
못된 결론을 도출할 수 있다는 우려 역시 존재하고 있다.

따라서 이 장에서는 준실험설계의 기본가정을 소개하고 준실험설계를 구현하는 다양한 방법 중 이중
차분법, 도구변수추정법, 회귀불연속법을 소개한다. 먼저, 각각의 방법론의 기본 개념을 논의하고,
실제 교육정책 연구의 예시들을 비교분석, 각 방법들이 가지는 유용성과 해당 방법들을 연구에 활용
하는 과정에서 유의해야 할 점들을 제시한다. 이 글은 이러한 논의를 통해 정책 연구와 제언에 준실험
설계를 사용하는 연구자들에게 참고자료를 제공한다.

[주제어] 준실험설계, 정책연구, 이중차분법, 도구변수추정법, 회귀불연속법

교육정책, 혹은 교육활동의 '영향'이나 '효과'를 밝힌다는 것은 무엇을 의미하는가? 교육정책에 노출되거나 교육활동을 경험하게 된 경우, 그 대상이 된 개인, 집단, 조직의 행동, 성과, 결과 등에 있어서 유의미한 변화가 일어나는지를 따져 보는 것이라고 해 보자. 예를 들어, 어떤 대학에서, 저소득층 학생들의 대학 접근성(access)을 높이기 위해 학생들의 가구 소득을 기준으로 하는(need-based) 새로운 장학금을 만들었고, 실제로 다음 학기에 신입생 중 저소득층 학생의 비중이 늘어났다. 이 경우, 새로운 장학금 제도가 효과가 있었다고 결론을 내릴 수 있는가? 그럴 수도, 그렇지 않을 수도 있다. 먼저, 새로운 장학 제도의 도입으로 저소득층 학생들이 받는 학자금 지원이 증가하거나 그러한 혜택에 대한 기대로 해당 집단의 대학 지원과 등록이 증가했을 수 있다. 그러나 장학금의 신설과 함께 저소득층 학생을 유치하려는 입학처 홍보나 입학 제도의 변화가 함께 일어났을 가능성도 있다. 혹은, 새로운 장학금의 신설은 해당 대학에서 저소득층 학생 비중이 늘어난 추세에 따른 것일 수도 있다. 결국, 교육정책/활동이 가지는 효과를 추정하는 것은, 이러한 가능성들을 배제하고, 해당 정책/활동만이 결과변수에 변화를 가져온다는 인과성을 검증하는 것이다.

데이터를 기반으로 한 교육정책과 교육활동의 설계에 대한 관심과 제도적 지원이 증가하면서, 교육정책/활동의 효과를 밝히는 연구들이 어느 때보다 필요하고, 또 많이 이루어지게 되었다. 그러나 기존 교육연구들은 비일관적이고 신뢰성이 떨어지는 결과들을 도출해 왔다는 비판에 시달려왔다(Schneider et al., 2007). 특히, 양적 연구방법론으로 시행하는 정책연구에서는 지금까지 활용해온 방법론들의 한계가 그 원인으로 지적되었고, '인과관계(causality)'를 밝히는 것이 교육연구의 정확성(rigor)을 높이고 교육 실제와 후속연구를 위해 가치 있는 지식 기반을 쌓아 갈 수 있는 방법이라는 관점이 강조되고 있다(Schneider, 2007: 2).

이러한 맥락에서, 준실험설계와 관련 방법론들은 2차 혹은 관찰 데이터를 활용하여 인과관계를 추정하는 방법으로 교육행정, 정책 관련 연구들에 활발히 사용되어 왔다. 연구비를 지원하는 다양한 정부/비정부기관들에서도 이러한 연구설계 방식의 사용을 강력히 권장하고 있으며, 대학원 교육과정과 학회 등에서도 관련 연구설계와 방법론에 관한 수업들과 교육 프로그램 등을 제공하고 있다. 그러나 준실험설계와 방법론들의 원리와 가정에 대한 깊은 이해와 검증이 없이 무분별하게 이들을 분석에 활용하고 그 결과를 해석할 경우, 오히려 정책과 이론과 관련된 잘못된 결론에 이를 수 있다. 나아가 각 방법론들이 가진 한계를 이해하고, 해당 연구설계와 방법론들을 더욱더 정확하게 사용하기 위해 이루어지고 있는 이론적 진화들에 대한 업데이트도 지속적으로 이루어져야 준실험설계를 통해 정책의 인과관계를 추정하려는 본래의 목적을 달성할 수 있을 것이다.

따라서 이 글에서는 인과관계를 추정하기 위한 방법으로 이용되고 있는 준실험설계 중 이중차분법, 도구변수추정법, 회귀불연속법을 소개한다. 이들 방법들을 어떠한 교육정책 연구에 사용할 수 있는지 그 유용성을 설명함과 더불어, 각 방법론들의 사용에 있어 주요 가정과 분석 과정, 분석 결과의 해석에서 유의할 점을 예시를 통해 살펴보고자 한다. 이를 통해 향후 교육연구에서 준실험 설계법을 사용하는 데 있어 개별 연구자들에게는 참고자료를, 학계, 또 교육기관들에게는 이러한 방법론을 정확히 활용하여 교육정책 연구를 발전시켜 나가기 위해 필요한 점들을 고려하는 데 시사점을 제공하고자 한다.

2. 준실험설계 디자인

1) 실험설계와 준실험설계

사회과학에서 인과성의 이해란 "원인들이 효과를 만들어 내는 데 책임이 있음"을 찾아내는 것을 뜻한다(Marini & Singer, 1988). 실제 현상에서 원인은 흔히 여러 가지이고(nonmonic), 특정하기 어려우며(contingent), 여러 가지 원인 중 가능한 선택지 혹은 그 일부에 속하는 경우(likely)가 많다(Collier & Collier, 1991). 이러한 복잡성은 [그림 9-1]의 흔한 인과관계 시나리오에도 잘 반영되어 있다. 원인/처치가 결과/교육성과에 미치는 영향을 추정할 때, 관찰 가능 혹은 불가능한 교란 요인들이 함께 존재하여, 원인/처치와 결과변수 모두에 영향을 준다. 예를 들어, 동기 수준이 높은 학생일수록 교육 프로그램의 참여라는 '처치 상태'를 스스로 선택할 가능성이 높고(self-selection), 나아가 높은 동기 수준은 높은 교육 성과에도 영향을 미쳐, 단순히 처치와 통제집단을 비교할 경우, 처치의 효과성 추정치가 편향될 가능성이 있다. 따라서 관찰 데이터를 활용할 경우, 역인과성(reverse causality)과 누락된 변수들(omitted variables)의 문제를 해결하지 않고서는 원인/처치와 결과/교육 성과 간의 인과관계를 결론지을 수 없다.

인과관계의 추정을 위해 가장 이상적인 방법으로 여겨지는 것이 무작위 통제 실험(randomized controlled trials: RCT)이다. 기본적으로, RCT에서는 통제와 처치집단이 존재하고, 모든 연구 대상자들이 두 집단에 속할 가능성을 동등하게 가진 상태에서 무작위로 처치와 통제집단이 결정된다. 따라서 통제집단과 처치집단 간의 속성이 유사하고, 처치 상태로의 선택이 개인의 의사나 동기 수준 등 결과변수에 영향을 줄 수 있는 요소들을 배제하고 이루어진다고 가정할 수 있다(Vader, 1998). 이러한 추정 방법은 편향성과 잘못된 인과관계를 결론지을 가능성을 낮춤으로써 정책이나 교육 프로그램의 효과성에 관련된 지식을 향상 시킬 수 있다는 장점이 있으나, 연구윤리의 문제, 비용, 관찰연구와 관련된 파급효과(spill-over effect), 표본 소모(attrition) 등의 문제, 그리고 한정된 대상들에게 특정 상황에서 실험이 이루어진다는 점에서 외적 타당도(external validity) 혹은 일반화 가능성이

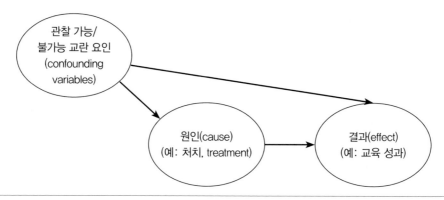

[그림 9-1] 인과관계 시나리오

낮다는 등의 단점이 있다(McMillan & Schumacher, 2006).

　그렇다면 관찰/2차 데이터를 활용, 무작위로 처치와 통제의 배정이 일어나지 않는 상황에서는 인과관계를 추정할 수 없을까? 이에 대한 가능성으로 준실험(quasi-experimental) 혹은 비실험(non-experimental)설계가 등장하였다. 경제학자 Joshua Angrist(1990)는 베트남전 참전 여부가 개인의 생애 소득에 미치는 영향을 연구하는 과정에서, 베트남전 참전 여부가 징병추첨제(draft lottery)로 이루어졌다는 점에 착안하였다. 정책이 이루어진 방식이 무작위에 가까운 처치와 통제집단의 분류를 만들어 내는 것을 '자연 실험(natural experiment)'이라고 보고, 이를 무작위 통제 실험설계를 모방하는 매커니즘으로 활용할 수 있다는 것이다.

　준실험설계법의 또 다른 중요한 메커니즘으로 '반대 가정(counterfactual)' 프레임을 꼽을 수 있다(Rubin, 1974; Holland, 1986). 개인 혹은 각각의 케이스는 처치 혹은 통제 중 하나의 상태에서만 관찰이 가능하기 때문에, 처치집단에 대해서 '만약 처치가 이루어지지 않았다면 어떻게 되었을까'를 가정할 수 있도록 하는 사례들을 선별하여 처치집단과 비교함으로써 처치의 효과를 추정한다는 것이다. 이 경우, 처치를 받기 전의 처치집단과 관찰 가능한, 관찰 불가능한 특성들이 매우 유사하여 처치집단에 대한 반대 가정을 추정할 수 있는 통제 혹은 비교집단을 상정하는 것이 매우 중요하다.

　간단히 말해 준실험설계법은 자연 실험과 반대 가정 프레임에 기반하여 2차 혹은 관찰 데이터를 활용함으로써 실험설계가 가지는 단점인 비용, 연구윤리 등의 문제를 최소화하고 무작위 통제 실험에 비해 일반화(generalizable) 가능성이 크다는 장점이 있으나, 처치(treatment)가 결과를 초래하는가(effect)에 대한 내적 타당도(Internal validity)에 대해서는 매우 꼼꼼한 논의가 필요한 방법이다.[1]

---

1) 실험설계와 준실험설계 방법을 비교, 준실험설계로 얻어진 추정치가 실험설계와 비교했을 때 얼마나 유사하거나 편향성이 있는지에 대해서도 많은 연구들(예: LaLonde, 1986; Glazerman, Levy, & Myers, 2003; Chabé-Ferret, 2015; Wong, Valentine, & Miller-Bains, 2017; Chaplin, Cook, Zurovac, Coopersmith, Finucane, Vollmer, & Morris, 2018)이 이루어져 왔다(Fougére & Jacquemet, 2020).

2) 준실험설계 디자인

준실험설계는 다양한 디자인을 통해 처치상태의 무작위성을 모방, 처치와 비교집단 간의 유사성을 담보하고 이 두 집단의 관찰 가능 혹은 불가능한 특성들이 처치로 인해 일어나는 변화들과 관련성이 없다는 조건하에서 인과관계를 도출하는 데 목적이 있다. 이 장에서는 이중차분법, 도구변수법, 회귀불연속법이 어떠한 방식으로 이를 구현하는지를 쉽게 풀어 설명한다.

(1) 이중차분법

이중차분법(Difference-in-Differences)은 그 명칭에서 드러나듯이, 두 가지 측면에서 결과변수의 '차이'를 살펴봄으로써 인과관계를 밝히는 디자인이다. 처치집단과 통제집단 간의 결과변수에 존재하는 차이, 그리고 처치 발생 이전과 이후 시점에서 측정한 결과변수의 차이를 활용하게 된다. 예를 들어, 새로운 장학금 제도가 시행되었을 때, 이 정책의 효과를 밝히기 위해 새로운 제도의 혜택을 받은 집단을 처치집단으로, 혜택을 받지 않은 집단을 통제집단으로 상정하고, 장학금 제도의 시행이 데이터에 존재하는 두 날짜 혹은 시점 사이에 이루어진다고 할 때(제도 시행의 전과 후) 이 방법의 사용을 고려할 수 있다.[2]

단순히 처치/통제집단 간의 혹은 처치 전후에 결과변수에 차이가 있는지를 비교하는 것이 아니라 이 두 측면을 동시에 고려한다는 점이 이중차분법의 중요 가정을 형성한다. 먼저, 처치와 통제집단이 서로 비교 가능한(comparable) '반대 가정(counterfactual)'이 되기 위해서는 정책의 변화가 없었다면(예: 장학금 정책의 도입) 처치와 통제집단 간의 결과변수의 '변화'(예: 저소득층 지원자 수의 증감) 역시 두 집단에서 같아야 한다. 이를 평행 경로 가정(parallel trends/parallel paths assumption)이라고 한다. 이는 처치, 즉 정책이나 중요한 이벤트의 발생이 예측 불가능하게 일어나 '자연 실험'과 같은 상황이 발생, 정책 대상들이 조건들을 임의적으로 조작하여 처치집단에 속할 수 없다는 것을 의미한다(처치가 외부에 의해서 결정되므로, 통제집단이 처치집단의 반대 가정을 제공, 두 집단의 비교가 정책의 효과를 나타낸다고 볼 수 있다). 따라서 이중차분법을 통해 정책이나 교육효과의 인과성에 대한 결론을 내리기 위해서는 정책의 변화가 일어나기 전의 관찰 데이터를 통해 정책시행의 전과 후에 양 집단 간의 결과변수가 같은 방향으로 진화해 왔는지를 검증해야 한다(common pre-trends assumption). 처치집단과 통제집단 간의 종속변수에는 일정한 동향으로 차이가 존재하지만, 처치

---

[2] 이 글에서는 이중차분법의 기본 모형을 기술하고 있으나, 처치나 통제집단을 다시 두 집단으로 나눌 수 있는 경우(예: 장학금 제도의 효과가 특정 소득 수준 이상과 미만을 기준으로 다른지를 검증), 삼중차분법(difference-in-difference-in-difference)을 사용할 수 있다. 자세한 설명과 예시는 Berck & Villas-Boas(2015)와 Ravallion, Galasso, Lazo, & Philipp(2005), Andrews, DesJardins, & Ranchhod(2010), Schmeiser, Maximilian, Stoddard, & Urban(2015) 등을 참조.

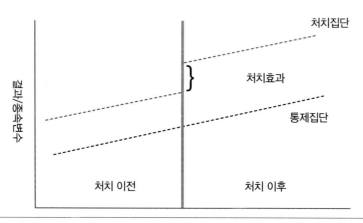

[그림 9-2] 이중차분법의 가정

가 처치집단에만 유의미한 변화를 일으키면서, 처치 이후의 시기에서는 이 동향에 차이가 발생하게 될 때, 정책이 효과가 있다고 보는 것이다([그림 9-2]). 이러한 이유로, 이중차분법은 종단(panel) 데이터를 사용하는 경우가 많다.

(2) 도구변수법

처치와 통제집단 간의 단순 비교가 가지는 편향성(bias)은 개인이 처치 상태를 선택할 수 있고, 이러한 점이 두 집단 간의 관찰 가능한 특성뿐만 아니라 관찰할 수 없는 특성들과도 연관성을 가져 결과변수의 차이에도 영향을 주는 데서 유래한다. 교육연구의 주요한 질문 중 하나인 '교육연수가 늘어날수록 개인의 소득 역시 증가하는가'를 예로 살펴보자. 대학에 진학하고 학위를 취득한 사람일수록 소득이 높다고 할 때, 대학 진학이 반드시 소득의 증가를 가져온다고 결론짓기는 어렵다. 그 이유는, 동기 수준 등 대학 진학에 영향을 줌과 동시에 이후 소득 수준에도 영향을 줄 수 있는 요소들이 있기 때문이다. 이러한 내생성(endogeneity)의 문제를 해소하기 위한 방법으로 비교적 오래 사용되어 온 것이 바로 도구변수법(Instrumental Variables)이다. 도구변수법은 처치 상태로의 변동을 내생적(endogenous), 즉 개인의 선택에 의한 부분과 외부 요인으로 인해 결정된 외생적(exogenous) 부분으로 나누고, 이 외생적 요소에 의한 처치 상태의 변화가 종속변수에 미치는 영향만을 분석하는 접근법이다.

이러한 분석 방법을 가능하게 하는 장치인 '도구변수'는 독립변수(처치)와 매우 밀접한 상관관계가 있으나, 처치 이후의 최종 종속변수와는 상관관계가 없는 제3의 변수가 된다. 앞서 이야기한 교육 수준과 소득의 인과관계를 밝히기 위해, Card(1995)의 경우 성장과정에서 대학과 가까운 곳에 거주했는가를 대학 진학 여부를 외생적으로 결정하는 도구변수로 사용하였다. Murnane과 Wilett(2010)이 도식화한 대로([그림 9-3]), 도구변수법의 추정은 두 단계의 회귀분석(two-stage-

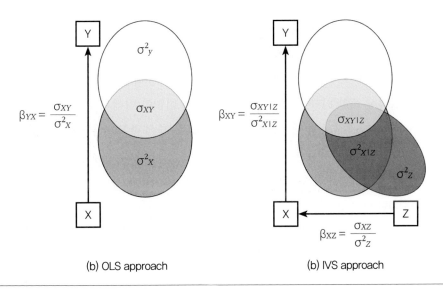

$$\beta_{YX} = \frac{\sigma_{XY}}{\sigma^2_X}$$

$$\beta_{XY} = \frac{\sigma_{XY|Z}}{\sigma^2_{X|Z}}$$

$$\beta_{XZ} = \frac{\sigma_{XZ}}{\sigma^2_Z}$$

(b) OLS approach   (b) IVS approach

[그림 9-3] 회귀분석모형과 도구변수모형의 비교
출처: Murnane & Wilett(2010: 213, 232).

least-squares regression)으로 나누어 볼 수 있다. 먼저, 1단계에서는 처치변수(x)를 처치에 영향을 줄 수 있는 외생변수들(성별, 연령, 등)과 더불어 도구변수(z)로 예측한다. 2단계에서는 종속변수(Y)의 분산을 같은 외생변수들과 (실제 처치 상태가 아닌) 1차식에서 '예측된' 처치 상태로 설명한다. 이 '계측된(instrumented)' 처치의 계수를 해석함으로써 정책의 제한된 조건(도구변수로 인해 결정된 처치 상태)에서의 인과효과를 추정할 수 있다.

(3) 회귀불연속법

회귀불연속법(Regression Discontinuity)은 정책이나 교육 프로그램의 혜택이 정책 입안자나 프로그램 담당자들이 정해 둔 외재적인 기준치에 의해 결정될 때 사용할 수 있는 방법이다. '기준치'는 특정 연속변수(running/forcing/assigning variable)상의 미리 설정된 준거 점수/단절점(cut score)으로, 이를 기반으로 처치와 통제집단이 분류된다. 여기서 준거 점수를 간신히 넘겨 정책의 혜택을 받은 집단들의 결과변수의 평균값을 준거 점수를 근소한 차이로 넘기지 못해 정책의 혜택을 받지 못한 비교집단의 평균값과 비교하는 것이다. 예를 들어, 시험 점수(0~100점)를 기준으로 80점 이상(혹은 상위 20%)인 학생들에게 특정 교육 프로그램을 실시하고, 그 프로그램이 갖는 학생 성취도에의 영향을 검증한다고 가정해 보자. 이 경우, 준거 점수(80점/20%)를 근소하게 넘기거나 넘기지 못한 학생들은 학업 능력, 학습 의욕 등등 다양한 특성이 매우 비슷하고, 준거 점수가 되는 시험 점수에 있어서 매우 미묘한 차이만을 갖게 된다는 것이다. 따라서 이 비슷한 개인들을 처치와 비교집단으로 비교함으로써 결과 변수에 대한 처치/정책의 인과성을 추정할 수 있다. 다만, 이 경우, 처치와 통제집단 중, 유사성을 담보할 수 있는 케이스들만을 대상으로(예: 시험 점수가 78, 79점인 학생들과 80점, 81점인 학생들만으로 분석을 한정) 두 집단 간의 종속변수의 평균을 비교함으로써 처치의 효과를 추정한다는 측면에서, 준거 점수에서 멀어질수록 처치/통제집단 간의 관찰 가능/불가능한 특성이 달라지고, 결과에 대한 타당도 역시 낮아지게 된다. 이러한 점에서 회귀불연속법은 한정된 표준효과(Local Average Treatment Effect: LATE)를 추정한다는 것에 주목해야 한다.

준거 점수를 기준으로 한 처치/통제 상태로의 분류가 실제 처치 수혜 여부와 일치하는 정도에 따라 Sharp RD(준거 점수로 처치/통제가 완벽하게 분류되는 경우), Fuzzy RD(준거 점수로 대부분의 처치/통제가 결정되지만 다른 요소들이 개입되는 경우), 그리고 running variable에 따라 종속변수에 불연속성이 있는 경우 활용되는 Kink RD 등의 방법을 통해 분석을 시행한다. 기본적으로는 회귀분석을 시행하되, 분석에 포함하는 케이스들을 running variable 상에서 준거 점수를 중심으로 한 특정 범위로 한정하는 방식이다. 다만 fuzzy RD의 경우, running variable을 도구변수로 활용하여 처치 상태를 예측한 후, 이것이 결과변수에 미치는 영향을 추정하는 방식으로 분석이 이루어진다.

앞서 소개한 세 가지 분석 방법은 어떠한 메커니즘이 '자연 실험' 상황과 유사하게 외생적으로, 즉 처치의 대상이 되는 개인/집단들의 영향을 받지 않고 처치 상태를 결정하며, 이를 통해 처치집단과 통제집단이 관찰 가능/불가능한 측면에서 유사성을 띠는 '반대 가정'을 제공하게 될 수 있는가에 따라 각각 다른 방식으로 인과관계를 추정할 수 있도록 한다. 따라서 연구의 대상이 되는 정책/교육 현상과 연구에 이용 가능한 데이터의 성격에 가장 잘 맞는 방식의 디자인을 선택할 수 있도록 해야 한다. 나아가, 각 방법들이 인과성을 추론하기 위해서는 해당 방법이 요구하는 가정들을 만족하는가에 대한 검증을 실시해야 하며, 그 결과에 따라 인과관계에 대한 결론을 내리는 데 신중을 기해야 한다. 더불어, 각 방법론에 따라 한정된 표본/데이터만을 활용하는 경우들도 있으므로 결과의 외적 타당도/일반화에 한계가 있다는 점도 추정치의 해석과 정책/교육활동 효과에 대한 시사점을 제공하는 데 있어서 중요하게 고려되어야 한다. 다음 장에서는 예시를 통해 앞에서 소개한 세 가지 디자인을 교육정책/행정연구에 적용함에 있어 유의해야 할 사항들을 검토한다.

3. 준실험설계의 적용과 유의점

Angrist와 Pischke(2010)는 준실험설계가 다양한 정책의 영향력 검증연구에 활용되기 시작하면서 '효과 추정 방법의 혁명(empirical revolution)'을 가져왔다고 표현하였다. 2000년대 중반 이후 인과관계를 규명하기 위해 정교한 통계방법을 활용한 논문들이 급격히 증가해 왔다(Wells et al.,

2016). 구글 학술 검색 결과에 따르면 1990년대 중반 이후 준실험설계 방법을 활용한 논문들이 발표되기 시작, 이중차분법의 경우(총 2,110개의 연구물) 1996년 첫 논문이 게시되었고, 2000년대 1년에 약 10~20건의 논문이 해당 방법론을 사용하여 발표되다가, 약 2012년부터 약 100건, 2010년대 중반 이후로는 1년에 200건 가까운 연구물이 쏟아지고 있다. 도구변수법과 회귀불연속법은 교육정책 연구에서는 상대적으로 적은 수의 연구에 활용되고 있으나(약 200~300개의 논문), 도구변수법의 경우 1990년대 중후반 이후, 회귀불연속법은 2000년대 초반에 연구에 활용된 이후 꾸준한 증가세를 보이고 있다. 한국의 경우에도 준실험설계를 적용한 논문들이 나오기 시작하는 추세이다. 예시로 『교육학연구』, 『교육행정학연구』, 『교육재정경제연구』에 실린 논문 중 이중차분법을 이용한 논문이 13개, 도구변수 관련 논문이 9개, 회귀불연속을 적용한 논문이 2개로 나타났다. 학계 전반에서 준실험설계 활용의 필요성에 동의하고 다양한 정책과 교육 현상 연구에 관련 방법들을 적용하려는 노력이 이루어지고 있는 가운데, 이 장에서는 인과관계를 추정하고 정책효과에 대해 좀 더 정확한 결론을 내린다는 본래의 목적을 달성하기 위해서 해당 방법들을 어떤 과정을 통해 적용할 수 있는지, 각 방법을 사용하는 데 있어 어떤 점을 유의해야 하는지에 대해 예시 논문을 들어 살펴본다.

1) 이중차분법의 적용과 유의점

이중차분법은 다양한 교육정책 연구에 활용되어 왔다. 예시로 노동법(아동 취업 가능 연령) 변화에 따른 교육 수혜의 변화(Moehling, 1999), 장학금/학자금 제도가 대학 입학과 학위 취득에 미치는 영향(예: Dynarski, 1999; 2000; Kane, 2003; Goodman, 2008; Seftor & Turner, 2002), 학교 선택제에 따른 학생 무단결석 빈도의 변화(Hastings, Neilson, & Zimmerman, 2012), 교원정책(임금, 인센티브제도, 교원노조, 단체교섭)이 교원 유치와 유지에 미치는 영향(Eberts, Hollenbeck, & Stone, 2002; Hough & Loeb, 2013; Clotfelter, 2008; Fitzgerald, 1986; Falch, 2010), 「아동낙오방지법(No Child Left Behind)」(Hanushek & Raymond, 2005)이나 최소능력시험(minimum competency test)의 도입이 학생들의 학업 성적에 미치는 영향(Fredericksen, 1994), 업무 훈련이 소득에 미치는 영향(Ashenfelter, 1978; Heckman & Smith, 1999), 주정부 장학금이 대학 재정 패턴에 가져오는 변화(Delaney & Hemenway, 2020; Delaney & Kearney, 2016), 성과 기반 재정지원(performance funding) 정책의 대학 운영에의 영향(Hillman, Tandberg, & Fryar, 2015; Hillman, Fryar, & Crespín-Trujillo, 2018), 사회적 약자 우대 정책(affirmative action)(Bleemer, 2019)이나 대학 입시에서 시험 성적을 선택적으로 보고 하는 제도(test optional)(Belasco et al., 2015; Furuta, 2017)가 입학생의 구성 혹은 학생들의 대학 지원에 미치는 영향, 재교육(remedial education) 프로그램이 대학 학위 취득(Lavy & Schlosser, 2005) 혹은 대학에서의

학점 취득(Hodara, 2015)에 미치는 영향, 랭킹 시스템의 도입에 따른 대학의 운영비 변화(Kim, 2018) 등의 연구가 있다. 이러한 다양한 정책의 효과검증에 이중차분법이 활용된 배경에는 주(state)마다 교육정책이 다른 점(다양한 처치/비교집단의 형성이 가능)과 오랜 기간에 걸쳐 학생 혹은 기관 수준에서 다양한 패널 데이터를 축적해 온 점(특정 '처치'의 전과 후를 비교할 수 있음)을 꼽을 수 있다. 한국의 경우에는 자유학기제(이정민 & 정혜원, 2021), 교과교실제(우명숙, 2016), 9시 등교정책(심재휘, 전하람, 김경근, 2019), 교육역량 강화정책(문찬주, 문희원, 이영선, 정동욱, 2021), 학생 참여적 학교 운영(김범주, 2022), 코로나 19(김범주, 2021), 교육복지 우선 지원사업(김근진, 2016), 장학금 지원정책(우명숙, 김지하, 2015), 국가장학금(이필남, 곽진숙, 2013), 국가장학금과 정부재정지원 제한 대학제도의 연계(이필남, 김병주, 2014) 등을 이중차분법을 통해 연구한 논문들이 있다.

여기서는 Dynarski(2003)의 장학금 수혜가능 여부가 대학 진학과 학위 취득에 미치는 영향에 관한 연구와 Stange(2015)의 차등 등록금 제도가 해당 분야의 학위 수여에 미치는 영향에 관한 논문을 중심으로 이중차분법이 어떤 연구에 활용될 수 있는지, 어떠한 과정들을 거쳐 주요 가정들을 검증하는지, 결과의 보고와 해석에 있어서는 어떠한 점을 고려해야 하는지를 소개하고자 한다.

(1) 이중차분법의 선택

앞서 설명했듯이, 이중차분법은 특정 정책 혹은 교육활동의 도입으로 처치와 통제집단이 나누어지고, 정책의 도입 이전과 이후의 데이터 포인트들이 존재할 때 활용할 수 있는 방법이다. 따라서, 이중차분법을 활용한 연구에서는 (예상치 못한) 정책의 도입이 어떻게 '자연 실험'과 같은 상황을 발생시켜 처치와 통제집단을 나누고 정책의 전후를 비교할 수 있게 하는지를 설명하기 위해 정책의 도입과 관련한 자세한 맥락을 제공한다. Dynarski(2003)의 논문에서는 장학금 수혜 가능 여부가 대학 진학과 학위 취득에 미치는 영향을 연구하고자 하였다. 준실험설계를 활용한 다른 논문들과 마찬가지로, 이 논문에서는 장학금 정책의 "편향성 없는 인과관계를 밝히기 위해서는 장학금 수혜가 가능한지 여부와 대학의 진학과 학위 취득에 동시에 영향을 미치는 모든 요소들을 고려해야 하나 연구자들에게 이에 대한 모든 정보가 주어지지 않는 점"과 "장학금 수혜 가능 여부를 결정하는 규칙들이 불연속적으로 변화하는 경우, 이를 활용하여 개인들의 교육에 대한 결정에 영향을 주는 눈에 보이지 않는 요소들과 연관성이 없는 변수를 만들어 낼 수 있다"는 점을 들어 준실험설계의 사용을 정당화하고 있다(p. 280).

이 논문에서는 사회보장연금(Social Security Benefit)의 수혜자가 사망하거나, 장애를 갖게 되거나 은퇴를 하는 경우 18~22세의 자녀들이 대학에 풀타임 학생으로 재학하면 매달 돈을 지원해 주던 제도에 생긴 변화를 활용하였다. 어린 시절 부모님이 돌아가셨는지의 여부를 **처치** 상태를 나타내는 대체변수(proxy)로 삼고, 여기에 "이 정책이 1982년 종식된 것(정책 종료 이전과 이후)이 장학금 제

도가 가지는 대학 진학 장려 효과를 측정할 수 있는 기회를 제공(p. 273)" 한다고 설명하면서, 저자
는 이 정책의 변화 시점에 대한 설명을 자세히 제공하고 있다(예: 1981년 의회 투표를 통해 1982년 5월
이후로 보조금 혜택이 없어짐). 나아가 정책의 변화로 인해 영향을 받게 된 집단들과 왜 정책의 변화
로 인해 대학 진학과 관련된 행동이 변화한다고 기대할 수 있는지를 상세히 기술하고 있다(예: 학생
1인당 정책을 통해 받을 수 있는 금액, 당시 등록금이나 다른 장학 제도와의 비교).

National Longitudinal Survey of Youth(NLSY) 데이터를 활용, 이 논문은 정책 변화가 일어난
1982년과 1983년 봄에 고등학교 졸업반이었던 학생들을 '(처치) 이후' 집단으로, 1979, 1980, 1981년
봄에 졸업반이었던 학생들을 '(처치) 이전' 집단으로 구성하고, 아버지가 돌아가셨는지[3]의 여부를
나타내는 이항 변수를 처치집단을 나타내는 데 사용하였다. 이중차분법의 추정은 아래 수식과 같
이 처치 여부를 나타내는 변수와 처치 이후를 나타내는 변수의 교호 작용으로 이루어지며, 이 논문
에서는 다양한 학생들의 배경변수(인종, 부모 학력, 성별, 가족 규모, 나이 등)를 통제하였다(Dynarski,
2003: 283).

$$y_i = \alpha + \beta(Father\ Deceased_i \times Before_1) + \\ + \delta Father\ Deceased_i \\ + \theta Before + v_i$$

Dynarski(2003)의 논문이 두 집단, 두 시점(two-group, two-period)으로 이중차분법을 적용할
수 있는 예를 제시해 준 한편, 교육정책 연구에서 현실적으로 이러한 사례가 흔하지 않다는 지적
이 있었다. 특히, 교육정책의 결정이 분권화되어 있고 정책이 시간에 따라 계속 변화하는 경우, 특
정 정책의 처치를 받은 집단들에서 처치 전과 후의 시점이 모두 달라지는 경우가 많기 때문이다.
Stange(2015)의 논문은 이러한 정책 상황에서 이중차분법을 어떻게 적용할 수 있는지에 대한 좋은
사례를 제공한다. 주정부의 공립대학에 대한 지원이 감소하면서, 프로그램의 질을 높이기 위한 재
정을 확보하기 위한 방안 중 하나로 많은 대학들이 전공별로 등록금을 달리 매기는 '차등 등록금
(Differential Tuition)'을 도입하였다. 특히, 공학과 경영, 간호학 분야 등 비용이 많이 드는 전공이나
졸업 후 기대소득이 높은 전공 분야에 더 많은 등록금이 부과되었다. 이 논문에서는 이러한 등록금
차등화 전략의 도입이 해당 분야에 수여된 학위 수에 어떻게 영향을 주는가를 살펴보고자 하였다.

142개의 국공립 연구 대학들 중 50개 대학이 1990년에서 2010년 사이에 공학, 경영, 간호학 분

---

3) 저자는 부의 사망만을 처치 상태를 나타내는 변수로 사용한 이유에 대해서 장애나 은퇴의 경우 학생들의 장학금 수혜를 위해 학부모
들이 이를 자발적/내생적으로 결정할 수 있기 때문이라고 주장하면서, 이 경우 장학금의 효과가 상향 편향(upward bias)될 수 있다
고 설명하였다.

야에 등록금을 차등적으로 부과하기 시작하였다는 점에 착안, Stange(2015)는 이중차분법을 적용하여 등록금 차등화를 실시한 대학에서의 각 분야별 학위 수여 비중의 차이(시행 전과 후)를 같은 기간 동안 등록금에 변화를 주지 않은 학교들과 비교하였다. 이 논문에서도 각 대학들이 등록금 차등화를 도입하게 된 배경을 설명하고, 이것이 각각 다른 학위 분야들에서 '수요와 공급'에 어떠한 변화를 줄 것인지를 이론적으로 설명함으로써 해당 정책의 도입과 정책의 영향이 나타나게 되는 메커니즘을 제시하고 있다(p. 112).

이 연구에서는 2007∼2008년 학사 연도를 기점으로 161개 국공립대학에서 등록금 차등화 전략이 고려 혹은 도입되었는지의 여부와 해당 제도의 도입 연도[4]에 대한 정보를 기록한 데이터를 활용하였다(Nelson, 2008). 이와 함께 미 교육부의 대학 교육 데이터 시스템(the Integrated Postsecondary Education Data System)을 활용, 각 분야별 학사 학위 수여 수와 성별과 인종별 학위 수여 수와 관련된 변수들을 생성하고, 학교 특성 변수들을 분석에 고려하였다. 더불어, 학생 수준의 분석을 위해 National Postsecondary Student Aid Study(NPSAS)의 1996, 2000, 2004, 그리고 2008년 데이터를 사용, 차등 등록금의 영향을 받는 전공 분야의 학생 구성과 장학금 변화를 살펴보았다.

해당 연구에서 이중차분법을 활용한 방식 중 연구자들이 눈여겨볼 수 있는 점은 차등 등록금 제도/정책이 약 20년여 동안 여러 해에 걸쳐 이루어졌다는 것이다. 따라서 해당 연구에서는 분석에 포함된 기간 동안 등록금 제도를 바꾸지 않은 학교(즉, 차등 등록금을 실시하지 않은 학교)들과 차등 등록금 제도를 받아들인 학교들에서 결과변수(전공 분야별 학위 수여 비율)를 비교하였다. 더불어 등록금 제도를 변경한 학교들의 경우, 차등 등록금 제도를 도입한 연도를 영점으로 삼아 도입 전후의 트렌드를 비교하고 있다(p. 117).

$$EngShare_{jt} = \beta EngDiff_{jt} + \alpha X_{jt} + \delta_t + \lambda_j + \epsilon_{jt}$$

더불어, 앞의 모형에서 나타나듯이 해당 연구에서는 연도 고정효과(year fixed effects)와 학교 고정효과(school fixed effects)를 함께 사용하여 특정 전공의 선호도가 높아지는 해가 있었거나 특정 학교에서의 해당 전공에 대한 선호도가 높아 대학들이 이들 전공에 대해 더 높은 등록금을 매기게 되는 영향력을 통제하고자 하였다. 결국, 이 논문에서의 이중차분법은 차등 등록금 제도를 실시한 각 학교별로 각각의 이중차분법 모형을 추정한 후, 이 학교별 추정치(school-specific estimates)를 다시 합친 것(pooling)으로 이해할 수 있다.

---

4) 저자는 이 데이터에서는 전공별 도입 시기에 대한 정보가 없어, 차등 등록금이 연구에서 살펴보고 있는 모든 전공 분야에 일괄적으로 적용된 것으로 가정하였고 이로 인해 정책효과의 추정치가 편향될 가능성이 있음을 언급하고 있다.

(2) 주요 가정의 검증

앞서 살펴본 대로, 이중차분법을 통계적으로 분석하는 것은 처치와 비교집단을 나타내는 이항변수, 처치의 이전과 이후를 구분하는 이항변수, 그리고 이 두 변수의 교호 작용을 회귀모형에 포함하는 것으로 비교적 간단해 보인다. 그러나 이 분석결과의 신뢰성(credibility)은 다음 두 가지 조건에 달려 있다.

첫째, 처치가 외생적(exogenous)으로 발생하여 대상들이 처치 상태로의 진입을 조정할 수 없어야한다. 예를 들어, 정책의 결정과 시행 과정에서 개인이나 조직들이 이를 미리 알거나 예측하고 해당정책의 혜택을 입기 위한 노력이 이루어질 가능성이 있다. 이 가정은 통계적인 분석으로 그 만족을증명할 수 없으므로, 연구자들은 이론적으로 이를 뒷받침할 수 있도록 정책의 입안과 시행 과정, 특정 집단들이 선발된 경우 선택의 방식과 경로에 대한 자세한 설명을 제공해야 할 책임을 가진다. 예를 들어, Dynarski(2003)의 연구에서는 사회보장연금의 혜택으로 주어지던 장학금이 없어지는 것을 학생들이 미리 예측하지 못했을 것이라는 점을 정책의 논의와 입안 과정과 연관지어 설명하고있고, 아버지가 사망한 경우들만을 분석의 대상으로 한정, 정책 수혜를 받기 위해 고교 졸업 시점을앞당기거나 정책이 요구하는 조건을 선택적으로 맞추는 일이 현실적으로 불가능함을 주장하였다.

둘째, 평행 경로 가정(parallel-path assumption)은 처치 이후에 나타나는 처치집단에서의 평균 결과 변수의 변화는 처치가 일어나지 않았다면 통제집단에서 같은 시기에 일어난 평균 변화와 같음을 의미한다. 즉, 처치 이후 나타나는 처치집단과 통제집단 간의 차이가, 처치 이전에 결과변수가변화하는 동향이나 처치 상태로의 전환이 처치집단이 통제집단과 결과변수에서 다른 추세를 보이는 가운데 일어난 것이 아님을 증명해야 하는 것이다. 처치가 발생하기 전과 후의 한 시점씩을 비교하거나 처치 전의 데이터가 한 시점에 불과한 경우, 처치집단과 통제집단 간의 특성이 다르지 않다는 것을 보임으로써 그 근거를 보이는 경우가 많다. Dynarski(2003)의 경우 정책 변화 이전과 이후 고등학교 졸업 코호트에서, 정책 수혜 가능 학생, 즉 아버지가 사망한 경우와 그렇지 않은 집단간에 관찰 가능한 특성(가구 소득, 시험성적, 인종, 부모의 교육 수준, 가족구성원의 수, 성별) 그리고 결과변수(23세를 기점으로 대학 진학 여부, 대학 졸업 여부, 총 교육 연수)를 비교하여 정책 변화 이전과 이후 고등학교 졸업 코호트와 통제/처치집단 간에 배경변수에 통계적으로 유의미한 차이가 없음을보였다(pp. 281-282, [그림 9-4] 참조). 이를 통해 저자는 "이중차분법으로 얻어진 결과가 장학 제도의 종료가 어린 시절 아버지가 사망한 학생들의 대학 진학에 있어서의 변화를 가져왔다는 결론을내릴 수 있는 근거를 제공한다(additivity assumption)"고 보았다(pp. 281-282). 여기에 정책 변화 이전과 이후에 학생들의 특성에 따라 아버지의 사망률이 달라지거나 대학 진학률이 낮아질 수 있음을 고려하기 위해(예: 경제 불황으로 인해 소득 수준이 낮은 학생들의 대학 진학률이 낮아짐, 혹은 특정 인종 학생들의 부친 사망률이 높음) 모든 통제변수와 정책 변화 이전/이후 변수, 통제변수와 처치변수

(부친의 사망) 간의 교호작용 변수들을 이중차분법의 분석에 포함하였다(p. 283).

최근 연구들에서는 경향점수매칭(propensity score matching)을 먼저 적용, 처치집단과 통제집단의 특성을 동질적으로 하려는 노력을 기울이는 케이스들도 있다. 그러나 경향점수매칭의 경우 매칭에 활용되는 변수 이외에 모형에 포함되지 않은/못한 부분들이 존재하고, 이러한 부분들이 여전히 처치 상태 혹은 결과의 차이에 유의미하게 영향을 미칠 수 있다는 점에서, 두 집단의 동일성을 담보하는 완벽한 해결 방안이 되지는 못한다. 나아가 두 집단 간의 결과변수가 어떠한 '경로'로 변화해 왔는지에 대한 정보는 여전히 존재하지 않으므로, 이중차분법으로 구해진 값이 반드시 처치 때문인가, 따라서 인과관계로 신뢰할 수 있는가 하는 부분에서는 근거가 부족하며, 정책효과의 추정이 과장/축소될 우려가 있다.

한편, 패널 데이터를 이용한 이중차분법은 정책이나 교육활동의 시행에 이르는 시점까지 처치와 통제집단 간에 결과변수의 추세가 비슷하게 나타나는지를 테스트할 수 있다는 장점이 있다. Stange(2015)는 사건 연구 분석(Event Study Analysis)을 활용, 차등 등록금 도입 이전 시기(4년 전부터 도입까지) 동안에는 공학, 경영, 간호학과의 학위 수여 비율에 있어 차등 등록금을 도입한 (처치) 학교들과 통제 학교들 간의 차이가 0으로 추정되므로, 처치가 발생하기 이전에는 두 집단의 결과변수가 다른 경향성을 가지지 않음을 증명하였다. 이는 평행 경로 가정이 만족된다는 어느 정도의 근거를 제공한다(p. 117).

$$EngShare_{jt} = \sum_{k=-3}^{k=4^+} \beta^k StartEngDiff_{jt+k} + \alpha X_{jt} + \delta_t + \lambda_j + \epsilon_{jt}$$

Dynarski(2003)의 사례에서처럼 전후 시점이 각각 한 개씩인 경우, 정책의 효과가 발생하는 데 시간이 걸리거나 효과가 점차 사라지는 경우를 고려하지 못한다는 한계가 있다. 사건 연구 분석은 이 점에서도 정책효과의 변화 추이를 보여 줄 수 있다는 점에서 또 다른 장점을 가진다(Stange, 2015: 117-118). 예시 논문에서는, 정책 도입의 시점이 대학마다 다르다는 점에서, 도입이 이루어지기 4년 전을 기준으로 등록금 변화 3년 전부터 4년 이후까지의 시점을 분석에 포함하고 있다([그림 9-4]). 사건 연구 분석 외에도 처치의 발생 시점을 실제 정책 도입 시점보다 앞당겨서 정책의 효과로 추정되는 것들이 이미 존재하고 있던 결과변수의 트렌드에 의한 것이 아닌지를 점검하는 플라세보 테스트(Placebo Test) 등을 시행할 수도 있다(Kim, 2018).

마지막으로, 이중차분법을 사용하는 데 있어 처치와 비교집단 간에 있어 유사성을 유지하는 것이 중요하다는 점을 고려할 때, 결과의 신뢰성을 위해 다양한 '비교집단'을 상정하는 방법을 강조하고 싶다. 등록금 차등화 연구를 예로 들자면, 이 제도를 각각 다른 시기에 도입한 학교, 도입을 고려했으나 하지 않은 학교들, 같은 지역권에서 도입을 고려하지 않은 학교들, 학생 수준이 비슷한 학교들 등으로 다양한 통제집단을 상정하고 처치집단과의 비교를 실시하여 추정된 값을 비교, 제시하였다. 이 결과로 "처치집단들이 여러 '반대 가정' 집단들과 다른 트렌드를 경험하지 않았음" (p. 108)을 보일 수 있고, 따라서 연구자는 메인 모형에서 추정된 결과를 더욱 높은 신뢰성으로 정책의 인과관계라고 결론지을 수 있다.

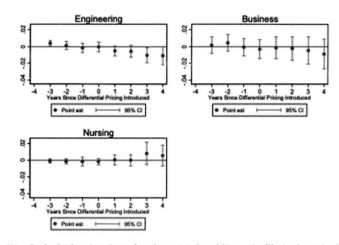

Notes: Graphs plot the point estimates from the event study model in equation (2) using the restricted (+/- 4 year window) sample. Institution sample includes 142 institutions with known adoption dates for differential pricing. Dependent variable is the share of degrees awarded in the specified field.

[그림 9-4] 사건 연구 분석을 통한 평행 경로 가정의 검증 예시
출처: Stange(2015: 120).

(3) 분석결과의 보고와 해석

이중차분법의 분석결과는 보통 회귀분석에서 처치상태와 전/후 시점의 교호작용에 대한 추정치에 집중하며, 그 밖에도 처치 상태, 전/후 시점의 추정치 그리고 다른 통제변수에 대한 정보를 제공하는 형태가 가장 많다. Dynarski(2003) 연구의 분석은 두 시점, 두 집단 모형으로 간단한 편이지만, 처치변수와 처치 전/후 변수만을 포함한 기본 모형과 통제변수들까지를 포함한 모형의 결과를 비교, 추정된 효과의 크기가 어떻게 변화하는가를 검토하여 추정된 정책효과를 실제 맥락과 연관지었다.

패널 데이터를 기반으로 사건 연구 분석을 시행한 Stange(2015)의 경우, 정책효과의 평균 영향뿐만 아니라, 등록금 제도의 변화가 시작된 해와 그로부터 2년 내의 정책의 단기 영향과 3년 이후의 장기 영향을 나누어 분석, 보고하였다(〈표 9-2〉, p. 122). 이 연구에서도 마찬가지로 각 모형별로 통제변수와 고정효과들을 다르게 포함, 각각의 모형이 해당 준실험설계를 적용하는 데 있어 타당성에 발생할 수 있는 의문들을(threats to validity) 어떻게 해소할 수 있는지를 설명하고 있다. 예를 들어, 학생들이 차등 등록금이 부과될 확률이 높은 전공들을 선호하는 경향이 이미 있었던 대학들이나 학업 성적이 높은 학생들이 많은 대학의 경우(이러한 학생들이 공과대/경영대를 선호하므로), 등록금의 인상이 아닌 기존의 트렌드가 결과변수에 미칠 수 있는 영향을 고려하기 위해 연도와 대학 고정효과를 모형에 포함하였다(p. 121).

두 연구 모두, 이중차분법의 가정을 만족한다는 근거를 다양한 방법으로 보였지만, 여전히 결과의 보고에 있어서 인과성을 직접적으로 나타내는 단어들은 매우 신중하게 사용하고 있다. 예를 들어, '영향(을 미치다)'(effect/affect), '증가/감소/변화(increase/decrease or drop/change)' 등의 표현도 사용하고 있으나 '(정책과 결과변수 사이의) 상관성(association)'이나 '(증가/감소/변화하는) 경향이 있다(tend to)', '더 많이/적게 ~할 확률이 있다(more or less likely)', 처치와 통제집단 간에 '~ 정도의 차이가 있다(difference between groups)' 등의 표현이 많이 사용되고 있다는 점도 주목할 만 하다.

둘째, 분석결과가 정책/처치에 있어 어떤 의미를 갖는지를 강조하는 것이 매우 중요하다. 이중차분법 연구에서 정책/처치는 실제 정책의 수혜 여부일 수도, 수혜 자격 요건을 만족하는가일 수도 있다. 후자의 경우, 분석결과는 'intention to treat', 즉 정책이 대상으로 삼고자 하는 대상들에 대한 정책효과를 나타내게 된다. Dynarski(2003)에서도 추정된 정책효과는 장학금을 수혜 받을 수 있는지의 여부이지 실제 장학금의 수혜 여부가 아님을 강조하고 있다. 따라서 추정된 결과를 기반으로 정책의 시사점을 제공하는 데 있어서도 정책 입안자들이 장학금을 누구에게, 어떤 기준으로 제공할 것인가(정책 대상의 실제 정책 참여 여부와 상관없이)를 결정하는 데 주안점이 있다.

셋째, 연구자들은 이중차분법의 기본가정―처치가 외생적으로 결정되어 개인이나 집단이 처치 상태를 마음대로 결정할 수 없고, 정책 변화 이후 나타나는 처치집단과 통제집단 간의 차이가 정책 도입 이전에 이미 발생하고 있던 변화 동향 가운데에서 일어난 것이 아님―과 관련, 이 가정들이 만족되지 않는 상황의 발생으로 결과의 신뢰성에 의문이 발생할 수 있는 경우들을 고려, 다양한 추가 분석과 보고를 덧붙여야 한다. Dynarski(2003)에서는 학생들의 연령에 따라 정책의 효과가 달라질 수 있음을 고려, 대학 교육과 관련된 결과변수들을 23세 기준에서 28세를 기준으로 측정한 값으로 변경하여 추정하고, 이 과정에서 표본 소모로 인해 정책 수혜 가능 여부를 잘못 추정할 가능성을 조정하는 등의 추가 분석을 실시하였다(〈표 9-2〉, p. 283). Stange(2015)에서도 발생 가능할 수 있는 시나리오를 제시(예: 차등 등록금을 실시하는 대학에서 공학 등 특정 분야의 학위 수여를 늘리기 위해 장학금을 제공하는 경우)하고 이를 분석과 결과의 해석에서 어떻게 다루고 있는지(예: 성취도와 경제적 필요에 의한 장학금이 차등 등록금을 시행하는 대학과 그렇지 않은 학교들 사이에서 다르게 나타나는지 분석)(p. 118) 혹은 해당 분석결과를 해석하는 데 있어 고려해야 할 중요한 한계에는 무엇이 있는지를(예: 차등 등록금과 함께 분석에 고려되지 않은 다른 중요 정책을 실시한 경우) 상세히 설명하고 있다(p. 119). 더불어 정책 대상의 특성에 따라 정책의 효과가 다르게 나타나는지도 분석하고 있다(pp. 125-129). 이러한 추가 분석과 설명은 결과의 논의에 있어 정책효과의 메커니즘이 무엇인지를 제공하는 데에도 중요한 역할을 한다(Stange, 2015: 129-131).

2) 도구변수법의 적용과 유의점

이중차분법과 비교해 볼 때, 도구변수법은 상대적으로 적은 수의 연구(213건)에 활용되고 있다. Strauss와 Thomas(1995)가 가구와 가족원의 인간 발달에 투자하는 결정을 연구하기 위해 발전된 방법론으로서 도구변수법을 활용한 이후, 교육 수준이 소득 수준에 미치는 영향을 밝히는 연구들이 도구변수법을 다수 사용하였고(Card, 1995, 2001; Kling, 2001; Cruz & Moreira, 2005), 이후 공립학교와 사립학교의 교육효과 비교(Altonji, Elder, & Taber, 2005; Wright, 1999; Dee, 1998), 차터스쿨의 효과(Imberman, 2007; Bettinger, 2005), 학교의 자원 수준과 학생 학업성취도 간의 관계(Hanushek, Rivkin, & Taylor, 1996; Card & Krueger, 1992; Rothstein & Schanzenbach, 2022), 2년제 대학에서의 재교육 프로그램이 대학에서의 학업성취도와 학위 취득에 미치는 효과(Bettinger & Long, 2009; Nomi & Allensworth, 2009; Jaggars & Xu, 2013), 장학금의 대학 진학과 학위 취득에 미치는 영향 연구(Riegg, 2008; Alon, 2005; Schwartz, 1985; Bettinger, 2004), 고등학교 커리큘럼의 대학 진학과 노동시장에의 영향(Light, 1999; Joensen & Nielsen, 2009; Goodman, 2019) 등의 연구에 도구변수법이 사용되어 오고 있다. 한국 맥락에서도 교과 수업 시수 증배 결정(김경년, 김형기, 2012), 복지국가 제도(김경년, 2020), 교육 연수의 효과(백일우, 김동훈, 2013; 백일우, 임정준, 2008) 학교 평균 학업성취도(남인혜 & 이안나, 2020), 소득 이동성(이광현, 권용재, 2020), 이성교제(김지하, 정동욱, 2008), 누리사업(박경호, 백일우, 2008) 등에 대한 연구가 도구변수법을 적용하여 이루어졌다. 이 장에서는 Porter(2012)의 교육 연구에서의 도구변수 활용에 대한 비판과 도구변수의 정확한 사용을 위한 제언을 바탕으로, 이를 적용한 Porter(2013)의 교수 노조가 교원의 학교 의사결정에 미치는 영향 연구와 고등학교에서 심화 수학 과정이 학생들의 대학 진학과 학위 취득에 미치는 영향을 연구한 Kim, Kim, DesJardins, 그리고 McCall(2015)의 논문을 통해 도구변수법의 활용을 위한 예시를 제공한다.

(1) 도구변수법의 선택

도구변수법의 경우 '자연 실험'과 같은 현상으로(예:정책의 급작스러운 변화나 적용, 점수의 분포에 따른 처치 상태의 결정) 무작위로 처치 상태가 결정되는 상황이 없는 경우에도 인과관계를 추정할 수 있는 방법을 제공한다는 장점이 있으나, 이론적으로, 또 실증적으로 타당성을 가지는 도구변수를 찾는 일은 매우 어렵다. 따라서 Porter(2012)가 제시하고 있는 예들처럼(〈표 9-1〉) 많은 연구들이 기존 연구들에서 활용된 도구변수들을 연구에 적용하는 경우가 많다. 다만, 다른 연구에서 사용된 변수가 다른 콘텍스트(예: 다른 국가, 세대)에 반드시 적용되지 않을 수도 있으므로, 도구변수의 선택과 사용에 주의를 기울일 필요가 있다.

Porter(2013)은 국공립대학에서 노조를 갖는 것이 교수들이 대학의 의사결정에 영향을 행사하는 정도에 미치는 인과관계를 추정하기 위해 도구변수법을 적용하면서, 이 접근법의 필요성을 두 가지로 피력하였다. 먼저, 사례 연구 등에서 제시된 대로, 교수들의 의사결정 참여와 노조의 결성 간에 상호작용이 일어날 수 있는 가능성이 있다. 예를 들어, 의사결정 참여가 낮은 것에 불만이 있어 노조가 생겨날 경우, 일반회귀분석으로 추정된 노조의 영향력이 편향될 수 있다(p. 1193). 둘째, 문헌연구 결과 선행연구들에서 노조의 교수들의 의사결정 참여에 대한 영향 유무가 뒤섞여 나타나는데, 이 역시도 대학들의 다양성, 특수성을 고려하지 못하는 방법론 때문이다.

〈표 9-1〉 도구변수의 예시

Construct	Instrument used	Endogenous regressor	Dependent variable	Study
Chance	Charter school lottery	Years in charter school	Achievement test scores	Abdulkadiroğlu et al. (2011)
	Draft lottery	Military service	Earnings	Angrist (1990)
	Experimental assignment	Program participation	College outcomes	Angrist et al. (2009)
Biology	Birth of twins	Number of children	Economic outcomes	Bronars and Grogger (1994)
	Season of birth	Years of education	Earnings	Angrist and Kreuger (1991)
	Sex mix of children	Public housing usage	K-12 outcomes	Currie and Yelowitz (2000)
Geography	Miles from college	Attend community college	BA degree completion	Long and Kurlaender (2009)
	Miles from hospital	Cardiac catheterization	Mortality	McClellan et al. (1994)
	Rainfall	Economic growth	Civil war	Miguel et al. (2004)
	Streams	School choice	Student achievement	Hoxby (2000a)
Laws & rules	Drinking age	Teen drinking	Educational attainment	Dee and Evans (2003)
	Maximum class size rule	Class size	Student achievement	Hoxby (2000b)
	Prison litigation	Prisoner population	Crime	Levitt (1996)
	State cigarette taxes	Maternal smoking	Birth weight	Evans and Ringel (1999)

출처: Porter(2012: 35).

Porter(2013)의 연구에서는 2001년 실시된 4년제 인문대학(Liberal Arts Colleges)의 총장과 교수를 대상으로 한 설문 데이터(Kaplan, 2004)와 각 대학별로 교수 노사협의체가 있는지(분석에는 2000년도 정보를 사용)에 대한 정보를 함께 분석에 사용하였다(National Center for the Study of Collective Bargaining in Higher Education, 2006). 저자는 노조와 교수의 의사결정 참여를 통계적으로 분석하는 데 있어 두 가지의 내생성(endogeneity)을 언급하고 있다. 먼저, 노조가 설립된 학교와 그렇지 않은 학교들 사이에 관찰 불가능한 다양한 차이(예: 교수들의 정치적 신념, 대학 행정에 대한 불신, 고용 조건에 대한 만족)들이 존재할 수 있고, 이 차이들이 노조 설립 가능성과 동시에 교수들이 대학의 의사결정에 영향을 주기 위해 기울이는 노력의 정도에 영향을 미칠 수 있다. 둘째, 의사결정에 영향을 미치지 못하는 점이 교수들이 노조를 설립하게 되는 이유 중 하나가 될 수 있다. 따라서 누락된 변수들이 가져오는 문제(omitted variables)와 동시성의 문제(simultaneity)를 해소하기 위해 도구변수법을 제시하고 있다.

이 논문에서는 공립대학의 노조 설립은 각 주의 노동법에 달려 있다는 점을 노조 설립이 각 대학에서 다르게 나타나는 '외생적' 요인이 될 수 있다고 보았다. 각 주마다 주에 고용된 사람들이 노조를 설립할 수 있는가를 도구변수로 삼고(대학 A와 B가 노조를 설립할 수 있는지의 여부는 각 대학이 위치한 주의 노동법이 이를 허용하는가에 따라 '외부적'으로 결정됨), 이 도구변수의 선택을 이론적으로 다른 직종이나 교사 노조에 대한 연구를 들어 정당화하고 있다(p. 1197).

한편, Kim 등(2015)의 논문에서는 고등학교 수학과 대학 교육 결과를 측정하는 데 있어서 심화 수학의 '선택'이 무작위성으로 이루어지지 않는 점이 인과관계를 추정하는 데 어려움을 준다고 보았다. 나아가 기존 연구들이 인과성의 문제와 선택 편향의 문제를 다루기 위한 다양한 방법론적 장치들을 제대로 활용하지 못했음을 지적하였다(p. 2471). 이러한 연구들은 고등학교의 수강 내용이 고등학교 이후의 학업성취에 미치는 영향에 대해 편향적인 결과를 제시하고, 정책 입안자들이 잘못된 정보를 가지게 하였다. 고등학교의 수강 패턴이라는 주제하에서 준실험설계, 특히 도구변수를 사용한 선행연구들이 있었지만(Altonji, 1995; Rose & Betts, 2001; Levine & Zimmerman, 1995), 이들 연구들에서 사용된 '도구변수'들의 타당성에 대한 비판이 있어 왔다. 이에, 이 논문에서는 새로운 도구변수의 사용과 도구변수의 타당성을 더 상세히 검증하는 과정의 필요성을 피력하였다(pp. 632-633).

해당 논문에서는 플로리다주 정부 교육 데이터 웨어하우스를 활용, 1995~1996년에 공립학교 7학년에서 12학년에 재학 중이었던 약 76만 명 학생의 데이터를 분석하였다. 특히, 대수학 II(Algebra II)와 그 상위 과목을 이수하는 학생들의 대학 진학(진학하지 않음, 2년제, 4년제 대학 진학)과 학위 취득[학위 취득하지 않음, 2년제 학사 학위(Associate's degree), 4년제 학사 학위(Bachelor's degree)] 결과가 해당 과목들을 이수하지 않은 학생들과 다르게 나타나는지를 분석하였다.

대수학 II 이상의 심화 과정을 이수하는 여부를 '외생적'으로 결정할 수 있는 도구변수(들)로, Kim 등(2015)에서는 학생들이 9학년 때 살고 있던 지역(county)의 실업률(노동 통계청 자료), 여기에 실업률과 인종, 실업률과 저소득층 대상 점심 지원 프로그램의 수혜 여부의 상호작용을 활용하였다. 이 도구변수의 선택은 이론적 기반에서 이루어졌다. '시간 안배 모형'에 따라, 고등학교 학생들의 시간 결정이 일, 여가, 학습으로 구성된다고 했을 때, 학생들은 각 요소에서 얻을 수 있는 효용성을 비교, 총 효용성을 극대화하는 방향으로 시간 안배를 결정한다. 일을 많이 하기로 결정하면 학교, 즉 더 높은 수준의 수학 과목 수강에 쓰는 시간이 상대적으로 줄어들게 되는 것이다. 이때, 시간의 결정은 개인의 다양한 내생적 요소와 외부적 요인의 영향을 받게 되는데, 이 외부적 요인이 바로 '일자리의 여부', 즉 실업률이 되는 것이다(pp. 640-642). 지역의 노동시장이 약화(강화)되었을 때, 학생들은 더 적은(많은) 시간을 일에 쓰고, 반대로 수학 심화 과정의 수강을 늘리게(줄이게) 되는 것이다. 더불어 이 실업률의 시간 안배에의 영향은 인종과 가구의 소득 수준에 따라 다르게 나

타날 수 있다. 이러한 도구변수들을 활용하여 대수학 II 이상의 과목을 이수하는 것이 대학 교육과
관련된 결과변수에 미치는 영향을 2단계(two-stage) 모형을 이용해 추정하면 다음과 같다.

$$T = \gamma + \beta X + \theta Z + \omega$$

$$\text{In} \frac{P_r(Y_i = m|x)}{P_r(Y_i = b|x)} = \alpha_{m|b} + \beta_{m|b} + X_i + \gamma_{m|b} + A_i + \delta_{m|b} + Z_i + \rho_{m|b}\hat{w}_i$$

먼저, 1단계에서는 대수학 II 이상의 과목을 이수하였는지의 여부를 통제변수와 함께 도구변수
인 9학년 때 거주 지역의 실업률, 실업률과 인종의 교호 작용 변수, 실업률과 점심지원 프로그램의
수혜 여부 간의 교호 작용 변수를 사용하여 예측하고, 그 잔차(residual)를 계산하여 저장한다. 2단
계 다항 로짓 모델(multinomial logit model)에서, 1단계 식에서 사용된 모든 통제변수와 함께 1단계
에서 구한 잔차를 포함하여 대수학 II 이상의 이수 여부가 가지는 내생성을 해소한다.

(2) 주요 가정의 검증

Porter(2012)는 Pike, Hansen 그리고 Lin(2011)의 2010년 Association for Institutional Research
Charles F. Elton 우수 논문상을 수상한 '대학생 대상 신입 프로그램의 효과 연구'를 예시로 들어,
많은 교육 분야의 논문들이 선택 편향 문제를 지적하고 이를 해결하기 위해 준실험설계법을 활용
하려는 노력을 한 점은 훌륭하지만, 해당 연구가 도구변수법을 활용한 방식에 여러 문제점이 있고,
이로 인해 다른 연구자들이나 정책 평가자, 교육 실행가들을 호도할 수 있다고 지적하였다.

그렇다면 '타당한 도구변수(Valid Instrument)'란 무엇일까? 기존에 도구변수법을 활용한 논문
들은 흔히 도구변수법의 두 가지 가정을 검증하는 것으로 사용된 도구변수의 타당성을 입증하고
자 하였다. 첫째, 도구변수는 오로지 독립변수를 통해서만 결과변수에 영향을 미친다(Exclusion
Restriction Assumption). 둘째, 도구변수와 독립변수 간에는 강한 상관관계가 있다(Nonzero Average
Causal Effect of the Instrument on the Treatment). 두 가지 가정 모두 어느 정도 통계적인 검증을 통해
해당 연구의 도구변수가 이들을 만족하는지의 여부를 보일 수 있으나, Porter(2012)는 이 두 가지
가정에만 의존하는 것은 도구변수법의 발전이 이루어지기 훨씬 전의 표준(standard)이라고 지적하
였다. 더불어, 도구변수법을 통해 추정된 결과는 외생적 요인으로 인해 이루어진 처치가 결과변수
에 영향을 미친다는 매커니즘에 국한된다는 'Local Avereage Treatment Effect(LATE)'임을 고려할
때, 향후 연구들에서 도구변수법을 사용할 때에는 기존의 두 가지 가정을 포함한 총 다섯 가지 가
정을 만족해야 한다고 주장하였다(Angrist, Imbens, & Rubin, 1996; Angrist & Pischke, 2009). 특히, 대
다수의 가정은 통계적인 방법으로 검증하기 어려운 것들이 많아, 도구변수와 처치, 결과변수 사이
의 관계 매커니즘에 대한 촘촘한 이론적 논의가 중요하다는 점을 강조할 필요가 있다.

- Stable Unit Treatment Value Assumption(SUTVA): 개인의 처치 상태와 결과변수는 다른 개인들의 처치 상태에 의해 영향을 받을 수 없음[파급효과(spill-over effect)(Imbens & Wooldridge, 2009)]
- Random Assignment: 도구변수가 마치 '무작위 배정'과 같고, 가능한 결과변수와 처치 상태의 배정의 벡터와 연관성이 없어야 함. 개별 관측 대상이 행동 변화를 통해 도구변수의 분포상의 특정 값을 가지는 일이 불가능해야 함(Angrist et al., 1996)
- Exclusion Restriction: 도구변수와 결과변수 사이에는 처치변수 외에 다른 가능한 인과관계가 존재하지 않아야 함
  - 도구변수 모형의 사용 시, 반드시 도구변수를 종속변수의 예측에 포함하는 모형을 추정해 볼 것(Angrist & Pischke, 2009; Murray, 2010)
  - Overidentification Test: 도구변수가 1개보다 많을 경우, 2단계 모형의 잔차가 도구변수와 상관관계가 없음을 검증(예: Hansen J Statistic)
- Nonzero Average Causal Effect of the Instrument on the Treatment: 도구변수는 반드시 내생변수와 높은 상관관계를 가져야 함
  - 이론적 설명, 도구변수와 독립변수 간의 상관관계 보고
  - 도구변수만으로 설명된 독립/처치변수의 분산(Shea's partial R-square)(Shea, 1997)
  - 1단계 회귀분석의 F-Statistis: 모든 도구변수의 추정치가 0이라는 공동 가설(joint hypothesis)을 검증. Stock과 Yogo(2005)의 기준에 따르면, F값이 10 미만이거나 귀무가설의 기각률이 5% 이상인 경우 '약한 도구변수 문제(weak instrument problem)'가 있다고 볼 수 있음
- Monotonicity: 도구변수가 개인의 처치 상태에 미치는 영향은 모두 한 방향이어야 하며, 그와 반대로 움직이는 사례들의 수와 그들이 추정된 효과에 미치는 영향을 살펴보아야 함

Porter(2013)의 논문은 이 다섯 가지 도구변수의 가정을 실제 논문에 적용하고 있다. 많은 논문의 경우 페이지의 한계가 있기 때문에, 부록을 사용하여 도구변수의 타당성과 강도에 대한 논의를 자세히 제공하고 있다(pp. 1205-1208). 먼저, SUTVA 가정에 대해서는 [그림 9-5]와 같이 가정이 위반될 수 있는 시나리오를 제시하고, 각 시나리오가 왜 실제로 일어날 가능성이 적으며 따라서 해당 연구가 도구변수를 통해 내리는 인과성의 결론이 타당한지를 설명한다. 예를 들어, A 주의 노동법이 바뀌는 것이 B 주에 있는 대학의 노조 결성에 영향을 미치거나, A 주 노동법의 변화가 B 주에 있는 대학의 교수들이 의사 결정에 미치는 영향력의 변화를 가져오는 경우, 노동법의 변화가 노조 결성의 여부를 통해 대학 교수들의 의사결정에 영향을 미치는 경로 외의 다른 요소들이 작용한다고 볼 수 있다. 그러나 실제로 이런 가능성들은 낮으므로 해당 가능성들을 제외시킬 수 있다.

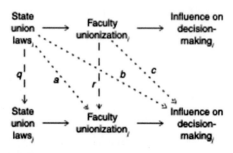

a - *i*'s assignment affects *j*'s treatment
b - *i*'s assignment affects *j*'s outcome
c - *i*'s treatment affects *j*'s outcome
q - *i*'s assignment affects *j*'s assignment (same state)
r - *i*'s treatment affects *j*'s treatment (same university system)

Note: Based on a graphic developed by Patrick Lam.

[그림 9-5] SUTVA 가정의 위배 논의 예시
출처: Porter(2013: 1206).

    Random assignment의 경우, 현실적으로 노조를 허용하는 법과 각 대학에서 교수들이 의사결정에 미치는 영향이 주의 정치적 문화와 연관되어 있을 가능성이 많아 이 가정이 만족되지 않을 수 있다. 또한, 교수들이 정치적 신념에 부합하는 주에서 일하기를 선택할 가능성도 있다. Porter(2013)은 이를 지적하면서 완벽하지는 않더라도 정치문화와 각 주정부가 공립대학 운영에 개입하는 정도에 관한 변수들을 1, 2단계 모형에 모두 통제하는 것으로 이러한 한계를 보완한다고 설명하였다. Exclusion Restriction 가정에 대해서는, 각 주의 경제 상황을 가능한 '다른 인과관계'의 가능성으로 설명하고(예: 노조법으로 인해 경제가 나빠질 경우, 이로 인해 공립대학에 대한 재정지원이 약화되어 교수들의 의사결정에의 참여에 대한 수요가 높아질 가능성, 노조법 외의 다른 요소들이 교수들의 거버넌스에 영향을 줄 가능성 등이 왜 낮은지), Nonzero Average Causal Effect of the Instrument on the Treatment에 있어서는 도구변수와 종속변수의 상관관계(.58), partial R^2(.30 to .34), 1단계 모형의 F-statistic(39 to 42) 등을 보여 약한 도구변수 문제가 없음을 주장하였다(Bound, Jaeger, & Baker, 1995; Stock, Wright, & Yogo, 2002). 마지막으로, Monotonicity 가정에 대해서는 주정부의 노동법이 한정된 경우 어떠한 대학도 노조를 가질 수 없고, 노동법의 확장이 이루어질 때 반대로 노조를 결성하지 않기로 결정하는 사례는 일어나기 어렵다고 보았다.

    Kim 등(2015)의 논문에서도 Porter(2012)에서 강조된 Angrist, Imbens, 그리고 Rubin(1996)의 다섯 가정을 중심으로 논문에서 사용된 도구변수의 타당성을 제시하고 있다(pp. 642-646). 먼저, SUTVA 가설과 관련하여, 학생 A의 대수학 II의 수료가 다른 학생의 대학 진학 혹은 학위 취득 결정에 영향을 줄 가능성은 낮으나, 고등학교 내에서 학생들이 무리를 이루고(clustered) 있기 때문에, 고등학교의 대학 진학/준비 문화, 교사들 간의 정보 공유와 상호작용 등의 영향이 존재할 수 있다.

이와 관련, 저자들은 대학 진학 결정과 대학 진학 교육과정의 선택 시기, 교과목의 특성, 학생의 '수학 지식'이 다른 학생에게 '전이'되기 어려운 점 등을 자세히 설명하여 왜 처치의 파급효과로 인한 영향이 일어나기 어려운지를 설명 하고, 여기에 연도와 학교 고정 효과를 모형에 포함했음을 밝히고 있다.

둘째, 이 연구에서 Random Assignment는 모든 학생들에게 도구변수, 즉 실업률의 어떤 범주 값이라도 나타날 수 있는 확률이 같아야 한다는 조건을 의미한다. 즉, 학생 혹은 그 가족이 낮은 실업률을 찾아서 이사를 하지 않아야 한다. 9학년, 즉 고등학생의 자녀가 있는 경우 거주지를 이동하는 경우가 낮다는 점과 데이터가 살펴보고 있는 플로리다주의 경우 카운티의 경계가 매우 커서, 카운티 밖으로 학생들이 이사할 확률이 낮은 점, 그리고 노동시장 환경은 학생들의 수업 수료, 대학 진학, 학위 취득과 별개로 변화함을 들어 9학년 때의 실업률을 도구변수로 사용하는 데 대한 타당성을 보이고 있다.

Exclusion Restriction에 있어서는, 두 가지로 실업률이 대학 진학/학위 취득에 미치는 영향은 반드시 대수학 II 이상의 수료를 통해서만 이루어짐을 설명하였다. 첫째, 고등학교 재학 동안의 실업률은 대체적으로 변화가 없이 안정적이어서(9학년과 12학년 때 실업률의 상관관계 r=0.895), 실업률이 급격하게 학생/부모의 경제적 상태에 변화를 가져와 학생의 대학 교육 결정에 영향을 미치기 어렵다. 더불어, 본 논문에서는 12학년 실업률을 2단계 모형에 통제변수로 포함하였다. 둘째, over-identification test를 통해 2단계 모형의 잔차가 도구변수와 상관관계가 없음을 증명하고 있다(Hansen J Statistic). 나아가 도구변수가 여러 개인 점을 감안(9단계 실업률, 실업률과 인종의 교호작용, 실업률과 점심 지원 프로그램 수혜 여부의 교호작용), 각 도구변수를 하나씩 모형에 포함하는 경우와 도구변수를 모두 한꺼번에 넣은 모형의 값을 비교(redundancy test), 결과 값이 비슷하게 나옴을 보임으로써 도구변수의 타당성을 강조하였다(Murray, 2006). 마찬가지로 Nonzero Average Causal Effect of the Instrument on the Treatment 가정과 관련해서는 실업률과 대수학 II 사이의 강한 상호작용을 보고하였고, 이전 연구들에서 사용된 F-Statistics, Partial R^2 등 이외에 Kleibergen-Paap(K-P) Test(독립적이고 동일하게 분포된 표준오차의 가정을 위반한 경우 약한 도구 문제가 있음)(Baum, 2008)를 소개하고 있다.

마지막으로, 이 논문의 도구변수가 Monotonicity 가정을 만족하기 위해서는 실업률의 증가가 심화 수학 과정의 수료를 감소시키는 사례가 없다는 것을 보여야 한다. 저자들은 실업률이 높아질 때 더 많은 시간을 일을 찾기 위해 수업을 듣지 않기로 선택하는 '반항자들(defiers)'이 있을 수 있고, 이 경우 수학 수업의 대학 교육에 대한 효과를 낮게 추정하게 된다고 설명하였다. 나아가 비모수추정을 통해 실업률과 대수학 II 이상의 과목을 수료하는 확률이 실업률과 수료 확률의 모든 범주에서 전반적으로 긍정적인 상관관계를 보였음을 언급하고 있다.

(3) 분석결과의 보고와 해석

도구변수를 활용한 예시 논문들에서 찾아볼 수 있는 특징은 두 가지로 정리해 볼 수 있다. 첫째, 도구변수를 사용하지 않은 회귀모형과 도구변수를 적용하여 추정된 값들을 비교하는 경우가 많다. Porter(2013)의 경우에도 OLS 모형과 도구변수 모형의 결과치를 비교하고 도구변수를 사용하여 얻어진 결과에 '상당한 유의미성'이 있었음을 설명하면서, 노조의 영향을 측정하는 데 있어 내생성을 적절히 해소하는 것의 중요성을 다시 한번 강조하였다. Kim 등(2015)에서는 도구변수 없이 다항 회귀모형으로 분석한 결과를 단순(naïve) 모형으로 명명하고, 이 모형에서 얻어진 결과치와 2단계 도구변수 모형과의 차이를 추정치의 방향과 크기의 측면에서 설명, 선택 편향을 처리하는 것이 추정된 결과에 큰 차이를 가져올 수 있음을 보이고 있다.

둘째, 도구변수의 경우, 독립변수 혹은 처치가 외생적으로 발생하는 부분에 한정한 효과, 즉 도구변수로 인해 결정된 처치 상태에 한해서만 인과관계를 제시할 수 있다(Local Avereage Treatment Effect: LATE). 그러나 많은 경우, 이러한 콘텍스트에 대한 고려 없이, 통계적으로 유의미한 결과를 처치가 결과변수에 언제나 유의미한, 또 일정한 정도의 영향력을 주는 것처럼 보고하거나 정책에의 시사점을 도출하는 경우들이 많아 주의를 요한다. 더불어, 도구변수법을 구조방정식의 매개모형과 혼동하여 설명하는 경우가 있는데, 도구변수의 주요 가정, 특히 외생성에 대한 부분에 대한 정확한 이해를 바탕으로 한 방법론의 사용과 결과의 해석이 필요하다. Kim 등(2015)에서는 도구변수로 얻어진 결과가 LATE를 나타낸다는 점을 강조하면서, 해당 연구의 경우 심화 수학 과정의 수료가 대학교육에 미치는 영향은 9학년 때 경제 사정에 의해서 학업 계획을 달리한 학생들에 한정되어 분석되었으므로, 그 결과의 적용은 대부분의 서민층 자녀에 해당할 뿐 고소득층 자녀와 같이 지역 경제 상황과 관계없이 심화 과정을 수료할 만한 학생들에게는 적용되지 않는다는 점을 강조하였다(pp. 645-646). 나아가 이 논문에서는 도구변수 방법은 처치/통제가 이항변수인 경우에만 사용이 가능하기 때문에, 예시에서처럼 '대수학 II 이상' 안에서도 삼각법(trigonometry), 미적분(calculus) 등 심화 과정의 '단계'를 차별화 할 수 없다는 점을 지적하면서, 여러 단계로 구성된 처치변수가 결과변수에 미치는 영향을 도구변수법으로 측정할 수 있는 방법론의 개발이 필요함도 논의하고 있다(p. 657).

3) 회귀불연속법의 적용과 유의점

회귀불연속은 정책이나 교육활동의 수혜 여부(처치)가 어떤 한 연속변수(running variable)상의 미리 설정된 준거 점수/단절점(cut score)을 기준으로 결정될 때 활용될 수 있다. 따라서 회귀불연속법은 개인이나 조직이 점수, 돈의 액수, 백분율 등의 특정 기준을 중심으로 나누어지는 경우에 많이 활용되어 왔다. 형성 교육(developmental education)이 학생들의 학업 지속과 학업성취도에 미치는 영향(Boatman & Long, 2010; Clotfelter, Ladd, Muschkin, & Vigdor, 2015), 교사의 성과급 제도가 교사의 유지에 미치는 영향(Shifrer, Turley, & Heard, 2017; Berlinski & Ramos, 2018; O'Rourke, Imberman, & Lovenheim, 2015), 등록금에 대한 세금 감면 제도가 대학 교육 이수, 학위 취득, 학자금 액수 등에 미치는 영향(Hoxby & Bulman, 2016), 방과 후 혹은 여름 방학 중 교육활동이 학생들에게 미치는 영향(Jacob & Lefgren, 2004), 학교 급식(school feeding program)이 학생들의 학습 성과에 미치는 영향(McEwan, 2013), Teach for America 제도가 교사들과 학생들에게 미치는 영향(Decker et al., 2004), 수업에서의 테크놀로지 활용이 학생들의 학업성취에 미치는 영향(Dynarski et al., 2007), 학교 책무성 프로그램이 학생들의 학업성취도에 미치는 영향(Hemelt & Jacob, 2020) 등의 연구가 회귀불연속법을 활용하여 이루어졌다. 한국에서는 교육복지학교 지정(김경년, 박정신, 2014)과 취업 후 상환 학자금 대출제도(이준호, 박현정, 2012)의 연구에 해당 방법이 사용된 바 있다.

회귀불연속법은 처치가 연속변수상의 단절점에서 100% 결정되는 경우와 그렇지 않은 경우에 따라 Sharp RD와 Fuzzy RD로 나뉜다. 각각의 예시를 보이기 위해 여기서는 Figlio, Holden, 그리고 Ozek(2018)의 학교 일과 시간을 연장하는 정책이 학업성취도가 낮은 학교들에서 학생들의 학업성취에 미치는 영향에 관한 논문과 Gates Millennium Scholars(GMS) Program을 활용, 장학금이 학생들의 학업뿐만 아니라 지역사회 참여에 어떻게 영향을 주는가를 살펴본 Boatman과 Long(2016)의 논문을 예시로 회귀불연속법의 활용 방식에 대해 설명한다.

(1) 회귀불연속법의 선택

회귀불연속법의 경우, 처치/통제의 결정이 연구의 중심이 되는 정책/교육활동의 대상자를 선정하는 방식을 기반으로 분석이 이루어지므로, 해당 정책이나 교육활동의 선발 과정과 기준, 정책/활동의 수혜자 (그리고 수혜를 받지 못한 집단)에게 주어지는 '처치'의 내용들을 자세히 기술하는 것이 매우 중요하다. Figlio 등(2018)의 논문에서는 먼저, 학교 일과 시간을 연장하는 정책을 시행하는 학교와 그렇지 않은 학교 간에는 다양한 관찰 가능/불가능한 차이(예: 자원, 학업성취도)가 있으며, 해당 정책이 다른 학교 수준의 정책들과 동시에 이루지는 경우가 많아, 수업 시간을 늘리는 것이 학생들의 학업성취에 미치는 인과성을 밝히는 것이 어려움을 지적하였다. 둘째, 이 논문에서는 플로리다주에서 2012년 시행되기 시작한 수업 시간 관련 정책이 일과 시간 연장과 학생 학업 성취의 인과성을 밝히는 데 있어 좋은 메커니즘을 제공함을 설명하였다. 플로리다주에서는 총 1,800개 초등학교 중, 학교 수준의 읽기 과목 책무성 점수(Running Variable)를 기준으로 하위 100개(단절점, cut score)의 초등학교에서 학교 일과 시간을 한 시간씩 연장하였다(Extended School Day: ESD). 이 책무성 점수를 사용하여 연구자들은 해당 프로그램에 참여하게 된 학교의 학생들과, 참여하지 않았으나 비슷한 특성을 가진 학교의 학생들을 책무성 점수의 단절점 근처에서 비교하는 회귀불연속법을 ESD 정책의 효과를 검증하는 데 사용하였다(pp. 171-172). 논문에서는 ESD 정책이 학교들을 선발하는 방식에 대해 더욱 자세히 설명하고 있다(예: 책무성 점수의 구성 요소와 계산 방법).

Running variable과 단절점을 규정하고 난 다음, 저자들은 책무성 점수를 기준으로 ESD에 선발된 학교들 중 실제로 몇 %의 학교들이 해당 정책을 도입했는지를 그래프로 나타냈다. 이 연구에서는 선발 기준점보다 높은 모든 학교들이 ESD에 참여하지 않은 반면, 선발 기준점보다 낮은 점수를 가진 거의 모든 학교들이 ESD에 참여한 것을 알 수 있다. 이를 바탕으로, 저자들은 처치의 결정이 책무성 점수의 기준에 따라 거의 완벽하게 이루어진 것으로 보고 Sharp RD[5]를 분석에 채택하고 있음을 설명하였다.

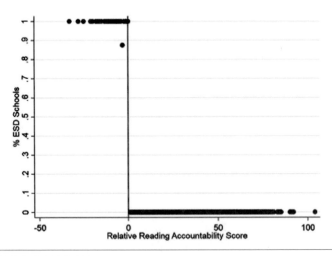

[그림 9-6] 단절점 양쪽에서의 처치 상태의 분포
출처: Figlio et al. (2018: 174).

그래프를 통해 단절점을 따라 정책의 참여율이 어떻게 나타나는가를 보임으로써, 학교, 학교구(district), 주(state) 등의 차원에서 점수를 일부러 바꾸거나 다른 노력을 통해 '비무작위적'으로 정책에 참여하는 사례가 없음(이 경우 정책의 효과가 편향됨)도 확인해 볼 수 있다.

$$Y_{ist} = \alpha + \beta B_{st} + \kappa(\gamma_{st}) + \kappa(\gamma_{st})^* B_{st} + \epsilon_{ist}$$

---

5) 이 논문을 포함, Sharp RD를 활용한 논문들 중 처치의 결정이 running variable의 기준점에서 완벽하게 나타나지 않는 경우 Fuzzy RD를 활용한 분석을 함께 실시, Sharp RD의 결과가 이 선택으로 변화하지 않는다는 근거를 함께 제공하기도 한다.

Sharp RD를 적용, 이 논문에서는 행정 기록 과정에서 생성된 다양한 학교와 학생 데이터를 활용, 학생들의 학업성취도(결과변수)를 해당 학교의 책무성 점수가 기준점 이하였는지의 여부를 독립변수로, 책무성 점수(그리고 책무성 점수의 분포에 따라 달라지는 ESD 선발 가능성)를 통제변수로 하여 예측하고 있다. 회귀불연속법의 원리를 따라, 이 회귀식의 추정은 단절점의 양쪽 일부(이 논문에서는 +/− 25점)로 한정된다.

Boatman과 Long(2016)의 논문에서는 저소득층, 유색인종 중 학업 성적이 뛰어난 학생들을 대상으로 하는 GMS 프로그램의 사례가, 장학금이 학업성취뿐만 아니라 사회적 행동, 학습 참여 행동 등에 미치는 인과성을 밝힐 수 있는 좋은 예시를 마련해 준다고 보았다. 특히, 많은 장학금의 경우 장학금을 받는 학생들과 그렇지 않은 학생들 간에 여러 특성의 차이가 있지만, 이 프로그램의 경우 학업성취가 뛰어난 학생들만이 지원할 수 있다는 점에서 이미 단순 지원자와 수혜자 간에 학습 의욕, 기존의 학업성취 등 다양한 면에서 유사성을 기대할 수 있다고 보았다. 더불어 선발의 기준이 지원자 모두를 대상으로 한 비인지검사(noncognitive score)[6]를 기준으로, 각 인종별로 정해진 인원을 뽑기 때문에, 매년 각 인종별로 장학금 수혜를 결정하는 비인지검사 점수의 단절점이 달라진다. 따라서 장학금을 받기 위해 지원자가 임의로 변경하기 어려운 이 점수를 기준으로, 연구자들은 근소한 차이로 장학금을 받은 학생과 받지 못하게 된 학생들이 매우 유사하다고 가정할 수 있다(p. 664).

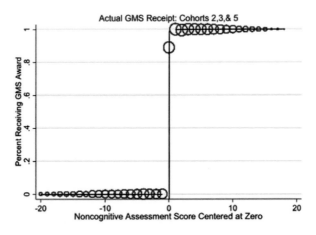

Note: In cohort 2, all eligible students who had a score above the cut-score received a GMS. In cohorts 3 and 5, there were 43 and 18 students, respectively, with scores above the cutoff who did not receive an award.

[그림 9-7] 단절점 양쪽에서의 처치 상태의 분포
출처: Boatman & Long(2016: 664).

---

6) 0~100점으로 평가되는 다양한 에세이 질문에 대한 짧은 답변들의 종합 점수로 계산됨.

앞에서 살펴본 Figlio 등(2018)의 논문과 마찬가지로, 이 논문에서도 running variable이 되는 비인지검사 기준상의 단절점 위에서 실제로 장학금을 수혜하게 된 학생들의 비중을 살펴보았다. 앞의 논문과 달리, 이 경우에서는 약 2.6%의 학생들이 단절점보다 높은 비인지검사 점수를 받았음에도 불구하고 GMS 장학금을 받지 않은 것으로 나타났다([그림 9-7]). 따라서 처치 상태로의 분류가 점수를 기준으로 완벽하게 이행(perfect compliance)되지 않았기 때문에, 이 논문에서는 Fuzzy RD 디자인을 사용했다. Fuzzy RD는 기본적으로 running variable(예: 비인지검사 점수)을 도구변수를 삼아, 먼저 처치 상태(예: 장학금 수혜 여부)를 예측하고, 이 예측된 값을 통해 처치(예: 장학금)의 결과 변수(예: 사회적 행동, 학습 참여)에 미치는 영향을 최소제곱법(two-stage least-squares)으로 추정하는 방식을 따른다.

(2) 주요 가정의 검증

회귀불연속법에서 이루어지는 중요한 선택 중 하나는 '어떤 점수 범위에서 두 집단 간의 유사성이 담보되는가?' 하는 것이다. 최적범위 선택(bandwidth selection)이라고 하는 이 과정에서 넓은 범위를 선택할수록 표본은 증가하고 통계적 검증력은 높아지지만 처치와 통제집단 간의 유사성은 감소하게 된다. 한편, 그 범위가 좁아질수록 양 집단 간의 유사성은 증가하지만 표본크기 감소로 인한 통계적 검증력의 문제가 발생한다. 따라서 통계적 검증력을 담보할 수 있는 범위에서 가장 좁은 준거 점수의 범위를 선택하는 것이 바람직하다(Imbens & Lemieux, 2008; Calonico et al., 2014a, 2014b).

최적 범위를 결정하는 수학적인 방법은 유사성과 사례수의 감소로 인한 통계적 검정력이 균형을 이루는 지점을 찾는 것으로, 많은 경우 Imbens와 Lemieux(2008), Imbens와 Kalyanaaman(2009) 등이 고안한 계산법과 관련 통계 프로그램 명령어를 사용하는 경우들이 대부분이다. Boatman과 Long(2016)의 논문에서도 Imbens와 Lemieux(2008)와 유사한 방법[잔차제곱의 합(sum of square residuals)을 최소화하는 접근법]을 사용하여, 기준점수의 +/−5점의 범위에 들어 있는 사례들만을 분석 대상으로 하였다. 다만, 결과의 견고성(robustness)을 점검하기 위해 +/−10점의 범위까지 분석 대상을 늘려, 추정치의 값들을 비교 제시하였다. 반면, 수학적 계산법 대신 일일이 점수의 구간 폭을 좁혀 가며 모형의 적합도를 F−test 등으로 검증하는 경우도 있다. Figlio 등(2018)의 경우 책무성 점수의 준거점수를 기준으로 약 25점 구간을 기본 범위로 선택, 구간의 폭을 10, 15, 20, 25, 30점으로 변화시키면서 결과의 변화를 검증하였다. 다만 25점을 선택한 이론적 이유가 상세히 제시되지 않아, 비슷한 방법을 사용하는 연구자들은 최적 범위를 찾는 과정의 임의성을 줄이기 위한 노력을 기울이고, 구간 폭의 변화에 따라 처치와 통제집단 간에 배경변수들의 차이가 어떻게 나타나는지를 검증할 필요가 있다.

둘째, 두 집단 간 유사성을 담보하기 위해서 중요한 또 다른 조건은 개인들이 준거점수를 조작하여 처치/통제집단에 속하는 가능성을 임의로 바꿀 수 없어야 한다는 점이다. 이 가정을 잘 점검한 연구에서는 대부분 처치집단과 통제집단의 running variable상의 밀도(density)가 비슷하게 나타나는지를 McCrary Test(통계 프로그램으로 제공)를 통해 점검하거나 running variable상의 준거점수/단절점에서 드러난 배경변수의 차이가 있지는 않은지를 검증한다. Figlio 등(2018)의 경우, 책무성 점수의 분포에 따라 단절점 양쪽에서 다양한 배경변수들과 정책 결정 이전의 결과변수(읽기 시험 점수)의 밀집도를 도표로 나타내었다(p. 176, pp. 181-182). 이 경우, 어머니의 교육 수준, 외국 태생 여부, 영어가 모국어인지 여부 등 몇 가지 배경변수가 단절점 양쪽에서 다른 밀집도를 나타내, ESD 참가 학교와 비참가 학교의 학생 특성이 조금 다를 수 있다는 점을 우려하게 한다([그림 9-8]). 다만, 책무성 점수의 단절점에 있는 학교들에서는 학생들의 ESD 시행 이전 읽기 점수가 같았던 것으로 상정해 볼 수 있다([그림 9-9]). 교사들이나 학교 행정가들이 책무성 점수를 변경하여 ESD에 참여하거나 참여하지 않을 수 있도록 할 가능성이 없다는 것을 보이기 위해, 저자들은 실제 정책에서 책무성 점수에 반영되는 시험은 학교의 개입이 이루어지지 않으며, ESD 참여를 결정하는 단절점

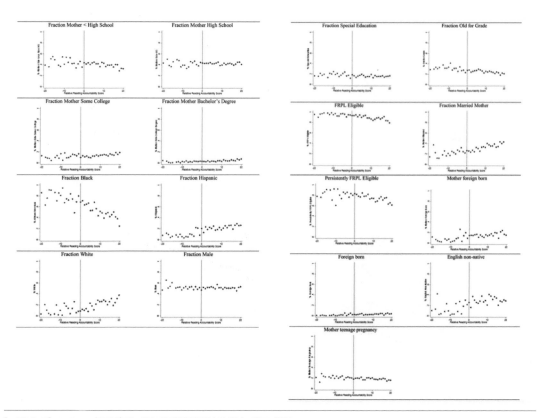

[그림 9-8] McCrary(2008)에 따른 단절점상에서의 변수 밀도 확인

출처: Figlio et al. (2018: 181-182).

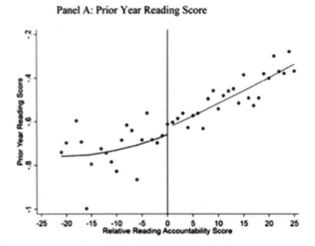

[그림 9-9] McCrary(2008)에 따른 단절점상에서의 변수 밀도 확인

출처: Figlio et al. (2018: 176).

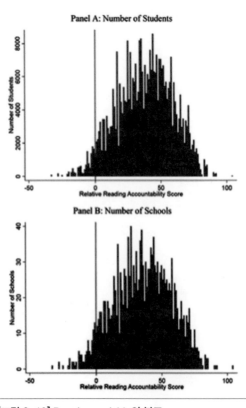

[그림 9-10] Running variable의 분포

출처: Figlio et al. (2018: 178).

이 매년 바뀌기 때문에 학교들의 통제나 예측이 불가능함을 설명하였다(p. 177). 더불어 책무성 점수의 분포에서 의심스러운 불규칙성(unusual discontinuity)이 발생하지 않고 있음을 이 주장을 뒷받침하는 근거로 제시하였다([그림 9-10]).

Boatman과 Long(2016)의 연구에서도 장학금 수혜를 결정하는 시험 점수상의 단절점이 지원자들에 의해 변경될 가능성이 없음, 즉 단절점 주변에서 내생성에 의한 처치와 통제의 분류가 일어나지 않음을 두 가지로 설명하고 있다. 먼저, 시험 점수는 외부 평가자들에 의해 결정되며, 준거 점수는 모든 학생들의 평가 점수가 나올 때까지 결정되지 않기 때문에 학생들이 미리 단절점을 알고 이를 맞추기 위해 노력하기란 불가능하다. 둘째, McCrary(2008)를 따라 단절점 주변에서 시험 점수와 여러 통제변수가 완만한 분포를 보임을 알 수 있다([그림 9-11], p. 666).

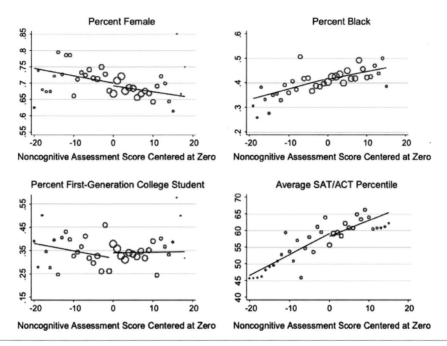

[그림 9-11] McCrary(2008)에 따른 단절점상에서의 변수 밀도 확인
출처: Boatman & Long(2016: 666).

(3) 분석결과의 보고와 해석

회귀불연속법의 분석결과 해석에 있어 몇 가지 주의해야 할 점들이 있다. 먼저, 처치의 영향에 대한 분석은 오로지 준거점수의 단절점을 중심으로 한 일정 케이스에 국한되므로(LATE), 결과의 일반화에 주의해야 한다. 예를 들어, 회귀불연속을 활용한 분석이 처치의 기준이 되는 running variable(책무성 점수)상의 단절점에서 위아래 25점인 학교들의 학생만을 분석에 포함했기 때문에, 결과의 해석에서도 "ESD 프로그램이 단절점 +/-25점에서, 단절점 바로 아래의 학교들에 있는 학생들의 읽기 점수를, 기준 점수의 바로 위 학교에 다니는 학생들에 비해 약 0.05σ 향상시켰다"와 같이 제시해야 한다.

둘째, 분석결과는 실제 처치/통제 여부가 아닌 개인/집단이 처치와 통제 중 어느 그룹에 속하도록 설계되어 있는지, 즉 의도된 처치 여부(intent to treat)를 기반으로 한 결과이다. 따라서 이점 역시 정책효과와 결부된 연구결과의 해석과 정책 시사점의 제공에 있어 중요하게 고려되어야 한다(Boatman & Long, 2016). 회귀불연속법의 결과는 대부분 단절점에서 구간 범위에 따라 분석결과가 어떻게 달라지는지(혹은 달라지지 않는지) 보고하는 형식으로 이루어지며, 표뿐만 아니라 그래프로 해당 내용을 제공하는 경우가 많다([그림 9-12]). 다만, 그래프상에서 앞에서 언급한 가정들에 의심이 가는 정황이 있음에도 불구하고 이를 인과관계로 해석하는 경우가 많아, 이에 대한 주의를 기울

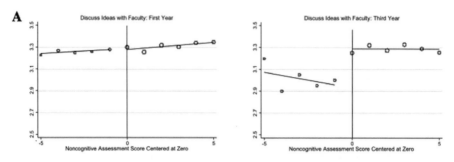

Note: The question posed to students was: "How often do you discuss ideas from class with faculty outside of class?" The possible responses were: 6 = Three or more times a week; 5 = Two or 3 times a week; 4 = Once a week; 3 = Two or 3 times a month; 2 = Once a month; or 1 = Less than once a month

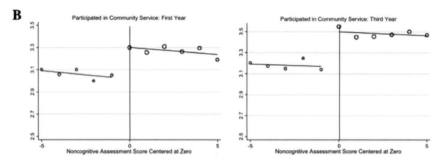

Note: The question posed to students was: "How often have you participated in community service activities?" The possible responses were: 6 = Three or more times a week; 5 = Two or 3 times a week; 4 = Once a week; 3 = Two or 3 times a month; 2 = Once a month; or 1 = Less than once a month

[그림 9-12] 그래프를 이용한 회귀불연속 분석결과의 보고

출처: Boatman & Long(2016: 670).

여야 한다. 회귀불연속의 경우 새로운 정책이나 교육 실제가 도입되는 경우를 연구하는 사례가 많아, 본 분석 방법과 함께 다른 추정방식(예: 이중차분법)으로 얻어진 결과를 함께 사용하여, 추정된 교육정책/실제 효과의 민감도(sensitivity)를 측정하기도 한다.

4. 준실험설계를 활용한 연구를 위한 제언

준실험설계 방법은 무작위 실험연구 등을 거치지 않고도 2차/관찰 데이터를 활용하여 정책이나 교육 현상이 가지는 효과를 인과관계로 측정할 수 있게 해 준다는 장점으로 교육연구에서 각광을 받고 있다. 그러나 Bound(1993)는 디자인을 정확히 이해하고 제대로 적용하지 못할 경우, 오히려 준실험설계라는 '치료법'이 단순 통계모형을 기반으로 변수들 간의 상관관계를 추정하는 '병' 보다 더 못한 선택이 될 수 있음을 강조하고 있다.

본 논문에서 살펴본 대로, 교육행정 혹은 정책 분야의 연구에서 준실험설계를 활용한 논문들은 최근 10년간 꾸준히 증가해 왔고, 한국에서도 이러한 방법론을 활용한 논문들이 등장하기 시작하고 있다. 특히, 이중차분법을 활용한 연구들이 가장 많이 이루어졌고, 도구변수나 회귀불연속법을 활용한 논문들은 상대적으로 적은 비중을 차지하고 있었다. 이는 '처치' 상태의 '무작위성'을 보상할 수 있는 메커니즘(정책의 수혜 여부가 결정되는 방식과 과정), 그리고 데이터의 유무와 질(패널데이터)과도 연관되어 있을 것이다.

현존하는 연구물들에서는 연구자들이 준실험설계의 세 가지 방법의 기본적 아이디어와 각각의 방법들이 사용될 수 있는 조건에 대한 기본적 이해를 갖추고 있는 것으로 보이나, 각 방법론을 사용하기 위해 만족되어야 하는 가정들에 대한 검증이 부족한 사례들이 매우 많다. 예를 들어, 이중차분법의 경우 평행 경로 가정을 이론적 · 통계적으로 검증하지 않는 사례들이 많은데, 예시로 언급한 논문들에서처럼 현상이나 데이터가 가지는 한계를 극복하거나 현실의 처치 배정에 가까운 방식이 되도록 하는 다양한 방법론의 최신 업데이트(예: Dynamic RD, 사건 분석 모형)에 대한 꾸준한 관심과 꼼꼼한 적용이 필요하다. 뿐만 아니라 하나의 현상에 대해서도 가능한 경우 여러 방법을 통해 추정치를 얻고, 이들을 비교함으로써 결과의 민감성을 따져 보는 것도 좋은 접근방식이라 하겠다. 기본으로 사용한 준실험설계 방법에 추가로 다른 준실험설계의 방법을 활용한 분석을 하고 그 결과의 민감도나 변화의 정도를 통해, 해당 기본 분석의 신뢰성을 강화할 수 있다(Athey & Imbens, 2017).

준실험설계는 각 방법론마다 그 결과가 가지는 의미와 한계가 있다. 특히, 방법론에서 가정하는 처치집단과 실제로 처치를 받은 집단 간의 동일성, 그리고 어떤 조건하에서 준실험설계 디자인으로 얻어진 값이 얼마만큼 일반화될 수 있는지에 대한 연구자들의 뚜렷한 이해와 설명이 필요하다. 마찬가지로 준실험설계 방법들은 '처치와 통제'라는 이분법적 분류로 처치의 영향을 설명하지만, 실제 정책의 경우 '처치' 안에는 다양한 정책 디자인의 세부 사항들이 포함되어 있으므로, 연구 결과가 가지는 의미와 시사점 도출을 위해서는 정책에 대한 자세한 설명이 따라야 할 것이다. 특히, 결과의 일반화에 있어 정책이나 교육활동에 대한 반응이 다른 집단, 시간, 장소들에 따라 달라질 수 있음을 고려해야 한다(heterogeneity)(Smith & Sweetman, 2016; Hotz, Imbens, & Mortimer, 2005; Muller, 2015).

더불어, 준실험설계의 활용이 인과성을 밝히는 만능열쇠가 아니라는 점에 유의해야 한다. 준실험설계는 한 변수가 다른 변수에 영향을 미치는지(whether)의 여부에 집중하지만, 그러한 인과관계가 어떻게(how), 왜(why) 발생하게 되는가에 대한 설명을 하는 데는 한계가 있다(Imai et al., 2011; Deaton, 2010). 이러한 인과관계에 대한 '블랙박스'와 같은 접근방식은 비이론적이며 비과학적인 것으로 여러 분야에서 비판을 받고 있는 만큼(Brady & Collier, 2004; Deaton, 2010; Heckman & Smith, 1995), 인과관계를 처치변수가 결과변수에 영향을 주는 '과정'으로 정의하고 이 인과 과정 사이에 존재하는 중간변수(intermediate variable) 혹은 중재변수(mediator)를 찾아내는 시도를 계속
해야 한다(Imai et al., 2011).

마지막으로, 준실험설계를 활용한 연구물이 지속적으로 나올 수 있기 위해서는 데이터의 체계
적 수집과 관리, 특히 종단자료와 패널 데이터에 대한 관심이 필요하고, 정책의 자격 부여나 수혜
여부 등에 대한 정보를 연구자들이 손쉽게 얻을 수 있도록 지원하는 시스템이 필요하다. 나아가
학회나 정책기관 리포트 등을 통해 준실험설계 방법의 적용에 대한 단계별 가이드[예: What Works
Clearinghouse(미 교육부, Institute of Education Sciences)]를 제공하거나 대학원 과정에서 준실험설계
를 실증적 연구에 적용할 수 있는 방법들을 논의하는 다양한 배움의 기회를 만들어야 할 것이다.
더불어 저널 리뷰 프로세스 등을 위해 해당 연구방법들을 사용하는 경우, 어떠한 기준들이 반드시
충족되어야 하는지에 대한 표준을 고안하고 발전시켜 나가는 일도 필요하다 하겠다.

 참고문헌

김경년(2020). 복지국가 제도의 해석과 성인의 학습 참여. 교육학연구, 58(3), 1-25.

김경년, 김형기(2012). 영어 수업시수 증배 결정의 맥락과 영어성취도에 미치는 영향: 도구변수를 활용한 인
과관계 분석. 교육학연구, 50(3), 1-27.

김경년, 박정신(2014). 교육복지 학교 지정이 학교 간 재정의 수직적 형평성 및 학력격차 완화에 미치는 영
향: 회귀불연속 설계를 활용한 인과관계 분석. 교육행정학연구, 32(3), 1-26.

김근진(2016). 교육복지우선지원사업이 학업성취도에 미치는 평균효과 및 분위효과 분석. 교육행정학연구,
34(2), 119-146.

김범주(2021). 코로나19 사태의 학업성취도 효과 분석 : 수도권 중학교를 중심으로. 교육행정학연구, 39(4),
107-129.

김범주(2022). 학생 참여적 학교운영이 학생의 시민의식에 미치는 효과. 교육행정학연구, 40(1), 611-635.

김지하, 정동욱(2008). 이성교제의 경제학: 이성교제가 학업성취도에 주는 영향력 분석. 교육재정경제연구,
17(3), 49-84.

남인혜, 이안나(2020). 학교평균 학생 학업성취도가 교사의 수업준비시간 및 수업개선노력에 미치는 영향
분석. 교육재정경제연구, 29(4), 21-46.

문찬주, 문희원, 이영선, 정동욱(2021). 일반고 교육역량 강화 정책 효과성 분석: 서울시 일반계 고등학교를
중심으로. 교육행정학연구, 39(1), 117-142.

박경호, 백일우(2008). NURI사업이 대학의 재학생 재적률에 미친 영향: 양적 분석을 중심으로. 교육재정경제
연구, 17(3), 29-48.

백일우, 김동훈(2008). 도구변수(IV) 방법을 활용한 우리나라의 교육투자 수익률 분석. 교육재정경제연구,
17(2), 85-109.

백일우, 김동훈(2013). 교육경제학적 관점에서의 교육투자수익 분석: 더미 도구변수를 이용한 학교급별 수익률 추정. 교육재정경제연구, 22(1), 93-111.

백일우, 임정준(2008). 도구변수를 이용한 여성고등교육의 투자수익률 분석. 교육행정학연구, 26(3), 75-94.

심재휘, 전하람, 김경근(2019). 9시 등교 정책이 청소년의 수면시간과 피로도에 끼친 영향. 교육학연구, 57(4), 101-125.

우명숙(2016). 교과교실제 정책이 교육자원과 학업성취도에 미치는 영향 분석. 교육재정경제연구, 25(4), 175-196.

우명숙, 김지하(2015). 장학금 지원 정책이 대학생의 학업성취도와 학업몰입에 미치는 영향 분석. 교육재정경제연구, 24(3), 163-185.

이광현, 권용재(2020). 학자금 지원제도의 소득이동성 효과 연구. 교육재정경제연구, 29(2), 29-60.

이정민, 정혜원(2021). 자유학기(년)제 참여 중학생의 진로 결정이 학업 열의에 미치는 영향: 경향점수와 이중차분법 적용. 교육학연구, 59(1), 197-225.

이준호, 박현정(2012). 취업 후 상환 학자금 대출제도가 중·저소득층 대학생의 학기 중 노동 및 학업활동에 미치는 처치-의도 효과 분석. 교육행정학연구, 30(1), 105-134.

이필남, 곽진숙(2013). 국가장학금이 대학생의 근로 및 학업활동에 미치는 영향. 교육재정경제연구, 22(4), 213-242.

이필남, 김병주(2014). 국가장학금과 정부재정지원제한대학 제도 연계의 효과 분석. 교육행정학연구, 32(1), 1-23.

Alon, S. (2005). Model mis-specification in assessing the impact of financial aid on academic outcomes. *Research in Higher Education, 46*, 109-125.

Altonji, J. G. (1995). The effects of high school curriculum on education and labor market outcomes. *The Journal of Human Resources, 30*(3), 409-438.

Altonji, J. G., Elder, T. E., & Taber, C. R. (2005). Selectionon observed and unobserved variables: Assessing the effectiveness of catholicschools. *Journal of Political Economy, 113*(1), 151-184.

Andrews, R. J., DesJardins, S., & Ranchhod, V. (2010). The effects of the Kalamazoo Promise on college choice. *Economics of Education Review, 29*(5), 722-737.

Angrist, J. D. (1990). Lifetimeearnings and the Vietnam era draft lottery: Evidence from social securityadministrative records. *The American Economic Review, 80*(3), 313-336.

Angrist, J. D., & Pischke, J. S. (2009). *Mostly harmless econonics: An empiricist' companion.* Princeton University Press.

Angrist, J. D., & Pischke, J. S. (2010). Thecredibility revolution in empirical economics: How better research design istaking the con out of econometrics. *Journal of Economic Perspectives, 24*(2), 3-30.

Angrist, J. D., Imbens, G. W., & Rubin, D. B. (1996). Identification of causal effects using Instrumental Variables. *Journal of the American Statistical Association, 91*(434), 444-455.

Athey, S., & Imbens, G. W. (2017). The state of applied econometrics: Causality and policy evaluation. *Journal of Economic Perspectives, 31*(2), 3-32.

Belasco, A. S., Rosinger, K. O., & Hearn, J. C. (2015). The test-optional movement at America's selective Liberal Arts Colleges: A boon for equity or something else? *Educational Evaluation and Policy Analysis, 37*(2), 206-223.

Berck, P., & Villas-Boas, S. B. (2015). *A note on the triple difference in econoic models.* Applied Economics Letters, DOI: 10.1080/13504851.2015.1068912

Berlinski, S., & Ramos, A. (2020). Teacher mobility and merit pay: Evidence from a voluntary public award program. *Journal of Public Economics, 186,* DOI: financial Aid programs on postsecondary institutions. *Journal of Education Finance, 45*(4), 459-492.

Delaney, J. A., & Kearney, T. D. (2016). Alternative student-based revenue streams for higher education institutions: A difference-in-difference analysis using guaranteed tuition policies. *Journal of Higher Education, 87*(5), 731-769.

Dynarski, M., Agodini, R., Heaviside, S., Novak, T., Carey, N., Campuzano, L., et al. (2007). *Effectiveness of reading and mathematics software products: Findings from the first student cohort.* National Center for Educational Evaluation.

Dynarski, S. (2003). Does aid matter? Measuring the effect of student aid on college attendance and completion. *The American Economic Review, 93*(1), 279-288.

Eberts, R., Hollenbeck, K., & Stone, J. (2002). Teacher performance incentives and student outcomes. *Journal of Human Resources, 37*(4), 913-927.

Falch, T. (2010). The elasticity of labor supply at the establishment level. *Journal of Labor Economics, 28*(2), 237-266.

Fougère, D., & Jacquemet, N. (2020). *Policy evaluation using causal inference methods.* IZA Discussion Papers, Institute of Labor Economics.

Furuta, J. (2017). Rationalization and student/school personhood in U.S. college admissions: The rise of test-optional policies, 1987 to 2015. *Sociology of Education, 90*(3), 236-254.

Goodman, J. (2008). Who merits financial aid? Massachusetts' Adams scholarship. *Journal of Publi Economics, 92*(10). http://dx.doi.org/10.2139/ssrn.969363

Goodman, J. (2019). The labor of division: Returns to compulsory high school math coursework. *Journal of Labor Economics, 37*(4), 1141-1182.

Hanushek, E. A., & Raymond, M. E. (2005). Does school accountability lead to improved student performance? *Journal of Policy Analysis and Management, 24*(2), 297-327.

Hastings, J. S., Neilson, C. A., & Zimmerman, S. D. (2012). *The effect of school choice on intrinsic motivation and academic outcomes.* National Bureau of Economic Research Working Paper Series.

Heckman, J. J., & Smith, J. A. (1995). Assessing the case for social experiments. *Journal of Economic*

Perspectives, 9(2), 85-110.

Heckman, J. J., & Smith, J. A. (1999). The pre-programme earning dip and the determinants of participation in a social programme: Implications for simple programme evaluation strategies. *The Economic Journal, 109*(457, 1), 313-348.

Helmelt, S. W., & Jacob, B. A. (2020). How does an accountability program that targets achievement gaps affect student performance? *Education Finance and Policy, 15*(1), 45-74.

Hilman, N. W., Fryar, A. H., & Crespín-Trujillo, V. (2018). Evaluating the impact of performance funding in Ohio and Tennessee. *American Educational Research Journal, 55*(1), 144-170.

Hilman, N. W., Tanberg, D. A., & Fryar, A. H. (2015). Evaluating the impacts of "new" performance funding in higher education. *Educational Evaluation and Policy Analysis, 37*(4), 501-519.

Hodara, M. (2015). The effects of English as a second language courses on language minority students. *Educational Evaluation and Policy Analysis, 37*(2), 243-270.

Holland, P. W. (1986). Statistics and causal inference. *Journal of the American Statistical Association, 81*(396), 945-960.

Hotz, V. J., Imbens, G., & Mortimer, J. (2005). Predicting the Efficacy of Future Training Programs Using Past. *Journal of Econometrics, 125*(1-2), 241-270.

Hough, H. J., & Loeb, S. (2013). *Can a district-level teacher salary incentive policy improve teacher recruitment and retention?* Policy Analysis for California Education.

Hoxby, C. M., & Bulman, G. B. (2016). The effects of the tax deduction for postsecondary tuition: Implications for structuring tax-based aid. *Economics of Education Review, 51*, 23-60.

Imai, K., Keele, L., Tingley, D., & Yamamoto, T. (2011). Unpacking the black box of causality: Learning about causal mechanisms from experimental and observational studies. *American Political Science Review, 105*(4), 765-789.

Imbens, G. W., & Kalyanaraman, K. (2009). *Optimal bandwidth choice for regression discontinuity estimator.* National Bureau of Economic Research Working Paper Series.

Imbens, G. W., & Lemieux, T. (2008). Regression discontinuity designs: A guide to practice. *Journal of Econometrics, 142*(2), 615-635.

Imbens, G. W., & Wooldridge, J. M. (2009). Recent developments in the econometrics of program evaluation. *Journal of Economic Literature, 47*(1), 5-86.

Imberman, S. A. (2011). Achievement and behavior in charter schools: Drawing a more complete picture. *The Review of Economics and Statistics, 93*(2), 416-435.

Jacob, B. A., & Lefgren, L. (2004). Remedial education and student achievement: A regression-discontinuity analysis. *The Review of Economics and Statistics, 86*(1), 226-244.

Jaggars, S., & Xu, D. (2013). *Examining the effectiveness of online learning within a community college system: An instrumental variable approach.* Community College Research Center, Columbia

University.

Joensen, J. S., & Nielsen, H. S. (2009). Is there a causal effect of high school math on labor market outcomes? *Journal of Human Resources, 44*(1), 171-198.

Kane, T. J. (2003). *A quasi-experimental estimate of the impact of financial aid on college-going.* National Bureau of Economic Research Working Paper Series.

Kim, J. (2018). The functions and dysfunctions of college rankings: An analysis of institutional expenditure. *Research in Higher Education, 59*(1), 54-87.

Kim, J., Kim, J., Desjardins, S. L., & McCall, B. P. (2015). Exploring the relationship between high school math course-taking and college access and success. *The Journal of Higher Education, 86*(4), 628-662.

Kling, J. (2001). Interpreting Instrumental Variables estimates of the returns to schooling. *Journal of Business and Economic Statistics, 19*(3), 358-364.

Lavy, V., & Schlosser, A. (2005). Targeted remedial education for underperforming teenagers: Costs and benefits. *Journal of Labor Economics, 23*(4), 839-874.

Levin, P., & Zimmerman, D. (1995). The benefit of ddditional high-school math and science classes for young men and women. *Journal of Business and Economic Statistics, 13*(2), 137-149.

Marini, M. M., & Singer, B. (1988). Causality in the Social Sciences. *Sociological Methodology, 18,* 347-409.

McEwan, P. J. (2015). Improving learning in primary schools of developing countries: A meta-analysis of randomized experiments. *Review of Educational Research, 85*(3), 353-394.

McMillan, J. H., & Schumacher, S. (2006). *Research in education: Evidence-based inquiry* (6th ed.). Allyn and Bacon.

Moehling, C. (1999). State child labor laws and the decline of child labor. *Explorations in Economic History, 36*(1), 72-106.

Murnane, R. J., & Willett, J. B. (2010). *Methods matter: Improving causal inference in educational and social science research.* Oxford University Press.

Murray, M. P. (2010). *The bad, the weak, and the ugly: Avoiding the pitfalls of instrumental variables estimation.* Unpublished paper, Bates College.

Nomi, T., & Allensworth, E. M. (2013). Sorting and supporting: Why double-dose Algebra led to better test scores but more course failures. *American Educational Research Journal, 50*(4), 756-788.

O'Rourke, M., Imberman, S. A., & Lovenheim, M. (2015). *Achievement effects of Individual performance incentives in a teacher merit pay tournament.* National Bureau of Economic Research Working Paper Series.

Pike, G. R., Hansen, M. J., & Lin, C. H. (2011). Using instrumental variables to account forselection effects in research on first-year programs. *Research in Higher Education, 52,* 194-214.

Porter, S. R. (2012). *Using instrumental variables properly to account for selection effects* (ED531905). ERIC. https://files.eric.ed.gov/fulltext/ED531905.pdf

Porter, S. R. (2013). The causal effect of faculty unions on institutional decision making. *ILR Review, 66*(5), 1192–1211.

Ravallion, M., Galasso, E., Lazo, T., & Philipp, E. (2005). What can ex-participants reveal about a program's impact? *The Journal of Human Resources, 40*(1), 208–230.

Rigg, S. K. (2008). Causal inference and omitted variable bias in financial aid research: Assessing solutions. *Review of Higher Education, 31*(3), 329–354.

Rose, H., & Betts, J. R. (2001). *Math matters: The links between high school curriculum, college graduation, and earnings.* Public Policy Institute of California.

Rothstein, J., & Schanzenbach, D. W. (2022). Does money still matter? Attainment and earnings effects of post-1990 school finance reforms. *Journal of Labor Economics, 40*(51), S1–S493.

Rubin, D. B. (1974). Estimating causal effects of treatments in randomized and nonrandomized studies. *Journal of Educational Psychology, 66*(5), 688–701.

Schmeiser, M, Stoddard, C., & Urban, C. (2015). Does salient financial information affect academic performance and borrowing behavior among college students? Finance and Economics Discussion Series 2015-075. Washington: Board of Governors of the Federal Reserve System. http://dx.doi.org/10.17016/FEDS.2015.075.

Schneider, B., Carnoy, M., Kilpatrick, J., Schmidt, W. H., & Shavelson, R. J. (2007). *Estimating causal effects: Using experimental and observational designs.* American Educational Research Association.

Schwartz, J. B. (1985). Student financial aid and the college enrollment decision: the effects of public and private grants and interest subsidies. *Economics of Education Review, 4*(2), 129–144.

Seftor, N. S., & Turner, S. (2002). Back to school: Federal student aid policy and adult college enrollment. *Journal of Human Resources, 37*(2), 336–352.

Shifrer, D., Turley, R. L., & Heard, H. (2017). Do teacher financial awards improve teacher retention and studentachievement in an urban disadvantaged school district? *American Educational Research Journal, 54*(6), 1117–1153.

Smith, J., & Sweetman, A. (2016). Viewpoint: Estimating the causal effects of policies and programs. *Canadian Journal of Economics, 49*(3), 871–905.

Stange, K. (2015). Differential pricing in undergraduate education: Effects ondegree production by field. *Journal of Policy Analysis and Management, 34*(1), 107–135.

Stock, J., Yogo, M., & Wright, J. (2002). A survey of weak instruments and weakidentification in generalized method of moments. *Journal of Business andEconomic Statistics, 20,* 518–529.

Strauss, J., & Thomas, D. (1995). Human resources: Empirical modeling of household and family decisions. In J. Behrman & T. N. Srinivasan (Eds.), *Handbook Development Economics.* Elsevier:

Handbook of Development Economics.

Vader, J. P. (1998). Randomized controlled trials: A user's guide. *BMJ, 317*, 1258.

Wells, R. S., Kolek, E. A., Williams, E. A., & Saunders, D. B. (2016). "How we know what we know": A systematic comparison of researchmethods employed in higher education journals, 1996–2000 v. 2006–2010. *The Journal of Higher Education, 86*(2), 171–198.

Wright, R. E. (1999). *The rate of return to private schooling.* IZA Discussion Papers, Institute of the Study of Labor.

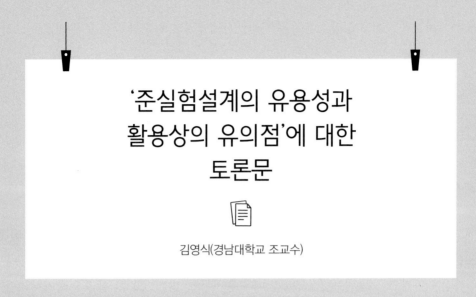

'준실험설계의 유용성과
활용상의 유의점'에 대한
토론문

김영식(경남대학교 조교수)

1. 리뷰 총평

이 원고는 최근 들어 인과추론을 위한 방법론으로 주목받고 있는 준실험설계 방법론의 유용성과 활용상의 문제점을 밝힘으로써 향후 교육행정학계에서 자연실험 혹은 준실험설계에 근거한 연구방법론의 활성화 및 이에 기반한 보다 내실 있는 인과 추정에 기여하기 위한 목적으로 기술되었다.

실제 상황을 활용하여 변수들 간의 인과관계를 밝히려는 준실험설계 방법론은 현재 교육행정학계를 넘어 전 사회과학 영역에서 각광받고 있다. 실제로 김정은 교수님께서도 인용하신 세 연구자, DID 아이디어의 창사자라고 불리는 David Card, 이론적으로만 논의되던 IV를 실증연구의 장으로 끌어올린 Joshua Angrist, RD 디자인의 대가인 Guido Imbens는 오늘 소개된 3가지 방법론을 통해 인과 추정 및 경험적 연구방법론에 기여한 바를 인정받아 2021년 노벨경제학상을 공동 수상하였다. 이와 같이 준실험설계는 현재 전 세계 사회과학계의 가장 선도적인 연구방법론 중 하나라고 할 수 있을 정도로 그 중요성과 가치를 인정받고 있다.

특히, DID, IV, RD라는 3가지 연구방법은 하나하나가 상당한 수준의 스터디와 연구설계에 대한 고민을 거쳐야 하는 것으로 이를 20여 페이지의 핸드북 챕터라는 제한된 지면을 통해서 소개하는 작업은 매우 고되고 힘든 작업이었을 것으로 생각된다. 그럼에도 불구하고 해당 방법론의 기본 개념 및 가정, 연구설계 시 주의해야 할 사항 등을 효과적이고 가독성 높게 정리함으로써 준실험설계 및 인과추정에 대해 다시 한번 고민해 볼 수 있는 기회를 마련해 주신 김정은 교수님께 깊은 감사의 말씀을 드린다. 교수님께서 기술하신 내용에 토론자 또한 대부분 동의하고, 이를 통해 유의미한 학습의 기회를 가졌던 바 특별히 논쟁할 만한 거리를 찾아내기 어려웠다. 이에 추후 원고 출간에 앞서 추가적으로 고려해 주었으면 하는 사항들을 중심으로 다음과 같은 토론 의견을 드리니 참고해 주면 감사하겠다.

2. 고려 요청 사항

1) 예상 독자를 고려한, 보다 상세한 추가 설명 필요

이 원고가 포함될 핸드북의 주된 독자는 교수 및 연구자는 물론, 국내외 석·박사 과정 대학원생을 포함한 학문후속세대가 될 것으로 예상된다. 토론자가 판단하게에 현재 기술된 내용은 인과추론에 관심을 가지고 있는 연구자들에게는 매우 흥미롭고, 많은 도움이 될 것으로 보이지만, 이에 익숙하지 않은 독자들, 특히 대학원생들에게는 다소 어렵게 느껴지지 않을까 우려된다. 특히, 교수님께서 DID, IV, RD를 설명하기 위해 사용하신 다양한 전문용어(내생성, counterfactual, 다양한 가정 및 이의 검정방법과 검정통계량)들의 경우 제 경험에 비추어 볼 때 통계를 어느 정도 깊이 있게 공부하지 않은 독자들에게는 이해가 쉽지 않을 것으로 보인다.

이에 예상 독자들을 고려하여 현재 제시된 내용 중 사전 지식이 필요한 일부 용어 및 가정 검증절차의 경우 보다 자세한 설명이 필요할 것으로 보이며, 지면 제약이 우려된다면 주요 용어에 대한설명은 각주나 부록을 통해서라도 별도로 제시하는 방안을 고민해 주면 감사하겠다.

특히, DID 및 IV의 경우 간단한 수식을 통하여 추정방법에 대한 설명을 첨부해 준다면 해당 방법론에 대한 이해가 보다 수월할 것으로 판단되며, 이 원고를 참고하여 논문을 작성할 후속 세대들에게 많은 도움이 될 것으로 생각된다.

2) 후속세대들이 참고할 만한 논문 소개 필요

이 원고는 3가지 준실험설계방법에 대한 소개 및 해당 방법을 활용할 수 있는 상황, 방법론 활용 시 검증해야 할 주요 가정, 분석결과 보고 시 주의해야 할 사항 등을 한정된 분량 내에서 압축적으로 제시함으로써 독자들에게 많은 정보를 제공하고 있다. 그러나 핸드북이라는 저서의 성격을 고려할 때 분석 방법별로 해당 모형을 비교적 잘 적용하여 수행된 연구의 배경 및 맥락, 주요 가정 및 분석 시 고려한 사항, 분석결과 등을 1~2페이지 정도로 간략하게 소개해 준다면 학문후속세대들이 이 원고의 내용을 보다 잘 이해함은 물론, 실제 연구에 해당 분석방법을 활용함에 있어서도 많은 도움을 받을 수 있을 것으로 생각된다.

가령, DID의 경우 DID의 아이디어를 최초로 적용하여 미국 뉴저지주의 최저임금 인상 정책이 고용 규모에 미친 인과관계를 추정한 Card와 Krueger(1994)의 연구, 평준화 처치의 외생성을 확보하기 위하여 고교평준화정책이 도입된 1974년을 전후하여 정책이 시행된 서울, 부산, 대구, 인천, 광주 지역의 인문계(처치), 실업계(통제) 학생들을 대상으로 이들이 성인이 된 이후의 임금을 DID 추정한 Kang, Park과 Lee(2007)의 연구, 비평준화 교육이 시작되는 시점이 국가별로 다르고, 선호하는 교육방식을 찾아 학부모들이 국가 간에 이동하는 일이 상대적으로 어렵다는 점에 주목하여 비평준화 교육이 학생들의 학업성취에 미치는 영향을 DID로 추정한 Hanushek과 Wößmann(2006)의 연구 등을 추천한다.

IV의 경우, 기존의 교육투자 수익률 추정 시 문제가 되었던 교육연수의 내생성 문제를 해결하기 위하여 개인의 교육연수에 대한 도구변수로서 그 사람이 태어난 출생 시점 변수(분기, 월)를 활용하고 이의 타당성을 논증한 후 교육연수 1년에 대한 교육투자 수익률을 추정한 Angrist와 Krueger(1991)의 연구를 추천하고자 한다. 실제로 IV의 이론은 1940년대에 개발되었지만, 엄격한 가정으로 인해 수십 년간 실증연구에는 활용되지 못하고 있었다. 그러나 Angrist와 Krueger(1991)의 연구 이후 인과추론을 위해 적절한 도구변수를 찾으려는 노력이 이루어졌으며, 도구변수의 적절성에 대한 치열한 토론이 이어지고 있음을 고려할 때 이 논문을 IV의 실제 사례로서 추천하고자 한다. 한편, 국내 연구의 경우 특정 과목에 대한 사교육비에 대한 도구변수로 다른 과목의 사교육비 지출과 본인 외 가족 교육비를 사용하여 사교육비가 특정 과목의 성적을 인과적으로 추정한 김희삼(2009)의 연구와 학생의 출생 순위를 사교육비의 도구변수로 활용하여 사교육비의 학업성취 제고 효과를 추정한 강창희(2012)의 연구를 추천한다.

RD의 경우, 교육학계의 오랜 이슈 중 하나인 학급 규모가 학업성적에 미치는 효과를 RD 디자인을 통하여 추정한 Angrist와 Lavy(1999)의 연구를 추천한다. Angrist와 Lavy(1999)는 학급 규모의 내생성에 주목하고 이스라엘의 공립학교에서 한 학급의 최대 학생 수를 40명으로 제한하는 'Maimonides 규정'을 활용하여 RD 디자인을 설계하여, 학급 규모 감소가 학생들의 학업성적 향상에 기여함을 밝힌 바 있다. 그리고 교육학 분야의 연구는 아니지만 지난 미국 하원 선거에서 상대방 후보에 비해 가까스로 이긴 현역 의원과 가까스로 진 후보들을 이용하여 현역 의원의 선거 프리미엄을 인과적으로 추정한 Lee(2008)의 연구도 아이디어 측면에서 참고해 볼 필요가 있을 것 같다.

3) 준실험설계 방법론 활용 시 고려해야 할 사항 추가 필요

이 원고는 이미 세 가지 방법론을 선택 및 활용함에 있어 주의해야 할 사항들을 상세하게 제시하고 있지만, 일부 방법론의 경우 추가적으로 고려해야 할 사항들을 기술해 준다면 독자들에게 더욱 많은 도움이 될 것으로 판단된다.

DID를 다루는 많은 방법론 서적들의 경우, 일반적으로 집단이 2개, 시점이 2개인 단순한 경우를 다루는 경우가 많다. 그러나 DID의 상호작용항이 정책 적용 여부(처치)를 나타내며, 이는 처치집단변수와 시간변수의 함수 관계임을 고려하면 실제로는 3개 이상 집단, 3개 이상 시점의 확장 모형으로도 활용할 수 있다. 특히, 특정한 정책의 도입 시점이 국가 혹은 지역별로 서로 다르게 나타날 경우(고교평준화 정책, 교육감 직선제 도입 등) 해당 처치가 행위자들의 자기 선택이 아닌, 외생적으로 할당된다면 이러한 자료에 대해서도 DID 추정이 가능하며, 이런 연구들을 소개해 준다면 해당 방법론을 활용하고자 하는 연구자들에게 많은 도움이 될 것으로 기대된다.

또한, 교수님께서도 언급하셨다시피 도구변수 추정 자체는 통계 패키지를 활용한다면 그리 어려운 작업은 아니다. 중요한 것은 내생성이 발생하는 원인에 대해 정확하게 파악하여 이를 고려한 적절한 도구변수를 제안하는 것이다. 특히, 연구자가 활용하는 변수들은 정도의 차이는 있지만 서로 어느 정도 상관관계를 지니고 있음을 고려할 때 배제 가정(restriction assumption)을 완벽하게 충족시키는 도구변수를 찾는 일은 사실상 불가능에 가까우며, 이로 인해 Rothstein(2005)과 Hoxby(2007)와 같이 도구변수의 적절성에 대해 학자들 간에 논쟁이 종종 벌어지기도 한다. 이에 도구변수의 가정 및 이의 검증 방법(특히, 약한 도구변수 문제 등)에 대한 기술이 보다 상세하게 기술된다면 추후에 도구변수를 활용할 후속학문세대들이 이 원고를 통해 보다 많은 도움을 받을 수 있을 것으로 기대된다.

마지막으로, 원고의 완성도를 높이기 위한 두 가지 제언을 드리는 것으로 토론을 마무리하고자 한다. 우선, 논문 제목과 관련하여 이 원고의 목적이 준실험설계방법론을 소개하고, 이를 실제 분석에 활용함에 있어 유의해야 할 사항들을 독자들에게 알리는 데 있음을 고려할 때 이를 '문제점'으로 표기하기보다는 '준실험설계의 유용성과 활용상의 유의점'과 같이 수정한다면 교수님의 의도가 보다 효과적으로 전달될 것으로 사료된다. 그리고 최종적으로 핸드북이라는 성격과 예상 독자들을 고려할 때 읽는 이들의 이해를 도울 수 있도록 보다 가독성을 높일 수 있는 방향으로 윤문 작업 및 오탈자(Exclusion resttriction, Sargen test, 싫행, 체게 등), 띄어쓰기 수정 작업이 이루어져야 할 것으로 보인다.

준실험설계 방법론에 대하여 의미 있는 학습과 성찰의 기회를 제공해 주신 김정은 교수님께 다시 한번 감사의 말씀을 드린다. 앞으로도 교육행정 방법론은 물론, 우리 교육현장에 실질적인 도움이 될 수 있는 좋은 연구 많이 부탁드리겠다.

참고문헌

강창희(2012). 학교교육 수준 및 실태 분석 연구: 중학교' 자료를 이용한 사교육비 지출의 성적 향상효과 분석. KDI Journal of Economic Policy, 34(2), 139-171.

김희삼(2010). 학업성취도, 진학 및 노동시장 성과에 대한 사교육의 효과 분석 (Analysis of the Effects of Private Education on Academic Achievement and Labor Market Performance). KDI Research Monograph, 5, 1-158.

Angrist, J. D., & Keueger, A. B. (1991). Does compulsory school attendance affect schooling and earnings? *The Quarterly Journal of Economics, 106*(4), 979-1014.

Angrist, J. D., & Lavy, V. (1999). Using Maimonides' rule to estimate the effect of class size on scholastic achievement. *The Quarterly journal of economics, 114*(2), 533-575.

Card, D., & Krueger, A. B. (1994). Minimum Wages and Employment: A Case Study of the Fast-Food Industry in New Jersey and Pennsylvania. *American Economic Review, 84*(4), 772-93.

Hanushek, E. A., & Wößmann, L. (2006). Does educational tracking affect performance and inequality? Differences in differences evidence across countries. *The Economic Journal, 116*(510), C63-C76.

Hoxby, C. M. (2007). Does competition among public schools benefit students and taxpayers? Reply. *American Economic Review, 97*(5), 2038-2055.

Kang, C., Park, C., & Lee, M. J. (2007). Effects of ability mixing in high school on adulthood earnings: quasiexperimental evidence from South Korea. *Journal of Population Economics, 20*(2), 269-297.

Lee, D. S. (2008). Randomized experiments from non-random selection in US House elections. *Journal of Econometrics, 142*(2), 675-697.

Rothstein, J. (2005). *Does competition among public schools benefit students and taxpayers? A Comment on Hoxby (2000)* (No. w11215). National Bureau of Economic Research Paper Series. Retrieved from https://www.nber.org/system/files/working_papers/w11215/w11215.pdf

제3부

질적 연구방법 및 혼합 연구방법 활용 실태와 발전 방향

제10장

교육행정 분야 질적 연구 동향 및 문제점 분석

-『교육행정학연구』학술지 논문을 중심으로-

김병찬(경희대학교 교수)

임종헌(한국교육개발원 부연구위원)

문지윤(경희대학교 박사)

최상은(국민대학교 책임입학사정관)

요약

본 연구는 교육행정 분야 질적 연구의 발전을 위해 질적 연구 동향과 문제점을 분석하고자 수행되었다. 연구진은 최근 10년간 『교육행정학연구』에 게재된 110편의 질적 연구논문을 분석 대상으로 선정한 후, 분석 준거(하위 준거 17개)에 따라 연구 동향을 분석하고 문제점을 도출하였다.

연구결과, 교육행정 분야 질적 연구의 문제점으로 '질적 연구 활용 이유의 불명확', '연구주제의 다양성 부족', '연구 참여자 선정의 타당성 부족', '연구 참여자에 대한 상세한 기술 부족', '연구 참여자 보호 장치 미흡', '연구방법 선정 및 적용의 타당성 부족', '연구 기간 및 연구자 정보 제시 미흡', '심층면담 횟수의 불충분', '심층면담 과정에 대한 기술 부족', '참여관찰 수행 부족', '참여관찰 수행 과정에 대한 기술 부족', '자료분석 과정에 대한 설명 미흡', '자료분석 방법에 대한 이해 부족', '연구결과 해석의 편파성', '신뢰성 확보에 대한 인식 부족', '신뢰성 확보에 대한 설명 미흡'이 주요한 문제점으로 나타났다.

위의 문제점을 종합하여 교육행정 분야에서 질적 연구를 제대로 배우고 논의할 수 있는 풍토의 조성이 필요하다는 점, 『교육행정학연구』 학술지의 논문 리뷰 프로세스에 대한 자체적인 점검을 통해 교육행정 분야 질적 연구의 질을 높여야 한다는 점, 질적 연구에 대한 기본적 이해를 넘어 훈련과 경험을 축적할 수 있는 질적 연구방법에 대한 교육체제가 필요하다는 점을 논의하였다.

[주제어] 교육행정, 교육행정학연구, 질적 연구방법, 질적 연구 동향, 연구 동향 분석

1. 서론

교육행정은 교육활동이 잘 이루어지도록 관리·지원·지도하는 활동으로(윤정일, 송기창, 김병주, 남수경, 2021) 교육행정학에서는 동기론, 리더십론, 조직론, 교육제도, 재정, 학교 및 학급경영 등 교육 현장 및 현상의 다양하고 폭넓은 영역과 범위를 다루고 있다. 이에 교육행정학은 종합과학적 성격이 강하며, 교육행정 현상 역시 인간, 혹은 조직의 어느 한 측면이 아닌 여러 측면을 종합적으로 아우르는 성향을 지닌다고 할 수 있다(김병찬, 2003: 519). 이러한 교육행정 분야 연구에서 질적 접근이 늘어나고 있다(신현석, 박균열, 이예슬, 윤지희, 심범철, 2018; 오영재, 2012; 정영수 외, 2011).

질적 연구는 설문조사 등을 통해서 수집되는 양화된 자료를 통계적으로 분석하지 않고 언어 형태로 제시된 질적 자료를 분석하는 것, 그리고 언어 형태의 자료가 내포하고 있는 의미를 해석하는 것을 특징으로 한다(유기웅, 정종원, 김영석, 김한별, 2018: 32). Yin(2016: 35-36)은 질적 연구의 특징으로 ① 인간 삶의 의미를 현실 세계의 조건에서 탐구, ② 사람들의 의견과 관점을 연구를 통해 제시, ③ 사람들이 살고 있는 맥락을 연구, ④ 인간의 사회적 행동을 설명하는 데 도움이 되는 개념에 대한 통찰을 제공, ⑤ 다양한 출처의 자료를 확보하여 종합 분석 등을 제시하였다. 한편, 정영수 외(2011: 280-282)는 교육행정 연구에서 질적 접근의 의의를 다음과 같이 밝혔다. ① 먼저 질적 연구의 교육 현상에 대한 종합적·총체적 접근이라는 특징은 교육행정 현상을 연구하는 방법론으로서 적합하다는 것이다. 즉, 교육행정이 가지는 성격 자체가 종합적 성격을 띠기 때문에 종합적인 관점에서 교육행정 현상을 바라볼 수 있는 시각과 이론적 기반이 필요하다는 것이고, 이런 이유로 총체적인 관점에서 교육 현상을 보고자 하는 질적 접근이 교육행정 분야에 적합한 연구방법이라는 것이다. ② 질적 연구가 현실 맥락을 중시한다는 측면이 교육행정 연구에 의미가 있다는 것이다. 교육행정학은 교육 현실, 교육 실제와 밀접하게 관련되는데, 제대로 된 진단과 처방은 현실에 대한 정확한 이해가 있어야만 나올 수 있으므로 교육행정학에서 질적 연구의 필요성도 여기에 있다는 의미이다. ③ 마지막으로, 질적 연구가 한국적 교육행정 이론을 형성하는 데 하나의 돌파구가 될 수 있다는 것이다. 즉, 교육행정 현상의 구조, 과정, 맥락, 특성을 밝혀 교육행정의 현장 이론을 도출하는 과정으로서, 한국적 교육행정학 이론 구축을 위한 대안적 방법론이 될 수 있다는 것이다.

또한 교육행정학 연구에서 질적 연구의 필요성에 대해 신현석, 주영효, 정수현(2014)은 Hoing(2006)의 주장을 언급하며, 교육현장의 복잡성으로 인해 교육 현장에 존재하는 다양한 요인을 드러내고 사례를 축적해 나갈 수 있다는 점, 어떠한 변이 과정을 거치게 되는지 이해할 수 있게 해 준다는 점, 그리고 사람, 정책, 현장 간의 상호작용을 통해 특정 결과가 나타나는 과정을 파악할 수 있게 해 준다는 점 등에서 질적 연구의 필요성을 제안하였다. 아울러 교육정책 입안 및 집행 과정에 대한 분석도 질적 연구를 통해 유용하게 이루어질 수 있다고 주장하였다.

살펴본 바와 같이 교육행정 분야에서의 질적 연구는 여러 맥락에서 유용하고 필요한 접근이라고 할 수 있다. 그럼에도 불구하고 질적 연구를 배타적으로 적용하는 것은 경계해야 하며, 양적 연구와 관련하여 상호 경쟁 관계가 아닌 현상을 탐구하기 위한 상호 보완적 관계로 이해해야 하고, 두 연구방법의 전통이 갖는 학문적 독자성과 기여도를 인정해야 한다는 주장에는 귀 기울여야 한다(정영수 외, 2011; 유기웅 외, 2018: 36).

교육행정 분야에서 질적 연구는 특정 시기에 나타난 것이라기보다는 미국에서 1950년대 이론화 운동(theory movement) 시기부터 소수의 연구자들에 의해 꾸준히 수행되어 오다가 1970년대 방법론적 논쟁을 거치면서 주목을 받게 된 연구방법론이라 할 수 있다(Evehart, 1988). 미국 교육행정학계에서 질적 연구들은 꾸준히 증가하여 미국의 교육행정 분야의 대표 학술지인 『EAQ(Educational Administration Quarterly)』에 2000년부터 2017년 사이에 게재된 논문 분석결과에 의하면, 양적 연구방법 논문이 35.2%, 질적 연구방법 논문이 32.4%로 두 방법론이 비슷하게 비율로 양대 산맥을 이루고 있음이 나타나고 있다(이수정, 김승정, 임희진, 2018: 283).

우리나라 교육행정학계에서도 1980년대에는 질적 연구가 전무하였지만, 1990년대 1.68%, 2000년 대에는 7.61%, 2010년대에는 15.29%로 비중이 높아지고 있는 추세이다(김병찬, 유경훈, 2017: 189). 특히, 2000년대 이후 점차 질적 연구방법의 비중이 높아지기 시작했으며, 2006년까지 한 자릿수의 비율에서 2007년 이후에는 두 자릿수 비율로 높아졌다(신현석, 2009: 33). 이후 교육행정학계에서 질적 연구에 대한 관심은 지속되었으며, 교육행정학의 연구방법을 제시하는 전문서인 『교육행정연구법』(정영수 외, 2011)에서는 처음으로 질적 연구방법론이 독립된 장으로 포함되기도 하였다. 이처럼 증가 추세가 지속되었음에도 불구하고 2009년부터 2018년까지의 교육행정 분야 연구 동향을 보면, 양적 연구 50.6%, 문헌연구 28.0%, 질적 연구 14.5%, 혼합연구 7% 등으로 한국에서는 여전히 양적 연구 비중이 월등히 높은 상황임을 알 수 있다(신현석 외, 2018). 하지만 교육행정 분야에서 질적 연구가 확산세임은 분명하다고 할 수 있다. 교육행정 분야 연구에서 양적 연구와 문헌 연구는 지속적인 강세이지만, 최근 들어 질적 연구가 증가하고 있어 연구방법 측면에서의 편중 정도가 완화되고 있다고 할 수 있다(김병찬, 유경훈, 2017).

이와 같이 교육행정학계 내에서 질적 연구에 대한 관심이 높아지고 있으며, 실제로 질적 연구 수행도 점차 증가하고 있다. 이러한 추세를 놓고 볼 때 향후에도 교육행정 분야에서 질적 연구는 더욱 늘어날 것으로 전망된다. 그러나 교육행정학계 내에서 질적 연구들이 제대로 이루어지고 있는지에 대해서 안팎에서 우려의 시선을 갖고 있는 사람들도 적지 않다. 교육행정 분야 질적 연구에 대한 일각의 걱정과 우려는 교육행정학계 내에 질적 연구에 대해 체계적인 논의 시스템이 갖추어져 있지 않은 상황에서 상당한 질적 연구들이 산발적으로 이루어지고 있는 현재의 모습에 기인할 것으로 보인다.

질적 연구가 확산되는가는 현시점에서 질적 연구 동향 및 문제점에 대한 종합적인 분석은 향후 질적 연구의 발전 및 도약을 위해서 반드시 필요하다. 교육행정 분야에서 질적 연구의 필요성과 중요성은 지속될 것으로 예상되며, 산발적으로 이루어져 온 그동안의 질적 연구 풍토를 개선하고 교육행정학계의 질적 연구 기반을 구축하기 위해서는 그동안의 질적 연구 동향에 대한 종합적인 분석이 중요하다. 그동안 교육행정 분야의 질적 연구 동향은 어떠했고, 동향의 특징은 무엇이며, 문제점은 무엇인지에 대해 밝혀 보는 것은 향후 질적 연구를 발전시키기 위한 방안을 논의하는 의의가 크다고 할 수 있다. 언제나 미래를 향해 도약할 때 그 시작은 우리가 발 디디고 있는 발판이듯, 질적 연구의 발전을 위한 시작은 과거부터 지금까지 우리가 축적해 온 질적 연구에 대한 충실한 검토와 분석이 될 것이다. 질적 연구의 동향을 대해 제대로 이해할 때 비로소 질적 연구 발전을 위한 도약도 가능할 것이다.

본 연구에서는 최근 10년간 질적 연구 동향과 문제점에 대해 분석해 보고자 한다. 그동안의 교육행정 분야 질적 연구에서 질적 연구를 활용한 이유부터 연구 참여자, 연구방법, 자료수집 방법, 자료 분석 방법, 신뢰성 확보 방안 등에 이르기까지 전반적이고 종합적인 분석을 시도하고자 한다. 구체적으로 본 고에서는 교육행정학회 학술지인『교육행정학연구』에 발표된 논문들을 중심으로 최근 10년간의 질적 연구 동향에 대해 살펴본다. 이를 토대로 최근의 질적 연구 동향 특징에 대해 파악해 보고, 교육행정 분야 질적 연구가 가지고 있는 문제점을 밝혀 보고자 한다. 이를 토대로 교육행정 분야 질적 연구 개선 및 발전을 위한 향후 과제를 제안한다.

2. 분석 방법 및 분석 대상

1) 분석 방법

분석 방법을 도출하기 위하여 그동안 교육학 분야에서 질적 연구 동향 분석 사례들을 살펴보았다. 우선 정재원과 오주은(2021)은 영유아 또래관계 관련 질적 연구 동향 분석을 하였는데, 분석기준에 있어서 연구유형을 구체적 접근 유형(문화기술적, 현상학적, 근거이론, 실행연구, 사례연구)와 일반적 질적 연구로 분류하였고, 대상 범주(연령, 맥락적 특성), 예비연구, 자료수집 방법 및 유형(관찰법, 면담법, 현장기록, 연구일지, 시청각 자료, 문서수집), 자료수집 기간, 관찰횟수, 자료분석 방법, 타당도 및 신뢰도, 윤리성 확보로 세분화하여 제시하였다. 한편, 오은경, 류진아(2021)는 북한이탈여성에 관한 질적 연구 34편의 동향분석을 하였다. 이 연구에서 분석기준은 연구 대상(연구 참여자 수,

나이), 연구방법은 8개 영역(현상학, 근거이론, 사례연구, 문화기술지, 내러티브, 생애사, 합의적 질적 방법, 기타)과 신뢰도 및 타당도 분석 3개 영역(연구의 초점, 연구자의 역할, 결과 제시), 연구주제 등을 준거로 삼아 분석하였다. 상담 분야에서도 질적 연구들이 이루어졌는데, 남수현(2022)은 애도 경험 및 상담의 질적 연구 동향을 2011년부터 2020년까지의 48편 논문을 중심으로 분석하였다. 해당 연구에는 연구방법(내러티브, 현상학, 자문화기술지, 사례연구, 근거이론, 기타), 연구 참여자 및 상담 대상 등으로 준거로 설정하여 연구를 진행하였다.

한편 한국교육행정학 분야에서 질적 연구 동향을 분석한 신현석, 주영효, 정수현(2014)은 『교육행정학연구』, 『교육학연구』, 『한국교육』, 『한국교원교육연구』 학술지에 실린 총 190편의 논문을 분석하였다. 이 연구에서 분석기준은 질적 연구에 대한 이해도 명시(명시함, 명시 안 함), 연구 유형(근거이론 연구, 내러티브 연구, 사례연구, 문화기술지 연구, 현상학적 연구, 기타 질적 연구), 자료수집 방법(참여관찰 연구, 면담연구, 문서자료 연구, 비참여관찰 연구), 자료수집 기간(3개월 이하, 4~6개월, 7~12개월, 13~24개월, 제시 안 함), 연구 참여자 표집방법(전형적 표집, 목적표집, 편의표집, 눈덩이표집, 제시 안 함), 신뢰도 검증 방법(삼각검증법, 연구 참여자 확인법, 장시간 관찰법, 동료검토법, 외부 감사, 제시 안 함) 등 여섯 가지로 분류하여 분석하였다.

이외에 김병찬과 유경훈(2017)은 1983년부터 2016년도까지 『교육행정학연구』 게재 논문의 연구 동향의 특징을 연구주제 및 연구방법을 중심으로 다루었다. 이 중 연구방법 동향을 분석함에 있어서, 양적 연구(기술통계, 추리통계 초·중급, 추리통계 고급), 질적 연구(구술기록, 면접관찰), 문헌연구(문헌고찰, 모형 기반), 혼합연구(양적 연구와 질적 연구의 혼용)와 같이 4개의 연구 영역으로 분석 준거로 분석하였다. 신현석 외(2018)는 2009년부터 2018년 사이의 『교육행정학연구』를 중심으로 한국 교육행정학 연구 동향을 분석하고 미래 전망을 살펴보았는데, 이때 연구방법의 분류를 양적 연구방법, 질적 연구방법, 혼합 연구방법으로 분류하여 연구 동향을 분석하였다. 윤혜원(2020)은 교육행정학 현장연구자와 전문연구자의 협업연구 구조 및 동향을 분석하는 연구를 하였다. 해당 연구에서 연구방법 분석기준을 문헌연구, 양적 연구, 질적 연구, 혼합연구로 나누었으며, 이때 질적 연구는 면담과 참여관찰 연구로 분류하였다.

이상의 질적 연구 동향 분석 사례들을 살펴볼 때, 분석 준거들이 일부 차이가 있기는 하지만, 대체적으로 연구 유형, 자료수집 방법, 자료수집 기간, 연구 참여자 표집방법, 신뢰도 검증 방법, 윤리성 확보 등의 준거들을 활용하고 있었다.

본 연구에서는 선행연구에서 활용한 분석 준거들을 종합하여 ① 질적 연구 활용 이유, ② 연구주제, ③ 연구 참여자, ④ 연구방법, ⑤ 연구 기간 및 연구자, ⑥ 자료수집 방법(심층면담), ⑦ 자료수집 방법(참여관찰), ⑧ 자료분석 방법, ⑨ 신뢰성 확보 방안 등을 분석 준거로 설정하였다. 좀 더 구체적으로 우선, 질적 연구 활용 이유와 관련해서는 질적 연구 활용 이유와 목적으로 분류하였다.

이는 해당 연구를 왜 질적 연구로 수행하였는지, 어떤 목적으로 질적 연구를 수행하였는지를 의미한다. 질적 연구방법의 활용 이유는 정량 자료의 해석, 일상적 생활에 대한 탐구, 특정 주제에 대한 탐구, 특정 사례에 대한 탐구 등으로 준거를 설정하였다. 덧붙여 질적 연구방법의 활용 목적을 분석 준거로 삼아, 연구결과 및 논의에 어떻게 쓰이는지를 탐색하고자 하였고, 정책적 시사점, 정책 평가, 이론적 시사점 등으로 세분화하여 준거를 설정하였다.

연구주제와 관련해서는 교육행정학에서 주로 다루어지는 분야를 언급한 신현석, 주영효, 정수현(2014)의 분류기준을 준용하고, 일부 수정하였다. 구체적으로 신현석, 주영효, 정수현(2014)의 연구영역 분류기준에서는 초, 중등, 고등, 평생교육으로도 세분화하였으나, 본 연구에서는 연구 참여자에서 학교급을 유목화하였기 때문에 이 부분은 제외하였으며, 교육정치와 교육복지 영역을 추가하였다. 이에 최종적으로 교육정책 및 기획, 학교 조직 및 경영, 교육과정 및 평가, 교육법규 및 제도, 교육정치, 교육복지, 교육행정체제, 교육재정, 교육인사행정, 교원교육 및 교직생활, 장학 및 컨설팅, 기타 등으로 하위 준거를 설정하였다.

연구 참여자 준거는 연구 참여 기관, 연구 참여자 선정 및 표집, 연구 참여자 수로 분류하였다. 연구 참여 기관은 각 학교급 및 국가 기관으로 하여 최종적으로 유치원, 초등, 중등, 고등, 대학교, 교육부 및 교육청, 국회 및 시 · 도 의회, 기타로 분류하였고, 한 개의 학교급만이 아닌 2개 또는 3개(유+초, 초+중, 중+고, 초+중+고, 유+초+중+고)를 함께 살펴보는 경우도 추가하여 하위 준거를 설정하였다. 연구 참여자 선정 및 표집은 연구 참여자를 선정하는 데 있어서 어떤 방법을 통해 표집하였는지를 가리키며, 목적표집(deliberate sampling), 눈덩이표집(snowballing sampling), 전형적 표집(typical sampling), 최대편차표집(maximum variation sampling), 기타로 하위 준거를 설정하였다. 하위 준거는 신현석, 주영효, 정수현(2014)과 유기웅 외(2018)의 준거를 참고한 것이며, 편의 표집(convenience sampling) 등은 기타 표집 방법으로 포함시켜 분류하였다. 연구 참여자 수는 1인, 2~5인, 6~10인, 11~20인, 21~30인, 31인 이상, 기타로 하위 준거를 설정하였다.

연구방법 준거는 여러 질적 연구방법의 유형 중에 연구자가 선택한 연구방법을 말한다. 일반적으로 질적 연구방법의 유형으로 언급되는 대표적인 연구방법인 사례연구, 내러티브, 문화기술지, 근거이론, 현상학 연구를 설정하였으나, 분석을 하면서 기존에 있는 질적 자료들을 종합하여 2차 분석한 2차 질적 자료 분석, 연구방법론을 적용하지 않고 면담 및 FGI(Focus Group Interview)를 진행한 질적 연구들이 다수 발견되어 하위 준거에 추가하였다. 여기서 '면담 및 FGI'를 질적 연구방법의 유형으로 추가되는 것이 적절한지 연구진의 고민이 있었다. 면담 및 FGI는 질적 자료의 수집 방법으로 볼 수 있으므로, 질적 연구방법의 유형으로 추가되기에 적절하지 않을 수 있다. 다만, 학문적 관점에서의 연구방법론을 적용하지 않고 면담 및 FGI를 수행한 질적 연구가 다수 발견되었기 때문에 면담 및 FGI를 중점으로 질적 연구를 수행하는 것 자체가 교육행정 분야 질적 연구의 주요한 특성이라고 볼 수 있었다. 따라서 면담 및 FGI를 하위 준거에 추가하여 분석하는 것이 연구의 취지와 방향에 부합하다고 판단하였다. 최종적으로 질적 연구방법의 유형은 사례연구, 내러티브, 문화기술지, 근거이론, 현상학, 2차 질적 자료 분석, 면담 및 FGI를 하위 준거로 설정하였다.

연구 기간 및 연구자 준거와 관련해서 연구 기간은 질적 자료를 수집, 분석 등에 얼마만큼의 기간을 들였는지를 나타내는 것으로 1~3개월, 4~6개월, 7~12개월, 13~24개월, 24개월 이상, 언급 없음으로 하위 준거를 설정하였다. 연구자 수는 단독 연구자, 2~3인, 4~5인, 6인 이상으로 분류하였는데, 이는 전반적으로 신현석, 주영효, 정수현(2014)을 바탕으로 일부 수정한 것이다.

자료수집 방법(심층면담) 준거는 면담자 수, 면담지 구조, 면담 횟수로 분류하였다. 면담은 질적 연구의 기본적인 자료수집 방법이라고 할 수 있는데(Seidman, 2006), 면담자 구성은 일반적으로 연구자 1명과 연구 참여자 1명으로 이루어지거나 또는 연구자와 다수의 연구 참여자가 면담을 진행하기도 한다. 이에 면담자 수의 분석 준거는 연구자와 연구 참여자가 일대일로 면담하였는지, 다수의 연구 참여자가 면담하였는지, 아니면 이 둘을 혼용하거나 또는 언급이 없는 것 등으로 분류하였다. 면담지 구조는 면담 유형이 대체로 구조화된 인터뷰(structured interview), 반구조화된 인터뷰(semi-structured interview), 비구조화된 인터뷰(unstructured interview)로 나뉘기 때문에 구조화, 반구조화, 비구조화로 분류하였다. 면담 횟수는 1~5회, 6~10회, 11~15회, 16회 이상, 언급 없음으로 분류하였다.

자료수집 방법(참여관찰) 준거는 관찰방법과 관찰횟수로 분류하였다. 관찰방법은 연구자가 참여관찰을 할 시에 어떻게 관찰하였는지를 의미하며 참여관찰, 비참여관찰, 혼합 참여관찰로 유목화하였다. 관찰횟수는 질적 연구 자료수집 중 참여관찰을 할 때 몇 번 관찰을 했는지를 의미하며, 1~10회, 11~20회, 21~30회, 31~40회, 41회 이상, 그리고 관찰을 하지 않은 것과 기타로 하위 준거를 설정하였다.

자료분석 방법 준거는 질적 연구방법에서 일반적으로 사용하는 분석방법인 범주화 및 Spradley(1979)가 제안한 영역분석(domain analysis), 주제분석(theme ananlysis) 및 내용분석, 이외에 이들을 혼합해서 사용하는 것, 언급 없음으로 설정하였다.

신뢰성 확보 방안 준거는 타당도 검증 방법과 연구윤리로 분류하였다. 타당도 검증 방법에 있어서는 신현석, 주영효, 정수현(2014), 유기웅 외(2018)의 연구를 종합하고 일부 수정하여 삼각검증(triangulation), 동료연구자(peer examination), 연구 참여자(member check), 외부전문가(audit), 연구자 편견을 알리는 반성적 주관성(researcher's bias), 기타, 언급 없음으로 준거를 설정하였다. 또한 장기간 관찰법으로 타당성을 높이는 방법은 교육행정 분야에서 일반적으로 쓰이지 않는 것으로 판단하여 제외하였고, 각각의 타당성 검증 방법들을 중복적으로 활용하는 것으로 하위 준거를 추가 설정하였다. 연구윤리는 일반적으로 연구 참여자에게 연구동의를 얻고 가명처리를 하거나 또는

IRB 승인을 받아서 진행하므로, 이에 본 연구에서는 가명처리(연구동의), IRB 승인으로 하위 준거를 설정하였다. 이상의 분석 준거를 종합하여 제시하면 〈표 10-1〉과 같다.

〈표 10-1〉 분석 준거

분석 준거		하위 준거
질적 연구 활용 이유	이유	일상적 활동에 대한 탐구, 특정 주제에 대한 탐구, 특정 사례에 대한 탐구, 정량 자료의 해석
	목적	정책적 시사점, 정책평가, 이론적 시사점
연구주제	연구주제	교육정책 및 기획, 학교 조직 및 경영, 교육과정 및 평가, 교육법규 및 제도, 교육정치, 교육복지, 교육행정 체제, 교육재정, 교육인사행정, 교원교육 및 교직생활, 장학 및 컨설팅, 기타
연구 참여자	연구 참여 기관	유+초, 유+초+중+고, 초+중, 초+중+고, 중+고, 초등학교, 중학교, 고등학교, 대학교, 교육부 및 교육(지원)청, 국회 및 시·도의회, 기타
	연구 참여자 선정 및 표집	목적표집, 눈덩이표집, 전형적 표집, 최대편차표집, 기타
	연구 참여자 수	1인, 2~5인, 6~10인, 11~20인, 21~30인, 31인 이상, 기타
연구방법	연구방법	사례연구, 내러티브, 문화기술지, 근거이론, 현상학, 2차 질적 자료 분석, 면담 및 FGI
연구 기간 및 연구자	연구 기간	1~3개월, 4~6개월, 7~12개월, 13~24개월, 24개월 이상, 언급 없음
	연구자 수	1인, 2~3인, 4~5인, 6인 이상
자료수집 방법 (심층면담)	면담 구조	1인, 다수, 혼용, 언급 없음
	면담지 구조	구조화, 반구조화, 비구조화
	면담 횟수	1~5회, 6~10회, 11~15회, 16회 이상, 언급 없음
자료수집 방법 (참여관찰)	관찰 방법	참여관찰, 비참여관찰, 혼합 참여관찰
	관찰 횟수	1~10회, 11~20회, 21~30회, 31~40회, 41회 이상, 관찰 없음, 기타
자료분석 방법	자료분석 방법	범주화·영역분석, 주제 및 내용분석, 범주화·영역분석+주제 및 내용분석, 언급 없음
신뢰성 확보 방안	타당도 검증 방법	삼각검증, 동료연구자, 연구 참여자, 외부전문가, 반성적 주관성, 연구 참여자+외부전문가, 연구 참여자+삼각검증, 동료연구자+연구 참여자, 동료연구자+외부전문가, 삼각검증+동료연구자, 삼각검증+외부전문가, 삼각검증+연구 참여자+동료연구자, 삼각검증+연구 참여자+외부전문가, 기타, 언급 없음
	연구윤리	가명처리(연구동의), IRB 승인

2) 분석 대상

본고에서는 3단계에 걸쳐 질적 연구 동향 분석을 진행하였다. 1단계에서는 선행연구 검토 등을 바탕으로 질적 연구 동향 분석을 위한 준거를 마련하였다. 2단계에서는 분석 대상인 한국교육행정학회 학술지인『교육행정학연구』에 최근 10년간[제30권 제1호(2012)부터 제39권 제5호(2021)] 실린 논문 617편을 전수 조사하여 질적 연구논문 110편을 추출하였다. 3단계에서는 분석 준거를 바탕으로 질적 연구의 특징 및 문제점 등을 밝혀냈다. 추출된 질적 연구논문을 연도별로 보면 2012년 8편, 2013년 12편, 2014년 5편, 2015년 16편, 2016년 11편, 2017년 10편, 2018년 12편, 2019년 9편, 2020년 11편, 2021년 16편 등으로 나타났다. 구체적인 내용은 〈표 10-2〉와 같다.

〈표 10-2〉 분석 대상

연도/호수	총 논문 수	질적 연구논문 수
2012년(제30호)	75편	8편
2013년(제31호)	52편	12편
2014년(제32호)	45편	5편
2015년(제33호)	67편	16편
2016년(제34호)	71편	11편
2017년(제35호)	67편	10편
2018년(제36호)	63편	12편
2019년(제37호)	57편	9편
2020년(제38호)	50편	11편
2021년(제39호)	70편	16편
총 편수	617편	110편

본 연구에서는 설정한 분석 준거와 하위 준거를 대상으로 논문을 분석하였다. 신현석, 주영효, 정수현(2014)을 바탕으로 각 분석기준에 따라 논문에 직접 언급 또는 명기한 경우 이를 바탕으로 하위 범주를 분류하였으며, 해당 논문에 직접 언급 또는 명기가 되어 있지 않은 경우 연구자 간 논의를 거쳐 분석하여 하위 준거를 분류하였으며, 분석의 신뢰도를 높이기 위해 연구자 간 교차 확인을 하였다. 준거별 구체적인 분석 내용은 다음과 같다.

첫째, 연구 영역 및 연구 대상은 먼저 해당 논문의 요약과 연구방법, 결론을 읽고 1차적으로 분류하였다. 이 과정에서 연구 영역이나 대상이 불분명하거나 분류가 어려울 경우 논문의 전체를 읽고 분류하거나, 연구자 간 교차 검토를 통해 논의한 후 최종적으로 분석을 완료하였다.

둘째, 질적 연구방법의 활용은 크게 세 단계로 분석하였다. 질적 연구방법의 유형, 활용 배경, 활용 목적으로 분류하고, 하위 준거를 세분화하여 분류하였다. 논문에서 질적 연구방법에 대하여 직접적으로 언급한 부분이 있는 논문을 대상으로 분류하였으며, 대부분의 논문은 사례연구 또는 질적 자료 분석 등으로 설계되었으며 면담 연구가 대부분을 차지하고 있었다. 다음으로 논문에 연구 유형이나 활용 배경, 활용 목적 등이 논문에 직접적으로 언급되지 않은 논문의 경우 연구자들이 마련한 분류 기준에 따라 논의하여 분류하였다.

셋째, 질적 연구의 활용방법으로 연구 기간, 관찰횟수, 연구 대상, 연구 참여자 선정 및 표집으로 분류하였다. 연구 기간과 관찰횟수, 연구 대상의 경우 연구를 통해 직접적으로 언급한 경우 하위 준거에 따라 분류하였으며, 논문 전문을 통해 알 수 없는 경우 언급 없음 또는 기타로 분류하였다. 또한 연구 대상자 선정의 경우 연구의 연구방법, 결론 등을 통해 알 수 있는 경우 목적표집, 눈덩이 표집, 전형적 표집, 최대편차표집 등으로 하위 준거를 분류하였으며, 논문의 전문을 통해서도 알 수 없는 경우 기타로 분류하였다.

넷째, 자료수집의 방법은 해당 논문에서 대부분 직접적으로 언급하고 있어 이를 근거로 하위 준거에 따라 분류하였다. 면담자의 구성과 면담지의 구성의 경우 두 가지 이상의 자료수집 방법을 사용한 경우 이를 중복으로 표기하여 심도 있게 내용을 분석하고 분류하였다. 둘째, 면담지 구성의 경우 복잡하지만 세분화하여 분석을 표기하여 분류하였다. 따라서 분석결과에서의 자료수집 방법의 빈도는 전체 논문의 수와 일치하지 않을 수 있다.

다섯째, 질적 연구의 기록방법, 분석방법, 타당도 검증 방법, 연구윤리 분석에서는, 우선 질적 자료의 기록방법의 경우 직접적으로 명기한 경우 이를 근거로 하위 준거로 분류하였다. 또한 해당 논문에서 기록방법에 대해 직접적인 언급이 없는 경우, 논문 전문을 읽고 이를 근거로 분류가 가능한 논문에 대해 연구자 간 논의를 통해 하위 준거로 분류하였고, 논문을 통해 알 수 없는 경우 '기타'로 분류하였다. 질적 자료의 분석방법과 타당도 검증 방법도 동일하게 해당 논문에서 직접 언급된 경우, 이를 근거로 분류하고 그렇지 않은 경우, 연구자들이 논문을 읽고 분석 또는 언급 없음으로 분류하였으며, 연구윤리의 경우 논문의 연구방법 또는 전문을 읽고 연구를 통해 가명처리 동의와 IRB승인의 여부를 확인하여 분류하였다.

3. 교육행정 분야 질적 연구 동향

1) 질적 연구 활용 이유

(1) 활용 이유

분석 대상 논문들의 질적 연구방법 활용한 이유를 파악하였다. 질적 연구를 활용한 이유는 특정 주제 탐구를 위해 질적 연구를 활용한 연구가 85편(77.27%)으로 가장 많았는데, 교육행정 분야의 각 주제(정책, 제도, 현상 등)를 분석하기 위한 목적으로 질적 연구를 활용하는 것으로 나타났다. 이 외에도 연구자가 속하거나 접하게 된 특정한 사례를 탐구하기 위한 연구가 17편(15.45%), 일상적 생활에 대한 탐구 6편(5.45%), 정책문서 등 자료의 해석을 위한 질적 연구가 2편(1.82%) 있었다.

〈표 10-3〉 질적 연구 활용 이유

연도 대상	2012~2013	2014~2015	2016~2017	2018~2019	2020~2021	계
문서 자료 등의 해석	1(5.00%)	0(0.00%)	0(0.00%)	1(4.76%)	0(0.00%)	2(1.82%)
일상적 생활에 대한 탐구	1(5.00%)	0(0.00%)	2(9.52%)	2(9.52%)	1(3.70%)	6(5.45%)
특정 주제에 대한 탐구	14(70.00%)	17(80.95%)	17(80.95%)	14(66.67%)	23(85.19%)	85(77.27%)
특정 사례에 대한 탐구	4(20.00%)	4(19.05%)	2(9.52%)	4(19.05%)	3(11.11%)	17(15.45%)
총계	20(100%)	21(100%)	21(100%)	21(100%)	27(100%)	110(100%)

(2) 목적

연구결과 및 논문을 중심으로, 질적 연구방법의 활용 목적을 분석했다. 정책적 시사점에 비중을 둔 논문이 69편(62.73%)으로 가장 많았고, 정책평가 관점으로 접근한 논문이 7편(6.36%) 있었다. 이론적 시사점을 얻고자 하는 데 초점을 맞춘 연구도 34편(30.91%)로 나타났다. 특히, 10여 년 전

〈표 10-4〉 연구목적

연도 대상	2012~2013	2014~2015	2016~2017	2018~2019	2020~2021	계
정책적 시사점	14(70.00%)	12(57.14%)	13(61.90%)	14(66.67%)	16(59.26%)	69(62.73%)
정책평가	2(10.00%)	2(9.52%)	2(9.52%)	0(0.00%)	1(3.70%)	7(6.36%)
이론적 시사점	4(20.00%)	7(33.33%)	6(28.57%)	7(33.33%)	10(37.04%)	34(30.91%)
총계	20(100%)	21(100%)	21(100%)	21(100%)	27(100%)	110(100%)

(2012~2013)에서 최근(2020~2021)으로 올수록 이론적 틀을 바탕으로 질적 연구를 수행하고 이론적 시사점을 도출하고자 하는 연구들이 늘어나는 모습을 보여 주고 있다.

2) 연구주제

논문 출판 연도를 기준으로 연구주제를 분석한 결과는 다음과 같다. 질적 연구 연구주제는 교육정책 및 기획 28편(25.45%), 학교 조직 및 경영 26편(23.64%), 교육인사행정 14편(12.73%), 교육과정 및 평가 12편(10.91%) 순으로 나타났다. 교육재정 영역의 연구는 1편(0.91%)뿐이었는데, 교육재정 분야의 특성상 질적 연구가 수행되기 어려운 것으로 추론된다.

〈표 10-5〉 연구주제

대상 ＼ 연도	2012~2013	2014~2015	2016~2017	2018~2019	2020~2021	계
교육정책 및 기획	5(25.00%)	2(9.52%)	7(33.33%)	5(23.81%)	9(33.33)	28(25.45%)
학교 조직 및 경영	3(15.00%)	8(38.10%)	4(19.05%)	4(19.05%)	7(25.93%)	26(23.64%)
교육과정 및 평가	1(5.00%)	1(4.76%)	4(19.05%)	3(14.29%)	3(11.11%)	12(10.91%)
교육법규 및 제도	1(5.00%)	1(4.76%)	0(0.00%)	0(0.00%)	1(3.70%)	3(2.73%)
교육정치	2(10.00%)	0(0.00%)	0(0.00%)	1(4.76%)	0(0.00%)	3(2.73%)
교육복지	1(5.00%)	1(4.76%)	0(0.00%)	0(0.00%)	0(0.00%)	2(1.82%)
교육행정 체제	0(0.00%)	1(4.76%)	0(0.00%)	1(4.76%)	1(3.70%)	3(2.73%)
교육재정	0(0.00%)	0(0.00%)	0(0.00%)	1(4.76%)	0(0.00%)	1(0.91%)
교육인사행정	4(20.00%)	3(14.29%)	2(9.52%)	3(14.29%)	2(7.41%)	14(12.73%)
교원교육 및 교직생활	1(5.00%)	1(4.76%)	2(9.52%)	3(14.29%)	3(11.11%)	10(9.09%)
장학 및 컨설팅	2(10.00%)	2(9.52%)	1(4.76%)	0(0.00%)	0(0.00%)	5(4.55%)
기타	0(0.00%)	1(4.76%)	1(4.76%)	0(0.00%)	1(3.70%)	3(2.73%)
총계	20(100%)	21(100%)	21(100%)	21(100%)	27(100%)	110(100%)

3) 연구 참여자

(1) 연구 참여 기관

질적 연구의 연구 참여자(학교급 등)를 유목화해서 분석한 결과를 살펴보면, 단일 대상으로는 초등학교 23편(20.91%), 중학교 19편(17.27%), 대학교 18편(16.36%), 고등학교 15편(13.64%) 순으로 나타났다. 한편, 하나의 논문에서 여러 학교급을 탐색한 질적 논문이 21편(19.1%)이었으며, 유+초

2편(1.82%), 유＋초＋중＋고 1편(0.91%), 초＋중 2편(1.82%), 초＋중＋고 11편(10.00%), 중＋고 5편(4.55%)으로 나타났다. 학교가 아닌 연구 참여자로는 교육부 및 교육(지원)청 7편(6.36%), 국회 및 시・도의회 3편(2.73%)이 있었다. 대체적으로 연구 참여자는 학교가 많은 비중을 차지하는 것으로 나타났다.

〈표 10-6〉 연구 참여 기관

대상 ＼ 연도	2012~2013	2014~2015	2016~2017	2018~2019	2020~2021	계
유＋초	0(0.00%)	1(4.76%)	0(0.00%)	1(4.76%)	0(0.00%)	2(1.82%)
유＋초＋중＋고	1(5.00%)	0(0.00%)	0(0.00%)	0(0.00%)	0(0.00%)	1(0.91%)
초＋중	0(0.00%)	1(4.76%)	1(4.76%)	0(0.00%)	0(0.00%)	2(1.82%)
초＋중＋고	1(5.00%)	2(9.52%)	2(9.52%)	4(19.05%)	2(7.41%)	11(10.00%)
중＋고	0(0.00%)	2(9.52%)	2(9.52%)	0(0.00%)	1(3.70%)	5(4.55%)
초등학교	5(25.00%)	6(28.57%)	4(19.05%)	1(4.76%)	7(25.93%)	23(20.91%)
중학교	2(10.00%)	3(14.29%)	6(28.57%)	3(14.29%)	5(18.52%)	19(17.27%)
고등학교	4(20.00%)	3(14.29%)	2(9.52%)	1(4.76%)	5(18.52%)	15(13.64%)
대학교	3(15.00%)	1(4.76%)	2(9.52%)	5(23.81%)	7(25.93%)	18(16.36%)
교육부 및 교육(지원)청	1(5.00%)	2(9.52%)	1(4.76%)	3(14.29%)	0(0.00%)	7(6.36%)
국회 및 시・도 의회	3(15.00%)	0(0.00%)	0(0.00%)	0(0.00%)	0(0.00%)	3(2.73%)
기타	0(0.00%)	0(0.00%)	1(4.76%)	3(14.29%)	0(0.00%)	4(3.64%)
총계	20(100%)	21(100%)	21(100%)	21(100%)	27(100%)	110(100%)

(2) 연구 참여자 선정 및 표집

연구 참여자 선정 및 표집에 대한 분석결과를 살펴보면, 총 110편의 논문 중에서 목적표집이 94편(85.45%)으로 높은 비중을 차지하고, 눈덩이표집 9편(8.18%), 기타 5편(4.55%), 전형적 표집 1편(0.91%), 최대편차표집 1편(0.91%) 순서로 제시되었다. 목적표집은 의도적 표집 선정 또는 목적표집(purposeful sampling) 방법으로, 연구목적에 부합하는 연구 참여자 선정을 하는 데 가장 많은 비중을 차지하고 있었다. 그리고 2018년 전까지는 대부분 목적표집이었지만, 2018년 이후에는 눈덩이 표집 방법도 증가하고 있으며, 목적표집과 눈덩이표집을 함께하거나, 판단표본 추출방법도 소수 사용하고 있는 것으로 나타났다.

〈표 10-7〉 연구 참여자 선정 및 표집

대상 \ 연도	2012~2013	2014~2015	2016~2017	2018~2019	2020~2021	계
목적표집	20(100%)	19(90.48%)	20(95.24%)	14(66.67%)	21(77.78%)	94(85.45%)
눈덩이표집	0(0.00%)	0(0.00%)	1(4.76%)	4(19.05%)	4(14.81%)	9(8.18%)
전형적 표집	0(0.00%)	0(0.00%)	0(0.00%)	1(4.76%)	0(0.00%)	1(0.91%)
최대편차표집	0(0.00%)	1(4.76%)	0(0.00%)	0(0.00%)	0(0.00%)	1(0.91%)
기타	0(0.00%)	1(4.76%)	0(0.00%)	2(9.52%)	2(7.41%)	5(4.55%)
총계	20(100%)	21(100%)	21(100%)	21(100%)	27(100%)	110(100%)

(3) 연구 참여자 수

연구 참여자 수에 대한 분석결과를 살펴보면, 총 110편의 논문 중에서 11~20인 39편(35.45%), 6~10인 34편(30.91%)으로 비중을 차지하였고, 2~5인 18편(16.36%), 21~30인 11편(10.00%), 31인 이상 5편(4.55%) 등의 순이었다. 연구 참여자 1인을 대상으로 한 논문은 6년간 없었지만 2018년도 1편, 2020년도 1편으로 총 2편(1.82%)이 발표되었다. 아울러 연구 참여자가 31인 이상인 연구도 5편(4.55%)이 수행된 것으로 나타났다.

〈표 10-8〉 연구 참여자 수

대상 \ 연도	2012~2013	2014~2015	2016~2017	2018~2019	2020~2021	계
1인	0(0.00%)	0(0.00%)	0(0.00%)	1(4.76%)	1(3.70%)	2(1.82%)
2~5인	4(20.00%)	1(4.76%)	2(9.52%)	5(23.81%)	6(22.22%)	18(16.36%)
6~10인	6(30.00%)	6(28.57%)	7(33.33%)	5(23.81%)	10(37.04%)	34(30.91%)
11~20인	8(40.00%)	6(28.57%)	10(47.62%)	8(38.10%)	7(25.93%)	39(35.45%)
21~30인	1(5.00%)	3(14.29%)	2(9.52%)	2(9.52%)	3(11.11%)	11(10.00%)
31인 이상	1(5.00%)	4(19.05%)	0(0.00%)	0(0.00%)	0(0.00%)	5(4.55%)
기타	0(0.00%)	1(4.76%)	0(0.00%)	0(0.00%)	0(0.00%)	1(0.91%)
총계	20(100%)	21(100%)	21(100%)	21(100%)	27(100%)	110(100%)

4) 연구방법

질적 연구방법의 유형을 살펴보면, 110편의 논문 중 사례연구가 79편(71.82%)으로 가장 많은 것으로 나타났고, 연구과정에서 면담 및 FGI를 수행한 논문이 15편(13.63%)으로 많았다. 그 외에 문화기술지 5편(4.55%), 근거이론 3편(2.73%), 현상학 3편(2.73%), 2차 질적 자료 분석 3편(2.73%), 내러티브 2편(1.82%) 순으로 나타났다. 분석 방법 부분에서 전술한 바와 같이, '면담 및 FGI'는 학문적 관점에서 질적 연구방법의 유형으로 보기는 어려우며, 질적 자료수집의 방법이라고 볼 수 있다. 전통적인 질적 연구방법을 적용하지 않고, 실용적 · 도구적으로 질적 자료를 수집한 연구가 많다는 점이 교육행정 분야 질적 연구의 특징으로 두드러져 나타났다. 또한 교육행정 분야 연구에서 사례연구가 압도적으로 많은 비중을 차지한다는 것이 특징으로 나타나고 있다.

〈표 10-9〉 연구방법

연도 대상	2012~2013	2014~2015	2016~2017	2018~2019	2020~2021	계
근거이론	0(0.00%)	0(0.00%)	0(0.00%)	0(0.00%)	3(11.11%)	3(2.73%)
내러티브	0(0.00%)	1(4.76%)	0(0.00%)	1(4.76%)	0(0.00%)	2(1.82%)
문화기술지	2(10.00%)	2(9.52%)	1(4.76%)	0(0.00%)	0(0.00%)	5(4.55%)
사례연구	15(75.00%)	15(71.43%)	16(76.19%)	15(71.43%)	18(66.67%)	79(71.82%)
현상학	0(0.00%)	1(4.76%)	0(0.00%)	1(4.76%)	1(3.70%)	3(2.73%)
2차 질적 자료 분석	1(5.00%)	1(4.76%)	1(4.76%)	0(0.00%)	0(0.00%)	3(2.73%)
면담 및 FGI	2(10.00%)	1(4.76%)	3(14.29%)	4(19.05%)	5(18.52%)	15(13.64%)
총계	20(100%)	21(100%)	21(100%)	21(100%)	27(100%)	110(100%)

5) 연구 기간 및 연구자

(1) 연구 기간

연구 기간에 대한 분석결과를 살펴보면, 총 110편의 논문 중에서 7~12개월 31편(28.18%)으로 가장 높은 비율을 차지하고 있었으며, 다음으로는 1~3개월 29편(26.36%), 4~6개월 27편(24.55%) 순이었다. 또한 13개월 이상의 연구 기간을 가진 논문은 7편(6.36%)으로, 『교육행정학연구』에 게재된 질적 연구 논문들은 대부분 12개월 이하의 기간 동안 이루어진 연구라는 점이 특징적으로 드러나고 있다. 한편 연구 기간에 대해 별도의 언급을 하지 않은 논문도 16편(14.55%) 있었다.

〈표 10-10〉 연구 기간

연도 대상	2012~2013	2014~2015	2016~2017	2018~2019	2020~2021	계
1~3개월	4(20.00%)	4(19.05%)	8(38.10%)	2(9.52%)	11(40.74%)	29(26.36%)
4~6개월	6(30.00%)	8(38.10%)	2(9.52%)	5(23.81%)	6(22.22%)	27(24.55%)
7~12개월	5(25.00%)	8(38.10%)	7(33.33%)	7(33.33%)	4(14.81%)	31(28.18%)

대상 \ 연도	2012~2013	2014~2015	2016~2017	2018~2019	2020~2021	계
13~24개월	0(0.00%)	0(0.00%)	1(4.76%)	3(14.29%)	2(7.41%)	6(5.45%)
24개월 이상	0(0.00%)	0(0.00%)	1(4.76%)	0(0.00%)	0(0.00%)	1(0.91%)
언급 없음	5(25.00%)	1(4.76%)	2(9.52%)	4(19.05%)	4(14.81%)	16(14.55%)
총계	20(100%)	21(100%)	21(100%)	21(100%)	27(100%)	110(100%)

(2) 연구자 수

연구자 수에 대한 분석결과를 살펴보면, 총 110편의 논문 중에서 2~3인 68편(61.82%)의 높은 비중을 차지하였고, 다음으로 단독 33편(30.00%), 4~5인 6편(5.45%), 6인 이상 3편(2.73%) 순이었다. 대체로 2~3인의 공동연구자들이 수행한 연구가 큰 비중을 차지하였고, 단독 연구도 꾸준히 증가하는 것으로 나타났다.

〈표 10-11〉 연구자 수

대상 \ 연도	2012~2013	2014~2015	2016~2017	2018~2019	2020~2021	계
1인(단독)	4(20.00%)	7(33.33%)	7(33.33%)	7(33.33%)	8(29.63%)	33(30.00%)
2~3인	14(70.00%)	12(57.14%)	13(61.90%)	12(57.14%)	17(62.96%)	68(61.82%)
4~5인	1(5.00%)	2(9.52%)	0(0.00%)	2(9.52%)	1(3.70%)	6(5.45%)
6인 이상	1(5.00%)	0(0.00%)	1(4.76%)	0(0.00%)	1(3.70%)	3(2.73%)
총계	20(100%)	21(100%)	21(100%)	21(100%)	27(100%)	110(100%)

6) 자료수집 방법(심층면담)

(1) 면담 구조

자료수집 방법에 대한 분석결과를 살펴보면 다음과 같다. 총 110편의 논문 중 일대일의 면담자 구성이 82편(74.55%)으로 가장 높은 비율을 차지하고 있었으며, 다음으로 면담자의 구성이 1:1과 다수로 중복적으로 이루어진 구성이 3편(2.73%), 다수의 인원으로 집단면담이 이루어진 연구가 2편(1.82%)으로 나타났다.

교육행정학연구에서 질적 연구방법으로 게재된 연구들은 대부분 일대일의 개인 면담으로 진행됐음을 알 수 있으며, 면담자 인원 구성에 대한 언급이 없는 연구도 23편(20.91%) 있었다.

〈표 10-12〉 면담 구조

연도 내용	2012~2013	2014~2015	2016~2017	2018~2019	2020~2021	계
일대일	17(85.00%)	17(80.95%)	14(66.67%)	16(76.19%)	18(66.67%)	82(74.55%)
1대 다수	1(5.00%)	1(4.76%)	0(0.00%)	0(0.00%)	0(0.00%)	2(1.82%)
혼용	0(0.00%)	0(0.00%)	2(9.52%)	1(4.76%)	0(0.00%)	3(2.73%)
언급 없음	2(10.00%)	3(14.29%)	5(23.81%)	4(19.05%)	9(33.33%)	23(20.91%)
총계	20(100%)	21(100%)	21(100%)	21(100%)	27(100%)	110(100%)

(2) 면담지 구조

면담지 구조에 대한 분석결과를 살펴보면 다음과 같다. 총 110편의 논문 중 반구조화 면담지가 40편(36.36%), 비구조화 면담지 7편(6.36%), 비구조화와 반구조화 혼합 2편(1.82%), 구조화와 반구조화 혼합 1편(0.91%), 구조화와 비구조화 혼합 1편(0.91%) 순이였다. 이 외에 면담지 구조방법에 대해 언급하지 않은 논문도 59편(53.64%)으로 큰 비중을 차지하였다.

〈표 10-13〉 면담지 구조

연도 내용	2012~2013	2014~2015	2016~2017	2018~2019	2020~2021	계
구조화	0(0.00%)	0(0.00%)	0(0.00%)	0(0.00%)	0(0.00%)	0(0.00%)
반구조화	4(20.00%)	4(19.05%)	9(42.86%)	13(61.90%)	10(37.04%)	40(36.36%)
비구조화	3(15.00%)	0(0.00%)	1(4.76%)	2(9.52%)	1(3.70%)	7(6.36%)
구조화＋반구조화	0(0.00%)	0(0.00%)	1(4.76%)	0(0.00%)	0(0.00%)	1(0.91%)
구조화＋비구조화	1(5.00%)	0(0.00%)	0(0.00%)	0(0.00%)	0(0.00%)	1(0.91%)
비구조화＋반구조화	1(5.00%)	0(0.00%)	0(0.00%)	0(0.00%)	1(3.70%)	2(1.82%)
언급 없음	11(55.00%)	17(80.95%)	10(47.62%)	6(28.57%)	15(55.56%)	59(53.64%)
총계	20(100%)	21(100%)	21(100%)	21(100%)	27(100%)	110(100%)

(3) 면담 횟수

면담 횟수에 대한 분석결과를 살펴보면, 총 110편의 논문 중 면담을 16회 이상 진행한 것이 38편(34.55%)으로 가장 높은 비율을 차지하고 있었으며, 다음으로 11~15회가 31편(28.18%)과, 6~10회 27편(25.55%) 순이었다. 또한 면담을 1~5회 진행한 것은 9편(8.18%)이었으며, 이외에 2차 질적 분석과 같이 직접 면담을 진행하지 않은 연구와 면담 횟수에 대한 언급이 되지 않은 논문은 5편(4.55%)으로 나타났다.

〈표 10-14〉 면담 횟수

내용 ＼ 연도	2012~2013	2014~2015	2016~2017	2018~2019	2020~2021	계
1~5회	2(10.00%)	0(0.00%)	2(9.52%)	3(14.29%)	2(7.41%)	9(8.18%)
6~10회	2(10.00%)	5(23.81%)	3(14.29%)	5(23.81%)	12(44.44%)	27(25.55%)
11~15회	8(40.00%)	4(19.05%)	6(28.57%)	4(19.05%)	9(33.33%)	31(28.18%)
16회 이상	5(25.00%)	11(52.38%)	9(43.86%)	9(42.86%)	4(14.81%)	38(34.55%)
언급 없음	3(15.00%)	1(4.76%)	1(4.76%)	0(0.00%)	0(0.00%)	5(4.55%)
총계	20(100%)	21(100%)	21(100%)	21(100%)	27(100%)	110(100%)

7) 자료수집 방법(참여관찰)

(1) 관찰 방법

관찰 방법은 참여관찰, 비참여관찰, 혼합관찰, 언급 없음으로 분류하였다. 여기서 참여관찰은 연구자가 직접 현장에 존재하는 관찰 방법을 가리키며, 비참여관찰은 영상을 시청하는 등 연구자가 현장에 존재하지 않음으로써 연구 참여자에게 주는 영향을 최소화하는 관찰 방법을 가리킨다.[1] 혼합관찰은 참여관찰과 비참여관찰을 병행한 연구이며, 관찰 방법이 언급되지 않는 논문은 '언급 없음'으로 분류하였다. '언급 없음'이 68편(61.82%)으로 가장 많은 것으로 나타났는데, 이들은 대부분 참여관찰을 수행하였는데 관찰 방법을 언급하지 않은 것이 아니라 참여관찰을 수행하지 않은 연구들이었다. 전체 논문 중에서 참여관찰을 수행한 논문은 41편(37.27%)이었고, 참여관찰과 영상을 통한 비참여관찰을 병행한 혼합관찰 연구가 1편(0.91%) 있었다.

〈표 10-15〉 관찰 방법

내용 ＼ 연도	2012~2013	2014~2015	2016~2017	2018~2019	2020~2021	계
참여관찰	13(65.00%)	8(38.10%)	9(42.86%)	5(23.81%)	6(22.22%)	41(37.27%)
비참여관찰	0(0.00%)	0(0.00%)	0(0.00%)	0(0.00%)	0(0.00%)	0(0.00%)
혼합관찰	1(5.00%)	0(0.00%)	0(0.00%)	0(0.00%)	0(0.00%)	1(0.91%)
언급 없음	6(30.00%)	13(61.90%)	12(57.14%)	16(76.19%)	21(77.78%)	68(61.82%)
총계	20(100%)	21(100%)	21(100%)	21(100%)	27(100%)	110(100%)

---

1) 참여관찰과 비참여관찰에 대한 구분은 대체로 명확하지 않은 편이다. 일각에서는 연구자가 현장에 있으나 연구 집단의 구성원으로 참여하면 참여관찰, 참여하지 않으면 비참여관찰로 보기도 한다. 또는 연구자가 현장에 존재한다면 연구집단에 구성원으로 참여하지 않더라도 연구 참여자에 직접적으로 노출되므로 참여관찰로 보고, 카메라를 통해 현장을 관찰하는 것처럼 연구자가 현장에 나타나지 않는 경우를 비참여관찰로 구분하기도 한다. 최근 스마트폰이나 카메라 등 영상촬영의 일반화로 연구 현장을 포착할 수 있는 방법이 다양화되었으므로, 이 연구에서는 참여관찰과 비참여관찰의 구분을 연구자의 현장 유무로 구분하였다(유기웅 외, 2018).

(2) 관찰 횟수

관찰의 횟수에 대한 분석결과를 살펴보면 총 110편 중 1~10회 11편(10.00%), 21회~30회 11편(10.00%)으로 동일하게 높은 비율이었고, 11~20회 8편(7.27%), 41회 이상 5편(4.55%), 31~40회 3편(2.73%) 순으로 나타났다. 그런데 논문에서 정확한 관찰 횟수보다는 '일주일에 몇 번 관찰을 했다' 또는 '회의 및 협의회에서 관찰을 했다'는 식으로 언급이 되어서, 연구 기간에 맞춰 추정하여 횟수를 산정하였으며, 이에 질적 연구방법으로 게재된 연구들이 엄격하게 참여관찰 횟수에 대해 제시하지 않음을 확인할 수 있었다. 또한 참여관찰 없이 심층면담 및 문헌자료를 이용하여 자료수집을 한 논문이 70편(63.64%)으로 높은 비중으로 나타났다.

〈표 10–16〉 관찰 횟수

내용＼연도	2012~2013	2014~2015	2016~2017	2018~2019	2020~2021	계
1~10회	2(10.00%)	3(14.29%)	2(9.52%)	1(4.76%)	3(11.11%)	11(10.00%)
11~20회	3(15.00%)	1(4.76%)	3(14.29%)	1(4.76%)	0(0.00%)	8(7.27%)
21~30회	5(25.00%)	2(9.52%)	2(9.52%)	0(0.00%)	2(7.41%)	11(10.00%)
31~40회	0(0.00%)	0(0.00%)	1(4.76%)	2(9.52%)	0(0.00%)	3(2.73%)
41회 이상	2(10.00%)	1(4.76%)	1(4.76%)	0(0.00%)	1(3.70%)	5(4.55%)
관찰 없음	8(40.00%)	14(66.67%)	11(52.38%)	16(76.19%)	21(77.78%)	70(63.64%)
기타	0(0.00%)	0(0.00%)	1(4.76%)	1(4.76%)	0(0.00%)	2(1.82%)
총계	20(100%)	21(100%)	21(100%)	21(100%)	27(100%)	110(100%)

8) 자료분석 방법

자료분석의 방법에 대한 분석결과를 보면 다음과 같다. 총 110편의 논문 중 범주화 및 영역 분석이 48편(43.64%)으로 가장 많이 사용되었으며, 다음으로 주제 및 내용 분석 방법이 47편(42.73%)으로 비슷하게 분석 방법으로 활용되었다. 또한 범주화 및 영역 분석뿐만 아니라 주제 및 내용분석이 중복적으로 활용된 연구는 7편(6.36%) 있었다. 『교육행정학연구』에서 질적 연구방법으로 게재된 연구들은 수집된 연구자료가 대부분 녹음을 활용한 인터뷰로 진행이 되기 때문에 해당 자료들을 전사를 통해 자료를 변환시키고, 자료의 핵심을 추출하기 위해서 위 두 가지의 분석 방법이 가장 많이 활용되고 있음을 확인 할 수 있었다. 또한 자료분석 방법에 대한 언급이 없는 경우도 8편(7.27%) 있었다.

〈표 10-17〉 자료분석 방법

내용 \ 연도	2012~2013	2014~2015	2016~2017	2018~2019	2020~2021	계
범주화 및 영역 분석	4(20.00%)	8(38.10%)	7(33.33%)	9(42.86%)	20(74.07%)	48(43.64%)
주제 및 내용 분석	9(45.00%)	12(57.14%)	14(66.67%)	7(33.33%)	5(18.52%)	47(42.73%)
범주화 및 영역 분석 +주제 및 내용 분석	4(20.00%)	1(4.76%)	0(0.00%)	2(9.52%)	0(0.00%)	7(6.36%)
언급 없음	3(15.00%)	0(0.00%)	0(0.00%)	3(14.29%)	2(7.41%)	8(7.27%)
총계	20(100%)	21(100%)	21(100%)	21(100%)	27(100%)	110(100%)

9) 신뢰성 확보 방안

(1) 타당도 검증 방법

연구의 타당도 검증에 대한 분석결과를 살펴보면, 연구 참여자를 통한 타당도 검증이 19편(17.27%)으로 가장 많았으며, 다음으로 연구 참여자와 외부전문가를 활용한 검증이 17편(15.45%)으로 나타났다. 『교육행정학연구』에 발표된 질적 연구 논문들은 대체로 연구 참여자, 동료연구자, 외부전문가, 삼각검증 등을 중복적으로 활용하여 타당도를 검증하는 것으로 나타났다. 타당도 검증 방법 언급 없음은 36편(32.73%)이었다.

〈표 10-18〉 타당도 검증 방법

내용 \ 연도	2012~2013	2014~2015	2016~2017	2018~2019	2020~2021	계
삼각검증	1(5.00%)	1(4.76%)	0(0.00%)	1(4.76%)	0(0.00%)	3(2.73%)
동료연구자	0(0.00%)	0(0.00%)	1(4.76%)	0(0.00%)	1(3.70%)	2(1.82%)
연구 참여자	0(0.00%)	3(14.29%)	6(28.57%)	5(23.81%)	5(18.52%)	19(17.27%)
외부전문가	1(5.00%)	2(9.52%)	1(4.76%)	3(14.29%)	1(3.70%)	8(7.27%)
반성적 추관성	1(5.00%)	0(0.00%)	1(4.76%)	0(0.00%)	2(7.41%)	4(3.64%)
연구 참여자 + 외부전문가	3(15.00%)	0(0.00%)	5(23.81%)	3(14.29%)	6(22.22%)	17(15.45%)
연구 참여자 + 삼각검증	0(0.00%)	2(9.52%)	1(4.76%)	0(0.00%)	0(0.00%)	3(2.73%)
동료연구자 + 연구 참여자	0(0.00%)	2(9.52%)	0(0.00%)	2(9.52%)	0(0.00%)	4(3.64%)
동료연구자 + 외부전문가	0(0.00%)	0(0.00%)	0(0.00%)	2(9.52%)	0(0.00%)	2(1.82%)
삼각검증 + 동료연구자	1(5.00%)	1(4.76%)	0(0.00%)	0(0.00%)	0(0.00%)	2(1.82%)
삼각검증 + 외부전문가	1(5.00%)	1(4.76%)	1(4.76%)	0(0.00%)	1(3.70%)	4(3.64%)

내용 \ 연도	2012~2013	2014~2015	2016~2017	2018~2019	2020~2021	계
삼각검증 + 연구 참여자 + 동료연구자	0(0.00%)	0(0.00%)	0(0.00%)	1(4.76%)	0(0.00%)	1(0.91%)
삼각검증 + 연구 참여자 + 외부전문가	3(15.00%)	1(4.76%)	0(0.00%)	0(0.00%)	0(0.00%)	4(3.64%)
기타	0(0.00%)	0(0.00%)	0(0.00%)	0(0.00%)	1(3.70%)	1(0.91%)
언급 없음	9(45.00%)	8(38.10%)	5(23.81%)	4(19.05%)	10(37.04%)	36(32.73%)
총계	20(100%)	21(100%)	21(100%)	21(100%)	27(100%)	110(100%)

(2) 연구윤리

연구윤리 관련하여 총 110편의 논문 중에서 107편(97.27%)이 가명처리를 하였으며, 기관에서 IRB 승인을 받아 진행한 연구는 3편(2.73%)으로 나타났다. 즉, 『교육행정학연구』에 게재된 질적 연구 논문들은 대체로 연구 시작 전에 연구 참여자에게 연구 참여 동의를 받아서 연구를 진행하고, 이들의 이름 및 지역명 등은 가명처리 하는 방식을 준수하고 있었다. IRB 승인을 받고 진행한 연구는 3편으로 아직 활성화되지 않은 것으로 나타나고 있다.

〈표 10-19〉 연구윤리

내용 \ 연도	2012~2013	2014~2015	2016~2017	2018~2019	2020~2021	계
가명처리 (연구동의)	20(100.00%)	21(100.00%)	21(100.00%)	18(85.71%)	27(100.00%)	107(97.27%)
IRB 승인	0(0.00%)	0(0.00%)	0(0.00%)	3(14.29%)	0(0.00%)	3(2.73%)
총계	20(100%)	21(100%)	21(100%)	21(100%)	27(100%)	110(100%)

4. 교육행정 분야 질적 연구 동향 특징

본 연구에서는 분석 기준 모색, 분석 대상 및 기간 선정, 분석 대상 자료수집 및 분석자료 식별, 자료분석 및 결론 도출 등의 절차를 통해 『교육행정학연구』 학술지에 최근 10년 동안 게재된 질적 연구논문을 중심으로 연구 동향을 분석하였다. 분석결과에서 나타난 연구 동향의 주요 특징은 다음과 같다.

1) 질적 연구 활용 이유

질적 연구의 활용 이유에서는 질적 연구의 활용 이유와 목적을 분석하였는데, '특정 주제에 대한 탐구' 논문이 85편(77.27%)으로 가장 많았고, '특정 사례에 대한 탐구'가 17편(15.45%)로 뒤를 이었다. 『교육행정학연구』의 특성상 정책이나 제도를 연구주제로 채택하고 질적 연구방법을 활용해 주제를 탐색하는 사례가 많은 것으로 보인다. '특정 주제에 대한 탐구' 논문은 2012~2013년 70.00%, 2014~2015년 80.95%, 2016~2017년 80.95%, 2018~2019년 66.67%, 2020~2021년 85.19%로 10년 동안 완만하게 증가하는 추세를 보이고 있는데, 교육행정 분야 연구자들이 특정한 주제를 파고들어 탐색하는 데 질적 연구방법을 활용하는 경향성이 조금씩 커지는 것으로 해석된다.

질적 연구의 활용의 목적은 '정책적 시사점' 67편(62.73%), '이론적 시사점' 34편(30.91%)로 나타나, 이론보다 실제적 활용성에 주안점을 둔 연구가 다수임을 확인할 수 있었다. 한편, 시기별 동향 분석결과에 의하면 '정책적 시사점'을 목적으로 수행된 논문은 2012~2013년 70.00%에서 최근 2020~2021년 59.26%로 줄어들고, '이론적 시사점' 논문은 2021~2013년 20.00%에서 2020~2021년 37.04%로 늘어나는 특징을 보여 주었다. 참고로, 신현석, 박균열, 전상훈, 주휘정, 신원학(2009)은 1983~2008년 『교육행정학연구』에 게재된 논문을 바탕으로 연구 동향을 분석하였는데, 해당 기간 동안 게재된 논문 가운데 이론적 연구는 9.14%로 10%도 되지 않았음을 밝혀낸 바 있다. 신현석 외 (2009)의 경우 질적 연구뿐만 아니라 게재된 모든 논문을 대상으로 분석하였고, 연구목적을 분류하는 세부 준거가 본 연구와는 차이점이 있음을 감안하더라도, 최근에 이르러 이론에 천착하는 교육행정 분야 연구가 늘어난 것은 주요 특징이라고 할 수 있다. 이러한 흐름은 한국적 교육행정 이론을 탐구하고 구축하는 일이라는 관점에서(김병찬, 유경훈, 2017: 197), 고무적인 일이라고 할 수 있다.

2) 연구주제

질적 연구의 '연구주제' 분석결과를 살펴보면 '교육정책 및 기획' 28편(25.45%), '학교 조직 및 경영' 26편(23.64%), '교육인사행정' 14편(12.73%), '교육과정 및 평가' 12편(10.91%), '교원교육 및 교직 생활' 10편(9.09%)의 순서로 나타났다. 위의 5가지 연구주제들은 연도별로 일부 증감은 있으나, 증감 추세가 완만한 편이며 10년 동안 꾸준하게 연구가 수행되고 있는 모습을 보여 준다. 이들 5가지 연구주제는 교육행정 분야에서 일관되게 주목받는 주제라고 할 수 있다.

1983~2016년까지 『교육행정학연구』에 게재된 1,433편의 논문을 분석한 김병찬, 유경훈(2017: 185)은 '교육법규 및 제도' 7.82%, '교육재정 및 경제' 5.86%의 결과를 보고하였는데, 본 연구에서는 '교육법규 및 제도'와 '교육재정 및 경제'의 논문이 각각 2.73%, 0.91%로 적게 나타났다. 이러

한 결과의 차이를 바탕으로 추론해 보면, '교육법규 및 제도' 및 '교육재정 및 경제' 분야는 질적 연구로는 한계가 있는 분야임이 아닌가 추론된다. 이러한 결과는 다른 연구에서도 나타나는데, 임연기, 김훈호(2018: 372)의 분석결과에 의하면, '교육법규 및 제도'를 주제로 수행된 논문들은 문헌연구 83.3%, 양적 연구 5.6%, 질적 연구 11.1%, 혼합연구 0.0%로 나타나 이 분야 연구는 대부분 문헌연구를 통해 수행된 것으로 나타났다. 또한 '교육재정' 주제의 연구는 문헌연구 36.4%, 양적 연구 59.1%, 혼합연구 4.5%를 사용하였고 '교육재정' 주제에서 질적 연구논문은 파악되지 않았다.

한편, 질적 연구에서 증가 추세를 보이고 있는 연구주제는 '교육과정 및 평가'와 '교원교육 및 교직생활' 영역이었다. '교육과정 및 평가'는 2012~2013년 5.00%, 2014~2015년 4.7%, 2016~2017년 19.05%, 2018~2019년 14.29%, 2020~2021년 11.11%로 10년 동안 논문이 증가하는 경향을 보여 주고 있으며, '교원교육 및 교직생활' 역시 2012~2013년 5.00%, 2014~2015년 4.76%, 2016~2017년 9.52%, 2018~2019년 14.29%, 2020~2021년 11.11%로 증가세를 보였다. 이러한 현상은 국가 교육과정 및 평가 정책의 잦은 변화, 학교에서 교원의 자율성 증대 및 전문성 강화 요구 등의 현장 상황이 반영된 것으로 보인다(신현석 외, 2018).

3) 연구 참여자

본 연구는 연구 참여자를 연구 참여자 기관, 참여자 선정 및 표집, 참여자 수의 세 가지 하위 준거로 구분하여 분석하였다. 연구 참여자 기관은 세분화하여 분석하였는데, 분석결과를 살펴보면 연구 참여자 기관은 '초등학교', '중학교' 등처럼 단일 대상인 논문, '초+중', '중+고' 등과 같이 복수의 기관을 대상으로 한 논문으로 분류되었다. 단일 기관으로는 초등학교 23편(20.91%), 중학교 19편(17.27%), 대학교 18편(16.36%), 고등학교 15편(13.64%) 순서로 나타났으며, 복수 기관은 '초+중+고' 11편(10.00%), '중+고' 5편(4.55%), '유+초' 2편(1.82%), '초+중' 2편(1.82%), '유+초+중+고' 1편(0.91%)의 순이었다. 단일 또는 복수를 통합하여 초등학교를 연구 참여자 기관으로 선정한 논문이 38편(34.55%)으로 3분의 1 이상을 차지하였는데, 초등학교가 주요 연구 참여 기관으로 자리 잡고 있음을 보여 주는 것이라고 할 수 있다. 초등학교를 대상으로 수행된 논문들을 구체적으로 살펴보면, 교직문화(사례 2),[2] 교원능력개발평가(사례 9), 교사리더십(사례 10), 수업컨설팅(사례 15), 학교 운영(사례 17), 연구학교(사례 21) 등으로 초등학교와 관련된 전반적인 영역에서 연구가 이루어지고 있었다. 다음으로 중학교 대상 연구는 19편(17.27%)인데, 이들의 시기별로 비중을

---

2) 여기서 '(사례 O)'는 본 연구의 동향 분석 대상 논문 사례(총 110편)를 의미한다. 기존 질적 연구 논문의 내용 및 구성에 대해 비판적으로 논의하기 위해 논문을 번호로 가명 처리하였다.

보면 2012~2013년 10.00%, 2014~2015년 14.29%, 2016~2017년 28.57%, 2018~2019년 14.29%, 2020~2021년 18.52% 등으로 꾸준히 증가하고 있음을 알 수 있다. 중학교 사례의 이러한 증가 추세는 2015년부터 추진된 중학교 자유학기제 정책의 영향을 받아 관련 연구들이(사례 28, 사례 38, 사례 42, 사례 43, 사례 47, 사례 96, 사례 102, 사례 110) 증가한 것이 큰 영향을 미친 것으로 보인다.

한편, '국회 및 시 · 도의회' 연구는 총 3편(2.73%)이었는데 모두 2012~2013년에 발표된 것으로, 이후 8년 동안은 이들을 대상으로 한 연구는 발표되지 않았다. 또한 '교육부 및 교육(지원)청' 연구는 총 7편(6.36%)의 연구가 게재되었는데, 2012~2013년 1편(5.00%), 2014~2015년 2편(9.52%), 2016~2017년 1편(4.76%), 2018~2019년 3편(14.29%)로 꾸준히 발표되다가 2020~2021년에는 0편으로 나타났다. 교육행정 분야에서 학교 이외에 다른 교육행정 및 정책 관련 기관들에 대한 연구도 필요함을 고려해 볼 때, 이들 기관들에 대한 질적 연구는 아직 활성화되지 않고 있음을 보여 주는 것이라고 할 수 있다.

연구 참여자 선정 및 표집에서는 연구자가 연구목적에 부합하는 연구 참여자를 임으로 선정하는 목적표집이 전체 질적 연구논문 110편 중에서 94편(85.45%)을 차지하고 있었다. 목적표집은 연구자가 연구 필요나 목적에 따라 가장 부합하는 연구 참여자를 선정한다는 점에서 타당한 접근이기는 한데, 대체적으로 연구자가 접근 가능한 범위 내에서, 때로는 편의적으로 연구 참여자를 선정하고 있는 듯한 연구들이 많다는 점에서는 연구 참여자 선정의 타당성에 대한 검토와 논의가 필요해 보인다.

연구 참여자 수의 분석결과에서는 '11~20인' 39편(35.45%), '6~10인' 34편(30.91%)으로 대부분의 논문이 6~20명을 연구 참여자로 질적 연구를 수행하였다. 연도별 증감 추세를 살펴보면, '1인' 대상 연구가 2012~2013년, 2014~2015년, 2016~2017년 0편(0.00%)에서 2018~2019년 1편(4.76%), 2020~2021년 1편(3.70%)로 나타났으며, 1인 대상 연구는 참여관찰 및 심층면담의 횟수가 많은 것이 특징이다(사례 66, 사례 84). '2~5인' 연구도 2012~2013년 4편(20.00%), 2014~2015년 1편(4.76%), 2016~2017년 2편(9.52%), 2018~2019년 5편(23.81%), 2020~2021년 6편(22.22%)으로 전반적인 증가 흐름을 보이고 있다. '31인 이상' 연구는 2012~2013년 1편(5.00%), 2014~2015년 4편(19.05%)인 것으로 나타났다. 교육행정 분야 질적 연구에서 연구 참여자 수가 6~20명인 연구가 66% 이상을 차지하는 등 대체적으로 다수의 연구 참여자를 대상으로 연구가 수행되고 있다는 점이 특징이라고 할 수 있다. 이는 교육학의 다른 분야 질적 연구에서 5인 이하의 소수 연구 참여자를 대상으로 한 연구들이 대부분을 차지하고 있는 것과 대조적인 모습이라고 할 수 있다(정재원, 오주은, 2021; 남수현, 2022).

4) 연구방법

질적 연구방법 분석결과에서는 '사례연구'가 79편(71.82%)으로 가장 많았다. 1990~2014년 동안 『교육학연구』 등 4개 교육학 분야 학술지에 게재된 질적 연구 논문 가운데 사례연구의 비중이 48.9%라는 점과 비교하면(신현석, 주영효, 정수현, 2014: 70), 『교육행정학연구』의 질적 연구에서 '사례연구'를 방법론으로 활용하는 비중이 상당히 높음을 알 수 있다.

사례연구 다음으로 '면담 및 FGI'를 진행했다고 보고한 논문이 15편(13.64%)이었다. 사실 '면담 및 FGI'는 연구방법이라기보다는 자료수집 방법에 해당하므로 엄격하게 보면 연구방법이라고 하기 어렵고, 질적 연구방법론 구분에서도 별도로 분류하고 있지는 않다(유기웅 외, 2018). 그런데 이러한 논문이 15편이나 게재되고 있다는 것은 교육행정 분야 질적 연구의 특징이자 독특한 모습이라고 할 수 있다. 이는 질적 연구, 또는 질적 연구 연구방법론에 제대로 된 이해가 부족한 상태에서 기능적으로 자료수집을 '면담 및 FGI'로 수행하고 질적 연구를 했다고 보고한 것으로 보인다.

한편, 교육행정 분야 질적 연구에서 '문화기술지', '근거이론', '2차 질적 자료 분석' 등의 방법은 아직 활성화되지 않은 것으로 나타나고 있다. '문화기술지' 연구는 2012~2013년 2편, 2014~2015년 2편, 2016~2017년 1편으로 나타났고, '근거이론' 연구는 2020~2021년에 3편 있었으며, '2차 질적 자료 분석' 연구는 2012~2013년 1편, 2014~2015년 1편, 2016~2017년 1편 발표되었다. 이러한 결과들을 놓고 볼 때 교육행정 분야 질적 연구에서 연구방법의 편중 현상이 상당히 크다는 점이 나타나고 있다. 교육행정 현상의 실제성과 종합성을 고려해 볼 때 교육행정 현상 탐구를 위한 다양한 연구방법의 활용 및 적용은 필요하고 중요하다. 교육행정에서 문화는 중요한 기반이므로(윤정일 외, 2021) 문화적 현상 역시 교육행정의 중요한 탐구 주제가 되어야 하며, 문화적 현상을 탐구하는 '문화기술지' 연구들이 다양하게 이루어질 필요가 있다. 아울러 현상을 체계적으로 이론화하고자 하는 '근거이론' 접근도 활성화될 필요가 있으며, '2차 질적 자료 분석' 역시 질적 연구결과들을 보다 심층적이고 다각적으로 파악하여 교육행정 현상에 대한 이해를 높일 수 있다는 점에서 꾸준히 이루어질 필요가 있다.

5) 연구 기간 및 연구자

연구 기간 관련 분석결과에 따르면, 7~12개월 31편(28.18%), 1~3개월 29편(26.36%), 4~6개월 27편(24.55%)의 순으로 나타났다. 연도별 흐름을 보면, 7~12개월 및 4~6개월 동안 수행된 질적 연구는 비교적 연도별 변화가 적었다. 반면, 1~3개월 연구는 2012~2013년 4편(20.00%), 2014~2015년 4편(19.05%), 2016~2017년 8편(38.10%), 2018~2019년 2편(9.52%), 2020~2021년

11편(40.74%)으로 증가하는 추세를 보이고 있다. 오랜 기간 연구를 수행했다고 좋은 질적 연구라고 볼 수는 없으나, 연구의 기간이 짧은 연구는 연구 참여자의 변화 모습을 충분히 살펴보기 어려울 수 있다는 점에서 우려가 되기도 한다. 한편, 1년을 초과하여 진행된 연구는 13~24개월 6편(5.45%), 24개월 이상 1편(0.91%)로 모두 7편(6.36%)으로 나타났는데, 13~24개월 연구의 경우 2012~2013년과 2014~2015년에는 게재된 논문이 없었다가, 2016~2017년 1편(4.76%), 2018~2019년 3편(14.29%), 2020~2021년 2편(7.41%)으로 논문 편수가 늘어나는 경향을 보이고 있다. 13~24개월 연구의 세부 주제는 정책평가(사례 55), 교사의 변화(사례 71), 교사의 적응(사례 72, 사례 76), 리더십(사례 97, 사례 110)으로 나타났는데, 정책이나 교사의 경험을 탐색하는 연구들이 대체적으로 1년 이상 연구 기간으로 설정하는 것으로 나타났다. 한편, 연구 기간과 관련하여 단기간(1~3개월) 연구와 장기간(13~24개월) 연구가 동시에 늘어나는 변화 추세가 나타났다. 소수의 사례로 단정하기는 어렵지만, 특정한 사례의 구체적인 현상을 정확히 겨냥하여 핀포인트(Pin point)로 탐색하는 질적 연구와 시간적 변화를 염두에 두고 연구 현장을 길게 탐색하는 질적 연구가 함께 이루어지고 있음을 보여 주는 것이라고 할 수 있다.

연구자 수를 기준으로 분류해 보면, 2~3인 68편(61.82%), 단독 33편(30.00%)이었다. 질적 연구에서 연구자는 연구의 핵심적인 도구이므로 연구자에 대한 제시는 매우 중요하다(서근원, 2014). 특히, 연구자가 연구자가 2인 이상인 경우에는 질적 연구 수행을 위한 매우 독특한 관계가 형성될 수 있으므로 연구자로서의 역할 및 관계에 대한 기술은 매우 중요하다. 하지만 2인 이상의 연구자가 수행한 질적 연구에서 연구자 및 연구자 관계에 대한 설명이 거의 없다는 점도 특징으로 드러나고 있다.

6) 자료수집 방법(심층면담)

자료수집 방법의 심층면담은 면담 구조, 면담지 구조, 면담 횟수 등을 중심으로 분석하였다. 면담 구조는 일대일 형태로 면담을 수행한 연구논문이 82편(74.55%)으로 대부분을 차지하고 있었다. 면담지의 구조는 언급하지 않은 논문이 59편(53.64%)이나 되었다. 즉, 심층면담을 수행했다고 하면서도 구조화된 면담을 한 것인지, 반구조화, 혹은 비구조화된 면담을 한 것인지에 대해 언급하지 않는 논문이 절반이 넘었다는 것이다. 면담지 구조를 기술한 논문들 중에는 반구조화 면담지가 40편(36.36%)으로 가장 많았다.

면담 횟수 측면에서 보면 면담 총 횟수가 16회 이상 38편(34.55%), 11~15회가 31편(28.18%), 6~10회가 27편(25.55%)이었고, 1~5회는 9편(8.18%)인 것으로 나타났다. 그런데 면담 총 횟수는 각 연구 참여자에 대한 면담 횟수가 아니라 연구 참여자에 대한 면담 횟수의 총합이다. 즉, 연구 참여자 수가 많으면 개별 연구 참여자에 대한 면담 횟수가 적어도 총 횟수는 많아지게 된다. 앞에서 살펴본 바와 같이 교육행정 분야 질적 연구의 특징 중의 하나는 연구 참여자가 6~20인인 연구가 전체의 66%를 넘고 있다는 것인데, 따라서 연구 참여자 1인당 면담을 1회씩만 해도 전체 총 면담 횟수는 많아지게 된다. 실제로 연구 참여자별 면담 횟수는 1회였다고 보고한 논문들이 많았다.

7) 자료수집 방법(참여관찰)

자료수집 방법의 참여관찰은 관찰 방법과 관찰 횟수를 준거로 분석하였다. 우선 참여관찰을 수행하지 않는 논문이 질적 연구 전체 논문의 61.82%(68편)이었다. 즉, 절반을 훨씬 넘는 질적 연구들이 참여관찰은 수행하지 않은 것으로 나타나고 있다. 한편, 참여관찰을 수행한 연구의 연도별 추세를 보면, 2012~2013년 13편, 2014~2015년 8편, 2016~2017년 9편, 2018~2019년 5편, 2020~2021년 6편으로 줄어드는 모습을 보여 주고 있다. 이러한 현상을 해석해 보면 교육행정 분야 질적 연구에서 참여관찰은 잘 이루어지지 않고 있으며, 그나마 참여관찰을 수행한 연구 자체도 점차 줄어들고 있음을 알 수 있다. 참여관찰은 현상을 심층적으로 이해하기 위한 중요한 자료수집 방법으로 심층면담을 통해 얻을 수 없는 자료들을 수집할 수 있다는 점에서 의미가 크다(김영천, 2005). 따라서 현상을 제대로 이해하기 위해서는 참여관찰을 통해 자료를 수집할 필요가 있다. 그런데 교육행정 분야 질적 연구에서 참여관찰이 잘 이루어지지 않고 있다는 점은 또 하나의 특징으로 드러나고 있다.

8) 자료분석 방법

질적 자료를 수집한 후 자료분석 방법으로는 '범주화 및 영역분석'(43.64%)과 '주제 및 내용분석'(42.73%)이 대부분인 것으로 나타났다. '범주화 및 영역분석＋주제 및 내용분석'을 함께 실시했다고 보고한 논문은 7편(6.36%)이었다. 그런데 대부분의 논문에서 '범주화', '영역분석', '주제분석', '내용분석' 등의 분석 방법에 대해서는 언급하고 있지만, 각각 어떻게 범주화를 했고, 어떻게 영역분석을 했으며, 어떻게 주제분석이나 내용분석을 했는지에 대해서는 상세하게 기술하지 않고 거의 '블랙박스(black box)'로 남겨두고 있다는 점도 특징이었다. 즉, 현재 논문에서 제시되고 있는 분석 방법에 대한 설명으로는 해당 논문의 자료들이 구체적으로 어떻게 분석되었는지에 대해 알기 어렵다는 것이다.

9) 신뢰성 확보 방안

신뢰성 확보 방안은 '타당도 검증 방법'과 '연구윤리' 측면에서 분석하였다. 타당도 검증 방법과 관련하여 타당도 검증 방법을 언급하지 않은 연구가 36편(32.73%)으로 나타났는데, 이는 타당도 검증을 실시하지 않았거나, 타당도 검증을 하였더라도 논문에 기술하지 않는 사례가 많은 것으로 판단된다. 타당도 검증 방법을 명시한 사례들을 살펴보면, '연구 참여자를 통한 타당도 검증' 19편 (17.27%)과 '연구 참여자 + 외부전문가' 17편(15.45%)이었다. 즉, 교육행정 분야 질적 연구에서는 대체적으로 해당 연구에 참여한 연구 참여자, 혹은 외부전문가를 통해 연구 내용 및 결과에 대해 타당성을 확보하고 있는 것으로 나타났다. 아울러 타당도 검증과 관련하여 연구 참여자 및 외부전문가를 통한 검증 이외에 상당 수의 연구에서 삼각검증을 통해(45.2%) 타당성을 확보하려고 한 것으로 나타났다. 삼각검증은 자료의 삼각검증, 연구 참여자 삼각검증 등의 방법을 활용하고 있었다.

한편, '연구윤리' 측면과 관련하여, 모든 논문에서 연구 참여자의 동의를 얻은 후에 연구를 진행하였으며(100%), 또 대부분 연구 참여자에 대해 가명처리를 하고 있었다(97.27%). 일부 소수의 연구에서 교육청이나 기관의 이름을 실명으로 기입하기도 하였다. IRB 승인 여부를 명시한 논문은 총 110편의 논문 중 3편(2.73%)로 나타났다. IRB 제도가 정착되고 있는 상황임에도 불구하고 교육행정 분야 질적 연구에서는 아직 IRB 준수 노력이 미흡함을 보여 주고 있다.

5. 교육행정 분야 질적 연구의 문제점

1) 질적 연구 활용 이유의 불명확

분석에서 나타난 질적 연구 활용 이유는 특정 주제에 대한 탐구(77%), 특정 사례에 대한 탐구(15%), 일상적 활동에 대한 탐구(5%), 질적 자료의 해석(2%) 등으로 나타났다. 그리고 질적 연구 활용 목적으로 정책적 시사점을 얻기 위해(63%), 이론적 시사점을 얻기 위해(31%), 정책평가를 위해(6%) 질적 연구를 수행한 것으로 나타났다.

그런데 전반적으로 질적 연구를 활용한 이유에 대해 깊이 있게 밝히지 않고 있다. 특정 주제나 사례를 탐구하기 위해 질적 연구를 활용했다고는 밝히고 있으나 왜 특정 주제나 사례 탐구를 위해 질적 연구를 활용해야 하는지에 대해서는 거의 밝히지 않고 있다. 질적 연구는 존재론이나 인식론적 관점에 양적 연구 관점과 다르기 때문에 연구 대상을 보는 관점에서 분명한 차이가 있다(조용환, 1999: 15-19). 따라서 왜 어떤 사례나 주제를 질적으로 탐구해야 하는지에 대한 분명한 인식은 질적 연구의 성격과 방향을 결정하는 중요한 요인이다. 그런데 대부분의 논문에서 본인이 연구하고자 하는 주제에 대해 왜 질적으로 연구를 해야 하는지에 대해 명확하게 밝히지 않고 있다. 심지어 존재론적 · 인식론적 차이에 대한 인식이 부족한 상태에서 기능적인 방법론으로 질적 연구를 활용하여 양적 연구 인식론과 혼동되어 있는 듯한 모습을 보여 주는 논문들도 발견되고 있다(사례 35, 사례 46, 사례 67, 사례 85, 사례 104). 전반적으로 왜 본인의 연구를 질적 연구방법을 통해 수행해야 하는지에 대해 깊이 있는 통찰과 인식이 부족하다는 점이 문제점으로 나타나고 있다.

2) 연구주제의 다양성 부족

연구주제는 상당히 다양하게 나타나고 있는데, 대체적으로 교육정책 및 기획 28편(25.45%), 학교 조직 및 경영 26편(23.64%), 교육인사행정 14편(12.73%), 교육과정 및 평가 12편(10.91%) 순으로 연구가 되었다. 교육정책, 학교조직, 인사행정 등의 주제가 많이 연구되었다는 것은 교육행정 분야의 특징이 반영된 것으로 보인다. 그런데 최근 들어 다른 나라에서는 정책 수행 과정 및 교육조직 내에서의 불평등, 격차, 갈등, 성 역할이나 성차별 등의 주제들도 다양하게 다루어지고 있는데(이수정, 김승정, 임희진, 2018; Seidman, 2006), 한국의 교육행정 조직 내에서는 이러한 주제를 다루는 연구들이 거의 없다는 점도 하나의 특징이자 문제점으로 드러나고 있다.

3) 연구 참여자 선정 과정 문제

(1) 연구 참여자 선정의 타당성 부족

연구 참여자 선정 방법은 목적표집이 94편(85.45%), 눈덩이표집 9편(8.18%), 전형적 표집 1편(0.91%), 최대편차표집 1편(0.91%) 등으로 나타났다. 목적표집이 압도적으로 많은데 목적표집은 의도적으로 표집을 하거나 목적을 가지고 연구 참여자를 정하는 것이다. 따라서 목적표집은 의도적으로 연구 참여자를 정한 것으로 왜 그 연구 참여자를 정했는지에 대한 충분한 설명과 정당성이 있어야 한다. 하지만 많은 논문들이 연구 참여자를 선정한 이유에 대한 설명이 미흡한 편이고, 심지어 일부 논문에서는 본인이 근무하는 기관을 접근의 용이성 때문에 연구 참여자로 선정했다는 이유 이외에 별다른 이유를 밝히지 않고 있다(사례 12, 사례 36, 사례 89). 본인이 근무하는 기관에서 연구 참여자를 선정하는 것은 문제가 되지 않으나 본인이 수행하고자 하는 연구주제 및 연구목적에 적합한 연구 참여자라는 논리적 설명이 결여되어 있으면, 연구 참여자 선정은 편의를 위해 자의적으로 이루어진 것으로 문제가 될 수 있다.

눈덩이표집도 일부 이루어지고 있는데, 눈덩이표집을 해야 하는 이유와 눈덩이표집의 절차와 과정에 대한 기술과 설명이 상당히 미흡하다(사례 59). 눈덩이표집의 이유와 과정에 대한 설명이 부족하니 이 역시 연구 접근 편의성을 위한 자의적인 활용이 아닌가 하는 의문을 갖게 하기도 한다. 눈덩이표집을 했다고 하면서 연구자가 알고 있는 교사, 학부모, 시 · 도 교육청 담당자 등을 중심으로 연구를 진행한 사례도 있다(사례 52).

연구 참여자 선정은 연구주제, 연구목적, 연구문제를 제대로 인식하고 그에 가장 적합한 연구 참여자를 선정해야 한다(정영수 외, 2011). 그런데 본 분석결과에 의하면, 연구목적, 연구문제에 대한 충분한 인식과 인지의 토대 위에서 연구 참여자를 선정하였는지에 대해 의문을 갖게 하는 논문들이 발견되고 있다(사례 46, 사례 49, 사례 88, 사례 97). 한 예로 선행학습 유발 요인에 관한 연구에서 학생과 학교를 선정하였는데 왜 그 학교를 선정하였는지에 대한 이유와 논리를 거의 제시하지 않고 있는 논문도 있었다(사례 48).

연구 대상 선정과 관련하여 많은 연구자들이 본인이 근무하고 있는 학교나 기관을 연구 대상으로 선정하여 연구를 진행하고 있는 것도 하나의 특징이다. 이 연구들은 연구자가 본인이 근무하는 학교나 기관을 연구 대상으로 하기 때문에 학교나 기관에 대한 설명은 자세하게 되어 있으나 왜 본인이 근무하는 학교나 기관에 대해 연구해야 하는지에 대해서는 설득력 있게 제시하지 못하고 있다(사례 87, 사례 96, 사례 103). 교사학습공동체에 관한 연구에서 자신의 학교를 연구한 이유를 '이제 막 시작이 되었기 때문'이라고 제시하고 있는데 이는 자신의 학교를 연구해야 하는 이유로서는 합리성이 약하다(사례 53). 수석교사에 관한 연구에서 자신과 함께 근무했던 경험이 있는 수석교사를 연구 참여자로 선정한 연구도 있었는데 논리적인 선정 이유는 제시하지 못하고 있었다(사례 55).

한편, 현장접근 용이성, 연구자와의 관계 등을 중심으로 연구 참여자를 선정하였다고 솔직하게 기술한 연구도 있었는데(사례 60, 사례 68), 이는 정직하게 한계와 제한점을 인정한 것으로 바람직하기는 하지만, 보다 철저한 연구목적이나 연구문제에 기반한 연구 참여자 선정이 아니라는 점에서 문제가 있다. 심지어 한 초등학교에 대한 연구에서는 연구 참여자를 왜 선정하였는지에 대한 이유를 밝히지 않고 있기도 하였다(사례 61). 교육대학교를 대상으로 9명의 연구 참여자를 선정하여 진행한 연구에서는 연구 참여자를 어떻게 선정하였는지에 대한 기술이 아예 누락되어 있기도 하였다(사례 62). 또 다른 연구에서도 10명의 총장을 대상으로 연구를 수행하였는데, 선정 이유를 명확하게 밝히지 않고 있었다(사례 99).

(2) 연구 참여자에 대한 상세한 기술 부족

질적 연구에서 연구 참여자는 연구의 내용과 질을 결정하는 핵심 정보원(informant)이다(이용숙, 김영천, 이혁규, 김영미, 조덕주, 조재식, 2005). 따라서 연구 참여자에 대해 상세하게 기술해 주어야 한다. 그런데 상당히 많은 연구에서 연구 참여자에 대한 설명이 부실하게 이루어지고 있었다. 심지어 3개의 학교를 연구하면서 각 학교별 연구 참여자를 개별적으로 그리고 구체적으로 설명하지 않고, 교사 5명 참여, 학생 4명 참여 등으로 기술한 연구도 있었다(사례 28). 또 다른 연구에서는 교장과 교사 모두 동등한 연구 대상으로 연구 참여자인데 교장에 대해서는 상세하게 기술되어 있지만 교사에 대해서는 피상적인 수준에서 기술되어 있는 사례도 있었다(사례 92). 교육행정 분야 질적 연구에서 연구 대상, 연구 참여자에 대해 상세하게 기술하지 않고 있다는 점도 특징이자 문제점이라고 할 수 있다.

(3) 연구 참여자 보호 장치 미흡

연구 참여자 보호를 위하여 대체적으로 가명 처리 등 보호장치를 하는데, 그럼에도 불구하고 일부 연구에서는 연구 참여자가 유추되거나 알 수 있는 설명이나 기술이 드러나기도 하였다(사례 84). 그리고 일부 연구에서는 참여한 교사들에 대해서는 가명처리를 하여 보호하였으나 그들이 소속한 지역 교육청을 실명으로 드러냄으로써 제보자 보호의 한계를 보여 주기도 하였다(사례 19).

4) 연구방법 선정 및 적용의 타당성 부족

분석 대상을 사용한 질적 연구방법별로 구분해 보면, 사례연구 79편(71.82%), 면담 및 FGI 연구 15편(13.63%), 문화기술지 5편(4.55%), 근거이론 3편(2.73%), 현상학적 분석 3편(2.73%), 2차 질적 자료 분석 3편(2.73%), 내러티브 2편(1.82%) 등으로 나타났다. 그런데 전체적으로 왜 해당 연구방법을 사용했는지에 대한 설명과 기술이 부족한 것으로 나타났다. 각 질적 연구방법은 연구목적, 현상을 보는 관점, 연구의 초점 등에 있어 차이가 있다(서근원, 2014). 따라서 연구목적이나 연구문제, 관점 등에 따라 적합한 연구방법을 사용해야 한다. 그런데 분석된 질적 연구 상당 수가 해당 연구방법을 사용한 근거와 이유에 대해 밝히지 않고 있었다.

한편, 사례연구의 경우, 1개의 사례를 연구하기도 하지만 여러 개의 사례를 연구한 경우들이 대부분이다. 여러 사례를 연구하는 경우 개별 사례의 특성이 충분히 드러내면서 비교분석을 통해 종합적으로 해당 사례의 특성과 맥락 의미를 밝혀내야 하는데, 상당히 많은 연구들이 사례들에 대한 체계적인 비교분석은 거의 하지 않고 사례들의 공통점 위주로 내용을 기술하고 있었다(사례 1, 사례 23, 사례 48, 사례 69, 사례 72, 사례 89). 여러 사례를 분석하는 연구에서는 다중사례 분석 원리와 기법에 대한 충분히 이해와 적용이 있어야 하는데 일반적인 자료분석 기법으로 다중 사례를 다룸으로 사례연구의 특징과 의미가 살아나지 않고 있다는 점도 드러났다.

많은 연구에서 분석틀을 미리 설정하고 그 분석틀에 맞는 사례와 소스들을 찾아 연구를 진행하고 있었다(사례 39, 사례 40, 사례 66, 사례 82, 사례 90). 학교운영 과정의 예술적 속성 5가지를 미리 정해 놓고 그 속성들을 찾는 연구, 협력적 거버넌스에 영향을 주는 요인을 미리 설정해 놓고 해당되는 사례와 현상들을 찾는 연구도 그 예에 해당한다. 질적 연구에서 이러한 접근이 불가능한 것은 아니지만 상당히 위험한 접근이다. 질적 연구에서는 최대한 현상을 있는 그대로 드러내는 것을 목적으로 한다. 그런데 분석틀이나 개념틀을 미리 설정을 하면 그 틀에 맞는 혹은 그 틀에 걸러지는 것들만 포착, 수집이 되면서 현상을 왜곡시킬 수 있는 문제가 있다는 것이다. 정책 패러독스라는 개념틀을 가지고 정책 현상을 분석하는 경우 패러독스 개념틀에 포착되는 현상이 있을 수 있는데, 그 현상은 그 정책의 전체적이고 종합적인 맥락에서는 그렇게 의미가 크지 않을 수 있고 패러독스라고까지 해석하기 어려운 갈등 현상일 수도 있다. 자연 상태의 정책 현상에 대한 심층적이고 폭넓은 자료수집과 분석을 통해 패러독스 현상을 발견해 내는 것이 질적 연구의 목적과 취지에 적절하다고 볼 수도 있다는 것이다. 물론 미리 분석틀이나 개념틀을 가지고 질적 연구를 수행하는 것이 불가능한 것은 아니다. 분석틀이나 개념틀을 미리 설정하고 질적 연구를 수행할 수 있다. 다만 이런 경우에는 연구에서 밝혀진 결과가 해당 학교나 기관 연구 대상에 대한 종합적이고 전체적인 분석과 조망을 통해 나온 결과가 아니라 분석틀이나 개념틀에 의해 나타난 제한적인 결과라는 것을 솔직하게 밝혀 주어 제한적으로 받아들일 수 있도록 해 주어야 한다.

일부의 자료에 분석이나 해석이 치중되어 있다는 점도 문제점으로 드러났다. 연구 참여자 수와 관련하여 분석 대상이 되었던 논문들은, 11~20인(35.45%), 6~10인(30.91%), 2~5인(16.36%) 등이 대부분을 차지하였다. 그런데 상당히 많은 논문에서 자료를 해석하고 연구결과를 제시하는 과정에서 특정 개인이나 소수 몇 사람의 사례에 초점이 맞추어져 있는 것이 발견되었다. 즉, 연구자는 주 제보자로 다수의 인원이 참여했다고 밝혔으나 실제 발견된 결과를 해석하고 제시하는 과정에서는 1~2명의 사례에 치중되어 있는 논문들이 있었다는 것이다(사례 9, 사례 25, 사례 37, 사례 81). 물론 1~2명이 지배적인 현상을 보여 주어 그들에게 초점이 맞추어질 수 있다. 하지만 다른 사람들이 보여 준 삶의 모습과 현상에 대한 제대로 된 결과 제시나 언급도 없이, 그리고 왜 1~2명의 사례에 집중하였는지에 대한 제대로 된 설명 없이 일부 사례 결과를 해석하는 것은 연구자의 왜곡이나 게으름을 의심할 수밖에 없는 모습이라고 할 수 있다. 이런 문제는 질적으로 문헌 분석을 하는 연구에서도 나타나는데 분석 대상이 되는 문헌자료들 중에 특정 자료에 치중하여 해석하고 결과를 제시하는 연구들이 있는데(사례 56) 같은 문제를 보여 주고 있다고 할 수 있다.

문화기술지 연구를 수행한 연구들도 있는데, 대체로 왜 문화기술지 연구를 수행했는지에 대한 설명이 미흡하다(사례 61, 사례 66). 문화기술지는 문화적 현상을 깊이 있고 맥락적으로 드러내는 연구방법으로 문화 현상을 밝혀내는 데 목적이 있다(Spradley, 1979). 그런데 일부 연구에서, 예를 들어 교원들 간의 의사소통 특성을 밝히거나 정책집행 과정을 밝히는 연구에서 문화기술지 방법을 사용하였다. 의사소통 특성이나 정책집행 과정을 밝히는 연구는 상호작용 과정 혹은 수행과정을 밝히는 연구로 문화기술지가 적합하지 않을 수 있다. 이와 같이 연구주제나 연구문제에 기반한 적합한 연구방법에 대한 깊이 있는 고민 없이 수행된 듯한 연구들도 있었다. 여러 질적 연구방법 중에 왜 해당 연구방법을 사용했는지에 대한 타당한 근거나 설명 자체가 미흡하다는 것이 교육행정 분야 질적 연구의 또 다른 특징이자 문제점이라고 할 수 있다.

5) 연구 기간 및 연구자 정보 제시 미흡

연구 기간은 연구의 내용과 질 등을 결정할 수 있는 중요한 측면으로 적절한 연구 기간을 설정해야 한다(Wolcott, 1990). 따라서 연구결과를 제시하는 논문에서 연구 기간을 밝히는 것은 중요하다. 그런데 분석 대상이 되었던 논문들 중에 연구 기간을 밝히지 않는 논문들이 꽤 있었다(사례 39, 사례 89, 사례 94, 사례 102). 이러한 사례들은 단순한 실수일 수도 있으나 연구 기간의 의미에 대한 연구자의 인식이나 의식의 문제일 수도 있다. 연구 기간은 연구결과를 해석하는 중요한 기반이 될 수 있으므로 반드시 제시되어야 한다. 어떤 논문에서는 8개월 동안 연구를 수행하였다고 했는데 구체적인 시기를 밝히지 않고 있기도 하였다(사례 98). 해당 연구결과들이 어느 시점의 현상과 상황에 대한 탐구를 통해 나온 것인지가 연구결과 해석에 중요한 영향을 미칠 수 있음에도 불구하고 밝히지 않고 있는 것이다.

연구자와 관련하여 단독으로 수행한 연구도 있고, 여러 명이 공동으로 수행한 연구도 있다. 질적 연구에서는 연구자가 연구의 도구이기 때문에 연구자 정보는 매우 중요하다(이용숙 외, 2005). 그런데 분석 대상이 되었던 대다수 논문에서 연구자 정보를 밝히지 않고 있었다. 질적 연구는 연구자 맥락에서 연구자가 분석하고 해석한 것이기 때문에 반드시 상세하게 연구자 정보를 밝혀 주어야 한다. 아울러 공동연구의 경우에는 공동연구자 모두의 연구자 정보를 밝혀 주어야 할 뿐만 아니라, 공동연구 과정에서 각각 어떤 역할을 수행하였는지도 밝혀 주어야 한다. 연구자가 연구도구인 질적 연구에서는 공동연구자들의 역할과 관계에 따라 연구 내용이나 연구결과에 영향을 줄 수 있기 때문이다. 그런데 대다수 연구에서 이러한 연구자 부분이 상당히 소홀히 다루어지고 있음이 나타났다.

6) 자료수집(심층면담) 문제점

(1) 심층면담 횟수의 불충분

심층면담은 연구 참여자나 현상에 대한 심층적인 이해를 위해 반복적이고 깊이 있는 면담을 수행하는 것이다(Spradley, 1980). 일상적이고 피상적인 이해 수준을 넘어서서 말과 행동의 내면과 맥락, 기저의 마음, 드러나지 않은 생각과 의도 등을 탐색하기 위하여 단순 '면담'이 아닌 '심층면담'을 수행하는 것이다. 그러면 이러한 심층면담을 위한 면담 횟수는 어느 정도여야 하는가? 면담 횟수에 있어 정해진 답은 없다. 연구도구인 연구자가 판단해야 한다. 다만, 연구목적, 면담 내용에 대한 이해도, 면담 내용의 충족도 등이 하나의 기준으로 사용되기도 한다(Spradley, 1980). 따라서 면담 횟수는 연구자가 연구목적을 최대한 달성하고자 하는 의지와 의도를 가지고 전문적이고 윤리적으로 판단해야 한다. 본 분석 대상 논문들에서는 상당 수의 논문들이 심층면담 횟수를 각 연구 참여자별로 1회 정도 실시한 것으로 나타났다(사례 1, 사례 35, 사례 106). 심층면담 1회를 통해 자료수집하는 것이 불가능한 것은 아니지만, 사례나 대상에 대한 심층적인 이해를 위해 1회 면담으로는 한계가 있다. 제대로 된 심층면담에서는 1차 심층면담 후에 상당히 많은 후속 질문들이 발생할 뿐만 아니라 연구자의 이해나 생각도 바뀌게 되는데, 이를 토대로 2~3차 등 후속 심층면담이 이루어진다. 이러한 과정을 거쳐 면담의 목적이나 충족도가 채워질 때까지 계속적인 후속 면담이 이루어지는 것이 심층면담이다. 따라서 1회 면담을 통한 심층면담으로 깊이 있는 이해는 거의 불가능하다고 할 수 있다. 그런데 상당히 많은 질적 연구에서 면담 1회를 실시하고, 그 결과를 바탕으로 연구와 논문을 완성하는 일이 큰 문제의식 없이 이루어지고 있었다.

(2) 심층면담 과정에 대한 기술 부족

심층면담은 연구자가 연구도구가 되어 자료를 수집하는 질적 연구의 대표적인 자료수집 방법이다. 분석 대상 질적 연구논문에서도 거의 70%가 심층면담만으로 연구를 진행하고 자료를 수집하였다. 심층면담은 질적 연구 자료수집의 핵심적인 과정이기 때문에 상세하게 기술이 되어야 한다. 어떤 절차와 과정, 어떤 방법과 내용으로 심층면담을 진행했는지에 따라 연구 내용도 연구결과도 달라질 수 있기 때문이다(Lincoln & Guba, 1985). 그런데 『교육행정학연구』 학술지에 발표된 질적 연구논문들은 거의 대부분 심층면담을 실시했음에도 불구하고 심층면담 과정을 상세하게 기술하지 않고 있다. 연구에서 밝혀진 내용과 결과들은 질적 연구든 양적 연구든 어떤 연구과정과 절차를 통해 나온 것인지에 대해 명확하게 제시해 주어야 그 연구에 대해 신뢰할 수 있다. 특히, 질적 연구의 경우에는 상당히 상황 맥락적이 유동적인 여건에서 심층면담이 이루어지기 때문에 어떤 상황 속에서 심층면담이 이루어졌고, 심층면담을 하는 상호작용 과정은 어떠했으며, 어떻게 면담이 전개되었는지 등은 연구결과에 영향을 줄 뿐만 아니라 연구결과를 이해하고 해석하는 데 매우 중요한 기반이 된다. 따라서 질적 연구에서 심층면담 과정을 상세하게 설명하는 것은 연구결과를 정확하게 이해하고 해석하는 데 매우 중요하다.

일부 연구에서 심층면담 방법으로 혹은 심층면담의 보조적인 방법으로 이메일 등을 통한 서면면담이나 비대면 온라인면담을 실시하기도 하였다(사례 64, 사례 106). 물론 서면면담이나 온라인면담도 활용할 수 있으나, 그 한계를 분명하게 제시할 필요가 있다. 직접 대면면담을 통한 인격적 상호작용을 통해 자료를 수집하는 것과 일정 정도 공간적 · 심리적 거리를 둔 상태에서 서면이나 온라인으로 면담을 통해 자료를 수집하는 것은 분명히 다르기 때문이다. 물론 불가피한 경우나 보조적으로 서면이나 온라인 면담도 사용할 수 있다. 다만 이런 경우에는 연구방법에 관련 내용을 상세하게 기술해 주고 연구결과를 제시하거나 해석하는 과정에서도 해당 자료의 출처와 한계를 반드시 제시해 주어야 한다. 그런데 많은 논문에서 서면이나 온라인 면담을 실시했음에도 불구하고 그러한 자료의 특징과 한계를 제시하지 않고 있었다.

7) 자료수집(참여관찰) 문제점

(1) 참여관찰 수행 부족

교육행정 분야 질적 연구에서 참여관찰 수행이 부족하다는 것이 특징이자 문제점으로 드러나고 있다. 분석 대상 논문 110편 중에서 참여관찰을 실시하고 참여관찰 자료를 충분히 분석, 해석한 논문은 5편 정도에 불과했다. 질적 연구를 수행하면서 참여관찰을 꼭 해야 하는 것은 아니지만, 연구하고자 하는 현상의 의미를 제대로 드러내기 위해서는 심층면담 못지않게 참여관찰도 매우 중요하다(Spradley, 1980). 그리고 겉으로 드러나는 모습이나 연구 참여자들이 하는 말의 이면에 있는 맥락과 의미를 드러내기 위해서는 참여관찰이 필요하다. 교직문화 형성 과정(사례 2), 부장교사의 리더십 현상(사례 10), 교무행정전담부서의 운영 과정(사례 13), 수업컨설팅 경험 과정(사례 36) 등의 연구는 연구의 목적이나 내용이 참여관찰이 필요한 연구임에도 불구하고 참여관찰 없이 심층면담만으로 질적 연구를 수행하고 있었다. 이들 연구들은 연구목적이나 연구문제에 가장 적합한 자료수집 방법을 사용하기보다는 편의 위주로 연구를 진행한 것이 아닌가 하는 의구심을 갖게 하였다. 참여관찰을 하기 위해서는 연구 현장에 일정 기간 함께 해야 하고 시간을 들여야 하며 적지 않은 비용도 발생할 수 있기 때문에 쉽지 않을 수 있다. 하지만 연구목적이나 연구문제에 따른 제대로 된 자료 수집이 이루어지지 않으면 연구결과의 신뢰도가 낮아지는 문제가 발생할 수 있다.

(2) 참여관찰 수행 과정에 대한 기술 부족

자료수집 과정에서 참여관찰을 수행한 연구 자체가 적을 뿐만 아니라, 참여관찰을 수행했다고 하는 연구들도 참여관찰 과정에 대한 상세한 설명도 부실하고, 참여관찰 자료의 분석 및 활용도 약한 것으로 나타나고 있다(사례 40, 사례 47, 사례 76 등). 연구자가 연구도구인 질적 연구에서 연구자가 어떻게 참여관찰을 했는지는 연구 내용 및 연구결과에도 중요한 영향을 미친다. 따라서 참여관찰을 실시했을 경우 참여관찰 과정에 대한 상세한 설명을 해 주어야 한다. 참여관찰 환경이나 맥락, 참여관찰 과정에서의 참여자의 역할, 참여과정에서의 상호작용 등에 대해 상세하게 기술을 해 주어 연구 내용 및 결과가 나오게 된 기반을 이해할 수 있게 해 주어야 한다. 하지만 참여관찰을 수행한 연구 대부분은 참여관찰 과정에 대해 자세하게 설명하고 있지 않을 뿐만 아니라 심지어 참여관찰을 수행했다고 언급했음에도 불구하고 참여관찰 과정에 대해서는 아예 설명이 없는 연구들도 있었다(사례 56, 사례 98).

그리고 일부 참여관찰을 수행했다고 보고하는 연구들도 참여관찰 자료의 분석 및 활용이 미흡한 것으로 드러났다. 참여관찰 자료를 어떻게 분석했는지도 거의 제시하지 않고 분석결과를 바탕으로 해석하는 과정에서 참여관찰 자료의 활용은 매우 빈약하였다. 예를 들어, 심층면담과 참여관찰 두 자료수집 방법을 사용하여 연구했다고 했는데, 연구결과를 해석하는 과정에서는 거의 심층면담 자료만 활용하고 참여관찰 자료는 거의 활용되지 않는 연구들도 있었다(사례 28, 사례 34, 사례 40).

8) 자료분석 과정의 문제점

(1) 자료분석 과정에 대한 설명 미흡

질적 연구논문들에서 나타난 또 하나의 큰 문제는 자료분석 부분이다. 연구자가 어떻게 자료를 수집하느냐 못지않게 연구자가 어떻게 자료를 분석하느냐도 연구 내용과 결과에 결정적 영향을 미칠 수 있는 중요한 부분이다. 따라서 질적 연구에서 자료분석 과정, 절차, 내용은 상세하게 제시되어야 하고, 이를 토대로 연구결과 및 내용을 해석해야 한다. 그런데 분석 대상이 되었던 질적 연구논문 상당수가 자료분석 과정에 대해 상세하게 설명을 하지 않고 있었다. 대체적으로 분석 과정에서 약호화(코딩), 범주화, 주제분석, 유목분석 등을 했다고 언급하고 있는데, 이러한 것들을 했다고만 제시되어 있을 뿐이지 구체적으로 어떻게 수행했는지에 대해서는 거의 제시하지 않고 있었다(사례 13, 사례 79, 사례 88, 사례 95). 독자 입장에서 분석 과정이 미지(未知)의 영역이 되어 버린 것이다. 약호화, 범주화, 주제 분석, 유목 분석 등은 정해진 틀이나 과정이 있는 것이 아니라, 연구자가 어떤 관점, 어떤 문제의식, 어떤 연구목적을 가지느냐에 따라 매우 다양하게 나타날 수 있다. 따라서 어떻게 연구자가 분석을 했느냐는 연구결과를 좌우할 수 있을 만큼 중요한 문제이다. 그런데 이러한 분석 과정이 상세하게 제시되지 않으면 독자들은 어떤 분석 과정을 통해 연구결과가 도출된 것인지 알지 못한 상태에서 연구결과를 접하게 되는 것이다. 이는 분석 과정은 감추고 제시하지 않으면서 연구결과만 받아들이라는 것이다.

(2) 자료분석 방법에 대한 이해 부족

분석 과정에 대한 상세한 제시의 부족은 분석 방법에 대한 이해의 부족에 기인한 것일 수도 있다고 본다. 즉, 분석 방법에 대해 정확하게 제대로 이해하고 있어야 분석을 제대로 할 수 있고, 또 분석 과정도 상세하게 설명할 수 있을 것이다. 그런데 분석 대상 논문들 중 일부는 분석 방법에 대해 제시하였는데, 제시한 분석 방법이 적절한 것인지에 대한 의문을 들게 하는 것들이 있었다. 예를 들어 한 연구에서는 사전에 면담 영역을 설정하고 그 면담지를 가지고 자료를 수집하여 사전에 설정한 면담 영역을 중심으로 연구결과를 제시하고 있으면서, Spradley의 주제 분석을 실시했다고 설명하고 있다(사례 13). Spradley의 주제 분석을 실시했으면 주제 분석을 통해 도출된 결과를 연구 결과로 제시했어야 하는데 면담 전에 설정한 주제 영역 틀을 그대로 연구결과 틀로 사용하고 있었던 것이다. 또 다른 연구에서는 직접적 해석, 범주적 합산 방법을 사용하여 분석을 했다고 설명하고 있는데(사례 53), 직접적 해석, 범주적 합산에 대한 상세한 설명도 부족하고 연구문제에 적합한 분석 방법인가 하는 의문을 들게 하기도 하였다. 질적 연구에서 질적 자료에 대한 분석은 결코 쉽지 않은 과정이며 고도의 훈련과 전문성을 필요로 한다(Stainback & Stainback, 1988; 조용환, 1999). 따라서 질적 자료 분석 방법에 대한 깊이 있는 이해와 학습을 토대로 많은 훈련을 통해 분석 방법을 익혀야 한다. 그런데 상당수의 연구에서 분석을 제대로 한 것인지, 또는 분석 방법에 대해 제대로 이해하고 있는 것인지 등에 대한 의문을 불러일으키고 있음은 큰 문제라고 할 수 있다.

9) 연구결과 해석의 편파성

일부에서 연구결과를 해석하는 과정에서 편파적인 성향을 보여 주는 것도 문제점으로 드러났다. 질적 연구방법을 통해 연구학교와 혁신학교를 비교한 연구에서(사례 21) 연구자는 혁신학교에 대해 상당히 긍정적인 관점을 가지고 혁신학교의 장점을 중심으로 연구결과를 제시하였다. 이러한 접근은 혁신학교에 대해 총체적이고 맥락적으로 보려고 하기보다는 긍정적인 측면을 중심으로 연구가 진행되어 오히려 혁신학교에 현상 및 혁신학교에 대한 이해를 왜곡시킬 수 있는 위험성이 있다. 혁신학교의 단점이나 문제점은 드러내지 않고 장점 위주로만 자료가 수집되고 해석되어 마치 혁신학교는 '좋은 학교'인 것처럼 만들어 내고 있다. 이는 현상에 대한 심층적인 이해를 목적으로 하는 질적 연구 취지에도 맞지 않다. 혁신학교의 정확한 모습이 드러나지 않기 때문이다. 이러한 예들이 몇몇 연구에서 나타났는데, 사례나 현상을 분석하고 해석하면서 긍정적인 모습에만 치중을 하거나, 미리 설정한 틀에 따라 보려고 하는 것만 보고 다른 부분은 놓치거나 드러내 주지 않는 등의 연구들이 있었다. 이러한 해석이나 접근은 사례나 현상을 정확하게 드러내 주지 못하고 왜곡시킬 수 있다는 점에서 문제가 될 수 있다.

10) 신뢰성 확보 문제

(1) 신뢰성 확보에 대한 인식 부족

신뢰성 확보 방안은 연구자가 연구도구가 되는 질적 연구에서 연구자 개인의 특성과 속성이 연구에 결정적인 영향을 미칠 수 있다는 점에서 연구결과를 신뢰하기 위한 장치이고 과정이다. 따라서 질적 연구에서 연구결과를 신뢰하기 위한 방안을 구안하고 구현하는 것은 매우 중요하다 (Huberman & Miles, 2000). 그런데 분석 대상이 되었던 논문들 중에서 상당수의 논문들이 신뢰성 확보 방안에 대해 아예 언급조차 하지 않고 있었다(사례 16, 사례 18, 사례 27, 사례 28, 사례 87, 사례 89, 사례 101, 사례 109 등). 연구자 본인이 절대적으로 영향을 미치는 연구에서 연구자 본인 개인에 편향된 연구가 아니라 신뢰할 만한 연구결과라는 것을 입증할 최소한의 장치도 마련하지 않고 있는 것이다. 이러한 신뢰성을 확보할 장치와 노력이 미흡한 연구결과에 대해서 누군가가 "그것은 당신의 이야기고, 나는 당신의 연구결과를 신뢰할 수 없다"라고 이야기해도 '어폐(語弊)'가 없는 지적일 수 있다.

(2) 신뢰성 확보에 대한 설명 미흡

대체로 가장 많이 사용하는 신뢰성 확보 방안은 삼각검증이다. 삼각검증은 자료 및 해석의 신뢰성을 확보하기 위하여 다양한 근거와 기반을 바탕으로 자료도 수집하고 분석, 해석을 했다는 것을 제시하는 것이다. 따라서 삼각검증은 자료수집, 분석, 해석 등이 자의적으로 이루어지지 않고 타당한 근거와 기반에 의해 이루어졌다는 것을 상세하게 설명을 해 주어야 한다. 그런데 삼각검증을 했다고 제시하고 있는 대부분의 논문에서 삼각검증 과정에 대해 상세하게 밝히지 않고 있다(사례 20, 사례 23, 사례 76, 사례 84, 사례 102). 즉, 연구의 자료수집, 분석, 해석 등이 신뢰할 만하다는 점을 충분히 설명하지 못하고 있는 것이다. 삼각검증을 했다고 언급하는 것이 중요한 것이 아니라 어떻게 삼각검증을 했고 삼각검증을 통해 어떻게 신뢰성을 확보했는지가 중요한데 대체로 이러한 설명이 미흡하다.

그리고 삼각검증을 했다고 하지만 형식적인 수준에 그치는 논문들도 발견된다(사례 10, 사례 36, 사례 90, 사례 92). 자료분석이나 해석 결과에 대해 신뢰성을 검증하기 위해서는 핵심적인 자료수집 대상으로부터 검증을 받아야 하는데, 보조적인 참여자로부터 검증을 받거나 일부에게만 검증을 받는 등의 사례들도 있었다. 이와 같이 연구과정 및 결과에 대한 신뢰성 확보와 관련하여 신뢰성 확보에 대한 이해 부족 논문들도 상당히 발견이 되고, 그나마 신뢰성 확보 노력을 기울인 논문들도 형식적인 검증의 모습을 보여 주고 있다는 것은 문제라고 할 수 있다.

6. 맺음말

교육행정 분야 절적 연구 동향 및 문제점에 대한 분석결과 질적 연구방법에 대한 전반적인 이해 부족이 가장 두드러진 특징으로 나타나고 있다. 우선 기본적으로 질적 연구는 단순히 방법론이 아니라 인식론 나아가 존재론적으로 양적 연구의 기반과는 다르다. 즉, 질적 연구는 방법론적 차원을 넘어서서 철학적 기반이 다르다는 것이다(Wolcott, 1994; 조용환, 1999). 질적 연구의 철학적 기반에 바탕으로 두지 않으면 질적 연구를 제대로 하기 어렵다. 그런데 교육행정 분야 질적 연구 논문에서 대체적으로 질적 연구의 철학적 기반에 대한 인식과 이해가 부족한 것으로 나타났다. 이러한 문제는 연구의 전반적인 과정으로 확산이 되고 있었다. 질적 연구 설계 과정부터 질적 연구의 철학적 기반 위에서 이루어져야 하는데 그렇지 못한 경우들이 많았다. 연구 분석 틀을 미리 설정하고 그것을 검증하거나 자료를 찾아내는 방식으로 연구를 설계하여 수행한 사례들도 있었는데, 이는 질적 연구임에도 연역적 접근을 시도한 것으로 인식론적 혼동을 가져온 사례라고 할 수 있다. 또한 질적 연구의 철학적 기반은 자료수집 과정에도 반영이 되는데, 심층면담이나 참여관찰 과정에도 스며들어 있다. 심층면담은 단순히 준비한 질문에 대한 응답을 듣는 과정이 아니라 그 응답 이면에 있는 삶과 현상에 대한 심층적인 발견과 이해를 목적으로 한다. 그런데 상당히 많은 연구에서 심층면담 과정에서 해당 질문에 대해 피상적인 답을 듣고 다음 질문으로 넘어가는 모습도 보여주었다. 이는 질적 연구 철학에 맞지 않는 자료수집 과정이다. 참여관찰 역시 연구 참여자나 현상에 대해 심층적으로 탐구하며 이해해 나가는 과정으로 누적적이며 반복적으로 이루어져야 한다. 그런데 상당히 많은 연구에서 1회 참여관찰로 연구를 진행하고 있었다.

질적 연구방법에 있어 사례연구, 문화기술지, 현상학적 탐구, 근거이론 연구, 내러티브 탐구 등 여러 방법이 사용되고 있는데, 이 방법들의 핵심적인 속성, 과정, 절차에 대한 이해 부족도 드러나고 있다. 이들 연구방법들은 각각 고유의 특성을 가지고 있다. 그리고 이러한 특성은 연구의 연구목적이나 연구문제 등과 밀접하게 연관된다. 즉, 연구목적이나 연구문제에 따라 적합한 연구방법을 사용해야 연구를 제대로 진행할 수 있다. 그런데 상당수의 연구에서 사용한 질적 연구방법이 연구목적이나 연구문제에 적합한 것인지 의문을 갖게 하였다. 질적 연구의 다양한 연구방법에 대한 철저한 이해를 바탕으로 본인의 연구에 가장 적합한 질적 연구방법을 사용할 수 있도록 하는 기본적인 이해를 고양시킬 필요가 있다.

분석 방법에 있어서도 많은 문제점들이 나타나고 있다. 상당히 많은 연구에서 분석 방법에 대해 상세하게 밝히지 않고 있다. 질적 연구결과는 자료에 대한 분석을 통해 결정되기 때문에 자료분석 과정은 질적 연구결과를 이해하는 매우 중요한 단서이다. 어떻게 분석하느냐에 따라 연구결과가 달라질 수 있기 때문이다. 따라서 분석 과정은 상세하게 제시되어야 하는데 살펴본 대부분의 연구에서 이 부분이 상당히 미흡하였다. 또한 몇몇 연구에서는 분석 기법이나 방법들을 제대로 적용한 것인가 하는 의문을 들게 하기도 하였다. 질적 연구 분석 과정 및 방법에 대한 이해 부족이 큰 문제점으로 드러나고 있다.

이러한 모든 문제의 근원은 우리 교육행정학계의 질적 연구 풍토가 아직은 일천(日淺)하기 때문이라고 본다. 교육행정학계 전반적으로 아직 질적 연구 사례도 많지 않고, 질적 연구 경험도 많지 않으며, 질적 연구에 대한 충분한 논의도 이루어지지 않은 상황이다. 이러한 상황에서 질적 연구를 하는 연구자들은 대부분 개별적으로 익혀서 질적 연구를 수행하고 있다. 따라서 질적 연구를 수행하는 개인에 따라 질적 연구의 질과 수준이 결정되는데 그 편차가 너무 심한 편이다. 질적 연구를 제대로 배우고 논의할 수 있는 풍토의 조성이 시급하다고 할 수 있다.

질적 연구를 제대로 논의할 수 있는 풍토 조성의 첫걸음으로 『교육행정학연구』의 논문 리뷰 프로세스에 대한 자체적 점검을 할 필요가 있다. 『교육행정학연구』에 게재된 질적 연구들에서 다양한 문제점이 도출되었다는 것은, 『교육행정학연구』의 논문 심사과정에서 상술한 문제점들이 충분히 검토되지 못했음을 방증한다. 질적 연구를 수행한 논문의 심사과정 및 절차, 세부적인 심사 기준에 대한 문제점이 있는지 살펴보고 보완할 점을 찾아서 교육행정 분야 질적 연구의 질을 높이는 계기로 삼아야 할 것이다.

아울러, 질적 연구 교육에 큰 관심을 기울여야 한다고 본다. 최근 10년간의 질적 연구 사례에 대한 분석결과, 질적 연구를 하고자 하는 연구자들의 의지와는 별도로, 질적 연구의 기본 철학이나 관점, 자료수집 방법, 자료분석 방법, 자료 해석 방법 등 질적 연구 전반에 대한 이해 및 기초 부족이 드러나고 있다. 이러한 현상의 가장 큰 원인 중의 하나는 질적 연구에 대한 교육 부족이라고 생각한다. 질적 연구에 대해 제대로 교육받지 못한 상태에서 질적 연구를 수행하고 있다고 판단되는 사례들이 적지 않았다. 교육행정학계 내에서 질적 연구 교육체제를 제대로 구축할 필요가 있다. 질적 연구는 단순하게 질적 연구방법을 기능적으로 익혀서 수행할 수 있는 것이 아니라 연구도구인 연구자에게 질적 연구에 체화(體化)될 때 제대로 된 질적 연구가 가능하다고 본다. 즉, 머리로 이해하는 수준을 넘어 몸으로 익혀야 질적 연구를 제대로 수행할 수 있다고 생각한다. 즉, 질적 연구를 위해서는 상당한 훈련과 경험이 축적되어야 한다. 우리 교육행정학계에 질적 연구에 대한 기본적인 이해뿐만 아니라 질적 연구 훈련과 경험을 축적하며 익혀 갈 수 있는 교육체제가 시급히 필요하다는 것이다.

참고문헌

김병찬(2003). 교육행정 연구에서의 질적 접근. 교육행정학연구, 21(2), 503-526.

김병찬, 유경훈(2017). '교육행정학연구' 게재 논문의 연구 동향 특징 분석: 연구주제 및 연구방법을 중심으로. 교육행정학연구, 35(4), 173-200.

김영천(2005). 별이 빛나는 밤, 한국 교사의 삶과 그들의 세계. 서울: 문음사.

남수현(2022). 애도 경험 및 애도 상담의 질적 연구 동향분석: 2011년~2020년 중심으로. 한국자료분석학회 학술대회자료집, 107-110.

서근원(2014). 수업, 어떻게 볼까?. 서울: 교육과학사.

신현석(2009). 한국적 교육행정학의 방법적 기반. 교육행정학연구, 27(3), 23-56.

신현석, 박균열, 이예슬, 윤지희, 심범철(2018). 한국 교육행정학 연구동향의 심층분석 및 미래 전망: 2009년 ~2018년까지의 교육행정학연구를 중심으로. 한국교육학연구, 24(4), 247-286.

신현석, 박균열, 전상훈, 주휘정, 신원학(2009). 한국 교육행정학의 연구 동향 분석:「교육행정학연구」를 중심으로. 교육행정학연구, 27(4), 23-56.

신현석, 주영효, 정수현(2014). 한국 교육행정학 분야 질적 연구 동향 분석. 교육행정학연구, 32(3), 53-81.

오영재(2012). 교육행정에서 질적 연구. 한국교육행정학회 학술연구발표회논문집, 10, 228-229.

오은경, 류진아(2021). 북한이탈여성에 관한 질적 연구 동향분석: 국내 학술지 중심으로. 여성연구, 109(2), 351-375.

유기웅, 정종원, 김영석, 김한별(2018). 질적 연구방법의 이해. 서울: 박영스토리.

윤정일, 송기창, 김병주, 남수경(2021). 교육행정학 원론. 서울: 학지사.

윤혜원(2020). 교육행정학 협업연구 네트워크 분석: 현장연구자와 전문연구자의 관계 구조를 중심으로. 교육행정학연구, 38(5), 77-107.

이수정, 김승정 임희진(2018). 미국 교육행정학 연구의 동향 분석: Educational Administration Quarterly 발표 논문을 중심으로. 교육행정학연구, 36(5), 271-292.

이용숙, 김영천, 이혁규, 김영미, 조덕주, 조재식(2005). 실행연구. 서울: 학지사.

임연기, 김훈호(2018). 한국 교육행정학 연구 동향 및 활용 지식의 특성 분석. 교육행정학연구, 36(1), 355-382.

정영수, 박선형, 박소영, 김병찬, 한유경, 박수정(2011). 교육행정연구법. 경기: 교육과학사.

정재원, 오주은(2021). 영유아 또래관계 관련 질적 연구 동향 분석. 생애학회지, 11(1), 1-19.

조용환(1999). 질적 연구, 방법과 사례. 서울: 교육과학사.

Evehart, R. B. (1988). Fieldwork methodology in educational administration. In Norman J. Boyan (Ed.), *Handbook of Research on Educational Administration* (pp. 703-727). NY: Longman.

Hoing, M. I. (Ed.) (2006). *New directions in education policy implementation: Confronting complextiy*. Albany, NY: SUNY Press.

Huberman, A. M., & Miles, M. B. (2000). Data management and analysis methods. In N. Denzin & Y. Lincoln (Eds.), *Handbook of qualitative research* (2nd ed., pp. 428-441). London: Sage.

Lincoln, Y. S., & Guba, E. G.(1985). *Naturalistic inquiry*. Beverly Hills, CA: Sage.

Seidman, I. (2006). *Interviewing as qualitative research: A guide for researchers in education and the social sciences*. Teachers College Press.

Spradley, J. P. (1979). *The ehnographic interview*. New York: Holt, Rinehart and Winston.

Spradley, J. P. (1980). *Participant observation*. New York: Holt, Rinehart and Winston.

Stainback, S. B., & Stainback, W. C. (1988). *Understanding & conducting qualitative research*. Dubuque, Iowa: Kendall/Hunt Pub. Co. Ltd.

Wolcott, H. (1990). *Writing up qualitative research*. Newbury Park: Sage.

Wolcott, H. (1994). *Transforming qualitative data: Description, analysis, and interpretation*. London: Sage.

Yin, R. K. (2016). *Qualitative research from start to finish* (2nd ed.). New York: The Guilford Press. A Division of Guilford Publications, Inc.

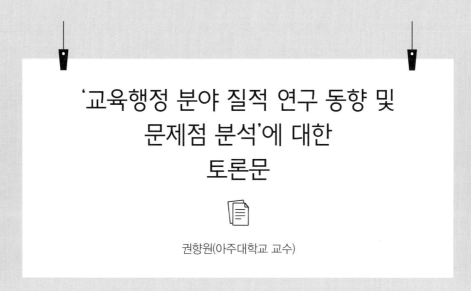

'교육행정 분야 질적 연구 동향 및 문제점 분석'에 대한 토론문

권향원(아주대학교 교수)

1. 발제문에 대한 리뷰

본 연구는『교육행정학연구』의 게재 논문 중 2012년(제30호)~2021년(제39호)에 실린 질적 연구 논문 110편을 대상으로 연구 동향 및 문제점을 방법론의 관점에서 진단하고 있다. 그리고 분석 준거(혹은 분석유목 또는 분석틀)로서 질적 연구 활용 이유, 연구주제, 연구 참여자, 연구방법, 연구 기간 및 연구자, 자료수집 방법, 자료분석 방법, 신뢰성 확보 방안 등의 기준을 설정하고 기존 논문들을 진단하고 있다. 연구자들은 이러한 분석 준거가 기존의 질적 연구 동향 분석 사례를 검토하고 분석적으로 종합한 결과 도출되었다고 밝히고 있다. 이렇게 설정된 분석 준거를 바탕으로 약 110편의 논문을 검토하여 유형화하는 작업이 수행되었다. 방대한 양의 논문을 일일이 검토하는 것은 매우 높은 난이도와 희생을 요구하는 작업이다. 이에 토론자는 본 연구의 성실성과 꼼꼼함이 매우 돋보인다고 평가한다.

나아가 연구자들은 도출한 분석 준거를 기준으로, 기존에 출간된 논문의 개수와 비율을 연도를 기준으로 양적으로 정리하여 제시하고, 이러한 분석결과를 바탕으로 교육행정학 분야의 질적 연구가 갖는 문제점을 비평하였다. 연구자들이 제시하고 있는 비평들 중 방법론 측면에서 중요도가 높다고 판단되었던 것으로 다음을 예시할 수 있겠다.

첫째, 기존 연구들이 전반적으로 질적 연구를 활용한 이유에 대한 논리적 성찰을 누락하고 있다는 지적이다. 즉, 어떠한 방법론을 사용하고자 선택하였을 때, 이러한 선택이 딛고 있는 논거의 정당성이 뚜렷하지 않다는 의미로 읽힌다. 뿐만 아니라, 연구자들은 일부 연구들의 경우 양적 연구의 연역적 인식론을 바탕으로 질적 연구를 접근하는 오류를 드러내고 있다는 점도 밝히고 있다.

둘째, 기존 연구들이 연구과정에서 이루어지는 표집방법, 연구 참여자 선정 등 구체적인 기법적 선택의 이유에 대해서도 논리적 성찰 및 명확한 설명을 누락하고 있다는 지적이다. 이는 앞선 질적 연구를 활용한 이유에 대한 논리적 성찰의 부재와도 연결된다고 할 수 있다. 교육행정학 분야 연구자들이 질적 연구방법을 적용하는 데에 있어서, 방법이 딛고 있는 이론적 논리와 기법적 전략에 대한 충분한 식별과 통찰을 부재하고 있다는 비판으로 읽힌다. 이러한 선이해 없이 연구자들이 질적 자료를 모아서 어떠한 결론을 끌어내면 질적 연구라고 이름 짓는 일종의 무분별성이 만연하다는 점을 꼬집고 있다.

셋째, 사례연구, 근거이론, 현상학 등 질적 연구로 구분될 수 있는 다양한 접근방법에 대한 선택에 대해서도 명확한 설명과 정당성을 제시하고 있지 못하다는 지적이다. 연구자들은 기존의 연구들이 질적·귀납적 인식론에 기반한 연구방법을 선택하고 있음에도, 사전에 기설정된 분석틀이나 개념틀을 바탕으로 분석 대상을 끼워 맞추어 가는 '환원적 연역화'의 오류를 범하고 있다는 점을 비판적으로 지적하고 있다. 즉, 다양한 유형의 연구방법을 관통하는 인식론적 바탕에 기반하지 않은 적용에 대한 편의주의를 지적하고 있다.

넷째, 상당수의 기존 논문들이 심층면담과 같은 상호작용적 자료수집 방법을 활용하였음에도 불구하고, 심층면담 과정 등 상호작용의 과정과 상황을 상세하게 설명하고 있지 않은 설명 부재의 문제 역시 지적되었다. 이러한 설명의 미흡 혹은 부재의 문제는 참여관찰 수행뿐 아니라 자료분석 과정 측면에서도 확인된다고 언급되고 있는데, 연구방법에 대한 꼼꼼하고 성실한 기술이 누락되고 있는 경향성을 비판하고 있다.

요컨대, 연구자들은 기존 연구들이 방법론, 자료수집 및 자료분석 기법, 표집 대상 선정 등의 의사결정 과정에 대하여 낮은 인식론적 이해와 성찰에 바탕을 두고 있을 뿐 아니라, 연구과정에 대한 기술이 성실함과 꼼꼼함을 놓치고 있음을 지적하고 있다.

그러나 토론자는 개인적으로 기존 연구들에 대하여 '이해 부족', '인식 부족'과 같은 단언적인 표현을 사용하는 것에는 유의할 필요가 있다고 판단한다. 가령 (적어도 토론자가 몸담고 있는 행정학이나 경영학 분야에서) '패러다임 모형'을 사용한 최근의 근거이론 경험연구들은 해당 모형의 인식론적 논거에 대하여 많은 지면을 할애하지 않는 경향성을 보인다. 근거이론에 대한 수용도와 인식론에 대한 이해도가 높아져 있기 때문에, 연구방법의 이론적 정당성에 대하여 많은 서술을 할애할 필요가 저감되었기 때문이다. 오히려 최근의 저자들은 분석모형의 참신함을 어필하거나 분석과정에서 타당성과 신뢰성을 높이기 위한 전략 등에 좀 더 신경을 쓰고 있는 모습을 보인다. 따라서 '하나의 논문'이라는 단편적인 정보 안에서 저자들의 성찰과 이해 정도를 평가적으로 진단하는 것에 유의할 필요가 있다. 오히려 만약 이러한 '성찰과 이해 여부의 제시'가 논문의 타당성과 신뢰성을 확보하기 위하여 꼭 필요한 요소였다면, 기존의 몇몇 연구가 이러한 요소를 누락하고도 '게재가'를 받을 수 있었던 상황에 대한 비판이 보다 유효하다고 본다. 가령 리뷰 프로세스에서 질적 연구를 대상으로 한 정치한 기준이나 평가틀이 부재한 상황 등을 지적하고, 개선안을 도출하는 것이 좀 더 생산적인 담론으로 이어지는 지름길이라고 본다. 토론자가 읽기에 본 연구가 기존의 연구(자)에 대하여 '빈곤'을 지적하며 비판하는 지점은 조금 현실과 빗겨나 있다는 느낌을 주었다. 다만 연구자들은 글의 말미에서 "우리 교육행정학계의 질적 연구 풍토가 아직은 일천하기 때문이라고 본다"라는 문제제기를 짧게나마 놓치지 않고 있었다. 그러나 질적 연구 전반에 대한 이해와 기초 부족을 극복하기 위한 교육 부족을 들고 있다. 타 전공자로서 문제의 극복을 위한 방안을 교육행정학답게 '교육'에서 찾고 있다는 점에서 흥미로운 지점이었다. 반면 토론자에게는 오히려 "논문에 대한 리뷰 프로세스에서 평가기준 등에 대한 개선이 보다 유효한 대안이 아닐까?"라는 생각이 좀 더 주도적이었다. 물론 제도와 교육이라는 두 바퀴가 서로 맞물려 개선될 때 보다 효과적일 것이다.

2. 개선의 여지가 있는 부분

이 글은 매우 성실하게 작성되었다. 따라서 개선의 여지를 지적하는 것이 매우 조심스럽다. 그러나 주어진 토론자로서의 소임을 다하기 위하여 다음과 같은 사항들을 의견을 담아 보았다.

첫째, 연구자들이 문제로서 지적하고 있는 핵심 문제를 연구자들 스스로 반복하고 있는 패러독스의 이슈이다. 연구자들은 본문의 전반에 걸쳐 기존 연구자들이 자료수집 및 자료분석 방법의 선택 이유 및 진행 과정에 대한 명확한 근거와 설명을 제시하고 있지 않다는 점을 지적하였다. 그런데 토론자에게는 동일한 문제가 본문에서도 반복되고 있다는 인상을 받았다. 가령 연구자들은 기존 연구들을 체계적으로 리뷰하기 위하여, 일종의 분석 틀에 해당하는 분석 준거를 도출하여 활용하였다. 그리고 연구자들은 분석 준거가 기존의 연구들을 종합하여 도출되었다고 밝히고 있다. 그러나 토론자는 해당 분석 준거가 어떠한 절차를 통해 어떠한 논리를 바탕으로 도출되었는지 파악할 수가 없었다. 뿐만 아니라, 해당 분석 준거가 본문의 결론 도출과정에서 어떻게 활용되었는지 역시 판단하기 어려웠다. 토론자에게는 본문이 서로 다른 별도의 두 개의 글이 앞뒤에 물리적으로 붙어 있는 것으로 이해되었다. 예컨대, 앞부분은 연구자들이 내재적으로 구상한 분석틀을 바탕으로 한 정량적인 교차빈도분석을 주로 하는 연구이고, 뒷부분은 연구자들이 기존의 연구들을 숙독하고 갖게 된 주관적인 인상에 대한 게스탈트 분석적 기술 및 제안으로 받아들여졌다. 만약 토론자가 본문의 작성자였다면, 조금 욕심을 내서 두 개의 독립적인 글로 분리하여 각각의 논리를 전개하는 선택을 하거나, 양적인 분석을 간소화하여 연구 경향에 대한 전반적인 스케치로 다루고 후반의 문제제기를 보다 심층적이고 구체적으로 접근하는 선택을 선호하였을 것 같다.

둘째, 분석 준거가 담고 있는 유형의 설정상 문제이다. 가령 일부 유형들은 서로 배타적이지 않거나 질적 연구방법의 구성 요소가 갖는 특성을 왜곡시킬 수 있다는 우려가 있다고 본다. 또한 일부 유형은 내용상 큰 필요성을 갖지 않는다고 이해되었다.

가령, 우선 분석 준거의 '연구방법' 항목에 '면담 및 FGI'가 담겨 있다는 사실을 들 수 있다. '면담 및 FGI'은 일반적으로 상호작용적 자료수집을 위한 기법으로 구분된다. 물론 특수한 상황에서 연구자의 적용방식에 따라 차이가 발생할 수는 있다. 그러나 해당 항목이 연구방법으로 구분되어 있다는 점은 독자들에게 혼동을 야기할 수 있다고 생각한다. 또한 '연구방법' 항목에서 '사례연구'는 다른 연구들과 혼용되거나 연관되어 활용되는 경우가 많다는 점도 유의해야 한다. 물론 '사례연구'를 다른 연구들과 구분되는 독자적인 연구 전략으로 세워야 한다는 일부의 주장 역시 확인된다. 그러나 대부분의 사례연구들이 '2차 질적 자료 분석' 혹은 '면담 및 FGI' 등의 분석 전략을 선택하고 있음을 고려한다면, '연구방법' 항목을 구성하는 하위 항목들이 갖는 잠재적인 혼란과 혼재의 문제를 쉽게 간과할 수는 없다. 따라서 연구방법을 내러티브, 문화기술지, 근거이론, 현상학 등 전통적인 기준에 따라 명료화하고 분석결과를 재구성할 것을 제안한다.

더하여 '연구 참여자', '자료수집 방법(종합)' 등과 같은 항목은 하위 준거가 다소 과도하게 세부적이어서 분석결과 해석 및 시사점 도출에 어려움이 있었다. 이에 '연구 참여자'의 경우, 학교와 정부기관으로 단순화하여 접근해도 충분히 의미를 갖는다고 판단하며, '자료수집 방법(종합)' 등의 항목은 사실 큰 의미를 갖지 않기 때문에 소거해도 글의 전반적인 논지를 저해하지 않는다고 보았다. 더하여 '연구 참여자 선정 및 표집'도 불필요한 항목으로 평가한다. 연구자의 의도적이고 주관적인 연구설계에 속성상 열려 있을 수밖에 없는 질적 연구는 '목적표집', '편의표집', '눈덩이표집' 등을 선호하는 경향을 보이기 때문이다. 이에 연구자가 분석틀에 담아 분석에 사용한 '전형적 표집' 및 '최대편차표집' 역시 실제 연구에서는 아마도 특정한 의도성을 갖는 '목적표집'의 성격을 가지고 출발하였을 것으로 추정한다.

끝으로, "이러이러한 인식론적 배경에 있는 것들이어야 질적 연구방법(론)이다"라는 일종의 교조주의를 경계할 필요가 있다는 점을 언급하고 싶다. 과거 사회과학 분야에서 통계학 기반의 양적 연구나 과학주의 기반의 행태연구가 일종의 정상과학으로 인식되어 주류화되고, 질적 연구는 비주류적이고 비과학적인 접근으로 반주변부에 놓여 있었던 시기가 있었다. 본 토론자는 이 시기 질적 연구자는 연구방법론의 편향성을 해소하고, 방법의 스펙트럼을 확장하기 위한 일종의 운동가의 성격을 아울러 지녔던 것으로 기억한다. 따라서 당시 질적 연구자들이 천착하였던 이론적 논의의 면면을 회고해 보면, 현상학, 해석학, 구성주의, 비판이론 등 질적 연구방법을 논리적으로 정당화하기 위한 인식론에 대한 심도 있는 기술들이 주를 이루었다. 이러한 에너지의 누적으로 인하여, 이제는 사회과학계에서도 근거이론을 비롯한 다양한 질적 연구방법들이 양적 연구와 보완적으로 혹은 연구주제에 따라 대체적으로 활용될 수 있다는 일종의 상호 이해와 합의가 자리 잡힌 것으로 보인다. 이에 이제는 출간되는 저널들에서 질적 연구방법을 사용한 논문들을 찾는 일이 어렵지 않게 되었고, 연구자들의 수용도도 크게 증가한 것으로 파악된다. 이에 최근에는 외국 사회과학계에서도 과거의 인식론 중심의 이론적 논의에 천착하기보다는 다양한 비정형 질적 자료를 효과적으로 코딩(coding)하기 위한 분석 전략과 소프트웨어 활용 등 기법적인 측면이나, 질적 연구와 양적 연구 간의 결합(mix)을 위한 혼합연구 설계 등 기법과 설계에 대한 관심이 크게 증대되고 있는 것으로 알고 있다. 이러한 관심의 맥락에서, 잘 알려진 Atlas.ti, NVIVO 등 QDA 소프트웨어를 비롯하여, Q-방법론을 위한 Q-Method, 사건구조분석을 위한 ETHNO 등 일종의 분석 툴킷의 실용화되었음을 확인할 수 있다. 그리고 한 연구자가 질적 코딩을 통해 귀납적으로 연구가설들을 명제화된 형태로 제시하면, 다른 연구자들이 이를 설문도구로 발전시켜 일반성을 검증하는 등 질적·양적 연구의 경계를 흐리면 넘나드는 다양한 시도들이 나타나고 있다. 조심스럽지만 이러한 상황을 포괄적으로 고려할 때, 질적 연구라는 어떠한 성역이 있고, 양적 연구자와 구분되는 질적 연구자가 별도로 존재한다는 일종의 오소독스를 경계해야 한다는 입장이다. 사회과학 연구의 본질은 탐구되지 않은 문제에 대한 답을 찾아가는 과정 및 이에 따른 다양한 방법 간의 비교와 선택에 있는 것이지, 어떠한 연구방법에 고착되어 연구자의 정체성을 확립하기 위한 목적에 있지 않기 때문이다. 질적 연구방법에 대한 이론적 논의가 자칫 교조화된 '부흥회'로 고착되지 않고, 문제해결을 위한 보다 나은 실용적 해법으로 널리 자리 잡히길 바라는 마음에서 글을 맺는다.

제11장

근거이론적 방법의 활용 실태와 비판적 성찰*

권경만(한국성서대학교 전략기획실장)
김한솔(산본고등학교 교사)
변기용(고려대학교 교수)

* 이 장은 그동안 저자들이 출판하였던 변기용, 권경만, 이현주, 홍바울(2020). 교육행정학 연구에서 근거이론 접근방식 활용 실태와 비판적 성찰(교육행정학연구, 38/1); 변기용, 김한솔(2020). 교육학 연구에서 근거이론적 방법의 발전적 활용을 위한 비판적 성찰: Strauss와 Corbin의 코딩 패러다임을 중심으로(한국교육학연구, 26/3); 변기용, 이인수(2020). 근거이론적 방법이 교육행정학 연구방법론 확장에서 가지는 의미(교육행정학연구, 38/2); 변기용(2020). 근거이론적 방법의 이론화 논리와 과정: K-DEEP 프로젝트와 후속 연구과제 수행(2013~2019)을 중심으로(교육행정학연구, 38/3)의 내용을 본 연구의 맥락에 맞게, 수정·보완, 재구성하여 작성했음을 밝혀 둔다. 이 장의 내용은 권경만, 김한솔이 기존 원고들에 기반하여 초안을 작성하고 변기용이 총괄 감수하는 방식으로 완성되었다.

요약

본 연구는 국내외 교육행정학 연구에서 근거이론적 방법의 활용 실태를 파악하고 향후 우리 교육행정학계에서 근거이론적 방법을 보다 발전적으로 활용하기 위한 방향을 제시하는 것을 목적으로 수행하였다. 이를 위해 질적 연구에서 근거이론적 방법의 의미와 함께 근거이론적 방법의 발전과정 및 분파별 특징을 살펴보고, 국내외 교육행정학 연구에서의 근거이론적 방법 활용 실태를 비판적으로 성찰하였다. 분석결과를 토대로 ① 개념을 지나치게 많이 생성하는 경향―'개념 생성 워크시트'의 적극적 활용 및 도입, ② 2차 코딩 단계에서 연구가 종료되는 제한된 이론화 과정―3차 코딩(이론적 코딩) 과정을 통한 기존 이론과의 연계 혹은 확장·발전 시도, ③ 간호학 분야에서 제시된 기존 교과서의 근거이론 구조 적용의 한계―기존 교과서의 맥락/인과적 조건에 대한 교육행정학 분야 차원에서의 재해석, ④ 연구자의 주관과 준거 틀에 대한 통제의 한계―연구자의 정체성 및 이론적 민감성과 관련된 정보를 명확히 기술, ⑤ '코딩 패러다임'의 지나친 남용―모든 범주를 채우기보다는 가능한 범위에서의 개념적 이론화 및 관계적 이론화 시도 등을 시사점과 개선 방안으로 제시하였다.

[주제어] 교육행정학, 근거이론, 근거이론적 방법, 질적 연구

1. 질적 연구에서 근거이론적 방법의 의미

1) 본질(해석)적 질적 연구와 실용(설명)적 질적 연구

비교적 최근까지도 질적 연구와 관련하여 우리 교육행정학계에서는 '질적 연구는 일반화를 목적으로 하지 않는다' 또는 '이론적 틀을 가지고 질적 연구에 접근해서는 안 된다' 등의 전통적 관점이 무시 못할 영향력을 행사하고 있었다. 즉, 교육행정학계에서 질적 연구는 "대개 구성주의에 과학철학적 기반을 두고 연구의 초점이 개인 혹은 집단에게 맞추어지면서 각 개인 혹은 집단이 구성하는 '의미'를 중점적으로 탐구한다"라는 구성(해석)주의 관점(혹은 현상학적 관점)이 지배적이었던 것으로 생각된다. 이에 따라 우리 교육행정학계에서 활용되는 질적 연구방법들은 행정학, 사회학, 사회복지학, 간호학 등 다른 학문 분야와 비교해 볼 때 새로운 질적 연구 접근방법(예컨대, 근거이론적 방법, 실행연구 등)에 대한 관심이 상대적으로 미약했다(변기용 외, 2020). 특히, 질적 연구에도 다양한 접근방식이 있음에도 불구하고, 연구목적에 따라 적절한 질적 연구방법을 적용하려고 하기보다는 질적 연구방법 전체를 하나의 동일한 범주로 간주해 옴으로써 실천성을 중요시하는 응용 학문으로서의 교육행정학이라는 학문적 성격에 부합하는 방식으로 질적 연구의 다양한 유형들을 제대로 활용해 오지 못했던 것은 아닌가 하는 비판이 제기되어 오기도 했다(변기용, 2018).

같은 질적 연구방법이라 하더라도 일반화(이론 형성)를 명시적 목적으로 하는 '근거이론적 방법 연구'와 현상의 두터운 기술(thick description)을 목적으로 하는 '내러티브 연구', '현상학적 연구', '문화기술지' 등은 연구의 목적과 접근방식이 다르다(Creswell, 2013; 권향원, 최도림, 2011). 따라서 질적 연구를 연구방법으로 채택했다고 하더라도, 구체적 접근방식의 선택은 연구의 목적, 연구자가 가지고 있는 방법론적 친밀도 등에 의해 결정되는 것이 타당하다. 이 장에서 다루는 '근거이론적 방법'은 다른 질적 연구방법들과는 달리 일반(이론)화를 목적으로 하고, 따라서 '이론(theory)'을 연구의 산출물로 삼고 있다는 점에서 특징적이다. 사실 이는 근거이론적 방법이 다른 질적 연구방법에 비해 높은 융통성과 확장성을 부여받고 있는 가장 중요한 원인 중 하나라고 할 수 있다(권향원, 2016).

근거이론적 방법이 질적 연구에서 차지하는 위치를 보다 명확히 이해하기 위해서는 질적 연구 접근방식에 어떤 유형이 있는지 살펴보는 것이 필요하다. 학자들마다 질적 연구방법론의 분류방식이 다르긴 하지만 현재 가장 널리 인용되고 있는 것 중의 하나는 Creswell(2013/2015)의 분류방식이 아닌가 한다. 그는 다양한 질적 연구 유형들을 단순화하여 ① 내러티브 연구, ② 현상학적 연구, ③ 근거이론적 방법 연구, ④ 문화기술지, ⑤ 사례연구의 다섯 가지 접근방식으로 구분하고 있다.

하지만 필자들의 생각으로는 Creswell(2013/2015)의 다섯 가지 질적 연구 유형 분류에서 하나의 범주로 제시되고 있는 '사례연구'의 경우 다른 네 가지 질적 연구의 유형과 병렬적으로 구분되기에는 문제가 있다. 즉, '연구방법으로서의 사례연구'에 대해서는 자신이 가지는 과학철학관에 따라 주요 학자들(예컨대, Stake, 1995 vs. Yin, 2014/2016)이 각기 다르게 해석하고 있기 때문이다. 따라서 효과적인 논의를 위해서는 먼저 이에 대한 이해의 공유가 이루어질 필요가 있다.

연구방법으로서의 '사례연구'와 관련하여 가장 많이 인용되는 저작 중 하나인 Yin(2014/ 2016)은 사례연구를 "① 현상과 맥락의 경계가 명확하지 않은 상황 속에서 특정한 맥락 내에서 현재 발생하고 있는 현상에 초점을 두고, ② 이를 특정한 맥락 속에서 밀착하여 그리고 총체적 관점에서 살펴봄으로써 복잡한 사회적 과정의 심층적 이해를 목적으로 하는 연구"라고 정의하고 있다. 또한 그는 사례연구를 "① 설명적(explanatory), ② 기술적(descriptive), ③ 탐색적(exploratory) 사례연구"로 구분하고 있다. 한편 이러한 Yin의 견해와는 차이를 보이는 Stake(1995)의 경우 사례연구의 유형을 '본질적 vs. 도구적 사례연구'로 구분한다. 본질적 사례연구(intrinsic case study)는 사례의 독특성을 강조하며 '사례 자체를 심도 깊게 이해하려는 것'을 연구의 목적으로 삼는다. 특히, 본질적 사례연구의 목적은 특수화(particularization)에 있지 일반화에 있는 것은 아니라고 주장한다. 반면 도구적 사례연구(instrumental case study)는 하나의 사례에서 도출된 지식(이론)을 다른 유사한 사례를 이해하려는 목적을 가지고 수행된다. 즉, 사례연구를 통해 도출된 지식(이론)의 적용 범위가 해당 사례에 국한되는 것이 아니라 다른 사례로 확장하려는 목적의식(일반화)을 가지고 이루어지는 것이다. 이렇듯 연구방법으로서의 사례연구는 서로 다른 관점들(예컨대, 구성/해석주의적 관점 vs. 후기 실증주의적 관점)에 기초한 연구들을 포괄하는 매우 광범위한 개념으로 사용되고 있다(Appleton, 2002).

필자들은 사례연구에 대한 이러한 다양한 관점들, 특히 Stake(1995)의 관점을 채택하여 먼저 Creswell(2013/2015)의 다섯 가지 질적 연구 접근방식 중 하나의 접근방식으로 설정된 '사례연구'를 '본질적(해석적) 사례연구' vs '실용적(도구적/설명적) 사례연구[1]'의 두 가지 유형으로 다시 세분화하고자 한다. 이와 함께 교육행정학을 포함한 사회과학 연구에서 중요한 의미를 가지고 있지만(Greenwood & Levin, 2007/2020) 앞서 언급한 Creswell(2013/2015)의 다섯 가지 질적 연구 접근방식에는 포함되지 않은 실행연구를 질적 연구의 또 다른 유형으로 포함하였다. 이를 종합하면 질적 연구는 다음의 일곱 가지 유형으로 분류된다. ① 내러티브/생애사, ② 문화기술지, ③ 현상학적 연구, ④ 본질적 사례연구, ⑤ 근거이론적 방법, ⑥ 실행연구, ⑦ 실용적 사례연구(〈표 11-1〉 참조).

---

1) '도구적'이란 용어는 부정적 의미가 내포되어 있고, Greenwood와 Levin(2007/2020) 등의 경우에는 다른 접근방식에 다른 특징을 가진 자신들의 실행연구 방식을 '실용적(pragmatic)'으로 명명하고 있으므로 이 장에서는 Stake(1995)가 사용한 '도구적'이란 용어보다는 '실용적'이란 용어를 사용하기로 한다.

〈표 11-1〉 질적 연구의 일곱 가지 유형

구분	본질(해석)적 질적 연구 (일반화가 직접적 목적이 아닌 질적 연구)			실용(설명)적 질적 연구 (일반화를 지향하는 질적 연구)	
	① 내러티브/ 생애사	② 문화 기술지	③ 현상학적 연구	⑤ 근거이론적 방법	⑥ 실행연구
초점	개인의 인생을 탐색	문화공유 집단을 기술하고 해석	현상에 대한 개인의 경험들을 보편적 본질에 대한 기술로 축소하는 것 (현상학은 인지적 표상을 끌어내는 데 이상적인 연구과정)	현장에서 나온 자료를 근거로 한 이론 개발	현실 개선을 위한 지식의 개발과 실천적 적용
특징	소수의 인생, 스토리	장기간의 몰입적 참여관찰	주로 일반인이 접근/이해하기 어려운 '소외된 집단' 사람들이 자신의 경험을 (주관적으로) 어떻게 인지하는가를 분석 → 인지적 표상은 매우 개인적이며 객관적 사실과 항상 일치하는 것은 아님	이론적 샘플링, 이론적 포화, 실체이론의 생성	계획-실천-성찰-계획의 반복; 적용을 통한 이론의 타당성 검증
구분	④ 본질적 사례연구			⑦ 실용적 사례연구	
특징	현상과 맥락의 경계가 명확하지 않음 특정한 맥락 속에서 복잡한 사회적 현상과 과정의 심층적·총체적 이해				

주: 질적 연구의 일곱 가지 유형을 전형적으로 보여 주는 논문들은 다음을 참조: 내러티브(남미자, 2013); 생애사(윤지혜, 2016); 문화기술지(이혜정, 1998); 현상학(Anderson & Spencer, 2002); 본질적 사례연구(서근원, 변수정, 2014); 근거이론적 방법(정수영 외, 2021); 실행연구(변기용, 백상현, 2020); 실용적 사례연구(강지은 외, 2020).

물론 질적 연구의 접근방식은 이보다 훨씬 더 복잡하게 분류될 수 있지만, 이 절의 목적인 질적 연구가 주로 어떤 방식으로 이루어지는가를 개괄적으로 파악하는 데는 이 정도 수준으로도 충분하다고 판단된다. 이렇게 단순화하여 분류하는 것이 별다른 체계 없이 질적 연구의 모든 세부적 영역을 나열하는 것(예컨대, 김영천, 2012; 조용환, 2022)보다는, 질적 연구에 입문하는 초보자들이 주요 질적 연구방법의 개요와 특징을 명료하게 이해하는 데 오히려 도움이 될 것이기 때문이다. 이러한 질적 연구의 분류방식에 기초한다면 기존의 질적 연구에 대한 지배적인 관점인 '일반화를 직접적 목적으로 지향하지 않는 질적 연구'에는 내러티브/생애사, 문화기술지, 현상학적 연구, 그리고 본질적 사례연구가, 그리고 '일반화를 지향하는 실용적 질적 연구'에는 근거이론적 방법, 실행연구, 실용적 사례연구가 포함될 수 있다.

2) 근거이론적 방법의 이론화 논리와 중범위이론

일반적으로 '개념'이라는 것은 사전적인 의미에서 사물이나 현상에서 발견한(포착된) 사실이나 관념을 뜻하며, 이러한 개념들의 관계 체계를 논리적으로 문장화한 언명(statement)으로 표현한 것을 흔히 '이론'이라고 부른다. 하지만 구체적으로 '이론이 무엇을 의미하는가?'에 대해서는 연구자 각자의 철학적 뿌리를 반영하여 각기 다른 양상으로 나타나기도 한다.[2]

근거이론적 방법에서 추구하는 이론은 '선험적이고 불변하는 진리'가 아니라, 지속적 발달 과정에 있는 '과정으로서의 이론'이다. Glaser와 Strauss는 『근거이론의 발견(Discovery of Grounded Theory)』(1967/2011: 40)이란 책에서 "출판된 원고는 최종적인 것이 아니라, 이론을 형성하는 끝없는 과정 속에서 단지 하나의 기착지에 불과하다"라고 언급하고 있다. 만약 어떤 이론적 설명이 실재(reality)가 형성되어 가는 과정의 어느 특정한 시점에 놓여 있다면, 이러한 실재를 포착하려는 이론들은 해당 시점의 상태뿐만 아니라, 실재가 발전되어 가는 과정 또한 전달할 수 있어야 한다는

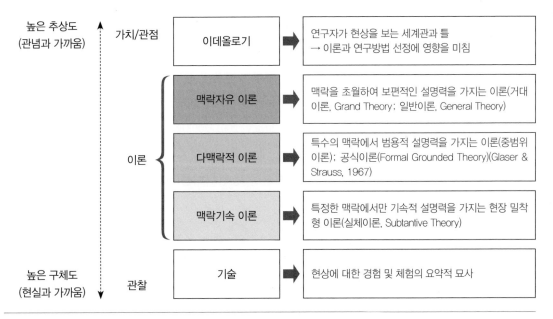

[그림 11-1] 이론의 중층구조 개념도
출처: 권향원(2017: 16)의 [그림 1]을 일부 수정하여 제시함.

---

2) 이론의 정의는 실증주의 관점과 반실증주의(구성/해석주의) 관점에 따라 서로 다르게 정의된다. 먼저 실증주의 관점에서는 이론을 "보편적 법칙과 규칙성 발견을 목적으로 하는 가설-연역체계(변인과 변인 간의 관계)"로 정의하는 반면, 반실증주의(구성/해석주의) 관점에서는 "문맥 내에서의 의미를 해석하는 도덕적 비전(주관주의)"이나 "인간 해방을 위한 실천의 도구(비판주의)" 또는 "기존 경영이론과 조직화 방식의 탈구성화(포스트모더니즘)" 등으로 생각하는 경향이 있다. 일반적으로 질적 접근에서의 이론은 '개인 연구자의 세계관 또는 시각과 동일시'된다고 볼 수 있다(Ridenour & Newman, 2008: 박선형, 2011: 32에서 재인용).

것이다. 이와 관련하여 권향원(2017)은 [그림 11-1]에서와 같이 이론이 단일한 층위로 구성되어 있는 것이 아니라 추상도를 기준으로 중층적으로 구성되어 있다고 설명하고 있다.

이러한 관점에 따르면 이론의 유형은 "① 하나의 특정한 맥락에서만 설명력을 가지는 맥락기속이론(Glaser와 Strauss가 말하는 Substantive Theory: 실체이론 혹은 잠정이론) → ② 복수의 맥락에서 보다 범용적 설명력을 가지는 다맥락적 이론(Glaser와 Strauss가 말하는 Formal Theory: 공식이론) → ③ 맥락에 관계없이 보편적으로 타당한 맥락자유이론(일반이론, General Theory)"으로 개념화될 수 있다. 근거이론적 방법에서는 이때 맥락을 초월하여 적용될 수 있는 보편이론보다는, ① 특정한 맥락에서만 제한적으로 타당성을 가지는 맥락기속적 이론(실체이론/잠정이론)을 먼저 생성하고, ② 이러한 맥락기속적 이론에 기초하여 다양한 맥락에서 범용적으로 적용될 수 있는 다맥락적 이론(중범위이론)으로 점차적으로 발전시켜 나가는 것을 지향하고 있다. 즉, 근거이론적 방법에서 일차적으로 생성되는 실체이론은 기본적으로 해당 이론이 도출된 맥락에서만 타당성을 가진다. 예컨대, 한동대학교의 맥락에서 도출된 '학부교육 우수대학의 특징과 성공요인'은 일단 해당 대학의 맥락에서만 설명력을 가진다. 따라서 이를 현장밀착형 이론(기노시타, 2013/2017)이라고 부르기도 한다. 실체이론은 유사한 맥락에서 도출된 다른 실체이론 혹은 기존 일반이론과의 연계를 모색하는 과정에서 보다 범용적 설명력을 가지는 다맥락적 이론으로 발전해 나갈 수 있다. Glaser와 Strauss(1967/2011)는 실체이론이 당초 도출된 맥락적 범위를 넘어 이렇게 범용적 설명력을 가지게 되는 경우 이를 공식이론(formal theory)이라고 불렀다. 그 이후에 등장한 대부분의 근거이론가들(예컨대, Alvesson & Skoldberg, 2000; Dey, 1999; Gilgun et al., 1992; Kearney, 2001/2003)은 개념적 추상성 혹은 보편성의 정도(degree of conceptual abstraction or generality)에 따라 실체이론과 공식이론을 구분하는 경향을 보이고 있고, 특히 Kearney(2001/2003)는 공식이론을 '중범위이론(middle-range theory)'과 같은 개념으로 설명하고 있다.

> 공식이론(Grounded formal theory)은 실체적 질적 연구(substantive qualitative research)에 기초한 중범위이론(middle-range theory)이다. Glaser와 Strauss(1967/2011)는 공식이론을 "상황과 맥락에 걸쳐 나타날 수 있는 인간 경험의 특정한 유형을 기술하고 있는 것(describing a discrete kind of human experience that could be demonstrated across situation and context)"이라고 설명하고 있다. (Kearney, 2001/2003: 228)

한편 실체이론과 공식이론을 구분하는 데 있어서 반드시 유념할 것은 이들 근거이론가들이 '공식이론'과 '실체이론'을 이분법적 흑백논리로 구분하고 있지는 않다는 점이다. 예컨대, Alvesson과 Skoldberg(2000, Glaser, 2007: 102-103에서 재인용)는 이 두 가지 유형의 이론들은 대체로 일반화(추상화) 정도의 차이에 따라 구분되지만, 두 가지 층위가 단속적으로 존재하는 것이 아니라 추상성(보편성) 정도에 따라 설정된 연속선상에 다양한 수준의 중범위이론 혹은 공식이론이 존재할 수 있음을 강조하고 있다. 이러한 Alvesson과 Skoldberg의 관점은 방법론적으로 매우 중요한 의미를 가진다. 만약 보편성과 특수성으로 엄격히 구분된 경직된 이분법적 관점을 가지게 되면, 특수성에 초점을 맞춘 실체이론의 개발이 보다 범용적 설명력을 가지는 다맥락적 이론으로 발전된다는 근거이론적 방법의 이론화 논리의 핵심적 전제가 흔들릴 수밖에 없기 때문이다(권향원, 2017).

이와는 달리 맥락자유이론은 그야말로 특정한 맥락에 관계없이 보편적 타당성을 가지는 일반이론(General Theory)을 말한다. 사회과학 분야에서는, 예컨대 일반체제이론(General Systems Theory), 동형화 이론(Isomorphism), 주인-대리인 이론(Principal-Agent Theory) 등이 여기에 해당할 수 있을 것이다. 하지만 맥락과 관계없이 적용되는 보편이론을 추구하는 자연과학 분야와는 달리 사회과학 분야는 학문의 속성상 맥락자유이론이 존재할 개연성은 매우 적다고 할 것이다. 이는 [그림 11-2]에 제시된 학문 분야별 지식 구조의 특징을 살펴보면 더욱 쉽게 이해할 수 있다.

소위 '경성 과학(Hard Science)'이라고 불리는 자연과학 분야에서 다양한 과학적 지식들은 엄격한 위계적 구조로 되어 있다. 즉, 전체적 지식 구조하에서 개별적 지식들은 체계적으로 계층화되어 존재한다. 이때 자연과학의 궁극적 목적은 물론 맥락에 따라 달라지는 지식들(하위 계층에 속하는 지식)보다는, 맥락과 관계없이 통용되는 하나의 보편적 진리를 창출해 내는 데 있다. 예컨대, 다양한 실험과 관찰의 축적을 통해 물리현상에 대한 초기적 지식을 산출하고, 이를 체계적으로 발전시켜 나가면서 종국에는 '상대성 원리'와 같은 하나의 보편적 진리를 만들어 내는 것이 그 예가 될 것이다. 반대로 소위 '연성과학(Soft Science)'의 대표적 분야라고 할 수 있는 인문학 영역에서는 이러한

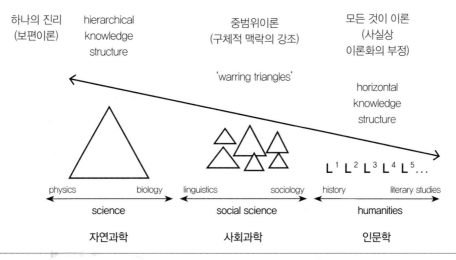

[그림 11-2] 학문 분야별 지식구조의 특징

출처: Martin(2011: 42-43; Kuteeva & Airey, 2014: 538에서 재인용); 한글 부분 추가.

보편적 진리를 찾기는 사실상 불가능하다. 여기서는 진리가 하나의 실체로서 '존재'하는 것이 아니라, 개인이 가진 서로 다른 철학과 세계관에 따라 '결정'되기 때문이다. 예컨대, 불교도와 기독교인에게 "불경과 성경 중 어느 것이 진리인가?"라고 묻는 것이 어리석은 질문인 것과 마찬가지다. 즉, 인문학의 경우에는 이론이란 과학적 타당성의 문제가 아니라 옳고 그름, 즉 신념의 문제가 되는 경우가 많다. 한편 이 두 가지 학문 분야의 중간 지점에 위치하는 사회과학의 경우 하나의 보편적 진리를 추구하는 자연과학이나 연구자의 철학과 세계관에 따라 모든 것이 이론이 될 수 있는 인문학과는 달리, 주어진 사회적 맥락에서 타당한 설명력을 가지는 '중범위이론(middle-range theory)'을 추구한다. 물론 이때 사회과학에 주어진 맥락은 매우 다양한 범위로 해석될 수 있다. 크게 보면 하나의 국가, 지역이 될 수도 있고, 작게 보면 한 명의 개인, 프로그램, 조직, 정책 하위 체제가 될 수도 있는 것이다. 요컨대, 사회과학 내부에서도 학문 분야의 특성에 따라 고려되어야 하는 주어진 맥락의 범위에 차이가 날 수 있는 것이다.

경험 세계의 폐쇄성을 가정하고 맥락과 관계없는 '보편이론'을 추구하는 자연과학과는 달리, 개방체제를 기본 전제로 하는 사회과학의 세계에서는 관심의 대상이 되는 맥락적 범위 내에서 제한된 설명력을 가지는 '중범위이론'을 추구하는 것이 타당하다. 특히, 이제까지 외래 이론에 크게 의존해 온 우리 교육행정학계의 현실(신현석, 2017)을 감안하면, 현시점에서 우리나라의 맥락에 맞는 이론, 즉 중범위이론의 탐색에 더 큰 관심을 가질 필요가 있다. 또한 우리 교육행정학계의 고질적 병폐 중의 하나인 '이론과 실천의 괴리(임연기, 2003; 신현석, 2017)'를 줄이기 위해서라도 맥락을 초월한 보편적 법칙보다는 적절한 조직·상황적 맥락에서 타당성을 가질 수 있는 이론, 즉 '중범위이론'의 형성에 더 큰 관심을 가질 필요가 있다. 이를 위한 새로운 연구방법론이 바로 근거이론적 방법인 것이다.

2. 근거이론적 방법의 발전과정과 분파별 특징

근거이론적 방법은 소위 '위로부터 내려온 이론'을 통해 현실을 설명, 예측, 처방하는 것에 몰두하고 있던 1960년대 미국 사회과학의 학문적 동향에 대한 비판을 제기하며 '지금-여기'의 맥락 현실에 실용적인 의미가 있는 이론화의 필요성에 대한 문제인식(권향원, 2016)을 기초로 대두되었다. 이러한 맥락 속에서 1967년 Glaser와 Strauss가 공동 저술한 『근거이론의 발견: 질적 연구를 위한 전략들』은 당시 사회적으로 큰 반향을 불러일으키면서 새로운 질적 연구방법으로서의 가능성과 함께 많은 논란을 동시에 불러일으켰다. 후속적으로 출간된 Glaser의 『이론적 민감성(Theoretical sensitivity)』(1978), Strauss의 『사회과학자를 위한 질적 분석(Qualitative analysis for social scientists)』(1987)은 근거이론의 방법론적 체계화에 중요한 이정표를 제공하였다(Morse, 2009/2011). 하지만 이후 근거이론적 방법은 1990년 Strauss와 Corbin의『질적 연구의 기초: 근거 이론 절차와 기술(Basics of Qualitative Research: Grounded Theory Procedures and Techniques)』, 이 에 대한 Glaser의 반박인『근거이론 분석의 기초(Basics of Grounded Theory Analysis)』(1992)를 통해 서 서로 다른 방향으로 분기가 이루어지기 시작한다. 이러한 상황에서 Charmaz(2000)는 Glaser와 Strauss 등 제1세대 근거이론가들의 이론을 객관주의(Glaser) 혹은 후기 실증주의(Strauss) 근거이 론적 방법이라 규정짓고, 자신의 관점을 이와는 달리 구성주의 근거이론적 방법이라고 부르고 있 다. 이렇듯 근거이론적 방법은 발전과정에서 Glaser의 객관주의 근거이론적 방법, 상징적 상호작 용론과 실용주의에 근거를 둔 Strauss의 근거이론 방법론, Charmaz의 구성주의 근거이론적 방법 으로 분기되면서 발전되고 있다. 2007년 9월 24일 캐나다 밴프에서 열린 제2세대 근거이론가들의 심포지엄에서 Morse(2009/2011)는 근거이론의 계통을 ① Strauss 학파(Straussian GT, Strauss, 1987), ② Glaser 학파(Glaserian GT, Stern, 1995), ③ Schatzman(1991)의 차원 분석(Dimensional Analysis), ④ Charmaz(2000, 2006)의 구성주의 근거이론적 방법(Constructivist GT), ⑤ Clarke(2003, 2005)의 '상 황 분석(Situational Analysis)'의 다섯 가지 분파로 분류하여 제시하고 있다. 1967년 근거이론적 방법 이 최초로 제안된 이래 주요 발전과정을 중요한 전환점을 기초로 요약해 보면 〈표 11-2〉와 같다.

〈표 11-2〉 근거이론적 방법의 발전과정과 주요 전환점

연도	저자	출판물
1967	Glaser & Strauss	『근거이론의 발견(The Discovery of Grounded Theory)』 * 근거이론적 방법의 시작
1978	Glaser	『이론적 민감성(Theoretical Sensitivity)』
1987	Strauss	『사회과학자를 위한 질적 분석(Qualitative analysis for social scientists)』
1990	Strauss & Corbin	『질적 연구의 기초: 근거이론 절차와 기술(Basics of Qualitative Research: Grounded Theory Procedures and Techniques)』 * Glaser와 Strauss 근거이론적 방법 분기의 결정적 전환점
1990	Charmaz	만성질환의 발견: 근거이론을 사용하여(Discovering chronic illness: Using grounded theory). *Social Science & Medicine, 30*, 1161-1172. * 구성주의 근거이론적 방법의 초동적 발현
1991	Schatzman	'차원 분석(Dimensional analysis)' 방법의 제안
1992	Glaser	『근거이론 분석의 기초(Basics of Grounded Theory Analysis)』 * 객관주의 근거이론적 방법(Glaser의 반박)의 대두
1994	Strauss & Corbin	『근거이론 방법론: 개요 질적 연구 핸드북(Grounded theory methodology: An overview)』(초판) 북챕터
1998	Strauss & Corbin	『질적 연구의 기초: 근거이론 절차와 기술(Basics of Qualitative Research: Techniques and Procedures for Developing Grounded Theory)』(개정판)

연도	저자	출판물
1999	기노시타 야스히토 (木下康仁)	『근거이론 접근법: 질적 실증연구의 재생(グラウンデッド·セオリー·アプローチ: 質的實証研究の再生)』 * 수정 근거이론적 방법
2000	Charmaz	『근거이론: 객관주의자와 구성주의자 방법론 질적 연구 핸드북(Grounded theory: Objectivist and constructivist methods)』(개정판) 북챕터 * 구성주의 근거이론적 방법의 본격적 대두(2세대 근거이론가)
2003	기노시타 야스히토 (木下康仁)	『근거이론 접근법의 실천: 질적 연구로의 권유(グラウンデッド·セオリー·アプローチの実践: 質的研究への誘い)』
2003	Clarke	'상황 분석(Situational Analysis: Grounded Theory mapping after the postmodern turn) 방법'의 제안
2005	Clarke	『상황적 분석: 포스트모던 이후의 근거이론(Situational Analysis: Grounded Theory after the Postmodern Turn)』
2006	Charmaz	『근거이론의 구성(Constructing Grounded Theory)』 출간
2007	Bryant & Charmaz	『근거이론적 방법 핸드북(The SAGE Handbook of Grounded Theory)』 출간
2008	Corbin & Strauss	『질적 연구의 기초: 근거이론 개발을 위한 기법과 절차(3판)(Basics of Qualitative Research: Techniques and procedures for Developing Grounded Theory)』(3rd ed.)
2011	Birks & Mills	『근거이론의 실천(Grounded Theory: A Practical Guide)』 * 기존 근거이론적 방법의 종합(제3세대 근거이론가)
2014	Charmaz	『근거이론의 구성: 질적 분석을 통한 실용안내서(개정판)(Constructing Grounded Theory: A Practical Guide Through Qualitative Analysis)』(2nd ed.)
2014	Corbin & Strauss	『질적 연구의 기초: 근거이론 개발을 위한 기법과 절차(4판)(Basics of Qualitative Research: Techniques and procedures for Developing Grounded Theory)』(4th ed.)
2015	Birks & Mills	『근거이론의 실천(Grounded Theory: A Practical Guide)』
2017	Clarke, Friese, & Washburn	『상황 분석(Situational Analysis: Grounded Theory mapping after the interpretive turn) 방법』(2005년 판에 대한 개정판)
2019	Bryant & Charmaz	『The SAGE Handbook of Current Developments in Grounded Theory』(2007년 판에 대한 개정판적 성격)

출처: Birks와 Mills(2015/2015)의 〈표 1-1〉과 Bryant와 Charmaz(2007)의 기술 내용을 기초로 하여 최근 동향을 추가, 보완하여 작성.

한편 제2세대 근거이론가들과 함께 근거이론적 방법의 본산인 미국 University of California at Sanfrancico에서 수학한 일본의 사회학자 기노시타는 Glaser와 Strauss의 저작을 기초로 자신만의 독특한 관점인 수정 근거이론적 방법(Modified Grounded Theory Approach: MGTA)을 제안하였다.[3]

---

3) 기노시타는 대부분의 저작이 일본어로 출판되어 우리나라에는 상대적으로 덜 알려졌지만, 1984년 미국 UCSF에서 박사학위를 취득하고 1999년 일본에서 수정근거이론학회(https://m-gta.jp/en/index.html)를 창설하여 활발한 저술 및 강의 활동을 펼쳐 온 일본의 대표적인 근거이론가이다. 최종혁(2012)이 그의 수정 근거이론적 방법을 한국에 최초로 소개하였고, 2017년 황경성이 그의 수정 근거이론적 방법 강의 자료(기노시타, 2017)를 번역하여 출간하면서 사회복지학 분야에서는 그의 수정 근거이론적 방법이 비교적 널리 활용되고 있다.

우리나라에 소개가 상대적으로 늦었음에도 불구하고, '분석초점자'의 도입, 데이터의 기계적 절편화의 반대, 자료의 분석 대상이 되는 기초 데이터의 범위 한정, 현실 적용을 통해 도출된 이론의 타당성 검증 등의 아이디어는 매우 독특한 것이다. 특히, 기노시타의 수정 근거이론적 방법은 실용주의적 입장에서 사회적 상호작용에 대한 이해와 개선을 강조하고 있어 우리 교육행정학계 연구에 적극적인 활용을 시도할 만하다. 근거이론적 방법 중 우리나라에서 가장 많이 인용되고 활용되고 있는 Glaser, Strauss, Charmaz와 기노시타 등 네 가지 주요 근거이론가들이 제시하는 접근방법의 주요 관점과 특징을 간략히 요약하여 제시하면 〈표 11-3〉과 같다.

〈표 11-3〉 주요 근거이론적 방법의 주요 관점과 특징

	Glaser	기노시타	Strauss & Corbin	Charmaz
주요 관점	실증(객관)주의 순진한 실재론	약한 객관주의 사회실재론, 실용주의	약한 구성주의	구성주의
연구자 역할	객관적 연구자, 이론은 자료로부터 출현하는 것	이론은 자료 속에서 출현하는 것이 아니라, 연구자와 참여자 간 상호작용의 산물, 하지만 참여자의 통찰력을 보다 강조		이론은 연구자와 참여자 간 상호작용의 산물
선행 연구 검토	선행연구나 기존 이론은 선입견 형성을 통해 좋은 연구를 방해	이론적 틀이 어느 정도 실용적 가치를 지니고 있으며, 특히 연구결과의 해석에 중요하게 기여		연구자 인식 여부와 관계없이 연구자는 자신이 구성한 이론의 일부분
코딩 방식	'단어/줄 코딩'은 맥락과 동떨어진 피상적 개념을 과잉 생산하기 때문에 반대 '코딩 패러다임'은 개념적으로 강제된 서술을 강제하므로 반대	단어/줄 코딩 초보자를 위한 일종의 가이드라인으로서 '코딩 패러다임' 제안	단어/줄 코딩 '코딩 패러다임'은 개념적으로 강제된 서술을 강제하므로 반대	
핵심 범주에 대한 생각	핵심 범주가 없으면 근거이론적 방법은 불가능; 개방코딩에서 선택코딩(2단계)으로 넘어갈 때 1개의 핵심 범주 확정; 이후 이론적 표집은 핵심 범주와 관련된 범주를 포화시키는 것으로 제한	핵심 범주를 발견할 수 있다면 좋지만, 반드시 선택할 필요는 없음; 범주 간의 관계를 체계적으로 파악하여 근거이론 형성이 가능하다면 그것으로 좋음	핵심 범주가 없으면 근거이론적 방법은 불가능; 하지만 핵심 범주의 선택은 선택코딩(3단계)을 통해 이루어짐	핵심 범주를 발견할 수 있다면 좋지만, 반드시 하나의 핵심 범주를 선택할 필요는 없음
기타 특징	『근거이론의 발견』의 '출현'과 '비교'의 원리를 충실히 계승; '구성주의 근거이론적 방법'은 매우 제한된 범위에서만 적용 가능	데이터의 '기계적' 절편화 반대; '분석초점자'라는 시각의 명시적 도입; 현실 적용을 통해 이론의 타당성 검증을 강조	초보자에 대한 일종의 가이드라인으로서 '코딩 패러다임' 제시; 가장 광범위한 추종자 그룹을 가지고 있음	구성주의 근거이론적 방법은 이론적 일반화를 목표로 하는 대신에 해석적 이해를 목표로 함
국내 번역본	Glaser & Strauss (1967/2011); Glaser(1992/2014)	최종혁(2012) 기노시타(2013/2017)	Glaser & Strauss (1967/2011); Strauss & Corbin 2판(1998/2009), 3판(1998/2001)	Charmaz(2011/2014)

한편 최근에는 소위 1세대(Glaser와 Strauss), 2세대 근거이론가들(Glaser와 Strauss의 제자들: Corbin, Charmaz, Clarke, Stern 등)의 대립적 관점을 통합하여 새로운 근거이론적 방법의 관점을 제공하려는 움직임이 나타나고 있다. 이 중 대표적인 제3세대 근거이론가들 중 하나인 Birks와 Mills는 『근거이론의 실천(Grounded Theory: A Practical Guide)』(2011; 2015/2015)이라는 책을 2판까지 발간하면서 Glaser파, Strauss파, Charmaz파로 분기한 복잡한 근거이론적 방법에 대한 비평과 함께 종합적 시각을 축약적으로 제시하고 있다.

3. 국내 교육행정학 연구에서 근거이론적 방법의 활용 실태와 비판적 성찰

1) 근거이론적 방법의 활용 실태 분석을 위한 분석틀과 절차

(1) 근거이론적 방법의 활용 실태 분석을 위한 분석틀 설정

교육행정학 연구에서 근거이론적 방법의 활용 실태를 심층적으로 분석하기 위해 필자들은 먼저 다른 사회과학 분야에서 본 연구와 유사한 문제인식을 바탕으로 수행된 선행연구들(권향원, 2016; 김가람, 2019; 김은정, 2017; 김인숙, 2012)을 분석하였다. 본 연구에서는 이들 선행연구 중 특히 김인숙(2012)과 권향원(2016)의 연구에서 사용한 기준들을 주로 참조하여 〈표 11-4〉와 같은 분석틀을 구안하였다.

〈표 11-4〉 교육행정학 분야 근거이론적 방법 활용 연구 분석의 준거

분석의 준거	하위 준거
I. 코딩 및 이론화 방법	① 자료수집 및 분석에 사용한 구체적 근거이론적 방법 ※ Glaser의 객관주의 근거이론적 방법; Strauss와 Corbin의 후기 실증주의 근거이론적 방법; Charmaz의 구성주의 근거이론적 방법; 기노시타의 수정 근거이론적 방법 ② 해당 근거이론적 방법을 적용하는 방식
II. 이론적 샘플링과 이론적 포화에 대한 태도	① 이론적 샘플링에 대한 인식과 시행 여부, ② 이론적 포화에 대한 연구자의 태도
III. 도출된 근거이론의 유형과 성격	① 이론의 유형, ② 추상성의 정도, ③ 이론축적 지향성, ④ 현상과 맥락과의 연계성

먼저, 근거이론적 방법은 발달 과정에서 치열한 방법론적 논쟁을 펼쳐 오면서 같은 근거이론 진영 내에서도 매우 다른 접근방법을 보인다. 이 과정에서 특히 '코딩 및 이론화 방법'과 관련 주요 근거이론가 중 누구의 접근방법을 어떤 방식으로 활용하고 있는지 분석하고자 하였다. 둘째, 근거이

론적 방법의 가장 대표적 특징 중 하나는 실체이론 생성이며, 이를 위해 '개념과 범주의 포화', 그리고 '개념과 개념, 개념과 범주, 범주와 범주 간의 관계를 충분한 근거를 가지고 밀도 있게 설명('이론적 포화')할 수 있을 때까지 지속적으로 자료를 수집하는 '이론적 샘플링'을 수행한다. 필자들은 현재까지 근거이론적 방법을 적용한 연구를 수행해 온 교육행정학자들이 이러한 두 가지 측면을 어떻게 이해하고 연구에 적용하고 있는지를 분석적으로 살펴보았다. 셋째, '도출된 근거이론의 유형과 성격'이 어떠한지를 분석하기 위해 권향원(2016)과 김인숙(2012) 및 기노시타(2017)의 연구를 참조하여 ① '이론의 유형', ② '추상성의 정도', ③ '이론 축적 지향성', ④ '현상과 맥락과의 연계성' 등 네 가지 기준을 설정하였다.

먼저, 이 장에서는 이론의 유형을 권향원(2016)이 제시한 근거이론적 방법 연구의 산출물로서의 이론의 세 가지 유형, 즉 ① 인과관계적 이론화(중심 현상을 둘러싼 원인과 결과의 인과구조를 개념을 재료로 삼아 설명하는 것), ② 개념 범주의 구성속성형 이론(추상도가 더 높은 상위 개념과 이를 구성하는 속성으로 구성된 이론 또는 개념적 유형화 이론), ③ 과정이론(현상을 구성하는 사건과 사건의 연쇄적 인과관계 혹은 발생의 메커니즘을 이론화의 대상으로 삼은 것, 즉 사건의 내러티브 구조를 이론화의 대상으로 삼는 것)으로 나누었다. 필자들은 이를 기준으로 하여 교육행정학 분야에서 산출된 근거이론들은 이들 중 어떤 유형에 속하는지를 분석해 보고자 하였다. 다음으로 근거이론적 방법을 통해 도출된 이론의 '추상성의 정도'와 관련하여, 본 연구에서는 현재 교육행정학 분야에서 수행된 근거이론적 방법을 적용한 연구에서 도출된 실체이론이 단순히 '개념적 서술(grounded description)'(Glaser, 2019)에 그치고 있는가, 아니면 '개념적 속성 구조의 파악' 혹은 '개념과 개념 간 관계를 설명하는 이론' 생성에까지 이르고 있는가에 초점을 맞추어 도출된 근거이론의 추상성 정도를 파악해 보았다. 한편 이와 밀접한 관련이 있는 것이 바로 '이론축적 지향성'이라고 할 수 있는데, 이에 대해 Glaser와 Strauss(1967)는 이론의 창출은 좀 더 축적적인 이론체계를 개발하는 맥락에서 보아야 함을 강조하였다. 이는 결과로서의 이론이 아니라 과정으로서의 이론(a theory as process), 즉 이론적 논의를 통해 이론은 지속적으로 확장ㆍ수정될 수 있다는 의미이다(김인숙, 2012). 본 연구에서는 이러한 견지에서 교육행정학 분야에서 수행된 근거이론적 방법 연구들이 자신의 연구에서 도출한 결과를 기존 이론이나 이미 산출된 다른 근거이론들에 어떻게 연계, 확장시키고 있는지에 대해 분석해 보고자 한다. 마지막으로, '현상과 맥락과의 연계성'과 관련하여 기존의 근거이론적 방법이 주로 적용되어 왔던 간호학 분야에서 고려해야 하는 맥락은 교육행정학 분야의 맥락과는 고려해야 하는 수준과 차원이 다른 부분이 많을 것으로 생각된다. 본 연구에서는 이러한 견지에서 교육행정학 분야 근거이론적 방법 연구자들이 '현상을 둘러싸고 있는 맥락적 특징이 기본적 사회적 과정의 패턴 결정에 미치는 영향을 어떻게 고려하고 있는지'라는 문제에 관심을 가지고 분석을 수행하였다.

(2) 연구절차

자료수집과 분석은 다음의 3가지 단계로 수행되었다. 먼저 학술검색 데이터베이스인 학술연구정보서비스(RISS), DBpia 등에서 근거이론적 방법을 활용한 국내 학술논문을 검색하였다. 근거이론적 방법 관련 키워드(근거이론, 근거이론적 방법, 근거이론적 접근, 근거이론적 연구)를 활용하여 2004~2021년까지 교육 분야 국내 학술지에 출판된 논문을 검색하였다.[4] 둘째, 교육행정학 분야에서 기존에 출판된 근거이론적 방법을 활용한 논문 파악을 위해서 2009~2021년까지 교육행정학 분야의 대표적인 학술지인 『교육행정학연구』에 수록된 논문을 전수 검색하였다. 이 중 질적 연구방법을 활용한 논문은 총 136편으로 확인되었다.[5] 질적 연구방법 중 어떤 접근방식을 사용했는지를 보다 구체적으로 살펴보기 위해 필자들은 Creswell(2014)이 제시한 질적 연구의 다섯 가지 접근방식(① 내러티브 연구, ② 현상학적 연구, ③ 문화기술지 연구, ④ 사례연구, ⑤ 근거이론적 방법 연구)에 ⑥ 실행연구 및 ⑦ 기타 범주를 추가하여 총 7가지 유형으로 분류를 시도하였다.[6] 마지막으로 교육행정학 분야에서 출판된 근거이론적 방법 활용 논문[7]은 ①『교육행정학연구』에 출판된 근거이론적 방법 활용 논문이 5편, ② 교육학 분야 국내학술지에 게재된 근거이론적 방법 활용 논문 중 교육행정학자가 제1저자로 출판한 논문이 7편으로 총 12편이 있었다. 이 중 이 장의 집필자가 저자로 참여한 논문 2편(이승희 외, 2020; 정수영 외, 2021)을 제외한 총 10편의 논문[8]을 분석 대상으로 선정하였다(〈표 11-5〉 참조).[9]

---

4) 논문 내에 제1저자의 전공 정보가 명기된 경우에는 이를 바탕으로 전공을 분류하였고, 논문 내에 제1저자의 전공 정보가 명기되어 있지 않은 경우에는 해당 연구자의 다른 학술지 논문이나 박사학위 논문을 검색해 본 후 전공을 파악하였으며, 한국연구업적통합정보시스템(www.kri.go.kr)을 활용하여 이를 다시 확인하였다.

5) 연구자들이 '질적 연구방법을 활용한 논문'이라고 할 때 문헌 연구방법, 혼합 연구방법을 활용한 논문은 제외하였다는 점을 밝혀 둔다. 단 질적 연구방법과 문헌 연구방법을 함께 활용한 논문은 질적 연구방법을 활용한 논문으로 간주하였다.

6) 분류 시 먼저 제목, 키워드, 연구방법 섹션에서 특정한 연구방법을 명기한 경우 유형 분류에서 우선적으로 고려하였다. 하지만 특정한 접근방식이 명시되어 있지 않거나(예컨대, 단순히 '질적 연구'라고 하거나 '심층면담'을 했다는 등), 명시되어 있다고 하더라도 해당 접근방식이 다양하게 해석될 수 있는 경우(예컨대, '사례연구')에는 일단 해당 연구방법으로 분류하거나(예컨대, 사례연구), 연구진이 합의하에 최종 판단을 하는 방식으로 분류하였다.

7) '교육행정학 분야에서 출판된 근거이론적 방법 활용 논문'의 경계를 획정하는 것은 사실 어려운 문제이다. 이러한 문제점 때문에 기존 연구들(예컨대, 권향원, 2016; 김은정, 2017; 김인숙, 2012 등)은 해당 분야의 대표적 학술지 논문 등을 중심으로 근거이론적 방법 연구 동향을 파악해 왔다. 본 논문에서도 이러한 방식을 따르려 했으나, 『교육행정학연구』에 실린 논문이 5편에 불과하여, 교육학 분야의 학술지에 게재된 논문 중 교육행정학자가 제1저자로 출판한 논문 7편을 추가로 포함하였다. 제1저자가 연구주제, 연구방법 등 기본적 연구설계와 관련한 주된 결정을 한다는 관행을 감안한 것이지만 연구결과 해석에 일정한 주의를 요한다.

8) 저자들에 의해 2020년 출판된 논문(교육행정학 연구에서 근거이론 접근방식 활용 실태와 비판적 성찰, 교육행정학연구, 38/1)에 포함되었던 김선영(2014)의 경우 저자가 Charmaz의 구성주의 근거이론적 방법의 코딩 방식을 적용하였다고 하고 있으나, 코딩에서만 이를 참조했을 뿐 결과제시 등에서는 근거이론적 방법의 일반적 특징이 나타나지 않아 이 장의 분석 대상에서 제외하였다.

9) 검색된 총 12편의 논문 중에서 이 장의 집필자 중 한 사람이 저자로 참여한 이승희 외(2020)와 정수영 외(2021)의 2편의 논문은 본 챕터의 성격상 자신의 논문을 자신이 비평하는 것이 적절하지 않다는 생각에서 분석 대상에서 제외했음을 밝혀 둔다.

〈표 11-5〉 교육행정학 분야에서 출판된 근거이론적 방법을 적용한 논문

학회지(편수)	발간 연도	근거이론적 방법을 적용한 논문
교육행정학 연구 (5)	2009	김수구(2009). 나이스 학부모서비스 신청ㆍ승인 절차상에 나타나는 학부모의 인식 고찰.
	2009	이기명(2009). 초등학교 교사들이 경험하는 학교평가 실체 연구.
	2020	성희창, 최예슬, 오헌석(2020). 중학교 교사의 소명의식 형성 과정 연구.
	2020	이승희, 김수연, 변기용(2020). 잘 가르치는 교수의 특징과 영향 요인 탐색: A 연구중심대학 사례연구.
	2021	정수영, 윤혜원, 이영선, 변기용(2021). 밀레니얼 세대 초등교사가 인식하는 조직공정성의 의미와 영향 요인에 대한 연구.
한국교원 교육연구 (3)	2017	정주영(2017). 교직이수 여대생들의 진로선택 및 결정에 관한 갈등분석.
	2020	고삼곤(2020). 사립 일반계 고등학교 학년 부장 교사 리더십에 대한 근거이론적 연구.
	2021	안희진, 김병찬(2021). 특성화고등학교 고교학점제 연구학교 운영과정에 대한 근거이론적 연구.
교육정치학 연구 (1)	2021	박종덕, 조홍순(2021). 중학교 교사가 경험하는 학교 업무 갈등에 관한 연구: 근거이론 방법의 적용.
교육문제 연구 (1)	2018	신현석, 이예슬, 정양순(2018). '자유학년제'에 대한 학생, 학부모들의 참여경험에 대한 분석.
열린교육 연구 (1)	2012	가신현, 김정주(2012). 학교현장실습을 통한 중등 예비교사들의 교직태도 변화 탐색.
한국교육 (1)	2014	엄상현(2014). 초등학교 인성교육 실태 분석-근거이론 연구방법에 기초하여.

2) 교육행정학 분야 근거이론적 방법의 활용 실태 분석

(1) 코딩 및 이론화 방법: 누구의 접근방법을 어떤 방식으로 사용하고 있는가

교육행정학 분야에서 출판된 근거이론적 방법 활용 논문에 적용된 코딩 방법을 살펴보면 다른 사회과학 분야에서의 상황과 마찬가지로(예컨대, 김은정, 2017; 김인숙, 2012 등), 거의 대부분의 연구가 Strauss와 Corbin의 근거이론적 방법, 특히 패러다임 모형에 기초하여 코딩을 진행하고, 이론화 작업을 하고 있었다. 분석 대상 논문 10편 중에서 Strauss와 Corbin의 패러다임 모형을 활용했다고 언급을 하기는 하지만, 이를 연구자가 자신의 연구 상황에 맞게 해석하여 필요한 부분을 융통성 있게 적용하고 있는 성희창 등(2020)의 논문을 제외한 나머지 9편은 모두 Strauss와 Corbin의 코딩 패러다임을 '기계적'으로 적용하는 방식으로 자료를 분석하고 이론화를 시도하고 있었다. 이를 김수구(2009)의 사례를 통해 구체적으로 살펴보면 다음과 같다. 먼저 그는 교육청 학부모 서비스 포털 사이트에서 제공하고 있는 질의응답 게시판에 질의된 내용 357건을 (개방)코딩하여 31개 개념과 11개 하위 범주로 요목화하고, 최종적으로는 다음의 7개 범주로 제시하였다. ① 자녀의 정보열람

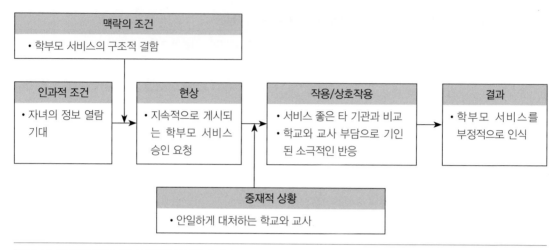

[그림 11-3] 패러다임 모형을 적용한 분석결과 예시
출처: 김수구(2009).

기대, ② 학부모 서비스 승인요청, ③ 학부모 서비스의 구조적 결함, ④ 안일하게 대처하는 학교와 교사, ⑤ 서비스 좋은 타 기관과 비교, ⑥ 학교와 교사의 부담으로 기인된 소극적인 반응, ⑦ 학부모 서비스를 부정적으로 인식(개방코딩). 둘째, 이 7개의 범주를 Strauss와 Corbin의 패러다임 모형의 구조에 따라 인과적 조건, 맥락적 조건, 중재적 상황, 작용/상호작용, 결과로 [그림 11-3]과 같이 제시하고 각각의 범주에 대한 설명을 상세하게 제시하고 있다(축코딩).

　마지막으로, 선택코딩 과정은 연구자가 축코딩 단계에서 코딩 패러다임 모형에 배분한 각 개념의 관계를 스토리라인의 형태로 제시하고 있다. 이 과정에서 그는 '부정적으로 변해 가는 학부모 서비스에 대한 학부모들의 인식'을 중심 범주로 설정하고 있다. 이러한 근거이론적 방법 연구에서의 결과 제시 방식은 김수구(2009)에서만 나타나는 것이 아니라, 국내 교육학 분야 학술지에 출판된 근거이론적 방법 활용 연구들(예컨대, 권경숙 외, 2019; 김영순, 박미숙, 2016; 안도연, 2012; 이한나, 최운실, 2019 등) 전반에서 광범위하게 나타나는 현상이라고 할 수 있다.

　그렇다면 국내에서 근거이론적 방법을 적용한 연구에서 광범위하게 나타나는 이러한 자료분석 및 결과 제시 방식은 어떤 문제가 있을까? 가장 큰 문제점은 무엇보다 당초 이 모형을 제시한 Strauss와 Corbin이 생각한 패러다임 모형의 의미와 활용 방식에 대한 깊은 성찰에 기초하지 않고, 정해진 패러다임의 구조에 기계적으로 개념들을 배분하고 이에 따라 스토리를 작위적으로 창작해 낸다는 점이다. 즉, 우리 교육(행정)학계에서는 개방코딩한 개념들(이들을 통합한 상위의 개념인 범주들)을 왜 코딩 패러다임의 각 요소에 분류해야 하는지에 대한 충분한 고민 없이 패러다임 모형을 구성하는 6개 요소 모두에 기계적으로 배분하는 방식으로 분석을 진행하는 경향이 강하게 나타나고 있다.

패러다임 모형은 이를 제안한 Strauss와 Corbin(1998/2001: 115)이 지적하고 있는 바와 같이 "자료를 분석하는 데 있어 취할 수 있는 하나의 관점 이상의 것은 아니다 …… 정말로 중요한 것은 오히려 범주들이 서로 연결되는 패턴과 방식을 발견하는 것이다." 즉, 이것은 체계적으로 구조와 과정이 통합될 수 있는 방식으로 자료를 수집하고 정돈하는 것을 돕는 하나의 분석적 관점에 지나지 않는다. 제2세대 근거이론가들의 대표자 중 한 사람인 Charmaz(2013, 김지은, 2019: 508에서 재인용)의 경우에도 "연구내용의 모호성을 다루기 힘든 연구자에게는 축코딩이 도움이 될 수 있으나 궁극적으로 연구자의 능력 개발에는 방해가 된다"고 하며, "대상자의 주관적 상황을 연속선으로 단순화시켜 표현하는 것 자체가 가능하지 않기에 축코딩이 사실상 내용 채우기에 불과하다"고 보고 있다. 이러한 관점의 연장선상에서 김지은(2019)은 "내용의 전형성뿐 아니라 형식의 전형성에 매몰된 국내 근거이론 방법론에 대한 반성도 요구된다. 특히, Creswell 버전의 패러다임 모형[10]을 전형적으로 사용하는 식으로 국내 근거이론 연구의 경직된 풍토는 제고되어야 할 것이다"라는 비판을 하고 있다.

하지만 현재 교육(행정)학계에서 산출된 근거이론적 방법을 적용한 연구들은 이러한 코딩 패러다임의 당초 취지를 무시하고 이를 '절대불변의 원칙'처럼 생각하여 '코딩 패러다임의 구성 요소'를 위한 코딩을 하는 경향이 있다. 특히, 우려되는 점은 이러한 연구자들의 태도가 스스로 코딩을 통해 발견한 요소들이 나타내는 관계의 본질과 유형에 대해 제대로 성찰하는 것을 원천적으로 막는 장애 요소로 작용한다는 점이다(김인숙, 2011; 김지은, 2019; 변기용 외, 2020).

이러한 문제점은 실제 출판된 논문에서 코딩 패러다임의 주요 요소인 인과적 · 맥락적 · 중재적 요건을 연구자들이 어떻게 이해하여 적용하고 있는지를 제시하고 있는 〈표 11-6〉에서 명확히 볼 수 있다. 이 논문들에서 '인과적-맥락적-중재적 조건'으로 분류한 개념(요인)들이 왜 그런 조건에 속하는지는 매우 불분명하다. 이 중에서도 특히 교육(행정)학 분야의 연구자들이 '맥락적 조건'을 이해하고 적용하는 방식에는 많은 문제가 있다. 〈표 11-6〉에 제시된 연구들이 맥락적 조건으로 언급하고 있는 '교사양성과정의 문제점; 양육책임 인식, 성평등 인지, 맞벌이 필요성; 통제된 환경, 기숙사라는 새로운 환경에서 느끼는 두려움, 차별적인 기숙사 운영체제; 유아의 특성과 반응, 다문화가정 부모의 특성과 태도' 등이 왜 맥락적 조건으로 분류되어야 하는지, 이것이 인과적 · 중재적 조건과는 어떤 개념적 차이가 있는지는 매우 불분명하다. 더 큰 문제는 이들 논문들에서는 자신들이 활용하고 있는 인과적 · 맥락적 · 중재적 요건의 개념이 무엇인지, 개방코딩한 개념들을 왜 해당 요건에 분류했는지에 대한 연구자의 판단 기준과 근거를 제시하지 않은 경우가 대부분이라는 데 있다.

---

10) 흔히 우리나라 근거이론 논문에서 패러다임 모형이라고 널리 인용되는 도식화한 모형은 Creswell(2002)이 자신의 저서에서 근거이론을 설명하면서 독자의 편의를 위해 제공한 것에 불과하다(김은정, 2017).

〈표 11-6〉 출판된 논문에서의 '인과적-맥락적-중재적 조건' 개념의 적용 실태

논문 명(중심 현상)	인과적 조건	맥락적 조건	중재적 조건
정신지체학교에서 체육을 지도하는 교사의 체육수업 경험분석(혼란스러운 수업)	수업에 제약을 받는 환경, 상황에 따라 지도 교과의 변화가 많은 특수교육, 적용하기 어려운 교육과정	교사양성과정의 문제점	특수학교 스포츠 강사제도, 체육에 대한 긍정적 인식
영유아 아버지의 부모 역할 실제와 유형에 대한 근거이론 연구(부모양육역할 수행하기)	좋은 아버지상 인식, 일-가정 균형, 직장 기반 부부역할 인식, 자녀 돌봄	양육책임 인식, 성평등 인지, 맞벌이 필요성	직장특성, 양육지원 특성, 역할학습, 아내 특성
기숙형 공립고등학교 학생들의 기숙생활 적응과정에 관한 질적 연구(적응에서의 어려움)	학생과 부모님의 기숙사 결정, 가정에서의 독립	통제된 환경, 기숙사라는 새로운 환경에서 느끼는 두려움, 차별적인 기숙사 운영체제	미래에 대한 높은 기대
유아교사의 다문화교육 효능감 형성에 관한 연구(다문화교육 실행하기)	다문화교육 필요성에 대한 인식, 다문화가정 유아를 담임하는 심정	유아의 특성과 반응, 다문화가정 부모의 특성과 태도	사회적 분위기, 교직 풍토, 개인 특성

마찬가지로 '중재적 조건(intervening condition)'에 대한 적용 방식도 일관되지 못하다. 근거이론적 방법에서 말하는 '중재적 조건(intervening condition)'은 통계적 방법에서 말하는 '조절변수(moderating variable)'의 개념과 유사한 것이다. 즉, '독립변수가 종속변수에 미치는 영향력을 조절하는 변수 혹은 독립변수와 종속변수 간의 관계의 강도, 방향에 영향을 미치는 변수'로 생각하면 된다. 실제 해외에서 출판된 논문들은 중재적 조건을 이러한 방식으로 이해하여 적용하고 있다(예컨대, Battisti & Deakins, 2018; Deeter-Schmelz et al., 2019; Gregory & Jones, 2009 등). 이와는 달리 국내에서 출판된 논문들에서는 중재적 조건이 무엇인지, 그리고 중재적 조건이 자신의 실체이론 도출에서 어떤 의미를 가지는지에 대한 명확한 근거가 부족한 채 '그냥 코딩 패러다임에 있으니까' 해당 요소에 개방코딩한 결과를 배분하는 경우가 적지 않다. 이러한 코딩 패러다임의 실제 적용상의 오남용과 비판을 의식했는지는 모르겠지만, Strauss가 사망한 후 Corbin이 주도하여 출판한 3/4판(Corbin & Strauss, 2008/2009; 2015)에서는 패러다임 모형을 ① 조건(conditions), ② 행위-상호작용(action-interactions), ③ 결과(consequences or outcomes)로 단순화하여 제시하고 있다.[11] 이러한 개

---

11) 김지은(2019)은 이와 관련 Strauss와 Corbin의 저작들(1990; 1998; 2008; 2015)을 분석하며 코딩 패러다임과 분석의 강조점이 시기에 따라 어떻게 변화하고 있는지를 체계적으로 제시하고 있다. 코딩 패러다임을 직접 제안했던 Strauss와 Corbin 스스로 이에 대한 비판에 대응하여 문제점에 대한 성찰과 이에 기반한 발전을 이루어 가고 있는 것이다. 이에 비해, 특정 학자(특히, 외국 학자)가 제시한 분석 틀에 대해 학문적 특성이나 여건을 고려한 비판적 성찰 없이 이를 '기계적으로 적용하여 논문을 산출'하는 데 몰두하고 있는 우리 학계의 근거이론적 방법의 적용과 관련한 태도에는 '분명히' 문제가 있다고 할 것이다.

정 방향은 국내 연구자들이 패러다임 모형을 바이블화하면서 구성 요소들을 획일적으로 적용하는 행태와는 달리, 해외에서는 완전히 다른 방향으로 이론 발달이 전개되고 있다는 것을 보여 주는 증거라고 할 수 있다.

근거이론적 방법이 추구하는 목표가 현장에 근거한 맥락지향적 실체이론의 생성과 이를 발전시킨 다맥락적 이론 구축을 지향하는 것이라고 본다면, 연구자가 관심을 가지는 특정 현상(관심 현상)이 특정한 상황적 조건(맥락)에서 왜 발생되었는지(즉, 인과적 조건과 중재적 조건은 무엇인지), 그리고 그렇게 발생한 현상이 행위자들이 취하는 행위와 상호작용에 어떤 영향을 미쳐, 어떤 결과를 초래했는지에 대해 보다 명확히 이해하고 코딩 패러다임을 활용할 필요가 있다. 기본적으로 연구자가 연구를 수행한 특정한 맥락에서 발견한 사항이 전체 코딩 패러다임의 요소 중 어떤 것에 해당하는지를 합당한 근거를 가지고 분석하여 발견한 사항만을 보고해야 할 터인데, 현재의 연구 관행은 그야말로 '코딩 패러다임에 있으니까' 기계적으로 6개 요소에 모두 개념들을 배분해야 한다는 강박관념을 가지고 연구를 수행하고 있다는 점에서 실로 문제가 크다고 하지 않을 수 없다.

셋째, 필자들의 경험으로 볼 때 특히 '단기간, 소규모'로 수행된 근거이론적 방법 활용 연구의 수준에서 이론적 통합을 의미하는 '선택코딩(이론적 코딩, 혹은 3차 코딩)'의 단계까지 나가기는 상당히 어렵다. 그럼에도 불구하고 현재 출판된 교육행정학계에서 근거이론적 방법을 활용한 선행연구들은 거의 획일적으로 3차 코딩(이론적 코딩, 선택적 코딩)을 통해 이론적 통합을 이루었다고 보고하는 경향이 있다. 하지만 대부분의 이들 연구에서는 이론적 통합의 전제가 되는 '이론적 샘플링'이나 '이론적 포화'에 대한 구체적 언급 없이, 코딩 패러다임에 따라 기계적으로 배치된 개념들을 단순히 '스토리라인'의 형식으로 기술하는 데 그치고 있어 문제가 있다. 이는 연구자들이 아직까지 '이론적 통합'이 구체적으로 무엇을 의미하는지, 그리고 이것이 관련 이론의 축적에 어떻게 기여하는지에 대해 충분히 이해하지 못하고 있음을 나타내는 간접적 증거가 아닌가 생각된다. 이는 물론 Strauss와 Corbin(1998)이나 Charmaz(2006) 등 주요 근거이론가가 저술한 방법론 교과서에서 이론적 코딩(선택코딩)이 무엇인지, 이것이 어떻게 이루어지는지가 매우 모호하게 기술[12]되어 있는 데서 비롯되는 측면도 없지 않을 것이다. 이 점에 대해서는 후술하는 '이론축적 지향성'과 관련한 논의에서

---

12) 예컨대, Strauss와 Corbin(1998)은 축코딩에서 범주는 체계적으로 발전하고 하위/다른 범주들과 연결되지만, 주요 범주들이 "최종적으로 통합되어 하나의 큰 이론적 도식"을 형성하지는 못한 상태라고 하며, 후속적 단계인 선택코딩을 통해 "연구결과가 이론의 형태를 갖추었다고 할 수 있을 정도로 범주를 통합시키고 정교화하게 된다. 만일 이론 구축이 진실로 연구 프로젝트의 목적이라면 조사·발견은 반드시 일련의 상호 연결된 개념으로 제시되어야지, 주제들의 목록으로 제시되어서는 안 된다"고 설명하고 있다. Charmaz(2006)의 경우 "이론적 코드는 초점코딩을 통해 개발한 범주가 맺어질 수 있는 가능한 관계를 식별하는 것이다. …… 이론적 코딩은 연구자가 일관성 있는 분석적 이야기를 말할 수 있게 해 준다. 따라서 이론적 코딩은 실체적 코드가 어떻게 연결되는가를 개념화할 뿐만 아니라, 분석적 이야기가 이론적인 방향을 갖게 해 준다"라고 말하고 있다. 특히, Charmaz(2014: 150)는 "이 단계[이론적 코딩]가 최종 산출물의 명확성과 정확성을 향상시킨다는 것을 인정하면서도 대부분의 프로젝트가 꼭 이론적 코딩을 할 필요는 없다고 믿는다"(Birks & Mills, 2015에서 재인용)고 하였다.

좀 더 자세히 기술할 것이다.

(2) 이론적 샘플링 및 이론적 포화에 대한 태도

① '이론적 샘플링'에 대한 연구자의 인식과 시행 여부

분석에 포함된 논문들 중 면담을 수행한 연구의 경우 적게는 7명에서 많게는 22여 명의 면담참여자를 선정하여 자료를 수집한 것으로 나타났다(〈표 11-7〉 참조). 근거이론적 방법을 적용한 연구에서 초기 표집은 기본적으로 연구목적과 중심 연구문제에 대해 가장 풍부한 정보를 제공할 수 있는 사람들을 의도적으로 표집하고, 이후 수집한 자료를 통해 개념과 범주 생성, 그리고 개념과 개념, 개념과 범주, 범주와 범주 간의 관계를 형성해 나가면서, 보다 밀도 높은 개념(범주) 형성 또는 이들 간의 관계를 정치화('이론적 포화')하기 위한 추가적 자료가 필요한 경우 이에 적합한 면담 참여자를 목적적으로 선정하는 '이론적 샘플링'을 하는 것이 특징이다.

하지만 교육행정학 분야에서 출판된 근거이론적 방법 활용 연구는 이론적 샘플링에 대한 명확한 이해가 없는 경우가 대부분이었다. 논문 내에서 근거이론의 가장 중요한 특징이라고 할 수 있는 '이론적 샘플링'에 대한 언급이 전혀 없는 연구가 대부분이었고, 설령 언급이 있다 하더라도 필자들이 이해하는 근거이론에서의 '이론적 샘플링'과는 취지가 다른 방식으로 적용하는 경우도 있었다.[13] 일차적 자료분석 후 개념과 범주 간의 관계의 밀도를 높이기 위해 근거이론에서 말하는 '이론적 샘플링'을 개념적으로 제대로 이해하고 이를 논문에서 언급이라도 하고 있는 논문은 분석 대상 논문 10편 중에서 3편에 불과하였다.

〈표 11-7〉 선행연구에서 연구자의 '이론적 샘플링'에 대한 인식과 시행 여부

연구자	연구 참여자 및 면담 방식	이론적 샘플링 언급 여부
엄상현(2014)	성별, 연령, 경력 등을 고려하여 서울시 초등학교 재직교원 7명 선정, 2013년 6월에서 8월까지 진행되었으며 후반부의 참여자는 이전 자료에서 추출된 개념, 사건에 기초하여 비교해 가면서 선정(이론적 샘플링); 1시간 반에서 2시간 정도의 심층면담	있음
정주영(2017)	수도권 4년제 사립대학에서 교직과목을 수강하고 있는 재학생 9명을 공개 모집; 면접은 1회에 1시간 내외로 진행	있음

---

13) 예컨대, 정주영(2017)의 경우 "이론적 표출이란 이론의 구축을 위해 기대되는 범주의 속성과 차원의 측면에서 최대한 비교 가능한 차이를 갖고 있는 사례를 선택하는 것이다(박선웅, 우현정, 2013)"라고 기술하고 있어 필자들이 이해하고 있는 근거이론적 방법에서의 '이론적 샘플링' 개념과는 거리가 있었다.

연구자	연구 참여자 및 면담 방식	이론적 샘플링 언급 여부
신현석 외(2018)	경기와 인천에 소재하고 있는 3개 중학교 학생 13명, 학부모 7명으로 총 20명; 성적과 자유학년제 경험 여부를 감안하여 초기 샘플링; 1회 면담은 평균 40분 소요, 필요한 경우 추가 면담 실시(구체적 내용은 언급되지 않음)	있음
김수구(2009)	2006년 9월부터 2009년 5월까지 초중고 학부모 357건의 질의응답 게시판 내용(자료수집은 2009년 4월에서 5월까지)	없음
이기명(2009)	학교평가를 받은 경험이 있는 A초등학교 교사 8명과 전화 면담; 면담 시간을 포함한 세부적 면담 시행방식에 대한 기술은 없음	없음
가신현, 김정주 (2012)	서울 소재 A대학에 재학 중이며 학교현장실습 경험을 한 중등 예비교사 16명; 학번, 계열, 실습학교 등 배경 특성을 고려한 연관적이고 다양한 표본 추출; 개방형 설문 + 보조적인 대면, 전화, 이메일 질문(구체적인 방법은 기술되어 있지 않음)	없음
박종덕, 조홍순 (2021)	연구목적과 연구문제에 대해 풍부한 정보를 제공해 줄 수 있는 교사들을 의도적으로 표집; 2020년 2월부터 11월까지 약 10개월 동안 X중학교(혁신학교 9년째 운영) 교사 7명, Y중학교(무경험) 교사 5명으로서 총 12명을 면담	없음
성희창 외(2020)	소명의식의 형성과정을 드러내고 변화를 대표적으로 보여 줄 수 있도록 목적표집 방법을 활용; 연구의 방향에 맞추어 일을 잘하는 기준과 교사로서의 헌신과 희생이라는 두 가지 추천 기준을 마련하고 총 9명의 학교장으로부터 이에 해당되는 교사를 각 2명씩을 추천받는 방식으로 총 14명의 면담 참여자를 선정; 2017년 11월 13일부터 12월 4일까지 약 3주간 면담 실시	없음
안희진, 김병찬 (2021)	A특성화고등학교 부장교사/교장/학생(4명), B특성화고등학교 교사/교장/부장교사/학생(2명) 등 총 11명 면담; 그 밖의 교장·교사·학생(6명)과의 면담은 필요 시 진행; 2018년 3월부터 2019년 2월까지 1년 동안 문헌자료 수집·참여관찰·심층면담을 진행	없음
고삼곤(2020)	수도권 A고등학교 각 학년 부장교사(주 참여자) 3명과 학년별 4~6명의 교사(보조 참여자) 18명을 면담(누구를 어떤 방식으로 면담했는지에 대한 명확한 언급이 없음); 2018년 2월에 자료수집을 시작하여 각 학년 부장 교사와 심층면담을 실시하고 이후 보조 참여자인 각 학년별 교사들을 면담	없음

② '이론적 포화'에 대한 연구자의 태도

앞서 살펴본 '이론적 샘플링'과 밀접한 관련을 가지는 '이론적 포화'는 근거이론적 방법의 목표인 '(실체) 이론의 생성'에 필수적인 요건이다. Strauss와 Corbin(1990)은 "특별한 범주에 적절한 최종적 자료생성이나 수집에서 새로운 코드가 더 이상 나오지 않을 때, 그리고 범주는 모든 하위 범주와 이들의 속성과 차원들이 명백하게 연결되고 통합되는 지점까지 개념적으로 잘 발전되었을 때, 이론적 포화에 도달하는 것"으로 정의한다. 한편 기노시타(2017)는 이론적 포화를 '작은 이론적 포화(개별 개념의 완성 상태의 판단)'와 '큰 이론적 포화(개념 상호 간의 관계, 범주 간의 관계, 전체로서의 통합성 등을 검토하고, 각각의 수준에서 중요한 부분이 누락되지 않았는지 여부의 판단)'로 나누고, '이론적 포화'의 판단은 그 성격상 '했다 혹은 안 했다'라는 택일의 판단이 되기보다는 '어느 정도 수행했는지에 대한 상대적인 판단'이 될 수밖에 없다는 점을 강조하고 있다. 분석 대상인 총 10편의 논문에서 '이론적 포화'를 언급한 논문은 7편이 있었는데, 주로 '새로운 개념이 발견되지 않는 포화상태에 이를 때까지(엄상현, 2014)', '더 이상 새로운 정보가 발견되지 않는(신현석 외, 2018)', '새롭고 의미 있는 자료가 나타날 때까지 새로운 면담자를 추가하면서(이기명, 2009)', '면접사례가 포화상태에 도달하도록(정주영, 2017)', '학교 업무 갈등의 양상을 포화상태에 이를 때까지(박종덕, 조흥순, 2021)', '핵심 범주에 영향을 미치는 요인들에 대해서도 생소한 모습이 보이지 않고, 범주의 포화가 일어날 때까지(고삼곤, 2020)'라는 식으로 기술하고 있어 '이론적 포화'를 택일 혹은 성취 여부의 판단으로 간주하는 경향이 있었다. 이 중 안희진과 김병찬(2021)의 경우는 '이론적 포화에 도달할 때까지 자료 수집과 분석을 진행하되 다만, 학문적 특성상 학교에서 허락한 연구 기간 내에서 더 이상의 자료 수집이나 새로운 코드가 나오지 않을 때까지'라고 기술하고 있어 다른 논문들과 달리 '이론적 포화'를 주어진 제약 조건 속에서 달성할 수 있는 최대한으로 인식하고 있다는 점에서 차이를 보여 주고 있다. 그 외 3편의 논문(가신현, 김정주, 2012; 김수구, 2009; 성희창 외, 2020)은 아예 이론적 포화에 대해 아무런 언급을 하지 않고 있었다.

(3) 도출된 근거이론의 유형과 성격

도출된 실체이론(substantive theory)이 ① 어떠한 유형으로 분류될 수 있는지, ② 실체이론이 근거이론의 취지에 맞게 의미를 가지려면 구체적으로 어떠한 조건을 갖추어야 하는지에 대해 명시적으로 합의된 기준은 아직 없는 것으로 보인다. 따라서 본 논문에서는 전자와 관련해서는 권향원(2016)의 논의를, 후자와 관련해서는 김인숙(2012)을 참고하여 논의를 전개하고자 한다.

① 이론의 유형

한국 교육행정학 분야에서 산출된 논문을 분석한 결과 산출된 근거이론들은 〈표 11-8〉과 같이 크게 ① 인과관계적 이론화, ② 개념 범주의 구성속성형 이론이 주된 유형을 차지하고 있는 것으로 나타났다. 이들 유형을 개별적으로 살펴보면 첫째, 인과관계적 이론화는 중심 현상을 둘러싼 원인과 결과의 인과구조를 개념을 재료로 삼아 설명하는 것을 말하는데, 총 10편의 분석 대상 논문 중 Strauss와 Corbin의 코딩 패러다임을 그대로 적용한 논문 9편 모두가 이에 해당한다고 볼 수 있다. 이들은 다시 코딩 패러다임 적용 후 이와는 별도로 ① 생성한 개념과 범주들을 통합하여 별도의 이론적 모형을 도식화하여 제시하고 있는 연구(박종덕, 조흥순; 2021; 이기명, 2009)와 ② 유형화를 시도하는 연구(가신현, 김정주, 2012; 엄상현, 2014)로 나눌 수 있다. 이 가운데 후자의 유형화를 시도하는 연구는 개념 범주의 구성속성형 이론 구축을 시도하는 초동적 작업이라고도 볼 수 있을 것이다.

한편, 현상을 구성하는 사건과 사건의 연쇄적 인과관계 혹은 발생의 메커니즘을 이론화의 대상으로 삼는 과정이론을 연구한 논문은 9편의 분석 대상 연구 중 성희창 외(2020) 1편에 불과한 것으로 나타났다. 성희창 외(2020)의 경우 다른 연구들과는 달리 Strauss와 Corbin의 코딩 패러다임을 기계적으로 적용하지 않고, 중학교 교사의 소명의식 형성과정에 대해 연구자가 발견한 내용을 중심으로 이론화하고 있어 매우 특징적이라고 할 수 있다. 이렇게 생성된 근거이론은 우리 한국적 맥락에 대한 특성을 담고 있어 향후 중범위이론으로 발전된다면 토착화된 고유한 교육행정학 이론 구축에 큰 기여를 할 수 있을 것으로 생각된다. 한편 어떻게 보면 이기명(2009)과 박종덕, 조홍순(2021)의 경우도 생성한 개념과 범주들을 통합하여 별도의 이론적 모형을 제시하고는 있으나, 이미 Strauss와 Corbin의 코딩 패러다임에 따라 이론 모형을 제시한 후 갑자기 별다른 설명 없이 별도의 이론 모형을 다시 제시하고 있다는 점에서 논문의 정합성 차원의 문제가 있다고 생각된다. 즉, 자신이 밝히고자 하는 관심 현상인 초등학교 교사들이 경험하는 학교평가 실체(이기명, 2009)나 중학교 교사가 경험하는 학교업무 갈등(박종덕, 조홍순, 2021)에 대해 자신이 발견한 개념이나 범주를 활용하여 이를 설명하는 이론을 제시하면 될 터인데, 특별한 설명 없이 이와는 별도로 코딩 패러다임에 따른 분석결과를 제시하는 것은 문제가 있다고 생각된다. 그 결과 이들 연구에서는 본인이 코딩 패러다임과는 별개로 제시한 이론 모형에서의 제안하고 있는 실체이론의 내용과 의미에 대한 논의도 성희창 외(2020)의 경우와 비교할 때 매우 부족한 것으로 나타나고 있다.

〈표 11-8〉 한국 교육행정학 분야 근거이론적 방법 활용 연구에서 도출된 근거이론의 유형

유형	논문명
인과구조연구	김수구(2009). 나이스 학부모서비스 신청·승인 절차상에 나타나는 학부모의 인식 고찰.
	안희진, 김병찬(2021). 특성화고등학교 고교학점제 연구학교 운영과정에 대한 근거이론적 연구.
	정주영(2017). 교직이수 여대생들의 진로선택 및 결정에 관한 갈등분석.
	고삼곤(2020). 사립 일반계 고등학교 학년 부장 교사 리더십에 대한 근거이론적 연구.
	신현석, 이예슬, 정양순(2018). '자유학년제'에 대한 학생, 학부모들의 참여경험에 대한 분석.
	이기명(2009). 초등학교 교사들이 경험하는 학교평가 실체 연구.
	박종덕, 조홍순(2021). 중학교 교사가 경험하는 학교 업무 갈등에 관한 연구: 근거이론 방법의 적용.
속성구조연구	엄상현(2014). 초등학교 인성교육 실태 분석-근거이론 연구방법에 기초하여.
	가신현, 김정주(2012). 학교현장실습을 통한 중등 예비교사들의 교직태도 변화 탐색.
사건구조연구	성희창, 최예슬, 오헌석(2020). 중학교 교사의 소명의식 형성 과정 연구.

요컨대, 교육행정학 분야에서 이루어진 근거이론적 방법을 적용한 연구들은 아직까지 인과관계적 이론화와 개념 범주의 구성속성형 이론화가 주를 이루고 있다. 이는 인접학문인 행정학과 정책학의 근거이론 동향을 분석한 연구(권향원, 2016)에서 나타난 결과와 유사한 것이다. 근거이론적 방법의 최종적 목적인 '관계적 이론화'의 핵심이 사건들의 연쇄 구조를 밝히는 데 있다고 본다면, 향후 교육행정학에서도 향후 토착화된 이론 구축을 위해 이러한 유형의 연구에 좀 더 관심을 기울일 필요가 있다고 할 것이다.

② 추상성의 정도

근거이론은 추상성을 특징으로 하는 이론을 생성하는 것이 목적이므로, 근거이론적 방법을 적용하여 도출한 연구결과가 단순히 '개념적 서술' 수준에 머무르고 있는가, 아니면 새로운 기존의 이론적 지평에 포착되지 않았던 새로운 '개념의 속성'을 제시하거나 '개념과 개념 간의 관계를 설명'하는 어느 정도 추상화된 이론으로 제시되고 있는가라는 문제는 중요한 의미를 가진다. 이러한 관점에서 교육행정학 분야에서 수행된 근거이론적 방법 활용 논문 10편에 대해 추상성의 정도를 살펴본 결과 크게 3가지 유형으로 분류해 볼 수 있었다. ① 개념적 서술에 그치거나, 별도의 모형을 통해 실체이론을 제시하려고 하고 있지만 추상성이 약한 유형, ② 도출한 연구결과를 바탕으로 개념적 유형화를 시도하는 유형, ③ 도출된 연구결과를 실체이론으로 제시하고 있는 유형으로 나누어 볼 수 있었다.

먼저 개념적 서술에 그치거나, 별도의 모형을 통해 실체이론을 제시하려고 하고 있지만 추상성이 약한 유형은 전체 분석 대상 논문 10편 중 7편(70.0%)으로 가장 많은 비율을 차지하고 있었다. 이들 논문들은 대개 발견한 사항들을 개방코딩해서 코딩 패러다임에 맞추어 나열하는 방식으로 연구결과인 실체이론을 제시하고 있다. 예컨대, 고삼곤(2020)의 경우 사립 일반계 고등학교 학년 부장 교사의 리더십에 대해 발견한 사항(예컨대, 지시하기가 부담스러움, 누군가 해야 할 일이라는 인식 등)을 패러다임 모형을 통해 단순히 나열하는 방식으로 연구결과를 제시하고 있다. 이와 유사한 것으로 연구자가 생성한 개념(범주)들을 코딩 패러다임에 따라 단순히 나열하는 것과 동시에, 별도의 모형을 다시 제시하고 있는 연구들도 있다. 예컨대, 이기명(2009)은 '교사들의 고정관념으로 인해 더욱 형식주의가 된 학교평가 모형'을 결론에서 제시하고 있다. 연구자의 표현에 따르면 연구 대상인 A 초등학교의 맥락에서 '수집된 자료의 분석을 토대로 학교 평가기간에 교사들은 어떠한 경험을 하는지'에 관한 실체이론을 제시하고자 한 것이다. 하지만 제시된 학교평가 모형에서 연구자가 개념이라고 명명한 것들은 상당수가 사실상 원자료 수준의 개념적 서술에 머물고 있고 추상화를 특징으로 하는 개념적 수준에서 이루어진 진술이라고 보기는 어려운 경우가 많았다(예컨대, 피드백 없는 학교평가 결과, 학교평가는 행정업무 중 가장 큰 업무 등).

이렇게 근거이론적 방법을 활용한 논문에서 이론적 추상성을 높이는 데 실패하는 이유에 대해 Schreiber와 Stern(2003)은 ① 근거이론적 방법의 적용과정에서 이론적 샘플링을 충분히 적용하지 않은 점, ② 부정적 사례를 이용하지 않은 점, ③ 이론적 민감성을 중심으로 추상적 사고를 하지 않은 데 그 원인이 있다고 지적하고 있다(김인숙, 2012: 103-104). 근거이론적 방법이 다른 질적 연구방법과의 차별되는 지점은 이론 구축의 체계성과 이론적 표집의 중요성을 강조하는 데 있다. 분석된 한국 교육행정학 분야 근거이론들은 추가로 이론적 표집을 하지 않은 단계에서 연구를 마무리하고 있고, 또한 사회복지학 분야와 마찬가지로 부정적 사례보다는 편의에 의한 유사 사례만을 표집하고 있어 이론으로서의 추상성을 확보하는 데 아직까지 크게 성공적이지 못한 것으로 생각된다.

두 번째 유형은 단순히 형성된 개념을 기계적으로 코딩 패러다임에 배치하고 이를 기술하는 스토리라인의 제시를 넘어, 발견된 사항들에 기초하여 개념적 유형화를 시도하는 연구였다. 예컨대, 예비교사들의 교직태도 변화 패턴을 구체적으로 감성형, 성실형, 실리추구형, 무관심형 등 4가지 유형으로 분류하여 제시하고 있는 가신현, 김정주(2012)와 교사들의 인성교육 실행방식을 ① 교사의 근무 지역과 열성의 차이에 따라 책임형, 사랑형, 기계형, 방관형, 그리고 ② 행정대응 방식과 인성 교육방법의 차이에 따라 교과형, 프로젝트 실적형, 생활형으로 구분하여 단순히 발견된 개념을 나열하는 수준을 넘어 개념적 유형화를 통해 추가적인 이론화의 가능성을 제시하고 있는 엄상현(2014)의 경우, 다른 연구들에 비해서는 추상성의 정도에서 상대적으로 진전된 모습을 보인다고 할 것이다.

한편 매우 드물기는 하지만 도출된 연구결과를 실체이론으로 제시하고 있는 유형도 존재한다. 비교적 최근인 2020년 출판된 성희창 등(2020)의 경우 중학교 교사의 소명의식 형성 과정을 근거이론적 방법을 적용하여 추상화된 핵심 범주('자신의 삶에서 교직의 의미와 가치를 발견하고 정당화하는 과정')를 도출하고, 이를 연구과정에서 발견한 개념과 범주를 통합하여 발전적인 형태의 실체이론으로 제시하고 있다는 점에서 주목할 만하다. 물론 이 연구도 다음 장에서 기술할 해외의 근거이론적 방법을 적용한 연구에서처럼 중요한 연구결과를 가설 형태로 제시하거나, 기존 이론에 연계시켜 이론의 축적에 기여하는 단계에까지는 나아가지 못하고 있지만, 다른 연구들에 비해서는 상대적으로 진전된 모습을 보여 주고 있는 것임에는 틀림없다.

③ 이론축적 지향성

근거이론적 방법은 궁극적으로 현장밀착형 실체이론의 도출을 통해 궁극적으로 축적적인 이론체계를 개발하는 것을 목표로 한다. 이와 관련 Birks와 Mills(2015)가 말하는 3차 코딩(Glaser와 Charmaz의 이론적 코딩, Strauss와 Corbin의 선택적 코딩)은 매우 중요한 의미를 지닌다. 제3세대 근거이론가인 Birks와 Mills(2015)는 "이론적 코딩이 이론 발전에 필수적인 단계는 아니지만, 최종 산출물이 출현하는 이론적 코드에 의해 통합되고 형성될 때, 더 그럴듯하고, 더 적절하고, 더 향상된다"라는 Glaser와 Holton(2005)의 견해를 인용하면서, "이론적 코딩이 없다면 다른 연구와 근거이론적 방법 연구를 구분하는 설명능력을 보여 주는 데 한계가 있을 것"이라고 주장하고 있다. 이와 함께 그들은 이론적 코딩의 의미와 방법에 대해서도 다음과 같이 추가적인 설명을 덧붙이고 있다.

> 자신의 이론 발전이 끝날 때까지 근거이론가는 외부 이론의 적용을 피해야 한다는 점이 오랫동안 주장되어 왔으며(Glaser & Strauss, 1967), 최근에 Glaser(2013)와 Charmaz(2014)에 의해 이 점이 다시 강조되었다. 외부의 이론적 코드가 귀납적으로 구축된 근거이론적 방법에 순응하도록 강요하는 선입견적 틀을 의미한다면 우리는 이러한 진술에 동의한다. Cutcliffe(2000: 1482)는 이론적 코드가 '연구되고 있는 인간의 상호작용과 사회과정에 대한 완전하고 풍부한 이해를 제공하는' 기능을 한다고 믿는다. 그런 다음 연구자는 더 광범위한 학문적 지식의 맥락에서 자신의 이론을 위치 지을 수 있다. (Birks & Mills, 2015)

필자들 역시 이러한 Birks와 Mills(2015)의 이론적 코딩과 관련한 기본적 생각에 동의한다. 이러한 견지에서 볼 때 현재까지 출판된 교육행정학 분야의 근거이론적 방법 연구들은 이론축적 지향성의 측면에서 볼 때 많은 한계를 지니고 있다. 분석 대상인 10편의 논문 중 8편은 자신의 연구결과 중 일부가 기존 연구결과와 유사하다는 정도의 언급 수준에 머무르고 있었다. 아예 선행연구나 이론에 대한 언급조차 없는 연구(예컨대, 김수구, 2009; 박종덕, 조홍순, 2021)도 있었다. 이러한 경향은 사회복지학계에서 이루어진 근거이론적 방법 연구물을 분석한 연구(김인숙, 2012)의 결과와 유사한 것이다. 분석 대상이었던 모든 교육행정학 분야 근거이론적 방법 연구들은 산출된 결과들을 기존의 다른 교육행정학 이론/가설과의 연계, 또는 기존에 자신이 수행한 근거이론과의 연계를 통해 더 상위의 이론으로서의 확대 가능성을 모색하는 등 이론적 축적 노력에는 크게 관심을 두지 않고, 단순히 산출된 개별 결과의 실천적 함의를 제시하는 데 주안점을 두고 있었다. 앞서 언급한 바와 같이 근거이론적 방법은 현장밀착적인 실체이론의 도출과 이를 기초로 한 다맥락적 이론 형성을 통해 궁극적으로 축적적인 이론체계를 개발하는 것을 목적으로 하고 있다. 이를 감안하면 이러한 연구자들의 연구수행 행태는 현재 교육행정학에서 산출되는 근거이론적 방법 연구의 가장 심각한 문제점 중의 하나로 지적될 수 있을 것이다.

이런 차원에서 향후 한국 교육행정학 분야에서의 근거이론적 방법 활용 연구의 발전을 위해서는 도출된 연구결과들이 상호 연계되고 확장될 수 있는 방식으로 체계적으로 수행될 필요가 있다. 이와 관련 행정학 분야에서 세종시 중앙부처 공무원을 대상으로 근거이론적 방법을 통해 '일과 삶 균형' 저해 요인에 대한 탐색적 이론화 연구를 시도한 허준형과 권향원(2016)의 연구와 사회학 분야에서 근거이론적 방법을 활용하여 주제어와 범주를 형성하고 이후 '인지부조화' 이론과 연계하여 현상에 대한 설명력을 확대한 주혜진(2014)의 연구(수퍼우먼의 비애: 소수자들의 인지부조화 경험과 상징적 자기−완성)는 교육행정학 분야에서의 근거이론적 방법의 적용 가능성 확장을 위해 충분히 주목해 볼 만한 가치가 있다고 생각한다.

④ 현상과 맥락과의 연계성

근거이론적 방법의 전제는 지식은 정태적이지 않고, 사람은 늘 변화하며, 맥락은 인간의 목적과 사회심리적 과정을 촉진·방해하는 등 영향을 미친다는 것이다(김인숙, 2012). Glaser와 Strauss(1967)도 역시 과정으로서의 이론을 강조하면서, 과정으로서의 이론은 사회적 상호작용과 그것의 구조적 맥락의 현실을 잘 보여 주어야 한다고 하였다.

본 논문의 분석 대상인 교육행정학 분야 근거이론적 방법 활용 논문들은 대체로 '맥락과 현상의 관계성'을 심층적으로 고려하지 않은 채 탐구하는 현상에만 초점을 맞추고 있는 것으로 나타났다. 하지만 사회적 상호작용에 초점을 맞추어 구조적 맥락의 현실을 살펴본 3편의 연구(김수구, 2009; 안희진, 김병찬, 2021; 엄상현, 2014)는 나름대로 시사하는 바가 있다. 예컨대, 김수구(2009)는 학부모 서비스 정책의 구조적 결함을 맥락적 조건으로 기술하고 있었고, 엄상현(2014)의 경우에도 특정한 중심 현상과 행위/상호작용에 영향을 미치는 구조적 맥락(학교의 특성, 학부모, 지역의 특성, 정책의 변화 등)을 언급하고 있다. 최근 출판된 안희진과 김병찬(2021)의 경우에도 입시제도와 학과 장벽 등을 맥락적 조건으로 제시하고 있어 나름대로 현상과 맥락의 연계성에 대한 중요성을 인식하고 있는 것으로 보인다. 다만 근거이론적 방법을 적용한 연구를 수행할 때 현상과 현상을 발생시키는 기제(발생기제), 맥락과의 관계와 의미[14]를 제대로 이해하지 못하는 경우가 대부분이고, 또한 연구가 수행된 고유한 맥락과 현상과의 연계성을 설명하기 위한 충분한 자료수집과 분석이 뒷받침되지 못해 실제로 맥락과 연계된 연구결과를 도출하는 데 있어서는 이 논문들 역시 상당한 한계를 보이는 것이 사실이다.

근거이론적 방법의 핵심은 연구되는 현상의 맥락과 관련해 이론을 개발하고 창출하는 것이다. 즉, 근거이론 연구자의 주된 관심은 환경의 맥락적 특징들이 어떻게 기본적 사회적 과정의 방향과 형태에 영향을 미치는가를 결정하는 것이라고 볼 수 있다(Benoliel, 1996: 김인숙, 2012에서 재인용). 이런 관점에서 볼 때 한국 교육행정학연구 분야 근거이론적 방법 연구에서 '구조적 맥락'은 '상호작용'에 비해 대체적으로 잘 드러나지 못하고 있었고, 이들 간의 관계가 서로 충분히 연결되어 논의

---

14) 이와 관련한 보다 자세한 논의는 변기용이 작성한 이 책의 제2장(비판적 실재론의 교육행정학 연구방법론에 대한 함의: 실용적 질적 연구와 비판적 실재론에 기반한 혼합연구를 중심으로) 제1절을 참조하기 바란다.

되지 못하고 있는 경향을 보이고 있었다. 그 이유는 김인숙(2012)이 사회복지학의 근거이론적 방법 활용 연구에서 지적한 것처럼 우리 한국 교육행정학 분야도 마찬가지로 한국 교육행정학자들의 문제의식 속에 현상과 맥락의 상호 연관에 대한 문제제기가 약하고, 다른 하나는 Strauss와 Corbin의 '패러다임 모형'과 '상황모형'을 도그마처럼 활용하고 있기 때문이 아닌가 생각해 볼 수 있다.

4. 해외 근거이론적 방법 활용 연구에서 연구결과 제시방식

해외 학술지에 출판된 근거이론적 방법 관련 연구를 검색[15]하여 분석해 본 결과, 김은정(2017) 이 이미 지적한 바대로 국내에서 출판된 근거이론적 방법을 활용한 논문들에서 사용되는 Strauss 와 Corbin의 코딩 패러다임에 기계적으로 개념들을 배분하는 방식으로 연구결과를 제시하는 경우는 거의 찾아볼 수 없었다. 이러한 분석결과는 앞서 설명한 대로 하나의 정해진 분석 틀로서 Strauss와 Corbin의 패러다임 모형에 지나치게 의존하는 국내 연구자들의 자료분석 방식은 '질적 연구자의 창의성을 강조하는 근거이론적 방법과는 거리가 있다'라는 문제인식을 상당 부분 뒷받침 해 주는 것으로 생각한다. 즉, 후술하는 해외 학술지 논문에서 발견되는 근거이론적 방법 활용 연구결과 제시방식이, 연구자의 이론적 민감성에 기초한 '맥락에 근거한 유연한 이론의 생성'이라는 근거이론적 방법의 당초 취지에 훨씬 잘 부합하는 것이 아닌가 생각된다. 따라서 이 절에서는 국내 근거이론적 방법 활용 연구에서의 연구 제시결과와 차이점을 부각시키는 의미에서, 주로 해외 학술지에 게재된 근거이론적 방법 활용 연구 중에서 서로 다른 유형으로 수행된 사례를 예시적으로 분석해 보기로 한다.

1) 속성 연구: '관심 현상/개념의 속성 구조의 파악'

근거이론적 방법을 통해 수행된 속성 연구 중의 하나인 Intezari와 Pauleen(2017)의 논문 「Conceptualizing Wise Management Decision-Making: *A Grounded Theory Approach*(*Decision Sciences*, 49/2)」은 서론에서 이론적 배경, 연구방법까지 구성은 국내에서 출판된 근거이론적 방법 활용 논문과 거의 같다. 하지만 이후 연구결과를 제시하는 부분부터는 국내 근거이론적 방법 활

---

15) 근거이론적 방법을 활용한 모든 해외 논문들을 검색하는 것은 사실상 불가능하므로 필자들은 'grounded theory', 'grounded theory approach', 'grounded theory method' 등의 키워드를 사용하여 학술 검색 엔진에서 연구 분야에 관계없이 근거이론적 방법을 활용한 논문을 무작위로 검색하였다. 그 결과 필자들은 경영학, 고등교육, 교육행정, 간호학, 행정학 분야에서 근거이론적 방법을 활용한 논문 15편을 일단 검색할 수 있었다. 본 논문에서는 해외 논문의 다양한 결과 제시방식을 보여 주기 위해 Intezari & Pauleen(2017), Browning et al.(1995), Deeter-Schmelz et al.(2019), LePeau(2015)의 논문 4편을 예시로 선택하여 분석하였다.

용 논문과는 전혀 다른 구성 방식을 취하고 있다. 먼저, '연구결과'에 해당하는 제4장 Theoretical Findings 부분은 연구의 주된 목적인 'Wise Management Decision Making'이라는 개념을 구성하는 속성(구인, construct)이 무엇인지에 대해 요인별(① Multi-Perspective Consideration, ② Self-Other Awareness, ③ Cognitive-Emotional Mastery, ④ Internal-External Reflection)로 자세히 설명하고 있다 (Intezari & Pauleen, 2017의 Table 1, Table 2 참조: 343-344). 다음으로 '논의' 부분에서는 연구결과 부분에서 발견한 'Wise Management Decision Making'이라는 개념을 구성하는 4개 속성들이 어떻게 서로 구조적으로 연계되어 있는지를 Strauss와 Corbin의 패러다임 모형과는 관계없이 연구자들의 발견 사항을 [그림 11-4]와 같이 제시하고 있다.

이어서 연구자들이 새로운 개념으로서 의미를 부여하고 있는 'Wise Management Decision Making'에 대한 정의와 그 이론적·실천적 의미를 논의하고 있다. Strauss와 Corbin의 패러다임 모형에 따라 개방코딩한 결과를 기계적으로 배분하는 한국의 근거이론적 방법 활용 논문들의 결과 제시방식과는 매우 다른 모습이라고 할 수 있다. 필자들이 보기에는 현장 데이터에 근거한 이론의 생성이라는 근거이론적 방법의 취지에 훨씬 적절한 접근방식이 아닌가 한다.

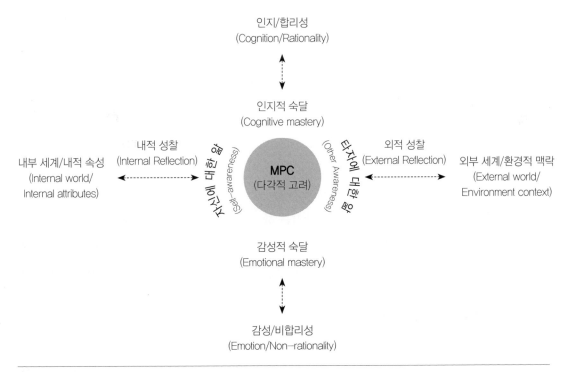

[그림 11-4] 'Wise management decision-making' 개념의 속성 구조

출처: Intezari & Pauleen(2017: 352).

* 번역은 필자.

2) 도출된 실체이론을 기존 이론에 연계하는 연구(도출된 잠정/실체이론의 타당성을 설득하기 위해 이를 통용되는 기존 이론에 연계하면서 '이론적 통합' 시도)

Browning 등(1995)의 논문 「Building Cooperation in a Competitive Industry: SEMATECH and the Semiconductor Industry(*The Academy of Management Journal, 38/1*)」은 기본적으로 '조직, 그룹, 개인 간의 협력적 관계를 생성 혹은 방해하는 요인이 무엇인지를 탐구(Browning et al., 1995: 114)' 하려는 목적을 가지고 수행된 연구이다. 이 연구는 Strauss와 Corbin의 근거이론적 방법을 따라, '개방코딩 → 축코딩 → 선택코딩(이론적 코딩)'의 순서를 따르고 있다. 하지만 우리나라에서 출판된 근거이론적 방법을 사용한 논문과는 달리, 개방코딩을 통해 생성한 개념들을 코딩 패러다임의 각 요소에 기계적으로 배분하고 이에 따라 스토리라인을 기술하는 방식을 따르지는 않았다.

일단 '연구결과' 부분에서 개방코딩을 통해 도출한 3개의 핵심 범주(① Early Disorder and Ambiguity, ② Moral Community, ③ Structuring)를 제시하고, 이어서 3개의 핵심 범주 하나하나(상위 범주와 이를 구성하는 하위 범주)에 대해 왜 그러한 관계가 나타났는지를 뒷받침하는 근거를 구체적으로 제시하고 있다. 이어지는 '논의' 부분에서는 연구자가 도출한 발견 사항(이를 '잠정이론 혹은 실체이론'이라고 할 수 있다)의 타당성을 학문공동체에 대해 설득하기 위해, 이를 학계에서 통용되는 기존 이론인 Complexity Theory와 연계하는 '이론적 코딩' 작업을 시도하고 있었다. 여기서 '이론적 코딩'은 앞서 언급했듯이 '2차 코딩의 결과로 도출한 실체이론(잠정이론)을 이미 구축된 일반이론/중범위이론 혹은 다른 실체이론(유사한 문제인식을 가지고 다른 맥락에서 수행된 연구에서 도출된 실체이론)과 연계함으로써, 이론적 통합을 하는 작업'을 말한다. 즉, 이 연구에서 발견한 사항이 연구주제 분야에서 일반적으로 통용되는 System Theory가 아니라 Complexity Theory란 새로운 이론적 관점에서 보다 타당성을 가진다는 것을 이 이론을 구성하는 다음의 3가지 핵심 개념(① Irreversible Disequilibrium, ② Self-Organizing Processes, ③ A New Order)을 통해 구체적으로 보여 주고 있다. 이 논문은 출판된 지 꽤 오래 지났기는 하지만 ① 개방코딩(1차 코딩: 풍부한 개념들의 발견에 초점) → 축코딩(2차 코딩: 범주의 생성 및 범주와 하위 범주와의 관계 발견)까지 전개되는 일반적인 연구수행 절차 이후에, 후속적으로 ② 발견된 내용(실체이론)과 기존의 지식체계에서 도출한 적합한 이론과의 연계를 통해 실체이론의 타당성을 어떻게 확장 시켜 나갈 수 있는지를 보여 주는 좋은 참고 사례라고 할 수 있다.

3) 기존 이론의 특정 맥락에서 설명력을 높이기 위한 중재적 요인의 발견(발견된 사항에 기초하여 후속연구를 통해 검증할 연구 가설을 제시)

근거이론적 방법이 이론 생성을 목적으로 하는 것이기는 하지만 항상 '실체이론의 생성 → 중범위이론으로 발달'이라는 도정을 거치는 것은 아니다. '연구가 이미 많이 이루어진 영역에서 제안된 이론(예컨대, 외국에서 개발되어 도입된 이론, 경영학 등 다른 영역에서 개발된 이론)이 특정한 맥락에서도 타당성을 가지기 위해서 어떤 부분이 추가로 고려되어야 하는가?'라는 관점에서도 근거이론적 방법을 적용할 수 있다(권향원, 최도림, 2011).

Deeter-Schmelz 등(2019)의 논문 「Understanding cross-cultural sales manager-salesperson relationships in the Asia-Pacific Rim Region: a grounded theory approach(*Journal of Personal Selling & Sales Management, 39/4*)」는 '이미 연구가 많이 이루어진 영역에서 도출된 기존 이론을 특정한 맥락에서 적용할 경우 어떠한 추가적 요인이 고려되어야 하는지(즉, 이론의 특정 맥락에서의 설명력을 높일 수 있는 중재요인의 탐색)'를 연구의 초점으로 삼고 있다.

연구자들은 먼저 '제2장 이론적 배경'에서 '설정한 주제 분야에서 이루어진 기존 연구를 철저히 검토함으로써 연구를 통해 검증할 기존 이론을 설정'하였다. 그리고 '이러한 기존 이론을 아시아-태평양 지역이라는 특정한 맥락에 적용했을 때 설명력을 높이기 위해 수정되거나 혹은 추가로 고려해야 할 중요한 요인들(중재적 변인들)은 무엇인지'에 초점을 맞추어 연구를 수행하겠다는 것을 명시적으로 밝히고 있다. '제4장 연구결과(results)' 부분에서는 기존 이론에서 포착되지 않았지만 본 연구를 통해 발견된 추가적 고려 요인들(① Building and sustaining cross-cultural relationships, ② Effective cross-cultural communication, ③ Acquisition and maintenance of trust, ④ Language, ⑤ Decision-making)을 하나씩 상세히 설명하고 있다. 이어서 다음 '제5장 연구 가설의 생성(Developing research propositions)' 부분에서는 이러한 연구의 발견 사항을 토대로, 후속 연구를 통해 검증하기 위한 연구가설을 제안하는 방식으로 연구결과를 제시하고 있다. '제6장 논의' 부분에서는 이 연구의 발견 사항이 이론 발전과 관련하여 어떤 의미를 가지고 있는지, 연구자와 현장 실천가들을 위한 시사점은 무엇인지를 간략히 설명하는 것으로 마무리하고 있다. 이러한 접근방식은 특히 미국에서 개발된 이론을 도입하여 교육현장에 단순히 적용하는 경우가 많은 우리 교육학계의 현실을 감안할 때 외래 이론(예컨대, 미국에서 개발된 교장 리더십 이론 등)의 맥락적 타당성을 높이기 위한 접근방법으로써 중요한 시사점을 제공하고 있다고 생각된다.

4) 과정이론의 제시

LePeau(2015)의 논문 「A Grounded Theory of Academic Affairs and Student Affairs Partnerships for Diversity and Inclusion Aims」은 국내 연구에서는 쉽게 찾아볼 수 없는 구성주의 근거이론적 방법을 사용하였다. Strauss와 Corbin은 조건, 상호작용, 구조 간의 상호 관계를 중시한 반면, Charmaz(2006)는 이러한 상호작용의 전제를 확장하여, 연구자와 연구 참여자가 면담에서의 의미를 함께 구성할 수 있고 그에 따른 이론적 해석의 근거를 생성한다고 하였다. 따라서 이 연구에서는 학생처(Student Affairs)와 교무처(Academic Affairs) 간 파트너십을 어떻게 형성하는지를 연구자가 연구 참여자와 함께 그 의미를 구성하기 때문에 구성주의 근거이론적 방법을 사용하는 것이 적합하다고 밝히고 있다.

이 논문은 앞서 국내에서 출판되는 근거이론 관련 연구에서는 쉽게 볼 수 없었던 '사건구조'와 같은 과정이론 연구로 국내 논문들과는 다른 독창적인 발견과 흐름을 지닌 연구결과 제시방식을 나타내고 있다. 구체적으로 '연구결과' 제시방식을 살펴보면, 파트너십을 발전시키는 데 주요한 영향 요인과 파트너십 경로 유형, 다양성의 결과, 파트너십 유지를 제시하고 있다. 최종적으로 과정이론 모델로 제시된 [그림 11-5]는 다양성과 관련한 학생처와 교무처의 파트너십이 어떻게 형성되고 유지되는지 역동적인 과정을 제시하고 있다.

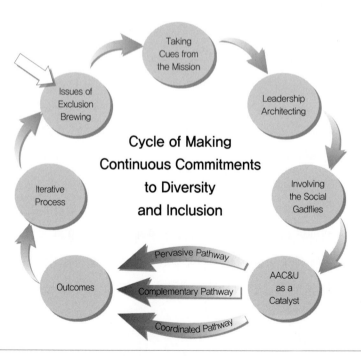

[그림 11-5] 학생처-교무처 간 파트너십 형성 과정 모델
출처: LePeau(2015: 116).

'Making commitment'라는 핵심 범주는 다양성과 포용성이라는 두 가지 차원을 포함한다. 이러한 핵심 범주와 8가지의 주요 범주가 이론적 과정의 요소로서 생성되었다. 핵심 범주인 'Making commitment'는 순환 과정(cycle)의 근원이 되는데 이는 해당 범주가 이론의 모든 주요 범주에 영향을 끼치고 연구 참여자나 기관에 의한 헌신이 과정 내에서 연속된 흐름을 어떻게 만들어 가는지를 보여 주기 때문이다. 이론의 과정은 본질적으로 순환적이기 때문에, 범주들은 다양성과 포용성에 대한 끊임없는 헌신의 순환 과정이라는 이론적 모델로 정리된다. 연구 참여자는 'Issues of exclusion brewing(배타성 문제)'를 인식하였고, 이것은 'Taking cues from the mission', 'Leadership architecting', 'Involving the social gadflies', 'AAC&U as a catalyst'라는 과정으로 이어진다. 이는 학생처와 교무처 간 파트너십의 'Complementary pathway(상보적 경로)', 'Coordinated pathway(조율된 경로)', 'Pervasive pathway(침윤적 경로)'의 세 가지 특정 유형으로 나타나 결과에 영향을 미치고, 이러한 전체 과정은 다시 순환적으로 반복되게 된다. 이처럼 다양성과 관련한 학생처와 교무처 간 파트너십의 형성 및 발전과정에 대해 연쇄적 인과관계, 발생의 메커니즘을 파악하고 유형을 발견함으로써 실체이론을 제시하고 있다. 이는 현상을 구성하는 사건(event)과 사건(event)의 연쇄적 인과관계를 이론화 대상으로 삼아(Langley, 1999; Pajunen, 2008), '과정적 구조'를 설명하는 이론을 생성함으로써 사회현상을 보다 체계적으로 이해하는 데 도움을 줄 수 있다는 점에서 큰 의의가 있다고 할 것이다(권향원, 2016).

5. 논의 및 향후 발전 방향 모색

본 연구는 국내외 교육행정학 연구에서 근거이론적 방법의 활용 실태를 살펴보고 향후 우리 교육행정학계에서 근거이론적 방법을 보다 적절히 활용하기 위해 보완되어야 할 부분들을 찾아볼 목적으로 수행되었다. 이러한 연구목적을 달성하기 위해 먼저 질적 연구에서 근거이론적 방법의 의미와 근거이론적 방법의 발전과정 및 분파별 특징을 살펴보고, 이제까지 출판된 교육행정학 분야의 근거이론적 방법 활용 논문을 다양한 기준을 활용하여 비판적으로 성찰해 보았다. 이와 함께 우리나라의 근거이론적 방법 활용 연구의 문제점을 비교적 관점에서 보다 명확히 드러내기 위해 해외 근거이론적 방법 활용 연구 사례를 심층적으로 분석하였다. 필자들은 이러한 분석결과를 토대로 다음과 같은 몇 가지 시사점과 개선 방안을 결론을 대신하여 제시하고자 한다.

첫째, 국내에서 교육행정학 근거이론적 방법을 활용한 연구들은 개념을 큰 고민 없이 지나치게 많이 생성하는 경향이 있었다. 하나의 개념은 이를 뒷받침할 수 있는 충분한 유사 사례가 뒷받침될 때 추상성을 특징으로 하는 개념으로 성립할 수 있는 것인데, 기존에 출판된 교육행정학 분야에서의 근거이론적 방법을 활용한 연구들에서는 이러한 문제인식이 상대적으로 부족한 것으로 보인다. 특히, 개념으로 제시한 범주의 포화가 일어났는지, 또한 포화 여부에 대해 어떻게 판단을 했는지에 관한 기술이 제대로 제공되어 있지 않았다. 이에 따라 단순히 텍스트(전사자료)에서 언급이 되면 이것이 개념으로 성립한다고 보는, 기계적 절편화에 따른 피상적인 개념 생성(코딩) 방식이 교육행정학 연구에서 타당한 것인가에 대한 의문이 제기된다. 이러한 문제점을 최소화하기 위해서는 마치 양적 연구에서 변수 간 공변수 표를 첨부하도록 하는 것처럼, 질적 연구에서도 기노시타(2017)가 제안하고 있는 '개념 생성 워크시트(이 장의 말미에 첨부된 〈부록 11-1〉 참조)'의 적극적 활용을 통해 자료분석 과정을 외재화함으로써 최소한 '개념을 생성해 나가는 과정과 성찰 내용'을 심사자나 독자들에게 객관적으로 보여 주는 방법을 고민해 볼 필요가 있다.[16]

둘째, 근거이론적 방법에서는 맥락을 초월하여 적용될 수 있는 보편이론보다는, ① 특정한 맥락에서만 제한적으로 타당성을 가지는 맥락기속적 이론(실체이론)을 먼저 생성하고, ② 이러한 맥락기속적 이론에 기초하여 다양한 맥락에서 범용적으로 적용될 수 있는 다맥락적 이론(중범위이론)으로 점차적으로 발전시켜 나가는 것을 지향하고 있다. 예컨대, A 학교에서 발견된 효과적 학습 전략(실체이론)이 다른 특성을 가지는 B, C, D, E 학교에서도 모두 효과적이었다는 연구결과가 산출된다면 이는 기존의 A 학교에서 도출된 실체이론(맥락기속적 이론)이 범용적 설명력을 가지는 다맥락적 이론으로 발전될 잠재력을 가지고 있다고 말할 수 있는 것이다. 하지만 기존에 수행된 연구에서는 자신의 연구에서 도출한 연구결과가 단순한 '개념적 진술'인지, '실체이론(맥락기속적 이론)'인지에 대해 제대로 구분하지 못하는 경우가 많았다. 필자들이 볼 때 이러한 혼란은 연구자가 근거이론적 방법이 제시하는 원칙[예컨대, 이론적 샘플링과 개념(범주)과 개념(범주) 간 지속적 비교와 성찰을 통한 이론적 포화화]을 제대로 따랐는가라는 기본적 문제와 함께, 다음과 같은 '2차 코딩'과 '3차 코딩' 개념에 대한 이해가 제대로 이루어지지 못했기 때문에 일어난다고 생각한다.

필자들이 생각하는 '2차 코딩'은 1단계(개방코딩)에서 생성된 개념들을 바탕으로 ① 개념과 개념 간, ② 하위 개념과 범주(상위개념) 간, ③ 범주와 범주 간의 관계를 이론화를 목적으로 체계적으로 연관시키는 작업을 말한다. 실제 현재 우리나라 연구자들이 수행하는 상당수의 근거이론적 방법 활용 연구는 해외에서 출판된 대부분의 논문들(예컨대, Battisti & Deakins, 2018; Gregory & Jones, 2009)과는 달리 2차 코딩 단계에서 그냥 종료되는 경우가 많다. 하지만 근거이론적 방법은 이러한 '속성 구조' 혹은 '개념 간의 관계'에 대한 단순한 '진술(description)'에 그치는 것이 아니라, 연구자 개인이 만든 '잠정적 이론'을 학문공동체 구성원들로부터 동의를 받는 절차를 통해 "자신이 발견한

---

16) 이와 함께 최근 눈부시게 발전하고 있는 질적 자료 분석 소프트웨어(예컨대, MAXQDA, Nvivo, Atlas.ti 등)를 활용하면 연구자가 실제 자료를 어떻게 분석하여 연구결과를 도출했는지 전체 과정을 쉽게 파악할 수 있다. 이는 특히 초보 연구자가 수행하는 질적 자료 분석의 타당성 확보 및 교육과 관련하여 중요한 시사점을 제공하고 있어 주목할 만하다.

결과가 순전히 주관적인 것만은 아니다"라는 점을 보여 주는 추가적 과정이 반드시 필요하다. 즉, 연구자가 자신의 연구결과의 타당성을 검증받기 위해 ① 2차 코딩의 결과로 도출한 연구자의 '잠정이론'을 이미 구축되어 있는 다른 이론(일반이론/다맥락적 이론/중범위이론) 혹은 다른 실체이론들(유사한 문제인식을 가지고 다른 맥락에서 수행된 연구에서 도출된 실체이론)과 연계하거나, ② 자신의 연구결과에 기초한 새로운 '가설의 형성'을 통해 도출한 실체이론이 중범위이론으로 발전될 수 있는 가능성을 제시하는 작업이 추가로 필요하다. 이는 Glaser나 Charmaz가 말하는 이론적 코딩과 유사한 개념이라고 할 수 있다. 이러한 3차 코딩 과정을 통해 연구자는 자신이 근거이론적 방법을 통해 산출한 '잠정적 이론'을 보다 광범위한 학문적 지식의 맥락에 자리매김할 수 있는 것이다.[17]

셋째, 기존의 근거이론적 방법이 특히 만성 질환자 등 개인을 분석 대상으로 하는 간호학 분야의 연구주제를 바탕으로 전개되어 왔다는 점에서 기존 교과서에 제시된 고려해야 하는 맥락, 인과적 조건 등에 대한 설명을 교육행정학 분야의 주된 연구 주제의 성격에 맞게 재해석하는 작업도 필요하다. 예컨대, 간호학 분야에서 고려해야 하는 맥락은 필자들이 관심을 가지고 있는 조직과 정책 연구의 맥락과는 고려해야 하는 수준과 차원이 매우 다를 것으로 생각된다. 따라서 단순히 기존에 간호학 분야에서 제시된 근거이론적 방법의 구조를 그대로 따라갈 것이 아니라 간호학 분야에서 주로 개인의 심리 분석에서 시작한 연구방법을 사회현상과 제도의 의미, 효과 분석에 적용할 때 어떤 변용이 필요한 것인지 보다 진지한 고민이 필요하다.

넷째, 질적 연구에서는 연구자 자신의 정체성을 '연구하는 인간'으로서 명확히 드러내는 것이 필요하다는 기노시타(2017)의 주장도 귀 기울여 볼 필요가 있다. 종종 질적 연구의 한계로 지적되고 있는 자료 해석 과정에서 연구자의 주관성 개입을 최소화하기 위해 다양한 노력(예컨대, 자료의 다원화 기법, 복수의 이론과 연구자의 활용 등)을 기울여야 하겠지만, 결국 근거이론적 방법을 포함한 모든 질적 연구에서 연구자의 주관과 준거 틀의 개입이 완전히 통제될 수 없다는 것은 자명하다. 또한 다른 관점에서 생각한다면 연구자의 '이론적 민감성'이 근거이론적 방법 활용 연구와 같은 질적 연구를 수행하는 데 매우 중요한 장점이 될 수도 있다. 따라서 근거이론적 방법 활용 연구논문에서는 김현주(2015)에서와 같이 '연구자의 정체성과 이론적 민감성과 관련한 정보'를 오히려 명확히 기술하는 것도 하나의 방법이 아닌가 생각된다.

마지막으로, 이 장에서는 교육행정학뿐만 아니라 교육학 분야 전반에 걸쳐 나타나고 있는 Strauss와 Corbin의 패러다임 모형의 오남용 실태와 문제점에 대해 특별히 주목하고, 이를 비판적으로 성찰한 바 있다. 필자들은 기본적으로 'Strauss와 Corbin의 코딩 패러다임 모형 자체가 문제

---

17) 근거이론적 방법의 이론화 논리에 대해서는 '변기용(2020). 근거이론적 방법의 이론화 논리와 과정: K-DEEP 프로젝트와 후속 연구 과제 수행(2013~2019)을 중심으로'를 참조.

가 있는 것은 아니다'라는 생각을 가지고 있다. 근거이론적 방법 혹은 질적 연구에 처음 입문하여 자료분석에 혼란을 겪을 가능성이 많은 연구자가 특히 초기 단계에 패러다임 모형을 참고하면 많은 도움을 받을 수 있기 때문이다. 문제는 현재와 같은 경직적ㆍ기계적 적용방식에 기초한 패러다임 모형의 오남용이 유독 우리나라에서만 지나치게 광범위하게 나타나고 있다는 점에 있다.[18] 이러한 문제점을 해소하기 위해서는 이 책(『교육행정학 연구방법론 핸드북』)과 같은 공개적 논의의 장을 통해 이에 대한 학계 차원의 공식적 논의와 입장 정리가 이루어질 필요가 있다고 생각한다. 다만 필자들의 관점에서 이 문제를 해소하기 위해서는 먼저, 특정한 현상을 연구하는 하나의 소규모 연구에서 패러다임 모형의 6개 요소를 다 설명해야 한다는 강박관념에서 벗어나는 것이 중요하다고 생각한다. 상황에 따라 다르기는 하겠지만 짧은 시간 동안에 소수의 면담 참여자로부터 자료를 수집하여 6가지 요소 모두를 피상적으로 설명하려고 하기보다는, 패러다임 모형의 각 부분을 보다 정교화하는 데 목표를 두고 연구를 수행하는 자세가 바람직하다. 예컨대, 변기용과 김한솔(2020)은 코딩 패러다임의 각 요소들을 중심으로 근거이론적 방법을 활용하여 수행할 수 있는 연구들을 [그림 11-6]과 같이 제시하고 있다.

또한 본 연구에서 분석했던 성희창 등(2020)을 비롯한 일부 연구자들은 이미 Strauss와 Corbin의 코딩 패러다임을 분석과정에 참고하되, 이를 기계적으로 적용하지 않고 발견된 사항들만을 심층적으로 제시하는 방향으로 연구를 수행하고 있다(예컨대, 박민정, 성열관, 2011; 송해덕, 2009; 오연주, 2008; 유민봉, 심형인, 2009; 홍영기, 2004 등). 특히, 박민정과 성열관(2011: 7-8)은 "연구 분야 및 주제에 따라 자료에 내재된 사건들 간의 연계 관계의 구조는 달라질 수 있기 때문에 본 연구에서는

---

18) 이 장에 대한 토론을 맡은 유기웅 교수는 "이와 같은 비판에도 불구하고 왜 Strauss과 또는 Strauss와 Corbin의 방법이 더 널리 활용되고 있는 것인지에 대한 현실적인 분석이 필요하다. ……… 일반 연구자의 입장에서 특히 어느 정도 검증된 틀, 방법, 절차가 있는 방법, 근거를 명확하게 밝힐 수 있는 방법(예를 들어, Creswell을 인용)을 선택하는 것은 어떻게 보면 당연하다. …… 일반 연구자들의 이러한 현실적인 문제는 차치하더라도, 우리가 여기에서 생각해 볼 문제는 과연 Glaser(1992)가 본인의 저서를 통해 신랄하게 비판했던 Strauss와 Corbin의 방법이 실체적 이론을 생성하는 데 적합하지 않으냐 문제이다"라고 주장하며 "Strauss와 Corbin의 방법 자체의 문제인지, 아니면 개별 연구자가 Strauss와 Corbin의 방법을 잘못 활용하여 제대로 된 이론을 생성하지 못한 점인가"라는 점이 보다 명확히 설명될 필요가 있다고 하고 있다.
이 비평에 대한 필자들의 답은 명확하다. 이미 이 책의 전반부에서 수차 설명하고 있듯이, 필자들은 'Strauss와 Corbin의 코딩 패러다임'에 문제가 있는 것이 아니라 이를 활용하는 연구자들의 접근방법과 태도에 문제가 있다고 본다. 코딩 패러다임은 간호학 분야에서 주로 환자들의 질병에 대한 인식과 반응(예컨대, discovery of dying)이라는 현상 연구를 기초로 만들어진 것인데, 이것을 학문적 특성(미시적/심리적/개인적 vs. 거시적/사회적/정책적 초점)이나 탐구 문제의 성격에 관련 없이 코딩 패러다임의 각 요소(예컨대, 맥락적 조건)를 '기계적'으로 적용하는 것은 문제가 있다. 조직이나 정책이 연구의 관심사가 될수록 미시적 과정뿐만 아니라 사회적 상황(맥락) 혹은 거시적인 조건-결과 매트릭스(Strauss & Corbin, 1998)가 관심 현상에 미치는 영향에 대한 탐구가 중요하게 된다(김지은, 2019). 다시 한번 말하지만 필자들은 ① 이러한 점에 대한 비판적 성찰 없이 선행연구를 그대로 따라 하여 '필요한 논문을 용이하게 산출'하겠다는 연구자의 안이한 태도와 ② 이러한 문제점을 제대로 걸러내지 못하는 우리 학계의 논문 심사과정과 관행에 문제가 있다는 점을 명확히 해 둔다. 어쩌면 우리 교육(행정)학계에서는 이러한 현상이 이미 심화되어 "Strauss와 Corbin의 코딩 패러다임을 사용하지 않으면 근거이론 논문이 아니다"란 교조적 입장이라는 '악화'가, 오히려 질적 연구의 취지를 살리는 방식으로 근거이론적 방법을 적용하는 '양화'를 구축(밀어내는)하는 현상이 이미 발생하고 있는 것인지도 모른다.

맥락(Context): 조직이 처한 외부 환경과 조직의 내부적 특성(단기적으로는 상수로 취급되어야 하는 조건)
예: **외부적 환경**(납세자들의 교원의 책무성에 대한 요구 증대; 빈곤 vs. 부유 지역), **조직의 내부적 특성**(소규모 vs. 대규모 학교)

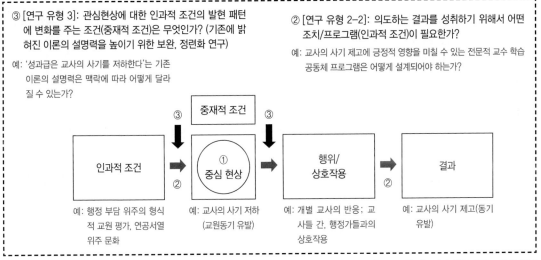

③ [연구 유형 3]: 관심현상에 대한 인과적 조건의 발현 패턴에 변화를 주는 조건(중재적 조건)은 무엇인가? (기존에 밝혀진 이론의 설명력을 높이기 위한 보완, 정련화 연구)

예: '성과급은 교사의 사기를 저하한다'는 기존 이론의 설명력은 맥락에 따라 어떻게 달라질 수 있는가?

② [연구 유형 2-2]: 의도하는 결과를 성취하기 위해서 어떤 조치/프로그램(인과적 조건)이 필요한가?

예: 교사의 사기 제고에 긍정적 영향을 미칠 수 있는 전문적 교수 학습 공동체 프로그램은 어떻게 설계되어야 하는가?

② [연구 유형 2-1]: 중심 현상의 발현에 영향을 미치는 요인은 무엇인가?

예: 교수의 사기저하를 초래하는 원인은 무엇인가?

① [연구 유형 1]: 중심 현상의 속성은 무엇인가?

예: 사기 저하된 교원, 잘 가르치는 교원의 특징은 무엇인가?

④ [연구유형 4]: 인과적/중재적 조건의 연관관계 탐색을 넘어 패러다임 모형의 전체 혹은 부분적 과정의 발현 과정을 설명할 수 있는 과정이론에 대한 연구(연구 유형 1~3이 체계적으로 종합될 때 이루어질 수 있음)

[그림 11-6] 패러다임 모형의 부분적 구성 요소에 초점을 맞춘 근거이론 연구의 유형과 예시적 사례

Strauss와 Corbin이 제시한 전형적인 근거이론 패러다임 모형을 약간 변형하여 활용하였다"라고 명시적으로 언급하고 있기까지 하다. 앞서 이야기한 대로 인과적·맥락적·중재적 조건의 분류를 납득할 만한 근거도 제시하지 않은 채 자의적으로 구분하여 제시하는 것보다는, 명확하지 않은 경우 굳이 각각의 조건으로 구분하려는 강박관념을 버리는 것이 낫다. 의미가 있다면 연구자가 발견한 내용 그대로 제시하고 그 한계를 명확히 언급해 두는 것이 또한 연구윤리에 적합한 연구자의 태도가 아닌가 생각된다.

마지막으로, 어느 정도 완결된 근거이론, 즉 이론적 통합에까지 이르는 '근거이론'은 개인이 수행하는 소규모 단일 연구에서 도출된다고 보기는 어렵다. 하나의 연구를 통해 초동적 근거이론 혹은 근거이론을 도출하기 위한 단초가 만들어지고, 연구자의 지속적 관심과 성찰, 이에 기초한 후속 연구를 통해 초기에 생성되었던 실체이론으로서의 근거이론이 보다 정련화되는 과정을 거치게 되는 것으로 보는 것이 훨씬 타당하다. 따라서 자신이 도출한 근거이론이 규범적 기준에 비추어 볼 때 어떤 한계가 있는지, 그럼에도 불구하고 도출한 근거이론이 어떤 의미와 가치가 있는지를 솔직하게 기술하도록 요구하는 것이 보다 타당한 접근방법이 아닌가 생각된다.

참고문헌

권경숙, 황인애, 이승숙(2019). 근거이론 분석으로 본 결혼이민자가정 어머니의 자녀 이중언어 교육 경험. 유아교육학논집, 23(5), 247-274.

권향원(2016). 근거이론의 수행방법에 대한 이해: 실천적 가이드라인과 이론적 쟁점을 중심으로. 한국정책과학학회보, 20(2), 181-216.

김가람(2019). 한국어교육학 연구에서 '근거 이론 연구 방법론'의 동향 분석. 한글, 80(3), 595-626.

김병찬, 유경훈(2017). '교육행정학연구' 게재 논문의 연구 동향 특징 분석: 연구주제 및 연구방법을 중심으로. 교육행정학연구, 35(4), 173-200.

김수구(2008). 나이스 학부모서비스 신청·승인 절차상에 나타나는 학부모의 인식 고찰. 교육행정학연구, 27(4), 29-56.

김승현(2008). 행정학분야의 실증적 사례연구에 관한 분석과 평가. 정부학연구, 14(4), 293-320.

김영순, 박미숙(2016). 다문화멘토링에 참여한 대학생의 사회적 실천에 대한 근거이론적 패러다임 분석. 한국교육문제연구, 34(2), 69-89.

김은정(2017). 한국의 사회학 연구영역에서의 근거이론의 활용방법과 전개, 그리고 향후 방향의 모색: 한국사회학 게재논문을 중심으로. 한국사회학, 51(3), 37-70.

김인숙(2012). 근거이론 담론과 사회복지 지식형성. 비판사회정책(34), 77-128.

김준현(2010). 행정사례연구 접근방법으로서 근거이론의 전망과 한계. 한국사회와 행정연구, 21(2), 321-341.

김지은(2019). Strauss와 Corbin의 근거이론의 변화. 대한간호학회지, 49(5), 505-514

김현주(2015). 미국 대학을 졸업한 조기유학 경험자의 진로 탐색 경험 및 진로 탐색에 영향을 미치는 요인. 비교교육연구, 25(3), 147-178.

남미자(2013). 초원을 달릴 수 없는 경주마: 대학생들의 취업에 관한 내러티브. 교육인류학연구, 16(2), 155-192.

木下康仁(1999). グラウンデッド・セオリー・・アプローチ: 質的實証研究の再生. 弘文堂.

木下康仁(2017). M-GTA 질적 연구법 실천: 수정판 근거이론 접근법의 모든 것(황경성 역). 경기: 범우. (원서 출판, 2013).

박선웅, 우현정(2013). 다문화가정 청소년의 한국인 되기: 중도입국 학생의 적응에 대한 근거이론 접근. 사회이론(44), 211-258.

변기용(2018). 한국 교육행정학의 학문적 정체성과 연구 방법론에 대한 비판적 성찰. 교육행정학연구, 36(4), 1-40.

변기용(2020). 근거이론적 방법의 이론화 논리와 과정: K-DEEP 프로젝트와 후속 연구과제 수행(2013~2019)을 중심으로. 교육행정학연구, 38(3), 1-29.

변기용, 권경만, 이현주, 홍바울(2020). 교육행정학 연구에서 근거이론 접근방식 활용 실태와 비판적 성찰. 교육행정학연구, 38(1), 169-197.

변기용, 김한솔(2020). 교육학 연구에서 근거이론적 방법의 발전적 활용을 위한 비판적 성찰: Strauss와

Corbin의 코딩 패러다임을 중심으로. 한국교육학연구, 26(3), 109-138.

변기용, 백상현(2020). 학부생 비교과 프로그램 개발 실행연구: A 대학 교육정책연구 학습동아리 프로그램을 중심으로. 열린교육연구, 28(5), 103-131.

변기용, 이인수(2020). 근거이론적 방법이 교육행정학 연구방법론 확장에서 가지는 의미. 교육행정학연구, 38(2), 137-165.

서근원, 변수정(2014). 우리 반 훈이는 수업에서 어떻게 소외되는가? 교육인류학연구, 17(3), 41-102.

신현석(2017). 한국 교육행정학의 정체성. 교육행정학연구, 35(1), 195-232.

신현석, 박균열, 이예슬, 윤지희, 신범철(2018). 한국 교육행정학 연구동향의 심층분석 및 미래 전망: 2009년~2018년까지의 교육행정학연구를 중심으로. 한국교육학연구, 24(4), 247-286.

윤지혜(2016). '훌륭한' 교사의 삶에 관한 탐구: 한 중등 미술교사의 학습생애사를 중심으로. 교육인류학연구, 19(3), 185-225.

이승희, 김수연, 변기용(2020). 잘 가르치는 교수의 특징과 영향요인 탐색: A 연구중심대학 사례연구. 교육행정학연구, 38(4), 101-131.

이한나, 최운실(2019). 신입사원의 취업 전과 후로 인성에 대한 인식 전환 경험 연 구: 근거이론을 바탕으로. 학습자중심교과교육연구, 19(15), 925-955.

이혜정(1998). "노는 애들"의 세계: 문화기술적 사례연구. 이용숙, 김영천(편). 교육에서의 질적 연구: 방법과 적용, 제18장(pp. 507-524).

정수영, 윤혜원, 이영선, 변기용(2021). 밀레니얼 세대 초등교사가 인식하는 조직 공정성의 의미와 영향요인에 대한 연구. 교육행정학연구, 39(4), 341-372.

주혜진(2014). 수퍼우먼의 비애: 소수자들의 인지부조화 경험과 상징적 자기-완성. 한국사회학, 48(5), 243-284.

최종혁(2011). 질적 연구방법론: 근거이론과 수정근거이론의 실제. 서울: 신정.

허준영, 권향원(2016). '일과 삶 균형' 저해요인에 관한 탐색적 이론화 연구: 세종시 중앙부처 공무원에 대한 근거이론의 적용. 행정논총, 54(2), 1-30.

Anderson, E. H., & Spencer, M. H. (2002). AIDS에 대한 인지적 표상. Creswell, J. W. (2013). 질적 연구방법론: 다섯 가지 접근(*Qualitative Inquiry and Research Design*, pp. 381-403). (조홍식 외 공역). (원서 출판, 2013).

Appleton, J. V. (2002). Critiquing approaches to case study design for a constructivist inquiry. *Qualitative Research Journal, 2*, 80-97.

Battisti, M., & Deakins, D. (2018). Microfoundations of Small Business Tax Behavior: A Capability Perspective. *British Journal of Management, 29*, 497-513.

Benoliel, Q. J. (1996). Grounded theory and nursing knowledge. *Qualitative Health research, 6*(3), 406-428.

Birks, M., & Mills, J. (2011). *Grounded Theory: A Practical Guide*. London: SAGE.

Birks, M., & Mills, J. (2015). 근거이론의 실천(*Grounded Theory: A Practical Guide*). (공은숙, 이정덕 공역). 서울: 학지사메디컬. (원서 출판, 2015).

Browning, L. D., Beyer, J. M., & Shetler, J. C. (1995). Building cooperation in a competitive industry: SEMATECH and the semiconductor industry. *Academy of Management Journal, 38*(1), 113-151.

Bryant, A., & Charmaz, K. (2007). *Grounded theory in historical perspective: An epistemological account* (pp. 31-57). The SAGE handbook of grounded theory.

Charmaz, K. (2000). *Grounded theory: Objectivist and constructivist methods*. In N. K. Denzin & Y. S. Lincoln (Eds.), *The handbook of qualitative research* (2nd ed., pp. 509-536). Thousand Oaks, CA: Sage.

Charmaz, K. (2005). Grounded theory in the 21st century: Applications for advancing social justice studies. In N. K. Denzin & Y. S. Lincoln (Eds.), *Handbook of qualitative research* (2nd ed., pp. 509-536). Thousand Oaks, CA: Sage.

Charmaz, K. (2013). 근거이론의 구성: 질적 분석의 실천 지침(*Constructing grounded theory*. (박현선, 이상균, 이채원 공역). 서울: 학지사. (원서 출판, 2006).

Charmaz, K. (2014). *Constructing Grounded Theory: A Practica lGuide Through Qualitative Analysis*. London: SAGE.

Clarke, A. (2003). Situational Analysis: Grounded Theory mapping after the postmodern turn. *Symbolic Interaction, 26*(4), 553-576.

Clarke, A. (2005). *Situational Analysis: Grounded Theory mapping after the postmodern turn*. Thousand Oaks, CA: Sage.

Creswell, J. W. (2014). *Research design: Qualitative, quantitative, and mixed methods approaches* (4th ed.). Thousand Oaks, CA: Sage.

Cutcliffe, J. R. (2005). Adapt or Adopt: Developing and transgressing the methodological boundaries of grounded theory. *Journal of Advanced Nursing, 51*(4), 421-428.

Deeter-Schmelz, D. R., Lauer, T. P., & Rudd, J. M. (2019). Understanding cross-cultural sales manager-salesperson relationships in the Asia-pacific rim region: a grounded theory approach. *Journal of Personal Selling & Sales Management, 39*(4), 334-351.

Glaser, B. G. (2014). 근거이론 분석의 기초: 글레이저의 방법(*Basics of grounded theory analysis*). (김인숙, 장혜경 공역). 서울: 학지사. (원서 출판, 1992).

Glaser, B. G. (2019). *Grounded description: No no*. In A. Bryant & K. Charmaz (Eds.), *The Sage handbook of current developments in grounded theory* (pp. 441-445). London, England: Sage.

Glaser, B. G., & Holton, J. A. (2005). Staying open: The use of theoretical codes in grounded theory. *The Grounded Theory Review, 5*(1), 1-20.

Glaser, B. G., & Strauss, A. L. (1967). *The discovery of grounded theory: Strategies for qualitative research*. Chicago, IL: Aldine Publishing Company.

Gregory, J., & Jones, R. (2009). 'Maintaining competence': a grounded theory typology of approaches to teaching in higher education. *Higher Education, 57,* 769-785.

Intezari, A., & Pauleen, D. J. (2017). Conceptualizing wise management decision-making: A grounded theory approach. *Decision Sciences, 49*(2), 335-400.

LePeau, L. (2015). A grounded theory of academic affairs and student affairs partnerships for diversity and inclusion aims. *The Review of Higher Education, 39*(1), 97-122.

Morse, J. M. (2011). 난투, 긴장, 그리고 와해. In J. M. Morse, P. N. Stern, J. Corbin, B. Bowers, K. Charmaz & A. E. Clarke (Eds.), 근거이론의 발전: 제2세대(*Developing Grounded Theory: The Second Generation*, pp. 15-22). (신경림, 김미영, 신수진, 강지숙 공역). 서울: 하누리. (원서 출판, 2009).

Schatzman, L. (1991). Dimensional analysis: Notes on an alternative to the grounding of theory in qualitative research. In D. Maines (Ed.), *Social organization and social process: Essays in honor of Anselm Strauss* (pp. 303-332). New York, NY: Aldine De Gruyter.

Schreiber, R. S., & Stern, P. N. (2003). 근거이론 연구방법론(*Using grounded theory in nursing*). (신경림, 김미영 공역). 서울: 현문사. (원서 출판, 2001).

Stake, R. E. (1995). *The art of case study research.* Thousand Oaks, CA: Sage Publications.

Stern, P. N. (1995). *Eroding grounded theory.* In J. M. Morse (Ed.), *Critical issues in qualitative research methods* (pp. 212-223). Thousand Oaks, CA: Sage.

Strauss, A. L. (1987). *Qualitative Analysis for Social Scientists.* New York, NY: Cambridge University Press.

Strauss, A. L., & Corbin, J. (1990). *Basics of qualitative research: Grounded theory procedures and techniques.* Newbury Park, CA: Sage Publications.

Strauss, A. L., & Corbin, J. (2001). 질적 연구: 근거이론의 단계(*Basics of qualitative research: Techniques and procedures for developing grounded theory*, 2nd ed.). (신경림 역). 서울: 현문사. (원서 출판, 1998).

West, W. (2001). Beyond grounded theory: The use of a heuristic approach to qualitative research. *Counselling and Psychotherapy Research, 1*(2), 126-131.

Yin, R. K. (2016). 사례연구방법(*Case Study Research*). (신경식, 서아영, 송민채 공역). 서울: 한경사. (원서 출판, 2014).

〈부록 11-1〉
자료 분석: 개념 생성 과정에서 활용된 워크시트 샘플

개념 명	'연공서열 중시 문화'
정의	일부 기성세대 교사들은 나이와 경력을 내세워 학교 조직 내에 위계질서를 형성하고 특별한 배려와 우대를 요구하고 있었으며, 자신의 의지와 관계없이 배려해야 상황에 처해 있는 밀레니얼 교사들은 학교조직을 불공정하다고 인식한다.
유사예	• 경력과 나이를 위세 삼아 아랫사람한테 함부로 하거나…… (교사 2) • 젊은 선생님들한테 일이 많이 과중되는 느낌은 좀 있는 것 같아요. 그래서 이게 왜 그럴까 고민을 좀 해 봤는데 어쨌든 기성세대는 나이 있으신 연배가 있으신 선생님들께서는 자신도 젊었을 적에 그렇게 했으니까 지금 당연히 젊은 사람들이 일을 많이 해야지 이런 생각을 가지고 있으신 것 때문에. (교사 5) • 본인이 나이가 많으면 직급이 높은 것처럼 그렇게 여기는 분들이 좀 계셔서 그거로 인한 본인 나이로 힘을 얻으려는 분들도 계시고 본인 나이를 무기로 일을 좀 나누신다거나 미루신다거나 하는 분들이 좀 계셔서 이제 보통 저희 어린 밀레니얼 세대들한테 많이 내려오잖아요. (교사 1) • 이제 선배로서 모범도 좀 보이고 하시면 좋지 않을까 하는데 나이가 모범이 되는 게 아니라 무기가 돼 버리니까 볼 때마다 좀 나이가 대수인가 싶기도 하고. (교사 1) • 그냥 본인이 당신들이 하기 싫은 업무를 연차가 높은 선배라는 이유로 인해서 떠넘기기라는 것에 제일 가깝다고 생각이 들어요. 이제 그리고 거기에다가 이제 합리화를 할 수 있을 만한 프레임을 씌우겠죠. (……) '역시 젊은 친구라 잘하네'라고 하면서 자연스럽게 후배들이 일을 좀 크게 가져가는 걸 당연하게 여기는 문화가 정착된 게 아닌가 싶네요. (교사 14) • 고경력분들은 오히려 일을 안 하게 되고 신규 분들, 저경력분들이 일을 훨씬 많이 하게 되고. 이거는 굉장히 저는 불공정하다고 생각하거든요. 월급도 심지어 2배 이상씩 받으면서 (……) 저는 사실 그렇게 60세도 요즘 세대에서는 그렇게 너무 나이가 많아서 업무 처리에 어려움이 있다 그 정도는 아니라고 생각하거든요. 충분히 자기 업무를 하실 수 있는데도 불구하고. (교사 15)
대극예	업무에서 조금 배려를 해드리는 게 그렇게 나쁘다는 생각은 사실 안 들어요. …… 사실 요즘은 원로 선생님들도 그렇게 배려받는 걸 되게 불편해하시는 경우도 있더라고요. 이렇게 내가 일을 안 하면 젊은 선생님들이 더 힘들어하고 조금 더 힘들어 할 수 있다는 생각을 하셔서 많이 생각이 바뀌신 분들도 많은 거 같아요. (교사 9)
이론적 메모	• 예상했던 대로 나이나 경력이 업무 배분이나 보상에 있어 중요한 기준이 되는 '연공서열' 중시 문화는 학교 조직 전반에 만연해 있는 것으로 나타남. 기성세대들은 자신들도 젊은 시절에 일을 많이 떠맡았으니 지금은 보다 편하게 있고 싶은 보상심리가 작용하여 젊은 교사들이 일하는 것을 당연하게 여기는 것으로 보임. • 하지만 일부 밀레니얼 교사들은 배려를 해 드리는 것이 당연하지 않나 하는 의견을 피력하는 사람도 있음. 교사 9의 경우 밀레니얼 교사들 중에는 경력이 많고, 보직교사 경험이 있어서 그런 것으로 보임. 다음 면담 시 '보직교사 경험이 이러한 생각에 영향을 미쳤을까'라는 점을 물어보면 좋을 것 같음. • 본 연구에서 밀레니얼 교사로 분류되는 사람들 사이에도 '조직공정성에 대한 관점에 차이가 있을까'라는 점도 추후 연구해 볼 가치가 있는 것 같음.

출처: 정수영 외(2021).

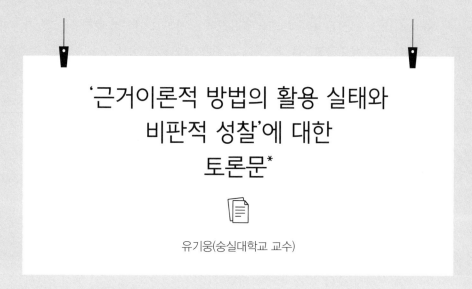

'근거이론적 방법의 활용 실태와
비판적 성찰'에 대한
토론문*

유기웅(숭실대학교 교수)

1. 발제문에 대한 리뷰

발제문은 국내외 교육행정학 연구에서 근거이론적 방법의 활용 실태를 파악하고 향후 교육행정학계에서 근거이론 방법을 보다 발전적으로 활용하기 위한 방향을 제시하는 것을 목적으로 하고있다. 이를 위해 그동안 근거이론 방법과 관련하여 학술지에 게재한 4편의 논문들을 수정·보완하고 재구성하여 근거이론 방법의 활용 실태와 비판적 성찰을 제시하고 있다.

최근 교육행정학을 포함하여 교육학 분야 전반에서 질적 연구가 증가하고 있는 추세에서 이 글은 질적 연구방법에 대한 전반적인 이해와 함께 근거이론 방법에 대한 올바른 이해를 위한 비판적 성찰과 제언을 제공하고 있다는 점에서 가치가 높다. 특히, 근거이론 방법은 '연구방법으로서' 다양한 학문 분야에서 활용되고 있으며, '연구방법으로서' 지속적으로 연구되고 다양한 버전들이 계속해서 소개되고 있다는 점에서 이 발제문의 주제와 내용은 시기적절하다. 또한 이러한 추세에서 일부 연구자들이 근거이론 방법의 개념, 원리, 절차, 분석 방법 등에 대해 가지고 있는 misunderstanding, misconception, 내지는 근거이론 방법에 대한 일부 myth 등에 점검해 보고 비판적으로 논의할 수 있는 장을 마련했다는 점에서 시의적절하다고 볼 수 있다.

이 논문의 학술적 가치와 장점은 다음과 같다. 첫째, 근거이론적 방법에서 생성하려는 이론의 개념과 범위를 명확하게 설명하고 있다는 점이다. 근거이론 방법을 연구에 제대로 적용하기 위한 전제 조건 중의 하나는 근거이론을 통해 생성되는 이론에 대한 올바른 이해이다. 근거이론의 창시자

---

* 이 글의 일부 내용은 유기웅(2022)의 「근거이론 방법의 체계적 접근: 논문작성 가이드」의 내용을 재구성하여 작성하였다.

인 Glaser와 Strauss(1967)는 지금까지의 연구가 가설을 설정하고 연역적 방법을 통해 기존의 이론을 검증하는 데 지나치게 치중하고 있다는 점에 문제를 제기하고 이론 생성 연구의 중요성, 특히 질적 데이터에 기반한 이론 생성의 중요성에 관해 강조하였다. 본문에서는 추상도를 기준으로 중층적으로 구성되어 있는 이론의 개념을 설명하고 있는데, 근거이론을 통해 생성되는 이론의 유형이 특정한 맥락에서 설명력을 지닌 실체적 이론(substantive theory)이라는 점과, 다양한 맥락에서 보다 범용적 설명력을 지닌 공식적 이론(formal theory)에 가깝다는 점을 설명하고 있다. 또한 자연과학, 사회과학, 인문학 등 학문 분야별 지식구조의 특징을 비교하면서, '보편이론'을 추구하는 자연과학과는 달리, 경험 세계의 개방성과 맥락성을 전제로 하는 사회과학에서는 구체적 맥락을 강조하는 '중범위이론'을 추구하는 것이 타당하다는 점을 강조하면서, 근거이론 방법에서 생성하는 이론의 유형과 수준을 체계적으로 설명하고 있다. 덧붙여 저자들은 교육행정학계의 고질적 병폐 중의 하나인 '이론과 실천의 괴리'를 줄이기 위해서라도 맥락을 초월한 보편적 법칙보다는 상황적 맥락에서 타당성을 가질 수 있는 이론, 즉 '중범위이론'의 형성에 더 큰 관심을 가질 필요가 있으며, 이를 위한 연구방법이 바로 근거이론적 방법이라는 점을 강조하고 있다.

근거이론 방법이 상황적 맥락에 기반을 둔 실체적인 이론을 생성하는 데 적합하다는 점에서 저자들은 교육행정학계에서의 이론과 실천의 괴리 문제를 언급하였는데, 사실 무엇보다도 근거이론을 통해서 어떤 이론이 생성되는가의 문제는 연구자들에게 있어 근거이론 방법에 적합한 연구주제가 무엇인가와도 연관이 되기 때문에 중요하다. 즉, 근거이론 방법은 현실의 주어진 맥락적 상황을 반영하는 이론 생성에 보다 적합하기 때문에, 근거이론 방법에 적합한 연구주제는 실체적이고 구체적인 수준을 반영하는 사건 또는 현상에서 발굴하는 것이 좋다는 점이다.

근거이론을 통해 생성되는 이론에 대해 보다 깊은 이해가 필요하다면, 근거이론을 통하여 어떤 이론이 생성되는가(what theory is generated)에 관한 Glaser와 Strauss(1967)의 논의를 참고하면 도움이 된다. 또한, 근거이론 방법을 통해 생성되는 이론은 '실체적이고 구체적인 영역에 한정된 문제를 설명하는 실체이론이다'라는 점을 강조하고 있는 Charmaz(2006), Merriam(2009), Upquhart(2013)의 논의를 참고하는 것도 좋다.

둘째, 발제문에서는 실제로 교육행정학 분야에서 출판된 근거이론 방법을 적용한 논문을 토대로 코딩 및 이론화 방법, 이론적 표집 및 포화, 도출된 이론의 유형과 성격 측면에서 심도 있는 분석과 논의를 제공하고 있다는 점이다. 특히, 코딩 및 이론화 방법에 있어 누구의 접근방법을 어떤 방식으로 사용하고 있는가에 대한 심층적인 분석과 비판적 성찰을 통해 왜 특정한 접근방법[개방코딩-축코딩-선택코딩 단계로 이어지는 Strauss와 Corbin(1998) 버전]이 광범위하게 사용되고 있는지에 대한 원인과 함께 분석의 원리와 방법을 제대로 숙지하지 못한 채 사용되고 있는 연구 실태에 대해 안타까움을 드러내고 있다. 무엇보다도 근거이론 방법 학계에서도 논쟁적(controversial)이었던 축코딩에서 사용되고 있는 패러다임 모형에 대한 문제점을 실제 선행연구를 토대로 깊이 있게 분석하고 있다는 점에서 이 발제문의 가치가 높다고 볼 수 있다.

실제로 Glaser(1992)는 『Basics of Grounded Theory』를 통해 Strauss와 Corbin(1990)의 방법이 Glaser와 Strauss(1967)에서 제시하였던 근거이론의 원리를 훼손하고 있다고 주장한 바 있다. 근거이론의 핵심이 '귀납'과 '출현'에 충실해야 하는데, Strauss와 Corbin 방법은 '강제'와 '억지로 끼워 맞춤'적이라는 것이다. 그러면서 본인(Glaser)의 방식이 자연스럽고 간결하며 Strauss와 Corbin 방법이 복잡하고 부자연스럽다고 주장한다. 이 발제문의 저자들도 분석 대상 10편의 논문 중 9편이 모두 Strauss와 Corbin의 코딩 패러다임을 '기계적'으로 적용하는 방식으로 자료를 분석하고 이론화를 시도하고 있다는 점을 지적하고 있다.

이와 같은 비판에도 불구하고 왜 Strauss파 또는 Strauss와 Corbin의 방법이 더 널리 활용되고 있는 것인지에 대한 현실적인 분석이 필요하다. 일반적으로 Strauss 버전은 Glaser가 제시하는 방법보다 이용자 중심적이고 구체적인 지침과 방법을 안내하고 있다고 평가되고 있다(최귀순, 2005). 저자들도 발제문에서 우리나라에서 근거이론 방법을 활용한 연구의 대부분이 Strauss 버전을 사용하고 있다는 점을 밝히고 있다. 물론 일반 연구자들이 근거이론의 다양한 버전이 존재하고 있다는 점을 간과하거나 인지하지 못하고 기존 Strauss 버전을 활용한 연구를 아무 생각 없이 참고하게 되면서 이러한 현상이 나타나고 있다고도 볼 수 있다. 또한 교육 연구방법론 분야에서 많은 저서를 집필하고 있는 Creswell의 다양한 저서에서 근거이론 방법을 설명함에 있어 Strauss 버전을 위주로 소개하고 있다는 점에서도 원인을 찾아볼 수 있다. 예를 들어, 연구방법론의 종합 교과서로 알려져 있는 Creswell(2002, 2014)의 『Educational Research: Planning, Conducting and Evaluating Quantitative and Qualitative Research』의 근거이론 방법 챕터에서는 주로 Strauss와 Corbin이 제안한 개방코딩, 축코딩, 선택코딩 방법을 설명하고 있으며, 특히 축코딩 패러다임(axial coding paradigm)을 도식화하여 설명하고 있다.

일반 연구자의 입장에서 특히 어느 정도 검증된 틀, 방법, 절차가 있는 방법, 근거를 명확하게 밝힐 수 있는 방법(예를 들어, Creswell을 인용)을 선택하는 것은 어떻게 보면 당연하다고 볼 수 있다. 연구자들은 특정한 연구방법을 적용함에 있어서는 일종의 '안전성', '보수성'을 추구하는 경향이 더욱 강한 편이다. 근거가 불분명하거나 검증되지 않는 연구방법을 '모험적'으로 적용했을 때 과연 내 논문이 통과될 수 있을 것인가, 연구방법의 원리와 절차 등에 있어 특히나 까다로운 논문 심사위원들에게 어떻게 내 연구방법을 디펜스 할 수 있을 것인가에 대한 현실적인 문제에 대한 선택 내지는 해결책일 수도 있다.

일반 연구자들의 이러한 현실적인 문제는 차치하더라도, 우리가 여기에서 생각해 볼 문제는 과연 Glaser(1992)가 본인의 저서를 통해 신랄하게 비판했던 Strauss와 Corbin의 방법이 실체적 이론을 생성하는 데 적합하지 않느냐 문제이다. 이 발제문에서는 분석 대상이었던 일부 선행연구들 (Strauss와 Corbin의 방법 적용)이 기계적 절편화에 따른 피상적인 개념 생성(코딩) 방식으로 인해 교육행정학 연구에서 타당성이 확보될지에 대한 의문을 제기하고 있다. 여기에서 우리가 혼동할 수 있는 부분은 Strauss와 Corbin의 방법 자체의 문제인지, 아니면 개별 연구자가 Strauss와 Corbin의 방법을 잘못 활용하여 제대로 된 이론을 생성하지 못한 점인가라는 부분이다. 발제문에서 이런 점이 더욱 명확하게 설명될 필요가 있다.

2. 개선의 여지가 있는 부분

여기에서는 교육행정학계뿐만 아니라 근거이론 방법을 활용하는 모든 학문 분야에서 근거이론 방법을 활용함에 있어 추가적으로 고려해야 할 사항에 대해 논의하고자 한다.

1) 상징적 상호작용주의 관점

근거이론 방법은 연구수행을 위한 단순한 기법(technique)이나 방법(method) 수준이 아닌 하나의 연구방법론(methodology)으로서 상징적 상호작용론에 철학적 토대를 두고 있다는 점을 간과해서는 안 된다(Harding, 1987; Milliken & Schreiber, 2001). 사회학의 대표적인 이론 중 하나인 상징적 상호작용론(symbolic interactionism)은 근거이론의 인식론적 토대와 방법론적 지향성을 제공하는 핵심적인 접근방법이자 이론적 관점이다. 근거이론 방법의 창시자 중 한 명인 Anslem Strauss는 시카고 대학교에서 상징적 상호작용론을 체계화환 Herbert Blumer(1900~1987)로부터 상징적 상호작용론을 배웠으며, 질적 연구 및 근거이론의 방법론적 토대 형성에 많은 영향을 미쳤다.

Milliken과 Schreiber(2001)는 방법론, 방법, 기법 등의 개념을 명확히 구분하였는데, 근거이론의 인식론은 상징적 상호작용론에 뿌리를 두고 있는 하나의 방법론임을 강조하였다. 즉, 근거이론은 하나의 방법론(methodology)으로서 상징적 상호작용론의 철학적 정당성을 확보하고 있다는 것이다. 방법(method) 수준에서는 자료분석에서 활용하고 있는 반복적 비교분석(constant comparison)이 해당하며, 그리고 기법(technique) 수준에서는 이론적 표집, 메모하기, 자료수집(인터뷰, 관찰, 문서 등), 분석을 위한 코딩 작업 등이 해당한다(Milliken & Schreiber, 2001). 즉, 방법론으로서 근거이론 방법은 인식론적 관점, 방법, 기법 등이 상징적 상호작용론으로부터 유도된다. 근거이론 방법은 질적 연구의 다양한 접근방법 중 하나로서 상징적 상호작용론에 인식론적 토대를 두고 있고, 본질적으로 상징적 상호작용론과 결합되어 있다. 근거이론 방법을 연구하는 일부 학자들 사이에서는 근거이론 방법을 상징적 상호작용론에 토대를 두고 있지 않더라도 수행할 수 있다고 주장하지만 (Glaser, 1998), 이와 같은 접근은 근거이론 방법을 질적 연구와 근거이론 방법의 인식론적 지향성 을 고려하지 않은 하나의 방법이나 기법 정도로만 간주하여 연구에 적용하고 있다고 볼 수 있다.

2) 이론의 특성과 분석 방법과의 연관성

발제문에서 잘 설명되어 있는 것처럼 이론의 종류와 유형을 아는 것도 중요하지만, 무엇보다도 이론이 가지고 있는 기본적인 특성을 아는 것이 더 중요하다. 이론의 특성이 곧 분석 방법에 영향 을 주기 때문이다. 일반적으로 이론은 어떠한 사건, 현상에 대해 체계적이고, 타당하고, 유용하고, 예측 가능한 설명을 제공하는 논리적 체계를 의미한다. 근거이론 방법을 통해 이론을 생성한다는 것은 어떠한 사건이나 현상에 대해 경험적 자료에 근거하여 추상성이 높은 개념을 만들고, 이 개념 간의 관계를 분석하여 설명력과 예측력이 통합된 논리적 체계를 만들어 내는 것이다. 예를 들어, 뉴턴의 '중력의 법칙'이라는 이론은 해당 현상을 체계적으로 잘 설명해 주는 설명력이 있으며 동시 에 현상을 예측할 수 있는 힘을 지닌 논리적 체계라는 점이다.

여러 근거이론 방법에서 제안하고 있는 분석의 절차와 과정은 바로 이러한 이론의 특성과 연관 되어 있다. 예를 들어, 개방코딩을 통해 해당 현상을 체계적이고 심층적으로 이해하려고 하며, 축 코딩 등을 통해 현상에 대한 설명을 보다 강화하고 예측할 목적으로 현상 간의 관계를 논리적으로 분석하는 것이다.

이론은 연구 객체의 속성을 집단화한 개념 간의 관계를 기술하거나 설명한 것을 의미한다(채서 일, 2013). Giddens와 Sutton(2017)에 따르면 사회적 현상은 별다른 이유 없이 무작위로 일어나지 않기 때문에 자연과학에서와 마찬가지로 사회과학에서 연구하고자 하는 모든 현상은 원인이 존재 한다는 전제에서 출발하며, 사회과학 연구의 주된 임무는 이러한 (인과)관계를 밝히는 것이라는 점 을 강조하였다. 이러한 취지에서 Strauss와 Corbin(1998)이 제안한 패러다임 틀은 복잡다단한 현상 을 보다 체계적이고 구조적으로 분석하여 현상에 대한 이해도를 높이고 유사한 현상에 대한 예측 을 도와줄 수 있는 개념적 분석 틀이라는 점에서 의의가 있다. 물론 연구자가 범주들 간의 관계성 분석에 능란하다면 이렇게 주어진 틀은 필요가 없을 수도 있다. 하지만 실제 연구에서 다루고 있는 현상과 개방코딩에서 도출된 범주들이 단순하지 않고 복잡하다는 점에서 이들 범주들 간의 체계적 인 관계성 분석을 도와주는 일종의 틀은 연구자들에게 도움을 줄 수 있다.

문제는 이 발제문의 저자들이 지적하고 있는 것처럼 코딩 패러다임의 긍정적 측면 이면에 나타 나는 부작용에 대해 근거이론 학계 또는 근거이론을 활용하여 연구를 수행하는 연구자들이 간과해 서는 안 된다는 점이다. 정교화되지 않은 개방코딩의 결과를 가지고 패러다임 틀에 기계적으로 적용하여 억지로 끼워 맞추어 얼기설기 내놓은 결과를 가지고 현상을 체계적으로 설명하고 예측할 수 있는 이론이라고 할 수 있을지에 대한 고민과 반성이 필요하다. 단지 선행연구에서 적용하였기 때문에 '내 연구에서도 엇비슷하게 흉내를 내면 별 문제 없겠지'라는 안일한 생각에서 벗어나, 현상의 본질이 무엇이고, 왜 이러한 현상이 일어나는지, 어떠한 상황적 맥락에서 이러한 현상이 일어나는지, 이러한 현상에 대해 행위자들은 어떻게 반응 · 조절 · 행동 · 상호작용했는지에 대한 연구자의 심원한 분석력이 요구된다.

이러한 취지에서 이 발제문에서 제시한 패러다임 모형의 부분적 구성 요소에 초점을 맞춘 근거이론 연구의 유형과 예시적 사례(발제문 [그림 11-6])는 연구자의 수준에서 감당할 수 있는 연구유형을 선택하여 적용하는 방안을 제시했다는 점에서 참신하고 현실적이라고 볼 수 있다. Strauss와 Corbin(1998)이 제안한 패러다임 틀의 경우 분석 요소들에 대한 상세한 설명 없이 그 구조를 '통'으로 이해할 수밖에 없는 구조이기 때문에 자칫 초보 연구자들에게 상당한 부담이 될 수 있다. 발제문에서 제시한 대로 각각의 연구 유형에 따라 〈연구 유형 1〉에서부터 〈연구 유형 4〉까지 진행하다 보면 마침내 분석의 조각 퍼즐들이 하나의 큰 그림으로 완성되어 중심 현상을 총체적으로 설명할 수 있게 된다는 점에서 합리적인 대안으로 적용될 수 있을 것이다.

 참고문헌

유기웅(2022). 근거이론 방법의 체계적 접근: 논문작성 가이드. 서울: 박영스토리.

채서일(2013). 사회과학조사방법론(3판). 서울: 비앤엠북스.

최귀순(2005). Strauss와 Glaser의 근거이론방법론 비교. 정신간호학회지, 14(1), 82-90.

Charmaz, K. (2006). *Constructing grounded theory*. Sage.

Creswell, J. C. (2002). *Educational research: Planning, conducting, and evaluating quantitative and qualitative research*. Pearson.

Creswell, J. C. (2014). *Educational research: Planning, conducting, and evaluating quantitative and qualitative research* (4th ed.). Pearson.

Giddens, A., & Sutton, P. W. (2017). *Sociology* (8th ed.). Policy Press.

Glaser, B. G. (1992). *Basics of grounded theory analysis: Emergence vs. forcing*. Sociology Press.

Glaser, B. G. (1998). *Doing grounded theory: Issues and discussions*. Sociology Press.

Glaser, B. G., & Strauss, A. L. (1967). *The discovery of grounded theory: Strategies for qualitative research*. Aldine de Gruyter.

Harding, S. (1987). Introduction: Is there a feminist model? In S. Harding (Ed.), *Feminism and* methodology (pp. 1-14). Indiana University Press.

Merriam, S. B. (2009). *Qualitative research: A guide to design and implementation*. Jossey-Bass.

Milliken, P. J., & Schreiber, R. S. (2001). Can you "do" grounded theory without symbolic interactionism? In R. S. Schreiber & P. N. Stern (Eds.), *Using grounded theory in nursing* (pp. 177-191). Springer.

Strauss, A., & Corbin, J. (1990). *Basics of qualitative research: Grounded theory procedures and techniques*. Sage.

Strauss, A., & Corbin, J. (1998). *Basics of qualitative research: Techniques and procedures for developing grounded theory*. Sage.

Urquhart, C. (2013). *Grounded theory for qualitative research: A practical guide*. Sage.

교육행정학에서 실행연구의 의미와 활용 방안

신철균(강원대학교 조교수)
임종헌(한국교육개발원 부연구위원)

요약

본 연구는 교육행정학에서 실행연구의 의미와 활용 방안을 모색하기 위해 수행되었다. 실행연구에 대한 이론적 분석을 통해 실행연구의 의미를 분석하고, 실행연구 연구 동향 분석, 실행연구 사례 분석을 실시하였다.

이론적 분석결과, 교육행정학 실행연구가 연구와 현장 간 괴리를 좁히고 연계를 강화할 수 있다는 점, 교사와 학생이 교육현장의 문제를 풀어내는 주체가 될 수 있다는 점, 순환적이고 지속적인 연구 풍토로의 전환을 촉진할 수 있다는 점 등을 도출하였다.

다음으로 12년 동안 수행된 실행연구 논문 54편을 대상으로 연구 동향을 분석하였다. 연구주제에 대한 분석결과, '교육과정 및 수업' 26편(48.1%), '교원교육 및 교직생활' 9편(16.7%), '교육정책' 7편(13.0%)으로 나타나 상대적으로 교육정책이나 교육조직에 관한 실행연구는 적었다. 연구 동향 분석에서 특히 주목할 부분은 교육행정학의 대표적 학술지인 『교육행정학연구』에 게재된 실행연구 논문이 전무하다는 것이다. 실행연구 논문이 부족한 이유는 교육행정학계에서의 실행연구자 부족, 교육행정학회 또는 편집위원회 차원의 관심 부족과 교육행정학계의 연구 풍토 때문으로 추론되며 향후 교육행정학계 차원의 보다 체계적인 검토와 대안 마련이 절실하다.

연구 동향 분석 이후, 실행연구의 4가지 속성별(현장 개선에 집중한 연구문제, 연구 참여자의 적극적 참여와 실행, 연구결과의 연구 현장 환류, 연구과정에서의 학습과 성장) 국내외 논문의 사례를 제시하였다.

분석결과를 종합하여 기획 과정에서의 주안점으로 연구자와 연구 참여자 간 공통분모에서 연구주제를 발굴해야 한다는 점, 반복적 순환이 가능하도록 실행주기를 설계해야 한다는 점을 제안하였다. 그리고 실행 과정의 주안점으로 연구 참여자의 적극적 참여를 촉진하기 위해 연구 참여자의 역할과 활동 모형이 구체화되어야 한다는 점, 실행 자체에 몰입하여 연구의 기록이 부실해지지 않도록 연구자의 정체성을 확립해야 한다는 점을 제안하였다.

교육행정학계의 과제로, 첫째, 실행연구의 의미와 중요성 인식, 둘째, 참여적 실행연구의 양적 확대, 셋째, 실행연구에 대한 질적 성찰, 넷째, 일반적인 학생의 참여를 북돋우는 진정성 있는 학생 참여 지향, 다섯째, 실행연구 학술대회 등 교육행정학계에서의 실천적인 실행연구 지원 활동 등을 논의하였다.

[주제어] 실행연구, 교육행정학, 참여, 현장 개선, 환류, 학습과 성장, 연구방법

1. 실행연구 의미와 특성

교육행정 연구자로서 다음의 두 가지 질문을 갖게 될 때가 많다. 첫 번째는 '연구와 실천은 분리되어야 하는가?', '연구자는 제3자의 관점에서 늘 외부자로만 존재해야 하는가?'이다. 이는 연구와 실천의 연계와 연구자의 현장에 대한 관여에 대한 의문이다. 두 번째는 '교육의 주체라고 불리는 교사와 학생이 단순 자료 제공자가 아니라 연구의 중심이 될 수 있는 방법은 없는가?'이다. 교사와 학생이 설문 응답자나 면담 대상자 이상의 역할을 하며, 연구의 주된 참여자이자 공동 연구자로서 역할을 할 수 있는 방법에 대한 질문이다.

실증적 연구 풍토가 강한 학계일수록 연구자는 외부인으로서 존재해야 할 것을 요구받으며, 연구자의 연구에 대한 개입이나 관여는 금기 사항으로 여겨진다. 흔히 이것이 '객관적 연구'로서 옳은 연구의 방향으로 권장되는 것이다. 다른 한편으로 교육정책 연구에서 교사와 학생의 중요성을 강조하지만, 현장의 교사와 학생은 연구에서 '주체'가 아닌 '소외'될 때가 많고 설문과 면담을 위한 데이터 제공자에 그치는 경우가 많다. 저자 역시 현장 적합도 높은 연구를 위해 교사와 학생의 주체적 참여가 무엇보다 중요함을 인식하고 있지만, 막상 연구에 임할 때는 교사와 학생은 연구 대상으로서만 그치는 경험을 많이 했다.

이러한 고민 지점을 해결할 수 있는 연구방법이 바로 실행연구(Action Research)라고 생각한다. 실행연구는 연구와 실천의 연계와 결합을 강조하는 연구방법이자, 교사와 학생이 연구에 소외되지 않고 참여하여 연구의 주체가 될 수 있는 연구방법이다. 실행연구는 "참여적 세계관을 기반으로 실천적 지식을 획득해 가는 참여적이고 민주적 과정의 연구"로 정의된다(Reason & Bradbury, 2001). 실행연구는 단순히 연구에만 머무르지 않고, 비판적이고 반성적인 현실 인식을 통해 관행을 바꾸고자 하는 순환적 움직임이라고 할 수 있다(김경희 외, 2009; 김미옥, 2009). 여기에는 당연히 연구자와 현장 주체의 참여와 협력이 수반된다. Bernard(2000)는 실행연구를 "침묵을 요구받는 사람들이 자신의 목소리로 스스로 삶을 이야기"하는 것이라고 표현할 정도로, 실행연구는 현장인들의 참여와 이를 통한 현실 개선에 목적을 두고 있다.

좀 더 구체적으로 실행연구(action research)의 특성을 살펴보도록 하자. 첫째, 실행연구는 현실 개선에 초점을 두고 있다. 실행연구는 우리 사회와 내가 살고 있는 공동체를 더 나은 방향으로 개선하는 목표를 지닌 연구방법이다(이용숙 외, 2005; Greenwood & Levin, 2007). 연구를 통해 탐구하는 결과에만 그치는 것이 아니라 그 결과를 실천하고 재계획하며 현실을 개선하는 과정을 중시한다. 실행연구의 영역은 교실의 수업에서부터 학교 조직, 더 나아가 교육정책과 사회의 사각지대 문제의 해소 등으로 다양하고 확장될 수 있다. 특히, 교육행정학은 실제적 현상의 개선에 강조점을 두기 때문에(신현석 외, 2018) 교육학의 다른 분과학문보다 실행연구의 필요성이 크다.

둘째, 실행연구는 참여적 연구 성격을 지닌다. 실행연구에서는 전문연구자와 현장 주체가 결합하거나 현장 주체가 곧 연구자가 될 수 있기에 참여적 연구라고 볼 수 있다. 교사는 정책가나 연구자로부터 일방적인 정보와 정책의 전달을 받아 수행만 하는 수동적인 수령자로 인식될 수 있는 환경에 처할 수 있다(Johnson, 2008). 실행연구는 연구를 통한 지식 창출과 현실 개선에 교사가 직접 참여함으로써 그 수동성을 극복하고 현실 개선의 주체가 될 수 있다. 이러한 참여는 연구자와 함께 이루어지기도 하고 현장의 주체들 안에서 참여가 구체화되기도 한다. 즉, 연구자와 연구 참여자가 상호 협력하여 실행하는 협력적 실행연구(collaborative action research)와 연구자가 연구 참여자로서 실행에 직접적으로 임하는 참여적 실행연구(participatory action research)(Ferrance, 2000; Mac Naughton & Hughes, 2008)가 모두 가능하다. 다른 한편으로 협력적 실행연구는 조직의 여러 구성원들과 관점, 경험, 자원을 결합하여 협력적으로 설계하여 실행한다는 측면에서 연구자 혼자 진행하는 '개인적 연구'와 대비되기도 한다(Mertler, 2009).

셋째, 실행연구는 순환적 과정을 강조한다. 결과 도출로 끝나는 것이 아니라 결과를 성찰하며, 계획-실행-성찰이 반복되는 순환적이고 연속적인 과정을 중요시한다. 연구과정이 곧 실행이 되며, 실행 과정이 곧 연구가 된다. 일반적인 다른 연구방법보다 현장과의 교류와 변화가 크기 때문에 역동적이고 가변적이라고 할 수 있다. 이 지점에서 '원인-결과'의 직선적이고 일회적인 전통적인 연구방법과는 차이가 두드러진다. 순환적이고 나선적인 연구과정을 강조하는 실행연구는 [그림 12-1]과 같이 표현된다. '계획-실행-관찰-성찰'(강지영, 소경희, 2011) 혹은 '관찰-사고-실행'(Stringer, 2007)의 과정이 연속적이고 나선형적으로 진행되며 현장의 문제 개선을 지속적으로 이루어 나간다.

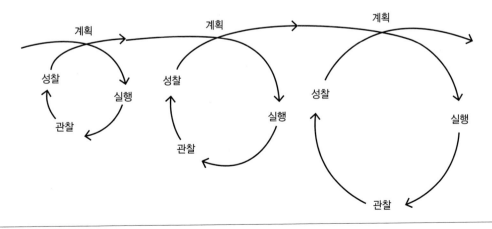

[그림 12-1] 실행연구의 나선형 상호작용
출처: 강지영, 소경희(2011: 201).

넷째, 실행연구는 연구 참여자의 학습과 성장에 초점을 둔다. 이는 교육 분야의 실행연구에서 특히 강조되어야 하는 특성이다. 학생이 참여하는 실행연구인 경우 연구를 통한 학생의 학습과 성장 자체가 중요한 목적이 된다. 학생은 다양한 교육방법과 접근방식을 통해 학습하고 성장할 수 있는 기회와 도전을 제공할 필요가 있기 때문에(Parsons & Brown, 2002) 실행연구는 또 다른 학습의 기회이자 성장의 발판이 된다. 신철균 외(2019)의 연구에서 확인했듯이, 미래교육 환경 변화를 제안하는 과정에 참여한 학생들은 주체적이고 민주적 사고를 하며 성장하였고, 그 기회를 마련해 준 교사들은 스스로 교사의 태도와 역할에 대해 성찰할 수 있었다. 단순히 연구결과만을 얻는 목적이 아니라 연구에 참여한 학생과 교사가 성장하는 데 주안점을 두는 것이 교육 실행연구의 특성인 것이다. 실행연구는 교사 자신이 생활하는 교육 공간의 실제를 탐구하여, 자신이 근무하는 학교의 학생들에게 효과가 있는 것과 없는 것을 식별할 수 있는 교사의 역량 강화(teacher empowerment) 측면에서도 의미가 있다(Mertler, 2014: 57).

앞과 같은 실행연구의 특성은 자연스럽게 실행연구의 의미로 이어진다. 실행연구는 이론과 실제의 연계가 이루어진다. "연구는 상아탑에서 이루어지지만 실천은 참호 속에서 행해진다"는 말처럼 교육 연구자의 연구결과와 교사들의 현장 실천과의 격차는 크게 존재한다(Parsons & Brown, 2002; Mertler, 2014: 54 재인용). 이러한 격차는 학교 밖 연구자들이 교사와 학교의 맥락과 스케줄을 고려하지 않은 채 적합하지 않은 연구방법을 사용하거나, 교사와의 쌍방적인 상호작용이 아니라 일방적인 정보 전달이 되어 교사가 수동적인 수행자로 전락하게 만들기 때문에 심화된다(Johnson, 2008). 실행연구는 교사가 연구에 참여하며 양방향적인 정보 흐름을 만들어 낼 수 있기 때문에 이론과 실제의 격차를 줄이고 상호 연계하도록 도와준다(Mertler, 2014).

이렇게 수행되는 실행연구는 당연히 현장과의 연계성이 높을 수밖에 없으며, 연구 참여자를 주변적 대상이 아닌 협력적 파트너십의 대상으로 강조하는 의미가 있다. 연구자와 연구 참여자 간 엄격한 경계가 존재하지 않으며, 연구 참여자의 경험을 중심에 위치시킨다. 이는 전문가 중심의 지식 창출을 중시하는 기존 인식론에 대한 도전이라 할 수 있다(Hall, 1992). 실행연구는 더 나아가 단순히 연구에 머무르지 않고 사회적 과정으로 비판적·반성적 현실 인식을 통해 관행을 바꾸고자 하는 순환적 움직임이다(김경희 외, 2009). 즉, 침묵을 요구받는 사람들, 예를 들면 학생, 학교 밖 청소년, 때로는 교사가 자신의 목소리로 스스로 삶을 이야기하는 의미가 있다(Bernard, 2000). 특히, 청소년 참여 실행연구(혹은 학생 참여 실행연구)는 청소년을 수동적인 연구 대상의 시각에 탈피하여 청소년을 사회 변화 도모의 주체로 인정하며, 청소년들이 연구자와 함께(혹은 청소년 스스로) 자신들과 관련한 문제를 탐구하고 해결 실천 방안을 모색한다는 차원에서 의미가 있다.

이상의 내용을 종합하여 실행연구와 기존의 전통적 연구와의 차이점을 도식화하면 〈표 12-1〉과 같다.

〈표 12-1〉 전통적 교육연구와 실행연구의 차이점

비교 내용	전통적 교육연구	실행연구
연구목표와 초점	현실의 이해	현실 개선
연구자와 참여자의 관계	연구자와 참여자의 엄격한 분리	참여적 연구
연구과정	원인 · 결과의 직선적 과정	지속적 · 순환적 과정
질적 · 양적 연구의 관계	질적(귀납), 양적(연역) 이분화	질적 · 양적 연구 연계와 통합
이론 및 실제의 관계	이론에 초점	실제에 초점(이론 활용)
의미와 중요성	교육현장의 연구 대상화	교육현장의 연구 주체화

출처: Mertler(2014: 29)를 바탕으로 연구진이 표 작성 및 내용 추가.

2. 실행연구 필요성

1) 왜 실행연구가 교육행정학에 의미가 있는가

지금까지 실행연구의 특성을 살펴봤는데, 이러한 특성을 가진 실행연구가 교육행정학계에는 어떠한 의미가 있는가?

우선, 실행연구를 통해 교육행정 실천 현장(학교)과 연구를 연계시킬 수 있다. 교육행정학은 이론과 지식의 현장 적응성이 낮아 정합성에 문제가 있으며(신현석, 2017), 이론과 실천의 이분법적 배타성으로 연구자와 현장 실천가의 괴리가 있다는 문제가 계속 지적되고 있다(변기용, 2018). 실행연구는 현장 참여를 필수적으로 여기고 있으며, 연구자와 현장 실천가의 연계 · 결합을 통해 이론의 현장 적용과 현실을 통한 이론 개선을 추구한다. 또한 실행연구는 순수와 응용의 구분에 내포되어 있는 사유와 행위의 분리를 분명하게 거부한다(Greenwood & Levin, 2007). Greenwood와 Levin(2007: 33)은 이론적 · 응용적(theoretical/applied) 연구의 이분화를 '사이비 구분'이라고 비판하면서, 이러한 구분이 사회과학을 기형으로 만들었으며 이론가와 실천가 사이의 괴리를 가져왔다고 지적하고 있다. 실행연구는 그동안 교육행정학계에서 지적되어 온 이론과 실천의 분리, 연구자와 실천가의 괴리 문제를 극복해 나갈 실마리를 제공해 주고 있다. 새로운 교육 프로그램을 운영하거나 교육정책을 도입할 때 현장 교사와 학생이 참여하는 실행연구를 통해 교육 실제의 모습을 개선해 나갈 수 있다. 이러한 방식으로 실행연구는 현실과 유리된 교육행정학계의 모습을 개선해 나가는 데 도움이 될 것이다.

둘째, 교육현장의 주체화와 교사의 역량 강화에 도움이 된다(Mertler, 2014). 실증주의 기반 연구는 교사와 학생이 외부 연구자의 자료 제공자 역할과 주변 대상에 머무르는 문제점이 있다(성열관,

2006). 반면 실행연구를 통해 교사와 학생이 교육현장 문제를 연구로 풀어내고 적용하면서 교육과 연구의 주체가 되며, 교육현장 일상을 성찰하는 힘을 기를 수 있다. 교육정책의 변화가 너무 잦은 우리나라에서 어느 순간부터 교사는 교육정책에 대한 학습된 무기력을 지니고 있다. OECD 조사 결과에서도 우리나라 교사는 다른 나라 교사에 비해 자아존중감이 낮은 결과를 매년 보이고 있다. 교사의 동기부여와 자신감을 북돋기 위해서는 내가 하는 업무에 스스로 변화를 주고, 그 변화의 결과를 맛보며 성취감을 얻는 것이 중요하다. 그러한 차원에서 교사는 실행연구를 통해 주도성을 갖고 나의 교실과 학교를 개선하고 교사의 역할을 성찰하는 계기를 가질 수 있으며, 이는 성취감 제고로 이어질 수 있다. 실행연구는 교사로서의 자긍심을 높여 줄 뿐만 아니라 전문성 신장과 학교 변화를 위한 교사의 태도를 개선하는 데 도움이 된다(Parsons & Brown, 2002). 따라서 교사를 '현장 연구자'이자 '현장 실천가'로 자리매김하도록 지원하는 실행연구는 교육행정학에 의미 있는 연구 방법이 될 수 있다.

셋째, 실행연구를 통해 일회적이고 단편적인 연구가 아니라 순환적이고 지속적인 연구 풍토를 가져갈 수 있다. Greenwood와 Levin(2007: 52)은 "실행연구를 단기적 개입의 형태가 아닌 지속적이고 참여적인 학습과정으로 모형화"해야 한다고 주장하였다. 해외의 교육 분야 실행연구 전문 학술지인 『Educational Action Research』를 살펴보면, 실행연구가 짧게는 3년부터 길면 10년까지 상당히 오랜 기간 진행된다는 것을 확인할 수 있다. 교육은 '백년지대계'라는 말이 있듯이, 교육정책은 변화나 성과가 금방 이루어지지도 않고 눈으로도 쉽게 보이지 않는 특징이 있다. 이러한 교육정책을 통해 교육현장을 실질적으로 바꿔 내기 위해서는 교육현장에서의 피드백 과정과 그 피드백 내용을 반영한 재실행 과정이 필요하며, 변화와 성과를 확인하기 위해 장기간 연구가 필수적으로 요구된다. 하지만 우리나라 교육행정학의 연구들은 일회적인 교육정책 실행을 탐구하여 교육혁신의 성과를 제시하고, 교육정책의 성패를 결과로서 제시하는 경우가 많은 편이다. 실행연구가 지닌 순환적인 과정과 그 결과를 장기간 추적으로 담아낸다는 실행연구의 특성이 교육행정학계에 긍정적 영향을 줄 수 있다면, 긴 호흡으로 연구하며 현실의 변화를 정확히 담아내는 연구 풍토로의 전환에 도움이 될 것으로 보인다.

이처럼 실행연구는 교육행정학에서 의미가 크고 꼭 필요한 연구방법이다. 하지만 후술한 '실행연구 연구 동향'에서 확인할 수 있듯이, 교육행정학의 대표적 학술지인 『교육행정학연구』에 지난 12년간 실행연구는 단 한 편도 게재되지 않았다. 교육행정학 분야의 대표 학술지인 『교육행정학연구』에 실행연구가 전무하다는 것은 매우 특이하고 주목할 만한 현상이다. 그 이유를 몇 가지 생각해 볼 수 있다.

첫째, 실행연구를 하는 연구자의 부족이다. 교육행정학자 중에 '실행연구'에 관심을 갖고 실행연구에 매진하는 연구자가 드물다. 그에 따라 실행연구방법론으로 논문을 쓰는 학문후속세대, 즉 대학원생들도 찾아보기 어렵다. 둘째, 교육행정학의 관심 분야와 실행연구 영역의 불일치이다. 교육행정학은 주로 정책, 재정이나 조직 차원에 관심이 많고, 해당 영역의 논문들이 많이 게재된다. 한편, 우리나라의 실행연구들은 수업이나 교실을 대상으로 한 연구가 많고 상대적으로 정책, 조직 혹은 지역사회 차원의 실행연구는 교육 분야에서 드문 편이다. 이러한 이유로 『교육행정학연구』학술지에 실행연구들이 실리지 않을 수 있다. 셋째, 실행연구 자체의 어려움이다. 실행연구는 비교적 긴 연구 기간이 소요되고, 현장 연구자의 참여와 순환적 연구가 강조된다. 무엇보다 교육행정 분야 연구주제의 특성상, 교육행정 분야의 실행연구는 정책이나 조직 등을 연구 대상으로 수행할 필요가 있으므로, 개인 연구자가 실행연구를 기획하기가 어려울 수 있다. 넷째, 실행연구에 대한 학회 또는 편집위원회 차원의 관심 부족이다. 실행연구의 필요성을 인식한다면, 여러 어려움이 있더라도 학회 차원에서 실행연구를 활성화시키기 위한 학술적 노력이 뒷받침되어야 한다. 예컨대, 실행연구방법론 워크숍이나 실행연구 연구물에 대한 편집위원회의 적극적 투고 독려나 게재 노력이 있을 수 있다. 그러나 학회 차원에서 실행연구에 대한 다양한 관심과 지원은 없는 상황이다. 마지막으로 다섯 번째 이유는 학계의 연구 풍토와 관련되어 있다. 많은 양적 연구성과를 요구하는 취업시장과 대학의 승진구조, 복잡한 양적 연구방법론을 사용한 논문이 과학적이고 우수한 연구논문이라는 인식이 만연한 연구 풍토에서 실행연구는 적합하지 않을 수 있다.

이러한 종합적인 이유로 실행연구가 교육행정학계에서 많이 수행되지 않았다고 판단되며, 그 결과로 『교육행정학연구』학술지에는 실행연구 게재 논문이 단 한 편도 없다. 그럼에도 불구하고 교육행정학에서의 실행연구 중요성과 의미에 공감한다면, 교육행정학계 차원의 보다 체계적인 이유 검토와 향후 대책 마련이 필요할 것이다. 실행연구에 대한 관심과 지원이 이어진다면 교육행정학계가 지적하고 있는 현장과의 괴리 문제, 일회적·단편적 연구의 문제를 극복하고, 동시에 교육정책의 발전과 학교 현장의 개선을 이루어 나가는 데 일조할 것이다.

2) 실행연구 이론 발전 소개

실행연구의 창시자는 Kurt Lewin이다. Lewin은 "No action without research; no research without action"(연구 없이는 어떤 실행도 할 수 없으며, 실행 없이는 연구가 아니다)라고 선언하였다(Adelman, 1993). 연구에서 실행(action)이 필수적이라는 의미이다.

실행연구는 Kurt Lewin이 1934년에 Action Research이란 용어를 사용하면서 처음으로 시작되었으며(Marrow, 1969), 이후 1940년대에 들어와 본격적인 연구물(Lewin, 1946)들을 발표하며 실행연구를 발전시켜 나갔다. Lewin은 "과학적 법칙에 의거하여 실천적 행위를 이끄는 변화 실험"으로서 실행연구를 정의하고 과학적 측정과 통계적인 분석 적용에 초점을 두었다(이용숙 외, 2005).

Lewin은 제2차 세계 대전이 발발한 상황에서 '쇠고기 대신에 양고기를 미국 가정 식단에 사용하도록 권장 가능한가?'라는 주제[1]의 실행연구를 진행한 것처럼, 특정한 목표를 달성하기 위한 목적의식 하에 사회적·물리적 상황에서 실험을 구안하는 과정을 그렸다(Greenwood & Levin, 2007). 이처럼 Lewin은 행동수정과 사회 변화에 관심이 많았으며 이는 향후 조직 개발 실천가의 실행연구로 이어지기도 하였다(Levin, 1994).

1970년대에는 영국을 기반으로 해석 기반의 심층적인 기술을 다루는 실행연구들이 다수 수행되었다(성열관, 2006). 특히, 협력적 탐구(Cooperative Inquiry) 혹은 인간 중심 탐구(Human Inquiry) 방식은 1977년 런던의 '새로운 패러다임 연구 그룹(The New Paradigm Research Group)'에 의해 전통적 사회과학 방식을 대체하는 연구방법, 즉 '현장에 나가 생생한 이해'를 강조하는 실행연구가 대안으로 제시되었다(Greenwood & Levin, 2007). Reason을 중심으로 하는 연구 집단들은 '사람에 대하여' 연구하는 대신 '사람과 함께' 연구하는 것을 핵심적 가치로 제시하고 있기 때문에, 연구자들이 연구를 통해 내부자로 전환되는 '참여'를 필수적 요소로 여겼다(Greenwood & Levin, 2007).

이후 1980년대는 호주의 Kenmis와 McTaggart 등은 기존의 실행연구들 역시 사회적 실천과 유리되어 있다는 비판을 제기하면서 인간 해방을 위한 '비판적 실행연구'를 강조하였다. 이러한 흐름은 빈곤층이나 소외된 지역에서의 해방을 위한 '정치적 차원'의 실행연구와 연결되어(Noffke, 1997), 억압받는 자들과 연대하여 권력 또는 불평등한 사회구조에 저항하는 모습으로 실행연구가 구현되었다. 한편, 또 다른 실행연구 실천가들은 살고 있는 지역사회의 개선에 초점을 두기도 하였는데, 대표적인 사례가 펜실베이니아 대학교의 지역사회 파트너십 센터(Center for Community Partnerships)이다. 이 센터에서는 사회적 책무성을 갖고 빈민가와 같은 지역사회와 협력적이고 지원적 관계를 맺으며 실행연구에 임하였으며, 이는 사각지대에 놓인 고아, 노숙자, 성 노동자 등의 역량 강화와 자존감 회복의 성과를 거두기도 하였다(Mcguire, 1996; Greenwood & Levin, 2007).

20세기 중반에는 청소년 참여 실행연구(Youth Participatory Action Research: YPAR)가 확장되었다. 청소년 참여 실행연구는 미국 및 남미의 참여 실행연구에 뿌리를 두고 있으며 청소년 주도 참여연구(Youth-led Participatory Research), 청소년 참여 평가(Youth Participatory Evaluation) 등으로 불리기도 한다(남채봉, 2013). 청소년 참여 실행연구는 '청소년과 함께, 청소년에 의해, 청소년을 위해(research conducted 'with, by, and for')' 수행되는 연구이다(Torre & Fine, 2006). 최근 들어 Charles(2006)를 중심으로 실행연구에서 '활동적 연구(activist research)'라는 용어를 강조하고 있으며, 연구와 활동을 분리하지 않고 해결책을 찾기 위해 연구와 현장의 경계를 넘나드는 흐름이 강조

---

1) 이 주제는 제2차 세계 대전 초기에 식량난으로 부족한 쇠고기를 대체할 자원을 찾기 위한 국가적으로 필요한 프로젝트였다(Greenwood & Levin, 2007).

되기도 한다.

이처럼 실행연구는 조직 개발과 산업 분야의 개입을 통한 실행연구, 조직과 개인의 복지를 향상시키기 위해 협력적인 탐구를 강조한 실행연구, 그리고 사회의 부조리와 모순을 극복하기 위해 민주적이고 정치적인 변화에 초점을 둔 실행연구 등으로 진화·발전되어 왔다.

3. 교육행정학 분야 실행연구의 동향

1) 분석 대상

이 연구에서는 2011년부터 2022년까지 12년간 국내 학술지에 게재된 실행연구를 대상으로 실행연구의 동향을 분석하였다. 분석 대상이 되는 논문의 형태와 질적 수준을 유지하기 위해 학위논문은 제외하고, 등재지 혹은 등재후보지의 학술지 논문으로 분석 대상 논문을 제한하였다.[2]

분석 대상 논문의 구체적인 선정 과정은 다음과 같다. 첫째, RISS, KISS, Google Scholar에서 '실행연구'를 Keyword 검색한 후(논문명 또는 주제어에 체크 Keyword 검색, KCI 등재지 또는 등재 후보지로 한정) 검색된 논문들을 다운로드하여, 요약(abstract) 부분을 프린트하여 읽으면서 이 연구가 실행연구가 맞는지, 그리고 연구의 주제와 내용이 교육행정학 분야에 해당하는지 검토하여 분류하였다. 교육학 분야와 관련성이 낮은 논문은 제외하였고, 교과 교육과정, 교수·학습 방법, 프로그램 개발 등[3]에 집중한 논문 역시 교육행정학적 시사점을 도출하기 어렵다고 판단하여 연구 대상에서 제외하였다. 아울러, 논문 안에서 직접적으로 실행이 이루어지지 않은 논문, 즉 실행연구에 대한 이론적 고찰이나 실행연구의 방법론 논의 연구, 실행연구 동향 분석, 실행연구 참여 경험 연구, 2차 자료분석 논문 등도 분석 대상에 포함하지 않았다. 둘째, 일반적으로 실행연구와 동일한 연구방법 용어로 사용되는 '실천연구', 실행연구의 영문 표기인 'action research'의 Keyword로 RISS, KISS, Google Scholar에서 추가 검색하였다. 기존 연구 대상에 포함되지 않는 새로운 논문이 발견되면, 주제와 내용이 교육행정학 분야로 볼 수 있는지 등재지 혹은 등재 후보지인지 확인한 후 분석 대상 논문에 추가하였다. 셋째, 분석 과정에서도 분석 대상 논문은 추가 또는 제외되었다. 분석 대상 논문들을 읽으면서 논문의 참고문헌에 수록된 새로운 실행연구 논문이 발견되면, 해당 논문

---

2) 학위 논문을 학술지에 게재한 경우는 학술지 논문으로 분류하여 분석 대상에 포함하였다.

3) 교과 교육과정, 교수·학습 방법, 프로그램 개발 등을 연구의 주제와 내용으로 수행된 연구는 연구의 내용이 프로그램이나 교재(도구)를 개선하는 데 집중하는 경우가 많으므로 교육행정학적 시사점이 낮다고 보고 연구 대상에서 제외하였다. 단, 교과 교육과정, 교수·학습 방법, 프로그램 개발 등을 다룬 논문이더라도, 논문의 내용과 결론 부분에서 교육행정(또는 교육정책) 분야 논의가 주로 전개되는 경우 연구 대상에 포함하였다.

의 원문을 검색하여 분석 대상으로 볼 수 있는지 검토하여 추가하였다. 또한 분석 대상 논문으로 선정되었더라도 분석 틀(분석 준거)에 따른 분석 과정에서 적합도가 낮다고 생각되면 분석 대상에서 제외하였다. 이러한 기준에 따라 최종적으로 선정된 분석 논문은 총 54편이며, 연도별 논문 수를 보면 점차적으로 논문이 늘어나는 추세를 확인할 수 있다.

〈표 12-2〉분석 대상 논문

연도	2011	2012	2013	2014	2015	2016	2017	2018	2019	2020	2021	2022	총계
논문 수	2	2	3	3	3	2	8	4	5	8	6	8	54

2) 분석 준거

분석 준거를 도출하기 위해 교육학을 비롯한 사회과학 분야에서 실행연구의 동향 논문들을 분석하였다. 교육학 분야에서 실행연구 동향을 분석한 논문으로 강지영과 소경희(2011)의 논문이 있다. 강지영과 소경희(2011)는 2000~2010년까지 학술지에 게재된 77편의 논문을 실행연구의 목적, 실행연구의 주제, 실행연구의 구성원 형태, 실행연구의 방법 준거로 분석하였다. 교육학 분야에서 실행연구 동향을 분석한 첫 논문으로 의의가 깊다. 한편, 전체적인 교육학 분야의 실행연구를 아우르면서 교과교육 논문이 56편(74%)으로 대부분을 차지하였으며, 교육행정 분야와 연관된 실행연구의 논문 수는 적은 것으로 나타났다.

교육학의 분과학문 분야에서 실행연구 동향을 분석한 연구로는, 특수교육 분야의 실행연구 동향 연구(강성구, 이하영, 복현수, 권휘정, 임경원, 2019), 영어교육 분야의 실행연구 동향 연구(강후동, 2016), 유아교육 분야의 실행연구 동향 연구(김경은, 권선영, 정지현, 2016) 등이 있다. 강성구 외(2019)는 연구 기간을 설정하지 않고 특수교육 분야 실행연구 36편을 선정하였고, 실행연구의 목적과 주제, 실행연구의 실행 주체와 실행단위, 실행연구의 실행설계 종류를 분석 준거로 동향을 분석하였다. 다음으로 강후동(2016)은 2001~2015년 동안의 학술지 및 석·박사 학위 논문 총 57편을 분석하였으며, 분석 준거는 실행연구의 목적, 실행연구의 주제별, 실행연구의 형태, 실행연구의 연구방법으로 나타났다. 김경은 외(2016)는 2004~2015년까지 발표된 학술지 논문 52편과 석·박사 학위 논문 84편을 분석하였고, 분석 준거는 실행연구의 목적, 실행연구의 주제, 실행연구의 구성원 형태, 실행연구의 연구방법, 실행연구의 자료수집 방법이다.

본 연구에서는 선행연구를 참고하여, 실행연구의 목적, 실행연구의 주제, 실행연구의 실행 주체, 실행연구의 실행단위, 실행연구의 연구방법을 분석 준거로 선정하였다. 다만, 각 분석 준거의 하위 준거는 교육행정학 분야의 특성을 반영할 수 있도록 교육행정학 분야의 연구 분류 체계를 참고하여 구성하였다(김병찬, 유경훈, 2017; 신현석, 박균열, 전상훈, 주휘정, 신원학, 2009; 신현석, 박균열, 이예슬, 윤지희, 신범철, 2018; 임연기, 김훈호, 2018). 또한 교육행정학 분야 실행연구의 학술지 분포를 확인하기 위하여 실행연구가 게재된 학술지의 준거를 추가하였고, 보다 세부적으로 연구의 수행 양상을 이해하기 위해 연구가 실행된 연구 현장(연구 대상 기관), 공동연구자 수, 연구 참여자 수, 연구기간의 준거를 추가하여 분석하였다.

3) 분석결과

(1) 연구목적과 연구주제

Noffke(2009: 8-12)는 연구의 목적에 따라 전문적 관점(Professional dimension), 개인적 관점(Personal dimension), 정치적 관점(Political dimension)으로 실행연구를 구분할 수 있다고 보았다. 전문적·개인적·정치적 관점은 실행연구를 검토하고 이해하는 틀(Frame)이 된다(Noffke, 1997: 306). 전문적·개인적·정치적 관점은 서로 분절적인 것은 아니고 상호 연관되어 있는 것이며, 모든 실행연구는 세 가지 관점을 모두 내포하고 수행된다고 볼 수 있다(Noffke, 2009: 8). 다만, 각 실행연구마다 집중하고 있는 관점이 존재하는 것이다. 본 연구에서는 전문적 관점, 개인적 관점, 정치적 관점이라는 용어가 교육행정학적 맥락을 드러내는 데 한계가 있다는 판단하에, 각 관점을 전문성 발달, 개인적 성장, 구조적 문제해결로 수정하여 분석 준거로 설정하였다(전문적 관점 → 전문성 발달, 개인적 관점 → 개인적 성장, 정치적 관점 → 구조적 문제해결).

분석결과, '구조적 문제해결'이 25편(46.3%)으로 가장 많았으며, '전문성 발달' 19편(35.2%), '개인적 성장' 10편(18.5%)의 순서로 나타났다. 강지영, 소경희(2011)의 연구결과에서는 '전문성 발달' 논문이 76%로 가장 높았는데, 이러한 결과는 교과교육 분야를 포함하여 실행연구 동향을 분석하였기 때문으로 추론할 수 있다. 교육행정학 분야 연구의 특성상 교육현장의 구조적인 문제해결에 초점을 두는 경우가 많은데, 실행연구에서도 그러한 흐름이 유사하게 나타나는 것으로 보인다.

〈표 12-3〉 연구목적

구분 \ 연도	2011~2013	2014~2016	2017~2019	2020~2022	계
전문성 발달(Professional)	5(71.4%)	1(12.5%)	5(29.4%)	8(36.4%)	19(35.2%)
개인적 성장(Personal)	0(0.0%)	3(37.50%)	5(29.4%)	2(9.1%)	10(18.5%)
구조적 문제해결(Political)	2(28.6%)	4(50.0%)	7(41.2%)	12(54.5%)	25(46.3%)
총계	7(100%)	8(100%)	17(100%)	22(100%)	54(100%)

다음으로 연구주제에 대한 분석결과를 살펴보면, '교육과정 및 수업' 26편(48.1%), '교원교육 및 교직생활' 9편(16.7%), '교육정책' 7편(13.0%)의 주제를 탐구한 논문이 많았다. 일반적으로 교육행정학 분야 논문의 연구주제가 교육정책이나 학교조직 영역이 많은 편인데(김병찬, 유경훈, 2017; 신현석, 박균열, 전상훈, 주휘정, 신원학, 2009), 실행연구의 연구주제 동향은 상이한 것이다. 실행연구는 연구 참여자가 연구주제를 직접 실행해야 하므로 연구 참여자가 실행을 할 수 있는 연구주제, 즉 교사가 수업 안에서 실행할 수 있는 '교육과정 및 수업' 영역, 교사가 학교에서 실행할 수 있는 '교원교육 및 교직생활' 영역의 연구주제가 부각되는 것으로 보인다.

〈표 12-4〉 연구주제

구분 \ 연도	2011~2013	2014~2016	2017~2019	2020~2022	계
교육정책	0(0.0%)	1(12.5%)	1(5.9%)	5(22.7%)	7(13.0%)
교육과정 및 수업	3(42.9%)	5(62.5%)	9(52.9%)	9(40.9%)	26(48.1%)
학생 평가	1(14.3%)	1(12.5%)	1(5.9%)	0(0.0%)	3(5.6%)
학생 생활지도	1(14.3%)	0(0.0%)	1(5.9%)	1(4.5%)	3(5.6%)
교원교육 및 교직생활	2(28.6%)	0(0.0%)	2(11.8%)	5(22.7%)	9(16.7%)
리더십	0(0.0%)	0(0.0%)	0(0.0%)	1(4.5%)	1(1.9%)
컨설팅	0(0.0%)	0(0.0%)	3(17.6%)	1(4.5%)	4(7.4%)
교육환경	0(0.0%)	1(12.5%)	0(0.0%)	0(0.0%)	1(1.9%)
총계	7(100%)	8(100%)	17(100%)	22(100%)	54(100%)

(2) 실행 주체와 실행 범위

이 부분에서는 실행연구가 실행된 교육현장이 어떤 곳인지, 그리고 연구의 실행 주체인 연구자와 연구 참여자가 어떠한 관계 구조를 갖는지, 실행연구가 전개된 실행단위는 무엇인지 분석하였다.

먼저 연구 현장을 학교급 또는 유형에 따라 유목화하여 분석하였으며, 분석결과는 다음과 같다. 실행연구의 연구 현장은 '초등학교' 12편(22.2%), '대학교' 10편(18.5%), '유치원' 10편(18.5%), '어린이집' 8편(14.8%)의 순으로 논문이 많았다. '중학교'(6편, 11.1%)와 '고등학교'(3편, 5.6%)는 개별적으로는 적은 편이지만, 중등학교로 묶으면 9편(16.7%)으로 상당한 비중을 차지한다. 또한 '유치원'과 '어린이집'은 모두 유아교육기관이므로, 이를 하나로 묶으면 유아교육기관이 가장 많은 실행연구의 현장이라고 볼 수 있다(18편, 33.3%). 종합하면, 유아교육기관 및 초등학교가 대체로 많은 편이지만, 실행연구의 연구 현장은 전반적으로 편중되지 않고 고르게 나타나고 편이라고 할 수 있다.

⟨표 12-5⟩ 연구 현장

구분＼연도	2011~2013	2014~2016	2017~2019	2020~2022	계
어린이집	2(28.6%)	3(37.5%)	1(5.9%)	2(9.1%)	8(14.8%)
유치원	3(42.9%)	1(12.5%)	2(11.8%)	4(18.2%)	10(18.5%)
초등학교	0(0.0%)	1(12.5%)	6(35.3%)	5(22.7%)	12(22.2%)
중학교	0(0.0%)	1(12.5%)	0(0.0%)	5(22.7%)	6(11.1%)
고등학교	0(0.0%)	2(25.0%)	0(0.0%)	1(4.5%)	3(5.6%)
대학교	2(28.6%)	0(0.0%)	5(29.4%)	3(13.6%)	10(18.5%)
특수학교	0(0.0%)	0(0.0%)	1(5.9%)	0(0.0%)	1(1.9%)
기타	0(0.0%)	0(0.0%)	2(11.8%)	2(9.1%)	4(7.4%)
총계	7(100%)	8(100%)	17(100%)	22(100%)	54(100%)

실행연구의 실행 주체는 2가지로 구분할 수 있다. 연구자가 연구 참여자(교사, 교수 등)로서 실행에 직접적으로 참여하는 참여적 실행연구(participatory action research)(Ferrance, 2000), 그리고 연구자와 연구 참여자(교사, 교수 등)가 분리된 상태에서 협력하여 실행하는 협력적 실행연구(collaborative action research)(Mac Naughton & Hughes, 2008)이다.

실행 주체에 대한 분석결과, '참여적 실행' 33편(61.1%), '협력적 실행' 21편(38.9%)으로 나타나, 연구자가 연구 현장의 교사 또는 교수로 직접 실행에 참여하는 실행연구가 다수임을 알 수 있었다.

⟨표 12-6⟩ 실행 주체

구분＼연도	2011~2013	2014~2016	2017~2019	2020~2022	계
참여적 실행(participatory)	4(57.1%)	5(62.5%)	13(76.5%)	11(50.0%)	33(61.1%)
협력적 실행(collaborative)	3(42.9%)	3(37.5%)	4(23.5%)	11(50.0%)	21(38.9%)
총계	7(100%)	8(100%)	17(100%)	22(100%)	54(100%)

실행연구는 연구주제를 실행하기 위해 실행 범위를 설정한다. 일반적으로 실행연구에서 실행 범위는 학교를 기준으로 교실 차원(within the classroom), 학교 차원(within the school), 학교 밖 차원(beyond the school)으로 구분할 수 있다(Zeichner, 2003). 한편, 본 연구에서는 연구자가 본인만을 연구 참여자로 설정한 연구를 발견하여 '개인 차원(within the person)'을 분석 준거로 추가하였다. 분석결과를 살펴보면, '학교 차원' 24편(44.4%), '교실 차원' 22편(40.7%)이 다수였으며, '학교 밖 차원'과 '개인 차원'은 각 6편(11.1%), 2편(3.7%)으로 나타났다.

〈표 12-7〉 실행 범위

구분＼연도	2011~2013	2014~2016	2017~2019	2020~2022	계
개인 차원(within the person)	0(0.0%)	0(0.0%)	2(11.8%)	0(0.0%)	2(3.7%)
교실 차원(within the classroom)	5(71.4%)	2(25.0%)	9(52.9%)	6(27.3%)	22(40.7%)
학교 차원(within the school)	2(28.6%)	6(75.0%)	6(35.3%)	10(45.5%)	24(44.4%)
학교 밖 차원(beyond the school)	0(0.0%)	0(0.0%)	0(0.0%)	6(27.3%)	6(11.1%)
총계	7(100%)	8(100%)	17(100%)	22(100%)	54(100%)

(3) 연구방법 및 연구 운영 형태

교육행정학 분야 실행연구에서 활용한 연구방법을 살펴보면, '질적 연구방법'을 활용한 논문이 38편(70.4%)으로 가장 많았으며, 면담 및 관찰과 함께 설문조사 등을 실시한 '혼합 연구방법'이 15편(27.8%)으로 나타났다. '혼합 연구방법'에 포함되는 논문들을 구체적으로 들여다보면 전반적으로 질적 연구방법을 중심으로 전개되었고, 설문조사, 평가점수 등의 양적 자료 분석이 일부 포함되는 형태였다. 양적 연구방법을 활용한 '양적 연구방법' 논문은 1편(1.9%)뿐이었다. 여기서 '양적 연구방법' 논문 1편은 연구방법 부분에 '면담 실시' 및 '연구노트 작성'이 기술되어 있어서 질적 자료 수집이 보완적으로 수행된 것으로 추론되었다. 하지만 본문에는 질적 자료가 제시되지 않았고, 사전-사후 설문조사 중심으로만 연구결과 기술되어 있었으므로 연구진은 이 논문을 '양적 연구방법'으로 분류하였다.

연구진은 실행연구의 연구방법을 '질적 연구방법', '양적 연구방법', '혼합 연구방법'으로 분류하였으나, '혼합 연구방법'에 해당하는 논문들도 질적 연구방법이 주를 이루고 있고, '양적 연구방법' 논문에서도 질적 연구방법을 부분적으로 활용하고 있음을 고려할 때 실행연구는 전반적으로 질적 연구방법이 주도하는 것으로 해석할 수 있다. 실행연구의 목적 자체가 교육현장에서 문제를 발견하고 해결해 나가는 데 있기 때문에, 질적 접근이 적합한 것으로 판단된다(강지영, 소경희, 2011: 215).

〈표 12-8〉 연구방법

구분＼연도	2011~2013	2014~2016	2017~2019	2020~2022	계
질적 연구방법	6(85.7%)	4(50.0%)	11(64.7%)	17(77.3%)	38(70.4%)
양적 연구방법	0(0.0%)	0(0.0%)	1(5.9%)	0(0.0%)	1(1.9%)
혼합 연구방법	1(14.3%)	4(50.0%)	5(29.4%)	5(22.7%)	15(27.8%)
총계	7(100%)	8(100%)	17(100%)	22(100%)	54(100%)

12년간 학술지에 게재된 실행연구의 연구 형태를 알아보기 위해, 공동연구자 수, 연구 참여자 수, 연구 기간을 분석하였다. 먼저 공동연구자 수는 '2~3인'이 37편(68.5%)으로 대부분을 차지했고, 이어서 '단독' 연구가 15편(27.8%)으로 나타났다. '4~5인' 및 '6~7인'이 함께 하는 공동연구는 각 1편(1.9%) 뿐이었다. 연구진이 많아지면 연구과정에서의 긴밀한 협력과 소통이 어려울 수 있기 때문에 3인 이내의 연구진 구성이 주를 이루는 것으로 추론된다.

〈표 12-9〉 공동연구자 수

구분 \ 연도	2011~2013	2014~2016	2017~2019	2020~2022	계
단독	1(14.3%)	1(12.5%)	8(47.1%)	5(22.7%)	15(27.8%)
2~3인	6(85.7%)	7(87.5%)	8(47.1%)	16(72.7%)	37(68.5%)
4~5인	0(0.0%)	0(0.0%)	1(5.9%)	0(0.0%)	1(1.9%)
6~7인	0(0.0%)	0(0.0%)	0(0.0%)	1(4.5%)	1(1.9%)
총계	7(100%)	8(100%)	17(100%)	22(100%)	54(100%)

연구 참여자 수 분석결과, '11~20인'과 '21~30인'이 각 11편(20.4%)으로 다수였으며, '31~40인'과 '50인 이상'이 각 9편(16.7%)으로 뒤를 이었다. 연도별 변화 추세를 보면, '31~40인'과 '50인 이상'의 논문이 늘어나는 동향을 보이고 있다. 연구 참여자가 많은 논문은 대부분 학생을 참여자로 수행하는 논문들이어서, 학생들이 주도적으로 참여하는 실행연구가 늘어나는 것으로 이해할 수 있을 것이다.

〈표 12-10〉 연구 참여자 수

구분 \ 연도	2011~2013	2014~2016	2017~2019	2020~2022	계
1인	0(0.0%)	0(0.0%)	2(11.8%)	0(0.0%)	2(3.7%)
2~5인	1(14.3%)	0(0.0%)	2(11.8%)	3(13.6%)	6(11.1%)
6~10인	2(28.6%)	1(12.5%)	1(5.9%)	1(4.5%)	5(9.3%)
11~20인	1(14.3%)	2(25.0%)	3(17.6%)	5(22.7%)	11(20.4%)
21~30인	1(14.3%)	2(25.0%)	6(35.3%)	2(9.1%)	11(20.4%)
31~40인	2(28.6%)	0(0.0%)	1(5.9%)	6(27.3%)	9(16.7%)
41~50인	0(0.0%)	1(12.5%)	0(0.0%)	0(0.0%)	1(1.9%)
50인 이상	0(0.0%)	2(25.0%)	2(11.8%)	5(22.7%)	9(16.7%)
총계	7(100%)	8(100%)	17(100%)	22(100%)	54(100%)

연구 기간 분석결과, '7~12개월' 20편(37.0%), '4~6개월' 17편(31.5%), '13~24개월' 10편(18.5%) 순으로 많았다. 교육 분야 연구의 특성상, 학기 단위로 1~2개 학기를 연구 기간을 설정하거나, 학년도 단위로 1~2개 학년도를 연구 기간으로 설정하는 경향을 확인할 수 있었다. 동향을 살펴보면 '4~6개월' 연구가 가파르게 늘어나는 모습을 볼 수 있다. '4~6개월' 논문이 지속적으로 늘어나는 동향은 한 학기 이내의 단기 연구가 늘어나는 흐름을 엿볼 수 있는 부분이다.

〈표 12-11〉 연구 기간

구분 \ 연도	2011~2013	2014~2016	2017~2019	2020~2022	계
1~3개월	2(28.6%)	0(0.0%)	0(0.0%)	1(4.5%)	3(5.6%)
4~6개월	2(28.6%)	1(12.5%)	4(23.5%)	10(45.5%)	17(31.5%)
7~12개월	3(42.9%)	2(25.0%)	9(52.9%)	6(27.3%)	20(37.0%)
13~24개월	0(0.0%)	3(37.5%)	2(11.8%)	5(22.7%)	10(18.5%)
25개월 이상	0(0.0%)	2(25.0%)	2(11.8%)	0(0.0%)	4(7.4%)
총계	7(100%)	8(100%)	17(100%)	22(100%)	54(100%)

(4) 교육행정학 분야 실행연구의 운영 현황: 4가지 속성을 중심으로

연구진은 교육행정학 분야 실행연구가 갖는 속성으로 '① 현장 개선에 집중한 연구문제', '② 연구 참여자의 적극적 참여와 실행', '③ 연구결과의 연구 현장 환류', '④ 연구과정에서 연구 참여자의 학습과 성장'의 4가지로 논의하였다. 연구진은 교육행정학 분야 실행연구 운영에 대한 시사점을 얻기 위해 운영 현황이 어떠한지 파악해 보고자 하였고, 이 논문에서 사례 틀로 활용하고 있는 4가지 속성을 준거로 분석해 보고자 하였다. 연구진은 집중 작업을 통해 분석 대상인 54편의 논문을 읽으면서 각 논문들이 4가지 준거들을 갖추었는지 분석하였다. 논문의 기획 과정에 해당 준거가 분명하게 드러나고 실행 과정 및 결과에서 충분히 반영되었다고 판단되는 경우 '우수'로 체크하였고, 준거의 존재가 드러나지 않거나 모호한 경우 '미흡'으로 체크하였다. 이 부분은 연구진의 집중작업의 결과로서 연구진의 주관성이 반영될 여지가 크기 때문에, 독자들은 연구결과의 해석에 유의할 필요가 있다. 그럼에도 불구하고 연구진이 이와 같은 분류 작업을 진행한 것은 12년간 수행된 교육행정학 분야 실행연구들이 실행연구의 중요한 속성을 얼마나 반영하고 있는지 분석적으로 논의해 보기 위함이다.

첫 번째 속성은 '현장 개선에 집중한 연구문제'이다. 분석결과, 총 54편 중 연구진이 '우수'로 체크한 논문이 51편(94.4%)이고, 3편(5.6%)은 '미흡'으로 나타났다. 대부분의 논문들이 현장 개선을 추구하는 연구문제를 탐구하고 있었음을 확인할 수 있었다. 연구진은 논문을 읽으면서 현장의 부족한 점을 드러내고 이를 개선하고자 시도하는 연구문제가 명확하게 기술되어 있는 경우 '우수'로, 현장 개선과 관련된 연구문제가 적절하게 제시되지 않았거나 제시하였더라도 설득력이 떨어지는 경우 '미흡'으로 분류하였다. 예를 들어, 논문을 쓰기 위해 문제를 부자연스럽게 실행연구의 틀에 끼워 맞춘 논문, 일반적인 수업 개선 활동과 노력의 과정을 실행연구로 작성하여 연구결과의 설득력이 떨어지는 논문 등이 '미흡'에 해당한다.

〈표 12-12〉 '현장 개선에 집중한 연구문제' 분석결과

구분 〳 연도	2011~2013	2014~2016	2017~2019	2020~2022	계
우수	6(85.7%)	7(87.5%)	17(100.0%)	21(85.5%)	51(94.4%)
미흡	1(14.3%)	1(12.5%)	0(0.0%)	1(4.5%)	3(5.6%)
총계	7(100%)	8(100%)	17(100%)	22(100%)	54(100%)

연구 참여자의 적극적인 참여와 실행이 이루어졌는지 분석한 결과, '우수' 논문이 48편(88.9%), '미흡'이 6편(11.1%)이었다. 이 부분에서 연구진이 '미흡'으로 체크한 논문들은 실행연구임에도 연구 참여자인 교사, 학생의 역할과 활동이 '수동적인 연구 대상'으로만 한정되었다고 판단한 사례이다. 연구 참여자가 수업이나 프로그램에 참여한 후 면담이나 설문조사에 응하는 정도로 역할을 수행했다면, 실행연구가 아닌 기타 논문에서의 연구 참여자와 다를 바 없다고 볼 수 있다. 한편, 연구진은 논문에 작성된 내용만을 바탕으로 판단했으므로, 실제 논문에서 연구 참여자의 활동이 보다 적극적이었을 수 있다. 실행연구를 수행할 경우 연구 참여자의 활동에 대한 구체적인 설계가 필요하고, 무엇보다 이러한 연구 참여자의 활동 과정에 대한 기록이 논문에 충분히 제시되어야 함을 시사한다.

〈표 12-13〉 '연구 참여자의 적극적 참여와 실행' 분석결과

구분 〳 연도	2011~2013	2014~2016	2017~2019	2020~2022	계
우수	6(85.7%)	6(75.0%)	14(82.4%)	22(100.0%)	48(88.9%)
미흡	1(14.3%)	2(25.0%)	3(17.6%)	0(0.0%)	6(11.1%)
총계	7(100%)	8(100%)	17(100%)	22(100%)	54(100%)

'연구결과의 연구 현장 환류'는 한 편의 실행연구 논문 안에서 실행이 1회차만 수행되었는지, 또는 실행이 2회 이상 순환적으로 이루어졌는지 분석한 준거이다. 분석결과, '우수' 35편(64.8%), '미흡' 19편(35.2%)으로 나타났다. 한편, 연도별 흐름을 살펴보면, 최근 2020~2022년 기간에 '미흡' 논

문이 11편(50.0%)로 급격히 늘어난 모습을 확인할 수 있다. 향후 교육행정학 분야 실행연구에서는 '연구결과의 연구 현장 환류' 속성에 대한 후속 논의가 필요해 보인다.

〈표 12-14〉 '연구결과의 연구 현장 환류' 분석결과

구분 \ 연도	2011~2013	2014~2016	2017~2019	2020~2022	계
우수	4(57.1%)	7(87.5%)	13(76.5%)	11(50.0%)	35(64.8%)
미흡	3(42.9%)	1(12.5%)	4(23.5%)	11(50.0%)	19(35.2%)
총계	7(100%)	8(100%)	17(100%)	22(100%)	54(100%)

실행연구의 연구방법론적 관점에서 연구 참여자가 연구과정에서 배우고 성장해야 하는 것이 필수 요소라고 보기는 어렵다. 하지만 '교육학 실행연구'에서는 연구 대상이 학생인 경우가 많으므로 '연구과정에서의 학습과 성장'을 중요시 여겨야 한다. 연구진이 논문들을 읽으면서 '연구과정에서의 학습과 성장'의 속성을 갖고 있는지 분석한 결과, '우수' 49편(90.7%), '미흡' 5편(9.3%)으로 나타났다. 대부분의 연구에서 연구 참여자가 학습하고 성장한 내용이 포함되어 있었다는 의미이다. 이 부분에서 '미흡'으로 분류된 논문들을 살펴보니, '연구 참여자의 적극적 참여와 실행'에서도 '미흡'인 것으로 나타난 점에 주목할 필요가 있다. 실행연구의 기획 단계에서 연구 참여자의 참여 부분을 구체적으로 설계하지 않으면, 연구의 실행 단계에서 연구 참여자의 참여가 적극적으로 이루어지기 어렵고, 연구 참여자의 참여와 활동이 적극적으로 이루어지지 않으면 연구 참여자의 배움도 일어나지 않는다는 것이다.

〈표 12-15〉 '연구과정에서의 학습과 성장' 분석결과

구분 \ 연도	2011~2013	2014~2016	2017~2019	2020~2022	계
우수	6(85.7%)	7(87.5%)	15(88.2%)	21(95.5%)	49(90.7%)
미흡	1(14.3%)	1(12.5%)	2(11.8%)	1(4.5%)	5(9.3%)
총계	7(100%)	8(100%)	17(100%)	22(100%)	54(100%)

(5) 실행연구 게재 학술지

12년간 실행연구가 게재된 학술지를 유목화한 후, 학술지의 분야를 분류했다. '유아교육' 분야의 학술지에서 총 17편이 게재되어, 실행연구가 유아교육 분야에서 활성화되고 있음을 확인할 수 있었다. '특수교육' 및 '경제·인문' 분야 학술지에서도 교육행정학 분야의 실행연구가 각 4편, 2편 게재되었다.

〈표 12-16〉 학술지

학술지 분야	학술지 명	논문 수	계
유아교육	유아교육연구	3	17
	열린유아교육연구	3	
	유아교육·보육복지연구	2	
	유아교육학논집	2	
	미래유아교육학회지	1	
	생태유아교육연구	1	
	아동교육	1	
	영유아교육: 이론과 실천	1	
	육아지원연구	1	
	한국아동복지학	1	
	한국영유아보육학	1	
특수교육	특수교육논총	2	4
	정서·행동장애연구	1	
	특수교육학연구	1	
경제·인문	사회적경제와 정책연구	1	2
	통번역학연구	1	
교육학 일반	학습자중심교과교육연구	5	31
	교육방법연구	3	
	열린교육연구	3	
	한국교원교육연구	3	
	교사교육연구	2	
	교양교육연구	2	
	교원교육	2	
	교육인류학연구	2	
	교과교육학연구	1	
	교육문화연구	1	
	교육의 이론과 실천	1	
	진로교육연구	1	
	초등상담연구	1	
	통합교육과정연구	1	
	평생교육학연구	1	
	한국교육학연구	1	
	한국청소년연구	1	
	교육행정학연구	0	
총계		54	

'유아교육', '특수교육', '경제·인문' 분야의 학술지를 제외한 학술지를 '교육학 일반'으로 구분하였으며, '교육학 일반' 분야에서는 총 31편의 논문이 발표되었다. 발행 편수가 많은 학술지를 살펴보면, 『학습자중심교과교육연구』가 5편으로 가장 많았고, 『교육방법연구』, 『열린교육연구』, 『한국교원교육연구』가 각 3편씩 게재된 것으로 나타났다. 한국교육행정학회의 학술지인 『교육행정학연구』에서는 12년 동안 실행연구가 한 편도 발표되지 않은 것으로 분석되었다.

4. 교육행정학 분야 실행연구의 주요 사례 및 주안점

1) 교육행정학 분야 실행연구의 주요 사례: 4가지 속성을 중심으로

구체적으로 실행연구가 무엇인지, 실행연구의 연구 절차와 방법이 무엇인지에 대한 대답은 학문 분야 또는 학자에 따라 다양하게 정의되어 왔다. 이 연구에서는 교육행정학 분야 실행연구가 가져야 할, 또는 실행연구가 추구해야 할 '실행연구의 속성'을 다음의 4가지로 규정하고 각 속성의 의미와 사례를 살펴보고자 한다. 실행연구의 속성은 '현장 개선에 집중한 연구문제', '연구 참여자의 적극적 참여와 실행', '연구결과의 연구 현장 환류', '연구과정에서의 학습과 성장'이다.

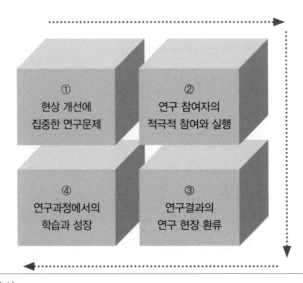

[그림 12-2] 실행연구의 속성

(1) 현장 개선에 집중한 연구문제

실행연구는 실천 개선에 관심을 둔다. 실행연구는 공동체의 상황을 더 나은 방향으로 바꾸는 것 자체를 목표로 하는 연구방법이기 때문이다(Greenwood & Levin, 2007: 34). 교육행정학 분야 연구는 학문의 특성상 이론적 연구보다 실제적 연구의 비중이 매우 높은 편이다(신현석 외, 2018: 264).[4] 실행연구가 교육행정학 분야에 적극적으로 도입될 필요성이 제기되는 부분이다. '반성적 실천'이란 현재의 모습에 대해 스스로 질문하고 현재의 문제를 풀어내기 방안을 찾아내는 과정으로(Schön, 1983), 능동적이고 적극적인 사고과정을 의미하는 반성적 사고의 확장 개념이다(김현미, 2015: 21). 즉, '① 현장 개선에 집중한 연구문제'란 현재 교육현장에서 나타나고 있는 문제점을 해결하기 위해 반성적 실천 과정의 연구를 기획해야 하고, 현장 개선 목적이 연구문제(연구목적)에 분명히 담겨 있어야 함을 의미한다.

예를 들어, 성열관(2005)은 NCLB법이 교사들의 교육과정 전문성을 낮출 수 있다는 우려를 갖고 있었다. 이에 따라 연구자는 수업을 통해 예비 교사 대학생들이 전통주의 및 진보주의 교육과정에 대해 충분히 이해하고, 스스로 교육과정 개발자로서 교사의 역할을 자각할 수 있기를 희망했다. 이에 따라, 연구자는 미국 대학의 사범대에서 예비 교사를 가르치는 수업을 직접 실행하면서, 학생들이 교육과정 개발 사례를 경험하고, 토론과 반성적 글쓰기를 통해 비판적 교육과정 개발자 및 평가자가 될 수 있도록 돕는 수업을 실행하였다.

김선경와 박병기(2020)는 과정 중심의 수행평가를 추진하는 정책적 흐름 안에서 처음 실행되는 정책으로 어려움을 느끼는 교사들을 발견하고, '초등성장평가제'를 처음 도입한 초등학교를 대상으로 과정 중심 수행평가를 주제로 실행연구를 기획하였다. 초등학교 교사들은 초등성장평가제의 의의에 공감하고 있었지만 평가 방법 개선에 어려움을 느끼고 있었고, 실행연구를 통해 연구자와 함께 어려움을 극복하고자 연구에 참여했다(김선경, 박병기, 2020: 140). 이 연구에서는 평가 인식, 평가 계획과 실행, 평가 결과 처리, 반성이라는 '초등성장평가제'의 실행 사이클을 총 4차 동안 순환하였다.

> 우리 학교 성장평가의 장점을 꼽는다면 저는 우리 학급에서 (시험성적) 1등이 누구인지 몰라요. 누가 꼴등인지도 몰라요. 누가 뭐를 잘해 그 정도는 파악하고 있지만, 옛날처럼 엑셀 파일로 점수해서 누가 몇 점인지 몰라요. (J교사, 김선경, 박병기, 2020: 148)

> 평가지를 미리 제작해서 수업과 연계해서 사용해야 했구나! 생각이 들었던 거죠. (L교사, 김선경, 박병기, 2020: 152)

---

4) 신현석 외(2018)는 2009년부터 2018년까지 『교육행정학연구』 게재 논문을 분석하였는데, 이론적 연구 129편(24.2%)보다 실제적 연구 403편(75.8)으로 실제적 연구가 약 3배 많은 것으로 나타났다.

앞의 사례처럼 실행연구의 순환 과정에서 교사들은 스스로 성장평가의 의미를 발견하고, 실마리를 찾아내고 있었다. 또한 초등성장평가제의 실행에 관한 문제점도 도출하여 정책적 시사점을 찾아내기도 했다.

> 제가 했던 방식은 지필평가도 하고, 수행과정, 관찰평가도 다 했어요. 근데 평가지마다 글로 써서 피드백하기 힘들었어요. 한 시기에 한 사람에 7~8장의 평가지가 있는데 24명 정도 학생들에게 모두 무엇인가 쓴다는 게 힘들어요. ……(중략)…… 제 나름대로 아이들을 관찰한 모습을 적어 두기도 하고 책임감이나 인성 영역 부분까지도 잘함, 중간, 노력 요구함을 표시해 가면서 객관적인 자료를 스스로 만들어 내려고 노력했었거든요. 근데 하다 보니까 1학기 말에 가니까 그게 너무 버겁더라고요. (A교사, 김선경, 박병기, 2020: 153)

> 연극을 진행하면, 연극을 진행했던 주요 이유 중 하나가 인물의 행동에 관해서 판단을 내려 보자인데, 연극을 진행하면서 저희 반은 대본을 만들면서 진행했었는데 (나이스에는) 그 과정을 기록할 곳이 없어요. (H교사, 김선경, 박병기, 2020: 154)

김선경, 박병기(2020)의 연구주제는 학교 현장의 교사들이 필요성을 느끼는 연구주제라는 점, 학교 현장에서 학생 평가의 문제점을 개선하는 데 기여하는 연구주제라는 점에서 특징이 있다.

다음으로 교실 수업의 개선을 넘어서 지역사회와 학교와의 연계 차원에서 접근한 신철균 외 (2022)의 연구가 있다. 지역의 대학원 파견교사 6명을 중심으로 구성된 연구진은 강원도 읍면 지역

〈표 12-17〉 학교와 지역연계 지원 실행 내용

실행 항목		구체적 실행 내용
지역연계 교육과정 운영 지원 (학교 내)	자료 제공	• 지역연계 교육과정 자료 제공: 인터넷 카페 개설, 49건 자료 탑재 • 지역연계 교육자원 정보 제공: 온라인 지도 매핑, 19건 자료
	운영방안 제안	• 지역연계 교육과정 운영 방안 의견 제시 - 학교교육과정 분석결과와 운영 방안 4가지 제시
	연수 지원	• 전문적 학습공동체 대상 연수 운영 - '마을연계 교육과정 운영 사례와 실제' 연수 계획 수립
학교와 지역연계를 위한 지원 (학교 밖)	지역 주민 연계 활동 지원	• 마을교육공동체 행사 개최 지원 - 행사 내용: 한지공예(3차시), 온마을 잔치 - 마을교육공동체 행사 지역 주민 연계 4회, 총 39명 참석
	지역 자원 지원	• 강사 소개: 지역연계 마을강사 1회 섭외 • 지역사회 연계: 연계를 위한 3개 단체와의 면담

출처: 신철균 외(2022: 379).

의 작은 H중학교의 학교 교사 및 마을 주민과 협력하여 지역연계 교육과정을 실행하는 '지역 기반 실행연구(Community-Based Research)'를 수행하였다. 이 연구는 최근 교육계의 화두가 되고 있는 지역과 대학의 협력, 지역 학교를 위한 대학의 지원 등이 두드러지게 나타나, 현장 개선 활동의 또 다른 모습을 보여 주고 있다. 우리나라 실행연구의 영역을 '교실'에서 '지역'으로 확장한 의미 있는 연구라고 볼 수 있다. 연구진이 학교와 지역연계를 위한 지원 내용은 〈표 12-17〉과 같다.

해외에서 수행한 실행연구 중에서 교육공동체를 구축하고 운영한 Bleach(2016) 연구가 있다. 아일랜드 국립대학은 ELI(the Early Learning Initiative)라는 프로그램을 운영하며 아동교육을 지원하는 지역사회의 학습 네트워크를 만들어 냈는데, Bleach(2016)의 연구는 ELI의 실행 과정을 기록하고 분석한 실행연구이다. 15개 가족에서 출발한 ELI 학습네트워크의 연구 참여자는 해를 거듭할수록 눈덩이처럼 늘어났고, 8년 후 110개 가족이 되었다(Bleach, 2016: 24). ELI 학습 네트워크는 총 4개의 Level로 구성되는데, Level 1은 부모, 자원봉사자, 전문가가 협력하여 아동들에게 학습 프로그램을 제공하는 것이고, Level 2는 법정, 기업 등 기관 차원의 학습 프로그램 지원을 가리킨다. Level 3은 다양한 채널로 교육정책가, 교육행정가와 실행의 내용을 공유하는 것이며, Leve 4는 국제적인 교류 실행이다.

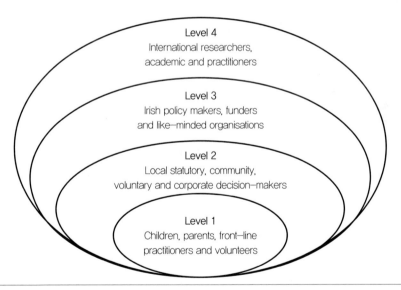

[그림 12-3] 학습 네트워크 모형
출처: Bleach(2016: 25).

Bleach(2016)의 연구에서 가장 주목해야 하는 점은 실행 주체인 아일랜드 국립대학(National College of Ireland)의 명확한 문제인식과 개선을 위한 시도이다. 아일랜드 국립대학은 아일랜드의 부모들이 자녀 교육에 관심은 있으나 부모가 해야 하는 역할에 대해 충분히 이해하지 못하고 있다는 점을 교육의 문제로 인식했고, 이러한 문제를 해결하기 위한 열쇠는 학습 네트워크(Learning network) 구축을 통한 아동교육에 있다고 판단했다. 현장 개선에 집중한 분명한 연구문제가 학습 네트워크의 구축과 실행이라는 일련의 실행연구 과정 전체를 관통하고 있는 것이다.

(2) 연구 참여자의 적극적 참여와 실행

실행연구에서 실행(action)이란 정해진 계획을 그대로 행하는 이행(implementation)과 다르다(이용숙 외, 2005: 21). 연구자와 연구 참여자는 반성적 사고를 바탕으로 실행 과정에서의 끊임없는 변화와 개선을 이루어야 하고, 이를 위해서는 연구자가 현장에서 실행과정을 민감하게 읽어낼 수 있어야 한다. 참여적 실행연구(participatory action research)의 경우 연구자가 연구 참여자로 직접 참여하기 때문에 연구 참여자의 연구주제에 대한 적극적인 실행, 실행 과정에서의 변화와 개선이 용이한 편이다. 하지만 연구자와 연구 참여자가 분리되는 협력적 실행연구(collaborative action research)에서는 연구 참여자가 수동적인 참여에 그칠 우려가 있다는 점에 유의할 필요가 있다.

신철균 외(2021)는 고등학교 학생들이 주체적으로 학습하고 사유하는 실행연구를 설계하여, 학생들이 한 학기 동안 미래 교육정책을 구안하고 발표하는 실행연구를 수행했다. 신철균 외(2021: 542-543)는 이러한 연구방법을 '학생 주도 프로젝트 실행 기법(Student Agency Driven Action Research)'이라고 명명하였고, 프로젝트의 주제는 '학생들이 만들어 가는 교육정책과 미래교육비전'으로 규정하였다. 실행연구에는 경기도 소재 9개 고등학교가 참여했고, 고등학교별 연구 참여 교사들은 촉진자이자 조력자로서 학생들의 학습과 토론, 교육을 지원하는 '길잡이교사'가 되었다(신철균 외, 2021: 544). 실행연구의 결과로, '배움의 목적과 학교의 의미', '배움의 내용과 과정', '배움의 방식과 평가, 그리고 사회적 관계', '꿈과 진로, 그리고 미래', '학교에서의 삶과 학생의 목소리'의 5가지 영역에 대한 문제와 전망을 도출할 수 있었다(신철균 외, 2021: 557). 신철균 외(2021)의 실행연구는 연구결과 못지않게 연구과정에서 연구 참여자이자 실행자인 교사와 학생들의 참여가 돋보인다는 점이 특징이다.

> 난 더욱 이번 활동이 단순히 교육정책을 논할 뿐이 아닌 나와 같은 학생들이 '스스로 소리를 내어' 입장을 표현할 수 있는 시작이 되었다고 느낀다. ……(중략)……그러려면 학생들이 더욱 나서야 한다. 학생들이 '스스로 나서서' 행복한 학교를 만드는 것. 이러한 생각을 하게 되었다는 것 자체가 이번 활동이 나에게 끼친 가장 큰 영향이다. (H고 학생, 신철균 외, 2021: 555)

> 움츠려 있던 학생들도 좋은 의견과 질문 그리고 토론을 하며 자기가 생각하는 우리 교육의 문제점과 해결 방안, 해결된 후의 예상 모습 등에 대해 이야기했습니다. ……(중략)…… 9시 등교와 같이 '우리가 만든

정책'이 '반영'될 수도 있다는 생각에 벌써부터 가슴이 뛰었습니다. 바뀐 세상에서 살아갈 나의 동생, 후배들 그리고 앞으로의 많은 꿈을 가진 친구들이 좋은 환경에서 공부하고 또 다른 좋은 의견을 제시할 수 있다는 것이 매우 뿌듯하고 뜻깊은 일이라는 생각이 들었습니다. (E고 학생, 신철균 외, 2021: 555)

9개 고등학교의 정규 수업 또는 방과 후 수업에서 '학생들이 만들어 가는 교육정책과 미래교육비전'의 프로그램이 실행되었는데, 참여 교사 9명(9개 학교별 1명), 9개 학교의 총 194명의 학생들은 한 학기 동안 수업 과정에서 실행연구의 실행자가 되었다. 정기적인 참여와 학습, 학생 포럼과 자료집 작성 등 일련의 실행연구의 과정이 학사 일정에 녹아들도록 구성되었다는 점이 신철균 외(2021) 실행연구에서 주목되는 부분이다.

다음의 Trott(2019)은 실행연구 과정에서 연구 참여자인 학생의 참여 활동을 교육적으로 설계하여 학생들의 적극적인 참여를 이끌어 낸 사례이다. Trott(2019)은 10~12세 학생들을 대상으로 기후변화 교육활동을 주제로 방과 후 프로그램을 개설하였다. Trott(2019: 44)은 학생들이 환경 문제를 과학 수업에서 글로만 배울 뿐 지식을 실행할 기회는 갖지 못한다는 문제의식을 갖고 있었고,

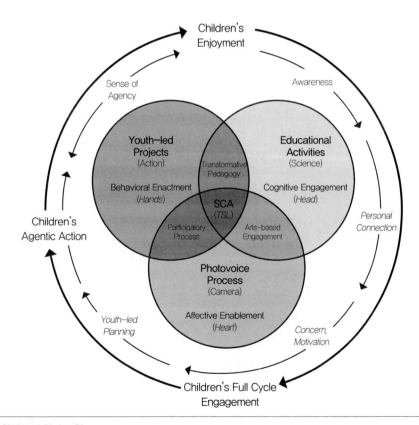

[그림 12-4] 학생들의 참여 모형
출처: Trott(2019: 47).

학생들이 기후변화 대응 활동을 직접 실행하고, 그 과정과 결과를 친구 및 가족들과 공유하도록 실행연구를 기획했다.

학생들은 방과 후 프로그램으로 개설된 기후변화 교육활동 수업을 통해 기후변화 관련 과학적 지식을 학습하고(Educational Activities), 학습한 주제에 관한 사진을 찍고 서로 공유 및 토론하는 포토보이스를 진행하였으며(Photovoice Process), 학생 주도로 지역사회에서 기후변화 대응을 위한 작은 실천을 수행했다(Youth-led Projects).

> …… 실제로 기후변화 활동에 참여할 수 있어서 좋았고, 기후변화와 생태계가 어떻게 변하고 있는지 이해할 수 있었어요. (Gabe, Trott, 2019: 51)

> …… (포토보이스로 인해) 우리는 지구, 식물, 어떻게 세상을 구할지 이야기하기 시작했어요. (Dominic, Trott, 2019: 51)

> 제가 가장 좋아하는 것은 액션 프로젝트(Youth-led projects)였습니다. ………(중략)…… 우리는 실제로 (계획한) 활동을 할 수 있게 되었습니다(정원 가꾸기, 과일과 채소 심기, 식물을 수확해서 건강한 요리와 식사하기). (Charlotte, Trott, 2019: 55)

Trott(2019)은 연구결과로 통해 학생들이 지역사회에서 중요한 실행 주체가 될 수 있다는 점, 기후변화 해결을 위한 교육 프로그램의 개발 등을 제시하였다. Trott(2019)의 실행연구는 연구과정에서 학생들에게 교육적 효과를 충분히 경험할 수 있도록 교육과정을 설계했다는 점에서 의의가 더욱 깊다고 할 수 있다.

(3) 연구결과의 연구 현장 환류

실행연구는 계획에서 실행으로 이어지고 마무리되는 직선적 모형보다, 실행연구의 안에 반성적 성찰이 포함되는 것이 바람직하다. 반성적 성찰을 통한 순환 과정이 포함되기 위해서는 1주기의 실행이 최종 결과로 이어지는 구조보다는, 실행연구 안에서 주기가 성찰적으로 반복되는 것이 중요하다. 실행연구 안에서 반성적 성찰이 이루어지는 주기가 반복되면, 최종적인 연구논문의 질적 완성도도 높아질 뿐만 아니라 실행연구 과정에서 연구 내용이 연구 현장에 환류됨으로써 현장 개선에 실질적인 도움을 줄 수 있게 되기 때문이다.

변기용과 백상현(2020)은 학생에게 효과적인 비교과 프로그램을 개발하기 위한 목적으로 실행연구를 수행하였다. 변기용과 백상현(2020)의 연구는 한 학기 동안 실행하여 프로그램의 모델을 도출한 것이 아니라 2017년 1학기부터 2018년 1학기까지 세 학기 동안 순환적인 실행연구를 진행하였다는 점이 두드러진 특징이다. 1주기(한 학기)는 문제의 진단, 프로그램 초안 개발, 프로그램 실행, 실행과정 성찰의 사이클로 구성되며, 2, 3주기에도 사이클이 순환된다(변기용, 백상현, 2020: 108).

> 다른 사람들은 모르겠는데 저는 일단 하면서, 과제나 수업 같은 것들이 있잖아요. 하다 보니까 아무래도 이거는 그런 것들보다 강제성이 떨어지니까…… 그래서 학기 중에는 좀 많이 밀리게 되더라고요. (1주기 참여 학생 B, 변기용, 백상현, 2020: 114)

위의 사례를 포함하여 1주기 참여 학생들의 의견을 바탕으로 학기 중 부담을 줄일 수 있도록 2기 프로그램 운영 시기를 방학 중심으로 조정하였고, 현장 방문 활동을 줄이는 등 프로그램을 수정하였다.

> 1기 우문현답 학생들에게 많은 조언을 구할 수 있을 것으로 기대했는데 CCP 조로 별도로 분리해서 운영하여 매우 실망스러웠습니다. 결과적으로 경험이 있는 1기 학생들에게 문의를 하는 것이 매우 어려웠습니다. (2주기 참여 학생 D, 변기용, 백상현, 2020: 117)

> 교수님한테 피드백을 받으려면 적어도 이 정도는 완성된 채로 가져가야 하지는 않을까 하는 생각이 너무 커 가지고. 이거를 완성하기 위해서 우리끼리 되게 막 짜내고 다시 갈아엎고 저희끼리 막 갈아엎고 다시 하고. 그렇게 했던 게 너무 많아서 저희 조가 피드백을 활용하지 못했다고 생각하는데……. (2주기 참여 학생 F, 변기용, 백상현, 2020: 118)

앞과 같은 2주기 프로그램에 대한 학생 의견은 다시 3주기로 환류되었다. 최적으로 3주기의 학생 의견도 논문에 기록되어, 논문 이후에 추가적인 실행이 이루어진다면 3주기의 내용이 환류될 것으로 예상된다.

다음으로 이미정과 신지연(2020)의 논문은 유치원 원격수업의 모형을 1~3차 반복적으로 순환한 실행연구이다. 코로나19로 원격수업이 학교 현장에 도입되었지만, 놀이 중심의 유아교육 특성상 유치원에서의 원격수업은 초·중등학교보다 운영이 제한되는 측면이 있다. 이미정과 신지연(2020)은 1차 원격수업 모형을 설계한 후, 계획에 따라 '집콕놀이' 등을 실행하였다. 1차 실행에 대해 학부모 설문조사 및 인터뷰를 실시하여 1차 원격수업에 대한 피드백을 받았다.

> 제공된 집콕놀이 활동이 일회성에 그치거나 금방 끝나 버려 아쉬움. (어머니 모바일 설문조사, 이미정,

신지연, 2020: 286)

> 지면으로만 제공된 집콕놀이 활동이라 체조와 같은 활동은 한계가 있다는 의견, 번거롭더라도 영상으로
> 선생님이 직접 활동하거나 설명해 주면 좋겠다는 제안. (어머니 인터뷰, 이미정, 신지연, 2020: 286)

1차 유치원 원격수업에 대한 학부모 의견을 바탕으로 일회성이 아닌 주제 연계 활동, 영상 콘텐츠 활동, 유치원 친구 및 선생님 소개 영상 등을 2차 실행에 반영하였다. 2차 실행에 대해서도 '스마트기기 사용에 대한 우려', '유치원 소개 이외에도 놀이터, 숲교실 등의 소개와 하늘유치원의 특색 프로그램인 숲놀이 영상에 대한 요구' 등이 나타났다(이미정, 신지연, 2020: 288). 이처럼 2차 실행은 1차 실행에서의 문제점을 대폭 수정하여 전반적인 만족도가 높았으나, 2차 수업에서 또 다른 문제점이 드러났고, 3차 수업에서 추가 개선 계획을 수립했다. 3차 실행에서는 전반적으로 긍정적인 학부모 의견들이 수합되었는데, 특히 「유치원에서 즐겨 부르는 노래」 영상에 대해서는 신입 유아가 새로운 유치원 노래와 율동을 익히는 데 큰 도움', '유치원에서 직접 만든 노래가 참신', 「자연물로 즐기는 숲놀이」 영상에 대해서는 코로나19로 인해 잊고 있던 계절을 즐길 수 있어 엄마들도 행복을 느꼈다' 등과 같이 영상 콘텐츠에 대한 만족도가 높았다. 1~3차 실행을 종합하여 유치원 원격수업의 계획에 대한 시사점을 도출할 수 있었다. 또한 연구자는 다음과 같이 실행연구를 통해 보람을 느낄 수 있었다.

> 우려와 달리 유아들은 약 3개월이란 긴 시간 동안 유치원 원격수업을 통한 집콕유치원에서 놀이와 배움
> 을 이루어 갈 수 있었다. 따라서 비대면·비접촉으로 인한 유치원 휴업의 장기화 속에서도 유치원 원격수
> 업이 효과적으로 실행되기만 한다면 유아들의 몸과 마음이 성장하고 발달할 수 있음을 기대할 수 있다.
> (연구자 노트, 이미정, 신지연, 2020: 294)

실행연구의 주기나 기간은 미리 결정된 것이 아니라, 연구를 진행하면서 연구자와 현장 참여자가 만족하는 수준의 개선이나 소기의 성과를 거두었다고 판단될 때 종료하는 것이 바람직하다(이용숙, 2022b). 이것이 실행연구가 장기간 진행되는 이유이기도 하다. 예컨대, 실천(실행) 인류학(action anthropology)의 개념을 정립하고 '도우면서 배운다'는 연구 스타일을 발전시킨 시카고 대학교의 Sol Tax는 아이오와주 Fox 인디언 부족의 현실적인 어려움 해결을 위한 'Fox 프로젝트'를 1948년부터 1962년까지 15년간 운영하기도 하였다(이용숙, 2022a: 303).

그리고 실행연구의 반복적 성찰과 실행은 반드시 같은 과정을 여러 번 운영해야 하는 것은 아니다. 예를 들어, 이용숙(2014)은 예비교수와 신임교수를 위한 교수법 코스를 개발하여 운영한 실행

연구를 발표하였다. 연구자는 문헌 분석, 타 프로그램 참여, 면담 등을 통해 프로그램 내용을 구성하고 그 내용의 일부를 학부 수업과 4개의 세미나, 워크숍에 적용한 후, 전체 프로그램의 초안을 개발하였다(이용숙, 2014: 481). 프로그램 초안을 바탕으로 미니 코스(15시간)를 운영하고, 미니 코스 운영 결과를 바탕으로 프로그램을 수정·보완하여 본 코스(40시간) 프로그램을 완성하였다(이용숙, 2014: 505-506). 이처럼 실행연구에서 '연구결과의 연구 현장 환류'는 기계적인 반복 이행을 의미하는 것은 아니다. 특히, 교육과정 및 수업에서는 전체 프로그램을 여러 차례 적용하는 것이 상대적으로 용이하지만, 교육행정학의 연구주제들 전체 프로그램의 반복적 실행은 쉽지 않을 수 있으므로, 연구의 핵심은 무겁게 가져가되 운영 방식은 유연하게 적용하여 효율적으로 연구결과를 도출하는 유연함을 가져야 한다.

(4) 연구과정에서의 학습과 성장

실행연구는 연구과정에서 연구자, 연구 참여자, 나아가 연구 현장(기관)에서 학습과 성장이 실현될 수 있어야 한다. 특히, 교사 또는 학생이 실행연구에 참여할 경우, 연구에 참여하는 시간과 노력과 비해 연구 참여에 대한 직접적인 보상은 적을 수밖에 없다. 그나마 교과교육 분야에서는 구체적인 교육과정이나 수업 방법의 실행이 연구 참여자에게 직접적인 도움으로 이어질 여지가 있는 편이다. 하지만 교육행정학 분야 실행연구는 그 특성상, 연구결과로 교육현장이 더 나아진다는 청사진이 모호한 편이고 무엇보다 연구 참여자에게 직접적인 혜택이 오기를 기대하기는 어렵다. 교육행정학 분야 실행연구를 기획할 때, 연구 참여자들에게 연구과정에서의 배움을 통한 학습과 성장을 강조할 필요가 있다.

오윤주, 김종훈(2021)은 단위학교에서 국가 교육과정에 대한 평가 모형을 개발 및 적용하는 협력적 실행연구를 수행하였다. 연구진이 국가 교육과정의 평가 모형(초안)을 개발하고, 연구 참여 학교의 교사들과 공동으로 개발된 모형을 학교에 적용하는 절차를 수행하였다(오윤주, 김종훈, 2021: 188).

> 교육청에서 내려오는 필수적인 이수 시수를 딱 맞추고, 플러스, 마이너스 20% 이런 기준을 맞추고, 그런 거를 지켜야 된다는 생각이 있었지만 국가 교육과정에서 얘기하는 큰 취지라든지, 그런 부분에 대해서 깊이 생각해 본 적이 사실 없었습니다. ……(중략)…… 국가 교육과정이 무엇인지, 처음부터 알아보는 계기가 되었습니다. (C교사 면담, 오윤주, 김종훈, 2021: 196)

> 하루가 어떻게 흘러가는지 모를 정도로 바쁜 와중에 우리 눈앞에 있는 그런 일들만 보게 되잖아요? 그렇다 보니까 그 이전의 (국가 교육과정과 관련된) 정책에 대해서 사실 평소에는 거의 생각을 못하는 게 사실이거든요. (D교사 면담, 오윤주, 김종훈, 2021: 201)

교사에게 국가 교육과정은 수용해야 하는 것이고, 따라서 대부분 교사들은 국가 교육과정에 따라 실행하는 경험만을 갖고 있다. 실행연구에 참여한 교사들은 국가 교육과정에 대한 학습의 기회를 갖게 되었고, 교육과정 문해력(Curriculum Literacy) 관점에서 성장할 수 있었다.

Cook-Sather(2011)는 대학생이 교육 컨설턴트(Consultant)가 되고 교수가 컨설팅을 받는 컨설티(Consultee)가 되는 실행연구를 수행했다. 대학생 컨설턴트는 한 학기 동안 매주 파트너가 된 교수의 수업을 참여관찰하고 메모를 작성한 후, 다른 대학생 컨설턴트와 본인이 참여한 수업에 대해 함께 토론하고, 그 수업에 대한 컨설팅 의견을 세미나에서 교수에게 피드백 해 주었다(Cook-Sather, 2011: 43-44). 연구결과, 지속적이고 풍부한 대학생 피드백이 주는 교수법 개선의 실질적 효과, 대학생 피드백에 대해 교수진이 느끼는 긴장감, 학생이 요구하는 빠른 수업 변화의 리듬과 교수가 수용할 수 있는 변화의 리듬 간의 차이 등이 나타났다(Cook-Sather, 2011: 53). 무엇보다 이 연구의 핵심적인 연구결과는 위와 같은 수업컨설팅의 효과가 아니라 수업 변화를 촉진하는 대학생-교수 간 수업 컨설팅 모형 그 자체일 수 있다. 무엇보다 Cook-Sather(2011)의 연구는 연구 참여자인 대학생들에게 의미 있는 학습과 성장의 기회를 제공했다는 점에 주목할 필요가 있다.

> (컨설턴트로 활동하면서 대학생으로서 생각하지 못했던 수업의 모습들을 경험한 후) 수업은 정말 크고 넓어서 아주 많은 장면들이 있더라. (student consultant, Cook-Sather, 2011: 42)

> 이제 나는 교수법이 어떻게 성공하고 실패하는지 알고 있고, 제가 존경하는 선생님을 끊임없이 연구하고 있습니다. 아마도 이러한 고양된 감각은 나의 생각을 미래지향적으로 만들 것입니다. ……(중략)…… 나는 이제 수업 방법에 대해 생각하지 않고 교실에 들어가는 것이 불가능해졌습니다. (student consultant, Cook-Sather, 2011: 47)

> 이제 나는 교수가 모든 답을 갖고, 완벽한 수업을 만들어야 한다고 생각하지 않아요. 훌륭한 수업을 만드는 것은 수업공동체 모두의 몫이고, 학생도 교수만큼의 책임이 있다고 생각합니다. (student consultant, Cook-Sather, 2011: 48)

앞의 사례에서 알 수 있듯, 연구에 참여한 대학생들은 한 학기 동안 교수들의 수업을 관찰하고 컨설팅 의견을 피드백하면서, '컨설턴트'로서의 관점을 경험했고 수업과 교육에 대한 새로운 눈을 뜰 수 있었다.

3) 교육행정학 분야 실행연구의 주안점

(1) 기획 과정에서의 주안점

연구주제 선정 시 실행연구의 특성을 충분히 고려해야 한다. 연구주제 선정 단계에서 고려해야 하는 실행연구의 특성은 두 가지 축으로 구성된다. 하나는 연구주제가 현장의 개선에 집중해야 한다는 점이다. 교육행정학 분야 대부분의 실행연구는 '현장 개선에 집중한 연구문제'를 갖고 있는 것으로 볼 때(〈표 12-12〉), 실행연구의 주제가 현장 개선에 천착해야 함은 연구자들이 충분히 이해하고 있는 것으로 보인다. 다음 축은 실행연구는 연구 참여자가 직접 실행의 주체가 되어야 한다는 점이다. 따라서 연구주제는 연구자의 문제의식에서만 출발하고, 연구 참여자가 공감할 수 없다면 실행연구의 연구주제로 적절하지 않다. 연구자와 연구 참여자가 공감할 수 있는 공통분모에서 연구주제가 발굴되어야 한다. 연구자와 연구 참여자 간 공통분모의 영역을 발굴하고, 지금의 문제를 해결하기 위한 잠재적 실행 방안을 찾는 순서로 연구주제의 발굴이 이루어지는 것이 바람직하다. 여기서 주의할 점은 연구의 범위가 방대하거나 모호하면 어떻게 실행할지 계획하기 어려울 수 있으므로, 연구주제가 구체적이고 명확하게 수립되어야 한다는 점이다(이용숙 외, 2005: 110-111).

연구 기간은 실행의 반복적 순환이 가능하도록 실행주기를 고려하여 설계되어야 한다. 교육행정학 분야의 실행연구는 대부분 학교를 연구 현장으로 수행되기 때문에(〈표 12-5〉), 실행연구의 연구 기간은 학기를 기준으로 한 학기 또는 두 학기로 설계되는 사례가 많은 편이다(〈표 12-11〉). 1회차 순환주기가 짧은 경우 한 학기 동안 2~3회 이상 순환적 실행이 가능하지만, 1회차 순환주기가 학기 단위인 경우 연구 기간을 학년 이상으로 설계해야 반복적 실행이 가능하다. 〈사례 37〉[5]은 한 학기 단위의 프로그램 개발을 진행하였고, 3차례의 반복적 순환이 이루어졌으므로 세 학기를 연구 기간으로 설정하고 운영되었다. 〈사례 11〉은 학생 평가 방안을 탐구한 실행연구로 한 학년이 순환주기이고, 3년 동안 3회차 순환이 이루어졌다. 한편, 〈사례 6〉은 학생의 지역사회 참여 활동을 연구한 논문으로 약 3개월의 순환주기가 2회차 진행되어 연구 기간은 6개월로 편성되었다. 이처럼 실행연구의 연구 기간은 '순환주기'를 충분히 고려해서 설계되어야 한다.

(2) 실행 과정에서의 주안점

실행과 연구의 연계를 강조하는 연구방법으로, '실행(Action)'과 '연구(Research)'의 결합어라고 할 수 있다. 실행연구(Action Research)는 그 본질에 부합하는 연구가 되어야 하며 연구과정에서 '실행'

---

5) 여기서 〈사례 ○〉는 본 연구의 실행연구 동향 분석 대상 논문의 사례(총 54편)를 의미한다. 이 부분에서는 기존 실행연구의 내용 및 구성에 대해 비판적으로 논의하기 위해 논문을 번호로 가명 처리하였다.

의 의미, '연구'의 의미가 잘 구현되어야 한다.

첫째, 실행연구는 '실행'하는 연구이다. 즉, 실행의 본질적 의미가 구현되어야 한다. 일반적인 질적 연구 및 양적 연구의 연구 참여자는 자료수집의 대상이지만, 실행연구에서의 연구 참여자는 연구주제를 실행하는 주체이다. 논문에 공동연구진으로 모든 연구 참여자가 명시되지 않지만, 실행연구의 연구 참여자들은 일정 부분 '공동연구자'의 지위를 가진다는 점(변기용, 백상현, 2020: 108)을 명심해야 한다. 본 연구에서는 교육행정학 분야 실행연구에서 연구 참여자의 적극적인 참여와 실행이 있었는지 탐색하였으며, 연구 참여자의 참여가 부족한 논문 6편을 발견하였다(〈표 12-13〉). 〈사례 8〉과 〈사례 13〉의 경우, 혼합 연구방법을 사용하였으며 프로그램을 실행한 후 효과성을 탐색하는 논문 구조를 갖고 있었다. 해당 실행연구에서 연구 참여자인 학생은 교·강사의 프로그램에 참여한 후 설문조사 및 면담에 응하는 수준의 수동적 참여 모습을 보여 주었다. 실행연구에서는 연구의 목적에 따른 학생들의 구체적인 실행이 있어야 한다. 연구 참여자를 연구 대상으로, 연구 자료수집의 대상으로만 한정하여 설계된, 즉 연구 참여자의 참여 활동이 상당히 좁게 설정되어 '제한된 실행'만 하는 경우 적절한 실행연구라고 보기 어렵다. 앞의 연구에서 연구 참여자인 학생들의 참여 모습이 부각되지 않는 것은 실행 과정에서 학생의 역할을 충분히 고민하고 구체화하지 않았기 때문이다. 연구 참여자의 적극적 참여가 이루어지기 위해서는 신철균 외(2021) 및 Trott(2019)의 사례처럼 연구 참여자가 참여하는 활동의 절차 또는 모형이 구체화될 필요가 있다.

둘째, 실행연구는 실행하는 '연구'이다. 실행연구의 중요한 축 중 하나는 '탐구'라고 할 수 있는데, 여기서 '탐구'란 스스로의 교육적 행위 및 현상을 분석함에 있어서 연구 기법을 적용한다는 것이다(성열관, 2006: 88). 교육행정학 분야 실행연구의 자료수집에 활용된 연구방법을 보면, 질적 연구방법과 혼합 연구방법이 대부분으로 나타났다(〈표 12-8〉). 어떠한 연구방법을 활용했는지 자체가 중요한 것은 아니지만, 본질적으로 실행연구는 '연구'이므로 실행 과정에 대한 충분한 '기록'이 있어야 한다. 실행 주체 분석결과(〈표 12-6〉)에서는 참여적 실행(61.1%)이 협력적 실행(38.9%)보다 많음을 확인한 바 있다. 연구자가 연구 참여자와 분리되어 협력하는 연구의 경우 연구자의 역할이 연구에 집중되는 반면, 연구자가 연구 참여자로서 실행에 직접적으로 참여하게 되는 참여적 실행연구의 경우, 연구자로서의 기록이 부실할 우려가 있다. 예를 들어, 분석 대상 논문 〈사례 30〉은 연구자가 교수로서 융합 교육 수업을 실시한 참여적 실행연구이다. 〈사례 30〉은 연구방법에서 융합 교육 수업을 실행하였고 질적 자료 분석을 했다고 명시하고 있는데, 연구 본문에는 직간접 인용문 등 실행 과정에 대한 일체의 기술 없이 실행의 결과(결론)만이 기술되어 있다. 이는 해당 연구의 연구자가 연구방법론적 이해가 부족하였거나, 또는 근본적으로 실행 과정에서의 관찰 및 면담에 대한 기록이 부실했을 것으로 짐작된다. 실행연구는 실행에서만 끝나는 것이 아니라, '연구'로서 학술적 의미를 가져야 한다. 특히 참여적 실행연구인 경우, 연구자는 실행에만 매몰되어서는 안 되며, 실행 과정에서 연구자로서의 정체성을 분명히 확립해야 한다.

5. 시사점과 방향

앞으로 실행연구와 관련한 교육행정학계의 과제는 다음과 같다. 첫째, 실행연구의 의미와 중요성을 인식할 필요가 있다. 실행연구가 무엇이고 왜 교육행정학에서 필요한지에 대해 논의하고 이해하는 것이 필요하다. 전술하였듯이 실행연구는 현실 개선, 연구자와 실천가의 참여와 협력, 순환적 과정, 그리고 학습과 성장이라는 핵심어로 설명할 수 있는데, 이러한 실행연구의 특징은 교육행정학이 추구하는 학교 현장과 교육정책 실제적 개선을 추구하는 교육행정학의 가치와 철학에 잘 부합한다. 실행연구를 통해 교육 실제를 개선함과 동시에 현장과 괴리되지 않는 교육행정 연구자가 되기 위한 노력이 필요하다.

둘째, 참여적 실행연구의 양적 확대가 필요하다. 학부와 대학원생(교원)의 석·박사 논문에서 실행연구를 권장해 나갈 필요가 있다. 학술지 분석결과(〈표 12-16〉)에서 드러났듯이, 『교육행정학연구』에 게재된 실행연구 논문이 전무하다. 교육학 영역으로 확장하여 실행연구를 살펴보면, 연구 범위가 '학교 밖' 단위보다는 '수업' 단위가 대부분이며, 학교 조직 전반이나 교육정책에 대한 광범위한 실행연구는 찾아보기 어렵다. 특히, 지역사회 기반의 실행연구도 찾아보기가 쉽지 않다. 실행연구 주제나 범위가 교실 수업을 넘어서서 지역사회 기반이나 교육정책 관련한 큰 주제, 넓은 범위로의 다변화와 확장이 필요하다.

셋째, 양적 확대와 함께 실행연구에 대한 질적 성찰이 필요하다. 우리나라의 실행연구는 '연구학교' 제도 속에서 '현장연구'라는 이름으로 많이 오용되어 사전-사후검증 일변도의 연구방법으로 형식화된 결과를 도출해 왔다는 지적이 있다(조용환, 2015). 그동안 연구학교를 통한 현장연구는 실행 과정에서의 문제점을 감추고 긍정적 성과만을 제시한다거나, 연구주제가 학생과 교사의 관심 및 참여 없이 일부 교사에 의해, 일부 교사를 위해서만 추진되는 등의 문제점이 많이 있었다. 이러한 관행화 된 연구 풍토를 성찰하며, 실행연구의 핵심 철학이 반영되는 방향으로 나아가야 한다. 즉, 연구진과 학교구성원이 함께 협력하여 실행하고, 이를 통해 현장의 문제점을 점증적으로 개선해나가는 과정은 실행연구의 진정성과 그 가치를 드높일 것이다.

넷째, 학생 참여 실행연구를 기획할 때 특정한 일부의 학생보다는 일반적인 학생의 참여를 북돋우며 학생의 학습과 성장을 방향에 초점을 맞출 필요가 있다. 학생들이 참여하는 연구들을 보면 공부를 잘하는 학교의 모범적인 일부 학생이 연구의 자료 제공자로 참여하며 도구화되는 경향이 일부 있다. 이러한 엘리트 학생 중심의 요식적·명목적 학생 참여 연구(Tokenistic Participation)를 경계하고 연구자(교사)의 진정성(Teacher Authenticity)에 기반한 학생 참여 연구가 되어야 한다(Quinn & Owen, 2016). 그러한 과정을 통해 학생은 주체화된 사고를 가지고 문제의식을 일깨우며 민주시민으로서 성장하는 계기가 될 것이다.

마지막으로, 교육행정학계에서 교육 실행연구에 대한 실천적인 활동이 많이 진행될 필요가 있다. 연구진과 현장과의 협력적인 실행연구를 통해 '교육행정학 실행연구 학술대회'를 개최하고, 이를 통해 지속적인 학교 현장의 개선과 교육정책의 변화를 도모해 나갈 필요가 있다. 또한 실행연구자로 참여한(혹은 참여하지 않았더라도 역량이 높은) 현장 교사와 학생을 교육정책 개발과 연구에 적극적으로 참여시키며 정책의 현장 적합도도 높이고 교사와 학생의 교육에 대한 주체화에 노력해야 할 것이다.

본 글을 시작할 때 '연구와 실천은 분리되어야 하는가?', '교육의 주체라고 불리는 교사와 학생이 단순 자료 제공자가 아니라 연구의 중심이 될 수 있는 방법은 없는가?'에 대한 질문을 던지며 시작하였다. 이러한 질문에 대한 실마리와 해결책을 실행연구는 담고 있다. 실행연구를 통해 교육행정 연구자와 현장 간 협력과 참여가 이루어지고 연구와 실천이 연결될 수 있으며, 실행연구를 통해 연구에 참여하는 교사와 학생은 연구자이자 실천가로서 자리매김하며 현장의 문제를 능동적으로 개선해 나갈 수 있다. 이러한 과정은 누누이 강조해 온 바처럼, 교사와 학생을 교육연구의 주체로 존중하는 실천으로 이어질 것이며 학교와 교육 실제의 개선에도 기여할 것이다. 앞으로 교육행정학계에서 실행연구가 더욱 활성화되어 교육 실제 변화에 미약하나마 도움이 되기를 기대해 본다.

📖 참고문헌

강성구, 이하영, 복헌수, 권휘정, 임경원(2019). 특수교육 분야의 실행연구 분석. 특수교육교과교육연구, 12(2), 135-155.

강지영, 소경희(2011). 국내 교육관련 실행연구(action research) 동향 분석. 아시아교육연구, 12(3), 197-224.

강후동(2016). 국내 영어교육분야 실행연구 동향 분석. 영어교육, 71(2), 111-139.

김경은, 권선영, 정지현(2016). 국내 유아교육분야 실행연구 논문의 동향 분석. 육아지원연구, 11(2), 133-156.

김경희, 김둘순, 최유진, 장윤선, 문희영, 박기남, 장정순(2009). 성 주류화 관련 제도의 효과적 정착을 위한 연구(II): 성 주류화 실행 모델 개발. 서울: 한국여성정책연구원.

김미옥(2009). 사회복지학에서의 실행연구 적용과 유용성. 한국사회복지학, 61(3), 179-204.

김병찬, 유경훈(2017). '교육행정학연구' 게재 논문의 연구 동향 특징 분석: 연구주제 및 연구방법을 중심으로. 교육행정학연구, 35(4), 173-200.

김선경, 박병기(2020). '초등성장평가제' 도입과 적용에 관한 협력적 실행연구. 아동교육, 29(1), 137-164.

김현미(2015). 융합인재교육(STEAM)에서 반성적 실천(reflective practice) 역량 향상을 위한 자기평가활동 모형 개발. 경희대학교 대학원 박사학위논문.

남채봉(2013). "우리도 이야기할 수 있다": 청소년 참여 실행 연구(Youth Participatory Action Research)가 다문화 시대 비판 시민 교육에 지니는 의의. 시민교육연구, 45(2), 31-65.

변기용(2018). 한국 교육행정학의 학문적 정체성과 연구방법론에 대한 비판적 성찰: 이분법적 배타성 극복을 통한 대안적 지점의 모색을 중심으로. 교육행정학연구, 36(4), 1-40.

변기용, 백상현(2020). 학부생 비교과 프로그램 개발 실행연구: A 대학 교육정책연구 학습동아리 프로그램을 중심으로. 열린교육연구, 28(5), 103-131.

성열관(2005). 반성적 교사교육을 위한 교육과정 실천연구. 교육과정연구, 23(1), 261-282.

성열관(2006). 교육과정 실행연구의 성장과 주요 특징에 대한 이론적 고찰. 교육과정연구, 24(2), 87-109.

신철균, 고낙원, 고영남, 김평강, 이상모, 함진숙, 김명희(2022). 대학원 파견교사의 지역연계 교육과정 지원 실행 연구. 한국교원교육연구, 39(4), 373-398.

신철균, 김지혜, 유경훈(2021). 학생 시선으로 미래교육 바라보기: 학생 주도성 프로젝트를 중심으로. 교원교육, 37(2), 535-565.

신현석(2017). 한국 교육행정학의 정체성: 이론 탐색의 의의와 지향성. 교육행정학연구, 35(1), 195-232.

신현석, 박균열, 이예슬, 윤지희, 신범철(2018). 한국 교육행정학 연구동향의 심층분석 및 미래 전망: 2009년~2018년까지의 교육행정학연구를 중심으로. 한국교육학연구, 24(4), 247-286.

신현석, 박균열, 전상훈, 주휘정, 신원학(2009). 한국 교육행정학의 연구 동향 분석: 「교육행정학연구」를 중심으로. 교육행정학연구, 27(4), 23-56.

오윤주, 김종훈(2021). 상향식 교육과정 평가 모형 개발 및 적용에 관한 협력적 실행 연구. 교원교육, 37(2), 185-206.

이미정, 신지연(2020). 유치원 원격수업 가능성 탐색을 위한 실행연구. 유아교육학논집, 24(5), 277-302.

이용숙(2014). 예비교수와 신임교수를 위한 〈대학교수법 코스〉 개발 실행연구. 열린교육연구, 22(1), 479-521.

이용숙(2022a). 질적 연구의 체계적 분석방법일상, 소비문화, 마케팅, 교육 에스노그라피 연구에서의 적용사례. 서울: 학지사.

이용숙(2022b). "실행연구, 무엇이고 왜 필요한가?"에 대한 토론문. 2022 한국교육행정학회 연차학술대회 자료집(2022. 12. 3.), 474-482.

이용숙, 김영천, 이혁규, 김영미, 조덕주, 조재식(2005). 실행연구방법. 서울: 학지사.

임연기, 김훈호(2018). 한국 교육행정학 연구 동향 및 활용 지식의 특성 분석. 교육행정학연구, 36(1), 355-382.

조용환(2015). 현장연구와 실행연구. 교육인류학연구, 18(4), 1-49.

Adelman, C. (1993). Kurt Lewin and the Origins of Action Research. *Educational Action Research, 1*(1), 7-24.

Bernard, W. T. (2000). Participatory research as method: Challenges and opportunities. In D. Burton (Ed.), *Research Training for Social Scientists*. SAGE.

Bleach, J. (2016). Learning networks-enabling change through community action research. *Educational Action Research, 24*(1), 21-33.

Charles, R. H. (2006). Activist Research v. Cultural Critique: Indigenous land rights and the contradictions of politically engaged anthropology. *Cultural Anthropology, 21*(1), 96-120.

Cook-Sather, A. (2011). Layered learning: student consultants deepening classroom and life lessons. *Educational Action Research, 19*(1), 41-57.

Ferrance, E. (2000). *Themes in education: Action Research*. Providence, RI: Northeast and Islands Regional Educational Laboratory at Brown University.

Greenwood, D. J., & Levin, M. (2020). 사회개혁과 교육실천을 위한 실행연구입문(*Introduction to action research: Social research for social change*). (변기용 역). 서울: 학지사. (원서 출판, 2007).

Hall, B. (1992). From Margins to center? The development and purpose of participatory research. *The American Sociologist*, Winter, 15-28.

Johnson, A. P. (2008). *A short guide to action research* (3rd ed.). Boston: Allyn & Bacon.

Levin, M. (1994). Action Research and critical systems thinking: Two icons carved out of the same log?. *System Practice, 7*(1), 25-42.

Lewin, K. (1946). Action research and minority problems. In G. W. Lewin (Ed.), *Resolving Social Conflicts* (pp. 201-216). New York: Harper & Row.

Mac Naughton, G., & Hughes, P. (2013). 유아교육에서 실행연구하기(*Doing action research in early childhood studies*). (박은혜, 이진화, 고동섭, 최혜윤 공역). 서울: 창지사. (원서 출판, 2008).

Maguire, P. (1996). Considering more feminist participatory research: What has congruency got to do with it?. *Qualitative Inquiry, 2*(1), 106-118.

Marrow, A. J. (1969). *The Practical Theorist the life and work of Kurt Lewin*. New York: Basic Books.

Mertler, C. A. (2009). *Action Research: Teachers as Researchers in the Classroom* (2nd ed.). CA: Sage.

Mertler, C. A. (2015). 실행연구: 학교 개선과 교육자의 역량 강화(*Action Research: Improving Schools and Empowering Educators*, 4th ed.). (노경주, 박성선, 서순식, 윤혜경, 이면우, 추병완 공역). 서울: 창지사. (원서 출판, 2014).

Noffke, S. E. (1997). Professional, personal, and political dimensions of action research. *Review of Research in Education, 22*, 305-343.

Noffke, S. E. (2009). Revisiting the professional, personal, and political dimensions of action research. In Susan Noffke & Bridget Somekh (Eds.), *The sage handbook of educational action research*. London: SAGE.

Parsons, R. D., & Brown, K. S. (2002). *Teacher as reflective practitioner and action researcher*. Belmont, CA: Wadsworth/Thomson Learning.

Quinn, S., & Owen, S. (2016). Digging deeper: Understanding the power of 'student voice'. *Australian Journal of Education, 60*(1), 60-72.

Reason, P., & Bradbury, H. (2001). *The Handbook of Action Research.* CA: Sage.

Schön, D. A. (1983). *The reflective practitioner: How professionals think in action.* NY: Basic Books.

Stringer, E. T. (2007). *Action Research* (3rd ed.). Thousand Oaks, CA: SAGE.

Torre, M., & Fine, M. (2006). Researching and Resisting: Democratic Policy Research By and For Youth. In S. Ginwright, P. Noguera, & J. Cammarota (Eds.), *Beyond Resistance!: Youth Activism and Community Change* (pp. 269-285). NY: Routledge.

Trott, C. D. (2019). Reshaping our world: Collaborating with children for community-based climate change action. *Action Research, 17*(1), 42-62.

Zeichner, K. (2003). Action research as professional development for P-12 educators. *Educational Action Research, 11*(2), 301-326.

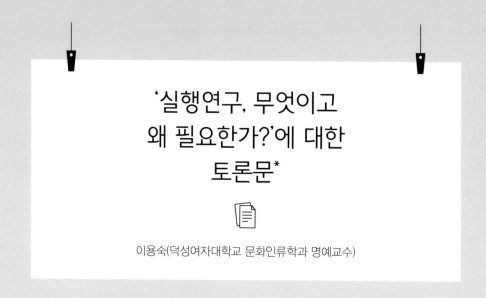

'실행연구, 무엇이고
왜 필요한가?'에 대한
토론문*

이용숙(덕성여자대학교 문화인류학과 명예교수)

1. 발제문에 대한 리뷰

신철균 교수님과 임종헌 박사님의 발제문은 내용이 체계적으로 조직되었으며, 독자들이 쉽게 이해할 수 있도록 구성되어 있다고 생각된다. 문장이 이상하거나 탈자가 있는 곳의 수정과 번역 수정 제안(548쪽의 'Student Agency Driven Action Research'는 '학생 에이전시 주도 실행연구' 또는 '학생 단체 주도 실행연구'로 번역하는 것이 나을 것 같음) 이외에는 전체 구조와 가독성 측면에서 따로 제안할 것이 없으므로, 리뷰는 내용적 측면 중심으로 하겠다.

1) 발제문 내용이 챕터의 주제와 잘 부합되어 있는가

발제문은 챕터의 주제에 잘 부합하고 있다고 생각된다. 다만, 5개 절 중에서 1. 실행연구 의미와 특성과 2. 실행연구 필요성만으로 절 제목에서 기대할 내용을 다루고 있으므로, 3. 교육행정학 분야 실행연구의 동향, 4. 교육행정학 분야 실행연구의 주요 사례 및 주안점, 5. 시사점과 방향의 내용까지 포괄하는 제목으로 바꾸면 좋을 것 같다. 연차학술대회 일정표에 제시된 '교육행정학에서 실행연구의 의미와 활용 방안'을 사용하거나, 다른 포괄적인 제목으로 바꿀 것을 제안한다. 또한, 제2절 1)의 제목이 '왜 실행연구가 교육행정학회에 왜 의미가 있는가'로 되어 있는데, 교육행정학

---

* 이 글은 2022년 12월 3일의 2022 한국교육행정학회 연차학술대회 발표문(제12장의 초고)에 대한 토론문이며, 앞의 제12장은 연구자들이 이 토론문의 내용을 상당 부분 반영하여 수정한 것임을 밝힌다.

회를 '교육행정학'으로 바꿀 것을 제안한다.

한편, '1. 실행연구의 의미와 특성'에 실행연구와 기존의 전통적 연구와의 차이점을 도식화한 '〈표 12-1〉 전통적 교육연구와 실행연구의 차이점**'은 차이점이 잘 드러나지 않는 방식으로 도형화되어 있으므로, 비교표 형식으로 수정할 것을 제안한다. 어차피 Mertler(2014: 29)가 제시한 그림을 연구자들이 재구성한 것이므로, 다른 방식으로 재구성하는 것도 가능할 것이라 생각한다. 다음의 〈표 1〉은 연구자들이 제시한 〈표 12-1〉의 내용만 가지고 토론자가 재구성해 본 것이므로, 연구자들의 확인 및 수정과 Mertler의 설명을 활용한 보충이 필요하다.

〈표 1〉 Mertler(2014: 29)의 그림을 재구성한 전통적 교육연구와 실행연구의 차이

비교 내용	전통적 교육연구	실행연구
연구목표와 초점	현실의 이해?	현실 개선
이론과 실제의 관계?	이론에 초점?	이론과 실제의 연계
연구자와 참여자의 관계	연구자와 참여자의 엄격한 분리	참여적 연구
주로 사용하는 연구방법	실증적 · 객관적 연구방법	?
질적 · 양적 연구의 관계?	질적(귀납), 양적(연역) 이분화	질적 · 양적 연구 통합?
연구과정	원인 · 결과의 직선적 과정	지속적 · 순환적 과정
의미와 중요성	?	교육현장의 주체화와 교사 역량 강화

2) 실행연구의 활용에서 일반적으로 나타나는 오남용 사례를 타당한 근거를 들어 구체적으로 제시하고 있는가

'3. 교육행정학 분야 실행연구의 동향'에서 국내 학술지의 실행연구 273건 중 교육행정학 분야 실행연구 44편을 찾아서, ① 실행연구의 목적, ② 실행연구의 주제, ③ 실행연구의 실행 주체, ④ 실행연구의 실행단위, ⑤ 실행연구의 연구방법 등의 분석 준거를 적용하고, 이외에 실행연구가 게재된 학술지, 연구 현장 (연구 대상 기관)의 유형, 공동연구자 수, 연구 참여자 수, 연구 기간의 준거를 추가해서 분석한 것이나 오남용 사례의 제시도 적절하다고 본다. 다만 연구방법의 분석이 질적/양적/혼합의 분류에 그친 것이 아쉽다. 연구방법은 실행연구에서 특히 중요하므로 더 세부적인 자료 수집 유형과 자료분석 유형을 준거로 하는 분석의 추가를 제안한다. 더 세부적으로 분석해야 오남용 사례 제시도 추가할 수 있을 것이다.

** 제12장 저자들의 원래 발표문에는 그림이었으나 필자가 "그 그림 대신에 이런 표로 바꾸었으면 좋겠다"고 학회에서 초안 발표 때 제안하여 저자들이 이를 받아들였다. 그 결과가 p. 529의 〈표 12-1〉이다.

또한, 실행연구의 동향 분석 연도를 2012년부터 2021년까지 10년간으로 하였는데, 2012년에 시작하는 것의 근거 제시가 필요하다. 근거로서 강지영, 소경희(2011)가 2000~2010년까지의 실행연구 72편을 이미 분석했다는 것을 제시할 수 있을 것이다. 다만 이 경우 2011년이 빠지게 되므로, 2011년도에 게재된 실행연구 논문의 분석 추가를 제안한다. 가능하다면 2022년도 게재 논문도 추가하면 좋겠다.

한편, 분석결과에 대한 논의 중 몇 군데는 개선이 필요하다고 생각된다.

첫째, 〈표 12-3〉연구목적에 대한 논의에서 '교육정책'을 다루는 실행연구의 비율이 11.2%에 불과한 것에 대해 교사가 수업 안에서 실행할 수 있는 주제나 학교에서 실행할 수 있는 '교원교육 및 교직생활' 연구 영역의 연구주제가 부각되는 것으로 해석하고 있는데, 그렇다면 교육정책을 담당하는 교장, 교감, 주임/부장 교사들이 참여하는 실행연구가 부족하기 때문이라는 해석도 가능할 것 같다.

둘째, 〈표 12-5〉에 대한 논의에서 학교급별로 실행연구가 많이 이루어진 순서를 초등학교(22.7%), 대학교(20.5%), 유치원(20.5%), 어린이집(13.6%)으로 제시하면서 중·고등학교에 대한 언급은 없어서, 의아하게 느껴진다. 연구 건수가 적기 때문이겠지만, 중학교와 고등학교를 합치면 어린이집과 같으므로 '중등학교(13.6%)'도 제시하는 것이 적절하다고 본다. 어차피 중학교와 고등학교는 묶어서 '중등학교' 또는 '중·고등학교'라고 표현하는 경우가 많기 때문이다.

셋째, 〈표 12-6〉실행 주체에 대한 논의 마지막의 "분석결과, 참여적 실행 26편(59.1%), '협력적 실행' 18편(40.9%)로 나타나 연구자가 연구 현장의 교사 또는 교수로 직접 실행에 참여하는 실행연구가 다수임을 알 수 있다"는 협력적 실행연구는 매우 적거나 무시할 만한 수준이라고 해석될 수 있다. 40.1%나 된다는 것은 상당히 큰 비중이므로, 마지막 문장을 다음과 같이 수정할 것을 제안한다. "~연구자가 연구 현장의 교사 또는 교수로 직접 실행에 참여하는 실행연구가 다수이지만, 협력적 실행연구도 상당히 많이 이루어지고 있음을 알 수 있다."

넷째, 〈표 12-13〉'연구 참여자의 적극적 참여와 실행' 분석결과에서는 어떤 경우에 '우수'로 판단했는 데 대한 설명이 빠져 있다.

다섯째, 〈표 12-14〉'연구결과의 연구 현장 환류' 분석결과 설명으로부터 실행이 2회 이상 순환적으로 이루어졌으면 '우수'로 분류된 것은 알 수 있는데, '보통'은 1회만 이루어진 경우인지와 '미흡'은 어떤 경우인지가 분명하지 않다. 또한, '우수'가 52.3%나 되므로 2회면 우수로 분류한 것이 너무 기준을 낮게 한 것은 아닌지 생각해 볼 필요가 있다. 중간인 '보통'이 우수나 미흡보다 훨씬 적은 15.9%에 불과하다는 것도 일반적인 현상은 아닌 것 같다. 따라서 3회 이상이면 우수, 2회면 보통, 1회 이하라면 미흡으로 분류한다거나 하는 방법으로 비율을 조정하면 어떨까 생각된다. '미흡' 논문이 최근에 늘어나는 현상도 이렇게 재분류하면 달라질 수 있지만, 마찬가지로 나타난다면 설명 제시가 필요하다.

여섯째, 〈표 12–16〉 게재 학술지에서 『교육행정학연구』에서는 10년간 실행연구가 단 한 편도 게재되지 않은 것으로 나타났다. 교육행정학 분야의 대표 학술지인 『교육행정학연구』에 단 한 편도 게재되지 많았다는 것은 특히 주목할 만한 현상이므로, 교육행정학연구 편집위원 및 다른 학술지에 실행연구를 게재한 교육행정학 전공 연구자들과의 면담 등을 통해서 이유 설명을 조금이라도 해 주면 좋을 것 같다. 예를 들어, 연구자들이 『교육행정학연구』에서는 실행연구 논문을 탈락시킬 것으로 느끼거나 이미 탈락 경험이 있는지 등의 문제가 예상된다.

3) 학문후속세대가 참고할 수 있는 상대적으로 잘 수행된 실행연구 적용 연구/논문을 충분히 적시하고 있는가

'상대적으로 잘 수행된 실행연구 적용 논문의 주요 사례'는 잘 제시되었다고 생각된다. 다만, ① 현장 개선에 집중한 연구문제, ② 연구 참여자의 적극적 참여와 실행, ③ 연구결과의 연구 현장 환류, ④ 연구과정에서의 학습과 성장이라는 4가지 속성 중심으로만 제시하고 있는데, 이외에 '적합한 연구방법의 개발/적용'을 중심으로 하는 사례 제시의 추가를 제안한다. 특히, 그동안 실행연구의 방법으로서 자료수집 방법에 대한 논의나 연구에 비해서 자료분석 방법에 대한 논의나 연구가 부족했다는 점에서 자료분석과 관련한 사례 제시가 포함되면 좋을 것이다.

또한, '③ 연구결과의 연구 현장 환류'와 관련해서는 현재 3주기 사이클의 3개 학기 이내의 적용 사례들만 제시되어 있는데, 이보다 더 긴 주기로 이루어진 사례도 제시할 것을 제안한다. 실행연구의 주기나 기간은 반드시 미리 결정되는 것이 아니라, 연구를 진행하면서 연구자가 만족하는 수준의 개선이 이루어졌다고 판단할 때 끝내는 것이 바람직하며, 이에 따라 실행연구 기간은 더 길어질 수 있기 때문이다. 예를 들어, 실천(실행)인류학(action anthropology)의 개념을 정립하고 '도우면서 배운다'는 연구 스타일을 발전시킨 시카고 대학교의 Sol Tax는 아이오와주 Fox 인디언 부족의 현실적인 어려움 해결을 위한 'Fox 프로젝트'를 1948년부터 1962년까지 15년간 운영했다(이용숙, 2022: 303). 또한 코넬 대학교의 Vicos 프로젝트에서는 1951년 페루의 Vicos라는 아시엔다(hacienda)를 임대하여 인디언들의 노동력을 무상으로 착취하던 아시엔다 제도를 폐지하고, 종자 개량, 창고 건축, 학교와 클리닉 설립 등 다양한 방법으로 주민들이 자립 능력을 갖추도록 도운 후에 1962년 농민들에게 팔았다(이용숙, 2022: 303). 12년간의 실행연구가 이루어진 것이다.

한편, 연구결과의 연구 현장 환류는 반드시 같은 프로그램을 여러 주기 운영하는 방법으로만 이루어져야 하는 것이 아니므로 이러한 사례도 제시할 것을 제안한다. 수업이라면 같은 프로그램을 개선해 가면서 여러 차례 적용하는 것이 어렵지 않지만, 교육행정학에서 다루는 주제들은 이런 적용이 쉽지 않은 경우도 상당히 있을 것이다. 예를 들어, 교수나 교사를 위한 교수법 연수나 학교 사무 연수와 같이 전체 코스를 여러 번 운영하기 어려운 경우라면 프로그램 일부를 다른 기회에 적용해 보는 것이 비교적 적은 시간을 사용하면서 효율적으로 연구결과를 얻는 방법이 될 수 있다. 또한, 하나의 프로그램이 반드시 하나의 수업에서만 적용되어야 하는 것도 아니다. 상호작용적 비대면 수업 운영방식, 특강 운영방식, 학생 간의 협동학습 운영방식의 개선과 같은 연구목표가 설정되었다면, 연구에서 개발한 운영방식을 여러 과목에서 적용하면서 개선하는 것이 한 과목에만 적용하는 것보다 바람직한 결과를 가져올 가능성이 크다. 예를 들어, 이수현(2019)의 「경영학 수업에서의 문제기반학습(PBL) 적용 실행연구: 마케팅 수업을 중심으로」에서는 개발한 PBL 운영방식을 3개 과목에서 4년간 적용하면서 개선, 완성하는 과정을 제시했다.

4) 실행연구 방법론 학습을 위해서 필요한 적절한 참고문헌의 제시

연구방법론 관련 참고문헌으로는 학술지 논문만 소개하기보다는 충분한 지면으로 상세한 설명과 사례를 제시하는 교재 중심으로 소개할 필요가 있다고 생각된다. 다만 학술지 논문이 연구방법을 상세히 소개하고 있다면, 포함하는 것이 좋을 것이다. 예를 들어, 실행연구에 적용하기 좋은 연구방법의 구체적 내용과 적용 사례를 보여 주는 토론자의 실행연구 논문을 몇 개 소개하면 다음과 같다. 「분류체계/성분분석과 설문조사 연계 교육프로그램 개발 실행연구」(2015), 「결정표를 활용한 집단면담과 설문조사 방법 개발 실행연구」(2016a), 「현장연구 전체 과정에서의 분류체계분석과 성분분석 활용방법 교육을 위한 실행연구」(2016c). 이 논문들의 주요 내용은 『질적 연구의 체계적 분석방법: 일상, 소비문화, 마케팅, 교육 에스노그라피 연구에서의 적용 사례』(이용숙, 2022)의 제6장과 제8장에 소개되어 있다.

2. 개선의 여지가 있는 부분

여기에서는 앞에서 제안한 사례 추가와 관련해서, 해당되는 토론자의 실행연구 사례 두 가지를 소개한다. 또한, 실행연구에서 꼭 필요한데도 불구하고 별로 언급되지 않고 있는 자료분석 방법과 관련하여, 가장 유용한 방법 중 하나라고 생각되는 원인연쇄분석의 실행연구에서의 적용 사례를 제시한다.

1) 교육행정 분야에서의 7주기 사이클의 실행연구 사례

'연구결과의 연구현장 환류' 부분의 추가 사례로서는 실행결과가 만족스럽게 나올 때까지 실행 주기를 늘려 나간 토론자의 교육행정 분야 실행연구 사례를 제시한다. '마케팅 에스노그라피 연구 방법' 사회교육 프로그램 개발을 위한 실행연구'(이용숙, 2016b)에서는 개발한 코스를 7주기(7년) 동 안 운영하면서 개선했다. 원래 4년 계획이었으나, 개선이 더 필요하다고 판단하여 3회에 걸쳐서 3주기의 개선을 추가하게 되었다. 개선이 오래 걸린 것은 새로운 연구방법의 학습을 위해 틈을 낸 다양한 배경의 참가자(다양한 전공의 기업체 직원, 대학원생, 교수) 대상으로 야간에 8~12주 운영하 는 새로운 형태의 액션 러닝(action learning) 방식 실습 중심 코스라서, 운영상의 어려움이 있었기 때문이다. 실습을 해야 제대로 학습할 수 있지만 성적을 부여하는 것이 아니라서 바쁜 참가자들의 출석, 과제 수행에 대한 강제력이 없다는 것이 가장 큰 어려움이었다.

이 코스에서는 참여자들이 학습한 연구방법들을 수업 중에 실습하면서 피드백을 받고, 과제로 다시 실습한 결과에 대한 온라인 피드백을 받는 과정을 포함했으며, 우수 사례는 수업 내용으로 포 함했다. 이에 더해 코스 중이나 코스 후에 각자의 직장 업무나 연구에 활용하고 가능하면 결과를 발표했기 때문에, 교육과정 일부를 참여자들이 구성하는 적극적인 참여와 실행이 이루어졌다. 또 한, 참여자의 학위 논문이나 학술지 게재 논문(SSCI 논문 포함)에 이 코스에서 습득한 연구방법을 적 용했으며, 이 중 8명의 적용 결과를 토론자의『질적 연구의 체계적 분석방법: 일상, 소비문화, 마케 팅, 교육 에스노그라피 연구에서의 적용 사례』(2022)에 적용 사례로서 포함하였다. 이 책 자체가 코스를 운영하면서 참여자들이 학습 내용을 혼자서도 공부할 수 있는 교재의 필요성을 느끼게 되 어 집필을 계획한 것이라서, '연구 참여자의 연구과정에서의 학습과 성장'이자 '연구결과의 연구 현 장 환류'라고 할 수 있다.

2) 전체 코스를 여러 번 운영하기 어려운 상황에서의 실행연구 사례

같은 프로그램을 여러 주기 운영할 수 없는 상황에서의 교육행정 분야 실행연구 사례로는 토론 자의 '예비교수와 신임교수를 위한 〈대학교수법 코스〉 개발 실행연구'(2014)를 제시한다. 수십 개 대학의 교수법 코스/워크숍 문헌분석, 참여관찰, 담당자 면담 등을 토대로 코스를 구상한 후, 다음 과 같은 7단계 과정을 거쳐서 코스를 완성했다. ① 코스에 들어갈 내용 일부를 연구자의 학부 수업 과 4개 세미나/워크숍에 적용하면서 참여관찰과 참가자 피드백을 통해서 효과 확인 및 개선 사항 찾기 → ② 〈대학교수법코스〉 예비(실험) 프로그램의 초안 개발 → ③ 전문가 4명의 피드백을 받아 예비 프로그램 개선 후 워크숍(15시간) 형태로 미니 코스를 운영하며 참여관찰, 면담, 설문조사를 통해 문제점과 장점 발견 → ④ 분석결과를 반영하여 본 코스 (40시간) 개발 → ⑤ 대학교육개발센터협의회 심포지엄에서 〈대학교수법코스〉 개발 결과를 발표하고, 서술형 설문조사를 통해 대학교수법 전문가 35명의 피드백 받음 → ⑥ 최종 프로그램 완성 → ⑦ 각 대학 사정에 따라 코스 중 일부만으로 4일, 3일, 또는 2일 코스로 운영하고자 할 때 줄일 부분에 대한 아이디어 제시.

3) 실행연구에서 특히 유용한 자료분석 방법: 원인연쇄분석

토론자가 『교육현장 개선과 함께 하는 실행연구방법』(이용숙 외, 2005)에서 실행연구에 활용할 수 있는 질적 자료분석 방법으로서 소개했던 여러 가지 분석 방법 중에서도 '원인연쇄분석(causal chains analysis)'이 실행연구에서는 가장 유용하다는 것이 토론자가 실시한 10여 차례의 실행연구 결과 발견한 것이다. 또한, 원인연쇄분석은 앞에서 소개한 '마케팅 에스노그라피 연구방법 코스' 참가자(비전공자)들이 여러 분석방법 중 가장 쉽게 느꼈고, 일단 원인연쇄도형을 혼자서 그려 볼 수 있게 배우는 데 걸리는 시간도 2시간 정도로 짧았다는 장점이 있다(인과관계가 논리적으로 정확한지 검토해서 수정하는 시간은 더 필요).

Werner와 Schoepfle(1987)이 소개한 원인연쇄분석(causal chains analysis)은 '결과 문장'과 '원인 문장' 사이를 인과관계를 나타내는 화살표로 계속 이어 주는 '원인연쇄도형'으로 그리면서 분석하는 것으로, [그림 1]에서 보듯이 분석 대상인 '특정 현상이나 문제'의 원인을 3단계 이상으로 나누어서, '특정 현상 ← 직접적 원인 ← 중간 원인 ← 근본 원인(심층 원인)'의 순서로 인과관계를 화살표로 연결하는 것이다. 화살표의 방향은 이처럼 위로 향하게 그리기도 하고, 아래를 향해서 그리기도 하는 데, 아래를 향할 때에는 제일 위의 화살표에 '왜냐하면' 이라는 말을 넣어 준다.

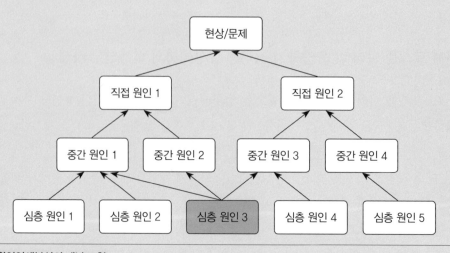

[그림 1] 원인연쇄분석의 개념 도형

이러한 원인연쇄분석은 크게 두 가지의 활용방식이 있다. 하나는 정보제공자와 면담을 하면서 면담 내용에 따라서 원인연쇄도형을 그려 나감으로써 면담을 더 심층적으로 하는 방식, 즉 면담의 길잡이로서 원인연쇄도형을 활용하는 방식이다. 또 하나는 여러 명과의 면담 결과나 참여관찰 결과를 토대로 통합적 분석을 하기 위해 원인연쇄도형을 활용하는 방식이 있다. 이 중 두 번째 방식은 인과관계를 종합적 · 체계적으로 분석하는 데 적합하기 때문에 논문에서 종합적인 논의를 할 때 유용하게 활용할 수 있다.『질적 연구의 체계적 분석방법: 일상, 소비문화, 마케팅, 교육 에스노그라피 연구에서의 적용 사례』의 제10장 '실천적(실행) 연구에서의 체계적 분석방법의 활용'에서도 두 번째 방식의 원인연쇄분석을 적용한 기업 현장에서의 실행연구를 적용 사례로서 소개하였다.

'마케팅 에스노그라피 연구방법' 코스 참가자였던 조사회사 A부장은 업무 중 하나였던 '경력직 신규 직원 훈련' 과정에서 당면한 문제해결에 원인연쇄분석을 적용하고 결과를 코스에서 발표했다. 타 업종 출신 경력직 직원들의 어려움에 대한 참여관찰 및 면담을 토대로 여러 개의 통합적인 원인연쇄도형을 만들었는데, [그림 2]는 그중 하나인 타 업종 출신 경력직 직원의 '리서치 업무 자체에 대한 심리적 불안감 형성'의 원인연쇄도형이다. A부장은 원인연쇄분석 결과들을 토대로 문제해결을 위한 다음의 3가지 대안을 제시하여, 타 업종 출신 경력직 직원들의 긍정적인 피드백을 받았다. ① 이들을 위한 매뉴얼 개발, ② 이들과의 상담기회 확대, ③ 이들이 실제로 업무를 분담하는 시간 늦추기(기존 직원들이 정신없이 바쁘기 때문에 약간만 늦출 수 있었음).

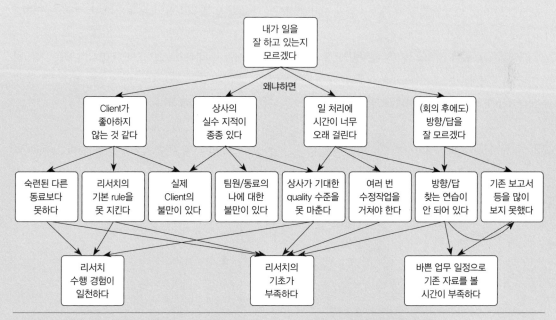

[그림 2] 타 업종 출신 경력직 직원의 '리서치 업무 자체에 대한 심리적 불안감 형성'의 원인연쇄도형

이 사례는 기업 실행연구이지만, 직원 훈련을 주제로 한다는 점에서 교육행정 분야의 연구와도 일맥상통한다. 예를 들어서, 신임교사들이 처음에 학교에서 경험하는 어려움에 대한 연구를 할 때 비슷한 연구방법을 사용할 수 있을 것이다. 실제로 초등학교 중견 교사가 같은 학교 신임교사들과의 심층면담 결과를 통합해 분석한 신임교사의 사무로 인한 어려움에 대한 원인연쇄도형이 『교육현장 개선과 함께 하는 실행연구방법』(이용숙 외, 2015: 291)에 적용 사례로 제시되어 있다.

📖 참고문헌

이수현(2019). 경영학 수업에서의 문제기반학습(PBL) 적용 실행연구: 마케팅 교과목을 중심으로. 열린교육연구, 27(4), 249-278.

이용숙(2014). 예비교수와 신임교수를 위한 〈대학 교수법 코스〉 개발 실행연구. 열린교육연구, 22(1), 479-521.

이용숙(2015). 분류체계/성분분석과 설문조사 연계 교육프로그램 개발 실행연구. 열린교육연구, 23(1), 157-186.

이용숙(2016a). 결정표를 활용한 집단면담과 설문조사 방법 개발 실행연구. 비교문화연구, 22(1), 345-393.

이용숙(2016b). '마케팅 에스노그라피 연구방법' 사회교육 프로그램 개발을 위한 실행연구. 열린교육연구, 24(1), 303-332.

이용숙(2016c). 현장연구 전체 과정에서의 분류체계분석과 성분분석 활용방법 교육을 위한 실행연구. 한국문화인류학, 49(1, 3-50.

이용숙(2022). 질적 연구의 체계적 분석방법: 일상, 소비문화, 마케팅, 교육 에스노그라피 연구에서의 적용 사례. 서울: 학지사.

이용숙, 김영천, 이혁규, 김영미, 조덕주, 조재식(2005). 교육현장 개선과 함께 하는 실행연구방법. 서울: 학지사.

Chambers, E. (2000). Applied ethnography. In N. Denzin & Y. Lincoln (Eds.), *Handbook of Qualitative Research* (2nd ed., pp. 851-869). London: Sage Publications.

Werner, O., & Schoepfle, G. M. (1987). *Systematic Fieldwork*. Newbury Park: Sage Publications.

제13장

교육학에서 담론 분석의 의미와 활용 방안

김종훈(건국대학교 교수)

요약

사회적 존재로서 인간은 언어를 매개로 상호작용을 하며, 인간의 언어적 실천은 특정한 현상이나 주제에 관한 지식과 의견을 생산하는 데에 관여한다. '담론'은 이렇게 인간의 언어적 실천을 통해 형성되는 집합적이고 공동체적인 생각과 그 경향을 의미한다. 담론 분석(discourse analysis)이란 이러한 담론이 형성, 확산, 발전, 변용되는 일련의 흐름을 이해하고 그것이 인간의 의식과 실천에 어떠한 영향을 미치는가에 관심을 두는 사회과학의 연구방법이다. 이 글은 교육학 연구에서 담론 분석의 의미와 활용 방안을 탐색하기 위한 목적을 가지고 있다. 이를 위해, 이 글은 담론과 담론 분석이 무엇인지를 소개하고, 대표적인 분석 방법으로서 James P. Gee의 언어 분석에 기반을 둔 담론 분석 방법과 Norman Fairclough의 비판적 담론 분석 방법을 소개하였다. 또한, 국내외 우수한 담론 분석 연구물을 소개하는 것이 담론 분석의 의미와 가치를 이해하는 데에 기여할 것으로 보고, 담론 분석을 수행하는 과정에서 얻게 된 연구자의 실천적 지식과 경험을 기술한 다음, '교실붕괴', '소규모학교통폐합' 등 학교교육과 주제와 관련하여 우리 사회에 형성된 담론을 비판적으로 분석한 서덕희의 연구와 서구 사회에 형성된 '관용' 담론의 한계를 드러내고 보다 정의로운 사회로 나아가기 위한 개인과 사회의 실천 과제를 제시한 Wendy Brown 연구의 주요 내용과 학술적 의의를 탐색하였다. 마지막으로, 담론 분석을 통해 교육학 연구를 수행하고자 하는 교육학 연구자들이 주의해야 할 점과 방법론으로서 담론 분석의 발전을 위한 향후 과제를 제시하였다.

[주제어] 담론, 담론 분석, 비판적 담론 분석, 언어, 맥락

1. 들어가며

"나와 너의 이야기가 우리가 살아가는 세계를 구성한다."

-롤랑 바르트(Roland Barthes)

"하나의 단어는 인간 의식을 담는 소우주(microcosm)이다."

-레프 비고츠키(Lev Vygotsky)

1) 담론이란

사회적 존재로서 인간은 언어를 매개로 의사소통과 상호작용을 한다. 이 과정에서 인간은 새로운 지식을 얻기도 하고, 특정 대상에 대한 의미를 형성하게 된다. 사회적 실천의 매개로서 언어는 우리 사회에서 일어나는 어떤 현상을 반영할 뿐만 아니라 반대로 모종의 사회적 현상을 구성하기도 한다. 이러한 언어적 상호작용을 통해 한 개인의 생각이나 의견이 사회 집단의 차원으로 형성 · 발전되어 집합적인 성격을 갖게 될 때, 우리는 그것을 '담론(談論, discourse)'이라고 부른다. 사전적 의미로 담론이란 "현실에 관한 설명을 산출하는 언표와 규칙의 자기 지시적인 집합체"(표준국어대사전)이다. 다시 말해, 우리 주변이나 사회에서 일어나는 어떤 현상이나 사건 등에 관하여 생산되고, 유통되며, 소비되는 집단적 성격의 언어적 실천을 담론이라고 할 수 있다.

간략하게 정의하긴 하였으나, 사실 담론(discourse)을 무엇으로 보고, 어떤 입장으로부터 이해하고자 하는가에 따라 그 의미는 조금씩 다르다. 예컨대, 언어학 연구 분야에서 담론은 말이나 글의 집합이라는 개념으로 사용되기도 하고(Hall, 1997), 문자로 표현된 텍스트의 상대적인 개념으로서 인간의 발화(utterance)에 의해 형성되는 결과로서 '담화'로 번역하기도 한다. 나아가, 담론은 특정 주제를 둘러싸고 형성된 특정 사회와 시대의 독특한 관점, 생각, 입장, 사상 등을 반영하는 것으로 이해되기도 한다. 이기형(2006)은 담론을 "어떤 사회에서 생산 · 형성되어 공유 · 유통되는 크고 작은 이야기나 발화의 집합"으로 정의한다.

흔히 우리는 '평가의 공정성 담론이 중요하게 여겨지고 있다', '교직에 대한 사회적 담론은 과거와 비교해 볼 때 부정적인 경향이 나타난다', '미래 교육에 대한 바람직한 담론을 만들어야 할 시점이다' 등과 같은 상황에서 '담론'이라는 단어를 사용한다. 사용되는 맥락은 조금씩 차이가 나긴 하나, 용례를 통해 특정 주제를 둘러싸고 언어를 매개로 형성되는 집단적이고 공동체적인 차원의 생각이나 경향을 담론으로 이해하고 있음을 알 수 있다. 즉, 일상적인 대화, 각종 문서, 미디어 등에 이르기까지 우리는 다양한 언어 도구와 실천을 통해 서로의 생각을 구성하기도 하고 공유하기도 한다. 즉, 담론이 만들어지고 공유되며 발전하기도 하고 소멸하는 일련의 과정에서 언어는 핵심적인 도구로서의 역할을 수행한다.

2) 담론 분석이란

담론 분석(discourse analysis)이란 텍스트(text)와 맥락(context)의 상호관계성을 탐구하기 위한 사회과학 분야의 연구방법이다. 즉, 담론 분석은 인간의 의사소통과 상호작용의 도구인 언어, 언어적 실천을, 그것을 둘러싸고 있는 사회적 상황과 맥락으로부터 이해하고 탐색하려는 방법이다. 그 유형을 불문하고 언어적 실천의 도구로서 텍스트에는 어떤 주제나 현상에 대한 개인적이고 사회적인 의미가 반영되어 있다. 달리 표현하면, 텍스트는 특정 현상이나 주제에 대한 개인적·사회적 의미를 재현(representation)한다. 왜냐하면 언어는 의미론 차원에서뿐만 아니라, 사회적이고 정치적이며 문화적인 행위로서의 의미를 가지고 있기 때문이다. 담론 분석은 이처럼 텍스트에 대한 분석을 통해 그에 반영되어 있고, 그를 통해 재현되는 개인적이고 사회적인 의미를 탐구하는 질적 분석 방법이다.

언어적 실천을 통한 의미 형성에 관심을 두고 있다는 점에서 담론 분석 방법은 사회적 구성주의에 근간을 두고 있다. 다시 말해, 인간의 인식은 외부에 실재하는 객관적인 세계를 반영하거나 표상한 결과로서 주어진 것이나 고정된 것이 아니라, 사회문화적인 맥락으로부터 구성된다는 입장을 견지한다. 즉, 인간이 사용하는 언어의 역할, 이렇게 사회문화적으로 구성된 인식과 사고가 시간과 상황의 변화에 따라 어떻게 변화하는지 혹은 변하지 않고 유지되는지를 탐구하는 것이 담론 분석이다.

따라서 개인적인 차원에서 이루어지는 일상적인 대화에서부터 국가 등의 공식적인 기관에 의해 생산된 문서, 다양한 미디어를 통해 생산, 유통, 소비되는 텍스트는 모두 담론 분석의 연구 대상이 된다. 텍스트 분석을 핵심으로 삼는 담론 분석은 언어학에서 출발하였으나, 최근에는 사회학, 언론 정보학, 정치학, 교육학 등의 연구 분야로 확산되고 있다. 이러한 학문 분야가 관심을 두는 신문 기사, 정책 문서, 광고 카피, 연설문이나 담화문, 교과서 등 텍스트 형태로 존재하는 모든 자료가 담론 분석의 대상이 된다. 다만, 담론 분석은 분석 대상의 유형이나 성격의 차원에서 대화 분석, 내용 분석, 사회언어학 연구 등과 유사한 측면이 있긴 하나, 텍스트에 대한 분석을 넘어 사회현상에 대한 비판적 통찰을 위해 분석의 수준이 거시적인 차원으로 확장된다는 점에서 구별된다(Fairclough, 1995). 예컨대, 최윤선(2014)은 정치와 광고 텍스트에 대한 '지칭과 인칭'(상대를 지칭하기 위한 지시어의 사용과 그에 따른 언술 효과), '문체와 어휘'(단어와 표현의 사용에 따른 선택과 배제의 이데올로기),

'전체와 함축'(정치 담화를 통해 생산되는 힘의 작용과 효과), '이미지와 기호'(표현 양상으로서의 '기표'와 그에 담긴 메시지로서의 '기의'의 종합체인 기호 분석) 분석을 제시하며 담론 분석의 '비판적' 성격을 강조한다.

담론은 특정 주제나 현상이 다양한 유형과 장르의 텍스트'들'에 의해 다루어지는 과정에서 형성되며, 복수의 텍스트는 상호 영향을 주고받는다. 이렇게 타인의 혹은 여타의 텍스트로부터 영향을 주고받으며 서로를 참조함으로써 담론이 형성되는 것을 '상호텍스트성'(intertextuality; Barthes, 1981)이라고 한다. Gee(2017)는 글이나 말로 이루어진 텍스트는 둘 이상의 사회적 언어가 혼합된 결과라고 보고, "텍스트가 하나의 언어 변용(하나의 사회 언어)으로 작성되거나 다른 텍스트와 결합됨으로써(차용; borrowing) 일종의 전환을 만들어" 내는 것을 상호텍스트성으로 정의한다. Fairclough(1992)도 상호텍스트성을 "(하나의) 텍스트가 다른 텍스트들로부터 가져온 자산"(p. 84)으로 정의하고, 텍스트 간에 일어나는 동화와 혼합, 모순과 충돌 등의 관계를 통해 담론이 만들어진다는 점에 주목한다.

'교육'을 하나의 사회적 실천으로 볼 때, 그 안에서 벌어지는 일련의 행위, 사건, 현상 등에는 필연적으로 이와 관련된 주체(학생, 교사, 학부모, 시민 등 개인 차원은 물론 각종 단체, 기관, 언론, 정부 등에 이르기까지)에 의해 집단적이고 공동체적인 생각이 만들어질 수밖에 없다. 이렇게 형성된 담론은 다시 교육에 대한 우리의 사고와 견해, 입장과 태도, 의미와 가치, 행위와 실천에 개입한다는 점에서 담론의 성격과 역할을 이해하는 일은 매우 중요하다. 교육학 분야에서 담론 분석은 다양한 교육 주체의 언어적 실천을 통해 형성된 공통의 생각과 그 경향을 분석하고, 이와 같이 형성된 담론이 다시 우리의 사고와 행위에 어떻게 관여하는가를 탐색하기 위한 연구방법이다.

2. 분석 방법 ①: James P. Gee의 담론 분석

미국의 사회언어학자인 James P. Gee는 담론 분석 분야에 적지 않은 영향을 미친 연구자이다. 애리조나 주립 대학교의 교수로 재직하며 이중언어교육, 심리 및 사회 언어 등을 연구해 온 Gee는 언어학 연구를 기반으로 한 담론 분석에 중요한 기틀을 마련하였다. 담론 분석에 있어서 Gee의 가장 중요한 업적 가운데 하나는 담론을 Discourse(대문자 D)와 discourse(소문자 d)로 구분함으로써 인간의 언어 행위를 둘러싼 사회적 맥락과 공동체의 역할에 주목하고 있다는 점이다. 그에 따르면, discourse는 일상에서의 언어 사용(language-in-use)을 의미하고, Discourse는 이러한 언어가 특정한 집단 내에서 여타의 사회적 실천(행동, 가치, 사고방식, 관점은 물론 의식주와 같은 문화적 행위를 포함)과의 결합되는 양상을 뜻한다(Gee, 1999). 즉, 한 개인이 어떤 상황에 놓이는가, 그 속에서 어떤

역할과 지위를 부여받는가에 따라 언어 실천이 달라짐을 의미한다. Gee는 개인에게 특정한 역할
이나 위치를 부여하는 상황을 '담론 공동체(Discourse communities)'로, 그러한 특정한 상황에 놓임
으로써 나타나는 언어를 '위치된 언어(situated language)'로 개념화한다.

여타의 질적 연구와 마찬가지로 담론 분석 방법 역시 엄격한 절차와 단계에 따라 수행되지 않는
다. 이러한 차원에서 Gee(1999)는 분석 방법을 제안함에 있어서도 '단계별'로 적용할 수 있는 담론
분석의 규칙, 조리법이나 방법 설명서가 아니라고 말한다. 다만, 다음의 절차는 텍스트에 대한 언
어(학)적 분석을 출발점으로 삼아 텍스트에 반영된 크고 작은 담론을 포착하는 데에 유용한 길 안
내를 제공한다.

① 자신의 흥미를 끌고 중요한 이슈를 드러낼 수 있는 자료(문서, 면담, 텍스트 등)를 선택하기

▼

② 의미 있다고 판단되는 특징에 주목하면서 연구목적에 부합한 만큼의 자료를 수집하기, 필요에 따라 자료 추가하기

▼

③ 자료로부터 핵심 단어 및 핵심 구를 선택하기, 자료와 관련된 전반적인 상황을 고려하여 선택한 단어와 구가 어떤 맥락에서 어떤 의미(맥락화된 의미)로 사용되는지 탐색하기

▼

④ 맥락화된 의미를 둘러싼 형상화된 세계가 무엇인지 고려하기

▼

⑤ 자료 분석하기

▼

⑥ 위 질문에 대한 답을 찾아가며 초기에 제기했던 연구주제 및 질문과 관련지어 생각하기, 분석에 따라 최종 주제로 수정, 변경하기

▼

⑦ 타당성 확보하기

①, ②단계를 통해 일차적으로 분석을 위한 대상으로서 텍스트 수집이 완료되었다면 ③단계에
서는 다음의 구체적인 내용이나 방법을 참고로 수집된 자료를 분석하게 된다. 〈표 13-1〉에 제시
된 바와 같이, Gee(1999)의 담론 분석 방법의 초기 단계에서는 미시적인 언어 분석을 매우 중요하
게 여긴다.

〈표 13-1〉 언어 처리하기와 조직하기(Gee, 1999)

단계	내용
1. 기능어와 내용어	• 내용어(명사, 동사, 형용사 등)와 기능어(관사, 대명사, 전치사, 수량형용사, 시제 등)이 텍스트 속에서 어떻게 사용되고 있는지 확인하기 • 내용어와 기능어가 어떻게 상호 연결되어 있는지, 어떤 의미를 만드는지 확인하기
2. 정보	• 눈에 띄는 명확한 정보(기능어보다는 내용어로부터) 찾기 • 눈에 덜 띄는 정보 확인하기(예: 특정 조사의 활용을 통한 미묘한 의미 차이를 발견하기 등)
3. 강세와 억양	• 강세와 억양의 사용과 변화의 특징 발견하기 • 강세와 억양에 따라 정보가 어떻게 강조되고 있는지(혹은 강조되지 않는지) 확인하기
4. 행	• 생각의 단위, 어조의 단위로서의 행에 주목하기 • 행(줄) 단위로 텍스트를 읽어 가며 특징과 의미를 발견하기
5. 문단	• 의식의 덩어리인 문단으로부터 화자가 말하고자 하는 핵심적인 아이디어 도출하기 • 특정 시간과 장소에서 일어난 일의 상태, 사건, 중요한 일 등을 파악하기
6. 구조	• 행과 문단에 대한 일차적인 분석 이후에 행들과 문단들이 어떤 구조로 이루어져 있는지 확인하기 • 텍스트의 구조를 통해 의미의 패턴을 발견하기
7. 매크로 행	• 의미상 서로 연결되어 있는 행과 문단을 관련 지어 살펴보면서 의미가 어떻게 반복, 발전, 변화하는지 파악하기
8. 의미 조각내기	• 행, 문단, 구조, 매크로 행에 대한 탐색을 통해 화자가 의미를 어떻게 조각내고 조직하는지 분석하기 • 텍스트로부터 의미의 패턴을 발견하고 그에 따라 분석하기 • 텍스트 전체 주제나 의미에 관한 발견을 구조적으로 판단하기

　자료에 대한 본격적인 분석이 이루어지는 과정(주로 ④, ⑤단계)에서 Gee는 연구자가 참고할 일곱 가지 '만들기 작업'(의의, 실제, 정체성, 관계, 정치, 연관성, 기호 체계와 지식)과 여섯 가지 '조사도구'(맥락화된 의미, 사회 언어, 형상화된 세계, 상호텍스트성, 거대 담론, 거대 담화)를 제안하고, 만들기 작업과 조사도구의 조합으로 이루어진 42개의 다음 질문을 제시한다. Gee(1999)는 텍스트에 반영된 담론을 분석하고자 할 때 다음의 모든 질문을 적용하기보다 텍스트의 성격과 연구의 주제, 연구자의 필요와 상황에 적합한 질문을 선별하여 활용할 것을 제안한다.

• 만들기 작업 1-'의의': 맥락화된 의미, 사회 언어, 형상화된 세계, 상호텍스트성, 거대 담론, 거대 담화는 사물과 사람의 관련성이나 중요성을 구축하는 데에 어떻게 사용되는가?
• 만들기 작업 2-'실제': 맥락화된 의미, 사회 언어, 형상화된 세계, 상호텍스트성, 거대 담론, 거대 담화는 실제(활동)을 수행하는 데에 어떻게 사용되는가?
• 만들기 작업 3-'정체성': 맥락화된 의미, 사회 언어, 형상화된 세계, 상호텍스트성, 거대 담론,

거대 담화는 정체성(사회적으로 의미 있는 '어떤 사람들의 종류')을 수행하고 묘사하는 데에 어떻게 사용되는가?

- 만들기 작업 4-'관계': 맥락화된 의미, 사회 언어, 형상화된 세계, 상호텍스트성, 거대 담론, 거대 담화는 사회적 관계를 구축하고 유지(변화 또는 파괴)하는 데에 어떻게 사용되는가?

- 만들기 작업 5-'정치': 맥락화된 의미, 사회 언어, 형상화된 세계, 상호텍스트성, 거대 담론, 거대 담화는 사회적 자원을 창조, 분배, 보류 또는 '좋은 것' 또는 '받아들일 수 있는 것'으로 특별히 분류하거나 분석하는 데에 어떻게 사용되는가?

- 만들기 작업 6-'연관성': 맥락화된 의미, 사회 언어, 형상화된 세계, 상호텍스트성, 거대 담론, 거대 담화는 사물과 사람이 서로 연관되거나 단절되도록 어떻게 사용되는가?

- 만들기 작업 7-'기호 체계와 지식': 맥락화된 의미, 사회 언어, 형상화된 세계, 상호텍스트성, 거대 담론, 거대 담화는 다른 기호 체계(언어, 사회 언어, 다른 종류의 상징 체계)에 특권을 부여하거나 박탈하는 데에 어떻게 사용되는가?

마지막으로, Gee(1999)에 따르면 연구자는 다음 네 가지 사항을 고려함으로써 분석 결과에 대한 타당성을 검토할 수 있다.

- 수렴(convergence): 42가지 질문에 대한 답이 담론 분석을 지지하는 방향으로 수렴될수록, 다른 관점에서 문제를 다룰 때에도 호환 가능하고 설득력 있는 답을 얻을 수 있다.

- 동의(agreement): 42가지 질문에 대한 대답은 사회적 언어를 사용하는 '원주민'과 거대 담론의 '구성원'이 특정 맥락 안에서의 사회 언어 분석에 동의하도록 설득력 있게 제공되어야 한다. 42가지 질문에 대한 대답은 다른 담론 분석가들이나 연구자들이 그 결과를 지지할 만큼 설득력을 지녀야 한다.

- 적용 범위(coverage): 분석의 결과는 (해당 또는 여타의) 관련 자료에 적용 가능할수록 타당하다. 분석은 상황 전후에 어떤 일이 있었는지 이해하는 것과, 유사한 상황에서 어떤 일이 생길 것인지를 예측하는 것을 포함한다.

- 언어적 세부 사항(linguistic details): 분석은 언어 구조의 세부 사항과 밀접하게 관련될수록 더 타당해진다. 언어는 다양한 의사소통 기능을 위해 생물학적·문화적으로 진화해 왔다. 이러한 이유로 언어 문법은 특정 기능을 수행하기 위해 '설계된' 특정 형태로 되어 있다. 어떤 형태로든 하나 이상의 기능을 수행할 수 있다. 담론 분석이 타당하려면, 사회적 언어의 원주민과 언어학자의 의견에 따라, 의사소통의 기능이 문법 장치에 의해 수행됨을 보여 주어야 한다 (Gee, 1999: 204).

앞서 언급한 바와 같이, 질적 연구방법의 한 갈래로서 담론 분석이 따르는 자료분석의 방법은 엄격하게 규정된 절차와 단계를 따르지 않는다. 이로 인해 텍스트의 선택으로부터 결과에 대한 타당성 검토에 이르는 연구의 전반적인 과정에 있어 연구자의 성실성, 연구 경험, 통찰과 안목 등은 연구의 질적 수준을 결정하는 데에 깊이 관여한다. 이로 인해 일각에서는 담론 분석의 결과가 주관적인 견해라는 점을 비판하기도 한다. 그러나 Gee(1999)는 담론 분석은 주관적인 것이 아니라 '해석적'인 것이라고 말한다. 언어학적 전통에 좀 더 가까운 방식으로 텍스트를 분석하기 위한 구체적인 방법으로서 Gee가 제안한 방법과 접근에 이어 다음 장에서는 Fairclough의 비판적 담론 분석 방법에 대해 소개하도록 한다.

3. 분석 방법 ②: Norman Fairclough의 비판적 담론 분석 방법

사회과학의 연구방법 내지는 접근법으로서 담론 분석이 갖는 학술적 의의는 언어학의 텍스트 분석(text analysis)에 그치지 않는다. 나아가 담론 분석은 사회적으로 민감한 쟁점과 논쟁의 주제를 다룰 뿐 아니라, 텍스트 이면에 담겨 있는 권력과 이데올로기의 효과와 작용을 드러내는 데에 유효하다. 이는 담론 분석이 언어 실천에 대한 기술적인(descriptive) 차원의 접근을 넘어 거시적인 차원의 사회현상과 이슈에 대한 비판적인(critical) 차원의 분석을 지향하고 있기 때문이다. 이러한 차원에서 이기형(2006)은 담론 분석의 '비판' 역할에 주목하여 담론 분석이라는 연구방법 내지는 접근법이 사회문제나 문화연구, 비평 분야에 적합하다는 점을 강조하기도 하였다.

이렇듯 담론 분석의 비판적 기능을 강조한 흐름은 '비판적 담론 분석(critical discourse analysis: CDA)'으로 발전하게 되었으며, 그 출발점에는 Norman Fairclough의 『언어와 권력(Language and Power)』(1989)이 자리하고 있다. Fairclough(1992)는 담론을 언어적 실천을 넘어 '정치적 실천(discourse as a political practice)'이라고 보았다. 여기에서 말하는 정치란 정당 정치, 국가 권력 등에 의한 통치 등의 좁은 의미가 아니라, 모든 사회적 관계 속에서 일어나는 힘의 작용이라는 넓은 의미이다. 인간의 사회적 관계 속에서 작동하는 권력(힘)이 모종의 지식을 생산해 내고 인간의 의식을 구성한다는 점에서 담론 분석에 대한 Fairclough의 입장은 '권력이란 억압적(repressive)인 것이 아니라, 생산적(productive)인 것'이라고 보는 Foucault(1981)의 논의와도 연결된다. 이러한 관점에 기초하여 볼 때, 담론 분석은 사회적 실천으로서의 언어를 비판적으로 분석하는 방법을 의미한다(Fairclough, 2001).

Fairclough(1992, 2001)의 비판적 담론 분석은 텍스트 자체에 대한 분석을 넘어 텍스트를 둘러싸고 있는 거시적인 차원에 대한 이해를 통해 어떤 현상이나 주제에 대한 비판적인 접근을 지향한다.

따라서 〈표 13-2〉에서 볼 수 있는 것과 같이, 비판적 담론 분석의 방법은 텍스트 내적 관계에서 시작하여 담론 차원의 분석을 거쳐 텍스트 외적 관계에 대한 분석으로 나아간다.

〈표 13-2〉 Fairclough의 비판적 담론 분석의 세 가지 차원

텍스트 내적 관계 분석 (텍스트적 실천)	담론적 실천 분석		텍스트 외적 관계 분석 (사회적 실천)
기술적인 텍스트 분석 (어휘, 문법, 음성학 등)	장르들 (genres)	텍스트의 사회적 행위, 사람들이 언어 실천을 통해 내면화한 틀(언어 생활)	담론(을 통한) 실천이 권력과 이데올로기를 어떻게 구성하고 작동하게 하는지에 대한 분석
	담론들 (discourses)	특정 현상을 표상(재현)하는 텍스트	
	양식 (style)	텍스트를 통한 화자의 정체성 표현	

Fairclough(1992, 2001)가 제안한 비판적 담론 분석의 방법 역시 엄격한 절차에 따라 이루어지기보다, '텍스트 안-담론-텍스트 밖'이라는 차원의 확장을 통한 담론에의 접근이라고 보는 것이 타당하다. 그럼에도 불구하고 각 단계에서 어떤 방식으로 분석이 이루어지는가에 대한 개괄적인 내용을 제시하면 다음과 같다.

> 1) 텍스트 내적 관계 분석(텍스트적 실천): 텍스트의 전제, 어휘 및 표현들 사이의 의미 관계를 중심으로 한 분석

* 1단계: 전제(가정)에 대한 분석
- 텍스트가 가지고 있는 기본 전제, 텍스트 안에서 당연시되는 가정은 무엇인지를 파악하기
- 구체적으로, 기사의 제목, 핵심적인 주장 등에 사용된 '어휘'를 포착함으로써 그에 내재된 기본적인 전제와 생각, 나아가 특정 주장이나 이념을 파악하기
- 예컨대, 특정 정책에 관하여 찬성과 반대의 관점에서는 각각 '어떤 단어, 표현, 수식어 등을 사용하고 있는가?', '이와 같은 언어적 표현을 통해 확인할 수 있는 기본적인 가정이나 전제는 무엇인가?' 등과 같은 질문의 답을 찾는 과정

* 2단계: 어휘 및 표현의 의미론적 관계 분석
- 텍스트로부터 발화의 주체(예: 교육부, 대학, 위원회, 교원 단체, 연구 기관, 유력한 개인 등)는 누구인지, 어떤 주체가 특정 정책에 대해 어떤 입장(찬성, 반대, 혹은 제3의 관점 등)을 견지하는지 파

악하기

- 주체들 간의 공통적인 생각은 무엇인지, 주체에 따라 상이한 지점은 무엇인지, 어휘 및 표현에 어떻게 드러나 있는지, 특정 어휘 및 표현이 어떤 의미로 사용되고 있는지, 의미를 구성하기 위하여 적용, 채택하는 전략은 무엇인지(예: 통계 자료의 제시 등) 등을 이해하기
- 이렇게 구성된 의미는 다른 어휘나 (은유적) 표현 등을 통해 어떻게 재현(representation)되는지, 재현된 표현이 다른 표현과의 관계나 전체적인 문맥 속에서 어떤 의미를 갖는지 살피기
- 문맥 속의 의미는 특정 어휘나 표현에 내재되어 있지 않고, 여러 어휘들과 표현들 사이의 관계 속에서 형성된 결과임을 유념하기

> **2) 담론적 실천 분석: 장르, 담론, 양식의 차원에서 담론이 어떤 언어적·사회적 실천 양상으로 나타나는지를 분석**

- 앞서 이루어진 텍스트 분석을 기초로 어떤 담론이 형성되는지, 어떤 담론이 상대적으로 우위를 점하는지(영향력을 행사하거나 부각되는지), 담론 간에는 어떤 상호작용이 발생하는지 등을 분석하기
- 특정한 형태를 통해 나타나는 담론의 특성(Fairclough, 2001)에 비추어 하나의 담론이 다른 담론들과 접합(articulation), 탈접합(disarticulation), 재접합(rearticulation)의 과정을 거치며 특정한 방식으로 형성, 공유, 소비되는지를 분석하기(이 과정에서 담론이 가지고 있는 특정 의도가 만들어지기도, 드러나기도 함)
- 장르들(genres): 텍스트의 성격(신문 기사, 보고서, 연설문, 정책 문서 등), 텍스트는 특정 주제나 현상과 관련하여 특정한 방식으로 행위를 수행함, 텍스트를 생산하는 입장(화자, 저자)과 소비하는 입장(청자, 독자) 모두 장르의 영향을 받음(공통된 주제를 다루더라도 신문 기사를 읽을 때와 정부의 공식적인 문서를 읽을 때 다른 태도나 인식을 갖는 것처럼), 또한, 서로 다른 성격의 텍스트들이 어떻게 상호 연결되어 있는가
- 담론들(discourses): 어떤 사회적 현상, 대상, 주제가 어떻게 재현(representation)되는지에 관한, 예컨대, 서로 다른 입장을 가진 텍스트는 해당 현상, 대상, 주제를 어떻게 표상하고 있는지를 분석하는 작업
- 양식(style): 텍스트를 생산하는 주체(화자)가 스스로를 어떻게 정의하고 정체성을 부여하는가의 문제, '동일시'(인용), '존재 방식'(서덕희, 2019: 232), 저자가 자리매김, 독자와의 관계를 설정하는 방식, 이를 통해 저자의 주장과 생각을 형성, 발전, 설득하게 됨, 구어체와 문어체, 일상적 용어와 학술적 용어, 특정 대명사의 사용 등을 통해 저자가 주제에 대한 입장을 전개하는 과정

에서 특정한 역할과 정체성으로 자리매김

> 3) 텍스트의 외적 관계(사회적 실천) 분석: 담론을 둘러싼 사회적·제도적 맥락을 살피며 이러한 맥락
> 이 담론과 어떤 관계를 형성하고 상호 영향을 미치는지를 분석하기

- 거시적 차원의 분석으로 앞서 이루어진 텍스트 분석 및 담론적 실천에 대한 분석을 통해 현재 우리 사회에 존재하는 헤게모니가 어떻게 구성되고 재구성되는지, 구조화되고 재구조화되는 지를 분석
- 텍스트(에 담긴 아이디어)가 담론적 실천을 통해 사회적으로 어떤 효과를 발휘하는지, 사회의 어떠한 맥락과 조건이 이러한 텍스트의 효과를 가능하게 하는지를 분석

4. 교육학 및 사회과학 연구에서 비판적 담론 분석의 의미: 국내외 연구 사례를 중심으로

1) 연구자로서의 경험에 비추어 본 비판적 담론 분석의 의미

> • Kim, J. (2014). The politics of inclusion/exclusion: Critical discourse analysis on multicultural education policy documents in South Korea. *Multicultural Education Review, 6*(2), 1–24.

나는 앞서 분석 방법 ①에서 소개한 James P. Gee의 지도로 애리조나 주립 대학교에서 박사학위를 받은 Constance Steinkuehler(前 University of Wisconsin–Madison, 現 University of California-Irvine 교수)로부터 비판적 담론 분석을 접하게 되었다. 당시 나는 미국의 교육부 장관이었던 Dustin Duncan의 교육정책과 관련된 연설문과 담화문 등을 자료로 삼아 '우리(we)'라는 용어가 상황과 의도에 따라 어떻게 포섭적으로(inclusive) 사용되는지, 경우에 따라 배타적일(exclusive) 수 있는지를 살펴보았다. 또한, 나의 부전공이기도 한 University of Wisconsin-Madison의 교육정책학과(Dep. of Educational Policy Studies)에서 Erica Turner 교수의 지도로 한국의 다문화교육 정책을 분석할 기회를 얻을 수 있었다. 두 번의 중요한 기회를 통해 각각 방법론과 연구주제를 얻게 된 나는 한국의 다문화교육 정책에 대한 비판적 담론 분석 연구를 수행하게 되었다.

한국의 교육부는 지난 2006년 이후로 연 1회 다문화교육 정책을 발표하고 있다. 앞에서 언급한 Kim(2014)의 연구는 2006년부터 2013년까지 8년간 발표된 정부의 다문화교육 정책 문서를 분석의

대상으로 삼아 비판적 담론 분석의 방법에 따라 수행된 연구이다. 이 연구를 통해 주목하고자 했던 큰 문제의식은 교육정책을 통해 우리 사회는 다문화 가정 아이들을 어떻게 정의하고 인식하는가에 있었다. 구체적으로 정책 문서 분석을 통해 '다문화 학생', '다문화 가정의 아동'과 관련하여 문서에 사용된 표현과 용어 등을 분석하였고, 그것이 정책 문서의 텍스트에 어떻게 반영되어 있는지를 분석하였다. 구체적으로, 특정한 주어에 따른 동사의 사용과 변용, 다문화교육 프로그램 등의 정책을 구체화를 통해 집단 간 경계선 긋기와 범주화 등의 기제를 통해 형성된 담론을 분석하고자 하였다. 이 과정에서 Barry(1997)가 제시한 개념적 틀[통합(integration), 동화(assimilation), 분리(segregation), 주변화(marginalization)]은 한국의 다문화교육 정책이 다문화 가정의 학생들을 어떻게 인식하고 있는지, 우리 사회가 타자에 대해 형성하고 있는 담론은 무엇인지를 확인하는 데에 도움을 주었다.

연구의 결과, 다문화교육, 다문화 학생에 대한 당시 우리 사회의 담론에는 '결핍 모델(deficiency model)'의 아이디어가 반영되어 있음을 확인할 수 있었다. 즉, 다문화 가정의 학생들은 언어나 문화적인 측면에서는 물론, 학업과 학교생활 적응 등과 관련하여 '무언가 부족한, 그래서 그 결핍을 교육으로 채워야 하는' 존재라는 것이다. 또한, 나와 다른 개인과 집단을 밖으로 몰아내지 않고 끌어안되 그 안에서 구분하고 차별하는 사회적 구별 짓기로서의 '포섭적 배제(inclusive exclusion)' 메커니즘을 확인할 수 있었다.

> • 김종훈(2020). OECD PISA의 의도와 실제 간 차이 탐색: 교육과정 개혁에 대한 권력 효과를 중심으로. **교육과정연구**, 38(2), 5-26.

비판적 담론 분석 방법을 활용한 일련의 연구에서 내가 교육과정 연구자로서 천착한 주제는 '교육과정'과 '표준화된 평가 제도' 간의 관계였다. 때로는 교육과정이 평가를 이끌기도 하고 때로는 평가가 교육과정을 견인(김종훈, 2022)하기도 한다는 점에서 교육과정과 평가는 상호 유기적인 관계를 형성해야 한다. 그러나 상호 유기적인 연계를 넘어서서 어느 한쪽이 다른 쪽에 과도한 방식으로 관여하거나 개입하게 된다면 이는 비판적으로 성찰해 볼 필요가 있다.

21세기 들어 학교교육의 책무성(accountability) 담론이 형성됨에 따라 표준화된 평가(standardized test)의 영향력이 그 어느 때보다도 커지고 있다. 특히, 주목할 만한 것은 표준화된 평가를 중심으로 교육개혁을 이루기 위한 노력과 시도가 국가 차원을 넘어 전 세계적으로 광범위하게 진행되고 있다는 사실이다. 이와 같은 개혁의 동향이 형성되고 확산되는 데에는 초국가 경제 단체인 경제협력개발기구(OECD)의 역할이 결정적이었다. OECD는 지난 2000년을 시작으로 매 3년 주기로 전 세계 여러 나라의 만 15세 학생을 대상으로 읽기, 수학, 과학 영역의 평가를 시행해 오고 있다. 국제학업성취도평가(PISA)라고 불리는 이 평가제도는 21세기에 필요한 핵심 역량을 평가하기 위한 목적에 따라 설계·운영되어 최근 역량 중심(또는 역량기반) 교육과정 개혁이 진행됨에 있어 결정적인 역할을 하고 있다.

김종훈(2020)의 연구는 글로벌 교육개혁 담론을 주도해 온 경제협력개발기구(OECD)의 위상과 역할, 그 영향력이 국가 수준의 교육에서 어떻게 구현되는지의 양상을 분석하기 위한 시도이다. 특히, 이 연구에서 나는 OECD의 의도와 관계없이 평가도구 자체에 내재된 권력효과(power effect)를 추적하고자 하였다. 즉, 이 연구는 국가 차원의 교육개혁에 대한 초국가 경제 단체의 (의도하지 않았지만) 과도한 영향력에 대한 비판적 탐색이라고 할 수 있다.

결론적으로, 표준화된 평가가 교육과정에 미치는 영향을 Foucault(1980)의 통치성(governmentality) 개념에 비추어 분석하고, 이러한 효과가 국가 교육의 차원을 넘어 전 지구적으로 광범위하게 벌어지는 현상을 '원거리 통치(governing at a distance)'와 그에 따른 교육정책의 수렴 현상으로 분석하였다. 다시 말해, 국가가 처한 저마다의 사회문화적 맥락이 이질적임에도 불구하고 PISA를 중심으로 OECD가 주도해 온 글로벌 교육개혁의 담론은 국가 간 교육개혁 흐름을 유사하게 만들어 가는 독특한 방식으로 작동한다는 점을 확인할 수 있었다.

2) 주목할 만한 비판적 담론 분석의 국내 사례: 서덕희(2019)의 연구

교육인류학을 전공한 질적 연구 전문가인 서덕희 교수는 국내 교육학 연구 분야에서 주목해야 할 (비판적) 담론 분석 연구자이다. 서덕희(2019)의 논문 「"적정규모 학교"라는 담론의 질서: 농촌 교육정책에 대한 비판적 담론 분석」은 이명박 정부와 박근혜 정부의 농촌 지역 소규모학교 통폐합 정책을 둘러싸고 형성된 담론을 비판적으로 분석한 대표적인 연구물이다.

이 논문에서 저자는 이명박 정부의 '초소규모학교'(전교생이 60명 이하인 학교)에서 이루어지는 교육활동을 '비정상적인' 것으로 규정함으로써 통폐합을 위한 정당화 담론을 적극적으로 형성해 왔음을, 박근혜 정부에서는 교육정책에 내재된 선택과 집중의 원리가 인센티브를 통한 경쟁적 성과를 강조하는 신자유주의 논리의 담론화 과정이었음을 드러내었다. 이를 통해 세부적인 정책의 실현 방법이나 양상 간에는 차이가 있음에도 불구하고, 두 정부가 '적정규모 학교'라는 특정한 담론의 질서가 형성·유포되었음을 분석하고 있다. 이렇게 형성된 담론은 "국가의 인위적 '선택'에 의한 다수의 '배제'와 '도태'를 정당화"(서덕희, 2019: 228)하는 데에 기여한다.

비판적 담론 분석에 따라 수행된 연구물로서 서덕희(2019)의 논문이 지닌 첫 번째 강점은 연구자의 성실함(faithfulness)에서 오는 연구결과의 높은 신뢰도(trustworthiness)에 있다. 이 논문은 2008년부터 2016년까지 약 10년에 걸친 농촌 교육정책에 대한 분석으로, 연구자는 일차적으로 농촌 교육정책 문건과 관련 보도자료에 대한 분석을 통해 형성된 '전문담론'뿐만 아니라, 정책의 대상이 되는 주체들에 의해 형성된 '대중담론'을 확보하고 있다. 또한, 이 논문에는 비판적 담론 분석의 대상인 농촌 교육정책 문건과 보도자료의 목록(pp. 203-204)과 농촌교육정책 담론에 대한 분석의 결과(p. 206)가 표로 일목요연하게 제시되어 있어 독자의 입장에서 분석 대상과 결과를 쉽게 이해할 수 있다. 연구결과에 해당되는 IV장('적정규모 학교'라는 담론의 질서)의 내용은 Norman Fairclough의 비판적 담론 분석 방법인 '텍스트적 실천', '담론적 실천'(장르, 담론들, 스타일), '사회적 실천'의 분석 과정을 따라가며 도출된 결과를 구체적으로 제시하고 있어 방법론으로서의 비판적 담론 분석 방법이 어떻게 적용되었는지를 확인하는 데에도 도움이 된다.

또한, 서덕희(2019)의 연구는 미시적 차원의 (언어) 분석을 넘어 거시적 차원의 분석으로 나아가는 일련의 과정을 통해 담론 분석의 '비판적'인 역할을 충실히 보여 주고 있다. 구체적으로, 특정 교육정책을 통해 국가의 힘이 작동하는 방식과 과정을 '체계'(국가, 시장)가 '생활세계'에 미치는 영향에 초점을 두고 분석하고, 분석의 결과로 대안의 방향을 모색하고 있다. 소규모학교에 대한 정책을 중심으로 농촌 교육정책을 둘러싸고 형성된 담론을 비판적으로 분석함으로써 연구자는 Habermas (1981)의 '생활세계' 개념을 빌려와 농촌 지역을 하나의 '생활세계'로 규정하고, 그곳에서 학교가 갖는 공공재로서의 의미와 가치를 부각함으로써 농촌 지역 교육 주체의 역량 함양과 학교의 교육과정 구성과 운영에의 참여를 대안으로 제시하고 있다.

마지막으로, 서덕희 연구의 힘은 글쓰기에 있다. 서덕희(2010)는 교육학 연구 분야에서 담론적 접근의 의미에 초점을 두고, 연구자 자신이 실존적인 가치 판단을 토대로 연구를 수행하되, 교육에 대한 연구자의 고유한 관점에 근거하여 진정한 '연구자─되기'의 과정으로서의 글쓰기를 제안한다. 서덕희(2010)는 비판적 담론 분석을 질적 연구방법의 한 갈래라고 볼 때, 질적 글쓰기의 전통에 기초하여 저자는 물론 독자 역시 교육의 과정을 체험할 수 있도록 하는 글쓰기 방식이 중요하다고 말한다.

이 외에도, 〈교육비평〉에 출간된 서덕희(2011)의 논문 「담론 분석방법」은 비판적 담론 분석의 절차에 따라 연구자가 무엇을 어떻게 분석하였는지를 자신의 실제 연구 사례를 들어가며 안내하고 있어 담론 분석을 수행하고자 하는 연구자들에게 친절한 길잡이가 된다. 또한, 앞서 언급한 2019년 논문과 더불어 서덕희(2006)의 논문 「"교실붕괴" 이후 신자유주의 교육담론의 형성과 그 저항: 홈스쿨링에 관한 담론 분석을 중심으로」 역시 비판적 담론 분석의 실제 사례로 참고할 만하다.

3) 주목할 만한 비판적 담론 분석의 국외 사례: Brown(2006)의 연구

해외 연구 중에서 비판적 담론 분석의 방법에 따라 수행된 좋은 사례는 많으나 가독성을 고려해 볼 때 국문으로 번역된 연구물이 유용할 것이다. 이 절에서 소개하고자 하는 사례는 미국의 정치학

연구자인 UC Berkeley 대학교 Wendy Brown(2006) 교수의『관용: 다문화 제국의 새로운 통치 전략』(이승철 역, 2010)이다.

이 책은 "관용(똘레랑스)은 어떻게 제국의 '통치성(governmentality)'으로 기능하는가?"라는 큰 질문 아래, 지금까지 관용이 타인(타자)에 대한 열린 마음과 태도라고 생각해 왔던 우리의 사회적 통념을 깨고, 그 안에 어떤 조건과 정치학이 반영되어 있는지를 역사·문화적으로 분석한 결과이다. 그에 따르면 관용은 "흔히 생각하듯이 초월적이고 보편적인 개념·원리·원칙·미덕이라기보다는, 목적과 내용, 행위 주체와 대상에 따라 다양한 역사적·지리적 변형태를 가지는 정치적 담론이자 통치성의 실천"(p. 22)이며, 따라서 "그 대상이 되는 요소를 주인 안으로 편입시키는 동시에, 그 대상의 타자성(otherness)을 계속 유지시킨다는 점에서 매우 독특한 타자 관리 방식"(p. 62)이라고 말하는 저자는 관용(의 정치학)이 국가가 특정 집단의 사람들을 통치하는 방식으로 작동해 왔음을 폭로하고 있다.

비판적 담론 분석으로서 Brown(2006)의 연구가 갖는 가장 큰 장점은 명확한 문제의식과 연구문제에서 출발하고 있기에 그 연구결과 또한 명징하여 역사, 문화, 지리 등이 다른 다양한 상황과 맥락에서 서로 다르게 구성되고 작동하는 '관용' 담론의 미묘한 차이를 매우 성공적으로 드러내 보인다는 점이다. 비판적 담론 분석으로서 Brown의 '관용 담론'의 연구는 다음과 같은 일련의 연구문제를 제시한다.

"관용 담론이 현대 자유민주주의 민족-국가에서 수행하는 통치적·조절적 역할은 무엇인가? 관용이 그리는 이상적인 사회 질서는 어떤 것인가? 관용 담론이 생산하는 사회적 주체는 어떤 존재인가? 관용 담론이 제시하는 바람직한 시민의 모습은 무엇이며, 이러한 시민은 정치와 국가 그리고 동료 시민에게 어떠한 태도를 가져야 하는가? 관용 담론이 제공하는 국가 정당성은 어떤 종류의 것이며, 관용은 어떤 부분에서 국가의 정당성 결핍을 보충해 주고 있는가? 관용 담론이 약속하는 정의란 어떤 종류의 것이며, 반대로 관용 담론은 어떤 종류의 정의에 눈감고 있는가? (하략) (Brown, 2006: 24)

또한, Brown(2006)의 연구는 담론 분석 대상의 지평을 확대하고 있다는 점에서도 가치를 지닌다.『관용』은 학교교육에서 이 주제를 가르치기 위한 다양한 교육자료에서부터 '관용 박물관'의 전시 내용에 이르기까지 다양한 유형의 자료가 분석의 대상이 될 수 있음을 보여 준다. 예를 들어, 이 책의 제5장인 '관용: 박물관의 전시물 〈시몬 비젠탈 관용 박물관〉'은 '관용 박물관'이 '불평등, 지배, 식민주의 같은 정치적 용어 대신, 개인의 태도, 편견, 차이, 증오와 같은 친숙한 문화적 용어들 속에 자신의 정치적 의도를 감춤으로써 역설적으로 훌륭한 정치적 성취'(p. 240)를 이루고 있음을 드러낸다.

이 책의 백미(白眉)는 관용이라는 하나의 개념적 틀로 유대인과 여성이라는 서로 다른 두 집단을 비교분석하는 제3장(관용: 대리보충- '유대인 문제'와 '여성 문제')이다. Brown은 유럽 사회가 18세기부터 19세기에 이르는 과정에서 보편적인 인간(남성)의 형상과 차이가 난다는 이유로 차별과 배제를 일삼았던 두 집단인 유대인과 여성의 문제를 분석한다. Brown이 보기에 유럽 사회가 구축해 온 '차이'는 실존하는 차이가 아니라, 권력(힘)의 작용으로 생산된 상상적 차이에 불과하다. 이러한 관점으로부터 Brown은 공통된 출발점에서 시작하여 주류 사회가 이들을 '관용'하게 됨에 따라 각 집단에 관련된 담론이 어떻게 다른 양상으로 전개되는지를 분석한다. Brown에 따르면 유럽 사회에서 유대인 문제는 종교 공동체가 아니라 '인종화된 신체'로 인식되고, 여성은 젠더 담론, 성평등의 논리로 관련된 담론이 발전해 왔음을 드러낸다. 관용을 중심으로 유대인과 여성 문제를 둘러싼 담론의 형성 과정의 핵심적인 내용은 다음과 같다.

〈표 13-3〉 관용에 비추어 본 유대인 문제와 여성 문제의 담론

집단	분석 렌즈	공통된 출발점	존재론	관용 정책의 방향	생산된 담론
유대인	관용 (똘레랑스)	배제의 대상 (18~19세기)	우리 바깥에 존재하는 민족	제한적 포섭 (인정 → 개조 → 표기)	민족/인종 담론
여성			민족에 속하나 가정 경제에 종속된 존재	정치적 평등과 해방(경제 활동)	젠더 담론

이상에서 살펴본 바와 같이, Brown(2006)의 연구는 관용 개념에 대한 일반적인 인식이나 이해와 달리 특정 역사와 문화 속에서 자유주의적 제국주의의 도구로 작동해 왔는지, 그 과정에서 서구 사회의 위기 담론과 어떻게 결합하였는지, 이를 통해 차별과 배제를 정당화하고 오히려 선동하였는지를 분석하고 있다. 담론 분석을 통해 '관용'은 평등과 자유 등의 보편적 가치를 대체하고 대리하는 담론으로, 개인과 집단 간의 차이를 존재적인 것으로 만들어 냄으로써[Brown의 표현을 빌리면 '차이를 물화(reify)함으로써] 오히려 권력에 대한 담론을 차단하는 방식으로 작동해 왔다. Brown은 관용이야말로 평등과 자유의 표현이 아니라, 불평등과 부정의한 사회적 문제를 개인의 책임으로 돌리는 '탈정치화(depoliticization)'의 도구였음을 드러내고 있다.

5. 담론 분석의 난점과 향후 과제

지금까지 살펴본 바와 같이 비판적 담론 분석은 사회적으로 중요한 쟁점을 둘러싸고 형성된 담론이 무엇인지를 탐색하고, 그러한 담론이 우리의 실천(말, 행위, 의식 등)에 관여하는 양상을 이해하도록 한다는 점에서 사회과학 분야의 연구방법으로서 가치를 지닌다. 예컨대, 교육학 분야에서 담론 분석은 특정 교육정책으로부터 영향을 받는 사람들에 의해 해당 정책이 어떻게 해석되고(또는 해석되지 않고), 실천되는지(또는 실천되지 않는지)를 탐색하도록 한다. 특히, 비판적 담론 분석의 경우, 담론을 형성하고 그 담론을 통해 모종의 목적을 이루고자 하는 권력과 이데올로기의 작동방식을 비판적으로 이해하게 하고, 이를 바탕으로 대안을 모색할 수 있는 기틀을 제공한다.

그럼에도 불구하고, 담론 분석 및 비판적 담론 분석은 여전히 교육학 분야의 연구자들에게 익숙하지 않은 연구방법이기도 하다. 앞서 언급한 바와 같이, 담론 분석이 여타의 질적 연구방법과 마찬가지로 명확한 절차와 단계를 따르지 않는다는 점, 언어학 분야에서 출발하여 사회학, 정치학, 미디어 연구 등의 분야로 발전해 왔다는 점 등은 이들 연구방법이 교육학 연구자들에게 더욱 생소한 이유가 되기도 한다. (비판적) 담론 분석을 수행하고자 할 때, 연구자들이 주의해야 할 점은 다음과 같다. 이는 연구방법으로서 담론 분석이 향후 해결해 가야 할 과제에 해당하기도 하다.

첫째, 담론 분석을 수행하고자 하는 연구자들은 텍스트(text) 분석에 따른 맥락(context)의 손실에 유의해야 한다. 담론 분석 방법이 각종 형태의 텍스트를 분석의 일차적인 대상으로 삼는다는 점에서 어휘, 문체, 이미지, 기호 너머의 맥락에 대한 충실한 이해가 동반되어야 하며, 논문 등을 통해 연구결과를 보고할 때에도 이와 같은 상황 및 맥락이 잘 드러나도록 해야 한다. 담론을 드러내는 과정에서 텍스트의 맥락성을 드러내는 일은 이어지는 비교, 교차 분석, 해석에 관한 타당성의 문제와도 연결되어 있다.

둘째, 담론 분석은 그 대상의 성격이나 범위, 분량 등을 고려해 볼 때 결과의 신뢰성과 타당성에 대한 검증이 상대적으로 헐거울 위험성이 있다. 담론 분석은 연구자의 성실성과 그 결과물로서 논문이 갖는 질적인 수준에 의존하는 경향이 상대적으로 높다. 연구를 수행하는 입장에서는 적합하면서도 충분한 양의 데이터를 수집, 관리, 분석, 해석하는 일에 따른 어려움에 직면하기도 한다. 그런 점에서 담론 분석방법은 연구자가 들여야 하는 시간과 노력에 비해 생산의 효율성이 떨어지는 연구방법이기도 하다. 그러나 특정 주제에 대한 우리 사회의 인식과 이해, 경향과 태도 등을 분석하고 그것이 어떤 방식에 따라 사회적으로 실천되는지를 분석하기에 담론 분석과 같이 유용한 방법은 없다. 분석 기술의 발전에 따라 담론 분석의 수행을 위해 향후 의미연결망 분석, 빅데이터 CONCOR(Convergence of iteration corelation) 분석(예: TEXTOM 오피니언 마이닝 등) 등의 방법을 적용할 수 있는 방안도 모색해 볼 필요가 있다.

셋째, (비판적) 담론 분석은 사회현상에 대한 분석과 비판에서 나아가 적절한 대안을 모색하고 제시하는 데에도 일정한 역할을 다할 필요가 있다. 프랑스의 철학자 Michel Foucault를 위시한 후기구조주의 이론은 사회현상, 특히 권력의 효과와 작용에 대한 지식과 담론 생산의 메커니즘을 날카롭게 분석하고 문제를 드러내는 데에는 매우 효과적이었으나, 그에 기반한 건설적 대안을 제시하는 데에는 미흡한 측면이 있다. 또한, 일부 담론 분석 연구물들은 권력과 이데올로기의 작동 방식을 분석해 내는 과정에서는 사회현상을 비판적으로 탐색하고 이해하기 위해 담론 분석을 수행하는 것이 아니라, 담론 분석을 위해 사회를 비판하는 오류를 범하기도 한다. 신진욱(2011)은 기존의 많은 비판적 담론 분석 연구가 "담론투쟁의 장에 개입해서 자신의 연구결과를 통해 특정한 입장의 타당성을 설득하는 것보다는, 처음부터 규범적 판단과 당파적 입장을 '선언'하고 그 '증거'를 찾는 경향이 있다"(p. 16)는 점을 지적한다. 모든 연구에서 그러하듯 담론 분석을 수행하고자 하는 연구자에게 요구되는 자세는 연구에 앞서 일체의 편견과 선입관을 버리고, 충실하고도 치밀한 분석의 결과로 사회적 현상을 이해하고자 하는 태도이다.

  마지막으로, 비판적 담론 분석에 따라 어떤 사회적 현상과 실천을 '비판적'으로 분석하고자 할 때 특정 관점이나 학문 분야에 국한되기보다 종합적이고 총체적인 시각으로부터의 이해가 수반되어야 한다. 비판적 담론 분석은 개인의 일상적인 차원으로부터 제도와 문화 등의 거시적 차원에 내재된 사회문화적 문제와 모순에 대한 비판에 적합한 방식이다. 따라서 사회의 현상이나 특정 주제를 비판적으로 접근하고자 할 때, 다각적이고 종합적인 분석과 접근이 필요하다. 그간 언어 분석을 넘어, 사회학 및 정치학 분야에서 발전해 온 것과 같이 담론 분석은 향후 학제간 연구의 가능성과 과제를 가지고 있다. 최소한 교육학 하위 분야 간(교육행정, 교육정책, 교육사회학, 교사교육, 교육과정 등)의 협력적인 연구는 특정 교육정책이나 교육과 관련된 어떤 주제를 둘러싸고 우리 사회에 형성, 유포, 소비되는 담론을 비판적으로 이해하고 그에 대한 대안을 제시하기 위한 전제이다.

 참고문헌

김종훈(2020). OECD PISA의 의도와 실제 간 차이 탐색: 교육과정 개혁에 대한 권력 효과를 중심으로. **교육과정연구**, 38(2), 5-26.

서덕희(2006). "교실붕괴" 이후 신자유주의 교육담론의 형성과 그 저항. **교육사회학연구**, 16(1), 77-105.

서덕희(2011). 담론 분석방법. **교육비평**, 28, 218-239.

서덕희(2019). "적정규모 학교"라는 담론의 질서: 농촌 교육정책에 대한 비판적 담론 분석. **교육사회학연구**, 29(2), 195-233.

신진욱(2011). 비판적 담론 분석과 비판적, 해방적 학문. **경제와 사회**, 89, 10-45.

이기형(2006). 담론 분석과 담론의 정치학. **언론과 사회**, 14(3), 106-145.

최윤선(2014). **비판적 담화분석**. 서울: 한국문화사.

Barthes, R. (1981). Theory of the Text. In R. Young (Ed.), *Untying the Text* (pp. 31-47). London: Routledge.

Brown, W. (2010). 관용: 다문화 제국의 새로운 통치 전략(*Regulating aversion: Tolerance in the age of identity and empire*). (이승철 역). 서울: 갈무리. (원서 출판, 2006).

Fairclough, N. (1989). *Language and power*. London: Longman.

Fairclough, N. (1992). *Discourse and social change*. Cambridge: Polity Press.

Fairclough, N. (1995). *Critical discourse analysis: The critical study of language*. London, UK: Longman.

Fairclough, N. (2001). *Analysing discourse: Textual analysis of social research*. London: Routledge.

Foucault, M. (1980). *Power/knowledge: Selected interviews and other writings, 1972-1977*. New York, US: Pantheon Books.

Foucault, M. (1993). 담론의 질서(*L'ordre du discour*). (이정우 역). 서울: 새길. (원서 출판, 1971).

Gee, J. P. (1999). *An introduction to discourse analysis: Theory and method*. Psychology Press.

Gee, J. P. (2017). *Introducing discourse analysis: From grammar to society*. London: Routledge.

Hall, S. (1997). *Representation: Cultural representations and signifying practices*. New York: Sage Publications.

Kim, J. (2014). The politics of inclusion/exclusion: Critical discourse analysis on multicultural education policy documents in South Korea. *Multicultural Education Review, 6*(2), 1-24.

Phillips, N., & Hardy, C. (2002). *Discourse analysis: Investigating processes of social construction*. Cambridge, UK: Sage Publications.

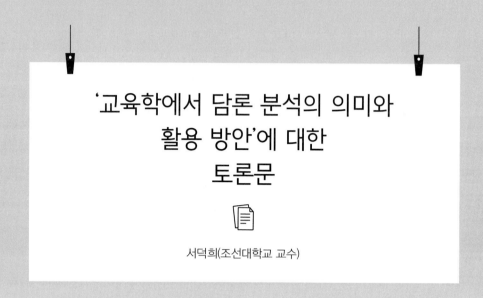

'교육학에서 담론 분석의 의미와 활용 방안'에 대한 토론문

서덕희(조선대학교 교수)

1. 언어, 맥락, 그리고 힘

담론(discourse)은 관점에 따라 다양하게 규정될 수 있으나 김종훈 교수가 잘 지적하고 있듯이 인간의 언어와 그 맥락과의 관계에 대한 탐구라는 점에 공통점이 있다. 여기서 언어는 상식적인 의미의 말과 글에 한정될 수도 있지만 이미지, 옷차림, 행위, 의례 등 모든 의미구성(signifying) 과정에 관련된 인간의 행위와 그 결과물을 포함하기도 한다. "텍스트의 바깥은 없다"는 Jacques Derrida의 말에서 확인할 수 있듯이 세상 모든 것은 해석의 대상인 텍스트이다. 그리고 텍스트와 자기동일성을 가진 텍스트 밖의 실재는 존재하지 않는다(김상환, 2008). 텍스트의 의미는 이미 존재하는 텍스트와의 관계, 즉 상호텍스트성에 근거하여 생성되는 것으로 그마저도 흩어지고(산포) 미루어진다(차연). 그렇기 때문에 어떤 텍스트든지 그 의미는 맥락 속에서 이해해야 한다. 이처럼, 근대적 의미의 실재론을 부정하며 등장한 Saussure의 구조주의와 Derrida와 Foucault 등의 후기구조주의에 근거한 '언어학적 전환(linguistic turn)'이 담론 분석 방법이 하나의 사회과학 방법론으로 등장하게 된 학문적 맥락이라고 말할 수 있다.

이 '언어학적 전환'의 핵심은 언어가 그것을 지시하는 대상을 일대일로 반영한다고 보는 '반영론'을 비판한다는 데 있다. 가령, 여기서 '담론'이라는 단어를 읽을 때 독자들의 머릿속에 떠오르는 심상은 전부 같지 않다. 반영론이라면 하나의 심상이 떠올라야 하지만 다 다를 것이다. 그 떠오른 심상은 독자들이 기존에 '담론'이라는 기표와 관련하여 어떤 텍스트적 경험들을 했느냐에 따라 달라진다. 이미 '담론'과 관련하여 경험한 텍스트들과의 관계 속에서 이 '담론'이라는 기표의 의미가 생성된다는 말이다. 혹여 '담론'과 관련된 이 전의 텍스트적 경험들이 나와 독자들 간에 상당히 유사하다면 우리는 비슷한 심상을 가질 수 있을 것이다. 그 경우 우리는 유사한 언어놀이 속에 살아와 비슷한 의미구성을 한 셈이 된다. 소위 '코드가 맞아야' 서로 말이 통한다는 뜻과 다르지 않다. 그 점에서 담론 분석의 목표는 일차적으로 내가 목하 관심을 두고 있는 텍스트, 혹은 텍스트들이 어떤 언어 놀이의 일부인가를 밝히는 것과 관계가 있다.

담론 분석에서 '맥락(context)'을 놓쳐서는 안 된다고 김종훈 교수가 주장하는 것도 바로 이런 이유에서이다. 문제는 언어놀이로서 맥락(context)이 다차원적이라는 점이다. 아주 미시적으로는, 구체적인 어휘의 의미를 이해하기 위해서 그 어휘, 대명사, 문법, 연결어, 문체 등이 등장하는 맥락을 잘 살펴야 한다. 가령, 내가 '교실붕괴'에 관한 신문기사 분석(서덕희, 2003)에서 "학교가 무너지고 있다"는 헤드라인을 분석할 때 학교라는 건축물이 무너지고 있다는 뜻인지 아닌지를 확인하기 위하여 그 헤드라인 이하의 본문을 확인해야 하는 것과 같은 것이다. 더 나아가 그 어휘를 포함한 구체적인 텍스트는 통시적인 맥락인 상호텍스트적 관계 속에서 볼 때에야 그 의미를 제대로 이해할 수 있다. 마치 우리가 교육학의 주요 개념을 연구한다고 할 때 그에 관한 선행연구를 검토하는 것은 바로 내가 주목하고 있는 그 개념이 선행연구를 통해 드러난 상호텍스트성 속에서 어떤 연속성과 단절성을 나타내는지를 의미화해야 하기 때문이다.

그런데 여기서 Foucault의 담론 이론에 영향을 받은 비판적 담론 분석은 한 단계 더 나아간다. 상호 텍스트성을 통해 밝혀진 특정 담론의 연속성과 단절성, 혹은 특정 담론의 질서가 왜 하필 특정 시기, 특정 사회를 맥락으로 하여 나타났는지를 묻는 것이다. 소위 공시적 · 거시적 맥락에서 그 텍스트와 그 텍스트를 포함하여 상호텍스트적으로 관계망을 이루고 있는 어떤 담론적 질서가 어떤 힘을 발휘하고 있는지를 묻는 것이다. Foucault(1972)는 일찍이 지식과 힘(권력)의 관계에 관심을 두고 어떻게 특정 주체(국가나 시장 등을 포함한)가 힘을 발휘하기 위하여 지식, 즉 의미화 과정을 활용하였는지, 그리고 이를 통해 어떻게 억압적인 힘뿐만 아니라 생산적인 힘을 발휘하였는지에 관심을 기울였다. 바로 위와 같은 문제의식 속에서 필자(2019)는 이명박과 박근혜 정부에서 농촌교육 정책으로 지속적으로 강조해 온 '적정 규모 학교' 담론이 학교 규모의 교육성에 실질적인 관심을 둔 것이라기보다는 신자유주의라는 일관된 담론의 질서 속에 소규모 학교를 통폐합하기 위한 힘의 발휘였다는 점을 드러내었다.

언어는 어떤 의미를 반영 혹은 재현하는 것이 아니다. 오히려 언어의 의미는 언어라는 행위가 불러일으키는 효과이다. 내가 목마른 상황에서 누군가에게 '물'이라고 말할 때 그 의미는 물을 달라는 명령이며, 그 말을 이해한 누군가가 나에게 물을 준다면 그것이 그 말의 효과라고 말할 수 있다. 언어놀이론, 언어행위론은 현실을 구성하는 언어의 힘을 잘 보여 준다. 지식과 권력과의 관계에 초점을 둔 Foucault의 담론 이론은 바로 이런 언어행위론과 유관하다. 언어를 매개로 그 의미를 분석하고자 하는 대부분의 다른 질적 연구방법과 달리 담론 분석이 가지는 특징은 바로 언어가 맥락 속에서 물질적 효과를 발휘하는 그 힘을 놓치지 않고 분석하려는 연구자의 문제의식에 달려 있다. 만약 이런 문제의식이 없다면 담론 분석이라는 이름으로 행해지는 연구물들은 기존의 내용 분석 (content analysis)이나 문헌 검토에 지나지 않을 것이다.

2. 몇 가지 함께 고민할 거리

1) 담론 분석의 인식론과 존재론적 토대

앞서 언급한 바대로 담론 분석은 언어학적 전환과 더불어 사회과학계에 자리를 잡았다. "텍스트 바깥은 없다"며 텍스트가 지시하는 실재를 해체하고자 하는 Derrida의 관점이나 지식과 권력의 관계에 초점을 둔 Foucault의 관점은 모두 지식의 객관성, 절대성, 보편성을 비판하는 포스트모던적 관점의 일단을 잘 보여 주는 것이기도 하다. 그 점에서 담론 분석은 김종훈 교수가 지적한 바대로 인식론적 관점에서 '해석주의' 혹은 '사회적 구성주의'의 입장을 취하고 있다.

그러나 지식 혹은 그 의미가 사회적으로 구성된다고 하는 것과 그 사회적 구성에 작동하는 힘이나 인과기제가 실재한다고 보는 것은 상충되는 것이 아니다. 즉, 사회적 구성주의는 인식론적 측면일 뿐, 실재론적 존재론과 양립 가능하다. 담론 분석에서도 핵심은 언어에서 기표와 기의가 일대일로 대응하지 않는다는 점을 강조하며 기표가 기표들의 관계 망(언어 놀이) 속에서 의미를 갖는다는 것을 주장했을 뿐 그 언어 놀이를 가능하게 하는 힘이 존재한다는 것을 부인하지 않았다. 실지로 Foucault의 '힘' 개념의 근원이라고 할 수 있는 니체의 '힘'은 실재하는 것이다(손경민, 2015).

특히, 영국의 Roy Bhaskar와 Margarett Archer 등 비판적 실재론에 근거하여 사회과학의 철학적 토대를 구축하려는 움직임이 일고 있으며, 영국의 대표적 비판적 담론 분석 연구자인 Fairclough, Jessop, Sayer(2002)도 예외가 아니었다. 최근에는 Archer의 형태생성이론(Morphogenetic theory)에 근거하여 비판적 담론 분석의 주요 이론적 틀을 정교화하려는 움직임도 발견되고 있다(Newman, 2020). Bhaskar 역시 문화적 구조나 사회적 구조 등의 사회적 실재는 인간의 개념에 의존적이라는 점에서 사회적 구성주의와 마찬가지로 인식론적 상대주의를 수용한다. 그러나 비판적 실재론에서는 진리를 추구하는 학문의 토대라고 할 수 있는 실재를 상정함으로써 과학을 통해 드러내려는 실재 혹은 인과적 힘을 발휘하는 구조와 그 기제를 드러내려는 실질적 노력이 가능하게 되고 연구의 질에 대한 평가 역시 횡적인 차이에 머무르지 않고 종적인 우열이 가능해진다.

김종훈 교수가 잘 지적하고 있는 바와 같이 이미 정해놓은 답에 맞는 텍스트를 선별적으로 고르는 것이 아니라 사회과학으로서의 담론 분석은 많은 텍스트들을 상대로 분석해야 하는, 시간과 노력이 많이 드는 연구이다. 그럼에도 불구하고 '그러한 질척이는 시간들'을 통과했을 때에야 비로소 아주 미시적이고 일상적인 텍스트적 실천들의 연속이 어떻게 거대한 사회문화적 구조를 재생산하기도 혹은 변화시키기도 하는 실천들이 되는가를 설명하게 되었을 때 그 해방감은 그 모든 노고를 잊게 한다. 동시에 사회문화적 구조의 변화를 위해 교육다운 교육을 지향하는 연구자가 어떤 텍스트적 실천을 해야 하는가 하는 질문에도 직면하게 한다.

2) 언어의 반영론을 넘어서

김종훈 교수는 575쪽에서 해외의 다양한 담론연구자들의 담론에 대한 정의를 정리한 후 "담론은 일상적인 대화나 담화의 수준을 넘어 우리 사회에 포괄적이고 광범위하게 형성된 견해나 입장을 일컫는 것으로, 집합적이고 공동체적인 성격을 띤다"고 정의 내린다. 토론자로서 궁금한 것은 앞서 어떤 정의에서도 광범위하게 형성된 '견해나 입장' 혹은 '생각'을 '담론'으로 규정한 경우가 없었음에도 불구하고 김종훈 교수는 담론을 어떤 주제에 관해 집합적이거나 공동체적으로 형성된 '견해나 입장'으로 본다고 정의 내린 것이다. 물론 견해나 입장이 언어로 표현되어 진술된 형식으로 존재할 수도 있지만 반드시 그렇게 진술의 형식으로 나타나지 않을 수도 있다는 점에서 이러한 개념 규정을 고수한 이유가 궁금하다.

얼핏 보면, 어떤 주제에 관해 집합적이고 공동체적으로 공유된 진술들이 특정 견해나 입장을 드러내는 것처럼 보일 수도 있다. 그러나 언어적 진술이 바로 어떤 생각이나 견해, 입장을 반영하거나 지시한다는 생각은 언어를 발화자의 의도, 즉 의미를 그대로 반영한다고 보는 '반영론'에 근거한 것은 아닌가 의심할 수 있다. 앞서도 언급한 바와 같이 언어는 하나의 의미를 지시하는 '반영' 혹은 '재현'의 도구가 아니다. 언어는 그 자체로 다른 것들과의 관계 속에서 현실에 인과적 힘을 발휘할 수 있는 행위이며, 의미는 그것이 맥락(텍스트적, 상호텍스트적, 사회문화적 구조) 속에서 힘을 발휘하여 현실에 발생한 효과, 즉 생성 혹은 발현된 것이라고 보는 것이 담론 분석의 관점에 적합한 것은 아닌가 생각해 볼 필요가 있다. 그 점에서 김종훈 교수가 여러 차례 표현한 "텍스트는 특정 현상이나 주제에 대한 개인적·사회적 의미를 재현(representation)한다"는 말은 재고의 여지가 있다.

 참고문헌

김상환(2008). 데리다의 텍스트. 철학사상, I(27), 91-121.

서덕희(2003). 교실붕괴 기사에 대한 비판적 담론 분석: 조선일보를 중심으로. 교육인류학연구, 6(2), 55-89.

손경민(2015). 니체철학에서 실재의 문제. 서울대학교 철학과 박사학위 청구논문.

Fairclough, N., Jessop, B., & Sayer, A. (2002). "Critical Realism and Semiosis." *Alethia, 5*(1), 2-10.

Foucault, M. (1972). *The birth of the clinic.* London: Tavisock.

Newman, J. (2020). Critical realism, critical discourse analysis, and the morphogenetic approach. *Journal of Critical Realism, 19*(5), 433-455.

제14장

질적 연구에서
연구자의 성찰에 대한 고찰

정혜령(한국방송통신대학교 책임연구위원)

요약

이 글은 질적 연구방법으로 연구를 수행하고자 하는 연구자들에게 성찰의 중요성과 의의를 환기시킴으로써 질적 연구에 대한 이해를 높이는 것을 목적으로 한다. 이를 위해 먼저 사회과학에서 다루는 성찰성의 개념을 인식 주체와 대상 간의 재귀적 관계로서의 성찰과 행위 주체의 의식적 실천으로서의 성찰이라는 두 가지 측면을 중심으로 살펴보았다. 성찰성 개념에 대한 이해를 토대로 최근 질적 연구방법론에서 핵심 개념으로 대두하고 있는 연구자의 성찰에 대한 논의를 문화기술지, 현상학적 연구, 그리고 근거이론 연구를 중심으로 고찰하고, 연구자의 주관성 및 연구윤리와의 관계 속에서 성찰의 목적을 탐색하였다. 질적 연구자의 성찰성에 대한 논의에 기초하여 성찰을 실천하는 구체적인 방법으로 질적 연구를 수행하는 단계별로 주요한 성찰 질문들을 제시하였고, 질적 연구자들이 공통적으로 강조하는 연구자의 성찰을 위한 실천 방법들을 제시하였다. 이를 통해 학문공동체 내에서 질적 연구에서 연구자의 성찰을 촉진하고 지원하는 문화가 확산될 필요가 있음을 제안하였다.

[주제어] 질적 연구방법, 질적 연구자, 성찰성, 재귀성, 주관성, 위치성

1. 들어가며

"질적 연구에서 연구도구는 연구자이다."

이 문장은 질적 연구를 특징짓는 가장 대표적인 말 중 하나이다. 질적 연구방법에 대해 소개하는 여러 문헌에서도 이 문장은 빠짐없이 등장한다(김영천, 2016; 유기웅 외, 2018). '연구자가 연구도구'라는 것은 무슨 의미일까? 양적 연구는 질문지, 검사지 등을 자료수집의 도구로, 그리고 통계 패키지 프로그램을 자료분석의 도구로 사용하는 반면 질적 연구는 이 모든 것을 연구자가 직접 수행한다. 연구자가 직접 현장에 들어가 관찰과 면담을 수행하며 수집된 자료를 연구자가 읽고 이해하면서 분석하고 의미를 해석해 나간다(김영천, 2016; Creswell & Poth, 2016). 그러나 '연구도구로서의 연구자'라는 질적 연구의 특징을 자료수집과 분석을 연구자가 직접 수행한다는 의미로만 이해하는 것은 충분한가?

필자의 질적 연구방법론 수업에서 학생들은 다음과 같은 질문을 자주 한다.

"몇 명을 인터뷰하면 되나요?"
"한 명만 인터뷰해도 되나요?"
"현장에 얼마나 오래 있어야 하나요?"
"6개월이면 충분한가요?"
"3개월은 짧은가요?"

자료수집과 분석을 연구자가 직접 수행해야 한다는 측면에서 본다면 학생들의 이러한 질문 세례는 일면 당연하고 자연스럽다. 이 질문들에 대해 필자는 "연구자가 연구과정에서 정할 수 있기 때문에 지금 말하기는 어렵다"고 답하지만 학생들은 또다시 질문한다. "그래도 **일반적으로**[1] 몇 명을 인터뷰하나요?", "현장에 얼마 동안 있어야 **적당하다고 보는지요?**" 필자가 마지못해 숫자를 제시하면 비로소 학생들은 안도의 표정으로 그 숫자를 적는다. 이것이 숫자가 가지는 힘인지도 모른다. 분명한 숫자는 학생들에게 질적 연구설계 단계에서 과정과 끝이 보이지 않는 막연함을 극복하는 길안내 표지판과 같은 역할을 하는지도 모른다. 학생들의 걱정을 한편으로 이해하면서도 필자가 잊지 않고 강조하는 말은 "연구자인 내가 왜 그러한 선택을 했는지 생각해야 한다"는 것이었다.

---

1) 필자가 강조하기 위해 고딕체로 표시하였음.

일반적으로 질적 연구는 양적 연구와 달리 엄밀한 설계를 가지고 시작하지 않는다. 그렇기 때문에 질적 연구를 수행하는 연구자는 연구과정에서 생각하고, 판단하고, 결정해야 하는 여러 순간과 마주할 수밖에 없다. '왜 인터뷰를 해야 하는지', '왜 한 명만 인터뷰해도 되는지 혹은 안 되는지', '왜 현장에서 연구자가 일정 기간을 보내야 하는지', '왜 이 범주명을 사용하는지' 등에 대한 연구자의 결정들이 켜켜이 쌓여 최종 연구물이 만들어진다. Saldaña(2014)는 연구자가 자신이 가장 중요한 '도구'라면 수집한 자료나 사용하는 컴퓨터 소프트웨어가 아니라 연구자 자신에 대한 탐구와 이해, 즉 '성찰'이 무엇보다도 선행되어야 한다고 하였다. 따라서 매 순간 생각하고 결정해야 하는 연구도구로서 연구자는 자신이 어떤 연구도구인지 살펴보는 것이 연구 현상에 관해 질문하는 것보다 우선한다고 할 수 있다.

우리나라에서 질적 연구방법을 사용한 연구는 여러 학문 분야에 걸쳐 지속해서 늘어나고 있고, 질적 연구방법론 자체에 대한 논의도 많아지고 있지만 질적 연구자의 실천으로서 성찰에 대한 관심은 아직 미미하다. 우리보다 오랜 질적 연구에 대한 역사를 가진 서구에서는 연구자의 성찰성(reflexivity)에 대한 논의가 1980년대부터 활발하게 이루어지고 있다(Corlett & Mavin, 2017; Haynes, 2012). Finlay(2002: 212)는 "질적 연구자들은 성찰성이 필요한가에 대해 더 이상 질문하지 않는다. 이제는 그것을 어떻게 할 것인가에 대해 질문한다"라고 하면서 연구자의 성찰에 대한 강조는 더 이상 논쟁이 되지 않는다고 한 바 있다. 즉, 연구자의 성찰이 질적 연구에서 핵심 개념이라는 것은 당연한 것이 되었다는 것을 의미한다. 반면 우리나라에서 질적 연구방법론을 다룰 때 주요 내용은 연구 패러다임과 인터뷰, 참여관찰, 분석, 글쓰기 등과 같은 질적 연구의 절차들이다. 최근 발간한 「한국교육인류학회 방법론 총서」 시리즈(권효숙 외, 2022; 조용환 외, 2022a; 조용환 외, 2022b)에서도 연구자의 성찰이 중요하다는 내용을 언급하고 있으나 심층적으로 다루지는 않았다.

이 글에서는 먼저 성찰성의 개념을 이해하기 위해 사회과학에서의 논의를 간략히 살펴보고, 질적 연구방법론에서 연구자의 성찰성에 대한 논의와 연구 단계별 주요한 성찰 질문들을 제시한다. 뒤이어 질적 연구에서 연구자가 성찰성을 실천할 수 있는 대표적인 방법들을 소개하고자 한다. 이를 통해 질적 연구방법으로 연구를 수행하고자 하는 연구자들에게 성찰의 중요성과 의의를 환기시키는 데에 이 글의 목적이 있다.

2. 성찰성에 대한 이해

Reflexivity는 근대 이후의 철학, 사회학, 인류학, 언어학 등에서 근대성을 설명하는 가장 포괄적인 개념의 하나로 간주되어 왔고, 우리나라에서는 성찰, 반성, 반영, 재귀 등 맥락에 따라 다양하게 번역되고 있다(김상준, 2006). 필자는 이 글에서 reflexivity를 '성찰성' 또는 '성찰'로 번역하여 사용하고자 하며, reflexivity 개념이 포함하고 있는 '재귀적 관계'로서의 성찰과 '의식적 실천'으로서의 성찰이라는 두 가지 의미를 중심으로 살펴보고자 한다. 이와 관련해 김상준(2006)은 reflexivity란 유기체의 자기 적응과 반응이라는 의미와 의식적인 자기 성찰이라는 두 가지 의미를 모두 포함한다고 설명한다. 다른 말로 하면 reflexivity는 인식작용에 내재한 속성으로서 재귀성을 의미하는 성찰과 의식적인 실천활동을 의미하는 성찰의 개념을 모두 포괄하고 있다.

1) 인식 주체와 대상 간의 재귀적 관계로서의 성찰성

reflexivity는 우리말로 '재귀(성)'라는 용어로 번역되기도 한다. 인터넷에서 reflexivity를 검색해 보면 George Soros가 주장한 '재귀성 이론(reflexivity theory)'[2]이 검색결과의 앞자리에 등장한다. 위키피디아에 따르면, reflexivity는 인식론에서 "원인과 결과 사이의 순환적 관계"라고 기술되어 있다. 이렇게 본다면 '성찰성'이라는 우리말은 reflexivity가 포함하고 있는 '재귀성'의 의미를 간과해 버릴 우려가 있다. 따라서 reflexivity의 개념을 보다 포괄적으로 이해하기 위해 재귀성의 의미를 함께 살펴볼 필요가 있다. 원인과 결과 간의 재귀적 관계, 인식 주체와 존재하는 대상 간의 재귀적 관계에 대한 인식은 근대 철학적 인식론의 설명일 뿐만 아니라 자연과학에서 물질에 대한 핵심적인 설명으로 광범위하게 인정받고 있다.

19세기 자연과학에서 보편적 법칙에 의해 작동하는 자연현상을 인식하고 이해하기 위해 객관적 접근은 절대적이었다. 인식의 주체가 자연현상인 대상을 '정확히' 파악하는 것이 학문의 절대적 목적이었으며 이를 위해 관찰자는 대상을 직접 대면하지 않아야 했다. 인식의 주체가 대상을 '오염' 시킬 수 있다고 보았기 때문이다. 이러한 접근은 당시 자연과학뿐만 아니라 모든 학문을 지배하는 패러다임이었다.

그러나 근대 철학의 출발이라고 일컬어지는 Descartes의 "나는 생각한다. 고로 존재한다" 명제 이후 인식론은 실재(reality)하는 것에 대한 논의인 존재론에 대해 우위에 서게 되었다. Descartes는 반성할 수 있고 인지할 수 있는 단일하고 본질적인 자아가 있다고 믿었다. 여기에는 근대 이성에 대한 신념이 자리 잡고 있다. Descartes의 영향을 받은 Husserl은 현상학을 통해 의식 대상이 아니라 의식작용에 주목하였다. 대상(objects)에 대한 관심으로서 '그것은 무엇인가'에 대한 질문으로부터 '그것이 무엇인지 우리는 어떻게 아는가'라는 질문을 던졌고, 앎의 방식은 앎의 대상이 무엇인지

---

2) 금융시장에서 시장 참여자의 인식과 행동이 그들이 인식하고 참여하는 기업의 주가와 같은 현실에 영향을 미치고, 그 현실은 기업의 근본적인 상황과 괴리된 상태에서 다시 시장 참여자의 인식과 행동에 영향을 미치게 되는 과정이 반복된다는 이론.

를 파악하는 데에 영향을 미친다는 접근이 주목받기 시작하였다. 이로 인해 대상이 실제 무엇인지를 '정확'하게 파악하는 것은 사실상 어려우며, 인식의 작용과 함께 이해해야 한다는 접근이 사회과학계에서 확산하였다.

현대 들어 인식작용과 인식 대상의 재귀적 관계에 대한 관심은 사회과학에 한정되지 않고 자연과학의 한 분야인 양자역학을 통해 관심 주제로 대두하였다. 현대 물리학인 양자역학은 양자 수준에서 관찰이라는 행위 자체가 관찰 대상의 상태를 결정한다는 것을 밝혀냈다. 물리학자인 Heisenberg는 양자를 정확히 측정하는 것은 불가능하다는 불확정성의 원리를 밝혀냈는데, 그에 따르면, 정확한 측정을 위해서는 위치와 속도를 측정할 수 있어야 하는데 속도를 '측정'하면 위치가 불분명해지고, 위치를 '측정'하면 속도가 불분명해지기 때문에 확정할 수 없다. 자연세계를 설명하는 물리학에서도 측정 혹은 관측이 일어나는 순간 대상은 이미 바뀌었고, 관측자는 이미 바뀐 대상을 인식할 수밖에 없다는 것이다. 바뀐 대상, 즉 인식의 결과는 다시 관측자의 인식에 영향을 미친다. 양자역학의 이러한 발견은 주체와 대상의 재귀적 관계로 인해 인식의 주체도 인식의 대상도 더이상 고정된 위치에 있지 않다는 것을 보여 주었다(Whitaker & Atkinson, 2021).

인식작용과 인식 대상의 재귀적 관계에 대한 이해는 성찰성이 인식의 주체와 대상이 갖는 관계의 본질적인, 그리고 피할 수 없는 특성이라는 것을 보여 준다. 대상을 알게 되는 모든 행위는 대상에 대한 일종의 개입(intervention)으로 대상을 있는 그대로 파악하는 것은 불가능하게 된다. 인간의 인식작용이 인식의 결과에 영향을 미치고 그 결과는 다시 인식작용에 영향을 미치는 재귀적 관계란 주체가 자신의 인식(혹은 관찰) 행위가 대상에 영향을 미치는지를 의식하는지 여부와 무관하게 영향을 미치고 있으며, 주체는 '인식한' 대상을 '존재하는' 대상으로 인식하게 된다는 것이다(Whitaker & Atkinson, 2021). 이러한 관점은 주체와 대상, 원인과 결과는 구분되는 것이 아니라 이들 간의 관계 맺는 행위 속에 실재가 내재해 있는 것으로 분리 불가능하다는 Barad의 신유물론(New materialism)과도 맥을 같이한다(남미자, 2022).

재귀성에 주목한 성찰의 개념을 연구의 맥락에서 살펴보면, 연구자가 가지고 있는 생각, 신념, 관점 등은 연구 대상을 바라볼 때, 그리고 연구결과를 도출할 때 영향을 미칠 수밖에 없고, 이렇게 도출된 연구결과는 연구자의 생각에 순환적으로 영향을 미치게 된다. 또한 연구자가 가진 생각은 연구자가 위치하고 있는 맥락에 의해 조건 지어져 있다고 볼 수 있다. 요약하면 연구자와 연구 대상, 연구결과, 연구자가 위치한 맥락은 원인과 결과의 관계가 불분명하고 복잡하게 얽혀 있는 상태이다. Whitaker와 Atkinson(2021)에 따르면, 이러한 관계는 연구자가 완전히 극복하거나 벗어날 수 없는 모든 연구의 근본적인 특징이다. 따라서 연구결과로서 제시된 지식을 이해할 때 인식작용에 붙박혀 있는 재귀적 관계의 속성을 이해하는 것은 중요하다.

2) 행위자의 윤리적 실천으로서의 성찰성

성찰성과 관련한 논의가 한편에서 인식과 존재 간의 분리 불가능한 재귀적 관계를 밝히는 것을 중심으로 전개된다면, 다른 한편에서는 이러한 관계를 깨닫는 사태에 주목하고 성찰성을 인식하는 행위자의 의식적 실천을 중심으로 살펴보고자 하는 노력이 있다. 여기에서 학자들의 주된 관심은 인식 주체가 이러한 재귀적 특성을 의식 혹은 자각(self-awareness)하는가, 그리고 자각한 이후 주체는 어떤 실천행위를 하는가에 있다.

많은 학자는 성찰과 반성을 혼용하여 사용하고 있지만 이를 구분할 것을 주장하는 학자들도 있다. Hibbert와 그의 동료들(2010)은 reflection이란 거울에 비친 자신의 상을 보는 것처럼 자신의 실천을 객관화시켜 관찰하는 것이라면, reflexivity란 인식 주체가 경험하는 방식을 드러내거나 생각해서 질문하는 것과 관련이 있다고 설명하였다. 이들에게 반성과 성찰은 모두 우리의 의식적 노력이지만 반성은 상대적으로 소극적인 관찰이라면 성찰은 적극적으로 자신의 경험과 행위를 들여다보고 질문하면서 반성의 과정에서 변화를 가져오는 것을 의미한다. 이들의 설명에 따르면, reflexivity는 보다 의식적이고 적극적인 인간의 실천 행위이다.

행위 주체의 의식적 실천으로 성찰성을 이해하는 노력은 주로 사회학자들에 의해 발전되어 왔는데, 특히 행위자가 구조를 어떻게 인식하는지, 그리고 인식한 후 어떤 실천 행위를 하는지와 관련하여 성찰성에 대한 논의를 전개하고 있다. 대표적으로 Bourdieu는 구조가 주체에 영향을 미칠 때 주체는 성찰을 통해 내면화된 구조, 즉 아비투스에 의해 영향을 받는다고 보았다. 그는 성찰을 구조가 주체에게 내면화되는 과정으로 이해함으로써 구조와 행위자의 재귀적 관계에 주목하였다. 반면 Giddens는 주체가 구조에 의해 조건 지어질 수 있지만, 관행적인 실천을 극복하고 이를 벗어나 자기행동을 결정할 수 있는 능력이 있다고 보았으며, 이 능력이 인간의 성찰 능력이라고 봄으로써 적극적 실천으로서 성찰성에 주목하였다(최명민, 김기덕, 2013).

Giddens가 성찰을 근대성의 특징으로서 행위자가 발휘하는 긍정적 힘(power)으로 단일한 특성을 가진 것으로 보았다면, Archer는 성찰의 유형을 제시하면서 행위자에 따라 성찰의 결과가 다를 수 있다고 보았다(Archer, 2003; 이성회, 2015: 153에서 재인용). 아처는 성찰을 네 가지 유형—의사소통적 성찰, 자율적 성찰, 메타 성찰, 균열된 성찰—으로 분류하면서 사람마다 그리고 개인의 관심사와 역사에 따라 지배적 성찰 유형은 다를 수 있고 또한 시간이 지남에 따라 한 개인 안에서도 유형은 변화할 수 있다고 하였다. 인간의 실천 행위로서의 성찰이 단일한 것이 아니라 여러 유형 혹은 층위로 구분할 수 있다는 Archer의 접근은 실천 행위로서의 '성찰'에 대한 보다 심층적인 이해를 제공한다. 개인의 관심사와 구조를 성찰이 매개하지만 성찰은 유형이 있고, 각 유형별로 이동이 가능하기 때문에 모든 성찰이 반드시 구조변화로 연결되는 것은 아님을 강조한다.

앞에서 살펴본 것처럼 성찰성의 개념은 인식관계에 붙박여 있는 재귀적 특성과 이러한 특성을 자각하는 의식적 실천 행위로 구성되어 있다. 철학, 사회학 등 다양한 학문에서 논의된 성찰성에 대한 관심은 연구자가 연구하고자 하는 현상이나 사람들과 직접 만나 긴밀한 관계를 맺으면서 연구를 수행하는 질적 연구에서 성찰성을 어떻게 이해할 것인가와 연결될 수밖에 없다. 다음 절에서는 질적 연구방법론에서 성찰성을 어떻게 다루고 있는지 살펴본다.

3. 질적 연구방법에서 성찰성의 의미

1) 질적 연구에서 성찰성 개념의 등장

질적 연구방법론자들이 처음부터 연구자의 성찰성에 주목한 것은 아니다. 다른 사회과학 분야와 마찬가지로 질적 연구방법론에서 성찰성에 대한 관심은 20세기 중후반 들어 높아지기 시작했다. 이후 질적 연구방법의 핵심 개념의 하나로 자리 잡게 되었고, 여러 질적 연구방법에 대한 논의에서 연구자의 성찰에 대한 중요성은 강조되고 있다(Day, 2012; Macbeth, 2001).

20세기 중반으로 접어들면서 문화기술지 연구자들은 이전의 전통적인 식민주의적 관점으로 수행되었던 문화기술지를 반성하면서 연구자의 '성찰성'에 대해 주목하기 시작하였다(Finlay, 2002; Pillow, 2003). 1960년대 후반 인류학자들은 자신의 연구결과물이 식민지 팽창의 산물일 뿐만 아니라 식민지 통치를 조력하는 도구로 사용되어 왔다는 것을 자각하면서 자기비판적 입장을 취하기 시작했다. 더욱이 원주민의 문화를 기술한 연구결과는 서구에서 온 외부자의 관점에 의해서만 해석됨으로써 비윤리적이고 왜곡되어 있다는 비판에 직면하게 되었다. 서구의 백인 연구자가 가진 사회문화적 배경이 원주민의 삶을 이해하는 데에 장애로 작용했다는 것을 자각하면서 연구자가 이를 성찰하고 깨닫지 못한 윤리적 책임을 인정하였다.

이후 Davis(2012)는 『Reflexive ethnograpy: A guide to researching selves and others』를 통해 "모든 연구자는 그들의 연구 대상과 일정 부분 연결되어 있기 때문에 모든 연구에서 성찰성을 고려하는 것은 중요하다"(p. 3)고 강조하였다. 그녀는 특히 연구 대상자와 오랫동안 친밀한 관계를 맺고, 자연의 세계가 아닌 자기의식을 가진 인간들로 구성된 사회를 연구 대상으로 하는 문화기술지 연구에서 연구자의 성찰성은 간과할 수 없는 핵심 개념이라고 밝혔다.

현상학적 연구는 인식작용을 중심에 두고 현상을 이해하고자 하는 현상학의 전통에서 비롯된 것인 만큼 초기부터 연구자의 성찰성에 대해 주목한 연구방법이다. 현상학적 연구에서 성찰성과 밀접한 관련이 있는 개념은 '괄호치기(bracketing)'이다. Husserl의 현상학적 접근을 따르는 연구자들은 현상의 본질을 이해하기 위해 연구자의 선이해(preconceptions)를 괄호치기해야 한다는 점을 강조했다. 반면, Husserl의 제자인 Heidegger는 Husserl의 현상학적 환원의 개념을 거부하고 날것의 생생한 경험(lived experience)을 충분히 이해하기 위한 연구자의 선이해에 대한 괄호치기는 가능하지도 바람직하지도 않으며, 그 대신 세상에 존재하고 있는 자신의 위치를 받아들이고 맥락적인 해석과 의미를 추구해야 한다고 주장하였다. 현상학적 연구에서 괄호치기의 시기와 방법, 그리고 대상에 대해서는 연구자들 간에 논쟁이 있지만 이들은 현상의 본질적 의미를 이해하기 위해 연구자의 선이해에 대한 어느 정도의 괄호치기가 필요하다는 것에 대해서는 공통적으로 강조하고 있다(Chan, Fung, & Chien, 2013; Tufford & Newman, 2012).

중범위 수준의 이론을 개발하는 것에 관심이 있는 근거이론 연구에서도 성찰성은 연구방법의 핵심 개념으로 자리를 잡아 가고 있다. 근거이론 연구방법은 1967년 Glaser와 Strauss가 처음 소개한 이후 주요한 질적 연구방법의 하나로 발전하였는데 당시 Glaser는 철저한 귀납적 방법으로서의 근거이론을 강조하면서 데이터로부터 이론이 출현(emergence)한다고 봄으로써 연구자의 성찰성에 대해 거부하였다. 반면, Strauss와 Corbin은 연구자의 관점과 신념체계가 어떻게 데이터를 보고 다루는지에 영향을 미친다고 주장하면서 연구자의 경험, 감정, 행동을 독자들이 확인하는 것이 중요하다고 주장하였다. 2000년대 들어 Charmaz와 같은 구성주의적 접근을 취한 근거이론 연구자들은 연구의 엄격성, 신뢰성을 유지하기 위해 오히려 연구자가 성찰이 필요하며 이를 드러내는 것이 중요함을 인정하였다(Kennedy & Lingard, 2006). 2007년에 출판된 『The SAGE Handbook of Grounded Theory』의 한 챕터로 'Grounded Theory and Reflexivity'가 포함되었는데 저자인 Mruck와 Mey(2007)는 "성찰성은 연구자가 자신의 결정을 다시 생각하고 정당화하기 위한 기회이며, 이론 개발 과정을 연구 참여자들뿐만 아니라 동료연구자들과 소통하는 기회"(p. 519)라고 하면서 성찰성의 의의를 강조하였다.

2) 연구자의 주관성과 성찰의 목적

연구자가 성찰하는 목적이 무엇인가에 대한 논의는 연구자의 주관을 어떻게 다룰 것인가와 밀접한 관련이 있다. 양적 연구에서 연구자는 연구도구와 사용한 분석방법, 그리고 연구결과를 연구의 타당도, 신뢰도와 연계하여 성찰한다. 양적 연구자는 연구의 엄격성을 확보하기 위해 연구도구로서 설문 문항, 표집방법, 모형방정식 등을 정교화시키는 데에 성찰의 초점이 있다. 반면 질적 연구는 연구의 신뢰성, 엄격성을 확보하기 위해 연구도구인 연구자에게 주목할 수밖에 없다. 특히, 연구자가 연구현상을 대면하고, 연구 참여자와 직접 만나면서 연구를 수행하기 때문에 연구과정과 연구결과에 대한 연구자의 영향은 불가피할 뿐만 아니라 결정적일 수 있다. 따라서 연구자의 성찰은 질적 연구를 이끄는 중심적인 위치에 자리하고 있다(Patnaik, 2013; Watt, 2007).

질적 연구에서 성찰성에 대한 정의는 학자마다 다양한데 Olmos-Vega와 동료들(2022)은 여러 질적 연구 문헌에서 제시한 정의를 종합하여 포괄적인 의미로 질적 연구에서의 성찰성을 다음과 같이 정의하였다.

> 성찰성이란, 연구자가 자신의 주관성과 맥락이 연구과정에 어떻게 영향을 미치는지를 의식적으로 비판하고 평가하는 지속적이고 협력적이며 다면적인 일련의 실천활동이다. (p. 2)

필자가 질적 연구 수업에서 대학원생들로부터 '연구자의 주관이 너무 많이 개입되는 것 아닌가요?', '객관적인 연구가 되지 않을 것 같다'는 우려의 말을 자주 듣는다. 학생들은 빈번히 자신이 수행하는 자료수집이나 분석이 '객관적이지 않은 것 같다'는 걱정을 한다. 이는 연구자의 주관이 연구에 개입된다는 것은 문제가 있다는 실증주의의 가정이 사회 전반에 지배적이기 때문일 것이다(Roulston & Shelton, 2015). 따라서 질적 연구에서 연구자의 성찰성은 연구자의 주관과 그것이 연구에 미치는 영향을 어떻게 이해하고 다룰 것인가와 함께 논의될 수밖에 없다.

연구자의 주관성과 관련해 성찰의 목적은 몇 가지로 구분할 수 있다(Olmos-Vega et al., 2022). 첫째, 질적 연구자는 주관성의 영향을 줄이기 위해 성찰할 수 있다. 여기서 연구자의 성찰은 연구하고자 하는 현상을 '있는 그대로' 보기 위해 객관적인 거리를 두고자 하는 노력을 의미한다. 연구자의 주관은 문제(problem)로 간주되기 때문에 이를 어떻게 다루고, 최소화할 것인가가 성찰의 과제가 된다. 초기 근거이론 연구에서 사전에 선행연구 검토가 불필요하다고 한 것이나 초월론적 현상학 연구에서 연구자의 관점을 배제하기 위해 괄호치기(bracketing)를 강조한 것은 이러한 맥락에서 이해할 수 있다. 그러나 앞서 보았듯이 20세 중후반 이후 질적 연구자들은 연구자가 중립적인 관찰자(neutral observers)로서 연구하는 현상에 영향을 미치지 않도록 하겠다는 목적은 달성 불가능하다는 시각에 대체로 동의한다.

연구자의 주관성을 완전히 무력화시키는 것이 불가능하다는 것에 동의한다면 질적 연구자들은 연구자의 주관성의 영향을 인정하기 위해 성찰할 수 있다. 이 경우 연구자들은 연구의 각 단계마다 연구자의 주관이 어떻게 영향을 미쳤는지 명확하게 제시하는 것을 성찰로 생각한다. Olmos-Vega와 동료들(2022: 2)은 주관의 영향을 인정하는 것만으로는 연구자료, 참여자, 연구의 맥락, 심지어 연구자 자신에게 연구자의 주관성이 미치는 영향이 무엇인지 설명하는 데에는 아무런 도움이 되지 못한다고 하면서 이것은 성찰에 대한 '약한 개념화'일 뿐이라고 지적한다.

연구자의 주관성의 영향을 단지 인정하는 것을 넘어 연구자의 영향을 설명하는 것을 성찰의 목적으로 볼 수도 있다. 이 경우 연구자에게서 성찰은 자신의 주관이 연구과정 전반에 걸쳐 어떻게 영향을 미쳤는지를 자각하고 이를 드러내어 설명하는 것을 의미한다. 이에 대해 Olmos-Vega와 동료들(2022)은 연구자의 영향을 단지 설명하는 것에 그친다면 연구자의 주관성의 가치를 제한하고, '편견'이라는 이름으로 고백하는 반성으로 전락할 위험이 있다고 지적한다.

또한 성찰의 목적을 연구자의 주관성에 대한 가치를 인정하여 자료를 생성하는 핵심적인 부분으로 주관성을 인식하는 것으로 보는 질적 연구자들도 있다(Charmaz, 2014; Finlay, 2002; Roulston & Shelton, 2015). 이들은 연구자의 주관을 배제하려는 노력이 연구에 오히려 해가 된다고 보았다. 연구자의 주관 혹은 편견은 연구의 동기가 되고, 연구현상을 이해하는 이론적 틀이 되며, 연구 참여자와 협력하여 자료를 생성하는 힘이 된다. 따라서 연구자의 성찰은 자신의 주관이 어떻게 연구에 영향을 미치고 있으며, 연구 참여자와 함께 자료를 생성하고 분석하고 있는지에 초점을 맞춘다.

앞에서 기술한 네 가지 성찰의 목적을 지식 생산과 관련해 인식의 측면에서 살펴본 것이라면, 연구자의 성찰의 목적은 연구 참여자와의 관계에 대한 윤리적 측면에서도 논의된다. 많은 질적 연구자들은 성찰하는 질적 연구자는 연구가 가지는 인식론적 측면과 윤리적 측면을 함께 고려해야 한다는 것을 강조한다(Brinkmann, 2007; Guillemin & Gillam, 2004). 질적 연구에서 연구자와 연구 참여자가 권력관계에 있다는 것은 질적 연구에서는 논의의 여지없이 받아들여지고 있다. 연구주제를 정하고, 연구과정을 이끌어 가며, 연구결과를 산출하는 전 과정에서 연구자가 권한을 가지고 있다는 것은 부인하기 어렵다(Brinkmann, 2007). 연구자와 연구 참여자 간의 관계 맺음을 중심으로 연구를 진행하는 질적 연구에서 권한이 있는 연구자가 참여자와 윤리적 관계를 맺지 않는다면 연구결과로 생성된 지식의 타당성은 문제가 있을 수밖에 없다. 따라서 질적 연구자의 성찰은 지식 생산의 인식론적 측면과 연구 참여자와의 관계에서의 윤리적 측면을 분리할 수 없다(서덕희, 2012; Brinkmann, 2007; Guillemin & Gillam, 2004).

4. 질적 연구자의 성찰 실천하기

앞에서 살펴본 것처럼 질적 연구에서 연구자의 성찰이 중요하다는 인식은 널리 받아들여지고 있지만 이를 실천하는 것은 연구자들에게는 쉽지 않은 도전 과제이다(Corlett & Mavin, 2017; Doyle, 2013; Finlay, 2002; Pillow, 2003). 질적 연구에서 연구자가 '어떻게 성찰을 실천할 것인가'는 중요한 이슈이다. 여기서는 질적 연구에서 연구자가 성찰을 실천하는 구체적인 방법으로 연구과정의 각 단계별로 주요한 성찰적 질문과 성찰을 지속하기 위한 주요한 실천 전략들을 필자의 경험을 소개하면서 함께 살펴보고자 한다.

1) 연구 단계별 주요한 성찰 질문

(1) 나는 질적으로 생각하는가

질적 연구를 수행하기 위해 연구자가 가장 먼저 자신에게 던져야 하는 성찰적 질문은 무엇일까? 일반적으로 어떤 연구방법을 선택할 것인가는 연구문제에 따라 달라지며 연구자는 자신이 관심 있는 현상이나 주제를 중심으로 연구문제를 만든다. 이때 동일한 현상에 관심을 가지고 있는 연구자들이 다른 연구문제를 제기할 수 있다. 질문의 다름은 어디에서 비롯하는가? 연구주제와 연구문제는 외부 기관이나 상황으로부터 주어지기도 하지만 연구자가 관심 있는 현상이나 현상을 이해할 때 익숙한 사고의 방식과도 관련이 있다. 이와 관련해 필자가 대학원생 때 만난 한 동료 대학원생과 아웃라이어(outlier)에 대해 나누었던 대화를 간략히 소개하고자 한다.

> **동료 대학원생**: 나는 연구결과 그래프에서 아웃라이어 없이 깔끔하게 그려지는 것이 좋더라고. 어떻게 하면 현상을 그런 모양의 그래프로 표현하면서 명확하게 설명할 수 있을까에 관심이 많아.
> **필자**: 난 아웃라이어에 관심이 많아. 거기에 있는 사람들이나 현장에서는 무슨 일이 어떻게 일어나고 있는지 직접 보고 얘기 들어 보고 싶어.

예상할 수 있듯이 그 대학원생은 양적 연구방법을 사용한 논문을, 필자는 질적 연구방법을 사용한 논문을 쓰고 대학원을 졸업했다. 오래전 대화 내용을 아직 필자가 기억하고 있는 것은 그 이후로도 비슷한 내용의 대화를 여러 사람들과 나누었기 때문이다. 대학원 졸업 후 필자는 연구주제가 무엇이든 가장 먼저 그 주제와 관련해 무슨 일이 어떻게 일어났는지, 사람들이 어떻게 살아왔는지, 어떻게 생각하고 행동하는지 궁금했고, 사람들을 직접 만나 보거나 현장에 가서 직접 보고 싶다고 생각했다. 자연스럽게 질적 연구방법을 사용하는 것이 적절한 연구문제들이 주로 머릿속에 떠올랐고, 양적 연구방법을 사용하는 경우는 주로 기관이나 조직이 요청한 연구를 수행할 때였다.

이렇게 본다면 연구문제에 따라 적절한 연구방법을 선택하기도 하지만 현상을 이해하는 데 연구자가 익숙해하거나 선호하는 접근 방식에 따라 연구문제가 생성되기도 한다. 다른 말로 하면 연구문제보다 연구방법이 선행할 수 있다는 것이다. 이때 연구방법은 기법(method)이나 전략(methdology)이 아니라 현상에 대한 연구자의 인식론적 관점이나 이론적 틀과 관련이 있다. 다수의 질적 연구방법론 교재들(Creswell & Poth, 2016; Crotty, 1998; 유기웅 외, 2018)이 철학 패러다임에 대한 소개부터 시작하는 것은 이를 설명하기 위한 배치일 것이다. 따라서 연구문제를 해결하는 도구나 기법으로서 질적 연구방법을 선택하기 이전에 자신이 생각해낸 연구문제가 어떤 인식론적 틀에서 비롯된 것인지 성찰하는 것이 필요하다. 이는 앞에서 살펴본 인식과 존재의 재귀적 관계로서의 성찰과 관련이 있다. 근본적으로 자신이 현상을 어떤 관점으로 바라보고 생각하는 경향이 있는지 자문해 보는 것이다.

필자는 왜 현상의 보편적인 경향보다는 구체적인 현상들에 더 관심을 가지는지 자문해 본 적이 있다. 현상을 거시적으로 조망함으로써 알게 되는 지식보다 미시적으로 가까이 보면서 알게 되는 지식에 더 흥미를 느끼는 자신을 발견하였다. 동일한 현상도 자세히 들여다보면 맥락이나 상황에 따라 다르고, 복잡한 상황들이 얽혀 있기 때문에 현상을 잘 이해하기 위해서는 이를 자세히 보여 주는 것이 더 중요하다고 생각했다. 현상을 **정확하게** 설명하는 것보다 **풍요롭게** 설명하는 것이 필 자에게는 더 의미가 있었다. '나는 왜 이렇게 사고하게 되었을까?', '이렇게 생각하게 된 내 경험은 무엇일까?' 꼬리에 꼬리를 문 질문들이 떠올랐다. 질적 연구방법에 대해 공부하면서 필자의 생각이 질적 연구방법의 인식론적 토대인 구성주의 인식론에 가깝다는 것을 알게 되었고, 현상을 이해하 는 방식으로 객관성보다는 상호주관성 개념에 동의하고 있는 자신을 발견하게 되었다.

Saldaña(2015)는 질적 연구방법의 전문가인 Robert E. Stake의 "좋은 연구는 좋은 방법에 관한 것이 아니라 좋은 생각에 관한 것이다"라는 말을 자주 인용한다고 밝히면서 질적으로 생각하기의 중요성을 강조한 바 있다. 그에 따르면(p. 4), 질적으로 생각한다는 것은 "모든 사람은 같은 방식으 로 생각하지 않는다는 것을 인정하는 것"이고, "연구하는 세계의 한 단면에 대해 새로운 인식을 발 견하기 위해 의도적으로 다른 렌즈와 필터를 가지고 다른 각도에서 보는 것"이라고 설명하였다. Aspers와 Corte(2019: 156)는 "질적 연구란, 연구하는 현상에 보다 가까이 다가가 도출한 결과로부 터 새롭고 의미 있는 구별을 만들어 냄으로써 학문공동체에서 현상에 대한 이해를 돕는 반복적 과 정"이라고도 하였다. 이러한 설명들은 질적 연구가 사회현상이나 인간 경험의 통일된 보편 법칙을 발견하는 데에 목적이 있는 것이 아니라 거기에 어떤 '다른' 의미가 포함되어 있는지, 다른 의미들 로 인해 실제 다른 현장이 펼쳐지는지 제시하는 데에 목적이 있다는 것을 의미한다. 따라서 질적 연구를 하고자 한다면 연구자는 실제 현상의 다층적이고 복합적인 특성을 인정하고 이와 같은 질 적 다름과 복잡함을 심층적으로 이해하는 것에 관심이 있어야 한다.

'질적으로 생각하기'에 익숙한 연구자라면 질적 연구방법을 사용하는 데에 적합한 연구질문을 어려움 없이 떠올릴 것이다. 그러나 그렇지 않은 연구자가 질적 연구를 하고자 한다면 질적으로 생 각하기는 쉽지 않은 도전이 될 수 있다. Saldaña는 양적 연구방법과 통계에 대해 먼저 배운 사람이 질적으로 생각하기로의 전환을 시도하는 것은 '성인기에 외국어 학습하기'와 견줄 만큼 어렵다고 언급하기도 하였다(2015: 3). 따라서 질적 연구방법을 사용하고자 하는 연구자는 우선 자신이 질적 으로 생각하는 방식에 익숙한가 성찰해 보고, 질적으로 생각하기 위해 노력할 필요가 있다.

(2) 나는 어디에 위치하고 있는가

질적 연구자의 성찰과 관련해 자주 언급되는 개념 중 하나는 연구자의 위치성(positionality)이다 (Corlett & Mavin, 2017; Day, 2012). 위치성에 대한 논의는 개인의 사회적 위치가 그 사람의 정체성을 형성하는 데에 중요하게 영향을 미친다는 점에 주목한다. 또한 지식을 생산하는 데에 지식생산자의 사회적 위치가 영향을 미친다는 점을 강조한다. 여기서 사회적 위치란 문화적 · 정치적 · 경제적 · 정치적 위치 등을 포괄하는 것으로 위치를 결정하는 요소는 성(gender), 연령 혹은 세대, 학력, 민족, 인종, 국적, 종교, 장애, 경제적 계층 등 다양하다.

연구주제와 연구문제는 연구자의 관심에서 비롯되는 경우가 많다. 연구자의 관심은 연구자의 사회적 위치와 밀접한 관련이 있다. Saldaña의 말처럼 질적 연구자는 자신의 렌즈와 필터를 가지고 현상에 대한 새로운 인식을 제시한다. 이 렌즈와 필터는 순수하게 연구자 개인에 귀속되어 있는 것이라기보다는 연구자가 발 딛고 서 있는 상황에 따라 달라질 수 있다. 따라서 질적 연구자는 자신이 가진 렌즈와 필터가 무엇인지, 어떤 각도에서 현상을 바라보고 있는지 질문하는 것이 필요하며, 이와 함께 자신이 왜 특정 렌즈와 필터를 가지게 되었는지 또한 들여다보는 것이 필요하다. 질적 연구에서 이는 '위치성에 대한 성찰(positional reflecxivity)'로 설명한다(Corlett & Mavin, 2017; Macbeth, 2001; Whitaker & Atkinson, 2021).

필자는 다른 질적 연구방법론 수업에서 동일한 연구주제에 관심을 가진 두 명의 대학원생을 만난 적이 있다. 처음에 이들의 연구 관심은 동일한 것처럼 보였으나 사회 속에서 자신의 위치를 성찰해 가면서 이들은 연구문제를 점차 명료화시킬 수 있었고, 이와 관련된 해석을 작성할 수 있었다.

필자는 동일한 주제에 관심을 가진 두 명의 대학원생을 만난 적이 있다. 이들을 만난 시기는 다르지만 이들의 연구 관심은 '남성 육아휴직 경험'으로 같았다. A 대학원생은 30대 남성 교사였고, B 대학원생은 40대 여성으로 기업에서 상담사로 근무하고 있었다. 학기 초 이들이 밝힌 연구 관심은 A 대학원생은 학교에서 남성교사의 육아휴직 경험에 대한 연구였고, B 대학원생은 육아휴직제를 이용하는 남성 직원들의 경험에 대한 연구였다. 두 학생 모두 관심은 남성 육아휴직자의 경험에 대한 것인데 구체적으로 연구문제를 무엇으로 해야 할지, 누구를 인터뷰해야 할지, 무슨 질문을 해야 할지 잘 모르겠다고 했다.

필자는 우선 왜 남성 육아휴직자에게 관심이 있는지 질문했다. 처음에는 두 학생 모두 '연구가 별로 없으니까요'라는 무미건조한 대답이 나왔다. 필자는 '그 사람들의 경험이 궁금한 개인적인 이유가 있나요?'라고 다시 질문했다. A 대학원생은 솔직히 말하면 자신이 육아휴직을 희망하고 있지만 남교사가 별로 없는 학교에서 육아휴직을 신청하는 것이 '눈치가 보인다'고 하면서 다른 남성교사들은 어떤 경험을 하는지 궁금하다고 했다. 연구를 통해 자신이 앞으로 어떻게 해야 할 것인가 참고하고 싶다고도 했다. B 대학원생은 사실은 같은 부모이지만 여성과 달리 남성들은 부성을 어떻게 느끼게 되는지 궁금하다고 했다. 남성의 육아휴직을 일찍이 제도화한 회사에 다니고 있던 B 대학원생은 육아휴직 경험 속에서 남성이 아버지 되기를 어떻게 경험하는지 알고 싶다고 했다. 구체적으로 남자들은 육아휴직 기간 동안 아빠로서 어떤 경험을 하는지, 또 육아휴직 복귀 후 육아휴직 경험이 아버지로서의 정체성에 어떤 영향을 미치는지도 궁금하다고 했다.

필자는 연구과정에서도 자신이 왜 그 연구현상에 관심이 있는지, 연구결과를 통해 무엇을 기대하는지 등을 계속 생각하도록 했다. 이를 통해 A 대학원생은 남성 교사의 육아휴직 경험에서 직장인으로서 경험하는 긴장과 갈등 경험에 주목했고, B 대학원생은 육아휴직 기간 동안 남성 직원이 경험한 부성 경험에 주목하였다. 두 연구자 모두 남성의 육아휴직을 활성화시킬 필요가 있다는 점을 동일하게 제안했지만 남성 교사와 여성 기업상담사로서 이들이 가지고 있는 각자의 위치성은 다른 연구문제와 연구수행 과정을 이끌었다.

연구자의 위치에 대한 성찰은 연구문제를 개발할 때뿐만 아니라 연구를 수행하는 과정에서도 필요하다. 질적 연구는 연구자가 무엇을 어떻게 할 것인가를 알려 주는 표준화된 매뉴얼이 없다. 상황에 따른 연구자의 생각이 유일한 결정의 기준이다. 연구자는 연구과정에서 자신이 어떤 위치에 있는지 끊임없이 성찰하고 자신의 위치가 연구 참여자와의 관계에 어떤 영향을 미치고 있는지 성찰하는 것이 필요하다. 이와 관련해 Corlett와 Mavin(2018)와 Soedirgo와 Glas(2020)이 제시한 주요한 성찰 질문을 소개하면 다음과 같다.

- 연구자로서 나의 역할은 무엇인가?
- 연구가 수행되는 방법에 대해 연구자인 나의 역할은 어떤 영향을 미치는가?
- 연구 참여자와의 관계는 어떠한가?
  - 연구자는 참여자를 어떤 위치로 인식하는가?
  - 연구 참여자는 연구자를 어떤 위치로 인식하는가?
- 연구에서 나의 위치가 연구결과에 미치는 영향은 무엇인가?

앞의 질문에 대해 연구자가 어떤 답을 하는가에 따라 수집하는 자료의 내용은 달라질 수 있다. 자료의 내용이 달라지면 연구결과 또한 달라진다. 연구자는 자신을 '질문자'로, 연구 참여자를 '응답자(respondents)'로 위치 지을 수 있다. 연구자가 질문자로서 자신의 역할을 규정할 경우, 연구문제와 관련해 어떤 질문이 유용한 질문이 될 수 있는가에 집중하고, 사전에 질문을 자세히 준비하고, 만들어 간 질문을 잊지 않고 모두 물어보았는지가 좋은 면담의 기준이 된다. 연구자가 이런 태도를 보일 경우, 연구 참여자 또한 연구자가 듣고 싶은 내용을 자신이 '정확하게' 대답하고 있는지에 주목하게 된다. 이는 설문조사에서 주관식 질문에 응답하는 관계와 크게 다르지 않을 수 있다.

연구자는 연구 참여자의 관계를 '질문자—정보제공자(informants)' 관계로 인식할 수도 있다. 연구자는 연구 현장에서 자신들이 관찰한 내용, 인터뷰 과정에서 연구 참여자들이 말한 내용이 '사실 그대로'를 보여 주는 객관적 '정보'로 간주한다. 연구현상에 대한 자료를 연구자는 관찰을 통해 획득할 수 있고, 인터뷰를 통해 '수집(collecting)'할 수 있다고 본다. 따라서 연구자는 보다 많은 그리고, 자세한 정보를 자신이 직접 보거나 연구 참여자들로부터 듣기 위해 노력한다.

연구자는 '연구자-연구 참여자(research participants)'의 관계로 생각할 수도 있다. 연구자는 연구참여자를 연구자의 질문에 단순히 응답하거나 자신이 경험한 것을 '사실대로 전달하는' 수동적 존재로 이해하기보다는 자신이 경험한 것을 '인식한 대로' 말하는 사람으로 생각한다. 또한 연구자와 인터뷰하는 상황도 참여자의 말과 행동에 영향을 미치고 있다고 본다. 따라서 연구자는 자료를 수집한다고 이해하기보다는 현장과 연구자의 타협의 산물로 자료를 이해한다(Davis, 2012). 연구자와 연구 참여자는 자료의 구성과정에 어떤 영향을 미쳤는지를 성찰한다.

연구자가 자신의 위치를 성찰하는 것은 중층적이고 여러 유형을 가지고 있다(Finlay, 2002). 일차적으로 연구자는 연구현상을 이해하는 방식에 연구자 개인의 생각과 경험, 즉 자신의 주관이 어떻게 영향을 미치고 있는지 성찰할 필요가 있다. 그다음으로 연구자의 주관성과 연관되어 있는 자신의 사회적 위치가 어떤 것인지 살펴보아야 한다. 성, 연령, 학력, 경제·정치·문화적 배경과 같은 사회적 맥락이 연구자의 관심에 어떻게 영향을 미치고 있는지 성찰해야 한다. 마지막으로, 연구자의 사회적 위치가 가진 한계가 무엇인지 그리고 연구 참여자와의 관계에서 연구자의 위치로 인한 한계가 무엇인지 성찰할 필요가 있다.

(3) 나는 어떤 학문공동체에 속해 있는가

연구자가 자신에 대해 성찰할 때 인식론적 위치, 사회적 위치, 연구 참여자와의 관계에서의 위치와 함께 고려해야 할 것은 학문적 위치이다. 학문적 위치성에 대한 성찰은 연구설계 단계인 연구주제와 연구문제를 개발할 때부터 중요하다. 연구주제나 현상에 대한 연구자의 관심과 이해는 연구자 자신의 개인적 경험에서 비롯될 수 있지만 실질적으로 연구할 만한 가치가 있는 주제인지는 연구자가 속해 있는 학문 공동체에서 인정받을 수 있는가와 관련이 있다. 연구자는 다음과 같은 질문을 통해 성찰할 수 있다.

- 내가 관심 있는 연구주제는 내가 속한 학문 분야에서 연구할 만한 가치가 있는 것인가?

선행연구의 결과를 통해 변인을 추출하고 가설을 수립하여 이를 검증하는 양적 연구와 달리 질적 연구에서 선행연구는 관련된 연구현상을 이해하기 위한 참고자료이다. 초기 근거이론 연구에서는 자료수집과 분석 전에 선행연구를 하는 것이 수집된 자료에 기반하여 이론을 도출하는 것을 오히려 방해한다고 보기도 하였다(Strauss & Corbin, 1997). 그러나 실제 질적 연구자들이 경험하는 것처럼 관련 선행연구를 검토하여 준비한 인터뷰와 참여관찰, 그리고 분석은 훨씬 생산적일 수 있다(김은정, 2018; 윤견수, 2013).

질적 연구를 처음 시작하는 대학원생들 중 관련 선행연구에 대한 검토가 충실히 이루어지지 않은 채 자신의 개인적 호기심만으로 연구를 시작하는 경우가 있다. 질적 연구는 지속적인 순환의 과정이기 때문에 연구문제가 연구과정에서 수정될 수 있다. 그러나 이는 아무것도 정하지 않고 현장에 뛰어들어도 된다는 것을 의미하는 것은 아니다. 인터뷰 시간은 길었지만 정작 분석하려고 보니 '쓸 만한 내용이 없다'라는 말도 질적 연구를 하면서 자주 맞닥뜨리는 경험이다. 실제로 의미 있게 분석할 만한 내용이 없는 경우도 있지만 학술적·정책적으로 주목할 만한 현상이나 개념을 참여자들이 언급했음에도 연구자가 간과하지 못한 경우도 많다. 이렇게 되면 결국 연구결과물은 연구 참여자의 경험에 대한 피상적인 기술(discription)에 그치게 된다.

인터뷰 과정에서 어떤 내용을 캐어묻기 해야 하는지, 어떤 내용을 심층적으로 분석할지, 연구자로서 연구 참여자의 경험을 어떻게 해석하는 것이 의미가 있는지 등은 선행연구의 충분한 검토를 통해 가능하다. 이를 통해 연구자는 이론적 민감성을 향상시킬 수 있다. 질적 연구가 열린 상태에서 시작할 수 있다는 말은 아무것도 정하지 않은 상태에서 시작한다는 것이 아니라 연구 초기에 정한 연구의 초점, 계획이 변경될 수 있다는 것을 의미한다. 연구자는 초기의 연구문제가 연구과정에서 어떻게, 그리고 왜 변했는지 생각해 보아야 한다. 이때 관련 선행연구 그리고 소속 학문공동체에서 사용하는 개념들과 연관 지어 성찰하면 보다 심층적인 해석을 도출할 수 있다.

학문공동체 내에서 연구자가 자신의 연구 관심을 성찰하는 것이 보다 생산적인 연구를 수행하게 하는 데에 도움이 되지만 다른 한편으로는 학문공동체의 전통적인 틀에만 한정될 경우 새로운 지식을 창출하는 것은 제한될 수밖에 없다는 점도 유의할 필요가 있다(Whitaker & Atkinson, 2021). 학문 분야의 발달, 새로운 지식과 대안의 창출, 현상에 대한 새로운 통찰 등은 기존의 주어진 틀을 벗어나야 가능하다. 더욱이 질적 연구는 실제 현장을 가까이서 살펴봄으로써 현상을 다양하게 그리고 풍부하게 이해하는 데에 관심이 있기 때문에 학문공동체 내에서 주어진 개념틀과 관심 영역에 갇혀 현상을 이해하는 것은 질적 연구의 목적에 부합하지 않는다. 기존의 틀을 벗어나기 위해 연구자는 다음과 같은 성찰적 질문을 생각해 보아야 한다.

- 내가 받아들인 학문적 개념, 설명, 이론 등은 무엇인가? 나는 이러한 설명에 왜 동의하는가?
- 내가 현장에서 관찰한 현상은 내가 사용하는 개념 등으로 설명할 수 있는가?
- 연구현상을 기존의 개념이나 설명으로 이해할 수 있는가? 없다면 이유는 무엇인가?
- 연구현상을 이해하고 해석할 수 있는 새로운 통찰은 무엇인가?

한편 학문공동체는 연구방법론의 공동체도 포함한다. 질적 연구방법론도 하나의 학문공동체라고 말할 수 있지만 그 안에는 세부적으로 다른 여러 가지 방법론으로 나뉜다. 따라서 연구자는 자신의 연구문제에 따라 적합한 연구방법론을 선택했는지 성찰하는 것이 필요하다. 하위 질적 연구방법에 따라 적합한 연구의 목적이 다르고 주된 자료수집 방법과 해석의 지점이 다르기 때문에 자신의 연구문제에 적합한 연구방법을 선택했는지, 자료를 수집하고 있는지, 연구 참여자와 관계를 맺고 있는지 성찰해 보아야 한다(윤견수, 2013; 윤창국, 2013). 간혹 연구자가 속한 학문 분야나 학과에서 주로 사용하는 질적 연구방법 중 한 가지를 연구자가 그대로 사용하는 경우가 있다. 연구목적에 부합하면 문제가 없지만 그렇지 않을 때에도 특정 연구방법을 고수하는 경우가 있다. 또는 하나의 연구방법을 명시하지 않고, 질적 연구방법으로 연구를 수행했다고 제시하는 경우도 흔하다. 이때 연구자는 연구목적, 연구의 초점이 명확하지 않기 때문에 하나의 질적 연구방법을 명확히 제시할 수 없는 것은 아닌지 성찰해 볼 필요가 있다.

- 나의 연구목적에 부합하는 연구방법은 질적 연구방법 중 어느 것인가?
- 선택한 질적 연구방법은 나의 연구목적에 따른 것인가, 학과나 전공 분야의 지배적 담론에 따르지 않는다면 그 이유는 타당한가?
- 구체적인 질적 연구방법을 선택할 수 있을 정도로 나의 연구목적은 분명한가?

연구방법론에 대한 성찰과 관련해 생각해 보아야 할 또 다른 상황은 연구자의 초점이 연구과정에서 변하는 경우이다. 필자가 몇 년 전 심사한 학위 논문에서 서론과 연구방법론에서 근거이론 연구를 하였다고 작성하였으나 현상학적 연구에 적합한 해석과 결론으로 논문이 끝난 경우가 있었다. 이때 문제는 연구의 초점이 바뀌었다는 것이 아니라 연구자가 이를 미처 인식하지 못하고 있다는 데에 있다. 질적 연구는 연구과정에서 연구의 초점이 바뀔 수도 있다. 중요한 것은 연구자가 연구의 초점이 왜 변경되었는지를 인식하는 것이다. 변경의 이유를 연구자가 성찰함으로써 연구현상을 보다 심층적으로 이해하는 데 필요한 통찰을 얻을 수 있기 때문이다. 연구자가 성찰하지 않고 논문을 작성할 경우 연구의 초점이 불명확하고 일관성이 결여되었다는 지적을 받을 수 있지만, 성찰과정을 분명하게 드러내고 연구자가 연구과정에서 어떻게 변화하였고, 성장했는지 드러낸다면 연구결과물에 대한 독자들의 신뢰를 향상시킬 수 있다(Attia & Edge, 2017; Haynes, 2012). 따라서 연구자는 다음과 같은 성찰적 질문을 생각해 볼 수 있다.

- 선택한 연구방법을 일관되게 유지하고 있는가?
- 선택한 연구방법을 변경했다면 그 이유는 무엇인가?

- 연구과정에서 수집한 자료와 분석방법이 연구목적에 비추어 볼 때 충분하다고 결정한 이유는 무엇인가?

(4) 나는 연구결과를 어떻게 표현할 것인가

질적 연구결과를 표현하는 방식에 대한 성찰도 중요하다. 일반적으로 질적 연구자가 하는 일은 크게 두 영역으로 구분할 수 있다. 하나는 학문적ㆍ연구자적 태도를 가지고 연구를 수행하는 것이고, 다른 하나는 연구결과를 세상에 공유하는 지식 커뮤니케이터로서의 역할을 수행하는 것이다. 질적 연구의 결과물은 다양한 방식으로 표현할 수 있다는 논의(김영천, 이동성, 2013)가 있지만 아직 대부분의 질적 연구자들은 텍스트로 연구결과를 표현한다. 독자들은 연구자와 연구과정을 함께하지 않기 때문에 연구결과로 표현된 텍스트를 읽으면서 연구현상을 이해한다. 학계나 정책결정자 혹은 일반 대중에게 지식으로 공유되는 것은 연구자의 연구과정이 아니라 표현된 연구결과물이기 때문에 연구결과물을 어떻게 표현할 것인가는 연구자에게 있어서 연구를 수행하는 것 못지않게 지적 긴장이 필요한 일이다.

질적 연구의 결과에 대한 글쓰기 과정에서 연구자는 두 가지 측면에서 성찰적 글쓰기를 고려해 볼 수 있다. 하나는 현장이나 연구 참여자의 경험에 대한 분석과 해석의 결과를 어떻게 구성하여 글을 쓸 것인가이다. 연구논문의 글쓰기 작업에 대한 전통적 관점은 연구 대상을 드러내는 과정, 즉 재현(representation)의 과정으로 보았다. 이때 초점은 연구논문에서 연구 대상을 얼마나 '정확하게' 드러낼 수 있도록 글을 작성하는가이다. 연구자가 수집한 자료는 실재(reality)를 그대로 반영하고 있고, 연구자는 이를 그대로 인지할 수 있기 때문에 연구결과물은 연구 대상을 정확하게 재현할 수 있도록 기술하는 것이 중요하다. 이러한 관점이 가지고 있는 전제는 독자들은 표현된 연구결과물을 텍스트 그대로 받아들인다는 것이다.

1990년대 들어 이와 같은 방식은 '실증주의적 글쓰기'로 질적 연구를 표현하기에는 적합하지 않다는 비판이 대두하였다. Denzin과 Lincoln(1994)은 이를 질적 연구에서 '재현의 위기 시기(crisis of representation)'라고 설명한 바 있다. 연구결과가 세계를 그대로 재현하는 것은 어려울 뿐만 아니라 불가능하다는 것이다. 연구 참여자는 자신이 한 경험을 있는 그대로가 아닌 인식한 대로 말하고, 연구자는 연구 현장을 있는 그대로 보는 것이 아니라 자신이 인식한 대로 관찰한다. 또한 분석과정을 거치면서 연구자는 자료를 선별하고 이를 논문에 배치한다. 이 과정에서 자료는 양적으로 축소될 뿐만 아니라 연구자의 해석이 추가되면서 새로운 버전의 연구현상에 대한 지식으로 재구성된다. 이렇게 본다면, 연구자는 질적 연구의 글쓰기 작업에서 자신이 어떤 자료를 왜 선별하며, 왜 특정한 방식으로 배열하고 있는지 성찰해 보아야 한다. 앞에서 제기한 성찰 질문들, 즉 연구자의 연구동기와 인식론적 배경, 사회적 위치, 학문적 선이해 등이 자료를 선별하고 배열하는 데에 어떻게 영향을 미치고 있는가를 살펴보는 것이 필요하다.

- 나는 연구결과를 제시하기 위해 어떤 자료를 선택하고 어떻게 배치할 것인가?
- 그렇게 하기로 결정한 이유는 무엇인가?

질적 연구에서 연구자의 성찰적 글쓰기의 또 다른 측면은 연구자 자신을 어떻게 혹은 어느 정도로 표현할 것인가와 관련이 있다. 첫 번째 성찰적 글쓰기가 연구 대상과 연구자와의 관계를 중심으로 한 것이라면, 두 번째 성찰적 글쓰기는 연구자와 독자와의 관계를 고려한 것이다.

- 연구결과물에 연구자를 어느 정도 그리고 어떻게 드러낼 것인가?
- 그렇게 하기로 결정한 이유는 무엇인가?

이 질문은 실증주의적 글쓰기에서는 본질적으로 제기되기 어렵다. 연구과정과 결과의 객관성을 추구하는 실증주의적 접근에서 연구자를 드러내는 것은 연구의 엄격성과 타당성을 저해하는 것이기 때문이다. 이에 대해 Krieger(1983)는 사회과학 연구가 연구자인 '나'에 의해 이루어졌음에도 '나'라는 단어는 사용될 수 없으며, 연구자의 연구경험과 감정을 연구결과에 표현할 수 없게 되면서 연구자는 신적인 절대적 이미지로 강화되었고, 독자에게 연구결과에 대해 문제점이 없었다는 이미지를 심어 준다고 지적하였다(김영천, 주재홍, 2010: 164 재인용). 실증주의적 글쓰기에서 연구자는 투명인간이 된다.

앞에서 살펴본 성찰성에 대한 논의에서 본다면, 연구자가 연구주제를 처음 생각할 때부터 연구과정 전반에 영향을 미치지 않는 것은 불가능하다. 질적 연구를 표현할 때 '나'라는 개인으로 존재하는 연구자를 드러내지 않는 것으로 연구자가 연구 전반에 미친 영향을 부인하는 것은 불가능하다. 이는 연구의 엄격성과 신뢰성에도 부합하지 않는다. 연구자 영향의 불가피성을 인정한다면, 연구물은 연구 대상에 대한 분석의 결과를 표현하는 것과 함께 연구자가 어떻게 영향을 미쳤는지, 연구과정에서 연구자는 어떤 경험을 하였는지를 적극적으로 설명하는 것이 오히려 연구의 엄격성을 확보하는 전략이 될 수 있다. 그러나 우리나라 학계에서 연구자의 개인적 성찰 경험을 논문에 드러내는 것에 대해 아직은 우호적이지 않은 것 같다.

　　필자는 질적 연구방법론 수업에서 학생들에게 연구논문 안에 연구주제에 관심을 갖게 된 개인적인 배경, 연구과정에서 느꼈던 생각과 감정의 변화 등을 간략하게라도 포함시킬 것을 권장해 왔다. 학생들 중 몇 명은 수업시간에 작성한 논문을 발전시켜 학술지에 투고하기도 한다. 그러나 연구자 성찰에 대한 부분을 삭제하라는 심사평을 받았다는 이야기를 흔하게 들을 수 있었다. 지도교수와 논문에 대해 상의할 때부터 '그런 내용을 논문에 적는 것은 적절하지 않다'라는 지적을 받았다는 이야기도 종종 들었다.

　　질적 연구 논문에서 연구자의 연구동기, 생각, 신념 등을 드러내고 성찰의 과정을 보여 주는 것은 독자들이 연구결과를 절대적인 것이 아니라 잠정적인 것으로 받아들이고 자신의 맥락에서 연구결과를 재해석할 수 있게 하는 힘이 있다(Corlett & Mavin, 2018). 연구결과만 제시하는 것은 독자들에게 연구자가 어떤 렌즈, 필터를 가지고 어떤 각도에서 연구를 수행했는지 알려 주지 않음으로써 연구결과에 대해 의구심을 갖게 할 수 있다.

2) 질적 연구에서 성찰을 위한 실천

(1) 연구일기 작성하기

　　앞에서 제시한 주요한 성찰적 질문들은 질적 연구자가 연구과정 전반에 걸쳐 성찰을 실천하는 출발이자 토대이다. 그러나 성찰적 질문을 하는 것만으로 성찰을 충분히 실천한다고 볼 수는 없다. 구체적으로 성찰을 실천하는 방법으로 질적 연구자들은 공통적으로 몇 가지 방법을 제안하는데 그중 하나가 연구일기를 작성하는 것이다. 이는 성찰노트, 메모 등으로 불리기도 한다. Nadin과 Cassel(2006)은 성찰을 실천하기 위해서는 여기에 몰입해야 하는 시간과 공간, 그리고 상황이 필요한데 연구일기(research diary)를 작성하는 것이 이러한 공간을 만드는 과정이 될 수 있다고 하였다.

　　질적 연구를 수행하는 과정에서 연구자는 다양한 자료를 산출한다. 일반적으로 질적 연구 수행 과정에서 연구자는 인터뷰 녹음파일과 이에 대한 전사자료, 참여관찰을 통한 관찰노트, 그리고 분석을 시작한 분석파일을 생성한다. 이 자료들은 연구하는 대상인 연구 현장과 연구 참여자에 대한 자료들이다. 그러나 이들 자료 못지않게 중요한 것이 모든 자료의 생성과정에 항상 함께 존재하고 있는 연구자 자신에 대한 자료이다. 연구일기는 체계적인 방법으로 생각을 기록함으로써 연구자 자신뿐만 아니라 연구수행 과정에서 자신이 가지고 있는 가정, 생각, 신념에 대해 끊임없이 생각하게 한다.

　　연구일기는 언제부터 써야 하는가? 연구계획서를 작성하기 전부터, 즉 연구주제를 처음 생각하기 시작할 때부터 작성하는 것이 필요하다. 앞서 제시한 성찰 질문 중 하나인 '나는 질적으로 생각하는가'라는 질문에 대한 자신의 생각을 살펴보기 위해 연구자는 어떤 것을 연구할 것인가를 생각하기에 앞서 자신의 인식론적 가정과 태도를 생각해 보고 적어 보는 것이 필요하다. 어떤 현상을 바라볼 때 객관주의적 관점에서 이해하고 접근하는지 아니면 구성주의적 관점에서 이해하고 있는지 자신을 들여다보고 자신이 어떤 인식론적 태도를 가지고 있는지 글로 적어 봄으로써 질적 연구방법을 수행하는 데에 적합한 태도를 가지고 있는지 점검해 보는 것이 필요하다.

연구계획서 작성 단계에서도 연구일기 쓰기는 연구자가 성찰적 태도를 유지하게 하는 유용한 방법이다. 연구계획서에는 주로 학문적 혹은 정책적 필요성 측면에서 연구 배경을 기술한다. 그러나 연구주제에 관심을 갖게 된 배경에 연구자의 개인적 경험도 영향을 미친다는 것을 인정한다면 이 내용은 연구일기에 기록될 필요가 있다. 이를 통해 연구자는 자신의 주관적인 연구동기를 객관화시켜 볼 수 있다. 연구를 수행하면서 그리고 연구결과를 해석할 때 연구일기에 적은 개인적인 연구동기를 다시 읽으면서 연구결과의 해석과 어떻게 연관되고 있는지 성찰해 볼 수 있다.

또한 연구계획서 단계에서 본격적인 연구를 시작하기 전에 연구자는 연구일기에 연구하고자 하는 현상이나 사람들에 대한 생각, 그리고 예상하는 연구의 결과를 일종의 시나리오처럼 작성해 볼 수 있다. 이 시나리오는 일종의 가설과 같은 역할을 한다. 연구를 수행하면서 연구자가 사전에 생각했던 시나리오는 현장과 어떻게 다른지 혹은 같은지, 왜 다른지 등에 대해 심층적으로 탐색하게 하는 출발이 될 수 있다. 초기의 연구동기와 연구자가 예상하는 연구결과를 연구일기에 적어 놓음으로써 연구자는 연구현장을 자세히 보면서 혹은 연구 참여자의 경험을 심층적으로 이해하게 되면서 자신의 예상이 어떻게 달라지는지를 확인할 수도 있다. 연구자가 자신의 생각이 변화하고 있음을 확인하는 것은 연구현상에 대한 깊이 있는 혹은 새로운 통찰로 안내할 수 있다(Soedirgo & Glas, 2020).

연구수행 과정에서의 성찰도 연구일기를 쓰면서 지속할 수 있다. 연구일기에는 인터뷰나 참여관찰을 수행한 후 새롭게 알게 된 내용이 무엇인지 기록할 뿐만 아니라 인터뷰나 참여관찰을 수행하면서 수정이나 보완이 필요한 방법적 이슈, 예를 들면 수정해야 할 인터뷰 장소나 시간, 추가 인터뷰 질문, 추가 관찰 대상 시간이나 공간 등을 적을 수 있다. 또한 연구 참여자나 현장에 대한 연구자 자신의 생각이나 감정을 기록할 수도 있다. 이현서(2018)는 연구 참여자들과 상호작용 과정에서 생긴 연구자의 감정이 자료수집 방법과 자료의 분석 및 해석에 어떻게 영향을 미치는지 성찰하면서 연구자의 이성의 작용과 불가분의 관계에 있다고 성찰한 바 있다.

질적 연구에서 연구자가 작성하는 연구일기는 연구자가 성찰하는 공간이며 분석하고 해석할 자료로 포함시켜 연구결과를 작성하는 단계에서 반복적으로 읽으며 자신의 생각이 어떻게 변화했는가 그 과정을 확인하고 자각할 필요가 있다. 따라서 연구자는 연구일기를 작성하는 것을 연구수행 과정에서 일상화, 습관화할 필요가 있다.

(2) 다른 사람과 함께 성찰하기

질적 연구에서 연구자가 성찰을 실천하는 또 다른 방법은 연구과정 전반에 걸쳐 연구자가 자신의 생각을 다른 사람과 공유하고 토론하는 것이다. 연구의 질을 확보하기 위해 동료연구자의 조언이나 비판이 좋은 논문을 작성하는 토대가 된다는 것은 학계에서 일반적인 의견이다(윤견수, 2013). 연구일기를 작성하는 것이 연구자가 자신의 내면을 스스로 들여다볼 수 있는 연구자 '자신과의 대화 장치'라면 동료연구자와의 토론은 다른 사람들을 통해 자신을 들여다보게 하는 '타인과의 대화 장치'라고 할 수 있다. 따라서 연구자가 연구과정을 드러내어 동료연구자들과 이야기하는 것은 필요한 성찰의 과정이자 연구의 질을 확보할 수 있는 방법이다.

이때 연구자는 다양한 사람들과 함께 성찰하고자 노력할 필요가 있다. 연구과정을 논의하더라도 연구자와 유사한 생각이나 문화를 가진 집단 내에서 토론한다면 연구자의 성찰은 한계가 있다. 이것은 Archer(2010)가 설명한 '의사소통적 성찰(communicative reflexivity)' 유형에 해당하는 것으로 연구자가 이러한 성찰 유형을 실천하게 되면 자신의 위치성(positionality)이 가지는 경계 내에서만 연구과정을 성찰하게 됨으로써 폐쇄적이고 반복적이며 자기만족을 강화할 우려가 있다(Hibbert, Coupland, & Macintosh, 2010; Pillow, 2003). 따라서 연구과정과 해석의 결과를 함께 논의할 사람의 범위를 확장시키는 것이 필요하다.

Seodirgo와 Glas(2020)는 '적극적 성찰(active reflexivity)'의 태도를 강조하면서 이를 위한 실천 전략의 하나로 위치성이 다른 동료연구자를 연구자의 성찰과정에 참여시키는 것을 제안하였다. Seodirgo는 자신의 인터뷰 자료를 살펴본 연구보조원이 연구 참여자가 연구자를 어리게 보고 연구 경험이 많지 않은 사람으로 생각하고 인터뷰한 것 같다고 지적한 사례를 소개하였다. Seodirgo는 당시 연구를 시작할 때 연구에 대한 자신의 종교적 · 인종적 배경에 대한 영향은 성찰하였지만 연령의 영향은 미처 생각하지 못했었다고 언급하면서 이후 참여자들이 연구자의 연령을 어떻게 인식하는지 의식하게 되었다고 밝혔다.

질적 연구자가 성찰과정을 다른 사람과 함께 한다는 것은 쉽지 않은 도전이다. 연구자와 다른 사회문화적 배경을 가진 사람들과 대화하는 것은 쉽지 않고, 다른 분야의 연구자들과 대화할 기회는 그리 많지 않다. 따라서 연구자는 의식적으로 노력할 필요가 있다. Akram과 Hogan(2015)이 지적한 것처럼 연구자가 의식적으로 자신을 둘러싼 일상과 루틴으로부터 '틈새'를 찾고자 노력할 때 성찰은 발전으로 이어질 수 있다. 연구자가 다른 사람과의 대화를 통해 자신이 당연하게 여기던 것을 알아차리고 충격을 받는 성찰을 경험할 때 연구에서 통찰을 확장시킬 수 있다(Haynes, 2012; Hibbert, Coupland, & MacIntosh, 2010).

(3) 성찰과정 표현하기

질적 연구자가 성찰을 실천하는 또 다른 방법은 성찰과정을 공개적으로 표현하는 것이다. 양적 연구에서는 연구계획서에 제시된 연구문제가 연구가 끝날 때까지 유지된다. 그러나 질적 연구의 경우, 연구계획서에 제시한 연구문제는 연구자가 연구 현장의 사람들을 직접 만나서 그들의 이야기를 듣고 현장을 보면서 수정되고 변형되면서 점차 명확해진다. 연구자는 이 과정을 통해 연구 초반에 가졌던 자신의 선이해가 바뀌는 경험을 한다. 질적 연구는 연구자와 연구 참여자와의 상호작용 속에서 이루어지는 활동이기 때문에 연구자의 변화는 연구 참여자의 인터뷰 내용에 영향을 미칠 수 있으며, 수집한 자료의 해석에도 영향을 미칠 수 있다. 따라서 연구의 최종 결과물로 연구 참여자의 경험에 대한 이야기나 현장을 분석한 결과만을 포함시키는 것은 지식이 생산된 과정을 보여 주지 않음으로써 최종 산출물에 대한 신뢰성(trustworthiness)을 저하시킬 우려가 있다.

일반적으로 질적 연구 논문에서 연구자들은 '연구방법'이라는 별도의 장을 통해 연구결과를 도출한 과정과 방법을 기술한다. 여기에 포함되는 내용은 선택한 연구방법에 대한 설명, 연구 참여자나 연구현장을 선택한 기준과 이에 대한 소개, 자료수집 과정과 분석 과정 등이다. 질적 연구에서 연구자가 연구도구라는 것을 당연한 것으로 인정하면서도 연구의 최종 결과물인 논문에 연구자는 투명인간처럼 잘 드러나지 않는다. 논문에 연구자를 드러내면 연구논문이 주관적이라는 비판을 받기 일쑤이다.

그러나 양적 연구에서도 연구도구인 설문 문항을 포함시킴으로써 독자들은 연구결과만 확인하는 것이 아니라 어떤 도구가 사용되었는지를 함께 검토하면서 연구결과의 타당성을 확인한다. 마찬가지로 질적 연구에서 연구도구가 연구자라면 연구자가 어떤 사람인지, 연구과정에서 연구 참여자와 어떤 관계를 형성했는지, 연구를 수행하면서 연구자의 생각은 어떻게 변했는지, 새롭게 알게 된 것은 무엇이었는지 등 연구자의 성찰과정을 최종 결과물에 포함시켜 독자들의 연구결과에 대한 이해를 돕는 것은 당연하다. 따라서 최종 결과물에 연구자를 드러내는 것이 질적 연구의 신뢰성을 확보할 수 있는 전략이 될 수 있다(Day, 2012; Patnaik, 2013).

최종 연구물에 연구주제와 관련된 연구자 자신의 이야기를 포함시키고 연구에서 성찰과정을 드러내는 것에 대한 우리 학계에서도 그리고 연구자 자신도 아직은 거부감이 있다. 연구주제에 관심을 두게 된 개인적 계기나 연구현상에 대한 자신의 주관을 드러내는 것을 약점이나 편견(bias)으로 인식하는 경향이 강하기 때문이다. 이것은 연구결과는 연구 참여자의 경험과 관점 그리고 연구 현장에서 일어나는 현상만이 실재하는 이야기로 기술되어야 한다는 연구에 대한 전통적인 실증주의적 글쓰기 방식에서 기인하는 것으로 볼 수 있다(Denzin & Lincoln, 1994; Finlay, 2002).

그러나 모든 연구자는 아무 생각 없이 연구를 시작할 수 없고, 연구자의 생각은 다른 누군가에게는 편견이 될 수 있기 때문에 연구자의 '편견'은 연구자가 가진 '생각'의 또 다른 이름이다. 편견이 문제가 되는 이유는 그 자체가 아니라 연구자가 연구를 시작하기 이전부터 가지고 있던 생각을 성찰 없이 연구과정에서 고수하여 연구 참여자가 한 경험의 의미를 연구자의 사고틀 안에서만 해석하는 경우이다. 이렇게 수행된 질적 연구의 결과는 독자가 신뢰하기 어려우며, 따라서 '좋은(good)' 질적 연구라고 보기 어렵다(Pagan, 2018).

연구자의 성찰을 연구물에 표현하는 것은 '자기 반영적 글쓰기'(김영천, 이동성, 2013; 김영천, 주재홍, 2010), '고백적 이야기(confessional tales)'(Van Maanen, 2011)라고 일컬어진다. 자기 반영적 글쓰기는 최종 결과물로서 출판되는 연구논문의 하나의 글쓰기 방식으로 채택될 수도 있고(이새암, 2010의 논문 참조), 연구 참여자의 경험이나 연구현장 자체를 분석한 논문과는 별도의 논문으로 산출할 수도 있다(김은정, 2018; 이현서, 2018의 논문 참조). "연구의 최종산출물은 독자들과 시작하는 또 다른 대화의 시작일 뿐"(Barrett, Kajamaa, & Johnston, 2020: 11)이기 때문에 독자들은 연구자가 적극적으로 노출된 연구결과를 읽으면서 자신의 맥락에서 이해하고 해석할 수 있다.

5. 성찰하는 질적 연구자를 기대하며

이 글에서는 질적 연구에서 연구자의 '성찰성(reflexivity)'에 주목하여 성찰성의 개념과 질적 연구에서의 의미를 살펴보고 연구자가 성찰성을 실천하는 주요한 방법들을 제시하였다. 서구에서 연구자의 '성찰성'은 질적 연구의 질과 신뢰성, 엄격성을 확보하기 위한 핵심 개념으로 다루어져 왔다. 반면, 우리나라의 질적 연구방법에 대한 논의에서 연구도구로서 연구자가 하는 일에 대한 소개는 주로 자료수집 방법이나 분석 및 해석 방법에 집중되어 있고 연구자의 성찰에 대한 논의는 아직 활발하지 않다. 앞에서 살펴본 것처럼 질적 연구의 질과 연구자의 성찰성은 불가분의 관계가 있다. 따라서 질적 연구자가 성찰성의 개념을 이해하고 이를 실천하고자 노력하는 것은 자료수집과 분석 못지않게 중요하다. 따라서 이 글의 서두에서 제시한 문장은 다음의 문장으로 바꾸는 것이 더 적절한지도 모른다.

"질적 연구에서 연구도구는 성찰하는 연구자이다."

교육행정학계에서도 질적 연구방법을 사용한 연구들이 최근 들어 증가하고 있지만(김병찬, 유경훈, 2017) 연구의 관심은 교육현장과 이곳에 있는 사람들에 집중되어 있다. 연구과정에 영향을 미칠 수밖에 없는 '연구자' 자신이나 연구과정 자체에 대한 관심은 미미하다. 필자는 교육행정학 분야에서 성찰성과 관련하여 '좋은' 질적 연구자가 되기 위해 생각해 보아야 할 점을 몇 가지 제안함으로써 이 글의 결론을 대신하고자 한다.

첫째, 질적 연구자는 연구를 시작하기 전에 연구하고자 하는 현장이나 사람들과 연구자인 자신이 교육행정 영역에서 어떤 권력관계 속에 위치하고 있는지 민감해질 필요가 있다. 연구자가 대학원생인지, 교수인지, 연구기관의 연구위원인지 등에 따라 현장에서 바라보는 연구자에 대한 인식은 다를 수 있다. 연구 참여자들의 이러한 인식은 연구자의 질문에 어느 정도까지 그리고 어떤 내용까지 말해야 할지 결정하는 데 영향을 미칠 수 있다. 예를 들어, 연구자가 학교조직에 대한 평가와 직간접적으로 관련이 있다는 것을 현장에서 알고 있는 경우 사례 현장이 연구자에게 보여 주고 들려주는 이야기는 평가와 무관한 연구자에게 들려주는 이야기와는 다를 수 있다. 연구자가 연구과정에서 발생하는 이러한 권력관계를 성찰하지 못한 채 연구결과를 도출한 경우, 그 연구결과를 신뢰할 말하다고 말하기는 어려울 수 있다.

또한 최근 교사와 같은 많은 현장 실천가들이 대학원에 진학하면서 현장에서 출발한 문제의식을 가지고 현장을 개선하기 위한 목적으로 질적 연구를 수행하는 경우가 늘어나고 있다. 이들은 현장 전문가로서 현장에 대해 잘 알고 있을 뿐만 아니라 현장에 접근하기도 용이하기 때문에 질적 연구방법에 대한 관심이 높은 것은 자연스러운 현상일 수 있다. 그러나 교사들이 수행한 질적 연구에서 연구자인 교사들이 자신의 어떤 경험이 연구주제에 관심을 두게 된 배경인지, 연구자가 연구 참여자들과 어떤 관계에 있는지, 연구 현장에서는 어떤 위치에 있는지 등을 소개한 연구물은 거의 발견되지 않는다. 단지 독자들은 논문에 제시된 저자의 소속을 통해 연구주제와 관련 있는 경험을 한 연구자일 것이라고 '추측'할 뿐이다. 따라서 교육행정학 분야에서 질적 연구를 수행하는 연구자는 자신에 대해 그리고 연구과정에 대해 성찰하는 태도를 가지고 연구를 실천하며 최종 연구물에 이 과정을 반영하도록 노력할 필요가 있다.

둘째, 대학에서는 질적 연구방법론 수업에서 연구자의 성찰을 강조할 필요가 있다. 질적 연구방법을 가르치는 교수자는 연구자가 연구의 관심이 되는 현장이나 사람들을 인터뷰하거나 관찰하는 도구(tool)로서 현장의 내용을 중립적으로 관찰하는 사람이 아니라 연구를 설계하고 자료를 수집, 분석하여 지식을 생산하는 과정에서 연구자가 구성적 역할을 수행한다는 것을 인식하도록 노력할 필요가 있다. 이를 위해 교수자는 예비 질적 연구자가 가지고 있는 인식론적 가정과 개인적 믿음이 무엇인지 알아차릴 수 있도록 시도하는 것이 하나의 방법이 될 수 있다. 질적 연구방법을 다루는 교재들은 대부분 철학적 패러다임을 설명하는 내용으로 시작하는데 학생들은 이를 배워야 하는 지식으로만 생각할 우려가 있다. 교수자는 예비 질적 연구자들이 먼저 학생들 자신이 어떤 인식론적 믿음을 가졌는지 확인할 수 있도록 교수활동을 구성할 필요가 있다(Hsiung, 2008).

대부분의 질적 연구방법론 수업은 실습을 포함한다(김진희, 도재우, 2018). 수업 초반에 학생들 스스로 확인한 자신들의 인식론적 가정과 사회적 위치 등이 연구문제를 선정할 때 그리고 질적 연구를 수행할 때 어떻게 영향을 미치고 있는지, 그리고 어떻게 변화하고 있는지 교수자는 학생이 확인할 수 있도록 설명하고 토론하는 시간을 갖는 것도 중요하다. 이러한 과정은 학생들이 질적 연구에서 연구자의 성찰의 의미와 중요성을 이해하는 데에 도움을 줄 수 있다.

셋째, 앞에서 살펴본 것처럼 연구자가 성찰을 실천하기 위해서는 연구과정을 동료연구자를 비롯한 다양한 사람들과 공유하며, 논의하고, 이를 연구결과물에 드러내는 작업이 중요하다. 이 과정은 연구자 개인의 노력만으로 지속되기 어려우며 교육행정학계에서 질적 연구물에 연구자의 주관성과 성찰과정을 드러내는 것을 열린 태도로 포용하는 것이 전제되어야 한다. 학계가 실증주의적이고, 과학적 글쓰기 방식이 여전히 지배적인 경향으로 자리 잡고 있다면 질적 연구라 할지라도 연구자가 자신의 이야기를 드러내는 것은 용기를 필요로 하는 일이 된다. 질적 연구에서 연구자의 성찰이 연구자로서 가져야 할 윤리적 책임(Brinkmann, 2007)일 뿐만 아니라 연구결과의 신뢰성을 확보할 수 있는 길이라면 학문공동체는 연구자가 연구주제와 관련해 자신의 이야기를 하고 연구과정에서 어떻게 자신의 주관이 영향을 미쳤는지 솔직하게 말할 수 있도록 개방된 문화를 만들어 가는 것이 필요하다. 따라서 교육행정학계와 여기에 소속된 질적 연구자는 서로에게 복잡한 교육현장에 대한 이해를 확장시킬 수 있는 '틈새'의 역할을 함으로써 학문공동체와 개인 연구자가 상호 간의 성찰성을 촉진하는 토대가 될 수 있을 것이다.

 ## 참고문헌

권효숙, 배은주, 신혜숙, 전가일, 전은희, 전현욱(2022). 질적 연구, 과정별 접근. 한국교육인류학회 방법론 총서 2. 학지사.

김병찬, 유경훈(2017). '교육행정학연구' 게재 논문의 연구 동향 특징 분석: 연구주제 및 연구방법을 중심으로. 교육행정학연구, 35(4), 173-200.

김상준(2006). 성찰성과 윤리. 사회와 이론, 통권 제10집, pp. 33-78.

김영천(2016). 질적 연구방법론 1: Bricoleur(3판). 아카데미프레스.

김영천, 주재홍(2010). 질적 연구에서의 글쓰기: 다양한 접근들의 이해. 열린교육연구, 18(1), 155-183.

김은정(2018). 보다 나은 질적 연구 방법 모색기: 근거이론 연구 수행의 실패와 갈등 경험을 중심으로. 문화와 사회, 26(3), 273-318.

김진희, 도재우(2018). 강의계획서 분석을 통한 한국과 미국의 질적 연구방법 교과목에 대한 이해. 교육문화연구, 24(3), 47-64.

남미자(2022). 근대적 사유를 넘어 새로운 교육지형도 그리기: 신유물론적 논의를 중심으로. 교육철학연구, 44(1), 27-55.

서덕희(2012). 사회적 소수자 연구 윤리로서의. 교육인류학연구, 15(1), 93-120.

유기웅, 정종원, 김영석, 김한별(2018). 질적 연구방법의 이해(개정판 2판). 서울: 박영스토리.

윤견수(2008). 사례 연구: 분석의 세계에서 집필의 세계로. 한국정책학회보, 17(4), 63-87.

윤창국(2013). 평생교육연구에 있어서의 질적 연구방법선택 기준 정립에 대한 소고. 평생교육학연구, 19(4), 1-26.

이새암(2010). 사범대학 학생들의 삶에 관한 내러티브 연구. 교육인류학연구, 13(1), 95-129.

이성회, 정바울(2015). 아처의 형태발생론적 접근(Morphogenetic Approach)에 대한 탐색적 연구: '성찰'의 재개념화를 중심으로. 교육사회학연구, 25, 189-210.

이현서(2018). 질적 연구에 나타나는 연구자 감정 성찰. 문화와 사회, 26(1), 7-41.

조용환, 박순용, 염지숙, 서근원, 강대중, 서덕희(2022a). 질적 연구, 전통별 접근. 한국교육인류학회 방법론 총서 1. 서울: 학지사.

조용환, 옥일남, 박윤경, 신현정, 강경숙, 홍덕기, 오덕열, 박선운, 강성종(2022b). 질적 연구, 분야별 접근. 한국교육인류학회 방법론 총서 3. 서울: 학지사.

최명민, 김기덕(2013). 기든스(Giddens)의 성찰성 이론을 통한 임파워먼트의 재해석: 통합적 사회복지실천 패러다임에 대한 탐색. 한국사회복지학, 65(2), 103-130.

Akram, S., & Hogan, A. (2015). On reflexivity and the conduct of the self in everyday life: reflections on Bourdieu and Archer. *The British Journal of Sociology, 66*(4), 605-625.

Archer, M. S. (2010). Routine, reflexivity, and realism. *Sociological theory, 28*(3), 272-303.

Aspers, P., & Corte, U. (2019). What is qualitative in qualitative research. *Qualitative sociology, 42*(2), 139-160.

Attia, M., & Edge, J. (2017). Be (com) ing a reflexive researcher: a developmental approach to research methodology. *Open Review of Educational Research, 4*(1), 33-45.

Barrett, A., Kajamaa, A., & Johnston, J. (2020). How to… be reflexive when conducting qualitative research. *The Clinical Teacher, 17*(1), 9-12.

Brinkmann, S. (2007). The good qualitative researcher. *Qualitative Research in Psychology, 4*(1-2), 127-144.

Chan, Z. C., Fung, Y. L., & Chien, W. T. (2013). Bracketing in phenomenology: Only undertaken in the data collection and analysis process. *The Qualitative Report, 18*(30), 1-9.

Charmaz, K. (2014). *Constructing grounded theory*. Sage.

Corlett, S. & Mavin, S. (2017). Reflexivity and researcher positionality. In C. Cassell, A. L. Cunliffe, & G. Grandy (Eds.), *The SAGE handbook of qualitative business and management research methods* (pp. 377-399). SAGE.

Creswell, J. W., & Poth, C. N. (2021). 질적 연구방법론: 다섯 가지 접근(4판)(*Qualitative inquiry and research design: Choosing among five approaches*, 4th ed.). (조홍식, 정선욱, 김진숙, 권지성 공역). 서울: 학지사. (원서 출판, 2016).

Crotty, M. J. (1998). *The foundations of social research: Meaning and perspective in the research process*. SAGE.

Davis, C. A. (2012). *Reflexive ethnography: A guide to researching selves and others*. Routledge.

Day, S. (2012). A reflexive lens: Exploring dilemmas of qualitative methodology through the concept of reflexivity. *Qualitative sociology review, 8*(1), 60-85.

Denzin, N. K., & Lincoln, Y. S. (Eds.) (1994). *Handbook of qualitative research*. Thousand Oaks, CA: Sage.

Doyle, S. (2013). Reflexivity and the capacity to think. *Qualitative health research, 23*(2), 248-255.

Finlay, L. (2002). Negotiating the swamp: the opportunity and challenge of reflexivity in research practice. *Qualitative research, 2*(2), 209-230.

Guillemin, M., & Gillam, L. (2004). Ethics, reflexivity, and "ethically important moments" in research. *Qualitative inquiry, 10*(2), 261-280.

Haynes, K. (2012). Reflexivity in qualitative research. In G. Symon & C. Cassell (Eds.), *Qualitative organizational research: Core methods and current challenges* (pp. 72-89). Sage.

Hibbert, P., Coupland, C., & MacIntosh, R. (2010). Reflexivity: Recursion and relationality in organizational research processes. *Qualitative Research in Organizations and Management: An International Journal, 5*(1), 47-62.

Hsiung, P. C. (2008). Teaching reflexivity in qualitative interviewing. *Teaching sociology, 36*(3), 211-226.

Kennedy, T. J., & Lingard, L. A. (2006). Making sense of grounded theory in medical education. *Medical education, 40*(2), 101-108.

Macbeth, D. (2001). On "reflexivity" in qualitative research: Two readings, and a third. *Qualitative inquiry, 7*(1), 35-68.

Mruck, K., & Mey, G. (2007). Grounded theory and reflexivity. In A. Bryant & K. Charmaz (Eds.), *The Sage handbook of grounded theory* (pp. 515-538). SAGE.

Nadin, S., & Cassell, C. (2006). The use of a research diary as a tool for reflexive practice: Some reflections from management research. *Qualitative Research in Accounting & Management, 3*(3), 208-217.

Olmos-Vega, F. M., Stalmeijer, R. E., Varpio, L., & Kahlke, R. (2022). A practical guide to reflexivity in qualitative research: AMEE Guide No. 149. *Medical teacher*, 1-11.

Pagan, V. (2019). Being and becoming a "good" qualitative researcher? Liminality and the risk of limbo. *Qualitative Research in Organizations and Management: An International Journal, 14*(1), 75-90.

Patnaik, E. (2013). Reflexivity: Situating the researcher in qualitative research. *Humanities and Social Science Studies, 2*(2), 98-106.

Pillow, W. (2003). Confession, catharsis, or cure? Rethinking the uses of reflexivity as methodological power in qualitative research. *International journal of qualitative studies in education, 16*(2), 175-

196.

Roulston, K., & Shelton, S. A. (2015). Reconceptualizing bias in teaching qualitative research methods. *Qualitative Inquiry, 21*(4), 332–342.

Saldaña, J. (2014). *Thinking qualitatively: Methods of mind.* SAGE publications.

Soedirgo, J., & Glas, A. (2020). Toward active reflexivity: Positionality and practice in the production of knowledge. *PS: Political Science & Politics, 53*(3), 527–531.

Tufford, L., & Newman, P. (2012). Bracketing in qualitative research. *Qualitative social work, 11*(1), 80–96.

Van Maanen, J. (2011). *Tales of the field: On writing ethnography.* University of Chicago Press.

Watt, D. (2007). On becoming a qualitative researcher: the value of reflexivity. *Qualitative Report, 12*(1), 82–101.

Whitaker, E., & Atkinson, P. (2021). *Reflexivity in social research.* Palgrave Macmillan.

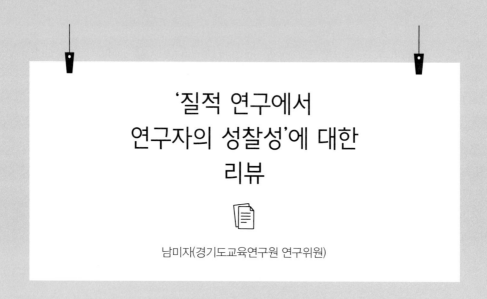

'질적 연구에서
연구자의 성찰성'에 대한
리뷰

남미자(경기도교육연구원 연구위원)

질적 연구방법에서 중요한 요소 한 가지를 꼽으라면 그것은 성찰성이다. 발제문에서 질적 연구
는 연구자가 연구도구임을 강조하면서 글을 시작한 이유도 바로 여기에 있을 것이다. 연구에서 연
구의 도구는 연구의 타당성과 신뢰성을 확보하는 핵심 기제이며, 그만큼 질적 연구에서 연구자의
성찰은 연구의 전 단계에서 이루어져야 할 중요한 과정이다. 그런 점에서 질적 연구의 전 과정에서
성찰성의 개념, 의의 및 방법에 대해 다룬 발제문은 의미가 있다.

발제문에서 질적 연구과정에서 이루어져야 할 성찰을 인식 주체와 대상 간 재귀적 관계에 주목
했다는 점은 인상적이다. 발제문에서 성찰성의 정의를 "원인과 결과 사이의 순환적 관계"로 명명
한 것처럼 성찰성의 핵심은 관계성에 있기 때문이다.

발제문에서는 Descartes의 "나는 생각한다. 고로 존재한다"는 '인간 이성을 절대적으로 간주하
여 인간이 모든 것을 알 수 있다'라고 전제한 것을 비판하면서 주체(행위자)와 대상, 그리고 도구의
관계에 따라 다르게 인식될 수 있음을 제시하고 있다. 최근 주목받고 있는 논의인 신유물론(New
materialism)에서 주체와 대상의 구분이 불가하며 모든 존재가 이미 관계들의 결과로 인식되는 것
이며, 그것이 곧 존재임을 논의하는 것과 연결된다. 발제자가 예시로 든 불확정성의 원리는 입자와
파동의 두 가지로 존재하는 전자(electron)가 관찰자와 관찰도구에 따라 다르게 존재함을 보여 준
다. 관찰자가 어떤 도구와 연결되느냐에 따라 어떤 때에 전자는 입자로 존재하고 어떤 때에는 파동
으로 존재한다. 그리고 입자와 파동은 결코 동시에 관찰이 불가하다. 그렇다면 전자의 실재(reality)
는 무엇일까? 입자일까? 파동일까? 불확정성의 원리는 입자와 파동이 동시에 관찰될 수 없음을 말
하는 원리이다. 양자세계의 이 원리를 일상세계에 적용해 본다면, 존재는 선험적으로 이미 존재하
는 것이 아니라 관찰자와 관찰도구와 어떻게 관계 맺느냐에 따라서 다르게 인식된 결과로 존재함

을 의미한다.

존재 이전의 관계(intra-action)[1]에 주목한다는 것은 Barad(2007)의 존재-인식-윤리론으로 연결된다. 이것이 존재론적 성찰의 핵심이다. 다시 말해서 연구자가 연구현상을 이해하는 과정은 연구현상이 어떻게 존재하는가를 인식하고 그것을 드러내는 과정이며, 그 과정에서 연구자가 연구현상을 이해(인식)하는 과정은 관계들의 결과이며, 그러한 인식의 결과가 곧 연구현상의 존재가 된다. 그러므로 연구자가 무엇과 어떻게 관계를 맺는가에 따라 연구현상의 인식과 존재가 달라지게 된다는 점에서 연구자의 윤리는 연구결과로 드러나는 연구현상의 인식과 존재와 분리될 수 없다.

이런 점에서 "연구결과로서의 제시된 인식 대상을 이해할 때 인식작용에 붙박혀 있는 재귀적 관계의 속성을 인정하는 것은 중요할 수밖에 없다(p. 603)"는 발제자의 주장에 동의한다. 하지만 이것은 비단 질적 연구에만 해당하는 것은 아니다. 소위 객관주의적이라고 일컬어지는 실증주의적 패러다임[2]에 근거한 양적 연구 역시 마찬가지이다. 사실상 양적 연구에서 같은 현상을 다르게, 심지어는 정반대로 해석하는 연구를 종종 목격하게 된다. 이는 양적 연구자가 연구현상을 이해(인식)하는 과정에서 무엇과 어떻게 관계하느냐에 따라서 다른 결과를 도출하게 되기 때문이며, 결과적으로 그것은 객관적 진리라고 하는 것이 불가함을 의미한다. 즉, 양적 연구자가 밝힌 연구현상은 연구자와 연구 대상, 그리고 그것을 관찰하는 연구도구와의 관계들의 결과이다. 그러므로 모든 연구에서 연구자의 성찰성은 중요하며, 양적 연구에서도 타당성과 신뢰도를 확인하는 과정은 연구자의 성찰의 과정이라고 볼 수 있다. 질적 연구에서는 연구도구 역시 연구자라는 점에서 성찰의 과정에서 연구자의 역할이 훨씬 더 강조되고 중요하게 여겨져야 하는 것이지 질적 연구에서만 성찰의 과정이 필요한 것은 아니다. 발제문 '성찰성에 대한 이해(p. 601)'에서 객관주의적 관점에서의 성찰성을 다루고 있는 맥락도 이와 같은 맥락이라고 해석된다.

인식과 존재의 분리 불가능성(불확정성의 원리)을 토대로 성찰성의 개념을 이해한다는 것은 성찰성이 연구윤리와 불가분의 관계를 가짐을 의미한다. 그럼에도 불구하고 발제문에서는 성찰성을 주로 인식의 측면에 초점을 두고 윤리의 문제를 간과하고 있다. 질적 연구에서 성찰성은 연구윤리와 밀접한 관련을 가질 수밖에 없으며 성찰의 핵심적인 측면은 윤리에 있다. 물론 지식을 생산하는 연구자로서의 윤리를 일부 찾아볼 수는 있으나 이는 질적 연구에만 해당하는 것이 아니라 양적 연구에서도 연구자로서 윤리는 중요하다. 그렇다면 양적 연구와 달리 질적 연구에서 특히 더 강조되어야하는 윤리란 무엇인가? 그것은 연구 참여자와의 관계에서 발생하는 윤리이다.

---

1) Barad는 주체와 주체의 상호작용(interaction)과 구분하기 위하여 내부 작용(intra-action)이라는 용어를 사용하였다.
2) 진리(reality)는 존재하고 그것은 불변하는 것이며, 인간은 그것을 정확하게 인식할 수 있다라고 보는 존재론과 인식론.

서덕희(2012)와 안지영(2015)의 연구는 연구자와 연구 참여자의 관계에 대한 논의를 담고 있다. 서덕희(2012)는 사회적 소수자 연구에서 연구자와 연구 참여자의 권력관계를 성찰하고 있으며, 그 방법으로 Levinas의 초월 개념을 제안한다. 안지영(2015)은 연구참여 동의서가 가지는 양면성에 대한 문제의식에서부터 질적 연구에서 연구자의 성찰이 기계적으로 이루어질 수 없음을 강조한다. 이러한 내용은 발제문에서 연구자의 위치성에 대한 성찰 부분과 연결된다. 이와 연결하여 연구 참여자에 대한 윤리는 연구자가 발견한 연구의 결과가 연구 참여자에게 의미 있는 것인가를 성찰하는 과정이기도 하다. 좋은 질적 연구란 연구자와 연구 참여자 모두에게 성장과 삶의 해방으로 이어져야 하기 때문이다. 이 때문에 연구결과의 참여자 검토는 질적 연구에서 이루어지는 성찰성과 연결된다. 연구자가 연구 참여자들의 경험이 어떤 의미를 가지는가를 분석하고 해석한 결과가 연구 참여자의 삶의 해방과 성장으로 이어지지 않는다면 그것은 결코 좋은 질적 연구가 될 수 없다.

또한 아무리 의미 있는 발견이라고 하더라도 그것이 연구 참여자를 보호하지 못하는 것이라면 그것은 질적 연구로서 의미를 인정받기 어렵다. 이 부분은 연구자로서 반드시 성찰해야 하는 부분이지만 간과하기 쉬운 영역이다. 연구 참여자에게 예민한 주제가 아니더라도 연구자가 예상하지 못하는 부분에서 연구 참여자의 보호가 이루어지지 않을 수 있음을 기억할 필요가 있다. 연구자가 아무리 성찰하고 반성의 과정을 거치더라도 연구자는 연구 참여자가 아니므로 연구 참여자를 배제하고 연구윤리를 지키는 것은 불가능하기 때문이다. 이것은 질적 연구에서 연구자가 연구 참여자를 바라보는 시선과 연결된다.

앞서 논의한 존재와 인식이 분리불가능성을 전제한다면 연구자는 연구 참여자를 단지 대상으로 삼을 수 없다. 연구자가 설정한 연구문제에 답을 하는 과정, 즉 지식을 생성하는 과정에 연구 참여자(혹은 연구현장) 없이는 불가능하기 때문이다. 그런 점에서 "연구주제에 대해서 연구하는 것이 아니라, 연구주제의 사람들로부터 무언가를 배워 가는 것"(조은, 2012)으로 이해할 필요가 있다. 다시 말해서 연구자가 연구자 스스로 무언가를 알아낼 수 있다는 믿음으로부터 탈출하는 것을 의미한다. 연구자가 완전하고 독립된 존재가 아니라 연구자가 되는 과정 역시 수많은 관계들의 결과임을 인정하는 것이다. 따라서 연구자의 성찰성에서 이 같은 연구자 자신의 한계와 마주하고 인정하는 것 역시 강조될 필요가 있다.

이와 같은 질적 연구에서의 성찰과정과 성찰 질문으로 발제문에서는 "나는 질적으로 생각하는가? 나는 사회적으로 어디에 위치해 있는가? 연구주제와 관련한 나의 학문적 선이해는 무엇인가? 나는 현장여서 연구 참여자들과 어떤 관계를 맺고 있는가 나는 연구결과를 어떻게 표현할 것인가?"을 이야기했다. 모두 중요한 질문이라고 생각한다. 이들 질문의 전제는 내가 알고 있는 것, 당연하다고 생각한 것 등 연구자 자신의 인식에 대해 일단 의심하는 것이다. 즉, 연구자 스스로 자기 확신으로부터 벗어나 끊임없이 연구자 스스로에 대해 의심하는 과정이 수반되지 않으면 성찰 질문을 하더라도 그것이 성찰로 이어질 수 없다. 더불어 구체적 방법으로 성찰일기, 다른 사람과 함께 성찰하기를 제안한 것에도 공감한다. 다만 연구 참여자와 함께 성찰하는 것이 포함된다면 연구자의 성찰이 보다 풍부해질 수 있을 것이라고 생각한다.

발제문에서는 성찰의 유형과 단계를 내적 성찰, 상호 주관적 반성, 상호 협력, 사회비판, 담론 해체와 반복, 확장, 분열, 참여의 두 가지 구분을 동시에 제시하였는데, 두 가지의 구분이 서로 유기적으로 연결되지는 않아 논지를 흐리는 측면이 있다. 오히려 Finlay(2002)의 다섯 가지 유형을 보다 자세히, 구체적인 질적 연구방법들과 연결해서 설명한다면 독자에게 유익할 것으로 보인다. 예컨대, 사회비판 또는 담론해체는 비판이론적 접근의 질적 연구에서 필수적으로 요구되는 성찰의 유형이며, 상호 주관적 반성과 상호 협력은 협력적 실행연구 또는 내러티브 탐구에서 핵심적인 성찰의 유형일 수 있다.

리뷰를 정리하면 다음과 같다.

성찰성의 개념을 인식 주체와 대상 간 재귀적 관계에 초점을 맞추어 글 전체의 내용을 유기적으로 정리한다면 지금까지 논의된 질적 연구에서의 성찰성 개념에 새로운 지평을 제시할 수 있을 것이다. 사실상 지금까지 질적 연구방법에서 성찰성 논의는 근대 주체로서 연구자를 접근한 측면이 있으며, 이는 연구자 중심적일 수밖에 없는 한계를 지니는 까닭이다. 특히, 연구자의 성찰이 비단 질적 연구에서만 중요한 것이 아니라 양적 연구에서도 중요하다는 점에서(이를 테면 양적 연구에서도 설문 문항을 어떻게 구성하고 어떤 분석도구를 활용하는지 연구결과에 영향을 미치며, 설문 문항을 구성하는 데 있어서도 참여자를 보호하는 것이 중요하다), 질적 연구가 가지는 성찰성을 강조할 수 있는 부분으로 여겨진다.

연구윤리에 대한 부분을 보다 자세히 기술할 필요가 있다. 양적 연구에 비해 질적 연구에서 연구윤리가 훨씬 강조되어야 하며, 무엇보다 중요한 부분이다. 또한 연구윤리의 측면은 질적 연구에서의 성찰과 직결되는 부분이며 이에 대한 기술이 보완될 필요가 있다. 질적 연구에서의 윤리는 단지 연구 참여자와의 관계뿐 아니라 연구주제의 선정에서부터 분석에 이르기까지 매우 중요하다. 예컨대, 연구주제의 선정에 있어서 연구 현장에 해를 끼치거나 연구 참여자에게 불이익을 줄 수 있다면 해당 연구주제는 연구로서 부적절하며, 분석과 해석 과정에 있어서도 연구자가 자신이 알고 있는 혹은 기대하는 내용을 주장하기 위해서 연구 현장에서 수집한 질적 자료를 끌어다 쓰는 것이 연구의 타당성과 신뢰성, 즉 질적 연구에서의 진실성을 높일 수 있는 방법인 동시에 질적 연구자로서 윤리와도 연결된다. 따라서 질적 연구에서의 성찰성은 연구윤리와 함께 논의될 필요가 있다.

질적 연구과정에서 성찰은 모든 단계에서 이루어져야 하는 만큼, 연구의 전 과정에서 구체적으로 무엇을 어떻게 성찰해 가야 하는가가 설명된다면 초보 질적 연구자에게 의미 있는 자료로 활용될 수 있다. 발제문 서두에 기술된 학생들의 주요 질문에서 알 수 있듯이 초보 질적 연구자는 몇 명을 면담하는 것이 적절한지, 면담만으로 충분한지 등과 같은 자료수집 단계에서 성찰을 어떻게 할 것인지 잘 모르는 경우가 있다. 연구에 따라 단 1명의 참여자를 연구 참여자로 선정하기도 하고 15~20여 명의 연구 참여자를 선정하기도 한다. 그 과정에서 중요한 것은 연구자가 '나는 이 연구를 왜 하는가?', '무엇을 알고자 하는가?' 등과 같이 끊임없이 질문하고 답하는 과정이다. 자료분석 과정에서는 '내가 발견한 것이 자료로부터 근거한 것인가?', '연구자의 선이해가 어떻게 작용했는가?'와 같은 질문에 답하는 과정을 거쳐 성찰하게 된다. 따라서 질적 연구의 각 단계에서 성찰의 핵심은 무엇이고 성찰의 내용을 구체화하여 기술할 필요가 있다.

연구방법의 기술에서 연구자를 드러내는 것의 의미를 보다 자세히 기술될 필요가 있다. 질적 연구에서 연구의 타당성과 신뢰성은 결국 어떤 경험과 문제의식을 가진 연구자가 어떤 선이해를 토대로 연구에 접근했는지, 그 과정에서 무엇을 어떻게 성찰해 갔는지를 구체적으로 기술하는 데 있다. 그런 맥락에서 단지 삼각검증과 같은 기술적 측면으로만 연구의 진실성이 확보되는 것이 아니다. 이에 일부 연구자들은 질적 연구에서의 타당성과 신뢰성을 연구의 진실성으로 설명하기도 한다(나장함, 2006). 그만큼 질적 연구에서는 연구자 자신을 드러내는 일이 중요한 일이며, 연구자를 드러낸다는 것은 결국 연구의 전 과정에서 이루어진 성찰을 기술하는 일이다.

Finlay(2002)의 논의를 확장하여 세부 질적 연구방법에 따른 성찰의 유형을 기술할 필요가 있다. 모든 질적 연구에서 담론의 해체가 이루어질 필요는 없다. 더불어 연구자가 연구 참여자의 관점으로, 즉 에믹(emic)한 관점과 연구 참여자 외부의 관점, 즉 에틱(etic)한 관점의 균형에 대해서도 기술될 필요가 있다. 그럴 때 연구자는 연구결과에 보다 신뢰성을 높일 수 있으며 그만큼 진실된 연구로 평가받을 수 있기 때문이다.

📖 참고문헌

나장함(2006). 질적 연구의 다양한 타당성에 대한 비교 분석 연구. 교육평가연구, 19(1), 265-283.

서덕희(2012). 사회적 소수자 연구 윤리로서의 "초월": 국제결혼이주여성과 그 자녀들을 "직면(直面)"해야 하는 한 연구자의 성찰일지. 교육인류학연구, 15(1), 93-120. Retrieved from http://kiss.kstudy.com/search/detail_page.asp?key=3272526

안지영(2015). '유아' 대상 질적 연구의 연구윤리와 진정성(The Ethics of Qualitative Research with Children and its Authenticity). 교육인류학연구, 18(1), 67-104. Retrieved from http://scholar.dkyobobook.co.kr/searchDetail.laf?barcode=4010024413216

조은(2012). 사당동 더하기 25. 서울: 또하나의문화.

Barad, K. (2007). *Meeting the universe halfway: Quantum physics and the entanglement of matter and meaning.* Duke University Press.

제15장

교육행정학에서 혼합방법연구의 가능성과 한계

주영효(경상국립대학교 교수)

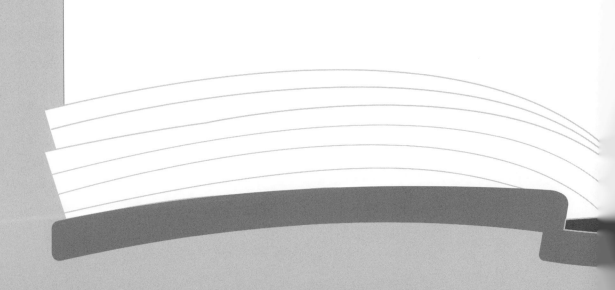

요약

본 연구는 한국 교육행정학 분야 혼합방법연구의 가능성과 한계를 탐색하는 데 목적이 있다. 이를 위해 혼합방법연구 질 평가 관련 선행연구 고찰을 통해 교육행정학 분야 혼합방법연구 단계별 질 평가 영역, 준거, 세부 기준을 구안하고, 창간호부터 2022년 8월까지 『교육행정학연구』에 게재된 혼합방법연구 20편에 이들 준거와 세부 기준을 적용하여 질 평가를 실시하였다. 혼합방법연구 질 평가의 주요 결과를 정리하면, ① 혼합방법연구 질문과 혼합방법연구 활용 이유를 제시하는 비율은 동일하게 20%로 판정되었으며, ② 수행 단계 중 연구설계의 질 평가 결과, 연구설계의 적합성을 제외하고, 연구설계 유형 명시와 도식화, 연구설계 통합성 준거는 질 평가의 세부 기준을 충족하지 못한 비율이 60~80%로 나타났다. ③ 수행 단계의 데이터 질 평가 결과에서는 데이터 구체성, 수집과 분석의 적절성 모두 80%를 상회하였고, ④ 해석의 엄격성 영역에서는 해석의 합치성 준거의 '아니요' 판정 비율이 80%, 해석의 차별성과 대응성 준거는 적용 불가 비율이 각각 90%, 60%를 보여 주었다. ⑤ 마지막으로, 보고의 질 영역에서는 보고의 투명성과 시사점 명시 비율이 85%를 보여 주고 있는 반면에 결과의 가치 명시 비율은 20%에 불과하였다. 이상의 결과에 기초하여 본 연구는 학회 차원의 혼합방법연구 논의 활성화, 혼합방법연구에서 고려되어야 할 연구방법 및 방법론적 요건 반추 필요, 혼합방법연구에 대한 학술적 관심과 연구 지속 필요 등을 제시하였다.

[주제어] 교육행정학, 혼합방법연구, 연구 패러다임, 질 평가, 『교육행정학연구』

1. 서론

한국 교육행정학 연구는 1967년 한국교육행정학회 설립 이후 현재까지 양적으로 비약적인 성장을 이루어 왔을 뿐만 아니라 문헌 연구방법 중심의 연구 경향에서 탈피하여 양적 · 질적 연구와 혼합방법연구 등의 연구방법과 연구주제의 다양성이 확대되는 추세를 보여 주고 있다(김병찬, 유경훈, 2017: 174, 188). 지난 60여 년간 한국 교육행정학 연구가 보여 준 양적 · 질적 성장에도 불구하고, 한국 교육행정학 이론의 부재와 정체성 부족, 교육행정학 이론과 실제 간 괴리의 문제가 제기되어 왔으며, 동시에 양적 연구 중심의 교육행정학 연구 경향에 대한 비판과 성찰도 지속되어 왔다(강영삼, 2013; 신현석, 2009; 신현석 외, 2015; 이종재, 김용, 2013). 여기서 우리가 주목할 대목은 그동안 한국교육행정학회 학술대회와 학술 연구 논문을 통해 반복적으로 논의되어 왔던 한국 교육행정학 연구의 위기와 반성의 화두에 내재된 본질적 내용은 한국 교육행정학 연구가 활용해 왔던 연구방법 한계와 과제의 연장선에 있다는 점이다(신현석, 2017).

지금까지 한국 교육행정학 연구자들은 미국 중심의 서구 사회에서 파생된 교육행정학 및 사회과학 이론, 모형, 개념을 가설연역적 패러다임에 기반한 양적 연구방법 활용에 중점을 두어 교육행정 현상을 설명 및 검증했다. 그 결과 한국 교육행정학 연구는 양적 연구방법에 지나치게 경도됨으로써 한국 교육행정 현상과 실제의 본질에 대한 치밀한 해석 및 성찰이 부족한 결과가 초래되었고, 이론의 현장 적용 및 착근성 제고, 한국적 이론 개발 또한 요원하게 되었다(김미숙, 2006: 58-60; 신현석, 2014: 2-3). 이와 같은 맥락에서 최근의 비판적 실재론(변기용 외, 2022), 근거이론적 방법(변기용, 이인수, 2020) 등의 논의는 한국 교육행정학 연구자의 존재론적 · 인식론적 전환과 담론의 활성화, 이와 연계된 교육행정학 연구에서 활용되고 있는 연구방법 및 연구 패러다임 전환 필요성과 시급성을 강조한다고 볼 수 있다.

한국 교육행정학 분야 대표 학술지인『교육행정학연구』에 게재되고 있는 논문의 연구 동향을 살펴볼 경우, 한국 교육행정학 분야 연구 패러다임은 이미 전환의 시점에 접어들었다고 볼 수 있다(신현석 외, 2015). 즉,『교육행정학연구』에서 활용되고 있는 연구방법에서 문헌 연구방법의 비율은 축소되고 있고, 양적 연구, 질적 연구, 혼합방법연구의 비율은 1980년대 이후 점증 추세를 보여 주고 있다(김병찬, 유경훈, 2017). 하지만 양적 연구방법에서 활용되고 있는 고급 추리통계 연구가 급증하고 있는 추세(신현석 외, 2009)와 달리, 질적 연구와 혼합방법연구의 연구방법 및 방법론 측면에서의 질 문제 제기(박선형, 2010; 신현석 외, 2014, 2015)는 연구 패러다임 전환과 연구방법 다양성 확대 측면에서 한국교육행정학회와 연구자 모두 주의 깊게 살펴볼 필요가 있다.

이와 같은 맥락에서 본 연구는 한국 교육행정학 분야에서의 혼합방법연구의 가능성과 한계를 탐색하는 데 목적이 있다. 이를 위해 혼합방법연구 질 평가 관련 선행연구 고찰을 통해 교육행정학 분야 혼합방법연구 질 평가 준거를 구안하고, 이들 준거를 창간호부터 2022년 8월 현재까지 게재된 『교육행정학연구』 혼합방법연구에 적용하여 질 평가를 실시하고자 한다. 본 연구가 목적으로 하는 혼합방법연구 질 평가는 『교육행정학연구』에 게재된 논문의 문제점을 드러내고, 비판하는 데 초점이 있는 것이 아니다. 오히려 본 연구의 초점은 학회 차원의 혼합방법연구 논의 활성화, 후속 혼합방법 연구자가 고려해야 할 연구방법 및 방법론적 요건을 반추함으로써 결과적으로 한국 교육행정학 분야 연구방법 다양화, 혼합방법연구 방법 및 방법론적 내실화 기여에 있다.

2. 선행연구 고찰

1) 교육행정학 분야에서 혼합방법연구의 의의와 동향

혼합방법연구(mixed methods research)[1]는 "양적·질적 연구방법, 접근, 개념 또는 언어를 하나의 연구 속에서 혼합하는 연구의 종류"(Johnson & Onwuegbuzie, 2004: 17)를 의미한다. 이 같은 혼합방법연구의 정의와 〈표 15-1〉의 내용에서 살펴볼 수 있는 것처럼, 혼합방법연구는 실용주의적 패러다임과 관점에서 양적 연구와 질적 연구방법 각각의 장점은 살리면서도 한계는 보완하는 접근방식을 채택함으로써 대안적 연구방법, '제3의 연구 패러다임'의 성격을 지닌다(신현석 외, 2015: 342; Greene, 2007: 42-43, 106-109). 하지만 혼합방법연구가 양적·질적 연구의 패러다임 논쟁에서 벗어나 교육행정학을 포함한 사회과학 연구 분야에서 주요 연구방법으로 위상을 확립하게 된 시기는 비교적 최근이다(Teddlie & Tashakkori, 2009: 78). 즉, 혼합방법연구는 실증주의적·경험주의적 패러다임에 근거한 양적 연구, 가설연역적 접근의 독주가 1970년대를 전후하여 끝나게 됨으로써 질적 연구와 더불어 사회과학 분야 연구방법의 한 축을 형성하게 되었다(박선형, 2010: 29-32).

신현석 등(2015: 342)은 혼합방법연구가 교육행정학 연구 분야에서는 지니는 의의를 교육행정 현장의 성격과 교육행정학의 학문적 특성과 연계하여 논의하고 있다. 구체적으로 교육행정 현장과 현상은 본질적으로 다차원성과 복잡성을 특징으로 하기 때문에 '다차원 사고 양식(multiplistic

---

1) 국외 문헌은 mixed methods research를 triangulation, multiple method 등의 용어와 혼용하는 사례가 있었지만, 최근에는 mixed methods research로 통일하여 사용하는 경향을 보여 주고 있다. 국내 연구자들의 경우, mixed를 통합, 혼합 등으로 번역(김병섭, 2010: 605)하면서 통합 연구방법, 혼합연구, 혼합 연구방법, 혼합방법연구 등으로 칭하고 있다. 혼합방법연구에서는 양적·질적 자료와 방법, 결과 등이 '화학적으로 통합(fully integrated)'되어야 하고, '통합'을 통한 '추론'이 강조된다(신현석 외, 2022: 85-86). 따라서 '통합 연구방법'이 틀린 표현은 아니지만, '혼합방법연구'가 고유한 연구설계 특징과 패러다임 속성을 표현해 줄 수 있는 보다 적합하고 타당한 용어이다.

ways of thinking)'에 기초하는 혼합방법연구(Greene, 2007: 25-38)가 교육행정 현상의 해석·성찰에 가장 적합한 연구방법(박선형, 2011: 69)이라고 평가하고 있다. 신현석 등의 주장은 양적·질적 연구 등 특정 연구방법만으로는 교육행정 현상을 설명·진단·분석·처방하기 어렵다는 점을 강조하는 것으로써 교육행정학이 개별의 특수 현상에 대한 이해뿐만 아니라 교육행정 현상의 일반화·객관화를 통해 교육행정의 현실, 가치, 문화가 투영된 이론 개발을 중요시해야 한다는 Willower(1987: 20-24)의 주장과도 그 맥을 같이한다.

혼합방법연구가 연구방법으로서 지니는 가치와 의의를 강조하는 학자들이 있는 반면, '혼합방법연구를 싫어하는 혼합방법연구 혐오자들(mixphobes)'(Teddlie & Tashakkori, 2009: 16) 또한 분명히 존재했다. 이 같은 혼합방법연구 혐오는 양적 연구와 질적 연구 간 인식론적·존재론적 차이에서 비롯되어 1970년대 후반까지 지속되어 왔던 불가공약성(incompatibility) 논쟁 측면에서 이해가 가능하다(신현석 외, 2015: 342; Bryman, 2006: 113). 왜냐하면 양적 연구와 질적 연구 간 논쟁의 주요 이슈가 이들 두 연구방법의 혼합 가능성을 낮게 보거나 반대하는 주장 내용과 일맥상통하기 때문이다(김병섭, 2010: 596-601; 성용구, 2013: 130-131; Greene, 2007: 48-55). 김병섭, 성용구, Greene는 혼합방법연구 반대론자 또는 혐오자들의 주장을 질적 연구와 양적 연구가 지니는 고유한 철학과 방법·방법론 차원으로 나누어 제시하고 있는데, 이들 두 가지 차원의 주요 내용은 〈표 15-1〉의 양

〈표 15-1〉 양적·질적 연구방법 및 혼합방법연구 간 비교

비교의 차원	질적 연구방법	혼합방법연구	양적 연구방법
패러다임	구성주의	실용주의	실증주의 및 후기 실증주의
연구문제	질적 연구 문제	혼합방법연구 문제 (질적＋양적)	양적 연구 문제/연구 가설
자료 형태	내러티브	내러티브＋양적 자료	양적 자료
연구목적	탐색적＋확증적 목적	확증적＋탐색적 목적	확증적＋탐색적 목적
이론의 역할 (논리 유형)	근거이론 (귀납적 논리)	귀납적·연역적 논리	개념적 틀 (이론 근거 가설연역적 모형)
연구설계	문화기술적 설계 및 기타 (사례연구)	혼합방법 설계 (예: 병렬적, 순차적 설계)	상관, 조사, 실험, 준실험설계
표집	주로 목적 표집	확률, 목적, 혼합 표집	주로 확률 표집
자료 분석	범주화·맥락화 등 주제 전략	주제 전략과 통계분석의 통합/자료 변환	기술 통계, 추론 통계 등 통계 분석
타당성·진실성 확보 위한 고려 사항	진실성, 신뢰성, 전이성	추론의 전이성 등 추론의 질	내적·외적 타당도

출처: Teddlie & Tashakkori(2009: 22).

적 연구와 질적 연구의 패러다임 차이, 논리 유형, 연구설계, 자료분석, 타당도·진실성 확보를 위한 고려 사항 등으로 요약될 수 있다.

일부 혼합방법연구 혐오 또는 반대론자들의 주장에도 불구하고, 혼합방법연구가 교육행정학 분야 학계에서 주목을 받게 된 계기[2]는 대표적인 교육행정학 저널인 『Educational Administration Quarterly(EAQ)』에 질적 연구가 게재되기 시작한 1980년대 초 직후이며(박선형, 2010: 40), 1990년대 부터는 본격적으로 혼합방법연구에 대한 학계와 연구자의 관심으로 이어지게 되었다. 이 같은 학계와 연구자의 관심은 혼합방법연구의 양적 성장 결과로 이어졌다. 실제로 2000년 이후의 『EAQ』 게재 논문의 연구 동향을 분석한 이수정 등(2018: 283)의 연구결과를 살펴보면, 2000~2005년 6.6%, 2006~2011년 9.6%, 2012~2017년 10.8% 등 2000년 이후의 혼합방법연구 비율 평균은 9.0%로 나타나고 있으며, 혼합방법연구가 연구방법에서 차지하는 비율은 점진적인 상승 추세를 보여 주고 있음을 알 수 있다.

한국 교육행정학 분야에서 혼합방법연구의 양적 성장은 미국 교육행정학 분야와 비교하여 상대적으로 더딘 경향을 보여 주고 있다. 즉, 한국 교육행정학 분야 대표 학술지인 『교육행정학연구』 게재 혼합방법연구 논문의 비율을 살펴보면, 1980년대 0%(0편), 1990년대 2.01%(6편), 2000년대에는 1.82%(12편), 2010년대 3.76%(16편)를 차지하고 있다(김병찬, 유경훈, 2017: 198). 반면, 1980년대 문헌연구 비율은 88.68%(47편)에서 2010년대 32.71%(139편)로 축소되고, 양적 연구 비율은 1980년대 11.32%(6편)에서 2010년대 48.24%(305편)로 증가하였으며, 질적 연구가 시기별로 각각 0%(0편), 1.68%(5편), 7.61%(50편), 15.29%(65편)를 차지하는 것으로 나타나고 있다(김병찬, 유경훈, 2017: 198). 이상의 결과는 혼합방법연구가 본격 확산되었다고 보기에는 무리가 있음을 보여 주면서 동시에 한국 교육행정학 분야에서의 활용 연구방법의 다양화가 일부 달성되었다고 판단할 수 있는 실증적 근거로 볼 수 있다(신현석 외, 2015: 343).

2) 한국 교육행정학 분야 혼합방법연구의 문제

국외 교육학 및 교육행정학 분야 혼합방법연구는 연구방법 및 방법론적 발전을 지속해 왔다 (Creswell & Plano Clark, 2018; Teddlie & Tashakkori, 2009). 반면, 한국 교육행정학 분야 혼합방법연구는 최근까지도 용어의 불일치 문제가 노정되고 있다(박선형, 2010: 39; 신현석 외, 2015: 344). 한국

---

2) 교육행정학을 포함한 사회과학 분야에서 혼합방법연구가 주목받고 확산된 배경 중 하나로는 양적 연구자와 질적 연구자들의 다각화(triangulation)에 대한 높은 신뢰가 있다(Greene, 2007: 56-59). 다시 말해, Greene에 따르면, 혼합방법연구가 확산된 배경 중 하나로 특정 연구방법을 채택하여 나타날 수 있는 현상에 대한 편향된 분석 결과를 상쇄하고, 연구결과의 타당성과 신뢰성을 제고하기 위한 사회과학자들의 의식이 중요하게 작용했다.

교육행정학 분야 혼합방법연구 관련 선행연구가 제시하고 있는 또 다른 문제는 연구자가 혼합방법연구 설계 이유와 활용 목적을 명시하지 않는 비율이 여전히 높다는 점이다. 일례로, 한국 교육행정학 혼합방법연구 동향을 분석한 신현석 등(2015: 353-354)의 연구를 살펴보면(〈표 15-2〉), 시기별 혼합방법연구 설계 이유와 활용 목적을 명시한 비율이 1990년대 이후 증가 추세를 보여 주고 있지만, 2010~2014년에는 그 비율이 63.6%로 나타나고 있다. 이는 한국 교육행정학 분야에서 질적연구와 혼합방법연구가 차지하는 양적 비율의 증가가 연구자의 혼합방법연구의 설계 가치, 연구패러다임 인식의 저변 확대를 의미하지 않는다는 점을 방증하는 사례이다(김병찬, 2013: 158-164; 박선형, 2010: 47; 신현석 외, 2015: 344 참고).

〈표 15-2〉 시기별 혼합방법연구 설계 이유 및 활용 목적 명시 비율

구분		1990~1999	2000~2009	2010~2014	계
설계 이유	명시함	2(50.0%)	9(31.0%)	14(63.6%)	25(45.5%)
	명시 안 함	2(50.0%)	20(69.0%)	8(36.4%)	30(54.5%)
	계	4(100%)	29(100%)	22(100%)	55(100%)
활용 목적	명시함	2(50.0%)	12(41.4%)	14(63.6%)	28(50.9%)
	명시 안 함	2(50.0%)	17(58.6%)	8(36.4%)	27(49.1%)
	계	4(100%)	29(100%)	22(100%)	55(100%)

출처: 신현석 외(2015: 354).

신현석 등(2015)의 연구에서 나타나고 있는 혼합방법연구 설계 이유와 활용 목적의 명시 비율이 증가 추세를 보여 주고 있음에도 불구하고, 사실상 낮은 수치에 해당한다. 왜냐하면 혼합방법연구는 단순한 양적·질적 연구 자료의 물리적 통합, 새로운 연구방법의 적용에 목적이 있는 것이 아니라 혼합방법연구의 철학적 패러다임과 방법론의 가치에 대한 이해를 바탕으로 연구설계, 자료수집과 분석, 결론 도출에 이를 수 있어야 하기 때문이다(Greene, 2007: 15). 다시 말해, 혼합방법연구 전통과 철학적·방법론적 이해 없이는 혼합방법연구에서 강조되는 양적·질적 자료 결과에 기초한 결론 도출의 과정과 내용의 수준, 즉 '추론의 질'(Greene, 2007: 210)에 악영향을 미칠 수밖에 없다(Teddlie & Tashakkori, 2009; 〈표 15-1〉 참고). 정리하면, 한국 교육행정학 분야 혼합방법연구와 관련된 문제의 요지는 연구자가 혼합방법연구에 대한 이해, 활용 이유와 목적, 방법적·방법론적 고민 없는 연구방법의 적용에 있으며(김미숙, 2006: 60), 그 결과 진정한 혼합방법연구로 볼 수 있는 "혼합방법연구가 전무하다"(박선형, 2010: 39)는 비판이 제기되고 있다.

3) 혼합방법연구의 질 평가 준거

한국 교육행정학 분야 혼합방법연구의 문제점을 분석하고, 가능성을 탐색하기 위해서는 질 평가(quality evaluation)가 선행되어야 한다. 혼합방법연구 질 평가(quality evaluation) 관련 선행 문헌은 질 평가의 의미를 명시적으로 제시하고 있지 않다. 하지만 혼합방법연구의 방법적·방법론적 건전성(Heyvaert et al., 2013), 엄격성(Onwuegbuzie & Combs, 2010) 고찰, 혼합방법연구로서 갖추어야 할 필수 요건 검토(Hong et al., 2018; Fetters & Molina-Azorin, 2019)를 혼합방법연구 질 평가 준거 설정의 목적과 필요성으로 제시하고 있다는 점을 종합해 보면, 혼합방법연구의 질 평가는 혼합방법연구의 방법적·방법론적 완성도와 요건을 고찰함으로써 혼합방법연구의 문제점을 파악하고, 시사점을 도출하는 활동으로 이해할 수 있다. 결국, 혼합방법연구의 질 평가는 혼합방법연구에 활용된 '연구의 기법과 절차' 등의 연구방법(method), 연구방법의 논리, 서술, 타당화 등 방법론(methodology)에 대한 질적 판단을 뜻한다고 볼 수 있다(Everhart, 1988: 704 참고).

〈표 15-3〉 연구방법 중심의 혼합방법연구 질 평가 준거

질 평가 준거		O'Cathain et al. (2008)	Hong et al. (2018)
양적 연구 방법	비확률 표집 연구: 측정의 타당성과 신뢰성	○	○
	연구질문 및 목적에 적합한 표집 전략 제시	○	○
	연구질문에 적합한 통계분석 방법 제시	○	○
질적 연구 방법	연구질문 해결에 타당한 질적 연구방법 활용	○	○
	연구질문 및 목적 해결에 타당한 데이터 수집 방법 활용	○	○
혼합방법 연구	혼합방법연구 활용 이유	○	○
	양적·질적 연구방법의 단계, 결과, 데이터의 통합 정보 명시	○	○
	양적·질적 결과 통합 해석	○	○
준거별 평가 방법		예, 아니요, 개선 필요, 정보 불충분, 적용 불가	예, 아니요 평가 불가

혼합방법연구 질 평가 관련 선행연구는 양적 연구, 질적 연구, 혼합방법연구 등 각각의 연구방법별 질 평가 준거를 제시하는 선행연구(예: Hong et al., 2018; O'Cathain et al., 2008), 혼합방법연구 단계 중심의 질 평가 준거를 제시하는 선행연구(예: Eckhardt & DeVon, 2017; O'Cathain, 2010)로 대별 가능하다. 하지만 Hong 등(2018), O'Cathain 등(2008)의 연구에서 공통된 준거를 도출한 〈표

15-3〉에서 볼 수 있는 것처럼, 전자의 질 평가 준거는 개별 연구방법에 초점을 맞추고 있다는 점에서 혼합방법연구의 방법론적 질 평가가 불가능하다는 한계가 있다. 반면, O'Cathain(2010)의 연구 단계별 혼합방법연구 질 평가 준거는 방법적 · 방법론적 완성도 고찰이 가능한 준거를 제시하고 있다. 따라서 본 연구는 한국교육행정학 혼합방법연구 질 평가를 위해 O'Cathain(2010)의 질 평가 준거와 정의를 채택하고자 한다.

〈표 15-4〉 연구 단계 중심의 혼합방법연구 질 평가 준거

연구 단계	영역	질 평가 준거	준거의 의미[1]
기획	기획의 질	혼합방법연구 질문	선행연구에 기초하여 혼합방법연구 질문을 제시함
		혼합방법연구 활용 이유	혼합방법연구를 활용해야 하는 이유를 구체적으로 기술함
수행	연구설계의 질	연구설계 유형 명시	연구설계 유형을 명시함
		연구설계 유형 도식화	연구설계 유형을 도식화함
		연구설계 적합성	연구설계가 연구질문과 목적, 연구방법 결합 이유, 진술한 패러다임에 부합함
		연구설계 통합성	양적 · 질적 연구방법 한계를 상호 보완하는 연구설계를 함
		연구설계 엄격성	연구설계 유형별 고려 사항을 반영함
	데이터의 질	데이터 구체성	데이터 수집과 분석 방법, 표집, 표본크기 등을 명시함
		데이터 수집의 적절성	데이터 수집 방법과 절차가 적절함
		데이터 분석의 적절성	연구목적, 질문에 적합한 분석 기법을 적용함
해석	해석의 엄격성	해석의 논리성	추론은 연구결과에 기초함
		해석의 합치성	타당한 결론 도출 방법을 적용하고 있음
		해석의 차별성	대립하는 연구결과를 해석하고 있음
		해석의 대응성	연구목적 및 연구질문에 대응하는 해석을 함
확산 및 적용	보고의 질	보고의 투명성	연구과정과 내용을 구체적으로 기술함
		결과의 가치 명시	연구결과가 지니는 가치를 기술함
		시사점 명시	연구결과가 지니는 시사점을 제시함

주 1: 준거의 의미는 O'Cathain(2010)이 제시하는 준거별 정의에 해당함.
출처: O'Cathain(2010: 541-544).

3. 『교육행정학연구』 혼합방법연구의 질 평가 방법

1) 혼합방법연구 질 평가 대상

한국 교육행정학 혼합방법연구의 질 평가를 위해 본 연구는 한국교육행정학회가 발행하고 있는 『교육행정학연구』의 창간호 이후 2022년 8월 말까지의 논문을 전수 조사하였다. 혼합방법연구 논문은 양적·질적 자료 수집 및 분석 여부를 기준으로 수집하였다. 즉, 연구자가 혼합방법연구 활용 여부를 명시적으로 밝히지 않았더라도 연구방법으로 양적·질적 연구를 명시하고 있거나 분석자료로 양적·질적 자료를 활용한 경우에도 혼합방법연구로 판정하였다(신현석 외, 2022). 이 같은 기준에 따라 식별 및 수집된 혼합방법연구는 2000년 이전 논문 1편, 2001~2009년 4편, 2010~2019년 12편, 2020~2022년 3편 등 전체 20편이다. 질 평가 대상 개별 논문의 주요 사항을 정리하면 〈표 15-5〉와 같다.

〈표 15-5〉 질 평가 대상 논문의 주요 사항

연도	연구자	연구 제목	연구방법별 분석자료 및 자료수집 방법
1994	이득기	바람직한 중등학교장의 수월성지도성 행동 연구	양적 연구: 2개 학교 교사 각 10명 설문조사
			질적 연구: 2명의 교장 참여관찰 및 면담
2003	김병주	학교운영위원회의 효과적 운영모형	양적 연구: 학운위 위원 569명 설문조사
			질적 연구: 학운위 위원장 65명 심층면담
2005	하봉운	교사성과급 지급을 위한 교사평가에 대한 교사들의 반응 분석 연구	양적 연구: 초등학교 교사 300명 설문조사
			질적 연구: 초등학교 교사 46명 면담
2007	임우섭, 김용주	대학 교수의 핵심 강의역량 분석	양적 연구: 교수 52명 설문조사 응답
			질적 연구: 교수 20명 행위사건면담, 5명 FGI
2009	이성은 외	직무특성화모형(JCM)에서 나타난 초중등교사의 분산적 지도력 실행 인식에 관한 연구	양적 연구: 초·중등학교 교사 90명 설문조사
			질적 연구: 초·중등학교 교사 9명 심층면담
2010	김성환, 조영하	대학행정직원의 직무만족이 조직몰입에 미치는 영향에 관한 연구	양적 연구: 대학 행정직원 150명 설문조사
			질적 연구: 대학 행정직원 10명 심층면담
2011	홍창남 외	자율형·공립고등학교 운영 실태 및 개선방안 탐색	양적 연구: 자율형공립고 구성원 3,954명 설문조사
			질적 연구: 21개 자율형공립고 구성원 각 4명 면담
2011	김수경	혁신학교 운영의 실태와 성과 분석	양적 연구: 2개 학교 통계자료
			질적 연구: 2개 학교 구성원 7명 면담

연도	연구자	연구 제목	연구방법별 분석자료 및 자료수집 방법
2012	염민호 외	대학 학습공동체 효과 분석	양적 연구: 1개 대학 대학생 254명 학점
			질적 연구: 1개 대학 교수 9명, 대학생 5명 면담
2013	이상철, 주철안	학생의 학급생활 문제행동에 대한 예비교사의 인식 연구	양적 연구: 3개 대학 예비교사 405명 설문조사
			질적 연구: 3개 대학 예비교사 10명 심층면담
2013	이주연 외	학교폭력 예방 교육 및 치료 기관으로서 Wee센터 운영 실태 분석	양적 연구: 99개 Wee센터 설문조사
			질적 연구: 5개 Wee센터 실장 각 1명 FGI
2013	김병주, 최손환	대학정보공시제의 진단과 발전과제	양적 연구: 2011년 3,227명, 2012년 2,451명 설문조사
			질적 연구: 대학 담당자 심층면담
2015	김이경 외	교원의 관점에서 본 창의경영학교 운영 실태 및 학교개선 효과 분석	양적 연구: 166개 창의경영학교 2,090명 설문조사
			질적 연구: 10개 창의경영학교 교원 10명 면담
2016	이호준 외	초등학교 담임연임제 정책의 쟁점 및 개선방안: 강원도교육청 운영 사례를 중심으로	양적 연구: 51개 학교 학부모 636명, 교사 698명
			질적 연구: 6개 학교 담당 교사 10명 면담
2016	변기용 외	지방대학의 관점에서 본 현행 대학재정지원사업의 문제점과 개선방안	양적 연구: 대학교수 및 직원 345명 설문조사
			질적 연구: 4개 대학 사례조사 및 면담
2017	장희선	초등학교 부장교사의 리더십 역량 모형 개발 연구	양적 연구: 교사 122명 설문조사
			질적 연구: 교사 10명 행위사건면담, 5명 FGI
2018	신혜진	다문화학생 지원 정책사업의 중복성에 대한 연구-서울특별시교육청 사례를 중심으로	양적 연구: 91개 학교회계 자료
			질적 연구: 다문화학생 현장 전문가 9명 심층면담
2020	엄문영 외	통합연구방법을 활용한 개방적 학교풍토 형성 요인에 관한 연구	양적 연구: 부산교육종단연구 196개교 교사 데이터
			질적 연구: 4개 학교 교장 및 교사 20명 면담
2021	이성회, 조선미	초등돌봄교실은 누가, 어떠한 환경에서, '왜' 참여하는가?: 실재론적 정책평가	양적 연구: 한국아동패널 1,391가구 자료
			질적 연구: 학부모 18명 심층면담, FGI
2021	김용, 임희경	지방의회 통합 이후 교육위원회 활동 및 그 특징 분석	양적 연구: 교육청 교육행정직원 81명
			질적 연구: 2개 교육위원회 회의록

2) 혼합방법연구 질 평가 방법

본 연구는 『교육행정학연구』 질 평가를 위해 O'Cathain(2010)의 질 평가 준거와 정의(〈표 15-4〉)를 중심으로 〈표 15-6〉의 질 평가 질문 및 평가 방법을 구안하였다(신현석 외, 2022: 75-78 참고). 혼합방법연구 질 평가를 위한 질문 및 평가 방법을 설정한 이유는 O'Cathain의 질 평가 준거별 정의 내용만으로는 개별 논문의 질 평가 방식과 결과가 달라질 수 있기 때문이다. 일례로, 기획의 질 영역에서 O'Cathain(2010: 546)은 혼합방법연구를 위한 연구질문 제시를 혼합방법연구의 기본 요소(foundational element)로 언급하고 있지만, 질적으로 우수한 혼합방법연구의 연구질문은 양적 질문/가설, 질적 질문, 양적·질적 요소를 혼합한 연구질문을 모두 명시적으로 제시해야 한다 (Creswell, 2014: 180-181). 또한, 혼합방법연구를 활용한 개별 논문의 질 평가 수행 시 평가자별로 그 결과가 상이할 가능성을 배제하고, 질 평가 결과의 신뢰성과 객관성을 담보하기 위해 일부 질 평가 질문의 경우에는 혼합방법 연구자가 해당 내용을 명시적으로 제시하는지 여부를 질 평가 세부 기준으로 구안하였다. O'Cathain이 제시한 질 평가 정의에 명시 또는 기술 여부를 세부 기준에 포함한 준거들은 연구설계 적합성과 통합성, 엄격성, 데이터 수집과 분석의 적절성 등이다. 마지막으로, O'Cathain은 질 평가 준거와 정의를 적용한 개별 혼합방법연구 평가 방법을 명시하지 않고 있다. 따라서 본 연구는 선행 혼합방법연구 질 평가 연구(예: Fetters & Molina-Azorin, 2019; Hong et al., 2018)가 채택하고 있는 '예/아니요, 적용 불가' 평가 방법을 채택하였다.

이 같은 '예/아니요, 적용 불가' 평가 방법이 혼합방법연구의 질 평가 결과 측면에서 볼 때, 단순한 빈도 분석에 불과하다는 비판이 있을 수 있다. 하지만, 개별 논문의 평가 과정이 해당 질문의 세부 기준을 충족하는지, '예/아니요, 적용 불가'에 해당하는지를 순차적으로 분석하고, 연계된 질 평가 준거의 경우(예: 연구 설계 유형 명시 준거와 연구설계 엄격성 준거)에는 해당 준거의 질문, 세부 기준과 평가 결과를 상호 검토해야 한다는 점에서 본 연구의 질 평가 결과는 선행 동향 분석 연구 및 그 결과와 차별화된다(신현석 외, 2015: 341). 일례로, 연구설계 합치성 준거 평가를 위한 '타당한 도출 방법을 적용하고 있는가' 질문의 경우, 타당한 도출 방법을 '질적 연구-삼각검증법, 연구 참여자 확인법, 장시간 관찰법, 동료 검토법, 연구자 편견 공개법, 외부 감사 등 활용, 양적 연구-내적 타당도, 구인 타당도, 외적 타당도 등 활용, 혼합방법연구-양적 연구, 질적 연구결과의 비교와 대조, 연결 등 활용' 여부를 기준으로 '예' 판정 후, '아니요' 이유를 다시 세분화하여 질 평가 결과를 도출하였다. 이상의 내용을 포함하여 본 연구가 적용한 질 평가 준거별 '예/아니요, 적용 불가' 평가 세부 내용은 신현석 등(2022: 75-78)이 제시한 '교육행정학 분야 혼합방법연구 질 평가 방법'을 활용하였다.

4. 『교육행정학연구』 혼합방법연구의 질 평가 결과

1) 혼합방법연구의 질 평가 결과 개요[3]

『교육행정학연구』 혼합방법연구 질 평가 결과를 연구 단계 및 영역별로 살펴보면, 〈표 15-7〉과

---

3) '혼합방법연구의 질 평가 결과 개요'는 신현석 등(2022: 78-82)의 '혼합방법연구 질 평가' 결과 중 『교육행정학연구』 데이터를 재분석하여 작성하였다.

같다. 먼저, 기획 단계의 기획의 질 영역 평가 결과, 혼합방법연구 질문과 혼합방법연구 활용 이유
를 제시하는 비율은 동일하게 20%로 나타났다. 두 가지 준거별 '아니요' 판정 이유로는 혼합방법연
구 질문의 경우, 연구질문 자체를 제시하지 않은 논문 10편, 연구질문을 제시하였지만, 양적 · 질적
질문과 혼합방법연구 질문을 구분하여 제시하지 않은 논문 6편으로 확인되었다. 혼합방법연구 활
용 이유를 제시하지 않은 논문 가운데 서론 외의 부분에서 제시한 논문은 10편, 활용 이유 자체를
명시하지 않은 논문은 6편으로 판정되어 혼합방법연구를 서론 및 서론 외의 부분에서 제시한 논문
은 전체 20편 가운데 14편(70%)으로 나타났다.

수행 단계의 연구설계의 질 평가 결과를 살펴보면, 연구설계 유형 명시 비율은 20%(4편)였으
며, '아니요' 이유로는 유형을 명시하지 않고, 방법만을 설명한 논문 8편, 유형과 방법 모두 명시하
지 않은 논문 8편이 식별되었다. 연구설계 유형 도식화 준거의 경우, 도식화하여 제시한 비율이
5편(25%)에 불과한 것으로 나타났으며, 연구설계 적합성 준거 평가 결과, 연구목적과 질문, 연구방
법 혼합 이유, 진술한 패러다임과 연계하여 기술하고 있는 논문 16편(80%), 연계하여 기술하지 않
은 논문 4편(20%)이 식별되었다. 연구설계 통합성 평가 결과에서는 연구설계에서 양적 · 질적 연구
한계를 보완하는 기술을 제시한 논문이 8편(40%), 그렇지 않은 논문은 12편(60%)으로 판정되었다.
마지막으로, 연구설계 유형별 고려 사항을 하나 이상 반영하여 기술하고 있는 논문은 4편(20%), 연
구설계 유형을 명시하지 않아 평가가 어려운 논문은 16편(80%)으로 식별되었다.

〈표 15-6〉 『교육행정학연구』 혼합방법연구 질 평가 준거별 질 평가 질문 및 평가 방법

연구 단계	영역	질 평가 준거	질 평가 질문[1] 및 평가 방법[2]
기획	기획의 질	혼합방법연구 질문	■ 양적 질문(가설)과 질적 질문, 양적 · 질적 요소를 혼합한 연구질문을 모두 제시하였는가? 예 = 1, 아니요 = 2, 적용 불가 = 3 ■ 아니요 이유: ① 연구질문 자체를 제시하지 ×. ② 연구질문은 제시하였지만, 세 가지 유형의 질문을 구분하여 제시하지 ×.
		혼합방법연구 활용 이유	■ 서론에서 혼합방법연구를 활용하는 이유를 명시하는가? 예 = 1, 아니요 = 2, 적용 불가 = 3 ■ 아니요 이유: ① 서론이 아닌 다른 영역(연구방법 등)에서 제시. ② 이유 자체를 제시하지 ×.
수행	연구 설계의 질	연구설계 유형 명시	■ 연구설계 유형과 방법을 모두 명시하고 있는가? 예 = 1, 아니요 = 2, 적용 불가 = 3 ■ 아니요 이유: ① 유형은 명시하지만, 방법을 설명 ×. ② 유형을 명시하지 않았지만, 방법을 설명함. ③ 유형과 방법을 모두 명시하지 ×.
		연구설계 유형 도식화	■ 연구설계 유형을 표나 그림 등으로 시각화하여 표현했는가? 예 = 1, 아니요 = 2, 적용 불가 = 3

연구 단계	영역	질 평가 준거	질 평가 질문[1] 및 평가 방법[2]
		연구설계 적합성	■ 연구설계 적합성을 연구질문과 목적, 연구방법 혼합 이유, 진술한 패러다임 중 하나 이상과 연계하여 기술하는가? 예 = 1, 아니요 = 2, 적용 불가 = 3
		연구설계 통합성	■ 연구설계에서 양적 연구 또는 질적 연구가 가지는 한계를 보완하고 있음을 기술하는가? 예 = 1, 아니요 = 2, 적용 불가 = 3
		연구설계 엄격성	■ 연구설계 유형별 고려 사항(Creswell & Plano Clark, 2018)을 하나 이상 반영하여 기술했는가? 예 = 1, 아니요 = 2, 적용 불가 = 3
	데이터의 질	데이터 구체성	■ 데이터 수집과 분석 방법, 표집 방법(질적 연구에서는 연구 참여자 선정 방법), 표본크기(질적 연구에서는 연구 참여자 수)를 모두 기술하는가? 예 = 1, 아니요 = 2, 적용 불가 = 3 ■ 아니요 이유: ① 데이터 수집 방법 기술×. ② 데이터 분석 방법 기술×. ③ 표집 방법 기술×. ④ 표본크기 기술×. ⑤ 데이터 수집 방법, 분석 방법 기술×. ⑥ 데이터 수집 방법, 표집 방법 기술×. ⑦ 데이터 수집 방법, 표본크기 기술×. ⑧ 데이터 분석 방법, 표집 방법 기술×. ⑨ 데이터 분석 방법, 표본크기 기술×. ⑩ 표집 방법, 표본크기 기술×. ⑪ 데이터 수집 방법, 분석 방법, 표집 방법 기술×. ⑫ 데이터 수집 방법, 분석 방법, 표본크기 기술×. ⑬) 데이터 수집 방법, 표집 방법, 표본크기 기술×. ⑭ 데이터 분석 방법, 표집 방법, 표본크기 기술×. ⑮ 4가지 모두 기술×.
		데이터 수집의 적절성	■ 데이터 수집 방법과 절차를 혼합방법연구와 연계하여 기술하는가? 예 = 1, 아니요 = 2, 적용 불가 = 3
		데이터 분석의 적절성	■ 데이터 분석 방법과 절차를 혼합방법연구와 연계하여 기술하는가? 예 = 1, 아니요 = 2, 적용 불가 = 3
해석	해석의 엄격성	해석의 논리성	■ 양적/질적 자료 분석 결과에 기초하여 결론을 내리는가? 예 = 1, 아니요 =2, 적용 불가= 3
		해석의 합치성	■ 양적, 질적, 혼합방법연구 각각에서 타당한 결론 도출 방법을 적용하는가? 예 = 1, 아니요 = 2, 적용 불가 = 3 ■ 아니요 이유: ① 양적 연구 타당성 방법 제시×. ② 질적 연구 타당성 방법 제시×. ③ 혼합방법연구 타당성 방법 제시×. ④ 양적·질적 연구 타당성 방법 제시×. ⑤ 양적, 혼합방법연구 타당성 방법 제시×. ⑥ 질적, 혼합방법연구 타당성 방법 제시×. ⑦ 세 가지 모두 제시×.
		해석의 차별성	■ 양적·질적 결과 간에 불일치하는 부분에 대해 설명하는가? 예 = 1, 아니요 = 2, 적용 불가 = 3
		해석의 대응성	■ 혼합방법연구를 설계한 연구목적 및 연구질문과 연결하여 해석을 제시하는가? 예= 1, 아니요 = 2, 적용 불가 = 3

연구 단계	영역	질 평가 준거	질 평가 질문[1] 및 평가 방법[2]
결과 확산 및 적용	보고의 질	보고의 투명성	■ 연구 데이터와 결과의 통합(integration)은 어디에서 어떻게 나타났는지와 연구방법을 혼합하거나 통합하여 연구자가 얻게 된 통찰력(insights)을 설명하는가? 예 = 1, 아니요 = 2, 적용 불가 = 3 ■ 아니요 이유: ① 통합 지점 제시하지 ×. ② 통찰력 제시하지 ×. ③ 두 가지 모두 제시하지 ×.
		결과의 가치 명시	■ 혼합방법연구를 통해 얻게 된 연구결과의 의의를 명시적으로 기술하는가? 예 = 1, 아니요 = 2, 적용 불가 = 3
		시사점 명시	■ 혼합방법연구 결과가 지니는 정책/실천적 시사점을 제시하는가? 예 = 1, 아니요 = 2, 적용 불가 = 3

주 1: 질 평가 질문은 우수 혼합방법연구(strong mixed methods research)가 갖추어야 할 기준으로 볼 수 있음(Eckhardt & DeVon, 2017; Fabregues & Molina-Azorin, 2017; Hong et al., 2018; O'Cathain, 2010; O'Cathain et al., 2008).

주 2: 질 평가 방법에 대한 보다 자세한 내용은 신현석 외(2022: 69-73, 75-78) 참고.

수행 단계의 데이터의 질 평가 결과, 전반적으로 다른 준거에 비하여 '예' 판정 결과가 상대적으로 높게 나타났다. 구체적으로, 데이터 구체성 준거에서 데이터 수집과 분석 방법, 표집 방법(질적연구에서는 연구 참여자 선정 방법), 표본크기(질적 연구에서는 연구 참여자 수)를 모두 기술한 논문은 19편(95%), 데이터 수집의 방법과 절차를 모두 기술한 논문은 17편(85%), 데이터 분석 방법과 절차를 혼합방법연구와 연계하여 기술한 논문은 16편(80%) 등으로 판정되었다.

〈표 15-7〉『교육행정학연구』 혼합방법연구 질 평가 결과

연구 단계	영역	질 평가 준거	예	아니요	적용 불가	계
기획	기획의 질	혼합방법연구 질문	4(20%)	16(80%)	0(0%)	20(100%)
		혼합방법연구 활용 이유	4(20%)	16(80%)	0(0%)	20(100%)
수행	연구 설계의 질	연구설계 유형 명시	4(20%)	16(80%)	0(0%)	20(100%)
		연구설계 유형 도식화	5(25%)	15(75%)	0(0%)	20(100%)
		연구설계 적합성	16(80%)	4(20%)	0(0%)	20(100%)
		연구설계 통합성	8(40%)	12(60%)	0(0%)	20(100%)
		연구설계 엄격성	4(20%)	0(0%)	16(80%)	20(100%)
	데이터의 질	데이터 구체성	19(85%)	1(5%)	0(0%)	20(100%)
		데이터 수집의 적절성	17(85%)	3(15%)	0(0%)	20(100%)
		데이터 분석의 적절성	16(80%)	4(20%)	0(0%)	20(100%)

연구 단계	영역	질 평가 준거	예	아니요	적용 불가	계
해석	해석의 엄격성	해석의 논리성	19(95%)	1(5%)	0(0%)	20(100%)
		해석의 합치성	4(20%)	16(80%)	0(0%)	20(100%)
		해석의 차별성	2(10%)	0(0%)	18(90%)	20(100%)
		해석의 대응성	7(35%)	1(5%)	12(60%)	20(100%)
결과 확산 및 적용	보고의 질	보고의 투명성	17(85%)	3(15%)	0(0%)	20(100%)
		결과의 가치 명시	4(20%)	16(80%)	0(0%)	20(100%)
		시사점 명시	19(85%)	1(5%)	0(0%)	20(100%)

주: 주목해야 할 질 평가 결과는 음영 표시하였으며, 세부 내용은 본문 참고.

해석 단계의 해석의 엄격성 영역의 준거별 분석 결과를 살펴보면, 해석의 논리성에 대한 '예' 판정 논문은 19편(95%)인 반면, 해석의 합치성 '예' 판정 논문은 5편(20%)에 불과한 것으로 나타났다. 해석의 합치성에 대한 '아니요' 사유로는 양적 연구와 질적 연구별 타당성 방법을 제시하지 않은 논문 각 3편, 양적·질적 연구 타당성 방법을 제시하지 않은 논문 3편, 양적 연구 및 혼합방법연구 타당성 방법을 제시하지 않은 논문 3편, 질적 연구 및 혼합방법연구 타당성 방법을 제시하지 않은 논문 1편, 세 가지 모두를 제시하지 않은 논문 3편 등으로 판정되었다. 한편, 해석의 차별성에서 양적·질적 연구 결과 간 불일치 부분을 보고하는 논문은 2편(10%), 양적·질적 연구 결과 간 불일치 부분이 없어 보고하지 않은 논문의 비율은 18편(90%)으로 확인되었다. 해석의 대응성은 연구목적 및 연구질문에 대응하는 해석을 하는지를 평가 내용으로 하며, 평가 결과 '예' 논문 7편(35%), 혼합방법연구를 설계한 연구목적/질문을 제시하지 않아 평가 자체가 불가한 논문 12편(60%)이 식별되었다.

마지막으로, 결과 확산 및 적용 단계의 보고의 질 영역 평가 결과를 살펴보면 다음과 같다. 먼저, 보고의 투명성 준거 평가 결과, '예' 판정 논문은 17편(85%), '아니요' 판정 논문은 3편(18%)으로 분류되었으며, '아니요' 판정 사유로는 연구 데이터와 결과의 통합 지점을 명시하지 않은 논문 1편, 통합 지점과 통찰력을 제시하지 않은 논문 2편 등이었다. 결과의 가치 명시 평가에서는 혼합방법연구 결과의 의의를 명시하지 않은 논문이 16편(80%)으로 판정되었으며, 혼합방법연구 결과가 지니는 정책/실천적 시사점을 명시하지 않은 논문은 1편(5%)으로 매우 낮게 나타났다.

2)『교육행정학연구』 혼합방법연구의 질 비평

본 연구는 〈표 15-7〉의『교육행정학연구』 혼합방법연구 질 평가 결과 가운데, 질 평가 준거별 '아니요', '적용 불가' 비율이 50%를 상회하는 준거를 중심으로『교육행정학연구』 혼합방법연구의 질을 비평(review)하고자 한다. 이 같은 기준에 따라『교육행정학연구』혼합방법연구의 질 비평을 위해 선정된 연구 단계별 질 평가 준거는 ① 기획 단계의 혼합방법연구 질문 및 활용 이유, ② 수행 단계의 연구설계 유형 명시 및 도식화, 연구설계 통합성 및 엄격성, ③ 해석 단계에서의 해석의 합치성 및 대응성, ④ 결과 확산 및 적용 단계에서 결과의 가치 명시 등 아홉 가지 준거이다.

해석의 차별성의 경우, '적용 불가'가 90%로 나타나고 있지만(〈표 15-7〉), 양적·질적 연구 결과 간 불일치 부분을 보고하지 않은 결과이기 때문에 질 비평 준거에서는 제외하였다. 다음에서는 〈표 15-6〉에서 제시한 혼합방법연구 질 평가 준거별 질 평가 질문에 대하여 '예'에 해당하는 혼합방법연구 우수 사례를 중심으로 그 내용을 제시하도록 한다. 이 같은 사례들은 후속 혼합방법연구자들이 연구논문 작성 시 참고 또는 준용할 수 있는 내용들이다.

(1) 기획 단계

본 연구가 기획 단계의 질 평가 준거로 구안한 혼합방법연구 질문과 활용 이유에 대한 질 평가 결과, '아니요' 판정 비율이 모두 80%로 나타났다. 특히, 주목할 결과는 질 평가 대상 논문 20편 가운데 연구질문 자체를 제시하지 않은 논문 10편, 혼합방법연구 활용 이유 자체를 명시하지 않은 논문이 6편 식별되었다는 점이다. 혼합방법연구의 연구질문과 활용 이유는 혼합방법연구를 설계하는 토대가 된다는 점에서 혼합방법 연구자는 혼합방법연구 질문과 활용 이유 각각을 명시적으로 제시해야 한다(O'Cathain, 2010: 545; Plano-Clark & Ivankova, 2016: 37).

기획 단계의 사례로 이호준 등(2016)의 논문을 살펴보면, 서론 마지막 부분에서 기존 문헌들이 지니는 한계를 지적하는 가운데 양적·질적 연구 필요성, 양적·질적 연구 문제, 양적·질적 요소를 혼합한 연구문제를 함께 제시하고 있다. 다만, '혼합방법연구'를 명시적으로 제시하지 않았다는 한계는 있다. 또한, "셋째, 현행 담임연임제의 문제점을 개선하기 위한 방안은 무엇인가?"라는 연구문제가 양적·질적 문제와 자료를 통합한 혼합방법연구 문제로 추측이 되지만, 연구자는 보다 구체적인 양적 자료와 질적 자료를 통합하는 내용을 포함한 혼합방법연구 문제(질문)를 제시할 수 있도록 해야 한다(Creswell, 2014: 184 참고).

기획 단계 비평 예시문 1

① 담임연임제에 대한 국내 연구들은 다음과 같은 한계를 가진다. 첫째, 선행연구들은 서울특별시를 중심으로 담임연임제를 논의하여 농산어촌 지역이 몰려 있는 도 지역에서 나타나는 담임연임제의 의미를 제대로 고려하지 못하였다는 한계를 가진다. 둘째, 기존 연구들은 담임연임제의 중요한 정책 대상인 학부모들의 인식까지 면밀하게 살피지 못하였다는 한계를 가진다. 셋째, 기존 연구들은 담임연임제를 찬성하는 교사는 왜 찬성하며 반대하는 교사는 왜 반대하는 것인지에 대해 세밀하게 분석하지 못하였다는 한계를

가진다. 넷째, 기존 연구들은 설문조사만을 바탕으로 담임연임제에 대한 인식 조사를 진행하여 담임연임제에 대한 현장착근형 개선 방안을 마련하는 데 제한적이었다.

(이호준 외, 2016: 195)

연구자들은 ①의 문장을 포함한 단락에서 선행연구에 기반한 연구 필요성과 이유를 제시하고 있다. 이호준 등(2016)이 연구방법 장(chapter) [그림 1]과 내용에서 제시하는 내용을 볼 때, 이들 연구자들이 혼합방법연구 아이디어를 활용하고 있음을 알 수 있지만, 논문에서는 혼합방법연구를 명시하지 않고 있다. 따라서 연구에서 혼합방법연구 필요성과 이유를 보다 명시적으로 본문에 제시할 필요가 있다.

기획 단계 비평 예시문 2

이를 위해 본 연구는 ① 다단계군집표집법(Multistage Clustering Sampling)을 활용하여 강원도 내 교사 및 학부모들을 표집하고 담임연임제에 대한 인식을 설문조사하였다. 또한 실제 담임연임제를 운영하고 있는 ② 6개 학교에 재직 중인 교사 10명을 대상으로 면담을 진행하여 담임연임제 추진 과정에서의 다양한 쟁점을 도출하였다. 아울러 ③ 설문조사와 면담의 결과를 바탕으로 담임연임제의 안착을 위한 개선 방안을 정책적 시사점으로 제시하였다.

(이호준 외, 2016: 195)

연구자들은 서론 마지막 단락에서 혼합방법연구 설계의 전체 흐름을 설명하고 있다. 서론에서 연구 전반의 내용과 절차를 설명하는 내용을 연구자들은 연구방법 장 [그림 1]에서 연구 절차를 도식화하여 제시하고 있다. 다만, '[그림 1] 본 연구의 분석틀'의 제목은 연구설계, 연구 절차도 등으로 수정할 필요가 있다.

기획 단계 비평 예시문 3

본 연구의 구체적인 연구문제는 다음과 같다.
① 첫째, 강원도에서 추진 중인 담임연임제에 대해 교사와 학부모는 어떻게 인식하는가?
② 둘째, 담임연임제를 추진하는 과정에서 나타나는 쟁점 및 문제점은 무엇인가?
③ 셋째, 현행 담임연임제의 문제점을 개선하기 위한 방안은 무엇인가?

(이호준 외, 2016: 195)

서론 마지막 부분에서 양적·질적·혼합방법연구 질문을 제시한다는 점에서 우수한 혼합방법연구 질문으로 볼 수 있다. 혼합방법연구 질문에 해당하는 세 번째 질문은 양적·질적 요소를 혼합하여 혼합방법연구 질문에 부합하는 연구질문 성격을 강화할 수 있다(Heyvaert et al., 2013: 314).

(2) 수행 단계

수행 단계에서는 연구 설계 유형 명시 및 도식화, 연구설계 통합성 및 엄격성 등 네 가지 준거를 살펴보도록 한다. 이들 준거들에 부합하는 세부 기준 내용은 일반적으로 학술 논문의 연구방법 장(chapter)에서 확인할 수 있다. 〈표 15-7〉의 질 평가 결과를 살펴보면, 연구설계 유형을 명시한 논문 수와 연구설계 엄격성에서 적용 불가 논문 수가 동일함을 확인할 수 있다. 실제로 질 평가 과정에서 논문 설계 유형과 방법을 명시한 논문은 Creswell과 Plano Clark(2018)이 제시하고 있는 설계 유형별 고려 필요 사항을 반영하여 연구를 설계하고 있음을 기술하고 있었다. 이 같은 사실은 연구자가 어떤 연구설계 유형과 방법을 적용할지를 고민하고 적용하는 일이 전술한 기획 단계의 질 평가 준거와 더불어 '우수하고 참다운 혼합방법연구'(Teddlie & Tashakkori, 2009: 192)가 되기 위한 필수 단계이자 요건임을 의미한다. 아래는 수행 단계에서 갖추어야 할 세부 기준을 충족하고 있다고 판단되는 엄문영 등(2020)의 논문 사례와 논문 내용에 대한 본 연구자의 비평이다.

기획 단계 비평 예시문 1

① 2. 통합연구설계: 탐색설계
② 통합 연구방법은 단일연구에서 질적 접근과 양적 접근을 모두 활용하는 연구로서 양측의 양립 가능성과 실용적 접근을 고수하는 방식으로 정의할 수 있다(이현철, 김영천, 김경식, 2013). ③ 교육행정 분야에서의 연구는 교육행정 주체와 현상의 다원성과 복잡성으로 인하여 특정 관점과 연구방법만으로는 그 실재를 제대로 이해하는 것에 한계가 있다(신현석, 주영효, 정수현, 2015). 이에 ④ 교육행정 분야에서의 통합 연구방법의 활용은 양적 연구의 장점과 질적 연구의 장점을 활용함으로써, "연구문제에 대한 보다 나은 이해 확보, 포괄적인 증거 획득, 연구 질문의 정교화를 통한 해결책 탐색, 협동 연구 유도, 다중적 세계관 활용 촉진, 귀납적·연역적 사고의 종합을 통한 연구의 실제성 제고"(Creswell & Clark, 2007; 박선형, 2010)를 가능하게 한다.

(엄문영 외, 2020: 204-205).

연구자들은 ①에서 연구설계 유형을 명시하면서 활용 연구방법을 통합 연구방법(②)으로 제시하고 있다. ③에서는 연구설계 적합성을 혼합방법연구 필요성 및 이유와 연계하여 기술하고 있다는 점에서 혼합방법연구 질 평가 기준에 부합하고 있다. 다만, 연구자들이 인용하고 있는 Creswell & Plano Clark 문헌 제목이 'mixed methods research'이고, ③, ④의 내용을 고려했을 때 연구자들은 양적·질적 자료의 통합과 해석을 통한 추론까지도 의도했던 것으로 판단된다. 따라서, 통합 연구방법 용어 대신에 '혼합방법연구' 용어가 보다 타당하다(Teddlie & Tashakkori, 2009). ④에서 기술되고 있는 혼합방법연구 설계 이유는 문맥상 무리가 없지만, 일반적으로 혼합방법연구 설계 이유가 서론 부분에서 제시되어야 함을 후속 연구자들은 유의할 필요가 있다(Plano-Clark & Ivankova, 2016: 37).

기획 단계 비평 예시문 2

① 탐색설계는 질적 자료를 바탕으로 양적자료 수집 모델을 설계하고 그 결과가 질적 자료를 설명해 준다는 점에서 질적 자료의 엄밀한 활용을 가능하게 함으로써 연구결과 분석의 밀도를 높일 수 있다는 장점이 있다. (중략) 이에 본 연구는 탐색설계 방법을 적용하였으며 구체적인 연구설계 과정에서 최근 연구(심정연, 2018; 전재은, 2019)를 참고하였다. ② 탐색설계를 본 연구에 적용한 이유는 개방적 학교풍토에 영향을 미치는 요인에 대한 연구가 충분히 수행되지 않은 상황임을 고려하여, 개방적 학교풍토에 영향을 미치는 학교수준 변인, 학교장 리더십 변인, 교사 수준의 변인이 무엇인지를 밝히는 구조방정식모형의 사용 유무의 검토를 위한 이론적 탐색이 우선적으로 필요했기 때문이다. 이에 본 연구에서는 질적 분석 결과와 소수의 선행연구를 토대로 양산된 이론적 모형이 BELS 데이터로 설명될 수 있는지를 살펴보았다.

(엄문영 외, 2020: 205).

혼합방법연구 문헌이 제시하고 있는 탐색설계의 장점을 ①에서 제시하면서 연구에서 연구자들이 채택하고 있는 혼합방법연구 설계 유형을 명시하고 있다. 이와 함께 이 내용을 연구 내용과 연계하여 ②에서 탐색설계 적용 이유, 내용, 방법을 기술하고 있다는 점에서 혼합방법연구 질 기준에 부합한다.

기획 단계 비평 예시문 3

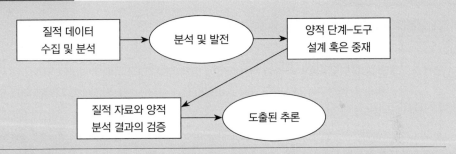

[그림 1] 탐색설계 모형
*최경화(2020)에서 재인용.

(엄문영 외, 2020: 205).

연구자들이 채택하고 있는 연구설계 모형을 도식화하여 제시하고 있어 질 평가 기준에 부합하는 논문으로 평가될 수 있다. 하지만 엄밀하게는 해당 연구설계 내용을 설명하는 도식화가 타당하다(Plano-Clark & Ivankova, 2016).

(3) 해석 단계

해석 단계에서 살펴볼 질 평가 준거는 해석의 합치성과 해석의 대응성이다. 해석의 합치성 질 평가 결과, 본 연구의 세부 기준에 합치하는 논문은 5편에 불과하였다. 해석의 대응성의 경우에도 혼합방법연구목적과 질문을 제시하지 않은 논문 12편과 '아니요' 판정 논문 1편을 제외하고, 세부 기준 충족 논문이 7편에 불과한 것으로 나타났다. 구체적으로 해석의 합치성 질 평가 결과는 혼합방법연구 '결론의 타당성'을 담보할 수 있는 연구과정(O'Cathain, 2010: 547)을 혼합방법 연구자들이 포함하지 않고 있다는 의미이다. 해석의 합치성 평가에서 주의 깊게 살펴볼 대목은 양적·질적 연구의 타당성 확보 방법 외에 양적·질적 자료 및 결과의 통합(integration) 해석을 위한 '비교와 대조, 연결' 등의 방법을 활용함으로써 혼합방법연구의 자료와 결과의 타당성 확보 방안 또한 연구자가 고려해야 한다는 점이다(Teddlie & Tashakkori, 2009: 300-301).

한편, 해석의 대응성의 경우, '아니요'와 '적용 불가' 판정 논문 수가 13편이라는 사실은 혼합방법연구의 설계 목표 달성 여부를 연구자 스스로도 확인하지 않고 있다(Creswell, 2014: 184 참고)는 의미로 볼 수 있다. 결국, 이상의 두 가지 준거에 대한 질 평가 결과는 혼합방법연구의 '추론 과정과 결과'의 질은 차치하더라도(Teddlie & Tashakkori, 2009: 383) 교육행정학 분야 대다수의 혼합방법연구자들이 연구목표 달성, 결론의 타당성을 담보하지 못하고 있음을 보여 준다. 다음은 해석 단계의 세부 기준을 충족하고 있는 장희선(2017)의 논문 사례와 논문 내용에 대한 본 연구자의 비평이다.

해석 단계 비평 예시문 1

다. 초점집단면접조사(Focus Group Interview: FGI)

연구결과 도출된 ① 부장교사의 리더십 역량 요인에 대해 전문가협의회를 개최하여 의견을 수렴하고, 검토 과정을 거쳤다. 문헌연구와 심층면담 내용을 바탕으로 구성된 잠정적 부장교사 리더십 역량 모형에 대해 서울 소재 초등학교 교장 2명, 부장교사 2명, 교육학 전문가 1명으로 구성된 초점집단면담(FGI)을 실시하였다. ② 초점집단면담을 통해 전문가와 연구자가 참조한 문서자료 및 심층면담 자료를 공유하고, 역량 모형에서 필수 요소가 포함되어 있는지, 추가하거나 삭제, 수정해야 하는 부분이 있는지, 분류상 통합, 분리, 이동되어야 할 항목이 있는지, 그 적절성을 검토하여 영역별 부장교사의 리더십 역량의 구성 요소를 선정하였다. (중략). 결과적으로 ③ 초점집단면접조사를 통한 잠정적인 부장교사 리더십 역량 모형의 구성 요소는 3분야, 6개 역량군의 30개 하위 역량 요소 및 범주로 조절되었다.

(장희선, 2017: 299-300)

위 예시문은 혼합방법연구의 질 평가 준거 가운데 해석의 합치성에 부합하는 내용이다. 연구자는 연구결과와 결론의 타당성을 담보하기 위해 질적 연구 자료와 그 결과를 타당화하기 위한 방법을 ①, ②에서 설명하고 있으며, ③에서는 질적 연구 결과가 양적 연구와 순차적으로 연계됨을 서술하고 있다.

해석 단계 비평 예시문 2

라. 설문지 구성 및 통계 처리

① BEI와 FGI를 통해 도출한 '우수 성과자'와 '보통 성과자' 간에 차이가 나타나는 실제 '우수한 성과'와 관련이 있는 행동 특성들에 대한 리더십 역량의 신뢰도와 타당성 검증을 위해 잠정 리더십 역량 요인에 관한 설문지를 구성하였다. (중략). 이어 ② 요인분석 기법을 통해 부장교사의 리더십 역량 영역 및 항목을 수정, 보완함과 동시에 구인 타당도를 확보하였다. (중략). 부장교사와 일반교사의 리더십 역량에 대한 인식은 각 리더십 역량별 빈도를 분석하였다. 그리고 ③ 부족한 부장교사 리더십 역량에 대해 인터뷰에 나온 교사들이 기록한 용어 그 자체를 이용하여 코딩하려고 하였다. 연구자는 연구 참여자들이 사용한 용어 그대로를 이용하여 코딩한 한편, 전문가 1인은 보다 일반적인 리더십 역량 용어를 사용하여 코딩하여 조절하도록 하였다. (중략). ④ 마지막으로 본 연구는 단순히 역량 모형 개발에 그치는 것이 아니라, 중요도와 실행도(IPA) 차이분석을 활용하여 우선 개발 역량을 제시함으로써 부장교사 교육과 연수에 대한 시사점을 제공하고자 하였다.

(장희선, 2017: 299–300)

위와 같은 연구목적에 따라 다음과 같이 연구문제를 설정하였다.
⑤ 연구문제 1: 우수한 리더십을 수행하기 위한 초등학교 부장교사에게 요구되는 리더십 역량은 무엇인가?
⑥ 연구문제 2: 초등학교 교사의 부장교사 리더십 역량의 중요도와 실행도는 어떠한 차이가 있는가?

(장희선, 2017: 289)

연구자는 ①에서 질적 연구 결과를 양적 연구방법과 연결하고 있으며, ②의 진술문을 통해 양적 연구 타당도 검증 방법을 제시하고 있다. ③은 연구자가 양적 연구 자료에 질적 연구 결과를 비교·대조·연결하고 있음을 보여 주는 내용이다. ⑤, ⑥은 서론 마지막 문단에 제시된 연구문제로 ⑤는 앞서 살펴본 해석 단계 비평 예시문 1과 본 예시문의 ①~③, ⑥은 ④와 대응하는 내용을 담고 있다. 결과적으로, 해석 단계 비평 예시문 1과 2는 해석의 합치성과 해석의 대응성 기준에 부합하는 내용으로 구성되어 있다.

(4) 결과 확산 및 적용 단계

마지막으로, 결과 확산 및 적용 단계에서는 결과의 가치 명시를 중심으로『교육행정학연구』혼합방법연구 질 평가 결과를 살펴보도록 한다. 혼합방법연구자는 서론에서 혼합방법연구 활용 이유와 필요성을 제시해야 하는 것처럼, 혼합방법연구를 활용함으로써 가능했던 지식의 확장, 연구결과의 심화 내용 등을 논의(discussion)에 포함해야 한다(Fetters & Molina-Azorin, 2019: 420-421; O'Cathain, 2010: 550). 하지만 〈표 15-7〉의 결과에서 확인할 수 있는 것처럼,『교육행정학연구』에 게재된 혼합방법연구의 80%(16편)는 결과의 가치를 명시적으로 기술하고 있지 않다.

O'Cathain이 지적하고 있듯이 혼합방법 연구자들이 결과의 가치를 제대로 명시하지 않고 있다는 점은 혼합방법 연구자들이 이 준거를 경시하고 있음을 방증한다. 하지만 결과의 가치 명시는 기획–수행–해석 단계와 더불어 일련의 혼합방법연구 단계에 포함되는 중요 준거이면서 동시에 혼합방법연구 활용 이유와 목적을 더욱 돋보이게 할 수 있음을 혼합방법 연구자는 유념할 필요가 있다. 다음에서는 질 평가 준거 가운데 결과의 가치 준거 기준을 충족하는 변기용 등(2017), 엄문영 등(2020)의 논문 사례를 중심으로 혼합방법연구 결과의 가치 명시 방법을 살펴보도록 한다.

결과 확산 및 적용 단계 비평 예시문 1

① 본 연구의 설문조사 결과 지방대학들은 정부의 대학재정지원사업의 목표나 방향, 고등교육 분야의 발전에 대한 기여도, 그리고 지속 필요성 등에 있어서는 대체로 수도권 대학들에 비해 긍정적인 태도를 가지고 있는 것으로 나타났다. ② 이는 수도권 대학들에 비해 재정적 어려움이 큰 지방대학들에 대학재정지원사업은 새로운 수입원으로 환영받고 있기 때문인 것으로 해석되었다. 그러나 지방대학들은 재정지원사업의 문제점과 평가지표, 시행 방식 등이 지역 균형 발전이나 지방대학 육성에는 큰 효과를 발휘하지 못한다고 보고 있었고 (중략). ③ 이러한 차이는 재정지원 수혜 정도나 가능성으로부터 직접적인 영향을 받는 것으로 짐작되었고, ④ 이어 시행된 네 개 지방대학들에 대한 사례연구에서 이러한 경향성이 확인되었다. ⑤ 사례연구 결과 지방대학에서 재정재원사업 운영을 담당하고 있는 주요 보직자와 실무자들은 대학의 특성과 설립취지, 교육 미션 등을 고려한 시행방식과 평가지표의 설계, 평가를 위한 행정적 부담의 완화, 대학의 자율성 고려 확대, 그리고 규제 일변도의 평가방식의 개선 등을 희망하고 있었다. ⑥ 이와 같은 연구의 결과는 현재 201개에 달하는 4년제 대학 중 소규모 대학 숫자가 80여 개에 달하고 있다는 점을 감안할 때 ⑦ 이들을 배제한 채 오히려 역량을 키워서 전체 고등교육 체제의 체질을 개선하지 않고서는, 정부가 목표로 하는(단순한 정원 감축을 넘어서는) 실질적 대학 구조조정은 난망하다는 점을 시사한다.

(변기용 외, 2017: 103–104).

변기용 등은 양적 연구 결과를 ①에서 제시하고, ②에서는 그 결과를 해석하고 있다. ③은 양적 연구 결과에 대한 연구자들의 추측 내용을 서술하고 있으며, ④와 ⑤에서는 이 같은 양적 연구 결과 추측 내용을 질적인 사례연구를 통해 확인하고 있다. 마지막 ⑥과 ⑦은 연구자들이 양적 · 질적 연구 결과를 통합함으로써 연구결과의 시사점을 서술하는 내용이다. 설명적 순차 설계(QUAN+qual) 또는 동시적 삼각화 설계(QUAL+QUAN) 전략(Creswell & Plano Clark, 2018: 59)을 계획하고 있는 후속 혼합방법 연구자는 변기용 등의 결론 제시 방식과 흐름을 차용할 수 있다.

결과 확산 및 적용 단계 비평 예시문 2

본 연구는 ① 이론적 배경이 약한 선행연구의 경향을 고려하여 질적 연구를 우선적으로 실행하고, 이를 양적 데이터로 확증하는 방식의 탐색 설계라는 통합 연구방법을 선택하였다. ② 질적 연구 결과, 좋은 학교풍토를 지닌 중등 일반 및 다행복학교의 구성원들은 다음과 같은 공통 요인을 지적하였다. …… (중략) ……

③ 선행연구 결과와 질적 연구 분석 결과를 종합하여, 본 연구에서는 교사 수준과 학생 수준의 2요인 다층 구조방정식 모형을 통해 제4차연도 교사 및 학교 수준 데이터를 활용하여 학교풍토 형성 요인에 대한 이론적 개념도를 검증하였다. …… 중략 …… 다만, ④ 본 연구가 중점적으로 검증하고자 한 다행복학교 여부는 개방적 학교풍토 형성에 유의미한 영향 요인은 아닌 것으로 나타났다. ⑤ 이러한 결과는 전체 부산교육종단연구 표본 중 다행복학교의 비중이 중학교 16%, 고등학교 10%에 지나지 않는 점이 원인이었을 것으로 추정된다. 이에 따라 ⑥ 추후 부산시교육청은 중·고 다행복학교 샘플을 추가적으로 확대할 필요가 있다.

(엄문영 외, 2020: 217-218).

엄문영 등은 ①에서 혼합방법연구 설계 이유와 설계 유형을 제시하면서 다음으로 질적 연구 결과(②), 양적 연구방법(③)과 결과(④)를 순차적으로 제시하고 있다. ⑤에서는 연구자들이 탐색적 순차 설계(QUAL→quan)를 통해 도출한 결과를 토대로 해석을 심화하면서 정책/실천적 시사점(⑥)을 제시하고 있다. 엄문영 등의 결과 보고 방식은 혼합방법연구를 통해 연구자가 얻게 된 지식 확장의 내용과 근거를 설명하고 있다는 점에서 결과의 가치 명시 준거를 충족하고 있으며, 탐색적 순차 설계 전략(Creswell & Plano Clark, 2018: 59)을 계획하고 있는 후속 혼합방법 연구자는 엄문영 등의 결론 제시 방식과 흐름을 차용할 수 있다.

5. 결론

본 연구는 한국 교육행정학 분야에서의 혼합방법연구의 가능성과 한계를 탐색하는 데 목적이 있었다. 이를 위해 혼합방법연구 질 평가 관련 선행연구 고찰을 통해 교육행정학 분야 혼합방법연구 단계별 질 평가 영역, 준거, 세부 기준을 구안하고, 창간호부터 2022년 8월까지 『교육행정학연구』에 게재된 혼합방법연구 20편에 이들 준거와 기준을 적용하여 질 평가를 실시하였다. 혼합방법연구 질 평가의 주요 결과를 정리하면, ① 혼합방법연구 질문과 혼합방법연구 활용 이유를 제시하는 비율은 동일하게 20%로 판정되었으며, ② 수행 단계 중 연구설계의 질 평가 결과, 연구설계의 적합성을 제외하고, 연구설계 유형 명시와 도식화, 연구설계 통합성 준거는 질 평가의 세부 기준을 충족하지 못한 비율이 60~80%로 나타났다. ③ 수행 단계의 데이터 질 평가 결과에서는 데이터 구체성, 수집과 분석의 적절성 모두 80%를 상회하였고, ④ 해석의 엄격성 영역에서는 해석의 합치성 준거의 '아니요' 판정 비율이 80%, 해석의 차별성과 대응성 준거는 적용 불가 비율이 각각 90%, 60%를 보여 주었다. ⑤ 마지막으로, 보고의 질 영역에서는 보고의 투명성과 시사점 명시 비율이 85%를 보여 준 반면, 결과의 가치 명시 비율은 20%에 불과하였다.

이상의 『교육행정학연구』 게재 혼합방법연구에 대한 질 평가 결과는 한국 교육행정학 분야 혼합방법연구 가운데 진정한 혼합방법연구가 전무하다는 지적과 비판(박선형, 2010: 39)의 타당성을 재차 확인시켜 준다. 물론 혼합방법연구의 질 평가를 위한 준거와 세부 기준 설정의 방법과 내용에 따라서 질 평가 결과가 달라질 수 있음을 고려한다면, 본 연구의 질 평가 결과를 그대로 일반화하여 수용하기에는 분명히 한계가 있다. 실제로 혼합방법연구의 질 평가를 위한 다양한 준거와 기준이 제시되고 있으며, 혼합방법연구에서의 '질'의 의미, 혼합방법연구의 방법적 · 방법론적 다양성으로 인해 질 평가 준거의 합의도 현재로서는 요원하기만 하다. 하지만 본 연구가 질 평가 준거 설정의 중요 자료로 활용한 O'Cathain(2010)의 혼합방법연구 단계별 질 평가 영역 및 준거는 혼합방법연구의 질 평가 관련 문헌에서 차지하는 위상이 확고하다는 점 또한 분명한 사실이다. 이는 본 연구의 질 평가 결과를 통해『교육행정학연구』에 게재된 혼합방법연구의 질을 가늠 가능하다는 의미이다.

본 연구의 질 평가 결과는『교육행정학연구』게재 혼합방법연구의 한계와 가능성을 동시에 보여 준다. 전술한 것처럼, 진정한 혼합방법연구가 없다는 사실과 함께 본 연구가 설정한 질 평가 준거를 모두 충족하고 있는 연구가 없다는 점은 한국 교육행정학 분야 혼합방법연구가 지니고 있는 명백한 한계이다. 반면, 본 연구에서 제시한 연구 단계별 사례 논문들이 일부 질 평가 준거를 충족하고 있다는 점은 한국 교육행정학 분야 혼합방법연구의 가능성을 보여 주는 결과이기도 하다. 여기서 우리가 주목할 필요가 있는 대목은 본 연구가 평가한 논문이 게재되어 출판된 논문이라는 점이다. 다시 말해, 교육행정학 분야 대표 학술지인『교육행정학연구』에 게재된 혼합방법연구 활용 논문의 질 평가 결과, '예' 판정 비율이 낮다는 사실은 한국교육행정학회 차원에서 주의 깊게 검토하고 성찰할 필요성이 있음을 시사한다. 전술한 것처럼, 본 연구의 초점은『교육행정학연구』에 게재된 혼합방법연구 논문의 문제점 비판에 있는 것이 아니라 학회 차원의 혼합방법연구 논의 활성화, 혼합방법연구에서 고려되어야 할 연구방법 및 방법론적 요건을 반추하는 데 있다. 혼합방법연구가 지니는 방법적 · 방법론적 가치와 교육행정학 연구에서는 지니는 의미를 고려한다면, 향후 혼합방법연구에 대한 학술적 관심과 연구가 지속될 필요가 있다.

📖 참고문헌

강영삼(2013). 교육행정학의 학문 발달사. 한국 교육행정학 연구 핸드북(pp. 21-60). 서울: 학지사.

김미숙(2006). 양적 방법과 질적 방법의 통합에 대하여. 교육사회학연구, 16(3), 43-64.

김병섭(2010). 편견과 오류 줄이기: 조사연구의 논리와 기법(개정 2판). 서울: 법문사.

김병주(2003). 학교운영위원회의 효과적인 운영모형. 교육행정학연구, 21(4), 117-138.

김병주, 최손환(2013). 대학정보공시제의 진단과 발전과제. 교육행정학연구, 31(4), 49-74.

김병찬(2013). 교육행정의 인식론적 기반. 한국 교육행정학 연구 핸드북(pp. 143-183). 서울: 학지사.

김병찬, 유경훈(2017). '교육행정학연구' 게재 논문의 연구 동향 특징 분석: 연구주제 및 연구방법을 중심으로. 교육행정학연구, 35(4), 173-200.

김성환, 조영하(2010). 대학행정직원의 직무만족이 조직몰입에 미치는 영향에 관한 연구. 교육행정학연구, 28(3), 79-106.

김수경(2011). 혁신학교 운영의 실태와 성과 분석. 교육행정학연구, 29(4), 145-168.

김용, 임희경(2021). 지방의회 통합 이후 교육위원회의 활동 및 그 특징 분석. 교육행정학연구, 39(5), 53-84.

김이경, 김성기, 박인심, 김지혜, 김경현(2015). 교원의 관점에서 본 창의경영학교 운영 실태 및 학교개선 효과 분석. 교육행정학연구, 33(1), 55-79.

박선형(2010). 교육행정학의 혼합연구방법 활성화를 위한 예비적 논의. 교육행정학연구, 28(2), 27-54.

박선형(2011). 교육행정학 연구의 방법론상 쟁점. 교육행정연구법(pp. 41-106). 경기: 교육과학사.

변기용, 이석열, 변수연, 송경오, 서경화(2017). 지방대학의 관점에서 본 현행 대학재정지원사업의 문제점과 개선방안. 교육행정학연구, 35(3), 79-108.

변기용, 이인수(2020). 근거이론적 방법이 교육행정학 연구방법론 확장에서 가지는 의미. 교육행정학연구, 38(2), 137-165.

변기용, 이현주, 이승희, 손다운(2022). 비판적 실재론의 교육행정학 연구방법론에 대한 함의와 연구의 실제. 교육행정학연구, 40(1), 691-720.

성용구(2013). 혼합연구 설계의 타당성을 높이기 위한 단계별 전략. 열린교육연구, 21(3), 129-151.

신현석(2009). 한국적 교육행정학의 방법적 기반. 교육행정학연구, 27(3), 23-56.

신현석(2014). 한국 교육행정 이론의 문제와 과제 그리고 학회. 한국교육행정학회 소식지 제121호.

신현석(2017). 한국 교육행정학의 정체성. 교육행정학연구, 35(1), 195-232.

신현석, 박균열, 전상훈, 주휘정, 신원학(2009). 한국 교육행정학의 연구 동향 분석:「교육행정학연구」를 중심으로. 교육행정학연구, 27(4), 23-56.

신현석, 주영효 정수현(2015). 한국 교육행정학 분야 혼합방법연구 동향 분석. 교육행정학연구, 33(1), 339-367.

신현석, 주영효, 정수현, 윤혜원(2022). 한국 교육행정학 분야 혼합방법연구의 질 평가. 교육행정학연구, 40(5), 61-90.

신혜진(2018). 다문화학생 지원 정책사업의 중복성에 대한 연구: 서울특별시교육청 사례를 중심으로. 교육행정학연구, 36(1), 169-193.

엄문영, 길혜지, 이재열, 황정훈, 서재영(2020). 통합연구방법을 활용한 개방적 학교풍토 형성 요인에 관한 연구: 부산 다행복학교를 중심으로. 교육행정학연구, 38(5), 197-225.

염민호, 박선희, 오종욱(2012). 대학 학습공동체 효과 분석: 전남대학교 사례. 교육행정학연구, 30(2), 207-232.

이득기(1994). 바람직한 중등학교장의 수월성지도성 행동연구. 교육행정학연구, 12(3), 204-225.

이상철, 주철안(2013). 학생의 학급생활 문제행동에 대한 예비교사의 인식 연구: 심각도와 준비도를 중심으로. 교육행정학연구, 31(1), 85-108.

이성은, 이상희, 임영애(2009). 직무특성화모형(JCM)에서 나타난 초·중등교사의 분산적 지도력 실행 인식에 관한 연구. 교육행정학연구, 27(3), 1-21.

이성회, 조선미(2021). 초등돌봄교실은 누가, 어떠한 환경에서, '왜' 참여하는가?: 실재론적 정책평가(realist policy evaluation). 교육행정학연구, 39(1), 333-365.

이수정, 김승정, 임희진(2018). 미국 교육행정학 연구의 동향 분석: Educational Administration Quarterly 발표 논문을 중심으로. 교육행정학연구, 36(5), 271-292.

이종재, 김용(2013). 교육행정학의 학풍. 한국 교육행정학 연구 핸드북(pp. 61-73). 서울: 학지사.

이주연, 정제영, 박주형, 주현준, 정성수(2013). 학교폭력 예방 교육 및 치료 기관으로서 Wee센터 운영 실태 분석. 교육행정학연구, 31(2), 67-89.

이호준, 이형빈, 김현주, 장민희, 원유림, 김형욱(2016). 초등학교 담임연임제 정책의 쟁점 및 개선방안: 강원도교육청의 운영 사례를 중심으로. 교육행정학연구, 34(5), 193-221.

임우섭, 김용주(2007). 대학 교수의 핵심 강의역량 분석. 교육행정학연구, 25(4), 413-434.

장희선(2017). 초등학교 부장교사의 리더십 역량 모형 개발 연구. 교육행정학연구, 35(4), 287-316.

하봉운(2005). 교사성과급 지급을 위한 교사평가에 대한 교사들의 반응 분석 연구. 교육행정학연구, 23(1), 239-260.

홍창남, 정수현, 김도기, 송경오, 이쌍철, 김훈호(2011). 자율형 공립고등학교 운영 실태 및 개선방안 탐색. 교육행정학연구, 29(4), 225-251.

Bryman, A. (2006). Paradigm peace and the implications for quality. *International Journal of Social Research Methodology, 9*(2), 111-126.

Creswell, J. W. (2018). 연구방법: 질적·양적 및 혼합적 연구의 설계(4판)(*Research design: Qualitative, quantitative, and mixed methods approaches*, 4th ed.). (정종진 외 공역). 서울: 시그마프레스. (원서 출판, 2014).

Creswell, J. W., & Plano Clark, V. L. (2018). *Designing and conducting mixed methods research* (3rd ed.). Thousand Oaks, CA: Sage.

Eckhardt, A. L., & DeVon, H. A. (2017). The MIXED framework: A novel approach to evaluating mixed-methods rigor. *Nursing Inquiry, 24*(4), e12189. https://doi.org/10.1111/nin.12189

Everhart, R. B. (1988) Fieldwork methodology in educational administration. In N. J. Boyan (Ed.), *Handbook of research on educational administration* (pp. 703-727). New York, NY: Longman.

Fetters, M. D., & Molina-Azorin, J. F. (2019). A checklist of mixed methods elements in a submission for advancing the methodology of mixed methods research. *Journal of Mixed Methods Research, 13*(4), 414-423.

Greene, J. C. (2011). 사회과학 혼합연구방법의 이론과 실제(*Mixed methods in social inquiry*). (이진희 외 공역). 서울: 시그마프레스. (원서 출판, 2007).

Heyvaert, M., Hannes, K., Maes, B., & Onghena, P. (2013). Critical appraisal of mixed methods studies.

Journal of Mixed Methods Research, 7(4), 302-327.

Hong, Q. N. (2018). Mixed Methods Appraisal Tool (MMAT) Version 2018. Retrieved from http://mixedmethodsappraisaltoolpublic.pbworks.com/

Johnson, R. B., & Onwuegbuzie, A. J. (2004). Mixed methods research: A research paradigm whose time has come. *Educational Researcher, 33*(7), 14-26.

O'Cathain, A. (2010). Assessing the quality of mixed methods research: Toward a comprehensive framework. In A. Tashakkori, & C. Teddlie (Eds.), *SAGE Handbook of mixed methods in social and behavioral research* (pp. 531-555). Thousand Oaks, CA: Sage.

O'Cathain, A., Murphy, E., & Nicholl, J. (2008). The quality of mixed methods studies in health services research. *Journal of health services research & policy, 13*(2), 92-98.

Onwuegbuzie, A. J., & Combs, J. P. (2010). Emergent data analysis techniques in mixed methods research. In A. Tashakkori, & C. Teddlie (Eds.), *SAGE Handbook of mixed methods in social and behavioral research* (pp. 397-430). Thousand Oaks, CA: Sage.

Plano-Clark, V. L., & Ivankova, N. V. (2016). *Mixed methods research: A guide to the field.* Thousand Oaks, CA: Sage.

Teddlie, C., & Tashakkori, A. (2009). *Foundations of mixed methods research.* Thousand Oaks, CA: Sage.

Willower, D. J. (1987). Inquiry into educational administration: The last twenty-five years and the next. *Journal of Educational Administration, 25*(1), 12-28.

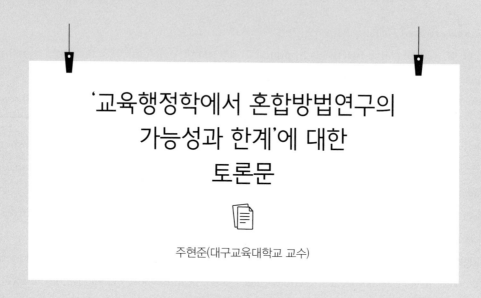

'교육행정학에서 혼합방법연구의
가능성과 한계'에 대한
토론문

주현준(대구교육대학교 교수)

1. 총평

이 글은 교육행정학 분야에서 혼합 연구방법론을 사용한 선행연구들의 가능성과 한계를 밝히고 혼합 연구방법의 활성화와 내실화에 기여하기 위한 목적으로 작성되었다. 지금까지 한국교육행정학회에서는 연구방법론에 대한 성찰을 거듭하면서 발전 방향을 다각적으로 모색하였다. 그러나 연구방법론에 대한 성찰은 주로 빈도 분석을 통해 특정 연구방법론이 남용되는 소위 '편중 현상'에 치중하여 오용의 문제를 구체적으로 밝히지 못하였다. 이 연구는 그러한 한계를 넘어 논문의 질을 평가하기 위해 시도했다는 점에서 의의가 크다고 하겠다.

혼합 연구방법은 아직까지 양적 연구방법과 질적 연구방법에 비해 상대적으로 논의가 더 필요한 분야이다. 따라서 혼합 연구방법을 사용한 논문의 질을 평가한다는 것은 매우 까다롭고 어려운 주제이다. 그럼에도 불구하고 연구자는 혼합 연구방법의 질을 평가하기 위한 준거를 구안하고, 이를 토대로 『교육행정학연구』의 창간호부터 2022년 8월까지 발표된 20편의 선행연구를 평가하였다.

2. 수정 요구 사항

총평에서 언급한 이 글의 의의에도 불구하고 토론자는 다음과 같은 3가지를 수정할 것을 제안한다.

1) 선행연구 고찰에 대한 내용 보완

현재 선행연구 고찰은 '교육행정학 분야에서 혼합방법연구의 의의와 동향', '한국 교육행정학 분야 혼합방법연구의 문제', '혼합방법연구의 질 평가 준거'로 구분하여 소개하고 있다. 이러한 구성은 타당하다고 하겠지만 핸드북이라는 점을 감안하여 내용을 좀 더 보완할 필요가 있다. 먼저, '혼합방법연구의 동향'에서는 단순히 혼합방법연구의 추세를 보여 주는 것에서 벗어나 실제적인 논쟁을 소개할 필요가 있다. 즉, 혼합방법연구에 대한 부정적 시각과 긍정적 시각 그리고 중도적 시각을 자세히 소개한다면 독자들에게 큰 도움이 될 것으로 보인다. 연구자도 이미 알고 있겠지만 양적 연구와 질적 연구의 결합에 대한 부정적 시각이 강하게 존재한다. 인식론적 기반이 다른 두 방법을 단순히 'mixed' 한다는 자체를 부정하는 학자들의 주장을 살펴보고, 그들이 문제시하는 단순 혼합이 아닌 'triangulation'의 의미를 자세히 설명해 주어야 한다. 이와 관련하여, 김병섭(2010)의 『편견과 오류 줄이기』를 반드시 일독 하기를 권하고, 더불어 Smith(1983), Bryman(2006) 등을 참고할 필요가 있다.

그리고 '한국 교육행정학 분야 혼합방법연구의 문제'에서는 제기한 현상에 대한 추가 설명이 필요하다. 연구자가 언급한 "한국 교육행정학 분야 혼합방법연구는 최근까지도 용어의 불일치 문제가 노정되고 있다"(박선형, 2010: 39; 신현석 외, 2015: 344)는 구체적으로 어떤 내용인지 설명이 생략되어 있어 독자들에게 궁금증을 유발한다. 또한, 두 번째 문제로 제기한 "혼합방법연구 설계 이유와 활용 목적을 명시하지 않는 비율이 여전히 높다는 점이다."는 문제점이라기보다 연구 동향에 가깝다고 하겠다. 따라서 이 부분은 '한국 교육행정학 분야 혼합방법연구의 동향과 문제'로 제목을 수정하고 내용을 보완할 것을 제안한다.

마지막으로, '혼합방법연구의 질 평가 준거'에서는 O'Cathain(2010)의 준거와 정의를 소개하고 연구자가 선택한 이유를 설명하고 있다. 그러나 O'Cathain(2010)이 제시한 준거의 의미(개별 정의)는 질을 평가하기에 다소 무리가 있어 보인다. 한 가지만 예를 들어 보면, 기획 단계에서 혼합방법연구 활용 이유 준거는 '혼합방법연구를 활용해야 하는 이유를 구체적으로 기술함'으로 되어 있다. 이러한 준거의 의미로는 기술의 유무(연구자는 예/아니요, 적용 불가로 구분)에 따라 판단할 수밖에 없다. '이유의 기술 유무'가 중요하지 않다는 것이 아니라 기술된 이유의 내용을 평가할 수 있는 준거가 필요하다고 생각된다. 즉, '구체적으로 기술함'을 자세하게 설명해야 한다. 구체적이라는 조건에 포함되어야 하는 내용인 무엇인지 밝혀야 한다. 만약 기술의 유무만으로 질을 평가하게 된다면 매우 피상적인 분석에 그칠 가능성이 있다.

2) 질 평가 준거 및 방법 재검토

앞서 언급한 바와 같이, 연구자는 O'Cathain(2010)의 준거를 근거로 "선행연구(예: Fetters & Molina-Azorin, 2019; Hong et al., 2018)가 채택하고 있는 준거별 '예/아니요, 적용 불가(not applicable)'를 평가 방법"으로 채택하였다. 연구자가 채택한 기준과 평가 방법이 잘못되었다고 보기 어렵다. 그러나 이러한 기준과 방법으로 분석할 경우 제시할 수 있는 오류에 한계가 있다. 실제 논문에서도 '예 또는 아니요' 기준으로 분석하여, 해당 비율과 예시 정도만을 제시하고 있다. 따라서 세부 기준 및 평가 방법을 재검토할 필요가 있다. 가령 '이유를 명시하였는가?' 또는 '방법을 모두 명시하였는 가?'는 '기술한 이유에 포함되어야 할 내용' 또는 '명시한 내용에 포함되어야 할 최소 기준'으로 판단하는 것이 질 평가에 적절하다고 사료된다. 그리고 '적용 불가'에 대한 명확한 기준도 제시되어야 한다.

또한, 연구설계에 있어서 혼합방법연구의 기본이라고 할 수 있는 삼각화 설계, 내재 설계, 설명적 설계, 탐색적 설계 등이 갖춰야 할 기본에 충실했는지 여부를 따지는 것이 필요하다. 각각의 연구설계는 고유한 특성에 따라 지켜져야 할 방법이 있다. 예컨대, 각 연구설계에 따라 자료수집의 연구 순서와 시기 등을 확인하고 결과 통합의 기준 등을 세세하게 확인하는 것이 중요하다. 그러나 연구자가 제시한 기준 및 방법에서는 유형의 명시 유무, 도식화의 유무 등에 초점을 두고 있다. 이와 관련해서는 성용구(2013)의 연구가 도움이 될 것으로 보인다.

3) 질 비평에서 인용된 사례 추가

연구자는 이 연구의 목적을 아래와 같이 진술하면서 혼합방법연구의 질 비평에서는 평가 준거별 세부 기준에 부합하는 '예'에 해당하는 사례를 제시하고 있다.

> 본 연구의 초점은 학회 차원의 혼합방법연구 논의 활성화, 후속 혼합방법 연구자가 고려해야 할 연구방법 및 방법론적 요건을 반추함으로써 결과적으로 한국 교육행정학 분야 연구방법 다양화, 혼합방법연구 방법 및 방법론적 내실화에 기여하는 데 있다.

연구자가 진술한 연구목적인 '후속 연구자들이 고려할 요건을 반추하여 더 내실 있는 혼합방법 연구 논문을 기대'하기 위해서는 좋은 예시와 함께 반복적으로 나타나는 오류 사례를 제시할 필요가 있다. 즉, 후속 연구자들이 무의식적으로 오류를 반복하지 않도록 구체적인 사례를 제시하는 것이 필요해 보인다.

마지막으로, 원고의 완성도를 높이기 위해 다음과 같은 마무리 작업을 생각해 보면 좋겠다.

첫째, 질 평가 대상 논문에 대한 소개이다. 이 연구는 논문의 문제점을 드러내고 비판하는 목적이 아니지만, 분석 대상 논문의 주요 사항(연도, 연구주제, 연구 대상 등) 정도는 안내되어야 한다.

둘째, 논문 제목이다. 연구목적은 '가능성과 한계를 탐색', '혼합방법연구의 활성화, 내실화' 등으로 진술되어 있다. 따라서 주 제목인 '교육행정에서 혼합방법연구의 가능성과 한계'에서 교육행정을 교육행정학으로 수정하고, 부재인 '교육행정학연구 혼합방법연구 질 평가'를 삭제하는 방안을 제안한다.

셋째, 오탈자(가능성을 배제하고), 비문 등도 다시 점검해야 한다.

 참고문헌

김병섭(2010). 편견과 오류 줄이기: 조사연구의 논리와 기법(개정 2판). 서울: 법문사.

성용구(2013). 혼합연구 설계의 타당성을 높이기 위한 단계별 전략. 열린교육연구, 21(3), 129-151.

Bryman, A. (2006). *Editor's Introduction: Mixed Method Research, Mixed Method vol 1.* CA: Sage.

Smith, J. K. (1983). Quantitative versus qualitative research: an attempt to clarify the issue. *Educational Researcher, 16*, 6-13.

찾아보기

내용

2022년 한국교육행정학회 학술편찬위원회(가나다순)

집필자 소개

박선형 동국대학교 사범대학 교육학과 교수

변기용 고려대학교 사범대학 교육학과 교수

이성회 한국교육개발원 교육복지연구실 연구위원

정동욱 서울대학교 사범대학 교육학과 교수

정설미 서울대학교 사범대학 교육학과 박사수료

이보미 서울대학교 사범대학 교육학과 박사과정

변수용 Pennsylvania State University 교육정책학과 교수 및 이화여자대학교 교육학과 객원교수

이광현 부산교육대학교 교육학과 교수

송경오 조선대학교 사범대학 교육학과 교수

김은영 前 미국 Seton Hall University, Department of Educational Leadership, Management & Policy 부교수

김정은 University of Maryland, Department of Counseling, Higher Education, and Special Education 부교수

김병찬 경희대학교 교육대학원 교수

임종헌 한국교육개발원 대학역량진단센터 부연구위원

문지윤 경희대학교 대학원 교육학과 박사

최상은 국민대학교 입학처 책임입학사정관

권경만 한국성서대학교 전략기획실장

김한솔 산본고등학교 교사

신철균 강원대학교 자유전공학부, 지역교육협력학과 대학원 조교수

김종훈 건국대학교 교직과 조교수

정혜령 한국방송통신대학교 미래원격교육연구원 책임연구위원

주영효 경상국립대학교 사범대학 교육학과 부교수

토론자 소개

윤견수 고려대학교 행정학과 교수

이영철 전남대학교 사회과학대학 행정학과 교수

곽태진 고려대학교 교직팀 강사

이병식 연세대학교 교육학과 교수

차성현 전남대학교 교육학과 교수

이길재 충북대학교 사범대학 교육학과 부교수

김지현 성신여자대학교 교육학과 교수

김영식 경남대학교 사범대학 교육학과 조교수

권향원 아주대학교 행정학과, 과학기술정책대학원 교수

유기웅 숭실대학교 사회과학대학 평생교육학과 교수

이용숙 덕성여자대학교 문화인류학과 명예교수

서덕희 조선대학교 사범대학 교육학과 교수

남미자 경기도교육연구원 연구위원

주현준 대구교육대학교 교육학과 교수

교육행정학 연구방법론 핸드북

The Handbook of Research Methodology on
Educational Administration

2023년 7월 20일 1판 1쇄 인쇄
2023년 7월 30일 1판 1쇄 발행

지은이 • 한국교육행정학회
펴낸이 • 김진환
펴낸곳 • ㈜**학지사**

      04031 서울특별시 마포구 양화로 15길 20 마인드월드빌딩
대표전화 • 02-330-5114   팩스 • 02-324-2345
등록번호 • 제313-2006-000265호

홈페이지 • http://www.hakjisa.co.kr
인스타그램 • https://www.instagram.com/hakjisabook

ISBN 978-89-997-2929-4 93370

정가 32,000원

출판미디어기업 **학지사**

간호보건의학출판 **학지사메디컬** www.hakjisamd.co.kr
심리검사연구소 **인싸이트** www.inpsyt.co.kr
학술논문서비스 **뉴논문** www.newnonmun.com
교육연수원 **카운피아** www.counpia.com